国家哲学社会科学成果文库

NATIONAL ACHIEVEMENTS LIBRARY
OF PHILOSOPHY AND SOCIAL SCIENCES

台湾汉语音韵学史

（上）

李无未　著

中华书局

李无未 吉林大学博士。厦门大学特聘教授、博士生导师、中文博士后流动站负责人、中文系主任、古籍研究所所长。历任延边大学中文系讲师、吉林大学古籍所教授及博士生导师。主持国家社科基金项目多项。曾任日本、越南、法国等国家几所大学及中国台湾地区几所大学客座教授、访问教授等。著有《日本汉语音韵学史》《音韵文献与音韵学史》《汉语史研究理论范畴纲要》《汉语音韵学通论》等著作。主编《音韵学论著指要与总目》(2 册)、《日本汉语教科书汇刊（江户明治编）》(60 册)、《对外汉语教学论著指要与总目》(2 册)、《东亚汉语史书系》(20 种)、《海洋文明与汉语言文字书写》等大型工具书和丛书。在《中国语文》等国内外重要期刊发表学术论文 140 余篇。获得"王力语言学奖"等重要奖项 7 项。

《国家哲学社会科学成果文库》
出版说明

为充分发挥哲学社会科学研究优秀成果和优秀人才的示范带动作用,促进我国哲学社会科学繁荣发展,全国哲学社会科学规划领导小组决定自 2010 年始,设立《国家哲学社会科学成果文库》,每年评审一次。入选成果经过了同行专家严格评审,代表当前相关领域学术研究的前沿水平,体现我国哲学社会科学界的学术创造力,按照"统一标识、统一封面、统一版式、统一标准"的总体要求组织出版。

全国哲学社会科学规划办公室
2011 年 3 月

目　　录

Table of Contents

第一章

台湾汉语音韵学史要素、历史、分期特点

中国大陆学者还很少有人对台湾地区(以下简称"台湾")汉语音韵学史进行比较全面而系统的学术观察。为何如此?是因为中国大陆学者真的不了解台湾汉语音韵学史吗?这方面的因素固然存在,但这肯定还不是最为关键性的因素。实际上,随着时间的推移,只要我们主观努力,这种客观存在的因素肯定会逐步淡化,我们对台湾汉语音韵学史会有深入了解的。其实,谁都明白,关键性的因素还在于台湾汉语音韵学史是一个十分敏感而又复杂,不容易说清楚,并且会带来很大风险的议题,因此,许多学者有意避免深涉其中。但我们认为,世界性的汉语音韵学学术发展到了今天,不应该自设禁区,只要是学术领域内的问题,没有什么力量可以阻挡人们去探讨。台湾汉语音韵学史是中国汉语音韵学史极其重要的组成部分,只要是研究中国汉语音韵学史,这都是谁也无法回避的内容,否则就是残缺不全。因此,必须把探究台湾汉语音韵学史提到中国汉语音韵学史研究最紧迫的议事日程上来。此外,从东亚汉语音韵学"学术共同体"的历史视阈来认识,这也肯定是须要优先考虑的。

第一节 台湾汉语音韵学史要素及内容

一、研究台湾汉语音韵学史的原因

我们把台湾汉语音韵学史作为自己的研究对象,原因是多方面的。从表面上看来,至少一定出于这样几个缘由:

（一）一些大陆学者对台湾汉语音韵学史认识存在着误区

其一，仍然有一些中国大陆学者潜意识里还是以为，传统小学研究，中国大陆是当然的学术中心，而台湾的传统小学研究历史很短：即有人认为，自1949年以后台湾学者才开始研究小学，毕竟在认识上隔了一层，不一定很重要。这种看法有一定的代表性。如此，一些学者对台湾传统小学研究成果的学术价值认识不够明确也就理所当然了。实际上，1949年之前台湾学者研究传统小学的成果正逐渐发掘出来，而且非常丰硕，这个看法的浅薄性是显而易见的。

其二，台湾与中国大陆分离已经有近七十年时间了，两岸体制和政治意识存在着明显的差异，这也就给两岸一部分学者的心理造成了不容易磨合的误解，一些学者用政治情感代替学术情感，因此，大陆个别学者对台湾学者的汉语音韵学学术成果的天然性误解也就顺理成章了。研究台湾学术的人，往往要顶着心理压力做事，不然，真的会有被人称为存在学术"个体偏见"之嫌疑；研究台湾汉语音韵学史当然也不会超然度外。我们最开始研究这个课题时，就有人告诫笔者，一定要慎重以此为题写作，如果搞不好的话，会坠入一个人为设置好的陷阱而难以脱身，甚至弄得身败名裂。这是善意的劝告。中国大陆过去没有人系统研究过台湾汉语音韵学史，故而遇到这种误解并不奇怪；但误解真的发生时，我们也确实会感到很尴尬，有时真的不知如何是好。

其三，一些学者的学科偏见。与中国大陆所面临的情况相似，台湾汉语小学史近些年来已经属于冷门学科。三十年来，中国大陆学者成立了各类台湾研究会，比如：全国台湾研究会，由全国人大常委会副委员长兼任会长；中国社会科学院台湾研究所，成立于1984年9月，其确立的研究领域和方向主要涉及台湾政治、经济、对外关系、法律、社会历史、文化教育、两岸关系及对台方针政策等问题，设台湾政治研究室、台湾经济研究室、台湾对外关系研究室、综合研究室、台湾人物研究室等五个研究机构；厦门大学台湾研究院，研究范围与此类似，同时比较重视台湾文学的研究，并设专门的研究方向；尽管如此，还是忽略了对台湾汉语语言学史的研究，更勿论冷僻的台湾汉语小学史研究了。

与中国大陆各研究机构对台湾汉语小学史研究的忽视相对应，大陆系统研究台湾小学史，包括文字学史、训诂学史、音韵学史的专门著作也极少见到。是中国大陆学者没有机会接触这些成果吗？肯定不是，因为很多研究传统小学史的中国大陆学者都到过台湾,其中有的学者还对此发表过一些非常有创见的看法,也向大陆学者作过一些介绍。那么,如今这种局面是不是有学者对传统小学学科存在着严重的偏见造成的?非常有可能。因为冷门,又不是被人热炒热议的焦点,不为主流学科学者所重视,受到一定程度的冷落是十分正常的。

台湾学者研究台湾汉语文字学史、训诂学史、音韵学史的专门著作也属于凤毛麟角,这也肯定与这些学科的冷僻直接相关。

(二)欧美化倾向影响东方汉语音韵学史研究

在中国大陆,有很多学者关心欧美汉语音韵学史甚于关心中国大陆和台湾地区,以及日本、韩国等东方汉语音韵学史。

一百多年来,欧美化倾向始终是中国学术建设的主流,欧美汉语音韵学理论带给中国汉语音韵学的影响一浪高过一浪。马伯乐、高本汉等欧美汉学家,以及留学欧美并获得语言学博士学位的中国大陆、中国台湾或日本学者,比如赵元任、王力、李方桂、桥本万太郎、张琨、丁邦新、李壬癸、龚煌城、张光宇等人的汉语音韵学思想观念,中国大陆汉语音韵学界都是非常重视的。在许多人眼里,欧美的汉语音韵学理论是"正统"的,代表先进的学术观念,而东方传统汉语音韵学往往是"非正统"的、过时的,甚至是落后的、居于末流的。即便是到了现在,在中国大陆汉语音韵学学者中,有的人也仍然处于关心西方汉语音韵学史甚于关心中国台湾等东亚汉语音韵学史的学术状态。比如某些学者的汉语音韵学研究,在叙述汉语音韵学研究的学术新进展时,就往往忽略了日本、韩国,以及我国台湾等东亚汉语音韵学成果,这说明他们根本不看或不屑于关注东亚学者汉语音韵学成果。这种西方文化"优越性、先进性"的心态很有代表性,是值得特别注意和思考的。

(三)台湾汉语音韵学史是中国乃至东亚汉语音韵学史重要组成部分

"汉字文化圈"的形成是一个历史的过程。无法否认的是,东亚早就形成了比较稳固、长期共存的"学术共同体",东方色彩极为浓郁,汉语音韵学研究也是如此。从大的方面来说,东亚汉语音韵学史是个整体系统,学术传统和学术理念基本一致,这是谁都承认的;但在整体系统中还是存在着子系统的差别。中国大陆汉语音韵学史、朝鲜半岛汉语音韵学史、日本汉语音韵学史、越南汉语音韵学史、中国台湾汉语音韵学史等各自相对独立发展,个性鲜明;汉语音韵学学术发展在东亚各国的"环流"过程中形成了各自的汉语音韵学传统和流派,这当然包含了各自丰富的汉语音韵学理论内涵。作为中国汉语音韵学史的骄傲,台湾汉语音韵学史以其内涵丰富、贡献突出、影响面大而享誉世界,其耀眼的学术光芒照亮了世界汉语音韵学星空,早已赢得世界承认。因此,台湾汉语音韵学史是中国汉语音韵学史的一个重要组成部分,同时,也是东亚汉语音韵学史的重要组成部分之一。将台湾汉语音韵学史排除在东亚汉语音韵学史之外,东亚汉语音韵学史还能成立吗?

(四)台湾汉语音韵学史是世界汉语音韵学史重要组成部分

将来必定会有学者写出一部十分完备、科学的《世界汉语音韵学史》,这是汉语音韵学学术发展到一定历史时期的必然,也是汉语音韵学达到一定高度后的成就形式之一。那么,中国台湾汉语音韵学史在其中的学术地位如何?我们可以肯定地说,至少就现在的情况看,中国台湾汉语音韵学史是世界汉语音韵学史的重要组成部分之一,缺少它,整个世界汉语音韵学史是残缺的。其重要性就在于,中国台湾汉语音韵学曾经是极其辉煌的,代表了世界汉语音韵学史几个学术领域研究的高峰部分,人才辈出,世界级学术大家不断涌现,绝不亚于东亚其他国家和地区,乃至于欧美各国汉语音韵学学者的贡献。尤其是文献的整理、理论的建树,更是特立独行,内涵十分丰富。

(五)中国大陆汉语音韵学须借台湾汉语音韵学成果以完善、丰富自己

中国大陆汉语音韵学发展到了今天,已经明显地遇到了学术瓶颈,人才断层十分明显,即"文革"十年造成的恶果已经显现。个别学者学术眼光局限性很大,不要说"中西贯通",就是东亚汉语音韵学视阈的基本素质也是不具备的,因此,这些学者所写的具有重要世界性汉语音韵学影响力的成果还不多见。

中国大陆汉语音韵学将来如何立足于世界汉语音韵学之巅,再造曾经有过的辉煌?许多大陆学者都在寻找出路。比如有学者提出"走出高本汉"的口号;有的以实验语音学方法改造汉语音韵学;有的以类型学方法浸润汉语音韵学;也有的以语言演化理论看待汉语音韵学。各种汉语音韵学理论层见叠出,令人目不暇接,眼花缭乱。

其实,中国汉语音韵学的发展还是要走汲取世界各个国家和地区优秀汉语音韵学成果,包括理论、方法、资料、结论的路子,以世界各个国家和地区优

秀学术传统为积淀,进一步完善研究理论与方法,探索出适应现代科学理论基础的汉语音韵学研究道路来。这其中中国台湾汉语音韵学的成果汲取成为必需,因为台湾汉语音韵学研究毕竟具有许多优秀的理论和丰硕的学术成果,而且自成学术体系,非常成熟。就这二十年来说,就有历史比较的传统理论与方法革新(丁邦新);汉语藏语、汉语西夏语比较中的汉语音韵学体系(龚煌城);文献考据与文献整理理论与方法(陈新雄);汉语音韵学中的观念和方法(何大安);汉语语音史"双线性"、发展不平衡性等地理因素(张光宇);建立独特汉语语音史研究体系(竺家宁);当代汉语音韵学"跨界"国际观(萧宇超)等,扎实而有效,需要我们认真对待,不可等闲视之。

二、台湾汉语音韵学史的关键性内容

研究中国台湾汉语音韵学史,会触及哪些关键性的内容? 我们认为,以关键性"主题词"提炼而表述,在目前,至少应该有:

其一,台湾汉语音韵学史发端和形成。台湾汉语音韵学史是如何萌生、呈现雏形、形成规模,进而处于全面发展形态的,这个过程肯定与中国大陆汉语音韵学史彼此互为关联,是个统一体。"大中国"的原则性是不可动摇的,这是我们认识台湾汉语音韵学史的观念基础。李方桂说:"台湾的语言学研究工作,无法与大陆地区全然区隔。""就学者而言,活跃于这个领域的学者大多来自大陆,并在来台之前已经发表了不少的研究论著。"[①]这番话虽然是就 1948年以后台湾语言学实际情况而言的,但也适用于台湾汉语音韵学史的研究,态度十分客观。

其二,台湾汉语音韵学史分期和特点。对台湾汉语音韵学史分期,应该以广义汉语音韵学史内涵观念为原则,突破狭义的汉语音韵学史内涵观念局限,这就要求我们具有一个整体性的认知标准。因此,对台湾汉语音韵学史各个阶段特点的把握,既要考虑到中国社会历史发展过程中台湾政治体制、文化特质、教育制度对汉语音韵学研究格局的制约因素,也要顾及台湾汉语音韵学自身的学科发展历史脉络特点。

其三,台湾汉语音韵学史成果文献盘点。本书将按照许多台湾学者惯用

---

① 李方桂《语言学在台湾》。

的通论、理论、上古音、中古音、近代音、现代音和方音、语音比较几大类别的结构形式进行盘点,总结台湾汉语音韵学史成绩,宏观把握其学术发展"多向"脉络。

其四,台湾汉语音韵学史学术谱系。在台湾汉语音韵学发展过程中,学术传承脉络如何,学术"血缘"关系如何,以学术谱系形式梳理,会带来对其内质要素"驱动力"的深刻认识。"本土派"的守成进步与"洋派"的开放活跃既竞争又协同,交相辉映,相互促进,共同发展,构成了多元并存的台湾汉语音韵学学术格局。

其五,台湾汉语音韵学史的中国文化"母体"意识。一部台湾汉语音韵学史贯穿着一个主流意识,那就是培植中国文化之根。其根基已经深深扎入中国大地之母的土壤之中,尽管有过荷兰、西班牙、日本的殖民文化短暂浸染,研究的"变异性"有所显露,但基本上还是能够保持中国文化"母体"本色不变,无论是研究对象、材料、视野,还是研究思路、理论与方法都是如此,这就是中华民族传统文化的巨大力量。

其六,台湾汉语音韵学史东亚视阈学术定位。站在东亚视阈看台湾汉语音韵学史,就会发现其"主体意识"愈发浓郁,与日本、韩国、中国大陆汉语音韵学的"辐射"和"互动"效应十分突出,在许多学术领域都是站在前列或者发挥"领头羊"作用的;就是与欧美汉语音韵学主流学派的多次争锋与回应,也往往占据优势地位。许多西方学者按照历史语言学的标准衡量,认定台湾汉语音韵学是世界范围内历史语言学研究的一个组成部分,这是必须认识到的。

其七,台湾汉语音韵学被一些人边缘化,风险是存在的,如何"突出重围"进而如凤凰涅槃浴火重生,这也是学术界关注的焦点问题。面对逐渐被冷落和忽视的现实,传统汉语音韵学文献研究范式在求变;现代汉语音韵学的国际化呼声在激烈回荡;汉语音韵学与其他学科"跨界"整合,衍生出新的汉语音韵学学术领域;大数据时代的到来促进了汉语音韵学思维方式的变革,显示出其旺盛的学术生命力。跨音韵与句法、跨音韵与语音、跨音韵与心理语言、跨音韵与语言习得、跨音韵与方言变异、跨音韵与计算机语言等新领域不断被发掘,可以想见前景肯定是无限美好的。

三、研究台湾汉语音韵学史要消除的意识

中国大陆学者研究台湾汉语音韵学史,要注意消除这样几方面的意识:

其一,消除过分强调大陆汉语音韵学主流地位的意识。台湾汉语音韵学史与大陆汉语音韵学史血肉相连,离开大陆去谈台湾汉语音韵学,缺憾一定很多,肯定是不行的;同样道理,离开台湾汉语音韵学,大陆汉语音韵学也是不完备的,甚至是残缺的。从学术源头上看,否定这种血肉相连的关系,一定是只会孤立地得出某些结论,很多问题讲不清楚,更勿论能够梳理出汉语音韵学解释理论上的"源"与"流";但不能因此而过分强调大陆汉语音韵学的主流地位及其对台湾汉语音韵学学术发展的决定性主导作用,这只会模糊人们的视野,导致研究的片面性。

其二,消除台湾汉语音韵学史研究中存在着的明显顽固的殖民意识。台湾有一些学者过分强调与大陆的隔阂性,残留旧的时代,即日本殖民统治时期的"皇民意识"。可以说,这些学者的主要目的是要人为地割裂汉语音韵学历史,为台湾汉语音韵学"独立"于中国而制造舆论。比如,有一些学者以研究闽南话为出发点,认定闽南话代表台湾的"国语",这实际上是日本侵占台湾以后所确定的"台湾语"政策影响的余绪。闽南话是汉语最有代表性的方言之一,是研究中国汉语史的典型"活化石",其形成是与汉语在各个历史层次中的积淀分不开的,这个事实无论是谁也改变不了。一些学者保留有荷兰和日本的殖民意识,并不代表主流学者看法,大陆学者也不必夸大这种意识的作用,更不能带有对台湾汉语音韵学整体性误读的偏见,否则以偏概全,就会导致错误地估计台湾汉语音韵学整体性学术价值和意义的现象发生。

其三,消除台湾汉语音韵学与大陆汉语音韵学"同构"的意识。有学者认为,台湾汉语音韵学所走过的道路与大陆没有什么两样,无非是高本汉现代音韵学和传统汉语音韵学研究范式的再现。这种简单看问题的方式方法很有问题,因为它忽略了一个基本事实,就是台湾毕竟受荷兰、日本殖民统治时间过长,个别学者汉语音韵学研究的"殖民意识"影响还存在。另外,1949年以后,两岸历经近七十年的痛苦分离,台湾汉语音韵学内涵的独特性已经注定了其与大陆汉语音韵学不可能"同构",这是显然的。

我们认为,研究台湾汉语音韵学史,应本着客观、公正的态度,并以汉语音韵学学术发展的科学标准来衡量,既考虑到它与大陆汉语音韵学的"同源性",即"脱胎于母体","基因"内核传承相同,所谓"基因支配着生物机体",这是由它"母体基因"的自然选择性决定的;但又要注意到,它存在着明显的社会进化过程中的"变异性"①。社会存在决定社会意识,台湾汉语音韵学史也有自己的运行轨迹。

况且,大陆汉语音韵学发展,各个历史时期也并不平衡,比如"文革"十年,几乎完全停顿,而恢复旧有汉语音韵学研究传统需要时间,因此大陆在汉语音韵学许多方面存在着研究上的"短板",这也是客观事实。1979年以后,中国大陆汉语音韵学在恢复和发展中不断提高学术水平,在奋力追赶世界汉语音韵学大潮中持续发展和前进;与此同时,与国际汉语音韵学界的频繁交流,大大促进了自身学术水平的跃进。尤其是近些年来,中国大陆汉语音韵学在许多方面的研究成果精湛而富于创新性,不但缩小了与台湾汉语音韵学研究的差距,而且在某些方面已经超越台湾同行,走在了世界汉语音韵学研究的前列。

其四,消除台湾汉语音韵学研究往往只偏重于现代语音理论,而忽略传统音韵学文献的意识。许多研究汉语音韵学的台湾学者以理论见长,富于思辨,发表了许多理论性很强的音韵与方言结合的论著,比如丁邦新《从汉语方言现象检讨几个辨音征性问题》(1980)、何大安《声调的完全回头演变是否可能?》(1994)等;但我们看到,他们的理论也来源于实践,往往通过实践去纠正现有的许多西方理论与汉语语音研究不相对称的趋向。丁邦新(1980)就很明确地纠正了西方语音学理论概念上的几个问题,如鼻音和流音的区别。丁邦新介绍说,Chomsky 和 Halle(1968)认为鼻音和流音的区别只在元音性的不同,鼻音是"-元音性",而流音是"+元音性";但丁邦新不同意这个看法,认为在汉语中,鼻音和流音属于自然行为的一类。他指出,下江官话常常把[n][l]混而为一;从隋唐中古音到国语的声调演变中,鼻音和流音的行为总是一致的;"次浊"就是鼻音和流音,这说明他们已经被等韵学家归为自然的一类,在声调的演变上有一致的方向,和清音或全浊音的演变并不相同;鼻音和流音基本上都是响亮音(sonorant),用"音节性"代替"元音性",鼻音和流音应该是完全相同的一类。所以,Chomsky 和 Halle(1968)的观点和汉语的现象并不吻合。这种研究以事实为依据,确实很有说服力,但除了事实以外,还需要对西方语音学理论的熟稔,以及把西方语音学理论和汉语语音学研究结合在一起

---

① 参[美]爱德华·奥斯本·威尔逊《新的综合》43—92页。

的能力,否则即便是客观事实存在,如果没有理论意识和联系性研究眼光,也很难发现这之间的内在关系。丁邦新《平仄新考》(1976)与《从汉语方言现象检讨几个辨音征性问题》风格刚好相反,以考据见长,除了引用大家熟悉的《悉昙藏》文献之外,还补充了日本了尊《悉昙轮略图抄》和日本净严《三密抄》两则资料,在充实的文献基础上确定自己的观点,即中古平仄声的区别就在于平调和非平调:平调指平声,非平调包括上、去、入三声,其中上声是高升调,去声大约是中降调,入声是短促调。他认为,中国文学中的平仄声对立就是平调和非平调的对立,"平平仄仄"不是"轻重律、长短律"或"高低律",而是"平仄律"。理论与考据结合,而不是明显地偏向哪一种研究模式,所以才突破了文献视野的局限,而达到了新的研究境地。

　　不过,在台湾,希图从理论上实现汉语音韵学思维模式颠覆性转变的也大有人在,比如萧宇超的当代汉语音韵学国际观。萧宇超极力推崇当代形式音韵理论,并认为形式音韵理论在整个汉语音韵学研究领域中应该占有很重要的地位。他的观察是,近五十年来各种形式理论不断发展,成为世界范围内带动音韵研究的主流。形式音韵理论,比如"衍生音韵学"(Generative Phonology,中国大陆一般称之为"生成音系学"),涉及词汇音韵学、韵律结构、派生音韵规则等内容,与现代台湾流行的汉语音韵学研究范畴大不一样。萧宇超还力主汉语音韵学与其他学科整合,比如音韵与构词、句法、语音、心理语言、语言习得、方言变异、计算器语言等跨学科研究,涉及音韵与构词研究、跨音韵与句法、跨音韵与语音、跨音韵与心理语言、跨音韵与语言习得、跨音韵与方言变异、跨音韵与计算机语言等,面目皆非[1]。在台湾还有一些学者力主实践这些理论,比如连金发,美国加州大学伯克利分校博士,在台湾清华大学教授历史语言学、语言分析等课,重点在历史语言学中新语法学派假说以及词汇扩散理论中语音演变等内容;殷允美,美国德州大学奥斯汀分校博士,在台湾政治大学开设形式音韵学、汉语形式音韵学的课程;钟荣富,美国伊利诺伊大学博士,在高雄师范大学教授衍生音韵学和优选理论专题课程[2]。但我们认为,萧宇超所说的当代国际主流汉语音韵学在台湾还只是一种有代表性的倾向,也许今后真的会成为多数汉语音韵学学者研究的主攻方向,但就现在看来,其术语体系与

————————

[1]　参萧宇超《现代汉语音韵的国际观》。

[2]　参萧宇超《台湾发展中的语言形式理论》,载竺家宁主编《五十年来的中国语言学研究》327—359页。

现代汉语音韵学分歧太大,不容易全面对应上,很难融合在一起。尽管如此,许多学者还是希望当代形式音韵理论与现代汉语音韵学理论兼容,并尽力做到融通。

当然,大陆汉语音韵学研究与台湾汉语音韵学传统研究同样面临着被边缘化的危机和风险,许多学者也在尽力调整自己的研究策略和规划,寻求最优的发展方向和路径,正经历着痛苦而艰难的抉择。那么,回顾中国台湾汉语音韵学史,并思考中国大陆汉语音韵学的未来,是不是会带给我们新的收获和启示呢? 这是我们研究台湾汉语音韵学史的目的之一,希望关心中国和世界汉语音韵学未来命运的读者能够予以充分理解。

第二节　台湾汉语音韵学史发端及形成

从东亚视阈汉语音韵学发展的历史来看,作为中国的一个区域,加上两岸政治性分离等因素,台湾汉语音韵学史发端和形成的道路比较曲折,各种学术思潮交融汇聚,跌宕起伏,色彩斑斓,个性特征突出,这是必须承认的。

一、台湾汉语音韵学的发端

(一)"大中国"汉语音韵学史原则性观念

方师铎《五十年来中国国语运动史》(1965)并不是以研究汉语音韵学史为目标的著作,但以中国国语运动历史发展大格局论述台湾国语运动时涉及了一些汉语音韵学史文献。其上编就是整个中国国语运动史,其中第一章"民国以前国语史上的几件大事"基本上都和汉语音韵学史有关,比如"从孔子推行'雅言'说起、南北朝的'正音'运动、周德清的《中原音韵》、清初的正音书院"等。而下编才是台湾的国语运动史,从1945年日本投降后讲起。这说明,方师铎意识中的台湾汉语音韵学史与中国大陆汉语音韵学史彼此关联,是个统一体,"大中国"的原则性观念十分清楚。

林尹《中国声韵学通论》(1956/2006)依据钱玄同的意见,以"声韵随时代而变迁"的基本认识为前提,对中国汉语音韵学进行了明确分期。林尹认为,中国汉语音韵学有六个时期,最早从公元前11世纪算起,第一期称之为周秦时期,以下依次为两汉、魏晋南北朝、隋唐宋、元明清、现代(11—16页)。这是以汉字字音之变迁为线索谈中国音韵学历史,不是我们所讲的汉语音韵学史分期,他的分期应该等同于汉语语音史分期;但有一点须要肯定,即其中国"大一统"观念的有力体现。把台湾汉语语音史变迁纳入中国汉语语音史范围中观察,根本原则非常明确。

周法高《二十世纪的中国语言学》(1973/1980)"声韵"部分,论及 1949 年以后中国汉语音韵学研究概况时,偶尔以"大陆"和"台湾"分别说明,比如"在大陆,普通话审音委员会在《中国语文》1957 年 10 月号和 1959 年 7 月号,先后发表了《普通话异读词审音表初稿》正续两编……在台湾,齐铁恨编著《同义异读单字研究》"(26 页)。看得出来,他开始注意汉语音韵学研究两岸的各自特点,但必须是在一个中国的前提下观察与总结。

陈新雄《六十年来之声韵学》(1973)是把台湾汉语音韵学研究史放在民国以来中国汉语音韵学研究进程中考察的。他以"《切韵》学、古音学、等韵学"为主轴,将 1912 年到 1972 年中国汉语音韵学发展的历史进行梳理,涉及各位学者的研究,评述简洁得当,析论有理有据,目光敏锐,思路清晰,俨然六十年中国汉语音韵学简史。台湾学者的研究成果虽占据重要地位,但融于中国汉语音韵学整体之中,绝没有游离其外,这就充分肯定了台湾汉语音韵学史作为中国汉语音韵学史一个显要组成部分所具有的重要学术意义。也就是说,台湾汉语音韵学史为中国汉语音韵学史增添了极具光彩的耀眼色调,为中国汉语音韵学史发展做出了巨大的贡献。比如论及《切韵》学,周祖谟之后,叙及董同龢《中国语音学史》声母研究成果,然后是李荣的《〈切韵〉音系》(3—55 页);论古音学,议及陆志韦《古音说略》之后,再谈就是董同龢《上古音韵表稿》,认为其"大致根据高本汉氏《汉文典》所构拟之音韵系统,参以以后各家修正之说……分上古单纯声母为三十六,韵部为二十二",接着就是王力《汉语史稿》的"阴阳入三分"理论,还有与台湾汉语音韵学研究关系密切的李方桂、周法高的观点(55—104 页);而等韵学以黄侃四等定义为起始,高本汉依据江永《四声切韵表》而假定四等区别拟音为接续,进而,罗常培、赵荫棠、王力等研究赫然纸上,许世瑛《等韵一得》、董同龢《等韵门法通释》《切韵指掌图诸问题》以及高明《嘉吉元年本〈韵镜〉跋》《〈韵镜〉研究》,还有陈新雄对自己的弟子林庆勋有关《切韵指南》和《切音指南》比较研究等台湾学者成果的论述也成为关键一环(104—118 页)。台湾学者成果与大陆学者成果浑然一体,不分彼此,可见陈新雄"大中国汉语音韵学史"观念确实十分突出,很显然,他认为台湾学者成果是中国汉语音韵学史的有机组成部分之一。陈新雄所表明的观点,就是我们认识台湾汉语音韵学史发端和形成的基础,也是我们认识台湾汉语音韵学史的基本原则。

(二)小川尚义并非"台湾语言学先驱"

也有一些台湾学者认为,小川尚义是台湾汉语语言学的真正开拓者,因此把台湾汉语音韵学研究的起始时间从 1896 年小川尚义到台湾时算起。如张学谦、吕美亲《台语文运动访谈暨史料汇编》(2008)专门设置"台湾语言学的奠基者"一节来介绍他的贡献(29—36 页),其台湾语言学鼻祖的地位赫然耸立。事实上,日本占据台湾之前,台湾汉语音韵学的学术活动早就已经展开,小川尚义应该不是台湾语言学的开拓者,张学谦等学者的看法是存在着一定的缺憾的。传统小学韵书、闽南话辞书、汉语官话推广教科书,都构成了汉语音韵学研究的主旋律。《台语文运动访谈暨史料汇编》也提到,早在 1873 年,英国人杜嘉德已经编写了《厦英大辞典》并传到了台湾,得到广泛应用。1891年,加拿大人马偕在台湾编写了《中西字典》,这部辞典用罗马字记音,具有一定的科学性,体现了那个时代的欧美学者语音描写的基本能力①。这都是明显的证据。

张学谦、吕美亲(2008)把闽南话作为台湾"独立性"的语言来对待,隔断了它与汉语其他区域方言血肉相连的关系,显然是为很少一部分人"台湾语"政治意识服务的,是想让人们再次掉入日本侵占台湾时所强调的闽南话为"台湾语"的陷阱,重蹈殖民语言策略的覆辙。比如该书第2页论述道:"虽然'台语'(闽南话)是大部分台湾人所使用的语言,然而,它也始终没有官方语言的地位,受到不同时代不同官话语言的排挤。"其实,不独在台湾的闽南话,就是在台湾之外的汉语方言土语也是不能获得绝对"正统"的官方书面语言地位的。这是因为,在当时清朝大江南北,东西疆域都通行着一个大家广泛认可的汉语官话书面语。在当时上流社会,比如清廷,流行着汉语官话口语,有人认为这个汉语官话口语就是北京官话,还有人认为是南京官话。不论如何,当时的汉语官话通语成为大家共同遵守的语言规范是肯定的,目的是维护国家的

---

① 参张屏生、萧藤村、吕茗芬等《马偕〈中西字典〉新编与论述》。

统一,台湾作为中国疆域范围内的一部分也不会例外。当然,在强调使用汉语官话之外,清朝政府并没有降低闽南话作为汉语区域方言通行的重要地位和作用,而是尊重它的存在和实际意义,这是为历史文献所证明了的;但切不可把这一点作为台湾"语言独立"的一种证据来对待。必须看到,与此同时,汉语官方书面语仍然以文言语体作为台湾区域汉语交流工具,与此相关的政治、经济、文化等社会生活中,汉语官方书面语也必然存在着。2010 年 7 月 27 日,在北京前门台湾会馆举行的座谈会上,来自台湾的戚嘉林博士拿来了一份从台湾的图书馆找到的文史资料,即清朝末年 1883 年台湾道台刘敖呈送给福建省的公文,证明了台湾早期教育与科举制度紧密相连,这和大陆是一样的。如此,与科举制度紧密相关的小学存在,当然也包括汉语音韵学研究的存在,就是确然的事实了。比如韵书的使用和传播就是如此。

其他一些学者对小川尚义学术贡献的认识也有拔高之嫌。比如洪惟仁提出"小川尚义是汉字音比较研究的开拓者"①,这显然是就他和台湾的汉语方言研究相关工作而言的。但我们认为,并不能理解为,在他之前世界各国就没有学者进行过汉字音比较研究工作。小川尚义之前,利用罗马字标记和构拟汉语中古音的日本学者不少,比如大岛正健就在 1898 年做过这项工作,其《汉音吴音和支那音的比较》系列论文(1898—1899)涉及了《韵镜》音系的拟定,并和许多汉语方言语音进行比较。猪狩幸之助《汉文典》(1898)同样是较早论及汉字音比较的著作,其"序论"和"凡例"说(原为日文,这里是笔者所译):

> 论及音义,每个汉字存在着固有音义,但每个字一音一义的现象很少,一字数音、一音数义、多音多义很多,却带来了一些学者在解释上的谬误。《字汇》区别本音和别音;《音韵日月灯》"韵母卷",在每个字的右侧,以"众(一字数音)独(一字一音)之字"加以区别。论及四声,中国之外学者认为是汉字字音区别的一个重要方面。《五音集韵》则区别六声:上平、中平、下平、上声、去声、入声。描述了中国各地"四声的分布"情况。论及字音,自古以来,字音不是一成不变的,变化次序应该证之于书面文献(文书),杨升庵、顾炎武、吕维祺、江永等十分严密,但有隔靴搔痒之

---

① 见洪惟仁《小川尚义与高本汉汉语语音研究的比较——兼论小川尚义在汉语研究史上应有的地位》和《小川尚义对汉语研究的贡献》两篇文章。

感,古韵今韵之别、通韵叶韵之说、等韵等应该论及。加上本土之音,有日本汉音、吴音,朝鲜音,安南音四音,无论如何,是比较研究的好材料。此外,中国各地"土音"不同,亦不可等闲视之。广东、厦门等方音与古代字音相近。近来欧人有关这方面的论述很多。

汉字音比较意识明确。

猪狩幸之助(1898)所附《〈韵镜〉解释》中古音拟音更能说明问题。《〈韵镜〉解释》"三十六字母条"(102—104 页)在解释"三十六字母来源"时,用了《音韵日月灯》的说法,即李唐之际僧人创立悉昙字母,后来守温和尚增加了娘床帮滂微奉六母。在"悉昙体文以及遍口表"之后,对三十六字母用罗马字进行了拟音([ ]号中是猪狩幸之助拟音,( )号中是小川尚义拟音),即:

见[k](k)	溪[k'](k')	群[g](g)	疑[ng](ng)
端[t](t)	透[t'](t')	定[d](d)	泥[n](n)
知[ch](ṭ)	彻[ch'](ṭ')	澄[dj](ḍ)	娘[ñ](ṇ)
帮[p](p)	滂[p'](p')	并[b](b)	明[m](m)
非[f](f)	敷[f'](f)	奉[v](v)	微[m](v^n)
精[ts](ts)	清[ts'](ts')	从[dz](dz)	心[s](s) 邪[z](z)
照[ch](ts 照二 ch 照三)	穿[ch'](ṭs' 穿二 ch' 穿三)		
床[dj](dz 床二 j 床三)	审[sh](ṣ 审二 sh 审三)	禅[zh](zh)	
影[yy](无拟音)	匣[h](h)	喻[y](y)	晓[h'](h)
来[l](l)	日[j](zh^n)		

猪狩幸之助还解释说,唇音第三等,舌齿两音第三、第四等称之为"轻母",其余称之为"重母",考虑了三等韵构拟的特殊性。

《〈韵镜〉解释》"二百六韵"条涉及"内外传、开合口、四等、三内、四声"等问题。具体拟音,入声字用[p][t][k]表示,闭口韵尾用[m]表示,对四十三转也用罗马字进行了拟音,[ng][n][m]鼻音韵尾分明。在"本朝(即日本)音韵学史"一节中,以 1265 年唐本《韵镜》传入南都转经院库中为研究起始时

间,中经文雄《磨光韵镜》、太田全斋《汉吴音图》,到冈本保孝《〈韵镜〉考》得
以完成《韵镜》基本研究体系建构。这个回溯实际上是论述了《韵镜》音构拟
的历史,也表明猪狩幸之助《韵镜》音构拟是继承前人几百年的研究成果,不
是空穴来风。19 世纪末,欧美历史语言学理论已经传入到了日本,欧美学者
对汉语历史语音研究的模式也引起了日本《韵镜》研究者的兴趣。比如对外
国学者,猪狩幸之助专列"ヲルピセリ(Volpicelli,沃尔皮切利)《古韵考》
(1896 年)"条加以介绍(120 页)。他说,Volpicelli(沃尔皮切利)依据《康熙字
典》卷首"第二等韵二十四表"(即《切音指南》)探求中古音,同时利用了ガイ
ル(卡尔)氏《字书》以及 Dr.Mateer(美国人狄考文)氏的 Mandarin Lesson(可
能是其《官话类编》之外的汉语课本)等书。Mateer(狄考文)氏辑集中国各地
11 种方言以及朝鲜、日本、越南 3 种语音资料,四万余言。如此,猪狩幸之助
断定,开发收闭四等并非随着四声字音发生变化而分类,依据南方"土音"统
计发现,实际上,《韵镜》四等字音显示[o][a][e][i]四个元音。其平声 56 音
拟音也十分整齐(123 页)。

　　由此可见,猪狩幸之助研究汉语中古音,一方面依据《韵镜》及《广韵》文
献,另一方面也吸收了欧美学者研究《切音指南》(高本汉研究汉语中古音不
是利用《韵镜》,也是用了《切音指南》,属于《切韵指南》系列),以及他们所搜
集的 11 种方言及日本、越南、朝鲜汉字音成果文献。理论与方法明确,文献也
很丰富,总计 14 种,比小川尚义《韵镜》研究还多了一种。《〈韵镜〉解释》早于
小川尚义著作 9 年发表,其拟音效果一点也不逊于小川尚义。可以说,小川尚
义是在猪狩幸之助、大岛正健等学者基础之上研究汉语中古音的,其学术理论
来源十分清楚。由此,许多学者所称颂的小川尚义汉语中古音研究贡献,并不
是他一个人的发现或发明,而是集体智慧的结晶,是几百年来日本学者研究
《韵镜》语音水到渠成的自然结果,其《韵镜》拟音模式早就形成了。如此,小
川尚义研究《韵镜》语音的理论与方法模式原型是清楚的。

　　与小川尚义同时代的日本学者后藤朝太郎,1908 年发表了《现代支那语
学》一书,全面地论述汉字音比较理论,涉及了许多中国方言,其系统性也超出
了小川尚义①。稍后于小川尚义对《韵镜》中古音拟音最为突出的日本学者

---

①　参李无未《汉语现代语言学理论体系的最初构建——日本〈现代中国语学〉(1908)的意义》。

是佐藤仁之助《速成应用汉学捷径》（1910）和大岛正健《韵镜音韵考》
（1912）。

佐藤仁之助（1910）第五篇《音韵》内容非常丰富。该篇分5章讨论：音韵
沿革、四声、古韵、反切、《韵镜》，第五章《韵镜》又分12节：三十六字母、内转
外转、韵图空窠、去声寄此、借韵、清浊、开音合音开合音、四等、十六摄、切字
法、字音种类、字音类别。其三十六字母拟音如下（97页，[ ]号中是佐藤仁
之助拟音，（ ）号中是小川尚义拟音）：

见[k]（k）	溪[k']（k'）	群[g]（g）	疑[ng]（ng）
端[t]（t）	透[t']（t'）	定[d]（d）	泥[n]（n）
知[ch]（ṭ）	彻[ch']（ṭ'）	澄[dj]（ḍ）	娘[ñ]（ṇ）
帮[p]（p）	滂[p']（p'）	并[b]（b）	明[m]（m）
非[f]（f）	敷[f']（f）	奉[v]（v）	微[m]（v^n）
精[ts]（ts）	清[ts']（ts'）	从[dz]（dz）	心[s]（s）　邪[z]（z）
照[ch]（ts 照二 ch 照三）	穿[ch']（ts' 穿二 ch' 穿三）		
床[dj]（dz 床二 j 床三）	审[sh]（ṣ 审二 sh 审三）		禅[zh]（zh）
影[yy]（无拟音） 匣[h]（h）	喻[y]（y）		晓[h']（h）
来[l]（l）	日[j]（zh^n）		

与猪狩幸之助《汉文典》附录《〈韵镜〉解释》"三十六字母条"拟音一样。其
"字音类别"讨论吴音、汉音、唐音拟音问题，可谓细致入微（128—150页）。

大岛正健（1912）分8章：七音考、内转外转之解、开转合转之解、等韵直拗
之说、二百六韵考、音韵图使用法及汉吴音还原法、《韵镜》和假名遣、《韵镜》
和反切法。其"七音考"也涉及三十六字母拟音（1—3页，[ ]号中是大岛正
健拟音，（ ）号中是小川尚义拟音）：

见[k]（k）	溪[k']（k'）	群[g]（g）	疑[ng]（ng）
端[t]（t）	透[t']（t'）	定[d]（d）	泥[n]（n）
知[t̃]（ṭ）	彻[t̃']（ṭ'）	澄[d̃]（ḍ）	娘[ñ]（ṇ）
帮[p]（p）	滂[p']（p'）	并[b]（b）	明[m]（m）

非[f]（f）　　　　敷[f‘]（f）　　奉[v]（v）　　微[m]（vⁿ）

精[ts]（ts）　　　清[ts‘]（ts‘）　从[dz]（dz）　心[s]（s）　邪[z]（z）

照[t͂s]（ts 照二 ch 照三）　穿[t͂s‘]（ts‘ 穿二 ch‘ 穿三）

床[d͂z]（dz 床二 j 床三）　审[s]（ṣ 审二 sh 审三）　禅[zh]（zh）

影[i]（无拟音）　　匣[i‘]（h）　　喻[y]（y）　　晓[h]（h）

来[l]（l）　　　　日[j]（zhⁿ）

大岛正健拟音根据说明比较详细,比如对匣母的解释(9—10页,原为日文,这里是笔者所译):

　　匣母相对于影母之清是浊音。但仅仅依赖于影母"韵性",还是不得其"浊"之意。征之于江南音,匣母所属字,如鞋之[a‘]、痕之[en‘]、下之[o‘],在"母韵"的左肩附加上送气符号。匣母应该称之为影母的次清音。听中国送气音,浑然如浊音,区分喉音清浊,匣母应归属于浊音。我国吴音,于此类似,下之ゲ、此行之ギヤウ、降之ゴウ,记为浊音是定则。另外,再如会之エ音、和之ワ音、横之ワウ注音,在发合口音时,其尽写于和行(ワ)的假名。综合古今音考虑,给匣母拟音,就在影母[i]附加上送气符号,即是[i‘],表示是浊音。在官话中,匣和晓等同,都是[h]。见之于韵书记载的晓匣双飞,以及晓匣往来等名目,表示两者具有混同的倾向。我国汉音,两者一起写上加行的假名。为何影晓为清?因为晓比影"硬声"。匣已经成为变态之浊,为何晓成为变态之次清?应该自有其理由。《玉篇指南》《韵学集成》《康熙字典》都归在次清。按,晓变为清,到后世失去了"送气之力",而匣比晓则锐气更盛,就成为浊声。《中原雅音》晓匣为一,是元代大都之音。如官话、如广东音,应该属于这个系统。

　　大岛正健构拟匣母,不但有文献依据,而且还从发音机理上考虑是否合理,所表现的分析特征具有明显的《韵镜》语音理论承传的倾向性。这与猪狩幸之助(1898)附录《〈韵镜〉解释》"三十六字母条"大部分拟音一样,也存在着传承与发展的关系。小川尚义《韵镜》研究与其稍后学者《韵镜》中古音构拟相似性十分明显,这足可以证明,日本学者《韵镜》中古音拟音的超稳定性特点,决定着拟音的主流方向,真的是难能可贵。挖掘出这一线索十分重要,确实颠覆了一些学者所认定的小川尚义《韵镜》中古音构拟无学术源头而独创之说,引导学者们回归小川尚义《韵镜》中古音构拟本真面目的道路上来,意义不凡。

洪惟仁(1994)还说,日本的现代汉语音韵学是从1937年岩村忍、鱼返善雄合译高本汉的论文辑为《支那语学概论》而开始萌芽的(34页)。这种说法也可以讨论。日本学者介绍和评述高本汉汉语音韵学著作在岩村忍、鱼返善雄之前就有人进行。比如满田新造《评高本汉氏古韵研究根本思想》(1924/1964)以批判高本汉汉语音韵学思想而闻名;高畑彦次郎《支那语言语学研究——音声史的研究》(1928—1930)则全面而系统地介绍了高本汉的汉语音韵学体系;1930年12月有坂秀世向东京帝国大学文学部提交论文《上代音韵考》的提纲,其中《音韵论》部分也与高本汉讨论上古音、中古音问题有关[①];岩村忍、鱼返善雄《支那学者高本汉的业绩》(1936)对高本汉汉语音韵学学说也有所评价。这些都是日本学者对高本汉汉语音韵学理论全面引入之始,更是日本迈向现代的汉语音韵学一个转折点,仅仅提岩村忍、鱼返善雄合译高本汉的论著是不够的。

洪惟仁(1994)还认为,最先将高本汉介绍给中国的是罗常培。这个说法也须要斟酌,中国学者将高本汉汉语音韵学成果介绍给中国,罗常培也不是第一人。证据是:1.《答马斯贝啰(Maspero)论〈切韵〉之音》,珂罗倔伦(Bernhard Karlgren,后译为高本汉)著,林语堂译,刊于北京大学《国学季刊》1923年第1卷第3号,后收于林语堂《语言学论丛》(1933);2.《高本汉(Bernhard Karlgren)的谐声说》,赵元任译,刊于北京清华学校研究院《国学论丛》1927年第1卷第2号;3.《评珂罗倔伦Karlgren中国古韵研究之根本思想》,满田新造著,朱芳圃译,刊于《中山大学语言历史学研究所周刊》1929年第6辑第67、68期合刊;4.《珂罗倔伦谐声原则与中国学者研究古声母之结论》,朱芳圃译,刊于《东方杂志》1929年第26卷第21号;5.《上古中国音当中的几个问题》,高本汉著,赵元任译,刊于《历史语言研究所集刊》1930年第1本第3分;6.《中国古音〈切韵〉之系统及其演变(附国音古音比较)》,高本汉著,王静如译,刊于《历史语

---

① 参庆谷寿信《有坂秀世〈音韵论〉》《有坂理论展开》及金田一春彦《有坂秀世〈音韵论〉私观》。

言研究所集刊》1930 年第 2 本第 2 分;7.《珂罗倔伦考订〈切韵〉韵母读表》,收于林语堂《语言学论丛》(1933)。其他像冯承钧(1929)、张世禄(1931)、陈定民(1932)、唐虞(1934)、贺昌群(1934)等学者都对高本汉汉语音韵学研究成果作过介绍①。

林初梅在《小川尚义论文集》(2012)"序文"中提到,"台湾近年来日治时期研究的论文,大多欠缺与同一时期日本'内地'学界比较的观点,因此,有关小川的先行研究虽多,我心中却浮现不少疑问,例如,当时日本'内地'学界如何定位小川的研究成果?还有,小川和日本'内地'之间的交集如何?"(9 页)等等,都是没有解决的问题。郑晓峰指出,林初梅的专论,最重要的推论有两点:一是小川尚义求学期间受外籍老师 Karl Florenz 的影响远大于上田万年,二是小川尚义进行台湾"原住民"语言研究时日本本土的学术背景②。所以,我们认为,小川尚义的学术源流在日本,如果不去看日本和小川尚义的学术源流关系,对小川的学术评价就不会到位,这也是明摆着的事实。李壬癸也称,小川尚义是"台湾语言学先驱",但还须要理清这种关系③。以现代语言学理论传入台湾,并用现代语言学手段研究台湾地区方言而言,这个论断也是可以再议的,因为在小川尚义来台之前,伊泽修二,甚至于他之前的学者已经开始研究台湾闽南话,并且取得了不俗的成果,日本学者藤井彰三《伊泽修二的台湾话研究》(2000)对此有比较客观的研究。就是从汉语音韵学史的角度说,也不会是这样的。汉语音韵学研究在清代及清代之前就已经有许多台湾学者进行了,比如刘家谋、黄宗彝等,这也是确然的事实。

二、台湾汉语音韵学的雏形

根据学者们的研究,公元 230 年,吴王孙权派遣将军卫温、诸葛直率领一万余名官兵浮海探求夷洲。从那时开始,台湾与大陆血肉相连,关系就没有中断过,台湾汉语音韵学研究的发端至少此时就开始了。

沈启元《台湾第一所为外国人所设立的华语学校》(2011)称,从 1626 年

---

① 参罗常培《中国音韵学的外来影响》和马军《中国学术界译介瑞典汉学家高本汉(Bernhard Karlgren)篇目汇编》两篇文章。

② 参郑晓峰《评林初梅编〈小川尚义论文集(复刻版)日本统治时期台湾诸言语研究〉》。

③ 参李壬癸《台湾语言学先驱——小川尚义教授》与《日本学者对台湾南岛语言研究的贡献》两篇文章。

开始,北台湾就有一些道明会和圣方济会天主教传教士根据某种方法,随着老师和书本的脚步在学习华语,作为进入中国大陆传教的准备工作。他们的华语学校坐落于鸡笼湾东岸处。《台湾历史人物小传——明清暨日据时期》(2006)说,西班牙传教士爱斯基委(Jacinto Esquivel,? —1633)是语言学家,曾以字母记录淡水地区土蕃语言,编成《淡水辞汇》《淡水语教理书》各一册(620 页)。

郑成功海军在 1661 年将荷兰人赶出台湾。据载,中国官方在西台湾的平原地带建立了一些教授古文的学校①。1683 年至 1894 年,清朝的统治者曾规定,在台湾为汉人设置的中文学校里学习中文时以北京话发音为基础。清代黄宗彝与刘家谋两位旅居台湾的"闽儒"上古音研究成果已经比较成熟,也是比较明显的例证。甘为霖于 1870 年到了台湾,开始编撰《厦门音新字典》,用罗马字标记字音,后来又在台南出版。这也是汉语音韵学与汉语方言学研究的重要文献。我们认为,人为地割断这些历史联系,只会看轻台湾汉语音韵学在中国汉语音韵学史上的重要地位和作用,这是可以肯定的。

陈耀中《清代文献反映平埔族群语言研究》(2007)可以为我们理解台湾汉语音韵学提供一种新的思路。清代文献《诸罗县志》(周钟瑄主修、陈梦林到台主持编撰,1717)和《小琉球漫志》(朱仕玠撰,1766)记录了南岛族群中的平埔语词。但陈耀中关心的是,清人在记录平埔语词时,究竟是依据什么语言。他透过比较的方式,探讨标音汉字与汉语语音的对应关系,结果发现,标音汉字与闽南话语音之间存在比较严整的对应关系,但同时也有部分记录掺杂官话系统或客家话系统,并涵盖了数个族群的语言。这和王幼华《清代台湾文献原住民记述研究》(2004)分析结果具有相当的互补性,即可以证实当时的一些语言接触的实际情况。康熙二十三年(1684)清朝政府正式将台湾纳入版图,随后选派官吏,调遣驻兵,统治管理多达二三十个族群的"原住民",将清政府的统治模式带入台湾,逐步建立了一套完整的文化、经济、社会结构,使之成为朝廷治下的地方政府;同时还以文字记述进行"文化纳编"与"政治纳编"的工作。检读二百余年来的相关文献,颇多是以汉人作为主轴的"单一声音、俯视角度"记述,是"移入台湾人"对"原台湾人"的意志表现。与陈耀中

---

① 参沈启元《台湾第一所为外国人所设立的华语学校》。

类似,王幼华也是将清代文献中汉字拟音的运用认定为清代台湾"原住民"语音拟音,也有掺杂汉语语音现象的存在。

陈嘉成《清代汉蕃互动之研究:以巴布萨族(Babuza)为例》(2014)则是一篇研究清领时期巴布萨族群与汉人之间互动概况的论文。陈嘉成称,自己在研究方法上,透过文献爬梳对照与比较,以便了解巴布萨族群的源流、风俗文化及汉人在巴布萨地区内开垦的情况;透过古文书进行相互对照,分析当时的历史环境以及历史事件所带来的影响,以便了解汉人与巴布萨族群之间的族群互动;归纳与分析前人学者的主张,进行社群间变迁的对照,并分析归纳造成巴布萨族群面对汉人开发后迁徙的原因及情况。这更加证明,清代台湾汉语与"原住民"语言的接触是十分频繁的,也从另一个侧面说明,清人对这个问题已经有所观察,语言关系意识初露端倪。

三、台湾汉语音韵学研究的殖民化

(一)伊泽修二与台湾殖民语言学政策制定

伊泽修二是日本殖民时期台湾语言学政策的制定者,而且对当时台湾语言学政策贯彻采取了许多措施,这对台湾汉语语言学研究方向的确定影响很大。小川尚义作为伊泽修二殖民语言教育政策的主要执行者,成为了日本殖民时期台湾语言学的开拓者之一,这是须要肯定的。他的主要贡献,正如李壬癸所说,是调查和研究台湾地区的语言,包括汉语方言和南岛语言,前后40年[1]。其主要著作,比如《日台大辞典》(1907)和《台日大辞典》(1930—1932)等,都是经典性的著作。可以说,他是我国台湾地区汉语现代语言学建立的先驱人物之一,并且与伊泽修二等一起开创了一个日本殖民语言研究的时代;在某种程度上讲,似乎也影响到了台湾汉语音韵学的研究。

不过,这个说法还存在可商榷的地方,因为这个时期的小川尚义毕竟不是以真正的历史比较语言学理论与方法研究台湾地区汉语闽南方言,并很少涉及北京官话和传统汉语小学文献研究,这肯定会引起一些汉语音韵学学者的质疑。不把他看作严格的高本汉式的汉语音韵学家,似乎也无可厚非。

(二)日本学者的汉语研究工作

应该提及的是,1945年之前,除了以小川尚义等为代表的汉语方言和南

---

[1] 参李壬癸《台湾语言学先驱——小川尚义教授》。

岛语言学者之外,还有一些学者曾在台湾致力于北京官话语音等汉语语音研究工作,也作出了令人瞩目的成绩,应该特别提及。比如大矢透(1851—1928),1896年至1901年之间任台湾总督府民政部职员,与伊泽修二共事,主要著作有《日清字音鉴》(与伊泽修二合著,1895)、《假名源流考》(日本国定教科书共同贩卖所1911);谷信近(1860—1933),在台湾当过通译官,出版过《警察用语集:日支对译·附揭示文例类集》(日本言成社1913)、《军事用语集:日支对译》(日本言成社1915)等书,校阅过《四民实用清语集》(中西次郎著,大连社1910)和《对译清语活法》(来原庆助著,日本三省堂1905);后藤朝太郎(1881—1945),被称为当时日本学术界"中国通"第一人,担任过台湾总督府嘱托(特别雇员)等职务,出版过《汉字音系统》(日本六合馆1902)、《福建方言》(《帝国百科全书》17:146—183,日本帝国百科全书1908)、《现代支那语学》(日本博文馆1908)等音韵学著作,后来还写过《现在的台湾》(成文出版社1920);来原庆助(1870—1930),曾任台湾锡口公学校(今台北松山小学)第一任校长、日语学校教师,发表过《对译清语活法》(日本三省堂1905);西岛良尔(1870—1923),也曾在台湾总督府任职,写过《清语读本》(石塚猪男藏1902)等书①。《台湾历史人物小传——明清暨日据时期》(2006)也提到,毕业于东京帝国大学言语学科,曾任早稻田大学教授,1925年3月任台湾总督府高等学校教授,后任台北帝国大学教授、校长的安藤正次(1878—1952),著有《古代国语研究》《国语学通考》《古典与古语》《国语史序说》等书,其中涉及汉语语音史研究许多问题(96页);受教于内藤湖南、狩野直喜等,京都大学毕业,1945年前任台北帝国大学教授的神田喜一郎(1897—1984),在台期间著有《支那学说林》等,也包含着一些汉语语音研究内容(384页)。

其他有关"台湾语"课本,如天内八百久万《台湾语》(日本太田组事务所1895)、林久三《台湾语发音心得》(日本盛文馆1903)、吉田起一《台湾语捷径》(日本青木嵩山堂1905)、柯秋洁《台湾语教本》(日本东洋协会专门学校1915)等,也和汉语语音研究相关,学术贡献不可忽视。

伊泽修二(1851—1917),是美国电话发明人贝尔的学生,日本现代语言学的先驱之一。曾担任台湾总督府学务长,对汉语注音字母标记改进研究贡献

---

① 参李无未等《日本汉语教科书汇刊(江户明治编)总目提要》。

很大,发表过著名的《日清字音鉴》(与大矢透合著,1895)、《视话应用音韵新论》(大日本图书1906)、《支那语正音发微》(1915)等著作,被称为东亚利用实验语音学方法研究北京官话语音的第一人。曾留学英国、德国、法国的著名学者新村出出版《上水内郡声音学讲习笔记》(上水内郡1906),认为日本西洋音韵学的引入就是从伊泽修二1878年到美国向贝尔学习"视话法"开始的(10页)。埋桥德良《日中言语文化交流的先驱者——太宰春台、坂本天山、伊泽修二的华音研究》(日本白帝社1999)一书,设专章评介伊泽修二汉语语音研究的突出贡献,认为其中与日语比较及汉语实验语言学研究相关的北京官话语音标记字母的创立"绎之以世界共通之记音法,于是支那音韵之原理一旦释然,有所发明矣",力图成为"国际音标"式标记系统,为世界范围内汉语语音学界瞩目,并与中国王照的声名"齐驱并驾"。其《日清字音鉴》等著作,当然为中日学者所关注。罗常培《国音字母演进史》(商务印书馆1934;《罗常培文集》3:48,山东教育出版社2008)"注音字母之演进"一章,有所谓"假名系"著作分类,专门设立"日本伊泽修二《支那语正音发微》"进行论述,评价甚高;黎锦熙《国语运动史纲》(商务印书馆1934;2011:115)说:"王(照)氏官话字母(即京音简字),源虽不远而流很长:除同时的劳(乃宣)氏为其同志外,如日人伊泽修二之《支那语正音发微》(1915)、濑上恕治之《北京官话万物声音》(1906)等,都是外国人绍述官话字母之作。"亦见其影响力之大,所做研究当然具有重要的学术价值。洪惟仁提到,伊泽修二到了台湾后,携带他所编撰的用日本假名注音的北京官话课本《日清字音鉴》原稿拜见台湾总督桦山资纪,表示要为台湾殖民教育出力,由此打动了桦山资纪,才邀请伊泽修二担任台湾总督府民政局学务部部长,制定了台湾语言教育的殖民政策①。

　　对居住在台湾的日本人进行闽南话教育,比较典型的教科书是台湾"十五音"系列课本。洪惟仁《战后所编台湾十五音四种》(1993)说,自从1818年谢秀岚著《汇集雅俗通十五音》之后,漳州、潮州、台湾都有模仿其体例制作方言

---

　　①　参洪惟仁《日据时代的台语教育》,[日]大浜郁子《统治台湾初期植民地教育政策的形成——以伊泽修二"公学"构想为中心》,[日]上田崇仁《植民地朝鲜言语政策和"国语"普及研究》,[日]中田敏夫《由台湾总督府编纂公学校用国语教科书而见国民意识的形成》、《植民地"国语"(日本语)教科书讲了什么——由台湾总督府编纂"国语"教科书而见"内地化"限界》,周婉窈《台湾人第一次的"国语"体验——析论日治末期的日语运动及其问题》,游馥玮《从国语传习所看日治初期台湾的教育政策(1896年7月—1898年10月)》等文。

韵书者,大部分自称或通称为"十五音";台湾"十五音"共有 8 种,其中日据时期就有 4 种,均为台湾总督府编:《台湾十五音及字母表》(1895)、《订正台湾十五音及字母表》(1896)、《台湾十五音及字母详解》(1896)、《订正台湾十五音字母详解》(1901)。洪惟仁对这 4 种"十五音"著作进行了详细的考定,发现它们均以实用为目的,其编排方式比起西方传教士或台湾总督府所编的闽南话或"台语"字典来差了一大截,加上内容品质低劣,其价值没有什么可以称颂的地方。但后来也有人对《订正台湾十五音字母详解》的学术价值予以肯定,比如陈君慧《〈订正台湾十五音字母详解〉音系研究》(2001)谈到,1895年,日本开始对台湾进行殖民统治,为了统治之便,日本人不仅对台湾人教授日语,同时也对日人实施闽南话教学。《订正台湾十五音字母详解》刊于 1901年,是统治初期由台湾总督府编辑的"台语"发音教材之一。这类书籍利用闽南传统韵书系统"十五音"体例,并加上日本假名标音符号。而该书贡献有二:一是订正标音符号,其后到 1945 年战败为止,日本官方所编"台语"著作的标音符号基本上皆依该书规定;二是方音,以往日人的"台语"著作皆依单一的方音,到了该书标准方音改为"厦门音",同时兼收多种方音。从前闽南话研究以大陆闽南地区为主,日人在台湾进行的研究,可谓初次由闽南话析出台湾地区所通行闽南话——"台湾语"概念。该书为日据早期日人对台湾闽南话认识上重要的转折点,故在日本人闽南话研究史上具有非常重要的地位。值得注意的是,其中日本人对闽南话的认识以及问题的处理方式,陈君慧也看到,在使用文献语料的过程中,也有一些日人自行观察、调整的痕迹。整体而言,其音系与今日闽南话大致相同,具有很明显的实用性,且其所涵盖的地域范围以台湾北中部地区为主。

受日本殖民语言教育政策的影响,当时的台湾汉语呈现畸形状态,对此,已经有学者注意到。比如林虹瑛《日治时代日语混编歌仔册对台湾话所带来的影响》(2007)就谈到,日本人注意到"歌仔"的影响力,提倡使用日本式"歌仔"来教育民众。这种日本式"歌仔"内容用汉字记录,但有时会掺杂罗马字或日语假名,混入日本借词;在表现闽南话汉字上,有时标注日语假名记音,成为标志一个时代的闽南方言资料。林虹瑛提到,日本学者伊能嘉矩、稻田尹、樋口靖,以及台湾学者吴守礼、王育德等对这些材料有所注意。其中,《日台会话新歌》就是典型的"歌仔"形式之一,对研究当时的闽南方言语音具有重要的价值。

罗济立《日治后期之殖民地警察与台湾客语、民俗文化的学习——以〈警友〉杂志为资料》(2011)指出,《警友》是台湾日据时期新竹州警察部的机关杂志,创刊于1923年。目前,台湾图书馆所藏期数最早的是大正十四年,即1925年第10号零星资料,其他主要集中在1935年的147号至1941年的215号资料。杂志主要刊载有"广东族研究"及"讲义资料:广东语研究"两种连载专栏,其中"广东族研究"介绍了客家的人文地理或是客家族群与警察行政相关的报导文章;"讲义资料:广东语研究"由任台湾总督府嘱托的刘淞生编著,以"四县音——国语(日本语)——海陆音"的对译方式,刊载许多如强盗报案、选举须知、取缔兽肉贩卖、"兴亚"生活、强化实践等等与警察执行工作有关的会话文稿,并附上客家话假名,是很重要的注音方式。当时,新竹州有客家人约44万,占全州六成左右(1936),"日方因为缺乏客语人才之缘故,从日本派来的殖民官僚必须透过口译者进行双重口译才能和客家人进行语言沟通,因此成了统治需要,不难想象为了提高执行警务效率以及知识素质,与民众接触最甚的警务人员确实有学习客语的必要与需要……《警友》是管见日本人学习客家语言文化相当完整的资料,就保存客语语言文化的第一手资料而言,意义甚大。而且,《警友》上的片假名发音标记包括客语四县话以及海陆话两大次方言"(2—3页)。在本书的第三章,罗济立设置了"《警友》杂志的客语发音标记、《警友》四县客语的音韵描写及特色、《警友》所反映之四县话与海陆话的音韵差异"等部分进行详细论述,从中可以看出当时人研究客家话语音的基本状况,很明显带有强烈的殖民地语言教育色彩,亦可证明日本殖民者在客家话教育上的用心之所在。

如果我们把这些成果纳入日本殖民时期台湾地区的汉语音韵学范畴中来的话,情况就会大不一样;认定中日甲午战争后台湾地区已经形成"殖民地"汉语音韵学官话和闽南话、客家话语音研究特殊"发达"局面的说法,是完全可以得到认同的。

(三)台湾籍学者的汉语研究

日本侵占台湾期间,还有一些台湾籍学者从事汉语研究工作,其中很自然涉及汉语音韵学问题。比如施士洁(1853—1922),进士,清末台湾三大诗人之一,著有《乡谈声律启蒙》等;连横(1878—1936),其著作除了《台湾通史》之

外,尚有整理台湾语文之《台湾语典》四卷;郭明昆(1908—1943),曾师从津田
左右吉,获得早稻田大学学士学位,并于 1934 年被日本外务省派到北京学习
过,发表过《甥侄称谓与汉族称谓制度之侧面研究》(日本《东洋学报》)、《福
建话的古语研究》(《台湾文艺》),以及专著《中国家庭制及语言之研究》等;
郭秋生(1904—1980),1931 年在《台湾新闻》上发表两万字的《建设台湾白话
文提案》,主张以汉字来表达台湾语言,有音无字则造新字①。另有张耀堂《新
撰台湾语教科书》(2 册,新高堂书店 1935)、吴守礼《台湾罗马字和基督教》
(《民族台湾》4.1,1944)、杨云萍《台湾语文献小记》(10 种日台双语辞书及会
话图书解题,《民俗台湾》4.5,1944)等,都与音韵研究有关。汤廷池《评介两本
在日治时期以日文撰写的台湾语法书》(2010)探讨了两本用日文写的"福佬"
语法书基本情况:一本是陈辉龙编著,台湾总督府警察局及狱官练习所于 1934
年出版的《台湾语法》;另外一本是李献璋著,日本南风书局于 1950 年出版的
《福建语法序说》。《福建语法序说》虽然出版于 1950 年,但却是作者李献璋
1940 年游学东京时与友人郭明昆讨论而提出纲要,并于 1944 年完成的。这两本
语法书,不仅对研究闽语语法,就是对研究闽语语音及词汇也具有重要意义。

四、两岸分离时期汉语音韵学流派格局

(一)承继北京大学等校优秀语言学传统

1949 年 1 月傅斯年接任台湾大学校长,兼任台湾史语所所长。他仍然坚
持在创办史语所之初所立定的学术宗旨,正如 1931 年修订的《中研院史语所
章程》第一条说明的那样:"……设置历史语言研究所,用科学赋给之工具,整
理史学的及语学的材料,并以下列之工作为纲领:一、各种集众的工作。二、各
种史学的及语学的材料之寻求、考定、编辑及刊行。"②杨时逢也说:"孟真先生
创办历史语言研究所,以语言与历史并重,先生认清汉语学之研究,须以方言
研究为成就之道路。故在开办之初,即计划全国方言调查,先后在赵元任、李
方桂两先生领导下进行汉语及非汉语之调查。"③同时,聘请史语所教授兼任
台湾大学教授,比如董作宾、董同龢、周法高等,奠定了台湾大学语言学研究的

---

① 参《台湾历史人物小传——明清暨日据时期》325 页、471 页、477—478 页、481 页。
② 《傅斯年全集》第 6 卷,第 369 页。
③ 杨时逢《语言调查与语音实验》。

根基。有学者因为他曾任过北京大学代理校长,所以称他为"连接北京大学和台湾大学学术传统的标志性人物",这并不是虚誉之辞,台湾大学语言学研究承袭北京大学语言学传统,是有目共睹的。黄俊杰、孙震《傅斯年与台湾大学的教育理念》(2005)说,重建大学精神,提升台湾大学的师资水准,包括聘请台湾史语所第一流学者兼任教授,实际上,是把北京大学业已形成的传统带入到了台湾大学。语言学,尤其是汉语音韵学研究在台湾得以重振雄风,并不是偶然的。董同龢等在台湾大学所培养的汉语音韵学学者,后来有不少成为该领域的顶尖人物,不能不说与此关系十分密切。许世瑛、林尹、高明任台湾师范学院(现台湾师范大学)等校教授,更是将北京大学、中央大学等校的汉语音韵学研究传统带入到了台湾,所培养的学者占据了各个大学的汉语音韵学学术和教学领地,热诚传播汉语音韵学,形成了现代汉语音韵学与传统汉语音韵学"双峰"并峙的学术格局,一直延续到了今天。赵元任、罗常培、王力、李方桂等现代汉语音韵学与章太炎、黄侃等传统汉语音韵学相得益彰,水乳交融,你中有我,我中有你,难别彼此,再加上承袭清代考据学学风,构成了特色鲜明,又具有深刻文化内涵的汉语音韵学研究的个性特征,在世界汉语音韵学史中亦是占有极其特殊的地位,这肯定是中华小学传统得以在现代"重生"之大幸,我们能不珍视这份宝贵的中华遗产吗?

1959 年 10 月,"傅孟真先生诞辰纪念日"活动在台湾大学举办,中国现代语言学的奠基人赵元任亲临现场,并发表了《说清浊》(1959)一文。其中谈道:"傅孟真先生是个最富于国家思想的教育家。他听了那种洋派国语是极不以为然的。傅先生又是一位最富于国际思想的学者,他不但注重上文所说的'摩登训练',并且还主张打通学门与学门当中的界限。"这就是傅斯年当年倡导的"学贯中西、多学科融合"的汉语音韵学研究理念。赵元任特意突出傅斯年汉语音韵学学术的理念,寓意深刻,实际上是在告诉人们,傅斯年的"学贯中西、多学科融合"的理念已经深入世界各国汉语音韵学学者人心,深深根植于汉语音韵学学者的意识当中,并且成为了人们自觉恪守的基本原则,构成了汉语音韵学学术研究的理想信念。以赵元任、李方桂、张琨为领军人物的世界知名汉语音韵学家聚集于台湾,并培养了一大批留学欧美的汉语音韵学学人,他们和本土精通传统中华文化的学者一道,融合了传统考据学与西方现当代语言学的精髓,走出了一条中国汉语音韵学主导世界汉语音韵学论坛的道路,引领着汉语音韵学研究的新潮流、新方向,又凝练成为一代卓有成就的学术流派群体,深刻地影响了中国和世界的汉语音韵学发展趋向与格局。

(二) 成立声韵学学会

1982 年 5 月,台湾汉语音韵学者响应陈新雄的呼吁,成立台湾声韵学学会。这个汉语音韵学专门学会的设立,是台湾汉语音韵学研究发展到一定历史时期的繁荣标志。《声韵论丛》1994 年第 1 辑"附录"载陈新雄《声韵学学会缘起》一文,他谈到:

> 声韵学讨论会成立之初,因为感到在声韵学的教学上需要有交换意见的机会,于是,和……先生们商量,希望能够有机会请大家在一起,把平常在教学上遭遇到的问题提出来,借着大家的意见,得到一个比较合理的解决。当时,大家都很赞成,希望我出面来组织这样子的一个会,能够定期地来讨论。所以,第一次我就尽量邀集各大学教声韵学的先生们,于 1982 年 4 月 24 日,在师大国文研究所特别教室举行第一次声韵学讨论会,由我个人先作一次讲演。我讲的是《从苏东坡小学造诣看他诗学上之表现》,大家的反应非常热烈,都希望这个会能继续下去。

在这篇《缘起》中,陈新雄介绍了六次会议的基本情况,给研究台湾汉语声韵学会历史的人提供了第一手资料,非常珍贵。至 2016 年,台北教育大学承办的声韵学会会议,已经是第三十四届了,形成了非常完备的运作机制,被称为台湾汉语音韵学发展的"晴雨表"和核心动力。《声韵论丛》第 1 辑"发刊辞"也是由陈新雄所作,其中谈到了"声韵学会"创设目的,主要是:一为推动声韵学术之研究,一为增进两岸声韵学术之交流,一为刊行声韵学术之论文。在声韵学会成立这个过程当中,陈新雄其功至伟。吴圣雄访谈陈新雄,涉及声韵学会成立问题,陈新雄在《声韵学会通讯》(10:69—84,2001)的一篇文章中介绍说:

> 声韵学是有条理、有系统,而且有趣味的一门科目,我们创立声韵学会,主要是希望与教声韵学的同仁们研究,如何让学生不觉得声韵学可怕,所以,创办之初叫做"声韵学教学研讨会",但后来大家觉得既然要成

立一个会,不限于教学,其他有关声韵学相关的问题,都可以纳入,因此,改名为"声韵学学会"。

姚荣松《陈伯元教授提倡声韵学及推动两岸语言文字学术交流的贡献》(2013)认为,陈新雄推动声韵学会成立,还要实现一个理想,就是打破门户之见:"中国向来有所谓学派,例如章黄学派是传统的,比较守旧。从高本汉以来,到赵元任、董同龢先生,他们用新的语言学方法来研究声韵学,就成了一个新的学派。正好伯元师从自己师承林、高、许三位先生的融会过程中,已找到调和新旧的法门,就是充分讨论与沟通。"文中引用了陈新雄的原话:

> 我把两派的东西都看了以后,觉得他们之间并不发生冲突,而且,如果能够融会在一起,对声韵学的理解,更能够相得益彰。所以,我当时成立这个学会,就主张:我们只论是非,不管门户。这一点,从今天来讲,我们……已经达到了,大家都没有什么门户之见。当然,能够做到今天这样的局面,我对丁邦新先生是相当感谢的。因为,他能够捐弃成见,与我携手合作。

这番话表明,陈新雄在认识上确实具有前瞻性,真正地促进了台湾汉语音韵学的繁荣,陈新雄的学术贡献由此可见一斑。

(三)编辑出版以汉语音韵学为主要内容的学术刊物

除了延续大陆而迁移到台湾地区的《史语所集刊》,以及所创办的各个大学学报之外,台湾地区声韵学会《声韵论丛》是台湾唯一的以汉语音韵学为主导内容的学术刊物,至今已出版24辑。竺家宁《台湾近年来声韵学发展的特色》(2010)一文说:

> 《声韵论丛》成为台湾地区唯一的声韵学期刊。这本期刊的历史反映了台湾地区声韵学发展的历程,是一种台湾声韵学术史的最重要研究凭据,因此,自发行以来,一直受到学术界的重视。声韵学在台湾是所有语言文字学科当中发展得最为蓬勃兴盛的一个门类。两岸语言文字学研究的这个大领域,也许在方言学、语法学方面,比起大陆的研究成果,显然

研究群和发表的论著数量要少得多,然而声韵学这个领域,在台湾有十分出色的表现。两岸比较之下,可以看出几个特色:第一,声韵学一直是台湾各大学中文系一年的必修科目,是中文系最主要的学习科目之一,而大陆多半列为选修或只设计了一个学期的课程。第二,台湾的声韵学研讨会每年由不同的大学轮流主办,至今已经历二十八届,中间从未中断。大陆地区则为来年举行,两年才办一次声韵学研讨会,今年下半才进入第十六届。第三,台湾地区的声韵学会会员有一百多人,大陆的音韵学研究会也不过三百多人,以人口比例来看,显然台湾对声韵学的发展有更多的学者投入。第四,台湾的声韵学会有《声韵论丛》的出版,至今已进入第16辑。大陆似无类似的声韵学专刊。而大陆的《音韵学研究》作为学术研讨会的会后论文集,2004年出版三辑以后也无以为续。

按,其实,大陆以中国音韵学研究会名义而与其他大学联合举办音韵学探讨会,会后联合精选论文,共同出版会议论文集,也是每两年一本,这就替代了中华书局出版的"音韵学研究"系列,应该算是中国音韵学研究会会刊。

台湾地区学者坚持定期举办声韵学会学术会议,会后还将优中选优的论文刊载在权威的《声韵论丛》期刊上,这就保证了汉语音韵学研究的质量不断地得到提升,更促进了汉语音韵学研究的可持续发展与繁荣。台湾声韵学会还设立"优秀青年学人奖",每年1名,评选程序十分严格,确实真正做到了极力鼓励年轻学者,提携后进。

这是七十年来台湾地区汉语音韵学研究所呈现的基本学术格局。

第三节　台湾汉语音韵学史分期及特点

研究台湾汉语音韵学史分期,是把握台湾汉语音韵学特点的基本前提,对于科学认识台湾各个历史阶段的汉语音韵学存在及发展变化具有重要的价值和意义。

一、台湾汉语音韵学史分期原则

台湾汉语音韵学史如何分期?台湾学者目前还没有一个统一的、被大多数学者们所认可的整体性思路。很多学者把 1949 年以后"狭义"的汉语音韵学研究时段作为可以分期的对象,但这样做所观察的汉语音韵学时段是不是过于褊狭?如此就带来了一个问题,即伊泽修二、大矢透、小川尚义等汉语官话和方言,以及台湾南岛语言研究算不算汉语音韵学研究?明代、清代之前一些与汉语语音相关的著作还算不算汉语音韵学研究?

那么,台湾汉语音韵学史是不是可以按许多学者已经探讨过的台湾地区历史分期模式进行?台湾地区历史分期问题迄今仍未有一个统一的说法。张振鹍《漫议台湾历史分期》(2013)认为,台湾地区历史分期要遵循一个基本原则,就是"台湾自古以来是中国的一部分,是中国的第一大岛。作为中国的一个地方,它有一个与中央的关系问题;作为中国的一个海岛,它有一个与大陆的关系问题;台湾地区历史发展的各阶段,就是在这两个关系的运动中形成的"。由此,台湾地区历史即分为:从远古到"明(代)郑(成功)"时期(1683 年前),清代时期(1683—1895 年),日据台湾时期(1895—1945 年),回归祖国、海峡两岸分离时期(1945 年后)。

我们进行台湾汉语音韵学史分期也不能脱离台湾地区历史发展中各种政治教育文化与中国大陆统一的紧密联系,以及被日本殖民占领、回归祖国、1949 年后两岸分离的事实前提。因此,我们参照台湾地区历史分期模式,把中国台湾汉语音韵学史分为:"明(代)郑(成功)"前台湾汉语音韵学,"明郑"台湾汉语音韵学,清代台湾汉语音韵学,日本殖民时期汉语音韵学,回归中国时期台湾汉语音韵学,海峡两岸分离时期台湾汉语音韵学。这种分期以广义内涵观念为标准,突破了狭义的汉语音韵学内涵观念局限,明显带有一个整体性的概括标准,因此,对台湾地区汉语音韵学各时期特点的把握,既要考虑到中国社会历史发展过程中台湾政治体制对汉语音韵学研究的影响,也要顾及台湾汉语音韵学自身的学科历史发展脉络。

二、台湾汉语音韵学史各个时期特点

(一)"明郑"前依附于经学,小学已经传入

就我们的认识来看,"明郑"前台湾地区汉语音韵学与中国大陆传统经学范畴内小学发展关系密切,汉语音韵学依附于经学,把"通经致用"作为基本目的,以传统韵书文献研究为主。

曾作《毛诗古音考》《屈宋古音考》的著名音韵学家陈第,原为平倭名将戚继光的参谋,1602 年随明朝将领沈有容奉命到东番(台湾)征讨倭寇,次年写成《东番记》,记录台湾人狩猎、社会、礼俗等生活①。

荷兰占领时期,传教士语言学教育对台湾汉语研究的影响不可低估,"双语间文化交流",用罗马字记录汉语方言语音就是明证(邱馨慧 2013)。1649 年,明遗臣沈光文漂流抵台并留据台湾,后创东吟诗社,著有《文开诗文集》②。此时,汉语韵书在台湾得到了很大程度的关注。

(二)"明郑"时期传统韵书运用广泛

据《台湾大事年表》(20 页),1665 年,郑经依陈永华之议,建圣庙,设学校,传统小学教学与研究得以开展;1666 年,在今台南建成圣庙,设太学开试,照科考取士,传统韵书有了用武之地。

(三)清代汉语音韵学研究形成多元格局

清代时期,满语是"国语",但传统汉语小学的研究仍然是"正统"的语言研究行为,因为大清王朝科举制度规定了汉语小学在台湾地区汉语教育的主体地位。魏章柱(2009)指出,清代台湾地区的学校包括儒学、义学、社学和书院等机构设置,虽然由于清廷对台政策的消极态度而影响到台湾的教育水平,但是,这种设置教学机构的行为毕竟促进了台湾地区社会的发展和进步,使得中华文化在台湾生根发芽,完成了两岸理念的整合,其影响是深远的,作用是巨大的。与此同时,《戚林八音》《榕城方言古音考》等闽台方言韵书与研究成果传入台湾,对台湾地区的语言教育不能不有所影响。台湾府儒学训导刘家谋《观海集》就记录了这方面的一些内容。汉语文言书面语、官话、客方言、闽方言、土著居民语言交织在一起,不容易理清头绪。台湾汉语音韵学面临的研究对象是多元的,当然,理论与方法也不会是单一的,这就直接促进了台湾汉语音韵学研究多元格局的形成,可以说,台湾汉语音韵学研究的多元化传统已经确立了。

(四)日本侵占时期汉语音韵学研究殖民色彩浓郁

日本侵占台湾地区,即日本殖民时期汉语音韵学研究,官方以日语为"国语",汉语音韵学研究从属于"国语"语音研究,殖民色彩十分浓郁。研究汉语

---

① 参台湾文献馆编《台湾大事年表》6 页。

② 参台湾文献馆编《台湾大事年表》12 页。

音韵学一定要服从于这个根本性的原则。日本人学习北京官话语音、闽南话语音,也包括调查南岛语言,都是在推行伊泽修二等所制定的日本台湾语言政策的前提下进行的,体现了汉语教学和研究的实用性功能,大矢透、小川尚义的学术研究也要服从于这个基本原则。

(五)回归中国时期以"重建国语"为先导,回归小学传统

台湾回归中国的汉语音韵学时期自 1945 年 8 月至 1948 年 10 月。经典性著作《古音系研究》(1935)作者魏建功,担任了当时的台湾省国语推行委员会主任委员兼台湾大学中文系特约教授。许寿裳也应陈仪之邀来到台湾,主持台湾编译局事务,推行国语①。在台湾省国语推行委员会委员名单中,有不少知名的音韵学家,比如方师铎、马学良、周辨明、严学宭、吴守礼,以及担任方言调查组组长的俞敏,但马学良、周辨明、严学宭等人始终没有到台湾。

日本侵占台湾后,强制推行奴化性的日语"国语"教育,长达半个世纪之久。当时,台湾省中年一代多数人在公共场合讲日语、写日语、读日文书,用汉语交流限定在家庭范围内;年轻一代人汉语基础很差,更不用说讲官话、闽南话了②。魏建功等制定推行国语计划,撰写了《国语运动在台湾的意义申解》《国语运动纲领》《日本人传讹了我们音》《学国语应注意的事情》《何以提倡从台湾话学习国语》等文章,非常直接、适时地指导着台湾的国语运动;同时,也积极倡导大学中文系学生学习传统小学知识,使汉语音韵学研究回归到了正常的轨道上来。1946 年 8 月,何容来到台湾后,参与了国音标准的制订。1949 年,中国国语运动的先驱人物吴稚晖来到台湾,继续推动国语教育③。吴守礼等作为第一批台湾大学本土汉语教授,重建闽语文献语音研究的资料库。1946 年,大陆音韵学家许世瑛任教于台湾省立师范学院,教授汉语音韵学。

(六)海峡两岸分离时期:重建、发展与繁荣汉语音韵学

1949 年以后,一批大陆著名汉语音韵学家来到台湾,比如周法高任教于台湾大学;董同龢随史语所来台湾任研究员,兼任台湾大学中文系教授;林尹、高明任台湾师范学院(现台湾师范大学)等校教授;潘重规后来从香港到了台湾,任台湾中国文化大学中文系教授兼研究所所长、文学院院长。这些学者为

---

①　参钱拓《魏建功音学述评》。

②　参世界华语文教育会《国语运动百年史略》165 页、239 页;方师铎《五十年来中国国语运动史》118 页。

③　参詹玮《吴稚晖与国语运动》,文史哲出版社 1992 年。

重建台湾汉语音韵学教育制度和研究体系做出了巨大的贡献。他们培养了一大批具有新语言意识的汉语音韵学家,比如陈新雄等著名学者;也培养了何大安等"本土院士"。后来,又有一批从欧美留学或任教回来的汉语音韵学家加入到研究队伍中。比如中国现代语言学的奠基人赵元任,20 世纪 50 年代亲自到台湾大学讲学,传播汉语语言学研究新理论,形成了非常系统的体系,所涉及的与汉语语言学有关的基本问题有十六讲,经记录而成为《语言问题》(1980/2014),对台湾的汉语语言学研究产生了极其深远的影响;李方桂,美国芝加哥大学博士,1948 年当选中研院第一届院士,曾于 1973 年到台湾史语所工作;张琨,美国耶鲁大学语言学博士,1972 年任台湾"院士";丁邦新,美国华盛顿大学亚洲语文系博士,后任职于台湾史语所和台湾大学,台湾"院士";李壬癸,美国夏威夷大学语言学博士,1970 年进入台湾史语所起就以台湾南岛语言的研究为主,后任台湾"院士";龚煌城,德国慕尼黑大学博士,1976 年回台从事语言学研究,先后在台湾史语所、语言学研究所任职,台湾"院士";张光宇,美国加州大学伯克利分校语言学博士,任台湾清华大学教授。这些学者的加入极大地丰富了台湾汉语音韵学内涵,使之在很多研究领域站在了国际前沿位置,真正进入到了一个全面发展的繁荣时期。这个特点是十分突出的。

对海峡两岸分离时期(1949 年后)汉语音韵学又可以进行分时段研究。竺家宁《台湾四十年来的音韵学研究》(1993)将 1949 年以后到 1992 年之间台湾汉语音韵学研究分为"早期的研究"(1949—1973)和"近二十年的研究"(1973—1992)。姚荣松《六十年来(1950—2010)台湾声韵学研究成果之评述与展望》(2014)把 1950 到 1976 年的 26 年称为台湾声韵学"灌溉期",把这 26 年按两个 10 年以及后 6 年来排列,统称为"前期"(13 页);与之相对的"后期"指的是 1977 年到 2000 年;又把 1999 到 2008 年称为"21 世纪初始 10 年"。

我们认为,可以继续补充这些学者的意见加以说明,即按照学术走向情况分为创设时段(1949—1973)、发展时段(1973—1992)、转型时段(1992—2016),这就比较符合实际了。

第二章

台湾汉语音韵学史文献盘点一：通论

第一节　台湾汉语音韵学史文献汇集

一、台湾学者研究台湾汉语音韵学史

李方桂《语言学在台湾》(2012，作于1967)是较早总结台湾语言学成果的论著之一，涉及台湾汉语音韵学，评述了董同龢《中国语音史》以及周法高《玄应反切》研究成果，认为其学术影响深远。邓临尔也曾提出过《台湾的语言学有什么问题》的思考①。

对台湾汉语音韵学成果进行总结、回顾、展望的台湾学者很多，主要有董同龢、陈新雄、周法高、何大安、姚荣松、竺家宁、王松木、董忠司、林炯阳、江俊龙、吴瑾玮、李存智、颜静馨、曾进民、吴晓琪等。在这些学者当中，比较有代表性的主要是何大安、竺家宁与姚荣松，后两位先生的总结有很多看法值得借鉴。

将台湾地区音韵学成果划分成七个方面的框架始见于何大安《近五年来台湾地区汉语音韵研究论著选介》(1983)，这吹响了检讨五年研究成绩以策来兹的号角。到了20世纪90年代，何大安受台湾"国科会"人文学研究中心的委托，主持了"中文学门语言文字学核心科目：文字学、声韵学、训诂学的成果评估"专题计划，担任总工程师。因此可以说，有意识地研究台湾汉语音韵

---

① 见《综合月刊》1974年第79期，14—21页。

学史,何大安初创之功不可没①。

竺家宁《五十年来台湾的声韵学研究》(2006)是一篇十分重要的带有总结性质的长篇论文。竺家宁认为,台湾五十年汉语音韵学发展在三个方面取得了可观的成果:第一是敦煌资料的运用;第二是断代研究的日趋精密;第三是复声母研究的进展。对上古音的研究,从古韵部、古声母、复声母、古声调、音值的拟定及其他几方面论述,并列有重要论著目录;对中古音的研究,从韵书及韵部的研究、反切的研究、等韵学与重纽问题的研究、中古声母、其他几方面论述,并列有重要论著目录;对近代音的研究,从宋代音的研究、元代声韵资料的研究、明代的语音发展、清代音系及语料的研究、有待于进一步研究的语料、研究方法、音韵学专书近代音部分几方面论述,并列有重要论著目录;对通论性质的音韵学研究,涉及音韵学者贡献、论著选介、音韵著作序跋、音韵研究进展介绍、音韵学会议纪要、音韵研究理论与方法等内容;对音韵学学位论文概况介绍,除了列有博士论文作者题目、指导教师外,还重点简要介绍了一些博士论文的内容;对音韵学教科书的编写,主要介绍了林尹、董同龢、谢云飞、陈新雄、潘重规、竺家宁、何大安、林庆勋、黄耀堃等著作内容;对声韵学会的成立,介绍了其建立过程,还将《声韵论丛》每一辑的篇目加以列举;最后是"结论",含有对未来的展望、教科书的编纂、声韵知识的普及和推广内容。

姚荣松《六十年来(1950—2010)台湾声韵学研究成果之评述与展望》(2014)"前言"介绍说,这个报告是台湾"国科会"人文学研究中心中文学科"五十年来台湾地区文字学、声韵学及训诂学研究成果评估"专题计划成果报告的一部分,该专题计划由何大安主持,姚荣松本人负责"汉语声韵学之评估"。作者声称,自己写作的重点放在补足对前26年台湾音韵学者筚路蓝缕、辛勤灌溉期薪传期的成果评述上,我们如果对比姚荣松(2014)与他之前的学者综述,就会知道这个特点十分突出。此外,该文对音韵学研究成果的关注具有别人所论而不及的地方。比如13页"总论",除了强调林尹、董同龢"音韵学通论"作为大学教科书所发挥的培养学生作用之外,还提到了民间对汉语音韵学传承的问题,列举了叶芝生《古韵左证表》(1957)和叶梦麟《广古韵左证

① 参姚荣松《六十年来(1950—2010)台湾声韵学研究成果之评述与展望》。

表》以及《古音蠡测》(1961)，观察细致入微。作者的"讲述大纲"分为 A、B 两大部分：A 部分是对 1950—2000 年台湾汉语音韵学研究成果的评述，分为前言、总论、上古音、中古音、近代音、方言、比较音韵几部分；而 B 部分则是对 21 世纪初始 10 年的汉语音韵学研究成果的汇集及评述，还融入了作者对 21 世纪汉语音韵学研究趋势展望与期待。在观察与总结的视野范畴上，姚荣松参照竺家宁(1993)进行筛选及增补，并对 1977 年以后的研究成果目录进行了汇集。姚文比竺家宁(2006)增加了方言、比较音韵两部分，显然是在有意地丰富汉语音韵学学术研究的内涵，与人们对传统汉语音韵学研究范畴的认知视野明显不同，这很值得注意。

二、本书调查、盘点以及论述依据

在参照中国台湾地区学者们全面介绍、评介、引述的基础上，我们的论述融入了笔者亲自调查研究所得，由此而做了一个比较全面的汉语音韵学成果文献盘点。其资料来源，除了根据台湾汉学研究中心出版的《〈汉学研究通讯〉期刊学术论文选目》、台湾图书馆印行的《期刊论文索引》、台湾声韵学会编辑的《声韵学会通讯》及台湾博硕士论文网等论文索引；林炯阳与董忠司主编《台湾五十年来声韵学暨汉语方音学学术论著目录初稿(1945—1995)》(1996)，竺家宁《台湾四十年来的音韵学研究》(1993)、《五十年来台湾的声韵学研究》(2006)，姚荣松《六十年来(1950—2010)台湾声韵学研究成果之评述与展望》(2014)以及李无未主持编纂《音韵学论著提要与总目》(2007)等文献之外，还面向中国台湾和大陆，以及日本、法国等地各个大学图书馆和个人，逐一收集，力求全面。读者可以通过这个盘点与论述了解到台湾地区汉语音韵学发展历史的基本事实。须要说明的是，我们对许多学者汉语音韵学成果不厌其烦地大段引述，目的是尽力保持论著原来的基本面貌，希望不至于因为我们的转述和概括而失真。同时，也尽量以"按断"形式融入了我们的一些看法，尽管有的看法并不成熟，甚至是不合理的，但我们还是希望这些看法能够引起读者们的注意，至少是给关心台湾汉语音韵学史议题的学者以一定的启迪。这里所评述的汉语音韵学论著，从学术批评标准角度尽量做到科学而公正，并且希望"面面俱到"，但因为个人精力有限、阅读面狭窄，有很多重要的学术论著被遗漏是在所难免的，因为个人看法和取舍意见不一样而造成忽略的情况也会时有发生,但我们认为,这个盘点和论述大体上符合台湾汉语音韵学研究历史的基本事实。我们的目的其实只有一个,就是通过本书的介绍,使感兴趣的读者对台湾汉语音韵学史形成一个初步的印象,并以此为基础进一步发掘历史事实,从而获得更为深刻的认识。

第二节 台湾学者编写汉语音韵学教科书

台湾学者编写的汉语音韵学教科书,集教学与科研为一体,对培养汉语音韵学专门人才、推动汉语音韵学研究发挥了巨大的作用。

一、董同龢《汉语音韵学》(1968)①

该书是我国台湾地区大学汉语音韵学教学最为重要的教科书之一,影响力极大。该书原名《中国语音史》,1954 年出版;后更名为《汉语音韵学》,1968年出版。这里以 1985 年 9 月版为依据。其体例为:赵元任先生序、《汉语音韵学》原序。第一章,引论;第二章,国语音系;第三章,现代方音;第四章,早期官话;第五章,《切韵》系的韵书;第六章,等韵图;第七章,中古音系;第八章,中古音韵母的简化;第九章,由中古到现代;第十章,古韵分部;第十一章,上古韵母系统的拟测;第十二章,上古声母;第十三章,上古声调的问题。附录:语音略说。

赵元任在《汉语音韵学》"序"中称赞董同龢汉语音韵学研究目光敏锐、方法严谨、材料丰富。所谓目光敏锐,是说董同龢批评高本汉《诗经》用韵研究是"搭桨韵"式的;而所谓方法严谨,是说董同龢研究汉语音韵学既讲"音类",也讲"音值",而且逻辑思维缜密,比如把《广韵》重纽问题搞出头绪来,汉语音韵学理论意识也是超出同时代学者眼界的;而其运用材料之丰富,传统汉语音韵学文献自不必说,就是汉语方言文献、汉语和其他语言的对音文献也有所论及。董同龢"自序"说(2 页):

从西洋人把他们的语言学介绍到中国来,中国古音研究的进展,真是

---

① 这里标明的年份为该文献在台湾首次出版时间;如该文献未在台出版,则为其在其他国家和地区首次出版时间。

可观。我们可以说,近几十年间中外学人的收获,足足抵得上,甚或超过清代三百年间许多大师的成绩。眼界宽阔,材料增加,工具齐备,方法也更精密。因此,我们已经能从古音的"类",进而谈古音的"值"。更要紧的是,我们已经能使这门学问脱离"童稚从事而皓首不能穷其理"的绝境。

这几句话把中国现代汉语音韵学不同于传统汉语音韵学的精髓之处揭示了出来,可谓精辟之极。

董同龢《汉语音韵学》所建构的汉语音韵学体系,严格说来,是汉语音韵学基本知识体系与学术研究意识有机结合的产物。该书所具有的善于普及汉语音韵学知识的特性是与其彰显教科书功能分不开的,其所蕴含的汉语音韵学教学思想迄今仍然熠熠闪光。同时,该书也是一部重要的专门学术著作,充分表现了董同龢不同于其他中国汉语音韵学学者的独到学术个性特征。比如他对唐代增订《切韵》韵书,包括敦煌王仁昫《刊谬补缺切韵》、孙愐《唐韵》、李舟《切韵》、故宫王仁昫《刊谬补缺切韵》等书文献关系、音系差异的看法,就是比较突出的。该书值得一提之处还有:认定《七音略》与《韵镜》为宋以前文献;"守温三十字母"参照梵文与藏文字母;中古音是在简化的道路上大步迈进;充分肯定段玉裁"谐声古韵分部"的方法,进而建立自己的上古音研究系统,而且卓然自成一家,等等。可以说,《汉语音韵学》既是汉语音韵学教学的典范,又是汉语音韵学学术研究的经典成果。

李方桂在《语言学在台湾》(2012,作于1967)中称赞道:"探索官话的语音发展,溯及上古汉语;他对早期官话(14世纪)和上古汉语(公元前9世纪至公元5世纪)的音韵有相当的贡献,特别是上古汉语的调类。"丁邦新《谨记语言学家董同龢先生》(幼狮月刊社编《中国语言学论集》416—417,1977)论述得更为清楚:"在通论方面,为便于初学,先生又以深入浅出之笔贯串从古至今汉语语音演变的历史,写成《中国语音史》一书。该书的前身就是先生在台大教声韵学的讲义,付印时受篇幅的限制删去好几章。后来,郑再发兄按照遗稿补正,在先生去世后五年后交由广文书局重印,并改回本名《汉语音韵学》。"国外学者对这本书评价也很高,比如日本学者辻本春彦就曾经说,"董同龢所著《中国语音史》(1954)一书,概括地叙述了由现代汉语至早期官话、中古音、上古音的演变过程",是整理音韵史资料的重要著作①。杜其容《读董同龢〈中国语音史〉》也对本书作概括介绍②。

二、林尹《中国声韵学通论》(1956)

该书也是我国台湾地区汉语音韵学教学最为重要的教科书之一,对几代学者的汉语音韵学学术道路影响非常大。根据1961年8月台湾世界书局重版"后记",本书1937年7月由上海中华书局发行,1946年8月再版。1956年新兴书局初版。其体例为:钱玄同"钱序"、顾学颉"顾序"、作者"自序"。第一章,绪论,内容为:声韵与文字之关系、治声韵学之途径、声韵音之名称、韵书之起源、历代字音之变迁。第二章,声,内容为:声之名称及通例、声母之缘起、三十字母与三十六字母、《广韵》四十一纽、四十一纽之清浊及发送收、四十一纽之正声变声、四十一纽音读。第三章,韵,内容为:韵之名称及通例、《切韵》及《广韵》之韵目、四声及《广韵》韵目相配表、阴声阳声及入声之支配、等呼、二百六韵分为二百九十四韵类表、二十二韵摄、二十二韵摄与等韵家韵图韵摄对照表、二百六韵正变、二百六韵音读。第四章,反切,内容为:反切之原始、反切之方法、音和切及类隔切、反切之弊。附录一:《广韵》切语上下字表。附录二:呈季刚师《论陈氏〈切韵考〉书》、季刚师复函。附录三:中国声韵学研究方法与效用。

"钱序"说,林尹承传家学,而师事黄侃等大家,"天资渊懿,善读善悟;既受师说,复能潜心绎理,心得甚多";对该书也评价甚高:

> 观其书,于声韵之名称,声韵之通例,声韵之发音,韵书之起源,守温字母与涅般字母之异同,三十字母至四十一声纽之异同,《切韵》残卷与《广韵》之异同,《广韵》四声相承,《广韵》韵类之分析,《广韵》阴声入声阳声之相配,诸家韵摄之异同,反切之上下用字诸端,无不择精语详,立论多本黄君,而上及婺源江君、休宁戴君、番禺陈君,时亦采撷鄦说。景伊综合之功与组织之力,皆可赞叹。

① 参王立达《汉语研究小史》33页。
② 参《三民主义》半月刊1956年第24期,75—76页。

就是台湾一些编写语文常识的学者,也把它当作最应该阅读的经典性汉语音韵学教科书之一,比如侯传勋著《中国语文津梁》(1978)第八章"语文专书选读"就推荐读者精读《中国声韵学通论》,并称赞是书"以科学之方法,比并编排,作深入浅出之详解,使读者能对声有清晰之概念,以反往昔对声韵诘诎聱牙之印象,为最成功之处……本篇为介绍林先生著《中国声韵学通论》,盖以斯书纲举目张,深入浅出,立论精宏,涉览之可以入门,精读之可以入室矣"(271—286页)。

《中国声韵学通论》修订增注本以黎明文化事业公司 2006 年版为依据,章节安排还是按照旧版模式不变,但在每一章之后增加了"附注"。"附注"由林炯阳写作,很详细。以第一章"绪论"为例,增注本与原文相比,篇幅增加了一倍还多。这个"附注",除了对原文文献出处、名词术语加以说明解释之外,还往往体现了林炯阳个人的一些见解,内容也非常丰富。可以说,《中国声韵学通论》修订增注本成为林尹与林炯阳互为表里的汉语音韵学教学合作的典范。

林尹还有《中国声韵学概说》(1955),与此书关系密切,将汉语音韵学基本知识概括讲解,提纲挈领,便于学习者的入门之需。

三、谢云飞《中国声韵学大纲》(1987)

该书是作者在台湾政治大学与新加坡南洋大学任教时为学生讲授汉语音韵学课的讲义,传播甚广。它发表于 1971 年,即所谓的"兰台版";后来又几经修订而基本定型。这里以台湾学生书局 1995 年版为依据说明(按,为了便于理解,这里对原"章"的编号次序有所调整)。本书体例为:修订版序、原"序"。第一编,绪论。第一章,中国音韵学之名义及研究范围;第二章,中国音韵学之分期及研究材料。第二编,现代音。第一章,国语音;第二章,方言音。第三编,近代音与近古音。第一章,中原雅音;第二章,近古音。第四编,中古音。第一章,《切韵》系韵书;第二章,等韵图;第三章,中古音值之拟测;第四章,中古音与现代国语之衍变关系。第五编,上古音。第一章,上古音概说;第二章,上古韵母研究之成就;第三章,上古声母研究之成就;第四章,上古声调之推测。第六编,声韵学之实用。第一章,为什么要学中国声韵学。参考书目。附录:中古敷微二字母之音值再拟测。

本书专门设"声韵学之实用"一编,意在强调学习汉语音韵学的实用性特点。除了吸取各家成果之外,也融入了自己的一些观点,比如古韵分部,以黄侃学说为主,分三十部。主张上古音声调是四个,不同意王力的看法。竺家宁介绍说,此书综合了林尹等两家之说而成。为了和汉语音韵学课教学相配合,谢云飞还出版了《语音学大纲》教科书①。

四、潘重规、陈绍棠《中国声韵学》(1978)

该书以体系完整而科学著称,海内外多所大学将其作为指定教科书。体例为:第一章,绪论。第一节,中国声韵学之名义;第二节,中国声韵之分期;第三节,声韵学之功用。第二章,声。第一节,声之名称;第二节,三十六字母;第三节,清浊;第四节,发送收。第三章,韵。第一节,韵之名称;第二节,阴阳;第三节,等呼;第四节,韵类;第五节,韵摄。第四章,声调。第一节,声调的名义;第二节,声调之起源;第三节,古今声调之异。第五章,标音方法之演进。第一节,反切以前之标音方法;第二节,反切之方法;第三节,等韵与等韵图;第四节,反切之改良。第六章,历代声韵之沿革。第一节,古音学略说;第二节,韵书略说:甲、《广韵》以前之韵书;乙、《广韵》及其以后韵书:1.《广韵》;2.《集韵》;3.《韵略》以下之考试书;4.《中原音韵》。

陈新雄《评介潘、陈合著〈中国声韵学〉》认为,《中国声韵学》是自董同龢《汉语音韵学》后,由中国国内出版刊行的最完整而有系统的音韵学著作。其特色在于:发扬师说、引证翔实、立言精确、层次分明。其中,发扬师说,是指潘重规受业于黄侃,薪火相传,一脉相承。黄侃主上古声调平入二分说,但对上古声调平入二分如何演变为中古《切韵》四声的问题语焉不详。《中国声韵学》对于这个问题的解释吸取诸家之说,比如段玉裁、王力之说,还从谐声偏旁去看去入相通的痕迹,照顾到了先秦声调演变为四声的基本语音条件,叙述得非常清楚。由此,论述了《中国声韵学》作为汉语音韵学经典教科书的价值和意义②。

五、竺家宁《声韵学》(1991)

该书是台湾各个大学汉语音韵学课程使用最为广泛的教科书之一,影响

① 参竺家宁主编《五十年来的中国语言学研究》97 页。
② 参陈新雄《锲不舍斋论学集》423—435 页。

力很大。这里以五南图书出版有限公司 2005 年版为依据说明。其体例为:第一讲,绪论;第二讲,语音学的基本知识;第三讲,国语的音韵;第四讲,我国的语言和方言;第五讲,近代的语音史料;第六讲,韵书的作用与沿革;第七讲,从反切寻求古音;第八讲,字母和早期等韵图;第九讲,等韵图设计上的变通法则;第十讲,中古语音系统;第十一讲,宋元等韵图;第十二讲,中古后期语音概述;第十三讲,中古到国语的音变规律;第十四讲,上古韵部;第十五讲,上古韵值的拟测;第十六讲,上古的声母;第十七讲,上古的复声母;第十八讲,上古的声调。

　　《声韵学》在汉语音韵学知识的结构安排上很有特点。在"自序"中,作者解释为何作如此安排:

　　　　前四讲是学习声韵学的预备课程,往后是依照由远而近的历史顺序讲述。第五讲是近代音,六至十三讲是中古音,十四至十八讲是上古音。在自行阅读或安排课堂进度时,可以先从中古音的部分开始,然后再看近代音和上古音。因为通常讨论近代音和上古音,都是以中古音的知识为基础的。

除了这些之外,还有一些值得指出的教学亮点,比如语音知识与音韵知识的结合;重视近代的汉语语音史料讲授;强调汉语等韵图设计上变通法则规律的总结;突出上古汉语复声母研究的地位;从汉语音韵学观念入手探讨上古音问题等。

六、陈新雄《声韵学》(上、下)(2005)

　　该书相对于上述汉语音韵学课本来说虽然后出,但已经积累了四十多年教学之功力,是体系最为成熟的汉语音韵学教科书之一。这里以文史哲出版社 2007 年版为依据说明。其体例为:上册:自序。第一编,绪论。第一章,声韵之名称;第二章,声韵之效用;第三章,研究声韵学之方法;第四章,声韵与文字之关系;第五章,韵书之起源;第六章,历代字音之变迁。第二编,《广韵》。第一章,《广韵》之声母;第二章,《广韵》之韵母。第三编,等韵。第一章,等韵概说;第二章,反切。附录一:《广韵》四十一声纽切语上字表;附录二:《广韵》

二百六韵切语下字表。下册:第四编,古音。第一章,绪论;第二章,古韵研究;第三章,古声;第四章,古声调。第五编,效用。第一章,声韵学有助于了解典籍;第二章,声韵学可助辨识平仄声调,有利于诗文创作;第三章,声韵学可以帮助辨识京剧中的尖团音;第四章,声韵学有助于诗文吟诵与赏析;第五章,声韵学有助于了解声情的配合关系。

《声韵学》体系庞大,自称融入了林尹《中国声韵学通论》、自己的《音略证补》《等韵述要》三种书的教学精华,但实际上,以我们的观察,它更多的是带有明显个人见解的学术著作,独立的学术倾向充斥其中。无论是《广韵》、上古音还是等韵,都有自己的专著所申明具体观点的影子。因此,《声韵学》也是了解陈新雄汉语音韵学思想最重要的窗口之一,与其《古音学发微》《古音研究》《〈广韵〉研究》《新编〈中原音韵〉概要》《六十年来之声韵学》等学术论著一道,构成了完整的汉语音韵学学术体系。

七、丁邦新《音韵学讲义》(2015)

《音韵学讲义》是根据丁邦新2004年在北京大学的讲座整理而成的。第一讲,研究汉语音韵学的资料和方法,内容为:开场白、研究汉语音韵学的资料和方法。第二讲,《切韵》的性质,内容为:细读《切韵序》的启示、《切韵》的文白和"古今通塞"、《切韵》的方言和"南北是非"、《切韵》的性质。第三讲,中古音的拟测,内容为:中古音拟测的原则、声母的南北差异——邺下音系与金陵音系声母的异同、韵母的南北差异、一二等韵的南北差异、四等韵的介音问题。第四讲,重纽的检讨,内容为:重纽的性质与结构、重纽的差别在介音、现代语言中能够显示重纽差别的资料、重纽的南北差异。第五讲,从中古到现代的语音演变,内容为:语音演变的大势、声母的演变、韵母的演变。第六讲,从上古到中古的语音演变,内容为:音节结构的改变、声母的演变、韵母演变的大势。第七讲,汉语声调的演变,内容为:中古声调的调值及平仄的意义、上古声调的类别及其起源、合并与分化:从中古到现代、声调的拟测。第八讲,汉藏语的比较研究,内容为:汉藏语的定义与研究方法、汉语跟台语的关系、汉语和藏缅语的关系、从汉藏语比较研究看上古音的问题。后附有参考文献、论《切韵》四等韵介音有无的问题、从《切韵》的结构论拟测中古音系介音及元音的原则、上古阴声字浊辅音韵尾存在的证据及消失的年代。

这本教科书显然与别的教科书有所不同,其中《切韵》的文白系统和南北差异、重纽的重要性、音节结构的改变、声调的拟测、汉藏语的比较研究等都是过去汉语音韵学教科书注意不够的内容,融入了作者多年的研究成果,很显然,研究性大于普及性。因为作者意图很清楚,就是以已经学过一般音韵常识的学生作为教学对象而编写的,理论性较强。

丁邦新新近出版的《音韵学答问》(2016)与《音韵学讲义》相互补充的内容很多,应该把两书合为一部书来读。

八、其他

除上述几种著作外,尚有徐敬修《音韵常识》(五洲出版社 1965),黎明光译《滋生音韵学》(文鹤出版有限公司,出版年月不详),邹太华《韵学隅照》(合洽出版社 1966),王文涛《实用声韵学》(台湾商务印书馆 1971),宋金印《声韵学通论》(台湾中华书局 1972),康世统《声韵学:教学手册》(中国文学 1974),宋道序《汉语音韵》(弘道文化事业有限公司 1975),施云山《声韵学》(华联出版社 1972),张正体、张婷婷《中华韵学》(台湾商务印书馆 1978),孙树林《声韵导论》(编著者自印 1985),竺家宁《古音之旅》(国文天地杂志社 1987),林庆勋、竺家宁《古音学入门》(学生书局 1989),郭乃祯《有声世界——声韵学授课讲义》(西北出版社 2004),竺家宁《声韵学——声韵之旅》(五南图书出版有限公司 2015),卢国屏《声韵学 16 堂课》(五南图书出版有限公司 2010)等汉语音韵学教科书。

张玉来《点检廿世纪汉语音韵学通论性著作》(2002)介绍了王文涛、施云山、宋金印等学者著作。比如:《实用声韵学》(台湾商务印书馆 1971),王文涛著,全书共有正文 206 页。该书首先对音韵学进行概述,讲明有关基本概念,然后按照中古音(六朝至唐宋)、近古音(元明清)、上古音(周秦以前)、现代音的次序讲明各代的声韵组织概貌,最后讲音变,讲解音变的各种现象以及音变规律在训诂上的应用。总之,该书叙述全面,历史轮廓清楚,讲求实用,其较有特色的地方在于注重音韵与文字学和训诂学的联系。《声韵学》(华联出版社 1972),施云山著,全书共 198 页,分五章,即:绪论、语言学之基本知识、现代音与近代音、中古音、上古音。该书叙述简明,从语言学及有关语音学知识介绍起,然后简述各代语音的大致系统状况。其不足之处在于介绍内容不够全面,读者从中不能得到全面的音韵知识。《声韵学通论》(台湾中华书局1972),宋金印著,全书正文共148页。这是一部普及性读物,重点在介绍有关声、韵的知识,并不着重于对某一音系的分析,而且注意对近代北音及现代国语注音符号的介绍。共分五章:绪论、论声与韵之定名、论声类、论韵部、结论。

接下来,我们再对上面提到的几种教科书作一简介。张正体、张婷婷撰《中华韵学》涉及音韵学面广,体例为:何志浩《中华韵学序》、自序、韵学例言。第一章,绪言;第二章,声之研究;第三章,韵之研究;第四章,新韵之概说;第五章,反切之研究;第六章,等韵之研究;第七章,现代国语声韵研究;第八章,方言之概述;第九章,结论。附:新韵汇。流传也较为广泛。

林庆勋、竺家宁《古音学入门》分为上下两编。上编"中古音入门",分四章:如何研究中古音、《广韵》的声韵系统、审音和押韵用的韵书、现代国语音系的形成过程。下编为"上古音入门",分六章:古韵分部的接力赛、古韵各部的念法、不同韵部间的关系、上古的声母、上古的复声母、上古有平上去入吗。该书力求浅显易懂,是一本适合于自学的汉语音韵学教科书①。

竺家宁《古音之旅》一书最大的特点是:尽量使深奥的汉语音韵学走出象牙塔,尽力通俗化,让音韵学回归普通大众中间。该书于1987年10月出版后,大受海内外读者追捧,因而一再重版印刷。其目录是:听听古人的声音——声韵学的效用和目的;古音的化石;揭开古音奥秘的利器——语音学;善变的嘴巴——汉语音演化的几个模式;用眼睛看声音——汉字标音法的演进;改变学术史的一次声韵研讨会;有关韵书的常识;反切的故事;谈"双声""叠韵";中国古代的"字母"和奇妙的"等韵图";如果韩愈和孔子对话——谈先秦上古音和唐宋中古音;国语的性质和来源;有趣的复声母;古代中国话的流音[r];探索形声字声音之谜——由形声字看古音;上古音与同源词;"入声"沧桑史;谈齐国的一次泄密事件——上古音知识的应用;古人伐木的声音;华视"每日一字"音读商榷;跟语言大师说话——访李方桂先生;再谈"女红"的读音。

卢国屏《声韵学16堂课》,同样力图简洁活泼而多样化。体例为:序;第1堂课,声韵学概说;第2堂课,基础语音学;第3堂课,汉语音节系统;第4堂

---

① 参竺家宁《五十年来台湾的声韵学研究》。

课,古汉语声韵知识与方言概说;第5堂课,反切注音与韵书简史;第6堂课,《广韵》研究;第7堂课,等韵图研究;第8堂课,中古语音系统(一):声母;第9堂课,中古语音系统(二):韵母与声调;第10堂课,中古后期语音系统:宋代;第11堂课,近代语音系统(一):元明;第12堂课,近代语音系统(二):清代;第13堂课,现代汉语语音系统:国语;第14堂课,中古到现代的语音演化;第15堂课,上古语音系统(一):研究法与韵部;第16堂课,上古语音系统(二):声母与声调。

竺家宁《声韵学——声韵之旅》一书最大的特点是:作为教科书,一方面注意更新知识,力图跟上时代步伐;另一方面在表现方式上力求通俗化,具有趣味性,尽力做到深入浅出,考虑的是教学效果最优化。体例为:第一编,绪论,内容为:什么是声韵学、古音的分期。第二编,近代音,内容为:汉民族共同语的产生、元代的早期官话——北曲与《中原音韵》、南方官话——《古今韵会举要》、反映明清时代官话的韵书和韵图。第三编,中古音,内容为:通音与悟道——佛经翻译对声韵学的影响、古人怎么注音——反切透露了古音的讯息、夜永酒阑论及音韵——《切韵》系韵书的诞生、四十三图的等韵模型——拼音表的缘起、奇妙的重纽现象、中古后期的语音——宋代十六摄的等韵模型、宋代语音的发展与演化、中古音到现代的演化。第四编,上古音,内容为:关关雎鸠——《诗经》与上古音、谐声字反映的上古音、古声母的十个条例、"窟窿"为"孔"——复声母的发现、上古的合韵现象、上古的声调、上古音的延续——汉代古韵部系统的更新。第五编,声韵学知识的应用,内容为:欣赏唐诗的韵律——"晚节渐于诗律细"的杜甫、由声韵学看诗仙李白、上古歌谣的音乐美——《诗经》的韵律、声韵学与华语文的教学、声韵学和破音字的鉴别。

第三节　台湾学者探讨汉语音韵学教学理论

一、汉语音韵学教学理论与方法

台湾学者十分重视汉语音韵学教学理论与方法的探讨,形成了独特的教学理论体系,积累了相当丰富的经验,比如:

(一)陈新雄《声韵学的功效》(2007)

陈新雄认为,从教学角度来看,引导学生明确学习汉语音韵学后所收到的功效十分重要：掌握汉语音韵学有助于了解典籍；可帮助辨识平仄声调，有利于诗文创作；可帮助辨识京剧中的尖团音；有助于诗文吟诵与赏析；有助于了解声情的配合关系。

（二）姚荣松《声韵学教学的基础建设》（1999）

姚荣松从如何定位教学目标，充实基本学科素养以及引起学生学习动机三方面进行观察与剖析，并希望这种观察与剖析能对提高汉语音韵学教学的质量有所启迪。他认为，音韵学教学目标，一是作为语言学课程，或者中文系"语文学程"的主修科目，可定位为"汉语历史音韵学"，为汉语史服务；二是作为中文系的传统学科——文献语言学，是文字不可或缺的形、音、义的一环，语音贯串形、义，是考求字源、辨明通假、因声求义、剖析诗律、鉴赏韵文、校勘声误的利器，其方法为利用古代韵书反切资料归纳音类，上考诗韵谐声时代之离合并进而以音类为诠释依据，下窥方言演变并为训诂学、词源学、校勘学等学科服务。其基本学科素养应该包括清浊四分法与六分法、汉语音节的三分法与四分法、比较研究与内部拟测几方面。应把切合学生的需要和从生活周遭取材作为教学的切入点，还可以加入谐音词、歇后语、双关语及人名、地名等探源，从音韵与文化的联系上，把音韵学的基本原理灌输到文学研究者的心灵，这正是引起学习动机的一项心理建设。

（三）耿志坚《声韵学教学活动设计》（2007）

该文以发挥教师主导作用为基本原则，突出汉语音韵学教学设计功能性特征。主要内容为：

其一，教学目的。耿志坚说，声韵学教学目的在于使学生了解声母与韵母的形式和发音方式、汉语音韵的结构和演变、韵书韵图的内涵和功能、汉语古今音韵的差异、汉语方音在各个语言区里的不同，借此明了汉语语音的变迁，此外便是提升学生在学习古代传统文学作品时，能够运用上述基本能力，作为解读诗歌、韵文的依据。

其二，声韵学教学活动设计的创意。耿志坚称，自己担任音韵学教学工作已近二十年，在这近二十年的教学生涯里，曾一再借故改变教学形式，欲突破学生对音韵学的恐惧感，进而愿意碰触音韵学，甚至将音韵学作为探索迷津的研究途径，并视之为一门可以具有趣味与创意的学科。近年来他一直试图创新教学活动，摆脱过去传统的模式，而以另类的教学形式，再运用实作，以强化学生在学习过程中的趣味性，如将传统诗歌、韵文的鉴赏和音韵学相结合，使整个的教学过程和文学欣赏相互衔接，借此导引学生对音韵学产生新的观感，使之不再是严肃的、冰冷的学科。

其三，声韵学教学形式的突破。耿志坚以本校"国三甲班"及辅系生选修声韵学的大学部学生，以及国研所选修"声韵学专题研究"的硕士生为研究的对象。

如何实现突破传统音韵学教学形式？耿志坚称自己的做法如下：一是活动教学法的运用。将学生依其母语的区块编组；将四十一声母按发音部位、发音方法分组选出代表性的词汇，找出他们的反切上字，然后运用这个字分别连造五个词；由各小组同学依序以较慢的语音节奏，分别将自己选取的词汇大声念出，通过帮与并母、端与定母字比较清、浊声母在发音时的语感，通过帮与非母、端与知母字区别它们古今音的异同，通过帮与滂母、端与透母字感受不送气音与送气音在用力程度上的不同。当各组全部念完后，再依闽、客、国三类做比较，同时将录音再播放一次。最后是综合讨论，由学生将自己的感觉做心得分享。如是研究生则会要求其以慢速度的形式重新将词汇反复念两遍，尤其清、浊音部分，一定要想出用什么方式才能正确表达该声母之发音，同时对漳、泉二系闽南话，在重复念过之后检视它们的同异处；客家话组乃系以四县音和其他音做比较，此外则是闽、客的比较。至于操国语的学生则由其选择其一，亦运用闽南话或客家话念出词汇，令其感受国语的声母发音与闽南话、客家话的差距，并做心得分享。至于教师所组成的读书会，则借儿歌令学生在文句里将清、浊音标示出来，如帮滂与并，非敷与奉，端透与定，知彻与澄等等分别作好记号，再分组大声朗读，并要求正确将清、浊音显示出来，接下来做心得分享。二是讨论教学法的运用。这是在单元教学活动结束以后，运用问题引起思考，而题目的抛出，在大学部由教师自己设计问题，而在研究所由学生首先提出课前阅读心得及问题设计，教师亦随机提问。许多问题在传统教学的形式里往往被回避与忽略；提出问题，得到彼此的讨论或反问，会使问题越辩越清。

其四，创意思维与设计。耿志坚介绍了"欣赏教学法的运用"，即挑选约五十首律诗，一方面借作业令学生翻查反切上下字，分析清浊、等呼，将原先翻查《广韵》反切上字的作业，变成趣味性的填写。如系研究生或读书会里的学生,则进一步就翻查结果作创意的解读。例如对贺知章的《回乡偶书》,教师和研究生们运用声音诠释了一幅欢乐的场景,鉴赏中发现似乎没有太多的感伤,这也是一种情境营造上的创意;如果把其他的诗,如王之涣的《登鹳雀楼》,用同样的方法分析,一样会呈现和坊间诗歌鉴赏集里不同的情境,因此将音韵学运用在文学欣赏上,是可以提升学生的好奇心与研究动机的。

耿志坚最后说,自己一直以如何促进学生对音韵学的学习,能够提升其学习的兴趣为目标。音韵学的教学工作,传统的教学法、教学内容是绝对不容否定的,但是现在中文系(所)的学生不是个个都喜欢音韵学,这也是事实。如何将音韵学的知识灵活地和中国传统文学鉴赏相融合,使音韵学不再是严肃的学问,这正是教师个人在投入创意教学之研究工作以来,一直想做的活动设计。

(四)林庆勋《等韵图教学经验谈》(2007)

林庆勋从汉语音韵学教学中的重要环节——汉语等韵图教学谈起,介绍了他的教学体会。

林庆勋说,这是一篇介绍作者个人等韵图教学的经验谈,主要针对初学者学习等韵图这个单元,教学者如何有系统、有层次、深入浅出地介绍。因为等韵图是等韵学的基础概念,在音韵学教学中占有特殊地位;同时等韵图又是一些高度精简的语音图表,透过图表的结构分析,才能让初学者循序渐进,学习到等韵图的基础观念。具体实践可分为:

其一,让初学者明了韵图基本结构,最好的方法莫过于在韵图归字旁填上《广韵》的反切,如此使初学者对韵图等位的结构形式比较容易入门。再经过自己动手实践,老师在说明更深一层的概念时,学生才比较容易明白。为了贯彻自己的理念,让学习者有一个基本的感性认识,他的具体做法是:以《韵镜》为例,在归字旁填入《广韵》反切。比如以《韵镜》第一图为例,如果学习者将《广韵》反切一一填上,将能从反切下字的同一韵类,明了何以分别置于二等与四等的等列,它们的反切下字都在三等,因此这些列字当然都属于三等韵。多填几张图的反切,学习者自然能对唇音、舌音、齿音、喉音各组声母的位置一目了然。在教学上因为时间有限,当然没有必要让学习者逐一对每一个图归字填注反切,以便明了其等位结构,但是适度多分析几个图的内容,实在有其必要性。

其二,将声母等第、韵母等第的归纳方法一一分析说明清楚是关键性环节,一面讲解一面归纳几条辨识的规则。有了声母等第的常识,就不至于误判等与等韵的不同;有了韵母等第的概念,就容易明白借位、重纽、例外归字等等复杂的问题,对等韵学习才会有基本的概念。

林庆勋解释道,若在《韵镜》第一图各个归字旁填上反切,将可以很清楚地发现,声母的结构相当有规律,唇音有帮系(一等与三等昔字)、非系(三等)两组声母;舌音有端系(一等)、知系(三等)两组声母;牙音只有见系(一、三等)一组声母;齿音有精系(一、四等)、照系(三等)、庄系(二等)三组声母;喉音有影、晓母(一等)、匣母(一、三等)及喻母(四等);半舌音来母(一、三等),半齿音日母(三等)。从韵母结构来看,排列在一等位置的归字就是一等韵,它们的反切下字有"红、东、公";排列在三等位置的归字就是三等韵,它们的反切下字有"戎、隆、中、弓、宫(=弓)、终、融",与在二等、四等的"崇(锄弓切)、嵩(息弓切)、融(以戎切)"等字,反切下字同类,可见二、三、四等所有字同一韵类,也就是都属于三等韵。

其三,林庆勋认为,使用 Power Point 的辅助教学功能,有助于对抽象及复杂的韵图结构有一个较清晰而具体的形象认识;尤其是在现阶段汉语音韵学教学时数有限、学习者压力增加的背景下,这肯定是一项值得尝试的教学方法。认识到这一点,林庆勋就充分利用 Power Point 的功能,将《韵镜》基本图例呈现给学习者观看,并加以简单说明。借着影像视觉的学习方式,很快就能使学生牢记《韵镜》基本图例。比如,一般学者最感到学习难点的部分就是唇音三等部分,图表可能排列帮滂并明声母,也可能排列非敷奉微声母,如何理解? 借助发挥 Power Point 的演示就比较容易解决这个问题了。

此外,归纳声母的等第也是一个必须注意的关键点。林庆勋的做法是:首先告诉学习者,置于一、三等位置的归字,一定是一、三等韵,毋庸置疑;置于二等位置的多数是二等韵,只有齿音庄系(照二系)二等有可能是借位;置于四等的归字,除重纽、精系借位及喻母借位外,多数是四等韵。另外对非系属于三等韵的条件特别有必要分析清楚;其次对精系有一、三、四等韵(邪母只有三等韵)也须详细说明。特别需要学习者记住群、邪、喻、日等母,以及非系、照系两组都是纯粹三等韵,这对练习填图相当有帮助。

（五）林炯阳《声韵学的教学》《声韵学在华文教学上的效用》（2000）①

这两篇文章也涉及汉语音韵学教学方面许多问题。比如《声韵学的教学》一文，不但讨论了音韵学教学的目的、课程内容、教学要点等一般性问题，还指出音韵学教学上的一些问题，比如授课时间严重不足、课程安排不合理、研究生招生考试分数偏低等。《声韵学在华文教学上的效用》一文就中学国文教学中涉及的音韵问题谈了自己的看法，主要有：音义考订、同源字、音读以及诗文欣赏等内容。

另外，谢云飞《音学十论》（1971）收有一篇论文，即《汉语音韵的实用功能》（1—15 页），也谈到了汉语音韵学与读书识字、教习华文等关系问题。其他如叶键得《陈澧系联〈广韵〉切语上下字条例的教学设计与问题讨论》（《应用语文学报》6：53—70，2004）、王松木《金针如何度与人——论声韵学之课程设计与教材教法》（《声韵论丛》15：71—108，2007）、蔡根祥《声韵学在国文教学上之应用》（《声韵论丛》15：55—70，2007）等也从不同角度讨论音韵学教学问题。

（六）萧宇超《现代音韵学知识在语言教学上所扮演的角色》（1998）

萧宇超与前面的学者论述有所不同，利用欧美流行现代音韵学理论进行教学。他说，现代音韵学知识包含语言的音韵系统、语言间的音韵转译、音韵习得的阶段性特性，并涉及音韵学理论理解等内容。文中介绍了多种音韵学理论：一是音韵转译论。台湾是一个多重方言的地区，包含国语、闽南话、客家话等，其音韵特性往往在无形中影响语者脑中的音韵系统，形成各式口音。Flege（1981）提出了一套进行语言教学的"音韵转译论"，认为成年人倾向于以母语的声音来诠释第二语言（或方言）的声音，此即"口音"。二是自然音韵返程。语言的口音差异，如所谓的"标准国语口音"与"乡土国语口音"等等，时常会被冠上不科学的优劣评价。然而，面对这些口音差异，教育工作者须要具备比较健康的态度，不以正负面来衡量，而将其不同点平等视之。语言的口音差异在音韵的层次上通常有规律可循，并不是单纯的一对一的声音取代，其中蕴含了许多的"自然音韵过程"。利用这个理论，可以帮助我们解决"语言习得"上的问题。三是音韵习得。小孩子习得母语的音韵系统有几个重要阶段，

---

① 见《林炯阳教授论学集》173—177 页、162—172 页。

Ingram(1976)发现,这些阶段与认知能力是平行发展的。认识到这一点,就要透过音韵规则与音韵结构来解释语言习得的问题,以辅助语言教学。四是现代衍生音韵学理论。早期的衍生音韵理论(Chomsky and Halle,1968),以"线性音韵学"的理论机制"成分"来解释音段内部结构,认为音节结构是由"音段成分"线性排列而成。Leben(1973)、Goldsmith(1976)等人提出"自主音段音韵学理论",认为音节、音段与声调等等皆是属于不同层次的"自主音段",彼此透过"连接线"相系而呈"非线性"关系。自此以后,音韵理论所解释的语言现象更为广泛。就教学而言,还是遵循音韵规则必须由语言的韵律结构来限制的原则。萧宇超讲解这些理论的目的是说明,现代音韵学在汉语音韵学教学中扮演着越来越重要的角色,凭借它可以解决许多难以解释的问题。这是汉语音韵学教学适应现代语音学理论发展的需要而必须面对、无可回避的问题。

二、汉语音韵学课程设置及教科书选用

台湾各个大学汉语音韵学课程设置及教科书选用与中国大陆有所不同,也是值得特别注意的情况。竺家宁《台湾近年来声韵学发展的特色》(2010)专门谈到了这个问题,具有非常实际的应用价值,我们在这里加以详细引用。

竺家宁说,根据网络搜索的结果(2010),当前各大学教授汉语音韵学的教师和课程基本材料如下:

台湾大学教授音韵学的教师为徐芳敏、李存智,采用的教材为董同龢《汉语音韵学》《语言学大纲》,李荣制表、丁声树撰文的《汉语音韵讲义》,丁声树和李荣《国音中古音对照表》(丁声树编,李荣参订《古今字音对照手册》),《广韵》和龙宇纯《韵镜校注》。台湾政治大学教授音韵学的教师为竺家宁、宋韵珊,采用的教材为竺家宁《声韵学》一书。台湾师范大学教授音韵学的教师为吴圣雄、吴瑾玮、郭乃祯,使用的教材则包括林尹《中国声韵学通论》及《新校正切宋本广韵》、陈新雄《音略证补》《广韵研究》《声类新编》及《声韵学》、李方桂《上古音研究》、龙宇纯《韵镜校注》、何大安《声韵学中的观念和方法》、王志成《广韵作业》。中兴大学教授音韵学的教师为宋韵珊,采用的教材为陈新雄《音略证补》,林庆勋、竺家宁《古音学入门》,陈彭年等编《大宋重修广韵》。成功大学担任相关课程的教师为陈梅香,采用的教材为林尹《中国声韵

学通论》、陈新雄《等韵述要》、竺家宁《声韵学》、林庆勋《古音学入门》、林尹《新校正切宋本广韵》、孔仲温《〈韵镜〉研究》、何大安《声韵学中的观念和方法》、黄景湖《汉语方言学》;此外,尚有林庆勋等《文字学》和许慎著、段玉裁注《说文解字注》。台湾中正大学教授音韵学的教师为陈瑶玲,采用的教材为高本汉《中国音韵学研究》,林尹著、林炯阳注释《中国声韵学通论》,陈新雄《声韵学》,竺家宁《声韵学》《古音之旅》,林庆勋、竺家宁《古音学入门》,王力《汉语音韵》,董同龢《汉语音韵学》,何大安《声韵学中的观念和方法》,还有罗常培《汉语音韵学导论》,罗常培、王均《普通语音学纲要》,林焘、耿振生《声韵学》,林焘、王理嘉《语音学教程》,唐作藩《音韵学教程》,郭锦桴《综合语音学》;韵书韵图采用林尹《新校正切宋本广韵》、龙宇纯《韵镜校注》、李新魁《韵镜校证(繁体版)》、方孝岳《广韵韵图》,此外,还有赵元任录制、丁邦新策划的《赵元任国际音标读法》。台湾"中央大学"教授音韵学的教师为廖湘美,采用的教材除了自编讲义与《宋本广韵》外,还有林尹著、林炯阳注释《中国声韵学通论》,陈新雄《音略证补》,董同龢《汉语音韵学》,竺家宁《声韵学》,以及何大安《声韵学中的观念与方法》。台中教育大学教授音韵学的教师为谢美龄,采用的教材有董同龢《汉语音韵学》、何大安《声韵学中的观念和方法》、陈新雄《音略证补》、王天昌《汉语语音学研究》,以及陈彭年等撰《校正宋本广韵》。彰化师范大学教授音韵学的教师为耿志坚、张慧美,主要的教材为林尹著、林炯阳注释《中国声韵学通论》,陈新雄《音略证补》,竺家宁《声韵学》,陈彭年《大宋重修广韵》,张麟之等《等韵五种》以及王志成《广韵作业》。高雄师范大学教授音韵学的教师是蔡根祥、王松木,蔡根祥的主要教材为林尹著、林炯阳注释《中国声韵学通论》,陈新雄《声韵学》;王松木的主要教材则是林焘、耿振生《声韵学》及《广韵》《等韵五种》。台湾暨南国际大学担任相关课程的教师为黄金文,采用的教科书为董同龢《汉语音韵学》、李方桂《上古音研究》、何大安《声韵学中的观念和方法》、陈彭年《大宋重修广韵》和龙宇纯《韵镜校注》。屏东教育大学教授音韵学的教师为严立模,除了自编教材以外,罗列的参考书目尚有王力《汉语音韵》,董同龢《汉语音韵学》,何大安《声韵学中的观念和方法》,林庆勋、竺家宁《古音学入门》,竺家宁《声韵学》,谢云飞《中国声韵学大纲》,还有唐作藩《音韵学教程》,林焘、耿振生《音韵学概要》,罗常培、王均《普通语音学纲要》,赵诚《中国古代韵书》。铭传大学教授音韵学的教师为康世统,采用的教材为陈新雄《声韵学》和林尹《新校正切宋本广韵》。台湾中山大学担任相关课程的教师为林庆勋,采用的教材为陈新雄《声韵学》,林庆勋、竺家宁《古音学入门》,陈彭年等撰《宋本广韵》。台湾东吴大学担任相关课程的教师为竺家宁、叶键得,竺家宁的教材为竺家宁《声韵学》;叶键得上学期的教材为林尹撰《中国声韵学通论》、《广韵》、《广韵作业》,下学期则为陈新雄《等韵述要》《音略证补》二书。淡江大学教授音韵学的教师为高婉瑜、曾昱夫,高婉瑜的教材为竺家宁《声韵学》、《宋本广韵》,参考书籍则为《汉语音韵学》《汉语语音史》等相关著作;曾昱夫亦以竺家宁《声韵学》为授课用书,其参考书单则列有高本汉《中国音韵学研究》,林尹著、林炯阳注释《中国声韵学通论》,陈新雄撰《等韵述要》《音略证补》,董同龢《汉语音韵学》,何大安《声韵学中的观念和方法》,竺家宁《古音之旅》以及陈彭年等撰《广韵》。台湾辅仁大学担任相关课程的教师为金周生、李鹃娟,金周生采用的教材为《汉语音韵学》《音略证补》《声韵学》以及《等韵述要》和《广韵》;李鹃娟的教材则有《声韵学》《中国声韵学通论》《音略证补》《韵镜校注》以及《等韵述要》和《广韵》。东海大学担任相关课程的教师为蔡宗忻和周玟慧,蔡宗忻采用的教材及主要参考书为竺家宁《声韵学》、谢云飞《中国声韵学大纲》、《汉语音韵学》、《广韵》和《等韵五种》;周玟慧指定的教学用书为竺家宁《声韵学》、陈彭年等撰《校正宋本广韵》以及龙宇纯《韵镜校注》,参考用书则是用了董同龢《汉语音韵学》。

竺家宁这个调查非常重要,它基本上反映了进入新世纪以来台湾汉语音韵学课本科和研究生教学总体概貌,是国内外学者了解 2010 年前后台湾汉语音韵学教学情况的一个主要信息来源和窗口,非常值得特别关注。这应该是台湾各个大学汉语音韵学教学领域,即台湾汉语音韵学教学的一个重要组成部分。由此介绍,国内外学者也可以看到台湾汉语音韵学本科、研究生教学与中国大陆汉语音韵学本科、研究生教学的明显不同之处,无论是教学理念与目的、教科书的选用还是参考书的确定、课程的安排、相应配套的课程体系建设、教师的选用与考核,都很值得国内外学者去研究和借鉴。

《声韵学会通讯》2012 年第 21 期“台湾学术讯息”栏列有“台湾各大学声韵学使用教科书一览表”,也很令人瞩目,与 2010 年相比有了一些变化,除了必备书,增加了参考书,而参考书的范围就更大了,并且还列入了新近出版的一些汉语音韵学著作。

三、在语文学科视野中定位汉语音韵学教学

许长谟《汉语语言结构义证——理论与教学应用》(2010)以语文学科视界看待台湾中文系传统,重新审视中文的学科内涵,认为中文学科结构应该有所改变,即应该以文学与语言为主体内涵。就汉语语言结构来说,应用"PLG"结构系统理论,就可以达到"兼融新学、返本开新"的目的。

作者认为台湾中文学科结构内涵缺欠是明显的,应该呼应竺家宁对台湾中文学科反思的意见,并进一步指出:文学研究忽略语文的客观方法,如语义风格韵律学等,易流于主观;忽略了现代,语文难与当今汉语热或多语化社会趋势结合;传统语文研究太强调"字本位",只重字之形音义,而忽略了词、句与篇章;传统语文研究分科太过判明,学科孤悬,难成一个完整学科;因偏于传统,使历史语文研究之领域与主题已几乎告罄。要弥补这些缺欠,唯有开启衔接古今语文的枢纽,结合传统与现代的语文研究,返本地承继传统小学,进而接轨西学以开新。其具体构想为:由字音而词音,由语音而音韵而音系;由字形、词构而进入句法及篇章;由字义而词义,由字源、语用而进入文化及认知(9—10页)。

第二章"语音与音韵之义证"的主要内容,一是对比分析几组汉语的音位,包括汉语几组子音对比分析、汉语几组母音对比分析;二是活化声韵教学的教学策略,包括声韵学教学现况面面观、制定能力指标设计教学;三是考察漳泉腔鱼虞韵的音征,包括鱼虞韵分布现象的文献依据、鱼虞韵分布漳泉音的文献研究、鱼虞韵漳泉音的文献调查结果。

许长谟认为,汉语音韵学教学应与学生现代汉语语音学习、方言语音学习有机结合,力求生动活泼,并且扩大它的应用范围,成为汉语语言教学结构网结上的核心枢纽。其看法很引人注目。

四、对外汉语、国语及方音教学

钟荣富《华语语音及教学》(2011)是其《对比分析与华语教学》(正中书局 2009)的姊妹篇,虽然不是汉语音韵学教学理论探讨专论,但却以大语言观的意识,建构了对外汉语语音教学体系。全书由四章构成:第一章,华语语音

的入门基础背景;第二章,华语的辅音;第三章,华语的韵母结构;第四章,华语的声调。值得注意的是,在"华语语音的入门基础背景"一章中,作者加入了"注音符号与汉语拼音"一节,适应外国人学习汉语语音的语音标记掌握现实需要;在"华语的声调"一章中,作者讲"变调",注意"速度与三声变调、轻声与三声变调关系、变调标音与构词、语音标注与音位标注"等教学内容,与一般的语音教学关注点有所不同。

骆嘉鹏《台湾闽客华语字音对应及其教学——对应规律研究与应用》(2013)是一篇汉语与汉语方音之间对应关系教学研究论文。但这篇论文把汉语和闽、客方言作为两种不同的语言对待,是非常错误的,这也反映了作者明显的政治倾向意识及对汉语研究的渗透和影响。作者以"台湾闽客华语字音对应及其教学"为题,探讨相关汉语语言内部之间不同方言音韵对应规律的统计方法,并进而探索其在字音教学方面的应用。作者认为,语音的演变具有一定的规律和方向,因此一个语言相关方言之间必然存在各式各样的音韵对应规律。适当地掌握这种音韵对应规律,在语言教学上,可发挥闻一知十、触类旁通的教学成效。就一个语言相关方言之间的学习经验而言,一般人亦可凭直觉感受,获得双语之间的某些对应关系;但是这种对应关系多半属于印象式的联想,无法掌握系统性的规律,因而既无法全面掌握,又容易造成错误的类推结果。

其收集并研究台湾"教育部"《台湾闽南语常用词辞典》及《台湾客家语常用词辞典》的词目音读,加上《异体字字典》相对的现代字音,以及这些现代字音相对的中古汉语音读,以这几个音韵系统作为基础语料,分别探讨其两两相对的字音对应规律,进而推演出汉语内部方言之间的学习规则。对于字音规律的统计,采用辨音特征(distinctive features)分析法,以别于印象式的直观,或琐碎的音节对应,以达到执简御繁的功效。至于统计的工具,则以 Excel 的枢纽分析表为主,既便于总览各类对应的权值,又便于浏览各类规则或例外对应的所有原始语料。

论文共分十章:第一章,绪论;第二章,相关研究的回顾;第三章,略述中古汉语与台湾闽南话、客家话、国语(本文称为"华语")等汉语内部的声韵系统;第四章,论述中古汉语和台湾闽南话、客家话、国语等汉语内部字音语料的处理要点;第五章,分别论述中古汉语与台湾闽南话、客家话、国语等汉语内部双语字音对应规律及其计算机处理要点;第六章,分别论述台湾闽南话、客家话、国语两两相对的汉语内部字音对应规律;第七章为本文的重心,将第六章归纳的双语字音对应规律实际运用于台湾闽南话、客家话的学习;第八章,说明作者所制作的相关辅助教材的设计及其应用方法;第九章,检讨论文的研究成果,探讨字音对应规律研究在方言用字选择方面的启示、对应规律辅助学习法的扩充运用、语言背景知识对汉语内部学习的影响以及音韵对应辅助学习法的限制;第十章为全文结论。

第四节　台湾学者汉语音韵学综论与分论

一、汉语音韵学综论

（一）汉语语音史研究两个阶段

董同龢《近三十年的中国语言学》(1953;1974:376—377)一文认为,"近三十年汉语语音史的研究,可以说是直接以高本汉的《中国音韵学研究》为基础而发展的";高本汉《中国音韵学研究》的地位很高,不同寻常,可以说"有系统的推求中国古音,以此为始;以语言的研究为目的来调查中国现代方言,以此为始;开创汉语语音学的研究";而高本汉之后,以中国学者为代表的汉语音韵学研究群体,逐步完善研究理论与方法,也取得了超越前人的贡献,"就高本汉奠定的基础,精益求精,再由新材料获得新的启示,找出新的问题,我们对隋唐古音的认识会比高氏进步得多,就是很自然的事了"。林尹《中国声韵学概说》(1955)、伍崇厚《我国文字与音韵的研究》(1959)、陈新雄《六十年来之声韵学》(1973)、周法高《二十世纪的中国语言学》(1973)音韵部分比较详细地介绍了中国汉语音韵学研究基本情况,但其中涉及的台湾学者研究成果过于简单化。

（二）汉语音韵学学习的语音学基础

董同龢在《国语与北平话》(1950)中,强调"国语不等于北平话……国语的形成固然有它的地域基础,同时,却也有它的社会基础。介绍国语时,凡音读、词汇、语法,都应该选取约定俗成的标准去介绍",实际上是在说明国语规范性特点,语音当然也不例外。

谢云飞《语音学大纲》(1974/1987)"自序"称:因为指导学生学习中国音韵学时,发现学生们对语音的基本常识竟是全然不知,学习起中国音韵学来事倍功半,有说不尽的痛苦,因此起意编了这本语音学的入门书。该书在"绪论"一章里专门列有"分类语音学"内容,比如讲音位学、音响学、断代语音学、历史语音学、描写语音学、方言语音学、普通语音学、地理语音学、实用语音学、实验语音学、比较语音学、发音学;第五章是讲音素的鼻化与音素的结合;第八章讲音变;第十章讲汉语音韵问题,分声、韵、调、反切四节去讲。该书把汉语音韵学的基本知识纳入到了语音学当中来,强调了语音学与汉语音韵学学习的直接关系。这和一般的语音学理论教科书有所不同。

钟露升《国语语音学》(1979)是一本影响力很大的大学教科书。在"自序"中,他强调了大学生学习国语语音学的重要性:

> 要研究世界各国语言必须以国语为核心,时常作比较。要研究古代语音必须从现代出发,时常做比较,使"古为今用"。今年在师大增开一门"方言学",也以国语为核心,照顾方言跟国语的比较。国语语音学是这些学科的基础,首先应当详细讲解。有了这些知识,更进一步读语言学、方言学、声韵学就容易得多。

具体内容是:第一章,绪论,内容为:语言、国语的演进、我国境内的语言、标准国语的需要、北平话成为国语的原因、标准国语的内容、国语与国文、台湾的国语推行、当前的国语教育工作;第二章,基本发音原理,内容为:语音的物理基础、语音的生理基础、记录语音的音标;第三章,国音声母,内容为:声母的意义、声母的分类、声母的发音;第四章,国音韵母,内容为:韵母的意义、韵母的三个幅度、韵母的发音;第五章,国音声调;第六章,拼音;第七章,变调,内容为:上声的变调、三音节的变调、"一七八不"的变调;第八章,轻重音,内容为:平常重音、对比重音、轻声;第九章,连音变化,内容为:"这那哪"的连音、助词"啊"的连音;第十章,儿化韵,内容为:儿化韵的作用、儿化韵的音值、儿化韵的变音条例、重叠字儿化韵的变调;第十一章,感叹词的念法;第十二章,语调;第十三章,同字异音,内容为:破音、正读又读、语音读音、常用破音字练习;第十四章,各式国音符号,内容为:注音符号、国语罗马字、威妥玛式、耶鲁大学式、国际音标。附录一:四篇关于语文的文章;附录二:国语书目提要;附录三:索引;附录四:国语朗读教材。最后是"国音常用字汇(表格式)"。附录二"国语书目提要"涉及了何容等《台湾之国语运动》(1948)、王炬《国语运动的理论与实际》(1951)、张博宇《国语发音及说话指导》(1955)、那宗训《国语发音》(1955)、朱兆祥《国音基本教材》(1957)、方师铎《五十年来中国国语运动史》(1965)等教科书和著作。所涉及的内容之丰富性、所网罗的文献之广泛性,非一般国语语音学类著作可比。

台湾师范大学国音教材编辑委员会编,何容修订《国音学》(1992),是台湾长期通用的汉语语音学教科书,由此亦可见台湾学者进行现代汉语语音教学的模式。其执笔者主要是张正男、黄家定、张素贞、张孝裕、叶德明等。据《编辑凡例》,该书安排内容,除了绪论与结语之外,以语音学发展的学理为依据,分为基本发音原理、各音节音素分析、各词句变音分析、一字多音及译音符号五大单元内容。具体来看:第一章,绪论,内容为:国音学的意义、民国以前国音史略、民国以来国音大事记、语言及国音的特点、怎样学习国音课程;第二章,基本发音原理,内容为:语音的物理基础、语音的生理基础、语音的社会基础、语音的音标;第三章,国音声母,内容为:声母的性质、声母的分类、从其他角度看声母、声母的发音;第四章,国音韵母,内容为:韵母的性质、韵母的分析、韵母的发音、四呼和结合韵;第五章,国音声调,内容为:声调的意义、国音声调的调值、国音声调的符号、国音声调练习;第六章,拼音,内容为:语音成分、拼音方法、拼音条例;第七章,声调的变化,内容为:上声的变调、多音节的变调、"一七八不"的变调;第八章,语音的轻重,内容为:国音的重音、轻声的形成、轻声的调值和调号、轻声的功用、轻声的分类;第九章,连音的变化,内容为:"这那哪"的合音现象、助词"啊"的连音变化;第十章,儿化韵,内容为:儿化韵的音值、儿化韵的变音条例、儿化韵的作用、儿化韵的变调;第十一章,一字多音,内容为:"正音"与"又读"、"语音"与"读音"、歧音异义字;第十二章,各式译音符号,内容为:国际音标、国语罗马字、耶鲁式系统、威妥玛翟欧斯式系统、邮政制罗马拼音、国语注音符号第二式、各种译音符号的缺失与注音符号的优点;第十三章,结论,内容为:语音运用与教学、朗读的技巧及实例、说话的艺术与语调、演说学简介、辩论法略说。附录一:朗读练习资料;附录二:国音学参考资料目录提要;附录三:索引。

在"绪论"第一节"国音学的意义"中，作者对"官话、国语、国音"的说明值得提出来(1 页)：

　　笼统的说，现在这三个词都是指北平话，是同一样东西：官话是国语的旧名，国语是全国统一使用的标准语言，国音是由国家颁定，为全国遵用的标准语音。仔细的分，这三个词的内容并不一样：官话是北平话成为官场通用语言的称呼，国语是国家统一的标准语言，包括声音、词汇、语法等各方面，而国音是国定的标准字音或语音。官话是自然形成的通语语言，国语跟国音是有意推广的标准语音。

这代表了台湾汉语语音学者的基本看法。

此外，美国华裔学者王士元在台湾文鹤出版有限公司出版的《语言与语音》(1988)，以及台湾史语所编《中国境内语言暨语言学 2：历史语言学》(1994)1—20 页刊载的《语言变化的机理》也引起了许多学者的关注。

二、汉语音韵学分论

(一)韵书通论

高明《中国历代韵书的韵部分合》(1980)提到了《切韵》一系以及相关韵书，还有其他方面的韵书的韵部分合情况，读者可以从中缕析出一些头绪来。这是比较系统研究韵书韵部"分合"线索的重要著作，从中可以看到中国韵书发展的基本脉络，对理解台湾汉语音韵学文献整体面貌十分重要。

(二)等韵通论

陈新雄《等韵述要》(1975/1995)"自序"称：

　　顾向来言声韵学者，于等韵部分，或语焉不详，或根本删除，欲窥全豹，殊不易得。因而，择诸家之菁华，笔一得之见，分为绪论、《韵镜》、《七音略》、《四声等子》、《切韵指掌图》、《经史正音切韵指南》，以及"附编"：内外转之讨论几部分构成。本书于等韵之内容与要籍，已大略论及，非有高深之研究，只供初学入门之参考耳！

《等韵述要》第一章，"绪论"理清了等韵基本理论问题：等韵与等韵图、四等之界说、等韵之作用、韵图之沿革等。其中有一些认识是很有价值的，比如对"转"的理解，认为"转"受佛经"转唱"影响，寓有以十二元音与各辅音相配之意；以一辅音与十二元音相拼合，大有流转不息之意，故名之为转。我国等韵学上之所谓转，即神袭此意而来（1—2 页）。又如关于四等概念，在罗列江永、高本汉、罗常培的观点之后，根据黄侃"分等者大概以本韵之洪为一等，变韵之洪为二等；本韵之细为四等，变韵之细为三等"的观点，进一步提出"盖谓韵图之分等，实兼赅古今之音，开合之图各为四格，一二两等皆洪音，三四两等皆细音，但一四两等为古本音之洪细，二三两等为今变音之洪细耳"（4 页）。第二、三章论及《韵镜》《七音略》，各有所侧重：谈《韵镜》，则重点在《韵镜》的分等及其对韵书韵母的措置、《韵镜》对韵书韵母的安排、《韵镜》与韵书系统的参差、《韵镜》的分等与《广韵》各韵关系的论述上；而谈《七音略》，则以比较《韵镜》《七音略》异同为主，举出七个方面：转次不同、重轻与开合名异而实同、内外有异、等列不同、声类标目不同、废韵所寄之转不同、铎药所寄之转不同。而后几章谈及《四声等子》《切韵指掌图》《经史正音切韵指南》，则重在韵图结构安排、韵书依据、语音性质等问题上，条理十分清楚。

何昆益《〈等韵述要〉阐微两则》（姚荣松等编《陈新雄教授八秩诞辰纪念论文集》149—164，2015）则针对陈新雄《等韵述要》"类隔门"的解说，进一步提出了补充与阐发的意见。他以"柱，丁吕切"为例，讨论了"类隔门"的基本内容，解释了《四声等子》"傍求则名类隔"以及《切韵指掌图》"类隔傍求韵"的内涵，并针对舌音的真假二等，揣摩陈新雄的基本意旨，疏解古门法学家说法的难点，将音切符合原本归字而不须要用类隔傍求的做法，称为"真二等者音和切"；而音切不符合原本归字，就须要以类隔傍求，称之为"假二等者类隔切"。

（三）汉语语音史个体要素音变方式与走向

周美慧《汉语入声之性质及其演化》（2003）对汉语声调中入声个体音变历程进行了探索。李存智《汉语语音史中的塞音声母》（2014）以声母个体为判断对象，研究其历时音变的进程规律，也很典型。而李千慧《试论汉语近代音中"浊音清化"的演变类型及其相关问题》（2016）则力图推衍出近代音演化的趋势及其地理分布、"基础音系"。

　　周美慧(2003)研究内容是:其一,介绍既有入声研究成果并说明本文研究目的。作者指出,入声问题一直是汉语语音史上的一个重要课题,在汉语语音发展史上,入声的变化多端,为汉语语音带来相当丰富且多样的变化。入声在中国大部分地区都已经消失了,仅有少数方言仍保留着,另一方面其发音十分短促,和其他声调不同。试想,若能结合实际方言的调查语料,将此复杂丰富的历史演变过程做一个清晰的描写,相信对于我们解读音韵学的若干问题必能有所助益。

　　其二,指出学术界研究入声的局限性。她认为,前贤对于入声问题的研究建立在方言调查点的语料上,多将重点集中在单一方言点的相关问题上,鲜少提及综合性的方言整体入声问题。仅有少数一两篇论及官话地区中古入声到国语之间演化的问题,其论题焦点也仅在于中古音到国语之间的入声历时演变,至于全面且整理性地探讨入声问题,却很有限。由此观之,关于汉语方言的入声,无论在共时上还是历时上都有不少问题须要重新进行考察。

　　其三,提出入声研究的新思路。她利用大陆最新调查出来的系统性方言点调查语料(江苏教育出版社所出41册方言调查词典),来对入声问题作一重新的思考。共时方面分析相同方言分区的不同方言点,着重讨论其方言接触和扩散的过程,历时方面不仅找出单一的方言点入声和《广韵》系统的对应关系,上溯下推以求其由中古音到现代方言的整体性演化过程,还综合各方言之间的对应以说明古今语音的演变过程及规律。除了现代方言语料外,还扩展到汉藏系语言的范围,试图将论题作一全面性、整体性的关照,既能对问题有更清晰而完整的了解,同时也厘清前人有关入声的一些混淆概念,弥补传统研究的不足。

　　作者试图通过汉藏系各语言与汉语的比较以及汉语方言之间的比较研究突显出汉语方言入声方面的特点。比较一整群方言的语音变异及区域特征,除了可以从中寻求方言分区的条件,更重要的是厘清客观的语言事实,认清方言之间的亲疏远近关系,做出合理的解释。

　　其四,探讨与入声相关的许多议题,比如汉语中关于入声定义与性质的界定与理解;各方言点中,入声演化的历时过程、路线、规律与类型;汉藏系各语言塞音韵尾及短促声调的介绍及其与汉语入声问题的相关性;从汉语韵书和韵图各语料中,观察汉语入声问题的历时演变;同一方言分区中各方言点之间的接触与音变类型及其规律。

周美慧入声演变研究的意义是突出的,正如她所总结的那样:其一,入声定义及性质的厘清。借着前人对于入声问题的探讨以及语音学上发音位置动作的讨论,加上与英语、日语等语言相同发音位置与方法的互相比较,对于原本含混的入声性质进行了明确解释。据作者界定,入声音读表现出两方面的特点:一为韵母系统分配的塞音韵尾,二为声调方面入声调,包括调类、调值、调高方面的问题。其二,不仅从汉语角度出发,还扩大视野,考察了汉语入声与汉藏语系之间的亲疏远近关系,借以突显汉语方言入声的现象,并对汉藏系语言与汉语亲属关系做一连结性观照。其三,全面性探讨了入声韵与入声调的相关问题。作者在论文第四章中历时贯穿地将入声问题分为入声韵与入声调两部分来探讨,连结历史的入声演化轨迹,并对方言调查语料加以细部分析,借以得出现代方言入声的结构类型与其规律性。入声问题是汉语音韵学的一个重要环节,这里采取音变等多元理论和技术,既有横向结构规律的概括,也有纵向演变规律的总结,为入声问题做了一个全面且丰富的诠解。

李存智(2014)以出土文献通假字、传世典籍的声训、韵书的又音字、汉语方言异读层次为材料,讨论汉语语音史上塞音声母的音韵行为,且及于塞音与塞擦音、擦音、鼻音关系。具体观察具有原生特质双唇、齿龈(舌尖)、软腭(舌面后)部位的塞音,探讨调音(发音)移动、调音(发音)方法与发声类型改变所造成的塞音音变。了解[p][pʻ][b][t][tʻ][d][k][kʻ][g]在发展与变化过程中,分化与统一的力量所产生的影响。以中古字母系统来说,李存智所讨论的塞音音变,涉及帮非端知章见与精庄各组声类。李存智认为,塞音塞擦化、擦化,与擦音字母的音变相伴相生,此中蕴含着音韵演变的普遍规律与语言演变的连续性。时间、地域、类型三位一体,是音韵层次的具体内涵,而音韵类型的差异,往往蕴涵着语音演变的逻辑次序,此即汉语方言的层次异读可用以解释历史音韵演变的认知基础。实验语音学的经验显示,凡是历史上发生过的音变,可经由控制某些语言参数让它在语音实验室里重现;社会语言学标举"用现在解释过去",也是相同道理,从而验证语音条件俱足,音变会超越时空,在不同的语言(方言)中出现,体现语言的普遍性与一致性。李存智透过个体声母音韵行为,揭示汉语"音变"的显性与隐性规律,别开生面,具有重要的引导意义。

李千慧(2016)以"浊音清化"演变类型为出发点,力图厘清近代音中不同时期所反映的"浊音清化"演化的趋势。她把地理分布作为观察的落脚点,透过"浊音清化"类型及演变路向,检讨学者们有关近代音"基础音系"的种种观点,希望提出合理而接近事实的解释模式。"浊音清化"属于个体要素音变方式,但却与整体性音系格局走向相关,"以小见大"。本文可以与杨秀芳《论汉语方言中的全浊声母的清化》(曹逢甫、西慎光正编《台湾学者汉语研究文集:音韵篇》288—334,1997)相参看。

第五节　台湾学者编写汉语音韵学相关工具书

一、与汉语音韵学研究相关辞典

这类辞典中较重要的有:何容等编《国语辞典》(台湾"教育部"1976)、杜学知编撰《古音大字典》(台湾商务印书馆 1982)、张锦郎《中文参考用书指引》(文史哲出版社 1982)等。杜学知解释说,《古音大字典》系就沈兼士《广韵声系》及黎锦熙《说文音母并部首今读及古纽音表》二书改编而成;其编例系就黎(锦熙)表音母,依钱玄同古韵二十八部为纲,每韵部再依古音十九纽为目,然后类系《广韵声系》所有字,韵部纽类自为起迄,并于书眉标注何纽何韵,是为上古音之谱录;书内则依沈(兼士)书分别标注四十一声类及二百六韵部,并保留原有之反切、等呼、四声拟音等,此为中古音之谱录。故该书兼有上古音及中古音二用(48 页)。

王天昌《汉语语音学》(2005)"附录三:国语书目提要"提到,台湾省国语推行委员会《国音标准汇编》(台湾商务印书馆 1946)是台湾省推行国语的标准官书,方师铎《增补国音字汇》(1968)版式与《国音标准汇编》相同,增补台湾等地习见单字,修订若干字音而成(345—360 页)。

二、与汉语音韵学研究相关目录文献

台湾学者十分重视与汉语音韵学研究相关目录的编写工作,可以说非常完备。主要有:董同龢"Recent studies on phonetics and phonology in China (1950—1960)"(1961),陈新雄《六十年来之声韵学》(1973),周法高《二十世

纪的中国语言学》(1973/1980),何大安《近五年来台湾地区汉语音韵研究论
著选介》(1983),姚荣松《近五年来台湾地区汉语音韵研究论著选介》(1989),
竺家宁《台湾四十年来的音韵学研究》(1993)、《台湾声韵学当前的研究状况》
(1996)、《台湾近年来声韵发展的特色》(2010),王松木《台湾地区汉语音韵研
究论著选介(1989—1993)》(1995),林炯阳、董忠司等编《台湾五十年来声韵
学暨汉语方言学术论著目录初稿(1945—1995)》(1996),江俊龙《台湾地区汉
语音韵研究论著选介(1994—1998)》(2000),颜静馨《台湾地区汉语音韵研究
论著选介(1999—2003)》(2005),曾进民《台湾地区汉语音韵研究论著选介
(1999—2003)》(2005),竺家宁《五十年来台湾的声韵学研究》(2006),颜静
馨《台湾地区汉语音韵研究论著选介(2000—2008)》(2010),李长兴《台湾地
区汉语音韵研究论著选介(2004—2008)》(上)(2009),吴晓琪《台湾地区汉语
音韵研究论著选介(2004—2008)》(下)(2010),姚荣松《六十年来(1950—
2010)台湾声韵学研究成果之评述与展望》(2014)等。此外,台湾博硕士论文
网收集大量的学位论文,其中有的有电子版,有的没有电子版,只有纸质版,但
大多录有论文的内容提要、目录以及参考文献等项目,大大便利了汉语音韵学
读者检索相关学位论文基本情况。

第六节　台湾学者个人汉语音韵学论著汇集

一、包含有汉语音韵学论文内容的综合类文集汇集

这里试举几部:

(一)丁邦新、梅祖麟编《李方桂全集 1:汉藏语论文集》(2012)

该书所收李方桂汉语音韵学论文有:《切韵》[â]的来源、东冬屋沃之上古
音、论中国上古音[*-iwəng][*-iwək][*-iwəg]、台语中的若干古代汉语借
词、中国上古音声母问题、上古音研究、上古音[*ə]的演变、几个上古声母问
题、汉语研究的方向——音韵学的发展、论藏语复辅音的汉语转写、上古音、论
开合口——古音研究之一、论声韵结合——古音研究之一、论韵尾辅音——古
音研究之一、中国的语言和方言、零声母与零韵母、喉音特征与声调演变、汉藏
系研究法、书评:坚尼克·派克《声调语言》、书评:齐德芳《华北汉语的调系》、

语言学在台湾等。李方桂汉语音韵学研究彰显了明确的语言比较特色。

(二)高明《高明小学论丛》(1971)

该书中的汉语音韵学论文为:治声韵学应具有的一些基本观念、反切以前中国字的标音法、反切起源论、中国声韵学丛刊初编叙录、《古音学发微》序、黄辑李登《声类》跋、等韵研究导言、嘉吉元年本《韵镜》跋、《韵镜》研究、郑樵与《通志·七音略》、《四声等子》之研究、《经史正音切韵指南》之研究、《唐以前小学书之分类与考证》序等。传统音韵文献挖掘与考订成就突出。

(三)丁邦新编《董同龢先生语言学论文选集》(1974)

这本《选集》的主要内容有:与高本汉先生商榷"自由押韵说"兼论上古楚方音特色、《广韵》重组试释、等韵门法通释、《切韵指掌图》中几个问题、全本《王仁煦刊谬补缺切韵》的反切上字、全本《王仁煦刊谬补缺切韵》的反切下字、华阳凉水井客家话记音、厦门方言的音韵、假借字问题、高本汉的《诗经》研究、声母韵母的观念和现代的语音分析理论、中国语言、国语与北平话等。

(四)许世瑛《许世瑛先生论文集》第1集(1974)

书中涉及的汉语音韵学论文为:论《广韵》反切跟国语音读、从《中原音韵》[ian]与[ien]韵母说道国语的[ien]韵母、段氏《说文注》所标韵部辨误、段玉裁《古十七部谐声表》补正、由王念孙《古韵谱》考其古韵二十一部相通情形、辑江有诰《通韵谱合韵谱借韵谱》、《等韵一得》研究、评高本汉古韵二十六部、评罗常培董同龢两先生"释内外转"之得失、《诗集传》叶韵之声母有与《广韵》相异者考、重唇音与舌头音在朱子口中尚有未变读轻唇音与舌上音者考、从《诗集传》音注及叶韵考中古声母并合情形、朱熹口中已有舌尖前高元音说、从《诗集传》叶韵考朱子口中鼻音韵尾以及塞音韵尾已各有相混情形、从《诗集传》叶韵中考《广韵》阳声及入声各韵之并合情形、从《诗集传》叶韵中考《广韵》阴声各韵之并合情形、止摄各韵与蟹摄三四等韵朱熹所读音值、《广韵》全浊上声字朱熹口中所读声调考、再考《广韵》全浊上声字朱熹口中所读声调、论《鹏鸟赋》的用韵、谈谈《思旧赋》的写作技巧及用韵、论《孔雀东南飞》用韵、谈《木兰辞》用韵、谈《长恨歌》与《琵琶行》用韵、论元稹《连昌宫词》用韵、论元稹《望云骓马歌》及《和李校书新题乐府十二首》用韵、论元稹《乐府古题十九首》用韵、论元稹《有鸟》二十章用韵、论元稹《有酒》诗十章用韵、论《秦妇吟》用韵、论郑嵎《津阳门诗》用韵。可以看出,朱熹语音研究是其着力点,但传统小学音韵文献研究特色也很鲜明。

（五）方师铎《方师铎文史丛稿》（专论上下篇）（1984）

本书收入的汉语研究主要篇目是：中国语言的特性及其对中国文学之影响、中国语言中的词汇、中国语文中的语义、训诂学的新构想、汉代的小学教科书——《蒙求书研究》等。这之外，还有属于汉语音韵学的论文：《中华新韵》"庚""东"两韵中"ㄨㄥ""ㄧㄨㄥ"两韵母的纠葛、"轻声"的多种功能、"我"字音读变迁考、"ㄅㄆㄇㄈ"名称问题、《弟子职》用韵分析、中国上古音里的复声母问题、从用韵推定《孔雀东南飞》诗的时代、单音节中国字音的特色、读音语音何去何从、论借音托事及增形别义。

（六）陈新雄《锲不舍斋论学集》（1984）

《锲不舍斋论学集》涵盖了作者这之前的重要音韵学论文，中外视野极其广阔。篇目为：自序、万绪千头次第寻——谈读书指导、古音学与《诗经》、从《诗经》的合韵现象看诸家拟音的得失、群母古读考、《广韵》以后韵书简介、如何从国语的读音辨识《广韵》的声韵调、《广韵》声类诸说述评、《广韵》四十一声纽声值的拟测、《切韵》性质的再检讨、声韵学导读、郦道元《水经注》里所见的语音现象、《礼记》"学记""不学博依不能安诗"解、评介潘陈合著《中国声韵学》、上古音当中的[-d]跟[-r]韵尾、简介佛瑞斯特中国古代语言之研究方法、《广韵》韵类分析之管见、无声字多音说、论上古音中脂[ər]队[əd]两部的区别、高本汉之《诗经》韵读及其拟音、几本有价值的声韵学要籍简介、蕲春黄季刚（侃）先生古音学说驳难辩、评介《瀛涯敦煌韵辑新编》、《说文解字》分部编次、《说文》古籀排列次第先后考、文则论。

（七）陈新雄《文字声韵论丛》（1994）

《文字声韵论丛》与《锲不舍斋论学集》互为补充与衔接，比如论述黄侃古音学说内容的就是如此。其音韵篇目为：黄季刚先生及其古音学、李方桂先生《上古音研究》的几点质疑、章太炎先生《转注假借说》一文之体会、今本《广韵》切语下字系联、《史记·秦始皇本纪》所见的声韵现象、戴震《答段若膺论韵书》几则声韵观念的启示、《毛诗》韵三十部谐声表、《说文》借形为事解、《诗韵》的通转、蕲春黄季刚先生古音学说是否循环论证辨、论谈添盍怗分四部说、《毛诗》韵谱通韵谱合韵谱、陈澧《切韵考》系联《广韵》切语上下字补充条例补例、戴震《答段若膺论韵书》对王力脂微分部的启示等。

(八)丁邦新《中国语言学论文集》(2008)

《中国语言学论文集》内容极其丰富,汉语音韵学与汉语方言学"融而为一",主要篇目为:汉语音韵史上有待解决的问题、"Archaic Chinese,［*gw］,［*y］and［*yw］"、从闽语论上古音中的［*g］、上古音声母［*g］和［*y］在闽语中的演变、论上古音中带[l-]的复声母、从闽语白话音论上古"四声别义"的现象、重建汉语中古音系的一些想法、重纽的介音差异、论《切韵》四等韵介音有无的问题、《问奇集》所记之明代方音、17 世纪以来北方官话之演变、"Review:F. S. Hsueh,Phonology of Old Mandarin"、汉语方言接触的几个类型——并论国语声调及闽语全浊塞音声母演变的两个问题、汉语方言层次的特点、从汉语方言现象检讨几个辨音征性的问题、汉语方言中的"特字"——一致的例外、"A Note on Tone Change in the Ch'ao-chou Dialect"、"Derivation Time of Colloquial Min from Archaic Chinese"、从特字看吴闽关系、从历史层次论吴闽关系、北京话文白异读和方言移借、"Dialectal Words as a Factor in Determining"、"The Derivation Time of Dialects:An Example from Chinese"、国语中双音节并列语两成分间的声调关系、《论语》《孟子》及《诗经》中并列语成分之间的声调关系、"Some Aspects of Tonal Development in Chinese Dialects"、"Tonal Evolution and Tonal Reconstruction in Chinese"、汉藏系语言研究法的检讨、从音韵论《柏梁台》诗的著作年代、如皋方言里完成貌词尾的词音位变化、从声韵学看文学、元曲韵字示意说之探讨、声韵学知识用于推断文学作品时代及真伪之限度、汉藏系语言研究法的检讨、论汉语与台语的关系——李方桂汉台语同源论的检讨等。

(九)林炯阳《林炯阳教授论学集》(2000)

《林炯阳教授论学集》篇目为:陈伯元教授序、《切韵》系韵书反切异文形成的原因及其价值、敦煌韵书残卷在声韵学研究上的价值、敦煌写本王梵志诗用韵研究——兼论伯三四一八号残卷的系统、敦煌写本王梵志诗"卷中"本用韵考、斯四二七七号与列一四五六号法忍抄本残卷王梵志诗用韵考、论曾运乾《切韵》五十一纽说、《韵镜校证》补校、《磨光韵镜》在汉语音韵学研究史上的价值、林景尹先生《广韵》批校、声韵学在华文教学上的效用、声韵学的教学、闽南方言词本字举例(初稿)、闽南语本字考订的声韵条件(大纲)、评《瀛涯敦煌韵辑新编》、评《六十年来之声韵学》、评《六十年来之训诂学》、《周易》卦爻辞之作者、评刘文起教授《检视阻碍儒学发展的一股逆流——论商鞅反人文之原因》。书中文章方言学、敦煌学、海外汉学文献与汉语音韵学研究结合,足见作者深厚的学术功力。

(十)孔仲温《孔仲温教授论学集》(2002)

《孔仲温教授论学集》音韵论文篇目为:《韵镜》的特质、《敦煌守温韵学残卷》析论、《广韵》祭泰夬废四韵来源试探、论《韵镜》序例的"题下注""归纳助纽字"及其相关问题、《辨四声轻清重浊法》的音韵现象——声母部分、殷商甲骨谐声字之音韵现象初探、论上古祭月同部及其去入之相配、论"重纽字"上古时期的音韵现象、论江永古韵入声八部的独立与相配、论《龙龛手鉴》"香严"音之音韵现象。作者论及《韵镜》《广韵》诸多难题,其深度远远超越前人,尽显大家气象。

二、以汉语音韵学为专题的论文汇集

这里也试举几部:

(一)张琨《汉语音韵史论文集》(1987)

本书以《切韵》研究为方向,承认历史上的方言差异,"投射一个原始系统"。篇目是:张琨教授古音学说简介(代序,张贤豹)、论中古音与《切韵》之关系、《切韵》的综合性质、汉语音韵史中的方言差异、古汉语韵母系统与《切韵》。

(二)周法高《中国音韵学论文集》(1984)

本书4篇论文洞见深邃,篇目为:论《切韵》音、论上古音、论上古音和切韵音、上古汉语和汉藏语。

(三)龙宇纯《中上古汉语音韵论文集》(2002)

本书集中于汉语上古、中古两个时段语音的研究,篇目为:中古音部分:例外反切研究、《广韵》重纽音值试论——兼论幽韵及喻母音值、论照穿床审四母两类上字读音、陈澧以来几家反切系联法商兑——并论《切韵》系韵书反切系联的学术价值、从臻栉两韵性质的认定到韵图列二四等字的拟音、从《集韵》反切看《切韵》系韵书反映的中古音、《切韵》系韵书两类反切上字之省察、论重纽等韵及其相关问题、中古音的声类与韵类、支脂诸韵重纽余论、陈澧反切系联法再论、内外转名义后案、李登《声类》考。上古音部分:上古清唇鼻音声母说检讨、有关古韵分部内容的两点意见、上古阴声字具有辅音韵尾说检讨、再论上古音[-b]尾说、上古音刍议、古汉语晓匣二母与送气声母的送气成分——从语文现象论全浊塞音及塞擦音为送气读法、上古汉语四声三调说证。

(四)丁邦新《丁邦新语言学论文集》(1988)

与《中国语言学论文集》不同,《丁邦新语言学论文集》主题更为集中,以理论性问题研究为主,主要篇目为:上古汉语的音节结构、上古阴声字具辅音韵尾说补证、汉语上古音的元音问题、平仄新考、汉语声调源于韵尾说之检讨、汉语声调的演变、与《中原音韵》相关的几种方言现象、汉语方言区分的条件、汉语方言史和方言区域史的研究、论官话方言研究中的几个问题、吴语中的闽语成分、吴语声调之研究。

(五)谢云飞《音学十论》(1971)

本书音韵研究理论与实际结合,篇目为:汉语音韵的实用功能、佛经传译对中国音韵的影响、华语注音的各式音标之比较、汉语中的声调、十二转声释译义、《切韵指掌图》与《四声等子》之成书年代考、《七音略》之作者及成书、音训的流弊、如何自国语音中辨四声、有关古音的一些有趣问题。

(六)张光宇《〈切韵〉与方言》(1990)

本书研究汉语语音史,以汉语方音史资料为突破口,理论性思考特色十分突出,篇目为:汉语发展史与汉语语音史、闽方言古次浊声母的白读[h-]和[s-]、海口方言声母的由来、福建畲字地名与畲话、《切韵》纯四等韵的主要元音及相关问题、梗摄三四等字在汉语南方方言的发展、从闽方言看《切韵》三四等韵的对立、闽南方言的特殊韵母[-iŋ]、从闽方言看《切韵》一二等韵的分合、闽方言音韵层次的时代与地域、说邵武方言、闽南方言研究导论等。

(七)竺家宁《近代音论集》(1994)

本书挖掘许多学者注意不够的汉语近代音重要文献,成绩显著,篇目为:《四声等子》之音位系统、《九经直音》的浊音清化、《九经直音》声调研究、《九经直音》的时代与价值、《九经直音》的声母问题、《九经直音》知照系声母的演变、近代汉语零声母的形成、论《皇极经世声音唱和图》之韵母系统、宋代语音的类化现象、《韵会》重组现象研究、宋代入声的喉塞音韵尾、近代音史上的舌尖韵母、清代语料中的ʊ韵母。

(八)竺家宁《音韵探索》(1995)

本书所收论文与作者长期以来关注的上古音复声母问题关系密切,但不局限于此,还涉及《广韵》、中古等韵图产生等问题,篇目为:《古汉语复声母研究》提要、上古汉语带喉塞音的复声母、上古汉语带舌尖音的复声母、上古音里的心母字、《说文》音训所反映的带[1]复声母、《经典释文》与复声母、评刘又辛"复辅音说质疑"兼论严学窘的复声母系统、蒲立本复声母学说评述、白保罗复声母学说评述、大陆地区复声母研究评述、《颜氏家训·音辞篇》的几个语音现象、《广韵》类隔研究、《音学辨微》在语言学上的价值、论中古韵母、汉语音变的特殊类型、佛教传入与等韵图的兴起等。

（九）何大安《汉语方言与音韵论文集》(2009)

本书涵盖了作者研究汉语音韵与方言的重要论文,篇目为:变读现象的两种贯时意义——兼论晋江方言的古调值、云南汉语方言中与腭化音有关诸声母的演变、论永兴方言的送气浊声母、"浊上归去"与现代方言、送气分调及相关问题、方言接触与语言层次——以达县长沙话三类去声为例、声调的完全回头演变是否可能、方言史中的阶段与层次——横县达县石陂的个案研究、语言史研究中的层次问题、论郭璞江东语的名义、官话晋语与平话性质的检讨、上古音中的[*hlj-]及相关问题、古汉语声母演变的年代学、从上古到中古音韵演变的大要、[-d]的下限、六朝吴语的层次、"此秘未睹"的一个侧面、刘宋时期在汉语音韵学史上的地位——兼论音韵史的分期问题、速率与续断——音韵史研究的新视角、"阴出阳收"新考——附论《度曲新知》中所见的吴语声调、韵首的迷思:《度曲须知》中的"属阴"与"属阳"、《方音洗冤考》的是与非、《辨声捷诀》的一种读法——附论《度曲新知》中的"萨""杀"的读音、"转音"小考、从中国学术传统论汉语方言研究的过去现在与未来、声韵学中的传统当代与现代、尖端与洞见——李方桂先生的语言学研究。

此外,还有以某一个汉语音韵学固定专题而编订的论文集,比如金周生《吴棫与朱熹音韵新论》(2005)等。

第七节　台湾学者译介国外汉语音韵学论著

与台湾汉语音韵学研究相关的学者赵元任、李方桂等,早年就曾致力于介绍欧美汉语音韵学著作,比如赵元任《高本汉的谐声说》(1927)一文,以及赵元任、李方桂、罗常培共同翻译的高本汉《中国音韵学研究》(商务印书馆

1940）等著作,在海内外产生了不可估量的影响。《高本汉的谐声说》涉及了"谐声原则概论、谐声字中弱谐强的原则"等问题;《中国音韵学研究》一书不但对原文进行了准确翻译,还在注释中对高本汉许多重要文献失误进行了纠正,赋予其十分重要的研究性质,内涵更加丰富。

　　台湾学者译介国外汉语音韵学著作很多,对于相关学者及时了解和掌握国外汉语音韵学学术动态十分重要,起到了沟通中外学术信息的作用。这里择要说明。

一、翻译国外汉语音韵学著作

（一）高本汉《中国语之性质及其历史》（杜其容译,1964）

本书由杜其容根据 1949 年纽约英文版本翻译,全书 174 页。

本书体例为:正文之前有译者附言、作者致译者书、高本汉原"序言"。"译者附言"称,原书分为五章,但不标章次,亦无标题,今为醒目计,表明章次;如有必要,由译者另行加注;本书第三章讨论上古中国语之特性;译者之师周法高著有评高本汉《原始中国语为变化语说》《语音区别词类说》两篇文章,对高本汉学说有所补充,也列入"附录"中。

2010 年,商务印书馆出版聂鸿飞翻译本,名为《汉语的本质和历史》,同样根据 1949 年纽约英文版本翻译。译者将原文六个部分改称为章,然后为每一章加上了题目,分别是"引言、文字、音韵、语法、训诂、结语",以便于查阅。

（二）高本汉《中国声韵学大纲》（张洪年译,1972）

本书由张洪年根据 1968 年版本翻译,全书 255 页。在正文前有高本汉"序文"一篇。高本汉说（1—3 页）:

　　本书的目的,并不是要对中国历史音韵学增加什么新的理论,或新的结果,而仅是把其中某一方面的主要论点作一综述而已。这里面包括了:中古及上古音韵系统的拟测及从上古语言渐变的情形;至于从中古到现代繁复方言的演变,则间有提及,但没有作详细的说明……从 1915 年开始,着手对中国古代音韵系统进行探索,直至 1934 年,完成了上古音的拟测为止,这许多年间,我对自己起初的说法,曾做过不少的补充和修改,而期间相承改变的情形,可见于我一连串的发表（著作）中。这些改变,有的是受了同行其他学者的影响,像马伯乐(H. Maspero)、李方桂、赵元任及罗常培,便是其中主要几位;但大部分还是我个人重新扩大研究的结果。因此,对一个有兴趣于这方面的初学者来说,为了要知道大部分现在仍然采用的拟音根据所在,而得将我过去所有的文章——内中包括不少已经作废的论证及拟音说法——全部看一遍,那未免太过于麻烦了。所以,在这一编综述中,我挑选了个人以为依然有力的论断,以最简单的方式,重新陈述一次。正如数学一样,语言学并不是样容易看得懂的东西,所以,在尽可能的情形下,我都以不采用专门性的术语为准则。

可见,本书以向读者阐述基本学术观点为宗旨。

高本汉还重点厘清两个概念,即中古音和上古音(1—3页):

> 所谓中古音,我们专指公元 600 年左右,见于《切韵》一书的语言,特别是指长安方言而言。到了唐朝时代,它已逐渐成为一种标准语言(Koine),流行于国内各大城市、大中心的教育阶级圈子中,但沿海的福建一省,则属例外。上古音,则指西周时期(从公元前 1028 年算起),河南一带的语言。数据源,一部分是《诗经》及其他早期作品的用韵,一部分则是谐声字(由形符及声符共组而成)。

此书出版后,在海内外学术界应用十分广泛,为汉语音韵学者研究高本汉,以及高本汉上中古汉语音韵学学术思想提供了重要的参考。张洪年的翻译亦有其阅读不方便的地方,就是正文章节层次不清,给一般人阅读带来了不小的困难。高本汉上古音研究的一些内容,也有学者专门翻译,比如陈新雄就翻译过高本汉《上古音当中的[-d]跟[-r]韵尾》(《木铎》1978.7:13—22)。

中国大陆学者聂鸿音翻译《中上古汉语音韵纲要》("Compendium of Phonetics in Ancient and Archaic Chinese",Bulletin of the Museum of Far Eastern Antiquities,1954),齐鲁书社 1987 年 5 月出版,层次划分非常清晰,在国内外读者中流行更为广泛,亦可以参用。

(三)高本汉《诗经韵读》(《汉文典》)(陈新雄译,1984)

陈新雄《高本汉之〈诗经韵读〉及其拟音》(1970 年 8 月脱稿,见《锲不舍斋论学集》581—684）翻译高本汉《诗经韵读》（《汉文典》），结合段玉裁《诗经韵谱》韵读校勘，若干篇诗中分部，取自于王念孙、江有诰的说法。这是有关高本汉《汉文典》翻译的重要著作。后边还附有国际音标与高本汉所使用的音标对照表，便于读者理解和使用。

（四）马提索夫《汉藏语和其他语言中边音的塞音化》（苏玉玲等译,2006）

本文由苏玉玲、邱彦遂、李岳儒翻译，主要内容是：舌尖辅音[l][d]和[n]在发音特性上相当接近，它们都是舌尖抵上齿龈或上齿背造成阻塞的浊音。许多语言都反映了这些舌尖辅音的方言变异，例如著名的美洲印第安族群达科塔就有 Dakota、Lakota 或 Nakota 三种不同的发音。不少汉藏语（ST）词源例证也显示了[l]和[d]的交替。主张上古汉语非腭化的[*l-]发展为中古汉语的[d-]，是颇具影响力的看法。从生理发音的角度，边音的"硬音化"或"擦音化"，或许也可以视为"增音"的类型——在两个不易连读的音之间增生音段。这种情况经常发生在鼻音或流音的语境中，包括几个常见的次类型，比如鼻音+擦音>鼻音+塞音+擦音、鼻音+流音>鼻音+塞音+流音等。无论在印欧语或是汉藏语中，塞音化都是偶发的现象；但这却可能是根据普遍发音行为所必然导致的结果。汉语里流音的演化也属于这种情况。班尼迪察觉到上古汉语的[*l-]在中古汉语塞音化的偶发性质。许多汉藏语的词源都明确显示边音和齿塞音的交替，无论共时或是历时，无论就汉语或藏缅语的内部构拟，或不同语言之间的比较来看都是如此，往往汉藏语系的某个语支呈现塞音，另一个语支却是边音。藏缅语和汉语都有浊音与清音的变体，清浊别义，反映了更早的使役与非使役动词的对立。汉藏语中舌尖音交互作用的本质，现在是重新思考的时候了，包括共时与历时，以及语言内部或跨语言间的现象。汉藏语族的同源词，为汉藏语同源词的研究提供了另一个思考的方向。

据译者介绍，这篇文章最初以"The Dinguist's Dilemma: deltacism of laterals in Sino-Tibetan"（《语言学家的困境：汉藏语边音的塞音化》）为题发表于 1990 年 10 月在阿灵顿（Arlington）德州大学举办的第二十三届国际汉藏语暨语言学年会，尚未以英文正式出版。标题中"dinguist"（语言学家）这个虚构词的意义在下文会逐渐明朗起来。文章作者 James A. Matisoff 为美国加州大学伯克利分校教授。

此外，幼狮月刊社编《中国语言学论集》（1977）收录了梅祖麟《中古汉语的声调与上声的起源》，黄宣范译；André G. Handricourt《怎样拟测上古汉语》，马学进译；张琨主讲《中国境内非汉语研究方向》，张贤豹译；张琨《论中古音与〈切韵〉之关系》，张贤豹译。

二、介绍国外语言学或汉语音韵学著作

（一）佛瑞斯特《中国语言》

陈新雄《简介佛瑞斯特中国古代语言之研究方法》（1977）对佛瑞斯特（R. A. D. Forrest）《中国语言》（The Chinese Language）十分推崇，认为其在西欧学者研究中国语言著作中"堪称完备"。陈新雄介绍说，《中国语言》一书是西方学者研究中国语言集大成的著作，在欧美学术界地位显赫，成为欧美学者研究中国语言的必读书。全书共分十一章：绪论、中国文字、古代语言研究之方法、中国语言概述、相关与相近之语言、远古中国语、上古中国语、中古中国语、近代与现代中国语、现代方言、中国语言今后之趋向及其问题。陈新雄在本文中详细介绍了古代语言研究方法部分，认为"佛氏此书所论方法，虽皆陈说，然近半个世纪来，西方学者研究中国语言之方法，已尽见于此矣"。

《中国语言》不是专门的研究汉语音韵学著作，但所论许多地方却与汉语音韵学研究密切相关，陈新雄介绍其古代语言研究方法大概也是出于这个考虑。

陈新雄说，《中国语言》值得注意的观点是：佛氏以为，研究中国语言，首先应该进行分期工作。他把中国语言分为五期：曰远古、曰上古、曰中古、曰近代、曰现代，并谓此类划分纯为研究之方便，并无清晰之界域，各期之间，其语言亦非快速之突变。佛氏认为，"远古"等专门术语或未尽得当，但因为西方学者如高本汉、西门华德等都如此用，已成习惯。他看到，中国近世学者构拟《诗经》时代之语音，其所得结果，以语言学之观点衡量，仅有部分成功。

佛氏认为，研究中国语言，须按照年代之先后分成若干时期，然后从现代上溯古代，如此则于语音之了解，特为显明。"盖现代语之音值，可借耳闻，求之不难。然后，推论之近代，足以构拟出中古之语音系统，再据中古之基础，以重建上古音系，自亦有所凭借矣。"陈新雄将佛氏中国古代语言研究方法逐条加以介绍：其一，境内方言。中国境内方言之比较研究，实为研究中国语言之首要工作。盖方言乃研究计划中之原始资料，借此得考知古代汉语之真相。

其二，域外方言。中国文字之形成，随中国文化传播于高丽、日本与安南。他们皆曾使用中国文字，而且仍保持借用时之音读，仅受彼等语言本身之影响，音读稍有变化。由于此种关系，故可证中国之古音。其三，韵图反切。所谓韵图，乃根据字音之声韵，纵横排列，组成图表。与韵图性质相同者则为反切，反切乃拼音之法。此种拼音系统可能系汉代佛教徒所传入。有时亦可用两相似之音拼合，事实上，虽用于拼合，而音原有区别。其四，国外译音。由于以上诸法之使用，已可以获中国古音之结论，若参以自汉代即由佛教徒传入之梵文译音，或可得更多之证据。一种幸运之机会已大有助于研究，即一种藏文与中文本合编之佛教经典，已经出现。虽然此一方言并非当时之标准语，然在读音上，与推论所得之唐代读音已相当一致。其五，形声分配。形声字配合《诗经》韵脚之细心归纳，高本汉曾创建一极为准确之上古音系。高本汉了解音之和谐之原则，此种谐声字之接合，皆由于音之相近。其六，《诗经》韵脚。全部韵脚将予一合理而不矛盾之结果，证明中国古代语言比之其他语言，韵极少变化。陈新雄说，佛氏在第四章提出《诗经》韵脚之重要贡献，对他启发甚大，"将予吾人（陈新雄）一清晰之概念"。其七，汉语借字。最近李方桂提及中国借字（loan-words）在台语之情形，开创一崭新而有前途研究之方法。此种资料，到目前为止，仍很少为人谈及。虽然此类语言尤其北部之语言，全部属于中国语系，然却不易断定其借用字所借之时代。此类研究所获之成就，已可印证由其他方法所获致之上古中国语之结果。

陈新雄介绍"汉语借字"一段，是不是佛氏原文意思还显得有些模糊，但已经可以从中见到佛氏方法的基本思维方式了。

（二）罗杰瑞与汉语音韵学

张光宇《罗杰瑞教授与汉语史研究》（2014）说，美国西雅图华盛顿大学亚洲语文系教授罗杰瑞（Jerry L. Norman 1936—2012）师从于赵元任，是西方汉学界继瑞典学者高本汉（Bernhard Karlgren 1889—1978）之后学养最为深厚、影响力最大的语言学家。如同与他同时代的学者一样，研究中国语言学的一个重大课题是研究高本汉的中国音韵学；但是，十分突出的是，当一般人沉浸、陶醉在高本汉途径的时候，罗杰瑞刨根究底检视其基本假设，呼吁冷静、深思，另辟蹊径。

张光宇认为，作为普林斯顿学派的一员健将，罗杰瑞在汉语史上的主要贡献可分两方面来看:其一是提出建议,重新检视高本汉的基本假设,例如韵图不是透视《切韵》的唯一凭借;其二是尝试重建古闽语,把高本汉所说的闽语例外揭示出来。他的汉语专著是西方世界的中国语文通论课本,视野宽广,高瞻远瞩,文笔细腻周延。由此,张光宇展开了对罗杰瑞汉语音韵学成就的定性和缕析。

其一,重新检视高本汉的基本假设。罗杰瑞看得很清楚:"到目前为止,所有关于中古汉语的重建及修订,可以也应该视为单一方法论传统的产品,源自于高本汉及其前辈学者。"张光宇认为,普林斯顿学派对高本汉的反思是从语言地理类型的差异出发的。当人们把那种差异归在"区域特征"的时候,他们不满足于标签式的描写、分类,而试图以人为本找出背后的理由。这种反思意义重大。对比高本汉和罗杰瑞的学术差异:汉语史的两次重大重建工程,高本汉仰赖文献资料,罗杰瑞悉照方言;高本汉用文献材料指导比较法如何执行,罗杰瑞用比较法揭示文献的局限。罗杰瑞说:"高本汉中古汉语重建,在本质上是对韵图音类的重建;《切韵》是一个基本数据,韵图是这个基本数据的解释。所据时代稍晚,地域有别的方言。没有人强调我们非得接受这个解释不可。汉语方言自古传下,不绝如缕。域外方音传播,在异域难免受当地语音系统的调整和变造。现代方言的价值,远远大于'古代方言'的域外方音。"在高本汉的途径里,方言(包括域外对音)只是韵图的附庸,合则取不合则弃。而罗杰瑞研究《切韵》则韵图与方言并举。他秉承林语堂的看法,比如:《切韵》是汇通古今南北方音,预备作一本南北人皆可用的字书,所以,分韵唯恐不详,所列并非任何一地之音(《重刊〈语言学论丛〉序》)。在张光宇看来,罗杰瑞对汉语语音史框架的设计,与王力晚年《汉语语音史》讲汉语中古音用《经典释文》和《一切经音义》反切音系取代《切韵》具有"异曲同工"之妙。这也正是超越高本汉比较法的地方。

其二,重建古闽语。高本汉说,所有的现代汉语方言都从《切韵》脱胎而来,只有闽方言不然,是个例外。张光宇认为,罗杰瑞《闽语声调的发展》是比较法在中国方言内部的探索。罗杰瑞心中的问题是:为何《切韵》並母在闽语内部如此歧异,同属平声字,其清化后有的送气有的不送气?为何在建阳方言里,除具备这些特征外,还多了一类,声母读[v],但调归第九调?他排比资料,试图从古闽语的三个声母[b],即普通[b],送气[b]和软化[b]的重建去解释。罗杰瑞宣称:《切韵》的重建形式不足以解释闽语声调的发展,这在汉语音韵学界引起了不小的轰动。张光宇认为,这个提法有些不恰当,正确的说法是:闽语的比较研究显示,同一部位的浊塞音有三种对应关系。1979 年,罗杰瑞发表《闽语词汇的时代层次》,所举例证三读,代表了汉代、南朝、晚唐三个不同时代的来源。张光宇说,比较法的最后结果是树形的语言连续性,层次关系尽在其中。中古以下还有许多空档有待于填补,这也就是高本汉期待后人继踵增华的未竟之业。无疑,罗杰瑞的工作属于语言连续性的研究,而整合音系学则方兴未艾,会提供更多的理论上的滋养。历史语言学家根据实证材料重建语言,取得了一个概估的代数值,而语音学家据以实验,看到了其中的合理性,则给予补强。在汉语语音史领域,这方面研究确实有待于加强。很显然,这个看法当中隐含着对罗杰瑞及其后人工作缺憾的认识,以及对未来研究的无尽期待。

许煜青《汉语方言鼻音韵母的发展》(2015)第二章"汉语语音史研究回顾"中第五节"罗杰瑞'原始闽语'的重建:比较法的优先地位"(66—75 页),则详细地介绍了罗杰瑞汉语语音史研究中的"比较法"理论。作者认为,罗杰瑞是系统地展开"普林斯顿学派"思路的最为重要学者,从 1973 年《闽语声调的演变》开始,1974 年《原始闽方言的声母》、1981 年《原始闽方言的韵母》,以及 1986 年《闽北方言的第三套清塞音和清塞擦音》等,都是这种"比较法"的直接体现。主要特征是:其一,首重方言材料。完全根据比较法来研究汉语史,等同宣示方言材料价值凌驾于书面文献之上。罗杰瑞说:"汉语方言是中古汉语土生土长的直接后代,显而易见地应该作为构拟古音的主要依据。""我们需要一个更自觉和严谨的方法论,并确实了解重建过程中的每一个阶段和步骤。"他批评高本汉:"高本汉和其他的人把汉语方言分化的时间定得很晚(八到十世纪),从目前所见汉语方言分歧的程度来看,那似乎不合实际。"高本汉用文献限制比较法,罗杰瑞用比较法和方言解释文献。其二,对原始闽语进行了一系列的探索。比如对声母系统的重建。在古音条件相同的情况下,为何古全浊声母清化后有的送气有的不送气?他注意到,建阳和邵武等方言,部分字的声母读法有异而声调亦复不同。根据比较法的不同,有三组对应关系就应该建立三个原始音位,这是执行时的严格要求。罗杰瑞建立了 48 个原始音位,还原早期状态,使得很多语音现象得到较为满意的解释。其三,汉语方言层次问题。成系统的特殊音读(而非零散例外),有时候保留的是早期的痕迹,反而能成为重建语言历史的关键。但前提是,必须事先排除借词和类推等其他外部因素。完全排除之后,比较法也才能坚持有几组对应关系就建立几个原始音位的原则。如此,引进层次观念显得尤为必要。这也是罗杰瑞对汉语音韵学研究理论的最为重要的贡献。

大陆学者译介的罗杰瑞著作主要是:《汉语历史语言学研究的新方法》("A new approach to Chinese historical linguistics",朱庆之译,收入四川大学汉语史研究所《汉语史研究集刊》1,巴蜀书社 1998)、《汉语概说》(张惠英译,语文出版社 1995)、《汉语》(原版,世界图书出版公司 2008)。

(三)康拉迪与汉藏语系

梅祖麟《康拉迪(1864—1925)与汉藏语系的建立》(2010)针对李方桂《中国的语言与方言》(1937)提出汉藏语系分为汉语、侗台语族、苗瑶语族、藏缅语族四类的观点,补充了李方桂之前一些欧美学者对相关问题的看法,借以表明,李方桂汉藏语系分类的思想形成不是偶然的,而是前有所承为基础或"英雄所见略同",但这并不影响对李方桂汉藏语系分类贡献的判定。他说:

> 鲜为人知的是,康拉迪(Conrady,德国人)曾经论证印支语系应该分为东西两支,西支是藏缅语群,东支是汉台语群,而且认为,孤立型的东支是从黏着类型的西支变来的。更没有多少人知道,1811 年英人赖登(John Leyden)在《亚洲学会会报》第十期发表的《论印度支那语言和文字》一文,首次指出汉语、缅甸话、泰语的词汇和语法有类似之处……1820 年法国学者 Abel Rémusat 写了一本研究鞑靼语言的书,提出他对满语、蒙语、回语与藏语的文法与文字异同的研究,其中就提到许多今日一般所公认的汉藏语同源词,如"日、月、水、父、母、心、名"等。1851 年德国学者 Schiefner 写《藏文研究》一文,也指出了藏文和汉文之间有不少的同源词。但是,从 1811 年至 1851 年经过 40 年,汉藏语的比较研究却毫无进展,直到 1874 年法国学者 Rosny 指出,要作比较研究必须从汉语古音开始,而英国学者 Edkins 也同时发表了他对汉语古音的研究。1881 年德国学者甲柏连孜(Georg von Gabelentz)出版了《汉文经纬》一书,他在书中(第233 页)说:"印支语言(即汉藏语)科学的比较研究是语言学许多课题之

一,但对于解决这一问题,却连第一步还没有踏出。"

梅祖麟还说,康拉迪引证了甲柏连孜 1878 年的论文,说明甲柏连孜先期研究的贡献。梅祖麟就此生发了对具有亲缘关系语言证明汉藏语系比较语法方面研究的一些意见,很显然,康拉迪的卓越贡献是最应该大书特书的。梅祖麟的补充与阐发是客观的,以真实的史料为依据,很有说服力,这在汉藏语系研究史上具有重要意义。

康拉迪汉藏语系学术思想对日本明治学者的影响,梅祖麟在论文中没有提到,这也是须要补充的。我们通过发掘文献,可以知道,日本学者后藤朝太郎著《现代中国语学》(原名《现代支那语学》)就是其中重要成果之一①。后藤朝太郎著《现代中国语学》,由东京博文馆 1908 年发行,曾被列为日本帝国百科全书之中,一直被作为经典性的著作而受到历代语言学者的推崇。由后藤朝太郎《自序》可知,他借鉴了 G. v. d. Gabelentz(甲柏连孜)和 K. Arendt(阿伦特),以及 T. Watters(沃特斯)、中国马建忠等成果。在"中国帝国的领域和它的语言"部分谈到了中国境内语言的地理分布,认为除了官话之外,其东南部方言分为浙江方言、福建方言、广东方言三大方言;这三大方言进一步细分:浙江方言,有上海方言、宁波方言、温州方言;福建方言,有福州方言、厦门方言、汕头方言;广东方言,有广州方言、客家方言,书中对这些方言语音特征进行了描写。此外,重点谈了中国语和同族语比较等内容:第一,苗族的语言和中国语。这是认定了苗语作为汉语同一系属语言而进行的研究,还将北京、广州话与苗语比较。第二,安南语与中国语。这里是把越南作为当时中国的一个附属国来对待的,书中引用了南条、高楠两个日本学者的成果进行论述。后藤朝太郎之后,比如法国马伯乐、瑞典高本汉都把越南汉字音作为构拟汉语中古音的重要资料,可以说与之异曲同工。第三,藏语和中国语。作者认为,藏语和汉语都是单缀语,关系十分密切,比如助词都很发达。在印度支那语族中,藏语和汉语是最为重要的,因此必须突出它的研究地位和作用。作者将藏语音、中国语音(南方语音)、日本语音进行了比较。在此基础上,后藤朝太郎使用了"语言接触"这样一个非常重要的术语概念。对于"语言接触"概念内

_____

① 参见李无未《汉语现代语言学理论体系的最初构建——日本〈现代中国语学〉(1908)的意义》。

涵,后藤朝太郎解释道:

> 按一般的语言现象观察的话,性质完全相异的语言,如果进行接触,从语言的内部构造上看,彼此接受影响的很少见。但中国语近时呈现的现象,很像道尔喀或者马基亚尔(匈牙利)语言,本来属于乌拉尔阿尔泰语族,而且,由于存在着历史上的关系带有欧洲语的色彩。迫于中国语内部自然的需要,而具有了这样的结果……究竟为何如此暂且不论,今日中国语北京官话存在着很多"多缀语"("纯多缀音式"[多音节单纯词]),而且,很像"添着语"(黏着语)形式,是不可争辩的事实。

但北京官话之外,比如南清方言,以及越南、暹罗、西藏等语言,是否也具有"纯多缀音式"趋势,因为没有进行详细而充分的学术调查,后藤朝太郎认为,还不能过早断言。可见,后藤朝太郎的研究,很显然是具有针对性的,可惜,许多学者并不了解这个研究成果。

(四)其他

丁邦新等编《李方桂全集 1:汉藏语论文集》(2012)收录了不少李方桂介绍国外学者的书评或论文,比如包拟古《〈释名〉的语言学研究:声母与复辅音》、司礼仪《〈方言〉记载的汉代方言》、德范克《中国的民族主义及语言改革》等。

竺家宁先后翻译了包拟古(N. C. Bodman)的《〈释名〉复声母研究》(1954/1979)、《反映在汉语里的汉藏语[s-]复声母》(1973/1991),并专门写文章介绍蒲立本(E. G. Pulleyblank)和白保罗(Paul K. Benedict)的复声母学说①。

安藤正次撰、雷通群译《语言学大纲》(台湾商务印书馆 1967),黎明光译《滋生音韵学》(文鹤出版有限公司 1972),陈弘昌《藤堂明保之等韵说》(1973),李璇《谈伯希和的对音考释》(《法国汉学论集》62—67,香港珠海书院出版委员会 1975),奥德里古著、马进学译《怎样拟测上古汉语》(《幼狮月刊》43.2:23—30,1976),罗杰瑞著、陈秀琪译《从音韵看汉语方言》(《方言》1:6—15,2006),以及邹睿智《雅洪托夫〈上古汉语的开头辅音 L 和 R〉介述》(台湾

---

① 参王松木《为往圣继绝学——竺家宁先生在声韵学研究上的成就与贡献》。

《书目季刊》42.1:127—131,2008)也很受学者们关注。

第八节　台湾声韵学会设置优秀青年学人奖

从第四届国际暨第十三届台湾声韵学学术研讨会(台湾师范大学1995)开始,台湾声韵学会设置优秀青年学人奖。根据《优秀青年学人奖设置办法》,每年奖励一名40岁以下,职级在副教授以下(含副教授)的优秀青年学者;候选人须经评选委员会审查入选为当届声韵学学术研讨会论文发表人;就候选人之论文内容及于研讨会中宣读该论文时之表现按程序进行严格评审。各届获奖者如下:第一届(1995),吴圣雄《日本汉字音能为重纽的解释提供什么线索》;第二届(1996),金钟赞《由"右文说"论〈说文〉亦声字》;第三届(1997),宋韵珊《试论〈五方元音〉与〈剔弊广增分韵五方元音〉编排体例》;第四届(1998),张屏生《东势客家话的超阴平声调化》;第五届(1999),程俊源《保守与创新——台湾闽南语阳声韵"熊"的音韵历史变化》;第六届(2000),黄金文《方言接触中的规律面向——从音变规律的"条件项"论闽北方言阳平乙调清化送气音》;第七届(2001),李存智《介音对汉语声母系统的影响》;第八届(2002),江敏华《闽西客语音韵的保守与创新》;第九届(2003),王松木《明清韵图所显现的语音逆流——论河南方音入声分阴阳》;第十届(2004),邱彦遂《论高本汉的复声母B式》;第十一届(2009),周美慧《梵汉对译"二合""三合"构音方式与上古汉语关系》;第十二届(2010),李柏翰《竞奇与清丽——大小谢山水诗韵律风格之异同》;第十三届(2011),李长兴《谈构拟上古汉语复声母的几个原则》;第十四届(2012),杜佳伦《闽语韵读层次系统与古汉语音韵的历史关系》;第十五届(2013),江佳璐《析论越南汉字音鱼虞分韵的历史层次》;第十六届(2014),何纯惠《中古日母在明清时期的演变类型》;第十七届(2015),吴瑞文《从比较闽语的观点论古江东方言蟹摄开口二等字的拟测》[1];第十八届(2016),曾若涵《〈韵学阶梯〉管窥——论文雄学派的韵学研究与韵学教育》。优秀青年学人奖的设立,极大地鼓舞了优秀音韵学青年学人的"士气",在海内外产生了极其深远的影响。而所获奖励学人,后

---

① 参《本会历届优秀青年学人奖得主一览表》,《声韵学会通讯》2015年第24期,46—48页。

来逐渐成为台湾汉语音韵学研究的极为重要的中坚力量。

第九节　余论

从台湾汉语音韵学史"通论"可见,其所呈现的几个方面特点是十分突出的:

其一,台湾汉语音韵学史文献汇集很有特色。比如,不但有论著目录的汇刊,还有一些重要的论著内容的概括和总结,更有一些学者,比如何大安、竺家宁、姚荣松等学者的"音韵学史"框架的建构,与大陆学者研究汉语音韵学史相得益彰,互为补充。将两者目录文献合刊,则可以捃出中国汉语音韵学史的基本文献线索,这就为进一步研究中国汉语音韵学史打下了坚实的基础。笔者曾出版《音韵学论著指要与总目》(作家出版社 2007),吸取包括台湾学者汉语音韵学史文献在内的世界各国汉语音韵学研究成果,其用意亦在于此。

其二,台湾学者编写汉语音韵学教科书教学与普及结合,体系与目标结合,逐渐走出了不同于欧美与日本、韩国等国家和地区的汉语音韵学教科书的路子。普及性做得最为成功的是竺家宁的教科书,既有学术性很强的"通论",也有通俗易懂而引导入门的"常识",读者甚广,也就不足为奇了。

其三,台湾学者探讨汉语音韵学教学理论从教学实践中探索规律,结合教育理论,建构自己的汉语音韵学教学理论体系,十分成功。各家的教学法不同,但强调教学实践环节以取得优质教学效果为目标是一致的。还有的和语文素质教育相联系,注意发挥其基础作用,回归传统小学素养地位,值得特别推崇。

其四,台湾学者汉语音韵学综论分论与大陆的区别也是明显的。比如台湾师范大学国音教材编辑委员会编《国音学》,术语体系明显不同,个性鲜明,是值得比较研究的。

其五,台湾学者编写汉语音韵学相关工具书中,林炯阳等学者的《目录初稿》以精细见称,分类合理,给人以一目了然的感觉;而竺家宁和姚荣松音韵史挖掘富于成效,不回避矛盾,尊重学术权力,承认学术流派差异,所以所编文献公正而客观。

其六,台湾学者汉语音韵学论著汇集呈现学术史"精品"面貌,给人以深刻印象。以个体汉语音韵学研究成果为单位,谨慎推出,强调其示范效应;尤其是年轻一代,学风扎实,朴素自然。相比较而言,大陆个别学者的研究论文集编订就显得有些仓促,难以经得起时间的检验。这可能与大陆一些大学现行学术评价体制急功近利有关。

其七,台湾学者译介国外汉语音韵学论著,与国外学者的直接交往紧密结合。很多被译介的国外学者与在台湾的学者存在着明确的师承关系,因此把握起来具有一定的准确性。

其八,台湾声韵学会设置优秀青年学人奖与大陆"罗常培奖"很相像,但完全以汉语音韵学和方言学为主导,所以奖励目标明确;所推出的优秀学人,后来发展大多顺利,学业优异。这个奖项的设立,真正起到了选拔、培养,以及激励后备人才的作用。

第三章

台湾汉语音韵学史文献盘点二：理论和方法

第一节　传统汉语音韵学理论新认识

在长期的汉语音韵学研究实践中，台湾音韵学者不断总结经验，并上升到理论认识，其中涉及对中国传统汉语音韵学理论内涵的理解，提出了一些新的观点和看法。

一、汉语音韵学概念新释

有的学者对汉语音韵学一些基本概念进行了重新解释：

（一）关于清浊

赵元任《说清浊》（1959）是从传统清浊概念入手探讨汉语音韵学和现代语音学对应关系的。他认为：

> 清浊这对名词，在音韵史上用法沿革，起初是非常浑浊，后来才渐渐的澄清的。大致说起来，可以分为两派：《切韵》派和《韵镜》派……（《切韵》派）大半是注意到韵母的分类，对于声母几乎没有关系……《韵镜》派，分清浊的观念，跟现代最常见的用法相近。到江慎修《音学辨微》分的最清楚……这一派跟《切韵》派不同处是拿清浊的名词只用在声纽而不用在韵……用现代语音学的名词说起来么，清是不带音的辅音，浊是带音的辅音；同时，全清是不送气的塞音跟摩擦音；次清是送气的塞音；全浊是送气的塞音跟摩擦音；次浊是鼻音边音半元音等发音较软性的辅音。

他还从声学的角度分析，比如清音，如[p']、[s]、[f]、[x]之类，是有许多种很乱的、频率不清不楚的声浪；而发浊音的时候，因为声带在发乐音，每秒有一定的次数，有清清楚楚的一条或少数几条频率带，我们反而管它叫浊音，好像把名词用颠倒了。但从另一方面看，也不颠倒，因为清音的频率虽乱，可是多半是高频率，都是每秒四五千、六七千之谱；而浊音的频率多半是每秒几百，即使连共鸣的陪音也只有二三千的样子。《韵镜》的作者，甚至江慎修等当然没有这个观念。可是，耳朵里听高音觉得清，低音觉得浊，这是人耳所共有的印象。所以，不带音的叫清，带音的叫浊。赵元任运用现代语音学、实验语音学新理论理解传统音韵学问题，引导人们悄然地改变着汉语清浊术语的内涵认识和观念形态。

赵元任对汉语语音用当代语音学理论进行分析和研究，成果很多，比如《中国言语字调实验研究法》《北平语调的研究》《方言性变态语音三例》《英语语调与汉语对应语调初探》《汉语的字调跟语调》等，都带有明显的当代汉语语音学理论独创性特点。刘人鹏《唐末以前"清浊""轻重"之意义重探》（台湾《中国文学研究》1：81—100，1987）也涉及了清浊概念内涵解释问题。李壬癸《赵元任博士对汉语语言学的贡献》（《华文世界》27：7—10，1982）也提到了赵元任汉语语音研究的这个特点。

（二）关于平仄

周法高《说平仄》（1948）为我们提供了一种研究平仄问题的新思路，同时，也研制了须要留待未来解决问题的方案。周法高从"四声说"来源讲起，考订说：平仄在南北朝时和"切响、浮声"有关，但四声未分为平仄二类。近体律诗定型，利用平仄交互使用构成韵律特征。平仄声得名源于乐调：平声得于平调，仄声得于侧调。唐代寒山诗有"平侧不解压"一句，可以证明其作为名词使用的时代。人们把四声归成两类之时，为何只有平声和上去入相对呢？从唐初玄应《一切经音义》等资料看，翻译时声韵一样的字，区别长短，对应汉字就是平仄两类声调。此外，当时关中方言是否也有"平仄"的痕迹？白涤洲《关中声调试验录》用仪器记录关中39县声调，结论是"平声阳平最长，阴平次之，上去较短"，因此可以作此假定。李方桂《莫话记略》记录非汉语歌谣，保留了平仄的区别："声调系统是完全和汉语相合的，六调实与汉语的平上去的阴阳相当，入声即有[-p]、[-t]、[-k]的韵母，实亦一阴一阳。"周法高认为，说"非汉语歌谣"受汉语的影响似乎可能性不大,是不是同样的来源不好定论,只好等将来汉藏语的比较研究来解决了。此外,平仄的分别和声母的演变也有关系,古全浊声母在平声变读为送气,在仄声变读为不送气,可见平仄相对,有语音上的根据。

丁邦新《平仄新考》(1976)请李方桂审订过。丁邦新针对周法高《说平仄》(1948)和梅祖麟《中古汉语的声调与上声的起源》(黄宣范译,《幼狮月刊》40.6:69—76,1974)所引用《悉昙藏》的文献提出不同意见,除了对原有资料作重新理解之外,还补充了一些新的资料,从而深化了对这个问题的思考。丁邦新说,平仄的名称早期作"平侧",顾名思义,平是平调,仄是侧调,倾斜的意思。他同意高本汉用平上去入的名称猜测四声为平调、升调、降调、促调的看法;对唐《元和韵谱》和明真空《玉钥匙歌诀》,梅祖麟理解为"平是平调,上声是高调,而入声是短调",也正确;去声是降调的可能性很大。丁邦新还补充了《大藏经》"悉昙部"的两则资料:日本了尊《悉昙轮略图抄》(作于1287)用"温气上升"形容上声,用"果叶落去"形容去声,可见,上声、去声极可能是升调、降调。日本净严《三密抄》(作于1682—1684之间)说"上谓上升",指高升调;但"去谓去逝",不甚了了,应离降调意思不远。丁邦新的结论是:中古平仄声的区别就在于平调和非平调,平调即指平声,而非平调则包括上、去、入三声,其中上声是高升调,去声大约是中降调,入声是短促调。由此可以进一步认识到,中国文学中的平仄声对立就是平调和非平调的对立,"平平仄仄"不是"轻重律、长短律"或"高低律",而是"平仄律"。

日本明觉《悉昙要诀》(作于1773)云:"初昂后低为平声之轻,初后俱低为平声之重。初后俱昂为入声之轻,初后俱低为入声之重。当知重音者初低音也。初后俱昂名为上声,是六声之家义也。初低终昂之音可为上声之重。今每句第四字皆初低终昂呼之,故名为重音欤!……故知去声者即今重音也;初后低昂之音,六声之家以为去声也。"丁邦新解释说,明觉说的是汉语方言中有一种六个声调的类型,可以排列为:阴平(平声之轻):降调;阳平(平声之重):低平调;阴上(上声之轻):高平调;阳上与去不分:升调;阴入(入声之轻):高平调;阳入(入声之重):低平调。

日本了尊《悉昙轮略图抄》还记载:"《私颂》云:平声重,初后俱低;平声(轻),初昂后低;上声重,初低后昂;上声轻,初后俱昂;去声重,初低后偃;去声轻,初昂后偃;入声重,初后俱低;入声轻,初后俱昂。"丁邦新解释说,这指出了八种声调的调值,即四声调类分化八个调类,可以排列为:阴平(平声轻):降调;阳平(平声重):低平调;阴上(上声轻):高平调;阳上(上声重):升调;阴去(去声轻):高降调;阳去(去声重):低降调或中降调;阴入(入声轻):高平调;阳入(入声重):低平调。

丁邦新也谈到了自己的研究遗憾:如果与现代方言搭上关系,就会知道其更多的内涵了,这其实是给后来学者们研究提供了进一步想象的空间。但就其论文本身来看,对明觉六个声调调值和了尊八种声调的调值的理解,还是引发了人们的一些疑问:比如,明觉说"初后俱昂名为上声",如何就变为"阴上(上声之轻)高平调"了? 了尊的"阴入(入声轻)高平调;阳入(入声重)低平调",调值和"阴上(上声轻)高平调"、"阳平(平声重)低平调"相重合,体现了入声"音促、音长"的特点了吗? 有没有重新考虑的必要?

其实,不独可以从日本文献中找到有关这个问题的论述文献,其他国家的语音文献对汉语声调调值描写也值得重视,比如,朝鲜时代也有这方面的资料,像崔世珍在《翻译老乞大朴通事》(1517年之前)凡例"汉音"条和"清浊声势之辨"条就对当时汉语声调调型和音高作了描述,很多学者曾依据崔世珍的描写对汉语声调调值作过拟测,如梅祖麟、远藤光晓、李钟九、郑张尚芳等。这些文献也可以进行参照研究。

(三)关于"阴阳对转"

姚荣松说,1960年,陈新雄与李全真两人在《台湾风物》上发表了三篇谈"阴阳对转"的论文,分别为陈新雄《也谈阴阳对转》,李金真《谈"阴阳对转"》《再谈"阴阳对转"》。这可能是台湾音韵学史上第一次争论一个历史名词,值得注意。另外,利瓦伊菜也发表了《反语起缘新证——也谈阴阳对转》(1966)一文①。陈新雄《黄季刚先生及其古音学》(1993)以黄侃古音通转学说"凡阴声阳声互相转曰对转,阴声阳声自类音音近相转者曰旁转,由旁转以得对转者曰旁对转"为基本解说基础。陈新雄还有《诗韵的通转》(《木铎》11:83—104,1987)等论文。

另外,都惠淑《王念孙之生平及其古音学》(1992)第五章"合韵观念"第四

---

①　参姚荣松《六十年来(1950—2010)台湾声韵学研究评述与展望》4页。

节认为,王念孙"对转、旁转之说",是以其"通协说"和"合韵说",以及《合韵谱》为研究基础的。陈梅香《章太炎语言文字学研究》(1987)第三章"章氏声韵理论探析"第一节"上古音理论探析"涉及"阴阳对转理论评析——兼论《成均图》古韵理论之层次"内容,也就章太炎阴阳对转原则进行了说明,阐释他的古音声纽与韵部通转的基本理据。此外,谢美龄《"合韵"、"旁转"说及例外谐声检讨》(1999)、《上古汉语之真、耕合韵再检讨》(2003),以及吴家宜《古音对转说研究》(2001)、江美仪《孔广森之生平及古音学研究》(2009)也都是专门或在部分章节研究"古音对转说"的著作。

吴家宜(2001)分为五章:第一章,绪论,说明研究动机及研究方法。第二章,阴阳对转说的发展历程,针对阴阳对转说形成的背景及形成的过程加以讨论,指出阴阳对转说形成的背景在于清代古韵观念及学术目的的转变。而学说形成的过程则经过了顾炎武"阴声韵配入声韵"、江永"数韵同一入"、段玉裁"异平同入说"、戴震"阴阳入三分"及韵转的讨论,最后至孔广森始定名为"阴阳对转说"。第三章,孔广森及后人对阴阳对转之研究,由孔广森谈起,说明学者对于阴阳对转所做的疏证以及应用,指出其中孔广森、杨树达、陈新雄对于阴阳对转做过部分的疏证,而章太炎、王力、姚荣松则将阴阳对转学说应用至同源词的研究上。第四章,上古音三十二部对转疏证,以先秦文献中的假借字为主,依其师陈新雄古韵三十二部之分类,比如第一类歌月元、第二类脂质真等,找出对转的字例并加以拟音。第五章,结论,主要谈及"阴阳对转说"对研究古韵的影响,指出"阴阳对转"有助于古韵分部的研究、古韵次序的安排,对于构拟音值以及同源字的研究都有很大的帮助。

江美仪(2009)第五章"孔广森的阴阳对转及通韵说"分为四节:其一,阴阳对转说,内容为阴阳对转的定义及由来、阴阳对转的成因及方法、阴阳对转的类别及证据、阴阳对转说的意义阐释及得失;其二,通韵说,内容为通韵说的定义及由来、通韵的类别及证据、通韵的意义阐释及得失;其三,孔广森阴阳对转与通韵说的继承与创新,内容为孔广森对段玉裁之继承与创新、孔广森对戴震之继承与创新;其四,孔广森阴阳对转及通韵说的影响及效用,内容为孔广森对转及通韵说的影响、孔广森阴阳对转与通韵说之效用。该文比吴文论述得更为具体而深入。

(四)汉语音韵学术语汇释及标准化

台湾学者比较早注意到汉语音韵学术语体系的研究,比如蔡宗忻《声韵学名词汇释》(1979)以"语音学常识、反切、韵书、等韵、韵类、声类、调类"七大项为纲,以相关之名词为目(如韵类一项有韵母、韵类、韵目、韵部等目)。文中主张力求一贯,虽其中采他人之说者不在少数,然既经作者剪裁,亦即代表作者本人之意见,所谓"什九为古今诸贤之说,一得之愚,则存乎取舍之间"是也。本文所用之资料,除第一章"语音学常识"有实际可闻的语言为凭外,其他率为纸面材料,所代表者乃超时空之语音系统,并非实际语音的记载,故本文只求其音类,音值之拟定则暂付阙如。具体内容为:第一章,语音学常识。介绍语音的形成、分类及标注语音所用的符号,并说明语音学和音韵学的关系。第二章,反切。说明反切的涵义、起源、原理及其演进(改良)过程;末附以陈澧之反切系联条例。第三章,韵书。综述韵书的起源,并简介各个时代所撰作的韵书。第四章,等韵。内容大致可分等韵之学的形成、宋元等韵学、明清等韵学三部分,其中分别说明了韵图与韵书的关系,韵图的时代背景,韵图的组织,韵图的类型种种,相关之名词细目悉系于总纲之下。第五章,韵类分析。综释韵类有关名词及近代、中古、上古时期的韵类概况。第六章,声类分析。介绍声类的相关名词及近代、中古、上古时期的声类概况。第七章,调类分析。综释调类方面的相关名词及国语音系、中古、上古时期的声调概况。

杨福绵、温知新《中国语言学名词汇编》(学生书局1985)、陈新雄等编《语言学辞典》(三民书局1989)也涉及了许多音韵学术语概念内涵的界定问题,具有相当的学术性。

黄文芳《汉语音韵学相关重要词汇同实异名比较研究》(2011)也是一篇研究汉语音韵学术语的重要论文。其体例为:第一章,绪论。在文献回顾与探讨时分为语言学工具书、音韵学专书著作、单篇期刊及学位论文、其他相关论述,也说明了自己的研究范围与限制的内容,以及研究方法与架构。第二章,研究流程与步骤。讨论了音韵学界说、西方音韵学的定义、汉语音韵学的定义、中西音韵学词汇同实异名之对比分析等问题。第三章,音韵学重要词汇"英词中译"同实异名分析。讨论了"英词中译"的规范、政策层次、学者看法、翻译名称相同、翻译名称不同、书与书之间的交互比对、词与词之间的综合分析等问题。第四章,音韵学重要词汇"中词英译"同实异名分析。讨论了"中词英译"的规范、政策层次、学者看法,以及传统汉语音韵学重要词汇,包括采用音译、采用意译、半音半意、音译意译并用等方式;现代汉语音韵学重要词汇,包括采用音译、采用意译、半音半意、音译意译并用等方式。第五章,汉语音韵学词汇同实异名问题厘清的作用。分学术层面、教学层面、文化层面讨论。第六章,结论。除了研究概述、研究局限、资料搜集、词汇定名等内容之外,最为重要的是提出了几条"研究建议",即贯通古今,中西接轨;多方交流,求同存异;建立索引,便于查找;立足本土,放眼国际。

黄文芳在谈到为何以此为论文题目时说,汉语音韵学是一门历史悠久而不断发展的学问,前贤时哲做了大量的研究,累积出丰厚的研究成果,但由于学者们行文论述时,对音韵学词汇定名的严谨度不同,造成部分词汇具有同实异名的情形;加上20世纪以来,汉语音韵学融合了西方音韵学的观点,学者采用西方音韵学已有的词汇来对汉语音韵学进行更深入的诠释与多角度的研究,在中西会通时,因翻译方式、诠释观点的不同,使得同实异名的情况更加复杂。要学好汉语音韵学,必须对重要词汇的概念有清楚的认识,同实异名的问题若造成学习的混淆,对于汉语音韵学的学习将会事倍功半,因而不容忽视。站在这样的出发点,研究拟以当前几本汉语音韵学重要著作的词汇为观察对象,基本方式就是观察各书重要词汇同实异名的情形,在研究范围的书籍中搜罗出音韵学重要词汇进行归纳,进而从"西方音韵学"与"汉语音韵学"两种角度进行词汇分类,透过系统化的整理及比对分析进行探究。透过检视汉语音韵学重要词汇同实异名的情形,并将其与"术语标准化"相关的问题相互对应,提出厘清问题后能在教学、学术与文化获得哪些助益。

值得注意的是,在具体的研究过程中,作者不是简单地以汉语音韵学角度进行归类和研究,而是引用科学的术语学理论与方法进行探讨,其参考文献就反映了这个倾向性,其中有:R. R. K.哈特曼、F. C.斯托克《语言与语言学词典》(黄长著、林书武、卫志强、周绍珩译,上海辞书出版社1985),冯志伟《现代术语学》(台湾农资中心1997),郑述谱《试论语言学术语的特点》(《外语学刊》130:51—54,2006),向力《英汉语言学术语比较研究》(《湖北师范学院学报》28.4:22—27,2008),侯国金《语言学术语翻译的系统可辨性原则》(《上海翻译》2:69—73,2009),姚荣松《海峡两岸新词语的互动问题》(《现代化研究》专刊33:46—58,2003),胡永近《语言学专业词汇翻译现状及其译名标准化探讨》(《术语标准化与信息技术》1:16—19,2010),许长谟《汉语结构中音韵译词同实异名之问题探究》(《2010台湾华语文教学年会暨学术研讨会论文集》

543—555,2010),张晓勤、任泽湘《语言学术语译名的规范化摭谈》(《术语标准化与信息技术》4:27—33,2009)等。

二、汉语字音发音方法及字音标记

比较早的专门论及字音发音方法及字音标记的是王天昌《反切与注音方法的进步》(1968)。其他还有谢云飞《华语注音的各式音标之比较》(《新社季刊》2.3:16—74,1971)、《汉字标音简史》(新加坡《南洋商报》新年特刊第3版,1973);高明《反切起源论》(1971)、《论注音符号、国语罗马字与国际音标的演进》(《华冈文科学报》11:315—346,1978)、《反切以前中国字的标音法》(《高明小学论丛》203—213,1971)、《论中国字音的发音方法》(《第二届清代学术研讨会论文集》1—30,台湾中山大学中文系1991);林庆勋《注音符号的回顾——汉字标音方式的发展》(《国文天地》53:21—25,1989);李存智《从语言学理论与语言教学论音标符号的价值——兼论国语注音符号的存废与外语学习》(《声韵论丛》7:415—436,1998)等。

高明《反切以前中国字的标音法》(1971)主要讲了拼写汉字读音的譬况法、借读法、直音法等汉字字音标记,其中借读法很少为学者所注意或者解说。高明解释道,借读法是假借别的字音来标注出这个字音的读法。别的字音和这个字音,有的是相同的,有的是相近的,有的是相似的。在术语表现上,有的说"读"。比如《淮南子》"览冥"有"璧袭无理"句,高诱注:"璧,读辟也。"高明《反切起源论》(1971)赞同陈澧《切韵考》"谓字母起自西域,则是也;谓反切之学起自西域,则误也"的说法,认为反切不是"舶来品",不会由西域传过来;强调孙炎这个人十分重要,即以反切标注字音,虽或不始于孙炎,但反切到了他的手里才精密,为后来韵书所遵用,颜之推赞美他"独知反语",绝不是偶然的。此外,高明《中国声韵学丛刊初编叙录》(《高明小学论丛》230—244,1971)对40种重要的中国音韵学文献内容进行了介绍,并评论其学术价值,也涉及了许多的汉语音韵学理论问题;除了魏李登《声类》、孙愐《唐韵》、李舟《切韵》之外,还把现代学者姜亮夫《瀛涯敦煌韵辑》纳入到了这个系列中来。高明《论中国字的发音方法》(1991)则认为,中国字音的发音方法可以从三个方面来说:一是从气流受阻的状态说,比如闭塞、间隙;二是从气流冲出的力量说,比如清浊;三是从气流运行的方式说,比如出、送、拂、回。文中还列有《中国字发音表》。这是一篇很有理论性特点的论文,代表了高明对中国汉字字音发音方法的一些理论思考。

李存智(1998)谈到,一种语言的标音符号用于标写其音韵系统,也辅助语言的学习,是过了关键年龄之后再学习语言者的重要凭借。但语言有其个别的音韵特质,任何一种标音符号都不一定能够完满适用于他种语言。国语注音符号是标识音形义结合体作用的标记系统,它的功能为识字和标注语音。针对一些学者把台湾外语教育成效不彰的罪过推给国语注音符号的做法,李存智认为,语言环境为学习语言最重要的后天条件,就外语而言,教师、教材、教法构成语言环境,因此,必须改进的是教师的素质、教材的内容、教学的方式,而不是国语注音符号。她认为,汉语拼音方案因为不适应汉语方言教学,必须附加许多解释与条件,也就不是理想的标记系统。国语注音符号的制定兼顾了字形与字义,所以比一般的音位音标多了识字的功能,其适合汉语语言教学的价值是明显的。

三、汉语音韵学规范与观念方法更新

(一)规范性韵书与字书

赵元任《中国音韵里的规范问题》(1985)谈韵书语音的规范问题。该文是赵元任于1959年2月20日在台北所作的一次报告的记录。他对汉语音韵学的一些基本术语规范问题谈了自己的看法,比如,与诗韵有关的部分,他说:诗韵以三百篇为古韵,与古韵相对的叫今韵。今韵不是今音,它的传统很长,事实上是代表隋唐的音。由《切韵》增订而称为《唐韵》。《广韵》分为二百零六韵。宋淳祐间,平水刘渊增修《礼部韵略》,省并为一百零七韵,这就是坊间《诗韵合璧》用的《平水韵》。又如,与方言相关的部分称,国音是建立一个标准,让方言向它看齐。但方言总是存在的,它对文化也有相当的贡献。以前有些字典,对某一字的方言应如何读,仍要交代一笔旧账,现在的字典,才省下这笔旧账,只注意国音的读法。另外,通行的音怎么读,与古不合,是否要返古?假若多数人皆已改变读音,只有很少老学究不肯改,那就只好承认现实。

(二)观念更新

李方桂《论声韵结合——古音研究之二》(1985)认为:声母和韵母接触,一定会有互相影响的情况。结合《切韵》时代声母与韵母之间关系的研究,必

须明了《切韵》时代声母与韵母是互相影响的结果,并且通过这个结果去推求演变的痕迹。《切韵》时代声韵结合的情况可以分为三类:一是跟[â][ə][i][u][ɑ]结合的辅音有重唇音 4 个,舌尖塞音 4 个,舌尖擦音 4 个(邪母除外),舌根及喉音 6 个(群母除外),还有一个流音[l],一共 19 个,也就是黄侃的基本古声母。二是跟[a][ă][ɒ][ɛ][ɑ]结合的辅音有重唇音 4 个,舌根及喉音 6 个,没有舌尖塞音、舌尖擦音,但有卷舌塞音 4 个,塞音擦音 4 个,一共 18 个声母。三是跟介音[j]结合的辅音有多种,除去舌尖塞音跟匣母[ɤ]之外,其他辅音都可以跟它结合,甚至清唇音及舌面擦音只能在这一类出现。比较来看,第三类跟介音[j]结合的声母很多。元音却比较特殊,不跟声母接触,却受韵尾的影响比较大。三类结合简单说就是:声母和元音结合、与介音[r]的结合、介音[j]的结合。由此,可以看出汉语音韵演变的大势,并可以为上古音构拟提供一种重要的补充根据。

高明《治音韵学应具有的一些基本观念》《中国声韵学丛刊初编叙录》(均见《高明小学论丛》,1971)涉及了汉语音韵学研究的许多理论问题。其中,《治音韵学应具有的一些基本观念》(174—202 页)的主要内容是:其一,语音与字音的区别。高明说,文字虽说是语言的代表,但究竟不是语言本身,也不是口说的语言。真正的语言只是口说的语言,声音是它表达思想感情的唯一手段。字音不是构成文字的唯一的条件,字音在文字里的地位和语音在语言里的地位是不同的。语言里的声音,即所谓语音,常常是连续的,不是单独存在的;研究语音,必须注意语音的节律和音位、音品这些问题。其二,语言学与文字学的区别。高明指出,语言学研究的问题主要是语音、语义、语汇、语法、语变、语族,而文字学研究字形、字音、字义。由于小学"有音而后有形、因形而得其音",所以音韵学和文字学有不可分离的关系;由于"有义而后有音、因音以得其义",所以音韵学和训诂学又有不可分离的关系。其三,语音学和声韵学的区别。高明说,语音和字音的发生在生理机构方面是完全相同的,语音和字音的物理作用与社会基础大体一样。但语音是一串串牵连不断的音流,而字音则是依着于一个字形的单独存在的音。语音学虽也把语音分析为若干音素,最重要的还是研究各音间彼此依存的关系;音韵学则不管各个字音间相互依存的关系,认为那是文章学里的"声律"问题,而只分析每一个字的音素,寻求每一个字的音值,求出所有字音结构的共同条例。语音和字音都不是一成不变的,有因时而变的,有因地而变的。其四,研究声韵学的途径。高明提出五条途径:审音,即辨别音素、音标、音值;正名,即科学解释音韵学各种名词术语,辨别"同名异实、异名同实"问题;明变,即具有"时有古今,地有南北,字有更革,音有转移,亦势所必至"观念,寻找出字音变迁的踪迹和线索;旁征,即从现代方音和异国文籍里,寻找一些历代字音的旁证,来证明它们的读法;祛妄,即祛除旧的"凭臆立说"的谬妄,使音韵学回归为科学。

(三)方法更新

林尹《中国声韵学研究方法与效用》(1983)认为,研究汉语音韵学,第一步应当注意到名称(音韵学术语)的问题,使名实能够由我控制,绝不可以因名称之混淆而发生支离破碎的理解谬误;然后,再进一步做"知音理、辨音素、究音变、明音值"的工作,同时还要发挥汉语音韵学在文字训诂研究方面的作用。

周法高《怎样研究中国语音史》(1973)完成于1955年5月,文中提到了研究中国语音史的基本用处:一是有助于比较语言学之研究,比如是做汉藏语族比较的基础;二是有助于古代文字训诂之研究;三是有助于对古代韵语的了解,比如《诗经》用韵。涉及研究中国语音史的方法,他说道,必须采用历史的研究法和比较的研究法。对于什么是历史的研究法,他解释为,即从文献方面来研究语音之史变迁的途径与方法;而比较的研究法,他解释为,是指从很多种有亲属关系的语言或方言,根据相当严格的规律而构拟出它们的母语来。对于无文献记录的时代,这种方法特别适用。他还专门谈了怎样拟测中古音和上古音问题,重点介绍了高本汉拟测中古音和上古音的基本思路和方法。

陈新雄也有《研究古音学之资料与方法》(《连山都守熙教授六秩诞辰论文集》78—93,编著者自印1994),是就上古音研究资料使用问题而提出的一些须要注意的事项,由此可以了解到陈新雄对上古音资料的认识。

(四)汉语音韵学史观

李天赐《〈四库全书总目〉音韵史观研究》(2010)从《四库》馆臣对古韵、今韵、等韵三者的定义出发,发现馆臣对此三者的定义与今人略有出入,而等韵之法由于是一门利用口语音感分析音韵的学问,不可用于分析古音,所以不受馆臣的青睐,无特殊原因者皆不被《四库》收录。其文主要讨论了以下问题:其一,各朝官韵的发展趋势:唐代大致承袭《切韵》,宋代为《切韵》与时音之折中，元代突破《切韵》之束缚，明代是以时音为基础之韵书，而清代则重回《切韵》与时音折中之老路。其二，馆臣对文字与语音关系之认识：知道文字背后蕴含多变的语音，经传中有方音，方音中亦存有古语，甚至韵书分部有依据方音而成的。其三，对各朝文人用韵：唐前无必须遵守之官韵书，唐代官韵影响范围有限，宋代受官韵影响之人口基数扩大；元代为无正式官韵，用韵混乱时期；明代用韵依文体与对象有不同依据，清代用韵依派别与喜好而有所偏重。从各朝代古诗用韵的情况看来，"写古诗用古韵"的观念，似乎是到明末清初才成为大家遵循的观念。其四，历代韵书的发展：宋代是等韵书开始大受重视的时代；元代是等韵书独占鳌头的时代；明代时对古音研究有大突破，而方音韵书蜂出；清代时则古音研究大受重视，而各类韵书也都有所发展。

李天赐对所做工作的目的也进行了说明，主要是：其一，摘录出《四库全书总目》中音韵相关书目，并予以分类，以方便来者在研究音韵时，可在有《四库全书》与《四库全书存目丛书》的图书馆中查找材料，增加研究效率。其二，透过《总目》中《四库》馆臣的观点，了解当时人的音韵史观，并借以厘清古代人写韵文时之用韵观念。其三，提醒音韵研究者，构拟上古或中古音对于古籍训诂自然很有帮助，但是要"确立分时、分域研究的重要性"为基础才对。不同语音的作品，在拟音时不可混为一谈。其四，希望能抛砖引玉，激起大家对音韵研究的热情。作者同时指出，论文多处只将"可能性"提出，短时间无法确定答案，而这些需要大家集思广益，并且集众人之力，分进合击进行研究。

在具体研究方式上，李天赐解释道，他将与音韵相关条文，依据其内容特性分成 14 大项，然后再归属于不同章节、标题，接着则依据各条文逐条分析、阐述，然后作小结或总结。由于目的是呈现《四库》馆臣的音韵史观，所以论述时会朝这个角度来解读相关问题。李天赐的研究非常有特色，从学术史角度上看，具有非常明确的针对性。

四、汉语音韵学传统性与现代性

陈毓华《有几分证据说几分话——访丁邦新先生一席谈》（幼狮月刊社编《中国语言学论集》445，1977）记录了丁邦新对古今人研究学问方向上不同的一个清晰解释：

把声韵学归并到小学类,那是清人的看法,近代学者早已经不是这种观念了。过去清人所谓"音韵明而六书明,六书明而古经传无不可通"的一套看法,虽然仍旧有他的道理,但至少今日我们认为,对于语音的研究已是一个相当独立的一门学问了。我们把它放在语言学的范畴中,而语言学又是人类学研究里相当重要的一环,所以,考古人类学系把语言学列为必修科,就是这个道理。

汉语音韵学已经是汉语语音学的一部分,而汉语语音学又是汉语语言学的一个部门,其现代性的语言学范畴归属再清楚不过了。丁邦新的解释代表了一般语言学学者的基本看法。

何大安《声韵学中的传统、当代与现代》(2001)主要从语言学的现代性角度检讨汉语音韵学研究的传统性问题,与此互为补充,可以作为理解这个问题的一个路径。其内容为:

其一,判定语言学现代性的两个指标:结构与生成。为何要把"结构与生成"作为现代性的标准?何大安解释说,一般称 Ferdinand de Saussure(1916)所揭示的"结构语言学"(structural linguistics)为现代语言学(modern linguistics)之始,以与之前以印欧历史语言学为主的语文学(philology)相对。现代语言学,大致有两个高峰,一个是"结构语言学",一个是"生成语言学"(generative linguistics)。"结构"与"生成",也就成为现代语言学最为高扬的两种基调。可以说,语言学中的"现代性"指针,就是语言研究的"结构观"与"生成观"。结构,指语言的组成,偏重静态的解析;生成,指组成成分间的互动,偏重动态的运作。何大安强调,这两项观念经过辗转发挥,也许不妨家各为说,不必皆亲有所受。但只要留意20世纪以来的大部分语言学作品,可以随处见到这两项观念影响的痕迹。结构语言学与生成语言学虽然在发展上时间相衔接,过渡期间的五六十年代也有过不少尖锐的争论,但是结构与生成的观念,却是两个阵营都不陌生的,只是取则有轻重、发扬有先后而已。结构与生成这两项观念,贯穿了大部分20世纪的现代语言学。

其二,Morris Halle 的 Phonology in Generative Grammar。何大安指出,由 Noam Chomsky 和 Morris Halle 合写的 The Sound Pattern of English(简称 SPE)是生成音韵学的典范著作。但 SPE 和 Halle 在这之前九年出版的博士论文

"The Sound Pattern of Russian" 非常神似;而 "generative phonology" 这样的概念,则在 Halle 发表于 1962 年的论文 "Phonology in Generative Grammar" 中就已经首次成形了。Halle 受教于布拉格学派的 Roman Jakobson,Jakobson 是结构学派的大师,他在"区别特征"(distinctive feature)、"原始音位"(archiphoneme)、"标显理论"(markedness theory)等与音韵研究有关的方面都有原创性的贡献。虽然贡献是在结构学派的标帜之下,但却与以 Bloomfield 为首的单纯强调音韵层次内部结合关系的"分布主义"(distributionalism)异趣。除了强调音韵层次结合关系之外,Jakobson 也同样重视音韵与构词两个层次间的结合,也就是"词音位"的现象。这是最能与生成语言学接榫的一个领域,因为语言结构之中,不同层次间的互动最需要"生成"式的处理方式。Halle 以"区别特征"为音韵学的分析工具、对"自然类"(natural class)的重视、以"规律次序"(rule ordering)来表述习得过程、方音差异与历史演变等问题,都可以看到布拉格学派结构主义学说在生成语言学的框架之中的精彩发挥。"结构"和"生成"两大基调,在他身上产生了最富绕梁的共振。SPE 之后的理论发展,无论是 70 年代中期以前的"自然音韵学"或是 70 年代中期以后的"非线性音韵学",根本的精神都是"生成"。20 世纪后半叶的音韵学如果有一个动力中心,这个中心就在 MIT;而主持这个中心的人,就是 Morris Halle。

其三,戴震"音声相配"与"转而不出其类"理论。何大安认为,戴震超越当时时代的地方就在于他是从语言的角度——尤其是语言的"结构"与"生成"的角度——去架构古韵的分部。"结构"角度,戴震《答段若膺论韵》中曾经在四个地方提到"相配"或"音声相配"概念。"相配"或"音声相配",指的就是整体音韵的配合,即声、韵、调配合的"结构、生成"。《声类表》卷首《答段若膺论韵》"正转、旁转"和《转语廿章序》"正转、变转",就是讲"韵"和"声"流转变化的,而这种演变,都应当有其条例,有其一定的规则,即所谓"转而不出其类"。在一个"音声相配"的结构之下来谈"转",这时候的"转"就不是泛泛的概括之词,而是有音韵演变和同族词派生作用的"转",是相当于 Halle(1962)所说的具有历时和共时"生成"意义的"转"。

其四,黄侃的"相挟而变"理论。何大安认为,《黄侃论学杂著》记载的黄侃论证古韵方式是:前人既已证明古无轻唇、舌上、娘日,则这些声母当然不会是"古本声",只能是"今变声";声母不会独变,必有促使其变的环境,亦即非有韵母之促成不能变;声母既变,或反作用于韵母、或韵母本身特征因促变而有所转移、或因声变的类化(即"凡韵有变声者,虽正声之音,亦为变声所挟而变"),于是声母韵母遂"相挟而变";既然会"相挟而变",则凡有"今变声"的韵,应该也都是"今变韵";反之,只有"古本声"的韵,由于不曾发生过"相挟而变",因此就是"古本韵";古本声只配一四等韵母,因而古本韵亦皆属一四等。其"相挟而变"理论十分关键,不仅默认了静态的声韵配合(结构),而且默认了声韵母的互动(生成)。还有,"相挟而变"这个理念自然会要求我们对声韵的结合形态作动态的、历时的观察,因而就导出了一种在他之前的古韵学家——即使是审音派的古韵学家——所不曾想象过的方法。由"相挟而变"推知古本韵,这不是"归纳",而是因演绎所作的"预测";预测的结果与前人的结论相合,这是"证明",相当于"内部拟测法"(internal reconstruction)。

其五,李方桂的 good phonology(1933 Certain Phonetic Influences of the Tibetan Prefixesupon the Root Initials, BIHP 4.2:135—157)。这篇文章很详尽地分析了古藏文词头对词根声母所引起的语音变化。其论证方式为:首先假设形态上在同根词之中,有一个形式反映了词根原形,其他的则是原形的派生形式;其次以音韵结构上的分布限制和音变的合理性,推求出词根原形。他以同样的方式,探讨了整个藏文词头与词干声母的互动关系,并且得到以下的结论:藏文词头有抑制声母送气的作用;三时一式的基本规律是浊声母与送气清声母的转换([g]-[kʻ]、[d]-[tʻ]、[b]-[pʻ]);尽管一些动词变化不完整,他们当中若干形式也可以推定系来自带送气清声母的词根原形。由于词根原形的确认有了一套科学的方法,比较研究也才能有可靠的凭借,从而做到了对音韵整体的"结构"和"生成"的准确掌握。

何大安认为,在"结构"和"生成"观念的掌握上,戴震、黄侃、李方桂和Halle 都超越了他们各自时代的见识,这让人们看到了传统、当代和先驱之间的互动关系,非常值得重视。何大安举例道,当戴震提出入声独立新主张的时候,当时学者不见得领悟到那是一项新观念的表征。但是,他们会就入声独立这个课题展开对话,最终将表征冻结为当然,而纳入传统观念范畴中。因此,尽管当代对先驱的创作曾经横加取舍,然而只要当代的对话是持续的,在累积新传统的同时,新观念的表征虽然会被冻结,但是不会全然消失。只要传统长流,这些被冻结的表征终能在后人的重新诠释之后,展现新的意义。所以在传统之中，其实蕴藏着超越时代的无限可能。但是反过来说，我们身处当代，也应当知所警惕：我们不应该贵远贱近，不应该对当代的先驱视而不见；这样才不会沦为学术上的今之古人。如果不能有意识地见证出当代中的先驱，而使先驱埋没、牛骥同皂，那么我们不但会失去了与日俱进的机会，这种画地自限的偷惰心态也将使亲身所处的当代为之蒙羞。

五、版本系统和音韵系统

陈贵麟《中古韵书研究的两个方向：版本系统和音韵系统》（2000）解释说，所谓版本系统，是指根据《切韵》传本的增补改换，探求其体例传承关系而确立的系统；所谓音韵系统，意指比较《切韵》各个传本的切语，探求其综合的方音而确立的系统。从语言演变或方言接触的观点来说，自然是音韵系统比较重要，可是版本系统也能显现一些分化或合流的事实。陈贵麟的看法是，从韵目次序看《切韵》系韵书的版本系统，似乎彼此不同，但从音韵系统观之，所有的《切韵》传本仍具有一个稳定的音韵结构。检定的方法是从"全王"、《唐韵》和《广韵》的去声韵部分加以比较，统计的结果发现，全同者约占百分之六十，其他部分相同或全异者多属异体、同类上下字，真正变音者极少。由这个样本推估，唐五代之间的文献音系并没有更动，因此，韵目的细分，如真谆、寒桓、歌戈等，只能视为一种内部分韵的现象而已。陈贵麟的研究是文献学与语言学的有机结合，从理论建树上看，不失为一种有效的科学厘定。

六、汉语音韵学上古音方法论论争

中国台湾学者也参与到了21世纪初发生在美国和中国大陆、中国台湾等国家和地区汉语音韵学学者中间激烈的汉语音韵学方法论论争中来，并由此引发了对相关问题的回顾与深刻思考。

2001年底，美国华裔学者梅祖麟在香港一个学术会议上作了题为《有中国特色的汉语历史音韵学》的演讲。在演讲中，梅祖麟指出：王力不懂"同声必同部"之说，没有把谐声字材料和汉藏比较应用到古音构拟中，从而把王力归入"非主流"音韵学派。梅祖麟还指出，汉语音韵学中主流的上古音研究体系应是李方桂、董同龢、潘悟云等几家。此文一出现，大陆学者郭锡良、唐作藩、王宁、鲁国尧、孙玉文等撰文予以反驳。不久，潘悟云、麦耘也加入到讨论中来,力挺梅祖麟说,由此展开了被称为古音学史上最为激烈的学术方法论的论争热潮。冯蒸《第三次古音学大辩论——关于梅祖麟讲话引起的古音讨论介绍》(《汉字文化》4:7—23,2008)对此也加以详细评述,但随后,亦有学者对冯蒸论文的内容提出批评意见,认为他是在"各打五十大板"的同时,祖露了其明显的倾向性。但不论如何,探讨其争议构成的成因与本质,还是有意义的。

台湾学者陈新雄、曾荣汾、潘柏年、何昆益、林庆勋等也纷纷撰文,参与论争。商务印书馆出版的《音韵学方法论讨论集》(2009)也收有他们参与论争的论文。

陈新雄《梅祖麟〈有中国特色的汉语历史音韵学〉讲辞质疑》(70—91 页)认为,应该从七个方面辩驳梅祖麟讲辞:一、章黄学派的古音学是胡来的吗;二、梅祖麟正式向董同龢先生学过汉语音韵学吗;三、"林""森"二字是什么谐声关系;四、章黄的古音学说不是语言学吗;五、王力真的不懂"同谐声必同部"的道理吗;六、什么叫"一声之转";七、还要再挑起新旧学派之争吗。

曾荣汾《梅祖麟〈有中国特色的汉语历史音韵学〉读后感》(218—233 页)说,读梅祖麟文章有启示,但也有担心。担心的是梅祖麟的观点会产生不良后果,即一些年轻的学者贸然不加分析而认为他的观点都是可以信服的。曾荣汾从四个方面谈了自己的看法:一、谐声偏旁在古音研究的价值和限制;二、"一声之转"到底在转什么,它真的是严重错误吗;三、章黄学派的学说不是语言学吗;四、我们该努力的地方几方面。

潘柏年《梅祖麟〈有中国特色的汉语历史音韵学〉商榷》(195—217 页)强调,梅祖麟文章负面的影响大于正面的效果,并从"引文的误导、方法论的迷思、不够重视第一手材料的处理、未注意各种材料的优先性、重要专有名词的使用不够谨慎"五个方面提出自己的商榷意见。

何昆益《诸家质梅文述要》(234—248 页)谈了"梅氏引李方桂先生言章黄学派胡来的存心、王了一先生对'同谐声必同部'的看法、所谓科学的研究方法"几个问题,希望"大家为真理而讨论,而不是存有私心,一味地打压他人以自立",并进一步质疑:"这'始作俑者'将遗留给往后的研究者什么'典范'呢?"对引发的严重后果作了充分的估计。

林庆勋《传什么给下一棒——汉语史接力赛的省思》(249—262 页)谈了

三个问题：从段玉裁与王念孙学术争议谈起、什么人无私度与音韵研究的"金针"、个人近代音研究启蒙的心得。林庆勋认为："评述前人研究成果，要站在整个学科发展史的角度去论断，尤其须要留意他所处时空背景，若看到甲学说被乙学说取代，就数落甲的倒退，绝非持平公正之见。""前修未密，后出转精，必须靠后人补苴才能比较完善，如此循环不辍应该以平常心看待即可。""以后续优势去看待问题，其偏颇的结论将很难让人接受。"

没有收入此论文集的，还有陈新雄《梅祖麟〈比较方法在中国：1926——1998〉一文之商榷》（《陈新雄语言学论学集》221—229，中华书局 2010）、《批驳梅祖麟对孙诒让与陆宗达的批评及其相关论点》（《语苑撷英（二）——庆祝唐作藩教授八十华诞学术论文集》47—60，中国大百科全书出版社 2007）等。

丁邦新《评"梅祖麟事件：证据和反思"》（2003）则站在自己的立场，列举了自己通过查证获得的事实，反驳了一些学者对梅祖麟剽窃行为的指责，比如用美国学者罗杰瑞观点和材料，是属于"合作写文章，彼此互动"；抄袭日本学者太田辰夫《中国语历史文法》并不属实。并指出，评论一个人的学术是非应该从大处着眼，梅祖麟在汉语语法史上的成就是无可怀疑的。言外之意，梅祖麟个人定性王力等学者为"非主流派"是一回事，而其学术研究"品质"是另一回事，两者风马牛不相及，不可因此而殃及其他。这属于另一种学术声音。

七、汉语反切正则、例外及相关问题

有关汉语反切研究的重要著作有杜知学《谈反切》（1955）、高明《反切起源论》（1971）、李维棻《反切起源新证》（1966）、王天昌《反切与注音法的进步》（1968）等，但龙宇纯的《例外反切的研究》（1965）有自己的特点。

龙宇纯《例外反切的研究》（1965）对学者们注意不够的《切韵》系韵书例外反切实例进行了梳理，其主要内容是：其一，对《切韵》系韵书例外反切的界定。龙宇纯说，陈澧《切韵考》对《切韵》系韵书反切结构的"正则"有着十分清晰的表述："切语之法，以二字为一字之音。上字与所切之字双声，下字与所切之字叠韵。上字定其清浊，下字定其平上去入。"但作者观察等韵图后发现，以等韵门法来衡量，"音和"是"正则"，但"音和"之外，所安排的音韵地位，往往是"变则"门法更多，比如"类隔切"就是如此。龙宇纯认为，"音和"之外的反切就应该属于例外反切。作者谈例外反切，以唐写全本王仁昫《刊谬补缺切

韵》(称《全王》)为主,兼而参考《切韵》系韵书,甚至《集韵》。

其二,龙宇纯认为,陈澧《切韵考》"正则"可商之处甚多,但以此衡量,《切韵》系韵书反切显示,愈早的韵书或字书例外愈多。这种现象在《广韵》中大为减少,而且,它所有的还只是承袭而来,不是自己创作。因此,陈澧《切韵考》"正则",在《广韵》是趋势。对韵书例外反切也要区别对待。

其三,一般人认为,反切的起源受梵文拼音影响,但龙宇纯认为,还是要问,梵文影响反切之法的方式到底是什么呢?因为反切固然是用两个字以定一个字字音,但毕竟不是用拼音来确定的。在早期韵书中,许多反切上字和所切之字之间不仅双声,韵母上亦具有极密切的关系:它们或者只在声调之异,远的也不过是开合、阴阳之不同,下字的作用似乎只是改声调或兼改开合、阴阳而已,其性质与汉魏以来的直音譬况之法显然具有亲属关系。对于此类反切而言,反切之法由直音譬况演变而来。

其四,龙宇纯强调,例外反切,是相对于反切的"一般原则"而言的。代表性读音与合于"一般原则"反切固无二致,这些反切之大别有二:一是上下字之间的影响。凭下字定声母一类,由于语音历史演变而造成,比如精照不分和知端的类隔。凭上字定韵母等第洪细或开合,部分是因为无同韵同等第之字为下字,就凭上字旁寄他等他韵;其余则是上字与所切之字双声兼叠韵,只以下字改调或兼改开合阴阳,或者上字虽无叠韵的关系,仍要求双声兼叠韵,这表明,反切的标记语音功能在退化。

其五,反切制作并不遵循固定的标准,有时可以凭上字定韵母等第洪细或开合,有时又凭下字定声母,再加上反切上字间混用,因而产生由一个反切而孳乳为二、孳乳为三的情形。这已经超出了"正则"的规律之外。

龙宇纯在本文中说,论文初稿写成后,丁邦新就其中的观点提出异议,比如"叠韵"一词的定义、"下字改易声调,又兼改开合阴阳"一语后"兼收开合"、上字和所切之字双声兼叠韵而下字改声调等问题,龙宇纯予以作答,并作为"附录"收入论文之后。看起来,有关《切韵》系韵书例外反切问题十分复杂,龙宇纯所论确实有似是而非的地方,不然,丁邦新不会如此激烈提出问题。除了丁邦新所异议的几点外,我们认为,如何界定《切韵》系韵书例外反切的"一般原则",其是不是适合于《切韵》系韵书反切的判定,以及为何反切制作并不遵循固定的标准、例外反切的时代性特点等问题,也都非得我们再作进一步索解不可。

杜其容《陈澧反切说申论》(台湾《书目季刊》8.4:17—22,1975)对反切与被切字声调关系问题进行了探讨。杜其容指出,一般谈反切的人,对于被切字声调如何取决一事或根本不提,或以为由下字决定,黄侃《音略》、王力《汉语音韵学》、董同龢《汉语音韵学》均是如此。对反切结构说得最为透彻的还是清人陈澧《切韵考》。其《序录》说"上字定其清浊",即言调值之高低;"下字定其平上去入",即言所属声调之大类。以此观之,陈澧认定,《切韵》音系声调实数为四类八调,即"四声各有清浊,合之凡八声"。从结构上说,以上下字共同决定被切对象字的调类和调值。推论陈澧有这个看法的原因有两点:第一,陈澧之前,江永已经有此说,而孙愐《唐韵》"序"后论早就予以启示;第二,陈澧籍属番禺,其口语中平上去入四声,即皆有清浊之分。

八、汉语等韵图理论及"开合口"问题

李方桂《论开合口——古音研究之一》(1984)说,音韵学家往往以为合口字不是有个圆唇元音[u],就是有一个介音[u]([w])。如果把这个圆唇成分认为是个介音的话,细细分析起来,他跟介音[j](三等介音)的性质大大不同,因此,他想就这个圆唇成分是否可以跟介音[j]相提并论的问题进行讨论。

其一,合口是等韵学家拿来分析《切韵》音系的工具。应用到近代音,有开合齐撮之说,把《切韵》时代的合口分为两类:合跟撮。有人把合口推到上古音韵母分析上去,上古音韵母就也有合口介音。李方桂分析到,介音的位置在声母元音之间,可以影响前面的声母,也可以影响到后面的元音。如果上古音时代已有介音的话,《切韵》时代的声母与元音都可以说是已经受过介音影响的结果,其中也有不受影响的,比方说,有介音[j]的韵,前面往往有特殊的声母跟它配合,如照三系跟轻唇音的声母。这些音韵显然与介音[j]有关,受介音[j]的影响而发生,同时,这些韵母也有特殊的元音,如[ɐ̆]等。可以说,介音对前面的声母与后面的元音都有影响。

其二,如果把合口或者圆唇成分当作介音,写作[u]([w]),它与声母及元音的关系,以泰韵为例就可以说明。李荣据王仁昫《刊谬补缺切韵》认为泰韵是开口字,梁僧宝据《广韵》认为是合口字,对比二者的关系结构之后发现,同一类的声母有开有合,但对声母没有什么影响。但介音[j]韵不一样,可以

认为是三等,韵图往往把有介音[j]的字放在二等或四等里,这就是受声母的影响。《切韵》时代凡是唇音韵尾,如[m][p][u],都不能再有合口的成分,因为唇音韵尾与圆唇的合口有互相排斥的作用,这是开口的独韵;而主要元音有圆唇的[u]或[uo]的都是合口字,即合口独韵。这与后面讨论的问题关系不大。

其三,在区别开合口的韵里,合口字出现的条件是否与声母有关系? 一是唇音声母在[ə]元音前的字,比如歌戈等韵可以认作不分开合。在介音[j]前面唇音如唇齿音,不是一个重要的辨音成分,可能是后起的现象。二是见系跟喉音声母在各种元音前一般常见的是开合对立的字,在介音[j]前面也是如此。这类合口成分与韵无关,合口成分成为了声母的一个组成部分。三是舌根音[ŋ][k]韵尾的字除了见系跟喉音声母外只能有开口的字,不能有合口字。四是凡是有[ø][i][n][t]韵尾的韵,各系声母连见系及喉音声母在内,都可以有开口的字,也有合口的字。

其四,合口成分圆唇介音的来源:有从圆唇舌根喉音声母来的;有从[u]元音在舌尖音韵尾前演变出来的;其他合口字没有对立的开口字可能是后起的;有的很早就发生了。可认为上古音时代没有合口介音。

谢云飞《韵图归字与等韵门法》(1968)也涉及相关问题。

九、汉语音韵学跨学科应用理论构建及解释学意义

(一)文学与声律

台湾较早全面而系统地研究中国文学声律问题的学者是王忠林,其博士论文是《中国文学之声律研究》(1963)。他是台湾所授予的第三位文学博士。他以发掘中国历代声律资料为导向,以诗词曲赋体声律形式为研究对象,全面论述了中国文学声律问题。全书目录是:第一章,绪论;第二章,中国文学声律史略;第三章,中国文学声律之通则(重叠、错综、呼应);第四章,诗之声律,包括诗之用韵与平仄、古体诗、近体诗;第五章,赋之声律,包括楚辞之声律、汉以后赋之声律;第六章,词之声律,包括体制、音律、用韵、平仄;第七章,曲之声律,包括南北宫调与曲牌、南北曲韵;第八章,骈文之声律,包括六朝、唐宋、清代骈文之声律。该书奠定了台湾研究文学声律理论的基础,但因为当时台湾有关中国古典文学作品语音问题的研究还没有全面展开,所以在具体的声律

语音基础研究上还略显粗疏,不够深入。

谢云飞《文学与音律》(1978)是一部语音学与文学结合的论文集。主要论文有:语言音律与文学音律的分析研究、作品朗读与文学音律、韵文音律的教学问题、韵语的选用和欣赏、如何自国语中辨四声、从《文镜秘府论》中看平仄律的形成、词的用韵、孤儿诗及其他十六首韵语析评。应裕康《序》认为,《从〈文镜秘府论〉中看平仄律的形成》是论文集中的中心。谢云飞把文学的音律区分为长短律、轻重律、高低律、音色律、节拍律五类。就中国文学来说,这些音律的运用大多跟声调有关。这是理论层面的内容,而作品朗读、教学、欣赏,包括韵语的选用等,都属于实践性的内容。其中,韵语的选用与诗人的感情、思绪波动紧密相连。可以说,谢云飞构建的是文学韵律理论体系。

郑再发将汉语音韵学应用于近体诗律"平仄律"的研究非常引人瞩目。其《近体诗律新说》(2004)对近体诗律平仄律源自于"旋律"说的解释,与一般学者所认可的王力《汉语诗律学》平仄律理论大不相同,使得人们对近体诗律平仄律具有了新的认识:

其一,学者们一般研究唐朝诗律,几乎都认为平仄是某种形式的节奏。王力《汉语诗律学》建立了自己的平仄律的理论,很具有代表性。其平仄律四式来自两个更基本的形式"平平仄仄"与"仄仄平平",他认为平仄如此错综配置,是为了构成节奏。根据王力的说法,平声的音长,仄声的音短,所以平仄律是长短律,凡不准照平仄格律的音都算做拗。拗有三种,如果救,就必须有所调整;救有本句自救、对句相救、自救与相救兼用等。不合这许多规则的统称为病,比较起来,孤平最该避忌,失对次之,失黏最轻;除此之外,又有"上尾"一条,跟格律的音乐性有关。这一条是规定各联也句虽然同属仄收,但要分上、去、入;连续使用同调的仄收叫"上尾",也是一病。王力认为因为有字数的限制,诗句里虚字常省,也常,有凑韵;又因为既要调平仄又要押韵,句中语序也有倒装的例子。

郑再发还提到,运用现代语言学来分析汉语诗律的文字也有许多。Matthew Y. Chen(陈渊泉)"The primacy of rhythm inverse:a linguistic perspective"(Chinese Linguistics 8.1:15—41,1980)从闽南话分析入手。闽南话里变调的现象相当复杂。一般认为在一个双音词里第一音用变调,第二音用本调,于是七言诗句读起来多成了 CI-CI-CCI(C 表变调,I 表本调)。这情形与"一三五不论"的口诀大致相合。不过,根据董同龢《记台湾一种闽南话》及 Conal D. Boyce 的记音,有两种例外现象:一是第三音及第四音念本调的例子不少,一是按照语法本来不该念作 CI-CI-CCI 却那么念的例子也有一些。第一个例外适合用于节奏理论分析;第二个例外可以用图解,即是说,在诗歌里一切以节奏为先;音韵固然受语法节制,同时又与语法一起受节奏节制,不合节奏规则的音调变化因而也就不变调。

其二,平仄不是汉语诗歌节奏的来源,而是加工自然语言后构成的乐曲旋律。郑再发认为,要了解平仄律的结构与性质,必须考察汉语在戏曲和曲艺中如何与音乐相互作用的关系。汉语构词里没有轻重的音位,诗歌里的音步实源自语言里的句调。音步里的轻重既然已有语调承担,平仄律就不必又是轻重律①。构成音乐的最基本的成素是旋律(melody)、律动(rhythm)、和声等。理论上轻重、长短与平仄都可有节奏的功用,但要说平仄也可以像轻重、长短一样可配制成节律(meter),用以节制重复的时间间隔,恐怕说不通。凡是接触过中西音乐的人,都听得出中国音乐的节律与西洋音乐的节律很不相同:前者的节律平常只节制音步内各音节的相对长短,后者除了定长短还得强调各音节强弱的对比。在旋律方面,前者相邻的音高低幅度很宽,后者则嫌平板。拿汉语与印欧语来比较,这音乐上的差异也正是语言上的差异。那么借镜于音乐来分析平仄律,毋宁是应有的手段。歌谣风曲子的分析描写都适合于律诗:选韵就是定主音,押韵就是让主音在句末重复鸣响;用平声韵,正为了拖长,跟韵脚同一声调的字错落配置于要冲,是前后呼应;仄声的读法本就抑扬顿挫,正好放在非重要关节造成韵律。作曲要考虑两音滑动的距离;作诗要考虑平仄的配置。

其三,郑再发把平仄律当作乐曲的一个要素来分析,探讨其平仄配置的制谱理论,并归结出一条公式。传统的歌诀、拗救等种种,原不出这条公式的范围。平仄律安排的是抑扬顿挫。近体诗平仄律可以分述如下:近体的主音照例用平声,也就是说,在平声范围内选韵;除了平仄之外只有仄声一类,所以主音的谐和音是仄声,不谐和音也是仄声;全诗四联,最后一个音节得是主音,每联(即歌曲里的句)末了也得是主音;出句(即歌曲里的前半句)末尾用仄声,

---

① 参郑再发《汉语的句调与文学的节奏》。

不过全诗第一句可以入韵；每个半句尾音前的导音，其平仄要跟五言第一个重音节相反；对句与出句平仄相对；次联出句头一音步与前联对句头一音步平仄相重，也就是说，只要起、收这头尾两音的平仄定了，五言半句的格律就大致定型；其他各音或用谐和音，或用不谐和音，在音步与音步间的过渡要平稳。郑再发认为，这 8 条规则明白规定了重要音节的平仄如何安排，简直就是作曲法的翻版。

郑再发认为，现在应该考察的是，那些不重要的音节如何选择平仄格式？也就是说，这些不重要的地方要怎么配音节，音节才能过渡得平稳。平仄律正常音步有四种：平平、仄平、平仄、仄仄，每一组合都是例内，没有一个例外。创作近体诗句，心里要先定个主音，然后决定是要平起还是仄起：平起是第一音步收平声；仄起则收仄声。至于第一音节，却是平仄形式不拘常态。从音乐上说，近体诗的音步是轻重律（iambus），入乐的话，第一音节落在轻拍，也就是眼的上头，只要选个与主音距离不太远的谐和音使之过得去就行。万事起头难，话要怎么起头就像演员要怎么上场一样，都煞费周章；在此为难的关头，正需要宽松的格律才有回旋的余裕。五言近体诗单句的格律可以概括为：1.2#4，即第二音与第四音必不同；2.2α3-α4(+/-)α5。α 代表变数。两相邻的变数同正或同负，定前后两音相同或相异。α 表相同，则-α 是表相异；α 表相异，则-α 是表相同；第五音的变数值则可正可负，正的话，这条规则可概括为下列规则正格：a1：x 仄平平仄；A1：x 仄仄平平；b1：x 平平仄仄；B1：平平仄平仄。如果是负格的话，这条规则概括其他所拗救的四个格式：a2：x 仄仄平仄；A2：x 仄平平平；b2：平平仄仄仄；B2：x 平平仄平。a1 对 B2、A2 对 b1 对称整齐，正是乐曲组织结构的基本格局。

郑再发很自信地说，Mair & Mei（Mair, Victor & Mei, Tsu-Lin "The Sanskrit Origins of Recent Style Prosody", Harvard Journal of Asiatic Studies 51.2：375—470,1991）认为律诗平仄律源于印度诗的节奏，但现在应该有足够的理由相信，由平仄律衍生的是旋律，不是律动，其说也就不攻自破了。

郑再发对近体诗律平仄律源自于音乐学上对"旋律"说的解释，与王力《汉语诗律学》平仄律理论大不相同，很有新意，是值得汉语诗律学界特别注意的一种学术观点。中国乐律学研究者如何看待郑再发平仄律源自于"旋律"说，这是将来有关这个问题深化研究的必然出路之一，否则，就会仅限于汉语音韵学领域学者们的"自言自语","大音希声",很难赢得其他学科学者的承认。

杨文惠《五言律诗声律的形成》(2004)认为,唐代律诗调节"声调"的观念与方法有其发展的历史过程,由此,他研究南齐至初唐的"声律理论",并对这个时期的五言诗进行声调的量化分析,借以说明律诗"声律"发展的过程。

杨文惠谈到,南齐时先有周颙发现汉语具四声调之别,进而沈约、谢朓、王融等人在齐永明时大力提倡用"四声"来协调文、笔声韵。这一波"永明声律运动"引发了新形态的调声诗歌"永明体"产生。当时声律理论的核心问题是"四声"与"八病","调声"是调节句内或句间的"四声"对比,"调声法"则以条列式的"声病论"(历来惯称"八病")为主要的表现形式。梁、陈、隋三代发展出更务实的调声方法,梁人刘滔提到诗人在创作上有"平声"与"非平声"二声分化的观念,以及调节五言诗五字中第二、四字的作法,这帮助我们理解后代律诗如何在传统的"声病论"影响之外,还走上"调平、仄"二声的"律化"之路。"律化"的三项指标是"单句律化、联内两句成对"与"联与联间成黏"。从梁代到隋代,五言诗"单句律化"与"联内成对"的趋势日益加强,"律化"渐渐成为调声的主流。透过隋诗的声调分析还发现当时"调声"不限诗歌内容与体式,这表示诗歌"古、近"体之别的观念很可能是晚至初唐后期律诗形式更形完备之后形成的。统计王绩等诗人作品显示,初唐前期虽然律诗基本的声律形式(句式、联对)已然确立,但是联与联如何连缀成章则还没有定式。这乃是因为初唐前期诗人创作十分偏好"平起式""律联"的缘故。初唐后期则是律诗的成熟期,声律理论家元兢的"换头术"标志着诗歌"律化"的最后阶段——"黏式"的确立。"换头术"规范诗歌以"平起律联"与"仄起律联"递换使用,调声律法进而朝整首诗的声调配置发展,使得律诗声律形式更为严整。在创作上,李峤很可能是初唐后期最早对"换头律诗"的创作与推广有所贡献的诗人,而律诗的形式则很可能是在一群宫廷文人的影响下确立。

杨文惠论及"律诗之发展与科举"问题时,认识到科举在律诗发展过程中所发挥的促进作用,其"附表:《登科记考》载唐代科考杂文试诗一览表",则可以为理解这个问题提供第一手材料的佐证,这与日本学者平田昌司以及中国大陆学者王兆鹏的研究异曲同工,互为补充,给学者们研究此类问题提供了更为广阔的思考空间。

与此相关的论著还有：冯承基《论永明声律——四声》(《大陆杂志》31.9：19—23,1965)，林明波《沈约"四声"辨》(《国文学报》5：47—63,1976)，方师铎《从用韵推定〈孔雀东南飞〉诗的时代》(《东海中文学报》1：19—24,1979)，李立信《古风之用韵与调律》(《东海中文学报》2：55—66,1981)，姚振黎《沈约声律论发微》(台湾《"中央大学"文学院院刊》1：81—98,1983)，竺家宁《语音分析与唐诗鉴赏》(《华文世界》74：32—36,1994)、《析论古典诗歌中的韵律》(两岸暨港新中小学国语文教学国际研讨会,台湾师范大学1995)，龙宇纯《从音韵的观点读〈诗〉》(《声韵论丛》9：17—32,2000)，陈新雄《声韵文情之关系——以东坡诗为例》(《声韵论丛》9：117—146,2000)，郑再发《汉语的句调与文学的节奏》(2000)，方柏琪《六朝诗歌声律理论研究——以〈文心雕龙·声律篇〉为讨论中心》(台湾大学硕士论文,2004)，吴瑾玮《从声律音韵学制约谈近体诗之格律问题》(《国文学报》36：103—139,2004)、《从声律音韵学分析宋词词律》(第九届国际暨第二十三届台湾声韵学学术研讨会,静宜大学2005)、《从语料库观点分析杜甫排律诗的用韵规律》(第十届国际暨第二十五届台湾声韵学学术研讨会,台湾师范大学2007)、《从语料库观点比较研究杜甫排律诗与古体乐府诗之用韵策略》(《语言文字与教学国际学术研讨会论文集》159—180,东海大学2008)，姚荣松《韵律音韵学与文学的诠释》(《国文学志》9：17—40,2004)，王书辉《研治中国古代史宜重视汉语语音史》(《历史月刊》220：127—129,2006)，张龄云《由〈文镜秘府论〉的声律论探究日本汉诗的声律发展》(台湾清华大学硕士论文,2006)，刘若缇《唐代诗格声律论研究》(淡江大学博士论文,2010)，余欣娟《明代"诗以声为用"观念研究》(东华大学博士论文,2008)，竺家宁《论上古音与〈诗经〉的无韵诗》(《语言研究》3,2012)等。

(二)音韵与古代文献的考订、诠释

丁邦新《声韵学知识用于推断文学作品时代及真伪之限度》(1991)主要谈了"声韵学知识之适用性、文学作品本身的性质"两个汉语音韵学应用理论方面的问题。关于"声韵学知识之适用性"，丁邦新首先以声母为例，指出其在文学上的功用主要在于以双声形式而突出其特征，但是双声只是人们所说的一种汉语语音声母应用的"暗律"，诗人未必采用，采用者也未必明确这个意思，因此就很难利用汉语声母的双声关系来推断时代或判定真伪。双声关系也应用在联绵词里,以杜其容(1960)研究《毛诗》联绵词为例,我们可以从时代确定的作品中分辨联绵词,却无法从联绵词推断作品的年代。次如声调,一般人对于声调在文学作品中的了解大约止于平仄,或者进一步知道上声去声对于词曲的吟唱产生不同的效果,但对于辨别作品的时代与真伪未必有用,因为现在有的声调不同的字在古代也许声调相同;但有一种特殊的情形可以利用,就是从上古到东汉,阴声各部的去入声字有通押现象,魏晋南北朝时只有收[t]尾的入声字才跟同部的去声字来往,其他收[p][k]尾的几乎完全不跟同部的去声字押韵,如果刚好有问题的文学作品中出现了去入声通押的情形,那么,声调的关系可以帮助判断。再次如韵母,这大概是以音韵学知识来推断作品年代最有用的一环。古人用韵通常都代表自然的语音,后代人通常无法伪造古代的语音。但要注意,利用韵母推断作品年代的方法会受到韵书用韵和“仿古”的限制。还有,用韵母来辨别作品的年代,必须要了解中国语音史的分期问题;分期的困难在于“抽刀断水”,朝代的更迭从某种意义上说,确与语言的演变有关,但也不是绝对化的。另外,在有韵的作品中,无论诗词歌赋,还有一层文学作品本身性质的问题影响可能的判断,比如方言性、时代性、体裁与用韵的宽严等。

与此相关的还有丁邦新《从音韵论〈柏梁台〉诗的著作年代》(2008)一文。他从校勘的立场勘定《柏梁台》诗中韵字的异文,然后探寻韵字中“尤、罘”两字在两汉及魏晋押韵的情形。《柏梁台》诗“尤、罘”与灰、咍、之三韵字自由通押,可见其著作的年代最晚不会是东汉。逯钦立认为,《柏梁台》诗出于《东方朔别传》,而《东方朔别传》可能写成于西汉昭、宣之际,到了褚少孙的时代,元、成之际,已经相当流行。从音韵上颇能支持这一个说法的成立。由此可以窥见丁邦新关于汉语音韵学知识用于推断文学作品时代及真伪的实践性理论模式。

杨秀芳《声韵学与经典诠释》(2008)说,作为小学之一的音韵学,主要研究汉语各期古音,因此,它能提供经典诠释不可或缺的语音知识。经典诠释中的有关音韵现象可以得到有效的说明,可见音韵知识在经典诠释上的重要性。在方法上,也要注意检讨它的有限性。杨秀芳从声训、四声别义与清浊别义、假借、语言的重叠现象、语音变化五个方面说明音韵知识在经典诠释上的重要性;又从古音系统是否反映了经典的语言、“就古音以求古义”的方法论限制两方面去论述音韵知识在经典诠释上的有限性。比如"因声求义"的做法,杨秀芳就认为在方法论上有一定的困难之处。因为通假字和本字之间不一定同音,它们可以只是音近的关系。发生通假行为的时候,如果借的是一个同音字,我们根据假借写法寻找同音本字可能比较容易;如果借的是一个音近字,由于我们并不知道音近的程度,这在考求上就比较困难。事实上,我们根本不知道当初借的是同音字还是音近字。而即使是同音字,也有多种选择。因此在考求上,古音知识只是必要条件,还要配合其他条件来看。而在这种种条件之前,更重要的是要先确定无法用本义或引申义解释,否则误认而另求本字,所得之字当然是错误的。她以张亨《荀子假借字谱》(1963)所举《荀子·儒效》篇"事其便辟"之"辟"注为"僻"为例说明了例证的重要性。杨秀芳的视点,与传统的小学为经学附庸式的"解经"性质不同,是利用现代汉语音韵学知识体系对经典语言问题的再诠释,既超出了经学范畴,又具有现代解释学意义,这是应该肯定的。

第二节　汉语音韵学与历史语言学

一、高本汉汉语音韵学理论及其他

(一)高本汉汉语音韵学理论

有关高本汉汉语音韵学理论及著作一般性研究的,主要有:陈蔡炼昌《高本汉在中国音韵学上的贡献》(《人文科学论丛》1:283—302,1960),许世瑛《评高本汉古韵二十六部》(《许世瑛先生论文集》1:185—186,1974),郭松茂《高本汉中国声韵学论说之商榷》(《正修工专学报》3:97—126,1974),黄得时《中国语言之科学研究——谈瑞典汉学家高本汉之生平》(台湾《中国语文》258:4—10,1978)、《高本汉之生平及其著作》(《华学月刊》85:35—39,1979),丁邦新《高本汉先生在汉学上的贡献》(《华学月刊》87:47—52,1979),陈毓华《有几分证据说几分话——访丁邦新先生一席谈》(幼狮月刊社编《中国语言学论集》445—452,1977),张光宇《比较法在中国》(《语言研究》23.4:95—103,2003)、《汉语语音史中的比较方法》(《中国语文》4:321—330,2010)、《重建与演变——比较法在中国一百周年纪念》(2014)等。

陈毓华(1977)记录了丁邦新对高本汉学术贡献的基本判断:

> (高本汉)把声韵学的研究,引向了一条科学的道路。他在瑞典,本来研究瑞典的方言,等到他转而研究汉语,特别是调查中国各地方言时,就把欧洲语音学的理论和研究方法,尤其是采用一套音标来拟音的方式介绍到中国来,才把中国声韵学引上科学化的道路,而且,有系统的处理中古音、上古音等时代不同的材料。进而利用方言的工具,拟测了中古音的间架,可以说,对中国声韵学的研究,具有极大的意义。

这个判断是正确的,代表了当时一般中国学者的基本判断。

张光宇(2003)认为,高本汉一共留下了两份珍贵的遗产:一份是直线发展观,系结合历史比较法与文献释读法打造而成;另一份是双线发展观,是纯粹由比较法透视出来的结晶。20世纪的汉语历史音韵学在高本汉的影响下,直线发展观偏荣,双线发展观偏枯。高本汉能够像马拉松选手一样独立跑完全程,主要是因为他把印欧语研究的精髓发挥得淋漓尽致。的确,格里姆的发现只是粗枝大叶的对应关系轮廓,其后人如罗特纳、格拉斯曼、维尔纳的发现却是严密的条件音变规律;高本汉引进条件音变概念,等于总结了西欧19世纪四人接力的赛程,同时也开启了20世纪汉语语音史研究的先河。但高本汉实施比较法,放弃西学的器用,以释读文献为务,用一条文献绳索加以贯穿,构成了直线发展观。上古《诗经》等材料以及《切韵》《韵镜》等韵书反映的都是北方话,但他的"重建工程"已经意识到《切韵》"南北分途"。比较法揭示的方向与速度对汉语历史音韵学大有启发,一般说来,只要假设两个方向就能掌握例内与例外,南方与北方,标准语与方言。就音韵名目言之,开合、洪细、等第亦非一成不变,这是直线发展观所未能呈现的事实,也是条件音变应该兼顾的事实。

张光宇(2010)探讨高本汉学术研究的视野极其宏大,是把高本汉的比较法放到了与之相关的历史比较法运用百年来在全球"流动"与传播的过程中去考察,去发现"流变"轨迹,在这当中,高本汉的比较法就不是孤立存在的了,这就显得与以往学者认识范畴的不同。他认为,19世纪西欧的比较方法经由北欧引进中国,这个北欧版历史比较方法是当时"中学为体,西学为用"

学术氛围下的典型代表；由于体用关系结合巧妙，后代学者都透过它去了解那一套生疏的推演逻辑，以为这个北欧版就是西欧原版，足为汉语语音史研究的法式。岑麒祥（1992）曾指出，学术史上，一个值得注意的情况是：正值高本汉《中国音韵学研究》行将完工之际（1915—1926），梅耶（1924）受邀到他的邻国挪威首府发表演说，谈"历史语言学中的比较方法"，总结19世纪的西欧经验，其中有两段评述相当耀眼：1.历代的文献虽然能提供语言在前后各个时代的状况，可是我们在文献上却找不到语言的连续性；2.两种语言间相符合的事实越特殊，它们的证明力量就越大，所以例外的形式是最适宜于用来确定一种"共同语"的形式的。张光宇强调，于今看来，梅耶这两则画龙点睛的评论似乎未卜先知地对当时正在进行的汉语语音史研究提出针砭，因为北欧版的做法正好背道而驰：串连文献，专注例内。其实，北欧版不仅在当时已与西欧主流背道而驰，也与约略同时及后续的北美版多所龃龉；作为关注的焦点，在文献材料的解析上更与后起的中国版格格不入。北欧版如此别出心裁地主导着20世纪的汉语语音史研究，到底它的核心思想是什么？为什么到了21世纪初，已经充分掌握这个利器的学者反被指为不懂历史语言学？中国版与北欧版显著不同，差异如下：一、层次性。北欧版以摄为纲，把韵等摄压缩成近乎一个平面，模糊了其中原有的层次性和阶段性，其结果是音变甚微，如有变化也是一步到位；中国版认为应该还原层次真相。二、规律性。北欧版的二度文献串连把《诗经》和《切韵》用丝联绳引的办法串成一条条直线，没有条件可言，却说是分化的结果，殊不符语音变化的规律；中国版深致怀疑。三、综合性。北欧版不信"南北是非，古今通塞"的综合色彩，声称《切韵》为北方的单一音系；中国版所见南北兼备，南方分量比北方还要浓厚。四、例外性。北欧版无视"我辈数人，定则定矣"的正音企图，自然没有韵书失收的例外；中国版则了解其正音的苦心，对韵书失收的例外指证历历。

　　关于比较法，张光宇引Fox（1995）的观念评述说，比较方法发轫于19世纪的西欧，初无其名，只是印欧语学者默默锤炼，从摸索中辟出的一个逻辑思考方法。后来传到美国，经过20世纪结构主义音系学的洗礼，成为今日所见。就技术层面来说，比较方法可以简单概括为两两对比；就观念层面来说，比较方法是在语言发展不平衡的事实基础上，依规律性假设，不仰赖文献材料，重视例外去执行那套逻辑运算程序的。就是在这里，我们看到：北欧版在汉语语音史的推演过程中只及于两两对比的技术层面,未涉观念层面(包括音系学和方言地理学的反思)。经过北美的洗礼,原来飘忽不可捉摸的思考方法变得条理明确,可用形式化的办法加以掌握。北美版的探索工作分两路进行:一路是重建原始闽语;一路是探索原始汉语。从比较法来看,罗杰瑞六种对应关系代表六个古音来源,是正宗的比较法精神;比较法有内在逻辑,不依赖于文献材料;同质假设,"随地而异";内陆闽语有正常传承和非正常传承两类。北美版是认真执行比较法的结果,原始闽语研究开启了层次分析的先河,为汉语方言形成发展提供了一面镜子,原始汉语则打破了文献串联的思考框架,为语言的连续性辟出一条道路,相对于北欧版中比较法受缚于文献材料的境况,北美版可以说是解放运动。

张光宇认定,早年经由北欧传入中国的比较方法与西欧—北美一脉相传的精神内涵颇有反差。以高本汉《中国音韵学研究》为代表的北欧版模式的缺憾一目了然,就高本汉对中国学者的影响来说,当然也有许多人相应地受制于此,研究的局限性突显出来。北美版的传入,无疑为汉语语音史"连续性"研究开辟出了一条新路,由此,北美版比较方法的优势再一次得到了肯定。尽管如此,许多学者已经看到,北美版的比较方法也不是完美无缺的,张光宇在这里似乎还无暇进行省思。

张光宇(2014)从另一个角度认识高本汉的"重建"理论很有意义。他认为,重建与演变是一体之两面,正常的比较法演练不应导致两者身首异处。从北欧高本汉引进中国的重建技术,与其说是科学的比较法,不如说是日耳曼民族擅长的思想论战;其基本假设好比战场的深沟高垒,又像易进难出的迷宫。论战剧目包括:推翻陆法言,捂住魏彦渊,梵语魔咒死而复生,布防从南亚经东南亚到东北亚的马其诺防线。站在一定的制高点才可望洞悉其中层层的防御工事,了解为什么重建与演变从西欧的一体两面变成中国的身首异处。具体地说,在汉语语音史里,发现音变还有待大力进行。至于解释,有不少可从整合音系学的科学研究中得到启示。谈重建,我们也许已经驾轻就熟;谈演变,我们还处在摸石头过河的阶段。

张光宇对高本汉汉语音韵学理论的系统阐述,高屋建瓴,触及到了高本汉汉语音韵学理论与研究的许多实质性问题,既指出了缺憾,也探讨了成绩及启发意义,可以说,迄今为止,张光宇对高本汉的研究不仅在台湾,就是在全国,都是研究高本汉汉语音韵学理论最为透彻的,也是最为深刻的,在国内外引起了巨大反响,从而引发了学者们对更为广泛议题的思考。

涉及一些具体的高本汉汉语音韵学理论问题的研究,见于许多台湾学者的著作中,但比较零散,相对来说,对高本汉汉语音韵学思想进行全面而系统研究的专著还很少。大陆学者研究高本汉汉语音韵学理论最具深度的当属徐通锵,其《历史语言学》涉及高本汉汉语音韵学理论的内容很多,而且十分深刻。近年来,虽然有学者写了"《中国音韵学研究》接受史"等方面的著作,但往往仅仅反映了高本汉汉语音韵学学术成果的一个侧面,还缺乏对高本汉音韵学思想及其发展全面探索的成果。可见,大陆学者在这方面的研究还很薄弱,这确实是须要进一步深化的。

(二)高本汉《诗经注释》语音研究

董同龢《高本汉的〈诗经〉研究》(丁邦新编《董同龢先生语言学论文选集》307—312,1974)主要是从其治学方法角度研究高本汉利用《诗经》文献的问题;材料依据是高本汉的《诗经注释》。为了研究《诗经注释》,董同龢对《诗经注释》进行了翻译。在"译序"中,董同龢认为,高氏之所以异于清儒者,在观念上是:不把三百零五篇当"经"看;摆脱了"诗序"的羁绊;不主一家。因为有现代语言学知识和治学方法,比清儒精密而进步得多:处理材料比较有系统;取舍之间有一定的标准;处理通假字问题极其严格慎重;见于各篇的同一个语词合并讨论。所以,这本书是"一家之言",一部具有时代性的著作,确实是诗学在整个学术潮流中向前迈进了一大步的表现。

董同龢认为:"在讨论所谓语文学的研究时以及在注释中,高氏倒是把语法问题忽略了。从王引之的《经传释词》起,古语法的研究已经发展起来了,将来进展到系统化的阶级……高氏所谓主语不明和时间不明等疑难都会迎刃而解的。"高本汉《诗经注释》有将近800条,但涉及假借字很审慎:

　　处理假借字问题极其严格——高氏不轻言假借。前人说某字是某字的假借字时,他必定用现代的古音知识来看那两个字古代确否同音。如是,再来看古书中有没有同样的确实可靠的例子。然而,即使音也全同,例证也有,只要照字讲还有法子讲通,他仍然不去相信那是假借字,他曾不止一次地批评马瑞辰的轻言假借。他说,中国语的同音字很多,如果漫无节制的谈假借,我们简直可以把一句诗随便照自己的意思去讲,那是不足为训的。

有些"三家诗"异文、字义和毛诗的字相同或有密切关系,古音则不全同而相近,清儒一向都看作是有假借关系的,高本汉却认定是"词群"的字,由此提出了"词群"概念。董同龢认为,"词群"概念比旧有的"一声之转"概念要切实而可信的多。董同龢强调,自己之所以看重高本汉《诗经注释》,是因为他的方法现代式的得天独厚而科学,与清儒的传统的考据学方法相比,有许多独到的思考方式,很值得我们参考。

对高本汉《诗经注释》语音问题进行研究与评判的,还有李添富《高本汉先生〈诗经注释〉未确定字的音韵探索》(《中国音韵学》88—104,九州出版社2012)与李鹃娟《高本汉先生〈诗经注释〉假借现象试探》(《中国音韵学》409—420,九州出版社2012)等。但真正全面和系统研究高本汉《诗经注释》的还是吕珍玉《高本汉〈诗经注释〉研究》(1996)。

吕珍玉(1996)谈到,高本汉《诗经注释》为《诗经》字句训诂重要著作之一,素来备受学界推重,尤其是态度客观、方法严审最受称道;但撰者检阅此书,发现存在引文、推论过程、语法、古音、释义等错综复杂的问题,一般评价似待商榷。文章先从高氏书中实际归纳其训诂原则及方法,发现其训诂原则——反对经生气、释义须有证据、证据须出于先秦、反对任意改字改读、尽量用常见义、反对滥说语词,虽为一般训诂通则,但高氏在训释过程中往往过于主观拘泥,犯下不少缺失;因而除了反对经生气、反对滥说语词外,其他原则都值得检讨。其训诂方法——网罗古训、疏通异文、校勘讹误、因声求义、审文求义、归纳相同词求义,除较重视同源词及语词探究外,大致援用清儒。文章继而探讨高氏本此原则与方法训释之优缺点,认为大体上其成绩有——洞悉各家之是非、证成前人之训释、疏通各家之异说、正滥用假借之失、正滥用语词之失五项,其中以批评清儒滥用假借与语词贡献较大;至于其缺失,竟多达十六项——蹈袭改字改读之失、外人语感不同之失、割裂词义之失、坚采常义之失、望文生义之失、增字解经之失、坚持先秦例证之失、强为比附词义之失、不辨语法差异之失、处理假借不当之失、不辨虚词实词之失、忽视文意贯串之失、草率归纳词义之失、重视三家不当之失、同源训释宽泛之失、训释标准不一之失。

其中坚采常义、坚持先秦例证都属训诂态度问题,实称不上客观;其他则属文字、音韵、训诂、语法知识问题,尤其避谈假借,以形释义,更开清儒因声求义训诂倒车。《诗经注释》打破传统教化说《诗》,网罗相关文献,客观排比材料,开创古籍训解新形式,在20世纪《诗经》字句训释上有一定地位,但对其训诂问题,亦应全面客观予以检讨。吕珍玉的研究突破了董同龢等学者研究局限,有一定深度,尤其是对《诗经注释》的学术定位,与一些学者明显不同,是具有独到眼光的。

二、汉语音韵学研究与历史语言学理论

涉及这个内容的主要有:林尹《中国声韵学研究方法与效用》(《学粹》3.1:20—23,1960);李方桂《汉语研究的方向——音韵学的发展》(丁邦新、梅祖麟编《李方桂全集1:汉藏语论文集》181—193,2012);张琨、张谢蓓蒂《古汉语韵母系统与〈切韵〉》(1972);竺家宁《论近代音研究的方法、现况与展望》(2000)等。可以参看相关论述。

三、汉语方言史和方言区域史

丁邦新《汉语方言史和方言区域史的研究》(1992)从六个方面,即方言史研究举例、方言区域史研究举例、方言影响与方言层、方言语法与历史语法、方言词汇之时代性与方言分类、综合研究角度去加以探讨。

丁邦新认为,汉语方言史研究的是一个汉语方言形成的历史;而方言区域史则是以现在或古代某一个方言区为对象,研究那一个区域从古到今方言之间演变接触的情形。两者都是历史语言学的课题,着重点虽有不同,最终的目的都是给整个的汉语史描绘一幅比较完整的图画。

以方言史研究举例,从一些小方言形成历史观察,比如海南岛澄迈方言来源(何大安1981)、碗窑闽南方言岛二百多年间的变化(李如龙、陈章太1982)等,可以推知这些小方言从什么地方移植而来,以及其间演变的轨迹;按照各地音韵特点,可以推究澄迈及平阳两种闽南方言跟其他方言的亲疏关系。由此可以看到,如果有可靠的资料,就可以把小方言演变的历史汇合成大方言的研究史。何大安(1988)"赣语史"就是很好的例证。

以方言区域史研究举例,丁邦新曾认为,浙江西南角吴语底层的白话音具

有闽语的成分,可能南北朝时的吴语就是现代闽语的前身,而当时的北语则是现在吴语的祖先。由此,就应该在此基础上继续进行深入探讨,比如在江东或江南区域,方言之间有过什么样的接触？彼此之间的影响在现代方言进行之中产生什么样的结果？如果把历史上的现象跟现代方言进行综合研究,也许可以给这个区域的方言做相当清楚的描写,但前提是找到更多的资料来印证。

谈及方言影响与方言层这一问题,丁邦新说,无论研究方言史或方言区域史,都要处理方言间影响问题;如果彼此影响很深,就会产生所谓的方言层。例如闽语的文白两读就形成了文读层和白读层。方言影响是多样的,其类型为:以另一方言白话作文读;以另一方言文读作白话;以"本"方言文读作白话。丁邦新还提出,汉语音韵是方言史或方言区域史研究上的重要内容,但要扩展到方言语法与历史语法、方言词汇之时代性与方言分类的研究,这是综合性研究,而综合性研究才是方言史或方言区域史研究的根本性出路。

与之相关的研究,就台湾区域语言研究来说,洪惟仁《台湾的语种分布与分区》(《语言暨语言学》14.2:315—369,2013)超越了汉语之外,将南岛语纳入到研究的范畴之内。洪惟仁称,现存南岛语可以分成14种不相通的语言;汉语除"华语"为标准语外,又有闽南话和客家话两种不相通的方言。他从语种分布与语言使用的立场建立区划理论,并根据田野调查资料绘制台湾语种区划地图。其研究方法比较复杂,比如语种区划原则,就有五种,即同质性、共时性、连续性、优势、传统的原则;语种的区划结构,有所谓层次性、延伸与重叠等。这是一种比较现实的新研究理论与方法。

四、汉语语音史差异与时空间变化

(一)汉语语音史时空间差异

张琨《汉语音韵史中的方言差异》(1987)讨论的是汉语音韵史早期平行发展的三种音韵变化:一是《诗经》的侯鱼两部在一种变化中仍保存对立,而在另一种变化中两部合流;这种合流的现象在汉代诗文押韵中几可说是普遍性的特色,可是汉代以后又不见了。二是从汉代起,北方相对于《诗经》[*jug][*jag]的韵母只有一类,而在南方仍然保存两韵的独立地位;不过,由于北方的强劲影响,南方只在若干方言还保存这样的分别。三是在《诗经》(北方)的韵部里,唇音尾和舌尖音尾前的主要元音没有圆展唇的对立,可是这样的对立却存于南方。

张琨的讨论目的很明确,就是说明:方言的差异无疑是自古而然的现象,免于差异的原始语言是一个虽不实际但有用的抽象品。方言差异可以说是南北平行发展的结果。早在周秦汉时期的文献记录里已可见到代表南方传统的楚语和淮南地区的材料。整个汉语史南北平行(局部是独立)的发展必须得到正确的描写。

何大安主编《南北是非:方言的差异与变化》《古今通塞:汉语的历史与发展》(第三届国际汉学会议论文集,台湾语言学所 2002),以及杨秀芳《论文白异读》(《王叔岷先生八十寿庆论文集》823—849,大安出版社 1993)影响也很大。

(二)汉语语音史时空间变化与比较

涉及这个方面研究,主要有李三荣《由中古到现代声母发展的特殊现象》(文史哲出版社 1974),张琨《〈切韵〉止摄遇摄字在现代粤语方言中的演变》(1989),张光宇《梗摄三四等字在汉语南方方言的发展》(台湾《中华学苑》33:65—86,1986),丁邦新《汉语上古音的元音问题》(1994)、《汉语词序问题札记》(《中国境内语言暨语言学 4:汉语类型》155—162,台湾史语所 1997)、《论汉语方言中"中心语——修饰语"的反常词序问题》(《方言》3:194—197,2000),张光宇《汉语发展史与古音重建》(《国文天地》44:64—67,1989),张琨《汉语方音》(学生书局 1993),张光宇《从闽方言看〈切韵〉一二等韵的分合》(《语言研究》4:60—76,1989)、《汉语方言发展的不平衡性》(《中国语文》6:431—438,1991)、《论条件音变》(台湾《清华学报》[新]30.4:427—475,2000)、《共同保留、共同创新与共同脱轨》(《语言研究》63:14—21,2006)、《汉语方言的横的比较》(《语言学论丛》40:178—193,2009)、《汉语方言的鲁奇规律:古代篇》(《中国语文》4:349—361,2008)、《论汉语方言的层次分析》(《语言学论丛》33:124—164,2006)、《比较法在中国》(《语言研究》53:95—103,2003),陈新雄《〈比较法在中国:1926—1998〉一文之商榷》(林英津等编《汉藏语研究:龚煌城先生七秩寿庆论文集》621—636,2004),张光宇《语言的连续性》(《汉藏语学报》5:136—151,2010)、《汉语语音史中的比较方法》(《中国语文》4:321—330,2010)、《汉语方言的鼻化运动》(《语言研究》2:17—28,2012)等。

张光宇《汉语方言的横的比较》(2009)认为,汉语发展的连续性宜从横的比较去加以透视。这是因为纵的比较(文献串连)常呈断裂性质,无法回应演变规律所要求的条件、类型和阶段。横的比较有多层涵义,精髓在两两对比。大面积的横的比较显示:汉语方言表面上分歧复杂、随地而异,内在机理上则纪律严明、循序渐进。他从韵尾的演变、声母的演变、介音的演变、元音的演变四个方面去论证。比如韵尾的演变,他说:"汉语方言至少从中古时期以来闭音节就逐渐走向开音节,辅音韵尾大量合流、弱化甚至消失。这个事实只要简单比较中古音与北京今音就可洞察,但是,只有透过广泛的横的比较才可能多少了解其变化过程。"当然,涉及平行与不平行、往前往后的方向、逻辑过程和历史过程、文献材料时空背景、每一个环节的方言代表问题,均与"语言的连续性"的汉语语音史研究有关。横的比较正足以弥补纵的比较的失落环节。这是一个具有重要汉语语音史意义的历史比较法研究视角,过去很少有学者去如此发现和探讨。

五、汉语音节结构系统及其内部制约关系

李方桂《零声母与零韵母》《喉音特征与声调演变》(丁邦新、梅祖麟编《李方桂全集1:汉藏语论文集》251—263,2012)涉及了汉语音节结构内部相互之间的制约关系。《零声母与零韵母》(原载于 Language 42:300—302,1966)提到,1948年,赵元任指出,北方官话舌根浊擦音可以当作声母来处理,但又发现最小对比机会很少,为了实际的方便,就略去这个音位不记。李方桂说明道,这个舌根浊擦音出现于低元音[a]与中元音[e]之前,重音节与轻音节都有。虽然有些人认为有变异体,但它的擦音成分并不强。可以辨认两种弱的舌根浊擦音:在[e]之前音色较亮的前舌根音[ɤ],以及在[a]之前音色较暗的后舌根音。但马丁等人谓之边缘性的元音音位,即成音节的韵母。这些成音节韵母完全根据前头的半元音或辅音而定,他把这些韵母都归为一个高元音[i],有人建议最好称之为"零韵母"。因为它所有的征性都可以从前边的音段测知。

《喉音特征与声调演变》讨论的是起首辅音与声调的关系。李方桂说,对声调产生影响的辅音并非是孤立的某一个,而是具有相同特征的一组辅音。这里关注的是具有喉音色彩的辅音性特征,因为这些特征都跟声门的开合、声

带的紧张与振动有关；但这里的影响作用是由声调自身的特点而决定的，比如带音特征可能对高调起的作用跟对低调起的作用不同，对升调起的作用跟对降调起的作用也不同。这种研究对构拟早期语言的声调是有益的。在几乎所有的闽南话方言里带音特征都能对声调起影响作用；在江苏吴江方言里，很明显送气特征具有降低声调的作用。而喉音特征对声调产生的影响作用根据自身语音特点的不同而不同，广西天保方言就是如此。

何大安《送气分调与相关问题》(1989)力图就送气分调与相关实际存在的语音问题进行理论上的解释，并申明它在汉语音韵学史研究上的重要意义。

什么是送气分调？何大安解释说，是指由一种语言的声母送气成分所引起的声调分化现象。关于这个问题，一些学者有不同意见。何大安提到，J. Hombert(1978)说，送气成分和声调的变化没有必然的联系；李方桂(1980)却指出，汉语某些方言和泰语方言的声调之所以会低化或高化，可以从声母的送气成分去求解，而详细原因则又不得而知。何大安对这个问题的论述方式是：

其一，举出汉语一些方言和苗语、侗语的方言中"送气分调"的例证，并加以图表化。何大安把汉语的方言吴语、赣语、湘语、平话、粤语以及苗语和侗语的方言中的"送气分调"制作成图表，图表中罗列方言点、资料来源、"送气分调"的调类和调值形式等项，具体情况一目了然。

其二，对汉语方言和苗语、侗语方言中"送气分调"图表的解释。何大安说，这些语言早期都有清浊声母的对立，送气分调是在清浊声母引起阴阳分调之后才发生的。古不送气清声母和送气清声母原来同读阴调，古浊声母读阳调。送气成分使得阴调一分为二。配送气声母的，从赵元任开始(1928)，称为次阴调；配不送气声母的，称为全阴调。从所列表上方言间的比较可以看出，凡是某方言有送气分调的，全调的调值比较接近没有送气分调方言同一调类的调值。可见，分调是由送气声母引起的，不是由不送气声母引起的。

比如赣语浊音清化后，原来的浊塞音、浊塞擦音读成送气清声母，浊擦音读成不送气清擦音，这两类清声母都在阳调。由于今天配阳调的清声母又有了送气不送气之分，一些方言的阳调中也因而出现了送气分调现象。可见，送气分调变化较晚，晚于阴阳分调，也晚于浊音清化(熊正辉 1979；陈昌仪 1983)。198 个例子中，195 个显示分调后的次调起头要比全调的起头低，也就是说，声母的送气成分使得原来的调降低了。进一步观察表明，绝大多数全调值的起头都在五点制的 3 以上，"－低调"只有 3 个例子的起头最低"1"，是例外。何大安也很谨慎，比如对送气成分是不是百分之百地会使声调变低，是不是绝对地产生高调问题，还不轻易肯定。

其三，对汉语"送气分调"现象的认识。汉语清浊声母的阴阳分调也有相同情形：浊声母在许多语言或方言里会使声调更低。何大安认为王士元"喉头升降说"（1983）比较可取：声调是音高的变化，音高则是声带振动频率在听觉上的感知。送气成分由声门节制，送气与低调的关系，应当从喉头的发声机制来解释。预备发声时，声门会关闭，喉头会提高。如果要发的是塞音或塞擦音，因为成阻，部分空气从肺部进入口腔，口腔气压升高，肺部气压降低；如果解阻，就会发送气音，带来大量气流释出。喉头降低，则喉头回复呼吸时位置；喉头提高，声带及附近的肌肉紧张。喉头位置的高低，除了对肺压、口压的平衡具有明显效应外，也意味着声带的紧与松。紧与松，制约音高高低。送气比不送气声母之后的元音频率低。此外，喉擦音声母会不会引起送气分调？调查显示，各语言表现分歧，何大安推测，这是否暗示这个声母在各地的实际语音会有所不同？比如气流量大小、发声类型的差异等，但还不清楚。

其四，从汉语和其他相关语言音韵史角度认识"送气分调"。根据石林（1981）研究，侗语送气分调呈现阶段性演变的趋势，与清浊声母阴阳分调的过程异曲同工。赣语把中古送气塞音、塞擦音等次清声母读成了同部位的浊音，即"次清化浊"。由"送气分调"认识，"次清化浊"是后起的。比如方言 [x][f]关系，演变为[x][f]混读、送气分调、次清化浊次序。所以，"送气分调"研究，就具有了汉藏语系音韵史研究的意义。

张光宇《送气与调类分化》（1989）、郑再发《汉语声母的腭化与浊声母的衍生》（2001）等与之相关。

这当中，张光宇（1989）的研究与"送气分调"直接相关。张光宇说，声母清、全浊、次浊三分法的功用可以国语声调的发展为例去说明，在这种声调演变模式中，大部分方言的声调发展都可以解释清楚，但还有一个情况，在有些方言里表现不同，在全清与次清之间做出分野：全清音是一个声调，次清音是另一个声调，这种情况虽然比较罕见，但值得注意。见于华南的福建九峰村、江西安义、江西都昌、广西桂平等方言的表现，可以证明送气与否影响下的调类分化不限于特定的调类:相对来说,这四个方言的次清调值比全清的调值低。他推测,如果送气使声带颤动率减缓,导致音高降低,不是不可能的情况。张光宇的观察与何大安的研究虽有些不同,但基本观点大体相近。

对汉语语音结构要素的探讨,许多学者费尽了心力。比如单音节问题,相关论文有袁宙宗《汉字音节分析》(《黄埔月刊》223—224 期,1970),周法高《中国语单音节性之再检讨:驳金守拙及法兰西斯〈中国语为多音节语说〉》(台湾《清华学报》[新]14.1、2:105—110,1982),方师铎《单音节中国字音的特色》(《方师铎文史丛稿》[专论下篇]85—90),张光宇《汉语的音节结构》(《国文天地》37:80—84,1988),曹峰铭、曾进兴、郑静宜《汉语语音切割的基本单位:论音节结构、字汇状态与似字程度的作用》(《第十一届台湾声韵学学术研讨会论文集》,台湾中正大学中文系所 1993)。也有进行不同语言对比的,比如董昭辉《汉英音节比较研究》(学生书局 1983),徐富美《藏缅语音音节结构研究》(台湾大学硕士论文,1991),竺家宁《论拟声词声音结构中的边音成分》(国际中国语言学会第四届年会暨北美汉语语言学第七届会议,美国威斯康星大学麦迪逊分校 1995),各有特色。

六、汉语语音"变化"研究理论与方法

周法高《中国语的特质及其变迁大势》(《大陆杂志》9.12:11—14,1954)已经具有了这方面的意识。李壬癸《语音变化的各种学说述评》(《幼狮月刊》44.6:23—29,1976),竺家宁《善变的嘴巴:汉语音演化的几个模式(上)》(《国文天地》29:66—69,1987)、《善变的嘴巴:汉语音演化的几个模式(下)》(《国文天地》30:72—75,1987),李添富《谈语音的变化》(台湾《辅仁学志》[文学院之部]21:121—138,1992),袁宙宗《论音律的变化》(《智慧》1.11-5.2,1972)等涉及语音变化的一些理论问题。

谢云飞在台湾《中国语文》等刊物发表的有关汉语历史语音理论与方法研究系列论文也很引人注目,比如《语音发展的方式》(上、中、下)、《汉语辅音的自然变化》(上、中、下)、《汉语韵母的结构变化》(1—4)、《汉语韵母中的元音变化》《汉语韵母中的元音鼻化》《语言的音变趋势》《音变的过程》《语音衍变中的异化作用》《语音衍变中的换位作用》《浊音清化与清音浊化》《语音变

化中的腭化作用》《语音衍变中的类推作用》《声调如何分阴阳》《语言声调的起因》①,以及《国语中的超音段成素》(台湾《政治大学学报》66[上]:1—11,1993)等。黄学堂也有《从中古音及方言看国语的读音》(1989)等。谢云飞论述的最大特点是,以历史比较语言学作为基本导向,结合汉语语音实际进行研究,力图解释清楚"音变"的基本理论与基本概念,做到普及与研究的结合,深入浅出,通俗易懂。

何大安《典型在夙昔:史语所未来推动汉语研究的一些省思》(《学术史与方法学的省思:史语所七十周年研讨会论文集》541—552,台湾史语所 2000)思考也很深刻,其中蕴含着理论与方法的突破问题。

七、中国汉语音韵学学者理论研究

有关中国汉语音韵学学者理论研究的论著不少,比如邱德修《王国维在声韵学上的成就》(《中华文化》1:177—205,1994),竺家宁《王国维先生在唐代韵书研究上的贡献》(海峡两岸王国维学术研讨会,浙江海宁 1994)、《高仲华先生在等韵学上的成就与贡献》(《中国学术研讨会论文集》337—344,1994),李壬癸《七十年来中国语言学研究的回顾》(《学术史与方法学的省思》519—539,台湾史语所 2000),林英津《从汉藏语的比较,龚煌城先生在李方桂先生的汉语上古音系上搭楼台》(2003),姚荣松《林景尹先生的语言文字学》(汉学研究之回顾与前瞻国际学术研讨会,2006),竺家宁《王力先生与中国语言学》(《二十世纪人文大师的风范与思想》123—156,2007)等。我们在相关章节会进行讨论。这里要特别提出的是,有两篇学位论文的研究比较有特点,所研究的对象是过去人们注意不够的,这就是叶博荣《刘师培之声韵学观念述评》(2010)和钱拓《魏建功音学述评》(2012)。

叶博荣(2010)全文共分三大部分:其一为刘师培论声韵学之效用,探讨其治音韵学之目的及其语言观,并研究其对汉语语音史之分期及中国境内各方言区之划分理论;其二为刘师培对于今音学之讨论,刘师培于此学探讨颇广,包括字母、反切、韵书、等韵学及中古声调均提出所见,该章依其所述分节

探讨；其三为刘师培之古音学，该章对于刘师培之古韵、古声、古调之探讨内容分别研究。在叶博荣之前，已经有陈燕《刘师培及其文学理论》、方光华《刘师培评传》、柯雅蓝《刘师培文字学研究》、郭明道《刘师培与小学》、赖金旺《刘申叔先生及其训诂学研究》等研究，但关于刘师培音韵学观念研究的论著少之又少。这是有关刘师培音韵学贡献研究的起始。叶博荣文第三章"刘师培之今音学"，涉及字母，比如字母之起源、三十六字母之分类法问题；反切，比如反切之起源、反切之原理、整理反切之方法、反切法之延伸与发展问题；韵书，比如韵书之起源、《切韵》系韵书及相关韵书、诗韵系韵书及相关韵书等问题；等韵学，比如开合与多项术语观念的混淆、等之界说、二百六韵开合、等第之分布、等韵图之范例；中古声调，四声说之起源、古有五声说等问题，非常详尽。就"刘师培之古音学"，则谈及刘在"古韵分部、上古声母、上古声调"等方面的成绩。

钱拓（2012）称，自己将魏建功的语音学研究成果分成四大领域，加以深入探析：其一，"古音学说"。魏建功将新的科学方法以及比较材料应用于古音研究，将古音就阴、阳、入三声，分为五大类，订为古韵六十二部，并全面性地构拟辅音韵尾。其二，"音轨说"。在《古音系研究》中魏先生将音韵演变理论分为三部、二十轨、一百零六系变化条例，并逐项陈述，体系完整。据其脉络加以爬梳，可以考知魏建功之音论观点，对新学说之启迪，并可得见其继往开来之精神。其三，"韵书残卷论"。魏建功于韵书残卷之研究，正值新材料不断问世之际；而先生除参与编纂《十韵汇编》，卓有大功外，更继王国维之后，撰有颇为丰富之残卷论述。其中有关切韵系韵书之探讨，自成体系。其四，"国语运动"。在国语运动的进程中，魏建功因应时代需求，采用注音符号、方音比较等新方法，就言文一致、语言统一以及语言规范等语文范畴，分别进行深入探讨，提升了国语文研究的层次与意涵。以此四端，作为基础，期望能够对魏建功于音学研究之发明，略尽阐扬之功。钱拓对魏建功的创见与贡献总结比较客观，比如古音理论承先启后的学术精神、"音轨说"的细密观察、韵书残卷的汇整与考订、国音学之理论与实践；同时也没有隐讳魏建功研究的问题，比如拟音系统与数理方程式的纷杂和模糊、拟音系统无法区分古今南北、语言代数符号功能难以彰显、音轨说之细琐、订定部分韵书残卷系统过于主观、汉字简化论影响古今音韵系统等，是否恰当，可以再议，但引起人们注意则是须要深思的。

此外,许煜青研究张琨汉语语音史观的论文值得关注。在其博士学位论文《汉语方言鼻音韵母的发展》(2015)第二章"汉语语音史研究回顾"的第四节中提到,由于张琨有长年在美国学习与教学的经历,使得他对高本汉的汉语语音史模式"《诗经》——《切韵》——现代汉语方言"提出很大的质疑。他的调整主要有三处:一是依循历史语言学方法,假设"原始汉语"阶段,用来解释后代的音变;二是认为汉语大致呈现南北分途的走向,《诗经》反映的是北方系统,与南方无涉;三是指出《切韵》属于综合音系性质,不能直接摆入任何一个语音史阶段,而必须根据方言简化《切韵》韵类。其北方一线为:原始汉语——《诗经》——《切韵》分韵系统——现代汉语方言。拉开《切韵》(向上投射出原始汉语,向下简化为《切韵》分韵系统),置《切韵》于《诗经》之上,就是张琨方法论的核心,亦可谓首次"颠倒重建"的尝试。而印欧语研究的成功经验,可以提供比较的借鉴。张琨汉语史观还有"时空并重"的特点,比如汉语方言不分区、汉语历史不分期、汉语不适用谱系树模型。理由在于,"区、期、分支"这一类概念,不仅在描写上有困难,也与汉语方言形成和发展的事实不相符合,所以不必刻意削足适履,方枘圆凿。由此可以看出,张琨是以方言地理学的眼光,来洞察音韵的历史发展的。许煜青的阐释与定位,就使得张琨的汉语语音史观更为清晰明了了。

对当代汉语音韵学重要学者陈新雄的研究,也有几篇论文值得注意。其中,林炯阳《评〈六十年来之声韵学〉》(《华学月刊》27:20—22,1974)认为:

> 陈新雄教授《六十年来之声韵学》(正中书局,1972年11月)总结民国以后声韵学家研究之成果,旧学新说,融于一篇,搜罗称备,剖析精当,议论卓荦,启发实多……(切韵学于)张世禄《广韵研究》、周祖谟《广韵校勘记》、沈兼士之《广韵声系》,亦有中肯批评……(而古音学)自章太炎以迄作者,各家之说,莫不网罗殆尽,评其优劣……(评述等韵著作)更由等韵推及今人于方言之调查,最后则介绍有关声韵通论之著作。

这是就陈新雄汉语音韵学史研究贡献而言的。

《陈新雄教授八秩诞辰纪念论文集》(2015)也收录了很多学者所写怀念

陈新雄的文章,其中有不少是评述其汉语音韵学学术成绩的。比如曾荣汾《陈新雄教授事略》、李鍌《序》、丁邦新《序》、林庆勋《序》等都涉及了这些内容。《陈新雄教授事略》云:

> 专著之中,《古音研究》,既集古今研究之大成,并见新说之发明;《广韵研究》,则申发研治之基础,精研韵书之成就;《声韵学》,则明示学术之体系,引领入门之方法……《锲不舍斋论学集》《文字声韵论丛》等,则见解精辟,确论宏发。

曾荣汾的研究提供了一个令人思考的新问题,就是学术界如何定位陈新雄这样一位"承前启后"学者的学术传承与学术贡献,如何做到公正而客观。可惜,到目前为止,还没有一本全面而系统的研究陈新雄汉语音韵学贡献的专著问世。

第三节　汉语音韵学与现当代语言学

一、汉语音韵学与现代语言学理论

丁邦新编《董同龢先生语言学论文选集》(1974)341—352页收有董同龢《声母、韵母的观念与现代的语言分析理论》一文。丁邦新在433页《编后记》中将该文列在董同龢"汉语方言的调查"贡献中,但又强调其"在一般语言学上也有贡献"。如果阅读此文,就会明白,董同龢讲的还是有关于汉语音韵学概念理解问题。

董同龢认为,"研究汉语音韵而以声母和韵母作字音分段的基本单位,虽然是得之于中国古老的传统,却完全不是固步自封而昧昧然于语音分析方法的演进";这虽是"保存比较囫囵的字音二分法",但"如果把每一个字的音都分成'首、中、尾'三段来观察元音和辅音在汉语字音中出现的地位,很容易发现一些规律"(343页)。经过分析,可知"字音之首就是声母,字音之中和字音之尾合起来是韵母……声母包括所有具有辅音性质的音,韵母包括所有不具辅音性的音。所以,传统的字音二分法并不和语音上最基本的分别相背"

（346页）。而汉语应用两分法的理由之一，就是汉语的"语位"（morpheme）大致是一个音节，即单音节，而语音分段恰好能从一个个音节入手。汉语的音位在字中出现的地位非常固定，音位的相互配合条件也很严格，"二分法"适应了这一点，而不是单音节的语言，音段的分割就很难划分清楚。

何大安《声韵学中的观念和方法》（大安出版社1987）。第一版出版后，引起了许多学者的注意，并且有龚煌城、陈修武等先生指出许多字句和用例错误，第二版（2004）已经改正，故我们以此版为依据加以介绍：

其一，《声韵学中的观念和方法》基本体例：自序、特殊符号使用说明、附图目录、附表目录。壹，导论：第一章，语言、言语、语言学。贰，平面分析：第二章，语音；第三章，音位；第四章，音韵系统；第五章，声和韵。叁，历史研究：第六章，语音变化；第七章，音韵变迁；第八章，变迁的机制和动力；第九章，比较研究；第十章，内部拟测。肆，语言接触：第十一章，语言关系中的血缘与地缘；第十二章，语言接触的社会背景；第十三章，第十四章，语言融合。伍，关于汉语：第十五章，中国境内的语言；第十六章，现代汉语方言；第十七章，汉语音韵史的分期。附录一：国语拼音法；附录二：常用拼音法对照表；参考书目、索引。

其二，《声韵学中的观念和方法》研究动机。何大安《自序》说，这本书主要提供两方面知识：一个是在历史、地理和社会这几方面的语言生态现象，以及中国境内的语言相；另一个是语言中音韵系统，尤其是汉语的音韵系统的分析方法。其写作动机为：针对一些人轻视语言学，以及对语言内在结构、历史发展、亲疏关系、语言与心智、语言与社会、语言与文化、语言与其他符号系统关系等知识一片茫然的情况，感到有必要写作一本书加以普及，同时介绍自己对汉语音韵学理论问题研究的一些经验和思考。

其三，《声韵学中的观念和方法》汉语音韵学的历史音变观念。很显然，何大安是要在传统音韵学观念的基础上，建立一个能够反映当代学者研究汉语音韵学观念的体系。在当代语言学理论的指导下，何大安十分注意区别语言、言语、语言学，以及语音、音位、音韵这些基本概念，由此，其研究的视野超出了传统的汉语音韵学理论以及高本汉所建立的现代音韵学理论框架范围，与当代国内外最为前沿的汉语音韵学理论相吻合。比如音位概念，高本汉常常是音位和音值相混淆，而在这里是比较清楚的。何大安的历史音变观念也是十分明确的。不过，他和一般的研究音变的学者不同，并不排斥内部构拟和比较研究,而是在吸收内部构拟和比较研究的合理内核之后,强调音韵研究过程中的"变迁机制和动力"的探讨,这是最为突出的。例如,谈到语音连锁反应时,何大安说,所谓连锁反应,是说某一个音发生变化后,会使其他的音也跟着起变化。这种连锁反应又可分为两类:"拉力连锁"(drag chain,或称"拉力链")与"推力连锁"(push chain,或称"推力链")。又如,谈到讲语音平行演变(parallel development)时,何大安涉及音位选择的平行性。他指出,汉语音韵平行演变的目的是要借此维持语音结合或选择上的平行性,不使某一种音的增减在语音结构上造成偏颇,但也要注意一些语音非平行的演变,不能由此就认为,非平行性演变会破坏语音结构上的均衡性。至于变迁的动力,何大安认为,在语音的变化上,一方面是"简化、同化",另一方面是"强化、异化"。在音韵变迁上,一方面是"连锁的、平行的",另一方面,又是"非连锁的、非平行的",或者是虽平行而步调又不一致的。这种变动的目的是在寻求张力的平衡,也就是结构的均衡。这就促成了音韵和语言变迁的运动形式动力。

　　其四,《声韵学中的观念和方法》汉语音韵学的语言接触观念。传统汉语音韵学理论以及高本汉所建立的现代音韵学理论极少提及语言接触问题。何大安专门讲汉语音韵学中的语言接触问题,不是从血缘与地缘中看语言接触,而是从语言关系中看血缘与地缘问题。他看到了语言谱系研究中的困境:"有相似特点的语言,却不一定都是姊妹语言。因为正如波传学说所指出的,相邻的语言也可能共有一些特点。造成这些相似之处的,就不见得是血缘关系,而是地缘关系。"走出语言谱系研究中的困境,还有一条出路,就是"如果不考虑血缘与地缘关系,纯粹从语言形式的特点着眼,将语言分成不同类型的研究法,叫做语言类型学(language typology)"。这实际上是强调了汉语音韵学研究中所应该具有的"语言共性"观念,何大安称之为"语言通性"。他对语言接触社会背景的研究,具有了语言社会行为的观察观念。比如他讲分化和接触、双语与分语、文读和白话、语言传播等,很有拉波夫(W.Labov)《语言演变理论的经验基础》的意味,"汉语语音变异"成为研究的对象,这就从汉语音韵学的"同质化"研究转向了汉语音韵学的"异质化"研究。他对语言层的关注,也不同于传统与现代的汉语音韵学观念。何大安说,当语言因接触而开始发生新的变化的时候,原来参与接触的不同语言变体会对新的变化发挥不同的作用力,也就是扮演各不相同的角色;这些不同的作用力在结构上所表现出来的痕迹,就称之为"语言层"(linguistic stratum,169页)。具体而论,就是汉语的顶层和底层。此外,何大安观察汉语内部和汉语与外部语言的关系,以及从"语言融合形态"研究,比如移借、泾浜语和新生语、混合语形态研究,都与传统与现代的汉语音韵学观念存在着很大的差异。

其五,《声韵学中的观念和方法》所体现的汉语音韵学历史分期观念。何大安的汉语音韵学的历史分期标准不同于以往。他说,语言是个不断变动的结构,在时间的向度上,它成为一个不可骤分的连续体,因此并没有明显的段落可分。如果就语音变化的有无而论,那么几乎每一代都可以是一个单位,这样的分期过于琐碎而没有意义。我们既然认为语言是一个规则系统,那么,最好的分期标准,就是看规则系统的变动大小,而不是仅仅看增加了哪些新变化。无疑的,在一个语言的规则系统中,音韵部分最为核心的规则,就是结合语音讯号的规则。换句话说,就是音节结构的原则,而不是音位上多一个音或少一个音(256页)。

何大安认为,从音节结构上的差异来看,汉语可以分成三个大的时期:上古汉语、中古汉语、近代汉语。它们的音节结构如下:上古汉语:C(C)(M)(M)(M)VE;中古汉语:(C)(M)(M)V(E);近代汉语:(C)(M)V(E)。至于三个时期的差别,何大安分两部分来说明。第一,就结构的表面上看,最大的不同表现在主要元音以前的部分。比如近代汉语可以有零声母的单元音字,中古汉语则不容许这种结构,它一定得有辅音声母或介音;上古汉语更复杂,他不但一定有辅音声母,这个辅音声母还可以不只有一个。近代汉语可以没有介音,像一般的开口韵;中古和上古汉语也是如此。不过,中古汉语可以有两个介音成分,上古甚至可以有三个,近代汉语则不然。第二,从音节结构限定来看,差别就更大了。同是 C、M、V、E,内容却绝不相等。中古汉语的 C,有所谓清(或全清)、次清、浊、清浊(或次浊)这几类声母。可是,近代汉语当中,有的方言已经没有浊塞音和浊塞擦音声母了,像官话、客家话,以及大部分的赣语。上古汉语的复辅音,要不是第一个辅音是个前加成分的[S-],第二个辅音是个塞音,便是第一个辅音是塞音,第二个辅音是个[-l-],也就是说有两种主要的形态:[＊S-]加塞音和 ＊塞音加[-l-]。至于单辅音,除了中古音的四大类声母外,可能还有其他类型的声母,像是清鼻音或清边音声母。各个时期的介音、韵尾也有所不同(206—261页)。

何大安对汉语史分期理论的认识明显超越了前辈学者,值得特别注意,现在重要的是,如何在此基础上更为深入地研究其可行性。《声韵学中的观念和方法》开辟了当代汉语音韵学研究理论体系的新途径,是台湾当代汉语音韵学理论研究独树一帜的学术标志之一。

二、汉语音韵学音位理论视角

周法高《论古代汉语的音位》(1975)基本内容是:

其一,马丁《中古汉语音位》一文发表后,引发了如何对汉语上古音和中古音的音位进行归纳问题的讨论。周法高说,近十年来,对高本汉假定的《切韵》音系统有所修订的,有赵元任《根据陈澧〈切韵考〉对〈切韵〉音的贡献》(1941)、董同龢《〈广韵〉重纽试释》(1948)、周法高《〈广韵〉重纽研究》(1948)。最近,又看到马丁《中古汉语音位》一文,从纯描写的观点,对中古汉语的音位加以简化。周法高评论说,马丁所拟中古汉语音位,声母没有大改动,只是用同部位同发音方法的清声母加上浊舌根擦音来代替高本汉的浊声母。韵母比较复杂,但马丁所拟没有重纽地位,对轻唇音演变条件没有结论,存在着明显的遗憾。

其二,对归纳汉语上古音和中古音音位的一些想法。周法高从音位学的观点出发,提出纯四等韵取消[i]介音,外转各摄三等韵采用和一、二等韵相同的元音;外转诸摄纯四等仍用[e],和内转诸摄三等韵 A 类[ie]刚好互相补足;一等重韵、蟹摄二等重韵夬韵用马丁系统,鱼和虞则修订为[io]和[iwo];对江韵也有所修订;唇音字具有[i]或[iu]介音,而主要元音为央元音[ə]、后元音[ɑ][ou]者,在官话中变清唇音。其他不变。

其三,对金守拙修订高本汉上古音的思考。周法高说,金守拙(《大陆杂志》7.4:6—11,1952)修订高本汉浊喉音,与董同龢差不多。他赞同金守拙有关《切韵》音"充其量只能说是限于中古北方汉语,而南方汉语另有其系统"的观点。

其四,讨论"羽、翊、立"等字上古音地位。周法高举出高本汉和董同龢拟音,认为合理的解释是:在较早的上古,"羽"和"去"收[d]尾,"翊"等收[-p]尾。具有元音[a]的[-b]尾字,后变成[-g]尾;具有元音[ə]的[-p]尾字,后来变成[-k]尾。

周法高从汉语语音音位角度进行缜密考虑,目的还是为了简化汉语上古音和中古音拟音系统,避免无次序性的繁杂构拟,尽量趋向于语音系统构拟的合理化。王天昌《音位理论与汉语语音系统之分析》(《东海学报》17:93—108,1976)、辛勉《简介音位学》(《国文学报》14:233—245,1985)、杨秀芳《音位中的互补与互补有关的问题》(《大陆杂志》79.3:41—42,1989)、谢云飞《新语言学理论中的音位学》(台湾《中国语文》68.4:7—9,1991)、竺家宁《音位理论在汉字上的应用》(《第四届中国文字学讨论会论文集》289—300,大安出版社 1993)有关汉语音位理论上的一些思考也很精密,可以补充周文的某些叙述不足。

何大安《变读现象的两种贯时意义——兼论晋江方言的古调值》(1984)说,语言一直在发生着不间断的变化。一方面,未尽的旧变化仍在持续地进行;另一方面,初生的新变化又不断地接踵而至。在任何一个时间的横断面上,都可以看到新旧变化消长相续的痕迹。音位性变读(phonemic variants)或转换(alternation),就是这种痕迹在结构上的表现。他们可能是反映旧变化的"存古",也可能是反映新变化的"创新"。他把因连读或构词而发生的音位性变读或转换过程中产生的一读称之为"连读(connected form)",把构词行为发生前或单独称述时的一读称之为"个读(isolated form)"。就共时的观点来看,"连读"和"个读"之间,只具有一种词音位转换的关系。可以设定其中一读为"基式(underlying form)",另一读为"导式(derived form)"。可以由此而说明:在什么样的语法或音韵程序之下,基式会变成导式。基式的设定,也许会选择个读,也许会选择连读,往往要看这个语言音韵结构上的特点来决定,例如成词限定、音位分部等等。现代的衍生音韵学家曾主张,基式的选择在原则上可以不必考虑到贯时(diachronic)的因素。但是,这种共时的、平面的分析,却具有贯时的意义。就音位性变读而言,这种贯时的意义,可以区别为两种:一个是"存古(retention)",一个是"创新(innovation)"。经过研究,可以发现:凡是带有"存古"意义的变读现象,其基式往往即是连读本身;凡是带有"创新"意义的变读,其基式多属个读。因此,如果我们对一个语言音韵系统的共时分析理据充分的话,便可以从基式设定的过程当中,看出贯时演变的先后,并进而可对古语的内部构拟提供一些线索。何大安以清水闽南话入声变读、泰雅语四季方言的唇音与舌根音的变读为例去说明存古的意义,又以乐会方言喉塞音尾有无的变读、排湾语中字尾[w][v]的变读为例去说明创新的意义;然后,以晋江方言声调变读基式的认定,去构拟它的较早的调值形式。这就为汉语古声调构拟寻求了一种新的选择方式,对汉语音韵学音位理论来说是一个新的内容补充。

三、汉语方言接触与音韵结构

何大安《规律与方向:变迁中的音韵结构》(1987)体例为:第一章,概念与框架;第二章,关于规律的一些省察;第三章,特殊的演变方向;第四章,结构调整;第五章,方言接触:论永兴方言的送气浊声母;第六章,方言史:论赣方言;第七章,规律影响面的研究:X/F 在西南;第八章,提要。

本书的主要内容是:其一,本书贯穿了一个基本语言研究理念,即"语言是一个不断变动的结构"。何大安认为,语言的结构性改变一般多在两种情况下进行:一种是语言内部的分化。分化的原因很多,包括了因人口的移动所造成的地理上的隔离,或是社会分化,如不同阶层、年龄群、两性差异、婚姻关系等等,由此而带来了同一个语言社群之内语言上的变异。另一种是外部的、语言间或方言间的接触。语言或方言的差异越大,接触的时间越久,所造成的结构变化也就越发显著。因此,要研究语言的结构变迁,必须对语言内部的分化与外部的接触二者同时进行考察。研究语言变迁的目的在于增加我们对语言本质的了解,比如纵面结构变迁。语言结构变迁研究和历史语言学有相当大的重叠部分:结构变迁注意变动中的结构本身,而历史语言学则特别看重具体语言特征的变化;历史语言学提供许多演变的实例,结构变迁则补充历史解释时所需要的结构上的考虑。语言与其他人文现象都不断经历着结构性的改变,人们可以透过对结构变迁的观察来了解更为广泛的人文现象的变迁结构。

其二,汉语语言结构变迁的形式、秩序、规律及相关性。何大安认为,从结构变迁的观点来说,规律可以分为两种:一种是演变规律,用来说明分化现象;一种是影响规律,用来说明接触规律。而两者均可以用形式化符号表示,比如演变规律,用 A>B/_C 表示。其中,A 是变化项,B 是生成项,C 是条件项。用这种理论来考察汉语也是非常适用而有效果的。此外,有汉语语言结构规律之间的阶段性或内在秩序性,以及规律所反映出来的变迁与语言结构的相关性问题,也是必须关注的。

其三,汉语语言结构变迁的结果——特殊方向:回头演变、规律逆转、比附演变。何大安说,语言的共时或贯时的差异是对规律的不同选择造成的。从基础的始点来看,不同的结果也就代表了不同的选择方向。其中一些演变方向值得特别注意:一是回头演变。一个语言,在历史发展的某一个阶段曾经有过的音[a],可能在下一个阶段消失:[a]>[b];而在这个阶段或以后,另一类的音可能变成[a]:[x]>[a]。这样,[a]就在消失后又出现。这种情形是语音的重现。二是规律逆转,这是指一条规律的变化项和生成项发生了倒置,差异由此产生。三是比附演变。比如某一类韵在湘语和西南官话的内部是一致的,读成通摄字;在赣方言的内部也是一致的,读成宕摄字。然而若拿湘语、西南官话与赣方言作一对比时,在音韵结构上却是不一致的,这就是表面上的语音"比附"现象。

其四,结构调整:"非平行性演变、无中生有、音韵妥协"。按何大安的解释,"非平行性演变",即是使一些原来平行的或对称的结构关系发生改变,甚至会产生另一组新的平行或对称的结构关系,比如山摄开合口的演变,在云南的易门就不一致。"无中生有",是指在受到外来影响时,一个语言所作结构调整的一种方式,即由此创造出原来结构中所没有的成分,以这些新成分以及新成分所形成的新关系,来应付外来的影响。"音韵妥协",是指方言对多条音韵规律同时接受的情形。比如有两条规律普遍传布于邵阳地区,由于规律竞争的结果,虽然许多方言都只接受其中一种次规律,但也有一些方言,包括邵阳在内,对于二者不加捡择,一体承受。这种妥协的态度,就造成邵阳方言舌根擦音轻唇化时清浊声母的分途。

其五,方言接触与永兴方言送气浊声母。何大安指出,四川永兴湘方言拥有两套浊声母,一套送气,一套不送气。永兴的送气浊声母是受到西南官话浊母清化后平声送气的影响而产生的,这种影响即是语言接触的直接结果,更是浊音清化过程的先分化、后清化类型性特征之一。

其六,搭界与影响:赣方言史趋于"中立化"。何大安指出,从方言史来看,赣方言由于不断受到邻近方言影响而趋于"中立化",几乎找不到一个只属于它的语音特征,由此,许多学者发出了它不具有自身特点的感叹。由赣方言语音特征推测原始赣语的特点,可以解释赣方言发展过程中的结构变迁规律,包括它与客家话的关系及其内部差异问题。

其七,规律影响动态面:[X]/[F]西南的传布与推移。何大安强调,规律影响动态面研究着眼于音韵规律本身,观察某一规律在特定区域中所呈现的种种不同样态,以建立该规律的发展过程,或"规律史"。这一规律在各方言中所呈现的各种次规律,或次类型,可以整理出一系列的蕴含关系或内在秩序。在这一秩序中的各阶段,即能反映变迁进行时的结构上的特征。

何大安以"语言是一个不断变动的结构"为基本观念而进行的探讨,给我们提供了一个冲破旧有范式束缚,进而成为迈向新坦途的参照系,具有重要的理论和实际应用价值,因而成为一些学者思考汉语语音结构问题不可或缺的思想源泉。丁邦新《汉语方言接触的几个类型——并论国语声调及闽语全浊塞音声母演变的两个问题》(1998)就称赞说,对于方言接触所引起的音韵变迁,何大安做过相当彻底的研究。他的出发点是观察表现结构变迁的规律在方言之间的运作情形,这是目前唯一取材于汉语方言,专门讨论音韵理论的专书,他指出许多特殊的演变,如回头演变、规律逆转、比附演变等等,尤其"无中生有"的结构对历史语言学更有意义。

四、汉语历史层次与方言层次分析

丁邦新主编《历史层次与方言研究》(2007)一书是"历史层次与方言"项目研究的集中展示。其中,何大安《语言史研究中的层次问题》(11—21页)一文很有代表性[①]。

何大安首先说明"层次"概念内涵。他指出,(sub)stratum 的原义只是"遗物"或"遗存",随着汉译为"层",且因"层"的形象化,而成为语义内涵的一部分;同时,由于可以透过《切韵》相互对照,"遗物"与"遗存"间的(音韵)系统的存在与复原(即使只是局部复原),便成为汉语方言学家在使用"层"或"层次"这一词语时,很自然的,也是内在合理的一种预设和期待,"语言层次学"在西方和中国就有了不一样的命题。

何大安根据汉语方言研究的经验,讨论三个问题:1.汉语方言学和印欧语言学在语言层次研究意趣上的异同。在印欧语言学传统里,"层"的研究集中在两个方面:第一是利用"层"来解释一个"语言区域"(linguistic area)的形成;

---

① 何大安《语言史研究中的层次问题》原见《汉学研究》2000年第18期特刊,261—271页。

第二是利用"层"来解释音变,称为 Substratum Theory,一度非常流行。汉语方言学者对"层"的认识,最初仅限于区分文、白层而已(如赵元任 1928、罗常培 1930)。经过十几年的探讨,大家逐渐认识到:一个方言的层次也许不止文白两层(何大安 1981);"方言层次"的构成十分复杂,远非"文白"二字所能概括(杨秀芳 1982);现代汉语方言的形成,系多层次累积的结果(徐芳敏 1991);层次间可能会以"叠置"方式完成其竞争、取代过程(徐通锵 1991),很可能形成"混血音读",而使得层次分析更见困难(王洪君 1987,杨秀芳 1993)。利用方言比较构拟古语时,应首先厘清层次对应(张琨 1984、1991,张光宇 1987、1990、1996),许多看似异常的音韵变化,都可以从方言接触、融合的角度得到圆满的解释(何大安 1986,许慧娟 1990,王士元、连金发 1993,王福堂 1999)等。汉语方言学的研究与进展,显示出对"层"的高度兴趣,原因在于:第一,汉语方言间的接触与融合之频繁密切,远大于与不同语言间的类似行为,"层"的存在显而易见。第二,汉语有一个音韵系统的历史参照间架——《切韵》《广韵》,很容易根据这个间架复原(即使局部复原)各个层的可能面貌。2.汉语方言层次辨认的方法及其限度。"层次"的辨认有两条线索:一是同一个词的异读,一是系统的不一致。辨别异读,是看同一语词的不同形式,但要依据现有的古音知识,而从系统的参差不一中辨认语言层次。他以石陂闽方言为例:比如石陂闽方言古全浊声母字今读成为浊音,或为清音;清音之中或送气,或不送气,既乏条例,亦少异读,但从声调的调类分合作系统性的分别,就可以判定各自的层次渊源。3.利用层次变体重建原始语言应留意的要点。他指出,"语言层次学"研究还须要留意另一种可能的"陷阱",即对具有"方言对应"现象的音韵反映,未能觉察其并不属于同一层次。比如石陂、建瓯等成片闽语方言中共同的吴语层的影响,并非原始闽语声母的区别。

丁邦新《汉语方言层次的特点》(《中国语言学论文集》142—149,2008)认为,汉语方言层次的特点是:具有一定的保守性、多样性;将点与面联系起来理解;汉语文读层的演变以字为单位,白话层以词汇为单位。就汉语方言层次分析对古音研究的影响来看,汉语方言层次分析直接影响古语构拟;汉语方言层次分析对汉语上古音和中古音研究都有明显影响。

中国大陆学者有关汉语方言层次的研究也很引人注目。比如异同源层次区分:王福堂《汉语方言语音中的层次》(丁邦新编《历史层次与方言研究》1—

10,2007)一文,对所谓异源层次、同源层次、底层层次等现象进行分析,提出分析层次构成和判断层次来源的某些方法,并对异源层次、同源层次的辨别的鉴别进行了探索。又如竞争性音变与历史层次:潘悟云《竞争性音变与历史层次》(2006)认为,一个语言中的两个历史层次如果是非音变关系,其中一个就是造成的外源性层次;当一个语言的两个层次的读音存在音变关系,而且这种关系的分布服从某种语音条件的时候,一定是内部音变,特别是竞争性音变造成的层次分化。这种语音条件的分布能够用音变率加以量化。将历史层次与词汇扩散结合:潘悟云《汉语方言的历史层次及其类型》(石锋等编《乐在其中——王士元教授 70 华诞庆祝文集》59—67,南开大学出版社 2004)认为,词汇扩散也能造成历史层次,比如北京话歌韵字:歌韵中古音是[-ɑ],现代北京话在唇音后变作了[-o],为元音后高音化;但"他、那、大"这几个字却变成了[-a]。原因是,这几个字的出现频率都很高,成为音变中的强式。不过,[-ɑ]这个音位不存在了,成了麻韵中的一员。歌韵在北京话中有两个层次,一个是[-o]及其变体,一个是[-a]。这是竞争性音变导致语音扩散的层次性结果。潘悟云《汉语历史音韵学》(2000)在解释《切韵》中灰咍对立原因时,也认为是因一部分合口介音引起唇音字发生变化导致"词汇扩散",而它们分别来自上古之部和微部,当时两者开合相配(69 页)。而把历史层次研究和具体汉语方言对象,比如闽语和晋语结合的,有李如龙《中古全浊声母字闽方言今读的历史层次》(《暨南学报》3:152—158,2006)、戴黎刚《闽语果摄的历史层次及演变》(《语言研究》2:56—61,2005)、乔全生《从晋方言看古见系字在细音前腭化的历史》(《方言》3:239—244,2006)、韩沛玲《山西及其周边方言浊声母清化类型及历史层次》(《语言科学》4:88—94,2006)、侯超《江苏高淳方言声调格局及其历史演变》(《语文研究》4:45—52,2016)等。

五、汉语语音循环,或曰回头演变模式

何大安《声调的完全回头演变是否可能?》(1994)是一篇典型的理论模式建构文章,提出了一个值得同行特别关注的理论分析模式。所谓的"回头演变",何大安解释说,是指语言历史上一种变化发生后,在下一个阶段又走回头路,回复到变化以前的状态。但问题是,部分回头演变是相当常见的事情,但完全回头演变在理论上虽然可能存在,但要证明却很困难。"回头演变"关心

的是类的变化,比如音类或音位,而不是表面的形式上的变化,比如音值或语音的移位。何大安研究语音"回头演变"是从这样几个方面入手的:

其一,山西方言中有的声母并没有清浊对立,所以,存在着"平声不分阴阳"的现象。平声调因声母的清浊而分化为语音有别的阴平和阳平两个调,此即"平分阴阳"。这种变化不会晚于北宋。在汉语绝大多数方言中,古平声今天都分为阴平阳平;吴语、湘语等保留全浊声母为带音的方言中,声调的分阴阳与声母的清浊还存在依存关系。但何大安注意到,在官话地区,包括山西,由于古全浊声母已经清化,阴平阳平变成两个不同的声调的类;但在山西某些地区,比如太原、山阴、平遥、文水等地,声母没有清浊对比,却"平声不分阴阳",仍然是一个声调,成了规律的"例外",成为必须理解的难题。

其二,山西方言声调行为的几种类型。何大安认为,解决这个问题的关键在于如何理解连读与非连读时声调的关联。山西方言声调行为有几种表现:一是连读保持原有的区别,比如大同等地;二是个读时"平声分阴阳",连读时偶尔会合流,永济等地如此;三是个读时是"平声不分阴阳",连读时"平声分阴阳",比如平遥;四是个读时"平声不分阴阳",连读时看不出"平声分阴阳",如山阴。

其三,汉语方言连读变调的基本性质和区分。山西方言声调行为几种类型所代表的意义如何? 这与声调性质理解有关。何大安发现,平遥、文水等地的变调乃是一种有历史意义的"变读变调"。从语法变调解释,长治变调方言体词结构和动宾结构的变调有别,如阴平(213)和上声(535)组合,如果是体词,连读形式是 35 加 53;如果是动宾结构,连读形式是 35 加 535。这可以称之为"结构变调"。而"形态变调"是以声调的不同形式作为构词或构形的手段变调,和历史发展有关,比如"小称变调"。单纯从连读变调在音韵表现上的方式来考虑,即音韵变调,又可以分为化字调为语调和韵律变调两类。但要注意:语法变调与音韵变调之分,是就其语法功能之有无而言。一种语法变调有可能以韵律变调实现,也可能以变体变调形式表现;同一种方言可以有不止一种变调。

其四,从变读变调证明声调的回头演变。回过头来看山西方言平遥、文水等地的连读变调,区别阴平、阳平,使连读增加了声调组合,变读变调,不能用韵律和谐求解。可解释为,阴平、阳平是其固有声调的两个类,被保存在连读中，但在个读时合而为一，反映了由分而合的演变方式。在近代以前，平遥、文水等地平声只是一类，连读变调时区别阴平、阳平，而在个读时合而为一，顺序刚好是"回头演变"，但这种证明须基于文献和方言本身变读才可以做到。当由分而合的演变彻底完成，变读现象便不复存在。兴许早就经历了"回头演变"，也可能自古以来就不曾分化，由此，就无法证明其完全"回头演变"了。

日本学者平山久雄《汉语声调起源窥探》（《平山久雄语言学论文集》289，2005）则将"回头演变"称之为"环流"。比如调值环流，就称之为"调值变化环流说"。什么是"调值变化环流说"？平山久雄说，综合几项调值演变的可能性，"就可以描绘出一种圆环，即一个调位的调值从高平调出发，经过降调、低平调（或低凹调）、升调（或中平调），最后又回到高平调"。平山久雄具体理论的形成和发展可见《"声调调值变化环流说"的形成和应用过程》（《平山久雄语言学论文集》302—325，2005）一文。中国大陆学者徐通锵称之为"语言循环"变化，其《历史语言学》（1991）"结构分析法（中）：音位的链移和音系变化"一章，专门论及"循环变化"问题。他说（214—218 页）：

> 语言演变中这种或推或拉的变化就有可能使音变出现某种循环的变化……阴阳入三分的音韵系统在山西方言中已经发生了重大的变化，原来的结构格局已经消失，或者说，趋向于消失。现在，祁县方言出现新的韵尾[-m][-β]，使汉语史中已经消失了的音韵结构复活，说明，语音系统中确实出现了某种循环的变化。从音系的结构格局来看，这种变化所表现出来的特点与已经消失的音韵结构也有类同之处。

平山久雄与徐通锵"语音循环理论"与何大安回头演变模式具有异曲同工之妙。

六、汉语语音连环变化

语音连环变化指的是语音要素因某种契机引发了连续性变化的现象，这种变化的特点是环环相扣，持续不断。李壬癸《汉语的连环变化》（1991）说，从古印欧语到日耳曼支系发生了声母的连环变化：清塞音变成清擦音，造成清塞音的空挡，这个空挡是由原来的浊塞音清化而变成清塞音的递补行为；浊塞音清化后,造成了浊塞音的空挡,原来的送气浊塞音失去送气成分正好由浊塞音来填充。发音部位没有改变,只是发音方法发生了变化。从古英语到现代英语,元音系统也发生了连环性的变化,即所谓的"元音大转移":低元音升高为中元音,中元音升高为高元音,高元音却下降为复合元音[ai]或[au]。元音演变的顺序为高音先变,次由中元音升高去递补原来高元音的空缺,而后再由低元音升高去填补中元音的空挡,汉语闽南话,比如厦门连调变化正是如此(Bodman,1955:41)。除了入声字外,其他平上去声调出现在上字的变调情形构成了一个连环。由中平调变低平调,由高平或高升调变中平调,由下降调变高平调,由低平调变高降调。但根据 Ting1982、Hashimoto1982,所谓的"变调"存古,而"本调"才是后起的。如果"变调"存古是正确的话,那么,这里所列本调到变调的四条规律,方向正好相反,其次序也要倒过来。汉语声母和元音也有连环变化情况,比如海南岛儋州村白话音舌尖音(丁邦新《儋州村话》,1986)、浙江景宁方言(吴语)双唇及舌尖塞音(袁家骅《汉语方言概要》,文字改革出版社 1983)的连环变化。梅祖麟(1983)也说,汉语语音史喻四和来母也是如此。按照王力《汉语语音史》(1985)的说法,上古鱼部开口一等字"姑"类字先秦时是低元音[a],到汉代升高为[ɔ],南北朝时再升高为[o],隋唐时又升高为[u],然后高元音[u]下降为复合元音。这就很像是"元音大转移"的连环变化。应该认识到,这种演变并非常态,例证不会太多,其次序是"减损的次序"。连环变化现象肯定对汉语语音史研究具有十分重要的意义。

　　朱晓农《元音大转移与元音高化链接》(2005)认为,元音高化形式是推链式的,是连串音变,起因是由说者和听者启动的。这种认识和拉波夫统管元音链式音移高化"通则"理论相关,与李壬癸的解释存在着一些明显差异。

七、汉语语音研究优选理论

　　萧宇超《台湾闽南语之优选变调》(2000)运用优选理论研究闽南话变调问题。另外,萧宇超《优选理论对现代汉语音韵研究的影响》(2001)、吴瑾玮《以现代音韵学优选理论诠释汉语反切语》(第十八届台湾声韵学学术研讨会,台湾辅仁大学 2000)、萧宇超与林蕙珊《国、台语夹杂时的三声变调》(《声韵论丛》9:769—780,2000)、林惠珊《从优选理论来谈国语的三声变调》(《声韵论丛》10:497—524,2001)、吴瑾玮《论汉语中的介音、擦音、变调:从优选理论分析》(2002)、罗勤正《优选论与汉语音节:声母、次音节变化与音节结构》(2008)、陈炜翰《以优选理论分析两个客语方言之连读变调》(台湾政治大学硕士论文,2012)等也从不同角度看待汉语语音优选问题。

萧宇超(2001)介绍说,现代音韵学"优选理论"(Optimality Theory)是一个非派生理论,其思考逻辑与早期的"衍生音韵学"(Generative Phonology,中国大陆一般翻译为"生成音系学")的"派生机制"大异其趣。"衍生音韵学"在传统上区分二或多个"结构层",主张由"深层结构"而至"表层结构"的变化必须经过"有序规则",一步一步地"派生"。换句话说,音韵变化以派生为基准,而派生过程以规则为取向。但在"优选理论"中没有派生规则,深层结构与表层结构之间是一种非派生关系。具体而言,任何一个"输入值",经由共通语法中的"GEN 衍生函数",可产生无限的,所有可能的"候选输出值"。这些"候选输出值"经由"EVAL 评估函数"交予一组相关的"共通制约"进行筛选。"共通制约"存在于各个自然语言之语法内,在个别语言中根据重要性依次往下"分等",语言差异即反映在不同的"制约分等"上。在优选理论中,制约间可能出现"冲突",具有"可违反"的属性,然而必须是"最小违反",也就是层级愈高的制约愈不可违反,若违反的制约层级相同,则以违反的数量少者为佳,最后筛选出"优选输出值"。一些学者利用优选理论研究汉语音韵学,取得了初步的成绩。萧宇超指出,陈渊泉(2000)以最小韵律单位的观念提出非派生制约,给予节奏分析注入新的启发;张宁(1997)将三声变调的制约建立于轻重音之上,如此,可同时筛选出不同的读法。钟荣富《优选论与汉语的音系》(1995)认为鼻音连结,起自音节末端,范畴内部成分必须整体连结或断连,并将这些观念归纳成非派生的制约,摆脱了派生的窠臼以及特征扩展方向的争议。在吴瑾玮(1999)的论述中,国语介音获得定位,而儿童与成人语言的演变也借由制约层级的变化得以诠释。此外,Yip(1993)的广东话外来语研究、林蕙珊(2000)的国语闽南话"夹码变调"研究等都是以优选理论为基础。尽管现阶段在汉语中,优选理论的音韵研究尚未成熟,但这个理论的触角已经逐渐伸展至语言习得、社会语言研究领域中,未来仍具有相当的研究空间。

吴瑾玮(2002)以现代音韵学中的优选理论来分析汉语音韵中三个议题:声调变化(Tone Change)、介音(Prenuclear Glide)和擦音(Fricative)。声调变化讨论三种语料:亲属名词类如"姐姐",一般类如"好好"等和儿化叠词。这三类二叠词的内部构词结构和声调变化历程是很不同的,以衍生音韵学、自主音段音韵学、词汇音韵论等分析都有困难。优选理论的精神在于以致约排序层级为可能的输出值作评估筛选。儿化二叠词和亲属名词二叠词,前音节声调必须和深层结构相同,因此词基输入值(IB)的声调对应关系重要,其制约层级比较高;在一般性二叠词中,IB 对应制约影响性小于[*T],因为这类二叠词词基以变调形式出现,该制约层级则降低。这是优选理论以制约层级不同给予三种声调变化的解释。

吴瑾玮对介音的分析比较典型,先从优选理论架构检视孩童语言习得的汉语介音语料,再与成人语料进行比较。研究发现在孩童的音韵机制中,结构性制约排序层级高于忠实性制约,由此制约排序层级选出最佳优选值。结构性制约 ONSET 和 * COMPLEX 制约促使介音必须出现在声母的位置。在孩童阶段对三者介音的处理策略不同,在音节内部结构的归属上,对介音的处理以 CV 形式为主,无其他声母或删除声母,介音出现在声母位置。然而至成人阶段,排序层级改变,结构性制约排序下降,修正后的制约排序层级说明汉语三者介音归属声母或韵母皆可。至于介音或声母的保留删除则由 CONTIGUITY, PARSE/u/, IDENT(HEAD) 三者制约排序层级来决定。文章有关擦音分析,在进行"塞音、擦音、塞擦音习得次序、塞音、擦音、塞擦音的音韵表述、送气、持续、清浊的互动关系"的探讨之后,提出"相关制约"阶段:第一阶段:塞擦音替代擦音;第二阶段:塞音替代擦音;第三阶段:送气塞擦音替代擦音;擦音习得。至于"结构性制约和忠实性制约的关系",即是指关键性制约如忠实性制约初期排序层级在结构性制约之下,而后修正。大致说来,结构性制约经历下降至忠实对应制约之下,而使制约排序层级修正至和成人相同,语言习得过程便算完成。而制约排序层级调整的方向是多方向性的。

罗勤正(2008)分别探讨了两个与汉语音节相关的议题:第一个议题是关于"声母与音节边界",第二个议题则是与"音节内部组织(constituency)"有关。

罗勤正认为,对于第一个议题而言,经过对过去文献及实际语料的考察后,我们得到与 Duanmu(端木)(2007)相反的看法:汉语的声母是必需的(obligatory)。另外,罗勤正发现跨音节的韵尾与声母在发音部位上的同化作用(例如: tan + pAw → tam pAw 担保)是 AGREE [ALL]、CODA-COND、MAX （place）以及 NO-SPREAD（place）等制约互动下的结果;零声母在全音节（full syllable）与化音节（weak syllable）中的不对称行为在优选论中可由 IO-Identity 制约及 OO-Identity 制约的互动成功地解释。

第二个议题主要是针对长久以来认定的音节内部组织,也就是 Onset/Rime（声/韵）模型来作探讨。已有研究者提出此模型的诸多问题（Yip 2003）,其主要问题在于介音定位困难,常常同一语言内的语音或构词现象都会导出不同的介音位置。

在以优选论对"反切语、L-词、音节合并"与"台湾闽南话的鼻音分布"的语料进行分析后,罗勤正发现,这些之前被认为是起因于音节内部组织的语料,其实都可以被归因于音节结构以外的因素,如相似性（similarity）、相近性（proximity）、显著性因素（markedness factors）、响度（sonority）及语义（semantics）等。这样一来,对语料的分析就不需要任何的音节内部组织,所以不须面对 Onset/Rime 模型带来的诸多问题;因此,用优选论来分析类似的语言现象时,Onset/Rime 模型是可以被舍弃的。

陈炜翰（2012）用优选理论分析六家饶平客家话和宁都田头客家话双音节词之连读变调,并借由声调内部结构说明变调的动机。陈炜翰发现,六家饶平客家话主要是呈现位置变调（positional tone sandhi）,较有标（more marked）的声调位于前字时发生变调。另外,因历史演变,此方言的阳平和阳去的本调（citation tone）同为 HH,但两者因不同的变调形式而产生了不同的变调（sandhi tone）:阳去的变调形式为位置变调,而阳平的变调形式为环境变调（contextual tone sandhi）。陈炜翰采用联合制约（local constraint conjunction）捕捉环境变调制约运作的环境,运用"词素特定音韵"（morpheme-specific phonology）标记联合制约,解释阳平和阳去不同的变调规则。宁都田头客家话的变调受词法结构影响,且两个音节皆有可能发生变调。陈炜翰利用标记制约理论（indexed constraints approach）解释不同结构的变调情形,另借由位置信实制约不同的排序,尝试说明声调的保留属于类型差异（typological differences）。而此方言的变调类型包含位置变调和环境变调,同样要求较有标的声调改变,并使用联合制约说明在环境变调的情况下制约运作的环境。

萧宇超与钟荣富所指导的博士硕士研究生,以优选理论分析汉语语音,从"国语语音"到方言语音,已经形成了一个研究的序列,丰富和发展了汉语语音优选理论内涵。

中国大陆学者王嘉龄《优选论》(《国外语言学》1,1995)、《优选论》(与马秋武合作,外语教学与研究出版社2001)、马秋武《优选论》(上海教育出版社2008)等论著相继问世,学术研究也很活跃,但大陆学者利用优选理论研究汉语音韵学问题却不多见。美国及中国台湾学者在这方面成绩更大。

八、汉语音变类型与动机、方向

(一)汉语音变特殊类型

竺家宁《汉语音变的特殊类型》(1974)强调,音变固然有其普遍性,但也有其特殊性,往往其演变方式仅存在于某一语言中。汉语现代许多音读并非循直线演变,人们无法就其构成音素上解释其变化的原因,所以只好当它做例外的演变,或认为是积非成是的现象。但又可以发现其共同点:其一,它们现在的这个音读都是于古无据的;其二,其音读与自己的偏旁相似,又与其同偏旁的字相似。可见,文字结构干扰语音演变是汉语音变的特殊类型,不能把它看成例外的误读,而应该把它看成类化作用(analogical change)的一种。比如古汉语的阳声韵有[m][n][ŋ]三类韵尾,国语[m]完全并入了[n],吴语则三类都并入了[ŋ]类。这就是音素的类化作用。由文字类化造成音变的情况,比如"溪",《广韵》苦奚切,齐韵。读为[çi],是受了偏旁"奚"字的影响。但"奚"字属全浊匣母,应该读阳平调,为何今读为阴平呢?"溪"在元代周德清《中原音韵》齐微韵中列为"平声阳",明代《韵略易通》也是如此。可见,"溪"字受"奚"字类化应该是在清初以后。"荀",《广韵》相伦切,谆韵,心母,应该读阴平;读为阳平,就是读音类化。《中原音韵》真文韵"旬"有"平声阳"和"平声阴",可见元代尚未类化;但《韵略易通》却并列为一个音,读为阳平。这说明,"荀"变为阳平是明代中叶以后的事儿。竺家宁为了说明问题,随手举了27个例子,都属于音读类化类型的。

姚荣松《六十年来(1950—2010)台湾声韵学研究评述与展望》(2014)认为,竺家宁这篇文章是第三代音韵学者初试啼声之作,也表现其个人一马当先的研究潜力。

陈贵麟《韵书中方音混合的两种类型:音类联合型和单字杂合型》(《声韵论丛》9:353—376,2000)、萧宇超《轻声与音节连并》(第五届台湾语文研究及教学国际学术研讨会,静宜大学 2004)都和汉语"音变"类型研究相关,很有新意。

(二)汉语音变的动机与方向

洪惟仁《音变的动机与方向:漳泉竞争与台湾普通腔的形成》(2003)称,其研究的目的是要论证闽南话漳泉方言在台湾的竞争及其融合成一个新方言的过程和机制。除了用社会方言学的方法对这个形成中的"新台湾话"做一个科学的描写,还要为这个新方言所以形成的动机,为何选择这样的方向发生变化提出一个可能的解释。采用的论证步骤有三:其一,从社会方言学调查资料统计出台湾闽南话变体的年龄级差,以呈现台湾闽南话的"共时变异"(synchronic variation)。其二,就钟露升(1967)和他自己进行的"大专青年闽南语语音认同调查"(1999)资料进行"真实时间"的比较。其三,就统计结果提出语言普遍性的解释。

洪惟仁强调的"真实时间"比较,是为了证明社会方言学所显示的共时变异不是稳定的年龄级差,而是"进行中的变化"。无论在老泉区或老漳区,所有变项的变化方向都是一致的,所有优势的变体都得到大专青年闽南话认同的印证。台湾正在进行的变化有入字头声母[j]→[l],央元音的崩溃与定位前移,升调的平调化与中调化。所有的漳泉竞争结果与音变的趋势都可以得到语言普遍性的解释。

洪惟仁很自信地称,自己的研究证实了"新台湾话"的诞生,并解明了漳泉融合的机制,"新台湾话"不是机械的混合(blending,mixture),而是有机的融合(fusion,syncretism)。研究结果支持萨丕尔(Sapir)的"潮流论"(1921)和结构方言学家"变项结构单位论"的主张。由此,同时提出了所谓"范畴扩散"和"结构扩散"的假设。

洪惟仁在"台湾闽南语社会方言学研究回顾"中,对台湾闽南话社会方言学研究有所评介,比如钟露升的地理方言学兼社会方言学研究、林珠彩的高雄小港三代闽南话方言比较、曹逢甫和连金发的新竹市语法社会方言学调查、陈淑娟台南关庙及桃园大牛椆社会语言学调查、林郁静对云林麦寮社会方言学调查、台湾闽南话音韵演变趋向调查计划等。对方言学研究关系也进行了说明,比如传统方言学的基础性;静态方言学的局限,包括方言异质性、方言连续性;关于"方言动态性",设计了方言一致性与差异性、语言变化的渐层性、变化的观察与推论问题。洪惟仁对"解释的方言学"各种理论进行了介绍,比如比较方言学与历史语言学的解释、方言变异过程的解释、语言普遍性与类型学的解释等。其中语言普遍性与类型学的解释,推崇的理论有：Chomsky 的语言普遍性、Greenberg 的语言普遍性、洪堡得与萨丕尔的类型学、原型论与焦点论、Maddieson 的语音普遍性研究、类型学参数、有标性与音变、意涵普遍性与音变等。在第四章"方言类型与问卷设计"中,回顾了"闽南话比较方言学"研究历程,其中杜嘉德、小川尚义、董同龢、周长楫、陈章太、李如龙等学者的研究成为他所关注的对象。应该说,洪惟仁运用的解释理论与方法确有其细致和缜密的一面,而且"立说"大部分是成立的,但所定名的"新台湾话"对应的却是闽南话的发展方向,称之为"新闽南话"应该是不合适的。忽略台湾"国语"代表中华民族共同语特征确实是一个明显的误解,偏颇之处比较突出。

九、汉语语音系统介音

(一)汉语方言介音认知

郑锦全《汉语方言介音的认知》(2001)主要目的是探讨说汉语的人对自己语言中介音的认知形式如何。郑锦全说,在许多汉语方言中,单独以高元音和央中元音为韵母的音节不能押韵,可见这两个元音的感知距离并不很接近。可是,高元音韵母和央中元音韵母带有鼻音韵尾的音节,却能押韵。郑锦全的解释是,这类带鼻音韵尾的高元音韵母在音韵层次上的结构是介音加央中元音加鼻音韵尾,因此可以和央中元音加鼻音韵尾的音节押韵,但是在语音层次上央中元音弱化,介音变成主要元音。介音元音化,这是郑锦全的主要观点,从这个观点来看,郑锦全认为,汉语押韵的基础是音韵层次而不是语音层次。汉语里鼻音辅音可以单独形成音节,其他声母不能变为主要元音,音韵层次的介音能够变成语音层次的主要元音,因此介音应该分析成韵母的一个音段,不隶属声母。具体论证过程是：

其一,介音和韵脚。郑锦全说,从押韵实例可见,国语的音节只要主要元音和韵尾相同就可以押韵,介音的有无与异同可以不考虑。从韵语和儿歌的押韵可以看出,一般说国语的人对介音有相当程度的认知。这认知养成的过程可以从两方面来观察：首先是儿歌韵语对人的语音感知的培养,其次是语文教育对音段感知的培养。注音符号或汉语拼音是学习国语的辅助标音系统,声母、介音、韵母都明确标注,对音节作出分析。但是,这认知最重要的基础是语言的音韵类型,音韵类型就是语音如何搭配构成音节。汉语拼音的韵母表也同样以音韵类型排列带鼻音韵尾的韵母,语音层次的高元音韵母列入央中元音这一行,因此也和注音符号一样,表述了语音层次的音韵类型。

其二,介音元音化。介音元音化在方言里还有许多细节。郑锦全说,北京方言的[in]虽然音标是以前高元音为主要元音,但是发音的细节是元音和韵尾之间有个接近央元音的过渡音。所谓过渡音,就是不明确的发音,因此也不能算是语音层次的主要元音。带舌尖鼻音的[in],没有人大力提倡元音和鼻音之间有过渡音,因此不得不说前高介音在这里元音化,成为主要元音。撮口介音在[yɛn]韵里,合口介音在[uɤŋ]韵里,如"孕"[yn]、"东"[tuŋ]等,也都变成主要元音。须要注意的是,从类型看,介音变成主要元音的韵母,音韵层次上的主要元音都是央中元音。这些方言的介音,在央元音加鼻音韵尾的音节中会取代主要元音的央元音,变成高元音的主要元音。郑锦全以潮州话的语音层次韵母排比来看,说明介音变元音的条件还可以扩展到展唇的央高元音,同时也证明在前中元音之前不会变成主要元音。

其三,介音认知。郑锦全说,以其所做的介音与韵母其他音段的结构和排比,是要解释一个语言的说话人如何具备潜意识的能力,把语音层次的元音类推到音韵层次的介音,从而判定音节在语流里是否押韵。这种能力是人的语言能力,例如注音符号的熟练与否,也是培养能力的重要因素。这里论证了国语及其他方言的介音元音化,那么关于人对自己音韵处理的体会,我们也应该有合理的分析。这里的关键问题是介音在音段切割中的归属。在汉语音韵学的绝大多数文献中,介音被认为是声母之外的韵母的一个音段。唐宋时代,反切的基本原则是以上字定声母,下字定介音、韵母和声调。有些例外是以上字定韵母的等第开合,有些是凭下字定声母。明清时代的部分韵书为了切音的方便,也以韵母的开合洪细而用不同的字母代表同一个声母,比如李汝珍《李氏音鉴》(1805)。有的学者觉得可以利用介音来深入认识自己的语言,培养精密判断的能力。不过,历来学者对唇音声元音节的合口的有无,有失有得,分辨不甚精微,这是因为合口的发音和唇音声母的发音共享嘴唇部位的关系(董同龢《上古音韵表稿》,1997)。

郑锦全还提到了另外一些学者不同的观点。他说:近年来,有些学者因为粤语只有合口介音和声母相配,就提出介音在粤语中可以隶属声母的看法,但是对其他汉语方言的分析,仍然认为介音不属于声母(李荣1983)。端木三(2000)认为介音是声母的一部分,他的理由是,从音韵学理论角度考虑,但郑锦全强调,自己所讨论的介音元音化证明介音和韵母的关系密切。鼻音声母在有些方言里演变成音节性的韵母,但是没有声母变成元音的现象。从这个现象存在来考虑,把介音归属到韵母中才是合理的分析,也只有能够照顾到语音、感知,音变的理论才能历久而弥新。

(二)介音对汉语声母系统的影响

李存智《介音对汉语声母系统的影响》(2001)内容为:其一,探讨介音对汉语声母系统影响的原因。李存智讲,任何语言都有其一定的音系格局,系统性地考虑语音变化的现象,有助于找出音韵结构控管下的音变机制。从音韵结构而言,反切切语上字一、二、四等与三等的用字明显分为两类,出现在一、二、四等的声母都为十九字母,而三等都非十九母。以整个声母系统来看,声母与等第配合的特殊现象尤其值得探究。中古轻唇音非、敷、奉、微;齿头音邪母;正齿音章、昌、船、书、禅;半齿音日母;牙喉音云、以、群等声母只出现在三等韵,与其他声母相较,音韵行为相当特殊。知组与端组、庄组与精组,不论在谐声、通假或经籍异文的反映皆证明他们分别是同源关系,这些声母的产生实与介音、等第有密切关系。其中群、云、以、邪及日母尤为突出。

其二,从音韵结构来说,介音对汉语声母系统的影响受制于条件,但条件音变具有时间性与地域性。一是轻唇音。中古音系的轻唇音出现于东三、钟、微、虞、废、文、元、阳、尤、凡及其相承的上、去、入等三等韵类。中古轻唇音在现代汉语方言的读法可分成数种类型,其中全浊声母清化的方言可分成三类,全浊声母今仍读浊音的方言分成两类。由各地的读音来看,中古非组在南方方言保留双唇读音的字较多,越接近官话区唇齿化的程度就越深。例如吴语区的非组字正位于逐渐趋于唇齿化的阶段,苏州已接近完成,温州的脚步比苏州稍慢。文读音的势力虽然普遍及于各区,但唇音未经历唇齿化的方言往往经由音系格局之适应,便以系统中的舌面后擦音或喉擦音对之。通常的情形是舌面后擦音或喉擦音带一个具有圆唇成分的韵母来对当唇齿音声母;如果从音变的根源与音变的结果来看,北京方言一类是将中古产生唇齿音的合口成分包含在[f]声母之中,成为声介合母的辅音。二是舌齿音。舌音端、知组与齿音精、庄、章三组声母在汉语音韵史的长河中演变出比较丰富的类型,但各方言区呈现不同的形态。比如中古齿头音精组细音字在晋语区读为腭化音[tɕ][tɕʻ][ɕ]居多,深受介音的影响。临县中古开口精组字以读[ts][tsʻ][s]为多,有两读者,白读为舌尖音,文读为舌面音;合口细音读舌面音与其他地区相同。汾阳、文水有一些字还有未腭化的舌尖音读法。可见晋语精组细音字与北方官话都走的是腭化的演变方向,即[ts]+[i]、[y]>[tɕ],读舌尖音的只是音变后的残存字例。三是牙喉音。见组字受介音影响腭化与否,在汉语方言中往往与精组细音字有密切的关系。在北方官话方言见组三、四等一般腭化为舌面音,多数方言见、精组细音因此合流为[tɕ]、[tɕʻ]、[ɕ];见组二等字大部分地区也腭化为舌面音,与三四等合流,舌根音读法保留在白读音。山西方言见组字在细音前的读法比较特殊,有[c][cʻ][ç(ç)];[tɕ][tɕh][ç];[tɕ][tɕʻ][ç];[t][tʻ][ç]四种类型,其中舌根塞音的演变比擦音在前,演变过程可概括为两条规律:[k]>[c]>[tɕ]>[t]或[k]>[c]>[tɕ]>[tɕ],音变的发生主要是[i]元音(介音)的影响,其次是为了与系统中的精组细音有所区隔。

其三,汉语声母从古至今的变化,多与介音的作用有关,呈现分化、合流或回流的变化模式,且常牵涉三等韵。李存智举例:北方方言如知、庄、章组读作[ts][tsʻ][s],也有与精组洪音合流的地区,如成都。不过南北的合流有所不同。北方方言基本上是精组独立,章组受三等介音的影响先于知组自舌尖部位分出,而后章、知合流,再与庄组合一,或庄、章合为照组再与知组合流,最后与精组同读[ts][tsʻ][s]。学者一般以为三等韵有一个细音的介音,惟现代闽方言的白读层,三等字却有不具介音的读法,其声母只出现在双唇、舌尖、舌根部位,未进行和三等韵、介音有关的轻唇与重唇、舌头与舌上、齿头与正齿、舌根与舌面的分化。对于探究汉语声母与介音、等第关系,闽方言所透露的讯息无疑具有极高的参考价值。

其四,汉语方言声母的演变有分流、合流或回流的不同,分别反映不同时期与区域的特色。在舌音、齿音方面的演变类型尤其丰富。介音影响汉语声母发生变化,表现出时间性与地域性的特色。[u]介音使声母前化为唇齿音,在广大的区域均已完成这种变化时,闽方言的音韵系统仅调整了结构中声母与韵母的组合关系,没有增加辅音。当[i]介音使舌尖音、舌根音腭化为舌面音,并进一步合流、分流或回流变化时,南方的粤、闽、客方言所受的影响不及北方方言或近江的吴、湘、赣方言,关键也在于结构的稳固性。

其五,李存智认为,介音对汉语声母系统影响研究的价值在于,汉语方言不同的音韵演变类型,反映汉语自古以来在广大的地区并非单一的音系,其各自演变的规律、方向、快慢的不同,有力地说明了这一真实情况。条件音变的厘清、历史文献的相互印证,将有助于汉语方言史与汉语音韵史的分期研究。

李存智以介音对汉语声母系统的影响研究为突破口,直接证明了汉语音韵结构的稳固性来自于音系自我调整能力的事实,对汉语音韵史演变理论模式的研究具有积极意义。

其他学者,比如麦杰《国语音节处理的类比分析》(《声韵论丛》11:163—190,2002)、黄慧娟《以制约角度看汉语介音音节地位的不定性》(《声韵论丛》11:73—96,2002)也和这个问题的探讨相关。

十、南北方言分歧与官话方言元音谐和理论

郑再发《就韵母结构的变化论南北方言的分歧:官话方言元音谐和小史》(2002)通过探究南北方言复元音韵母结构之所以不同的历史,从而推论其所以不同的原因在于复元音里韵头、韵腹、韵尾之间是否谐和,即韵头、韵腹、韵尾三者结合的方式不同决定了谐和与否。作者赞同郑锦全(1973)的观点,即官话里韵腹要受韵尾的节制:韵尾是前高元音,则中、低元音的韵腹就得是前元音;韵尾是后高元音,则中、低元音的韵腹就得是后元音,这是逆序同化;韵头、韵腹之间,韵腹元音的前后也得跟韵头元音的前后相符,这是顺序同化。这可以称之为元音谐和。在辽金时期,北方从阿尔泰语引进了元音谐和,而南方方言原有的分歧于是乎扩大,形成形态上的差异。作者先重新分析北京音的元音系统,以便建立现代北京音系里元音谐和的规则,然后回顾元音谐和发展的历史,并以谐和现象的有无为标准,略为现代方言分类。《汉语方言字汇》收录了十七个方言,按下降复元音、上升复元音两项逐一检查,可见南北方言的界限是很清楚的:北音一律合乎谐和条例;一般而言西南官话比下江官话合乎条例;在西南官话的边陲,有长沙受官话影响颇深,显现元音谐和的间架;广州话除了[-oi][-əi][-ui],温州除了[-iu],福州除了[(i)eu],也都依稀形似;南昌、梅县稍远;苏州、双峰、厦门、潮州最具有不染谐和状况的痕迹。

十一、汉语语音史"速率"与"续断"

何大安《速率与续断——音韵史研究的新视角》(2008)谈到,以往汉语语音史研究虽然在其共时与历时的二维表述结构中已经突出了时间的角度,但是对于历时演变中"进程"内涵仍有许多未发之蕴。由此,就有了历时"进程"表述的"三个层次"概念:1.单点复原,即任何一个时空点上的共时音韵描述或构拟,如《经典释文》陆德明音;2.点间对应,即任何两个或两个以上时空点间的音韵对应,如"由上古到中古的语音发展"或"由中古到现代的语音发展";3.串点进程,即任何两个或两个以上时空点间的音韵演变历程。这三个概念是就个别语音音变的角度出发而看待的,其实也可以从整体性的观点作同样的观察,比如"速率"和"续断"两个问题。

对于"速率",以往的研究已经触及这方面问题,比如从中古到现代官话,塞音韵尾消失得快,鼻音韵尾消失得慢,这是两则有平行结构的音节的不平行演变,属于速率上的"参差"问题。还有浊声母清化,有的方言已经完成,如官话;有的还没有开始,如老湘语;有的以浊声母的"清音浊流"介于其间,如大部分吴语,这是从比较上看个别演变在速率上的"快慢"问题。汉语研究整体上的"节奏",也就是一个音韵系统在长时距中整体变化的急徐起伏问题。韵部结构上的实际变动,不是依靠计算韵部数目或列举韵部名称就能表现得出来,而韵部音类重组则是有意义的观察。从上古到中古,《切韵》各韵因重组而形成的语音历程呈现了清楚的速率表现,两汉韵部演变趋势平缓,魏和宋虽然时间极为短促,但重组的数量激增,变动异常剧烈。

对于"续断",魏和宋时间短促,韵部却变动异常剧烈,是不是打破了延续性而发生了"断裂"? 但在许多前辈学者的表述中对这种现象却是一脉相承地用"剧烈变化"来说明。何大安以沟通度作为判定标准加以观察,可以看到,西汉到宋"不沟通度"大得惊人。由此引起了一些疑问:一方面,作为语言通用保障的文字系统,及其文献传承没有发生明显的断裂;但另一方面,两代人之间"不沟通度"又如此之大,让人不禁要问,语言究竟发生了什么变化? 虽然没有一个确切的答案,但还是希望引起人们对汉语语音整体性变化的"续断"问题思考,即在汉语通语语音史上,"续断"还是可能的,至于具体情形怎样,还须要深入探讨。何大安这项研究意在提醒人们看待汉语语音史变化,具体情况要做具体分析,不可片面,更不可僵化理解汉语语音史发展过程中的许多问题。

十二、汉语语音史双线发展观

张光宇《汉语语音史中的双线发展》(2004)认为,高本汉对汉语语音史研究的贡献可分已竟之业和未竟之业两项。已竟之业是中西合璧的结晶。"中"是指清代学者的音韵研究,"西"是指印欧比较法。中西合璧,如虎添翼,原可以达到无远弗届之境地,但他最后仍立足于北方,南望兴叹。他不但把《切韵》视为北方话,用来了解《切韵》的后代韵图也是北方话,四等洪细也是北方话。他的工作主轴是把历代文献"丝联绳引"贯穿起来,形成所谓的直线发展观。其中韵图的开合等第是北方那个大楼兴建的蓝图,居于最为关键的地位。在韵图框架主宰下,他所用的比较法工具时或无用武之地。他对比较法表达了不满,实因他更钟爱韵图。他的未竟之业,是他眼光所及而生前无力完成的另一幅蓝图。后者系从比较法透视而来,形成所谓双线发展观。直线发展观下,方言差异遭到漠视;音变条件据韵图加以翻译,有违比较法精神。经由双线发展观,可以较好地廓清历史文献的性质,解释方言屡见的例外。对高本汉来说,他心中所悬的双线发展只是一个愿景,终其一生并未付诸实践。

张光宇认为,比较法能够引领印欧语学界走出历史文献达到史前(prehistory)阶段的认识,在充分掌握历史文献与充分执行比较法的前提下,张琨及其夫人无疑比高本汉更往前迈进了一步:

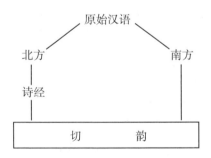

这个汉语方言发展的模式,正是颜之推所说的"九州之人,言语不同,生民以来,固常然矣"的真正体现。高本汉的直线发展观里,现代汉语方言大多数来自《切韵》,目光所及的双线发展观虽然将南方列入其中,但是,北方大楼早

已建成,即使想改弦易辙也积重难返。张光宇指出,直线发展观因为墨守文献,常使比较法无用武之地。其不利影响是多方面的,其中有两点比较突出:第一,方言差异被抹杀,比如"吞"的历史发展;第二,音变条件被滥用,比如"巾、斤",上古属文部,《切韵》分归真殷两韵,而韵图同列开口三等,因此,必须在上古即假设两字微殊,结果只有假设介音微殊最为合理。从双线发展观来看,这种做法,正是"静态特点"分析的产物。只要具备"动态"的观点,就可以免除这一类微殊处理的办法。"巾、斤"变化,"巾"先进行,"斤"后进行,方向一致,阶段不同。汉语语音史双线发展观的理论,确实与此前的直线发展观形成了截然不同的结果,对汉语语言史研究来说,变换了视角,开辟了新的道路。

十三、衍生音韵学理论与汉语音韵学

汤廷池《现代语言学理论的发展与分化》(幼狮月刊社编《中国语言学论集》69—130,1977)谈到,现代语言学是从杭士基(Noam Chomsky,一般翻译为乔姆斯基)等人创建的"变形·衍生理论"(转换生成理论)开始的,并且很快成为语言学研究的主流。他根据杭士基1965年出版的《句法理论》介绍了这个语言学理论的基本要点。与"变形·衍生理论"相关的是"变形·衍生音韵学理论"。钟荣富《音韵学理论的内涵及其在汉语音韵分析上的应用》(2006)所谈与"衍生"语音研究理论直接相关。他说,音韵学和语音学是两个不同的研究范畴:语音学描述语音产生的过程(发音部位与方法)和语音的声学原理等;音韵学旨在探究语言的音韵系统,并找出语音构成方式的结构及其规律。所谓研究某个语言音韵系统的结构,即是探究说话者心理语法中所建构的语音呈现模式。而所谓寻找音韵规则,也就是描述说话者如何有系统地去运用他心理语法中的音韵知识来发音、说话。

关于衍生音韵学主要内容:其一,音段和音位。钟荣富说,音素又称为音段,是语音最基本的单位。音素有两种:音位及非音位。音位指具有区别语意功能的音素,非音位性质的音素则可能是某个音位的同位音或变体音。文章讨论与此相关的两个问题:最小配对、同位音与互补配对。具有相同分布或位置的两个音节,只因其中两个音段发音的差异而致使语意不同的配对,称之为最小配对。比如普通话"般"[pan]与"帮"[paŋ],[n]与[ŋ]两个音段同样出

现于韵尾子音位置,语意却各自不相同,属于韵尾不同的最小配对。构成最小配对的两个关键性的音段就是音位。同位音与互补配对形式,比如闽南话里出现在声母位置的有声声母[b][l][g]和鼻音声母[m][n][ŋ]呈互补分布,两组音因此而是一组音位的同位音。但并非所有呈互补配对的音素都可以看成同一音位,有时两个音素虽呈现互补配对,但两者却是独立的音位。只有来自自然类音才比较可能来自同一音位。其二,辨异征性。传统语言学认为,音位是语音的最小结构单位,但这种观念由于衍生音韵学的创立有所改变。乔姆斯基与哈雷《英语的语音系统》(1968)出版以来,现代音韵学家都接受了"音位并非语音的最小单位,因为每个音位都还可能再进一步划分为更多的辨异征性"的观点,辨异征性涉及了层次结构、自然类音等问题。其三,冗赘征性。辨异征性分为可预测的征性和不可预测的征性两类,可预测的征性又称之为冗赘征性。所有冗赘征性都是基于音韵规则所赋加上去的,因此,在描述语音变化之时,不必写出冗赘征性。基于这个观念,音韵上的语音变化只是征性的变化,而不是整个音段的变化。其四,音韵的理论构架。在衍生音韵学理论里,音韵研究的首要任务就是先找出音韵规则,在此基础上才能理解深层结构和表层结构之间的关系。衍生语法通常要求以逻辑形式或比较正式的规则写作方式来描述音韵规则,称为形式上的规则。从音韵规则可见,语音之所以产生变化,必然与其前后的语音有关。就形态而言,音韵的变化只有同化和异化两种。所谓同化,指前后两个语音在发音方式或发音部位上并不很相同或相似,为了使发音更容易些,而把其中一个语音改变成趋于相同或近似另一个语音;所谓异化,指的是由于前后两个语音发音方式或发音部位相同而导致发音上的困难,为便于发音而必须调整其中一个语音或改变两个语音的环境。其五,自主音段的音韵理论。歌德·史密斯(John Goldsmith)认为,音段和声调都是各自独立的语音单位,彼此不互相统属,但又彼此相互依存,无法独自存在,因此,他把这些语音单位都一律称为自主音段;他所写出的理论就称之为自主音段的音韵理论。自主音段的音韵理论不同于传统音韵学理论单线性规则,其规则表现方式就是写法的多线性。从应用上看,在精神上,自主音段音韵理论具有稳定性和统一性。这在普通话同化结构限制和闽南话的异化结构限制上得到直接的证实。

十四、词汇扩散理论与汉语音韵学

1969 年，王士元发表《竞争性演变是剩余的原因》一文，提出词汇扩散理论。此后又发表《空间距离与词汇替换》《语言变化的词汇透视》《语音演变的双项扩散》《词汇扩散理论：回顾与前瞻》等论文继续深入探讨①。孔江平在《王士元语音学论文集》（2010）"编者导言"中将其所选词汇扩散理论有关论文分为概念的提出、实证研究、理论建立三方面进行解说。

王士元《竞争性演变是剩余的原因》（1969）认为叶斯帕森（Jespersen）和霍凯特（Hockett）所提出的语音"渐变论"在很多语音演变类型中并不适用，至少有一大批语音演变必定是由突变而实现的。由于在语音上是突变的，单个人的语汇并不是突然一下子都发生变化的，显然，实际情况就是在个人的语汇中从词到词的一种扩散，即一种渐变性形式。孔江平解释说：王士元（1969）讨论了在音系演变过程中，在语音学层面可能是突变的，而在词汇层面可能是渐变的。当音变在词汇中扩散时，可能不是所有的语素都能达到适合演变的要求，这样，在音变竞争下，就会有一些残留。王士元（1971）讨论了音系演变的一些细节。在实证研究上，论文（1971）以潮州话声调为例，探讨了词汇扩散的过程，并指出，尽管音系演变过程中伴随着词汇的变化而突变，但并没有被系统地证实，而且大量的论据和证据表明词汇是渐变的。在词汇突变确实被证明之前，历史音韵学研究必须以词汇扩散是渐变的基本机制为假设前提。

游汝杰《汉语方言学导论》（2000：153）说王士元这个理论"只是说明语音演变的方式和过程，并没有指出语音为什么会演变。不过，既然认为语音突变和词汇渐变是互为因果的，那么，这个理论实际上还是否定了叶斯帕森有关语音演变原因的'模仿误差累积说'"。

徐通锵《音系的非线性结构原理和语音史研究》（2004）一文结合汉语史研究中出现的"词汇扩散"问题进行解释，非常典型。他说：

> （词汇扩散）我们称之为离散式音变，其特点就是"每一个词都有它自己的历史"……段玉裁所说的"正音"和"变音"是无法用"语言规律无

---

① 均见王士元《语言的探索——王士元语言学论文选译》，石锋等译，北京语言文化大学出版社 2000 年。

例外"的音变方式来解释的,而适合用离散式音变去解释。第一、"同声必同部",同一声符的字有"正"有"变",正好说明它不是"语言规律无例外",而是"每一个词都有它自己的历史"。比方说,"台"声的有"饴诒怡贻胎治始笞"等仍保持"敆"的特征,成为《切韵》的止摄字,而"台胎苔抬邰炱怠殆迨给哈鲐跆骀"等则转入"侈",变为《切韵》蟹摄的咍韵字……这些同"声"的字"不同部"了,要找出产生这种"不同部"的语音条件是很困难的。这种有"正"有"变"的演变方式表明,这里不是"语言规律无例外",而是"每一个词都有它自己的历史",是字的读音一个一个地发生变化。这是一种典型的离散式音变。第二、连续式音变和离散式音变各有自己的演变条件,大体的情况是:连续式音变决定于共时的语音线性结构条件,一个音如处于相同的线性组合条件下就会发生相同的变化,出现"语言规律无例外"的情况;离散式音变决定于历时的语音条件,有共同来源的字的读音可能会一个一个地发生变化,出现"每一个词都有它自己的历史"的离散式音变。这种差异的语音结构基础就是:连续式音变与语言的共时线性结构相联系,而离散式音变则与语言的历时非线性结构相联系……第三、离散式音变在完成了它的演变过程以后就会呈现出演变的规律性,与"语言规律无例外"的连续式音变没有什么区别。

词汇扩散理论所蕴涵"突变"意识,实际上是学术研究哲学思考"突变"理论的一种语言学影射。法国著名数学家勒内·托姆(René Thom)于1968年创立"突变论"理论,其著作《突变论:思想和应用》(周仲良译,上海译文出版社1989)全面论述了"突变论"内涵、历史和理论基础,其中所构拟的"突变论"模型对我们理解王士元词汇扩散理论很有帮助。勒内·托姆非常重视语言学"突变"问题研究,设置了"语义学与语言学、拓扑学与语言学、语言与突变、自然语言类型学与心理语言学解释"专章论述。由此看来,王士元创设"词汇扩散理论"是吸取自然科学哲学研究成果而思考的结果,是有着明确的科学哲学理论基础的。

王士元不仅丰富了词汇扩散理论模式内涵,还进一步观察汉语的多种"扩散方式"。比较典型的是与台湾学者连金发合写的《语音演变的双向扩散》(《中国语言学论丛》3:111—144,2004)一文谈到,潮州方言声调演变一个引人注目的特性是,中古汉语去声浊声母字演变为现代阳上和阳去调,两个调所占的字数几乎相等。这种现象可以用词汇扩散理论模式加以解释,即表现为语音演变的"双向扩散"形式。所谓"双向扩散",是指语音演变是以词汇渐变的方式朝相反的方向扩散的一种互动的关系。它根据语音演变的内部和外部系统的辩证关系;内外部系统的依存性一旦确立,词汇扩散和方言混合就不再有矛盾了。

张光宇《吴语在历史上的扩散运动》(1994)与词汇扩散理论相关,但更为具体化。他说,在汉语方言发展史上,曾经发生过几次波澜壮阔的扩散运动:西晋之后的"北人避胡皆在南,南人至今能晋语";唐代长安音远播南方臣属之地;五代以来华南人由东向西迁徙"江西填湖广,湖广填四川"等。其中,闽南话是中原移民"路过"江东时"夹带"吴语继续南下的结果,造成了文白异读异常复杂的状况。东晋奠都金陵,就使得江东吴语在历史上两次成为辐射的中心。日语吴音是吴语东迁的结果,吴音反映的早期北部吴语的特点往往保存于南部吴语和闽方言之中,比如日母、匣母、梗摄三四等字在汉音、吴音中读音不同。南朝以来,吴语西播,比如鱼韵两读在湖北、湖南分布,苏州方言蟹摄一、二等在一系列阴声韵的表现沿江上溯可以在湖南双峰见到等,这些都是吴语扩散的具体表现。

十五、空区别性特征理论与汉语音韵

钟荣富《空区别性特征理论与汉语音韵》(1992)基于"空区别性特征理论(under-specification theory)"来探讨汉语音韵学相关问题。钟荣富从区别性特征的观念、起源和标示法谈起,对区别性特征理论作了介绍。钟荣富指出,区别性特征可以帮助说明三个音韵现象:自然类音、语音的内在成分、语音距离。1976年,歌德·史密斯(John Goldsmith)在麻省理工学院提出博士论文《自主音段的音韵》("Autosegmental Phonology"),这属于衍生音韵学理论范畴,其理论的主要观念就是音韵表现并不是单线的,而是多线的;每个线有一个独立的自主架,而以支构架为其中枢,架和架之间由连接线来衔接,因而这种分析又叫做非单线的架构。在自主音段的音韵理论中,区别性特征的标示有了重大的改变:凡是冗赘的、可以预测出来的区别性特征,就不须要标示在音位上。凡是可由其他规则预知的区别性特征征值潜藏在深层结构中,但在底层结构中是控制的、不存在的。这种区别性特征后来之所以出现在音位上,得之于两组规则的运作:通用的先定规则、语言个别的规则。因此,这种理论就被称为"空区别性特征理论"。"空区别性特征理论"后来分成两派:一派坚决主张所有的冗赘特征都是空的,姑且可称之为强烈空特征理论。另一派则主张冗赘特征里没有对比作用的才是空特征,可称之为温和空特征理论。钟荣富将强烈空特征理论和温和空特征理论分别运用于客家方言语音韵母结构的分析中去,并推导出一系列程序。很显然,他更倾向于温和空特征理论,认为强烈空特征理论遇到了分析上的困难。但不论如何,"空区别性特征理论"可使客家方言的分析简单而自然地呈现汉语内部结构的特色,其有效性是明显的。

十六、汉语音韵移位理论

曾文忻《汉语音韵部门中的移位》(2009)以音韵部门的移位理论(PF movement)对汉语中动词与形容词的重叠现象(reduplication),以及正反问句(A-not-A question)提出一致性的分析。汉语中的重叠现象有各种不同的语音形式:单音节词语的语音重叠形式为 AA,而双音节词语的语音重叠形式包含 AAB、ABB、ABAB 以及 AABB 四种。另一方面,汉语的正反问句有 A-not-AB 和 AB-not-A 两种主要形式。在音韵部门移位的理论框架之下,汉语的重叠现象与正反问句的所有语音形式拥有一致的衍生过程。在动词中,重叠词素(reduplication morpheme)的功能为暂时时貌(delimitative aspect),借由向下的移位与离它最近的句法词素(morphosyntactic word)合并,进而产生动词的重叠形式。此外,在形容词中,重叠词素扮演程度词素(degree morpheme)的功能,同样借由向下的移位与离它最近的句法词素合并,衍生出形容词的重叠形式。然而,正反问句的衍生比重叠形式更为复杂。在正反问句的衍生过程中经历了两阶段的移位:首先,A-not-A 运符向下移位与离它最近的句法词素合并;第二阶段,A-not-A 运符将决定复制的范围,以衍生出各种不同的语音形式。曾文忻认为,自己的贡献如下:第一,证明了在汉语中音韵部门的移位现象非常丰富;第二,为句法—词法界面做了更多元的诠释。在此论文中,显示了句法—词法界面具有丰富的语言现象,值得日后更深入的探讨与研究。

十七、韵律音韵学与汉语音韵学

欧淑珍《从韵律音韵学理论之观点研究闽南语特殊变调》(1995)旨在探

讨闽南话的三种变调:形容词重叠变调、[-a]后缀变调和轻声变调。形容词重叠变调是在 McCarthy 和 Prince(1986,1990)等人所发展出来的韵律构词学(Prosodic Morphology)理论框架下所作的重新分析。作者认为形容词三叠是由抑扬格音步前缀而来,而不是江文瑜(1992)所说的音节后缀;此外,声调扮演了构词功能的角色。[-a]后缀变调则是运用字构音韵学(Lexical Phonology)理论来分析的。根据黄宣范(1988)和连金发(1995)对[-a]后缀构词特性的分类,作者将[-a]后缀重新分为六类,再观察它们与音韵规则的互动关系,主张[-a]后缀构应分属于三个字构层次中,此理论的层级排列(Level Ordering)和严格循环论(Strict Cyclicity)也在这里获得证实。轻声变调是采用韵律音韵学(Prosodic Phonology)来分析的。作者认为轻声有两个规律:浮游低调展延和原调展延,且运作于一个(强起)(left-leaded)的音韵词组中,如此一来,就简化了繁杂的轻声句法结构。两个轻声规律的不同展现于展延节点、方向、属性、音节数目等方面。欧淑珍认为,分析技巧也支持了韵律体系在语言系统中存在的必要性。

萧宇超《汉语的音步节奏》(曹逢甫、西慎光正编《台湾学者汉语研究文集:音韵篇》370—401,1997)与韵律音韵学相关。他认为,汉语的音步乃是建构在所谓的音板(beat)之上的,这个概念即是"音步形成原则"的精髓。文章涉及音步的规则范畴、时间调整单元以及音步形成与规律限制等问题。他强调,在句法结构之外,韵律结构也是音步形成的要素。在韵律体系上,音步形成必须遵照循环模式,由音韵片语往上至语调片语的层次运作,连读变调随后循环运作于音步上,或者同步运作于语调片语范畴之内。

中国大陆学者对汉语音韵学理论与方法的总结由来已久。比如 1934 年,罗常培发表《音韵学研究法》(《出版周刊》[新]80、81 号,1934)一文,提出"审音、正名、明变、旁证"四条原则;魏建功《古音系研究》(中华书局 1934/1996)更为翔实。20 世纪 80 年代以后,徐通锵更是发表了《历史比较法和〈切韵〉音系研究》《译音对勘与汉语的音韵研究》《内部拟测法和汉语上古音系研究》等系列论著,其中《历史语言学》(1991)是其理论的核心。杨耐思《音韵学的研究方法》(《语文导报》3、4 期,1987;《近代汉语音论》195—215,商务印书馆 2012)、冯蒸《汉语音韵研究方法论》(《汉语音韵学论文集》13—33,首都师范大学出版社 1989/1997),以及李无未等《汉语音韵学通论》(高等教育出版社

2006)"汉语音韵学研究方法专题"等,进一步具体化与理论化。真正的系统专论当属耿振生《20世纪汉语音韵学方法论》(2004)。较之以往探讨,耿振生试图在追求深度上做得多一些,尽量对各种方法展开全面而比较深刻透彻的分析评述。后来,朱晓农等《方法:语言学的灵魂》(北京大学出版社2008)又在汉语音韵学研究理论与方法有所开拓;王洪君《历史语言学方法论与汉语方言音韵史个案研究》(2014)更是新见迭出,理论性更强。中国大陆学者对汉语音韵学理论与方法的研究和台湾学者的研究刚好可以互补,构成了完整的汉语音韵学研究理论科学化体系。

第四节　计算语言学、声学与汉语音韵学

一、计算语言学

郑锦全《电脑在汉语音韵研究上的运用》(《思与言》9.6:26—30,1972)是较早运用计算机技术研究汉语音韵学问题的论文。1988年他又在《中国语文》第2期上发表《汉语方言亲疏关系的计量研究》,以北京大学1962年版的《汉语方音字汇》为材料,统计了17个方言点音韵上的亲疏关系,比较各方言声母和韵母的异同。与此相关的,是他的《从传统声韵学开拓汉语方言计量研究》(2000)一文,通过计算各方言声韵调出现的情形,提出加权指数,得出沟通度,说明方言理解问题。关于方言音韵的相似性,郑锦全在王士元主导下建立了汉语方言音韵电脑数据库,输入17个方言点以及高丽译音、日本汉音、吴音读音和《中原音韵》拟音。利用数据库进行查询,得出了方言亲疏关系的数据,例如苏州、温州、双峰有浊声母,其他方言没有,这就可以检验传统方言分区的过程是否合理。丁邦新《汉语方言区分的条件》(1982)罗列出几条区分的条件,总结方言的异同;郑锦全则把这些差异用数值的尺度表现出来,建立类别的远近关系,此即聚类分析;再用相似指数划出方言系属树形图,这是传统方言区分无法做到的。在关于方言音韵沟通度的探讨中,郑锦全指出,《切韵序》说"去声为入、平声似去",是从一个方言看另外的方言所得到的规律,即别人方言某一类声音听起来像自己的某一类声音。认识这种对应关系,主要是看两种方言能否沟通。利用方言数据库可以统计各对方言的语音对应,

对应的根据是同源词的声母、介音、元音、韵尾和声调在所检查的两个方言中出现的类型和频率；以此为基础，设计加权指数来计算沟通度。沟通度的计算，除了表达方言的远近距离外，还可以帮助解决各地区方言的分合问题，比如福建省闽客赣大方言分合情况。方言不同，要计算沟通度；语言会改变，在不同的历史阶段语言的差别有多大？如果用沟通度来衡量，不同时代的人沟通度有多少？以《广韵》和《中原音韵》计算出来的沟通度是什么样的数值？这样的沟通度如何印证郑再发（1966）的历史分期？这些问题都是作者想进一步研究的。此外，语音对应的类型，涉及相关问题，比如系统整体的沟通度与个人的语言能力和经验、对应语音的相似性和感知距离等。从计量研究的实用性来看，又可以导引出方言学习的难易度，以及语言习得的研究等，都是新的课题。郑锦全时时提醒自己：从传统音韵学演绎出来的方言计量领域，不能以追求数学模式为最终目的，而是要探讨人的语言认知。

曾荣汾《〈广韵〉切语数据库之建构与运用》（2000）是一篇将汉语音韵学文献研究和数据库技术结合的论文，主要内容是：

其一，构建《〈广韵〉切语数据库》的基本理念。曾荣汾说，《〈广韵〉切语数据库》是指自己在 1994 年发表《〈广韵〉声韵类总习测验程序》时所用的数据库，当初主要是为了协助研读音韵学的人认识切语上下字声韵类所用，其构思来自陈新雄与曾荣汾学姐周小萍，曾荣汾负责建构数据库及把程序写出来。这个数据库在建成时运用了一些资管与音韵理念，若能将其发展过程作一介绍，也许能提供给从事类似经历或直接利用此数据库的学者作参考。在信息管理的理念上，对一个数据库的管理可因实际需求而有所不同，因此，一个数据库的运用当是多方面的。该数据库虽然只收录了《广韵》一书的切语，但它所具有的利用价值并非只限于某一方面。依此观念，作者拟分析介绍这个切语数据库及其在音韵学研究或音韵学教学方面的运用，所举的例子则以《广韵》声韵类练习为主，旁及《韵镜》填图练习的说明。

其二，《〈广韵〉切语数据库》建构。曾荣汾介绍说，该数据库主要收录《广韵》一书之切语，但为了务实的需求，必须配合相关的属性条件。以声韵类练习为例，声之清浊、韵之间合等，都当涵括进来。

其三，数据库依《广韵》平、上、去、入分为四个子数据库。每个数据库的基本字段结称为：1.word：韵字；2.chie：切语；3.up：声类；4.upl：清浊；5.down：韵部；6.downl：开合韵等；7.yin：阴阳；8.diau：四声。这些字段都是根据切语的基本属性去设计的。其中韵类部分兼采了韵等，而非只是开齐合撮。曾荣汾称，这一点是根据陈新雄意见，而韵类韵等的分划标准也是根据了陈新雄《今本〈广韵〉切语下字系联》的结论。把韵等考虑进来，除了韵字切语采人工输入外，其余属性皆是利用辅助数据库，也就是先将41声类的切语上字与韵类韵等切语下字分别建一数据库，注明相关属性，再将两个数据库利用程序带入主数据库。字段是否增删，可视利用此数据库的目的而调整。例如为了设计测验程序，需要随机数排序，所以增加一栏，填注利用随机的分、秒所求的值，以作为计算的依据。为求《广韵》切语与今日国音对照情形，可增加字段，将国音数据填入此数据库。

其四，声韵类练习与测验程序之运用。曾荣汾举声类练习为例，设计一表，合韵字、切语、声类等栏，将《广韵》切语依韵目次第填入，再检索林尹《中国声韵学通论》所附《切语上字表》填入声类。再如韵类练习，设计一表，合韵字、切语、韵类、等呼等栏，利用上述声类练习表依41声类排列。然后再检索《切语下字表》将下字声类逐一填入，如此亦可熟记。此种练习法虽然科学，但每重作一次则须单写一份，因此若能借助计算机程序，就能反复练习，无所限制。此外，还有检测项目。

其五，《韵镜》填图练习程序之运用。《韵镜》是研读等韵学时最重要的文献，为能较详细地理解此书，当进行填图的练习。过去须要自行绘制韵图原样，依填图原则一张张地练习，但亦有不便之处。因此，曾荣汾在陈新雄指示下设计完《〈广韵〉声韵类练习测验程序》后，利用原有切语数据库写了一个《〈韵镜〉填图练习程序》，将纸面练习改用计算机软件取代，于1994年由"辞典学研究室"发行，免费提供各界使用。此程序只取《广韵》平声作为练习样本，比照《韵镜》本有图次设计选择功能画面；选择后则进入填图画面，填完图后还可进行答案比对。

其六，曾荣汾进一步引申说，一个数据库之所以能产生可利用的效益，还是因为它具有丰富的内涵。今日互联网的使用者左拾右缀，皆有所得，这正是更大的网络数据库所产生效益。台湾"教育部"《重编国语辞典修订本》数据库因为收集了十六万词的形音义而成为了语文研究的好依据，《〈广韵〉切语数据库》亦然。论文所举的例子只不过是此数据库用于音韵研究的一端，它能借以运用之处仍多，例如将它转用声韵类查索，或作为建构历代音韵文献完整切语数据库的基础等都是。

曾荣汾《〈诗经〉古韵数据库的运用》（2001）与此思路相关，也是运用数据库技术研究汉语音韵学文献的有益尝试。

曾荣汾称，这个数据库也是依据自己早年学习音韵学时陈新雄所教导的古韵练习模式去设计的。当时所用的古韵部为段氏十七部，所以古韵填注依段氏《古十七部谐声表》及《〈诗经〉韵分十七部表》。数据库基本字段包括《诗经》篇目、内文、韵脚、古韵，古韵的部分分段氏十七部及陈新雄的三十二部。在韵例判断上，如果两家有所参差，则依陈新雄判断为准。段氏古韵部以数目表示，陈新雄古韵部以韵目表示。

在古韵练习的运用上，以曾荣汾自己设计的程序为例，所规划的步骤如：1.舍弃问题较多的《大雅》及《颂》，选择《国风》及《小雅》部分作为练习数据库；2.进入练习功能时，可选择段氏或陈氏的古韵；3.决定后，将以随机数选择诗篇作为题目；4.进行古韵填写练习，分为韵脚及韵部两部分；5.如果全对，则显示鼓励讯息，否则呈现正错答案勘误内容；6.练习不限组数，直至使用者选择退出；7.退出练习功能时，则曾有误答者，会呈现"错误题重作吗？"信息，若选择重作，则会将设答题目原样重新呈现一次。

与此论题相关的论著还有一些，比如罗凡晸《〈广韵〉切语数字化及其相关数位应用初探》（第十届国际暨第二十五届台湾声韵学学术研讨会，台湾师范大学 2007）；曾金金《华语语音数据库及数位学习应用》（新学林 2008）等。曾金金（2008）虽然以华语语音教学为主，但也牵涉到了汉语音韵学数据库分析技术的理论问题，值得汉语音韵学同行借鉴。

陈柏琳《中文语音信息检索——以音节为基础之索引特征、统计式检索模型及进一步技术》（2000）谈到，语音信息检索主要是研究如何利用语音辨识技术，以自动的方式对大量的多媒体信息如广播新闻、数字博物馆典藏资料等内含的语音信息建立起全文索引与检索机制。该文旨在针对使用自然语言语音或文字问句检索中文语音信息所衍生的相关问题，提出完整且翔实的研究探讨，范围包括了各种不同层次的索引特征的使用与比较、索引值比重的调整方法、问句的扩展技术与统计式检索模型的运用。文中使用了两套广播新闻语料库作为实验的题材，一套是在台湾所搜集的广播新闻语料，另一套是由美国语言暨语料协会所提供的美国之音中文广播新闻语料。陈柏琳利用在台湾所搜集的广播新闻语料,根据中文语言的结构性特征,提出了一系列以中文音节信息为特征的索引组合,尝试与一般以字或词为特征的索引方式作比较,验证了在中文语音信息检索时采用音节信息为索引特征的确有其独特的鉴别能力与优点,提出了许多方法来产生强健性的音节索引特征;利用美国之音中文广播新闻语料,尝试从不同的观点探索加入额外的信息于中文语音信息检索过程的可能性:从语音辨识的观点,把语音的抑扬顿挫信息、语音辨识中词的混淆信息用于索引的建构;从语言处理的观点,把词类的信息用于索引值比重的调整;从信息检索的观点,使用了相关回授、词(或索引)关联等技术于检索的过程。研究发现,结合这些技术,语音信息检索的精确率的确可以获得显著的提升。陈柏琳采用了统计式检索模型用于中文语音信息检索,它是一种结合隐藏式马可夫模型与N链语言模型的检索方式;同时实验了各种不同N链语言模型与索引特征的组合,证明了这种统计式检索模型的确比传统的矢量空间模型在检索时的表现来得好。此外,作者还采用了两个常用于语音辨识的马可夫模型训练算法,用以增进检索模型的鉴别力。陈柏琳建立了一个展示系统雏形,可以让使用者以语音输入的方式检索在台湾所搜集的广播新闻。

中国大陆学者尉迟治平从20世纪90年代末就力图运用计算机技术研究隋唐诗人用韵,取得了系列成果。同时,他还从理论上进行探讨,比如其发表的《计算机技术与汉语史研究》(《古汉语研究》3:56—60,2000)就所涉及的问题进行了比较深入的研究。几乎与此同时,中国大陆学者潘悟云为建立"汉语方言计算机处理系统、计算机田野调查及处理系统"做了大量的工作,卓有成效。

二、汉语声学语音学

这方面研究有郑秋豫《国语字调的声学语音研究》(1990),王旭《台语变调规律心理真实性的实验研究》(台湾清华大学博士论文,1992)、《台语变调现象的心理特性》(台湾《清华学报》[新]23.2:175—192,1993)、《音韵学的实验研究》(《汉学研究》第18卷特刊7—23,2000),苏宜青与张月琴《从声学角度看国语三声连调变化现象》(1991),蒋崧茂《以声韵母为基础之国语连续音辨认之改进》(台湾交通大学硕士论文,1995),谢国平《国语"空韵"音响特性之声谱分析》(曹逢甫、西慎光正编《台湾学者汉语研究文集：音韵篇》335—344,1997),张月琴《从声学角度来看〈切韵〉前期汉语去声的来源——以嘉戎语为例》(台湾《清华学报》[新]32.2:297—325,2002),郑齐儿《从声学语音学角度分析在台湾的国语中声调之连并》(台湾政治大学硕士论文,2003),江一杰《汉字音系统之音韵关联规则探勘》(台湾"中央大学"硕士论文,2009),郑静宜《语音声学——说话声音的科学》(2011)等论著。

　　苏宜青与张月琴(1991)说,关于国语三声连调变化现象的研究,最早有赵元任(Chaos,Y. R. 1948, Mandarimer, Cambridge, Mass)所观察到的规律:当一个三声出现在另一个三声的字之前时,第一个三声字会变成二声。这个看法为多数中国学者所接受。其后,王士元等(1967 "Tonesin Pekinese", Journal of Speech and Hearing Research 10, pp.629—636)所做的听觉实验结果也支持这个看法。但是Zee(1980)使用语图仪所做的研究显示,变调后的三声在语音上与二声并不相同,且得到了两条规律:只有当三声调的声母为送气辅音时,在此语境中才会变成类似二声调的扬调,但其尾端上扬的程度比二声调稍低;当声母为不送气辅音时,原为二声的字若后头接三声的字,会变成类似三声调中间有凹下(dip)的调形。此外,Kratochvil(1984、1985)也认为传统三声连调变化现象的描述有待商榷。苏宜青与张月琴实验的结果表明,不论送气与否,二声与三声得到的都是中间有凹下的类似三声的调形;韵母组成成分个数不能破坏三声连调变化的规则。将二声调与变调后的三声比较,第一个发音人似乎可以说是相同调,但另一个发音人则有差异。由此可以看出,国语三声连调变化的声学现象比原先所认识的要复杂得多,在描述上,就要更为突出各种结果所呈现的特点。

　　蒋崧茂(1995)以声母韵母模型为基础进行国语连续语音辨认。研究主题可以分成两个部分:在第一个部分,作者以100个考虑后接韵母相依关系的声母模型与39个韵母模型来进行辨认,并针对语音信号时间上的结构特性采用限制状态长度的隐藏式马可夫模型来改进标准隐藏式马可夫模型在这方面模拟的缺失。在语者不特定的辨认中,适当运用语者之间差异的信息做语者分类,这种做法有助于提升辨认的正确率。在第二个部分,作者先以递回式类神经网络做连续语音声母、韵母、静音的预先切割,然后利用切割结果建构一个有限状态机,并将它合并入连续音辨认的架构中,实验结果显示有限状态机的辅助可以节省辨认过程中一半左右的计算量。

郑齐儿(2003)提到,在语言学文献上,对于音段在连并音节上的研究已非常众多且详细,而目前也有不少学者开始处理音节连并的超音段(声调)部分,但是大多数研究是从音韵学的观点进行研究。作者试图从声学语音学的角度检验连并音节的产生与说话者的速度、说话者对内容熟悉度之间的关系,并分析连并音节的基频与其音节长度。实验统计结果证实说话者的速度与内容熟悉度的确与连并音节成正相关。三名以台湾地区的国语为母语的受试者被要求分别录制五段短文,各短文里分别有数十个可能产生双音节连并的词组。连并音节的基频分析结果呈现出些微降调及升调两种调型。作者发现,连并前的声调起始值(onset)为产生连并声调的最佳基本单位,并归纳出两条规则来加以解释。另外,连并音节的长度分析结果显示,连并音节所需的时间单位比起一般音节更短。郑齐儿认为,综合以上结果,除了可经由规则推论出连并音节的调型之外,从语音的角度,这些连并声调皆呈现出较窄的调域、居中的调值和较短时间等的特征。因此本研究的结果,较倾向支持连并音节是类似于轻重音表现的说法,而不再局限于本身的调值的衍算与否。另外,在分析过程所发现的伴随着连并音节的鼻音现象,证明了一般认为的在快速语流中共同发音所产生的自然现象,也给予了认为鼻音是另属一个自主音段的说法更进一步的实证支持。

江一杰(2009)认为,汉语是一种给学习者带来许多困难的语言,因为汉语不是拼音文字,光是要认识每个字的发音就很困难,所以希望为华文学习者设计一套较为方便的学习方法,并供编写教材的人员参考。这项研究须要大量的汉字资料,作者选择使用汉字构型数据库的形声字中有注音的部分,因为形声字占汉字的百分之九十以上,并且形声字可以拆成形符与声符,汉语初学者可以判断声符去联想一个字的发音。作者将汉字构形数据库的文字透过汉语大辞典查询所有的异音,再由中文学的专家标定每一组形声字的声符,接着再利用资料探勘领域的多层关联规则探勘方法(Multilevel Association Rules Mining)探勘出声符对形声字在读音、声母、韵母、声调层次还有音素层次的规则,再分析这些规则的分布性与影响力,选择一些好的规则提供给学习者作为起步的文字。

系统性研究现代汉语实验语音理论比较突出的是郑静宜《语音声学——

说话声音的科学》(2011)。这是一本运用实验语音学方法研究语音"共性"与"个性"规律的重要性理论著作。郑静宜是美国威斯康星大学麦迪逊校区沟通障碍学博士,现任高雄师范大学听力学与语言学治疗研究所副教授。其《自序》称:这本书一共十八章,由声学的基础知识开始,随后介绍语音的数字化。中间的章节则是对于各类子音、元音的语音产生原理以及这些语音的声学特性做一些介绍。这之后几章是属于应用部分,如临床的应用、嗓音的分析和语音合成。最后两章讨论有关语音知觉和产生的议题。郑静宜强调,由于西方的语音学书籍一向多以英语语音为主,本书试图摆脱这样的偏颇,希望尽量加入一些本土语言语音的声学特性资料。然而,因为本土语言方面的研究资料本就不多,只能以一些作者之前所做的相关研究和一些博硕士论文资料供作参考。作者希望以后本土语言语音的研究能陆续出来,以便有较多的题材可资运用。

可以看到,本书涉及了国语(她称之为"华语")、闽南话(她称之为"台语")、客家话语音的许多项实验研究,比如"华语的元音第一和第二共振峰平均值和标准差,台语、客语和华语的三部位塞音平均 VPT 时长(ms),华语的卷舌音与非卷舌音"等,对汉语音韵学研究都具有十分有益的启示和补益。

中国大陆南开大学学者石锋继承吴宗济、林焘、林茂灿等学者传统,研究实验音系学卓有成效,发表了《语调格局——实验语言学的奠基石》《语音平面实验录》《实验音系学探索》《语音丛稿》等重要著作;还培养了一批人才。曹剑芬、沈炯、孔江平、李爱军等学者也取得了十分重要的成果。获得澳大利亚国立大学博士学位的香港科技大学朱晓农发表了《语音学》《音韵研究》《上海声调实验录》《方言:语言学的灵魂》等著作,其研究往往以实验语音学为基础,建立自己的理论体系,比如"音法学"理论框架。

第五节　汉语语音史分期理论

美国学者邓临尔曾发表《中国语音史之展望》(1961)一文,就汉语语音史分期问题提出过一些看法,但并未引起人们的重视。涉及这个问题,在台湾最为引人注目的还是郑再发的研究。

郑再发《汉语音韵史的分期问题》(1966)一文对汉语语音史分期研究来

说非常重要,经常被学者们所引用。此文主要内容是:

其一,指出各家汉语语音史分期基本观点,指出分期尺度问题。比如钱玄同《文字学音篇》承袭并增订段玉裁、章太炎等人的看法,分汉语音韵史为周秦、两汉、魏晋南北朝、隋唐宋、元明清、现代六期,只着眼于文献的异词,未提音系;罗常培《汉语音韵演变史》也分六期,"一如钱氏";王力《汉语史稿》兼采音韵、语法特征,将汉语史分为四期,即上古、中古、近代、现代,认为前三期音韵特征不完备,现代也找不到音韵特征;董同龢《汉语音韵学》分为五期,其中有近古、近代之分,各期有语音代表特征散见于各章,惟近古、近代演变未交待;藤堂明保《中国语史音韵论》分为上古、中古、中世及近代四期。郑再发认为,各家分期都未能完全或部分以音韵特征为依据,更不用说分期尺度问题;断代,尤其是"早期官话"无特定内涵,很含混;同时存在着官话与古汉语对立问题。

其二,以"定点"为原则,把汉语语音史音变趋势作为衡量分期尺度。郑再发以上古、中古、现代为定点,分别以谐声及《诗经》用韵、《广韵》、国语为三者代表。演变趋势为:一是从上古到中古(拟音依董同龢):1.声母:[t]系分化为端知两系;[ts]系分化为精庄两系;[ɤ]分化为匣于两母;[ȶ][c]合流为章系;[m][x]合流为晓母;[d][g]合流为以母;复辅音声母单辅音化。2.韵母:浊塞音韵尾[-b]合流为[-d];浊音韵尾[-g][-d][-r]消失。3.声调:尚在聚讼期,演变之迹无从谈起。二是从中古到现代:1.声母:唇音分化为重唇、清唇;非、敷合流;庄章合流后纳入了知系;于、以合流后纳入了影母;全浊声母字平声部分与次清声母合流,仄声部分与全清声母合流;疑、微两母消失,多合流于、以、影,只有少数疑母合流于泥母;精见两系字细音部分,因为腭化而合流。2.韵母:[-ɚ][-ï]韵产生;四等变四呼;入声韵尾消失;[-m]尾合流于[-n]尾。3.声调:平分阴阳、浊上归去、入派四声。但变化的条件是清浊。

其三,汉语音韵史音变分期参考史料的选取问题。郑再发强调,如果以此演变趋势为衡量尺度,去衡量历代材料中语音演变程度,应该为汉语音韵史分期提供一个可行性途径。但在衡量之前,材料本身以及如何选取的问题却不容忽视。比如拿和上古音太近的《广韵》作为上古音演变的标尺,可能是一种技术上的错误。尤其是我们所了解的上古音系,事实上是《广韵》间架与上古叶韵、谐声间架的重叠,它之所以能涵盖《广韵》音系,本来就是人为赋予的。

从上古到中古这一长距离中,零星的资料实在无法弥补古代音韵史的空隙。中古以后,有很丰富的各自具有完整体系的音韵史料,可惜的是,这些史料里的体系跟《切韵》一样,仍然未必就是某一个活的语言音系。即使是某一个活的语言音系,还是跟《切韵》一样,仍然未必就是编辑者所处时代的语音。

其四,以近古为重点,提出汉语语音音变分期指标"项目"特征。郑再发认为,以此方案为汉语语音史分期,要着眼于各项音变"锥顶"产生的时代,不必理会与他同时代或比他晚出材料里的存古现象,而应仅限于以历来材料中有否音变"锥顶"的考察为基本点。为此,郑再发制作了"中古到现代各项音变项目特征指标分期衡量表"。此表依据赵荫棠《等韵源流》绘制,并参考罗常培《〈中原音韵〉声类考》及《〈敦煌写本守温韵学残卷〉跋》后《声类源流表》,将 57 种文献年代、作者、籍贯、语音特征按 17 个音变分期指标"项目"特征衡量,进而分期。

其五,引出须要深入思考的汉语语音史分期细化问题。郑再发参考"中古到现代各项音变项目特征指标分期衡量表",认为近古可以再行分期:一是近古早期(10 世纪初到 12 世纪初),特征为:唇音分化为重唇、清唇;非、敷合流;庄、章系合流;于、以合流后纳入了影母;全浊声母字清化;入声韵尾消失;平分阴阳;庄、章系合流迹象。二是近古中期(12 世纪中到 14 世纪末),特征为:知系合流于庄、章系;疑母消失;见、晓系有腭化迹象;[ɿ]韵的产生;浊上归去。三是近古晚期(15 世纪到 17 世纪初),特征为:四等分别泯灭,四呼代之而起;见、晓系腭化;[-m]尾合流于[-n]尾;[-ɚ]韵产生。这是出于对材料的认知而得出的结果。

郑再发承认,自己所提方案及施行方案的技术还存在着一些明显的缺憾,面临着很多的困难。实际上,这只是他提供的一种尝试思考问题的方式罢了。而现在,50 多年过去了,汉语音韵学学者在文献的发掘上已经远远超越了前人,所提供的各个时期的汉语语音资料更为丰富,但遗憾的是,尽管有一些学者对汉语语音史分期问题又有所探讨,不过,汉语音韵史分期细化问题却仍然没有多大的进展。人们不禁要问,这是为什么? 难道还是与汉语音韵学学者的分期意识不强有关系吗? 不得而知。

冯蒸《论赵荫棠音韵学藏书的文献学价值和音韵学价值——尤其是在北京话语音史研究中的价值》(《汉字文化》6:22—32,2013)以郑再发研究为依据,重点介绍了赵荫棠音韵学藏书涉及的汉语音韵史音变指标"项目"特征问题。可以看出,冯蒸是比较推崇郑再发《汉语音韵史的分期问题》一文在当代汉语语音史研究所具有的应用价值的。

谢云飞对汉语历史语音研究的分期进行了讨论,主要论文有《汉语历史语音研究的分期问题》(1-4)(台湾《中国语文》87.3—88.1,2000—2001)等。这与他在《中国声韵学大纲》(1987:9)所认定的汉语语音史分期观点基本一致。在与林尹的分期对比之后,他认为,汉语语音史应该分为上古音、中古音、近古音、近代音、现代音五期。

张光宇《汉语发展史与古音重建》(《国文天地》44:64—67,1989)、《汉语发展史与汉语语音史》(台湾《书目季刊》22.1:13—22,1988)也就汉语语音史的分期与其理论问题进行了探讨。

何大安《刘宋时期在汉语音韵史上的地位——兼论音韵史的分期问题》(1994)认为,刘宋立国为时虽短,但在音韵史分期的归属上,学者之间却有不同的意见。比如于安澜、罗常培与周祖谟三位认为"魏晋宋"是一个时期;林炯阳、丁邦新两位在研究魏晋诗韵的时候,都不把宋包括进去。《切韵》的东一、钟、和江的一部分字,在上古为东部,冬、东三和江的另一部分字上古为中部。东、中两部的分别,从上古到魏晋一直保持得很好,但在《切韵》里却是东一、东三合而为一,冬钟、江分立。东、中两部的三等韵,经历了一次大交换的时期,这就是刘宋和北魏时期。作者从东、中两部的重纽现象,主张刘宋应该归入齐梁陈,同属中古晚期。其立论的主要观点不是韵部表面的分合,而是音韵结构的变动与否。何大安进一步主张,音韵史的分期应当以结构上的特点为主要的标准[1]。

第六节　余论

台湾学者所建构的汉语音韵学理论与方法与其汉语音韵学研究实践紧密结合,有着较强的适用性,因而学术生命力十分旺盛。

其一,结合新的理论与文献,对传统汉语音韵学理论进行梳理,获得了许

---

[1]　参何大安《声韵学的观念和方法》257—258页。

多新认识,效果十分明显。比如赵元任《说清浊》就是从传统清浊概念入手,运用声学理论探讨汉语音韵学和现代语音学对应关系的。丁邦新《平仄新考》以解读原有资料为契机,补充新资料,从而深化了对这个问题的认识。

其二,不轻易地引进新的理论与方法来研究汉语音韵学,而是充分注意各种理论与方法对研究汉语音韵学的适用性如何。周法高《怎样研究中国语音史》认为,语言学上的比较研究法对于无文献记录的时代语音研究特别适用,但对于有文献记录的时代语音研究就要十分谨慎。即使是今天,这个看法也是具有重要意义的。

其三,重视汉语音韵学术语内涵厘定及确定标准的理论研究。汉语音韵学存在了几千年,术语使用极其混乱,且不说与国际语音理论术语"接轨",就是对其自身系统各个术语基本内涵的界定与使用也很模糊。尽管有一些学者做了努力,比如曹述敬主编《音韵学辞典》(湖南出版社1991),以及季羡林主持的《中国大百科全书·语言文字》卷(中国大百科全书出版社1999)已经具有了权威性,但仍让人难如心意。台湾学者运用术语学理论研究汉语音韵学术语体系,就是一个良好的开端。学者们今后还可以进行"断代、分期、国别流派",甚至是"个人"的历史与现实的汉语音韵学术语研究,前景十分广阔。

其四,台湾学者构建汉语音韵学跨学科应用理论,以及寻求其解释学意义,扩大了汉语音韵学的应用范围,同时又为解决相关学科理论问题提供了出路。它已经突破了汉语音韵学"狭隘"的学科观念,进而向着汉语音韵学"综合性"研究方向发展,使古老的汉语音韵学焕发出了更为旺盛的生命力。

其五,汉语音韵学与现代语言学结合衍生出新的研究模式,诸如汉语方言接触与音韵结构变化关系、历史层次与方言层次构成、汉语语音循环(或曰回头演变模式)、汉语语音连环变化、汉语语音史"速率"与"续断"、汉语语音的移位理论、生成音系学与汉语音韵研究、优选理论与汉语音韵学研究等,展示了汉语音韵学研究的更为广阔的空间与美好未来,让人们看到了汉语音韵学研究的前景。这是新的研究模式所带来的生机。

其六,将传统音韵学理论与计算技术结合而演绎出来的方言计量领域,使得数学模型成为汉语音韵学一个新的解释学象征,但学者们很清楚,这不是最终目的,而是要为探讨人的语言认知,包括汉语音韵学认知服务的。台湾学者运用实验语音学方法研究汉语语音"共性"与"个性"规律,并延展到汉语音韵学领域,实现自我思维模式的突破,与朱晓农"演化音法学"模式非常类似,所具有的汉语音韵学解释学功能与作用是非常明显的。

其七,汉语语音史分期理论依据和标准各不相同,由此出现了歧见纷纭的状况。建立科学的汉语语音史分期理论范畴势在必行①,而郑再发所提方案及施行方案独树一帜,充分考虑到了汉语语音史的"内质"和"异质"要素,所以其解释力之强也就不言而喻了。

①　参李无未《汉语史研究理论范畴纲要》64—76 页。

第四章

台湾汉语音韵学史文献盘点三：上古音

第一节　汉语上古音通论

中国台湾地区学者研究上古音，对章太炎、黄侃、王力、董同龢、李方桂等音韵学的研究成果有继承，也有发展和创新，逐渐形成了自己的研究理论框架与实际应用的特色，为国内外汉语音韵学界所瞩目。

一、现代诸家汉语上古音学说

（一）董同龢汉语上古音学说

《上古音韵表稿》（1944）是研究董同龢上古音学说的重要文献。丁邦新编《董同龢先生语言学论文选集》（1974）1—12 页收有此文，丁邦新在《编后记》中谈到董同龢"汉语音韵的研究"贡献时说道："在上古音方面，先生以音韵表的方式将上古同音字分别填入。运用可靠的材料及语音学理论，拟定汉语上古音音值，改正高本汉氏许多看法，这就是著名的《上古音韵表稿》。"日本知名学者庆谷寿信编有《董同龢〈上古音韵表稿〉索引》（文海出版社 1978）一书，以供人们研究时日常检索之用。由此可见，《上古音韵表稿》在国内外的影响力之大。

台湾国风出版社印行《上古音韵表稿》（1975）收有董同龢 1947 年 8 月所写"重印序言"，说道："当时（1944 年）物质极度困难，只印了 100 本……从初稿完成到现在快五年了。我不能说我对古音的意见一些儿也没有改变，但是凡我所想都还在假设的阶段。"所以没有作重新修订。在 1944 年 12 月初版

"序"中,董同龢谈了自己的写作过程,可以作为理解《上古音韵表稿》的基本前提。

董同龢最初做《表稿》,拟依照《诗经》三千多个韵字材料,照着高本汉古音系统拟订,辅之以各家修正意见而编订。但是到了后来,他发现必须修改自己的研究计划,主要原因如下:一是《诗经》韵字还不足以供观察上古韵部之用,比如《广韵》幽韵字见于《诗经》的只有"幽鹬"两个字,因为字数太少,历来讨论上古幽部韵时都把他们忽略过去了,似乎只把它们看作是尤韵的附庸;而幽韵字在其他古籍中却可以找到,其演变方式和尤韵并不相同,很显然,幽部韵应该有自己的独立地位。二是经过实践检验,利用已经拟测好的上古音系统学说时,仍然存在若干须要商榷的问题。比如喻三与喻四在中古是两个截然不同的声母,而高本汉以为喻三跟喻四的一部分在上古同是一个[*g-],又不在别的地方加以分别。同一个声母在完全相同的条件下,能不能存在着两种不同的演变方式呢? 为解释这些问题,他先尽量去收集先秦的字音资料来作为重订古音系统的根据,再来充实《表》的内容。三是利用谐声系统研究,就会发现几项前人未曾道及的观点。四是汉语音韵学其他方面的成果也对古音问题研究有所启发,这些成果也要尽量用上。

董同龢在初版"序"中还表达了一种对上古音研究未来的美好愿望,这可以看作他在当时最为前瞻性思想的理论设想,对我们了解董同龢汉语上古音学说理论是十分重要的:

> 严格的说,一个好的音韵表,应该以一套完整的声韵调的系统作根据;同时,每一个字的音韵地位的规定也须确凿无讹才是。无疑的,这在上古音现时都不能全部做到。对于古代声调,我们还没有一些具体的知识;声韵母中的未知数也还不少。许多字的音韵地位又不好确定。更进一步着想,现在所有的知识不过是从纸上材料得来的,一旦汉语方言以及藏汉语系的比较研究有所成就,目前看来不觉得生问题的事,说不定有一些还是面目全非呢! 因此,我只能把自己作成的表叫做"音韵表稿"。我只想拿他作以往研究的总结账。又望以后说,也只把他当向前迈进阶梯。我决没有一些意思说,我把那么许多字的古读都占定了。

董同龢《上古音韵表稿》基本结构是:第一部分,绪论——上古音韵系统拟测的检讨:一、声母;二、韵尾辅音;三、介音;四、元音系统;五、韵母分论。第二部分,表例。

《上古音韵表稿》第一部分"绪论——上古音韵系统拟测的检讨"所涉及的问题主要是:

其一,声母。董同龢说,唇音[p][p'][b]在谐声字中常常互谐,与[m]不搭界;[m]常跟舌根擦音[x]互谐。高本汉虽然注意了这个现象,但没有做解释,拟为[xm]。应该是个清鼻音[m̥]。舌尖音与舌面音,这里涉及了舌尖塞音、舌面前音、舌面后音、鼻音、[s]谐声关系、舌尖塞擦音与擦音等问题。

其二,韵尾辅音。从西门华德到高本汉都倾向于上古阴声韵中有[-b][-d][-g]尾的存在,这跟入声[-p][-t][-k]刚好相当。高本汉另外拟了一个喉塞音尾,为一些脂部微部字与歌部字拟了一个[r]尾,但董同龢研究诗韵和谐声后看到的结果显示,这种构拟还是有问题的。

其三,介音。关于辅音性质的[i]与元音性质的[i],董同龢认为,前者只见于三等韵,后者见于四等韵,但上古三等韵与四等韵的介音[i]确是不可省略的。开合口的演化,如谐声字分别开合口,很清楚。

其四,元音系统。董同龢说,从诗韵和谐声文献上看,王力将脂、微分部是对的,《广韵》留有区分不混的痕迹,比如脂韵重纽;脂部与真部相当,因为主要元音是[e],而微部与文部相当,主要元音是[ə]。这部分还谈到了上古主要元音的分配与写法、元音长短与紧松问题,比如一二等重韵不是元音长短与紧松关系,只说紧松而不说长短就合适得多。

其五,韵母分论,涉及之部和蒸部,幽部和中部、宵部,鱼部和阳部,佳部和梗部,祭部和元部等的关系和拟订问题。

在《上古音韵表稿》第二部分"表例"中董同龢对所制作《上古音韵表》进行了详细的说明:

其一,收字以《说文》九千字为基础,兼顾见于先秦古籍而《说文》未收字,力求全面。其二,说明未收甲骨文和金文的原因,主要是能够辨认的字有限,且大部分并未超出小篆之外。其三,《表》的编排以韵母为单位,声母与声调互为经纬,声韵调关系借此而一览可得。其四,在《表》中没有列复声母,因为它是一个未知数。其五,段玉裁、江有诰《谐声表》以及段玉裁《说文解字注》

是主要"属韵"依据。其六,诗韵和谐声只能表现古声韵大类,进一步分析各字的声母和韵母,要用高本汉"《切韵》投影"的办法。

由《上古音韵表稿》"表例",我们再一次明确了董同龢《上古音韵表稿》研究过程的基本特点。除了《上古音韵表稿》之外,董同龢《汉语音韵学》(1968,初名《中国语音史》[1954])中研究上古音的内容,是了解董同龢上古音学说的重要文献,比如:第十章,古韵分部;第十一章,上古韵母系统的拟测;第十二章,上古声母;第十三章,上古声调的问题。该书可以和《上古音韵表稿》相参看。

姚荣松认为,《上古音韵表稿》是一个全新的尝试。继承清代古音学诸家的谐声谱及《诗经》、群经子史入韵的字,逐字去确定先秦古音的音韵地位,是一个总结性的集结工程。本表的好处是表内的每个字都可拼出上古音音值,但是却缺少一个逐字索引,后来,日人庆谷寿信(1969)给它编成了一个索引①。

(二)李方桂汉语上古音学说

1.《上古音研究》(1971/1980)

该书的体例,主要由三部分构成:一是上古音研究,有中古音系、上古声母、上古的介音、上古的元音系统、上古的韵尾辅音及四声、上古韵部的各论讨论(22部)、总论、参考著作选目;二是几个上古声母问题;三是中国上古音声母问题。主要论及的问题有:

其一,研究缘起。李方桂在"上古音研究"一章的序言中说,1968年夏天,他在台湾大学讲了六次上古音问题。他认为,那是一个尚未十分肯定的假想系统。在这之前,他已经在美国华盛顿大学讲了十几年上古音。尽管以这些讲稿为基础修订,他还是认为问题很多,有许多枝节问题都暂未讨论,有许多假想仍要更多的材料去证实(1页)。

其二,关于清代学者上古音研究的卓越贡献。李方桂提出,清代学者在先秦古籍的用韵,尤其是《诗经》用韵研究等方面贡献较大。古书里押韵的字固然可以用系联韵脚的办法归入各部,但是有许多字根本没有押过韵,清代学者就利用谐声字的办法解决这个问题,因为谐声系统可能比押韵系统更古老些;

---

① 参姚荣松《六十年来(1950—2010)台湾声韵学研究成果之评述与展望》11页。

研究谐声字所得到的结果再跟研究《诗经》用韵结果互相印证。凡是研究上古音的人都拿《切韵》的系统来作出发点,跟上古韵部作一个比较,从古韵和今韵的分合上得出一个上古音到中古音中间的演变痕迹(2—4页)。

　　其三,关于高本汉以及新近学者的贡献。李方桂认为,高本汉等学者用语音符号拟测上古音,比从前只用韵部、声类等的区分法要详细,但也因此发生了许多新问题。此外,有些新方向对研究上古音系也很有用处:一是借字的研究,比如蒲立本(Pulleyblank,1962)和他自己;二是汉语与别的汉藏语系的语言比较研究,比如西门华德(Si-mon,1930)、谢飞(Shafer,1940等)、施立策(Sedláček,1962等);三是经籍异文假借与汉代的声训。但李方桂还是推崇清人研究的系统性,认为如果把前人所得的材料重新考察一下,仍有拟定一个新系统的必要(4—5页)。

　　其四,关于中古音系构拟。李方桂说,近些年来,关于《切韵》音系研究的书或者文章也发表不少,不过,他只采用高本汉所拟语音系统,因为高本汉的拟音系统已经普遍地被学者们采纳,而且编有工具书可供检查。但李方桂还是要对高本汉的拟音稍有更改,主要是拟音符号变更和有的韵目构拟音标不同,比如浊音声母,塞音或塞擦音是不送气的;知彻澄娘等母是卷舌声母,以与照二、穿二、床二、审二相配合。这样修订主要是为了构拟上古音系统的需要。

　　其五,关于上古音系声母。李方桂分为两个方面去讨论:一个是简单的声母,一个是复合的声母。研究简单的声母,最重要的是谐声字。李方桂提出两条严格的谐声原则,一是上古发音部位相同的塞音可以互谐;二是上古的舌尖塞擦音或擦音互谐,不跟舌尖音相谐。根据这两条原则,可以发现四条有关上古声母系统发生疑问的地方;高本汉等构拟了一套上古的舌面塞音,跟上古的舌尖塞音互谐,但发音部位不相同,不应当谐声;高本汉等构拟了一套上古的卷舌塞擦音,跟上古的舌尖前塞擦音互谐,但发音部位不相同,不应当谐声;董同龢构拟了一套上古的舌根前塞音,跟上古的舌根后音互谐,但发音部位不相同,不应当谐声;高本汉等构拟了一套上古的[*ś-][*dz]等,也常跟舌尖塞音互谐,但其发音部位不相同,并且塞音也不该与塞擦音或擦音相谐,应当是另有来源的。由此,李方桂展开了对高本汉等构拟的上古音问题的讨论。李方桂认为,既然中古的浊塞音是不吐气的,就没有理由说它是从上古吐气的浊塞音来的。高本汉把喻母四等分为两类,一类是从上古[*d-]来的,一类是从上古[﹡z-]来的,这种分法的困难,董同龢已经分辨清楚(《上古音表稿》18—20页)。喻母四等是上古时代的舌尖前音,因为他常跟舌尖前塞音互谐。邪母也常跟舌尖塞音及喻母四等互谐,所以,邪母也是从上古[﹡r-]来的,只是后面有个三等介音[j]而已。审母三等应当是从上古塞音来的,不过还要牵扯到复声母问题。中古知、照二声母在上古音中后面有介音[﹡r-]。中古照三组和日母等都跟舌尖前塞音谐声,又只在三等有[j]介音的韵母前出现,其中床禅不分。中古见溪群晓匣影等母大致互谐,开口韵多与开口韵谐,合口韵多与合口韵谐。其中,上古舌根音的开合口应当区别,立一套圆唇舌根音,是中古大部分合口的来源。舌根音还有匣母[ɣ-]跟群母[g-]。喻母三等[j]的配合问题。可以认为,喻母三等是从圆唇舌根浊音[gw+j]来的,群母是不圆唇的舌根浊音[g+j]来的。董同龢已有清鼻音声母讨论开端,证据充分。晓母与疑母互谐,与上古清鼻音关系密切。来母也有跟透母彻母互谐的例子,所以,上古来母也应该有个清音来相配。

其六,上古的介音。李方桂认为,上古音系存在着[j][r]两个介音。其重要性在于:一方面他们对声母有影响,因此可以使上古的简单声母系统演变成《切韵》的较为复杂系统;另一方面,他们对于元音有影响,可以使上古的简单元音系统演变成复杂的《切韵》元音系统。介音[j]使后面较低的元音向上及向前移动,这可以算是腭化或同化作用之一,这是学界普遍承认的。介音[r]使后面的较高元音下降,也可以使后面的低元音上升一点;因此,可以说介音[r]有一种中央化的作用。

李方桂说,上古汉语复辅音声母或称为复声母的问题十分复杂,还没有满意的解决办法,其中有的可以尝试解决。比如心母字普遍和精系或照系二等字谐声(上古都是舌尖塞擦音或擦音),不同于一般的谐声条例,很显然,它们是从复声母来的。上古应该有[st-][sk-]等复声母,这里的[s]是一个词头;与汉语有关系的藏语就明显有个[s]词头。对上古复声母的拟测当然要作如此考虑(21—27页)。

其七,上古的元音系统。李方桂说,要想知道上古的元音系统,只有两条途径:一是上古的韵部,这是拿古诗押韵及谐声系统来拟定的;二是中古的韵母系统,这是根据《切韵》反切、等韵的等呼以及近代方言的实际读法案来拟定的。研究上古的元音系统一般有一个严格的假设,就是上古同一个韵部的字一定只有一种主要元音。对高本汉元音系统，李方桂的批评是，其中[i]不独立成韵，只能跟别的元音配合；其他如[e]跟[ě]可以押韵，[a][ǎ]可以押韵，[ə][ɛ][ǔ]可以押韵等。如果《诗经》的韵是天籁，绝不会有这样不自然的韵。偶尔合韵倒是不可避免的，但是，韵部的区分相当严格，不应当有这么不同的元音在相同的韵部里面。因此，李方桂给上古元音系统拟了四个元音，即[i][u][ə][a]。它们可以解释中古韵母的大部分上古来源。但是，仍有四等韵以及其他少数韵的来源得拟两个复合元音[iə][ia]，这两个复合元音前面仍可以有上面说过的介音[r][j]。此外，为了歌部、元部跟祭部的一部分字，也得拟一个复合元音[ua]（27—31页）。

其八，上古的韵尾辅音及四声。李方桂解释说，把上古的韵尾辅音跟四声合并讨论，是因为韵尾与四声的关系相当密切。如果认为上古汉语是有声调的，而且大体调类与四声相合，那么，我们只要承认一套鼻音韵尾跟一套塞音韵尾就够了，不必在塞音韵尾中再分清浊、塞擦等，如[*-t][*-d][*-e][*-k][*-g][*-ɤ]等。李方桂拟了下列韵尾辅音：鼻音[*-m][*-n][*-ng][*-ngw]；塞音[*-p][*-t][*-k][*-kw]。古韵学家往往把古韵分为阴阳入三类，其实，阴声韵就是跟入声相配为一个韵部的平上去声的字。这类字大多数也都有辅音韵尾，即[*-b][*-d][*-g]，不过很难证明是清还是浊。如此，暂时构拟为：平声：[-m]、[-n]、[-ng]、[-ngw]（[-b]）、[-d]、[-g]、[-gw]；上声：[-mx]、[-nx]、[-ngx]、[-ngwx]（[-bx]）、[-dx]、[-gx]、[-gwx]；去声：[-mh]、[-nh]、[-ngh]、[-ngwh]（[-bh]）、[-dh]、[-gh]、[-gwh]；入声：[-p]、[-t]、[-k]、[-kw]。上古时代没有以元音收尾的字。《诗经》时期，[*-b]已经变成[*-d]了。

其九，上古韵部的"各论"讨论（22部）。李方桂分为含有[ə][a][i][u]元音四部分进行讨论。含有[ə]元音的，包括之、蒸、幽、中、缉、侵、微、文八部；含有[a]元音的，包括祭、歌、元、叶、谈、鱼、阳、宵八部；含有[i]元音的，包括脂、真、佳、耕三部；含有[u]元音的，包括侯、东两部。

李方桂讨论的基本思路是：先指出包含的类别、特点，然后与《切韵》相比较看变化关系，并列有中古等呼音韵地位。谈变化时要说明语音条件，比如是受到同化还是异化作用而有所变化等。比如之部，他指出，有阴声韵与入声韵两类；元音[ə]仍保存在《切韵》的入声韵里，中古时代阴声韵里的韵尾已经失去,也影响到了元音的变化;[ə]受介音[r]的影响降低为[ɛ],在三等字里[r]后有[j]不能再使[ə]变[ɛ];又三等字受唇音及圆唇舌根音声母的影响使[ə]变[u],但是[iə]不变[u];唇音声母受[j]的影响后来变轻唇。

其十,总论。李方桂表明了今后应该继续努力的研究思路和方法。比如说,从上古音演变到中古音阶段,其详细的研究要借重两汉魏晋的音系研究,因为两汉音系接近上古音,而魏晋音系接近《切韵》音。

至于后边的"附录"《几个上古声母问题》《中国上古音声母问题》,则是对正文内容的进一步阐发和补充说明,可以相互参照,更便于理解李方桂上古音系统理论的基本内核。丁邦新在幼狮月刊社编《中国语言学论集》(1977)一篇评论台湾史语所20世纪60—70年代语言学研究的文章中说(36—45页):

> 对于汉语音韵学的研究是中国学者一直重视的。近十年来在这方面的工作很有成绩。最值得说明的是,李方桂先生的《上古音研究》,可以说是从1930年代高本汉开始讨论汉语上古音以来集大成的著作。李氏的上古音系统中只有三十一个单声母、少数复声母、四个元音、两个介音。他的系统有几点重要的看法和前人不同:第一,四个元音的系统,对于解释《诗经》押韵的现象非常合适,避免其他的人如高本汉、董同龢、陆志韦等在一个韵部里有不同元音的字押韵的情形。这种分析不仅合于音位化的办法使语音系统整齐、简单,同时对于自上古至中古的演变也能解释得很合理。第二,在李氏的系统中,没有合口介音,换句话说,他认为上古音中基本上没有合口成分。从董同龢先师《上古音韵表稿》上可以看出开合的区别主要在于唇音及舌根音。唇音开合的问题在《切韵》中根本就是一个问题。可以说,唇音不分开合。那么,真正需要区别的就是舌根音了。李氏拟测一套圆唇舌根音声母[-kw]、[-khw]、[-gw]等,可以圆满地解决中古合口音的来源。第三、李先生给二等韵拟测一个介音[-r-],这个[-r-]一方面使舌尖声母卷舌化,演变为"知彻澄娘",一方面使后面的元音发生央化作用,成为后来中古时代种种不同元音的来源。

概括得十分贴切。

2.李方桂其他上古音论文

丁邦新、梅祖麟主编《李方桂全集1：汉藏语论文集》(2012)收录了不少李方桂有关上古音论文,比如《〈切韵〉[â]的来源》《东冬屋沃之上古音》《论中国上古音的[*-iwəng][*-iwək][*-iwəg]》《上古音[ə]的演变》《上古音》《几个上古声母问题》《中国上古音声母问题》《论声韵结合——古音研究之一》《论韵尾辅音——古音研究之三》等。

《〈切韵〉[â]的来源》指出从《诗经》用韵和谐声字来看,《切韵》[â]似乎有两种来源:第一种[â]在《诗经》里与含有[a][ɐ][e]等元音的字押韵,同时亦跟这些字谐声;第二种[â]在《诗经》里与含有[ə][i][u]字押韵,亦常常互相谐声。第一种[â]是《切韵》[â]来源没有问题,第二种是不是《切韵》[â]来源,须要考订,并找出"音变"的原因。其中,《诗经》用韵和谐声字还有些例外,推测可能是由于方言造成的问题。

《东冬屋沃之上古音》研究的对象是包含圆唇化元音的韵部。从《诗经》用韵和谐声字来看,东钟属于一部,不常跟冬东三相混;东钟跟江押韵;屋烛跟觉押韵,而跟沃屋三分开。这与高本汉在这几个韵的构拟理解不同。

《论中国上古音的[*-iwəng][*-iwək][*-iwəg]》说,上古的[ə]元音确实更近似于[o]元音。在《诗经》的严格系统中,找不到[ə]跟高本汉[u][ŭ]押韵的例证。由此,拟为[*-iwəng][*-iwək][*-iwəg]是合理的选择。

《上古音[ə]的演变》说,[ə]出现在所有韵尾辅音前面,但到了中古发生了各种演变,其演变是有规律的。其中,辅音的变化对[ə]的影响是明显的。

《几个上古声母问题》从《切韵》时代喻四跟舌根音谐声讲起。李方桂说,如果认为,跟舌根音谐声的喻四、禅,以及床三都是从[*grj]变来的,就得重新考虑跟舌根音谐声的照三、穿三及审三等母的字。有三个理由改编自己从前的拟音:就一般语音的分配情形来说,不应当只有浊音的[*grj]而没有清音的[*krj][*khrj];[r]介音有央化的作用;过去曾以[s]词头解释《切韵》心母字跟各种声母谐声的字,同时也把照三、穿三及审三等母的字牵连进来,现在看来,这些字跟[s]词头无关。

《中国上古音声母问题》是一篇演讲辞,其中谈到,研究上古音声母的材料,只有从谐声字这方面去追求,并利用后来的比较明了的《切韵》时代的声母系统,可以假定上古声母如何演变为后来的《切韵》时代的声母的。上古有几套声母,比如唇音、舌尖塞音、舌尖擦音、舌根音声母、喉塞音、圆唇喉音声母。遇到一些不合乎谐声原则的谐声字的,就要去思考如何解释这些不合乎谐声原则的东西。他以董同龢构拟不带音鼻音[m]为例,证明还有一个不带音的[hn]。中古声母[ng],在上古应该是清音[hng]。来母字谐声也比较复杂,除了它常跟舌根音谐声之外,还跟[th]类字谐声,这可能是古代语音演变的痕迹,古代可能有一个不带音的[l]。

(三)周法高汉语上古音学说

1.《周法高上古音韵表》(1973)

本书体例为:周法高《序》、凡例、古音 31 部构拟正文。周法高《序》称:其在完成了《论〈切韵〉音》(1968)、《论上古音》(1969)、《论上古音和〈切韵〉音》(1970)之后,请香港中文大学研究院中国语言文学部学生张日升、林洁明、梁国豪根据自己的拟音编一部《周氏上古音韵表》。该表形式上大体模仿董同龢《上古音韵表稿》的体例,根据高本汉的《修订汉文典》补充了几百个字,共收字约两千个。拟音大体上根据《论上古音和〈切韵〉音》的"附录"《〈诗经〉韵字音韵表》。周法高说,有两点须要说明:一是他原来拟订的上古音幽部、宵部、侯部,韵尾辅音[ɤ]是多余的,因为加上它和不加上它都不发生辨义作用;至于[e]在[w]前面,要读作[o]。二是把邪纽和喻以纽构拟作[*r-]或[*ɤr-];邪纽出现在介音[j]或[ji]前面,喻以纽出现在介音[i]前面;大体上二者是对补(互补)的。

周法高在《周氏上古音韵表·凡例》说,这个表列上古韵部中古《广韵》韵目名称及等呼,还有高本汉《中国声韵学大纲》(张洪年译,香港中文大学研究院中国语文学会 1968)上古音韵类号码。"附录"列有《董(同龢)周(法高)二家上古音韵表对照表》,以供人们使用时参考。

2.《汉字古今音汇》(1974)

本书是收集高本汉、董同龢、周法高三家所构拟周秦中古音,以及高本汉、周法高两家所构拟《切韵》音,并加注"国音"及粤音,按部首排列汉字,同部首按笔画多寡排列而成的工具书。配合《周法高上古音韵表》一书,则可以更为深刻地体会周法高上古音韵系统的实用性特点。

3.《中国音韵学论文集》(1984)

本书收有作者 1968 年到 1972 年期间在香港中文大学任教时所发表的 4

篇论文:《论〈切韵〉音》(1968)、《论上古音》(1969)、《论上古音和〈切韵〉音》(1970)、《上古汉语和汉藏语》(1972)。在《自序》中,周法高说,他写这些论文,前后的意见也有一些小小的不同。比如《论上古音和〈切韵〉音》知系字和照庄系字以及照章系字和精系字介音拟音就和《论上古音》拟音不同,有所改动。所以,理解周法高上古音系要照顾到时间前后在看法上的差别。

周法高在《论上古音》文中说,他以《论〈切韵〉音》(1968)《切韵》音构拟作为构拟上古音的出发点,再将曾经对上古音作过系统研究的几家(高本汉、董同龢、王力、李方桂)说法综合起来,加上他自己的拟音,列成一个对照表;然后再逐一加以批判,指出他们的贡献和缺点。在讨论之前,先根据钱玄同二十八部与诸家古韵部居次第标目对照表,补列了高本汉、董同龢、王力、罗常培诸家的说法。周法高对照各家研究后,所持有的基本观点是:

其一,比较各家韵部分类异同,各有得失。周法高说,董同龢的分部大体根据江有诰,只有脂微分部是根据王力的说法的。王力在《上古韵母系统研究》一文中主张入声韵部不独立命名,但在《汉语史稿》中则主张阴阳入三分,得二十九部;其实在拟音方面阴声入声都要分别拟音,所以入声韵是否独立命名,并不是一个很严重的问题。董同龢拟音实际上和罗常培三十一部相合。王力主张脂微分部、幽觉分部,而黄侃不分;可是他又主张冬侵不分,结果只比黄侃多了一部。罗常培三十一部,比王力多了冬部;又因为不主张去声归入声的说法,比王力多了祭部。周法高自己主张三十一部。高本汉晚年把一些去声的韵部独立,把鱼部、侯部、歌部各分为二,比罗常培多三部,即脂微的去声独立为二部,平上声合为一部,就是三十五部。

其二,周法高对各家韵部分类构拟提出不同意见。周法高认为,高本汉上古音系统的假定未免太复杂,把鱼部和侯部各分为二没有依据。董同龢拟音仍然沿袭高氏系统,解释正齿音照系二等演变条件,比如与精系冲突之处说是韵母不同,未免吃力不讨好;其元音系统比高氏还要复杂,多达二十个元音,是一个很大的缺陷。王力不同意上古阴声韵具有[-d]尾和[-g]尾的假定,而认为是开韵尾,但其观点似不成立。因为他把之部标作[ə],而和职部[ək]在《诗经》和谐声系统中可以通用,并且和蒸部[əŋ]为阴阳对转。那么,[ə]为何不和缉部[əp]通用,不和侵部[əm]对转呢?平声长上声短、去声长入声短的假定也是靠不住的。所谓两个声调,就是一个声调,因为去入有塞音韵尾,而平上则没有,可以互补。这样,声调就不能构成辨义的标准了。至于他假定上古二等韵有介音[e]和[o],这样做可以简化元音系统,但是认为某部有两个韵类,又假定其中一个是不规则的例外字,而不替它另外拟音,就随便了一点。李方桂元音系统为四个,简化不够彻底,应该为三个[e][ɑ][e]。他把[kʷ][k'ʷ][gʷ][ŋʷ]适用到辅音韵尾方面,也找不到根据。

其三,周法高上古音韵母元音系统。周法高说,上古音韵部拟音分为三个表:[a](论文前面拟的是[ɑ])元音表、[ə]元音表、[e]元音表。[a]元音有十一个韵部:[aɤ][ak][ang][awe][awk][a][ar][at][an][ap][am];[ə]元音有十一个韵部:[əɤ][ək][ənk][əwɤ][əwk][əwng][ər][ət][ən][əp][əm];[e]元音有九个韵部:[eɤ][ek][eng][ewe][ewk][ewng][er][et][en]。介音[ø][øw]为一等韵;介音[r][rw][ri][riw]为二等韵;介音[ji][jiw][i][iw][j][jw]为三等韵;介音[e][ew]为四等韵。

其四,周法高上古音声纽系统。周法高赞同李方桂《上古音讲义》(1962)把舌头音端系分析为[t][t'][d][n],把舌上音知系分析为[tr][t'r][dr][nr],把正齿音二等照庄系分析为[tsr][ts'r][dzr][sr],把正齿音三等照章系分析为[tj][t'j][dj][nj];并把整个二等韵分析为具有[r]介音,以便[kr]等和来纽的[l]谐声。他也认同陆志韦《古音说略》的说法,把上古音禅纽拟为[dj],床船纽拟为[zdj];把喻以纽和舌齿音通谐的一部分拟为[r(j)]。他还依从李方桂看法,审书纽拟为[stj],和床船纽[zdj]相配合。舌根音浊母发生问题,比如元音是[i]的时候,所以,对高本汉、董同龢构拟有所修订,群纽拟为[g],匣纽也拟为[g],二者互补。喻云纽拟为[r]。

其五,周法高上古音声调系统。周法高赞同董同龢的观点,主张平上去三声不同调,而韵尾相同,即:和阳声[-n]、入声[-t]相当的阴声(平上去)收[-d]或[r],和阳声[-ng]、入声[-k]相当的阴声收[-g]对应;去入同调。也同意李方桂关于上古之前无声调区别,而用不同的韵尾表示;《诗经》时代声调格局形成的意见。

在《论上古音和〈切韵〉音》中,周法高对自己过去的观点有所补充和修订。关于上古音声母,在舌上音和正齿音二等的拟音问题上,他吸收陆志韦《古音说略》的看法,把上古知系字和照庄系字拟作[i]介音,照章系字和精系字拟作[j]或[ji]介音(123页)。关于复辅音声母,他认为比较重要的问题是:来纽和其他声母结合;心纽、审山纽和其他声母结合;喻以纽和邪纽结合;喉牙音和舌齿音及唇音谐声关系;鼻音和非鼻音谐声关系,包括晓纽和明纽、泥娘日纽和舌上、正齿三等、舌根鼻音和其他舌根鼻音谐声关系。他对高本汉、陆志韦、董同龢谐声研究重新审定,认为除了百分之十的不规则谐声之外,总体来说,谐声是有规律可循的。周法高对上古声母进行总结,以上古到《切韵》声母演变的方式排列,然后对这些变化特点进行了说明。

至于上古音韵母,周法高对自己过去的观点有所补充和修订。他依然坚持自己《论上古音》上古音有六种介音的观点,并继续加以详细说明,比如"二等韵的介音[r]和[l]相当接近,所以,可以和来纽字谐声"(142页)。周法高解释说,他假定上古音只有三个主要元音,是从音位的观点出发的。他认为,王力拟音从语音的视点来看是正确的;冬侵不分,也有相当的语音接近的证据。

丁邦新在一篇评论台湾史语所20世纪60—70年代语言学研究的文章(幼狮月刊社编《中国语言学论集》36—45,1977)中认为:"周氏的看法和李氏大同小异,元音系统虽比李氏简单,但介音系统却复杂得多。"这成为他的一个基本判断,代表了许多学者的看法。

(四)龙宇纯汉语上古音学说

龙宇纯是台湾地区具有代表性意义的汉语上古音研究学者之一,其《中上古汉语音韵论文集》(2002)和《丝竹轩小学论集》(2009)收有部分论文。根据周晏菱《龙宇纯之上古音研究》(2012)归纳,按照发表的年代排序,龙宇纯发表的上古音研究论文有:《先秦散文中的韵文》(1962)、《上古清唇音声母说检讨》(1978)、《有关古韵分部内容的两点意见》(1978)、《上古阴声字具有辅音韵尾说检讨》(1979)、《再论上古音-b尾说》(1985)、《上古音刍议》(1998)、《古汉语晓匣二母与送气声母的送气成分——从语文现象论全浊塞音及塞擦音为送气读法》(1999)、《上古汉语四声三调说证》(2000)、《上古音中二三事》(2002)、《古韵脂真为微文变音说》(2006)等。

这些论文,就其探讨的内容来看,可以涉及通论、声母、韵母、声调等几个方面。兹作一简略介绍:

《上古音刍议》(台湾《史语所集刊》69.2:331—396,1998)。从总体上看,龙宇纯论汉语上古音声韵系统,是对李方桂《上古音研究》语音系统所涉及观点的商榷。

其一,论及单一声母及介音。龙宇纯称,单一声母是对复声母的称谓而言的;因为他不涉及复声母问题,所以作此限定。自钱大昕以来,对上古声母的了解突破了三十六字母的格局;李方桂《上古音研究》指出高本汉以下拟音系统分配不均匀的缺失,将出现在三等韵[j]介音前的诸多声母予以取消,无疑又向前推进了一大步。龙宇纯注意到《说文》谐声,发现了一些被人忽视的现象,认为从整体生态着眼,李方桂声母系统还有可以斟酌的地方。比如介音,从反切结构方面反映属于声母部分。声母在韵类上分配的系统性如何?这是他所关心的。

其二,对李方桂唇音自始无开合对音;舌音齿音中只有后来属于歌韵、仙韵及泰韵的字,其舌音有开合对立现象,而不出歌祭元三阴阳声对转部范畴;齿音如支、脂等韵虽多有开有合,古韵似不同部等观点,提出其疑问:如果不坚持一切合口都是开口的变读,或者不坚持在周秦的上古音时代开口变读合口的情况还不曾发生,彼此成为平行现象,有没有必要说[ua]只是复合元音,而必不可以[u]的成分作为介音解析?[jiən][jian]的拟音在理论上自属可能,在实际语言里二者有区别,无视[ji]为复合元音,或视[iə][ia]为复合元音,古汉语究竟有否如此细致的区别?对[jiən]拟音[i]加[ə]复合元音在阻止[ə]发生圆唇化作用时十分有效,对于[ji]或[iə]的设计也许不必怀疑,但李方桂仍然构拟合口,还是顾此失彼的。由《说文》谐声字而论,屯字以下屯声、春声共18字,均为合口,何以知道由开口变来?

其三,龙宇纯认为讨论上古音中的相对洪细介音问题,必须就中古四等韵的来源加以思考,还有中古重韵及重纽问题也很重要。中古四等介音有差异,一等无介音,二、三、四等具有介音;上古有四个不同介音韵母类型;重纽在上古分别属于丙或丁类。

其四,龙宇纯在单一声母及介音上主张:取消圆唇声母,仍以开合两分;依据中古四等,上古区分为甲乙丙丁四韵类,甲无介音,其余拟为[r][j][i]介音,取消[rj]复合介音构拟。声母计有帮[p]滂[p']并[b']明[m]端[t]透[t']定[d']泥[n]来[l]见[k]溪[k']群[g']疑[ŋ]精[ts]清[ts']从[dz']心[s]邪[z]影[ʔ]晓[h]匣[ɣ]21个,四类韵俱全。照穿床二等出于精清从;三等绝大部分出于带[s]或[z]复母(或词头)的端透定,小部分亦出于精清从;

审禅则无论为二等为三等,均分别出于心邪;日母出于带[s]复母(或词头)的泥母,喻四则本读为[zɦ]复母。

其五,论上古音韵部及拟音。龙宇纯主张:上古韵部以二十二部为最合适,即:阴与入之分不如合。受方言的影响,音有正有变,不必凡字于周代只有隶属于一个韵部的读音,亦不必任何异音都要求其音变条件。阴声字不具有塞音尾,歌部则独有韵尾[r],其情形有如国语儿化。宵部阴声原是谈部的阴声,其后始脱离了阴阳关系,其入声亦自叶部分出。侵缉原亦有阴声,今则混入了幽部。举出四十余组自幽部转读入微文部字例,证实上古阴声不具有[g][d]韵尾。

而龙宇纯其他论文,比如《上古音中二三事》,主要讨论了照三系拟为舌尖面塞擦音及擦音、喻四字拟为[zɦ]复声母音值,以及轻唇音见于上古汉语等问题。《上古清唇音声母说检讨》指出,研究上古音的学者看到谐声字中明、晓两母互谐,就认定晓母字上古声母为清唇鼻音;李方桂、董同龢等则用复辅音来解释。作者认为是误解:凡与明母互谐的晓母字,在中古都是合口的,以圆唇元音为条件。《古汉语晓匣二母与送气声母的送气成分——从语文现象论全浊塞音及塞擦音为送气读法》赞同高本汉"全浊音为送气音"的看法,不仅仅凭借《说文》,还从同字异音、同源词、联绵词、谐声字等资料继续加以证明。《有关古韵分部内容的两点意见》首先提出以古文字检讨分部,认为古韵分部材料应以古代韵语为主,取用《说文》谐声必须不背乎古韵语;遇谐声与韵语冲突时,则试图求证于古文字,以排除谐声的障碍。其次论一字可以隶属一个以上的韵部,其主因有二:古今音变、方言音异;一字音异司空见惯,这种一字隶属两个或两个以上的韵部的情况在进行古韵分部时要予以注意。《上古阴声字具有辅音韵尾说检讨》(台湾《史语所集刊》50.4:679—716,1998)讨论上古汉语阴声字与入声韵的关系,指出现今大部分学者认为阴声字必具有与各入声相当的韵尾,高本汉之后,胡适、李方桂、王力、董同龢、陈新雄各有说法。龙宇纯自己曾全盘接受[-b][-d][-g]尾说,但后来改为倾向于"阴声字不具辅音韵尾说"。龙宇纯认为,上古汉语"阴声字具有辅音韵尾说"受制于中古入声独配阳声而不配阴声,其实中古的入声并非只配阳声,中古的阴声字原就可以与入声及阳声相配,所以此说证据并不充分。龙宇纯认为,与晓母互谐的明母字本是个[hm],但[hm]不是清唇音,而是个复声母。李方桂认为有[hn][hm]两个清鼻音,龙宇纯认为,汉人的"譬况"是个有弹性的拟音方法,晓明不属于互谐的范围。《再论上古音[-b]尾说》认为,以《说文》"纳、位"二字为据,就说《诗经》之前谐声时代"内、立"二字的阴声读法为收[-b]尾未免武断;谐声字不是通向上古音研究的唯一材料。《古韵脂真为微文变音说》提到,脂真少合口,微文少开口,所显示的是结构性差异,这在脂微两部的谐声表上看得很清楚;检验真文两部,也形成了开合口变异的结构性特征。龙宇纯认为,这是处于互补状态,由此提出了古韵脂真为微文变音的说法。为了进一步证实,他以谐声、异文、连语等材料再行说明,并提出脂微、真文分部的原则:凡有叶韵、假借、异文、转语等直接材料可证的,当然要考虑各字的韵部归属。《先秦散文中的韵文》讨论的对象是清儒江有诰《先秦韵文》一书,涉及了先秦散文中用韵以及与此相关的问题。一是韵文用韵的尺度是什么?"句数长短"是最低的判定标准,此外,文意断连、语句的结构、上下文类似句等也可以是判定的尺度。作者通过对相关文献叶韵的比较,提出了"某几种专书的共同特色"的概念,非常有意义。龙宇纯还对特殊用韵现象进行了讨论,比如之文通叶,脂缉、微缉与祭缉的通叶,鱼脂借韵问题的探讨。《上古汉语四声三调说》说,上古汉语已经有四声,学术界大多数人是承认的。李方桂等人主张,上古汉语四声的区别可能源于"不同辅音韵尾"的演变。龙宇纯探讨的重点是《诗经》时代是否有过不以声调区别语音的阶段,不同声调是否由不同辅音韵尾的演变而来。他从《诗经》叶韵开始,指出《诗经》押韵虽然以平上去入各自分韵为基本规律,但也可以看到不同声调相叶的情况,"平上、去入"瓜葛频繁。如此可以推断,此时四声还是以高低为区别标志,比如平声为平调,上声为升调或降升调,入声调形同去声,即去入同一调值。"去入同调"由"一字二调"可证。四声的区别并不是不同辅音韵尾演变的结果。

可以看到,龙宇纯在上古音诸多问题上,提出了"与主流显学大相径庭"的看法,确实独树一帜,引起了音韵同行的高度重视,是极为难得的。

(五)陈新雄上古汉语古音学说

1.《古音学发微》(1972)

该书是陈新雄最具有代表性的著作,更是台湾汉语上古音研究标志性的成果之一。陈新雄的导师之一高明在《古音学发微序》(《高明小学论丛》245—247,1971)中对陈新雄《古音学发微》体例有所说明:

　　凡六十万言,都五章。首章为"绪论",泛论古音之界域,古音学之起源,以及前贤研治古音之资料及方法。次为"古韵部说",详列顾、江、戴、段、王、孔、江、严、张、刘、章、黄十二家之说,而以方日升、柴绍炳、毛先舒、毛奇龄、李因笃、邵长衡、钱晓徵、洪亮吉、宋宝、丁履恒、夏炘、夏燮、胡秉虔、姚文田、庄述祖、龙启瑞、陈立、黄以周、朱骏声、刘申叔、黄永镇、钱玄同诸家之说附之,言古韵部者盖备见于此矣。又次为"古声纽说",详列钱晓徵、钱坫、夏燮、陈兰甫及余杭章君、蕲春黄君之说,而以曾运乾、黄耀先、葛毅卿、罗莘田、钱玄同、戴静山、周祖谟诸家之说附之,言古声纽者亦备见于此矣。又其次为"古声调说",详列陈、顾、江、段、孔、江、王、刘、夏、章、黄诸家,而殿之以王静安之说,言古声调者盖亦莫详于是矣。末章为"结论",则综合前贤之说,而断之以己见。

至于《古音学发微》研究价值,高明也有所评议:

　　于今人以语音学之方法析论古音者,亦择善而从。大体本之蕲春黄君之说,而更加密。其论古韵部也,以为蕲春黄君晚年所定三十部,已奄有众长,更益以姚文田所分之宑部、王了一所分之微部,乃创为三十一部之说。虽曰悉本前贤,然分合去取之间,固独有所见,戛戛乎欲陵诸贤而上之,亦可谓能自树立者矣。所谓三十二部者,验之于《三百篇》及群经、《楚辞》之韵脚;验之于《说文》之谐声,而皆有实征。假定三十二部之音读,纵论前人拟测之得失,亦能虚心持平。于三十二部之对转、旁转与演变,尤能详乎言之,竟其原委。其论古声纽也,则创为二十二纽之说。若除去古音遗失之声母,则为十九纽,与蕲春黄君之说合。于前贤及今人古无轻唇音、古无舌上音、娘日归泥、照穿神审禅古读同端透定、庄初床疏古读同精清从心、喻纽古归定及邪纽之古读,为纽古归匣及群纽之古读、照穿床审禅为声变之总枢纽诸说,咸能疏通证明,言其得矣。于复声母问题,不作轻率之结论,盖其慎也。"附录"高本汉、王了一、李方桂、董同龢、藤堂明保诸君所考定之古声母,以资比较,亦以示其不敢专辄自是之意,可谓谦卑自牧,与狂士之好以陵轹人为高者异矣。其论古声调也,则以为古人之实音与古人之观念有异,实音或有四声之别,而观念则唯舒促二类,盖折中江、王、段、黄之间,以一林景伊、王了一二君之说为依归者也。要之,自有古音学以来,其包罗之丰富、条理之缜密、考证之详确,似尚未有过于此书者。顾其说未必尽为并世学者所采信,然言古音者要当有取于是。

毫无疑问,高明对陈新雄《古音学发微》学术价值的评议是科学的,有根据的,完全符合实际。以高明评议为基本依据,我们又有所发挥,认为陈新雄《古音学发微》的学术意义在于:

其一,该书第一次对汉语古音学研究历史和存在问题进行全面清理,使得汉语古音学作为汉语音韵学中的一门独立学术领域,得到前所未有的强化,真正建立了汉语古音学完整体系与框架。《古音学发微》之前,虽然也有学者有意识地论及古音学,述及清代及其后代古音学说,比如王力《中国音韵学》《汉语音韵学》,以及张世禄《中国古音学》《中国音韵学史》等,但并未专门以古音学为基本理论框架,更不用说全面而系统地建立古音学了。而《古音学发微》则对古音学理论与实际进行了全面梳理,这就使得古音学进入到了一个符合现代科学规范的境地,这是一个具有重要意义的举措。由此,人们对汉语古音学的探讨进入到了一个自觉的阶段,以此为契机,逐步加以完善,汉语古音学内涵愈加丰厚,学科领域也更为广泛。

其二,该书以现代汉语音韵学科学理论为指导,客观而准确地把握汉语古音学研究历史脉络,气魄宏大。前人研究汉语古音学成绩卓著,学说、流派林立;如果不加分析地罗列,势必只是成为了堆积文献而杂乱无章的摆设。该书以高本汉、王力、李方桂、董同龢、藤堂明保等现代古音学理论为导引,"详列顾、江、戴、段、王、孔、江、严、张、刘、章、黄十二家之说,而以方日升、柴绍炳、毛先舒、毛奇龄、李因笃、邵长衡、钱晓徵、洪亮吉、宋宝、丁履恒、夏炘、夏燮、胡秉虔、姚文田、庄述祖、龙启瑞、陈立、黄以周、朱骏声、刘申叔、黄永镇、钱玄同诸家之说附之",可以发现各家学说的优长和历史局限性,从中清理出比较明晰的"学案"来,无论是"袭用"还是"补说",都在他的掌控之中。比如论及黄侃古韵二十八部,不忘溯源:"今述黄君古韵之学,本其所著,益以师说,而提其纲维焉。黄君承郑顾江戴段、孔王严及章君之绪,而集其大成。其古韵分部,本于章君廿三部,而益以戴氏震阴阳入三分之说,得古韵二十八部。"(475 页)由此展开了黄侃古韵学说的研究；又设"黄永镇氏对黄君学说之补苴、附论吴兴钱君之古韵二十八部"两节，进一步考订黄侃学说对后人的影响：黄侃弟子黄永镇撰有《古韵学源流》一书，分古韵二十九部，以黄侃古韵二十八部为依据，增加了一个"萧部入声"；而钱玄同与黄侃"皆承余杭章君之学，而能发扬光大之者。钱黄二君，交谊夙契，于古音之学，共相切磋，互有所益。窃谓黄君之古韵学说所以能腾播士林，致老师宿儒共相称颂者，钱君揄扬之功，与有力焉。钱君早岁著述，若《文字学音篇》《音韵学讲义》，言古音皆折衷于黄君之说。晚著《古韵廿八部音读之假定》一文，于古韵韵值之拟定，贡献特大"。钱氏古韵廿八部就主要采纳黄侃古韵学说，"以为截至现在为止，当以黄氏二十八部之说最为当"，并对黄侃古韵学说加以修订。陈新雄的眼光独到，梳理出黄侃古韵二十八部"前承后续"脉络，就汉语古音学说史研究来看是一个很大的贡献。

其三，该书审慎评议几千年来汉语古音众多学说，虚心持平，择善而从，考证详确，学术流派意识十分明确。比如谈汉语古音学的起源，陈新雄从汉儒郑康成"古者声某某同，古读某为某之类"说起，对沈重《毛诗音》"协句"、徐邈《毛诗音》"取韵"的价值也有所肯定。涉及古声调各家关系，列有"顾江学说之承继者"一节，线索非常清楚："承顾江二氏说以言古声调者，前有戴震、钱大昕，后有张惠言、张成孙父子。"（781页）研究古声纽，按一般学者的做法，要从钱大昕讲起，《古音学发微》也不例外；但在正式讲钱大昕之前，陈新雄专门列有"钱氏以前之声类异同说"一节，讲《广韵》卷末"类隔更音和"，以及《切韵指掌图》"类隔二十六字母"，认定"此实古今声类变迁不同之迹也"，以便表明钱大昕古声纽学说不是空穴来风，而是有源头的。钱坫的《诗音表》很少有人提及，陈新雄则充分挖掘《诗音表》的古声纽学价值，其评价也很客观："就《诗》之对字连字以明声类之通变，虽书尚未甚精，而启辟之功已不细。"（607页）尤其是《诗音表》中的"双声表"：

> 则观其表所列字母，可测知其心目中双声之类别，如以端知为双声，是则端知一类也；以透澈、泥娘为双声，则透与澈、定与澄、泥与娘各一类也。易言之，即舌上音知、澈、澄、娘四纽与舌头音端、透、定、泥同为双声也。此说盖本之钱大昕《舌音类隔之说不可信》之言，而泥、娘为双声，则

有以启余杭章氏娘古归泥说之先河也。

章太炎的学说与钱坫有关,这是过去学者很少知道的,《古音学发微》学术流派渊源意识由此可见一斑。

其四,不回避学说矛盾和存在的疑难问题,具有非常科学的前瞻意识,为后来学者科学研究汉语古音学铺垫了一条通向光明的学术道路。他最为推崇吴棫《诗补音》《韵补》得"古韵九部之大界",有草创之功;尽管如此,还是不回避其存在的问题,比如指出其《韵补》"各部所收之字,亦多自乱其界域"问题(16—21页)。其"结论"一章申说自己的观点,尽量有理有据。比如"今定古韵三十二部之理由"(865页):

> 设将各家分部从其分不从其合,则古韵分部之最后结果当为三十三部。然罗、周二氏三十一部中之祭部,即休宁戴氏所分之霭部,此部按诸《诗经》用韵及谐声偏旁,实难成立。王君了一尝谓:"能不能加上祭部成立为三十一部呢?我们认为是不能的,因为去声的祭、泰、夬、废和入声月、曷、末等韵无论就谐声偏旁说,或就《诗经》用韵说,都不能割裂为两部。王念孙、章炳麟、黄侃把他们合为一部是完全正确的,戴震分为两部是错误的。"(《汉语音韵》自注)祭部既不能成立,则最后结果当为三十二部,故今据此以厘定为古韵十二类三十二部。此三十二部之定,实全本昔贤,无丝毫臆见参杂其间。至三十二部古韵名称,则为余所定。

姚荣松《六十年来(1950—2010)台湾声韵学研究成果之评述与展望》(2014)认为,陈新雄《古音学发微》的贡献主要是:首创古韵三十二部之说;以审音为基础,依创见与启发之程度,总结了古韵分部之主流与旁支;在黄侃古音学的基础上,撷取民国以来前贤的精华,融贯为自己古音学一家之言,并以捍卫师说为己任。

2.陈新雄《古音研究》(1999)

该书的写作始于1990年秋季,完成于1998年3月,再加上修订时间,达10年之久。全书七十多万字,体例为:第一章,绪论:第一节,古音之界域;第二节,古音学之起源;第三节,研究古音之资料与方法。第二章,古韵研究:第一节,郑庠之古韵研究;第二节,顾炎武之古韵研究;第三节,江永之古韵研究;第四节,段玉裁之古韵研究;第五节,孔广森之古韵研究;第六节,王念孙之古韵研究;第七节,江有诰之古韵研究;第八节,章炳麟之古韵研究;第九节,王力之古韵研究;第十节,戴震之古韵研究;第十一节,姚文田之古韵研究;第十二节,刘逢禄之古韵研究;第十三节,黄侃之古韵研究;第十四节,古韵分部之结束;第十五节,古韵通论。第三章,古声研究:第一节,钱大昕之古声说;第二节,章炳麟之古声说;第三节,黄侃之古声说;第四节,曾运乾之古声说;第五节,钱玄同之古声说;第六节,陈新雄之古声说;第七节,古声母总论。第四章,古声调说:第一节,陈第之古声调说;第二节,顾炎武之古声调说;第三节,江永之古声调说;第四节,段玉裁之古声调说;第五节,孔广森之古声调说;第六节,江有诰之古声调说;第七节,王念孙之古声调说;第八节,刘逢禄之古声调说;第九节,夏燮之古声调说;第十节,章炳麟、黄侃之古声调说;第十一节,王国维之古声调说;第十二节,古声调总论。与《古音学发微》相比,陈新雄《古音研究》特色明显:

其一,调整了一些原有研究的思路与内容,章节安排以及论述的角度也有所不同。比如《古音学发微》第二章"古韵部说"第一节是"顾炎武之古韵说",其中提到说"古音学之研究而有条理者,实自顾氏始,至古韵分部,虽前有郑庠六部,实足疏略不足观,而书又散佚,建立规模,实由顾氏奠其基石"(117页)。但在《古音研究》第二章"古韵研究"中,设置的第一节就是"郑庠之古韵研究",并引证熊朋来《熊先生经说》文献展开论述,表明郑庠古韵研究成果的重要性地位。《古音学发微》第二章"古韵部说"第三节"段玉裁之古韵说"之后是第四节"戴震之古韵说",而在《古音研究》第二章"古韵研究"中,"戴震之古韵研究"已经挪到了第十节,在第九节"王力之古韵研究"之后,是不是出于把"戴震之古韵研究"作为"审音派"之始的考虑? 此外,《古音学发微》往往在论述一位学者古音研究成果之后重点论及研究局限、缺失,后继学者"补说"或同时学者"同说"等,比如第二章"古韵部说"第八节"严可均之古韵说"设"严氏学说之后继者"第三分节,并论及"胡秉虔之古韵论、刘师培之《老子韵表》";但在《古音研究》却不见设有"严可均之古韵研究"专节。就是有专节的学者古韵研究,也不再设有后继学者"补说"或同时学者"同说"等专节内容。

其二,汉语古音研究史线索更为清晰。《古音学发微》"补说"或同时学者

"同说"等固然可以加重古音学家学说的砝码,但也容易混淆本来凌乱的交叉学术观点,时空界限难明。《古音研究》"小标题"的安排具有内在的逻辑次序,让读者由此根据作者的时间顺序排列,加以判断,容易把握。比如《古音研究》在"孔广森分部之创见"一节之下列有"冬部独立、合部独立、侯幽分配入声"名目(104—107页),孔广森的贡献就更为清楚了。

其三,吸取了学术界不少汉语古音研究的新观点。比如汉语上古韵部的构拟开合口问题,在《古音学发微》中以董同龢《上古音韵表稿》的学说为依据。董同龢根据高本汉、王力的学说,提出一项假说,即"凡《切韵》以后变清唇以及韵书全归合口韵的唇音字,在上古韵当为合口";又据此假定提出两项原则,即凡跟上述之字有谐声关系者也是合口,不与上述之字谐声且又跟其他开口字有关系者是开口。陈新雄说:"自董氏此说出,唇音字之开合问题,大体已告解决。故余撰《古音学发微》于唇音之开合,亦以董氏之说为据。"但《古音研究》则有所改变,即"自李方桂《上古音研究》以来,认为合口音乃因其他因素之影响而产生,故合口音乃后起者";陈新雄认为,"由于李氏新说之提出,则吾人处理上古之开合时,便不能完全以董氏之说为据,宜稍加修正,凡《切韵》未分开合之韵,不能兼备开合,极可能惟有开合,而其合口字,诚如李氏所谓乃属后起,至于《切韵》开合分明之韵,则不妨仍保留开口与合口之区别,详情俟讨论各部音读时,再相加讨论"(371—372页)。介音问题也是如此,其《古音学发微》仿董同龢《中国语音史》之例,并参考王力《汉语史稿》与《汉语音韵》之说,对于古代韵部的洪细订立三条原则。但研究了李方桂《上古音研究》之后,他认为李方桂合口二等介音拟音比较合理,就在《古音研究》中对自己的构拟有所修订,即将合口二等介音[-e-]介音改为[-r-](372—377页)。再如李方桂认为床母三等字与禅母是方言混杂现象,出自于上古的[d]+[j];但陈新雄还是取了周法高《论上古音》的说法,即禅母应该为[dj],并加以补充,认为可以再行考虑拟为[sdj](649页)。

其四,突出了陈新雄个人汉语古音学体系研究的新观点。诚如高明所说,《古音学发微》"古韵部说"在黄侃三十部的基础上吸取姚文田、王力观点,分古韵为三十二部,并在"结论"一章说明定古韵为三十二部理由、证明、音读之假定、对转与旁转、演变,甚至列有《古韵三十二部谐声表》(865—1134页);但在有关"古声纽说"中有关"陈新雄个人古声纽说"章节的安排上就不大清楚,

也没有明显标志。而《古音研究》则不同,在第三章"古声研究"中设专节(第
六节)谈"陈新雄之古声说",这就十分明确地突出了陈新雄个人古音学研究
体系中"古声纽学说"的新观点,旗帜鲜明。在同一章第七节"古声母讨论"
中,涉及了复声母等问题,与《古音学发微》的审慎态度有些不同,以更加积极
的态度加以分类研究,比如对李方桂《上古音研究》提出上古带[*s-]词头复
声母问题,认为可以采用,"但为符合此篇所拟上古声母之系统,仍有略加修正
之处"(673—674页);同时认为竺家宁主张上古有带喉塞音[ʔ]及带舌尖塞
音[t]之复声母观点缺乏证据。

　　应该说,《古音研究》积陈新雄几十年汉语上古音研究之心血,是了解和
研究作者成熟的汉语上古音学说体系的主要依据之一,充分体现了作者将本
书作为学习声韵"工具性质"的基本意图。但从结构安排上说,还应该进一步
完善,比如引用李方桂等学者的观点甚多,是不是可以考虑列专节介绍他们的
学说呢? 如此,内容和形式就会做到真正的完美统一,引导读者理解当代古音
学发展的学术趋向。

　　姚荣松《六十年来(1950—2010)台湾声韵学研究成果之评述与展望》
(2014)认为,陈新雄《古音研究》以《古音学发微》为基础,吸收二十多年以来
的新成果,修改自己之前所建立的汉语古音系统,例如与舌根声母相谐的喻四
和邪母都拟作[g],今则改为[gr-]和[grj-]以补《古音学发微》的不足。

　　(六)丁邦新上古汉语音节结构学说

　　丁邦新《上古汉语的音节结构》(1979)一文认为,有关汉语上古音音节结
构是过去学者比较忽略的一个问题。此文主要内容为:音节结构理论对古音
拟测的影响;现代汉语的音节结构及其来源;中古汉语的音节机构及其来源;
上古汉语的音节结构及阴声尾问题;同族系语言的证据。具体来看:

　　其一,有必要检讨音节结构理论对汉语古音拟测的影响。丁邦新说,只要
是讨论单音节性的语言,无论一般性的描写还是拟测古音,通常都要谈该语言
的语位结构或字根结构,因为这种结构基本上涵盖了许多现象,并决定着拟音
的方向。汉语大致是单音节性的语言,尤其是上古汉语单音节性的特征更为
显明,也许因为这个缘故,以前讨论汉语上古音拟测的人很少特别注意汉语音
节结构问题。汉语虽然是单音节语,但在拟测汉语古音时,还是要同时讨论汉
语音节的结构问题。

其二,现代汉语的音节结构及其来源。丁邦新认为,汉语方言闽语与周秦时代古音的关系不清楚,暂不讨论。共同的音节结构是:声母部分、韵母部分(介音、主要元音、韵尾)以及贯穿整个音节的声调部分。如果以 T 代表声调、C 代表辅音、V 代表元音、S 代表半元音的话,现代汉语音节结构是:(C)(S)V(C/S)。国语、苏州、长沙、南昌、梅县、广州各地具有相同的音节结构。因此,在构拟中古音时,就要按照这种情形配合《切韵》《广韵》系统,订立汉语中古音的音节结构,各家中古音构拟大致不超出这种音节结构之外。但不同点也要注意,就是现代汉语各方言无声母的字并不全是从无声母来的,也有从微母、日母、疑母来的;而从影母、喻母来的就无法从方言看出来源了,这样,汉语音节结构就发生了变化。中古音三四等韵有合口字,容许有两个介音,现代汉语不行。入声韵尾消失之后,可能留下一个半元音尾的痕迹。

其三,中古汉语的音节结构及其来源。丁邦新认为,各家对汉语中古音音系的拟测只有细微的不同,没有悬殊的差异。各家对重纽的看法不一致,但共同的是,收[i][u]韵尾的韵母在全部阴声韵母中所占的比例特别高。这些韵母中[i][u]正是上古音某种韵尾的遗迹。但[i][u]韵尾是从上古音的什么韵尾来的? 清代人已经提供了答案,比如顾炎武发现汉语上古音中入声韵配阴声韵;段玉裁发现谐声字也有助于古韵分类,肯定了入声韵配阴声韵问题。丁邦新把入声字跟阴声韵字相配,合为阴声韵部;认为入声字既有[p][t][k]尾,阴声字很可能有对应的辅音韵尾,因此推定上古汉语的音节结构是 CVC 型。

其四,上古汉语的音节结构及阴声尾问题。丁邦新推定上古汉语的音节结构是 CVC 型,但这个结构中最有争议的还是阴声韵尾的问题,一定要检看各家的上古拟音才能加以判断。高本汉、董同龢、陆志韦、王力、Pulleyblank(蒲立本)、周法高、李方桂各家对阴声韵部拟音,除了王力外,都给阴声韵拟了一个塞音尾,只是多少有所不同。丁邦新赞同李方桂的系统,认为所有的音节都是有辅音韵尾的,和 CVC 型一致。

其五,同族系语言的证据。李方桂(1945)指出,中国地支借入傣语中,"未"字在三种傣语中仍然有一个舌尖塞音尾[t],显示原来汉语就有一个塞音尾。丁邦新进一步发现,李方桂所引文献中,十二个地支,阴声字有八个;借到傣语中,其中有六个阴声字有元音尾,一个有塞音尾。龚煌城(1978)讨论汉藏缅语三种语言的元音系统,许多同源字有辅音韵尾,比如藏语有[k][g][d]等韵尾,和汉语对应;缅语有[y][w]尾,很可能就是早期韵尾痕迹。

对汉语上古音阴声韵有韵尾问题,许多学者,比如陈新雄、龙宇纯等提出反对的意见,丁邦新认为,这里不详加讨论,只是从种种现象去推测上古汉语音节结构是 CVC 型,上古汉语没有开音节。

姚荣松《六十年来(1950—2010)台湾声韵学研究评述与展望》(2014)认为,丁邦新从现代汉语的音节结构着手,往上推至中古汉语,然后从中古汉语推至上古汉语,最后就上古汉语的音节结构及阴声韵尾问题作出解释,并征引同族系语言的比较加以证明,认为上古汉语的音节结构是(C)C(C)(S)(S)VC 形式,其中 C 代表辅音,V 代表元音,S 代表半元音。简言之,就是 CVC,换言之,上古汉语是一个没有开音节的语言。丁邦新的重点是在于把上古汉语的音节结构公式化,至于上古汉语的韵尾是否都是唯闭的,并未提出更多有力的证据(34 页)。

(七)龚煌城汉藏语比较上古音学说

梅祖麟、龚煌城《上古音对谈录》(1992)记录了梅祖麟与龚煌城、何大安、林英津等学者有关于上古音研究的三次对谈内容,时间分别是 1989 年 12 月、1990 年 1 月。其讨论的主要议题是:

其一,李方桂与雅洪托夫汉语上古音系统的比较。梅祖麟认为,雅洪托夫汉语上古音承袭王力学说比较多,李方桂也参考了二位学者的研究,但自己的独创更多。对龚煌城比较李方桂与雅洪托夫上古音成果,梅祖麟做了四点说明:一、雅氏系统拟音,[a][ä]分布极不寻常,只在开音节有鱼[a]与歌[ä]的对比;李先生系统无此缺陷。二、雅氏系统[ü]元音分布极受限制,只有[ü][ük],至于[ü]为何不与舌尖韵尾与唇音韵尾结合则无法解释;若依李先生,宵部与幽部分别为[akʷ]与[əkʷ],其特征是韵尾的圆唇舌根音,自然没有相对的舌尖音与唇音韵尾。三、依李先生系统须要解释的是,为何上古汉语没有[-ut][-un][-up][-um]的音节,也没有[-ip][-im]的音节。汉藏语比较研究的结果显示,在这些音节中元音都变成[-ə-]了,这是很自然的演变,但依雅氏系统解释则很困难。圆唇舌根音在印欧语的拟测中也出现过,李先生系统并不奇怪。四、雅氏系统拟音[a][o]是可以接受的,但[ü]分布却受到了限制;雅氏系统中没有[-op]跟[-om]拟音,也不是问题。

其二,确立上古汉语"同源"关系对研究汉语上古音的意义。龚煌城回答梅祖麟有关汉藏语比较研究上古音的提问,说道:在判定王力、董同龢、李方桂、雅洪托夫四位学者上古音系统何者为正确时,考虑到了新的验证方法和证据问题,其证据就是同源词。龚煌城认为,谐声是文字产生时候的系统,《诗经》押韵是《诗经》产生时候的系统,而同源词的系统则代表语言产生的时代;因而,研究同源词就是发现语言里面对应的规律。确定同源词关系须建立在有规则的对应上面:声母要一样,或者同部位;韵母相同或相近。如果整套地发现对应,这样的同源词是相当可靠的,因为这不会是巧合,一定是这两个字有关系。龚煌城又举了自己的论文《从汉藏语的比较看上古汉语若干声母的拟测》(1994)为例。在这篇文章中,龚煌城追述汉藏语比较研究的历史,有意突出汉藏语比较对汉语上古音研究的意义。由此,在这里(《上古音对谈录》)他进一步说道,这种语音对应有它的规则性,从前不是一定离得这么远,而一定有一个模式。到底是什么模式呢? 肯定的回答是,汉藏语具有同源关系。龚煌城以上古音宵部和元部拟音为例,引入汉藏语"同部位阴阳入对转"证据,证明雅洪托夫系统拟音难以验证,而接受了李方桂的拟音,则可以得到比较满意的解释。但龚煌城强调,从汉藏语比较来看,藏文并不能代表原始汉藏语的元音系统,必须进行更进一步的拟测,即根据汉语、藏语、缅甸文来做推测。龚煌城也谈了汉语和泰语之间的关系问题,指出如果汉语跟泰语同源的话,就可以利用泰语来拟测汉语上古音,因此可以多做些汉语与泰语的比较工作。但班乃迪克(Benedict,1942)提出了不同于康拉迪(Conrady,A)的看法,指出泰语和汉语是借用关系,因为基本词汇都不一样,泰语和南岛语系反而接近。龚煌城自己也由此开始表示怀疑,到后来更是站在汉泰不同源的立场上立论。

其三,汉语上古音系统构拟。梅祖麟认为,应该重建上古汉语的整个构词系统。比如雅洪托夫(1960)比较早地提出了[r]中缀,即二等字[r]介音,龚煌城(1989)又有了新的证明,即喻三跟群三同源。梅祖麟考虑的是把上古汉语的[r]中缀跟藏文里面的[r]前缀连起来的问题,但还没有更好的处理办法。龚煌城则说明了研究汉语词缀的背景是高本汉研究上古音遇到了汉语谐声关系问题,但起初并没有牵扯到同源关系;后来人们开始关心起汉语有没有词头、有没有插词的问题。比如"鉴"和"览",中古音是[*kam][*lam],一个是

[k-]，一个是[l-]，二者不但有谐声关系，意义也很接近，可能还有同源关系。如果按照高本汉的理论解释，就有可能[k-]是词头，[lam]是字根，从而构成上古汉语的前缀；这也和马伯乐《上古汉语词头跟语词的衍生》，(1930)的主张一致；但还有另外的解释，比如[b]，就变成了存在一个中缀或插词[-l]了。Wulff(伍尔夫)《汉语与泰语》的看法受到了马伯乐的批评。吸收音韵学最新研究成果并加以配对，龚煌城认为，梅祖麟根据训诂例证的做法较有说服力。

梅祖麟、龚煌城《上古音对谈录》就汉语上古音研究，尤其是运用汉藏语比较法研究上古音所涉及的一些理论问题进行了深入的探讨，其中所折射的新方法和新思路是值得进一步思考的。

二、清代刘家谋与黄宗彝上古音学说

李无未《清代旅居台湾两"闽儒"上古音研究逸文》(2015)论述了旅居台湾学者刘家谋与黄宗彝的古音学，现择要加以介绍。

(一)刘家谋《操风琐录》与上古音考订

谢章铤《稗贩杂录》(清光绪二十七年[1901]《赌棋山庄笔记合刻》本)卷四收录了刘家谋《操风琐录》所论闽语保存古音的一些资料，这些内容可以证明他在台湾汉语清代音韵学史中的地位和作用。在研究思路上，刘家谋《操风琐录》与黄宗彝《榕域方言古音考》(详见下文)具有异曲同工之妙。由此可见刘家谋研究汉语上古音的一些基本方法与黄宗彝具有相通之处，但也有一些不同点，因为所涉及的对象更为复杂。

《操风琐录》所论古音条目是：

1.穧稢。刘家谋说："《说文》穧，多小意而止也。稢，穧稢也。徐锴曰，穧稢，不伸之意。上职雉切，下俱羽切。"按，职雉切，《广韵》音属章旨上；上古音：王力[tɕiei]脂，李方桂[trjidx]脂；周长楫等《汉字古今音表》61页"旨"字《广韵》章旨上，闽东音[tsi]。俱羽切，《广韵》音属见虞平；上古音：王力[kiua]鱼，李方桂[kwjagx]鱼；周长楫等《汉字古今音表》90页"拘"字《广韵》见虞平，闽东音[ky]。刘家谋是取其双声还是叠韵？有待于进一步考订。

2.屈戾。刘家谋说："《广韵》前后相次也。上楚恰切，下直立反。"按，屈，大徐本《说文》楚恰切，段注："楚恰切，八部。《广韵》初戢切。"戾，大徐本《说文》直立切，段注："戾，屈戾也。"楚恰切，《广韵》音属初洽入；周长楫等《汉字古今音表》468 页"插"字《广韵》初洽入,闽东音[tshah]。直立反,《广韵》音属澄缉入;周长楫等《汉字古今音表》未见闽东音。李方桂缉部中包含了中古洽韵(43—44 页),应该属于上古缉部,可以判定是叠韵。

3.菣頯。刘家谋说:"《说文》頯头,菣頯也。段若膺曰,菣頯,叠韵字,盖古语也。"并强调:"上古怪切,下五怪切。"按,古怪切,《广韵》音见怪去;五怪切,《广韵》音疑怪去;二者属同一韵部,不独是叠韵,声母也是同属于一个发音部位舌根音的,只是清浊不同。周长楫等《汉字古今音表》153 页"怪"字《广韵》见怪去,闽东音[kuai];未见疑母怪韵去声闽东音。属王力上古之部。

4.嘘唏。刘家谋说:"上虚冀切,下火可切。"按,虚冀切,《广韵》音晓至去;火可切,《广韵》音晓哿上。二者晓母双声。上古晓母。

5.詹蜑。刘家谋说:"《篇海》不能行。上白衔切,下他旦切。"按,白衔切,《广韵》音并衔平;他旦切,透翰去。衔属谈韵,收[-m]尾,而翰属于元韵,并不搭界。二者既非双声,也非叠韵。

6.趌趌。趌,大徐本《说文》去吉切,段注:"趌趌,去吉切;他旦切,十二部。"趌,大徐本《说文》居谒切。刘家谋注音同大徐本。按,去吉切,《广韵》音溪质入;居谒切,《广韵》音见月入。声母只有送气不送气之分,质、月,王力分为两部,但都收[-t]尾;因此,二者很可能双声兼叠韵,属见母月部。

7.尷尬。刘家谋说:"尷,古咸切。尬,大徐本《说文》古拜切,段注:'十五部。'"按,实际现在写作"尷尬"。古咸切,《广韵》音见咸平;古拜切,《广韵》音见怪去。二者双声。陈泽平《19 世纪以来的福州方言》486 页"尷尬"作[kaŋ][kai(ŋai)]。上古见母。

8.燁燬。刘家谋说:"上毕出切,下甫勿切。"按,毕出切,《广韵》音帮术入;甫勿切,《广韵》音帮(非)物入。术、物,王力物部。二者双声兼叠韵,属帮母物部。

9.獙猭。刘家谋说:"獙,痴邻切。猭,丑缘切。"按,痴邻切,《广韵》音彻真平;丑缘切,彻仙平。真、仙分属文真两部,但相近,也可以说是双声兼叠韵,属彻母文部真部。

10.諸拏。刘家谋说:"上陟加切,下奴加切。"按,陟加切,《广韵》音知麻平;奴加切,《广韵》音泥麻平。二者叠韵,属王力歌部。

11.觟纕。刘家谋说:"纕,今闽语亦有专言。上乌孔切,下奴孔切。"按,乌孔切,《广韵》音影董上;奴孔切,《广韵》音泥董上。二者叠韵,属王力东部。

12.遇伙。刘家谋说:"上于果切,下音祸。"按,于果切,《广韵》音云果上;祸,《广韵》胡果切,匣果上。董同龢认为,云匣关系密切,但李方桂不大同意。我们还是看作叠韵,属王力歌部。

13.击曰笪。刘家谋说:"当割切。"按,当割切,《广韵》端曷入;王力端母月部。击,《广韵》古历切,见锡入;王力端母锡部。差别不小。

14.摇掯。掯,刘家谋说:"乌括切。大徐本《说文》亦乌括切。"按,乌括切,《广韵》音影末入;周长楫等《汉字古今音表》281页"斡"字《广韵》影末入,闽东音[uoh];上古影母月部。摇,《广韵》以沼切,以小上;周长楫等《汉字古今音表》281页"舀"字《广韵》以小上,闽东音[ieu];上古影母宵部。二者声母相近。

15.扚。刘家谋说:"都了、时酌二切。"按,都了切,《广韵》音端篠上;上古端母幽部;周长楫等《汉字古今音表》277页"鸟"字《广韵》端篠上,闽东音[neu]。时酌切,《广韵》音禅药入;上古禅母药部;周长楫等《汉字古今音表》347页"勺"字《广韵》禅药入,闽东音[tshuoh]。二者在福州音中是不是有文白二读?但哪一个是上古音?刘家谋没有明说。

16.掇。刘家谋说:"都夺切。"按,《广韵》音端末入;周长楫等《汉字古今音表》不见此反切闽东音;上古端母月部。

17.抐与捼。刘家谋说:"抐,奴没切。捼,闽音,奴回切。"按,奴没切,《广韵》音泥没入,上古泥母物部;奴回切,《广韵》音泥灰平,上古泥母微部。周长楫等《汉字古今音表》不见二切闽东音。

18.搵。刘家谋说:"乌困切。"按,《广韵》音影慁去,上古影母文部。李如龙《福州方言本字考》(《方言与音韵论集》192页)"搵[ouŋ],沾也"。《戚林八音》:"纳物水中。"

19.挻。刘家谋说:"式连切。《字林》丑连切。"按,式连切,《广韵》书仙平;周长楫等《汉字古今音表》214页"扇"字《广韵》书仙平,闽东音[sieŋ]。丑连切,彻仙平;上古音书母元部。

20.毃。刘家谋说:"《说文》各毒切;《广韵》苦角切。今闽音两切俱行。"按,各毒切,《广韵》音见沃入,上古见母觉部。苦角切,溪屋入;周长楫等《汉字古今音表》21页"哭"字溪屋入,闽东音[khouh];上古音溪母觉部。

21.瘿。刘家谋说:"于郢切。"按,于郢切,《广韵》音云静上;周长楫等《汉字古今音表》370 页"瘿"字未见闽东音;上古音影母耕部。

22.洠。刘家谋说:"肩婢切。"按,肩婢切,《广韵》音见纸上;周长楫等《汉字古今音表》59 页"诡"字《广韵》见纸上,闽东音[kuei];上古见母支部。

23.鞔。刘家谋说:"母官切。"按,母官切,《广韵》音明桓平;周长楫等《汉字古今音表》203 页"鞔"字无闽东音,但有同音字"鳗",《广韵》,明桓平,闽东音[muaŋ];上古音明母元部。

24.䤴。刘家谋说:"丁冷切。大徐本《说文》当经切,段注:'当经切,十一部。'"按,丁冷切,《广韵》音端迥上;周长楫等《汉字古今音表》371 页"顶"字《广韵》,端迥上,闽东音[tiŋ];上古端母耕部。当经切,《广韵》端青平,上古端母耕部。

25.鞙。刘家谋说:"《玉篇》音掌。"按,鞙,《广韵》诸两切,章养上;周长楫等《汉字古今音表》335 页"掌"字《广韵》章养上,闽东音[tsuɔŋ];上古音章母阳部。

26.攑。刘家谋说:"居万切。"按,居万切,《广韵》音见愿去;周长楫等《汉字古今音表》230 页"建"字《广韵》见愿去,闽东音[kyɔŋ];上古见母元部。

27.舀。刘家谋说:"以沼切。"按,《广韵》音以小上;上古以母宵部;周长楫等《汉字古今音表》281 页"舀"字《广韵》以小上,闽东音[ieu]。

28.戽。刘家谋说:"荒故切。"按,戽,《广韵》有呼古(晓姥上)、荒故(匣姥上)、侯古(晓暮去)三切。周长楫等《汉字古今音表》107 页"虎"字《广韵》呼古切,晓姥上,闽东音[hu];108 页"户"字《广韵》侯古切,晓暮去,闽东音[hou];周长楫等《汉字古今音表》118 页"戽"字《广韵》荒故切,匣姥上,未见闽东音,但一定和[hu]音有关。戽,上古匣母鱼部。

29.淳。刘家谋说:"章伦切。大徐本《说文》常伦切,段注:'当依《经典释文》之续反。十三部。'"按,章伦切,《广韵》音章谆平;常伦切,禅谆平;之续反,章烛入。周长楫等《汉字古今音表》166 页"纯"字《广韵》常伦切,禅谆平,闽东音[suŋ];上古音禅母文部。

30.沏。刘家谋说:"将逸切。"按,将逸切,《广韵》音精质入;周长楫等《汉字古今音表》没有"将逸切"的闽东音,却有亲吉切(清质入)的"七"的闽东音[tsheih];上古音精母质部。

31.齂。刘家谋说："蒲没切。"按，《广韵》音并没入；周长楫等《汉字古今音表》194页"勃"字《广韵》并没入，闽东音［puoɂ］；上古并母物部。

32.蒸。刘家谋说："于袁切。"按，《广韵》音影元平；周长楫等《汉字古今音表》199页未见"宛"等属于《广韵》于袁切的闽东音；上古影母元部。

33.煏。刘家谋说："贫力切。大徐本《说文》符逼切，段注：'一部。符逼切当为蒲逼切。'"按，煏，《广韵》音贫力切，并职入；符逼切，奉职入；蒲逼切，并职入。周长楫等《汉字古今音表》未见《广韵》符逼切闽东音。上古音并母职部。

34.罾。刘家谋说："子敢、子冉、慈染三切。"按，子敢切，《广韵》音精敢上；子冉切，精琰上；慈染切，从琰上。周长楫等《汉字古今音表》未见《广韵》子冉切闽东音；451页"渐"字《广韵》从琰上，闽东音［tsieŋ］；上古音从母谈部。

刘家谋的论证方式有四：一是以叠韵而论其古音，比如例3均属怪韵；例10、12也是如此。二是以双声而论其古音，比如例7均属见母；例8、9、17也是如此。三是强调闽音一读或异读，如例18—23。四是引段注证明古音，如例24、29、33等。五是举多读而未判定是闽音的，如例34。

刘家谋《操风琐录》利用福州音考订"古音"显而易见，但其结论是否可靠？这些文献价值究竟如何？也还需要我们进一步探讨才能确定。

（二）黄宗彝《榕城方言古音考》与上古音考订

黄宗彝《榕城方言古音考》（一说《闽方言古音考》）八卷（一说四卷），今亦不存，少数条文见谢章铤《稗贩杂录》卷四，所论闽语保存古音的内容也是十分重要的，可以证明，他在台湾汉语清代音韵学史中的地位和作用。期刊网上有论文：《谢章铤〈说文闽音通〉反切溯源》，可参。

黄宗彝《榕城方言古音考》考证体例是：大字为具体的词语条目，比如"鼎曰鼑"。在"鼎曰鼑"之下，列双行小字加以注释："《广韵》：'鼑，小釜。多殄切。'今闽中鼎大小通呼曰鼑。"这是说，"小釜"在福建称之为"鼑"，是上古遗留下来的名称；音多殄切，端先上，保留的是上古音。王力、李方桂等上古音列在了文部。以《广韵》音和闽音为互证，求得上古音遗存的一些痕迹。这是最为基本的考证程序。

如何理解谢章铤《稗贩杂录》卷四所收黄宗彝《榕城方言古音考》的这些内容？

1.《榕城方言古音考》研究古音的具体方法

我们以黄宗彝为谢章铤《聚红榭雅集词》所写《序》文涉及的例证为依据，所涉内容：

（1）关于上古音声母

其一，重唇之转为轻唇。钱大昕首先提出"古无轻唇音"（《潜研堂文集》卷十五《古无轻唇音说》），形成了"凡轻唇之音，古读皆为重唇"的理论。

其二，舌头之转为穿齿。钱大昕提出"古人多舌音，后代多变为齿音，不独知彻澄三母为然也"（《十驾斋养新录》卷五《舌音类隔之说不可信》），黄宗彝与之观点一脉相承，这是十分难得的。王力进一步补充钱大昕"古无轻唇音说、古无舌上音说"，认为应该再以现代方言为证，才有坚强的说服力。如此一来，钱氏的说法可谓是不争的事实了。

其三，有纯鼻之音。董同龢《上古音韵表稿》认为，上古汉语[m]常跟舌根擦音[x]互谐。高本汉虽然注意了这个现象，但没有做解释，拟为[xm]，实际上应该是个清鼻音[m̥]。李方桂《上古音研究》单辅音声母系统增益了清鼻音声母。龙宇纯《上古音刍议》也有明[m]母，双唇浊鼻音；疑[ŋ]母，软腭鼻音。王力反对"轻唇鼻音声母说"，因为上古凡与明母互谐的晓母字，在中古可以说都是合口的。

（2）关于上古音韵母

其一，江、东、冬同用。黄宗彝说："江韵中字，古多与东、冬同用，其偏旁从工、空、舂、童、丰、凶、宗、龙、从、匆、农等字，皆东、冬部，《说文》以之取声，闽音得之。"相当于顾炎武第一部、段玉裁第九部等。

其二，先、仙韵中字如天、田等，半入真部。

其三，尤、侯、幽韵中字，如刘、流、留、楼、矛、浮、猴、头、投等字，半入肴部，即江永幽部、王力十五幽部。

（3）关于声调

其一，儿字，古近日。"日"字上古音：王力[n̠iet]（质）、李方桂[njit]（质）、白一平[njit]（质）。"儿"字上古音：高本汉[ŋieg]、王力[ŋye]（支）、白一平[ŋe]（支）、李方桂[ŋig]（佳）。二者平入相混。

其二，大字，古近杕。"杕"字上古音：王力[dyat]（月）、李方桂[diadh]（祭）、白一平[lets]（月）。"大"字上古音：王力[dat]（月）、李方桂[dadh]

（祭）、白一平［lats］（月）。

2.《榕城方言古音考》部分条目考订汉语上古音

（1）草束曰蕴

黄宗彝说："《一切经音义》于云切。"于云切，影文平。"蕴"字上古影母，王力［uən］（文）、李方桂［ʔwən］（文）、白一平［ʔun］（文）；《广韵》乌浑切，影魂合一平臻。

（2）晒衣竹曰笐

黄宗彝说："《广韵》下浪切。"下浪切，匣宕去。"笐"字上古匣母，王力［kaŋ］（阳）、李方桂［kaŋ］（阳）、白一平［kaŋ］（阳）；《广韵》古郎切，见唐开一平宕。陈泽平《福州方言研究》"福州方言的词源考证"一章列有"生僻的本字"一节，其中就有此字，现代福州音［auŋ］，引《集韵》反切为证，但声符换成了"杭"。

（3）火余曰�

"�"字上古从母，王力［dzu］（幽）、李方桂［dzəgw］（幽）；《唐韵》作曹切，从豪开一平效。黄宗彝引《说文》熗，焦也"为证。"焦"字上古精母，王力［tsiô］（宵）、李方桂［tsjagw］（宵）；《广韵》即消切，精宵开三平效。陈泽平《19世纪以来的福州方言》343页："柴［tsha］熗［tsau］，表面烧焦内部炭化的木头。"

（4）钻曰鐏

黄宗彝说："《一切经音义》在困切。《五音集韵》作闷切。""鐏"字上古从母，王力［dzuən］（文）、李方桂［dzənh］（文）；《广韵》徂闷切，从魂合一去臻。"钻"字上古从母，王力［tsuan］（寒）、李方桂［tsuan］（元）；《广韵》借官切，精桓合一平山。

（5）鼎曰錪

黄宗彝说："《广韵》：'錪，小釜。多殄切。'今闽中鼎大小通呼曰錪。""錪"字上古端母，王力［tyən］（文）、李方桂［tiənx］（文）；《广韵》多殄切，端先开四上山。"鼎"字上古端母，王力［tyeŋ］（耕）、李方桂［tiŋx］（耕）；《广韵》都挺切，端青开四上梗。陈泽平《19世纪以来的福州方言》336页鼎作［tiaŋ］。

（6）大瓮曰瓨

黄宗彝说："《一切经音义》古江反。"瓨，大徐本《说文》："读若洪，从瓦工声，古双切。"通"缸"。陈泽平《19世纪以来的福州方言》336页缸［kouŋ］。

《集韵》平声江韵："缸,瓶也,或作瓨。"《集韵》平声东韵："瓨,陶器。"段注《说文》也说读如缸。按,"缸"字上古见母,王力[kaŋ](阳)、李方桂[kaŋ](阳);《广韵》见唐开一平宕。"工"字上古见母,王力[koŋ](东)、李方桂[kuŋ](东);《广韵》古红切,见东合一平通。大徐本《说文》古双切,见江开二平江,上古音:王力[keoŋ](东)、李方桂[kuŋ](东)。

(7)竈,可移者行

竈,上古精母,王力[tsu](幽)、李方桂[tsəgwh](幽);《五音集韵》俗竈字,《广韵》则到切,精豪开一去效。黄宗彝仅以《说文》为证。大徐本《说文》:竈,炊竈也。从穴,鼀省声。"则到切。竈,或不省。"段注:竈"在古音三部,入声",正字是"灶"字。陈泽平《19 世纪以来的福州方言》336 页"灶"[tsau]。

(8)缆舟竹索曰笽

笽,黄宗彝引《广韵》奴盍切。"笽"字上古泥母,王力[nəp](缉)、李方桂[nəp](缉);《广韵》奴盍切,泥盍开一入咸。

(9)牛鼻环曰桊

黄宗彝没有给"桊"注音。"桊"字上古见母,王力[kiuan](寒)、李方桂[kwjanh](元);《广韵》居倦切,见线合重纽三等去山。陈泽平《19 世纪以来的福州方言》314 页:"桊[kuoŋ]鼻[phei],给牛上鼻环。"

(10)禽兽去势曰镦

黄宗彝说:"都昆切"。都昆切,端魂合一平臻。"镦"字上古端母,王力[tuən](文)、李方桂[twən](文)。《释文》:"镦,本又作錞。杜对反。"又《集韵》《韵会》《正韵》并杜罪切,音錞。又《集韵》都玩切,音锻;又都昆切,音敦。义同。《玉篇》大对切。《广韵》徒对切,定队合一去蟹。

(11)蝇曰胡臻

黄宗彝说:"《古今注》:'闽人谓之胡臻。'臻古音秦,《说文》从秦德声。""蝇"字上古以母,王力[ʎiə](蒸)、李方桂[r](蒸);《广韵》余陵切,以蒸开三平曾。"臻"字上古庄母,王力[tʃien](真)、李方桂[tsrjin](真);《广韵》侧诜切,庄臻开三平臻。"秦"字上古音,从母,王力[dzien](真)、李方桂[dzjin](真);《广韵》匠邻切,从真开三平臻。

(12)熟寐曰孃

黄宗彝说:"尼倨切,《说文》:'楚人谓寐为孃,依倨切,从女声。'当作尼倨切。盖女尼同纽也。"《说文》"瘿"字段注："梦亦声，古音在六部，今莫凤切。"
黄宗彝是从声母角度认识的。"女"字上古泥母，王力[nia]（鱼）、李方桂
[nrjagx]（鱼）；《广韵》尼吕切，娘鱼合三上遇。"尼"字上古娘母，王力[niei]
（脂）、李方桂[nrjid]（脂）；《广韵》女夷切，娘脂开三平止。

（13）击头曰殻

黄宗彝说："《说文》：'殻，击头也。口卓切。'《说文》：'榷，敲击也。苦角
切。'亦可作榷。"按，"殻"字大徐本《说文》口卓切，溪觉开二入江；《广韵》苦
角切，溪觉开二入江。李如龙《福州方言本字考》福州音[khaɔ]，以《广韵》苦
教切为依据，并说："福州话亦读去声。"《玉篇》口交、口卓二切。上古溪母，王
力[kheôk]（药）、李方桂[khrakw]（药）。

（14）小便曰尿

黄宗彝说："奴吊反。讹借作溺。"尿，《广韵》奴吊切，泥锡开四入梗；又苏
吊切，泥啸开四去效。大徐本《说文》奴吊反，段注："古书多借作溺。二部。"
溺，《广韵》奴历/奴吊/而灼三读，日药入/入锡。上古日母，王力[ȵiôk]（药）、
李方桂[njakw]（药）。见谭生力《说"尿"》（2014）。陈泽平《19世纪以来的福
州方言》314页作"尿[nieu]"。

（15）女阴曰婑

黄宗彝说："《说文》婑，女阴也。即移反。"《广韵》即移切，精支开三平止；
上古精母，王力[tsie]（支）、李方桂[tsjig]（佳）。陈泽平《19世纪以来的福州
方言》314页："婑[tsi]顿[phɛ]，女阴。"顿，俗字，台湾"教育部"异体字典库没
有收。

（16）男阴曰朘

黄宗彝说："《说文》朘，男阴也。雷回切。"雷回切，来灰合一平蟹。朘，
《广韵》子泉切，精仙开三平山；上古精母，王力[tsuəi]（微）、李方桂[tsəd]
（微）；《集韵》仙韵平声："朘，缩也。"但李如龙《福州方言本字考》195页用了
"卵"字，音[løy]，认为合于《广韵》郎果切。

（17）齿根曰龂

黄宗彝说："牛筋反。"疑欣开三平臻。龂，《广韵》宜引切，疑轸开重纽三
等上臻；又音语斤切，疑欣平。大徐本《说文》语斤切，段注："鱼斤切，十三
部。"上古疑母文部。

（18）矔曰睊

黄宗彝说:"居倦反。"台湾"教育部"异体字典库无。见线合重纽三等去山。上古见母,王力[kiuan]（寒）、李方桂[kwjanh]（元）。

（19）逃曰趉

黄宗彝说:"《说文》趉,走也。读若无尾之屈。"趉,《广韵》九勿切,见物入合三;上古见母,王力[kiət]（物）、李方桂[kjət]（微）。逃,《广韵》徒刀切,定豪开一平;上古王力[dô]（宵）、李方桂[dagw]（宵）。陈泽平《19 世纪以来的福州方言》318 页:"趉[kouk],虫蠕动的样子。"

（20）立曰企

黄宗彝没有确定音切。企,《广韵》丘弭切,溪纸上;又去智切,溪寘去。上古溪母,王力[khie]（支）、李方桂[khjigx]（佳）。立,力入切,来缉开三入深;上古王力[liəp]（缉）、李方桂[ljəp]（缉）。

（21）扶曰护

黄宗彝没有确定音切。护,《广韵》胡误切,匣暮合一去遇;上古匣母,王力[ɣoak]（铎）、李方桂[gwragh]（鱼）。扶,《广韵》甫无切,非虞合三平遇;王力[pia]（鱼）、李方桂[pjag]（鱼）。

（22）系曰傒

黄宗彝说:"傒,古奚切。读若鸡。"古奚切,见齐开四平蟹。傒,《广韵》胡鸡切,匣齐开四平蟹;上古见母,王力[ɣye]（支）、李方桂[gig]（佳）。系,《广韵》口奚切,溪齐平;又古诣切,见霁去;又胡计切,匣霁去;上古王力[kyek]（锡）、李方桂[kigh]（佳）。

（23）健曰魌

黄宗彝说:"曹宪音巢。今闽人谓人捷健为魌。"魌,《说文》段注:"《玉篇》士交切,《广韵》楚交切。"士交切,崇肴开二平效;楚交切,初肴开二平效。上古初母,王力[tʃeô]（宵）、李方桂[tshragw]（宵）。陈泽平《福州方言研究》22 页音[tsau]。健,《广韵》渠建切,群愿去;上古群母,王力[gian]（寒）、李方桂[gjanh]（元）。

3.《榕城方言古音考》研究方式

一是引证前人音注而证明古音,如引《说文》、《广雅》曹宪音、《一切经音义》、《广韵》、《古今注》等。二是以现实闽音为依据,如例（5）（23）等。三是名物闽语口语称谓,如例(1)(2)(9)等。四是以辨明名物的具体语义内涵所指为闽语"古音"特征,如例(17)(18)(20)等。

黄宗彝考订"古音"有一定的科学根据,但这些文献价值究竟如何,还需要我们进一步探讨才能确定。

三、台湾学者对古代学者汉语上古音学说的研究

(一)宋代古音学

对宋代古音学的研究,伍明清《项安世之古音观念》(台湾《中国文学研究》2:235—261,1988)、《宋代之古音学》(1989)卓有成效。对伍明清《宋代之古音学》,竺家宁《五十年来台湾的声韵学研究》(2006)介绍和评述说,伍明清探讨宋代古音研究之实况,选取吴棫、朱熹、王质、项安世为宋代不同类型古音研究的代表。吴棫《韵补》是以韵书形式表现古音第一人;朱熹《诗集传》为仅收音之经注,所呈现者为韵说结论,其考音之说则另见于他书;王质《诗总闻》亦是经注,其中不仅包含考音成果,亦有考音过程;项安世《项氏家说》则是考究古音之理论化者。此四家虽不能涵盖宋代所有古音学说,然已足以呈现宋代古音学面貌。竺家宁认为,宋代古音学承先启后,较之六朝隋唐,除音韵资料种类增加外,还开始研究《诗经》韵例与音例,此为古韵分部之启蒙,亦为宋人开创之功,不仅观念由模糊至清晰,方法亦由粗疏至精密,故清代古音学之成就实非平地而起[①]。

黄静吟《论项安世在古音学上的地位》(1995)较伍明清的研究更为精细。江俊龙介绍到:黄静吟(1995)推崇与宋代朱熹同时的项安世,项氏传世的古音资料有限,其理论主要见于《项氏家说》卷四《说经》篇。他提出的考求古音的三个方法——归纳《诗经》用韵、考求古今方言、参照谐声字,都为后世所采用。其所提"诗本音"的观念,以及对古韵的分部,都对明清学者产生了重要的启发及影响[②]。

陈文玫《吴棫〈韵补〉研究》(2002)说,吴棫《韵补》书成于宋高宗绍兴二十二年(1152)之前,内容丰富,对《广韵》《集韵》补音、补义。该文以《韵补》音为研究对象,考察全书反映时音声母三十六,声调四;分古韵十二类三十四

---

① 参竺家宁主编《五十年来的中国语言学研究》59页。
② 参江俊龙《台湾地区汉语音韵研究论著选介(1994—1998)》。

部。陈文玫全文共分七章：第一章，绪论：说明本论文撰写之动机、材料及方法，并叙述前贤对《韵补》研究之成果。第二章，《韵补》之作者、成书之旨、版本及内容体例：考察作者之生平及其撰写《韵补》之用意，叙述该书见于著录之版本，再与作者所得之版本比较，陈述版本所呈现之问题。第三章，《韵补》时音声母分析：介绍《韵补》时音三十六声母之内容，并述其特质。第四章，《韵补》古韵分部分析：介绍《韵补》通转条例，继而说明《韵补》分古韵十二类三十四部之内容及说明《韵补》古韵分部之特殊现象。第五章，《韵补》声调讨论：先叙述《韵补》时音分"平、上、去、入"四声，继而讨论方音导致声调变异之情况，再呈现浊上归去的征兆。第六章，《韵补》直音考：介绍《韵补》直音之现象，继而分析《韵补》直音与韵书"反切音"对应不相同者之情况。第七章，结论。应该说，陈文玫的研究奠定了全面探讨《韵补》古音学价值的一般性基础。

大陆学者张民权《宋代古音学与吴棫〈诗补音〉》(2005)发掘被称为"亡佚"的吴棫著作《诗补音》，可以说对宋代语音学研究来说是一个十分重要的事情。《诗补音》与《韵补》被鲁国尧并称为"古音学的开山之作"(《卢宗迈切韵法述论》，《中国语文》6:3，1992)，可见《韵补》的地位与《诗补音》同等重要。今后需要有学者将两书作进一步系统比较，并就和《诗补音》与《韵补》之前文献关系进行细致考察，才可以得出更为坚实的结论。

(二) 明代古音学

关于陈第古音学，王天昌《陈第〈毛诗古音考〉》(《书和人》453:5—8，1982)、李焯然《焦竑与陈第——明末清初古音学研究的两位启导者》(《明史散论》141—152，允晨文化实业股份有限公司1988)、刘人鹏《陈第之学术》(台湾大学硕士论文，1988)有比较客观的评述。

而杨慎古音学，则有卢淑美《杨升庵古音学研究》(1992)作比较系统的考察。竺家宁《五十年来台湾的声韵学研究》(2006:69)对卢淑美的研究有介绍和评述：一般学者对明代古音学之研究，大多将重点转向陈第而忽略杨慎。本文乃意欲将杨氏之古音学做一个系统的建构，并对其传承做合理的交代。在传袭方面，作者认为杨慎的古音学保存汉唐古音读，并受颜师古"以韵求音"之法，修定朱熹"四声互用，切响通用"之说，且增订吴棫《韵补》有功。其利用联绵词、古今字之法以求古音，是较为特殊的。其后如焦竑、方以智、史梦兰等也遵用此法,对戴震、顾炎武等人皆有所启发,故作者以为,研究杨慎的古音学不仅可借以了解古音学之发展,更可了解杨慎在中国音韵学史上所占之地位和价值。

丛培凯《杨慎古音学文献探赜》(2013)视野广阔。丛培凯称,杨慎所处时代,古音之学尚未兴盛,但其古音学著作丰硕,《转注古音略》《古音丛目》《古音余》《古音附录》《古音骈字》《古音复字》等文献皆赋予"古音"之名,故该文以《杨慎古音学文献探赜》为题,对杨慎古音学作一深入研究。总分六章:第一章,绪论。说明研究动机与目的。杨慎古音学著作虽丰,但在古音学史上未有明确的评价。作者以文献为证,呈现其研究价值。透过文献回顾,整理前人对于杨慎古音学研究的成果与不足处,并阐明杨慎古音学文献在本研究中的定位。介绍论文研究方法、步骤,呈现论据基础,进行整体论文架构说明。第二章,杨慎《转注古音略》之名义及其音释来源考。"转注古音"为杨慎古音学的理论基础。前人以为"转注古音"重视声、义同源,作者透过《古音后语》《答李仁夫论转注书》《转注古音略题辞》等证据驳斥其说,并比较赵古则《六书本义》,认为杨慎"转注古音"的判断标准为古今异音。《转注古音略》正是在此标准下进行典籍中古今异音的搜罗。作者根据《转注古音略》切语、直音释文,各自建立引书分析方法,以求杨慎引书的原委,并从中进行校勘。第三章,杨慎《古音丛目》"三品"说及其音释考论。杨慎《古音丛目》结合吴棫《诗补音》《楚辞释音》《韵补》及己身《转注古音略》而成。由该书《序文》可知,杨慎运用"三品"标准择选吴棫研究。作者透过考释比较,发现"三品"理论于应用上具有局限,杨慎并未将"三品"贯彻于《古音丛目》中。作者对《古音丛目》进行引书分析,以明该文献的研究方式,并说明《古音丛目》的辑佚价值;同时比较《古音丛目》《转注古音略》的差异,发现杨慎以《转注古音略》音注作为《古音丛目》的择音标准,其中亦透露出明代语音及新都方言的特征。第四章,杨慎古音学文献之检讨。说明前人研究杨慎古音学的盲点,在古音内涵、韵目、体系分析上,试图厘清纠谬;并以引书研究为基,建立考释凡例,择选杨慎《转注古音略》例字,以《广韵》分类为枢纽分析例字及切语,探究其古音结构。作者发现,杨慎古音内容纷杂,不能以单一视角进行检视。第五章,杨慎古音学文献的价值。透过"叶音"史脉络研究,说明杨慎继承宋人韵书中多音选一音、找寻韵书失载之音等观念,并反对"类推"求音方式。指出杨慎对于陈第、顾炎武的古音学皆有直接启发;此外,"古今韵"韵书、韵图、辞典等著作亦可见杨慎古音学之迹。第六章,结论。总结其说,试图给予杨慎古音学公允的评价,并述说未来的研究展望及相关探讨议题。

从培凯《谈杨慎〈转注古音〉的音韵观念及成书意义》(第十四届国际暨第三十三届台湾声韵学学术研讨会,台湾东吴大学 2015)也是研究杨慎古音学的重要成果。该文以各家文献及台湾傅斯年图书馆藏明万历间刊本《转注古音》为证,不同意王文才《杨慎年谱》所谓《转注古音略》就是《转注古音》的观点,认为《转注古音》在赵古则"声转说"的基础上,以"凡见经传子集与今韵殊者"作为标准,立韵目为纲,是其明显的观念意识。该文献的发掘,无疑对研究杨慎古音学提供了重要的线索。

(三)清代古音学

1.顾炎武古音学

李妍周《顾炎武的古音学》(1989)主要探讨了顾炎武古音学研究的学术背景与起因,全面论述了顾炎武古音学理论内核以及他的全新研究理念,更注意顾炎武古音学理论与实际对后世学者研究古音学的深刻影响,对理解顾炎武古音学理论价值具有重要的学术意义。

李添富《从"答李子德书"论顾炎武之古音成就》(1991)谈到,顾炎武《答李子德书》说:"三代之音,失其传也久矣,其文之存于世者,多后人所不能通,以其不能通而辄以今世之音改之,于是乎有改经之病矣。"李添富由顾炎武的这段话引申,并结合顾氏之《音学五书》驳斥后人妄改旧文之谬误而推求古音之次第,论证顾氏"明古音之正"的贡献。

与顾炎武古音学思想相关的李因笃音韵学研究也有人进行,比如王立霞《李因笃之平生及其音韵学》(台湾师范大学硕士论文,1995)。李因笃根据顾炎武著《音学五书》编有《古今韵考》,王立霞充分肯定了他将古音分为十部的成就,并从五个方面论述了他的古韵观念,比如反对毛奇龄转协之说,以协音为方音,主张古人韵缓,四声一贯,入为闰声。作者认为,清人对古韵、古声的研究亦在此萌芽。大陆学者徐明彪发表文章提出不同意见,其《李因笃音韵学研究的得与失》(《渭南师范学院学报》9:89—92,2012)认为,李因笃笃守顾炎武《音学五书》之说,述而不作,偏重于实用。但李因笃如何实用,徐明彪却语焉不详,仍然须要深入探讨。

2.江永古音学

许惠贞《江永及其古音学》(台湾大学硕士论文,1991),竺家宁《五十年来台湾的声韵学研究》(2006:65)介绍和评述说:讨论乾嘉学派,通常都是溯源到清初顾、阎、胡等为首开考经证史风气之人物,再沿流而下至以戴震、惠栋为代表的乾嘉主流,对于雍乾之间的江永,由于缺乏充分认识,所以只予以不确定的地位或皖派论述中陪衬的角色。许惠贞于细读江氏生平时,发现江永于其时自有其治学风范,对皖派学风与研究方法影响颇大。全文共分两个主题:一是江永生平及为学;二是江永古音学的探讨。通过对江永理学背景及其语言研究文献观察,分析其古音学理论、研究方法、材料和成果,可以发现江永古音学具有"阔大"的特质,由此凸显江氏在古音学史上的地位。

董忠司《江永声韵学评述》(1999)是一部非常重要的学术著作。据董忠司"前言",探究江永音韵学的原因在于:在清代初叶,江永是最深入了解汉语语音分析学的第一人,而其弟子戴震、金榜、程瑶田等尤得其传而发扬光大。本书内容为:第一章,前言。第二章,江永声韵学三书的梗概,介绍《四声切韵表》《古韵标准》《音学辨微》。第三章,江永声调论,包括平仄论、四声八调论、古声调论、浊上转去说。第四章,江永的声母论,包括字母起源说、字母位定字无定说、声母的清浊、声母的发送收与别起别收、三十六字母的音读。第五章,江永的韵母论(一),包括韵部与韵类、开合论、四等论、"数韵同一入"与"入声有转纽"、江永一百零四韵类等呼标注表。第六章,江永的韵母论(二),包括江永对吴杨陈毛顾的批评、江氏的诗韵举例、江氏的古韵分部和收字、江永上古韵部的特点。第七章,江永的等韵学与反切之学,包括三十六字母的等位合图、韵部韵类与《韵镜》的异同、韵图编排、归字纳音、江永论反切之法、常用反切上字等第表,附:江氏的类隔音和说与"借韵转切"。第八章,余论。

《江永声韵学评述》最大的特点是将江永"三书"的声韵调体系及其学说捋出了头绪,使得江永的学术理论能够完整清晰地呈现出来;其次,抓住江永研究音韵学治学态度的根本特点是"分析",由江永的精细分析而体会他的"审音功夫"之精深;再次,看到了江永视野之广阔,而于古音、今音、等韵、方言之综合比较,得其"致广大"之拟测古音基本方法,与今天的历史语言学理论与方法有着惊人的相似之处;最后,对江永"不变中有变,变中有不变"的"音变"理论的认识,以及"入其地,听其一两字之不同,则其他可类推也"演绎方式寻求把握对应规律的方法,也是非常准确的。

3.戴震古音学

钟克昌《戴氏〈转语〉索隐》(台湾师范大学研士论文,1971)介绍自己的研究过程及心得云:

> 故训音声,相为表里;率循小学,经义斯台。戴氏首倡曰训诂而通乎古圣贤之心志;后昆继起演其说以成为皖学派之正帜。惜乎戴氏精诣、转语神旨,暗而不彰,久而失稽。于是依声通义之理,但存崖略;以意逆专之道,犹亏矩矱。余自握素怀铅,拥书抱籍,奉手于林师景伊,高师仲华,夏云冬日,霁月光风,法言叔重,治学妙功,谈焉纷纶,说焉纵横;仰瞻既久,渥溉信腴,渐渍德义之渊,栖迟道艺之宇,辄思有以熙载师法,恢弘戴绪。复承陈师伯元,晓余声义一贯之道,勉余戴氏转语之旨;耳提面命,期年如斯。爰是不揣驽骀,阐为此篇,用索其隐,冀发其玄;俾晦藏微静之理,得法数尽绳之方。盖以东原宿志,小学新基;兹篇既立,而后戴旨可期;是志早膺,而今渔人识津;用乃附骥尾而弥彰,凭之登龙门而彬彬。若夫博考古今,推迹语根,推阐转语,弥纶乾坤;犹待师恩激耀,假我数年。

肯定了戴震为皖派古音学树旗立帜的卓越贡献。

专书则有洪固《戴东原之声韵学》(文津出版社1978),对戴震古音学贡献进行了全面的论述。其他论文还有:朴秋铉《〈声类考〉研究》(台湾中国文化大学硕士论文,1984);陈新雄《戴震〈答段若膺论韵书〉对王力脂微分部的启示》(台湾《史语所集刊》59.1:1—5,1988)、《戴震〈答段若膺论韵书〉几则声韵观念的启示》(《汉学研究》9.1:45—51,1991)等。

4.蒋骥古音学

柯懿芝《蒋骥〈楚辞说韵〉研究》(2009)介绍说,蒋骥是清代研究《楚辞》的著名学者,所写的《山带阁注楚辞》极负盛名;历来学者对《山带阁注楚辞》的研究多仅止于卷首、注文及《楚辞余论》,位于书末的《楚辞说韵》部分往往被忽略,鲜少有人对蒋骥的古音学说加以阐述或研究。蒋骥处于本音说与通转说消长之时,其古音研究亦多折衷于顾炎武与毛奇龄之间,因此重新归并《广韵》韵目而分古韵为28部,平上去入四声相承,同一入声韵部可与不同的韵部重复相配,同时兼配阴阳两声。韵部间依转音关系远近,以"通、叶、同母叶"相联系,"通、叶、同母叶"为蒋骥通转叶音说之术语,三者皆建立于方音之上。蒋骥在古音研究上的成就,有以下几点:其一,发现古韵支、脂、之三部合韵有别,主张支、脂、之三分;其二,将入声兼配阴阳,以"数平韵合一入部";其三,注意到古韵间的对转现象;其四,结合文字、声韵、训诂三种学科,从各个角度来研究古音。蒋骥古音研究最主要的缺失,在于他未能离析唐韵,以致产生许多问题:其一,以通转叶音说来解决古韵文中的合韵问题;其二,支、脂、之无法真正三分;其三,《楚辞》韵例归纳不够精细。柯懿芝对《楚辞说韵》进行全面性的研究,祈望能补《楚辞》学史对蒋骥古音学的认知不足,使前人心血结晶不被埋没。

实际上,在柯懿芝之前,已经有一些学者研究蒋骥古音学,出现了一批成果,比如谢纪锋《蒋骥古韵学述评》(《中国语文》3:214—219,1996)、《蒋骥对古韵研究的贡献》(《南都学坛》[哲学社会科学版]16.5:41—47,1996),张民权《清代前期古音学研究》(北京广播学院出版社 2002)等,但针对《楚辞说韵》研究还有嫌不足。柯懿芝从《楚辞说韵》的体例,包括《楚辞》韵段与韵字古韵分部及通叶表等出发,结合蒋骥时代古音研究的学术背景,包括顾炎武、毛奇龄古音学,以及蒋骥对顾、毛学说的承继与批评来思考自己的研究。他对《楚辞》韵例的整理分析,蒋、王二家韵例参差原因的梳理颇有成效,尤其是古韵通转叶音说更为突出。

5.王念孙古音学

有关该论题的成果有许世瑛《由王念孙〈古韵谱〉考其古韵二十一部相通情形》(《许世瑛先生论文集》1:116—135,1974),林庆勋《王念孙〈与李方伯书〉析论——清代古音学重要文献初探之一》(《高雄师院学报》15:35—47,1987),都惠淑《王念孙之生平及其古音学》(1992)等。

都惠淑(1993)体例为:第一章,生平与年谱。第二章,学术背景,介绍了王念孙与顾炎武、江永、戴震、段玉裁、孔广森的学术渊源,并言及王念孙古韵著作、古韵研究方法。第三章,王念孙韵学的前后之差异,分为早岁之二十一部说、晚年之二十二部说。第四章,古韵分部之创见,如缉盍分为二部、至部独立、祭部独立,侯部分配入声、古声调说。第五章,补王氏二十二部谐声表。第六章,王氏二十二部韵值之拟测。第七章,合韵观念,如通协说、合韵说、合韵谱、对转、旁转之说。第八章,结论。竺家宁《五十年来台湾的声韵学研究》(2006:67—68)指出,该文研究王念孙古音学之实况,并由他的古韵二十二部推阐其古音学理念;依据《古韵谱》《合韵谱》以分析其"合韵说"的实质;对二十二部韵值进行了拟测,进而指出王念孙古韵分部的创见之所在。

6.庞大堃古音学

崔秀贞《庞大堃古音学之研究》(2000)称:庞大堃是清代学者,他将古韵分为九类十八部,阴类、阳类各分为九部,整个韵部系统阴阳相配,研究古音深受戴震的影响。《庞大堃古音学之研究》共分为七章:第一章,绪论,简述庞大堃的生平,介绍他的音韵学著作。第二章,庞大堃古音学的渊源。庞氏生于乾隆五十二年,死于咸丰八年,在他之前已有顾、江、戴、段、孔、王等诸家,研究古音自然受诸家的影响。文中叙述了庞氏分部与戴震、王念孙、丁履恒、姚文田等诸家渊源关系。第三章,庞大堃的古音研究,叙述庞氏古韵十八部分合的理论。第四章,庞大堃的音转说。庞氏以音转说解释分部与谐声字及实际押韵不合的地方。作者列出五种音转之例,还据他的著作《古音辑略》替他列《合韵谱》。第五章,庞大堃古韵十八部的《谐声表》。据庞氏《形声辑略》列《谐声表》,古韵分部不合谐声者称为"流变",一并列出。第六章,庞大堃古韵十八部韵值的拟测,试作古韵十八部的拟音。第七章,结论,综合上述的讨论为基础,总结庞氏古韵分部。

其参考文献有:孙剑秋《顾炎武及其〈音学五书〉》(《林炯阳先生六秩寿庆论文集》199—210,洪叶文化事业有限公司1999),严仁立《钱坫〈诗音表〉研究》(成功大学硕士论文,2004),柯淑龄《〈说文〉形声商榷》(《先秦两汉学术》3:39—62,2005),柯响峰《〈白虎通义〉音训研究》(玄奘大学硕士论文,2004),张意霞《王念孙〈广雅疏证〉音转规范之探讨》(第二十三届台湾声韵学学术研讨会,静宜大学2005)、《王念孙上古韵分部析论》(《孔仲温教授逝世五周年纪念文集》377—390,学生书局2006),蔡郁焄《朱骏声〈说文通训定声〉的韵部次第与转音说》(第十届国际第暨二十五届台湾声韵学学术研讨会,台湾师范大学2007)、《朱骏声〈说文通训定声〉之古音研究》(中兴大学硕士论文,2007),戴俊芬《洪亮吉〈汉魏音〉研究》(台湾中山大学博士论文,2005)、《罗常培周祖谟之两汉韵部商榷——论其鱼侯合部》(《孔仲温教授逝世五周年纪念文集》377—390,学生书局2006),丛培凯《钱坫〈诗音表〉"双声"说初探》(《辅大中研所学刊》15：287—320，2005）、《论段玉裁〈说文解字读〉上古韵部用语之呈现方式》（《声韵学会通讯》16：27—48，2007）等。

7.段玉裁古音学

关于该论题的成果有：林文宝《段氏〈六书音均表〉》（《台东师专学报》1：155—168，1973），许世瑛《段氏〈说文〉注所标韵部辨误》（《燕京学报》29：71—142，1941；《许世瑛先生论文集》1：29—101，1974）、《段玉裁〈古十七部谐声表〉补正》（《许世瑛先生论文集》1：102—115，1974），符济梅《段玉裁〈诗经均分十七部表〉正误》（台湾辅仁大学硕士论文，1976），林庆勋《段玉裁之生平及其学术成就》（1978），邱德修《段氏之脂之三部分用说商榷》（《台湾编译馆馆刊》18.2：187—195，1989），陈光政《〈说文段注〉应用声韵学校勘示例》（《第二届国际暨第十届台湾声韵学学术研讨会论文集》715—738，台湾中山大学中文系所 1992），黄静吟《从段玉裁〈诗经韵表〉与〈群经韵表〉之古合韵现象看古韵十七部的次第》（台湾《中山中文学刊》2：195—209，1996），黄智明《江沅〈说文解字音韵表〉与段玉裁〈古十七部谐声表〉之比较研究》（《第五届国际暨第十四届台湾声韵学学术研讨会论文集》345—360，新竹师院 1996），金钟赞《段玉裁的归部与其〈古十七部谐声表〉》（《声韵论丛》7：35—58，1998）等。

林庆勋（1978）体例为：第一章，段氏生平考；第二章，段氏交游考；第三章，段氏著述考；第四章，段氏年表；第五章，段氏古音学之成就；第六章，段氏文字学之成就；第七章，段氏训诂学之成就；第八章，结论。其第五章“段氏古音学之成就”主要讲了段氏古音学渊源及影响、古音分部及创见、创立《谐声表》《诗经表》《群经表》、首创部排列次第、古音分论、古声调论、段氏古音学晚年修正后之总结论。其中，论及古音分部及创见，有支脂之分为三部、真谆分为两部、侯部独立；古音分论，则有创古本音说、创古今说、创正变说；古声调说，有创古无去声说、古平上一类去入一类说；段氏古音学晚年修正后之总结论，涉及了孔广森说修订、江有诰说修订等内容。

8.牟应震古音学

廖湘美《牟应震古韵学之研究》（2000）介绍说，牟应震（1742—1824）生当清代乾嘉朴学考据学风之盛世，其于嘉庆十二年至二十四年（1807—1819）间，潜心撰成《毛诗质疑》（包括《诗问》《毛诗名物考》《毛诗古韵杂论》《毛诗古韵考》《毛诗奇句韵考》《韵谱》等六种），书成不久，牟氏即卒，其后板刻亦散佚不全,幸赖同门朱暾率子廷相四处集资补刻,于牟氏卒后三十四年(1857年),牟书始正式刊行于世,是以牟氏无缘与当世通晓音韵之学者论学砥砺,时人更无以晓知牟氏之宏著。逮至近世罗常培始道牟氏研究之盛业(入声九部独立、上声黝海二部独立),而近人吴庆峰虽撰有《牟应震的古韵学》,然仅论及牟氏著作之一二,未能有全面之考察。该文冀望通过对牟氏音学著作之全盘研究,以补苴乾嘉古音研究之遗珠。

《牟应震古韵学之研究》分为九章。第一章,绪论,述明撰作之缘起、动机与方法。第二章,考录牟氏之生平、交游及著作。第三章,探寻牟氏古韵研究之学术背景,指出其与陆德明、陈第、顾炎武、江永关系密切。第四章,考释牟氏《毛诗古韵考》之内容与系统。其中,特别论及其古韵分部之创见:侯部独立、支脂之三分、之部独立、未部独立、上声黝海二部独立;还评述了《毛诗通转韵谱》。第五章,就牟氏《毛诗古韵杂论》董理其音学观念。第六章,研究旁及牟氏其他相关之音学著作,比如《毛诗奇名韵考》《韵谱》。第七章,据牟氏《毛诗古韵考》古韵分部之"合部"与"正音"二体例为基础,编制牟氏《二十六部谐声表》,俾分析牟氏古韵相关问题,若句中韵、转音者。第八章,分析牟氏古韵研究之得失,以发牟氏古音研究之系统。第九章,结论,综述各章之概要,以证明牟氏之古音研究于清代古音研究发展史上之学术成就及其定位。

9.丁履恒等古音学

这方面的成果有:李添富《宋保〈谐声补逸〉"一声之转"条例与章君〈成均图〉韵转条例》(《汉声——汉语音韵学的承继与创新》[上]21—28,中国文史出版社2011),李鹃娟《顾炎武阴入相配说再商榷》(汉语音韵学第五届国际学术研讨会,吉林省社会科学院1998),郭乃祯《戴震〈声类表〉研究》(1996)等。李鹃娟《孔广森及其古音学》(台湾辅仁大学博士论文,2008)是系统研究孔广森古音学的重要论文,涉及了孔广森古音学方方面面许多贡献,由此彰显了孔广森在古音学史上的重要地位。

李鹃娟《丁履恒〈形声类篇〉"通合理论"研究》(2000)说:合韵现象向来为古音学者研究古音理论所凭借之重要根据,其所揭示古与古异部、古与今异部等合用现象与界限研究,使得古韵分部理论获得相当程度的开展,是以合韵现象所推演之通合理论更是学者建构其理论之基础。我们可以假定江永"数韵同一入"、段玉裁"异平同入"、戴震"阴阳对转"、孔广森"转纽"说、王念孙

《通韵、转韵谱》乃至于章太炎《成均图》，无不由"通合理论"推阐而得，由此可知"通合理论"在古音研究上的重要性。

李鹃娟认为，陈新雄《清代古音学家的主流与旁支》一文曾提及，虽然主流的古音学家为我辈之研究对象，然而其旁支亦不容小觑。李添富亦以为，古韵理论之发展乃为"前修未密，后出转精"之结果，是以探求古音理论之建构时，不应专其"主流"而略其"旁支"。清代语言学的发展大致可分为三个阶段：顺治、康熙、雍正年间为第一阶段，是开创风气的时期；乾隆、嘉庆年间为第二阶段，是清代语言学发展的高峰，也是中国古代语言研究发展最为杰出的一个时期；道光、咸丰年间至清末为第三阶段，是衰落时期。丁履恒生于清代中叶，其时正处古音学研究之发展高峰。丁氏"通合理论"前承江永、段玉裁、孔广森及张惠言等人之说而自成系统，不仅在韵部远近通转关系上有较段氏更为明晰的论述，对于韵部排列次第以及章太炎《成均图》建构更有相当程度的影响。是以丁氏虽仅列名于清代古音学家旁支，然于"古韵理论之长程接力赛"中确有一定贡献。

该文基本体例：第一章，绪论，讨论了研究动机、名义辨析、预期成果。第二章，丁履恒生平简述。第三章，丁履恒古音理论系统。清儒考古、审音的观念，讨论了考古派理论及其代表人物、审音派理论及其代表人物、折衷派理论及其代表人物、丁履恒分派及其原因；清儒古韵分部概述，讨论了丁履恒古音理论之学术源流、丁履恒古音理论之勘校者；丁履恒古音研究资料与方法，讨论了古代韵文、说文谐声、韵书离合、汉儒音读、说文古文、经籍异文；丁履恒《形声类篇》版本考校。第四章，丁履恒"通合理论"。古韵分部通合理论之时代背景，讨论了名义辨析、"通合理论"源流述评；丁履恒"通合理论"；丁履恒"通合条例"名义与分类。第五章，古韵十九部音值构拟。清儒对古韵元音值之看法，讨论了段玉裁"音、变音、音转"说、江有诰"注音之法"、章太炎先生论古韵二十三部音值、黄季刚先生论古音读法；民国以来学者对古韵音值的构拟，讨论了介音、主要元音、韵尾；丁履恒十九部音值构拟。第六章，丁履恒"通合理论"与章太炎《成均图》之比较。章太炎之古韵分部及其拟音；《成均图》所呈现之通合理论，讨论了近转、近旁转、次旁转、正对转、次对转；丁履恒"通合理论"与章君《成均图》比较，讨论了古韵分部、对入声的看法、韵部次第、韵目立字、审音知识、通转条例。第七章，丁履恒古韵系统。古韵十九部；通合理论,讨论了分类名义、继承与创新、合韵理论与图示之检讨。

与之相关的成果还有李鹃娟《丁履恒"合韵理论"与章太炎〈成均图〉比较研究》(《声韵论丛》10:99—144,2001)、《顾炎武阴入相配说今证》(台湾《辅仁国文学报》25:167—178,2007)、《孔广森〈诗声类〉音注考证》(《先秦两汉学术》12,2009)、《王船山"叶韵十蔽"述评》(台湾《辅仁国文学报》40:17—36,2015)等。

10.李元古音学

林平和《李元〈音切谱〉之古音学》(1980)是研究清代中后期著名学者李元的古音学著作。全书体例为:自序,凡例。第一章,李元与《音切谱》:李元之生平、《音切谱》之内容概述。第二章,《音切谱》之古声说:古声同类互通说、喉牙音互通说、重唇轻唇互通说、舌头舌上互通说、泥娘日三纽互通说、正齿音一支与舌头音上音互通、一支与齿头音互通说、邪喻二纽互通说。第三章,《音切谱》之古韵说:古韵分三类五十一部零三篇(三类二十三部四十七篇)、数韵同一入说。第四章,结论——李元《音切谱》之古音学之成就:《音切谱》之古声成就、《音切谱》之古韵成就。

林平和称,李元《音切谱》古音学说成就十分明显,这还可以从另外一个角度理解:对其成就的梳理尚有多处可以匡补近人之古音学观念者,如古声纽之重唇轻唇音互通、舌头舌上音互通以及首创采用谐声系统考订古声纽者,皆未必以钱大昕居首功;泥娘日三纽之互通,亦未必为夏燮、章太炎之首创;正齿音一支与舌头音上音互通、一支与齿头音互通说,亦非夏燮、黄侃之专美。又如古韵部之侵、谈分部,真、元分部,以及数韵同一入说,皆未必是江永之先见;支、脂、之分为三部,尤、侯分部,并非段玉裁独创;至部与入声韵部之独立,又非戴震个人之初创(3—4页)。正本清源,从实际文献出发,剔发抉择,揭示李元《音切谱》古音学的真面目,林平和此功至大。

11.姚文田古音学

成玲《姚文田之生平及其古音学研究》(1999/2000)是研究清代中后期著名学者姚文田(1758—1827)的古音学著作。基本内容为:绪论;第一章,姚文田之生平及交游考录:姚文田之生平与年谱、姚文田之交游;第二章,姚文田著述考录,有古音学、小学类、文集类、府志类等;第三章,《古音谐》韵谱释例;第四章,补《古音谐》二十六部谐声表;第五章,《古音谐》古韵分部之探索:姚文田之古音学渊源与研究方法、姚文田之古音系统与观念、《古音谐》古韵分部之优点、《古音谐》古韵分部之缺点；第六章，《古音谐》通谐、转入、通转韵谱释析：姚文田的合韵说、《古音谐》例外押韵韵谱释析、《古音谐》例外押韵的古音观念；第七章，《古音谐》二十六部韵值之拟测：介音的问题与拟测、元音的问题及拟测、韵尾的问题与拟测、二十六部之拟音及韵字表；结语。

　　成玲解释说，清代乾隆、嘉庆之际，朴学考证征实时风鼎炽，而古音学研究后出转精，继顾炎武、江永之后，戴震、段玉裁、孔广森、王念孙等名家齐锋峙出，上古音韵系统发展至此，建立了清晰的理论架构，并奠定了根基深厚的研究体系。姚文田当其时，膺逢盛会，于戮力从公之余，埋首校读古籍，透过研治《说文声系》的学程中，发现古音韵系的几许心得；逮至晚年，乃始撰就《古音谐》一书。然书成以迄刊印流传，却颇遭波折，俟其古音之说为后学知晓，已至道光末年，以故未能为当世学者切磋古音，研治音系的商订资据，至为遗憾而可惜。而成玲写这篇论著的目的就是：深冀透过完整资料的编整厘析，呈现姚文田古音学说的来龙去脉与全盘体貌，并勘补乾嘉古音研究的遗珠辉光（1页）。

　　陈新雄《古音研究》对清代及清代之前学者上古音研究作了非常系统的研究，前面已经说明，可以与这些学者的研究互补。

　　12.郝懿行等古音学

　　何珍仪《〈荀子补注〉之古音体系研究——兼论与杨倞〈荀子注〉古音注解之异同性》（2012）以郝懿行《荀子补注》为研究对象，兼论杨倞的《荀子注》。论文采用陈新雄古韵三十二部，希望可以推知郝懿行与杨倞的古声母、古韵母、古声调实情。论文共分五章，内容大纲如下：第一章，绪论，阐述研究动机、前贤研究成果与研究方法、《荀子》版本刊刻源流、郝懿行以及杨倞生平传略、价值与局限。第二章，郝懿行《荀子补注》语音术语探析，分析《荀子补注》包含杨倞《荀子注》音义（注音兼释义）术语，说明语音关系术语、校勘术语，探讨郝懿行与杨倞训诂术语异同点，最后小结郝懿行与杨倞训诂方式之异同。第三章，郝懿行《荀子补注》古声母观探析，归纳说明郝懿行的古声母，与钱大昕的古声母体系作比较分析，再从语音相关术语例字看郝氏和杨倞古声母的异同。第四章，郝懿行《荀子补注》古韵部和古声调探析，归纳说明郝懿行的古韵部和古声调，并和段玉裁、戴震、王念孙古韵部和古声调体系比较分析，再从语音相关术语例字看郝懿行和杨倞古韵部和古声调的异同。第五章为结论，探讨郝懿行《荀子补注》的优缺点，与谁的时代比较接近，以及郝懿行《荀子补注》的价值与可进行的方向，对于荀学注疏的学问价值成就。

何珍仪有关郝懿行《荀子补注》语音体系相关术语以及杨倞语音术语的归纳与说明，以及从语音相关术语例字看郝懿行和杨倞古声母的异同、从语音相关术语例字看郝懿行和杨倞古韵部和古声调的异同的研究是明显的学术亮点。

13. 刘逢禄古音学

都惠淑《刘逢禄古音学研究》(1998)一共有十章:第一章，绪论。第二章，刘逢禄的生平简述，据刘逢禄的生平资料，先介绍刘逢禄的生平、师友、治学精神与态度，而后作其年谱与著作表。第三章，刘逢禄研究古音的背景。作者认为，探讨刘逢禄的古音学，一定要先了解其时代背景，因此分别以小学和经学两方面来叙述之。作者指出，清代古音学者中影响于刘氏者有顾炎武、江永等，受刘氏影响者有龙启瑞、陈立、黄侃等，本章分别简述他们的古韵分部情况与古韵观念。第四章，刘逢禄的古音研究系统。本章先分别先介绍清儒学者及后代学者的考古、审音观念，据此分析考古派、审音派的系统，并比较清儒在分部上的创见跟刘逢禄二十六部的分部情况，然后判断刘氏属于折衷派。本章的内容分为七节:其一，清儒对考古、审音的观念。本节从吴棫开始，将杨慎、顾炎武以下到黄侃的考古跟审音的看法都做了整理分析。其二，何谓考古派? 从王力以后近、现代学者对考古派的定义都是注重于以先秦押韵之文跟谐声偏旁来研究古音;考古派的古音学者没有入声独立，即主张阴阳二分法。其三，考古派的系统，按照考古派的定义来分析其系统，可从吴棫、陈第开始到顾炎武、段玉裁、孔广森、王念孙、章太炎，章太炎可说是考古派的集大成者。其四，何谓审音派? 近、现代学者对审音派的定义有两个重要条件:一是阴阳入三分法，就是一定要把入声独立出来成部为名;另外一个是多利用等韵跟今音的知识。其五，其审音派的系统，从戴震开始，至集审音派大成的黄侃。其六，折衷派。所谓折衷派，并非一半是考古，另一半是审音的意思，而是说，学者们所分析的考古派学者当中，有的人虽没有把入声独立出来，但古韵分部上也利用了等韵和今音知识，那么就把他归到折衷派里面，如江有诰;学者们所分析的审音派学者当中，有的人虽然多用等韵和今音知识，却没有把入声独立出来的,或心目中有入声独立但未有成名的,也将其归到折衷派里面,如江永。
折衷派的系统自江永开始,到江有诰、夏燮,后有刘逢禄。其七,刘逢禄的古音
研究系统。对于刘逢禄的古音系统,没有人解释清楚,只有唐先生认为刘逢禄
是考古派的,但并没有明确的说明;都惠淑认为应把刘逢禄归到折衷派里面,
并从两个方面谈了所立折衷派的定义与所要具备的条件以及将刘氏归属折衷
派之理由。第五章,刘逢禄的古音研究方法。本章分五条来叙述:古代韵文、
谐声偏旁、说文重文、方言、韵书韵目,并从《诗声衍》条例二十一则中举例。
第六章,刘逢禄《诗声衍》序、表、条例之分析。从《诗声衍》序,分析刘逢禄作
《诗声衍》的原因、对于古音研究的态度跟资料、二十六部的韵目跟次第问题;
从《诗声衍》表,补充《广韵》与刘逢禄二十六部之韵目对应;从《诗声衍》条例
二十一则,分析刘逢禄的古音观念。第七章为刘逢禄的古音学。在古韵方面,
讨论的重点为刘氏在分部上的得失问题,其内容以冬部、未部、质部独立为优
点,而以缉盍部之不分、萧部与愚部之入合并为一与未部之不精密为缺点,并
论刘氏的分部原则与二十六部韵目以及对后代学者分部的影响。在学术价值
方面,主要讨论刘逢禄二十六部在古音学史上的地位。清儒对古音研究从顾
炎武十部到黄侃三十部,在古音学史上可说顾炎武为始创者,黄侃为终结者;
其中间还有不能忽略的王念孙二十二部与刘逢禄二十六部。王念孙二十二部
可说是考古派的最终结果,所以,都惠淑认为他是清代古音研究的第一座桥
梁。刘逢禄虽不是真正的审音派,但刘氏的分部观念影响于黄侃,因此,都惠
淑旨在探讨刘氏在清代古音研究的第二次桥梁问题。在古调方面,都惠淑指
出,学者对古声调有不同之见解,即有人主张古有四声说、有人主张古有三声
或二声说,而有人主张古有五声说;刘逢禄在声调方面认为古有四个声调。第
八章补刘逢禄二十六部的谐声表,试作刘逢禄二十六部的谐声系统。第九章
为对刘逢禄二十六部的构拟。至民国之前,清儒只以文字说明对音值的拟测,
至民国高本汉始用西洋音标后,学者对古音拟测工作更有系统化。刘逢禄未
留下自己的拟音系统,因此都惠淑据历代诸儒的拟音观或其系统,试构拟刘逢
禄二十六部的韵母系统,并以现代音标来标明每韵部之读音。在试构拟前,还
讨论了介音、主要元音、韵尾问题。第十章为结论,以各章讨论的论旨为基础,
评论刘逢禄古音研究的成就及其意义。

　　都惠淑的视野很宽广,从所引用的文献就可以看得出来,比如中国学者关

注不够的日本大岛正健《支那古韵史》(日本富山房 1929)、小川环树《中国语学研究》(日本创文社 1985)等都有所涉及,可见其在文献发掘上用力之深。

14.朱骏声古音学

蔡郁焄《朱骏声〈说文通训定声〉之古音研究》(2006)是针对《说文通训定声》的"定声"所作的研究。研究范围限定在《说文通训定声》中实际的古韵部分卷、每部之首所列的谐声表及每字之下收录的"古韵"和"转音"上,由此确定朱氏韵部的具体内容及对入声的处理,并辅以朱氏表达古今音变观的《古今韵准》,以明确朱骏声《说文通训定声》的古音学。论文分为八章,其内容简述如下:第一章,绪论,叙述写作本论文之动机、目的,以及研究方法与程序。第二章,朱骏声的生平及著述考录。借由朱氏治学与著述的阐述,对于朱氏为学用力之处与成就有更深一层的了解。第三章,《说文通训定声》韵例分析。本章将朱氏各部的韵例重新整理归纳,并透过各家韵例取例的异同比较,为朱氏补列《诗经》韵例分析,以完整呈现朱氏的古音观念与取例标准。第四章,《说文通训定声》谐声表析评。本章通过各部之下谐声偏旁的逐一分析,归纳出朱氏《谐声表》的归部原则,并通过各家谐声表归字的异同比较,探讨朱氏谐声字归部的特点与缺失,以明确朱氏如何处理非韵字的古韵部隶属问题。第五章,朱骏声古韵分部之探索。本章以前二章所归纳出来的韵例及谐声偏旁,确立朱氏古韵分部的特色,比如入声分立、复部分立、习嗑分立、泰部独立;对古韵分部的不足也有所认识,比如队部未独立,脂、微未分等。第六章,《说文通训定声》的韵部次第与转音说。本章就朱氏十八部韵部次第决定的原因作探讨,并阐明朱氏异部押韵的古音观点。第七章,《说文通训定声》十八部及入声分部十部韵值之拟测。本章参酌各家对拟音的看法,将《说文通训定声》包括入声分部十部的二十八部系统以音标符号标示,借以呈现该书的上古韵读系统。第八章,结论。总结朱骏声《说文通训定声》一书所呈现的古音系统和观念,说明其分部的优劣,评价其在古音学史上的地位,和对后世古音研究的启发和影响。

15.江有诰古音学

一些学者十分重视江有诰的古音研究,比如许世瑛《江有诰〈老子韵读〉商榷》(《中国留日同学会季刊》3:21—30,1943)、《江有诰〈诗经韵谱〉序》(《民主评论》14.24:24,1963)、《辑江有诰〈通韵谱〉〈合韵谱〉〈借韵谱〉》(《许世瑛先生论文集》1：136—160，1974），梁容若《江著〈诗经韵谱〉序》（《大陆杂志》28.2：10，1964），傅锡壬《江有诰〈楚辞韵读〉补正》（《淡江学报》6：93—103，1967），陈瑶玲《江有诰音学研究》（1999）等。这当中，陈瑶玲（1999）的研究最为系统。她说，江有诰是清代古音学的集大成者，在中国音学研究史上有其重要的地位。陈瑶玲就其古音学研究的方法、材料，古韵分部研究特色，古声调说，以及有关等韵字母论述中所呈现的音学观念，对语音生理机制、物理性质的了解，作了深入的考察与分析。全文共分七章，陈瑶玲归纳其重点如下：

其一，江有诰曾学于徽州府训导夏銮门下，夏銮是带引他进入古音学领域的重要人物。而江氏受乾嘉学风影响，以实事求是的态度治学，不专主一家，根据材料，择善而从，又不矜所得，时时反复检验自己的学说，这是江氏能集清代古音研究大成的主要原因。

其二，江有诰古韵研究立说取材往往以《诗》《骚》《易》为主，符合古韵研究以周秦为中心时代要求；然而又接受顾炎武的复古思想，是古非今，且认为声母古今不变。这种观念不但限制了江氏上古声母的研究，也使其无法充分利用《切韵》所含上古音信息以考求古音。而江氏古韵的研究方法都承袭自前人，唯对于纠葛不清的两部，往往根据与其他韵部通押的情形加以区别；又精于等韵，留心等呼及音韵结构的分配整齐，以此定订古韵分合及平入分配。此外，江氏忽略了材料时地及真伪的辨别，因此未能发现某些例外押韵有时空上的偏向，笼统地认为是先秦的普遍现象，而有待后人更进一步的分析。

其三，江有诰分古韵为廿一部，较段氏多祭、中、缉、叶四部，并使侯部分配有入，是其古韵分部上的特色。又修订段氏六类十七部双层次的古韵次第，以音的远近排列成始之终缉环环相扣的廿一部次序，反映出上古各韵部间音的远近关系。又以谐声及古人用韵为依据，重新考定阴、入的配属关系，并详审音呼、等第，故所考平入关系精确不可移易，不仅理清了古韵部间的关系，使顾氏以来的古韵分部在古音的体系中各有其定位，也成为后世学者拟测古音的基础。上古韵部体系的建构是江氏古韵分部研究上最大的成就。然而，反对入声与阳声互配及阴阳对转之说，显示出江氏并未认清入声在古音体系中沟通阴阳的作用，缺少了阳、入之间的对应关系，以致无法建立完整的古音体系。此外，江氏以上古韵语为谐声偏旁归部的主要根据，条例严谨，因此所制《谐声表》较为精审,也多为后世学者所推崇。

其四,江有诰原主张"古无四声"说,后发现古人用韵大抵四声分用,异调混押乃因声调古今的归类不同、某些字上古有一字数调所造成。王力反对上古有无辨义作用的异读,但若从词汇扩散理论来看,语音在演变当中,新旧音读有可能同时出现,因此造成一字多音或音类纠葛不清的情形。而《诗经》中四声混押多为西周时期的诗歌,而东周诗则大抵四声分明,正显示《诗经》时代是声调分化的重要时期,江氏以一字数调来解释,也并非毫无可能。江氏的古声调说不但为后人所接受,也促使后人留心上古一字多音对上古异调或阴入混押的研究意义,同时注意到声调发展不平衡的现象。不过,江氏因过于拘泥四声和谐,材料的时代与真伪又不加甄别,字调修订又无严谨的条例,造成一字数调过于浮滥,则常为人所诟病。

其五,江氏颇能掌握声母发音时的生理机制,注意韵母洪细对声母发音部位的影响,又根据声母的语音特征排列出五十母位图,按类定音,揭示出三十六字母的聚合关系,似乎对汉语内部的音位结构已有认识。然而不能接受古今音不同是语言自然演变的结果,而以其心目中三十六字母的音读来评定官音、方音的正误,是其等韵学说的一大缺失。

其六,由江氏对字母音读的辨析,可知其审音能力,但如欲于古音学的领域中,以审音、考古来区分古音学家,则因江氏反对入声兼配阳声,未建立完整的对应体系,又认为《切韵》与古音不合者是《切韵》错误等,都与审音派的观念相左,而与顾炎武完全相同。据此,江有诰应当归入考古派。

16.夏炘古音学

邓名敦《夏炘〈诗古音二十二部集说〉研究》(2010)说,古韵研究的沿革始于宋代吴棫,继有郑庠复以发明,使得古韵研究的议题在清代众位学者戮力相继发明之前,已然是一个被持续关注的音韵问题;然而,宋代的音韵学者因囿于材料、音韵史观的局限,未能将古韵厘定条析,仅能粗略分类古韵大限。随着时代演进,音韵研究也愈加发明,直至清代顾炎武、江永,重新以古今音殊的新思维作为研究古韵的一贯精神,并在材料上去芜存菁,为清代古韵研究的方法与规范定订了一条明确的界线,迄至段玉裁、王念孙、江有诰承续着前辈学者的思维、方法,且不断加以精研推衍,促使着古韵研究在清代获得巨大的成果。现今各本音韵学专著在述及清代古韵沿革史之际,往往遽引王国维《周代金石文韵读序》作为大要,其中王氏的评述可说是精要至确,实将清代古韵研究的脉络系统勾勒明晰。王氏以古韵二十二部作为清儒古韵研究的整体成绩,这一点是令后代学者十分认同的卓越见地,但早于王国维几逾百年的清儒夏炘,已在《诗古韵表二十二部集说》中提出此见。夏炘(1789—1871)只略晚于江有诰,却能统整清儒以来的古韵研究成绩,并且汇集成书,期间亦发明各家得失、比较优劣,翔实地记录整个清代古韵学在分部、材料、研究方法上的转变与进步,对于身处其时的夏炘而言,能客观公正地审视清代古韵学的整体脉络,尤为难能可贵。但可惜的是,夏炘对于古韵沿革史的认知与自身的体会,迄今并未获得注重,亦罕有学者系统性地将夏炘及其音韵著作作为研究对象,纵有提及也只是只字片语;从古韵研究史上来说,这显然是个缺憾。该文试图探究夏炘《诗古韵表二十二部集说》的内容,勾勒夏氏采五家学说的源流,并详述演变,试图还原夏炘著书彰明古韵研究的认知与体会。全文分为五章:第一章就研究动机与目的、文献回顾与夏炘生平进行耙梳;第二章、第三章则就郑庠、顾炎武、江永、段玉裁、王念孙、江有诰诸家之说,阐明分部成果、方法及理论,并引述夏炘的评论以见诸家优劣,体现夏氏的接受与理解;第四章就夏炘自制的二十二部《诗古韵表》,分析夏炘对于二十二部《诗》韵韵脚的押韵措置,反映夏炘接受古韵理论的表现,古声调的看法一并于此讨论;第五章概述全文研究的脉络与成果,并指出夏炘《诗古韵表二十二部集说》在古韵研究史上的意义与地位。

孔仲温《论上古祭月同部及其去入之相配》(《第二届国际暨第十届台湾声韵学学术研讨会论文集》[一]375—392,台湾中山大学中文系 1992),江举谦《从〈说文〉入声语根论析上古字调演变》(《东海学报》7.1:74—91,1965)、《试论上古字调研究》(《东海学报》5.1: 11—24, 1967)、《〈诗经〉韵谱》(1964),朴秋铉《〈声韵考〉研究》(台湾中国文化大学硕士论文,1984),神田喜一郎《江晋三先生年谱》(《神田喜一郎全集》1:199—224,日本株式会社同朋舍 1986),许世瑛《辑江有诰通韵谱合韵谱借韵谱》(《许世瑛先生论文集》1:131—160,1974),陈新雄《古音学发微》(1972)、《〈毛诗〉韵谱通韵谱合韵谱》(《文字声韵论丛》259—302,1994、《〈毛诗〉韵三十部谐声表》(《文字声韵论丛》133—150,1994)、《戴震〈答段若膺论韵书〉几则声韵观念的启示》(《汉学研究》9.1,1991)、《清代古韵学之主流与旁支》(《第一届国际暨第三届台湾清代学术研讨会论文集》25—63,台湾中山大学中文系 1993）、《怎样才算是古音学上的审音派》(1995）等,也涉及了清代古音学的许多问题。

大陆学者黄易清、王宁、曹述敬著《传统古音学研究通论》(商务印书馆 2015）则力图建立传统古音学体系。其上编为传统古音研究,中编为材料论,下编为方法论,以追求解释传统古音学成就为目标,实现传统古音学研究的系统化和科学化,与王力《清代古音学》等传统古音学著作构成了相衔接的研究序列。这可与台湾传统古音学成果相提并论,互为补充,互为借鉴。李开等《汉语古音学史》(2015）则兼顾海内外,绎述古音学历史发展进程,别具特色。

四、台湾学者对现代学者上古音学说研究

(一)章太炎汉语上古音学说研究

这方面的成果有谢碧贤《〈文始〉研究》(台湾辅仁大学硕士论文,1973），林尹《章炳麟之生平及其学术》(《孔孟月刊》14.11:16—23,1986），姚荣松《〈文始·成均图〉音转理论评述》(1991），黄锦树《章太炎语言文字之学的知识(精神)系谱》(淡江大学硕士论文,1993）等论文。

陈梅香《章太炎语言文字学研究》(1997）内容为:第一章,绪论。主要论及章氏生平述略、从小学的阐析到语言文字学的提出,以及对外来语言文字学说的抉择。第二章,章氏文字理论探析,包括文字发展及研究观点评析、六书理论辨析、《说文》相关问题之探析。第三章,章氏声韵理论探析。其中上古音理论探析,包括古韵二十三部评析、阴阳对转理论评析——兼论《成均图》古韵理论之层次;古声母,包括娘日归泥说评析、《古双声说》喉牙足以衍百音析评、《一字重音说》所载字音现象的解析、古声纽纽目论析;还有古声调。中古音理论探析,包括音系性质及其分合、以三十六字母为主及其音读和声调阐析。等韵,主要是论反切的起源、清浊的对应关系、音呼与四等、重纽的相关问题。还有方言研究及分区的探讨,《新方言》语音现象探析——以江苏、浙江两地为主,方言点音读的比较与分析。最后是训诂分析。在陈梅香的研究中,章太炎音韵贡献占有很大的比重,这是十分明显的。

(二)黄侃汉语上古音学说研究

这方面的成果有谢一民《蕲春黄氏古音说》(《台湾师范大学国文研究所集刊》5:193—270,1961），周家风《黄氏古韵二十八部谐声表》(远东工业学校

1968)，陈新雄《蕲春黄先生古音驳难解》(1984)，谢云飞《黄季刚先生上古音学说之论定》(1971)，潘重规《蕲春黄先生〈古韵谱〉稿跋》(《大陆杂志》60.4：27,1980)，柯淑龄《黄季刚先生之生平及其学术》(1982)，金泰成《黄侃古声调说浅析》(《王静芝先生八秩寿庆论文集》255—270，台湾辅仁大学中文系1985)，陈新雄《〈黄侃声韵学未刊稿〉出版序》(《中国国学》15：235—236，1987)、《蕲春黄季刚先生古音学说是否循环论证证辨》(1989)、《黄季刚先生及其古音学》(1993)，柯淑龄《从黄季刚先生"古无上声说"论古声调》(1994)，金泰成《黄侃古音学之研究》(1996)等。

陈新雄《蕲春黄先生古音驳难解》(1984)认为，学者们对黄侃古音十九纽及古韵二十八部说"非议"主要有"四家十难"：一是林语堂。《古音中已遗失的声母》说黄侃是"循环式论证"，"古本韵"三十二韵中只有这十九纽。陈新雄认为，《广韵》一书兼存古音，以之为据完全可以；何况黄侃之说全据昔人之立。对林语堂非难"粘腭声母"问题，陈新雄认为，黄侃"相挟而变"理论，以介音有无作为判定标准。二是王力。《中国音韵学》说黄侃"但所谓'古本韵中只有古本纽'，亦不能例外"。陈新雄认为，黄侃对此例外也是注意的。王力又说："我们不能赞成黄氏拿《广韵》的反切法去做推测古音的工具，因为反切法是后起的东西，与古音不会发生关系。"陈新雄认为，《切韵》保存古音痕迹，而陆法言之古音知识又从古代反切而来，以《广韵》之反切法推测其书古音系统，是可以的。王力说，黄侃"古本韵"从韵图中捡出一等或四等的韵，不能证明古音。陈新雄认为，《韵镜》等据《切韵》《广韵》等而制定，兼顾古音，以之为据是有道理的。王力说，黄侃"古本韵"与"变纽"的音值不同带来解释的困难。陈新雄认为，"古本韵"与"变纽"的音值未分化前是相同的。王力说，黄侃认为泰韵无变纽，就不认为是古本韵，却认同曷末之变纽，颇为矛盾。陈新雄认为，泰韵中的声纽，纯为古本纽；况且，黄侃考古本韵，以纽类韵部交比之外，兼顾声调的变化。三是魏建功。其《古音系研究》批评黄侃"古音系统在等列里保存着"的说法。陈新雄认为，《切韵》《广韵》保存古音，故宫本王仁煦《刊谬补缺切韵》注明各家分合，证明陆法言《切韵》不是当时实际语音系统，钱玄同说以之为阶梯考订古音是正确的；同时对魏建功以《广韵》比之于《说文》收字的谐声系统也进行了批驳。四是董同龢。董同龢《中国语音史》说黄侃二十八部是把入声字从阴声各部抽出来独立，就谐声而论是不成立的。陈新雄认为,王力吸收黄侃三分法是从系统着眼的,可以说明其正确性。

姚荣松《六十年来(1950—2010)台湾声韵学研究评述与展望》(2014)说,这是一篇对黄侃古音学方法论的辩护,反映了50年代台湾古音研究中仍有传统与现代之争。以整理古音学为职志,陈新雄检讨旧学的内证法,认为就中古音材料求上古音,并没有极大的矛盾;但黄侃的古音十九纽及古韵二十八部,因为学派太鲜明,受到当时新派的曲解,如林语堂、张世禄等人,均指其犯了循环论证的弊病。对这种种批评,陈氏逐一驳难,在当时是要有"吾道不孤"的勇气的。

陈新雄《蕲春黄季刚先生古音学说是否循环论证证辨》(1989)在《蕲春黄先生古音驳难解》(1984)中已经对林语堂《古音中已遗失的声母》一文所批评的意见进行了反驳的基础上,再一次重申自己的观点,不同意林语堂的看法,即认为黄侃在作古音研究"循环式论证"的判断是不成立的。陈新雄认为,黄侃古音研究结合考古、审音,并联系古音、今韵、等韵而详推音理,解决了许多前人未曾深究的问题。比如结合钱大昕《广韵》韵部与一四等相应者必为古本韵,不在一四等者必为后来变韵的观点,求得古声纽确数为十九;考出了古本声,再从声韵互相影响的认识出发,回过头来推求《广韵》古本韵。黄侃《声韵说略·声韵条例古今同异下》就说:"《广韵》中诸韵,但有十九正声者皆为古音。又以开合同类者拼之,得二十八部。"由二十八部又变为《广韵》二百零六韵三百三十九类,办法是:"《广韵》分韵分类虽多,要不外三理。其一,以开合洪细分之。其二,开合洪细虽均,而古本音各异,则亦不能不异。其三,以韵中有变音无变音分。"这样,不但把古今音变的问题解决了,也把古音、《广韵》、等韵整个系统都弄清楚了。

陈新雄《黄季刚先生及其古音学》(1993)对黄侃介绍时,除了提到了一般学者所知道的基本情况之外,还说到他从林尹教授处得见黄侃手批《说文》和《文选》二书事情,由此亦见其读书勤奋之定力。他指出,黄侃古音学的主要特点是:研究古音学,结合考古、审音,联系古音、今韵、等韵而详推音理,找出古今音发展规律;这与过去纯粹根据《诗经》韵脚与《说文》谐声的传统方法迥然不同。黄侃对古音通转研究,以确定内涵为基本原则,比如他说:"凡阴声阳声互相转曰对转,阴声阳声自类音音近相转者曰旁转,由旁转以得对转者曰旁对转。"他不但讲二十八部中对转、旁转的关系,并认定通转合乎音理性,还对古声母通传条例进行了归纳，比如正纽双纽、旁纽双纽，以语音为纲，结合文字与词汇作整体性研究。

柯淑龄《黄季刚先生之生平及其学术》(1982)内容为：黄季刚先生生平考、先生生平总论、先生年谱、先生之语言文字学、先生之文字学、先生之训诂学、先生之文学、经学及其他等。其中在"语言文字学"之内，有"关于先生之声韵学"内容，是我们关注的重点，比如字音之起源与其用之转变、声韵条列与通例、音因时地而变迁、反切未行以前之证音法、论反切之起源、《广韵》之价值、古音学、今音学、《古韵谱稿》、《〈集韵〉声类表》等，都是黄侃音韵学的主要成就。

金泰成《黄侃古音学之研究》(1996)指出，近代国学大师之一的黄侃，在文字、音韵、训诂各方面都有重大成就，蔚然成一家之言，对近代中国语言学界产生了巨大影响。金泰成在前人对他的古音体系考证的基础上，再从近年出版的《黄侃声韵学未刊稿》《文字声韵训诂笔记》及黄焯所撰《古今声类通转表》等较新的第一手资料，并参酌相关论著，依着汉语音节的三要素——声、韵、调，分别进行全面性的阐述。第一章为绪论，介绍黄侃的生平以及音韵学著作；第二、第三、第四章分别讨论了黄侃的古声、古韵、古声调学；第五章介绍一些后代学者对黄侃古音学的修正与补充；第六章乃结论，亦按声、韵、调的次序，进行了对黄侃古音系统的拟测。其中涉及黄侃《广韵》声纽考订，有五十一声纽说，但古声有正变之分；韵类考定，古韵有正有变，阴阳入三分与音转论、谈添盍怗分四部说；更关注后人对黄侃学说的修正与补充问题。

中国大陆学者司马朝军、王文晖合编《黄侃年谱》(湖北人民出版社2005)，张晖《量守庐学记续编》(三联书店2006)等文献也吸收了陈新雄、柯淑龄等学者研究黄侃古音学的成果。

（三）曾运乾汉语上古音学说研究

关于此论题，蔡信发《曾氏〈古音三十摄表〉正补》(《台北市立女子师范专科学校学报》12:15—76,1980)，陈新雄《曾运乾之古音学》(1991/2000)，金周生《读曾运乾〈喻母古读考〉札记二则》(1994)等有所探讨。陈新雄(1991)认为，杨树达《积微居小学述林》卷七"曾星笠传"述及曾运乾古韵分部基本看法，但没有对其古韵三十部名称有所揭示，是明显的不足。对曾运乾汉语上古音研究的学术成绩，要从古韵学、古声学两个方面论述：

其一，曾运乾古韵学。陈新雄提到，1969 年，他在写《古音学发微》时，见到李国英《周礼异文考》所用的曾运乾古韵部，仅得二十八摄（部），不是三十摄；后来考订得知，曾运乾三十摄比黄侃二十八部所多出者，是将黄氏灰部分成威衣二摄，但威衣二字实为同部，都属于王力微部。而观察李国英所用，以威表微部，衣表脂部。陈新雄将曾运乾古韵三十摄和王力晚年三十部比较，就能够看出基本差异来。又拿曾运乾弟子郭晋稀整理的曾运乾《音韵学讲义》（中华书局 1996）以及蔡信发《曾运乾古音三十摄表补正》等谐声表和王力的谐声表进行对比，既看到曾运乾与王力结论的不同，也看到看法一致的地方。但陈新雄没有下进一步的结论。

其二，曾运乾古声学。依据曾运乾《音韵学讲义》中有关"喻三归匣、喻四归定"的论述，引证非常详细。陈新雄说："罗常培尝喻为曾氏此说乃自钱大昕后，考镜古声母最有价值之文章。"（912 页）

陈新雄论述曾运乾古音学，意在强调其与黄侃古音学的"类似"关系，借此而为研究黄侃古音学提供一个有益线索。因为二人都是东北大学的同事，又都是楚人，学术思想关系十分密切，应该对比研究。

陈新雄《曾运乾之古音学》（1991/2000）又强调说，曾运乾与黄侃同时，二人在古音学说上大致相同，其立说之理论及研究方法都极为相近，如：声母方面都认为是十九纽；韵部方面，黄氏有古韵三十部说，曾氏则云古韵三十摄，古韵部都是三十。然而二人细别有异，比如曾氏先宵类无阴声相配，所以就分齐之半而配先齐韵；又因为豪韵无入声，所以割铎韵之半而配之，"虽有是有非，其据黄侃二十八部而加以增补，则脉络鲜明者也"。这算是对二人学术承继关系的一个客观定评。

柯响峰《曾运乾韵学研究》（2014）说：

> 曾运乾于学术最为后世所称引者，为音学之成就。于等韵之学，主影母独立，而喻母非喉音，不与影母清浊相配。其于韵图例置三等与四等者有别。又以照三，韵图置于齿音下，最乱舌齿之经界，当归其本类，不必借由门法辨音。于《广韵》之学，则以音之"正变侈弇鸿细"条例，定五声五十一纽。又析《广韵》二百六韵为三百一十一类，此曾氏对《广韵》之考订而有《〈广韵〉补谱》。其学生郭晋稀，依其意填出图谱，能为检音之备，又

兼明一音之流变,实功同韵图。于古音之学,则据经籍异文与文字谐声,考得喻母三等古归匣母,而喻母四等则古归定母,此为其古声研究之最大成就者。至于古韵,则主齐韵之当分为二,一与支佳韵合而为娃摄,一与皆微韵合而为衣摄。而脂韵之半在威摄,半在衣摄,此二摄之别,实王力脂、微分部之先导。其分古韵三十摄,已臻近完备。试从《广韵》之学、等韵之学、古音之学三部分,探讨曾君音学之理论与其研究之成果。

就曾运乾研究音学之理论与规则来说,柯响峰认为,曾运乾以《广韵》为研究音学之基础,以《切韵考》为研究音学之权舆,以《切韵序》为研究音学之津梁,以等韵为研究音学之门径,以审音为研究音学之方法,以鸿细侈弇为研究音学之根柢。其《广韵》之学,有五十一声纽;韵类之考订之外,观察其韵部之正变侈弇鸿细。其等韵学,重在阐释等韵门法,编制等韵谱。其古音学,谐声声母为突出特点,古韵分部之创见,主齐韵之当分为二。确实在古音研究史上反响非凡。

（四）王力汉语上古音学说研究

台湾学者提到王力上古音学说的人很多,但专门以王力上古音学说为对象进行系统研究的并不多见,主要有林清源、吴世畯、周法高与张慧美。

林清源《王力上古汉语声调说述评》（《东海中文学报》7：117—143,1987年7月）肯定了王力声调理论的贡献。吴世畯《王力上古音学述评》(1989)分为六章,内容是：第一章,绪论;第二章,王力生平及著作;第三章,王力治学态度及方法;第四章,王力上古音学说;第五章,各家评述王力上古音学说;第六章,总结。该文是台湾最早系统研究王力上古音学说的论文之一。

这之后,更为细致地研究王力上古音学说的论著是周法高《评王力〈黄侃古音学述评〉》（台湾"国科会"奖助论文,1992）与张慧美《王力之上古音》(2011)一书。周法高论文没有正式发表,而张慧美的研究则很有代表性。

张慧美(2011)正文160页。内容为：绪论;第一章,王力生平简介及著作分类目录与版本;第二章,清代以来的上古音研究概述,分为古声纽说、古韵部说、古声调说三节,台湾学者重点提及董同龢观点。第三章,王力之上古音及问题之检讨,分为上古声母、上古韵母、上古声调三节分别论述。第四章,结语。

　　张慧美对王力上古音声母问题的讨论,分为赞同王力说法部分和值得商榷两部分说明。赞同王力说法的,主要是:王力进一步补充钱大昕"古无清唇音说、古无舌上音说",认为应该再以现代方言为证,才有坚强的说服力,如此一来,钱氏的说法可谓是不争的事实了;王力认定的章太炎"古音娘日归泥说"、曾运乾"喻三归匣"说法也是可信的;王力反对"清唇鼻音声母说",因为上古凡与明母互谐的晓母字在中古可以说都是合口,反观中古属开口或无任何圆唇元音成分的晓母字没有明晓的互谐,此说可信;王力还认为"浊声母字送气不送气是随意的";上古有独立的邪母,拟[z-],则可以说明喻四为何常与邪母谐音,分化的条件就容易理解了。值得商榷的问题是:对王力"娘、日都是三等字,后来没有分化条件了"的说法,如果依李方桂以介音的不同来区别,则可以解决问题:日母在韵图一、二、四等的空档,暗示由泥母来填补的可能;喻母拟音依李方桂[r],可以当声母,也可以当介音,还可以解决它跟舌尖音谐声的问题。另外,比如王力认为"照二、照三独立,而不归精系与端系",张慧美则同意李方桂的构拟和周长楫的说法,照二归精、照三归端较能说明问题;王力反对上古有复辅音的看法,但却解释不了一些谐声等材料发音部位相近的现象,如果用有复辅音的说法,则可以得到相对容易的解释;俟母的独立还缺乏足够的材料支持。

　　对王力上古音韵母问题的讨论,也分为赞同王力说法部分和值得商榷两部分说明。赞同王力说法的,主要是"脂、微应分为两部,一部一元音及拟定之音值,阴声韵无辅音韵尾"等说法。值得商榷的是:"冬并于侵部",《诗经》用韵数据不足以支持;对"祭部不独立而入月部",从音位学观点看,以《诗经》而论,亦可将歌、祭相加与月、元相配;从音值上说,"阴、阳、入三分"代表三种不同的音,却无法表示三者之间彼此亲疏的关系,但阴入、阳二分可以,符合《诗经》用韵情形;将二等介音开口拟为[e],合口拟为[o],不如李方桂拟为[r]为佳,李的构拟可以说明上古许多声母分化问题。

　　张慧美对王力上古音声调问题也有所讨论,认为舒声分长短,从理论上是可以成立的,汉藏语言及广州方言都有元音分长短的事实,而上古文献及注音材料均无可靠的证据。张慧美还有《论王力之上古音韵尾的问题》(《岭东学报》12:79—93,2001)等论文。

　　(五)李方桂汉语上古音学说研究

　　陈新雄《李方桂上古音研究的几点质疑》(1992)回忆,1968年,作者曾经许世瑛介绍,在台湾大学听李方桂"上古音"专题演讲,并与李方桂讨论过自己的几点疑惑;后来与丁邦新、何大安亦有所交流。而此次阅读《上古音研究》又加以梳理,再度产生了一些疑惑:第一个疑惑,即在三等韵当中,把知与照三两系介音拟为[-rj-][-j-]的标准何在? 他举了之部入声、之部阴声、蒸部、幽部入声等二十七部的例子,看到,除了少数几部知与照系不同时出现、不相冲突外,大部分如东部,既有三等知系字,又有三等照系字,这就很难解释分成不同声母的问题。第二个疑惑,就是把匣、群、为三个声母认定在上古出于一源,拟为[-g];但[-g]在四等韵里都变成别的声母,而在三等韵里有变与不变之分,这也与一等韵中其他声母演变规律大异其趣。究竟是什么原因导致这种奇异现象,没有交代。第三个疑惑,是把李方桂四个元音系统与各部搭配列表后发现,[i]类元音和[u]类元音两行留下许多空白,从音韵结构上看不严谨;再结合《诗经》押韵,根据王念孙《合韵谱》例外合韵,发现歌脂合韵、歌支合韵,主要元音为[a]与[i]之别;祭侯合韵、鱼侯合韵,主要元音为[a]与[u]之别;支侯合韵,则主要为[i]与[u]之别。如此一来,则元音之三端均可以在一起押韵,听觉上是否和谐? 这里提出来和中外音韵学家商讨。

吴世畯《李方桂谐声说商榷》(1997)指出李方桂谐声条例中的 8 条错误,加以修正并重新拟音。金钟赞《论喻母字"聿"的上古声母》(《声韵论丛》6:559—572,1997)批判了李方桂对喻母四等字的上古声母拟音和"聿"字的拟音,借由"其、箕"的假借关系提出其见解。

丁邦新、余霭芹合编《语言变化与汉语方言——李方桂先生纪念论文集》(2000)收录了 1998 年 8 月 17 至 19 日在美国华盛顿大学举办的"纪念李方桂先生国际研讨会"论文,内容分为一般及跨方言研究、官话、赣客语、闽语、粤语、湘语等六部分,计 15 篇;另收附载论文 3 篇,由丁邦新及柯蔚南联合执笔,详细介绍了李方桂的学术历程。论文中有许多是研究李方桂汉语音韵学思想的论文。

王松木《李方桂上古声母系统述评》(2002)说,李方桂向来有"非汉语语言学之父"的美誉,他毕生除了着力于少数民族语言的调查与研究外,对上古汉语的研究亦贡献卓著。王松木称,李氏立足于高本汉、董同龢、西门华德(Walter Simon)、蒲立本(E. G. Pulleyblank)等人的研究基础上,进一步参照汉藏同族语言,运用内部构拟的方法,演绎出明洁且富系统性的上古汉语音韵体系,其所撰著之《上古音研究》(1971/1980)受到国内外学者的普遍重视,丁邦新誉之为"划时代的著作"。此文堪称探究上古汉语音韵系统的名篇巨著,俨然已成为有志从事上古音研究者不可不读的重要经典。其所建构的上古音韵系统广泛受到学界的回响,有若干的假设已相继被证实,亦有若干的疑点陆续被提出。这里着眼于李氏的上古声母系统,拟先从方法论上入手,探究李氏建构音系的理据,从而逐项对比李氏声母系统与高本汉、董同龢、周法高诸家拟音的异同,并参酌近代学者对李氏学说的相关论述,冀能由此一方面对李氏的上古声母系统作综合性的评述,一方面梳理出李氏与各家分歧所在,作为日后深入探究的基点。

其一,李氏建构上古音系"声韵结合"的方法。学者建构上古音系的方法主要有三,即:文献语料的客观归纳、历史比较法、内部拟测法。李方桂(1983)自述其对于上古音系的构拟乃是运用"声韵结合的方法"。王松木说,李氏的方法较特殊之处是:先从《切韵》音系结构的不平衡现象着眼,由此假设语音历时演变的潜在规律,再经自文献语料或同族语言加以验证。"声韵结合方法"的运用具体展现在介音[-r-][-j-]的构拟上。比如[-r-]:《切韵》音系的结构中,二等字声母为卷舌音,且元音亦较一等韵偏前,李氏(1980:15)便假设二等字的上古音读在声母和元音间带有介音[-r-]。[-r-]一方面使声母带有卷舌成分;一方面使高、央元音降低,低元音升高并移到中央部位,即使一等韵元音演变成二等韵元音。如此,便可将《切韵》一、二等韵的对立视为[-r-]的有无。再如[-j-]:自《切韵》音系结构的异常分布,李氏又假设上古三等字有介音[-j-],[-j-]一方面使声母"软化",衍为舌面音(章系)、轻唇音(非系),一方面使元音发音部位自后低转为高前,成为三等韵元音。

王松木指出,李氏所谓"声韵结合的方法"实质上就是"内部拟测法"。李氏曾师从萨丕尔(Edward Spair)、布龙菲尔德(Leonard Bloomfiled)等著名的结构语言学家,深受结构语言学派的影响,特重音韵结构的系统性,落实在历史音系的研究上,即是更自觉地运用内部拟测法,具体的实践成果便充分地呈现在《上古音研究》中。李氏注重语音系统性,运用内部拟测的方法,为古音系的建立拓展新的视野,重新检验过去拟测的成果,补苴前人研究的不足,建构出更富系统性、简明性的上古音系。

其二,单辅音声母系统。就单辅音声母而言,李氏在高本汉构拟的基础上作了几项更订：1.取消卷舌音、舌面音；2.取消浊音声母送气、不送气的对立；3.增益了清鼻音声母和圆唇舌根音声母。比如取消卷舌音、舌面音，李氏将庄系归于精系，而将知、章归于端系，于是取消中古卷舌音、舌面音两组声母，认为两组声母的衍生乃是分别受[-r-][-j-]介音的影响。将[-r-][-rj-]作为知、章两系的分化条件，此当亦是着眼于《切韵》音系结构的不平衡现象所推导出来的结果。因中古知系字可见于二、三等，其介音必有促使声母卷舌、腭化的成分，则将介音拟为[-r-][-rj-]，中古照系字则仅见于三等，因此将其介音拟为具有腭化作用的[-j-]。王松木也指出，李氏将喻四、邪母拟为[*-r-]，学者尚持怀疑态度，徐通锵(1981:79)就说李方桂根据借音把高本汉的[*d-]改拟为[*-r-]，且不说借音是近似的，而且只根据几个有限的借音就拟测一个音类的音值，根据不足，未免冒险。把[*d]改拟成[*-r-]，也和李方桂设定的谐声原则发生矛盾，因为带浊音的音与齿塞音要在谐声中发生交替。李方桂设定的第二条谐声原则为：上古舌尖塞擦音或擦音互谐，不跟舌尖塞音相谐。若将喻四、邪母拟为舌尖闪音[*-r-]，又如何解释与舌尖塞音相谐的情形？故李氏将喻四、邪母皆拟为[-r-]，实可再商榷。这是对前辈学术研究实事求是的评价态度。

其三，复辅音声母系统。李方桂(1980)所构拟的上古音系中含有两类复声母：一类是带[-l]的复声母；一类是具[s-]词头的复声母。带[-l]的复声母，李氏大体上仍是依循高本汉的说法。高本汉在《汉语词类》(Word Families in Chinese)中，提出构拟带[1-]复声母的三种方式：A.各[klâk:I]：各[lâk]；B.各[kâk]：洛[klâk(glâk)]；C.各[klâk]：各[glâk]。高本汉后来主要采用C式。董同龢(1944:39)批评高本汉将C式用得太过。周法高(1970:128)则采取A式，丁邦新(1978:605—607)拟从谐声字本身抽释出A、B、C三式的取舍原则。丁氏指出与来母谐声的字有两类：一类是以其他母作为来母字的声符；一类是以来母作为其他母字的声符。此外丁氏认为高本汉所拟订的三种形式间具有排斥性，仅A、C式可并存于上古音系中，将A、C两式与谐声字的两类合观。但王松木也说丁氏存在牵强的地方，他认为，李氏参照亲属语言，如藏语、台语的形态变化现象，假定[s-]为上古汉语称词词缀，但未言明此一前缀具有何种情词功能。

其四，王松木认为，若说高本汉《中国音韵学研究》引进历史比较法为建构古代汉语音韵系统树立了新的典范,李方桂《上古音研究》则是接续这个新典范,并且使之达到高峰。李方桂《上古音研究》秉持着结构语言学的理论与方法,建构一套新颖的上古音系,今日国内外汉语研究者在讨论上古音系的相关问题时,大多是立足在李氏音系的基础上进行对话,在李氏既有的音系架构上添砖加瓦。由此可见,《上古音研究》真是一部划时代的著作,在上古音的研究史上占有极重要的地位。

龚煌城《李方桂先生的上古音研究》(2005)认为,《上古音研究》的成就远超过去任何一篇单篇论文或一本专书,开启了一条通往汉藏语比较研究的大路;如果没有它,真正的汉藏语音的历史比较研究将无法展开。姚荣松《六十年来(1950—2010)台湾声韵学研究成果之评述与展望》(2014)说,李方桂论文从"继承前人研究、独创的见解"两个方面进行探讨。说明《上古音研究》以全新的音位观点,在单声母、复声母、主要元音、介音等方面均有新的构拟,这个系统成为台湾史语所上古音系的新典范,同时,也为国际学者如柯蔚南、梅祖麟等人所推崇。李方桂四个主要元音的系统对于汉藏语比较语言学者而言,接近古藏文的五元音系统,有利于原始汉藏语的构拟,故亦为丁邦新、龚煌城、何大安所推崇。

郭乃祯《李方桂上古音的研究述评》(2010)进行了比较系统而全面的评述。郭乃祯(2010)认为,高本汉(B.Karlgren 1936:157—158)在谐声字的研究中首先提出上古音(Archaic Chinese)这个名称,用以指称周秦《诗经》年代或更早的语音资料。自此以后的数十年间,语言学专家开始专注结合清代学者的贡献,从事上古语音的构拟,而以李方桂集其大成。李方桂上古声母系统涉及圆唇舌根音声母,对床、禅两母的观察,喻母与邪母构拟的理据,带[l]的复声母,匣母与群母,喻三的谐声现象,清鼻音的构拟方式,舌面塞音与舌尖塞音的谐声现象,卷舌音与舌尖前音的谐声现象,舌面塞音与舌根塞音的谐声现象,清擦音心、审两母的谐声现象,以及从汉藏比较的对应看李方桂的上古声母系统——词头声母的延伸思考等问题。上古元音构拟立基于高本汉的中古音,在前人《诗经》韵脚与谐声所架设的韵部系统中,融入方言的实际音读与《切韵》音系的特点,并且给予上古韵部的系统严格的假设。所以这个系统传承自清代以来学者对于文献整理的基础,以高本汉对方言语音的考释统整,连贯了《切韵》系统语音的发展,与其个人对于上古音所设定的严格条件,融入历史语言研究的新方法,对后人研究上古音具有启迪性。论文以探讨其内部构拟的方式,分析上古音[i、ə、a、u]四个元音系统等创说的适时性与可靠性,辅以汉藏比较语言学的观点分析其优劣,比如从汉藏语的比较研究观察四个元音系统、龚煌城的原始汉藏语系统与李方桂上古汉语系统的对应关系、从汉藏语的对应看流音韵尾的拟测等。

中国大陆评述李方桂上古音研究的主要有刘援朝《李方桂:声韵结合的三种类型》(《中国社会科学》5:184—185,1984)、周赛红《介音央化说献疑——读李方桂〈上古音研究〉札记》(《古汉语研究》4:23—25,2004)、冯蒸《高本汉、董同龢、王力、李方桂拟测汉语中古和上古元音系统方法管窥:元音类型说——历史语言学札记之一》(《首都师范大学学报》5:73—82,2004)、陈大为《李方桂上古汉语复声母构拟小议》(《湖南科技学院学报》11:188—190,2008)、杨先明和宋亚云《评李方桂先生的上古声母系统研究》(《湖北社会科学》5:120—122,2010)、崔金明和刘琨《李方桂与郑张尚芳上古复辅音比较研究》(《西南民族大学学报》2:101—105,2013)等,站在不同的角度探讨李方桂上古音研究的贡献。

(六)董同龢上古音学说研究

有学者对董同龢的上古音"谐声"研究感兴趣,比如罗肇锦《试解董同龢先生上古声母的例外谐声》(2005),角度独特。但更为重要的则是李方桂等学者对董同龢汉语上古音研究成就的高度评价,可见相关评述。

(七)周法高上古音学说研究

陈雅婷《周法高之上古音研究》(2008)说,周法高晚年致力于上古音的研究,其上古音系建立在多年研究中古音的基础上,博采诸家精华,提出真知灼见,他所建立的上古音系统,在上古音的研究历史上俨然已成为一家之言。

陈雅婷在全面性地搜集关于周法高上古音的资料后,发现尚未有全盘阐明周法高上古音系理论的专著,故特以周法高之上古音系统为研究范围。论文体例为:第一章,绪论。说明本论文的研究动机、研究范围和方法、前人研究成果以及周法高之生平和著作目录。第二章,周法高之上古声母系统。介绍周法高上古单声母和复声母系统,再以主题方式分别提出单声母和复声母相关问题的讨论。比如单声母,有匣群和喻云关系,舌上音和正齿音,邪纽喻以纽,梵汉对音中来纽对译[td],全浊声母送气与否问题;再如上古复声母系统,有流音和其他声母结合的复辅音,带[l]带[r]以及舌尖清擦音[s-]和其他声母结合,邪纽喻以纽和舌根音结合,喉牙音和舌齿音及唇音结合,鼻音和非鼻音结合的复声母问题;还有审书纽的拟订、上古清鼻流音、上古鼻冠塞音、喉牙音和舌齿音通转的问题。第三章,周法高之上古韵母系统。依次介绍周法高古韵部的分类、介音系统、主要元音系统和韵尾系统。以主题方式进行相关问题讨论的是:介音、主要元音、韵尾、脂微分部、冬(中)侵分部、祭部独立。第四章,周法高之上古声调系统。先阐述周法高上古声调的看法,其后讨论问题的部分则先胪列前人各派说法,分析其得失后,再利用统计法证明上古实有四个声调。第五章,结论。总结各章的研究成果。文末附周法高上古音代表性的论著简介,有《论上古音》《论上古音和切韵音》《上古汉语和汉藏语》三篇,以及周法高之著作目录。陈雅婷说,冀能架构出周法高之上古音系统理论,梳理出他与各家之异同所在,并讨论其观点是否妥当,从中看出其承继和创见,进而明白他在音韵研究史上的贡献和定位。

(八)龙宇纯汉语上古音学说研究

周晏菱《龙宇纯之上古音研究》(2012)是专门研究龙宇纯上古音体系的著作。其著作体例是:绪论;龙宇纯之上古声母系统及其相关问题研究;龙宇纯之上古韵母系统及其相关问题研究;龙宇纯之上古声调系统。附录:龙宇纯上古音代表性论著简介;龙宇纯著作目录。文中附有四十个表,两个图。

作者为何要选择龙宇纯上古音作为研究的对象?作者认为,龙宇纯对上古音研究截然不同于国内外众多学者,即他兼善音韵学与文字学之长,使用文字学知识辅以上古音系的讨论,不仅注重古文字本身的谐声、转注及假借资料,更整理归纳古文献中文字本身的通假、异读或异文同源词资料,还不忘利用《诗经》与《楚辞》等先秦韵文整理韵部之叶韵归部,再经由中古《切韵》音系同上古韵部、谐声系统间的语音分合所表现的对应关系,证明上古与中古音彼此间有相当的影响等。这些都是不同于历来国内外音韵学者的研究方式,对于上古音系的研究,甚至是整体音韵学,都是开辟一条新路的先锋(2页)。

周晏菱认为,龙宇纯上古音声母系统是单一的声母系统,他的分类依据主要是从中古四个等韵的来源加以思考的(龙氏《上古音刍议》)。计有二十一个声纽,且四类韵俱全,大致以宋人三十六字母为论述基础。其中舌音部分较为复杂,当中的照系三等字照穿床三母二等出于精清从,而照穿床三母三等绝大部分出于带[s-]或带[z-]复声母或词头的端透定，小部分亦出于精清从；审禅二母无论是二等还是三等，均分别出于心邪二母；日母出于带[s-]复声母或词头的泥母；喻三则本读[*zɦ]。

龙宇纯上古音单一声母系统所涉及须要讨论的问题，一是龙宇纯主张上古无清唇鼻音声母，与陆志韦、王力、王显一样，而与董同龢、蒲立本、李方桂、周法高、郑张尚芳、张永言、陈新雄、雅洪托夫、竺家宁等不同。龙宇纯发现，明晓二母互谐，是由于"晓母有合口性质或是类似合口的圆唇元音成分"造成的。二是全浊声母送气与否。龙宇纯从同源词、联绵词、谐声字以及同字异音文献观察，发现发音部位不同的两音往往会产生关联性，而其一为晓母，其一为其他部位的次清声母，或两者都为不同部位的次清音，显然，其中的"次清声母"送气构成不同要素。三是群、匣和喻三三声纽音值。龙宇纯认为，群、匣两母不应合并，因为在韵书数据中两者是分开的，这与周法高群、匣两母同源谐声观点明显不同。四是照三系音值。龙宇纯主张，照三系字上古读音是中古照二系舌尖面塞擦音及擦音。《切韵》韵书保留齿音类隔现象，表示精变照至此未完成。五是邪纽与喻四音值。龙宇纯从谐声资料看，认为李方桂存在着不足，邪母当拟为[*z]，而喻四与齿头音相谐，与舌头音透定两母密切，所以拟为[*zɦ]。六是轻唇音见于上古。龙宇纯《上古音二三事》依照王念孙"方之言荒"等例证，认为轻唇音由喉音变来。厦门、潮州、福州等地，合口晓母也有读同轻唇音的。

对龙宇纯上古韵母系统及其相关问题研究。周晏菱认为，龙宇纯上古韵部分部的方法特点为：一是从古文字学角度检讨古韵分部。龙宇纯认为，以古代韵语为主，取用《说文》谐声不违背古韵语；若遇到谐声与韵语冲突时，应从古文字学角度，排除谐声所造成的障碍，不受《说文》局限。比如以金文可见"裘"，从衣，又声；而"求"疑为"蛷"的初文，所以二者不同部。二是一个字也可以隶属两个或两个以上韵部。许多人只承认一个字属于一个韵部，但遇到韵部关系疏密情况，则以由近及远而区分为通韵、合韵和借韵等，这等于唐宋叶韵说的复活。一个字可以同时属于几个元音不同的韵，原因在于古今音变、方言音异，以此显现而定，一个字不局限于一个韵部是很正常的（126—128页）。

涉及分部，龙宇纯主张分为二十二部，同于董同龢、李方桂等人，采用阴阳考古二分法来归纳，也认为阴阳入三分法容易产生等边三角形的分韵错觉，由此,阴声韵与入声韵之分不若合。

对韵母系统的拟测,比如介音,龙宇纯认为上古音与中古无异,开合两分,不需要像李方桂那样构拟出一套圆唇声母;他提出有四个不同介音的韵母类型。主要元音则以阴声字是否具有辅音韵尾为主要原则:以不带韵尾及带[-u]韵尾的阴声与带[-k]尾的入声及带[-ŋ]尾的阳声相配,而带[-i]尾的阴声配带[-t]尾的入声及带[-n]尾的阳声。即还是分为阳声、入声、阴声三大类。但龙宇纯二十二部中只有叶、缉两个入声韵部,所以还不算是阴阳入三分法学者。龙宇纯师从董同龢,但元音数量却简化,数目偏少,只有[ï][ɑ][e][u]4个,不似董同龢复杂。周晏菱认为,这也是他的一个突出特点。

在《上古汉语四声三调说》中,龙宇纯认为,从《诗经》叶韵着眼,虽然以"平上去入"各自分韵为常态,但"异调相叶",尤其是"平与上、去与入"之间有频繁的交往。可见,此时的四声必是高低音的分别,而非辅音尾的不同。去与入是同调,应该是"四声三调"。周晏菱比较了各家的学说后,还是认为这个看法是正确的。

周晏菱文献收集十分全面,对龙宇纯上古音论著的分析细密,立论可靠,以同意龙宇纯大多数看法为前提,提出了一些值得思考的问题,当然不乏她个人的观点。这是一部具有重要意义的龙宇纯上古音研究史论著。

中国大陆学者冯蒸《龙宇纯教授〈中上古汉语音韵论文集〉评介》(2004)向中国大陆学者比较全面地介绍了龙宇纯的音韵学成果。

(九)陈新雄汉语上古音学说研究

比较早介绍陈新雄汉语上古音研究著作的是黄庆萱、沈谦《〈古音学发微〉》(《华学月刊》12:8—16,1972)一文,介绍了该书主要内容和贡献。李添富发表《从"音韵结构"谈古音韵分部及其发展》(台湾《辅仁学志》[文学院之部]24:7—20,1995)一文,涉及陈新雄的贡献。江俊龙《台湾地区汉语音韵研究论著选介(1994—1998)》(2000)叙述说:从音韵结构与空格理论的启示中检讨古韵的分部,他认为,陈新雄取自郑庠以来诸家析分的结果,从其分不从其合,创立古韵三十二部说,是目前最为精审的结论。不过,就"音韵结构"的角度而言,陈先生的古韵部系统中,宵、药一组没有与之相配的阳声韵部,作者认为是美中不足,并假设这个空位可从东、冬、蒸、侵诸部韵字中重新离合,使之恢复。

《陈新雄教授八秩诞辰纪念论文集》(2015)由丁邦新作《序》。丁邦新评述陈新雄上古音研究成绩(31页)：

> 博士论文《古音学发微》,仔细介绍并检讨清代各家上古音研究。直到三十年后,1999年又发表《古音研究》,说明各种研究古音资料中声母、韵母、声调线索。把宋庠《古音辨》以下,顾炎武、江永、段玉裁以迄今人黄侃、王力等十三家的古韵研究一一检讨;再把钱大昕、章炳麟等五家以及伯元自己对上古声母的看法详加论说。最后论述陈第至王国维等十一家对上古声调的看法。这是对上古音资料及高本汉以前各家学说的最详尽的讨论。

日本学者臼田真佐子《陈新雄教授与古音学研究》见《陈新雄教授八秩诞辰纪念论文集》111—116页,对比陈新雄《古音学发微》和《古音研究》两部重要著作,发现一些不同:《古音学发微》第二章所讨论的学者和《古音研究》第二章有所不同。就姚文田的古音学说来说,《古音学发微》放在"严可均之古韵说"中一并论述,而在《古音研究》中以"姚文田之古音研究"为题目独立了出来;此外,《古音研究》也重视刘逢禄《诗声衍》古韵二十六分部的研究。由此可见《古音研究》追求细致而合理古韵分部的理念之所在。

钱拓《陈伯元先生古声调说阐述》见《陈新雄教授八秩诞辰纪念论文集》117—128页,他认为,陈新雄从《诗经》韵例的同一声调相互押韵、不杂他调,以及平上互押、去入通韵的现象里,综合林尹、王力两先生的研究,区分四种声调,并且采用"元音长短与韵尾共同决定说"来还原上古四声和中古四声的分野界限,给予合理的演变过程解释,修正历来古声调研究的错误,填补了空缺,为上古声调研究提供了一条清晰的轨迹。此外,陈新雄辨正了孔广森、王国维等旧说的错误,兼纳各家说法的长处,采用新的研究结果,进而修正王力"舒促说"阳去声来源的空档,受到普遍学理的支持。

姚荣松《六十年来(1950—2010)台湾声韵学研究成果之评述与展望》(2014)认为,陈新雄《古韵三十二部音读之拟测(上、下)》(2002)将三十二部改拟为三个元音、九个介音和十九种韵尾的系统,拟音材料包括各地方言、域外译音、同语族语等。本文可以说是作者对于自己古韵学说的一个总结。无可否认,陈新雄的古音学继承了章黄学派而有所发展,他的成就已超出了章黄学派的格局。

就目前来说,中国大陆和台湾地区汉语音韵学学者陈新雄古音学学说研究还未充分展开,这是一个明显须要进一步关注的汉语音韵学史问题。

(十)其他

署名赵元任、高本汉著的大学用书《上古音讨论集》(1977)收录了四篇论文:一是赵元任编译《高本汉的谐声说》,包括两篇,即《谐声原则概论》和《谐声字中的弱谐强谐原则》。二是《上古音当中的几个问题》。署名高本汉著,赵元任翻译。文章很长,后有附记:《高本汉关于上古音的局部考定》和《音标对照》。三是《跋高本汉的上古音当中的几个问题并论冬蒸两部》,由王静如作。四是《〈切韵〉[â]的来源》,李方桂作。

在传统小学著作中涉及现代音韵学者成果研究内容的很多,比如邱德修《观堂声韵学考述》(五南图书出版有限公司1994),沈心慧《胡朴安生平及其易学、小学研究》(2009)等。

沈心慧(2009)第七章"胡朴安的声韵学"认为,其上古音研究属于传统音韵研究,但亦能注意新材料,比如提出《诗经》之外,以《经典释文》为首的群经音义和声训为主的刘熙《释名》作为研究古韵的资料,在当时很有见地。在其《古今声韵学著作提要》中列有古韵著作四十五家六十一种,并写下了提要,其中有一些很少为人们所提及,比如清代苗夔《说文声读表》《毛诗韵订》《经韵钩沉》;张行孚《说文审音》;郭师古《毛诗韵谱》;安吉《六书韵微》、付寿彤《古音类表》、吕吴《六书十二传声》;史容《风雅遗韵》;冯肩《经传字音考正》;方绩《屈子正音》等。在音韵学史观上,提出"音分南北;古今音变;文明愈进步,声音愈进化"等观点。他还把上古音称之为"周秦之音"。沈心慧的发掘,使得人们对胡朴安古音研究有了新的认识,这是须要关注的。

五、古文字及出土文献上古音研究

(一)甲骨文语音

有关此论题的成果有:孔仲温《殷商甲骨谐声字之音韵现象初探——声母部分》(1992),蔡宗卫《殷墟甲骨文字音系研究》(台湾中国文化大学硕士论文,2003),赵林《论甲骨文中喻四与来的接触及其相关问题》(台湾《中国文大学中文学报》9：63—76，2004），《从甲骨文看上古汉语音节问题的一隅》（语言文字与教学国际学术研讨会，东海大学 2008）等。

孔仲温（1992）是利用甲骨文谐声字研究声母的论文。内容主要是：其一，研究殷商甲骨谐声字语音的缘起。孔仲温说，学者们论述上古音，向来是以周秦时期为主要范围，而不及于商代，其原因自然是由于周朝时代晚于商代，典籍完备，文献丰富，而商代则是资料贫乏，文献不足。学者要了解商代的概括面貌，尚且不易，更遑论当时音韵系统的探讨了。但现在则不然，殷墟甲骨的发现，不仅丰富了殷商的史料，也提供了我国最早而最有系统的语文研究材料。甲骨文当中有不少形声字、假借字，甚至是同源词，它们自然便成为研究殷商时期音韵系统的重要语料了。这就为进一步探讨提供了先决条件。

其二，为何以甲骨谐声字作为探讨殷商音韵的文献依据。孔仲温认为，赵诚《商代音系探索》（1980）一文具有开创之功，但留下了太多的问题。研究甲骨文字音系可从形声字、假借字、同源词等方面着手，但范围甚大。仅先从形声字的确立及声母系统的问题着手，则有利于殷商音韵研究的深入开展。

其三，甲骨文形声字判定及考订程序。孔仲温说，他对甲骨文形声字的判定以李孝定《甲骨文字集释》、徐中舒《甲骨文字典》二书为基础，参考诸家见解，尽量择取学界争议较少而又见于《说文》的部分，最后总共检得 221 字。殷商甲骨的形声字当不仅止于此数，只是本文借比较保守的态度，希望得到较稳当而可信的结论。而音系的考订程序，则是将这 221 个字例及其谐声的声符，依中古四十一声类及其发音部位列举出来，每字之下并检列《广韵》音切，若学者考定的谐声与《说文》有异，则随文注明；《广韵》无音切时，则依《集韵》载列。

其四，对甲骨谐声字声母现象的认识。孔仲温说，对所列举的 221 条谐声字例再作进一步而全面性的观察，就其声母部分可以获得三项看法：第一项，即形声字及其声符间，清：清、浊：浊的字例计有 141 个，占全部的 64.9%，而清：浊、浊：清通转的例字有 80 个，约占全部的 36.9%，清浊分明与清浊通转的比例约是 2：1，这样的比例，恐怕就不能如赵氏所说"清声和浊声在甲骨文里不分"了。第二项，声母通转频繁。以古声十九纽所属的各部位为范围，来观察它们通转情形，如此便可发现通转的字例高达 164 例，占全部的 74%，因此我们可以了解殷商时期的形声字其与声符间作同部位的通转是普遍而频繁的;但是不属这个通转范围的例字还有 57 个,占全部的 26%。第三项,复声母可解释部分通转现象。来母同时跟唇、牙、喉音的声母通转很特别,但这类复声母的形成,虽然可以用丁邦新《论上古音中带 l 的复声母》(1978)一文拟音解释,但还是谨慎下结论比较稳妥。

孔仲温此文就甲骨文形声字语音研究来说,具有重要的开创性的启发意义,因为当时在台湾汉语音韵学界还很少有青年学者作如此之尝试。

蔡宗卫(2003)指出,以音变分化原则建构上古音系是目前学界普遍的研究法,则从母与床母、见母与匣母、照母与端母、群母与为母、审母与定母、照母与匣母、禅母与泥母、审母与定母各有不同来源,当拟为不同音;但在甲骨文上述例子实为一字,同音同字的构拟外,须进一步解释如何造成后世的分化。多音字可以解释同一个字会有多个音读,所以像"床"等的异音关系可以解释为一个字的两音,两个异体字各保留其中一读,使得文字材料呈现两种以上音读的分化。但本文进一步发现同字而不同语音分化的现象有构词音转的迹象,即一字内的多音有同源派生的关系。如"见"与"现","教"与"学"的受动——自动之施、受规则,可以解释卜辞"见牛"借作"献牛";"镬"(匣母)与"获"(照母)都有大义,可以解释甲骨文获取之"获"的本字为"只"以及"隹"假借作语气词"唯"。一字多音若是无原因而随机性的多音,音系研究则失去了可能性,因此多音字既有规则可说,可以解释一字内所负担的二词既是同字、语音又可以转换,并且也呈现出二种词音的各自分化。相较于无声字随机而固然的多音,蔡宗卫尝试以音转规则探讨甲骨文音系,将呈现语音异同的形声字、假借字、同源字三类材料陈列在第三章,再把这三类材料纳入音转的架构作为观察,并于第六章甲类复辅音陈述六类可能存在的词头与音缀。另一类非音转关系的字,则以历史音变对音系结构的变动作为上推,并于第五章乙类复辅音声母讨论。最后一类古本声母,作者认为殷商时代这类基本声母音值也没有改变,三类声母总结在第八章。韵母部分则从音节结构与通转的远近定其数量与音值,而阴声韵母是否为闭音节是争讼已久的问题。蔡宗卫从音转的原理肯定大部分阴声韵母为开韵尾,并将韵母讨论的结果在第七章中陈述。

(二)金文语音

余迺永的博士论文《两周金文音系考》(1980),后来以《上古音系研究》

（1985）为名出版。实际上这是其博士论文的延伸研究，即以两周音系为架构，条分缕析清代到现代古音学研究历史，对众家学说长短进行明辨，提出其中推陈出新的观点，并有选择性地加以接受，力图建立以"诗韵"追溯谐声之学理基础，同时也就现存上古音系研究中的许多难题提出解决的具体方法，由此提出了许多新观点。就整体来看，余迺永的研究，力求两周音系对应的严整性和系统性，充分把握汉语语音从上古到中古整体性演变的历史规律。

该书的基本体例为：周序；自序；甲、上古音研究前溯与修正。（一）传统上古音学说之建立。A.韵部；B.调类；C.声母；D.总结。（二）近人以音标拟构上古音之成果。A.韵部；B.调类；C.声母；D.复声母；E.总结。乙、上古音系新订。（一）韵部。A.阴、入与阳二分或阴、阳、入三分之上古音韵部；B.谐声四十一部立说；C.阴声诸部之收[-ɦ][-ɦʷ][-1][-r][-V]辅音韵尾；D.中古三等韵重纽之上古音来源，并引论上古谐声与诗韵两期至中古韵类之演变规律（附论：介音自上古至中古之演变规律）。（二）调类。（三）声母。（四）复声母。（五）总论：上古汉语之音节结构。丙、上古音系总表。（一）诸家与本书古韵部目次等对照表；（二）诸家与本书上古韵部介音对照表；（三）诸家与本书上古韵部拟音对照表；（四）诸家与本书上古声母拟音对照表；（五）上古至中古声母于各等韵类分配表；（六）四十一部谐声表。附录。

韩国留学台湾学生全广镇博士论文《两周金文通假字研究》（1989）"自序"称，该书撰写的目的有二：其一，试就两周金文通假字进行通盘汇集整理；其二，按历时、共时之不同，把它们再加以分析、归类、统计，以供对周代文字、音韵深入研究之参考。其书体例为：第一章，绪论：写作动机与目的、相关著作浅评、写作原则、方法与取材。第二章，释名：通假之界义、通假现象之特质与产生原因、有关词语诠释与通假字之范围。第三章，两周金文通假字例：阴声韵部、阳声韵部、入声韵部。第四章，两周金文通假字字谱：凡例、阴声韵部、阳声韵部、入声韵部；附表：两周金文通假字谱检字表。第五章，归类与统计：字数及出现频率、出现时期、出现地区、字形结构、字音关系、其他。第六章，结论。附录：本论文所采取铭文资料篇目（西周篇）、本论文所采取铭文资料篇目（东周篇）。

《两周金文通假字研究》有关语音方面的结论是值得注意的。比如中古清唇音重唇音通用11组，出现46次，其中明微见多；由历时差别而言，多见于西周铭文。章太炎有"娘日二母古归泥"说,由金文通假观之,此说可信。在两周金文通假字 321 组中,异部通假仅 19 例,其余全部为同部通假;此统计依王力二十九部说而分别归类得之,如果依段玉裁十七部说或董同龢二十二部说,则韵部相同之例可达 95% 以上。由是观之,段玉裁"古假借必同部说",可以取信。声调方面,同调独用 179 组,占 55% 左右;异调互通 142 组,占 44%。

王书辉《西周金文韵读》(台湾政治大学硕士论文,1995),竺家宁《五十年来的中国语言学研究》(2006:69)有介绍和评述,指出该文就金文韵语的部分(界定在周秦前至西汉早期),普查现有的西周青铜器铭文,将其押韵形式分为七种,分析金文在不同时期的押韵特色,并考得西周金文有在散文中寻求韵律以获得美感的习惯。而不同的器名,有时也会影响用韵的习惯。在韵语通转现象方面,作者认为可能与各地方言歧异有关,并增加二十五组文献中所无的通转例,作为上古音通转的补充。

宋鹏飞《殷周金文形声字研究》(2001)认为,就结构而言,整个汉字发展历程即是形声化的过程。形声字的比例,从殷商甲骨文的百分之二十几,过渡到《说文》小篆的百分之八十几,两周时期应是关键阶段;金文是本时期的重要文字材料,则金文形声字的研究对于了解汉字形声化过程来说,其重要性自然不言而喻。以殷周金文形声字作为研究对象,得到四项成果:一是金文形声字主要构造方式的确立。分析整理后,发现金文形声字的产生方式主要是"并时形成",而非"声符先造";如果说金文是形声字大量产生时期的主要材料,那代表金文形声字主要构成途径的"并时形成"方式,很可能就是汉字形声化的主要方式了。二是殷周金文形声字省声情形的厘清。共归纳得到殷周金文省声字八种类型,其中"替换成较简易的声符",是宋鹏飞所提出的新类型,在异体字里,替换成较简易的音同或音近的声符结构,应该也算作一种省声;至于省声字的成因,宋鹏飞也归纳整理出"陶范的脱落与损坏、文字要求方正美观、偏旁书写可较随便、时空差异分别创制"与"假借与通假的影响"等五项。另外,对于"省声"观念在古文字释读上的运用与误用,宋鹏飞也有举例与说明。三是殷周金文形声字多声情形的辨析。整理出殷周金文形声字材料中的 19 个多声字,一一进行分析与说明,其中也举出一些误为金文多声字的例子。宋鹏飞也从构成方式的角度,整理出"纯双声符结构"与"形声字叠加声符"两种多声字类型,以及"繁饰美化、为避混淆而特设专字、语音变迁与方言差异"

与"原声符讹化而叠加声符"等四项金文多声字成因。四是对金文形声字做出翔实的统计与整理。统计结果显示，殷周金文形声字比例是 64.53%。由是可知，殷周金文阶段的形声字已占过半比例，秦代更透过文字统一的规整化措施将小篆形声字比例提升至八成以上。金文比例的统计结果也填补了从甲骨文到小篆之间形声字比例的空缺。

（三）简帛音韵

李存智《秦汉简牍帛书之音韵学研究》（1995），竺家宁《五十年来的中国语言学研究》（2006：69—70）有介绍和评述：作者使用未经后人改动，比传世文献可靠之大量地下出土材料，研究秦汉古音，目的在经由个别分析与综合讨论之后，将先儒于经传典籍注疏中的古汉语研究成果，结合上古音系及方音的讨论，给予语言学上的诠释。结论总结研究成果有三：声母方面，指出［s］与［h］词头与清鼻音、清流音与擦音之流变的密切联系；喻四为［l］，来母为［r］，与复声母［cr］［cl］［crl］有密不可分的关系，并进一步证明二等有［r］介音，三等有［rj］介音，中古邪母有［lj］、［sdj］、［sgj］三个介音。韵部方面，指出秦汉时期仍以阴、入二声之接触为密切，肯定上古汉语阴声韵有辅音韵尾，亦强调韵部间的接触有纯音韵的关系。至于声调的表现则与《诗经》押韵、《说文》谐声大致相同，四声分别具有地理地位。李存智还有《郭店与上博楚简诸篇阴声韵部通假关系试探》（《台大中文学报》29：71—124，2008）、《郭店与上博楚简诸篇阳声韵部通假关系研究》（《台大中文学报》30：95—156，2009）、《音韵层次与韵部分合——以之脂支分合及相关音韵现象为例》（《台大中文学报》31：47—102，2009）等。

李存智《上博楚简通假字音韵研究》（2010）是一部具有重要价值的学术专著，它的基本情况是：

其一，体例为：自序。第一章，绪论：前言：通假字反映语音讯息、语言史观与汉语上古音、异读层次与音韵层次、通假合韵方音异读与上古音。第二章，上博楚简通假字声母关系：前言、与中古心母相关的声母通假现象、与中古邪母相关的声母通假现象、与中古喻四相关的声母通假现象、与中古来母相关的声母通假现象、与中古照三系相关的声母通假现象、舌尖鼻音通假现象、清鼻音声母通假现象、中古匣母字通假现象。第三章，上博楚简通假字阴声韵部关系（一）：楚简之支脂韵部互相通假现象、楚简之支脂韵部与中高元音韵部通假现象、楚简之支脂韵部与[a]元音韵部通假现象、楚简歌部通假现象。第四章,上博楚简通假字阴声韵部关系(二):楚简幽部通假现象、楚简宵部通假现象、楚简侯部通假现象、楚简鱼部通假现象、铎部与异部合韵的比例分析、鱼部与舌尖尾韵部的关系。第五章,上博楚简通假字阳声韵部关系:舌尖鼻音韵尾韵部通假关系、舌根鼻音韵尾韵部通假关系、见于《楚辞》不见于《诗经》舌根鼻音尾韵部合韵现象、楚简双唇鼻音尾韵部通假现象、楚简舌根鼻音尾韵部与舌尖鼻音尾韵部通假现象、舌根鼻音尾韵部与双唇鼻音尾韵部通假现象。第六章,结论:文献方音与古音构拟、楚简的声母系统、之支脂真文元关系的类型意义、楚简上古韵部关系及异部接触的音韵史意义、汉语音韵史研究的新思考。

其二,基本思路。利用新出土文献研究上古音本身就是一个具有积极意义的汉语语音史研究思路,因为与传世文献相比,出土文献更具有自身的可靠性优势。李存智的研究则更进一步,利用新出土文献的通假字,进行汉语语音的层次分析,与当前汉语方言语音层次分析理论与实践一脉相承。李存智说这是一个新方向,是符合实际的。李存智介绍到,她的研究方法,宏观地说,就是分析通假和异文,将历史文献考证与历史比较法结合,进行音韵的历时与共时分析。其宗旨是:对上古音分时分域观察,在战国楚简的通假字中,思考上古音研究的若干议题(1页)。

其三,主要观点。李存智明确指出,通过先秦两汉有关之语言与文史资料的分析、研究,确有助于上古音异部接触原因的厘清。例如祭月、之幽、之支脂、脂微、歌支、鱼侯、幽宵、文元、真文、真耕、耕阳、东阳、冬侵、东冬的异部接触,在不同的区域、不同的文献中有不一致的表现,意谓合韵、通假能反映时间、地域或层次差异特色。结合现代汉语方言来看,汉语在时间、地域所呈现的音韵层次差异,或个别系统内的层次差异,才能合理解释通假、合韵或阴阳对转。

就韵部来说,李存智再一次肯定了把上古音作为单一系统构拟,无法解释纷歧的合韵现象,证明所谓东阳、之幽、鱼侯、真文、真耕、歌支合韵为楚方音的特色。而声母,从楚地文献的通假、异文、谐声所观察到的现象,肯定喻四的上古形式为[*l-],与之谐声、通假的心母字为[*sl-],其他与喻四有关的声母则可拟作[*Cl-];来母字为[*r-],其他与来母有关的声母则可拟作[*Cr-]。从目前的观察能够看出声母流变的快慢、音变存在类型的差异、汉语方言的声母层次差异，在楚简中也多数可见，惟还无法证明区域间个别声母的具体差异。如楚简的通假现象，也见于秦简。楚简音系的声母尚不出双唇、舌尖、舌根、喉等发音部位，轻唇、舌上、正齿音都还未独立，普遍语言的共性比较明显，可与闽方言十五音的声母系统联系思考，属于较早的辅音系统格局。在声调部分，楚简中与祭部有关的通假现象，显示祭部去声字可能已自成一类，是已知西汉诗文、《淮南子》、《易林》、东汉诗文祭部独用日益明显的先兆（285—286 页）。

邱彦遂《郭店简中喻四及其上古的通转》（《孔仲温教授逝世五周年纪念文集》463—482，学生书局 2006），成蒂《通假字探析——以〈张家山汉墓竹简〉中重、童为声符的通假字为例》（《云汉学刊》12：43—56，2005），庄秀珠《郭店楚简音系研究》（台湾中国文化大学硕士论文，2004），林孟侃《上古简帛通假字喉音声母研究——兼论其开展》（静宜大学博士论文，2009）等。

曾昱夫《战国楚地简帛音韵研究》（2000）透过对大陆出土战国时期楚国地区的竹简和帛书中假借、异文资料的整理与分析，观察这批战国楚地简帛假借、异文资料的接触情形，归纳出当中所包含的音韵现象，并进而构拟出这一批简帛资料所反映出来的音韵系统。

《战国楚地简帛音韵研究》共分为六章：第一章，绪论，说明本论文研究的动机、方法与目的。第二章，说明本文对于简帛中假借、异文材料的认定标准与分类的原则，并介绍整理与筛选而得的 393 条资料。第三章至第五章则分别就声母、韵母、声调三部分讨论简帛资料所反映出来的音韵系统。第三章，声母部分，分为单声母与复声母两小节讨论。单声母主要依发音部位与发音方法，分为唇音、舌尖音、舌尖塞擦音与擦音、舌根音及喉音等加以分析；喻四母与审三母由于情形较为特殊，因此也分出来单独讨论。复声母则主要讨论汉语上古音的[Cr-][Cl-][SC-]等复声母；另外，对于汉语上古音里[N-]词头的问题也作了初步的观察。第四章，讨论战国楚地简帛所反映出来的韵母系统，分为介音、韵尾辅音、主要元音及其他等四小节来讨论，主要根据李方桂所构拟出汉语上古音的韵母系统，针对简帛中韵类接触的情形，讨论战国时期介音、韵尾辅音、元音系统的情况。其中，韵尾辅音分为[*-g、*-k、*-ng][*-d、*-t、*-n、*-r][*-gw、*-kw、*-ngw][*-b、*-p、*-m]讨论；"其他"部分，则主要观察汉语上古音中元音对应情形。第五章，讨论战国楚地简帛里声调的接触情形。依据中古切韵音系的四个调类来统计,观察简帛中平、上、去、入四个调类的对应关系。第六章,结论,依据本文第三章至第五章的讨论结果加以整理,呈现出战国楚地简帛音韵系统。

(四)《说文解字》语音

20世纪60年代学者对《说文解字》与上古音研究关系的成果也引起了一些反响,比如叶梦麟《古音蠡测》(1961),其中《〈古音蠡测〉自序》、《〈古音蠡测〉目录》、《撰〈古音蠡测〉报告》等曾刊发于《学萃》1962年4卷5期、6期及1964年7卷1期。《古音蠡测》是研究上古音的专著,此书以《说文通训定声》为蓝本,将《说文》九千多个字析为古声十四纽、古韵十一部,每个字都标有反切、国音符号、威妥玛式罗马字母。全书目录:王云五序、赵尺子序、蔡懋棠《古音蠡测》简介、《古音蠡测》简介英译、《古音蠡测》简介日译、自序。卷一,东部第一(附表);卷二,阳部第二(附表);卷三,支部第三(附表);卷四,模部第四(附表);卷五,歌部第五(附表);卷六,真部第六(附表);卷七,寒部第七(附表);卷八,豪部第八(附表);卷九,幽部第九(附表);卷十,侵部第十(附表);卷十一,覃部第十一(附表);卷十二,《说文通训定声》声母增减表、《说文通训定声》声母移动表、《说文通训定声》文字移动表、《古音蠡测》声母录音片附表、试以古音读《诗经》"关雎";卷十三,古音佐证表;卷十四,检字。附:古音佐证、《古音蠡测》声母录音片附表。

蔡懋棠《〈古音蠡测〉简介》(《学萃》5.3:27,1963)、王云五《〈古音蠡测〉序》(《学萃》5.5:24,1963)、叶绍良《敬介〈古音蠡测〉以纪念台湾文字学会成立十周年》(《学萃》7.3:49—51转32,1965),都对叶梦麟《古音蠡测》予以嘉许,赞美之词溢于言表。

与《古音蠡测》研究相关的,是其后续之作《古音佐证与台湾话》(编著者自印,1980),由秦孝仪、吴湛露作序。本书由四篇连续文章构成,即"'台湾话'是晋宋以前真正中国人的语言、古韵类的证明、古无舌上音的证明"等。"寻语音之根",讲中国上古音和"台湾话"(闽南话)的关系,驳斥"台湾人不是中国人"的论调。本书许多内容在美国斯坦福大学作为讲稿发表。

许锬辉《〈说文解字〉重文谐声考》(台湾师范大学硕士论文,1964)也从另一个侧面,即"重文"字角度研究古音问题,和战国文字考订直接相关。周法高、张日昇合编《〈说文通训定声〉周法高音》(编著者自印,1973)将朱骏声古音研究"音值化"，并结合自己的看法拟订。

　　近二十年来，一些学者继续研究《说文解字》语音。刘至诚《〈说文〉古韵谱》（台湾师范大学硕士论文，1995）以"谐声字"为关注对象，编制韵谱，显示古韵部。黄婉宁《〈说文〉音训研究》（2013）说道，传统《说文》研究，音训向非所重，清末民初，其学始兴。迄于当代，事《说文》音训研究者，却多不由文字学之门径，是编之作，乃立足于文字学，以究《说文》音训，由文字之形义关系，辨明音训中被释字与训释字之字义联系，以见《说文》音训于文字学之地位，与裨益相关学科之价值。

　　《〈说文〉音训研究》分为七章。首章，绪论，说明所以取道于文字学以事《说文》音训研究，在既有之研究，于音训被释字与训释字之字义关系论述时有不尽明确之处，此缘于学者剖析音训，率以"四体二用"为理论基础，而"四体二用"重音略形，为论述不备之症结，其欲救之，自当由文字学以论，方为务本之道。第二章，六书体用原恉，即就"四体二用"与"四体六法"辨其分异，因知"四体二用"不足之处在以声不兼义为形声正例，遂不明假借亦用于造字，而每需假借之助方得以制字之转注，自更无以知，推究其故，对假借之认识是其关键。乃知剖析音训之字义关系，"四体六法"诚更切其用，而为本文论述之理论基础。第三章"文字音义关系探赜"与第四章"音训内涵析论"，系就音训之本质与既有之论说，分析检视，谓同属探究文字音义关系之音训、右文说与声义同源，本质实不尽相同，彼此为间接而非直接之联系，不宜等量齐观；而音训一事，是以被释字之字音为准，于音同音近之字，择其适用者为训，并依二者主客观之字义联系，有探求字根语源及申明思想义蕴之用。据第三章、第四章所得，检视《说文》音训，考释四百六十六例，由被释字与训释字之字义关系，见使用音训之目的，有"指陈字义"与"发明寄托"之别，因以为类目，部居考释诸例，是为第五章"《说文》音训释例"。第六章"《说文》音训价值"则由上章考释之例，分析归纳《说文》音训之价值：属文字学者，有"佐证四体六法，彰明文字孳乳"与"追溯字根语源，系联同源字族"，其理在合；属经学者，有"辨明本字"与"撮取经说"，其理在通；于社会文化，见"纲常思想之确立、礼乐教化之推阐"与"自然现象之诠释"，贵在执要。第七章，结论。总结前说，以为是编之作，所得有三，一曰"探究音训内涵，周备音训论述"；一曰"佐证四体六法，系联文字网络"；一曰"印证诂经价值，连贯文化思想"，而《说文》音训之文字学地位,与裨益相关学科之价值,当有以见之。

很显然,该文还是以《说文》本身文献,尤其是音训作为考订古音的第一手资料而加以缕析,力求结论可靠。

其他与此相关的成果有:许文献《楚文字声首研究》(台湾师范大学博士论文,2007);马嘉贤《古文字中的注音形声字研究》(2012)等。

马嘉贤(2012)锁定古文字中形声结构"注音形声字",首先由形音义三个方面入手,观察被注字和增繁声符之间的关系,确定是否为注音形声字;再就已经确定的注音形声字进行研究,分为"表意结构上产生的注音形声字"和"形声结构上产生的注音形声字"两类。其中最为引人注意的是第五章"注音形声字综论"第六节"被注字和增繁音符的语音关系"(160—164 页)。

马嘉贤认为,被注字和增繁音符的语音关系可分为四类:一是声韵俱同,共有 21 个字,比如夜(余母铎韵),是被注字;亦(余母铎韵),是增繁声符。厘(来母之韵),是被注字;里(来母之韵),是增繁声符。二是声近韵同,共有 32 个,比如星(精母耕韵),是被注字;生(山母耕韵),是增繁声符。草(清母幽韵),是被注字;早(精母幽韵),是增繁声符。三是声同韵近,共有 10 个,比如凤(並母冬韵),是被注字;凡(並母侵韵),是增繁声符。必(帮母脂韵),是被注字;八(帮母职韵),是增繁声符。四是声近韵近,共有 17 个,比如旗(影母元韵),是被注字;斤(见母文韵),是增繁声符。翌(余母职韵),是被注字;立(来母缉韵),是增繁声符。

通过被注字和增繁音符的语音关系比较,可以证实复辅音确实存在于上古,比如从龙得声的字,证明[*kl-]的存在;亦可证楚地方音特色,比如真文二部来往密切。曾侯乙墓编钟和郭店简都可以说明这个情况。

金俊秀《古文字特殊谐声研究》(2011)说:无论是新的出土材料还是新的语言学方法论,之所以能够迅速发挥其作用,是因为以乾嘉学派为代表的传统小学已累积了相当厚实的实力。古文字学是在传统《说文》学的土壤上盛开的奇葩,汉语音韵学是在传统古音学的土壤上扎根的异草;本论文的宗旨,主要在于这"奇葩"和"异草"的嫁接。

《古文字特殊谐声研究》分为四章:第一章,绪论。提出研究背景与动机,讨论谐声字的时空问题及汉语音韵史的分期。认为先秦传世典籍及出土文献所反映的大抵皆为雅言音系。先秦虽已有方言分歧,但谐声字所反映的仍是内部统一的古雅言音系,这是因为当时只有受过严格训练的少数人才识字、造字,谐声字当然是依雅言所造。即便如此,由于周秦时期包括长达九百多年的时间,不能将所有先秦谐声字当作一个平面材料进行研究,而要分辨其早晚。这一点仅据《说文》无法做到,必须适当运用古文字材料,才可以在一定程度上得到解决。至于汉语音韵史的分期,上古音部分本文采取三分法,即分为"谐声时代、《诗经》时代、两汉";中古音部分采取二分法,即分为"《切韵》时代"与"韵图时代"。第二章,相关研究回顾。述评高本汉以来的上古声母研究的发展情况:第一阶段以高本汉、王力为代表,古音学界对高氏的中古拟音系统有高度评价,但一般对其上古音体系贬多褒少,王力体系的上古声母则几乎是中古的翻版;较合理的上古声母系统应当是从第二阶段李方桂体系开始;第三阶段,郑张尚芳体系则是对李方桂体系的批判继承。本文采用郑张体系,花费比较多的篇幅讨论其上古声母系统,间或补充古文字方面的证据。第三章,特殊谐声字例考释。本章共六节:其一,"恩、凶"谐声考。凭借楚简所见"恩"与"凶"字互用之现象,讨论上古有谐声关系的中古清母和晓母的古音来源。其二,井声系字谐声考。讨论"创、梁/粱、量/粮、青、静、争、耕"等字的字形来源及古音构拟问题。其三,"迹"字谐声考。论证"迹"字改作变体并非单纯的形讹,而兼具声化作用,并对《古音字表》狄声系的古音构拟提出修改建议。其四,"允、夋、舜"谐声考。拟测"允、夋、舜"三字的古音分化原委,并述评李方桂、包拟古、郑张尚芳的书母来源研究。其五,"回、亘"古音分化考。拟测"回、亘"二字的古音分化原委,并述评龚煌城、郑张尚芳的真、文、元部韵尾研究。其六,"宾"字谐声考。讨论"宾"字和"矜"字的字形来源及古音构拟,并讨论令声系字的上古归部问题。第四章,总结。针对第三章所进行的研究做一总结。

《古文字特殊谐声研究》力图改变将所有先秦谐声字当作一个平面材料进行研究的做法,而运用古文字材料分辨其早晚,厘析语音时间层次,是具有独到见解的。

六、同源词与汉语上古音

谢云飞《刘熙〈释名〉音训疏证》(台湾"国科会"报告,1960)和汉语同源词考订相关。姚荣松《古代汉语词源研究论衡》(1991/2015)一书很有开创性意义①。全书分为五章:第一章,词源研究的意义及方法,涉及了词源与字源的界说、汉语词源研究的方法与阶段论。第二章,传统词源学的发展——从《释名》到《文始》,涉及了论声训与词源、"右文说"与词源、因声求义与词根探讨等问题。第三章,《文始》制作探源,有章太炎传略及其语言文字著作、《文始》制作背景与体例等内容。第四章,《文始》词源理论的检讨,有《文始》词源理论的特色、词根的依据——初文、准初文;评《文始》音转理论、论变易与孳乳等内容。第五章,《文始》的评价与词源学的前瞻,有《文始》与近人同源词研究的比较、《文始》在汉语词源学上的地位、汉语词源学的科学道路等内容。张屏生《永不止息的心灵探索——姚荣松教授和他的学术研究》(姚荣松《厉揭斋学思集》5—16页,文史哲出版社2012)指出,姚荣松在博士论文《上古汉语同源词研究》的基础上,又进一步扩大视野,尤其是对《文始》一书,以及章太炎、黄侃词源理论深入研究,完成《古代汉语词源研究论衡》一书,其中涉及了许多有关于上古音"音转"理论问题。

我们注意到,《上古汉语同源词研究》与王力《同源字典》同一年问世;而这本修订版的《古代汉语词源研究论衡》,则补入了对王力《同源字典》、殷寄明《语源学概论》等著作的评述内容。姚荣松认为王力《同源字典》是一块里程碑,但也引述裘锡圭(1992)等学者的肯定与批评,如裘锡圭(1992):"王先生定为同源的字,在语音上都有同源的可能。不过,在韵母的关系上,旁转、旁对转、通转这类稍嫌远的关系,其出现的次数还是多了一些。"再如王凤阳(2001):"(《同源字典》)由于应用的需要而建立的音变规律中,它所建立的旁转、通转的范围同样宽泛,所以,同样讥为可以无所不转。"姚荣松的引述,意味着对有关汉语词源语音关系研究的新的反思,对同源词与汉语上古音关系研究具有重要意义。李妍周也有《汉语同源词音韵研究》(台湾大学博士论文,1994);林英津《试论上古汉语方言异读的音韵对应》(本社编《张以仁先生七秩寿庆论文集》325—349,1999)也和这个研究有关。

七、汉语上古音分域研究计划

李存智汉语上古音分域研究系列课题引人注目,比如《汉语上古音分域研

---

① 据姚荣松博士论文《上古汉语同源词研究》(1981)修订。

究(二)》(台湾"国科会"专题研究,2002—2004)、《秦晋方言研究》(台湾"国科会"专题研究,2005—2006)、《吴楚方言研究》(台湾"国科会"专题研究,2006—2007)、《齐鲁方言音韵研究》(台湾"国科会"专题研究,2007—2008)等。黄丽娟《从上博简谐声字的使用情形初探上古韵部分域探讨的可能性》(第十届国际暨二十五届台湾声韵学学术研讨会,台湾师范大学2007)也具有理论总结意义。李存智等学者如此做的目的非常明显,即以区域为突破口,使汉语上古音研究更为细密化、合理化。

大陆学者从方言地理学角度研究的专著,有王志平、孟蓬生、张洁《出土文献与先秦两汉方言地理》(2014)等著作。王志平等的研究方法是:出土文献与传世文献相结合的旧"二重证据法";"历史文献考证法"与"历史比较法"相结合的新"二重证据法";跨学科、多领域的综合研究。该书涉及先秦两汉通语与方言、出土文献中所反映的方音系统及其差异、"声转"与"韵转"所反映的方言音变等问题。大陆学者与台湾学者思路还有些差异,但目的基本一致。

第二节　汉语上古音声母

一、清代及清代之前汉语上古音声母学史

关于该论题的成果有:姚荣松《钱大昕〈声类〉的声转现象与词源学》(第二届国际暨第六届台湾清代学术研讨会,台湾中山大学1999),金周生《读曾运乾"喻母古读考"札记二则》(1994)等。

金周生(1994)涉及的主要内容是:其一,曾运乾喻母古读考"营"字异文举证之商榷。今按《广韵》"营"字音清韵,余倾切,与曾氏所谓"于倾切"不合;于,属喻三;余,属喻四。营,于《韵镜》虽列三等,实系误置,应该是四等。则"营、环""营、还"之异文自不可作"喻母三等字古隶牙声匣母"之证据。其二,谈《广韵》六个从"夷"得声多音字的形成。六个从"夷"得声多音字异音之来源,收字多据前人音切以归韵,比如黄,《释文》有徒兮反、徒奚反、音夷三个注音。异音之形成,可先从字形观察之;从"夷"从"弟"得声之字古籍中正多相混者,源于形近所产生之误读。

陈新雄《古音研究》(1999)对汉语清代及清代之前学者上古音声母学史

论述非常详细。

二、台湾学者对汉语上古音声母考订

早期有左松超《古声纽演变考》(《台湾师范大学国文研究所集刊》4：137—214，1970)，谢云飞《自谐声中考匣纽古读》(新加坡《南洋大学学报》4：1—22，1970)、《汉语的上古声母(3)》(《中国语文》82.3：7—12，1998)、《汉语的上古声母(9)》(《中国语文》83.3：7—11，1998)等。

丁邦新等编《李方桂全集1：汉藏语论文集》(2012)收录李方桂汉语上古音声母考订论文有《中国上古音声母问题》《几个上古声母问题》《零声母与零韵母》等。李方桂论文内容前文已经做了介绍。

丁邦新《从闽语论上古音中[*g]》(1983)认为，匣母有两个来源，一个是[ɣ]，一个是[g]，其基本线索就是闽语存在的语音现象。丁邦新指出董同龢《四个闽南方言》(1959)提出中古舌根浊擦音[g]闽南话中分作[k][k'][h][ŋ]四个声母，疑母字在闽南除去[g][ɣ]之外还有[h]，但语音的对当条件还没有找出来，不过也是推求中古匣母来源的线索；另外王天昌、罗杰瑞、杨秀芳等也有研究。参照他们的成果及资料，为古闽语拟测一个浊塞音[*g]作为其来源没有问题；再把它们填进上古音[*g]的分配空缺中，就看到了[gj][gʷj]变为中古群母部分而合成的一个完整的分配音位。但也存在着疑问，即闽语既然只是"可能"在汉代分流，并不完全肯定，何以就能用来论证上古音？丁邦新分析到，这是因为闽语有许多其他条件都超越《切韵》之上，例如轻重唇不分、舌头舌上不分等现象。通常拟测上古音的做法除去《诗经》韵字和谐声字之外，主要的是就《切韵》《广韵》所代表的中古音系向上推，现在闽语有许多现象都比中古音早，自然可以用于论证上古音。以闽语材料拟测上古音，可靠程度如何？丁邦新提出，上古音[g][ɣ]问题之产生是另有背景的；从某一个角度上发生遗留不解的问题，再从另一个角度来补足，也许两线交叉可以得到一个相当确切的点；至于是不是正解，就不敢完全肯定了。

丁邦新《上古音声母[*g][ɣ]在闽语中的演变》(2008；原文发表于1999)注意到陈章太、李如龙在《闽北方言》中发表了八个方言点的部分材料①，其中古

---

① 参李如龙、陈章太《闽语研究》139—190、392—420 页。

匣母字在石陂方言中有不少读[g][ɣ]的；同时，郑张尚芳在《蒲城县内的方言》(1985)中也提供了石陂方言资料①。石陂方言资料的发掘，使得匣、群、喻三的上古音及其演变研究有了积极推进的可能。值得注意的是，上古的[g][gʷ]在闽语中都读塞音，无论清浊或送气与否；而上古的[g][gʷ]在闽语中都读擦音或零声母，或清或浊，这是一个重要的分野。龚煌城《从汉藏语的比较看上古汉语若干声母的拟测》(1994)基本支持李方桂拟音系统，认为匣、群、喻三同出于一源，但丁邦新不同意他把喻三拟测为[gʷrj]。龚煌城的根据是汉藏语比较材料，丁邦新说，如果只以藏文为根据来推测喻三有[r]，在古汉语中似无佐证，可能还须要加强证据；藏文并不能代表古藏语，正如《切韵》不能代表上古音一样。

其他相关成果还有邱彦遂《上古汉语有小舌塞音和喉音声母说》(第九届国际暨第二十三届台湾声韵学学术研讨会，静宜大学 2005)、《从几组同族词看上古声母的拟音》(第十届国际暨第二十五届台湾声韵学学术研讨会，台湾师范大学 2007)，黄金文《"谐声关系"的"建构"——中古章系来源及其他问题为例》(台湾《清华学报》[新]37.2:535—559,2007)等。

三、汉语上古音复辅音声母研究

(一)方师铎等上古复辅音声母研究

在台湾，较早研究汉语上古复辅音声母的是方师铎，他发表有《中国上古音里的复声母问题》(1962)一文，举出文献中复辅音声母现象，以及学术界对复辅音声母研究的基本情况。方师铎说得清楚②：

> 中国古代的声母，似乎不像现代语这样的单纯。因此，林语堂、高本汉等人，就在三十年前，提出了中国上古音里有复声母的新奇说法；当时附和此说的，有闻宥、魏建功等；修正之者有陆志韦、董同龢等；持反对论者好像只有唐兰一人。本文的目的就在客观的叙述这一理论的发展过程，对于正反两方面都没有加以褒贬。

---

① 参郑张尚芳在《蒲城县内的方言》，《方言》1985 年第 1 期，39—45 页。
② 方师铎《方师铎文史丛稿》(专论下篇)48 页。

由此,奏响台湾有关上古复辅音声母研究的序曲。

另一具有重要影响力的论文则是杜其容《部分迭韵连绵词的形成与带[l-]复声母之关系》(《杜其容声韵论集》273—282,2008)。她说,20世纪30年代,上古声母有没有复辅音成为人们关注的焦点问题。林语堂《古有复辅音说》(《语言学论丛》1—15,1933)首先在中国提出上古母有[kl-]([gl-]),[pl-]([bl-]),[tl-]([dl-])这三类复辅音的观点;他以古今俗语、读音及异文、文字谐声三类文献为依据,认为以谐声而言,[k-]母字与[l-]母字相谐,如各声谐路;[p-]母字与[l-]母字相谐,如禀声谐懔;[t-]母字与[l-]母字相谐,如童声谐龙。林语堂说:"复辅音或在'各''格'由[kl]>[k],或在'路'由[kl]>[l]。两种音变皆西洋语史中所有的事。但是[k]>[l]可谓亘古所未闻,所以非古有复辅音说,'各——路''果——裸'之谐声可以说无法解明。因此之故,我们可以假定,此'各——路'两字中必有一个含着复辅音。"林语堂认为,暹罗语的[klong][kluang][kuang]等就保存了中国古语复辅音。唐兰随即撰《论古无复辅音,凡来母字古读如泥母》(1937),不同意林语堂说法。他说:"中国字只表单音,即极轻微之语声,亦以一字表之。吁之所代表者一音也,于戏所代表则二音矣;邹字为一音,缓言之为邾娄,则以二字表二音矣。近代北方语语尾之[r]音,以汉字写之,必作儿字。凡此可知一音必作一字,即一字只表一音也。"此其一。"脸字以佥声,本当在[k]母(《集韵》训颊尚在[k]母),而今世俗语之脸面,则已变为力减切矣。此由[k]变[l]例证之尚存者。因未见有复辅音为之枢纽也。"此其二。唐氏由此总结:

> 同一主谐字中所谐之字[k]、[t]、[p]、[l]往往并见杂出,足以证明其必不由于复辅音也。如谐兼[k]者,有嫌[x]、有廉[l]、又有赚……将谓其语根兼有此诸音而为[ktpl-]乎?古今中外,无此唇吻也。将谓各有其[kl-]、[tl-]、[pl-],或[xl-]、[gl-]、[dl-]、[sl-]、[bl-]、[ml-]之语根而偶然同取一符号乎?则是谐声系统乱杂无章,而与其他谐声现象之有常例者为矛盾矣。将谓每字只以一种复辅音为主,其余皆变例乎?则其假设根本失败,盖[k]、[t]、[p]之互通,与[k]、[t]、[p]与[l]之互换,其于普通发音学理所不易说明者略同,又何用此纷扰为耶?

罗常培、张世禄、陆志韦、李方桂、周祖谟等学者是支持古有复辅音的;王力《汉语语言史》(1985)等则支持古无复辅音说。

(二)丁邦新上古复辅音声母研究

丁邦新《论上古音中带[l-]的复声母》(1978)在回顾"旧说",提到林语堂研究古代复辅音声母途径之外,认为从汉语的构词法上推断古复辅音的存在也是一条可行的新路,他例举了龚煌城《同源词的研究与上古汉语的拟测》(1976)的发现。他解释说,这个方向超乎文字资料以上,纯粹是从语音再向上推测的,但难处在于挑选出来的字如何使人信服。丁邦新又由林语堂所说的第三条途径,即文字谐声现象可靠性,进而生发出"从谐声字看拟测带[l]复声母的原则"讨论,主张先以声符(主谐字)来分类,再对谐声的行为加以限制,配合 A、B 两式的可能,完全以谐声字为依据。而"与拟音原则相关的问题"讨论,主要是:谐声字中的发音部位拟音,比如来母之外,又出现并母、定母、群母,如何处理? 涉及上古音词头,用高本汉 A 式进行复辅音拟测,所有来母都拟为[l],而跟来母谐声的字一律在中古音声母之后加[l],就导致把谐声行为并不一致的两类字作同样看待,忽略了客观事实。Yakhontov(1960)说,上古二等韵有[l]介音,除了规律的字之外,还有一些无法解释的字,须要重新回到李方桂拟测的路子上来,即与来母谐声的审母二等字李方桂拟音为[sl],为求得二等韵的一致性,同时为跟来母谐声的心母一等字预留地位,暂且改为[sr]。丁邦新在这里主要是就上古音中带[l-]的复声母拟音,提出解决有关来母字例外谐声的问题思路和办法,考虑更为缜密。

(三)竺家宁上古复辅音声母研究

竺家宁发表了《古汉语复声母研究》(1981)、《白保罗复声母学说评述》(1990)、《古汉语复声母论文集》(与赵秉璇合编,1998)等论著,在汉语音韵学界产生了较大影响。

《古汉语复声母研究》有 760 页之巨,由林尹、陈新雄指导。这里使用的是日本大阪关西大学图书馆藏本。

正文内容为:第一章,绪论。第二章,复声母理论评述——本国学者的贡献。列举林语堂、吴其昌、闻宥、魏建功、陈独秀、陆志韦、董同龢、任铭善、杜其容、周法高、梅祖麟、许世瑛、李方桂、张琨、陈新雄、史宗周、丁邦新、杨福绵的观点。第三章,复声母理论评述——欧美学者的贡献。列举了高本汉、蒲立本、班尼迪、包拟古、薛斯乐、富励士、柯白林的观点。第四章,其他有关的学说。比如章太炎的一字重音说;黄侃的无声字多音说;唐兰的古无复辅音说。第五章,复声母研究的根据。主要有:声训、《释文》反切之异音、《广韵》又音、《说文》读若和重文、见于古籍中的音注、古今方言、先秦两汉借字、异文、迭韵连绵词、同源字、汉藏语言的对应。第六章,复声元音值拟订的基础。提到了中古声母系统、上古单声母系统、拟订复声母的原则。第七章,带舌尖边音[l]或闪音[r]的复声母。主要分为这样的几类:p+l(r)类:pl、pr/pʻl、pʻr/bl、br/bʻl、bʻr/;t+l(r)类:tl、tr/tʻl、tʻr/dl/dʻl、dʻr;k+l(r)类:kl、kr/kʻl、kʻr/gl、gr/gʻl、gʻr/;ts+l(r)类:tsl/tsʻl、tsʻr/dzl;n+l(r)类:ml/ɳl;f+l(r)类:sl/ꭓl。第八章,带舌尖清擦音[s-]的复声母。主要分为这样的几类:s+t类:st/stʻ/sd/sdʻ/sr;s+k类:sk/skʻ/sgʻ/sɤ(sg)/sx;s+p类:sβ(sb);s+n类:sm/sn/sŋ/stn/dzn。第九章,带喉塞音[s-]的复声母。主要分为这样的几类:ʔ+t类:ʔt/ʔtʻ/ʔd/ʔdʻ;ʔ+st类:ʔst、ʔstʻ、ʔsdʻ、ʔsd;ʔ+p类:ʔp/ʔpʻ/ʔbʻ;ʔ+n类:ʔn(kn)/ʔm(km)。第十章,带舌尖塞音[t]的复声母。主要分为这样的几类:t+k类:tk(t-k)/tkʻ(t-kʻ)/dg(d-g)/dgʻ(d-gʻ)/tx(t-x)/tʔ(t-ʔ);t+p类:tp(t-p)/tpʻ(t-pʻ)/dbʻ(dbʻ);t+n类:dm(d-m)/dn(d-n 或 tn)/dŋ(d-ŋ)。结论,从两个方面谈:其一,上古复声母的结构及系统;其二,复声母的演化及消失。

竺家宁在"绪论"中说道,复声母学说最早由英国汉学家艾约瑟提出来,后来高本汉加以阐扬;中国最早由林语堂倡导。复声母研究可以分为两个阶段:早期的学者只提出证据,证明复声母的存在,而 20 世纪 70—80 年代的学者则重在探索复声母的形式、结构、数量及系统。《古汉语复声母研究》超越了复声母局部问题探讨阶段,而进行了全盘的探讨,并列出其整个系统。在此基础上,对复声母演化作出理论上的解释和说明。

竺家宁研究的依据主要是形声字。遵循的原则是:声符和本字的声母、韵母元音近而相去不远,这与不顾韵母的"双声",不顾声母的"迭韵"理解是不同的。黄侃有所谓"无声字多音说",即造字之初,声符就具有了几个不同的读法,及至后世,形声字与声符之间就会发生声、韵皆不符合的现象。在继承这个学说的同时,竺家宁进一步认为,有时候形声字与声符的发音并非全然不似,有相当数量的形声字与其声符韵母是同类的,只有声母不同,而这种不同又相当平行,整齐而一致。用复声母的解释则可以解决许多谐声字演化过程中的"音变"问题。

竺家宁由六十多个复声母而归纳上古复声母的结构类型为五类：带［l］、带［r］、带［s］、带［ʔ］、带［t］。竺家宁认为，他们很可能代表了远古时代的词头或词嵌，后来逐渐丧失了辨义的功能，由构词成分转而变成了构音成分。其旁证就是藏缅语，依据班尼迪《汉藏语概要》，词头有六种，已经十分接近了。这就是符合其系统性特征的。

以此探讨为基点，他认为，汉代是上古末期，复声母处于大量消失的过程中，因为带［l］、带［r］、带［s］、带［ʔ］、带［t］的复声母大量减少，与此同时单声母的数量大增，这是复声母演化的主要倾向。

《古汉语复声母研究》的最主要贡献在于，全面建立上古音复声母研究的理论系统，并通过结构类型的分析，以及汉藏语视野下的关照，进而达到科学解释的境地，这在中外上古音复声母研究史上是独树一帜的，也是竺家宁取得的创造性的成绩。由此，在国内外汉语音韵学界产生了极其重要的影响。

在写作博士论文之前，竺家宁发表了《白保罗复声母学说评述》（1990），以及《〈释名〉复声母研究》（译者，包拟古著，台湾《中国学术年刊》3：59—83，1979）两篇文章；博士论文《古汉语复声母研究》完成后，又相继发表了《〈经典释文〉与复声母》（《孔孟学刊》23.11：16—19，1985）、《上古汉语带舌头音的复声母》（1994）、《〈说文〉音训所反映的带［l］复声母》（1992）等论文，既挖掘了《经典释文》反切中所遗留的许多复声母痕迹，还从《说文》音训资料中观察复声母存在的基本情形。

我们这里对竺家宁《上古汉语带舌头音的复声母》（1994）一文内容也进行介绍：

其一，与以往学者研究带舌头音的复声母不同的是，竺家宁对形声字作了一番观察与分析，假定了一类前贤较少触及的复声母：带舌头音的复声母。除了形声字所呈现的规律性，也列出了古籍中的其他数据作为旁证。所假定的系统务求在横的方面能解释各种异常的谐声现象，纵的方面能说明历史的演变。

其二，舌头音和牙喉音相连的复声母。这一类在谐声中的例证最多，可分为［tk］［tk‘］［dg］［dg‘］［tʔ］［tx］六种。前五种是"塞音+塞音"的形式，末一种是"塞音+擦音"。

其三,舌头音和唇塞音相连的复声母。形声字里还有一些舌头音和双唇塞音接触的例子,如果很明显是舌头音声系,即其中大部分字都是舌头音,那么,这中间的双唇塞音在上古很可能前面带有[t]类词头。

其四,舌头音和鼻音相连的复声母。照高本汉和一般古音学家的看法,把[t]类和[n]谐声的拟为复声母。至于[p]和[m]、[k]和[ŋ]则可以相谐。这是因为[t]和[n]的不同,在听觉上比较明显,本来舌尖就是个最灵活的发音器官,区别语音的作用最强。

竺家宁总结说,前面所列出的三大类舌头音复声母,共有222条例证。其中,形声字以外的例证比较不能确定,一定还有别的可能性在里头,在此只是聊备参考而已。文中所拟订的音值也只是一套假设,目标是希望在最合乎音理的情况下,去推测出一套古音复声母系统,尝试解释各种难以解决的谐声问题。

竺家宁《〈说文〉音训所反映的带[l]复声母》(1992)一文则是对复声母问题的进一步论述,但材料则是《说文》音训。内容是:

其一,界定音训范畴,认定音训的语音研究价值。根据一些学者的观点,竺家宁认定音训是义训的一种,只不过特别选用一个和被训字有声音关系的字来训释,以表现其得声之由来而已。其中难免有一些附会穿凿的地方,但是也有不少数据提供我们今日探访同源词的线索。此外,不论其解释是否穿凿附会,音训字之间的语音关系是必然存在的,因此,也提供了我们探访当时语音实况的重要依据。

其二,特别注重对"双声叠韵"资料的分析,认为汉代盛行音训,但这时双声叠韵的观念还没有发生,因此,音训字与本字的话音关系是听觉上的"音近",而不是只管声母不管韵母的双声,或只管韵母不管声母的叠韵。听觉上的"音近"必需声母和韵母都相去不远,只有双声或只有叠韵的字听起来未必相近。

其三,指出柯蔚南《说文读若研究》(1978)和包拟古的《释名研究》(1954)都没有轻易将读若和音训纳入双声或叠韵的框架里,因而不能够从中找出复声母痕迹。但他们证实了汉代复声母的存在,是应该肯定的。

其四,确立了研究《说文》音训复声母的原则。《说文》音训字共三十一条,都是来母字和其他声母接触的例子。在研究中,列入讨论的例子只限于声母上有对立的,例如[kl-]。所提出来的例子,音训字和本字间的声音关系也要求得比较严格些,在韵母方面必须是同韵部的。如此,研究变得有章可循。

其五,假定《说文》音训中所反映的带[l(r)]复声母有[PL-][ML-][TL-][TSL-][SL-][KL-][ʔL]七种类型。对《说文》三十一条音训字分别从来母字和唇音的接触、来母字和舌尖音的接触、来母字和舌根音的接触等方面进行考察。

竺家宁强调,自己在构拟《说文》音训复声母时是比较谨慎的,取一般学者认同的看法。他说:

> 传统上把上古来母拟为[l],喻四拟为[r],近年有几位西方学者依据汉藏对音的资料,主张拟音互换,来母是[r(>l)],喻四是[l](C>Ø)。这种情况可能是在比较早的阶段,也许是汉藏母语中的现象,汉代的来母也许已经是个边音[l]了。较为谨慎一点看,我们暂不决定汉代的复声母中共体的流音型式,上面的大写(例如 PL)只代表了一个"类型",本文企图说明的,是这样一个"类型"的存在。

竺家宁对西方学者复声母研究成果进行了比较细致的评介,比如《蒲立本复声母学说评述》(《声韵论丛》1:37—60,1994)、《反映在汉语里的汉藏[S-]复声母》(1991)两篇文章,评述客观而实际,让学者们了解到了这方面研究的信息。而《上古汉语带舌尖塞音的复声母》(台湾《中国学术年刊》6:59—80,1984)、《上古汉语带舌尖流音的复声母》(台湾《中正大学学报》1.1:27—53,1990)、《上古汉语带喉塞音的复声母》(韩国《檀国大学论文集》57—79,1983)、《上古汉语"塞音+流音"的复声母》(中国声韵学国际研讨会,香港浸会学院 1990)、《论上古的流音声母》(《声韵论丛》10:69—84,2001)诸篇论文都是在《古汉语复声母研究》的基础上进一步探索的成果,从而对自己的先前观点提出了一些修正和补充意见,更显示出竺先生对复声母问题研究的学术追求精神,以及学术功力深厚程度。

中国大陆汉语音韵学界于 1994 年召开了"全国汉语音韵学研讨会"。在会上,有学者对竺家宁《古汉语复声母研究》等论著进行了讨论。不久,《语言研究》发表专文《竺家宁复声母研究评述》,针对竺家宁的音韵学理论进行介绍及研究。严学宭在《语言研究》撰文探讨竺家宁古音复声母构拟理论,认为他建立了严格的构拟原则。严先生对复声母研究很早,很早就写出了《上古汉语声母结构体系初探》(1962),以及《原始汉语复声母类型的痕迹》(第十四届汉藏语言学会议美国根西雅尔 1981)两文。严学宭构拟的复声母结构更为复杂,形式丰富,二合、三合、四合,不一而足。

北京语言文化大学出版社于 1998 年出版了竺家宁、赵秉璇编,严学宭序的《古汉语复声母论文集》,收林语堂、陈独秀、何九盈等海内外论文 22 篇(《附录》收有竺家宁《复声母研究综述及复声母研究文献索引》),其中三分之二以上是 80 年代以来新作,5 篇是近十年内发的。中国大陆学者冯蒸《构拟上古复声母的原则与方法》(2009),以郑张尚芳上古音复声母构拟体系为依据,提出上古音复声母构拟四条总原则:在谐声系列处理中解决复声母问题,非谐声系列字则需要通假和亲属语言形式来考定;一般来说,同声符字词根声母(声基)或完全相同或部位类型相同,而复声母针对的是谐声系列异部位相谐问题,同部位不涉;严格区分流音谐声系列和非流音谐声系列,因为二者结构有别;根据谐声和通假情况,一个中古单声母可有多个复声母来源。

王松木《为往圣继绝学——竺家宁先生在声韵学研究上的成就与贡献》(2006)在谈到竺家宁在音韵学上的贡献时,首先论及他对复声母研究的成绩,认为其复声母研究"除积极探究复声母的各种可能类型外,更是很早就意识到引介海外学者研究成果的重要性"。

(四)其他台湾学者的上古音复辅音研究

吴世畯《〈说文〉声训所见的复声母》(台湾东吴大学博士论文,1994),陈梅香《〈说文〉连绵词之音韵现象探析》(《声韵论丛》8:187—226,1999)等也属于这一研究课题论文。梅祖麟、罗杰瑞《试论几个闽北方言中的来母[S]声字》(台湾《清华学报》[新]9.1、2:96—105,1971)探讨了上古音复声母与闽方言来母的关系。值得关注的论文还有:邱彦遂《论高本汉的复声母 B 式》(第二十二届台湾声韵学学术研讨会,台北市立师范学院 2004),吴敬琳《晋语嵌词与带复声母关系之研究》(第二十六届台湾声韵学学术研讨会,彰化师范大学 2008),李长兴《先秦古汉语中同部位鼻冠复辅音声母的痕迹》(台湾辅仁大学中研所第 21 期论文发表会,2008)等。

何大安《上古音中的[hlj-]及相关问题》(《汉学研究》10.1:343—348,

1992)认为,将审三构拟为[*hlj]—>[ɕj],同时使之与[*hl]—>[th-]透母相协,这可以一举解决审三既跟舌尖塞音谐声又跟喻四谐声,及与喻四谐声的透母字关系,以及透母字又与审三谐声的现象。

林美岑《汉代复声母的发展与演化》(2007)研究角度有所不同。林美岑说,现今的上古音研究中,古汉语反映有复声母的存在,此一论点已获得多数学者的肯定。而关于复声母消失的时间,学者有不同见解,如陆志韦、雅洪托夫认为东汉末期复声母已几乎消失;包拟古、柯蔚南则认为东汉时期复声母还普遍存在,不过类别与数量一定较谐声字所反映的复声母还少。由此可见,汉代是复声母弱化以至消失的关键期,因而本文试图归纳汉代语料,进一步探索下述议题:其一,汉代复声母是否还构成完整的复声母系统? 其二,谐声字与汉代语料相比,所反映的复声母系统是否一致? 其三,汉代语料中,是否反映出复声母演变的线索? 所谓的汉代语料,包含汉代声训、读若、通假、《说文》异文。本文的基本主张是:所有谐声、通假、声训、读若等语音接触,都必须符合音近原则。因而凡是汉代语料中有"同韵不同声"的例外接触,其中就可能反映汉代复声母的存在。此外柯蔚南对梵汉对音的研究也是本文拟音与论证的重要参考,虽然要从中观察复声母较为困难,因为单音节对译多音节时,本就存在一定程度的差异;但梵汉对音的时代属东汉晚期,梵文又是记音文字,关于声母的演变、拟测都可以提供很大的启发。研究过程中,本文针对历时与共时两个层面延伸讨论:一方面佐以上古谐声与韵书的又音资料,从"历时"层面追遡汉代复声母在上古的形态以及在汉语中残存的痕迹,另一方面则比较不同经学家对相同字例的音注情形,辨别复声母演变在汉代方言的区隔,以进行共时考察。期望能更清楚地描绘汉代复声母的样貌。

此外,张庭颖也有《〈广韵〉又音字所反映的复声母痕迹》(第十届国际暨第二十五届台湾声韵学学术研讨会,台湾师范大学 2007)、《〈广韵〉及〈经典释文〉又音字所反映的复声母痕迹》(台湾中正大学硕士论文,2007)等。

四、语言年代学与汉语上古音声母研究

何大安《古汉语声母演变的年代学》(1999)认为,王力《汉语语音史》(1995)是当时唯一的一本全面而系统研究汉语语音在历史上各个时期发展变化的专著,不过却缺少上古到中古之间汉语声母变化线索的细致挖掘,由此

让人感到非常遗憾。何大安运用的是语言年代学理论，以李方桂、龚煌城构拟和修订上古音系为基准，试图寻求汉语声母在上古到中古之间最早发生变化的年代，其文献涉及了传世和出土许多种类，有通假、声训、读若、直音、译音、反语等，列表说明各个声母发生变化的年代。

五、《诗经》声母与上古汉藏语关系

苏秀娟《〈诗经〉时代声母现象与上古汉藏语关系》（2003）指出，过去学者们研究上古音时，得以凭借的文献材料不外乎是谐声、异文、通假、外汉对音等；直至高本汉等外国学者以外来的语言学知识为汉语上古音研究注入新血，汉语上古音研究才有了突破性的进展。但是，西方相关的语言学理论并非是百分百适用于汉语研究，因此进行汉语上古音甚或是上古声母研究时，我们并不能一味地套用西方语言理论，最终还是必须回归到我国自身的材料上进行研究，西方的理论能当作参考，但它毕竟不是终极指标。

因此，苏秀娟希望通过我国的上古文献材料以历史比较语言学的方式进行上古声母研究，求得汉语上古声母和其他亲属语言的关联性，初步探讨从我国上古文献中所反映出来的上古汉藏语关系。论文以上古时期最重要的文献——《诗经》来作为研究素材，将《诗经》所使用的汉藏语同源词、复音词作一系统性整理，将这些词语所反映出来的音韵现象、声母现象和目前汉藏语研究成果作一审视、比对，并借由历来的谐声系统研究参照上述词语的音韵、声母现象再作分析。无论进行《诗经》中的汉藏语同源词声母现象研究，或是特殊复音词声母现象研究，或是和谐声系统的比对研究，最终目的是希望能透过《诗经》这部上古时期的代表文献来观察其所反映的上古汉藏语关系。

六、《广韵》与上古音关系

金庆淑《〈广韵〉又音字与上古方音之研究》（1992）说，"同义又音字"即所谓的"同源异形词"，它们有一个共同的语源，但由于在不同的方言中经历过不同的演变而成为异形词。我们借着比较语言学的方法，可以拟测其共同的语源，并进而研究方音演变的轨迹。论文以《广韵》同义又音字中见于《说文》者为对象，检讨不同字音之间的语音对应关系，进而拟测其共同来源，并以上古音至中古音的一般演变大势，判别正常发展的音读与方音变化的音读。

全文共分六章：第一章，绪论，简述《广韵》的又音字，并说明研究的范围与目的，以及研究的过程及叙述方式。第二章至第五章分别探讨《广韵》又音字与上古韵部、《广韵》又音字与上古介音、《广韵》又音字与上古韵尾、《广韵》又音字与上古声母。第六章，结论，总结所拟测的又音语料，提出音韵变化的情形。《广韵》又音字反映方音的现象，自来便受到研究上古音学者的重视，然而由于受到时代环境所限，在处理又音字的问题上，难免有不尽理想的地方。现在金庆淑认为又音字可以解释种种不规则的语音现象，上古音分部难以决定的地方，又音字也可提供线索。金庆淑指出，"同声必同部"有未尽然的地方，可以借又音字加以证明，又音字也可用来判断它们在上古究竟属于何部。

第三节 汉语上古音韵母

一、清代及清代之前汉语上古音韵母学史

这方面的成果有：许世瑛《段氏〈说文注〉所标韵部辨误》、《由王念孙古韵谱考其古韵二十一部相通情形》、《辑江有诰通韵谱合韵谱借韵谱》、《评高本汉古韵二十六部》（并见《许世瑛先生论文集》1，1974），廖湘美《牟应震古韵学之研究》（2000），江举谦《江有诰〈唐韵四声正〉平声韵字订补》（《图书馆学报》9：21—40，1968）、《江有诰〈唐韵四声正〉上声字调订补》（《国书馆学报》10：25—46，1969），吕兆欢《毛奇龄韵学研究》（台湾辅仁大学硕士论文，2005），李鹃娟《顾炎武阴入相配说申议》（《纪念陈伯元教授荣誉退休学术研讨会论文集》33—46，洪叶文化事业有限公司2000），李添富《段玉裁形声说商兑》（《纪念陈伯元教授荣誉退休学术研讨会论文集》87—96，洪叶文化事业有限公司2000），金周生《论〈毛诗叶韵补音〉的辑佚与价值》（台湾《辅仁学志》[人文艺术之部]32：1—16，2004）、《何楷〈诗〉音探析》（台湾《辅仁国文学报》24：25—45，2007）等。

李壬癸《段玉裁〈六书音均表〉的启示》（2015）认为，《六书音均表》是上古音研究十分重要的文献，其贡献主要在于：发现"同声必同部"；古韵分部及其重新排序；上古只有平上入三声。这些贡献对汉语音韵史的影响是深远的。比如"同声必同部"，有助于上古音的分部、声母系统跟复辅音的建构，还可以

进一步认识古汉语的构词现象。其古韵分部,大多为后来学者所接受。而重新排序,则把较接近的韵部摆在一起,称之为"古合韵",也为后来学者分部和构拟寻求到了一个有效途径。由《六书音均表》,还引申出一些思考,比如段玉裁"凡一字而古今异部,以古音为本音,以今音为音变",这就是十分难得的"音变"理论的早期雏形。据一些学者的研究,从原始汉藏语到古汉语之间至少缺少一个层次;而内部证据恰恰也是这当中不可缺少的环节。

刘人鹏《陈第之学术》(1988)称,近年来,学者讨论明清考证学之兴起与思想史的关系,有"内在理路之发展"(余英时)以及"左派王学开出"(钱新视说)诸说,颇饶趣味。然学术发展之宏观解释,须以微观之具体研究为基础。陈第曾被誉为"考证学的先锋",故本文试图由陈第着手,深入考察其学术全貌及渊源所自,作为探究上述问题之起点。陈第之学术著作,与考证有关者为《毛诗古音考》《屈宋古音义》及《尚书疏衍》,本文即以此三书为主,研究其古音学及尚书学。以问题之追究为写作动力,为陈第之学术作历史定位性之研究,是旨趣所在。古音学方面,主要考论"音"说之历史发展,以明陈第"古无音"说之历史意义;阐说陈第之音韵观念,并探讨其古音考证方法之来历,明其承继及创发所在。尚书学方面,研究重点在于陈第辨古文尚书为真之问题,由论辩态度及方法,彰显其学术形态。本文主要创获:澄清音说与古音学之关系,究明陈第考证材料及方法之来源及其"本证、旁证"在学术史上的意义;并配合陈第对于尚书之"反考证"态度,对陈第本人及其时代之"考证"精神有较深切之认识。而以陈第为例,亦可发现:由"考证"到"考证学",可以是思想史的问题,却与程朱或陆王思想路数并无直接开展之因果关系。刘人鹏的研究,不局限于古音学本身,而是与陈第其他著作,比如《尚书疏衍》结合,整体性探讨陈第学术研究的方式方法,这就使得陈第学术研究更加深化了。反过来说,也对理解陈第古音学研究思维方式更为有利,并明确陈第超出一般学者视野与思考方式的原因之所在。

陈新雄《古音研究》(1999)对汉语清代及清代之前学者上古音声母学史的论述非常详细,是了解这方面内容的重要参考文献。

二、台湾学者对汉语上古音韵母考订

江举谦《〈诗经〉韵谱》(1964/1970)是台湾学者中较早研究《诗经》用韵

的专著之一。该书由戴君仁、许世瑛、梁容若作序,郑再发作跋。郑再发"跋"的评价十分中肯(1970:70)

> 这部《〈诗经〉韵谱》,名为仿段玉裁《〈诗经〉韵分十七部表》体例,补江有诰《音学十书》之阙,事实上,不论在取材或体例上,都比段江二人谨严有条理。它一方面只以江有诰的《〈诗经〉韵读》为处理对象,不参杂不同时地的材料,比江氏原意精审;另方面替不同类(包括韵部与调类)间的例外叶韵现象,立一个全书一致的归属规则,比段著便于翻检。而增廿一部为廿二部后,每部下标明主要元音及韵尾,也比光说一个合韵,或通借、音转等具体。但"谨严有条理",只是江有诰以后学术进步的必然现象,对于某些人固值得夸示,而在现代学术之前,不过是一个应有的基调而已。我以为《〈诗经〉韵谱》的价值,除了整理并交代前此的《诗》韵研究的成绩外,最重要的是它走上了古代字调的正道。

可见,江举谦《〈诗经〉韵谱》在台湾乃至于中国上古音研究史中的地位是十分显赫的。

江举谦《〈诗经〉例外现象析论》(《东海学报》8.1:15,1967)对《诗经》中的例外押韵现象,根据董同龢二十二部加以分析。但周法高《论上古音和〈切韵〉音》(1970)说,这篇文章没有说明各部韵脚总数,对于统计方面便无从知道例外押韵所占的百分比,但周法高还是根据他的《〈诗经〉韵谱》(1964:191),参照张日升《试论上古四声》和高本汉《〈诗经〉》押韵拟音进行分析,并补充江举谦《〈诗经〉例外现象析论》的遗漏。

涉及这个内容的论著还有张允中《〈诗经〉古韵今注》(台湾商务印书馆1987),谢云飞《汉语的上古韵部(1)》(《中国语文》79.3:13—16,1996)、《汉语的上古韵部(16)》(《中国语文》81.6:7—12,1997)等。张允中推崇陈第、顾炎武、江永的古韵研究,并以之为基准研究《诗经》用韵。丁邦新等编《李方桂全集1:汉藏语论文集》(2012)收录李方桂汉语上古音韵母考订论文有:《〈切韵〉[å]的来源》《东冬屋沃之上古音》《论上古音的[*-iwəng]、[-iwək]、[-iwəg]》《上古音[ə]的演变》《论开合口——古音研究之一》《论韵尾辅音——古音研究之三》等。另有朱鸿林《〈九歌〉韵说》(《文史学报》10:10—

26,1974),陈新雄《论上古音中脂[-ər]对[-əd]两部的区别》(《文史季刊》3.1：13—30,1972)、《毛诗韵三十部谐音表》(《孔孟学报》61：165—182,1991)、《上古阴声韵尾再检讨》(《声韵论丛》7：1—34,1998)等。陈新雄《古韵三十二部音读之拟测》(《纪念瑞安林尹教授百岁诞辰学术研讨会论文集》[上]265—348,文史哲出版社 2009)系其晚年对自己研究上古音韵母理论的总结性论文,代表了他晚年的一些看法。

此外,台湾学者对其他先秦韵文用韵归纳也取得了很高的成就,比如朱学琼《〈易〉音古韵部考》系列(台湾《中华文化复兴月刊》6.11：47—50,1973；6.12：47—56,1973；7.1：57—61,1974),徐泉声《〈楚辞〉韵谱》(弘道文化事业有限公司 1974),陈文吉《〈楚辞〉古韵研究》(台湾师范大学硕士论文,1995)等。

李壬癸《关于[-b]尾的构拟及其演变》(1984)谈到,上古汉语[*-b]尾的构拟有两个问题：一是《诗经》用韵并没有唇音尾阴入押韵的例证；二是谐声[*-b]和[*-p]接触的例证似乎太少。前者可以解释为谐声时代较早,在《诗经》时代[*-b]已经变成[*-d],因而与[*-t]类字接触。因此,该文从语言学视点,比较其他语族的语言,来解释第二个问题。

其一,关于[*-b]的构拟。李壬癸强调,上古汉语阴声韵跟入声韵相配,自高本汉(1923)以来,一些音韵学者如董同龢(1944)、李方桂(1971),都把上古跟入声字收[*-p][*-t][*-k]等对应的阴声字分别拟为收[*-b][*-d][*-g]等。这种拟音的证据主要有《诗经》押韵、谐声、中古一字两读。上古阴声韵跟入声韵有密切联系的例字相当多,尤其是[*-t]和[*-d]、[*-k]与[*-g]证据相当充分。但有关唇音尾阴入相配的例字却很少,《诗经》没有韵例。高本汉使用的是比《诗经》更早的谐声资料。谐声时代收唇音[*-b]字到了《诗经》时代变成收舌尖音[*-d]了,因为它只跟[*-t]接触。李壬癸认为,如果认定上古阴声字有收[*-d][*-g]等辅音韵尾字,就可以认定上古有收[*-b]尾字,不必因为字数少而怀疑其存在。因为在一些语言,比如南岛语族和古印欧语中都可以见到类似的现象。把它作为世界语言的通性是可以的。李壬癸根据田朴夫(1934—1938)对古南岛语,以及自己对泰雅语的调查,认为尽管例字很少,还是可以推断的。古印欧语例证也很少,却从系统上推断存在[*-b]尾。

其二,关于[*-b]的演变。承认上古汉语[*-b]尾字少,却要认定它存在,李壬癸是从演变的方向上寻找根据的。浊塞音比清塞音复杂,故容易起变化,而字尾的浊塞音更容易起变化。瑞典方言[bēd]变为[bē],但[bēt]变为[bēt],[d]尾丢失,[t]却保留;泰雅语多数方言没有浊塞音尾,保留着清塞音[-p][-t][-k]尾。就其演变的方向,不同语族的语言也有类似之处。从古南岛语到泰雅语的许多方言,都有一个[*-b]向[*-d]不规则变化的情况。

上古汉语[*-b][*-d][*-g]等,以[*-b]变得最早,《诗经》时代变成[*-d];[*-g]从东汉到魏晋时代变成了[i][u]或丢失;[*-d]变得最晚,从东汉到魏晋时代变成了[i],但仍然与[-t]尾押韵,显然保持着上古的[*-d],可见语音变化的速率是不一样的。

无论是汉语上古文献还是古南岛语、古印欧语,收[*-b]尾字都很少,或没有见到,却去推断其存在,理由是"浊塞音比清塞音复杂,故容易起变化";尽管从语言共性类型上看有这种可能,但汉语会不会如此,仍然会有许多学者对这个结论表示怀疑。

丁邦新《上古阴声字具辅音韵尾说补证》(1994)一文内容为:其一,问题的提起。丁邦新叙述道:"阴声字"在上古音中和"阳声字、入声字"鼎足而三,代表三种不同的音节。阳声字有鼻音韵尾,入声字有清塞音韵尾,这是大家都承认的;那么,剩下的阴声字究竟包含什么样的音节呢? 都是开尾音节,或者都是闭尾音节? 如果是闭尾音节,韵尾和入声韵尾是否相同? 又或者兼具两种音节? 这个问题历经许多学者的讨论,到现在还没有完全的定论。早在1979 年,丁邦新就在《上古汉语的音节结构》一文中曾经指出中古音收[-i][-u]尾的韵母多得出乎常情,显示这些[-i][-u]尾很可能源自上古的辅音尾,并以同族系的语言作为旁证,对于主张阴声字无辅音韵尾的学说也曾略加讨论,结论认为,上古汉语是一个没有开尾音节的语言,阴声字都具有辅音韵尾,与入声字的韵尾只有清浊之异。

其二,异调字押韵现象之演变。根据统计,《诗经》平上去三调合韵的例字有 16 条,很能显示舒声三调的关系。进一步看,《诗经》时代去声字跟入声字收[-k]尾和[-t]尾押韵的数目相当。两汉韵文跟《诗经》的情形很接近。到东汉时,跟[-k]尾字押韵的去声字显著减少,跟[-t]尾押韵的显著增多。魏晋则成为奇怪的现象,去声字跟[-k]尾入声字押韵的连一个也没有。

其三,对异调字押韵演变现象的解释。丁邦新认为,假设阴声韵字具有辅音韵尾,那么,就可以说至东汉的时候,阴声字跟[-k]尾和[-t]尾的入声字都有押韵的关系,但跟[-k]尾相当的阴声字[-g]尾开始失落。根据何大安的研究,[-g]尾到魏晋时代已全无痕迹,因此去声字变成开尾的元音音节就无法再和收[-k]尾的入声字押韵了。只有脂祭皆泰各部的去声字还跟[-t]尾入声字有相当密切的来往,有[-d]尾的阴声字因为失落的步调较慢,所以到魏晋时代仍跟[-t]尾的入声字有相当频繁的押韵现象。

丁邦新实际上在为《诗经》时代异调字押韵演变现象建立一种解释模式,是不是一定合理呢? 还需要更有效的材料加以证明。丁邦新的思路前提是,只有承认上古的阴声字具有辅音尾才好解释它的存在。此外,Coblin(柯蔚南,1981)指出,对音资料也有一些相当可靠的旁证,[-d]尾字在汉代译经的数据中可以对译梵文的[-s][-ś][-s][-t][-t']他认为去声字尾一定存在,只是在语音上[-d]尾也许是[θ]的。但丁邦新的看法仍旧维持[-d]尾,因为他在译经中也找到了这样的例子。

但除此之外,还有没有更稳妥的解释呢? 看来,还须要继续寻找。关于该论题的论著还有王㷆贵《上古入声韵——以〈诗经〉押韵现象为例》(1995),李鹃娟《"合韵"现象源流考》(《林炯阳先生六秩寿庆论文集》455—476,洪叶文化事业有限公司 1999),陈新雄《也谈阴阳对转》(《台湾风物》10.10—12 合刊:37—42,1960)、《音略证补》(《庆祝瑞安林景伊先生六秩诞辰论文集》[上]1043—1170,文史哲出版社 1971),林英津《论上古汉语歌、祭、与微部的相对关系——"滑"有"猾、骨"两读的蕴义》(In Honor of Mei Tsu-Lin:Studies on Chinese Historical Syntax and Morphology 89—109;Paris:CRLAO,Ecole des Hautes Etudes en Sciences Sociales 1996)、《论上古汉语"谈:宵"对转的可能性——读〈训诂资料所显示的几个音韵现象〉书后》(第一届中国声韵学国际学术研讨会,香港浸会书院 1989),魏鸿钧《上古东阳合韵探讨》(《声韵学会通讯》17:34—48,2008)等。

丁邦新《汉语上古音的元音问题》(1994)以"略说上古音系中的介音及韵尾"来引起所要研究的问题。丁邦新指出,李方桂关于上古有二等[-r-]、三等[-j-]两个介音的说法,郑张尚芳则认为三等[-j-]介音是后起的。丁邦新从韵部的结构特点论上古元音的拟测,综合各家说法,认为[i]较[e]更为常见,李方桂为脂、真、支、耕四部构拟为[i]是有说服力的。元音[u](比如侯东二部)

也是一样。[ə]是之蒸部谐声时代的元音，到《诗经》时代，已经变成[e]了。从音节结合的特征论上古元音拟测，真正肯定的元音只有[i][u][ə][a]四个，它们和声母、介音、韵尾的配合结构，还有[iə][ia]的存在。[ua]只出现在歌祭元三部，而且只在舌尖声母之后，才有[a][ua]的对立。此外，从语音对比、汉代语音的演变去论述，也可以发现上古音的元音的拟测，还是李方桂的构拟最有说服力。

陈新雄《怎样才算是古音学上的审音派》（1995）针对唐作藩《论清代古音学的审音派》（1994）的一些观点提出了不同的看法。他认为，王力为审音派加上的两个条件是判定的重要标准。这两个条件是：须以等韵条理助成其说；入手独立是审音派的标识。但陈新雄认为，这两个条件还不是充分条件，应该加上注意阴阳入三声之间的互配关系，才可以称得上真正的古音学上的审音派。此外，关于江永和江有诰是否算审音派，他与唐先生观点不一致，认为二人古韵分部，一于考古，而非居于审音而来，所以不算是审音派。

陈新雄《重论上古音阴声韵部的韵尾》（《上高水长：丁邦新先生七秩寿庆论文集》171—193，台湾语言学所 2006）综合各家说法，比较其同异，认为上古音阴声韵部的韵尾为[-o][-i][-u]及[-ts][-ks][-bs]等，这是一个不同于他人的新的说法。

龙宇纯《丝竹轩小学论集》（2009）上古音部分主要收录了：《上古阴声字具辅音韵尾说检讨》《上古音刍议》《古韵脂真为微文变音说》《先秦散文中的韵文》等。

郑再发《上古音系五元音说：论〈诗经〉的曲式、韵式与韵部》（庆祝《李方桂全集》出版及《中国语言学集刊》出版国际学术会议，台湾语言学所 2006）、《其、之两字在上古韵文里的特殊分布》（a paper read at Columbia International Symposium on Research and Pedagogy in Classical Chinese and Chinese Language History, Columbia University 2005）及梅广《上古汉语的元音及辅音韵尾问题》（第六届国际暨第十七届台湾声韵学学术研讨会，台湾大学 1999）也是此论题下的文章。

谢美龄《"合韵"、"旁转"说及例外谐声检讨》（1999）从音理检讨段玉裁"合韵"说及戴震、孔广森之"对转、旁转"说于古音研究之可疑可立处，并从《说文》之例外谐声印证文字与诗韵具有的平行现象，以见段氏立"合韵、合音"说诠解,或戴氏、孔氏及章氏等视为音近韵部之"旁转",其中实多曲解古人处。

其一,"合韵、旁转"说检讨。段氏提出"合韵"说,戴震将古韵阴、阳、入三分,建创"相配互转、正转、旁转"学理,孔广森从而发展"阴阳对转"说,影响尤巨;段氏且以"合韵"或"合音"以解释《说文》谐声字不谐现象。谢美龄在《说文》谱系古韵归部之研究过程中,认为三人学说与文字实例之对应情形,或依或违,皆有再检讨之价值;又后人对此也说有可疑可立处。段氏之"古合韵"说,见其《六书音均表三·古十七部合用类分表》中,提出"古本音与今韵异"及"不知有合韵,则或以为无韵"之观点,既突破前人以令律古迷思,对于"合韵"并创建三种解决办法:于阴声韵间并阳声韵间之通协,以《古十七部合用类分表》区隔,对阴、入声韵之来往以"古异平同入"说为解。见《说文》谐声之不合,则持"古谐声偏旁分部互用说"及"古一字异体说"处理。

段氏利用"合韵"以排比古韵部远近关系并解释《说文》谐声未谐现象,均为后人师法,亦提示《说文》谐声研究者省思文字与语言未尽同步发展的讯息。但段注《说文》指为"合韵"或"合音"者,往往超出其自言《古十七部合用类分表》之类限。江有诰批评段氏"茫然无界限,失分别部居之本意矣"。谢美龄认为段说固守"古本音"而忽视方言或古今音变及彼此交叉互动可能的影响。而戴、孔二氏之"对转"说诚为大部分出韵现象合理诠解,然"旁转"说则不可轻信;龙宇纯以古今音变及方言殊语说之,最为可从,甚至可据以解释汉语方言普遍存有之文、白异读。然"旁转"说影响后人极大,应再谨慎检讨。

其二,同谐声者未必同部。历来谱系《说文》谐声者,都从段氏"凡同谐声者必部"之说。谢美龄认为,段氏对谐声内在条件之认知,于具"共时性"之同一方言区而言殆无疑议,放诸久远广大时空则不尽然。再者,《说文》所收字与《诗经》时代有先后之别为学者共识。王力于谐声条件应纽、韵皆合为正例之主张,对偶然例外,以为谐声字之衍化,前人视为抵牾不合者,除自古今音变或方言殊语观点着手研讨及参用《诗经》韵语外,应再援用古文字或其他资料审辨,而非如段氏一再创立新说异解。处理《说文》谐声归系古韵部之原则,须合"例外谐声"观念,否则必重蹈前人欲执一声以统万字,以致跋前踬后的窘境。就实际观察所见,《说文》之例外谐声约有下列两类:个别字之突变;谐声字群之分支流变。以宵部字可证,单归宵部或幽部均为混灭事实之举,两全之法唯兼入幽、宵二部。亦有二韵部间因具某语音条件而成系统交流者，谢美龄引用龙宇纯曾举证幽部与微、文部间具语音密切相关现象，认为极值得《说文》研究者注意，不应以"旁转"说轻率视之。

三、台湾学者对两汉汉语韵母研究

林至信《汉魏韵研究》（台湾师范大学硕士论文，1963）是台湾比较早研究两汉汉语韵母的论文之一。许世瑛《许世瑛先生论文集》第 1 集（1974）收有《论〈鵩鸟赋〉的用韵》一文，认为《鵩鸟赋》所用韵脚，除最末十句之韵脚为之、幽两部例外通押者外，其余无旁转，即例外押韵；因此可以肯定，西汉人用韵和先秦大致相同。其他相关论著有：龙宇纯《说文读若释例》（台湾大学硕士论文，1957 年），谢云飞《刘熙释名音训疏证》（台湾"国科会"奖助论文，1961），林尹《〈说文〉与〈释名〉声训比较研究》（《木铎》9：41—56，1980），徐芳敏《〈释名〉研究》（台湾大学硕士论文，1984），陈素贞、高秋凤《〈说文〉所见方言研探》（台湾《中国学术年刊》8：37—90，1986），竺家宁《〈说文〉音训所反映的带[1]复声母》（1992），陈梅香《〈说文〉既言"某声"又注"读若"之音韵现象初探——以声母部分为主》（《声韵论丛》10：175—208，2001），江敏华《〈说文〉、〈释名〉所反映的汉代方言现象》（《台大中文学报》16：109—142，2002），谭家麒《两汉鱼侯二部的分合问题》（台湾《中国文学研究》22：29—58，2006），戴俊芬《洪亮吉〈汉魏音〉研究》（2005）等。

戴俊芬（2005）介绍道，《汉魏音》是清代洪亮吉（1746—1809）唯一一部古音学专著。它的重要性在于：其一，清代古音研究中，该书是目前唯一可见以汉魏为对象之语料；其二，该书取材为汉魏诸儒之"读若"，能进一步反映当时语音情况。《汉魏音》的性质如同"古音词典"，虽无音韵理论，但其中裒辑大量佚书音注，是后人进一步研究的重要参考。全文共分五章论述：第一章，绪论。除研究动机外，从学术史的角度探讨洪亮吉于乾嘉古音学之地位，并讨论《汉魏音》撰成之学术背景。第二章，《汉魏音》序例与编排方式。洪亮吉曰："今《汉魏音》之作，盖欲为求汉魏诸儒训诂之学者设耳。"戴俊芬在此基础上进一步讨论其撰成《汉魏音》之动机及古音观念，分析其有别于其他乾嘉古音学者之特色。其古音观念：破除韵之囿、破除反切韵书之弊、汉魏古音存于读若。戴氏整理、归纳《汉魏音》2510 条"读若"资料，从取材、编排、音注方式三方面切入，讨论《汉魏音》之编撰原则。第三章，《汉魏音》之声母系统。讨论《汉魏音》之声母系统，发现结果虽合于上古声母系统，然内部的规律现象已呈现中古声母之音韵特征；此外，复声母几近消失，亦为特点。对照前贤学者于两汉声母之研究成果，借此凸显《汉魏音》之声母特色。第四章，《汉魏音》之韵母系统。讨论《汉魏音》之韵母系统，结果多合于上古韵部系统；此外，阴声韵与入声韵来往密切，各韵部下某些韵字已具中古之特征。亦对照前贤学者于两汉韵部之研究成果，讨论《汉魏音》与诸家之差异所在。第五章，结论。

戴俊芬认为《汉魏音》于汉语语音史之定位与价值，盖有三点：其一，进一步厘清上古音之范畴；其二，补苴上古音至中古音之研究断层；其三，研究方法与观念之进展——以汉魏眼光看汉魏音。

国外学者，如柯蔚南发表有《西汉声母探讨》（1982）、《东汉音注的声母系统》（1998）等论文。

魏鸿钧《周秦两汉诗歌用韵研究》（2008）以上古的诗歌韵语为讨论基础，透过分期比较，讨论各部独韵以及例外押韵的情况。共分成六个部分：第一章，绪论。述明撰作之源起、研究范围及方法。第二、三、四章，分别从诗歌用韵看"阴声、入声、阳声"韵部的用韵关系。其中跨韵部的合韵，在阴声主要有：之幽、幽侯、侯鱼、之侯鱼、宵鱼、脂微、支歌、鱼歌；入声有：职觉、觉屋、质物、质月、物月；阳声有：冬东、东阳、阳耕、耕真、真文、真元、文元、真文元、蒸侵、冬侵、东侵、阳侵、阳谈。这么多的异部合韵，既有的上古音架构无法解释它们何以频繁接触，因此，有的学者改变押韵条件，主张一部不必一主元音；有的学者认为古人韵缓，异部相押全是"主元音相近、韵尾相同"或"主元音相同、韵尾相近"的音近现象。这是把这些合韵，看成同一个共时平面；把这些押韵关系，解释为同一个语音条件所造成的演变结果。魏鸿钧从历时观察，指出这些合韵不完全在同一平面，如，蒸侵合韵只出现在《诗经》、东阳合韵只出现在两汉。同时也强调，韵部名称表面上相同的两个韵部合韵，实际上具有不同的语音关系，如：真文合韵主要是"臻摄字合流"所产生的语音现象，不过有两种情况例外：一是真部山摄字与文部臻摄字相押；二是真部真韵与文部山摄字相押。对于这些合韵有正确认识，才能对上古韵部的演变作出正确判断，并提出合理解释。第五章，统计上古同调、异调相押的百分比。魏鸿钧指出：第一，平声不只和上声相押，平去相押甚至更为频繁。第二，去声不只和入声相押，平去、上去相押的百分比也常常超过去入。因此"平上为一类、去入为一类"的说法仍有再商榷的必要。魏鸿钧也整理上古声调，归纳出"上古押平声，《广韵》读去声；上古押平声，《广韵》读上声；上古押平声，《广韵》读上、去声；上古押上声，《广韵》读去声；上古押上声，《广韵》读平声；上古押上声，《广韵》读平、去声；上古押入声或谐声系统有入声读法，《广韵》读去声"等七种上古、中古读不同声调的情况。第六章，结论。本文之研究价值综述，以及相关议题的未来展望。

四、台湾学者汉语上古方言韵母研究

董同龢《与高本汉先生商榷"自由押韵说"——兼论上古楚方音特色》（1974）认为，高本汉将《诗经》用韵与他自己所作的《老子韵考》（1932）相比较，突出了几个特点：《诗经》分用甚严，而《老子》韵文互混；《诗经》主要元音［u］［o］不相押，而《老子》常见；《诗经》入声［p］［t］［k］界限极严明，而《老子》韵文有时混乱。高本汉收集到《老子》韵语有195条之多，其中40条可以作上述结论证据。董同龢逐一核对，发现错误很多，原因在于他有误合两韵为一韵的；有误注字音的；还有误断句读的，错认韵脚的。以江有诰《先秦韵读》衡量更为明显，由此，其结论可以被推翻。董同龢认为高本汉的结论只有三条可靠：东阳通叶、之部字和幽部字通叶、侯部字和鱼部字通叶。另外，材料还显示出高本汉没有注意的真部字与耕部字通叶。拿《楚辞》用韵来比照，可以发现相合不少，由此可见，这都是上古楚方音的特色。但要真正确定，还需要更多的证据，比如汉代楚人用韵等。

其他相关论文有：陈文吉《〈楚辞〉古韵研究》（台湾师范大学硕士论文，1994），萧夏暖《蒋骥〈山带阁注楚辞〉研究》（台湾辅仁大学硕士论文，1998），徐芳敏《闽南厦漳泉次方言白话层韵母系统与上古韵部关系之研究》（台湾大学博士论文，1991），李添富《〈诗经〉例外押韵现象之分析》（台湾《辅仁学志》［文学院之部］13：727—768，1984）、《从音韵结构谈古韵分部及其发展》（台湾《辅仁学志》［文学院之部］24：7—20，1995）、《上博楚简〈诗论〉马氏假借说申议》（台湾《辅仁学志》［文学院之部］29：23—44，2002）、《〈诗经〉中不带音韵关系的联绵词研究》（《先秦两汉学术学报》11：1—26，2009）、《〈诗经〉中"行"字音义研究》（中国音韵学研究会第十四届学术讨论会暨汉语音韵学第九届国际学术讨论会,南京大学 2006),杨素姿《先秦楚方言韵系研究》(台湾 1996/2012)等。

徐芳敏《闽南厦漳泉次方言白话层韵母系统与上古音韵部关系之研究》(1991)阐述自己的研究目的时说,汉语七大方言中,闽方言白语层音韵上的一些特别现象是中古音系不能解释的。汉语学界通常认为这些现象中古以前已经发生,不过以往多半只注意声母的情形,又稍嫌零碎。本文从系统结构上着眼,通过白话层韵母系统与上古音韵部的比较,证实白话层韵母是上古以下、中古以前由汉语分支出来的。研究所用语料为 Carstairs Doulgas《厦英大辞典》(1873)及 Thomas Barclay《补编》(1923)所记录的闽南厦漳泉次方言。徐芳敏说,从理论上说,闽方言(包括闽南方言)的白话层是上古以后从汉语分支出来的,它的来源以及追溯到最终的架构均应是上古音,因此白话层的韵母系统与上古音韵部之间一定有承继分合的关系。因此,以上古音韵部作起点,尽可能全面地整理白话层的语料,就能在相当大的程度上掌握韵母系统中各韵母的来源。论文分成两个部分。第一个部分是从上古阴阳入声韵部来看闽南厦漳泉次方言白话层韵母系统及结构,第二个部分是追溯三个次方言阴阳入声韵母的上古音来源;从两方面的投射,可以比较详尽确实地掌握彼此间的关系。从研究结果来看,徐芳敏总结道:其一,闽南话某些韵母承继了汉语上古音某些韵部的规模,例如鱼阳、歌祭元部在闽南话仍然维持独立;不过也有许多韵部已经合流,例如脂微真文部字闽南话是共享几个韵母。其二,徐芳敏提出一个普遍性的假设:承继上古韵部规模的韵母,是保存了较古的格局;合流以后的韵母则代表较晚的演变。其三,闽南话合流的韵母,其主要元音常见为[a],其次有[i][u]。这个现象对拟测古闽南话是很大的启示。其四,徐芳敏尽可能将闽南白话层韵母系统完整地呈现出来,因此发现韵母的情形极为复杂,有些现象现在还不能解释。例如切韵"二四等合流"的问题,闽南话的情形显示要从更广的角度去考虑。其五,徐芳敏以诗文押韵的韵部(两汉——南北朝)与闽南话白话层韵母系统作比较,可以看到有些是汉语与闽南话共有的演变,有些是闽南话本身的发展。

杨素姿《先秦楚方言韵系研究》(2012)分八章论述:绪论;《楚辞》韵例析论;《老子》韵例析论;先秦楚方言韵字析论;先秦楚方言合韵析论;先秦楚方言调类析论;先秦楚方言韵系之构拟;结论。附录:《先秦楚方言韵谱》。

杨素姿认为,不宜简单地把先秦楚方言纳入到《诗经》音系中,因为就发展空间而言,成长在南方的"江汉沮漳"楚文化,与发展在渭水、黄河流域的《诗经》有着一南一北的地理隔阂;否则,便可能轻忽音韵现象歧出所隐藏的语音消息。

杨素姿以《楚辞》为主,结合近世楚地大量出土的青铜器、简帛中有韵铭文及假借字文献,以及先秦诸子韵文中采录楚音者,以便窥见先秦楚方言的语音大貌。作者先就先秦楚方言语音韵系进行探讨。其研究是建立在划时代、分区域的多层次考虑基础之上的研究。

作者将先秦楚方言分为二十九韵部,区分为十一个类(135页):

第一类:之[ə]、职[ək]、蒸[əŋ]

第二类:幽[əu]、觉[əuk]

第三类:宵[au]、药[auk]

第四类:侯[ɑ]、屋[ɑk]、东[ɑŋ]

第五类:鱼[a]、铎[ak]、阳[aŋ]

第六类:歌[ai]、月[at]、元[an]

第七类:支[ɐ]、锡[ɐk]、耕[ɐŋ]

第八类:脂[ɐi]、质[ɐt]、真[ɐŋ]

第九类:微[əi]、没[ət]、谆[ən]

第十类:侵[ɑm]、缉[ɑp]

第十一类:盍[am]、谈[ap]

类别既定,如何拟定音值？杨素姿的做法是酌取陈新雄所拟测的两套语音系统:一是上古音系统,主要是透过音值的比较,以具体展现《诗经》韵系与先秦楚方言韵系之间的差异;二是《广韵》二百零六韵的音系,目的是拿上古韵部对照中古的韵部,借以看到先秦楚方言韵母到中古韵母的发展脉络。

查看杨文参考引用文献,发现其并未参看中国大陆学者洪飏、叶玉英、赵彤等,以及日本学者古屋昭弘、大西克也、野原将辉等学者出土文献语音著作,就是李守奎等《楚文字编》等研究成果也没有吸取,确实是一个缺憾。

孔仲温《论重纽字上古时期的音韵现象》(1997)尝试把重纽字从中古时

期向上推溯到上古时期,观察它们在上古时期的用韵现象与谐声分布情形,期望能对重纽问题提供一些线索。这就不同于大部分学者研究重纽问题以中古音为出发点的研究策略。他的研究思路是:

其一,为研究上古时期重纽问题,首先应确定中古时期重纽字的范围。孔仲温取隋唐五代韵书与《广韵》比对,发现《广韵》有一些重纽,是因为后来增加新的切语而形成的,对这部分重纽字不列入讨论的范围。以《广韵》为基础,参核隋唐五代韵书,尽量采取较早时期的重纽字作为析论的基础。另外,为了能够透过对比以观察重纽现象,所取的重纽字仅是以同韵类、同声纽有两组切语并列的为范围,至于等韵图中其三等有空不排而排入四等的部分则暂不列入。

其二,重纽字在上古韵文里的音韵现象。关于重纽字的上古韵文韵谱,孔仲温说,《诗经》部分系根据陈新雄《〈毛诗〉韵谱·通韵谱·合韵谱》一文;《楚辞》部分采王力《〈楚辞〉韵读》一文;至于金石铭文部分则依王国维《两周金石文韵读》、陈世辉《金文韵读续辑》、陈邦怀《两周金文韵读辑遗》诸文。83条韵例所呈现的音韵现象是:重纽字互押界限明显;重纽字与其押韵诸字大抵有用韵的界限;重纽字与其押韵诸字有等第的区分。由此可以看出,上古的重纽三等与四等字是有区别的,界域十分清楚,可见得中古的重纽现象是"其来有自"的。

其三,重纽字在上古谐声的音韵现象。孔仲温所用的谐声偏旁系以许慎《说文》为基础,凡《说文》载录的重纽字本文才取以观察。将其重纽字依《说文》的形体,参酌其师陈新雄《古音学发微》中的《古韵三十二部谐声表》,按重纽韵的次序及其等第,将谐声偏旁的数目、所属古韵三十二部列表表示。重纽字上古谐声字,从"表"中可以看出重纽字的谐声偏旁,如同上古韵文的用韵情形一样,它们在三、四等之间,是有相当程度区隔的音韵现象。三等与四等的谐声有区隔,就以支、纸、真三类来说,谐声偏旁的字只见于三等,而不见于四等,尤其像从"皮、罢"这两个谐声偏旁的字;而从"规、尔、氏、它、隋、佳、弭、匕、米、辟、盆、圭"等谐声偏旁字则出现于四等。《说文》中重纽字异读有规律,其中的"比、枇、黾、翘"诸重纽字异读,不论是三等或四等,异读等第一致,唯独"箧"字例外。

孔仲温希望自己能够客观地呈现重纽字在上古源头上的各种音韵现象,

并认为重纽差异很可能是在韵的音读结构上，显示出来就是在三、四等谐声分布的不同。然而，谐声分布的不同，一直延续到中古时期的韵书、等韵图、音义书、字书里，可是韵的音读结构差异，是否还延续到中古时期呢？孔仲温提出的问题引人深思，涉及了重纽演变历史规律的探讨，掷地有声。

古琴芳《以〈广韵〉谐声证江氏元部独立说》（2011）在研究古韵方法上独树一帜，既继承了顾炎武《唐韵正》"离析《唐韵》以求古韵之分合"的传统，又受段玉裁以谐声求音办法的启发，将《广韵》谐声字应用到古音韵母的研究上，效果明显，可以说其理论意义大于实际分析的价值。其体例为：绪论、研究古韵分部之方法论、以谐声偏旁证古韵分部之理论基础、分析《广韵》真韵谐声字以证真元分部说、结论。就其具体研究内容来看，值得注意的是：

其一，对古韵分部材料类别重新进行归纳。作者认为魏建功《古音系研究》古韵研究材料分类最为完善，计有 10 类；在魏建功等学者的基础上，她进一步归类："今综合各家之说，将古韵分部之方法论，分成下列九端以论述之，其名目为：一曰古代韵语；二曰《说文》谐声；三曰经籍异字；四曰实物韵读；五曰《说文》重文；六曰汉儒读音；七曰音训释音；八曰古今方言；九曰离合韵书。以上九目，虽不敢称完备，唯于目前所能见之素材，均已网罗尽净矣。"（18 页）但作者未能提到民族语言和域外对音资料。材料不等于方法，但材料的运用可以促进方法的变革。

其二，认定古音之理必存于《广韵》之中。古琴芳的基本方法是：以《说文》定某字是否为谐声字为准则，以辨《广韵》所收之字何者为谐声，某非谐声；既而就《广韵》真韵谐声偏旁分析而董理之，并用《诗经》用韵、群书用韵、音值、开合齐撮等其他证据，而证江永古韵真韵为第四部，元为第五部之确见。

作者强调说，谐声求韵对古韵研究的贡献，以段氏运用《说文》谐声获得"古十七部谐声表"为突出，现在扩而大之，以《广韵》谐声分析古韵，亦有异曲同工之妙。就证江氏元部独立说来看，这仅仅是个尝试，如果要建立一个整个体系，还需要将来做更多的努力才可以实现。

第四节　汉语上古音声调

姚荣松《六十年来台湾声韵学研究成果之评述与展望》（2014：19—20）涉

及了汉语上古汉语声调问题,第一个就介绍了江举谦的研究成果。江举谦著有《江有诰〈唐韵四声正〉平声韵字订补》(1968)、《江有诰〈唐韵四声正〉上声字订补》(1969)、《江有诰〈唐韵四声正〉去声字订补》(1971)一系列文章,主要在于修正江有诰《唐韵四声正》在观念和材料选取上的缺失,同时以《诗经》韵语为主,汉字的谐声偏旁为辅,就该书的内容逐字加以订补。姚荣松认为这些文章都具有参考价值,实际上是肯定了江举谦研究汉语上古音声调的成绩。

谢云飞的相关论著有:《中国语音中的上古声调问题》(《汉学论文集》123—158,惊声文物供应公司 1970);《上古汉语的声调》(《中国语文》74.4:30—35,1994);《从方言看上古汉语的声调》(《中国语文》75.5:23—26,1994);《周秦汉语有四个调类》(《中国语文》75.6:12—14,1994);《上古有四声但不同于后代》(《中国语文》76.1:13—16,1995)等。另林清源也有《王力上古汉语声调说述评》(《东海中文学报》7:117—143,1987)。

丁邦新发表了《〈论语〉、〈孟子〉及〈诗经〉中并列语成分之间的声调关系》(1976),经李方桂、张琨审订。主要内容为:

其一,对前人上古声调学说进行了评述。丁邦新认为承认上古有四个声调是比较妥当的办法,其中去入声的关联可用董同龢的调值相近说来解释;进一步说,去、入调值相同,只是入声比较短促就是了。至于上古的四个调值是否由于韵尾辅音失落而变来,现在尚不得知。

其二,理论基础和材料。丁邦新在《〈国语〉中双音节并列语两成分间的声调关系》(1969)中发现并列语中两个成分的排列有其自然的音韵关联并作了一个基本假设,就是说话人自由选择两个字组成并列语时,会不自觉地说出最自然的次序来。由此,想到要从这个假设出发,利用完全属于上古的材料探讨上古汉语的声调,即从上古并列语成分之间的声调关系进而探讨声调的类别以及声调的存在与否,亦即从构词的层次上,也就是词型的组织上回头看声调问题。论文选择口语性强的《论语》《孟子》及《诗经》三书中的并列语来作为分析对象。

其三,上古三种材料并列语的分析。论文材料包括《论语》100 条、《孟子》291 条、《诗经》291 条。研究发现,《论语》并列语中平声字经常出现在上、去、入声字之前,上声字经常出现在去、入之前,在总比例中约 84%。《孟子》平声字跟其他声调的字组成并列语时,平声字绝大多数在前;上声字跟去、入声字组成并列语时,上声字也多数在前;去入字组合跟《论语》中的材料刚好相反。《诗经》上去声字用为第一或第二成分的比例都很接近,平声字仍然多用为第一成分,入声字仍然多用为第二成分。丁邦新解释《诗经》材料不如《论语》《孟子》清楚的原因可能是押韵要求对并列语自然次序的影响。《诗经》并列语 291 条中,出现在句尾、把第二成分用为韵脚的共有 124 条,除去这一部分后,尚余 167 条,而各调配合情形就略有不同。其他还有多音节并列语,其中四音节并列语最多,达 46 条;前两个成分和后两个成分各成单位,其结论和前边的分析差不多。

其四,丁邦新的结论与推论。三书并列语自然次序在《论语》《孟子》中较为明显,可能是因为口语的关系;以四音节并列语来验证,结果相当吻合。规则趋势为:在双音节并列语中,如有平声字,它总用为第一成分;如有入声字,它总用为第二成分;在没有平、入声字时,上声总用为第一成分。"平上去入"四调排名的先后恰好是各调字用为并列语成分时大致的次序。去声字跟入声字的关系不像其他配合有清楚的界限,显示去入字的调值必然距离不远。从语音的角度看,"去、入"配合比"入、去"配合稍多,这是由于入声字尾的清塞音使全字的声调较为短促造成的。这一解释跟"去入声调值近似说"正可以互相印证。

丁邦新根据这些材料,发现上古有一种构词的形式,即并列语成分的次序排列受声调的制约,比例超过百分之八十。这一种自然的词型,如果用韵尾辅音来解释是难以说明的,唯有从声调不同的角度才易于解释其词型构成的原因。因此可以肯定,在《诗经》《论语》《孟子》的时代,汉语中已经有声调的存在。如果声调早先从韵尾辅音变来,其演变至少是《诗经》时代之前的事。

如果苛求的话,我们考虑到,《诗经》《论语》《孟子》属于传世文献,毕竟经过后人动手抄写或修订过,用它们当主证,"疑古派"学者会不会有所挑别?如果用出土文献作第一依据,传世文献作第二依据,上古并列语成分之间声调关系的研究结果也许是另外一种景象,是不是更加增强了可信性了呢? 也未可知。但无论如何,也肯定会提供了一种更为直接而严谨的研究方式的。

丁邦新《从闽语白话音论上古"四声别义"的现象》(2008)认为,研究上古汉语中有没有语音区别词类的办法,读书音恐怕没有大的用途;从方言学的角度另行考察,过去曾经考虑过(丁邦新,1983)①。丁邦新说道,闽语白话音从古汉语分支的时代大概在西汉末年东汉初年,可以代表上古的一种方言。沿着这个思路,观察闽语中没有语音区别词类现象。由于上古的浊声母在闽语中已经清化,清浊对比只能以声调显示,就可以用"四声别义"来涵盖周法高《中国语法札记》(1953)所说的三种语音类型②。周先生根据陆德明《经典释文》和贾昌朝《群经音辨》,一共收录184条材料,按照词类变化之不同分为八类;经详细查核,在闽语的白话音里只找到6条"四声别义"的例子。资料虽少,但显示了多重意义,可以肯定,在最早分出去的方言之中已经具有了"四声别义"的实例;这些例子显示平上声字为基式,而去声有为转化变式的倾向。闽语文白系统的差别实在很大,在白话音中只找到6条"四声别义"的例子,而在文言音中比比皆是,可见中古读书音对闽语文言层的影响之大。在贾昌朝《群经音辨》读书音中以语音转化分别词类,一定还是受实际语言的影响而来。口语中有了"四声别义"的办法,然后再大量应用于读书音中,这是类化的一种现象。作者在寻检闽语资料的同时,也观察了别的方言,如吴语、湘语、粤语、客家话等,"四声别义"例子都比闽语丰富得多。从比较语言学的立场来说,分布面越广的方言现象,推到古语系统中去的可能性就越大;但因为已知闽语分流的时间最早,其他方言大致在中古之后才分歧出,因此,这里只以闽语材料为主。

陈新雄《上古声调析论》(2004)的主要内容是:其一,回顾了上古声调研究历程。作者认为,今持中古之平、上、去、入四声以检验《诗经》押韵,将会发现两项极富启示性的现象:一是《诗》之用韵,以同一声调相互押韵,不杂他调者至多,试以阴声脂部为例,有平与平押韵者,有上与上押韵者,有去与去押韵者,有入声韵部自为押韵者;二是《诗》之用韵,虽四声分开押韵者多,然平上互押、去入通韵之例亦复不少。再以之职二部为例,有平上互韵者,有去入互用者。以文中所举例证,《诗》韵平上多混用,去入亦多混用;亦偶有平入、平去、上去、上入相押韵者,但不如其平上及去入之多。其他阴入对应之部,莫不皆然。

其二,对《诗经》押韵的解释。从第一种现象观之,似乎江有诰、王念孙诸

---

① 参丁邦新"Derivation Time of Colloquial Min from Archaic Chinese"。

② 参周法高《中国语法札记》。

人古有四声之说不无道理，因为若无四声之别，则《诗经》中不可能四声分用如此明显。从第二种现象观之，则段玉裁"古声调之道有二无四，二者平入也"之言、蕲春黄侃之说又得支持。因若谓古有四声，《诗经》中何以常平仄相押，去入互协？若谓偶然相协，平何以不与去入韵而专与上韵，入何以不与平上韵而专与去韵？则偶然相协之说不尽然也。此二说虽相违，而皆有《诗》韵为证，于是主古有四声说者，见《诗》之上与平韵者，乃谓此上声字古原有平声一读，见入与去韵者，乃谓此入声古原有去之一说，如江有诰《唐韵四声正》；而主古二声说者，见《诗》平与上韵者，乃举此为上作平之证，如黄侃《诗音上作平证》，去与入韵者，乃举此为去原作入之证，如施则敬《诗音去作入证》。于是古有四声，古惟二声，各骋其说，而于《诗》韵实际之情形，皆难符合。

其三，陈新雄上古声调主张。陈新雄既采用雅洪托夫[-s]韵尾说，亦并未放弃王力舒长、舒短、促长、促短之元音长短说，但若有其一即已足够说明其演变之条件，就无须多加一条件。例如将去声字加上[-s]韵尾之后缀，则促声就无必要将元音再分长短。既有韵尾的因素，亦有舒促长短之条件，所以将此说归为"长短元音与韵尾共同决定说"，庶几与上古韵尾之收声亦能互相照应。此说虽亦为一种拟测，能否为学术界所承认，则犹待时间考验。

吴瑾玮《王国维五音五声说之商榷》（姚荣松等编《陈新雄教授八秩诞辰纪念论文集》257—270，2015），对王国维的看法提出异议。

郑镇控《上古汉语声调之研究》（1995）也很有特色。姚荣松《六十年来台湾声韵学研究成果之评述与展望》（2014：38）介绍，郑文尝试从音位的角度考察上古汉语声调的调类系统。作者指出，前人对上古声调的研究起步虽早，然而几乎都着重在有无、多少方面，尚未做过定量的分析。有鉴于此，作者利用统计方法来考察诗韵及谐声字的声调关系，且借助于现代汉语方言、汉藏语系等多方面的资料探讨上古汉语声调的数量、分布，以及上古汉语声调的性质及来源等各个问题和层面。

吴静之《上古声调之蠡测》（1973/1976）分四章论述：绪论；就《诗经》韵以探讨之；就谐声字以探讨之；上古声调真象之拟测与解释。

在"就《诗经》韵以探讨之"一章中，吴静之认为（18—19页）：

　　由《诗》求古声调之法，虽为前人屡用，然多先存主观以分配材料，罕据客观材料以归纳其结果。故本章乃将《诗经》中用韵之字,各依《广韵》为准,辨明其声调,画为四声分用与四声合用两大类;再就其细目,按段氏《六书音均表》部分汇谱之法,据陈师伯元古韵三十二部逐步谱列之,并统计各类韵列数,附录于后,俾便以实际现象为据,做全面而客观之观察。至于《诗经》中何字为韵,何字非韵,则本江有诰《诗经举例》,旁采诸家之说,并参照前后章之韵例,以定取舍。

在"就谐声字以探讨之"一章中,吴静之的方法是(60页):

本章即将《说文》之谐声字,准《广韵》所定声调,归为四声分谐与四声互谐两大类,以明其古今分化之迹。两类之中,又各按陈师古韵三十二部依次叙述。各部之下,以声母建首,母字相生,子系于母声之后。若声子不与声母同部,则标出其所属部居,仍归于声母之下。本章之作,旨在分析声母声子间声调之变化关系,而不斤斤于字形结构,为求简明清楚,故凡《说文》之"某声"、"某亦声"、"某省声",一皆并同"某声",不另分枝节……谐声关系之确定,以《说文》段注本为主。盖段氏精于古音,其说往往较他家为长也。

吴静之"《诗经》用韵声调关系之分析"的结论为(151页):

于所收一千六百八十八韵例中,四声分谐者显然居大多数。其中,平声自谐者百分之四十三点九;上声自谐者百分之十七;去声自谐者百分之七点六;入声自谐者百分之十四点九。四声相谐韵例之总和,仅占百分之十六点六而已。如注中所言可疑之韵例不予算入,则比例当尤低。是知《诗经》时代,平上去入四声,已画然有别矣!

吴静之"谐声字声调关系之分析"的结论为:谐声时代之声调,"平上为一类,入声为一类,去声之分,则时人未有。蕲春黄君所谓平入而已,其庶几近于是也"。比较起来:"《诗经》完成稍晚,期间用韵为四声分谐者,竟达十之八九。谐声时代尚混淆不清平上入间之去声,亦渐趋独立。上古四声之分辨,至此可粗具规模。"但吴静之的研究很少涉及出土古文字文献,以及汉藏语言语音等传世文献之外的例证,可期待之处很多。

第五节　余论

梳理台湾汉语上古音研究的历史,可以发现,它存在着十分明晰的规律性:

其一,台湾上古音研究,早期以"移入性"研究为主,但不失区域色调,其中尤以旅居台湾学者陈第、刘家谋、黄宗彝成就最为突出;而日据时期,以"强制性"比较与语言接触的"内核"学术观念为常态,与真正的汉语上古音学术研究关系并不大;1949年以后,大陆传统上古音研究与现代上古音研究范式交替出现,给台湾汉语上古音研究烙下了深深的"移植性"印记,进而形成自己的研究制高点。由此,就决定了台湾上古音研究理论与方法不可能是孤立"自源"的、原生态的。

其二,台湾汉语上古音研究,汉语文献的、汉藏语视角的、汉语方言的,各行其道,但相互交叉、融合,起点高,因此,成就卓著。

其三,在具体的研究过程中,台湾汉语上古音研究理论不断创新,构成了多姿多彩的理论模式,学说体系多样化,学派林立,坚实厚重,对世界汉语上古音研究的贡献是巨大的。

其四,台湾学者紧密跟踪世界语言学学术进展信息,主导汉语上古音研究趋势,引领汉语上古音研究的发展方向,对世界汉语上古音研究未来的影响是不可估量的。

但台湾学者对台湾汉语上古音学史的整体性与系统性总结还不尽如人意,因此,对台湾汉语上古音学史在世界范围内的汉语上古音学史地位估计不足,这是让人感到存在着明显的缺憾的。

第五章

台湾汉语音韵学史文献盘点四:中古音

汉语中古音是台湾学者刻意研究的重头戏,在许多方面与中国大陆以及一些国外学者互为呼应,成果十分可观,并且具有台湾学者自己的研究特色。

第一节　字书与汉语中古音

一、《玉篇》语音

原本《玉篇》语音的声类,翁文宏《〈玉篇〉声类考》(台湾师范大学硕士论文,1970;《台湾师范大学国文研究所集刊》15:1—112,1971)有非常详细的探讨。杨素姿《泽存堂本〈大广益会玉篇〉与孙强本〈玉篇〉之关系考辨》(2002)则探讨了顾野王《玉篇》版本之间的关系。杨素姿从大中祥符六年(1013)的"牒文"和"题记"的解读开始,重新审视朱彝尊所提出的泽存堂本《大广益会玉篇》即孙强本《玉篇》的说法,并初步证实了朱氏的说法可信。文中比较《大广益会玉篇》及《切韵》系韵书的切语,发现《大广益会玉篇》的切语不独近于《广韵》,也近于唐代韵书,因此认为马伯乐等人提出宋人改动切语的说法不可尽信。最后,再指出《大广益会玉篇》几点音韵特征,其不同于《广韵》音系,反而更近于唐代音韵,乃是因为当中音切一本于孙强本之故,进一步验证其为"宋刊上元本"的真实性,其音韵成分就是属于唐代。这个结论对于《大广益会玉篇》本质的厘清,确认这份语料的准确性,以及今后使用《大广益会玉篇》为研究唐代语音服务,都具有十分重要的意义。

杨素姿《〈大广益会玉篇〉音系研究》(2001/2013)正文 323 页。

杨素姿提到,南北朝梁顾野王《玉篇》是继《说文解字》之后又一部十分重要的字书,在许慎《说文解字》基础上增加收字及改变体例,字数增加了 7000 多;体例上的变动有:收字对象以楷书为主,作部首系统改革,注音改以反切为主,间用直音,词义诠释重于字形分析。《大广益会玉篇》是流传后世最为完整的《玉篇》一系著作。在体例上基本上继承了顾野王《玉篇》,字数增加了 5603 个字,释义有所删减,反切有所增加与更换,语音数据有 24500 多个,主要是反切和直音。杨素姿强调,其研究文本以张士俊泽存堂本《大广益会玉篇》为依据。论文分五章论述:第一章,绪论;第二章,音节表;第三章,声类讨论;第四章,韵类讨论;第五章,结论。

杨素姿的研究关键性观点在于:其一,对《玉篇》《大广益会玉篇》成书及相关的版本及流传、反切性质等问题进行了细密的考证。对于顾野王《玉篇》成书,除了研究写作动机之外,关键还在于将顾野王《玉篇》历来增损及流传情况进行了考辨。这当中值得注意的是,孙强增字节注本《玉篇》是否为《大广益会玉篇》底本之议十分重要,因为这牵涉到它的语料年代性问题。空海《篆隶万象名义》与孙强增字节注本《玉篇》关系,以及孔仲温所怀疑的《篆隶万象名义》与唐释慧力《象文玉篇》关系、黎庶昌等《玉篇零卷》中柏木本接近顾野王《玉篇》原本等问题也是必须注意的。杨素姿重点论述了《大广益会玉篇》版本,包括《大广益会玉篇》书名及版本皆出于南宋说、《大广益会玉篇》与孙强增字节注本《玉篇》关系、《大广益会玉篇》版本流传与比较,而由此认定张士俊泽存堂本存在着可靠之处。应该说,考证过程具有较强的逻辑性,立论依据扎实可靠。

其二,张士俊泽存堂本《大广益会玉篇》"音节表"的制作科学有效而方式独特。杨素姿制作此表之前须要进行大量的前期准备工作。包括采录反切(24500 个)和直音(860 个),然后对它们进行校勘整理。"音节表"之命名依周祖谟《原本〈玉篇〉音系》。至于音类,是参照陈澧系联法而得,并参酌《韵镜》等韵图确定其开合洪细,符合当今研究音韵文献的基本程序,也有自己的精心布局,方式有所创新。这个"音节表"是论文的主体,最能体现出作者的研究功力,给研究《大广益会玉篇》语音的学者以极大的便利,并使得研究原本《玉篇》音系的学者找到了一个有效的参照坐标系。

其三,对张士俊泽存堂本《大广益会玉篇》音类的系联和讨论、拟音,是作者有关《大广益会玉篇》音系研究的思考性认识,应该是我们关注的焦点之一。

关于《大广益会玉篇》声类,书中分两部分:一部分是声类系联问题,其实是《大广益会玉篇》"音节表"的制作过程中有关参照陈澧系联法的程序而系联反切上字上的延展说明。使用陈澧系联法,如果遇到存在异读的,基本上以每一个字的第一音切为主,这遵循的是标准的系联规则;遇到具体系联不起来的反切,往往拿《篆隶万象名义》《广韵》,甚至于《大广益会玉篇》"一字重切"来调整,思路比较开阔。另一部分是声类讨论、拟音。对声类的讨论,遇到与前贤不同的看法,则是尽量择其善者而从之。比如唇音是否分为轻重唇问题,尽管《大广益会玉篇》10韵中有改为轻唇音反切现象,与《篆隶万象名义》不同,但还是定性为轻唇音未分化,仍读重唇,具体拟音只有一套;对齿音三组声母关系处理也是如此,《大广益会玉篇》齿头音有子、七、才、似四类,而正齿音既近于齿头音,又近于舌上音,但还是有所区别,声位存在着差异,所以就分别构拟。

关于《大广益会玉篇》韵类,同样分两部分:一部分是韵类系联问题,其实是《大广益会玉篇》"音节表"的制作过程中有关参照陈澧系联法的程序而系联反切下字上的延展说明。还是使用陈澧系联法,如果遇到存在异读的,主要是"一字重切"现象,依"其同一音之两切语上字声必同类"观念来处理反切下字;能把直音转换成《大广益会玉篇》反切的尽量做,如果没有,则依次从原本《玉篇》、《篆隶万象名义》、《切韵》系韵书中寻找;其开合洪细依据《韵镜》一系等韵图确定。另一部分是韵类讨论、拟音。《大广益会玉篇》假摄有少数歌戈麻混用现象,与王力《南北朝诗人用韵考》相对应,于是,不把麻韵看作独立之用;蟹摄彼此交涉复杂,但接近《广韵》同用、独用例;支韵系等韵字展现了资思韵形成的早期形态,可看作是之脂韵的精组字率先向支韵靠拢,这是开口字情况,而合口字向脂韵靠拢,所以在构拟上有区别,由此也可以解释后来资思韵和齐微韵分离的各自不同道路。从观察的结果看,也不存在《切韵》韵系那种重纽A、B两类的对立等等。这些都是作者分析《大广益会玉篇》韵类而得出的结论。

其四,对《大广益会玉篇》语料性质的讨论,提出其与《广韵》音系有很大的不同,具有明显的唐代语音特点的观点。通过研究,作者认为,张士俊泽存堂本《大广益会玉篇》是一本经过宋人"刊定、讨论"过的孙强增字节注本《玉篇》。这种"刊定、讨论"也许并不涉及内容的增减或改变,仅止于文字形体的勘正;即使不仅止于文字形体勘正,也应该只是类似于《广韵》对《刊谬补缺切韵》《唐韵》的增减或改变,并没有从根本上改变《切韵》音系的整体格局。由于孙强增字节注本亡逸日久,所以还缺少第一手数据证据;但通过《大广益会玉篇》"内证"的系联和讨论,其音系所呈现的"唐代语音"特点越来越清晰,证明了作者的推测不是空穴来风。

但本书也有一些问题须要再行讨论。首先,对张士俊泽存堂本《大广益会玉篇》反切和直音进行校勘,参酌《玉篇零卷》《篆隶万象名义》是可以的,因为是一系字书,但杨素姿没有完全说明清楚将《王韵》《唐韵》《广韵》《集韵》作为对勘文献是出于何种考虑,难道是因为它们同是属于中古音系韵书吗? 在这里是须要费笔墨交代的。

其次,对张士俊泽存堂本《大广益会玉篇》音类的系联,遇到存在"异读"的,基本上以每一个字的第一音切为主,但由此是不是忽略了"第二音切"或"第三音切"的语音价值?"异读"中的"俗读音"往往存在于语音层次中,抛弃"俗读音"是不是可惜? 其浊声母构拟"送气"音值也有疑问,比如重唇音中的"浊音送气"问题,取高本汉说,而忽略了《大广益会玉篇》浊声母与不送气清声母又读混切的例子,是不是过于简单化?

再次,本书没有作《大广益会玉篇》调类探讨,是不是因为认定其音系属于唐代语料,与唐代《切韵》一系韵书所反映的平上去入四个调类一样,就无须研究了? 但书中在讨论《大广益会玉篇》语料性质时,还是表明音系中存在"特殊混用"的情况,"杂糅了西北方音的成分",对此是不是还要进一步说明? 一些学者研究,如罗常培《唐五代西北方音》表明,《开蒙要训》音注反映出次浊上声与去声合流,"浊上归去"明显;高田时雄研究《诸杂难字》《难字音注》《佛书音注》清上和清去之间通用 18 例,"清上归去"也很突出,如何解释此类现象? 不能说一点关系都没有。日僧安然中古音按声母清浊而造成"八个调形"调值的说法,该如何与平上去入四个调类对应说明,都是须要进一步考虑的。

抛开反切,从直音入手探讨的是郭懿仪《〈大广益会玉篇〉直音字研究》

（成功大学硕士论文，2004），也值得注意。她主要讨论了几点：第一是先由前承的原本《玉篇》《篆隶万象名义》作一音注特色的说明与整理；第二是就《大广益会玉篇》的直音字例进行语音系统建构，并以同时代韵书《广韵》为主要对照的对象；第三是就《大广益会玉篇》的新出字例语音作仔细分析。

李峰铭《〈广韵〉与〈玉篇〉声母系统比较研究》（2007）走的是另外一条研究的路子。他说，自隋代陆法言《切韵》以来，各家学者对于中古时期语音看法往往分歧，此系呈显标准音系形成以前，汉语于各大方言区中各自有着不尽相同的使用情形，由前辈学者所做的个别音系研究，即可知各家对此时期内语音特色看法的差异所在。因此，以《切韵》与同时期各项语音材料进行音系对比，则《切韵》一书的实际性质应当可以得到更确切的结论，同时亦可略窥其间声韵系统的变化。

由于今日已难窥得陆氏《切韵》全豹，而《广韵》为《切韵》系韵书之集大成者，故为观察各项常见音变作用于中古时期汉语声母分化过程中所具有之影响力与重要性，本篇取《大宋重修广韵》及《大广益会玉篇》二书为研究范畴，透过对二书切语用字及整体音系进行比较，旨在探讨中古声母系统在常见的"同化、腭化、弱化、浊音清化"与"清音浊化"等音变作用影响下所产生的各种变化情形，并通过分析此类音变现象，为中古时期声母变化与发展的脉络与轨迹提出一合于音理的解释与说明。

李峰铭论文正文共分四章。第一章，陈述研究背景、研究对象与汉语中各项声母常见语音变化的定义与范围。第二章，对《广韵》及今本《玉篇》共有切语进行观察与分析，按"七音"分为唇音、齿音、舌音、牙音、喉音、半舌音半齿音等六类，逐条加以说明，并就其间各种语音变化形态进行探讨。第三章，以第二章观察所得为据，就《广韵》及今本《玉篇》间声母与音变作用有关的现象，通过统计以归纳其规律，并分别由系统性与结构性加以说解。比如齿音变化形式及其规律，有腭化及弱化作用；浊音清化，则神禅互切、从邪互切、床禅互切、齿头音化。第四章，结论。就《广韵》及今本《玉篇》中声母各项语音变化发展与演变轨迹，提出合于音变规律的说解。比如对《广韵》《玉篇》声母系统比较的考察发现，唇音字开合口趋势以腭化作用为主要音变类型。本篇附表包括《广韵》《玉篇》拟音对照表及《广韵》《玉篇》字音分析表，以备正文对照、参考之用。

中国大陆旅日学者丁锋《原本〈玉篇〉残卷的版本源流及其与〈篆隶万象名义〉的传承关系》《〈大广益会玉篇〉删改〈玉篇〉增补内容考——兼谈各国所藏〈玉篇〉残卷的版本问题》《历代〈玉篇〉音注丛考》《从宋修〈玉篇〉与残卷〈玉篇〉的异切看中古音韵的演变过程》(并见《如斯斋汉语史续稿》,贵州大学出版社 2012)等提供了大量的资料信息,可以参看。日本学者小仓进平《朝鲜韵书和〈玉篇〉的关系》(《安藤教授还历祝贺纪念论文集》,日本三省堂1940)、冈井慎吾《〈玉篇〉研究》(1933)、河野六郎《〈玉篇〉音韵研究》(《河野六郎著作集》2:3—154,日本平凡社 1979),及其与中国学者周祖谟《玉篇》语音研究的关联性及区别,也是须要斟酌的。

二、《碎金》语音

朱凤玉《敦煌写本〈碎金〉研究》(1997)上篇第四章"敦煌写本《碎金》"第二节"在音韵学上的价值"中谈到,敦煌石室字书所保存的音注与异文,姜亮夫《敦煌学概论》认为可以为研究唐、五代西北方音之用。《碎金》按平上去入收集了 428 条词语,并为每条词语以反切或直音加以注音。比如声母,呈现出轻唇音分立、鼻音与同部位塞音相混、照庄系相混、全浊声母清化等特点;韵母,呈现出东一冬相混、东三钟相混、止摄各韵相混、三等和四等韵相混、庚三与蒸相混等特点;声调,全浊上归去 12 例,与罗常培所依据的《开蒙要训》、敦煌通俗韵文等材料是一样的(149—172 页)。

朱凤玉《字宝》研究引起学术界的关注。张涌泉《近一个世纪以来的敦煌语言文字研究》(《浙江大学汉语史研究中心简报》2:17—21,2001)评论说:敦煌遗书发现不久,王国维就注意到其中专收当时口语词汇的《字宝》一书,并写了《唐写本字宝残卷跋》一文。1924 年,罗福苌辑《沙州文录补》,收录了英藏斯 6204 号《字宝序》残卷。1925 年,刘复辑《敦煌掇琐》,收录法藏伯 2717 号《字宝》一卷和分类辑录当时日常用语并加以注释的《俗务要名林》(伯2609 号)一种,但录文都有不少错误。此后很长一段时间,这些写本没有再受到关注。1955 年,姜亮夫出版《瀛涯敦煌韵辑》,内中有伯 2717 号《字宝》一种的录文,并有跋语,以为其书"可以考隋唐之语言,明文字之变迁"。后来潘重规作《瀛涯敦煌韵辑别录》,又据原卷重加校核,并参以伯 2058、3906、斯 6204等卷,写为定本。1964 年,台湾方师铎发表《明刻行书本〈碎金〉与敦煌写本

〈字宝碎金〉残卷之关系》一文,认为《明刻碎金》系由唐人《字宝碎金》演进而成。80 年代中期以后,关于《字宝》的研究掀起了一个小高潮,先后发表了砂冈和子(日本)《敦煌出土〈字宝碎金〉语汇和字体》(1985)、刘燕文《从敦煌本〈字宝〉的注音看晚唐五代西北方音》(1989)、张金泉《论敦煌本〈字宝〉》(1993)等文。1988 年,周祖谟发表《敦煌唐本字书叙录》一文,也对包括《字宝》和《俗务要名林》在内的敦煌语言文字学著作进行了系统全面的介绍。尤其是台湾的朱凤玉女士,从 90 年代初以来围绕《字宝》和《俗务要名林》发表了一系列的研究论文,其中部分成果已结集为《敦煌写本〈碎金〉研究》由台湾文津出版社出版(1997)。朱书分研究篇和校笺篇,并附有各写卷照片,堪称是《字宝》整理研究的集大成之作。对于《俗务要名林》一书的研究,除上面已提及者外,朱凤玉有《敦煌写本〈俗务要名林〉研究》(《第二届国际唐代学术会议论文集》[另册]669,文津出版社 1993),研究最为深入。此外,张金泉、许建平的《敦煌音义汇考》亦收载《字宝》和《俗务要名林》,并有详尽的校记,可与朱氏的论著比勘共观。

三、《说文解字系传》朱翱反切

梅广《从朱翱反切看中古晚期几点音韵学的演变》(1963)在台湾启其先端,从汉语语音史发展过程中看到了朱翱反切的特殊语音价值。

进入到 20 世纪 80 年代后期,张慧美研究朱翱反切成果卓著。比如《朱翱反切中的重纽问题》(《大陆杂志》76.4:8—25,1988)、《朱翱反切新考》(1988/2012)、《评张世禄王力两家对朱翱反切声类划分之得失》(《建国学报》8:116—165,1989)、《朱翱反切新考之导论与结语》(《建国学报》9:152—169,1990)等。其中,《朱翱反切新考》(2012)考证非常详细。张慧美指出,对徐锴《说文解字系传》中朱翱反切语音,已经有一些学者作过深入的研究,比如大陆学者严学窘《小徐本〈说文〉反切之音系》(1943)、张世禄《朱翱反切考》(1863)、王力《朱翱反切考》(1982)等,已经奠定了很好的学术基础。这些学者们的研究对象相同,但所得出的结论却并不相同:严学窘取小徐《说文解字系传》反切,利用陈澧《切韵考》反切系联法将它排比成系,计有 43 个声类、192 个韵类(合并后可得 172 个韵类);张世禄也利用陈澧反切系联法对它进行研究,计有 34 个声类,而韵类为平声 38 部、上声 37 部、去声 40 部、入声 19

部;梅广另辟蹊径,运用反切比较法,即把《说文解字系传》反切和《广韵》反切进行对比,分别讨论二者声韵类的变化;王力也是将《说文解字系传》反切和《广韵》反切进行对比,重点放在了反切的差异上,认为声类有 35 部,韵类平上去 27 部、入声 14 部。

张慧美(2012)主要内容为:第一章,导论。除了介绍《说文解字系传》版本之外,还说明了自己的研究方法。第二章,专门评述张世禄、王力两家朱翱反切声类划分的得失。第三章,朱翱反切声类考。第四章,专门评述张世禄、王力两家朱翱反切韵类划分的得失。第五章,朱翱反切韵类考。第六章,朱翱反切中的重纽问题。第七章,结语。没有专门讨论声调问题。

本书关键性看点在于:其一,具体操作程序具有可信实的科学性。作者将商务印书馆《说文解字诂林》版《说文解字系传》与《四部丛刊》本《说文解字系传》朱翱反切进行全面校对,其中有 951 个字属于两个版本同字而音之反切不同者,择善而从,指出《说文解字诂林》版 36 处错误,《四部丛刊》本有 704 字错误。还有尚待研究者;再行抽掉大徐本窜入的反切。具体归纳音类,也不是像前辈学者那样单纯地采用哪一种方法,而是多种方法并用,彼此之间相互关联、验证;先用陈澧反切系联法,得出反切声韵上的音类系统,然后再用朱翱反切与《广韵》反切作一比较;这之后,再用统计法求出其声类、韵类之例外的百分比率,由百分比率的高低确定其分合;最后,再用这个结果验证第一次系联的音类之不周延处(5 页)。就对朱翱反切文献的操作技术处理的综合分析来看,基本上达到了尽善尽美,无可挑剔。

其二,对前辈学者研究得失要有一个基本的评判,这是学术研究显著进步的前提。张慧美在专章论述"朱翱反切音类考"时,以"张云"形式随文提出张世禄的考订结果,而以"慧按"形式提出不同看法。书中还设置两个专章评述张世禄、王力两家朱翱反切音类划分的情况,进一步系统地论述两位前辈学者研究得失问题,这在台湾新生代学者中并不多见。这里有两个问题,一是为何要用大篇幅文字论述前辈学者研究得失? 二是为何要选择张世禄、王力两家,而不是进行四家朱翱反切音类评判? 用大篇幅文字论述前辈学者研究得失,主要是作者强调对前辈学者使用研究方法进行理论性反思的重要性,以期引起后继学者们的特别注意,从而为进一步寻求完善《说文解字系传》朱翱反切研究的理论与方法提供更为广阔的空间领域,突显出当代学者研究的缜密思维特点;选择张世禄、王力两家,不是因为严学宭、梅广两先生的朱翱反切研究不重要,而是两先生的朱翱反切研究在学术界传播不够广泛;相较而言,张世禄、王力两家朱翱反切音类在学术界引用者很多,并被视为权威性观点。比如王力的朱翱反切研究,在《汉语语音史》(中国社会科学出版社1985)中居于十分重要的地位,在"晚唐五代音系"一章中重点论述了朱翱反切音系,认为它可以代表这个时期的汉语语音发展的基本状态,因此"本章讲晚唐五代音系,主要是根据朱翱反切"(228页)。当然,张慧美的评判,是建立在对朱翱反切文献实施科学综合分析操作程序之上的,而不是采取先入为主的做法,是有科学依据的。比如关于从邪分与不分问题,通过科学检索,发现只有4字反切相混,不混则高达百分之九十八,因此,王力观点缺乏数据支持,而取张世禄的观点。这就比较客观。其实,作者对严学宭研究的评判不是不做,只是随文而论,不是特别突出罢了。比如考订朱翱反切声类喉音时,就涉及了严学宭研究,关于"于"以下九字相系联,张慧美按曰:"严学宭先生云:'铉书重文有音切,锴本无之,今重文之音切多据铉移补,亦删之。'而严氏又用'宛都'来做'于'的反切,未免自相矛盾。"(27页)

其三,利用综合分析的科学方法对《说文解字系传》朱翱反切音系进行了十分全面的研究,极大地推进了朱翱反切音系研究的历史进程。张慧美考订的朱翱反切声类有36个(24页),其中,唇音分轻重,正齿音中照二、照三有区别,但床二、床三、禅混用达到32%,所以不分;朱翱反切韵类,平声有39个,上声有37个,去声有41个,入声19个;但书中没有看到朱翱反切音系声调情况。作者还推测朱翱反切音系代表了唐五代南方方音特征。无论如何,这个结果,确实更为精密。

其四,设专章探讨朱翱反切音系中的重纽问题。重纽是个难点,历来学者都十分重视这个问题。张慧美调查的结果是:朱翱反切重纽A、B类不互用作反切上字,主要表现是:重唇、牙、喉音重纽中,以A切A有198字、以B切B有173字,而以A切B有7字、以B切A的有8字,各占96.1%和3.6%。这进一步证实了周法高《三等韵重唇音反切上字研究》(1952)所提出的看法。至于朱翱反切重纽A、B类的区别是元音、介音还是声母?张慧美同意三根谷彻的看法,认为是声母。书中所列举的中外证据也比较充分,是比较可信的。

但张慧美《朱翱反切新考》也有一些须要再行讨论的问题。比如研究徐锴《说文解字系传》朱翱反切语音系统，是不是还有一个扩大数据视野范畴问题？严学宭曾发表《大徐本〈说文〉反切的音系》(1936)，以期与小徐本朱翱反切音系进行对比，这是很有前瞻性的，也是研究朱翱反切音系不可能避开的。近十几年，大陆学者研究大徐本《说文》反切音系，有一些结论可以与张慧美研究相参考，比如姚志红(2004)认为，大徐反切音系共有声母36个，韵部173个，声调4个。声母特点是：轻唇音尚未从重唇音中分化出来；舌音知端两组偶有类隔，但已经分化；齿音精庄章三组已形成三足鼎立的局面；泥娘二母不混；船禅不分；余云不混；个别全浊音声母有与清音混切的例子，比例很小，但从中可以看出浊音清化的萌芽；除齿音庄组、章组外，尚有送气音与不送气音混切例。韵部特点是：支脂之、佳皆夬、真韵三等字与欣、山删，真韵上声合口与吻、魂谆来母字，先与仙重纽四类字，咸衔、庚韵二等与耕、清青诸韵部有不同程度的合流。重纽三四等对立，但部分重纽四等字已经与纯四等韵合流。声调特点是：有平上去入四个声调，部分全浊上声变成了去声①。

另外，张慧美《朱翱反切新考》考订出了声类和韵类，但没有按一般学者的做法去寻求构拟音值，是不是有这个必要？朱翱反切声调特点如何？为何没有进行研究，也是让人有所期待的。

再者，关于小徐本《说文》的版本问题，除了商务印书馆《说文解字诂林》版《说文解字系传》与《四部丛刊》本《说文解字系传》之外，据张咏梅《祁刻本〈说文系传〉反切校勘记》(2004)，王献唐《说文系传三家校语抉录》曾介绍，小徐本以祁刻本最善，《丛书集成》影印的小学汇函本也是值得重视的②，如果不提及的话，是不是让读者还存有疑问？

四、《龙龛手鉴》语音

相关成果有陈飞龙《〈龙龛手鉴〉研究》(台湾政治大学博士论文，1974)，林庆勋《〈龙龛手鉴〉声类考》(台湾"国科会"奖助论文，1971)、《〈龙龛手鉴〉声类考商榷》(《木铎》7：151—174，1978)，潘重规《〈龙龛手鉴〉新编》(1988)，孔仲温《〈龙龛手鉴〉音系研究》(台湾"国科会"专题研究计划，1997)等。

潘重规与《瀛涯敦煌韵辑新编》《瀛涯敦煌韵辑别录》相配套的重要敦煌

---

① 参严学宭《大徐本〈说文〉反切的音系》；姚志红《〈说文解字〉大徐反切音系考》。
② 参张咏梅《祁刻本〈说文系传〉反切校勘记》。

文献著作是《〈龙龛手鉴〉新编》（1988）一书，它是潘重规有关敦煌小学，尤其是涉及敦煌音韵学研究的力作之一。全书体例为：第一，编写说明；第二，引言；第三，《〈龙龛手鉴〉新编》；第四，《〈龙龛手鉴〉新编》索引；第五，《龙龛手鉴》敦煌写本字体相同表。《〈龙龛手鉴〉新编》443 页、《〈龙龛手鉴〉新编》索引 225 页。

在《〈龙龛手鉴〉新编》"引言"中，潘重规说：

> 余读敦煌卷子盖有年矣，每考其俗字讹文，变体简写，充满篇幅，时有穷思力索，不得其解者，不觉废书掩卷而叹。后玩辽僧行均《龙龛手鉴》，观其分别部居，纂集文字，盖皆根据写本而成。遇敦煌卷子蓄疑，往往迎刃而解，为之欢喜踊跃，不能自己。良以敦煌写本，为千年前遗物，无异《龙龛手鉴》编纂时取资之底稿；而《手鉴》辑存文字，纪录音义，又不啻敦煌写本之注释。为此字书者，殆悬知千载之后必有读写本彷徨求索而不得其解者，故于古今字书中别出手眼，以成此独特之著作也。

历代学者对《龙龛手鉴》贬词甚多，罗振玉则一反常见，予以肯定，但仍然批评它"讹误多有，不胜指摘"，也都不知道《龙龛手鉴》"乃据写本而作"的事实真相。潘重规则与众不同，"反复研索行均之书，对敦煌写本，可以互相印证者，不一而足。举其荦荦，大者言之，一曰分别部居与写本相应；二曰独有文字与写本相应"。

这当中涉及语音的内容不少，比如考订《弥陀经讲经文》写本与《龙龛手鉴》所载"菩萨"之音相应。还有"俗音存俗字"，比如卷二"口部""啈"字注曰"侍待二音"等，与敦煌写本可以互相印证。这些都表明了潘重规《龙龛手鉴》研究对考订敦煌语音价值的重要意义。可惜的是，目前学术界对《〈龙龛手鉴〉新编》还未引起充分重视。

以《〈龙龛手鉴〉新编》为起点，有关敦煌写本"存俗字俗音"研究还有许多进一步研究的空间，除了《龙龛手鉴》，还有《一切经音义》等与敦煌写本"存俗字俗音"相关的辞书研究也应该全面展开，因为这里所蕴含的语音资源是巨大的，不可过低估计其汉语语音史的价值和意义。

孔仲温《〈龙龛手鉴〉音系研究》（1997）也力图将《龙龛手鉴》语音系统进

行全面构拟,有其对"俗音音系"的关注,显示了孔仲温独到的眼光。

五、《类篇》语音

金周生《〈类篇〉切语来源考论》(2014)谈到,《类篇》是北宋官修大型字书。从每个字所收字音来看,受到《集韵》影响很深,而一字多音则收录较《广韵》为多;字音的切韵用字,看似复杂,较《广韵》《集韵》均多出一倍以上。系联上下字以求《类篇》声韵母系统,往往会遇到困难,而推测所得声、韵系统,又往往与《广韵》《集韵》雷同,难以获得新的成果。仔细观察并统计《类篇》切语来源,发现其间似有规律可循,将可以解答为何《类篇》切韵众多,而音系并无太大改变的原因;《类篇》之于《集韵》很像《玉篇》之于《广韵》,而反切用字不甚相同之故;《类篇》成书较《集韵》为晚,而取音切杂乱之故等问题。日本学者水谷诚《〈集韵〉系韵书研究》(2004),以及有关《类篇》与《集韵》关系研究的论文也可以参看。

第二节　《切韵》系韵书语音

一、《切韵》前韵书

张世禄《〈广韵〉研究》(1933/1935)第二章专门谈"《广韵》以前之韵书"相关问题,比如"韵书之起源、六朝韵书与隋唐韵书异同、沈氏四声考"等,初步注意到了《切韵》前韵书的一些基本问题。

高明《黄辑李登〈声类〉跋》(《高明小学论丛》248—266,1971)说:魏李登《声类》被称为韵书之始祖,但因为其书久佚,唐代人所谓"始判清浊,才分宫羽"的内涵后人一直不清楚。高明认为,在任大椿、马国翰、黄奭、顾震福、龙璋诸家辑本中,黄奭所辑李登《声类》成绩最好。黄奭辑有李登《声类》逸文共计236条,补遗16条,总计252条。高明指出,黄奭辑李登《声类》逸文中有讲古今字的,有讲古今语异的,有讲字形之异的,亦有释义的,等等,为后来韵书编写树立"楷模"。高明研究的重点还是"始判清浊,才分宫羽"内涵问题,他以吕静《韵集》为参照,认为"不立诸部"是其特点,而吕静《韵集》立有韵部则是一大进步。高明也利用敦煌韵书及《一切经音义》文献指出了黄奭辑李登《声类》逸文的不足和缺憾,补充了 32 条逸文。因此,高明认为:"黄氏所辑者,尚不足成为定本,补苴整理,实有待于吾人之努力。"

林平和《吕静〈韵集〉研究》(1976)是其 1972 年在台湾政治大学中国文学研究所获得硕士学位的论文,指导教师是高明。林平和在《吕静〈韵集〉研究》"序"中说:

> 中国之有韵书,当以魏李登《声类》为始,稍后则有吕静《韵集》之作。二书今虽亡佚,但自清世以来,则有陈鳣、任大椿、马国翰、黄奭、顾震福、龙璋诸家辑本,犹可复窥原书面目之一二也。李登《声类》之体例,高师仲华先生《黄辑李登〈声类〉跋》一文论之甚详。至于吕静《韵集》,韵部之探讨,近世有王国维、罗常培、魏建功、张世禄、唐兰、逯钦立、姜亮夫、周法高考订。然诸家所论,或仅据《颜氏家训·音辞篇》之言,或囿于《王韵》敦煌及故宫项跋两本若干韵目下之附注,皆未克臻善;而其体例,则未尝有言。故今重荟集佚文,仿高师《黄辑李登〈声类〉跋》之法,分析其体例,并考订其音。或采前贤之说,旁证晋代诗文用韵,及碎唐宋之反切,且重拟其韵部也。

这里交代了吕静《韵集》研究的历史和缺憾,及新的思路。

林平和在"序"中对《吕静〈韵集〉研究》体例及内容有所说明:

> 本篇共分五部分:首章为前论,分两大部分叙述:首述韵书起源于李登《声类》、吕静《韵集》二书;次述吕静《韵集》之原委,其中又分为四小部分论之……次章乃纂辑之《韵集》逸文,共辑录百四十三条,隐依《广韵》,以平声、上声、去声、入声及存疑五部排比之,然《韵集》全书体例之梗概,亦由此归纳得之。三章为《韵集》标音考订,将逸文中标注反切之二十一条录出,一一与李登《声类》逸文及隋唐宋诸韵书比较,归结得吕静《韵集》承沿李登《声类》之迹,以及与后世韵书有声韵全同、声同韵异、声异韵同、声同调异、声韵毕异之例也,然异同之故,皆分别以声韵学之学理,或前贤之论点阐述之。四章为《韵集》韵部之探讨,其中分两大部分述之。

第四章主要内容为林平和对诸家《韵集》韵部考订或议论得失的评定,和依据《王韵》各本若干韵目下附注、晋代诗文用韵、隋唐宋反切以及前贤考订对《韵集》韵部的拟测。林平和拟测所得计有 137 韵,除了佳、蟹、卦三韵存疑外,可知有 134 韵;其中平声韵 37、上声韵 35、去声韵 40、入声韵 22。第五章是结论,认为吕静《韵集》体例为李登《声类》至《切韵》系韵书的桥梁;吕静《韵集》韵部是《切韵》系韵书的始祖。

《吕静〈韵集〉研究》考订谨慎,资料丰富,结论可信。但翻看参考书目,发现其吸取日本等国家学者对中国早期韵书文献研究成果有限,今后订补时可予以参照。另外,魏建功《陆法言〈切韵〉以前的几种韵书》(1932/2012)利用王仁昫《刊谬补缺切韵》资料对吕静《韵集》、夏侯咏《韵略》、阳休之《韵略》等的"异同"比较,似可以引以为借鉴,扩大《切韵》前韵书研究视野范围,其论证就会更有说服力。

龙宇纯《李登〈声类〉考》(《台静农先生八十寿庆论文集》,联经出版事业公司 1981)列举了魏建功《十韵汇编》"序"、张世禄《中国音韵学史》、董同龢《汉语音韵学》、高明《高明文辑·黄辑李登〈声类〉跋》的说法,对有限的材料反复推敲,与诸家所见颇多出入,认为《声类》不依《说文》分部,其体例与陆氏《切韵》实无异致,都是分韵分调之书,并且确定李登生活时间应当定在曹魏时代。

姚荣松(2014:61)也提到,林平和《李登〈声类〉研究》(1978)辑录了 566 条李登《声类》材料,发现《声类》一书于标音之外,尚及字形、字义的解说;根据 56 条与字音有关资料,说明李登的语音特征为端知不分、齿头正齿不分、神禅不分,以及韵母与《切韵》微异等。

何大安《阳休之、李季节、杜台卿三家韵书的分韵基础》是台湾"国科会"奖助论文,完成于 1982 年,研究的角度明显不同于其他学者。

二、《切韵》韵书

(一)《切韵》文献辑佚与校勘

龙宇纯《英伦藏敦煌〈切韵〉残卷记》(《庆祝董作宾先生六十五岁论文集》上:803—825,台湾史语所 1960)很著名,潘重规《龙宇纯〈英伦藏敦煌切韵残卷记〉拾遗》(《华冈文科学报》15:177—214,1983)对龙宇纯的研究提出不同意见。龙宇纯《唐写全本王仁昫刊谬补缺切韵校笺》(1968)是一部功力深厚的学术著作,从文献的角度校订该书,纠正了不少版本等方面的错误。李永富《〈切韵〉辑斠》(艺文印书馆 1973),林庆勋《〈切韵序〉新校——黎本、张本〈广韵·切韵序〉之来源》(《木铎》5、6:207—225,1977),林炯阳《〈切韵〉系韵书反切异文形成的原因及其价值》(台湾《东吴文史学报》11:1—16,1993)都是值得注意的论著。

潘重规《瀛涯敦煌韵辑新编》(1972)、《瀛涯敦煌韵辑别录》(1973)当然是学者们最为推崇的重要著作,台湾文史哲出版社曾合两书为一编,影印行世(1974)。

1.《瀛涯敦煌韵辑新编》(1972)

在《瀛涯敦煌韵辑新编序——海外〈切韵〉系韵书新结集》中,潘重规从两个方面入手:一是论述了海外敦煌《切韵》系韵书辑逸过程史;二是对海外敦煌《切韵》系韵书辑逸文献成果考订。下面以潘重规论述为依据进行说明。

其一,海外敦煌《切韵》系韵书辑逸过程史。魏建功《十韵汇编序》依据前代著录文献,罗列了一百六七十种韵书,但传世的为数极少,不过十来种;就是这十来种中,能够认定可以作为研究中古音韵学史料的竟然只有一部《大宋重修广韵》。但 20 世纪初,外国人在敦煌莫高窟千佛洞石室和吐鲁番沙漠中发现了古写本和刻本《切韵》系韵书等文献,震惊了世界。可悲的是,中国学人却费尽心机求一见而不得。叶德辉《书林清话》"刻板盛于五代"条说:"光绪庚子(1900)甘肃敦煌县鸣沙山石室出《唐韵》《切韵》两种,为五代细书小版刊本,昔为法人伯希和所收,今已入巴黎图书馆,吾国失此珍宝,岂非守土者之过欤?"王国维《跋手写〈切韵〉残卷》也说:"光绪戊戌(1908),余晤法国伯希和教授于京师,始知伯君所得敦煌古书中有五代刻本《切韵》。嗣闻英国斯坦因博士所得者更为完善,尚未知有唐写本也。"1921 年,王国维手写石印本,号称巴黎国家图书馆藏的唐写本《切韵》残卷三种问世。但魏建功辨明,这三个本子,即"王写《切》残一、二、三"三本《切韵》残卷是伦敦所藏斯坦因劫掠本,姜亮夫收入《瀛涯敦煌韵辑》中。

王国维将这三个本子与国内保存蒋斧所藏《唐韵》、故宫流出王仁昫《刊谬补缺切韵》残卷加以考订,获得了许多发现。1925 年,刘复在法国国家图书馆所藏敦煌写本中录出了文件 104 种,分为三集;其下集语言史料中有 P2129

《唐韵序》、P2012 守温撰《论字音之书》、P2011《刊谬补缺切韵》，后来用木板重刻，这就是《敦煌掇琐》。1932 年，刘复进一步收集资料，包括《敦煌掇琐》三种、两种《刊谬补缺切韵》和唐人写本《唐韵》、五代刻本《切韵》、古逸丛书本《广韵》汇集剪贴，定名《八韵比》，后又称《八韵汇编》；魏建功提议加入《西域考古图谱》和德国普鲁士学士院《切韵》断片，更名为《十韵汇编》。刘复逝世后，罗常培董理遗稿，补制"凡例"，1935 年该书印行。国家图书馆出版社 2009年 9 月出版《十韵汇编》，署名刘复、魏建功、罗常培等编著，把十种韵书材料集中在一起，按韵对照编排；附《广韵校勘记》，并有分韵索引和部首索引。1987年，台湾学者叶键得完成博士论文《〈十韵汇编〉研究》，专门就对《十韵汇编》的各方面情况进行研究，其中辨析体例，校正错误，成为重点。

与此同时，姜亮夫在法国巴黎国家图书馆访书，"抄写、影拓、摄影、校录"，除了有列号的之外，还有没有列号的，共得甲乙丙丁戊五种，辑为《瀛涯敦煌韵辑》，1954 年 10 月出版。

1967 年到 1969 年之间，潘重规赴巴黎、伦敦，以《瀛涯敦煌韵辑》为基础，参考《十韵汇编》，和原卷核对"新校"，并补辑姜亮夫未收者如 P3693、P3694、P3695、P3696、P3798、P3799，以及 P2012 等，定名为《瀛涯敦煌韵辑新编》。这是当时海外敦煌韵书辑校最为精审的文献汇编。

其二，海外敦煌《切韵》系韵书辑逸文献成果考订。潘重规在《瀛涯敦煌韵辑新编序——海外〈切韵〉系韵书新结集》序文中，详细地交代了各位学者辑逸海外各类韵书过程中的考订情况，为我们正确使用这些文献，以及认识这些文献的价值提供了第一手资料，这也恰恰充分说明海外敦煌《切韵》系韵书辑逸工作重要意义之所在。

应该说，校录补订海外敦煌《切韵》系逸文韵书自王国维、刘复就已经开始了。不过，完全有意识地进行全面校录补订工作的还是姜亮夫、潘重规二人。

（1）姜亮夫校录补订

姜亮夫《瀛涯敦煌韵辑》（1972）提到，他先把《敦煌掇琐》三种"原片细校，以王先生之精审，达于音理，而误者且三百五使余事"；至于其他，比如"书式装样"依靠照片更无法详知。由此，他认为："精加摹录，校对无讹，虽蠹迹鱼痕，必肖原卷，依其品式，大小无所差殊，其对学术研讨之用，必胜照片无疑。"

所以,下决心利用两年时间,亲自面对敦煌原卷实物"描摹","务求精当"。在"凡例"中,也说明了自己描摹的基本原则,包括"凡称摹本者,皆影写原卷大小品式无出入者。其称抄本者,品式不殊,而大小长短不与原卷全合"等等,十分细致。对于刘复《十韵汇编》,也指出:"录 P2011 卷,误讹多至二千则,因以不敢信《汇编》之不误,惟有俟得原卷,再为续补。"而对敦煌原卷实物,认为:"皆当时写本,多有遗误。然本书以保存原卷真面目为目的,故决不校定。余别为《校勘记》,与此书别行。"

姜亮夫在书前面《总目叙录》中介绍了全书的内容:《敦煌韵辑》全书二十四卷,共分三部,计《字部》九卷,"皆摹录原卷者也",共收三十三种,计原卷摹本二十七种,附录六种。《论部》十卷,"则所以考论记述《字部》三十卷之作也"。《谱部》五卷,"所以综摄字部诸内蕴,而比其同异者也"。《谱部》据敦煌韵书卷子及其他材料,制成《隋唐宋韵书韵部总谱》《诸隋唐宋人韵书反切异文谱》等表。

(2)潘重规校录补订

潘重规说:"姜氏《瀛涯敦煌韵辑》问世后,学术界也认为是海内外《切韵》系韵书目前最完备的总结集。更是由于姜氏一再指陈以前大学者王国维、刘复抄录的错误,以及他自己摹写校对的审慎精详,学术界心目中都认为这部《韵辑》应该是最少错误最接近原卷的总集。"这个评价是很高的。后来姜氏又把《瀛涯敦煌韵辑》字部、论部修订改编为《瀛涯敦煌韵书卷子考释》,交由浙江古籍出版社出版。但限于当年的条件,姜书的录文间有若干疏误。

不过,当潘重规到了巴黎法国国家图书馆,将《瀛涯敦煌韵辑》与所涉及的敦煌原卷核对,却发现了问题。由此,展开了《瀛涯敦煌韵辑新编》的工作。

潘重规对《瀛涯敦煌韵辑》校补工作主要是这样几个方面:其一,裨补原文漏抄文字。比如 P2129 王仁昫《刊谬补缺切韵》残卷,原卷第一行漏抄"《刊谬补缺切韵序》,朝议郎衢州信安县王仁昫,字德温,新撰定"段。

其二,删减臆加。《刊谬补缺切韵序》文中"江东南道",潘重规按:"原卷无南字,宋濂跋本亦无南字,唐兰以为当作江南东道。"

其三,纠正误抄字形。P2129 王仁昫《刊谬补缺切韵》残卷"黜陟大使",潘重规按:"原卷'大'作'天'。"P2011 卷王仁昫《刊谬补缺切韵》研究按语"上声(二)新加二十一俗",潘重规按:"'二十一俗'当作'三十一俗'。"同上

"三声相合则（二）新加共五五○三一"，潘重规按："'五五○三一'当作'五○三一'。"

其四，纠正衍文。P2129 王仁昫《刊谬补缺切韵》残卷"观风俗政光肃令清"，潘重规按："原卷作'观风察俗政光令肃清'。'光'字盖衍文。宋濂跋本作'观风察俗政肃令清'。"

其五，补抄姜氏未收文献。潘重规称，补抄姜氏未收文献 12 种，比如新抄P3693 卷、新抄 P3694 卷、新抄 P3695 卷、新抄 P3696 卷、新抄 P3696 卷、新抄P3798 卷、新抄 P3799 卷、新抄 P2012 守温韵学残卷等等。

其六，审慎"总结账"。潘重规说，《谱部》是模写本的"总结账"。姜氏模写并不稳固，就目前来说，还没有到结总账的时候，所以，这一部门暂时存而不论。

其七，纠正姜氏立论不符之处。姜亮夫论 P2011 卷反切用字与前后诸家之异同，也有问题。潘重规称，姜氏引证多不可据："租"字，《广韵》"则吾切"，本卷作"侧胡反"，切语上字与《广韵》异；而 S2071 卷作"则吾反"，正与《广韵》相同。"齐"字，《广韵》作"徂奚反"，本卷作"徂嵇反"，S2071 卷作"俱嵇反"，"俱"乃"徂"之形误；S2071 为陆氏原书，韵目反语上字作"徂"；S2071 卷上声荠作"徂礼反"，可证"俱嵇"当作"徂嵇"。

其八，由校补而对过去学者所谓发现"新问题"的纠正。罗常培在《十韵汇编序》中提出由敦煌新材料引发了新问题，比如《切韵》有四例"以喻切影"，如倭与（与）和（切三）、乌和（王一）、乌禾（王二），以及兄，诗荣（切三）、许荣（广、王二）等。但潘重规新校结果却不是这样，S2071（切三）哑，原卷作"乌雅反"，王国维误抄作"与"，姜亮夫误抄作"与"，都是影母字。

潘重规《瀛涯敦煌韵辑新编》分为三部分：第一部分是摹印姜书三十三种卷子，和自己新补抄的十二种卷子合在一起；第二部分是核对姜书《字部》的新校；第三部分，是姜书《论部》的按语。为了方便观览，以卷子为经，每一卷子先列姜氏摹抄本，跟着便是该卷子的新校和按语。

2.《瀛涯敦煌韵辑别录》（1973）

在《瀛涯敦煌韵辑别录》"序"中，潘重规提到，其又考订"姜君阙略失采者"为《别录》一卷。

《瀛涯敦煌韵辑别录》收有考订与补充《瀛涯敦煌韵辑》文章六篇：（1）《巴

黎藏伯 2717 号〈字宝〉卷子校记》。考订之前有一个说明,即巴黎国家图书馆藏伯 2717 号卷子,刘复载入《敦煌掇琐》,姜亮夫载入《瀛涯敦煌韵辑》。潘重规称,在巴黎、伦敦见到《字宝》凡五卷,除了 2717 号卷子外,巴黎有伯 2058 卷子、伯 3906 号卷子一册、前《杂抄》一卷、后《字宝碎金》一卷;伦敦有斯 6189 号《字宝碎金》残卷(仅存 2 行)、斯 6204 号卷。写斯 6204 号卷子的学者为五代初年人,则此《字宝碎金》作者必在晚唐以前。(2)《影写〈瀛涯敦煌韵辑〉P2717 卷抄本》。没有校记和按语。(3)《新抄 S6189〈字宝碎金〉残卷》。潘重规称,此卷子"白楮,字大,仅存二行"。(4)《S6204〈字宝碎金〉残卷题记》。潘重规称,此卷子"白纸质粗,凡七纸,两面书。字不甚工。首页已残损,序文存十三行"。(5)《巴黎藏伯 2012 号〈守温韵学残卷〉校记》。潘重规称,2012号卷子刘复载入《敦煌掇琐》,题曰"守温撰论字音之书";姜亮夫《瀛涯敦煌韵辑》未载。潘重规校正了《敦煌掇琐》误字,比如:若审,"若"下刘抄有"将"字;旱,刘抄误作"早";掩,刘抄误作"俺"。(6)《新抄 P2012〈守温韵学残卷〉》。潘重规称,此卷子"白楮,十一纸,两面佛画,背面有韵书三截。一截题'南梁汉比丘守温述'。刘复收入《敦煌掇琐》中,间有失误,因临抄如右"。

由此可见,《瀛涯敦煌韵辑别录》既是对《瀛涯敦煌韵辑新编》的补充考订,又是新辑录逸文的说明,其对《切韵》一系韵书关系,以及早期等韵学形态研究的学术价值仍然很大,非常难得。

陈新雄与林炯阳《评介〈瀛涯敦煌韵辑新编〉》(1984/2000)回顾了敦煌等《切韵》一系韵书发掘和整理过程,梳理了唐五代韵书辑佚脉络,对潘重规《瀛涯敦煌韵辑新编》的贡献加以肯定;其中,依据《瀛涯敦煌韵辑新编》"新校"对姜亮夫《瀛涯敦煌韵辑》缺失的总结比较详细,比如漏抄、误抄、臆加或增改等。陈新雄等认为,《瀛涯敦煌韵辑新编》"新校"使以后利用姜书的人不至于根据错误的新材料推论出不正确的新学说。《瀛涯敦煌韵辑》有些观点极有见地,但因为没有原卷资料支撑,并不能令人信服,而潘重规根据补抄的P2014 第九页,对"《大唐刊谬补缺切韵》可能是晚唐人根据王仁昫的《切韵》增编续修的"观点作出了令人信服的论证。陈新雄等对《瀛涯敦煌韵辑别录》也进行了评述,肯定了潘重规研究伯 2717 号后所确定的"著录者皆通俗手写之文字,倘能聆音识字,即可立晓其义"口语语言性质。笔者按:美中不足的是,陈氏的评介并没有进一步就《瀛涯敦煌韵辑新编》存在的问题进行考订。

陈新雄《〈广韵〉研究》(2004)第一章"绪论"有"韵书之总汇"一节,分别评议了《十韵汇编》《瀛涯敦煌韵辑》《唐五代韵书集存》《瀛涯敦煌韵辑新编》,非常详细。

3.董同龢《王仁昫刊谬补缺切韵》(1974)

董同龢《全本〈王仁昫刊谬补缺切韵〉的反切上字》和《全本〈王仁昫刊谬补缺切韵〉的反切下字》(丁邦新编《董同龢先生语言学论文选集》101—152,1974)十分有名。其中,《全本〈王仁昫刊谬补缺切韵〉的反切下字》(简称《反切下字》)先于《全本〈王仁昫刊谬补缺切韵〉的反切上字》(简称《反切上字》)发表。在《反切下字》中,董同龢说明道(113页):

> 系联《切韵》系韵书的反切是考订中古音的基础工作。若干年前,我们只能看到《切韵》的宋代增订本《广韵》。因此,《广韵》的反切就变成了研究中古音的主要材料。《广韵》的切语并不跟《切韵》原书完全无二,是我们意想得到,而且也有好几种后来发现的《切韵》残卷来证明的。可是,在系统上《广韵》的反切跟《切韵》有没有什么距离,或者距离是多远呢? 因为没有人曾经看到一个比《广韵》更早的完整的本子,这个问题就一直不好回答。故宫博物院新近印行的宋濂跋本《王仁昫刊谬补缺切》通体还算完整。他虽然还不是《切韵》原书,比《广韵》却又早得多了。把他的反语系联起来,跟《广韵》以及现有的几种《切韵》残卷互相比照,我们的问题总可以得到部分的解决。

董同龢认为,从陈澧的时候起,《广韵》的切语就没有学者纯客观地系联过。陈氏利用《广韵》的反切进行研究,但他追求的目标是《切韵》原书的系统(他的书就叫《切韵考》),所以任凭主观推断而淹没事实的地方很多。本文用最为客观的方法把这项新材料,即切语下字整理出来;有些地方还要引用诸本残卷,主要以《十韵汇编》为依据。系联的结果是:全本《王仁昫刊谬补缺切韵》的反切下字平声有92个韵类,上声73个韵类,去声78个韵类,入声58个韵类。董同龢说:观察本书反切下字的结果,在系统上跟《广韵》有小差别而无大差别,其中只有幽韵有重纽而切语下字也分两类值得注意。

《反切上字》是《反切下字》的继续,系联的结果得到54个声类(101—112

页）。董同龢将《反切上字》与《广韵》系联结果也作了比较,发现有的不一样,比如"非、匪"类、"俟"类等。董同龢的态度仍然是很审慎的,只把结果告诉读者,让读者自己去判断。

不过,董同龢的研究还有让人疑惑的地方,就是所引用的诸本残卷,比如《十韵汇编》,根据潘重规、周祖谟等先生研究,错讹不少,"以讹传讹"式的引用,是不是也有可能跟着陷入更为荒谬错误的泥淖之中呢? 这一点我们是应该考虑到的。其实,此时潘重规《瀛涯敦煌韵辑新编》已经问世,董同龢是否注意到了呢? 也未可知。

4.周祖谟《唐五代韵书集存》(1983)

周祖谟《唐五代韵书集存》(中华书局 1983)汇集了 30 种唐五代韵书写本、刻本,详加考释,分别异同,辨章源流。《集存》分上下二册,上册为"韵书集存",将 30 种韵书分成(1)陆法言《切韵》的传写本;(2)笺注本《切韵》;(3)增训加字本《切韵》;(4)王仁昫《刊谬补缺切韵》;(5)裴务齐正字本《刊谬补缺切韵》;(6)《唐韵》残本;(7)五代本韵书,共七类。这三十种韵书残卷全部使用照片影印,文字不清处则另附较为可靠的摹本或摹刻本。下册则是对这三十种韵书残卷的考释,说明原书的体制、内容及其特点,并与相关韵书比较,指出异同,阐明彼此之间的关系。

许多学者认为,《唐五代韵书集存》是 20 世纪有关于唐五代《切韵》等韵书文献汇辑与研究方面的集大成著作之一,无疑代表了自王国维、刘复、魏建功、罗常培、姜亮夫、潘重规等学者整理和考订《切韵》文献以来的学术高峰。《唐五代韵书集存》与以往同类书,比如《十韵汇编》《瀛涯敦煌韵辑》《瀛涯敦煌韵辑新编》多用抄写,或摹写原本方式不同,尽量采用新的照相技术成型,进而根据照片加以影印。而对原本带有污渍或模糊不清的另加考订,进而制作摹本或摹刻本,由此,成为 20 世纪 80 年代初年为止,收罗唐五代《切韵》等韵书最为完备,而且印制最为准确的专题集成文献。作者详细调查唐五代《切韵》等韵书文献的编写过程,考察其体例构成,版本传承系统等要素,对基本内容进行科学定性,进而有意识地将唐五代《切韵》等韵书文献分为七类,如此,通过类别文献的归纳,让读者明确唐五代《切韵》系韵书文献的修订、使用和传播的基本脉络。

就我们所知,《唐五代韵书集存》目前共有三种版本:1983 年中华书局初版；1994年学生书局接受周先生委托出版台湾版，制版结束时，周先生复得日本刊布俄罗斯科学院东方学研究所所藏的《笺注本切韵》《唐韵》残叶三件，遂作为附录附在全书之首，此书益见完备；2008年，中华书局据1983年版重印。从回馈回来的学术信息来看，一般学者认为，从内容上说，北京的两次版本一模一样毫无变化，而台湾版则是在北京初版的基础上增加一个附录，增收了3个残卷。从质量上来说，北京二版是用北京初版重印，清晰度已经不及北京初版；而台湾版则是利用周先生所存照片原件重新制版描润，其清晰度在1983年的北京初版之上。因此不论内容完备度和制版清晰度台湾版均超过北京两版，是目前最佳版本。

国外学者，比如日本学者的研究也很重要，可以与之参照。日本学者对《切韵》残卷及相关韵书的研究开展得比较早，比如冈井慎吾发表了一系列研究论著：《关于唐写本唐韵》（日本《艺文》2.10，1911）、《再论唐写本唐韵》（日本《艺文》3.6，1912）、《西域考古图谱中唐抄本唐韵》（日本《艺文》7.7，1916）、《关于王氏刊本切韵》（日本《艺文》15.12：1—17，1924）、《四库全书总目的广韵提要》（日本《支那学》3.12：983—989，1925）、《重松教授所存〈切韵〉及〈玉篇〉照片》（日本《斯文》19.9：33—43，1937）、《重修广韵以前的广韵》（《服部先生古稀祝贺纪念论文集》227—242，1936）、《关于刊谬补缺切韵》（日本《立命馆文学》3.1，1936）、《再论刊谬补缺切韵》（日本《立命馆文学》3.7，1936）等等。

20世纪60年代以来，日本学者对《切韵》逸文的研究日趋活跃。其中，对《切韵》逸文的钩沉工作尤其显著。钩沉的立脚点主要是放在了版本、结构、辑佚、校勘，以及与其他韵书的关系挖掘上。主要成果有：上田正《潘重规著〈瀛涯敦煌韵辑新编〉》（书评，日本《东方学》47：139—144，1974）、《〈切韵〉诸本反切总览》（1975），山口角鹰《蒋鲂〈切韵〉及其逸文集录》（《日本中国学会报》23：68—84，1971），辻星儿《〈倭名抄〉所引陆词〈切韵〉》（日本《冈山大学法文学部学术纪要》40[文学篇]101—112，1979），上田正《〈新撰字镜〉〈切韵〉部分》（日本《国语学》127：13—20，1980）、《苏联〈切韵〉残卷》（日本《东方学》62：55—65，1980），平田昌司《〈刊谬补缺切韵〉的内部结构与五家韵书（一）》（日本《均社论丛》10：161—175，1981）、《〈刊谬补缺切韵〉的内部结构与五家韵书（二）》（日本《均社论丛》11：64—92，1981），古屋昭弘《王仁昫〈切韵〉新加部分所见引用书名等》(日本《中国文学研究》9∶150—161,1983),上田正《〈切韵〉佚文研究》(1984)、《周祖谟著〈唐五代韵书集存〉》(书评,日本《均社论丛》161,1989),铃木慎吾《〈切韵残卷诸本补正〉未收的〈切韵〉残卷诸本》(日本《中国语学》[开篇]29∶22—25,2010),水谷诚《杜甫使用哪本韵书呢——以〈刊谬补缺切韵〉为指标》(《诗声朴学——中国古典诗用韵研究》55—74,日本研文社2015)。

上田正《〈切韵〉残卷诸本补正》(1973)和《〈切韵〉佚文研究》(1983)比较典型。《〈切韵〉残卷诸本补正》是作者对已刊、未刊43件《切韵》残卷的校勘和补正成果。作者在《自序》中说:

> 余调查《切韵》残卷已经有很长时间了,不倦地收集与之相关的影印本著书论文等,得到神田喜一郎博士、武内义雄博士、那波利贞博士、马渊和夫博士的许可,对他们访欧之际所作的那些手记、照片、微缩胶卷进行转写和复制。因为得知现在日中英法俄各国保存孤本的全部情况,这里未公开刊行的十件,加上已经公开刊行的三十三件校勘记决定提供给研究者利用。

最初的工作从潘重规《瀛涯敦煌韵辑新编》(1972)入手,因此,对潘重规的成果既有吸收也有补充与订正,为下一步工作奠定了基础。

《〈切韵〉佚文研究》在许多学者研究的基础上,经过三十多年的努力,从285种中日古籍中挖掘《切韵》佚文,形成比较可观的规模。全书分两部分:一是《佚文篇》,有"凡例,附《〈切韵〉略称表》;佚文出典略称表;韵目索引;逸文总览;逸文索引;附录《说文解字篆韵谱》";二是《解说篇》,有"佚文书目、书解说、切韵各说、切韵总说、解说篇索引、佚文篇补遗分韵索引"。《佚文篇》中"逸文总览",既是本篇主体部分,也是全书的主干。该部分计五卷:卷一平声上、卷二平声下、卷三上声、卷四去声、卷五入声,力图复原《切韵》原貌,最能显示上田正的学术功力。《解说篇》对285种中日古籍进行了考辨,也将每一本古籍中所保存的《切韵》条目的精确数量一一加以说明。涉及每一本古籍具体的版本、校勘、著录问题以及与《切韵》的关系尤其审慎、可信。《〈切韵〉佚文研究》虽然晚出,但却是后来者居上,应该是当时研究《切韵》佚文的最重要的学术成果,以其极高的学术价值引起了中外学者们的广泛关注。作者出版的《〈切韵〉诸本反切总览》(1975),与之相配,给学者们提供了非常便利的研究《切韵》各种版本反切文献的资料。李无未《日本汉语音韵学史》(2011:101—103)有比较详细的说明。

翁琼雅《孙愐〈唐韵〉韵部研究》(1998)介绍说,自清末在敦煌发现的《切韵》残卷、唐写本《唐韵》残卷等材料一一问世,以迄蒋斧购得唐写本《唐韵》残卷、唐兰发现完整的宋濂跋本王仁昫《刊谬补缺切韵》之后,研究中古音不再局限于《广韵》的范围;同时也因诸材料的出土,厘清了《切韵》与《广韵》的音系关系,亦即《广韵》的音系不完全相同于《切韵》的音系。从这些到了近代才被发现的材料看,其中内容作了比较大幅度修改的韵书,据古德夫的研究,有王仁昫《刊谬补缺切韵》、裴务齐正字本、孙愐《唐韵》及李舟《切韵》等书,不过当中尤以孙愐《唐韵》修订《切韵》的幅度最大,不但增加韵部,且调动韵纽字的排列,同时还大量改易了《切韵》的反切与增加训释。《唐韵》这样的改变着实地影响了同处唐代的李舟《切韵》以及其后的五代韵书与宋代《广韵》,使之都有了不同于陆法言《切韵》的新面貌,就因为它是一个音韵系统变化的重要转折,故孙愐《唐韵》可说是一本介于《切韵》至《广韵》之间具有承先启后地位的韵书。依此,对《唐韵》有必要做更细致的研究,以助于了解《切韵》系韵书之传承与创新,同时也可明了孙愐《唐韵》所呈现当时代语音系统的概况。翁琼雅强调自己的研究重点主要在于根据现存与孙愐《唐韵》之相关文献材料如《唐韵序》、大徐《说文》、大徐改定徐锴《说文韵谱》、清纪容舒《孙氏唐韵考》与存世的残卷、断片如清蒋斧所购藏的唐写本《唐韵》残卷以及编号为VI21015、P2018、P2016敦煌卷子之内容,着重在韵目次第的同异变迁与韵中收字及其音注的比较上,做一项对比分析研究,借以了解彼此间音韵演变的痕迹,以探求孙愐《唐韵》的韵部情形。翁琼雅的研究过程,乃先取《广韵》及《切韵》系韵书残卷如切一、切二、切三、王一、王二、全王诸本,以及大徐《说文》、大徐韵谱、蒋本《唐韵》残卷,分别列出其反切,作出一《中古韵书切语对照表》,以图表呈现每个本子之切语异同、分韵分组的情形;然后再分别从韵目、韵数和韵次(韵部排列的次第)、字数的多寡、反切用字的异同作分析比较;最后,透过《切韵》系韵书如宋跋本王韵、大徐韵谱、蒋本《唐韵》残卷,与纪容舒《孙氏唐韵考》之去、入声韵部分合情形的比较结果为依据,由《唐韵》

残卷之去、入声韵部窥测已残缺之平、上声韵部的情形,进而确立孙愐《唐韵》之韵部系统。研究结果是,孙愐《唐韵》原书之四声韵部为 195 韵;传至增修抄本之蒋斧所藏唐写本《唐韵》残卷则增添韵部成 203 韵。另外,从蒋本《唐韵》残卷与大徐《说文》之又音字的整理得知孙愐《唐韵》已有阴、阳声韵的音韵观念,这也是进一步促使李舟将陆法言《切韵》旧有的韵次重新加以排序,使各部皆能以声类相从、四声相配不紊为基点。

5.余逎永《新校互注宋本广韵(定稿本)》(2008)

非常值得一提的是,师从于周法高,毕业于台湾师范大学而工作在香港中文大学的余逎永,在给宋本《广韵》校注过程中,大量地参考了《切韵》佚文文献,取得了令同行瞩目的成绩。

在"定稿本序"中,余逎永称:

> 拙著刊行于 1975 年 7 月,初版整理全书又切互注八千三百零七条,有关切语之眉批二千六百余条。书中拟音按周法高师系统,分校本及校勘记两册,校本正义之修订均以朱色套印,由台北联贯出版社印行,名为《互注校正宋本广韵》。1993 年由联贯出版社转让版权与香港中文大学,除补缀前书,校勘记及拟音均重新改写,更名曰《新校互注校正宋本〈广韵〉》。2000 年 7 月香港中文大学授权拙著与上海辞书出版社印行。全书校勘至是不局限于与音系有关之订,而是举凡《切韵》系书钞本乃至《广韵》各版注文之得以勘正《广韵》泽存堂本者。又以方便查阅,新校之简短札记悉列书眉。全书校札逾七千六百条,故谓之"增订本"。迩来一则补订日多,二则对《切韵》音系之拟构颇异前版,不得不重新整编校本及校勘记。本版修正最着力之处,乃全书用国际音标拟写之韵母及反切,悉依近日拙论《〈切韵〉韵母元音长短配对说》,由是解决历来《切韵》音系诸如何谓重韵? 三等韵重纽之音素? 三等韵唇音字所以有变轻唇与保留双唇两类? 及所谓合口韵类等问题。综观拙书迄今逾三十年,内容已无虑三变。"齐一变而至于鲁,鲁一变而至于道。"允称是版为"定稿本"也。

余逎永积三十多年的功力,新校互注校正《宋本广韵》,只要看看他在书后面所附的参考文献,就知道他的工作之艰难,视野之开阔,阅读之广泛,思考之深刻。其中,《切韵》佚文文献在其中所发挥的作用尤其巨大。

由此可以看到,潘重规《瀛涯敦煌韵辑新编》《瀛涯敦煌韵辑别录》等研究的后续"辐射"效应是巨大的,极为有力地推动了《切韵》一系韵书研究的历史进程。

6.叶键得《〈十韵汇编〉研究》(1987)

叶键得《〈十韵汇编〉研究》(1987/1988/2015)非常重要。叶键得说,韵书的出现,以魏朝李登《声类》及晋朝吕静《韵集》为最早,可惜二书均早已散失。根据宋朝陈彭年、丘雍重修《广韵》,书首附载的《切韵》序及《唐韵》序,可知陆法言编著《切韵》的缘由及旨趣。在敦煌石室未发现、内府珍本未开放之前,学者所知、所据者仅限于此。然而,自光绪二十五年(1899)敦煌石室开启,卷轴外流,以及故宫珍本开放之后,《切韵》一书及《广韵》一系韵书所承《切韵》的真象才逐渐为后世学者所探知。魏建功《〈十韵汇编〉序》所统计的韵书数量不下于一百六七十种,其中实在完整存在的不过十来种而已,大部分为断片残卷,并且大多不可获见;作者指出,现今海内外所珍藏的《切韵》残卷一共是五十四种,大多为残卷。这类新材料因为时代较早,数量极少,更突显出它们的珍贵与价值。

叶键得《〈十韵汇编〉研究》分五大章三十九节,各章节内容如下:第一章,绪论,分为五节:首节《切韵》残卷研究概况,据诸家总目,汇辑成现今海内外所珍藏《切韵》残卷目录,后列举历来学者研究此类残卷之专著及单篇论文,并略述其内容。二节《十韵汇编》之成书,叙述刘复对此书构想及其编订经过并兼述版本。三节《十韵汇编》之编排,依此书编排顺序介绍各项内容,并附影录说明。四节魏序罗序之内容,因魏建功、罗常培二氏序文既长,所涉问题复广,故归纳二文要旨各为四端。五节十韵简介,为顾及撰述方便,先于此节简述各卷存录、前人研究结论等。第二章,十韵校勘记,分为十三节,即十韵、切序甲、唐序甲、唐序乙各为一节。由于敦煌残卷多系唐人抄写,其本身既有谬阙,复经多载珍秘,漫漶污损兼之,尤以发现后,诸家辗转抄录,益滋讹误;今以原卷为主,辅以诸家抄录或校勘,凡汇编、原卷误者皆一一校勘之。第三章,十韵考释,分为十节,即十韵各为一节。前辈学者利用此类新出土材料,或考订系统,或举其质疑,不一而足,今就各卷相关问题,搜集众说,详加考订,俾明各卷真象。第四章,十韵之比较,分为七节:前六节依次为《切韵》《唐韵》《广韵》之命名、成书主旨、成书年代之比较、韵目行款之比较、韵目次第之比较、韵字数之比较，或据文献资料，或采诸家论证，予以分析比较；末节则为十韵所见切语上字表，系联各卷切语上字，以明其用字情形。第五章，《切韵》相关问题之讨论，分为四节：首节《切韵》之性质，胪举各派各家之说，评骘得失，后赞同陈新雄《切韵》乃兼包古今方国之音，而此音当系读书音。次节《切韵》之重纽，除切一因残缺无重纽外，余九卷均表列各组重纽，并讨论历来学者对重纽之诠释、主张，举其优劣，而以陈先生重纽乃古音来源不同，而无关乎音值差异作结。末二节分别为陆法言之名及其传略、广韵以前韵书之流变，则系归纳考订而成。

与《切韵》等韵书文献研究有关的成果，叶键得还发表了一些，比如《论〈故宫本王仁昫刊谬补缺切韵〉一书拼凑的真象》(《北市师院语文学刊》1：67—92，1994)等。叶键得《〈内府藏唐写本刊谬补缺切韵〉一书的特色及其在音韵学上的价值》(1993)值得注意，而且是这方面研究最为重要的论文之一。

《内府藏唐写本刊谬补缺切韵》即俗称之《王二》。叶键得介绍说，这本韵书，其注文是三行夹注，韵自名称与众不同，如冻、种、样、界、海、待、台等这类韵目，在其他韵书是看不到的，简单地说，它是一本非常特殊的本子。但这种初步的观察，只是"视而可识"的阶段而已，若要完全了解全书的特色，还得经过"察而见意"的过程，进一步探研，这是叶键得撰写本文的动机之一。主要内容是：其一，对《王二》现存版本情况介绍。叶键得说，《王二》传本，今有项子京氏跋本及唐兰氏仿写本两种。前者收录于周祖谟《唐五代韵书集存》中；后者则藏于台湾傅斯年图书馆，为《十韵汇编》所依据。项跋本在前，唐兰仿写本在后。此卷计有三十八页，每页二十九行，每行有界栏，字数不一，约在二十六至三十之间。平上去入分为五卷，而平、上复有残缺。每韵第一字韵目作朱书，每组第一字均加朱点。存录情形为：平声上：存前九韵，七页；平声下：存后二十一韵，七页；上声：存前十八韵，五页，残存有韵及后十韵，一页又十行，与去声相连接；去声：全部完垫，七页又四十行，前十九行与上声相连接为一页，末二十一行与入声相连接为一页；入声：全部完整，九页又八行，前八行与去声相连接为一页。其二，《王二》在体例上所呈现的特色。叶键得归纳说，一是本书宗旨系为陆氏《切韵》增字加注。此卷书名《刊谬补缺切韵》下注文说："并序，刊谬者谓刊正讹谬，补缺者对加字及训。"王仁昫自序说："陆法言

《切韵》,时俗共重,以为典规,然苦字少,复阙字义。"又说:"谨作《切韵》增加,亦各随韵注训。"可知此卷著作宗旨为刊正陆《韵》谬误及增字加训。凡陆书无训者,皆补加其训;无录之字,则以朱书补缀于每纽之末。陆法言《切韵》的韵字数,据唐人封演《闻见记》说,有一万二千一百五十八字,此卷韵字数,据陆志韦氏统计约有一万六千七百字。姑以此数目为准,则《王二》较陆法言《切韵》多四千五百四十二字矣。二是此卷在王序、长孙序与"切韵平声一"韵目表之间附有字样,计十七行,为各韵书所未见者,可供作俗文字研究材料。三是一般所见韵书注文,均采双行夹注,此卷则除单字及双行外,更采三行夹注,十分特殊。四是韵书名目最为特殊。比如平声:台(哈)、斤(殷)、冥(青);上声:待(海)、谨(隐)、绞(巧)、请(静)、解(蟹)、淡(敢)等;去声:冻(送)、种(用)、样(漾)、界(怪)、海(队)、更(敬)、懈(卦)等;入声:讫(迄)、褐(未)、纥(没)、格(陌)、隔(麦)、沓(合)等。五是韵目次序与陆《韵》颇异。比如:阳、唐二韵次于江韵之后;登韵与真、臻、文、斤诸韵比次,列斤韵之后;寒韵列于魂、痕二韵之前;佳韵列于歌、麻二韵之间;侵韵与蒸韵同列,列于尤、侯二韵之前;覃、谈二韵列于侯、幽二韵之后,与盐、添、咸、衔、严、凡诸韵同列;泰韵列于霁、祭二韵之后,而与界、央二韵同列;入声韵则以屋、沃、烛、觉、药、铎、质、栉、物、讫、德、褐、黠、纥、屑、薛、辖、月、隔、觅、缉、职、叶、怗、沓、溺、洽、狎、格、昔、业、乏为次。六是韵目总数为 195 韵,各卷韵目数为:平声一 25 韵(一东至廿五痕);平声二 29 韵(廿六先至五十四凡);上声 52 韵;去声 57 韵;入声 32 韵。较陆《韵》多上声五十一广韵、去声五十六严韵。七是又音以四声标识:此卷平声下、去声二卷的又音,除以切语及"又音某"的方法标识外,尚有用四声来标识的。还有就是保存俗字、避讳字或避或不避,叶键得认为,此卷书乃拼凑而成。其三,《王二》在汉语音韵学上的价值。叶键得认为,此卷在体例上自有它独特的风格,而在汉语音韵学上亦有其一定的价值:韵目名称的改变,系作者为求四声韵目纽读与开合一致之故;韵目次序的改变,系反映唐人实际的语音。此卷已注意到平入的相配,较之《切韵》,胜过实多。又音反映当时一些语音情况。周祖谟曾举例说明:例如去声央韵"话"下注云:"下快反,又胡跨反。""胡跨反"则为祃韵,这就是现代"话"字读音的较早的记录。字的归韵亦与实际语音有关联。此卷重唇与轻唇的切语上字时有混淆;有些韵字纽读不同于其他韵书。由此卷与各韵书的比较,可探知隋唐韵书的体式,并厘订韵书的系统。此卷既是就陆书刊谬补缺而成,则无论是增字加训或保存陆氏原书,均有莫大的价值。

此外,叶键得还发表了《论故宫本王仁煦〈刊谬补缺切韵〉的内容成分》(《第二届国际暨第十届台湾声韵学研讨会论文集》,台湾中山大学 1992)、《〈内府藏唐写本刊谬补缺切韵〉一书的特色及其在音韵学上的价值》(1993)、《论故宫本王仁煦〈刊谬补缺切韵〉一书拼凑的真相》(《北市师院语文学刊》1:67—92,1994)等论文,可以与此构成一个完整的研究系列。

7.王三庆论述《切韵》系韵书

王三庆《敦煌、吐鲁番文献中的音韵材料》(2004)是从文献角度论述《切韵》系韵书的,所引发思考的问题十分繁杂,因而引人注目。

其一,王三庆指出,有关敦煌、吐鲁番文献中的声韵材料,大家最常使用者盖为《切韵》系韵书,然因写卷散藏世界各地,又乏完整之目录可供检索,学者研究每多偏失。因此,作者在文中检讨各家使用情况,以及品评得失:

敦煌、吐鲁番文献出土以后,一些眼捷手快的学者立即注意到这批新材料,开始利用它从事各种相关学门的研究,并发表了不少优异的成果。就以传统声韵文献而论,王国维最先利用伯希和寄来的英藏照片,抄录了《切韵》三种。其后,刘复又自巴黎抄回王仁昫《刊谬补缺切韵》和两种《切韵序》,辑入《敦煌掇琐》中,并与魏建功、罗常培等收录了见存的十种韵书,汇辑成《十韵汇编》一书,其中还包括了非属敦煌、吐鲁番文献的部分遗籍。此一汇整工作,对于声韵学者的研究而言,亟便利用,更示范了全面掌握研究文献的重要性。也因如此,自隋代陆法言的《切韵》,以迄于陈彭年的《大宋重修广韵》之间,有关韵书之分合流变,大致有迹可寻。1955 年,姜亮夫将其留法期间阅读的敦煌韵书材料摹写公布,出版了《瀛涯敦煌韵辑》二十四卷,概括了《切韵》系韵书的大部分文献,成果非凡,可惜仍有写印本漏失;加以过录时又衍生了不少错误,还是未臻至善。因此,潘师石禅再撰《瀛涯敦煌韵辑新编》《瀛涯敦煌韵辑别录》二书。而日人上田正也有《切韵残卷诸本补正》一书。二人之所以述作,无非改正姜氏讹误,另则增补其未曾收录的写刊本。此外,更有周祖谟《唐五代韵书集存》一书,所用材料凡有敦煌、吐鲁番文献之复印件及部分过录本,虽是汇集诸书之大成,仍然有所不足。理由无它,碍于敦煌、吐鲁番文献并未悉数公布及发行,以至于少数未经著录的文献还是被学界忽略了,因此有些写卷仍有再加迻录及补充研究之需要。何况过录材料又因复印件的清晰度,以及俗写文字的各种问题,每每使辑录者或多或少都会出现小部分的错误,加上手写排版的误植,也影响了学者的研究成果,因此林景伊先生曾经指导学生作有《〈切韵〉系韵书反切异文表》,盖亦有感于各家迻录多误,且因反语未有统一,随时变异,特录其异文,方便考索。

其二,王三庆论述当今学者所具有的优越研究条件及研究理念。王三庆说,"如今,学术界之研究条件又比以往更为优异,不但能够阅读到近乎全部的敦煌、吐鲁番文献的复印件,也有详尽的目录可以检索。只要学者按图索骥,直指敦煌、吐鲁番的韵书文献,便可完全呈现于眼前,不必再迢迢千里,飞越长空,跋涉异国;也不必假手他人图录,更不会受到前人迻录写本之误导,则未来学界的研究成果应是指日可期"。王三庆指出,除了前面提到的王国维、刘复、姜亮夫、潘重规、上田正、周祖谟等学者之外,大陆及国外还有刘盼遂、吴烈、丁山、武内义雄、冈井慎吾、坂井健一、饶宗颐、陈作龙、李正宇、汪泛舟、平山久雄、吉田雅子、张涌泉等,也分别有过零星的篇章发表,台湾亦有董作宾、龙宇纯、陈新雄、罗宗涛、林炯阳、林庆勋、姚荣松、孔仲温、许端容、叶键得、朱凤玉、洪艺芳等,或因评介专著、或进行单篇校勘研究、或作韵例归纳,以及撰写学位论文等,林林总总之不同课题研究,并各有发明与心得。台湾学者中,林炯阳《敦煌韵书残卷在声韵学研究上的价值》(1991)一文最直接涉及敦煌韵书材料的评价,却只列举了其中一小部分文献,与日本学者高田时雄以及大陆学者张金泉、许建平等相关文章比较,有待开拓的空间仍然不少。何况敦煌、吐鲁番文献涉及声韵材料者不止于《切韵》系韵书而已,尚有传统古籍音注、佛经音系、汉语方音及周边民族语言对音材料等问题,都需待专家学者钻研,始能对《切韵》系韵书之编纂和流变,以及中古汉语语音及西北方音、少数民族语言之对应等问题全盘了解,并掌握材料之功能性,甚至将其成果反馈于敦煌、吐鲁番的文献研究上,以利于文献的整理校勘工作;这是"由小学以通经学"或"文字声韵乃学问之基础"的最好示范。这种分析是客观的,实实在在,其忠告意味深长。

其三,敦煌及吐鲁番文献材料性质和内容。王三庆根据敦煌及吐鲁番文献材料性质和内容归类:一是六朝以迄唐五代《切韵》系韵书各家著录或未用材料,主要有:1.陆法言《切韵》传写本;2.笺注本《切韵》;3.增训加字本《切韵》;4.王仁昫《刊谬补缺切韵》;5.《唐韵》写本;6.五代本韵书。二是六朝以迄唐五代《切韵》系韵书各家著录或未用材料,如P.4871,即录存陆法言《切韵序》十行、长孙讷言《序》的前半段四行,显然为长孙讷言笺注本之后裔。三是其他韵字摘抄及有关字母等韵的写本,如《论鸠摩罗什通韵》《声母双声字表》《问字音函》《韵书摘字》等。四是传统四部古籍音注,如《经典释文》《毛诗音》《礼记音》等。五是佛经音,如《一切经音义》、可洪《新集藏经音义随函录》、《大藏随函广释经音》《大般涅盘经音》等。六是敦煌文献中之韵文材料:诗、词、赋及变文、诗偈等韵文材料,都是极其珍贵的白话口语,可供唐代语言研究者甚多。七是汉语及周边民族语言之对音材料:西北少数民族或中亚各国的胡语文献,如藏文、回鹘文、于阗文、粟特文、梵文、叙利亚文、西夏文等材料,对于研究少数民族的语言、语法以及文化极具珍贵价值,同时也不乏可研究中古语音史的借镜。

其四,尤其令人注意的是,王三庆列出学者研究时未曾利用而犹待补充的一些写卷,并也对它们进行了初步的考订。比如:1.S.6117,亦为一纸残片,注文极为简要,每一韵之小组上标有一横划示别。2.S.10720,本卷录存上平声之韵"其"纽小韵之属字"萁、锜"及"而"纽小韵之属字"栭、陑"等,其中韵字及注解都较王仁昫《刊谬补缺切韵》本简明,则此本或者亦为陆法言《切韵》早期之传写本。3.S.11383C+S.11383A+S.11383B,此三号文献盖为同一抄手,虽为残片,但横跨下平声三个韵目,并可以缀合。4.另有孟2890(旧2391)一卷,属于陆法言《切韵》之遇、泰、霁三韵,此为新编目录所录存者,以尚未寓目,不敢断言,然而从其所录韵目,应是属于陆法言《切韵》残卷系统。另,最近莫高窟北窟在彭金章之主持挖掘下,又出土另一音韵刻本残卷,以版心题有"排"字,而拟订卷号题名为"排字韵"韵书。由于还未公布,无由经眼,不敢妄加断言,然而以"排"字为韵目,而提为书名,不但不合理,更是前所未闻,若非考订有误,疑恐非《切韵》系统之韵书。再者,版心之有题字,也非敦煌早期文物,或为刻板流行以后,宋或西夏、金、元时代印制之书。此外,王三庆还提出使用此等写卷所需注意之事项,并作为判断时代之准据。

王三庆论述非常重要，对于汉语音韵学文献研究者来说，所提供的研究信息极具学术眼光，视野开阔，具有十分前沿的先导性，看得出来，他是以充分发掘敦煌吐鲁番文献应有之汉语语音史价值为己任的。

8.其他学者的研究

林庆勋《〈切韵序〉新校——黎本张本〈广韵〉〈切韵〉"序"之来源》（《庆祝婺源潘石禅先生七秩华诞特刊》207—226，台湾中国文化学院中文研究所中国文学系1977）是一篇研究《切韵序》重要的论文。林庆勋说，他过去读罗常培《〈切韵序〉校释》，"病其详于释而略于校，盖罗文称：'以敦煌唐写本《切韵》残卷第二种（案：即S2055）为主，而以黎氏《古逸丛书》仿《宋本广韵》及张氏泽存堂翻刻《宋本广韵》参校之。'所据仅《切韵》残卷一种，故罗氏所下断语多有未安。愚生丁敦煌古籍公布之后，虽未亲摹原卷，然经后人反复研讨，谅必逼肖原卷，因取诸说为据，不揣孤陋，重为董理。"林庆勋新校的具体依据是：以《广韵》所附《切韵序》为主，并取敦煌七种残卷及故宫宋跋王韵互校。他以《广韵》为底本的目的，非常明显，就是"乃欲明今本《广韵》《切韵》序之来源，并及《广韵》改窜之情形"。最后的结论有两条：一为足以证明今本《广韵》《切韵》序改窜唐人韵书；二是唐人韵书所录《切韵序》之文字可以区别为甲系和乙系，而今本《切韵序》则承袭乙系而来。林庆勋的新校，廓清了过去学者许多模糊的认识。

姚荣松《巴黎所藏P2011王韵的新校记（二）》（1996）是《巴黎所藏P2011王韵的新校记》（《国文学报》24，1995）的续篇，在"前言"中申明，所列"参考书目"，除了刘复《敦煌掇琐》、姜亮夫《瀛涯敦煌韵辑》、潘重规《瀛涯敦煌韵辑新编》、龙宇纯《唐写全本王仁煦刊谬补缺切韵校笺》、周祖谟《唐五代韵书集成》、叶键得《十韵〈汇编研究〉/十韵校勘记》等之外，还增加了姜亮夫《刘半农敦煌掇琐所录王仁煦〈切韵〉校笺》、上田正《〈切韵〉残卷诸本补正》《〈切韵〉诸本反切总览》《〈切韵〉逸文研究》4种。其校正获47条，补正了诸本研究的不足。

林炯阳《〈切韵〉系韵书反切异文形成的原因及其价值》与《敦煌韵书残卷在声韵学研究上的价值》（并见《林炯阳教授论学集》，2000）十分重要。前者认为，《切韵》反切异文形成的原因在于同音替代、俗写多体、避讳改字、形近误写、音读差异几个方面。后者认为，敦煌韵书残卷价值在于：由敦煌韵书和《广韵》反切比较可以证《广韵》是否有轻唇音；由五代本《切韵》之部次论《广韵》部次是否直承李舟《切韵》;由敦煌韵书反切异文可以见到当时汉语的方音现象。

(二)《切韵》音系考订理论与方法

丁邦新《汉语音韵史有待解决的问题》(2003)就汉语音韵学史,主要是就《切韵》音系研究理论与方法进行了讨论。丁邦新介绍,1995 年,Jerry Norman(罗杰瑞)、South Coblin(柯蔚南)提出自己的观点:一是《切韵》并不代表任何时代任何地点的一个活方言,根据《切韵》所拟的中古音不是一个语言,既无音韵结构,亦无词汇文法可言;二是说《韵镜》代表唐代的长安话毫无根据;三是唐代的长安话未必是一个举国奉行的官话,尤其不能说这种长安话渐渐取代了唐以前的多种方言;四是不能说闽语以外的各种方言都从《切韵》来,因为《切韵》不是一个真实的语言,而是传统音韵注释的记录。结论是,需要从一个新的角度出发,试从方言的比较做起,必须结合传统的比较方法和历史文献来研究,在两者之间取得一个平衡点。所谓方言的比较,应离开"字"的比较,从词汇着手,并注意文法,因此,需要一个方言的分类;根据分类才能了解各大方言区的内涵,然后再在同一个大方言区里作次方言的比较,从而厘清汉语的历史演变线索。丁邦新自己曾写过《重建汉语中古音系的一些想法》(1995)一文,认为《切韵》不是一个活方言,不能拟测为一个单一的音系,而是南北两个方言的融合:一个是北方的邺下音系,一个是南方的金陵音系。

在这个研究的基础上,丁邦新在《汉语音韵史有待解决的问题》中进一步认为,《切韵》既是为押韵而作的韵书,自然离不开字音,不提词汇文法毋宁是自然的事。如果它的音系是由两个大方言拼凑而成,加上五家韵书韵类的区别,我们就可以设法还原。首先把不大常见的字放在一边,然后把南北有差异的地方分开,再根据现在方言加上《切韵》的区别拟测南北两个方言的音系。如果没有《切韵》,且文白读音差异极大,那当然要从词汇的比较开始;现在既然可以从《切韵》的间架和方言的字音拟测当时的两大音系,而且文白的区别又不是那么显著,那么,从字音入手和从词汇入手得到的结果相信不会有很大的差别,反而从词汇入手的方法会有一点局限和偏差。

(三)《切韵》音系

1.周法高论《切韵》音

周法高《论〈切韵〉音》(1968)说,高本汉为《切韵音》构拟了一套音韵系统,后来又发现了重纽问题,陆志韦、周法高、董同龢、李荣、王力等对高氏的系统都有所修订,但是,大体上都不出高氏的范围,只不过在一些小的地方加以修正。1953年,马丁(Samuel E.Martin)对中古音的构拟才有了新的面目。可是,他并没有注意到重纽问题,周法高又对他的说法做了一番修正。后来,蒲立本(Pulleyblank)对中古音也有一套看法。

　　周法高对自己所构拟的元音系统,比如元音配合方面不大满意,所以进行了修订,主要是:除了重纽的几韵之外,《切韵》有一些不同等的韵类合并在一个韵目之下,比如东韵一三等、歌韵一三等、麻韵二三等、庚韵二三等同在一个韵,原则上可以假定它们主要元音相同;过去认为三等唇音演变为轻唇音,现在构拟从元音方面决定轻唇音演变的条件;从音位学观点简化《切韵》音构拟;外转和内转的区别是元音的开合和长短;对音韵学名词使用加以澄清,比如区别"三等"与"三等韵";考虑把《切韵》和韵图中不常见的例外字去掉。至于《切韵》性质,周法高根据研究玄应音的结果,也得出和《切韵》差不多的音韵系统,所以他认为,在6、7世纪中,不管金陵、洛阳、长安,士大夫阶级的读书音都有共同的标准;《切韵》代表一种实际语音系统。

　　周法高《论上古音和〈切韵〉音》(1970)进一步补充了《论〈切韵〉音》的说法,比如《切韵》音的结构,分别就"声母、韵母、韵母的构成、声调、韵、内外转、摄、呼、等、一二三四等、一二三四等韵"等问题进行讨论。他定《切韵》声母37类,其中,日母拟为舌面鼻音,与董同龢一样,不同意高本汉全浊声母送气说。关于《切韵》的韵母构拟,有一些意见已经见之于《古音中的三等韵兼论古音的写法》(1948)和《三等韵重唇音反切上字研究》(1952);他又强调三等韵有ABC三类的区别;用元音开关表示外转和内转的区别,与《论〈切韵〉音》看法不同;同意从元音来区别重纽的看法;引用自己的《玄应反切考》(1948)和周祖谟《〈万象名义〉中之〈原本玉篇〉音系》(1966)来证明,他们的音系和《切韵》大体一致。

　　对周法高学术及生活介绍的文章不少,比如《学人专访:周法高院士》(作者不详,《汉学研究通讯》1.3:103—107,1982)、赵芳艺《语言学巨擘周法高教授》(《国文天地》3.1:18—22,1987)、竺家宁《周法高先生在声韵学上的成就与贡献》(《东海中文学报》29:1—28,2015)、丁邦新《纵横古文海出入声韵界——享誉国际的中国语言学家周法高先生》(台湾"中央日报"(长河版)17

版,1994)、杨承祖《敬悼周法高教授——兼记他在东海校园的最后生活》(《周法高教授纪念文集》,香港中文大学1994)、周世箴《周法高先生的学术与人生》(《史语所七十周年纪念文集——新学术之路》827—862,1998)、张慧美《周法高先生音韵学研究之成就》(2014)等。大陆学者程章灿写有《读书台畔两耆儒——从王伯沆周法高纪念馆说起》(《古典文学知识》5:124—127,2003)。

但系统研究周法高中古音成就的还是刘心怡《周法高之中古音研究》(2006)一文。刘心怡认为,周法高中古音研究是音韵学史上承先启后的枢纽,他的重纽研究更为重纽研究史写下光辉的一页,周先生具有崇高的学术地位,为后世学者所效法景仰。周先生同时代或者后代的学者在论及中古音的相关问题时,时常引述周先生的研究成果,或者评论周先生的观点,但尚未有阐明周先生中古音学术理论的专著。刘心怡论文特以周先生中古音研究的成就为讨论范围,分为绪论、周法高之中古音系、周法高重纽研究、周法高之中古音相关问题讨论、结论等五个篇章,并附周法高中古音代表性论著简介、周法高著作目录最新版、报章杂志辞典相关记录与后人对周法高先生追忆文章,以期能尽力架构出周先生中古音研究的体系。刘心怡论及周法高之中古声母系统,从中古声母的分类、中古声母的音值两方面考察。其唇音:帮、滂、並、明;舌头音:端、透、定、泥;半舌音:来;舌上音:知、彻、澄、娘;齿头音:精、清、从、心、邪;正齿音二等:照庄、穿初、床崇、审生;正齿三等:照章、穿昌、床船、审书、禅,半齿音:日;牙音:见、溪、群、疑、晓、匣;喉音:影、喻以、喻云。论及周法高之中古韵母系统,从《切韵》的一等韵和二等韵;一、二等韵的主要元音;一、二等重韵的主要元音;《切韵》的三等韵;《切韵》的纯四等韵等方面研究。还论及周法高之中古声调系统,并专章论及周法高重纽研究观点,比如早期主张以主要元音不同来区别重纽,晚期主张以声母腭化与否区别重纽等。该文非常细致、全面而客观,是研究周法高中古音思想的重要文献。

2.张琨、张光宇论《切韵》音

张琨、张谢蓓蒂《古汉语韵母系统与〈切韵〉》(1972)从《切韵》综合性质谈起,指出最应该注意的是《切韵》的南方成分。在"方言的差异:元韵为例"中强调,汉语史的发展不是一条直线,很早就存在着方言差异现象。《诗经》基底是周代的雅言,流行于黄河中游,与《楚辞》明显不同。《楚辞》是晚周长江中游楚地的诗歌。应该承认，方言有共时的差异，并且须要把一个方言的内部历史音变和由于政治局势的改变而产生的方言之不同加以区别。在进行原始汉语构拟时，《切韵》的分类常跟《诗经》押韵不一致，如元韵与仙韵一部分字通押、三等韵重纽分为两组。解决这些难题，要考虑新的办法。原始汉语、《诗经》上古韵部、《切韵》分韵、现代汉语方言是个纵向发展的线路。要讨论其变化，主要的证据是从汉语内部提取的，比如谐声字、反切、诗文押韵、《切韵》分类、现代汉语方言。

张贤豹（张光宇）《张琨教授古音学说简介》（1987）解释张琨、张谢蓓蒂的研究思路：从《诗经》出发无法解释《切韵》所有的类别，但反其道而行之，从《切韵》出发却可以看到《诗经》的合并过程，因此，新的观点是在《切韵》的基础上投射出一个原始系统。原始系统发展的线路有两条：一条是原始系统到北方，到《诗经》，到《切韵》；另一条线路是原始系统到南方，到《切韵》。由此，凡是从《切韵》系统无法解释的《切韵》的类别，应该能从原始系统得到解释。在构拟这个原始系统时，也要与此相适应。张琨、张谢蓓蒂北方《诗经》音韵系统元音和韵尾配列存在着好些空档，从汉语方言等看《切韵》类别，就可以将空档补实。南北方言分途发展也得到了正确描写，比如清三庚三，南派音（以厦门为例）与北派音（以北京音为例）就存在着明显的差别。汉语史是一个错综复杂的历史，我们对汉语音韵历史的正确了解决定于对《切韵》的性质有没有合理的、正确的认识。原始汉语的类别比《诗经》多得多，要解释的汉语音韵现象比《诗经》能解释的现象广泛得多。最重要的是，汉语方言的差异自古而然，汉语史要能兼顾古今都存在的方言差异。张贤豹认为，《古汉语韵母系统与〈切韵〉》是 20 世纪初高本汉中国音韵学问世以来最值得重视的汉语音韵史著作。1972 年是汉语音韵学研究的分水岭，1972 年以前是高本汉的时代，1972 年以后是张琨的时代；两个时期代表两种精神，无论在观点上和实际材料的处理上都有显著的不同。

张琨著，张贤豹（张光宇）译《论中古音与〈切韵〉的关系》（1974）主要内容为：

其一，对《切韵》研究和文献的发掘基本情况进行介绍。比如王仁昫《切韵》写本（706）发现后周祖谟、董同龢、李荣、龙宇纯等的研究成果，以及刘复、魏建功、姜亮夫等对二十多种《切韵》残卷的整理，但也看到如此多的版本在音韵类别上的差异却很微小。

　　其二,对高本汉的音韵贡献作了充分肯定,指出其在《切韵》音值的拟定方面非常突出,赢得了学者们的赞扬,同时一些学者也在一些具体的音韵类别的构拟上提出了不少的改进意见。像声母知彻澄发音部位问题,李方桂就采取了罗常培的拟音;喻母的音值及其跟匣母的关系,李荣所拟的[*-g]是以现代闽语、吴语与徽语诸方言为根据的;《切韵》《经典释文》与《原本玉篇》里浊塞擦音对立与浊擦音对立并不总是跟现代方言有交互关系等。又如,高本汉认为《切韵》卷舌声母与低元音[a]之间没有[-j-]跟零介音对立的现象,张琨的研究则是卷舌塞擦音跟低元音[a]之间没有介音[-j-]的存在;构拟音值时要不要考虑浊塞音及塞擦音送气与不送气的对立? 李荣就认为没有送气。再如韵母,赵元任(1941)就率先尝试运用音位的办法来分析高本汉所构拟的音韵系统;开尾韵元音的构拟,以及重纽、介音等问题,都是学者们修订的对象。

　　其三,介绍了一些学者对高本汉所说《切韵》是长安音的性质的怀疑,以及由此而生发出的许多看法。比如《切韵》的语言背景,陈寅恪就否定高本汉的说法,认为《切韵》依据的洛阳口语,参加《切韵》审订的颜之推心中的标准就是洛阳音跟金陵音。

　　其四,明确指出了《切韵》成书的语音性质,就得放弃高本汉把以《诗经》押韵为依据的上古音系跟现代方言拉成一条直线的做法。张琨说,《诗经》系统的地理背景只限于北方,《切韵》则兼顾南北方言的音韵区别。《切韵》里的许多南方色彩在现代南方方言中仍有反映。从《切韵》宽广的基础中,能够投射出原始系统,应用不同的音变来解释《切韵》的分别,以及《诗经》跟现代汉语方言的分别。这就表明了张琨自己鲜明的研究立场。

　　张琨《〈切韵〉的综合性质》(1987)说,比较《诗经》《切韵》和现代北京话,就可以看到有如蛇吞青蛙那样的中间隆腹的现象。张琨比较推重陈寅恪《从史实论〈切韵〉》(1949)和周祖谟《〈切韵〉的性质和它的音系基础》(1962)。由陈文的阐发,可知《切韵》里有洛阳方言成分。如周氏所说,《切韵》所分的韵类几乎完全跟齐梁陈时期精于音韵文人的押韵习惯相一致,但并不表示《切韵》的韵类和金陵官人所说的语言韵类是同一个系统。与《切韵》之前的韵书比较,可知其与吕静《韵集》和夏侯该《韵略》关系密切。《切韵》大部分的韵类存于顾野王《玉篇》之中。《切韵》是一个综合体,按陆法言在《序》中说明,即

"南北是非,古今通塞"。《切韵》系统包容了不同方言的音韵区别,从来就没有一时一地的自然方言有如此区别。《切韵》所代表和培育的读书音曾是文人的工具,越变越复杂。

张琨《〈切韵〉的前[a]和后[ɑ]在现代方言中的演变》(1993)说,尽管各家对《切韵》的韵类有不同的构拟,但大家一致承认,《切韵》中有前[a]和后[ɑ]的对立,都可以单独存在。按照李荣《〈切韵〉音系》(1956)的研究,它们前面出现的声母不完全一样。张琨申明,自己讨论方言主要集中在语音现象上,没有特别注意方言的系属问题。

其一,前[a]和后[ɑ]。前[a](《切韵》麻二韵)和后[ɑ](《切韵》歌戈韵)分用不混,大概是齐梁时代的事情(何大安《南北朝韵部演变研究》195—205,1981)。在所有方言中,在开音缀里都有前[a]和后[ɑ]的分别,例外很少。但吴语方言对两者的处置比较特别,前[*a]读[*o]、后[*ɑ]读[*u],都受到圆唇的影响。大部分方言没有开口合口之分,与《切韵》歌戈韵之别不同。

其二,前[*ai]和后[*ɑi]。前[*ai]包括《切韵》皆佳夬韵开口字,[*uai]包括《切韵》皆佳夬韵合口字。皆佳夬韵混用不分,《经典释文》可证(王力《〈经典释文〉反切考》,《龙虫并雕斋文集》3:167—168)。后[*ɑi]有两个来源:第一个是《切韵》泰韵开口字;第二个是《切韵》咍韵字。泰韵开口字在汉语方言中在舌头音声母后边都读成[*ai];有些咍韵字在方言中在舌头音声母后边都读成[*ɑi],而在与另外一些方言中与泰韵合流,都读成[*ai]。

其三,前[*am/p]和后[*ɑm/p]。前[*am]包括《切韵》咸衔韵字,咸衔两韵混用不分,这可见之于《经典释文》。后[*ɑm]有两个来源:第一个来源是《切韵》谈韵,第二个是《切韵》覃韵。谈覃的分别在有些汉语方言中还保存着,尤其是在舌头音声母的后边,但粤方言无别。前[*ap]包括《切韵》洽狎韵字,两韵混用不分。后[*ɑp]有两个来源:《切韵》盍韵与合韵。舌头音声母字粤客方言盍合大部分不分,但读[*ap];吴语则分别。

文章还讨论了前[*an/t]和后[*ɑn/t]、前[*aŋ/k]和后[*ɑŋ/k]、前[*au]和后[*ɑu]等问题。总之,前[a]和后[ɑ]在现代方言中的演变趋势为:前[a]读[a],后[ɑ]读[*o];前[a]和后[ɑ]合流;吴语演变的形式,即辅音韵尾消失掉了,元音位置重新安排过了,这与吴语受到外界不同影响有关。

张光宇《〈切韵〉与方言》(台湾商务印书馆1990)"自序"称:《切韵》与汉

语方言的关系是汉语字音史的主要课题。高本汉在1954年说:"汉语方言(除了闽语之外)都源自于《切韵》语言。"他的这项断语影响广被,深殖人心,中外学者几乎毫无例外地接受了他的观点。他的话不仅左右了汉语史的视线,也塑造了汉藏比较研究的谱系分类。收集在本书中的十篇文章,主要就是环绕《切韵》与闽方言的关系而开展的。

《〈切韵〉与方言》所收的论文有:《汉语发展史与汉语语音史》《闽方言古次浊声母的白读[h-]和[s-]》《海口方言声母的由来》《福建畲字地名与畲话》《〈切韵〉纯四等韵的主要元音及相关问题》《梗摄三四等字在汉语南方方言的发展》《从闽方言看〈切韵〉三四等韵的对立》《闽南方言的特殊韵母[-iŋ]》《从闽方言看〈切韵〉一二等韵的分合》《闽方言音韵层次的时代与地域》。"附录"还有《说邵武方言》《闽南方言研究导论》以及"The development of the Geng-rhyme group in southern Chinese"、"The reconstruction of the Qieyun Grade I and Grade II Finals"。

张光宇《〈切韵〉与方言》"前言"中说,他的探讨以闽语为主,主要是因为闽方言是所有汉语方言最复杂的一种,我们增多一分对闽方言的了解,即增多一分对汉语方言、汉语发展史的了解。本书题旨集中在如何利用《切韵》来探讨方言以及如何利用闽方言来透视《切韵》上。他对每一篇文章基本内容做了介绍,可以作为我们理解的基础:《汉语发展史与汉语语音史》肯定历史研究法的用处,并认为汉语语音史更应该兼顾汉语发展的过程,注意人民迁徙及古今南北的关系。《闽方言古次浊声母的白读[h-]和[s-]》谈古明、泥、疑、日等声母读喉擦音、来母读舌尖擦音的方言现象,前人把这两类声母音读当作不相干的问题分别处理,而本文指出它们在某一层次上实有相通之处,即都是空气外流孔道的转换;这种汉语方言少见的音变现象不必从上古谐声关系去寻求解决之道,只要从中古声母中的鼻音、边音做出发点就可以了。《海口方言声母的由来》是作者的硕士学位论文,指出海口方言声母经历了汉语方言里罕见的剧烈变动,并提出主宰华南语音变化两股势力的假设;海口方言在被取用以证古音时,有必要注意还原问题。《福建畲字地名与畲话》探讨闽语底层语言,指出从10到14世纪是畲族"客家话"时期。《〈切韵〉纯四等韵的主要元音及相关问题》指出江永"四等尤细"说法的局限性;从闽语的发展过程看起来,四等最早的主要元音是[*-ai],从此出发可以看出汉语方言包括域外方音之种种变化。《梗摄三四等字在汉语南方方言的发展》提出,从古今南北的对比中看到,梗摄源自于低元音而非前高元音。本文例证取自于南方的"文白异读",文献证据是庚摄三等由阳部流变到耕部的事实。《从闽方言看〈切韵〉三四等韵的对立》认为,闽方言音读所显露的配对关系,其中清韵分为 a、b 两类系根据其入声昔韵的两类韵母而来,这种配置乃是突破摄界做通史观照所获得的一项结论,它有助于解开重纽的部分症结,为继续探讨"闽方言音韵层次的时代与地域"奠定基础。《闽南方言的特殊韵母[-iŋ]》从对应关系看演变过程,认为对应是静态的,从静态来看动态乃是语音史的主要任务。漳平永福方言阳韵的[-iŋ]来自于早期的[-iũ],厦门方言山先两韵的[-iŋ]来自早期的[-uĩ],证明了二四等同形或进行平行演变的现象。《从闽方言看〈切韵〉一二等韵的分合》指出闽语反映的二等韵中有一类是[*-ai],[*-aic],[*-a],其中[*-aic]与前人拟测大为不同,可以说是闽语反映的《切韵》特色。《闽方言音韵层次的时代与地域》指出层次分析的概念及其难题,结论是:从上古汉语到中古汉语存在着比时代差异更大的方言差异、性质差异(即类型差异);方言地理类型的稳固性可以历千年而没有太大的变化,这是层次分析成为可能的主要原因所在。福建原无汉语方言,今天的闽方言都是先后由外地传进来的;既然没有汉语方言,自无所谓"原始闽语"。

《〈切韵〉与方言》不受成说束缚,澄清了一些涉及《切韵》性质以及闽方言复杂关系问题研究上的模糊认识,其理论性贡献是十分突出的。

3.龙宇纯论《切韵》音

龙宇纯《中古音的声类与韵类》(1997)是一篇演讲辞,其中包含了他研究汉语中古音的许多独到见解:

其一,汉语中古音的声类。龙宇纯说,现今学者所认知的《切韵》声类,当然也是由系联反切而来。但各家所用方法相同,所据数据无异,所得结果则有三十六、三十七、四十一、四十七、五十一各种不同主张。其中早期以为见、溪、疑、影、晓及精、清、从、心诸母各有两声类的,已不为时下学者所接受,可以无论;但众家一致见解,正齿音照、穿、床、审四母及喉音的喻母各为两声类,其音不同,于是以正齿音二等的称庄、初、崇、生,三等的称章、昌、船、书,喻母三等的称于,四等的称以,俨然为"四十一字母"说,是则大可商榷。

龙宇纯认为,从反切上字系联看,庄、章两系及于、以两者,其中除《广韵》

"真"字音侧邻切,与大徐《说文》"真"字及与"真"同音"诸"字反切相合,但《切三》《全王》原音职邻反,可不予理会外,其间更无交往迹象,论理,其音应为不同;然而字母家仅有照、穿、床、审、喻五个字母,形成矛盾现象。学者一般将庄、章两系分别拟为[tʃ][tʃʻ][dʒ][ʃ]及[tɕ][tɕʻ][dʑ][ɕ],而于字母家何以仅有四个字母,全不见提出解释。他自己曾从六个不同角度,证明照等四母及喻母反切上字所以严格分类,其原因为表示介音不同,不在声母相异;同时构拟庄系字介音为[e],章系字则从诸家介音为喻三喻四并为零母,而介音有[j]及[i]之别;三等的[j]亦从诸家所拟。后又用《经典释文》资料证明臻、栉为真、质的庄系字,其韵母自不得异,则无以解释何者臻、栉独立于真、质之外问题。还证明,正齿音所以反切上字绝对分类,原来是因为庄系字少,往往产生无正确表音下字可用的困窘,而不得不经由上字的严格分类以达到示意韵母介音不同的目的。

龙宇纯以自己的研究体会而言,认为研究中古音,声类方面应以字母家之言为准,三十字母即是三十声类,三十六字母即是三十六声类,不可稍涉主观。此外,就重纽问题提出了自己的一整套思路。

其二,汉语中古音的韵类。龙宇纯认为,韵类方面应依韵图之列等为准,同等的韵类相同,异等的韵类相异,亦不容任情玄想。陈澧所创反切系联法,其条例也许称得上精密,但是《切韵》反切结构并不若想象之简单画一,所谓"《切韵》之疏",实是陆、刘等人所造反切之另一结构模式;更严重的是,观念中正常的反切,又可能是因为通过了自己的错误了解,于是上字之不相系联,不必即为声母之不同,下字之系联为一,亦不必其韵母即为不异。先天上反切不能与之配合,法虽善难于为用;字母韵图见在,法纵善无实行之理。

反省自己的研究,龙宇纯也提出了研究中应该看到的缺憾。他说:

> 然而我所提出的主张,在面对《切韵》的现象时,虽然将过去学说所呈现的矛盾一一贯通,却也似乎带来新的困扰。以往,群母邪母及喻四字被视为三等韵字,齐、先、萧、青、添诸韵绝不出现此三母字,可简易解释为三者不与四等韵相配。今以凡韵图列四等之字即为四等韵,便形成何以如支、脂诸韵可出现群、邪及喻四字,或如东、钟、之、鱼诸韵可以出现邪及喻四或喻四之四等韵字,而齐、先等独立四等韵则绝不见此等字的问题。

陈杰蓉《龙宇纯之中古音研究》(2013)认为,龙宇纯是台湾研治音韵、训诂、文字等小学领域学科的通才,在研究汉语音韵学之中古音时,突出于陈澧系联反切法系联韵书之脉络外,而推崇"韵图"示人当时语音系统的重要性,且其在等韵方面的主张与其他音韵学研究者亦有不同。其倡言"等即等韵"的概念,凡韵所在之等第,即其所属韵等,并以此论点在中古音相关议题的解释上有着创新的表现,如中古声类、韵类的构拟与韵图重组现象的探讨观点,皆与其他音韵学学者之主张有所不同。而其又以中古音之研究结果上推至研究上古音,使之整体古音研究的论点与主流学术观点大相径庭,成一家之说;但对后学研究汉语音韵而言,龙宇纯的学术主张无疑是另辟了一个新的思考与研究道路。

4.丁邦新论《切韵》音

丁邦新《重建中古音系的一些想法》(《中国语文》6:414—419,1995)说,对中古音的研究主要有两个层次:一层是检讨陆法言《切韵》的性质;另一层是根据《切韵》的结构拟测其音系。《切韵》的性质曾引起过大讨论。丁邦新则重新考虑《切韵》形成因素,比如《切韵序》"南北是非",大家都承认南北方言的差异,可以从五个方面去证明。南指江南,也就是江东,其代表方言是金陵;北指河北,代表方言是邺下,其实等于洛阳(何大安 1981)。讨论《切韵》的人正代表两个方言集团。即使有人认为《切韵》以洛阳方言为基础,也要承认其多少吸收了金陵方言的一些特点。《切韵序》"古今通塞",其古,涵盖了东汉到晋代一段时间,显然没有牵涉到西汉以前先秦的读音问题,因为根本没有音注材料,无从谈起;同时,参与讨论的人讨论的主体部分确实是读书音。从《切韵》的编定看其音韵结构,由《切韵序》讨论,可以知道,《切韵》是一本告诉读书人如何押韵的书,而且南北方人都可以用,但这并不表明南北方读音没有差异。如果《切韵》所分只是字的韵类,而当时南北读音并不相同,我们有什么理由要给《切韵》拟测单一音系? 为何不能拟测两个音系:即一个北方邺下《切韵》音系,一个南方金陵《切韵》音系? 承认有两个音系,如此,拟测《切韵》音系方向和材料为:从《切韵》小注韵类分合确定两个音系拟测方向,但对拟音有用的只有两种:现代大部分方言演变材料由地域和源流关系决定可以分为两组;域外对音材料根据音系性质也可以分为两组;由此,为《切韵》拟测两个音系奠定了理论与实际的基础。很显然,丁邦新的观点与传统的《切韵》音系拟测理论与方法形成了鲜明的对比。

5.其他学者论《切韵》音

金周生《〈广韵〉一字多音现象初探》(1978)的体例为:第一章,绪言:《广韵》之价值、《广韵》一字多音现象之价值、简评历来研究《广韵》一字多音之学说、本文之写作动机。第二章,《广韵》一字多音之形成:一字多音之起源、《广韵》一字多音之来源、《广韵》形成一字数音原因之分类举例。第三章,《广韵》多音字声韵调之异同:音同而两见表、声同韵同调异之调类比较表、声同韵异调同之韵母比较表、声异韵同调同之声母比较表、声同韵异调异之韵调比较表、声异韵同调异之声调比较表、声异韵异调同之声韵比较表、声韵调皆异之比较表。第四章,《广韵》多音字发微:字义与多音字之关系、同音字两见者探源、多音字调类互异现象探源、多音字声母互异现象探源、多音字韵母互异现象探源、多音字声韵调两两互异及皆异之现象探源。第五章,结论。

《〈广韵〉一字多音现象初探》揭示了《广韵》"主流"音系之外的"多重"语音现象本质,为《广韵》语音研究提供了一个新的思路。

姚荣松《〈切韵〉音系的元音音位问题》(第七届国际暨第十九届台湾声韵学学术研讨会,台湾政治大学2001)也涉及了构拟理论方面的许多问题。

周玟慧《从中古音方言层重探〈切韵〉性质——〈切韵〉、〈慧琳音义〉、〈玄应音义〉的比较研究》(2005)继续沿着前人的研究《切韵》音系路子,以长安音为视角,借由《切韵》《玄应音义》《慧琳音义》的比较寻绎《切韵》中所包含的长安音成分。全书共分七章:第一章,绪论,介绍了作者研究动机、方法、材料与课题价值,并介绍相关文献,还有研究取径与方法。第二章,中古相关方言特征:前人研究综论、三书方言资料比较、中古方言特征。第三章,全浊声母清化:"浊音清化"文献回顾、三书浊音清化现象比较。第四章,浊上归去与浊音清化:前人研究评述、两音演变模组、三书两音变比较。第五章,尤侯唇音变化:前人研究述评、三书音变情况、由三种音变综论三书性质。第六章,三书词汇考:《切韵》中的古今方俗词汇、由三书比较看词义演变。第七章,结论,说明其研究成果包括长安方音特征、《切韵》具长安音成分,并介绍研究意义。

可以看出,周玟慧讨论的重点是有关《切韵》性质内涵的,即《切韵》究竟是单一音系的金陵音或洛阳音,还是综合音系? 如果是综合音系,则其中又有哪些成分? 她承认,根据学者们的研究,已经知道《切韵》有金陵与邺下(洛阳)两个方言层次。与参与论韵的学者相比,陆法言在长安活动时间最久。周玟慧受其业师的启发,认为,陆法言既为《切韵》作者,不可能仅仅只从事记录和整理工作,必然对《切韵》具有特殊的贡献。那就是,在《切韵》中带入了长安音的成分,以便使《切韵》音系更能全面地表现当时的语言实况。如此,该文对高本汉长安音说又有了进一步的发展,明确《切韵》音具有多重方言叠加成分,长安音当然是其中之一;而通过比较《切韵》《玄应音义》《慧琳音义》三种文献,则可以得出确实的结论。

潘柏年《〈切韵〉性质研究》(2001)的缕析也很有代表性。他认为,《切韵》性质是音韵学上最重要的问题,更是学术史上一大关键。从整个语音史来看,中古音实居于枢纽地位。今日对中古音的研究,乃奠基于《切韵》之上;整个上古韵部系统的建立,有赖《切韵》者亦多;就近代音与方音之研究而言,《切韵》亦属不可或缺。因此,《切韵》性质在音韵学研究中实乃最根本、最重要之问题。

中国清代学者对本题尚无深刻的问题意识,讨论上亦语焉不详;本题的提出与重视,始于高本汉引进西方历史语言学方法论。目前学界对《切韵》性质学说大别有二:其一为单一音系说,始于高本汉,后继者包括陈寅恪、李荣、王显、邵荣芬、余行达、赵振铎、李新魁、周祖谟、周法高、平山久雄、尉迟治平、竺家宁、冯蒸、张玉来、徐明轩、余迺永、张民权、朱星、黄典诚、丁锋、黄笑山、陈贵麟、薛凤生、潘悟云等人,除继承其说外亦多有修正之处;其二为综合音系说,其概念虽可上溯清儒,却是在与单一音系说的辩证中逐步修正补充,完成其理论架构的;包括章太炎、黄侃、钱玄同、罗常培、黄淬伯、王力、林尹、曾运乾、何九盈、林语堂、张世禄、董同龢、董忠司、潘重规、陈绍棠、陈新雄、林炯阳、何大安、施向东、张琨、孔仲温、叶键得、张光宇、林庆勋、古德夫、丁邦新、李添富、黄坤尧、徐超、梅祖麟、周祖庠等人。

潘柏年强调,单一音系说的学术目标在于拟测可信之中古音,使中国音韵学现代化,得与世界语言接轨。惟仍有下述缺点:其一,不合《切韵序》《颜氏家训·音辞篇》记述;其二,《切韵》所呈现的内部高度一致性颇有导因于后代学者之校补所致,诸本《切韵》系韵书与韵图在音系上并不全合;其三,整理当时韵文分韵与其他反切资料所得之音韵系统,持与《切韵》相较,仅有百分之八、九十之相近,却不能全然等同;其四,就史实考之,南北朝时代亦无超越国界之标准音。由此可知,《切韵》性质应非单一音系,所以,潘柏年采纳综合音系说。

潘柏年指出,综合音系论者迄今未就综合之定义、方法及过程提出明确而可信的论辩,因此作者加以补充。潘柏年认为,如果说单一音系说的最终目的在于拟测实际音值,那么综合音系的目的即在于拟测所谓"综合"之定义与其方法过程;综合音系说亦有其拟测之工程,而前人未及于此。潘柏年拟测所谓"综合",可就两层面加以定义:其一是反切之综合,在反切用字上做调整,求得一标准反切,亦即所谓"精切";对此标准反切,无论以当时何种主要方音拼读之,皆合于该方言音值,虽然各方言音值不必相同。潘柏年以为,反切不等同音标,同一反切在不同方音中读音未必相同;而不同反切在同一方音中读音也未必不同。所谓"论南北是非,古今通塞",乃论反切之正确,而非音值。其二是韵部之综合,利用吕静《韵集》、夏侯该《韵略》、阳休之《韵略》、李季节《音谱》、杜台卿《韵略》等五家韵书,在韵部上做调整,求得一标准分韵架构,使之无论以当时何种主要押韵标准审之,均不能谓其宽泛;不仅如此,若以《切韵》回视当时任何一种主要押韵标准,皆不及《切韵》之精密与赅备。故而不同韵部在同一方音中,可能音值相同,事实上可以通押。至于达成上述两层面之方法及过程,可以"从分不从合"一语概之。先经刘臻、颜之推、萧该、卢思道、李若、辛德源、薛道衡、魏彦渊、陆爽、陆法言等人之讨论,拟定音类大纲,厘析标准韵部,再于此框架之下调整标准反切,最终编成一部标准韵书。因其方法乃综合当时主要数种方音,悉从其分,其附带结果,第一,将使方言层次亦获离析,故陆法言等人对上古音虽无认识,《切韵》中却能保留古韵部之差异;第二,中古次方言差异,《切韵》亦能包含,故《切韵》之所以能综合古今南北之音,实仅建立在数种主要方音之上,而并非毫无限制的综合。

在前述定义与方法之下,潘柏年认为综合音系论者乃至于音韵学界全体,今后有关中古音的研究,应先透过中古时期单一性质材料,个别拟测中古主要方音音值,复原其音系,再与《切韵》对勘,求其音类离合之关系,以得综合过程的全貌及真相;此时再利用现代汉语方言,建立整个汉语方言音韵史,如此方能得中古音之真实。单一标准音的形成与维系有其社会、政治、文化上特定之条件,以此观之,在古代单一标准音之存在,事实上有其困难,何况南北朝历经三百年之分裂? 然则,当今以单一音系为基础对中古标准音所为之拟测,尽属空谈。

潘柏年认为语言学方法本身并无太大问题,重点在于材料与方法如何配合。单一性质之材料,可用历史语言学的方法,以复原个别中古方音;至于综合性质材料,为中古各方音总领,可以之校补单一材料之缺漏。而音韵学的最终目标,乃求得中古音之真实,这是单一音系学者与综合音系学者的共识。

潘柏年的研究就前人研究的问题提出了一些宏观的解决方案,但是否能够行得通,还要通过实际研究的结果进一步检验才可以得出明确的结论。

(四)《切韵》声母及韵母研究

林尹《〈切韵〉韵类考正》(1957),周法高《论〈切韵〉音》(1968)和《论上古音和〈切韵〉音》(1970)等论著涉及《切韵》声母及韵母研究的许多问题。

周法高《〈切韵〉鱼虞之音读及其流变》(1948)的主要内容是:

其一,汪荣宝和高本汉所遗留的鱼虞音读问题。周法高认为,汪荣宝《歌戈鱼虞模古读考》(1924)确定了歌戈的古读,但鱼虞模却成问题,结论不可靠。高本汉《中国音韵学研究》虞定为[-iu],鱼的音读遇到了麻烦:主要元音是[y]还是[o]呢? 高本汉有两点难以解释:一是汉梵对音中,[o][u]开尾字唐代以前多用于尤侯虞模韵字,唐代则是用于虞模韵字,很少用鱼韵字;二是在南北朝诗文用韵中,和模韵通用的是虞韵,而不是鱼韵。于安澜《汉魏六朝韵谱》、王力《南北朝诗人用韵考》韵例就可以证明。

其二,对高本汉鱼虞音读构拟的修订。周法高说,中古鱼虞元音各自有别,但根据上古音和方音文献,鱼韵是近乎[o]的一个元音。这有两种可能:一种是比[o]开口的;另一种是[o]的不圆唇元音,但还没有到[ɤ]的程度。在唐代以前译音中的几条例证里,鱼韵字对译[a]音,但模韵也有对应[a]音的;虞韵则很少对译[a]音。可以认定,鱼韵读音在[o]和[a]之间,所以拟为[ɔ]音就比较合适。高本汉假定鱼韵是合口,周法高认为作开口较好。理由是:从音理上看,不圆唇元音形成受[i]介音影响,开口更好;从历史文献上看,鱼韵没有合口的证据,罗常培《〈切韵〉鱼虞之音值及其所据方音考》(1931)已经证明。周法高则假定鱼韵读[-io],和马伯乐《唐代长安方音》7世纪鱼韵构拟相同。高本汉认为给虞韵拟作[-iu]比较合适,玄应《音义》等文献梵汉对音做如此记载;但在其他方言中,虞韵是读[o]的。周法高则假定虞韵读[-iuo]。

其三,鱼虞之音读在方言中流变。周法高说,在大多数方言里,鱼虞两韵的读法没有分别;但随着声纽的不同,韵母也有差异。在许多官话方言中,在喉牙音、齿头音来娘等后面读[y],其他声母后读[u];又有些方言,比如江苏六合、云南昆明,[y]变为[i];有些方言,除了二等和唇音外,都读成[y],如湖北、湖南的许多方言,以及福州方言(平声);至于广州,舌上、正齿三等和元音起头的字读[y],正齿二等读[o],唇音读[u],其余的读[-θy]。他们的演变次序是:鱼韵:[iɔ]→[io]→[iu]→[u]或[y];虞韵:[iuo]→[iu]→[u]或[y],或其他韵母。

其四,"附录"列出了梵汉对音的原文、译名资料和两个"附表"。列出梵汉对音的原文和译名资料,目的是强调使用此类资料的谨慎态度。周法高将资料分为两期:唐代以前和唐代到宋初。"附表一"是对梵汉对音的原文和译名资料的分类归纳,比如表一是侯厚候、尤有宥、模姥暮、虞麌遇、鱼语御韵前期后期对译梵文的读音情况;"附表二"是标示钢和泰原书侯厚候、尤有宥、模姥暮、虞麌遇、鱼语御韵字出现的次数,补充"附表一"以及前面的说明文字。

周法高对《切韵》鱼虞音读及其流变的研究比起前人的思考更为精密,材料视野范围更为广大,方法更为多样化。

周法高《中国音韵学论文集》(1984)收有作者1968年到1972年期间在香港中文大学任教时所发表的4篇论文,除了2篇是纯粹上古音论文外,有2篇和中古音有关:《论〈切韵〉音》和《论上古音和〈切韵〉音》。

丁邦新《论〈切韵〉四等韵介音有无的问题》(2007)说,这个问题从高本汉开始就在讨论。高本汉认为四等韵有一个很强的元音性的[i]介音,赵元任、周法高、董同龢赞同此说,而陆志韦、李荣、邵荣芬等反对;刘广和根据梵汉对音也赞同有[i]介音。丁邦新从四等韵合口音的演变、汉越语中重纽四等字的读音、梵文对音里的四等字、魏晋南北朝四等字押韵的趋势等方面,证明四等韵有[i]介音。

董忠司《从若干悉昙资料再论唐代前期中古汉语三等韵"介音"的性质》(2015),这篇论文最大的特点是在理论思考上下了很大的功夫,例如改变方言音节比对为结构的系统比较,改变单用直线传承而考虑多元互动,改变摒斥传统文献的做法而强化历史文献的运用方法,运用地理语言学的方法来弥补历史语言学的不足,运用"不连续性音变观"来进行音变研究等等。

由此,他在论文中体现了自己的理论观念,就是尝试建立三个主要概念:

一是重视同时代文献中的语音信息分析,以唐代的文献来重建当时的音韵系统;二是认为唐代的梵汉对音以及有关的梵文音读讯息是比较确切的信息,也是解开当时语音之谜的钥匙;三是汉语方言和非汉语的语音综观,有助于拓宽视野。以下归纳的董忠司研究的思路。

其一,董忠司的目光是敏锐的,认为汉语发展到近、现代,"四呼"是一个语音诠释的"大架子",可以用来观察汉语及其方言,但是也可能因为过度重视这个"架子",导致看不到四呼之内的细致语音现象,也看不到四呼以外的语音现象,失去了语音诠释的活泼性。所以,从诠释系统来说,我们应该注意避免有所局限。

其二,依介音的时程长短,董忠司建议先试分为四个类型:1.长介音,M1,介音的时程大致等于或长于韵腹者;2.一般介音,M2,如北京话的介音时程,或介音的时程大致为韵腹一半者;3.短介音,M4,为声母附缀成分(或唇、腭化声母)发音后之略为延续者,或介音的时程大致短于韵腹的 1/4 者;4.无介音,M0,无缀声母或附缀(例如唇、腭化声母)发音后不延续者,或介音的时程等于 0 者。

董忠司强调,在实际听音记音时,状态绝不简单,因此,根据不同状态,可以调整如下:

(1)M1 类必要时,可以分别其介音长短。例如"ia"与"i:a"等,"i:a"表示介音 i:长于 a。

(2)M2 类必要时再分别其介音长短与性质,例如[tɕja^{55}]必要时分别为[tɕja^{55}](半元音)、[tɕjja^{55}](长的半元音)和[tɕia^{55}](元音化)。

(3)M4 类的齿化声母建议写作[C^{s}][C^{z}][C^{ẓ}](皆上标,C 表示声母)。

(4)M4 类的[C^{j}]的央化建议写作[C^{ï}],后化写作[C^{ɯ}](皆上标)。

其余依国际音标的用法类推。介音的时程长短,根据的不是耳朵的听觉,而是语音感知仪器的精密情况。

其三,完成于公元 640 年的颜师古音系,和《韵镜》《广韵》的记录基本上是一致的,有些比《广韵》还更接近《韵镜》。《韵镜》音系架构和颜师古音系相较,除了若干韵须要合并以外,步调相当。因此,颜师古音系应该也有开合各四等和重纽等等语音架构。董先生就依此架构来参酌梵汉对音,观察其影喻纽与介音成分。

其四,从梵汉对字注音的现象,构拟影喻与三等介音的音位与音值。经过对若干梵汉对音资料的比较与考察,董忠司看到了重要的语音现象,认为这些数据值得尝试联系初唐颜师古音切和等韵材料。也就是说,在现代学者运用历史比较语言学的方法,进行所谓《广韵》/《切韵》音系的重建之后,往往被质疑于《广韵》/《切韵》"因论南北是非、古今通塞"的杂糅音系如何能够用来作为构拟根据。因此取初唐一时一人所作音切为材料所整理成的颜师古音系为根柢,以早期中古韵图为参考架构,取唐代梵汉对音的语料,另辟蹊径,来进行初唐汉语中古音读的考察,便成为有意义的研究工作。

初唐颜师古音系的 40 声类,其中于影、弋喻、于为/喻三三声类分立非常清楚。唐代的梵汉对音研究中,在以[a]为元音的"破、祕、珂"字的梵汉对字注音,发现:1.不用喻三字;2."破"用喻四字;3."祕、珂"用影四字来对音,同时多用脂之韵字。这个对音情况正好也是三对立。

如何解释三种对立? 进一步说,公元 7 世纪初的颜师古音切,有些声母的一二四等和三等韵有分立的倾向,同时唇音有若干韵会轻唇化,轻重唇分立相当清楚,不像《广韵》犹多混用。知道舌音、齿音的三四等字母不同,且有重纽的韵,喉牙唇声母必分三四等,加上"破、祕、珂"字的梵汉对字注音现象中的音读讯息,则在这样的声韵聚合和组合关系上,应该能够获得一些音位和音值的消息;更重要的是可以提出一个问题:为何在声母这个音韵层面上,喻四(纽)字适用来和半元音的"破"对音;而"祕、珂"字的梵汉对音,不论对音字、还是注音字却都选用影纽字,尤其是三等韵的影纽字,而不选用喻四,也不选用喻三的字? 同时,何以三等韵脂之韵的喻四字却适合用来作为梵文"伊短、伊长"的反切下字或"韵母"?

其五,董忠司认为,在回答这个问题之前,还是回到《汉书注》的颜师古音切,上下字中于影、弋喻、于为三声类的行为表现,看看这三个声母的互切情形。颜师古所作的反切,其反切上下字力求和谐,同时,反切上下字绝不同字,而各声母多用来纽字为反切下字,专就于影、弋喻、于为三声类来说是值得说明的。

梵汉对音(含音读说明)里,既然分别读为短长音[i][î]的"祕、珂"字,其梵汉对音不论对音字还是注音字都选用影纽字,尤其是三等韵的影纽字,而不选用喻四字,也不选用喻三的字,可见梵、汉的这一对音组有相同的语音成分;

"秘、珂"字既然是高前元音的短和长两种语音,而用来对音的汉字——"影母而且大多是三等韵的脂之韵字四等字",可见"秘、珂"字的音位是/i/、/ǐ/,而其实际音读(音值)可能在发元音之前伴随有喉塞音成分。而在用来与"秘、珂"对音的汉音,其喉塞声母与四等的介音成分之后的脂之韵字,应该就是元音[i];而这个四等的介音成分又与喻四相关。喻四和喻三都是零声母字,何以喻三和喻四互相不为反切下字?喻三的介音成分远于照三组和日母,而喻四则相反。喻四既然性格活泼,而且梵文读为附有半元音[ja](传统习惯写为[ya])的"砐"字与之对音,[ja]是梵文的一个音节,可以和其他辅音组成"kja、gja、ghja、ṭja、ṭhja、ḍja、ḍhja、ṇja、ṭja、ṭhja、ɕja、ɕhja、ŋa、lja、tʃja、tʃhja、dzja……"等等"辅音+ja(砐)"的组合,这些组合都是一个音节,因此,此喻四应该是发音时程相当短的半元音,其音位写做/j/,其音值初步说来也是[j],也就是上文所说的介音类型 M2。进而言之,排列于四等位置的普通三等韵字(即精组四等)也是 M2 型介音。喻三是 M4 类型;其介音成分应该还要分出"喉(喻四所属)牙(见组所属)唇(非组所属)"一类和"非喉牙唇"一类,同时还有三等韵的其他舌齿音母声母,唇音也还有轻重唇之不同。M4 类型的介音,音位是一个,而音值会随声母的发音部位和性质而有多个不同。其中,普通三等韵喉牙唇音(含喻三)M4 类型介音成分是后位的,普通三等韵舌音和照三组是中位的,而普通三等韵照二组是前位的,可能也是齿化的。这里的"后位、中位、前位",是就整个舌部而言,"后位、中位"是舌面性的、软腭和硬腭(后部)性的。普通三等韵的介音音位有两个——三等为 M4 型介音、四等为 M2 型介音,喻三和喻四的不同零声母,正是同步于 M4 型介音和 M2 型介音。其中,M4 型介音的音位还有三种音值。在这个认识基础上,三等韵之分列于二等和四等,可以说是一种"借位",也可以说是韵图只依发音部位列为 23 行所导致的实际语音的必然表现。

至于重纽三等韵喉牙唇音字之分列于三四等,应该也是介音的不同,其分列于三等的,应该是 M4 型介音的后位化音值。颜师古音系的声韵配合关系和《韵镜》《七音略》一类韵图相同,其重纽三等的喉牙唇音和重纽四等的喉牙唇音,列等亦与《韵镜》《七音略》一类韵图相同。其重纽三等韵的喉牙唇音和非重纽三等韵的喉牙唇音(轻唇音除外)声韵组合关系相同,而必列于三等位置。而重纽三等韵喉牙唇音字之列于四等者,由于其反切下字可以选用照三等字而不用三等韵的四等字,因此,其介音成分应该是 M4 型介音的中位化音值。这样,既能合乎颜师古音切的现象与韵图分等(含重纽的分等陈列)表现,又能不违梵汉对音的音读事实,应该是初唐和中古汉语语音重纽的面貌。

其六,关于喻三、喻四和唐代前期三等韵介音的阐释。从《韵镜》《七音略》一类韵图的结构来看,由于颜师古的声韵组合关系大体与之相同(有些韵部相较之下有合并的情形),因此可以说结构相同,他们都有"声母、介音成分、韵腹、韵尾、声调"等音节成分。如果以音节时段的公式,可以表示为:

R1.S[音节]=(C[声母])(M[介音成分])V[韵腹/主要元音](E[韵尾])/T[声调](R1.中的圆括号表示"音节结构中不必然有的成分")。

这样的汉语中古音语音建构,既能够照顾颜师古音系的反切表现,符合梵汉对音的语音事实,也不违背三十六字母和早期韵图的架构与搭配关系。

按,颜师古语音材料是董忠司自己亲自发掘的,依据可靠。其实,唐代除了颜师古之外,还有慧琳《一切经音义》音注材料,许多学者也十分关注,分析也很精细。这个材料能不能用来作为董忠司研究的一个侧面?董忠司已经在相关的著作中有所说明,认为还应该进一步推阐其关系。这些介音类型分析,是基于音位的观点,还是音值的观点,抑或是音位和音值兼顾?如果区分音位和音值,该如何区别?如果不区别,是不是又是陷于模糊状态?董忠司以颜师古音注的音系单纯性为理由而处理,那么,单纯的性质究竟如何?是当时的时音,还是方音?这确实是应该交代的。还有,这里处理的介音类型,究竟是该划入中古两呼介音体系之内的,还是划入到中古两呼介音体系之外的?读者也是很关心。此外,越南汉字音、朝鲜汉字音、日语汉字音能不能为之提供有意义的证据,是不是可以关注一下?

三、《广韵》韵书

(一)《广韵》版本及校勘

关于校勘,主要有于维杰《〈广韵〉讹夺辨正》(《成功大学学报》4:95—164,1969)、《〈广韵〉讹夺辨正(续完)》(《成功大学学报》6:187—224,1971),余迺永《互注校正宋本〈广韵〉校勘记》(联贯出版社1974),龙宇纯《〈广韵〉校勘记订补》(台湾"国科会"奖助论文,1974、1977),林尹《新校正切〈宋本广韵〉序》(《书和人》300:8,1976),陈徽治《周氏〈广韵校本〉拾补》(《华学月刊》82:54—58,1978),朱少雄《〈广韵〉表解之辨正研究》(《黄埔学报》12:233—282,1979),黄翠芬《〈广韵〉详略本先后概述》(《台湾图书馆馆刊》25.1:125—133,1992)、林炯阳《林景尹先生〈广韵校本〉笺证》(《纪念林景尹先生逝世十周年学术讨论会论文集》78—84,台湾师范大学国文所 1993)等。

《广韵》工具书主要有:1.未署名《校正〈宋本广韵〉(附〈索引〉)》(艺文印书馆 1970)。其"校正凡例"讲:"该书以张士俊泽存堂本《广韵》为底本,而据周祖谟《〈广韵〉校勘记》,以校正张刻之误。周氏之校勘,最为精审。兹所校正者,为张刻本之确为误字及脱夺者,其他存疑未定者,概不采入……本书校正之主旨,在减少读者阅读之困难,便利教学。如欲进一步研究,则周氏原书俱在,极便参考。"由此可知,《校正〈宋本广韵〉(附〈索引〉)》是周祖谟《广韵校本》"校勘记"的再编本,主要用于汉语音韵学教学之用。余迺永《新校互注宋本广韵》出版以前,学术界普遍认为《广韵校本》是最好的校本,而这里使用《广韵校本》"校勘记",主要是取其精审而可靠,无论是研究还是教学,均为学术上的考虑。2.林尹《新校正切宋本广韵》(1976)则在周祖谟《广韵校本》基础上,吸收《切韵》研究新成果而进一步用心校勘,订正了一些周祖谟未曾改正的谬误,成为台湾地区教学通用的版本。林尹还发表了《新校正切〈宋本广韵〉序》(《书和人》300:8,1976)加以说明。3.李添富主编,张玲霞、李娟鹃等编辑的《新校宋本广韵》(2001/2005)是一部重要的《广韵》校释著作。在《编辑说明》中,编者说:"本书以泽存堂翻刻宋本《广韵》为底本,参照古今善本暨诸家校释,刊谬补缺并增注声、韵类、音读、等第,方便学习使用……本书声类采黄季刚先生四十一声纽说,韵类则依陈新雄先生二百九十五类;本书各声韵类音读之构拟,本诸陈新雄先生《音略证补》暨《古音研究》考定。""附录"有两个方面内容:一是《又音又切表》,二是《广韵切韵上下字表》。此外,还编制了《索引》,便于查检。

关于版本研究,朴贞玉、朴现圭《广韵版本考》(1986)是专门研究宋代韵书《广韵》版本源流问题最为重要的著作之一。体例为:第一章,序论。第二章,宋椠。详本,包括巨宋本和大宋本。第三章,元椠。第一节,详本;第二节,略本;第三节,略多本。第四章,明椠。略本。第五章,清椠。第一节,详本;第二节,略本;第三节,前详后略多本。第六章,民国椠。第一节,详本;第二节,略本;第三节,前详后略多本。第七章,结论。"结论"称,《广韵》版本布散,以中国台湾、大陆为主,日本现藏或旧藏本亦多,其他地方较少。在"追记"中,又列有中文出版社景印小学汇涵本和学海出版社景印黄三八郎书铺刊本。前述黄翠芬《〈广韵〉详略版本先后概述》(1992)对《广韵版本考》论述也有补充与修订。

余迺永曾撰写《泽存堂本〈广韵〉之版本问题》(《语言研究》2:154—159,1999),讨论了泽存堂《广韵》跟相关版本的关系,指出泽存堂本《广韵》之底本实为宁宗本,跟楝亭本有同类的祖本,纠正了前人的错误看法。余迺永《新校互注宋本广韵(定稿本)》(2008)"序"和"校例"也涉及了《广韵》版本很多的问题。

中国大陆学者葛信益《〈广韵〉丛考》(1993)收录了作者研究《广韵》版本及校勘的一些论文,其中有《评余迺永〈互注校正宋本《广韵》〉》《再评余迺永〈互注校正宋本《广韵》〉》《三评余迺永〈互注校正宋本《广韵》〉》等论文,指出余迺永新校互注的许多问题;此外,还有《〈广韵〉字夺注误举正》《〈广韵〉异读字释例》《〈广韵〉声系校读杂记》《谈黄季刚〈广韵校录〉卷五中的错误》等论文,都和校勘相关。古德夫《汉语中古音新探》(江苏教育出版社 1993)也有《〈切韵〉等韵书反切的异同》《〈切韵〉残卷与宋跋本"王韵"反切表》等论文,对不同版本《切韵》系韵书进行详细考辨,引人注目。蔡梦麒《广韵校释》(上、下)(2007)后出转精,以张士俊泽存堂本《广韵》为底本,参校了巨宋本、景宋本、巾箱本、覆元泰定本、四库全书等版本;以"小韵"为单位,标注出每个反切的中古语音地位,包括韵摄、闭合、等次、声调、韵部、声纽 6 项,使用了国际音标;标注了《广韵》中 25000 多字的现代读音;将《广韵》25335 个字头依次编号,且标注于每页页眉,既有中文拼音方案音序又有部首检字表,是横排繁体字本,使用更为便利。

熊桂芬《从〈切韵〉到〈广韵〉》(商务印书馆 2015)从增字、加训、增音三个方面,全面比较了《切韵》系列韵书的异同,观察其演变,从多个角度说明《切韵》系列韵书的各自贡献及价值,材料非常丰富,属于"后出专精"之作。

(二)《广韵》反切考订及其系联理论与方法

与此相关论文主要有:李永富《从〈切韵〉到〈广韵〉》(之一)(《大陆杂志》

19.2:9—25,1959)、《从〈切韵〉到〈广韵〉》(之二)(《大陆杂志》19.10:21—32,
1959),蔡信发《〈广韵〉反切一览表》(《文风》4:28—44,1964),于维杰《陈澧
〈切韵考〉辨证》(台湾"国科会"奖助论文,1968),江举谦《〈唐韵四声正〉订
补》(台湾"国科会"奖助论文,1966)、《江有诰〈唐韵四声正〉平声韵字订补》
(《图书馆学报》9:21—40,1968)、《江有诰〈唐韵四声正〉入声韵字订补》(《文
史学报》4:23—50,1974),戴瑞坤《陈澧〈切韵考〉考辨》(台湾中国文化大学硕
士论文,1971),杜其容《陈澧反切说申论》(台湾《书目季刊》8.4:17—22,
1975),高明《评陈澧以来诸家之声类说》(台湾《辅仁学志》[文学院之部]10:
29—66,1981),以及《高明小学论丛》(1971)中古音部分,陈秋隆《陈澧〈切韵
考〉辨证》(正大印书馆1982),许世瑛《论〈广韵〉反切跟国语音读》(《许世瑛
先生论文集》1:1—24,1974)、《〈广韵〉两读之字朱熹口中只有一读考》(《文
史季刊》3.1:14—12,1972),林素珍《〈广韵〉又音探源》(台湾《中华学苑》9:
39—98,1972),董忠司《江永声韵学对陈澧〈切韵考〉"内外篇"的影响》(第二
届明清之国际中国文化的转变语延续学术研讨会,1993),邱德修《观堂声韵
学考述》(五南图书出版有限公司1994)等。

　　龙宇纯《陈澧以来几家反切系联法商兑并论〈切韵〉书反切系联法的学术
价值》(1982)分为两部分:其一,对陈澧反切系联法局限性进行说明。他认
为,陈澧依据精密的系联法所得《切韵》的声类和韵类并不完全客观可信,因
为《广韵》残存早期的反切,严重影响系联效果,比如"知端类隔、帮非类隔"
等;反切的特殊结构也使其系联陷于不实,比如切语上字不能系联的类别并不
代表声母发音不同,使系联的结果很容易导致误解。陈氏时代,因为学者不甚
重视韵图,所以有反切系联法的产生,使得分析出现如此缺陷。其二,对白涤
洲、李荣系联法的理解。龙宇纯认为,白涤洲《〈集韵〉声类考》(《史语所集
刊》3.2:477—554,1931)基本上使用的是陈澧反切系联法。遇到又音不互注
又切、"实同类而不能系联"之切语上字时,陈澧的补充条例失去了作用,就只
好用"同义异读字",以为比较其切语上字并加以系联,但主观意味过浓。如
果改用陈澧的分析条例则在方法上无疵可议。李荣《〈切韵〉音系》用全本《王
韵》探讨。《王韵》体例同《广韵》,应该全部采用陈澧的系联法,但李荣只在系
联反切上字时采用了基本条例,另外提出互补和对立的观念以为辅助;但何者
为对立,何者为互补,不宜判断。李荣处理时还有态度不尽一致的地方。由

此,龙宇纯认为,仅是运用陈澧的方法,很难获知《切韵》音系真面貌,必须参考其他材料才行。

龙宇纯《陈澧反切系联法再论》(《中上古汉语音韵论文集》239—251,2002)认为,自己 1982 年所谈"陈澧反切系联法"等问题不彻底,须要再行补充。比如反切上字的分类与重纽息息相关,还是可以归结到反切结构"常式"问题;有时凭上字区分两者的韵等不同,下字同等与否反而不重要。韵书反切只是可以用来校订韵图列字,且应注意因传抄而致误的问题。他提出应重新评估等韵图列字与韵书反切的关系。

陈光政《〈广韵〉四声相承韵类系联之探讨》(1983)体例是:第一章,序言;第二章,《广韵》四声相承韵类系联之探讨;第三章,附录:中古韵母之音值(董同龢《汉语音韵学》)、中古声母之音值(高本汉《中国音韵学研究》译述本)。

在"序言"中,作者坦言学者们利用陈澧系联法而归纳《广韵》声类韵类存在的问题:一是大多数学者忽略 206 韵"四声相承"的重要性,很少有人依照等韵图形式,同时在一个大表格中系联平上去入相承的声类,大半都把平上去入分开,如此一来,所得的结果都是个别的,无由观察四声之连贯性与一致性,系联的效用相对降低了;二是系联者大多不注意利用《广韵》版本和校勘,因此,就会产生不合理与解不开的问题;三是大多数学者仅注意每一个韵目下的小韵,"常有行不得也之叹",原因在于反切语常用"同音字",即不一定用小韵的代表字,因此不知利用"同音字"者必不能达到系联的目的;四是大多数学者未能把《广韵》、等韵图、系联表格三者合而观之,这三者是研究中古音的三个层面,不宜分割述之,若能综合运用,不但可以认识中古音现象,还可以发现三者的错误和缺陷;五是大多数学者系联之后就搁置了,很少有人去讨论它的类别、开合、等第、位置以及系联过程中所发生的各种问题,而这些事项正是研究中古音者必须先行廓清的问题;六是大多数学者不标注现代语言学家的拟音,从音理上讲,拟音是反切与等韵之"再进步",可以抓到语音问题的实处。

由此,《〈广韵〉四声相承韵类系联之探讨》着力在避免出现这些问题上下功夫。第二章《广韵》四声相承韵类系联结构安排,就不同于以往。比如一东,平上去入即东董送屋四声相承,不再分开。东之下,圆圈中写"端"字,表示是端母,"端"字之下是反切"德红",相应董送屋也是如此。在"穹"字之下,圆圈中写"溪"字,"溪"字之下是"去宫",表明是去宫切;其下还加注释顺序号,在正文尾部有"宫、弓同音"的注释内容。又如"丰"字之下加注,在正文尾部注释:"今据切二、王二、全王作'隆',观韵图'隆、丰'同为三等而'空'为一等,故知'空'为误,宜改作'隆'。"注释之后设"讨论"专栏,言:

> 系联之:东、送为二类,董为一类,屋为三类。验诸韵图可发现,(1)东、送为二类是也,即韵图之一等、三等。(2)有一等字误作三等字之反切下字者,此将导致系联上之错误。(3)屋在韵图仅作一等与三等两类,而系联的结果是三类,究其原因,乃在于"木"与"卜"两两互用之故,造成一误为二之差错。(4)董韵本亦为二类,然其三等有音而无字,故以一类视之。

但作者并没有将自己所制定的系联原则贯彻到底,比如没有给东董送屋各韵类拟音,而只是在"附录"中列有董同龢《汉语音韵学》中古韵母音值和高本汉《中国音韵学研究》中古声母音值。这就带来了两个问题:一是没有在反切与等韵之基础上以拟音显示"再进步";二是董同龢与高本汉体系不同,况且都存在利用陈澧系联法而归纳《广韵》声类韵类的问题,难以符合本文所建立的标准,是不是又"倒退回过去的问题状态"了呢?还是让人感到不满意,由此,操作层面又出现了缺憾。

王志成《〈广韵〉作业》(2000)是一本便于初学者运用陈澧反切系联法而归纳《广韵》音系声韵类的入门书。编排以206韵次序,区别平上去入四声,但没有直接操作"四声相承"程序。书中留下许多空白项,供初学者填充。该书体现了作者研究《广韵》音系声韵类的一些基本想法。

李三荣《陈澧〈切韵考〉考》(《第二届清代学术研讨会论文集》523—559,台湾中山大学中文系1991)对陈澧《切韵考》中"不录而无碍于音理者增补之;其切语上字归类有不宜者辨明之,其分类有不当者更正之"意旨进行考辨,涉及的相关内容不少。

叶键得《陈澧系联〈广韵〉切语上下字条例析论》(《台北市立师范学院学报》28:275—296,1997)进一步挖掘了条例存在的一些问题。

林炯阳《〈广韵〉音切探源》(1978)是一篇有代表性的学位论文。基本内容为:第一章,绪论,介绍广韵之名称、作者及成书年代,广韵之体例,广韵在学术上之价值,广韵之版本。第二章,魏晋南北朝隋唐宋韵书与《广韵》之关系。"魏晋南北朝隋唐宋韵书述要"一节,包括韵书之起源——魏李登《声类》、晋吕静《韵集》;南北朝诸家韵书——夏侯该《韵略》、阳休之《韵略》、李季节《音谱》、杜台卿《韵略》,五家韵部与魏晋南北朝诗文用韵之比较;隋陆法言《切韵》;切韵之增订——叙及初期增订本《切韵》、长孙讷言笺注本《切韵》、王仁昫《刊谬补缺切韵》、中期增字更定本《切韵》《唐韵》、李舟《切韵》、大唐《刊谬补缺切韵》、晚期增订本《切韵》。"隋唐宋韵书韵部、反切与《广韵》之比较"一节,有韵部之比较、反切之比较内容。在"《广韵》之性质及其音系基础"一节,述及吴音说、兼赅今古方国之音说、长安音系说、洛阳音系说、6世纪文学语言之语音系统说。第三章,《广韵》单字音表,分别十六摄表。第四章,《广韵》之声类及其时值。"《广韵》之声类"一节,述及声目之缘起、三十字母与三十六字母、诸家《切韵》或《广韵》声类及拟音述评。在"述评"中,涉及了陈澧、黄侃、陈新雄、罗常培、高本汉、白涤洲、黄淬伯、曾运乾、陆志韦、周祖谟、董同龢、李荣、王力、藤堂明保、周法高、Nagel、马丁、蒲立本、李方桂等学者之研究;还有《广韵》反切上字系联、广韵反切上字于各等韵母中出现之次数、《广韵》反切上字分类总表。在"《广韵》声类音值蠡测"一节,涉及五音七音及清浊、[j]化问题、並定澄从神等七母是否送气问题、广韵声类之音值、《广韵》韵类表等问题。第五章,《广韵》之韵类及其音值。"《广韵》之韵类"一节,涉及了陈澧、黄侃、高本汉、白涤洲、钱玄同、林尹、周祖谟、陆志韦、马丁、藤堂明保、董同龢、王力、陈新雄、李荣、蒲立本、周法高、李方桂之研究;还有韵与韵母、开合之定义、唇音字之开合及唇音之分化、反切下字系联讨论、《广韵》韵类表。在"《广韵》韵类音值蠡测"一节,谈到了《韵镜》《七音略》之分等与广韵各韵类之关系、四等之界说、合口介音、前腭介音、四等韵之主要元音、一二等重韵与三四重纽问题,以及分摄订音、十六摄之名称及其由来、《广韵》韵类之音值;最后,列《广韵》韵母拟音表。

龚于芬《陈澧〈切韵考〉及其音学思想研究》(2005)谈到,《切韵考》的内容丰富,因为《切韵考》卷次有"表上、表下、二百六韵分并为四等开合图摄考"的图表,也有"通论、后论"等论述,"图表"部分中有着说明性质的文字,"论述"部分也有帮助阅读的"图表",这样的编排显示出了《切韵考》音学著作的性质。其主要观点为:

其一，对《切韵考》的另一种认识。龚于芬说，与以往的研究不同，她所强调的出发点是学问绝非单独存在，语言会受到使用者本身社会文化观念的影响，一个人的音学观当然也不会只有音韵学的单一元素。

其二，《切韵考》"系联条例"的科学性。龚于芬指出，"系联条例"本身是许多方面的综合体：分析条例契合了西方数学的"经典集合论"，基本条例中的"同用、递用"吸收了陈澧研究《说文》以"谐声"分部的方法，补充条例的第二条掺入了张氏父子《谐声谱》中"合韵"论，"知二可求一"的二段式分类法则是融合陈澧"球面三角：知三以求一"的数学观。如果单从音韵学的角度视之，"系联条例"只是一个科学性高的方法，但是，从创造者本身的思想角度，"系联条例"这个方法所象征的意义却非常丰富。

其三，《切韵考》与天文历算思想。虽然陈澧在《广州音说》中提到"明微合一"是广东话保留古音的现象，不过，以今天广东话的声类对照，若以广东方言为依据，要合并的声类不应该只是明微二纽。因此龚于芬认为，广东话中"明微合一"是促成声类四十（包含浊声纽十九）的手段，而非是最终原因。声类四十是杂糅天文历算思想的结果，因为古代，历算的正确与否影响着整个国家的生活作息，有了正确的日期与节气，才能地尽其利、生产不息，陈澧应是把这个重要的历算概念置入，就如同那些援易入理的韵图一样，而作者也是从"社会、文化会影响语言系统"的理论做出这样的推敲。

其四，《切韵考》反切"中国本有"观念。陈澧在《切韵考》中一直强调反切早在三国时期就已出现，是属于中国本有的产物，并非佛国之物，且相当排斥属于佛国产物的等韵图，尽管陈澧是从时代先后的观点反对等韵、韵图的。为什么陈澧"中国本有"的观念会这么的强烈？龚于芬以为这跟陈澧所处的时代背景、学术背景有密切的关联。

龚于芬认为，语言的演变发展与社会文化的演变发展密切相关，并以此为中心思想，从文化、思想的角度去诠释陈澧选择研究今音音系以及更动声类数背后的深层意义，衍而成篇，因而新意迭出。

黄柔钧《全本王仁昫〈刊谬补缺切韵〉系联方法析论》（2007）内容包括：对象、目的、材料、理论体系（先设、原理、原则）、步骤与结论。作者指出，反切系联是研究《切韵》系韵书字音系统的基本方法，自清陈澧创立以来一直都被使用，然而系联的步骤却又一直未被详细陈述。作者将系联对象锁定在唐王仁昫《刊谬补缺切韵》一书，欲从前人系联《广韵》的经验中辩证出一套系联方法。作者相信同质的事物能以相同的方法分析，因此欲利用《广韵》系联的经验辨证出《刊谬补缺切韵》系联方法，先要确定彼此的亲属关系；从撰著目的、体例两点观察，二者皆欲透过审音的手段，加强押韵的功能，其韵数、韵序也相近，而认定彼此同系。于是作者综合各家说法并加以验证，对系联方法做一廓清；这也是一种将陈澧《切韵考》系联法应用于《刊谬补缺切韵》反切，去验证陈澧方法的科学性以及修订策略的试验方法。

潘柏年《陈澧〈切韵考〉研究》(2010)共四章：第一章，绪论。第二章，反切系联研究：反切系联前提、切语方法、《切韵》性质、证据材料、排除干扰、反切系联条例等。第三章，陈澧校理《广韵》析论：《广韵》诸本互校、同韵二音冲突、以他韵为下字、依注语校理、引他书校理《广韵》、以推论校理《广韵》、校理《广韵》韵部。第四章，结论。

潘柏年认为，《切韵考》一书首先建构了《广韵》音系，其反切上下字系联条例为研究中古音最重要的方法论，然则纵使遵照其所考定的切语，接受其增加字、切语偶疏、切语借用的判断，系联《广韵》音系，不会必然得出四十声类、三百一十一韵类的结论。前人因此或疑其标准不一，自相矛盾，然作者以为陈澧乃考据学家，具客观之精神、科学之态度，今无法再现其系联实验者，盖陈澧除反切上下字系联条例外，当有其他隐含之标准、失落之环节。故作者以归纳法为主，考求其分声析韵标准，以求掌握陈澧学术，认知《切韵考》言外之意；并扩大研究范围，因考据学具有体例纯粹单一、标准明确简单特色，而陈澧为考据大儒，故假设其《切韵考》有一贯之标准、具严谨之体例，本研究宗旨即验证此假设。

潘柏年强调，自己研究陈澧《切韵考》，除陈澧于《切韵考·序录》明白宣示的系联条例、增加字标准、切语借用之例外，还归纳出《切韵考》独立声类标准、独立韵类标准、判定四声相承韵组标准，以及陈澧校理《广韵》"其有不同者，择善而从"的标准、增加字"以其无害于本书之例故仍录之"的标准、《韵类考》的撰作之体例、《韵类考》注记"自为一类"与否之例，并检讨陈澧系联《广韵》音系前提，考正《广韵》切语之得失等，在此基础上提出"反切下字补充条例不仅言其合，亦有言其分者"主张。上述标准及体例，验诸《切韵考》一书，除"瞑"字不录于《表》中尚无法合理解释外，其余无论陈澧判断之标准、权衡之依据、撰作之体例、论述之套语,从大体至细节,均有法有度、有为有守,故本书《切韵考》有一贯之标准,具严谨之体例的假设可成立。

庄惠芬《〈广韵〉切语今读表》(1964)是一本供人们查检《广韵》反切而折合汉语今读的工具书,以流行广泛的张氏泽存堂本《广韵》为依据,并参照《〈广韵〉校勘记》所校正的反切来使用。其注音方式是:用国际音标及"国语注音符号"分别注音,依照董同龢所拟《中古声母韵母声调流变与现代国语比较表》所定。书中列反切上字笔画索引供检阅。作者编写的目的在于:当时人们使用的《康熙字典》《辞源》《辞海》等工具书的注音方式是直音或反切,因此很难确定准确读音;作者认为必须用现代注音方式改变这种状况,以付社会需要。该书带有明显的时代印迹,尽管如此,对今天的学者了解自《切韵》以来汉语语音流变仍然具有一定的参考价值。

(三)陈新雄与《广韵》音系研究

江举谦《〈广韵〉中古音读标订》(上、下)(《东海学报》3.1:139—156,1961;4.1:46—56,1962)等对《广韵》音系有所考订,但系统性研究当属陈新雄《〈广韵〉研究》(2004)。

陈新雄《〈广韵〉研究》(2004)是台湾学者进行《广韵》研究最为重要的鸿篇巨制。全书共分五章:第一章,绪论,涉及《广韵》的价值、版本、渊源、韵书之总汇、相关之音系、性质等问题。第二章,《广韵》之声类,涉及《广韵》声之名称、声目之缘起、三十字母与三十六字母、陈澧系联《广韵》切语上字之条例、四十一声纽清浊及发送收、四十一声纽音读、四十一声纽正声变声等问题。第三章,《广韵》之韵类,涉及《广韵》韵之名称、《切韵》与《广韵》韵目、四声及《广韵》韵目相配表、阴声阳声入声、等呼、陈澧系联《广韵》切语下字之条例、二百六韵分为二百九十四韵类表、陈澧系联条例与《广韵》切语不能完全符合之原因、元音分析、语音变化、《广韵》二百六韵正变、《广韵》二百六韵之国语读音、《广韵》二百六韵之拟音、《广韵》声调与国语声调。第四章,《广韵》与等韵,涉及等韵概说、《韵镜》、《七音略》、《四声等子》、《切韵指掌图》、《经史正音切韵指南》、内外转之讨论、反切等问题。第五章,《广韵》以后韵书,涉及《韵略》《礼部韵略》《集韵》《五音集韵》《壬子新刊礼部韵略》《平水新刊礼部韵略》《古今韵会》《韵府群玉》《中原音韵》《中州乐府音韵类编》《洪武正韵》《琼林雅韵》《箓斐轩词林要韵》《中州全韵》《中州音韵辑要》《曲韵骊珠》《韵

略易通》《韵略汇通》《五方元音》等。其中有些内容已经见之于一些发表的论文,可以相互参见。《〈广韵〉研究》的成就在于:

其一,构建了一个十分完整的《广韵》文献和音系、等韵理论,以及韵书历史发展变化诸因素集合的体系。研究《广韵》的专书并不少见,比如高畑彦次郎对高本汉《广韵》研究的修订与补充(日本《艺文》1928—1930)、张世禄(商务印书馆 1933/1935)、方孝岳和罗伟豪(中山大学出版社 1988)等。张世禄《〈广韵〉研究》分为五章:《广韵》之作述及其体例、《广韵》以前之韵书、《广韵》之韵部、《广韵》之声类、《广韵》以后之韵书。因为所构建的体系不够成熟,内在的文献和音系、等韵等要素逻辑关系及界限并不十分清楚,所以,才有了《广韵》前后之韵书探讨篇幅过长,而音系性质不够明确的问题。而陈新雄《〈广韵〉研究》则极力避免这类问题的再现,从体系入手,细密的学术构架十分完整,各个子系统之间衔接无缝,"纽结"十分紧密,无论谈《广韵》什么样的问题,都以集中而论的面目展现。

其二,就《广韵》文献研究覆盖的宽度和广度来看,该书已经大大超越了前辈学者。吸取中国大陆、台湾学者的成果自不必说,就是美国、日本等国家学者的成果也列入参考范围,比如日本学者藤堂明保《汉语语源辞典》(1965)和《中国语音韵论》(1980)、赖惟勤《中国音韵论集》(1989)、花登正宏《〈古今韵会举要〉研究》(1997)等,由此可见,其学术视野超越了国界。从时间段上来说,古代学者的成果自不必说,就是汉语音韵学最新的研究成果也积极地迅捷纳入,比如《声韵论丛》第 12 辑(学生书局 2002),《鲁国尧语言学论文集》(2003),《黄典诚语言学论文集》(2003)。

其三,该书对《广韵》音系的讨论更为细致,蕴含着不少作者自己的创见。比如陈新雄对《广韵》声母的研究,以陈澧系联的四十声类为基础,进一步补足而完善系联的条例。陈氏在"陈澧系联切语上字补充条例补例"(199—200页)中具体说明:"都、覩、妒为相承之音,其切语上字声皆同类,故于切语上字因两两互用而不能系联者,可据此而定之也。"他认为文类应该按照基本条例分为明、微二类,所以他的《广韵》声类是四十一声类,这和黄侃的观点是一致的。陈新雄对《广韵》声类诸说的述评,体现了他对以往学者研究《广韵》声类成果的尊重和认识角度的不同。比如白涤洲,"虽用统计法而得四十七类,实际上仍是参照韵图之等列,可说是声母在等列上分配之现象,尚难谓《广韵》

声母之确实类别也"(226页)。陈新雄对四十一声纽音读的拟定,依据是《广韵》切语和韵图、域外汉字译音、国内现代方音等材料。拟音方法,比如注意《广韵》声类和《韵镜》等韵图的编排关系,参照方言语音等资料,很显然遵从历史比较语言学的基本理论规范,而这种拟音实践是以高本汉《中国声韵学大纲》为标准而有所发明的。最可注意的是,陈新雄运用并发展黄侃学说,确定《广韵》四十一声纽有"正变"之分,"然四十一声类,亦有正有变,正为本有之声,变则由正而生。知乎此者,始可以审古今之音,变方言之变"(294页)。比如匣母是正读,而群母就是变读。该书对《广韵》二百零六韵韵类研究也是遵循着"正变"观念的,除了正韵之外,还根据钱玄同《〈广韵〉分部说释例》一文归纳了变韵的种类,比如"古在此韵之字,今变同彼韵之音,而特立一韵者;变韵之音为古本韵所无者;变韵之音全在本韵,以韵中有今变纽,因别立为变韵;古韵有平、入而无上、去,故凡上、去之韵,皆为变韵"(568—569页)。还有对《广韵》音系性质、重纽问题的认识,都是非常精到的。比如理解重纽,认为李新魁的说法"最为巧妙",而且进一步加以论证(338页下注)。

其四,设置"《广韵》与等韵"一章,意在探讨《广韵》与等韵学的关系,寻求《广韵》音系结构研究的突破。陈新雄说,等韵"乃古代进一步说明反切之方法,主要表现为反切图,古人称之为韵图。宋元两代反切图乃专据《切韵》《唐韵》《广韵》《集韵》等韵书之反切而作"(637页)。四等理论是等韵学者研究韵母音值的核心;陈新雄最为关心的是《广韵》分韵与等韵分等的关系,所以专门设"《韵镜》之分等与《广韵》各韵之关系"一节,探讨《广韵》各韵处于《韵镜》等呼地位,如《广韵》东、冬、模等韵以及与之相配之上去入声韵称为一等韵,另有所谓二、三、四等韵。该章还讨论了《广韵》与《七音略》《四声等子》《切韵指掌图》《经史正音切韵指南》的关系,以及内外转等问题。《四声等子》《切韵指掌图》《经史正音切韵指南》与宋元语音有关,与之比较,将会突显《广韵》音系结构的"变异",从汉语中古音到近代音变化研究来看是必要的,符合汉语历史语音学研究的一般规范。

其五,力求在韵书文献历史发展变化中突出《广韵》的地位和价值。陈新雄之所以设置"《广韵》以后韵书"一章,是想通过"韵书"这一音韵文献的体式去看《广韵》与后代韵书的文献体式和语音系统"承袭与流变"的关系,目的仍然是突显《广韵》在汉语韵书史和汉语语音史上的地位和价值。张世禄《〈广韵〉研究》也是这么设置的,并同样命名为"《广韵》以后之韵书",但张世禄《〈广韵〉研究》时代,《广韵》"后时代"韵书研究还没有这样充分,文献也这么丰富,对一些问题的认识也不会有这么深刻,所以两者不可同日而语。尽管如此,二者用意都是强调《广韵》在汉语韵书史和汉语语音史的权威地位和意义。经过陈新雄的研究,这个目标已经基本实现。

当然,《〈广韵〉研究》还可以在文献视野以及学术的成果吸取上有所增益,比如日本学者高畑彦次郎对高本汉《切韵》研究的修订和补充,以及上田正《〈切韵〉残卷诸本补正》(1973)和《〈切韵〉佚文研究》(1984)等学者的研究,可以有所关注。另外,"《广韵》以后韵书"一章,应该进一步以"承袭与流变"为逻辑,推导出更为密切和更为明确的内在关系来。

叶键得《陈伯元先生〈广韵〉学之成就与贡献》(《南阳师范学院学报》1:55—67,2001)提到陈新雄《声韵学论文集》(木铎出版社 1976)、《音略证补》(文史哲出版社 1980)、《锲不舍斋论学集》(学生书局 1984)、《声类新编》(学生书局 1985)、《文字声韵论丛》(东大图书公司 1994)、《〈广韵〉研究》(2004)、《声韵学》(文史哲出版社 2005)等著作,进一步挖掘陈新雄《广韵》反切语音研究学术意义。

潘伯年《伯元师〈陈澧《切韵考》系联广韵切语上下字补充条例补例〉申说》(姚荣松等编《陈新雄教授八秩诞辰纪念论文集》129—148,2015)对陈新雄《切韵》反切"系联法"研究成绩有所阐发。

李三荣《从切语使用趋势看〈广韵〉的声韵类别》(1992)体例:第一章,绪论:《广韵》在汉语音韵史上的地位、前人对《广韵》声母韵母类别的研究;第二章,《广韵》单字音表,以十六摄为序;第三章,切语上字的观察;第四章,切语下字的观察;第五章,结语。李三荣在这里是动态地研究《广韵》反切选择问题,而不是机械地以系联为主,由此,对《广韵》反切语音问题研究更为审慎。

(四)《广韵》语音新证

对《广韵》音系声母研究的主要有:姚鹤年《守温三十字母新证》(《大陆杂志》6.12:1—4,1953),张以仁《由〈广韵〉变到国语的若干声韵与声母上的例外》(《大陆杂志》37.5:19—28,1964),辛勉《〈广韵〉反切反音声母变化之研究》(台湾中国文化大学硕士论文,1964),杜其容《轻唇音之演变条件》(《杜其容声韵论集》298—311,2008)、《由韵书中罕见上字推论反切结构》(《台大文史哲学报》21:1—49,1972)、《三等韵牙喉音反切上字分析》(《台大文史哲学报》24:245—279,1975),吕源德《从〈广韵〉又音考群母之古读》(台湾师范大学硕士论文,1976),陈新雄《〈广韵〉四十一声纽声值得拟测》(《木铎》8:61—75,1979)、《〈广韵〉声类诸说述评》(《华冈文科学报》12:159—196,1980),李贵荣《从〈广韵〉又音看唇音字之演变》(台湾兴业图书公司,1982),林炯阳《论曾运乾〈切韵〉五十一声纽说》(台湾《中华学苑》33:45—64,1986),董忠司《陈隋初唐声母综论》(第五届国际汉语语言学研讨会,1995),陈贵麟《论中古群匣为三母缘自连续式跟离散式两种音变》(《第五届国际暨第十四届台湾声韵学学术研讨会论文集》221—232,新竹师范学院1996),张淑萍《〈广韵〉又音试探——体例及其声母现象》(《声韵学会通讯》10:109—120,2000)等。

陈新雄《声类新编》(1982)是一本按《广韵》反切上字声纽及其清浊开合口诸项标准编排的工具书。他之所以称之为"声类新编",是取李登《声类》之旨,示推陈出新之意。全书正文分为喉音、牙音、舌音、齿音、唇音五卷,304页;后面又附有"检字索引"178页。正文在喉音、牙音、舌音、齿音、唇音卷之下,将41声母按发音部位分属各卷,各声母字又按《广韵》206韵目次序排列同音字。每一个同音字组之下,第一个字列有反切及同音字字数;每一个字之下,加上《广韵》原文注释。《声类新编》成为台湾学者学习《广韵》声母必备手册。

董忠司主编,张屏生、李丽修、庄淑慧协编《〈广韵〉声类手册》(1992)是一本供初学者练习归纳和查检《广韵》反切上字声类的工具书,分为喉音、牙音、舌音、齿音、唇音五卷,294页。董忠司"序"说,本书是根据陈新雄《声类新编》而写成的。其"凡例"也说,凡《声类新编》中加圈之小纽,皆按照其次序,编写于《手册》上,而分卷与声类之编排,亦悉与《声类新编》同。

其他学者论著也很重要,如吴笑生《论去声》(1958),林尹《音学略说》(《学萃》1.4:14—18,1959),何士泽《〈广韵〉韵目与韵内切语歧异解释》(《新亚书院学术年刊》5:165—225,1963),陈荆蛰《古今韵辨》(《幼狮学志》7.2:1—48,1968),林素珍《〈广韵〉又音研究》(台湾政治大学硕士论文,1969),杨胤宗《音韵考略》(《建设》17.11:20—33,1969),张尚伦《〈广韵〉〈集韵〉切语下字异同考》(1969),陈新雄《〈广韵〉韵类分析之管见》(台湾《中华学苑》14:31—86,1974)、《今本〈广韵〉切语下字系联》(《文字声韵论丛》71—114,

1994)、《〈广韵〉二百六韵拟音之我见》(《语言研究》2:94—111,1994),吴秀英《〈广韵〉入声演变为国语音读考》(台湾辅仁大学硕士论文,1975),康世统《〈广韵〉韵类考正》(1975),田存容《〈广韵〉类隔研究》(《台北市立女子师范专科学校学报》4:307—384,1974),金周生《〈广韵〉一字多音现象初探》(1978),骆嘉鹏《〈广韵〉音类辨识法——如何以国语闽南语读音分辨〈广韵〉的声韵调》(台湾辅仁大学硕士论文,1985),吴钟林《〈广韵〉去声索源》(台湾师范大学硕士论文,1986),孔仲温《〈广韵〉祭泰夬废四韵来源试探》(《国文学报》16:137—154,1987),李贵荣《从〈广韵〉又音论〈广韵〉之性质》(《陈伯元先生六秩寿庆论文集》525—540,文史哲出版社1994),竺家宁《〈广韵〉类隔研究》(1995),李三荣《从切语使用趋势看〈广韵〉的声韵类别》(1992),杜其容《论中古声调》(《杜其容声韵论集》312—328,2008),李添富《广韵一字同义阴阳异读现象研究》(台湾《辅仁国文学报》18:1—42,2002)等。

四、《礼部韵略》

应裕康《〈礼部韵略〉反切之研究》(1963)开启了台湾学者全面而系统研究《礼部韵略》的绪端,但未公开出版发行。近些年来,徐旻馨的研究值得特别注意。徐旻馨《毛晃毛居正〈增修互注礼部韵略〉音系研究》(2009)介绍说,毛晃、毛居正(生卒年不详)父子所修订的《增修互注礼部韵略》(约1134),是以宋代官韵《礼部韵略》(1037)为基本对象的。《礼部韵略》作为宋代科举的圭臬,在当时就有不胜枚举的增订本,目前传世的重要版本之一即为《增修互注礼部韵略》。由于《礼部韵略》已佚,故研究《增修互注礼部韵略》,不啻是了解宋代官韵的最佳途径。然而,汉语音韵学界历来视宋代官韵如敝屣,弃之未理,事实上,透过《增修互注礼部韵略》研究,可发现其书往上承继《广韵》《集韵》《礼部韵略》而来,向下启发《古今韵会举要》《洪武正韵》编撰,于汉语语音学史上占有枢纽之姿,足见其书的重要性。又毛氏故乡为浙江省江山县,此地区属吴语区,毛氏受其母语音系影响匪浅,故可发现《增修互注礼部韵略》音系带有丰富的吴语语料,使其书兼顾宋代读书音与时音特色,是故本文以毛氏父子与《增修互注礼部韵略》为研究范畴,深入了解其人、其书,以显扬其人之贡献,以表彰其书之价值。

徐旻馨论文主要内容:第一章,绪论,介绍了研究动机与目的:《增修互注礼部韵略》具有独立于《集韵》之外进行研究的必要性、《礼部韵略》与《广韵》《集韵》之关系性、《增修互注礼部韵略》具有独立进行研究之必要性;同时介绍了其研究方法:反切系联法、统计法、审音法。第二章,《增修互注礼部韵略》成书与体例。包括作者与成书、版本与流传、内容校勘、内容、体例、专有词。第三章,《增修互注礼部韵略》声类体系与拟音,包括声类系联与说明、声类系联之原则与步骤、《增韵》声类分析。第四章,《增修互注礼部韵略》韵类体系与拟音,包括《增修互注礼部韵略》韵类系联与说明、《增韵》韵类分析、归纳之系联说明。第五章,《增修互注礼部韵略》语音现象探析。首先是对《增修互注礼部韵略》声类的分析,编有《增韵》与《广韵》《韵会》声类对照表,并探讨了《增韵》声类之特殊语音现象,如帮二分为"补类、笔类",非、敷合流为"方类",知、照合流为"之类",禅、日合流为"时类"等;将《增韵》与《韵会》之声类进行比较,发现帮、非系之别,照、知、庄系之别,见、影系之别等。其次是对《增修互注礼部韵略》韵类的分析,编有《增韵》与《广韵》《韵会》韵类对照表,并探讨了《增韵》韵类之特殊语音现象,包括《增韵》沿袭《广韵》之韵类、《增韵》部分合并与部分沿袭《广韵》之韵类、《增韵》删并《广韵》之韵类等内容;还进行了《增韵》与《韵会》之韵类比较。第六章,结论。肯定了《增韵》之价值:重建《礼部韵略》语音系统之原貌,呈现宋代时音之语料,具备文字、训诂学之工具书效用,填补汉语语音史之阙漏;也指出了《增韵》之缺失:韵字或切语之重出与失落,字形、字义之论述未系统化;还提出了《增修互注礼部韵略》后续研究课题,比如共时研究与历时研究等。

　　大陆学者张渭毅《再论〈集韵〉与〈礼部韵略〉之关系》(2010)认为,《集韵》和《礼部韵略》的关系是音韵学史上的一桩公案,向来有五说,总括如下:(1)《礼部韵略》由《景德韵略》改名而来,《集韵》与《礼部韵略》是详、略两部书;戴震、李新魁等持此说,1988年《中国大百科全书·语言文字》506页认为《礼部韵略》是宋真宗景德《韵略》的修订本。(2)《礼部韵略》是《集韵》刊修《广韵》的先导,是先后修成的两部书;张世禄、杨蓉蓉等持此说。(3)《礼部韵略》和《集韵》是先后修成的同一部书而分为详略两种;王力持此说,不少音韵学通论著作持此说。(4)《礼部韵略》是与《集韵》同时修撰的《集韵》摘要本,或《礼部韵略》是《集韵》未定稿的简缩本;陈振寰(1988)持前说,宁忌浮(1994/1997)持后说,实质相同。(5)日本学者水谷诚在第一说的基础上进一步指出,《礼部韵略》和《集韵》是在同一个编纂机构"刊修《广韵》所"平行展开修订工作的两部韵书,《礼部韵略》由刊修《景德韵略》而来,《集韵》由《广韵》刊修而来;他着重比较了真福寺本《礼部韵略》《附释文互注礼部韵略》和《集韵》三部书注释的异同后,认为《礼部韵略》来自"《礼部韵略长编》",跟《集韵》有密切的关系。从1992年起,张渭毅就开始探求《集韵》跟《礼部韵略》的关系问题,经过长时间摸索,认识到讨论《集韵》和《礼部韵略》的关系应该着眼于《集韵》和原本《礼部韵略》的关系,因此必须根据现有材料做还原《礼部韵略》祖本或原本的工作;但由于缺乏关键的《礼部韵略》本身的材料,苦战几年下来,仍不能下确定的结论。所幸的是,在日本真福寺,还藏有一部北宋元祐元年至五年(1086—1090)所刻孙谔增补本《礼部韵略》,这是现存的最接近《礼部韵略》原刊本的一个本子。

张渭毅认为,考察两书关系的主要方法为:其一,还原《礼部韵略》。日本真福寺本《礼部韵略》的刊刻年代距《礼部韵略》原刊本成书年代不到六十年,这部宇内孤本是迄今所能够看到的最接近于《礼部韵略》原本的本子,把它跟今传《附释文互注礼部韵略》各种版本进行比勘考校,就能还原出《礼部韵略》原刊本的面貌来。其二,以《集韵》为立足点,把《礼部韵略》看做参照对象,多角度比较和分析。今传《集韵》有三种宋刻本,翁氏所藏《集韵》被公认为翻刻北宋庆历原刻本的一种,也就是说今天我们看到的《集韵》能够表现《集韵》原刊本的面貌;而《礼部韵略》原刊本的面貌要经过还原处理。既然如此,在考察《集韵》和《礼部韵略》两书的关系时,当然应该以《集韵》为立足点,以《礼部韵略》为参照,重视真福寺本《礼部韵略》还原《礼部韵略》原刊本的作用。1986年,宿白就已经谈到了日本京都真福寺宝生院所藏四种书,其中一种便是《礼部韵略》,宿白非常明确地指出,这种《礼部韵略》跟另一种《广韵》"都有可能是汴京官板",也就是国子监刻本。然而,不知什么原因,长期以来,日本真福寺《礼部韵略》一直不为国内音韵学界所知,更没有引起重视。其三,从文献学和音韵学两个角度合理解释两书的差异,认为应该着重从文献学的角度比较、分析和解释两书的差异。

按照这些方法,张渭毅考察两书关系的结论接近宁忌浮《礼部韵略讨源》(1994)和《〈古今韵会举要〉及其相关韵书》(1997)的看法,但张渭毅认为,宁著没有看到后来发现的真福寺本《礼部韵略》,所以论证尚有不周密之处,结论有待检验和完善。张渭毅新看法肯定了宁说的合理之处，力图克服宁说的缺憾。

　　大陆学者李子君《〈增修互注礼部韵略〉研究》（2012）以《增修互注礼部韵略》为研究对象，以宋代韵书史、音韵学史为背景，对《礼部韵略》反切的改易、小韵的分并、小韵的增补、韵字的增补、又音增加等内容作了专题考察，对该书的特殊音切、所增韵字又音的内涵等语音现象加以综合分析，深入挖掘其产生、存在的语言依据，以寻求对这些特殊语音现象的合理解释。在肯定该书对宋代语音史、处衢方音史研究具有重要学术价值的同时，也对该书存在的严重失误作了检讨。其中，以宋代科举制度的发展为题，谈《礼部韵略》的作用，颇为引人注目。同时，李子君也注意使用新发现的真福寺本《礼部韵略》文献作为重要研究对象。李子君另一部重要著作《宋代韵书史研究——〈礼部韵略〉系韵书源流考》（2016）求本溯源，考镜源流，更为详尽。

　　2012年在江西发现北宋版《礼部韵略》，引起了许多学者的兴趣。大陆学者李致忠《珍贵典籍的重大发现——北宋刊本〈礼部韵略〉》（2013）记录了该刊本的发现过程及学术价值；李子君《新发现北宋本〈礼部韵略〉初刻、修版时间蠡测——略论新发现北宋本〈礼部韵略〉的文献价值》（2014）则推断其初刻不早于仁宗嘉祐年间，修改则在英宗时期。

五、《集韵》韵书

　　比较早研究《集韵》语音问题的是潘重规《〈集韵〉声类表述例》（《新亚书院学术年刊》6：133—226，1964），但彼时潘重规在香港任教。当时在台湾的学者中，张尚伦《〈广韵〉〈集韵〉切语下字异同考》（1968）是比较早的专门研究《集韵》语音的著作，该文将《广韵》和《集韵》的反切下字按照上平声、下平声、上声、去声、入声分类并加以对比、寻求差异，但对造成差异的原因还没有进一步说明。

　　姚荣松《六十年来（1950—2010）台湾声韵学研究成果之评述与展望》（2014：65—66）认为，中古时期完整的韵书，除《切韵》系韵书之外，首推《集韵》。《集韵》在《切韵》音系的基础上，搜罗更广，卷帙更繁，所分韵类也更加细密；虽然表面上仍是《广韵》206韵之旧，然细查其内容，音类界限并不相当，如谆、魂、戈韵，《广韵》仅能系联成一韵类，而《集韵》均可系联成两类，所以，他不将《集韵》视为《切韵》系韵书的一分子。然而,由于《集韵》是现存完整的中古韵书,而非零碎的中古注音资料,性质上与《经典释文》、原本《玉篇》不同,自然在研究方法上有很大的差距,归于中古其他语音材料亦不恰当。《集韵》的研究如同《切韵》系韵书的研究一般,约略可以分成外围问题的研究与《集韵》音系的研究。综观近五十年台湾学界对《集韵》音系的研究成果,以邱棨鐊、林英津两人的学位论文为大宗。

(一) 邱棨鐊《〈集韵〉研究》(1974)

邱棨鐊《〈集韵〉研究》(1974)属于鸿篇巨制之作,影响至大。邱棨鐊受业于林尹、高明、潘重规三位教授。据其《序言》所述,他由潘重规介绍阅读黄侃《〈集韵〉声类表》开始,对《集韵》产生兴趣,再经高明审定,确立以《〈集韵〉研究》为学位论文选题。《〈集韵〉研究》的体例为:第一章,绪论;第二章,《集韵》之声类;第三章,《集韵》之韵类;第四章,《集韵》切语与《广韵》切语之比较;第五章,《集韵》之增加切语;第六章,《集韵》之校勘;第七章,结论。该书的内容和价值主要是:

其一,第一次对《集韵》文本进行了全面而系统的文献学与语音学综合性研究。邱棨鐊之前,进行《集韵》文献学研究的不乏大家,人数众多。依邱棨鐊《〈集韵〉研究》、林英津《〈集韵〉之体例及音韵系统中的几个问题》(1985)、张渭毅《〈集韵〉研究概说》(《中古音论》1—38,河南大学出版社 2006)等论述,曹寅复刻本刊布以后,乾嘉学者戴震、钱大昕、段玉裁、王念孙等学者从不同角度提升《集韵》文献研究价值。钱大昕为《集韵》所做校跋云:"丁度等此书兼综条贯,凡经、史、子、集、小学、方言采撷殆遍,虽或稍有纰漏,然此是资博览而通古音,其用最大。"[1]但还是重视不够。孙诒让称:"乾嘉以来,经学大师皆精研《仓》《雅》,其于此书率多综涉。以诒让所闻,则有余仲林、段若膺、钮非石、严厚民、陈硕甫、汪小米、陈颂南诸校本,无虑数十家,顾世多不传。其传者又皆辗转迻录,未有成书。"所以他要弥补这个缺憾,校刊同邑方成珪《集韵考正》。黄侃则总结从文献学角度研究《集韵》的方法,他说:"校《集韵》已有二术:一曰校《集韵》诸本,二曰校《集韵》所引诸书。"[2]邱棨鐊《〈集韵〉研究》专门设"《集韵》之校勘"一章(969—1176 页),涉及"《集韵》之板本、《集韵》

---

① 傅增湘《藏园群书经眼录》150—151 页。
② 黄侃《文字声韵训诂笔记》175 页。

之校本、所据诸本及其略称、《集韵》切语校勘记"等文献内容,由此可见,邱棨鐊广收异本,研究《集韵》版本、校本的存佚和收藏的各类问题,为学术界进一步研究提供了翔实的《集韵》文献情况。张渭毅认为,其文献研究虽然重点集中在对《集韵》的校勘、考证方面,但对于《集韵》的性质,《集韵》跟相关韵书、字书和音义书的关系,以及《集韵》在小学史上的地位也有了初步的认识,这就打开了一扇通向外部世界而进行拓展研究的新门窗。

邱棨鐊之前,进行《集韵》音系研究的也不乏大家,人数众多。依邱棨鐊、林英津、张渭毅等学者的论述,进行韵图编制的,有施则敬《集韵表》(来薰阁书店 1935)、黄侃《集韵声类表》(开明书店 1936)、潘重规《集韵声类表述例》(《新亚书院学术年刊》6:133—226,1964);进行音系研究的,有白涤洲《集韵声类考》(《史语所集刊》3.2:159—236,1931)、坂井健一《〈集韵〉果假摄的特色》(日本《中国文化研究会报》6:53—64,1956)、应裕康《〈广韵〉〈集韵〉切语上字异同考》(1960)、尾崎雄二郎《由反切所见〈集韵〉问题点》(日本《东方学》24:184—206,1962)等。邱棨鐊的研究则分别从《集韵》之韵例,包括韵部及纽次分类、切语用字、删音、增音,以及《集韵》上下字系联、声类与韵类、与《广韵》反切比较、音类拟音等角度,对《集韵》音系进行全面研究,这就和《集韵》文献研究构成了完整的体系,是过去学者未曾做到的。

其二,对《集韵》文献与音系研究取得了历史性的突破,形成了自己的研究特色。文献学研究方面,有关"《集韵》之板本"一节,著录宋淳熙十四年丁未田氏重刊庆历本、明毛子晋汲古阁影宋抄本、天禄琳琅藏宋刊本(明秘书本)、曹栋亭藏影宋抄本、康熙十五年丙戌曹寅刻栋亭五种本等 11 种;"《集韵》之校本"一节,著录曹刻本、余萧客手校本、段玉裁校本、钮树玉校本、严杰校本、陈奂校本、汪远孙校本等 18 种,收罗范围非常广泛。关于这个问题,作者另写有《〈集韵〉之传本及校本》(《庆祝婺源潘石禅先生七秩华诞特刊》157—180,台湾中国文化学院中文研究所中国文学系 1977)详细论述,可以参见。邱棨鐊对《集韵》音系的研究,除了用系联法求出音类之外,还重在拟音上下功夫,第七章设置了"《集韵》四十一声类及其拟音、《集韵》三百十韵类及其拟音"等节,形成了自身研究《集韵》音系的系统性。

其三,《〈集韵〉研究》有着明确的学术"谱系"意识。以对《集韵》音系的研究为例,其四十一声类说就是黄侃《集韵声类表》、潘重规《集韵声类表述例》学说"血脉"的延续,邱棨鐍坚定不移地捍卫和继承章黄学说,是其学术"谱系"构成的明显标志。白涤洲《集韵声类考》三十九类,施则敬《集韵表》是四十类;《〈集韵〉研究》增加了娘母和禅母,就是黄侃的观点。对于这一点,邱棨鐍并不隐讳,比如"《集韵》四十一声类及其拟音"开始就说:"《集韵》之声类,今考得凡四十一类。蕲春黄季刚先生定今声四十一,又以之为《集韵声类表》,以今考证之甚谛也。宋仁宗时之声纽如是,《广韵》,陈兰甫谓声类四十者,实亦四十一,自大中祥符(1008 年),迄仁宗时(1039 年),无异也。白涤洲以为《集韵》声类三十九者,非也。"但邱棨鐍不是被动地继承黄侃的观点,而是有所发挥,尤其是在拟音上分析更为细致。比如禅纽与日纽拟音,在注释中说:"禅纽与日纽八—九世纪时曾音近(见唐借梵文译音)。《集韵》尚以日纽次于禅纽之后。泥纽在三世纪后分化为泥日,至八、九世纪分化为泥娘。"其后讲了日娘拟音依据,比如闽南方言语音。这是从几个声母演变的历史上看其关系。

林英津(1985)认为,邱棨鐍《〈集韵〉研究》针对《集韵》的切语做了相当细密的观察,提供了许多有用的信息;对《集韵》音系的解释也有不少超越前人、值得我们深思的地方。林英津认为邱棨鐍的研究,至少取得如下三点成就:第一,他论及《集韵》之增音例时,谓《集韵》除根据"凡例"所说,有引据经史子旧注、先儒旧读,可考者六十余种外,尚增加音家音切十二项。第二,他做《集韵》切语下字系联并考订音值时,也讨论了《集韵》通用韵与《广韵》歧异的情形。他认为当时通用韵有渐趋并合之倾向,而《集韵》较近于实际语音,故不与《广韵》同。第三,显然,《集韵》不仅功能性质和《广韵》一致,音系内容也极为类似。他指出《集韵》不同于《广韵》在于:体例不同,包括每韵下小韵的安排、切语用字的改易。但《〈集韵〉研究》有两个问题林英津不同意,即对陈澧系联上字之补充条例的误解以及由此导致的错误,还有对韵类的观察也有问题。

张渭毅(2006)认为,邱棨鐍《〈集韵〉研究》毫无保留地遵从黄侃所编制的《集韵》韵图,这说明,黄侃《集韵声类表》、潘重规《集韵声类表述例》对邱棨鐍的负面影响也是很大的。比如潘重规认定《切韵指掌图》依据《集韵》而作,《切韵指掌图》的作者是司马光。黄侃《集韵声类表》照搬门法,削足适履,会引起归字列等的矛盾;把同纽同韵同等呼同调而反切不同的字分格列出,不相杂厕，把语音上有对立的重纽反切小韵跟语音上无对立的重出小韵混为一谈，都看作同音异切字，这就使《集韵》的韵类不合理性加大，掩盖了一些重要的问题。

（二）应裕康、龙宇纯、林英津的研究

邱棨鐊之后，许多学者继续深入研究《集韵》，比如邵荣芬《释〈集韵〉的重出小韵》（《音韵学研究》1：360—375，中华书局 1984）、《〈集韵〉音系特点记要》（《语言研究》增刊 124—137，1994），鲁国尧《从宋代学术史考察〈广韵〉〈集韵〉时距之近的问题》（《语言研究》增刊 271—273，1996），平田昌司《〈广韵〉与〈集韵〉》（《文化制度与汉语史》36—54，2016），张渭毅《〈集韵〉删并字音体例的重新认识》（《语言研究》增刊 345—348，1996）、《〈集韵〉研究》（北京大学博士论文，1997）、《论〈集韵〉折合字音的双重语音标准》（《语言研究》增刊 146—154，1998）、《〈集韵〉异读研究》（《中国语言学论丛》2：120—148，北京语言文化大学出版社 1999）、《〈集韵〉重纽的特点》（《中国语文》3：236—244，2001）、《〈集韵〉的反切上字所透露的语音信息》（《中古音论》121—177，河南大学出版社 2006），林英津《论〈集韵〉在汉语音韵学史的定位》（1988）、《〈集韵〉与当代汉语方言》（2001），水谷诚《〈集韵〉系韵书研究》（2004），赵振铎《〈集韵〉研究》（语文出版社 2006）、《〈集韵〉校本》（全三册，上海辞书出版社 2012），杨宝忠《〈集韵〉疑难字考辨》（《中国语文》1：80—86，2011），郑贤章《汉文佛典与〈集韵〉疑难字考辨》（《语文研究》3：53—57，2011），雷励《〈集韵〉与〈广韵〉体例之比较》（《励耘学刊》［语言卷］：221—233，2011）等。其中，日本学者水谷诚《〈集韵〉系韵书研究》值得一提，它所涉及学术文献面非常广泛，除《集韵》与《广韵》比较之外，还与《礼部韵略》《经典释文》《群经音辨》等文献进行比较研究，取得了令人瞩目的成果。

应裕康著有《〈广韵〉〈集韵〉切语上字异同考》（1960）。林英津《〈集韵〉之体例及音韵系统中的几个问题》（1985：60—63）肯定了应裕康的工作，指出其与白涤洲所得结论相当的一致；同时，也指出了其存在的不足，比如列表比较《广韵》与《集韵》切韵，但并未收录《集韵》全部切语，仅收与《广韵》切上字有别的切语；方法设计尚有问题，即所用四十声类，娘母并不在内；关于《集韵》体例的认识未能首尾贯彻，存在自相矛盾之处。

龙宇纯《从〈集韵〉反切看〈切韵〉系韵书反映的中古音》（1986）内容是：

其一，肯定了《集韵》对研究《切韵》一系韵书，包括《广韵》的作用。龙宇纯说，《切韵》系韵书反映的中古音，有几个一直争论未决的大问题，如三等韵声母是否为腭化、四等韵是否有[i]介音、三等韵重纽究竟差别何在等，《集韵》反切都可以给予决定性的启示。

其二，龙宇纯比较《集韵》和《广韵》二书，亦有所发现。《集韵》晚《广韵》三十年，分韵与《广韵》无殊，实际韵类亦无差异，除床、禅二母偶有相混外，声类亦并无不同；所不同于《广韵》的，只是增字增音而已，《集韵》"韵例"有说明。《集韵》各小韵反切用字，则时时改弦易辙，不与《广韵》同，如《广韵》东字德红切，《集韵》则作都笼切，这就形成了陈澧所说的"同一音之两切语"现象。学者由《广韵》或其他《切韵》系韵书反切所作中古音的推测，究竟真实情况如何？ 自然也就可以利用《集韵》反切相互比较。

其三，《切韵》系韵书三等韵声母是否腭化、四等韵是否有[i]介音，三等韵重纽究竟差别何在？ 龙宇纯持有自己的观点。他认为，所收集的《集韵》语音数据已经显示，不支持三等韵声母腭化说；《集韵》反切上字在重纽 A 与重纽 B 及普通三等韵和四等韵之间划分了清楚的界限；[-j-]只是一个汉字音节中不同于[-ø-][-e-]或[-i-]的成素，并不曾使其声母有任何程度的腭化；一、二、四等为一类，三等别为一类。

林英津《〈集韵〉之体例及音韵系统中的几个问题》(1985)是一部非常重要的研究《集韵》的专著。主要结构是：第一章，绪论：《集韵》之著录与流传、清人的《集韵》之学、本人的基本观点。第二章，近代学者有关《集韵》论著之检讨：黄侃的《集韵声类表》和潘重规《述例》、白涤洲的《集韵声类考》——附论尾崎雄二郎的《从反切看〈集韵〉问题点》、应裕康与邱棨鐊对《集韵》与《广韵》的比较研究、Downer 的《〈集韵〉之方言》——附论坂井健一《集韵果假摄的特色》。第三章，《集韵》之体例：发现程序与方法设计，包括系联切语对《集韵》的适用性；较适用《集韵》的方法设计；还有《集韵》体例及结构。第四章，《集韵》之音韵系统：声类的讨论、韵类的讨论、音节结构。第五章，结论。

该文的主要观点是：其一，以《集韵》为主体，正视其独特性质，寻求研究《集韵》新途径。在"绪论"中，作者说，邱棨鐊研究《集韵》，是采用了利用《广韵》(或《切韵》)音系作为"投影"来观察《集韵》音系的方式，由此出现了将治《广韵》的模式套用到了治《集韵》上的问题，带来了对《集韵》语音问题认识的局限性。作者希望通过改变做法，力避这个模式的影响。

其二，作者认为，研究《集韵》的出路在于从体例入手，这是认识《集韵》问题的关键。

《集韵》体例特征表现在顺位结构与序列对立，显示一韵之内的音类对应关系；音韵系统的区划即以顺位为主要征性，辅以切语用字共同组成一个二层级的辨类形式；《集韵》诸同音字群的编次乃是排比的线性序列，是有组织的结构体；《集韵》的结构形式虽不同于《广韵》《切韵》，却是完成于《切韵》既有的基础之上的，一方面保留了《切韵》审辨音类的精华，可做最基本的成段音位辨析，同时又见更高层次的音段组合关系，故具有对《切韵》《广韵》提供诠释的反馈作用。《集韵》的结构形式不同于韵图的归字，可由其知道配合韵图归字的结果。《集韵》与任一韵图的背景语言均具有汉语共通的性质。《集韵》的严整性受到相当大的限制，比如韵目代字所属音类性质各自不同，故各韵的序列一开始即无法统一。上去二声破坏结构者独多。总之，《集韵》结构体所显示的是一种兼容并蓄，存古正音的理想。《集韵》自有其对时音的音韵观察与理解，反映一些背景语言，尤其是读书音的音韵特点，不必是一时一地之真实记录（147—149页）。

其三，作者对《集韵》音系的研究，不按一般人的做法去讨论拟音，也不解释所有声类韵类的内容，却着重彰显《集韵》编者对音韵的观察与解释。从声类、韵类的间架上看，《集韵》相当于《广韵》所表示的中古音系，但其音系归纳结果显现了与之相异之处。比如《集韵》声类，按形式系统可得最多四十二类，实际声类却少于此数，比如于、以两类，其上字不相关涉，所以当分；再如韵类，《集韵》的韵类最多可得三百五十五类，实际韵类少于这个数，最多只得三百二十九类。作者的研究与邱先生有不同之处，比如重纽，林氏认为 A、B 两类当分；还有对真谆、吻隐处置，也有很大的歧异（160—162页）。

其四，《集韵》与《广韵》具有同等的汉语语音史价值。作者认为，《集韵》可以诠释《广韵》；当《集韵》以小韵顺位及切韵用字来标记所收录的字音时，他所处理的不只是成段音位的区辨，而是更高层次的音节结构问题；因此，作者把《集韵》从与《广韵》性质相似的地位提升了一层，认为《集韵》是比《广韵》更具有语音结构意义的韵书，将对《广韵》的理解上升到更为广阔的空间领域。

其五,《集韵》可以反映当时读书音的系统间架。《集韵》虽有一个可以对音类系统作区辨规范的体例,比如二百零六韵,可以承《广韵》《切韵》之旧,但一韵之内的音类组织却不能凭空捏造,因此必然与记录当时的读书音系统关系密切。

其六,认识到《集韵》"古音异读"的方言史价值。《集韵》"古音异读"十分丰富,可以为汉语方音史提供有意义的资料,它应该与"据《集韵》以考唐以前旧音、据《集韵》以考古籍经典字书逸文"具有同等学术地位。这是个亟待开拓的学术领域。

后来,林英津又相继发表了《论〈集韵〉在汉语音韵学史的定位》(1988)、《〈集韵〉与当代汉语方言》(2001)等学术论文,进一步发掘《集韵》的韵书文献与方言语音史的价值,是很值得推崇的。比如《论〈集韵〉在汉语音韵学史的定位》进一步强调《集韵》的语音史价值,认为研治《集韵》,当从了解其体例——内部组织始;识得《集韵》之体例实即辨类系统,才能确认《集韵》在音韵学史的意义。作者指出,《集韵》每韵下小韵的排序具有充分的结构功能;其结构形式既保留了《广韵》审辨音韵精华,同时又见更高层次的音段组合关系,故具有对《广韵》提供诠释的效果;《集韵》的结构理念表现为以《广韵》为参考系统,并结合当时留心古今音变的学术潮流,揭示了中古汉语的音韵系统。

(三)曾若涵的研究

曾若涵《〈集韵〉与宋代字韵书关系研究》(2013)是近些年来研究《集韵》取得突破性进展的成果。依曾若涵的说明可知:

其一,该文以北宋官修韵书《集韵》为讨论中心,探讨此书产生的文化背景及其编纂动机,并进一步讨论《集韵》如何承袭《广韵》《说文》等较为早出的字韵书,以及如何在前书的基础上加以革新等问题;另一方面,也讨论《礼部韵略》及《类篇》等《集韵》系字韵书如何承袭《集韵》并加以创新,建立以《集韵》为焦点的音韵学史研究。同时亦侧重韵书史及韵书编纂史相关议题,期能深入了解宋人编纂韵书时的思想与时代背景,试图在以往重视校勘考正与音系构拟的《集韵》研究中,改以不同的路径提出补充,加强对韵书人文方面的认识。

其二,在研究方法上,综合各家方法,但不以特定一种为主。单纯客观化的音系分析,难以解释《集韵》的复杂程度;与其他字韵书的互相校勘的方法,亦较难增进我们对于"史"的认识。所谓综合性的研究方法,乃是以"内部自证法"为主,以"外部文献参照法"为辅,并适度兼及"语言学的方法";亦即试图以《集韵》及相关字韵书各自之编纂体例与序例来解释成书的背景与目的,若遇无法解明之处,则自大量宋代史料与音韵文献中寻找资料来进行历史文献比较,或者借由分析反切、用字、义训等方法来提升对《集韵》的了解。另也以 Excel 另制反切表以供检索、比较之用,但未收入本论文附表之中。

其三,经由讨论,可知《集韵》及其一系列的字韵书是为了适应宋代的科举考试背景与当时的中原雅音思想而出现的工具书,乃应运时代需求而生。《集韵》以《广韵》为基础加以改造,融入了五音分析与理想音系的概念,部分亦含有时音成分,可说是既欲存古又追求创新的一部韵书。比较同一时代的《礼部韵略》与《类篇》,书中亦可发现类似上述《集韵》的特色,或可说与《集韵》具有明显的互通关系。可知《集韵》一系的字韵书,可以凸显的宋代官修字韵书的一貌,而且补充了与《广韵》《大广益会玉篇》等字韵书稍有不同的音韵观点与特色。

其体例为:第一章,绪论:研究背景与目的、文献回顾与评述、研究方法与进行步骤。第二章,《集韵》之版本、避讳与编纂思想:宋刊本《集韵》、宋本《集韵》避讳情形、《集韵・韵例》之内容形式及编纂动机、《集韵・韵例》"十二凡"之内容及编纂思想。第三章,北宋科举及《集韵》对《广韵》之改编:北宋科举背景与《集韵》撰人之思想、《集韵》对《广韵》的承袭与革新、《集韵》改良反切方案的时代价值。第四章,《礼部韵略》与《集韵》的关系:《礼部韵略》之刊行背景与版本,《礼部韵略》对《集韵》音韵的承袭,《礼部韵略》收字、取义的特色与用途,《集韵》《礼部韵略》系韵书与"中原雅音"概念。第五章,《类篇》与《集韵》的承袭关系:《类篇》之刊行背景与撰人、《类篇》之体例、《类篇》对《集韵》之承袭及二书之流传、《类篇》与《集韵》于宋代流传受限之因。第六章,结论。

（四）其他

康欣瑜《〈集韵〉增收叶韵字字音研究》(2006)研究的角度比较特别。康欣瑜介绍说,我国最早的韵书为曹魏李登《声类》,至隋代陆法言《切韵》"因论南北是非,古今通塞……遂取诸家音韵",可谓是集六朝韵书大成之作。宋代陈彭年、丘雍奉敕编纂《大宋重修广韵》，为第一部官修韵书；同时代的《集韵》，收字远超出《广韵》两万多字，其中多为异体字形，一字多音的现象十分明显，尤其是收录了部分未见于前代韵书的叶韵音。

现存的叶韵资料最早可推源自陆德明《经典释文》，至宋代的吴棫及朱熹，开始大量用叶韵注音，以改读的方式解决了读古韵语却不押韵的问题；在此之前《集韵》已收录叶韵音，但历来学者多略而不谈。欲探讨《集韵》增收的叶韵字字音，需先掌握重要的叶韵音资料，其来源有三方面：一、唐代与唐以前的叶韵音资料：陆德明《经典释文》、释道骞《楚辞音》、颜师古注《汉书》、李贤注《后汉书》、李善注《文选》、公孙罗《文选音决》与张守节、司马贞注《史记》等，均曾使用"协韵、协句、合韵"等名词，注解他们所认为的叶韵音；二、唐以后至清代的叶韵音资料，如：宋代吴棫《韵补》、朱熹《诗经集传》《楚辞集传》的叶音注解，至清代官修韵书《钦定叶韵汇辑》可谓是叶韵音的集大成之作，故以《钦定叶韵汇辑》为此时主要的资料来源；三、今人的研究成果：邵荣芬、邱棨鐌与张民权均曾在其著作中提到《集韵》谆韵的"天、颠、田、年"四字音读为叶韵音，这项研究成果已成共识。

而《集韵》与叶韵音的关系，可从先儒所论及之叶韵字音、《集韵》与先儒改读的叶韵音和《集韵》收录叶韵音来说明。前二者最主要是以表格的方式呈现；而《集韵》收录叶韵音分为两种类型：其一，具有破音读法的叶韵字，也就是本来就存在且收录《广韵》中的两个音读，为了配合上下文一致的用韵现象，将其中一个改读成另一个破音读法；然而这类因用韵需要而改读的例子非论文所讨论《集韵》"增收"的叶韵字字音，故不取。其二，不同于破音读法的叶韵音，凡是《广韵》未收录、《集韵》主要为了配合押韵而新增收的改读音，便是论文所探讨的范围。

辨别《集韵》增收叶韵音的方法，可由《钦定叶韵汇辑》引《集韵》、再分韵的方式，先依平、上、去、入四个声调，再据《广韵》二百零六韵之次排列。康欣瑜找出《集韵》所增收的部分叶韵字音，而吴棫与朱熹大量使用叶韵注音，应该都是受到《集韵》的影响；《集韵》增收的叶韵字音，并不属于语音系统的范畴，如果研究《切韵》音系或宋代音系，叶韵字音将使语音系统产生混淆，故须加以厘清。

六、《五音集韵》

应裕康较早进行《五音集韵》研究,有《〈五音集韵〉反切之研究》(台湾"国科会"奖助论文,1962)、《论〈五音集韵〉与宋元韵图韵书之关系》(1965)等。但引起学术界广泛注意的还是韩国留学生姜忠姬的研究,其《〈五音集韵〉与〈广韵〉之比较研究》(台湾师范大学硕士论文,1986)、《〈五音集韵〉研究》(1987)等著作是十分重要的学术成果。

姜忠姬《〈五音集韵〉研究》(1987)体例为:第一章,绪论:《五音集韵》之作者及沿革、体例与其撰作根据,《五音集韵》与旧韵书及元代韵书之比较,《切韵》系韵书与《五音集韵》韵部分合之比较,元代韵书与《五音集韵》韵部分合之比较,《五音集韵》与《切韵》系韵书之同用独用例比较,《五音集韵》之删音字,《五音集韵》之版本考索。第二章,《五音集韵》之声类:《五音集韵》反切上字之系联;《五音集韵》之声类;《五音集韵》与《广韵》反切上字之比较,包括《五音集韵》类隔切语例、《五音集韵》改广韵类隔切为音和切例、《五音集韵》更改广韵声母例。第三章,《五音集韵》之韵类:《五音集韵》四声韵类表、《五音集韵》反切下字之系联之讨论、《五音集韵》重纽字、《五音集韵》之移韵字与《广韵》《集韵》之比较、《五音集韵》并韵之性质及其归字。第四章,《五音集韵》《经史正音切韵指南》之关系:《切韵指南》归字与《五音集韵》之关系、《切韵指南》声母与《五音集韵》之关系、《切韵指南》韵摄分类与《五音集韵》之关系、《切韵指南》门法与《五音集韵》之关系。第五章,《五音集韵》之增加切语。第六章,结论。附录:《五音集韵》四十一声类及其拟音、《五音集韵》一百六十韵分为二百二十一韵类表。

姜忠姬的研究涉及了《五音集韵》的许多方面,引起了日本学者大岩本幸次等的注意,在《东北大学文学院学报》上加以介绍,见《金代字书研究》(2007)。

杨素姿《论改并〈五音集韵〉与等韵门法》(2004)是对宁继福《〈五音集韵〉与等韵学》(《音韵学研究》3:80—88,中华书局 1994)有关观点的补充。韩道昭依据等韵门法改动几个小韵或增字,并附列"按语",宁继福由此认为,韩道昭的理论对刘鉴、真空产生了一定的影响。杨素姿在宁继福的基础上进一步爬梳资料,获得 23 条与后代有关的按语,深入探讨韩道昭门法观念以及等韵门法的本质及其传承的情形。比如韩道昭门法观念中,"音和"重于其他门法;门法非关实际语言;开合亦为音和之要素等,都是很清楚的意识。

中国大陆学者宁继福《校订五音集韵》(1992)对韩道昭《五音集韵》进行了勘误整理,也结合自己研究近代汉语语音的成果,提出了具有第二音系的看法(《文史》38:233—247,中华书局1994)。1996年,宁继福《校订五音集韵》获荣第六届北京大学"王力语言学奖"。

七、其他

(一)《说文篆韵谱》语音

王胜昌《〈说文篆韵谱〉之源流及其音系之研究》(1974)说:徐铉有感于《说文解字》"文字偏旁奥密,检寻不易……乃令其弟错取《说文》之字,以韵谱之,成《说文解字韵谱》十卷。铉又承诏校定《说文》,广求余本,孳孳仇校,而依李舟《切韵》重订《韵谱》,厘为五卷,然以今所得见之韵学残卷,参酌比覈,则知徐错实依据孙愐《唐韵》,而次所载之字也"(3页)。徐错编,徐铉校订《说文篆韵谱》,既是研究李舟《切韵》、孙愐《唐韵》的重要文献,同时也是研究隋唐时代汉语语音的重要史料。王胜昌(1974)体例为:第一章,绪言。第二章,南唐二徐年谱。第三章,《说文篆韵谱》源流探索,包括第一节,由成书至改订;第二节,《说文篆韵谱》版本考(十卷本、五卷本)。第四章,《说文篆韵谱》之音系,包括第一节,声类考;第二节,韵类考。附录:一、《〈切韵〉〈唐韵〉〈篆韵谱〉〈广韵〉部目先后次第表》;二、《说文篆韵谱》书影;《切语下字表》等。《说文篆韵谱》语音,得声类四十一;韵类舒声八十一、促声四十九;声调四个,大体符合《切韵》音系特征。

(二)《新增直音说文韵府群玉》语音

陈梅香《〈新增直音说文韵府群玉〉直音互注的语音现象》(2016)谈到,阴时夫《韵府群玉》有元代刊本,是诗韵106韵首部韵藻的韵书,明清的《五车韵瑞》《佩文韵府》都以此书作为重要的基底形式。历来学者因为这种诗韵体系只是《切韵》系韵书韵部上不伦不类的拼合,较未能反映实际语音,因此对《韵府群玉》的研究并不重视。明代《新增直音说文韵府群玉》"直音"是否也以《切韵》音系为本?通过系联比较知道,实际上并非如此,其声母喻为影疑、全浊音清化、知庄照相混;韵母通曾梗摄 [-m] [-n] [-ŋ] 尾相混;入声三尾合流;

声调亦有全浊上归去现象，正是明代语音的活化石。由此可以看出《新增直音说文韵府群玉》的语音倾向性，与此前一般人估计的中古音性质不同。

（三）《佩文韵府》语音

施宇阳《〈佩文韵府〉研究》（2009）说，《佩文韵府》是以前代同类型的类书为基础加以增补修订而成，可谓集"检查文章词藻的类书"之大成，并且影响后世诸如《诗韵合璧》《诗韵全璧》《诗韵集成》之类的诗韵系韵书。《佩文韵府》是检寻文章词藻的类书中资料最广博丰富的一部书，集历代同类型类书的精华于一身。通过分析《佩文韵府》的编辑方法，能够为编辑典故词典或是《诗韵集成》之类的书提供编辑体例的参考；而且分析《佩文韵府》到底征引了哪些文献资料，将有助于厘清编辑一部跟典故有关的工具书须要收录什么类型的图书资料。作者对《佩文韵府》的影响论述值得关注，比如《佩文韵府》与《骈字类编》的关系、《佩文韵府》对后世诗韵系韵书《增广诗韵集成》和《增广诗韵合璧》的影响，都是研究汉语韵书史须要认真对待的。

（四）现代学者胡朴安以《切韵》系韵书为中古音研究主张

在传统小学著作中涉及现代音韵学者成果研究内容的很多，比如沈心慧《胡朴安生平及其易学、小学研究》（2009）第七章"胡朴安的声韵学"论及其中古音研究，认为其属于传统音韵研究，但亦能注意新材料，并且对象明确。比如胡朴安认为，"今音"以《广韵》《唐韵》《集韵》为研究对象。在《古今声韵学著作提要》中，有一些"今韵"著作是今天学者注意不够的，比如明人方日升《韵会举要》《韵会小补》；清人纪容舒《纪氏唐韵考》；倪康寿《古音集成》等。

第三节　音义书与汉语中古音

一、《经典释文》

与《经典释文》研究相关的论文主要有：谢云飞《〈经典释文〉异音声类考》（1960），杜其容《〈毛诗释文〉异乎常读之音切研究》（台湾"国科会"奖助论文，1961），何大安《〈经典释文〉所见早期诸反切结构分析》（台湾大学硕士论文,1973),竺家宁《〈经典释文〉与复声母》(《孔孟月刊》23.11:16—19,1985),简宗梧《徐邈能辨别轻重唇音之再商榷——兼论〈经典释文〉引又音的体例》(1994),潘重规《王重民题敦煌卷子徐邈〈毛诗音〉新考》(《新亚学报》9.1:71—92,1969)、《伦敦斯藏二七二九号暨列宁格勒藏一五一七号敦煌〈毛诗音〉残卷缀合写定题记》(《新亚学报》9.2:1—47,1970)、《经典释文韵编》(台湾"国资整理小组"1983)、《经典释文韵编索引》(台湾"国资整理小组"1983)、《〈经典释文韵编〉成书记》(《国文天地》7.9:58—60,1992)值得注意。香港也有黄坤尧《〈经典释文〉的重纽现象》(第四届国际暨第十三届台湾声韵学学术研讨会,台湾师范大学1995)与邓仕樑《新校索引〈经典释文〉》(学海出版社1988)等。其中简宗梧、金周生、李正芬看法很独特,也是台湾研究《经典释文》学者中比较突出的三人。

(一)简宗梧、金周生的研究

简宗梧曾发表《〈经典释文〉徐邈音研究》(1970)一文。在文中,简宗梧认为,徐邈为经典注音,以重唇切轻唇、以轻唇切重唇非常普遍,所以他判断东晋的徐邈音没有轻唇重唇之分;同时,又鉴于《经典释文》所引徐邈又音居然没有完全同音的,所以推测说,陆德明在收录各家音说时,如果看到某一家注同一个字,前后用不同的切语或直音,他就不管音素是否有异,都收在一起,而称之为"又",与一字又读混论不淆。

而一年以后,简宗梧发表的《〈经典释文〉引徐邈音辨证》(1971)一文,则是对这个观点的进一步阐发。简宗梧认为:

> 《释文》所见仙民之又音,竟有二切语所代表之音素完全相同者,此或系陆氏见仙民标一字之音,前后用不同之切语,为存其真,二切语并收于一处,而不论其音素。如,某字于某篇经注中反复出现,依陆氏之体例,若其音相同,则仅注音一次,而称"下同"以概括之。但元朗见仙民前后用不同之切语,乃兼收而录于一处,殊不知日后滋生纷扰。

1978年,金周生发表《〈广韵〉一字多音现象初探》一文,提出与简宗梧相反的观点,即东晋已能分别轻、重唇音,徐邈等皆东晋时人,今由陆德明《经典释文》所引王、徐之异音,可知二人已能辨识轻、重唇音之不同。

简宗梧《徐邈能辨别轻重唇音之再商榷——兼论〈经典释文〉引又音的体例》(1994)一文既回应金周生不同意见,又进一步申论自己的看法。主要是:其一,徐音帮、非淆乱,见其不辨唇音之轻重。简宗梧举出若干徐邈音例证,将其与陆德明所注的音切或《广韵》的音切相比较,都是属于以帮纽切非纽或以非纽切帮纽的类隔;唇音类隔的产生是古无轻唇音所致,徐邈音切出现大批的类隔切,除了徐音无轻唇音之外,实在很难找到更好的理由。其二,滂、敷亦多类隔,见其不辨唇音之轻重。简宗梧同样举出若干徐邈音例证,徐音切语上字与《广韵》上字唇音敷滂二纽轻重有异,而这些字都是重唇音,于今信而有征。或许有人会说:这些字徐邈正读成轻唇,才以"敷、孚、芳"为切语上字,但依徐邈所用切语下字来判断,这应该是不大可能的。其三,並、奉也多类隔,见其不辨唇音之轻重。徐邈以奉纽字为並纽字之切语上字者也相当多,比如"亳"字徐音扶各反而《广韵》傍各切等,都是徐邈以奉纽为切语上字而《广韵》则以並纽为切语上字,而考其切语下字,则可知其字应读重唇音,而不是轻唇音;以等而论,一、二、三等都有,均不在重唇变轻唇的韵类之列。其四,明、微也多类隔,见其不辨唇音之轻重。徐音以明纽字为微纽字之直音或切语上字者,比如"庑",徐音莫杜反,《广韵》文甫切等,完全是异读所致,徐邈并不能分辨。

按,以今天学者的角度看来,上述简宗梧与金周生有关东晋能否分别轻、重唇音之争,仍限于徐邈音文献,不免受其制约,所以看问题的角度出现偏颇。

金周生《汉语唇塞音声母之分化可溯源于陆德明〈经典释文〉时代说》(1994)可以说是《〈广韵〉一字多音现象初探》中有关东晋分别轻、重唇音说申论的继续,但所涉及的文献范围已经非常广泛了。

金周生强调,王力《汉语语音史》及《〈经典释文〉反切考》两种著作"皆以陆德明《经典释文》反切证明当时唇塞音声母尚未分化为重唇、轻唇二类,而与其十年前所撰《广韵一字多音现象初探》,利用陆德明《经典释文》反切所写《陈隋之际已能分辨轻重唇音说》一节不同,乃重新整理《经典释文》唇音字,发现汉语唇塞音之分化,确可溯源于陆德明作《经典释文》之时代"。

其一,陆德明能区别唇塞音声母分化后两类不同读法之证据。金周生将《经典释文》对某字所订"首音"与"非首音"进行对比。所见到的七十八组对立之反切,各组切语下字于中古音系为同韵、同等、同开合,亦即其韵、调皆同;由三十六字母观察各组切语上字,恰有帮、非,滂、敷,並、奉之差异。金周生说道,陆德明若不能辨别其间分别,何以不直接延用徐邈、吕忱、刘昌宗等前人已造音切,而不烦自造切语,予人重复注音之口实? 此乃汉语唇塞音至此时已分化的首要证据。金周生又论证说,前引七十八组对立切语切出的六十字中,除"盼"外,所有陆德明新进之"首音切语"皆属后代所谓"音和"切,而"非首音切语"皆属后代所谓"类隔"切。陆德明若不能深察其异,了然于心,何以能屡屡更新前人音切而极少误差? 此为唇塞音至陈代已分化的另一证据。前引一百八十个属于后代轻唇字所造出四百余切语中,只有"蠡,匹凶反"一例使用重唇字作反切上字,其余切语上字皆属轻唇字。设使陆德明不能体悟唇塞音已分化为不同之声母,何以解释此种反切上字特殊用字现象? 此乃作者认为汉语唇塞音至此已分化的另一理由。

其二,对王力唇塞音声母尚未分化说论证之检讨。金周生的质疑是:《经典释文》时代音系与该书所引前代各家反切注音的音系未必相合,研究《经典释文》时代音系的数据,当仅限于陆德明所造切音与引用各家音切而"标之于首"者;然王先生文章中,却多引用非"首音"的前代音切,皆不适合作反映《经典释文》时代音系的数据。王先生文中所举部分切语,并不见于通志堂本《经典释文》,也是难以说明问题的。

其三,强调汉语唇塞音分化在陈代的结论。金周生说,汉语唇塞音之分化,至三十六字母始见类名而得确认,然学者已将其分化推前至盛唐玄宗时代。观察陆德明《经典释文》一书切音,知其多以轻、重唇字作其反切上字诸端改造前人音切,已强力反映唇塞音分化之痕迹,所以认为汉语唇塞音之分化可溯源于陆德明作《经典释文》之陈代。

但我们看到,金周生对王力唇塞音声母尚未分化说提出的质疑,证据还很有限,不足以颠覆简宗梧的看法,还须要作进一步的思考。

简宗梧与金周生有关东晋能否分别轻、重唇音之争,很明显,还有嫌缺乏置对方于"死地"的强有力证据。两位学者如果参照一些学者的研究成果,也许会生发出另外的一些看法,比如日本学者藤堂明保《六朝末期读书音被称之为集大成的事业》《确定读音统一的规准》(《中国语音韵论》,日本江南书院1957),坂井健一《中古文语研究——以经典释文为中心》(《中国文化研究会会报》3.2,1953)、《论所谓郑玄音义——〈经典释文〉所引音义考》(《汉学研究》5:13—30,1967);日本大学中国文学研究室《〈经典释文〉的综合研究报告》(《日本大学人文科学研究室研究纪要》15：134—143,1973)等,都是可以关注的;尤其是坂井健一《魏晋南北朝字音研究》(1975)更为引人注目。坂井健一进行了《经典释文》所引音注家考,计有 25 家,比如李轨音义、刘昌宗音义、郭璞音义、郭象音义、韦昭音义、向秀音义、王元规音义、沈重音义、孙炎音义、字林(吕忱)音义、郑玄音义等,当然,也包括了徐邈音义。对这些引音注家分别研究,有助于认识他们各自的语音特点,而坂井健一所作"总论",则综合各家音类特点而加以归纳,从而得出"共性"的结论,这是比较客观的《经典释文》语音研究。《徐邈音义》是否分别轻、重唇音,是他独有的还是"共性"特征,则一目了然。

进入到 20 世纪 90 年代以后,中国大陆又有一批《经典释文》语音研究著作问世,比如邵荣芬《〈经典释文〉音系》(香港学海出版社 1995)、蒋希文《徐邈音切研究》(贵州教育出版社 1999)、万献初《〈经典释文〉音切类目研究》(商务印书馆 2003)、沈建民《〈经典释文〉音切研究》(中华书局 2007)、王月婷《〈经典释文〉异读音义规律研究》(中国社会科学出版社 2014)等。杨军还承担了中国国家社科基金重大课题《〈经典释文〉文献与语言研究》(2014)项目。

金周生《〈切韵〉以前反切上字用字之探讨——以〈经典释文〉为研究范围》(2012)将《经典释文》反切四万八千多个反切上字按照潘重规《〈经典释文〉韵编》(文建会 1983)格式加以制表,然后根据数据统计来研究《切韵》之前声母问题。其体例为:前言,《计划书》内容,《计划书》审定意见,《经典释文》反切整理资料,资料分析,结论,附录:泽存堂本《大宋重修广韵》收字音频研究、《经典释文》与《广韵》来母反切上字之比较研究、与计划内容相关之统计数据与论文资料夹。这当中主体部分是"《经典释文》反切整理资料",包括:整理表格凡例、《经典释文》反切整理表(分为上平声、下平声、上声、去声、入声五部分)。"《经典释文》反切整理表"的基本项有:栏位编号、《广韵》韵目及次第、被切字及不同反切用字标序、切语及切语出现次数、被切字等第、切语上字等第、切语下字所属韵目、切语下字等第、《经典释文韵编》页码。

金周生的结论是:《经典释文》"被切字与切语上字等第"的异同比例与"被切字与切语下字等第"异同比例并没有明显的区别,一二四等字与三等字也无截然划分为二类的明显态势,这显示《经典释文》的反切上字选取与其下字类似,下字与被切字如有同韵同等的性质,上字与被切字也有同等的相似比例,即仍然存在上字与下字都与被切字等第关系类似的矛盾。《广韵》反切上字在唇牙喉音上都有一二四等与三等分用不同反切上字的现象,《经典释文》的反切却不明显,反切上字无分用的明确证据,这也说明了[-j]化声母未必已经产生。但金周生也承认,虽然自己将《经典释文》反切逐一整理成表,但分析和对比工作还没有跟上去,略显粗疏(564—565页)。尽管如此,金周生的研究意义重大,就其提供的数据资料来说,已经使学者们看到了研究的前景,肯定是很好的。此外,金周生研究的思路是把《经典释文》的反切上字作为一个"完整"的系统处理的,是不是也有忽略"个体"差异的问题? 坂井健一《魏晋南北朝字音研究》(1975)处理《经典释文》反切"有分有合"未必是唯一的正确选择,但其中所蕴含的"时空间差异"意识是难以忽略的。

(二)李正芬的研究

李正芬《试论〈经典释文〉诸家反切轻重唇音分化的时空差异》(2007)是一篇很有见地的论文。同样是研究《经典释文》反切轻重唇音分化问题,李正芬与简宗梧、金周生思路又有所不同,她把《经典释文》反切轻重唇音分化问题放到一个错综复杂的时空间范畴去探讨,老树新枝,争论不休的轻重唇音是否分化问题得到了一个全新的解释。

李正芬以《释文》音切为基础,比较前后期的音韵材料,可以看到唇音声母从两晋的南北合一,历经南北朝的南北分立,直至唐代又重新融合的分合过程。而这当中,除了语音接触的外部干扰之外,语言内部的演变也不断在进行,不论唇塞音或唇鼻音的分化过程,都经过了一个语音变体的阶段,重纽三等韵的混切以及混切的消失,也显示了语言内部演变的规律。为了证明这个论点,她的具体方法是:

其一,讨论《经典释文》反切轻重唇音分化问题的新视点。李正芬认为,在诸家学说中,张洁《论〈切韵〉时代轻、重唇音的分化》(2002)一文是颇具有重要的启发意义的。张洁分析比较了从《玉篇》开始至《五经文字》(776)为止共九家(《切韵》《玉篇》《释文》《博雅音》《汉书注》《文选注》《文选音决》《晋书音义》《五经文字》)唇音系统,地域横跨南北,时间绵亘大约200年,发现各家混切程度参差不齐,因此很难根据时间顺序探寻轻重唇音分化的轨迹。为何这些材料中轻唇音大量作为重唇音的反切上字? 张洁认为,原因在于这些轻唇音还保留了重唇一读,是处在词汇扩散的共时变异阶段,轻重唇音大体已经分化;至于唇音分化的年代,确实难以根据时间顺序探寻结果,其原因其实在于观察语音的变异,除了时间因素之外,还必须考虑空间因素,尤其是南北朝时期,政治及地域的隔阂使得南北两地语音的发展未必是平行的;此外,唇音的分化也未必是整齐地延着时间的轨迹。因此,将南北杂糅等同观之,或将唇音各音位的分化速度等同对待,则必将失去语音的真实面貌。这个看法给李正芬以很大的启发。

其二,《经典释文》诸家唇音反切年代及地域分布。李正芬对整理程序作了一些改进,参考前人研究成果,全面重新整理《经典释文》诸家唇音反切,并比较《释文》唇音反切前后时期存在状态及地域分布。在时代上,从郭象至陆德明大约 300 年;在地域上则从东晋开始,产生了南北分界。作者指出,西晋时期,轻唇音尚未产生,《释文》注家吕忱、郭象、郭璞反切现象可以证明;西晋之后,《释文》所收东晋注家有李轨、徐邈、刘昌宗三人,除了三等韵之外的重唇音值已开始有些变化,有向轻唇音过渡的迹象;南朝有戚衮、谢峤、陆德明三人,其中陆德明年代最晚而注音最完整,且用反切比较法发现其运用唇音反切相当严谨,不仅大量改正《释文》所收注家的唇音混切,而且《广韵》的唇塞音类隔切语在陆德明音切中也大多都属音和切,所以唇音分化的可能性极大。从《释文》及同时代的注音材料,加上现代方言及文献资料看来,刘昌宗到陆德明的注音演变应可代表东晋进入南朝的语音变化,南朝时轻唇音已经出现,从重唇音的自由变体进一步演变为独立的音位。轻唇独立的年代,应该在东晋末年进入南朝时期,在《释文》成书(583)之前,南朝梁陈学者戚衮时已经成音,估计大约在公元 502 年左右。重纽与轻重唇音的混切问题,即陆德明唇音混切的特殊韵类限制,除了戚衮、谢峤有相同的现象之外,在同属南音的曹宪《博雅音》当中也有相同的情形。曹宪的唇塞音分化,唇鼻音则尚未分化,与陆德明具有相同的时代特征,而唇塞音混切的韵类也都集中在重纽韵类。当一二四等韵及普通三等韵中以轻唇切重唇的反切上字——被重唇字取代时,这批没有与时俱进的混切其实正宣示着重轻唇音已经分立,这些被保留下来的混切具有某些特殊性格。[r]介音的圆唇作用使得重纽三等字介音加元音的结构接近三等轻唇韵,因此以轻唇切重唇的反切上字被重唇字取代时,重纽三等的唇音字有些仍保留轻唇的反切上字。曹宪混切重纽三等重纽四等各占一半。唇音[-j-]介音容易引发腭化作用,所以发生轻唇化。

　　其三,对《经典释文》诸家唇音反切音韵史的观察,探讨唇音分化的时空差异以及唇音音位分化的问题。根据学者们的研究,李正芬观察到,南朝的陆德明、曹宪唇塞音已分出轻重,《原本玉篇》中的唇塞音也已分化为轻重两类,仅明微未分。南朝唇音发展方向呈现出唇塞音分化,唇鼻音不分的一致性。同期北朝语音的材料以梵汉对音为主。北朝时期后魏至北齐、隋代的译经地点包括邺城、洛阳、长安,这些译经反映出的唇音现象皆是轻重唇音不分,代表北朝时期轻重唇音尚未分化。可以发现,南北朝时期,南北两地唇音的发展进程并不相同,南朝唇塞音分化、唇鼻音不分,北朝则只有重唇一组;进入初唐之后,南北融合,唇音的发展向南音靠拢,同样是唇塞音分化,唇鼻音不分,直到张参之时,唇鼻音才彻底分化完成。

　　其四,李正芬对《经典释文》诸家唇音反切的分析更为精密。比如对陆德明音切,是用反切系联法,还是反切比较法? 金周生(1989)重新检讨陆德明的唇塞音系统,利用反切比较法,认为陆德明的唇音已经分化,结论与王力相反。邵荣芬(1995)又全面重新系联陆德明的唇音,其结论又与王力相同,认为陆德明唇音尚未分化。主要的问题在于若以系联法系联,不论帮非、滂敷、並奉,皆有少数几个反切可作为桥梁,成为唇音系联成一类的关键。若用反切比较法又会发现,陆德明运用唇音反切其实相当严谨,不仅大量改正《释文》所收注家的唇音混切(金周生1989),而且《广韵》的唇塞音类隔切语在陆德明音切中也大多都属音和切,若要说陆德明唇音还未分化,似乎难以服人。以系联法研究切语的优点,是可以观照全局,不受例外反切的干扰,但却会忽略有条件的混切,而这些混切可能就是误判唇音分合的关键。而用词汇扩散的理论来说,轻重唇音分化的过程里,通常会产生一字兼有轻重唇两读的现象,再加上唇音分化的不平衡性,常会造成轻重唇音尚未分化的表象。何大安(1993)用层次分析方法将六朝吴语区分为四个语言层次,其中江东文读层即吴语层次表现,六朝时唇塞音已分化出轻重唇,而微母的演变也不同于唇塞音,与《释文》陆德明注音演变规律相同,正可以解释陆德明注音分化问题。李正芬灵活运用多种语音分析方法,并做到相互印证,也就造成了更为接近事实的结果,这是应该充分肯定的。她与此相关的还有《试论联绵词组构要素的历史变化与发展——以〈经典释文〉音义注释为主》(《汉学研究》24.2:105—133,2006)一文。

　　李正芬《试论〈经典释文〉诸家反切中梗摄的分化与合流》(2007)同样与此前一些学者的角度不一样。她通过深入挖掘《经典释文》所记录的诸家反切及其前后期语音材料，寻求两晋至唐代历史文献当中梗摄分类上的差异形态，并参考现代汉语方言以及域外对音，大致看出差异的具体表现。为了达到研究的基本目的，她的具体做法是：

　　其一，确认《经典释文》诸家反切梗摄资料的年代及地域分布。李正芬说，《释文》当中可供讨论的注家可从时代及地域两方面观察：在时代上从吕忱至陆德明大约350年，在地域上则从东晋开始产生了南北分界。东晋时期，南渡北语已开始与江东文读交融，但仍属接触初期，故两晋注家读音较为相近；南北语音融合后的变异现象至南朝才开始浮现，梗摄读音之间出现较大的差异。为求讨论方便，注家音切或不全数列出，仅列出其中特殊的直音或反切，作为观察比较的重点。《释文》所收录汉代注家有郑玄及许慎，但数量不多，难成系统，可作为旁证。西晋注家则有吕忱及郭象二家，梗摄分合虽与诗韵不同，但入声却都仍与铎、药、职三韵接触，虽是个别字例，但或标示其上古来源，或为方音表现，也不容忽视。吕忱及郭象两家皆为西晋北人，年代大约在公元300年前后。西晋之后，《释文》所收注家有东晋李轨、徐邈、刘昌宗三人。李轨稍早于徐邈，二人不同之处在于徐邈为南渡北人，而李轨则应世居江夏，此外，刘昌宗虽生平不详，但《释文·序录》列于李轨、徐邈之间，亦应为东晋人。东晋进入南朝之后，《释文》中可讨论之注家有沈重及陆德明。

　　其二，《经典释文》诸家反切梗摄分化与合流及差异形态。李正芬概括道，《释文》梗摄注音从西晋吕忱开始，至南朝陆德明，入声变化的大致趋势即逐渐脱离上古韵部，形成中古梗摄入声的格局，分韵也与舒声韵渐趋一致；而舒声韵则有三种不同的分韵现象，从东晋末开始产生较大的转变，进入南朝之后又是另一番新局面，主要差异来自于庚韵的变化：庚韵字或与耕韵合并，或分别与耕、清合并，或保有独立的地位。

　　李正芬考证，西晋吕忱、郭象以及东晋徐邈三人，梗摄舒声庚二、庚三读同耕二韵，耕二、庚二、庚三是为一类，与清三、青四对立，徐邈虽在东晋，出生于南渡后三四十年间，但梗摄读音仍与西晋北音相近，因此耕庚：清：青的分韵，可代表北音系统。至于东晋末的刘昌宗及南朝沈重，两人与《切韵》分韵相近。入南朝之后，陆德明梗摄仍是三分的局面，但韵部组合已有所改变，庚韵二、三等分别与耕二、清三合流,呈现庚二耕二:庚三清三:青四的结果,可代表金陵音系。庚韵的变化究竟应归属于历史音变,还是地域的差异,除了《释文》材料之外,对于梗摄分合的解释,还有其余南北朝以及唐代的相关研究成果提供了很好的比较材料。南朝以文献反切材料为主,有与陆德明同属南朝的顾野王(519—581)原本《玉篇》以及曹宪(523—649)《博雅音》,三人年代相近,梗摄表现又都不同。陆德明合流的耕二、庚二,在原本《玉篇》中是分立的,而陆德明合流的庚三、清三,除了清韵舌上音与庚三相牵涉之外,大抵维持了两类的对立(周祖谟1966)。同样在南北朝时期的南音,庚、清两韵的音切表现,也是各异其趣。从顾野王及曹宪音系的耕二:庚二对立,可知在南朝庚韵已有二等三等两种区别,庚三都与清三合流,但庚二与耕二之间,则有分与合两种不同的表现。反映北朝的语音材料,以梵汉对音为主。尉迟治平推测周、隋长安方音梗摄分韵为耕二庚二:(庚三)清三:青四,因汉梵对音中无庚三字,故根据《切韵》等次将之归入清三,与清三同类。南音庚二的独立或与耕二合流之间的差异,则是南北语音交融的呈现,东晋时北音南移,南音受到南渡北语的影响,原有耕二:庚二的分立泯没,但庚三还是保留,并且并入清韵当中,形成一个新的音系系统,即陆德明的梗摄格局,在其严谨的审音之下,还是将庚二耕二、庚三清三分别合并,可知此读已是南北杂糅的结果。

其三,《经典释文》诸家反切梗摄读音构拟。李正芬分析,与文献材料当中梗摄的分类相对照,在两晋南北朝阶段,二等韵的主要元音读为[a],应无问题;青韵则南方为低元音[ɛ],北方为高元音[e],除了在现代汉语方言与梵汉对音当中有迹可循之外,南方李轨、徐邈麦韵多与铎韵、祃韵接触,元音也较低;而北人吕忱与郭象的锡韵有与职韵混切的情形,则是元音较高的反映。南朝顾野王耕二、庚二有别,但这种区别无法在任何方言及对音中发现,可能两韵皆为低元音,读音相近,因此将耕二拟为[a],庚二拟为[ɐ],而南北之清韵亦皆拟为[ɛ],如此一来,便容易解释陆德明读音庚三清三的合流。整体而言,南北融合之后的金陵书音,梗摄仍以低元音为主。

其四,《经典释文》诸家反切梗摄存在形态假设。李正芬的假设是:两晋北音梗摄二、三等元音较低,四等元音较高,南朝梗摄元音都是低元音;而南北融合之后产生了韵类的分化与合并,梗摄内部韵字也因此互相流动,造成诗文用韵当中看不出梗摄各类的界限。唐代之后,梗摄读音整体而言有高化的倾向,一方面清韵元音高化与青韵合流,另一方面庚三独立,清三与青仍保持对立的局面,语音的历时演变在此时以共时差异的面貌呈现出来。

李正芬的结论是,从西晋历经南北朝,直至唐代,梗摄内部韵类经过两次的分化与合流,显示出共时的语音差异与历时的语音演变,以及两者交互影响的变化过程,正彰显出语言具有空间与时间的维度,因此要清理出语音具体的变化并不容易,只能在文献的比较与音值的构拟当中,假设梗摄可能经历的演变过程,共时的语音差异与历时的语音演变,以及两者交互影响的变化过程。

从历时演变和共时的语音差异研究《经典释文》诸家梗摄反切,李正芬走出了文本的局限,进行"纵横交错式"的比较,又打开了一条研究《经典释文》的新路。与此相关,她还有《试论〈经典释文〉止摄韵字的类型变化》(《文与哲》18:173—200,2011)、《通江两摄的方言接触与元音重配——以〈经典释文〉反切注音为主》(《汉学研究》29.3:29—54,2011)两文。

李正芬《两晋南北朝方言现象与韵部变迁探析——〈经典释文〉及两晋南北朝文献的比较考察》(2012)是一部十分重要的研究《经典释文》及相关文献语音的专著。该书体例为:第一章,绪论:两晋南北朝的方言差异、文献音系研究的困境、文献材料研究的思考、《经典释文》的相关研究、研究方向与方法。第二章,方言接触与韵部的分化及合流——论梗摄韵部的分合演变:方言接触与文献材料的混乱、《经典释文》梗摄反切分析、梗摄的分化与合流、梗摄读音的层次与构拟、小结。第三章,方言差异与韵部重配——论通、江两摄韵部的重新分配:韵部分合与韵部重配、通江两摄中的方言差异、通江两摄的方言接触与元音重配、小结。第四章,方言差异与折衷南北——论臻摄南北读音之差异与层次:折衷南北与韵类措置、《经典释文》臻摄反切分析、臻摄中的方言差异、臻摄重纽的语音差异与臻韵的地位、小结。第五章,方言差异、扩散运动与韵部的类型——论止摄韵部的变异类型:止摄韵部类型的复杂性、《经典释文》止摄反切分析、止摄的方言差异、方言及扩散运动造成的类型与层次、小结。第六章,推链变化与方言差异、结构变迁——论遇摄推力变化中的方言差异与结构变迁:推移的连锁变化、《经典释文》遇摄反切分析、遇摄文献材料及译音、对音中的语音现象、遇摄元音系统的结构变化、小结。第七章,结论:韵部的本体层、方言现象及韵部变化、地域差异大于历史差异、古方言的层次问题、文献材料的新意义。附录:《经典释文》音切表〈凡例〉》、《经典释文》音切表功能说明。

该书研究特点及价值:

其一,李正芬以《经典释文》为主要分析对象,并与两晋南北朝文献作比较与考察,综合研究,极大地提升了这些文献的语音史价值,扭转了过去许多学者仅限定在《经典释文》语音平面视野探讨的局面,这是一个很大的突破。比如坂井健一《魏晋南北朝字音研究》(1975)等,就基本局限在《经典释文》文本语音上。

其二,在研究理论与方法上注意思维方式的转变。李正芬利用历史比较法进行内部时间空间的比较,将《经典释文》与其前后期的文献材料、域外借音、对音、现代汉语方言作比较,发掘隐藏在其中的语音变化,揭示了蕴含在其中的复杂语音结构变化格局。有层次分析、扩散分析、差异分析、推力变化分析等手段,实现了《经典释文》语音研究理论与方法的推陈出新。

其三,对《经典释文》文献音系存在的困境进行有力反思,具有启发当今汉语音韵学"文献语音"研究走出"魔镜"折磨的价值。李正芬说得很清楚(6—7页):

> 由高本汉开始建立的"书音"系统,近年来已多有批评,这也是对文献音系研究的反省。张光宇(2003:98)称高本汉的汉语史研究为"直线发展观"、"比萨式的斜塔"。桥本万太郎(1985:20)也认为语言学家将语言史看成是一条直线的发展是纯属虚构,上古汉语和中古汉语之间存在比时代差别更大的区域差别及性质差别。桥本所指出的区域差别,即是方言的差异,方言在汉语语音史研究上的地位举足轻重,但要自文献材料解析出古代方言,却往往无法得其轮廓。"书音"系统的情形已是如此,更何况缺乏大量直接证据的古代方音现象,因此,虽能猜测古方音现象的多样化,只能借由文献材料中的些许记载得到零星的讯息。因此,文献音系的研究,除了因研究方法而造成的局限之外,还有古方言研究上的困境,使得文献音系的演变成为"把历代文献用一条绳子加以贯穿"(张光宇2003:97),无法看出古汉语演变的具体与立体性。

其四,虽然存在上述困境,但李正芬认为文献材料的语音史价值不可因此而轻易忽视,必须赋予它以新的意义。李正芬说(128 页):

> 汉语文献材料内容丰富,一个年代中包含许多可资研究之材料,如两晋南北朝时期重要文献即有《切韵》、《经典释文》、《玉篇》、《博雅音》等,以及大量诗歌创作。除此之外,域外借音、对音也提供了接近汉语音值读音的材料,而现代汉语方言当中六朝层次,以及音韵变迁的研究成果,则提供了最具体的语料。若将结合这些研究成果,加以比较与诠释,在旷日费时之余,仍能赋予文献材料新的研究意义。

该书的"典范性"价值是可以肯定的,但究其实质,还是一种全新的研究模式尝试,正如她所说,"如何继续深化古汉语语音演变的动态研究,以及如何与现代汉语方言层次紧密连结,皆是未来应继续思索的课题"(182 页)。由此,对现代汉语方言材料的利用情况如何,决定着汉语古代文献材料的语音史建构深化程度。此外,与汉语关系密切的汉藏语系语言层次,是不是也应该在考虑之内呢?日本学者藤堂明保、坂井健一等成果吸取,也是要注意的。

(三)其他

张庭颖《〈广韵〉及〈经典释文〉又音所反映的复声母痕迹》(2007)由《经典释文》及《广韵》的又音字上推溯源,探求上古复声母。张庭颖解释说,所谓的"又音字",乃是指《广韵》以及《经典释文》当中的"同一字形"有"不同读音"的字例。上古复声母到中古时,逐渐演化为单声母。汉代之后,复声母的直接证据更少,因此推论大约汉代时复声母便消失殆尽。既然复声母已经不存在现代的语言甚至是方言之中,对于复声母的研究便只能向复声母遗留下来的痕迹去找寻;复声母的研究材料,包括了声训、读若、重文、异文假借、叠韵联绵词、谐声字、同源词汉藏语对应等等,该论文则采取了"又音字"作为主要研究材料,谐声字、同源词汉藏语对应为辅助信息。

研究过程中,试图由历时及共时两个方面来找寻证据:从纵向历时语音演变来看,张庭颖查找《广韵》及《经典释文》的又音字,向上古音推根溯源时,亦取古代苗瑶语的资料作为佐证;从横向不同语言比较来看,亦从英文寻找相似的语音形态,并在汉藏语系中少数民族现存语言发现其他的证据。

　　复声母是上古音较为困难,却也是尚有发展性的领域之一。研究的重点之一是如何从中古声类当中,推衍出上古复声母的演化规律及结构。能够用以作为研究文本的材料非常多,除了张庭颖使用的又音字、谐声字之外,方言以及汉藏语言比较都是亟待研究的原始材料。

　　张正男《〈群经音辨·辨字音清浊门〉疏证》(1973)涉及了《群经音辨》字音发音方法问题。游子宜《〈群经音辨〉研究》(台湾政治大学硕士论文,1992)则对《群经音辨》进行了全面研究。黄文慧《试论〈群经音辨〉对〈经典释文〉的承继与变革——以唇音字为例》(2014)谈到,贾昌朝《群经音辨》一书分门别类地辨析古汉语中1100多组同形异音异义词,是一部专门辨析音变的构词、异读的著作。《群经音辨》取材于陆德明《经典释文》,并承继《经典释文》大量语料,但有意识地对这些语料进行系统化、条理化的选择分类。该文以唇音字为例,加以统计分析,对照《经典释文》,进而探讨《群经音辨》唇音字的语音变化。

　　学术界其他学者的研究也值得注意。比如日本学者水谷诚《〈集韵〉系韵书研究》(2004),是作者十余年间发表的有关《礼部韵略》和《集韵》研究的一系列论文的汇集,既各自独立,又相互关联。其中,作者从《群经音辨》看《集韵》和《经典释文》部分,也谈到了《群经音辨》和《经典释文》关系问题。中国大陆学者有关《群经音辨》研究的论著有李开《宋贾昌朝〈群经音辨〉及其在中国语言学史上的意义》(《淮北煤炭师院学报》4:141—145,1987)、张渭毅《贾昌朝〈群经音辨〉改良反切的尝试及其对〈集韵〉的影响》(《语苑撷英》77—93,北京语言大学出版社 1998)、杜季芳《〈群经音辨〉研究》(2014),其中,杜季芳也涉及了贾昌朝对《经典释文》异读材料系统整理、《群经音辨》字音"三辨"、《群经音辨》对《集韵》的影响等问题。

二、《一切经音义》

　　初唐释者玄应撰有《一切经音义》(简称《玄应音义》),二十五卷。原称《大唐众经音义》;释道宣"序"及所撰《大唐内典录》卷五均用此名;其后《开元释教录》卷五著录此书,易名为《一切经音义》。《玄应音义》是一部重在"音义"诠释的著作。

　　关于玄应《一切经音义》,周法高《从玄应〈音义〉考察唐初的语音》

（1948）、《玄应反切考》（1948）、《玄应反切字表》（香港崇基书店1968）、《玄应反切再论》（《大陆杂志》69.5：1—16，1984），以及周法高编《玄应一切经音义（附索引）》（1962），构成了一个完整的玄应《一切经音义》研究系列。

周法高《玄应反切考》（1948）比较典型，其基本内容是：其一，玄应与慧琳著作考订同步进行。周法高对玄应生平和著述考订很细致。依据神田喜一郎《缁流的二大小学家》研究，认定玄应与玄奘关系密切，可称之为玄奘弟子。他参加玄奘道场，所译书大都为法相宗重要典籍。与玄奘高足窥基学风大体相同，承继玄奘之系统，著有《一切经音义》。另外，由唐兰说，引发了他对两个问题的讨论：玄应书所引《韵集》时代和版本；玄应作音是否根据《韵集》或其他韵书问题。周法高认为，玄应作音并未抄《韵集》或其他韵书，因为他另造了许多反语替代旧韵书，对《韵集》只是参考而已；其版本在唐代版本《韵集》之后。周法高考订，慧琳生于唐玄宗时，810年《一切经音义》完成，希麟作《续一切经音义》已经是宋太宗时。周法高反对慧琳根据《韵英》任意改变反切、用同音类反切上下字替代的说法，认为《韵英》音代表当时的关中音（秦音），和慧琳所依据的实际语音相同或相近，因此慧琳常常纠正《切韵》或吴音。

其二，玄应慧琳音与《切韵》关系。为何要重视研究玄应与慧琳音？周法高的认识是，二书语音资料可以为研究《切韵》音系性质提供十分难得的文献依据。学术界有关《切韵》音系性质的讨论十分激烈，焦点在于：《切韵》究竟是代表一时一地之音，还是杂糅古今方国之音？过去要做进一步探讨十分困难，因为还找不到有价值的旁证。比如杂糅古今方国之音说，很难指出其因袭旧韵以及某种方音的根据；至于《切韵》是不是拿某一种方言为主体而加上一点别的东西，其兼采的程度如何，也很难给予比较具体的答复。而有了玄应音资料后，对这些问题可以得出比较具体的结论了。可以看出，周法高对玄应音的期待是非常高的。

为何说玄应音和《切韵》音十分接近？周法高举出了一些证据。比如声母，玄应音和《切韵》音大体相同，现代方言极不规则的从邪、床船禅和《切韵》音一致。再如韵部，异等的韵，如豪、肴、宵、萧，以及清和青分别清楚；同等的韵，如一等的东与冬、泰与代、谈与覃；二等的佳与皆、怪与夬；开口三等的东三与钟；支与脂、之；鱼与虞、祭与废、真与欣、文与谆、元与仙，这些在稍后的韵图上已经没有分别的韵,这书都划分了。最重要的,是在支开、纸开、至合,真开、仙开、仙合、寝、缉、艳诸韵中,《广韵》《切韵》切语下字分作 A、B 二类的,玄应音也分二类;只有《切韵》二等的咸与衔、庚二与耕,三等的脂与之、尤与幽诸韵是混的。陆法言和玄应久居长安,玄应音和《切韵》音的依据就是 7 世纪的长安音。慧琳《音义》已经标明根据"秦音",他和陆法言、玄应的差别只是时代先后的关系。

其三,玄应《一切经音义》方言区域。周法高说,从玄应书中提到一些方言中的差异,也许可以看出唐初方言区域划分的情形来。一是南北区分;二是注中涉及山东、关西、幽州、蜀,和同时代颜师古《匡谬正俗》的记述可以相互印证。

其四,玄应《一切经音义》音类考。周法高求玄应《一切经音义》音类基本上采用陈澧的反切系联法,得出 28 声类,281 韵类(区分开合口)。周法高没有在后面归纳,这一数据是根据他的考订结果计算出来的。

李方桂《语言学在台湾》(2012,作于 1967)说周法高透过研究 7 世纪中叶玄应的反切,进一步确认了《切韵》(6 世纪)语言性质,以及双唇音声母在那个时期的发展。他还评介了马丁《中古汉语的音位》一文,同时,提出他自己的构拟系统。

吴敬琳《〈玄应音义〉的音系及其方音现象》(2012)思考得更为缜密。吴敬琳指出,据徐时仪《玄应〈众经音义〉研究》(2005:50)统计,《玄应音义》全书约四十万字,共释经 458 部,收录词语约有 9430 条,去其重复约有 7960 条。《玄应音义》对这些词语的解释方式可以分为辨正字形、标注字音、讲解字义三种类型,许多学者把《玄应音义》标注字音的文献作为研究语音的数据,由此,《玄应音义》语音研究便成为人们关注的内容之一。

研究《玄应音义》语音的学者很多,主要有:周法高《从玄应〈音义〉考察唐初的语音》(1948)、《玄应反切考》(1948),周祖谟《校读玄应〈一切经音义〉后记》(《问学集》192—212,1966),王力《玄应〈一切经音义〉反切考》(《语言研究》1:1—5,1982),周法高《玄应反切再论》(1984),葛毅卿《隋唐音研究》(李葆嘉理校,南京师范大学出版社 2003),储泰松《唐代音义所见方音考》(《语言研究》2:78—83,2004),徐时仪《敦煌写本〈玄应音义〉考补》(《敦煌研究》1:95—102,2005)、《玄应〈众经音义〉研究》(中华书局 2005),太田斋《〈玄应音义〉中〈玉篇〉使用》（何琳译,《音史新论》223—238,学苑出版社 2005）,黄坤尧《〈玄应音义〉辨析》（《佛经音义研究——首届佛经音义研究国际学术研讨会论文集》7—22,上海古籍出版社 2006）,徐时仪《玄应〈一切经音义〉写卷考》（《文献》1:30—41,2009）,黄仁瑄《玄应音系中的舌音、唇音和全浊声母》（《语言研究》2:27—31,2006）,徐时仪《玄应和慧琳〈一切经音义〉研究》（上海人民出版社 2009）,于亭《玄应〈一切经音义〉研究》（中国社会科学出版社 2009）,竺家宁《玄应和慧琳〈音义〉浊音清化与来母接触的问题》（《佛经音义研究——第三届佛经音义研究国际学术研讨会论文集》1—33,上海辞书出版社 2015）,郑贤章《汉文佛典疑难俗字汇释与研究》（四川巴蜀书社 2016）等;还有中国大陆旅日学者丁锋《慧琳〈一切经音义〉改良玄应反切考》《慧琳改订玄应反切声类考——兼论唐代长安声母演变过程》《慧琳改订玄应反切反映的唐代长安声调状况》《慧琳音义改订玄应音切韵类考》（《如斯斋汉语史丛稿》,2010）,以及《慧琳音义转录改订玄应音义考》（《如斯斋汉语史续稿》,贵州大学出版社 2012）等论文,也十分重要。

吴敬琳认为,虽然《玄应音义》语音众说纷纭,但基本方法还是要抓住的,就是将玄应注音和玄应音系分别探讨。前者从高僧注音的形式上判断其注音取向,即关中音（长安音）;后者针对玄应音系中的声母与韵母系统考察,以韵系为主,声系为辅的处理方式,确立韵系南北属性,聚焦韵目分合特征,取时代相当的诗人用韵与梵汉对音所得韵目分合为可资参照对象,最后以玄应声系语音特征为验证,证实这之前的假设。

该书体例为:第一章,绪论;第二章,玄应注音体例之确立;第三章,玄应音系之确立;第四章,《玄应音义》中的方音现象;第五章,结论。

该书关键性看点在于:其一,以《玄应音义》中方音研究为突破口,取得研究的效应最大化。对《玄应音义》音系的一般性研究已经取得了很大的成绩,但多"显示古籍音系,与玄应本身无涉",缺憾明显,如何进一步拓展思维空间,而有所作为? 吴敬琳从方音角度证明,"不拘于通语长安音",确实是一个新的思路。这样,就使得玄应音系的探讨"脚踏实地",有的放矢,不至于"虚空"。

其二,玄应注音和玄应音系结合,划定南北地域,内部文献特征与外部文献特征为相互参照,进行科学验证,步步推进而求证论点的可信实性。"韵系为主,声系为辅",选择了一个有效的突破口。这种研究方式是因文献性质而制订,因对象不同而灵活运用,取得收效也是自在情理之中。

其三,以求解造成方音歧异原因为第一追求,从而达到通晓玄应音系性质之目的。过去学者研究之所以留下遗憾,主要是太过于受"长安音"说束缚,笼统求之,但可无过,岂不知当时的区域语音特征也是十分复杂的。从与上古语音同源入手,查检玄应使用地名的分布,由此,关东、山东、江南的划分轮廓逐渐清晰起来。然后,再去发掘方音歧异文献,对这些文献进行十分细致的分析,发现其中所蕴含的奥秘,即她所看到的十条因素线索:文字假借、历史音变、层次纠葛、正俗有别、经籍之音师承、语音类化、开合口讹读等,由此,摸到了影响玄应方音歧异的"看不见的手"。无疑,吴敬琳的思考方式独特,带来了玄应音系研究的新进展,是须要进一步研究的。

吴敬琳的研究也存在着一些须要再行讨论的问题。比如求解到了造成方音歧异原因,但表现方音音系歧异的结构形式如何描写,却因此而忽视了,是不是研究的再行思考方式出现了问题? 强调了玄应音系的南北地域分化,但如何解释《玄应音义》音系"迭加"的"同一性"的包孕问题? 陈澧的系联法和杨耐思的"剥离法"还适用于一般情况下的《玄应音义》音系的研究吗? 这些问题还没有得到很好的解答。

黄惠铃《玄应〈一切经音义〉声母层次异读分析》(2015)研究对象为《一切经音义》异于《切韵》系韵书声母音韵地位的切语,这里称之为"异切",旨在分析《一切经音义》异切所蕴含的语音演变历程及其意义。异切反映玄应所属方音、特定声类与个别读音的音变阶段与音读类型;音变阶段与音读类型反映语音发展不平衡,不仅方音间缓速有别,方向各异,方音内部的语音发展更未曾同步。作者坚持语音发展具有连续性的观点,以音变的普遍规律分析玄应异切,目的在于将异切纳入汉语语音演变历程的一环。同时,也归纳异切语音特征,得出玄应方音应该为唐代西北方音的结论。作者认为,以共时眼光看待,可自异切归纳方音特征,探讨玄应所属方音;若转换视角,以历时眼光观看,异切反映的是语音连续发展的事实,有助于我们从僵化的思考框架中挣脱,不再纠结于声类的分立与否,以更为广阔的视野,接受语音随时变化。以此态度讨论异切,将使每一条异切皆具有意义。

对慧琳《一切经音义》研究的论著也不少,比如谢美龄《慧琳〈一切经音义〉声类新考》(东海大学硕士论文,1989)、《慧琳反切重纽问题》(台湾"国科会"奖助论文,1992)等,但影响力有限。

刘雅芬《慧琳〈一切经音义〉异体字研究》(2006)认为,慧琳《一切经音义》的异体字采取的是三个广义集合而成的最广义:"音同、义同、形异"的文字现象。慧琳《一切经音义》的正体字主要是遵从《说文解字》篆文系统;而其所收异体字多数因递换形符、声符而成。增递是异体字音义的加强,而形音义近似是异体字变易的凭借;另一方面,古文字是异体字形成的源头,汉隶则是异体字发展的关键;此外,假借亦是异体字生成的大宗原因。

与佛经音义成果相关的还有许端容《可洪〈新集藏经音义随函录〉敦煌写卷考》(第二届敦煌学国际研讨会,台湾中国文化大学中文系、汉学研究中心1991)、《可洪〈新集藏经音义随函录〉音系研究》(台湾中国文化大学博士论文,1991),廖湘美《敦煌 P.2172〈大般涅般经音〉反映的语音现象》(台湾《中正汉学研究》(佛经语言学)2:241—302,2015)等。

廖湘美(2015)认为,相较于今日佛典普遍流行的刻本,P.2172 具有写本文献的特殊研究价值。其年代不晚于 11 世纪初年。其释音采用了大量的直音法。由于其用字反映了唐五代时期的特征,经过辨明,可以看到,其条目及直音字所存在的许多古今、借字、正俗、异体及译字等文字问题。研究的结果是,P.2172 显现出几项属于那个时期西北地区河西方音的特点,比如:浊音清化后,大致与全清声母有对应的关系;流摄并入遇摄;上去声相涉频繁,浊上有变浊去的倾向;入声开始消变;但反切部分,古入声字仍然作入声。这些情况,有的和邵荣芬一致,有的和高田时雄所举特征相同。此外还有语言竞争作用下的文白异读问题。廖湘美这项研究成果与此前学者们的研究相得益彰,互为补充,具有重要的汉语方音史意义。

日本学者研究《一切经音义》的成果值得注意,比如工具书,有神尾弌春《慧琳一切经音义反切索引》(日本槿风庄 1955)以及《慧琳一切经音义反切索引补正录》(日本槿风庄 1956)。对两书的情况专门有学者评述,比如辻星儿《神尾弌春编〈慧琳一切经音义反切索引〉》一文,见日本《国语学》第 114 号73—76 页。诚如辻星儿所说,这个索引不是简单的材料的归纳,而是在黄淬伯《慧琳一切经音义反切考》研究的基础上,依据《切韵》《韵镜》的体系分类而索引化,这就超越了前人。上田正的《慧琳反切总览》(日本汲古书院 1987)最为著名。矢放昭文《（书评）上田正〈慧琳反切总览〉》（日本《均社论丛》1.6：75—84，1989）认为，《慧琳反切总览》克服了黄淬伯、神尾弌春资料不完备等缺点，把27558个反切纳入到《切韵》框架中加以整理，给人们进一步归纳音系奠定了基础，但也存在着一些值得思考的问题：一是把中古音作为整理反切而对之进行分类的基准问题，二是重纽韵舌齿音为何在区分A、B两类之后又多出了个C类问题，三是"慧琳音的二重性"语音观之下，反切"口唱"之际的审音基准问题。上田正还有《玄应反切总览》（私家版1986）、《希麟反切总览》（私家版1986）、《慧琳音韵通用的统计研究》（日本《均社论丛》10：1—14，1981）等音义反切研究论著也具有十分重要的学术价值。从语音系统角度研究的，如河野六郎《慧琳众经音义反切特色》（日本《中国文化研究会会报》5.1，1955；《河野六郎著作集》2：261—266，1980）、《希麟〈一切经音义〉反切考——阳韵尾类》（日本《中国文化研究会会报》5.1，1955），水谷真成《慧琳言语系谱——北天系转字汉字的对音》（《佛教文化研究》5：1—24，1955）、《慧琳音义杂考》（日本《支那学报》创刊号，1956）、《慧苑音义音韵考》（日本《大谷大学研究年报》11：143—221，1958；《中国语史研究》，日本三省堂1994），吉田金彦《〈新译华严经音义私记〉反切》（日本《静冈女子短大纪要》3：29—44，1956），矢放昭文《〈慧琳音义〉反切的等韵学性格》（日本《均社论丛》10：211—222，1981）；还有大岛正二《唐代字音研究》（1980）中涉及《首楞严经音》，以及上田正《慧琳音论考》（《日本中国学会报》35：167—176，1983），望月真澄《慧琳音义反切特征》（日本《金泽大学文学部论集》"文学科篇"5：81—96，1985），切通しのぶ《对〈续一切经音义〉希麟音切考察》（日本《九州中国学会报》42：1—15，2004）等。

三、颜师古《汉书》音

董忠司《颜师古所作音切之研究》（1978）介绍说：

颜师古字籀，雍州万年人，齐黄门侍郎之推孙也。父思鲁，以学艺称，尤工训诂，武德为秦王府记室参军。师古既奉诏刊行五经定本，又预修《五经正义》，如《周易正义》，即师古与孔颖达等共撰，自定本、《正义》颁之国胄，用以取士，天下奉为圭臬。此其一。唐兴，君臣上下，一志于史业,《史通·古今正史篇》谓中书侍郎颜师古、给事中孔颖达,共撰成《隋书》五十五卷;今传《大业拾遗记》,或谓为颜师古所撰,虽不能定其真伪,而颜师古之史学可知矣!此其二。师古注《汉书》,"曲覈古本,归其真正","寻文究例,普更刊整","具存旧注","匡矫惑蔽","上考典谟,旁究苍雅",僻字假借,随文翻音,为后世史注典谟,人举与杜预并称,此注一出,《汉书》他家注皆废。此其三。师古"以世俗之言多谬误,质诸经史,匡而正之";又上代经史音注,或颇讹舛,亦征引论辨"百氏纰缪,虽未可穷,六典迁讹,于斯矫革",后世学者所为读书札记、或辨难质疑、文字校订,音韵讨论之撰著,大抵昉于师古是书。此其四。师古于贞观中刊正经籍,因录字体数纸,以示校楷书,当代共传,号为《颜氏字样》。怀铅是赖,汗简攸资。自是而后,字样之学盛于有唐,迭有增修,如杜延业《群书新定字样》,唐玄度《新加九经字样》、颜元孙《干禄字书》、张参《五经文字》等,皆祖述师古。此其五也。综此五事,颜师古之学术,可谓羽被来学、炳耀千古矣!

本书体例:第一章,前言。第二章,颜师古音切体例之探讨,包括音切法、借读法、譬况法、读如本字。第三章,反切下字之整理。第四章,反切上字之整理。

董忠司《七世纪中叶汉语之读书音与方俗音——初唐颜师古音系及其他》(台湾"国科会"奖助论文,1987)、《反切结构索引与反切谐和说——颜师古所作反切之研究》(《新竹师专学报》12:127—168,1985)、《董钟两家颜师古音系的比较》(第二届国际暨第十届台湾声韵学学术研讨会,台湾中山大学1992)等对颜师古《汉书注》反切音系的考订,细致而科学,为他日后建立《切韵》"介音"新的分析理论奠定了资料与分析基础。

四、《〈国语〉旧音》

张以仁《〈国语〉旧音考校序言》(1971)谈到《国语》注音问题。张以仁说,自汉代以来,为《国语》加注者有郑众、贾逵、王肃、虞翻、唐固、韦昭、孔晁7家,但都没有音注。有关《国语》音读的著作,流传到今天的仅仅是北宋宋庠《〈国语〉补音》一种。宋庠《〈国语〉补音》是根据《〈国语〉旧音》增益而成的。

《〈国语〉旧音》是不是唐代人所作？还有争议。《〈国语〉旧音》的资料都被宋庠收在了《〈国语〉补音》里，保存了它原来的面目，其中直音与反切兼用，而以直音为多。全书标注字音 1100 余处，直音就 600 多。

张以仁考订得知，它的语音系统和《切韵》一系并不十分吻合。与《广韵》比较，可以看出，声母不合的有 34 字，韵类不合的有 89 字。有些不合之处并非单纯的、个别的问题，而使人怀疑可能出于系统的差异。比如"稷"字，在《广韵》东韵，唐写本《切韵》三种以及王仁昫《刊谬补缺切韵》都是如此，但《〈国语〉旧音》则音"宗"，属于冬韵。宋庠怀疑《〈国语〉旧音》有误，是忽略了《〈国语〉旧音》的个性语音特征。隋唐宋，《切韵》音系是主流，但所表现的并不是当时整个语言的实际情况，以慧琳《一切经音义》而言，它的音韵系统就和《切韵》一系大不相同，其中东韵就常有以冬韵字为反切下字或东冬韵字杂出的情况。

张以仁也提醒道，《〈国语〉旧音》与《切韵》一系距离不小，不过，另一种情况不可不注意，就是《〈国语〉旧音》虽然是为了标注《国语》字音而作，但却不免受训诂概念的支配，这是所谓"音义"类书共有的现象。标音是为了通义，因此，假借方法的使用是常见的。此外，有些音可能还受了别的著作影响，比如《〈国语〉旧音》常提到《说文》《字林》《字苑》《字统》《广雅》《玉篇》《珠丛》《通俗文》等文字音韵书，有的还和《经典释文》有关，所以考订其字音须要把这些因素考虑进来。

张以仁《〈国语〉旧音考校》(1971) 是《〈国语〉旧音考校序言》的主体部分，对《〈国语〉旧音》的每一个字音的来源以及和《切韵》一系韵书的关系进行了详尽的考订。对进一步利用《〈国语〉旧音》研究语音史问题是具有非常重要的文献价值的。可惜，张以仁论文没有再去作语音系统及其细致的比较研究工作。

首都师范大学文学院副教授李红《〈国语补音〉旧音反切考》(《南阳师范学院学报》8:45—50,2009) 也是通过对《国语补音》旧音反切进行全面梳理与分析，在剥离出假性音切的基础上用反切比较法分析发现，旧音的反切用字与《切韵》系韵书有很大差别，声母和韵母也呈现出不同于《广韵》的特点，其音注反映了宋以前甚至唐以前的语音现象，有一定的价值。探求旧音所体现的语音现象，可以确定旧音产生的时代，同时为中古音研究提供新的材料依据。作者并未见到张以仁《〈国语〉旧音考校》论文。但李文只考虑了《〈国语〉旧音》反切，而没有对直音进行研究，所以其结论还存在着一些疑问。

五、《文选》六臣注音

林文政《〈文选〉六臣注音系研究》（2000）说道：

梁昭明太子萧统辑《文选》三十卷，唐显庆中，李善尝注之，析为六十卷；开元六年五臣再为之注，复为三十卷。南宋初，取二本合刻，曰《六臣注文选》，书中之音注甚为丰富。本论文即以六臣音注所呈现之音韵现象为研究主题，内容共分八章，兹分述如下：第一章，绪论。叙述撰写本论文之动机、目的、研究材料与方法，并略述前贤之研究成果。第二章，《文选》注成书、版本、作者考。叙述各《文选》注本成书之背景、年代，以了解注者之注书目的。介绍目前可见之《文选》注版本，并比较其异同，以确定本论文所用之版本。考证六臣之生平，以见注者之生籍世贯，平生经历。第三章，《文选》注中之音注体例分析。叙述《文选》六臣注中，五臣与李善两者音注体例之异同，作内容之比较，发现二者音系无别，故合以六臣音论之。第四章，《文选》六臣注声母论述。以"喉、牙、舌、齿、唇"五个发音部位，分作五节，依次观察、分析各声类之反切，最后得出《文选》六臣注之声类三十有六，并为其拟音。第五章，《文选》六臣注韵母论述。依《广韵》韵目次第，分三十三小节，各小节举平以赅上去入，并以从其"合"之语音实际，析分得出《文选》六臣注之韵部三十有三，为其拟音。第六章，《文选》六臣注声调论述。由《文选》六臣注中录出一零六个声调与《广韵》相异的字例，持之与《广韵》《释文》相较后，得出《文选》六臣注之声调亦是分平、上、去、入四声。第七章，《文选》六臣注音系与其他相关音系比较。论述由《文选》六臣注音注所呈现之声韵现象，与代表初唐江都书音之曹宪《博雅音》以及盛唐"律圣"杜甫近体诗用韵之共时资料相比勘，察其同异。再与隋末南方金陵音系之《经典释文》作历时之观察，以明古今音变之轨迹。最后再与兼论古今南北之《广韵》比较。最后得出《文选》六臣注音注之声类是异于具南音性质之《经典释文》《博雅音》，而韵部则近于盛唐杜甫诗韵，及《广韵》之独、同用例。第八章，结论。《文选》六臣注之声韵系统，已于本论文第四、五、六章中论述，及第七章作全面之比较分析后，知《文选》六臣注音注为声母三十六、韵部三十三，其所代表之音系是为盛唐"口语标准音"。《文选》六臣注之音注中，虽有少数审音不精确，及乡音之混淆，但其三十六声母补苴了由正声十九、唐舍利三十字母与守温三十六母之间，盛唐语音之时际，其韵部三十三更为唐人用韵研究结果之重要佐证，此正是《文选》六臣注音注于汉语音学史上最重要之贡献。

其他，尚有竺家宁《〈颜氏家训·音辞篇〉中的几个语音现象》（《德明学报》1：161—169，1973），丁邦新《唐何超〈晋书音义〉研究》（台湾"国科会"奖助论文，1974），董忠司《曹宪〈博雅音〉之研究》（1973），陈新雄《郦道元〈水经注〉里所见的语音现象》（台湾《中国学术年刊》2：87—111，1978），宋丽琼《〈方言〉郭璞音之研究》（台湾辅仁大学硕士论文，1981），王松木《〈敦煌俗务要名林〉残卷及反切研究》（1996）、《敦煌石室〈心经〉音写抄本所反映之声母现象——兼论译者归属问题》（2008），以及黄坤尧《〈史记〉三家注之开合现象》（《陈伯元先生六秩寿庆论文集》479—488，文史哲出版社 1994）、《〈史记〉三家注异常声纽之考察》（《国文学报》16：155—182，1987）等与之相关的论文也很重要。

第四节 等韵图与汉语中古音

一、汉语等韵图及等韵门法

（一）董同龢等韵门法研究

董同龢《等韵门法通释》（1948）主要内容是：其一，讲述等韵门法沿革历史。《四库全书提要》称，《切韵指掌图》为等韵图"鼻祖"，董同龢认为这个观点是错误的。其实，在敦煌发现的《守温韵学残卷》可以成为等韵门法的"源泉"。从《守温韵学残卷》与《通志》所录《切韵内外转音》《内外转归字》来看，等韵门法创制之初，韵书与韵图分立。《四声等子序》说："切韵之作，始乎陆氏;关键之设,肇自智公。"董同龢推测,智公"倒可能是把门法与韵图合载的第一个人"。

其二,以刘鉴为坐标,辨明等韵门法前后的变化。董同龢认为,《玉钥匙》等韵门法大体齐备,但其也是因袭"旧制"补苴而成。《玉钥匙》将《四声等子》和《切韵指掌图》的"类隔"分为"类隔"和"轻重交互"两条,但"双声叠韵"条未收进去,另外编入《切韵指南》的卷首或卷末。由此,刘鉴是区别"门法"和其他条文的学者。同样是刘鉴所编写的《玉钥匙》和《玄关歌诀》,比较起来,二者确有不同的地方,董同龢列举道:一是《玄关歌诀》所提到的有些事例,是《玉钥匙》及其以前的门法没有说到的;《玄关歌诀》却因为体裁的关系,自然而然补充出来。真空以后增补门法,多半导源于此。二是《玄关歌诀》对《玉钥匙》不容许出现的中古韵书门法切语加以说明。比如唇音段中有"方闲切编"等,《切韵》一系韵书均不在一个韵里,很可能是作者自己生造出来的。后人不明白这个事实,却随意使用,误解了等韵门法的基本规则。

董同龢直截了当地指出,真空门法以"直指玉钥匙"为名,利用了《玉钥匙》的形式,内容也与《玉钥匙》关系不大,但可以明显看出脱胎于《玄关歌诀》,受其影响很大。与此相关的是,模仿真空《直指玉钥匙》的《续七音略》走得更远。《续七音略》有两点与真空《直指玉钥匙》不同:将真空门法"麻韵不定"改为"各韵不定";"通广侷狭"改为"小通广侷狭"。

其三,比较门法与其他的等韵条文的不同。对等韵门法著作源流关系进行了考订之后,有必要将这些内容和一些散见于韵书的等韵条文关系对比。董同龢似乎没有在表现中古音系的韵书中找到条文,而还是在《四声等子》《切韵指掌图》《切韵指南》卷首和卷末寻求资料,这很让人不理解。尽管如此,他还是得出了这样的结论:门法的对象是中古韵书的反切和韵图上的字母等第;等韵学另有来源的,是韵图归字的说明;韵图与韵书反切系统大体相容,但往往有不合者。但究竟为何不合,董同龢没有明确的答案,成了一个待解之谜题。

其四,等韵门法"音和"是"正则归字条例",其他各门是变例。董同龢以《四声等子》《切韵指掌图》《切韵指南》卷首和卷末所举"音和"门法为例,也提到《韵镜》"归字例"和"音和"有关,但认为真空《直指玉钥匙》以后则不同。但如何解释《广韵》韵书引入"类隔今更音和"的问题? 陈彭年等人修订《唐韵》时,是如何考虑将等韵门法"音和、类隔"的概念渗透到新编韵书《广韵》中的? 这确是董同龢应该说明的。

其五,韵图遵从实际音读而改变韵书反切,由此,韵图和韵书的语音描写矛盾就出现了,比如"精照互用",而"类隔、音和"条例"正则"受到了挑战。董同龢研究了《切韵》一系韵书与《四声等子》《切韵指掌图》《切韵指南》等"等韵门法"不相吻合的事实,表明了各个时期"等韵门法"内涵所指不确定的情况,对于深入认识这个问题具有十分重要的意义。比如知系字与"窠切"门法;来母字与真空"通广侷狭"门法;精系字、喻母字与"振救"门法、"喻下凭切"门法;东钟鱼虞之麻蒸尤诸韵的唇牙喉字与"侷狭"门法;"乜骠"诸字与"并立音和"门法;支脂真(谆)仙祭清宵唇牙喉音与"通广"门法;庄系字与"正音凭切"门法;庄系反切下字与"内外"门法等,都须要辨明。

有关于等韵门法与韵书反切地位关系问题,几百年时间被许多学者弄得扑朔迷离。董同龢力图对之进行全面清理,在此基础上对二十个重要的门法术语内涵进行了重新界定,基本上廓清了人们对这些问题的模糊认识。从这一点来说,董同龢对等韵门法与韵书反切地位关系研究是超出前人的,而且对后来学者进一步探讨奠定了坚实的基础。日本学者辻本春彦认为:董同龢等韵图研究,"可说是继赵荫棠《等韵源流》一书之后出现的新研究成果",是整理等韵图资料的重要著作①。

尽管如此,我们认为,董同龢还是遗留了一些留待后人疑惑之谜题。他把《切韵》一系韵书与《四声等子》《切韵指掌图》《切韵指南》等"等韵门法"看作两个系统,强调了各自独立的系统性特征;如此一来,思考问题的方式就变得"硬性"了,往往局限在各自封闭的系统中进行。比如谈等韵门法源流关系,一定是以刘鉴为坐标,辨明等韵门法前后的变化,《四声等子》《切韵指掌图》《切韵指南》卷首和卷末文献成为了关注的焦点;就是等韵门法著作,也是分为两个子系统,即等韵门法系统理论和等韵门法"散见条文"不成系统的理论。但据我们观察,董同龢所谓等韵门法"散见条文"不成系统的理论,还是没有跳出《四声等子》《切韵指掌图》《切韵指南》卷首和卷末文献范畴之外,如此,我们要问,董先生这样划定两个子系统的意义何在,有必要把他们分别开

---

① 参王立达《汉语研究小史》33 页。

来吗？其原因我们看不清楚。就是《切韵》一系韵书语音研究也是在封闭的系统中进行,无论是"反切系联法",还是"反切比较法、语音构拟",韵书本身似乎并无"等韵门法"意识,在《切韵》一系韵书演变过程中,各个时代的修订者并不受"等韵门法"意识的任何干扰和影响。如此,再行等韵与《切韵》系韵书比较研究时,各自"清清白白",互不搭界,真的就构成了两个系统的"比较"研究。

等韵门法与等韵图在北宋时期深度融合之际,难道与《切韵》一系韵书一点儿瓜葛都没有？就真的能游离于"五界"之外？但事实上并不是如此。我们从《宋本广韵》"新添类隔今更音和切"中就看到了实实在在的等韵门法理论意识的痕迹,这确实让我们感到,《切韵》一系韵书在北宋时代的修订并不那么单纯,而是与等韵门法纠葛在一起。由此,我们在研究《切韵》一系韵书在北宋时代的变化时,韵书所受等韵门法理论意识制约问题就不能不考虑到,董同龢严格区分《切韵》一系韵书与"等韵门法"著作为两个系统的做法让人产生了疑问也就不那么突兀了①。

(二)中古韵图综合性研究

于维杰《宋元等韵图源流考索》(1968)、《宋元等韵图序例研究》(1972)、《宋元等韵图研究》(1973),林幼莉《宋元等韵图的形式》(台湾《中国语文学报》3:38—43,1970),陈新雄《等韵述要》(1975/1995),唐明雄《宋元等韵图研究》(1975),高明《等韵研究导言》(《高明小学论丛》267—272,1971),竺家宁《佛教传入与等韵图的兴起》(1995)、《宋元韵图入声分配及其音系研究》(台湾《中正大学学报》4、1:1—36,1993)、《宋元韵图入声排列所反映的音系差异》(中国音韵学国际学术研讨会,山东大学 1992)等论文比较详尽。

高明《等韵研究导言》(1978)从"等韵之重要、等韵之起源、等韵之变迁、等韵之困扰"几方面对研究涉及的问题进行了论述。虽然是提纲挈领式的,但有自己的独到见解。比如对《韵镜》的产生年代,就认为"宜出于唐",由此,等韵学"起于唐,益知矣"。谈到"等韵之困扰"问题,认为有"术语之纷歧、意义之含混、标准之殊异",这个总结是非常精确的。

竺家宁《佛教传入与等韵图的兴起》(1995)谈佛教与等韵图的关系,从等

---

① 参李无未《〈广韵〉"新添类隔今更音和切"与等韵门法"正则"》,2015 年未刊稿。

韵图的构成、"字母"与佛教的关系、"四声"与佛教的关系、"四等"与佛教的关系、"转、摄"与"门法"、早期等韵图与佛教的关系、宋元韵图与佛教的关系等方面证明它们之间的关联,由此等于告诉人们,佛教传入对等韵图的兴起、形成、传播、发展发挥了十分重要的作用。国外也有许多学者做了与此相关问题的探讨,比如马渊和夫《日本音韵史研究》(1962—1965)、尾崎雄二郎《与汉语史相关联的梵语学》(1970)等都有比较详细的论述。所证明的思路材料与此有些不同,但可以互补。

二、等韵图内外转分图

董同龢《中国语音史》(1954)谈到"内外转问题"(87页):

> 《等子》卷首有《内外转》例,以通止遇果宕曾流深八摄为内转,江蟹臻山效假梗咸八摄为外转,与各摄所注的内外全合。内转八摄中,果摄二等完全没有字,其他各摄的二等也只有齿音有字。然而他们又全是来借地位的三等字,所以,我们可以说,内转八摄实际上都没有二等性的韵母。外转八摄的情形恰恰相反,都有独立的二等性的韵母,例如江摄江韵字都在二等,蟹摄有皆佳夬韵字,都不与三等的祭韵字发生关系,江蟹山效假梗咸七摄二等在齿音之外唇舌牙喉四音之下也都有字,臻摄臻韵虽然只有齿音字,可是,不与同摄三等的真韵混。

许世瑛《评罗(常培)董(同龢)两先生释内外对转之得失》(《许世瑛先生论文集》1:187—212,1974),认为"内外转本体上的差异,是在内转无二等韵,外转有二等韵这一点差别罢了"。马辅《〈切韵〉内外转之解释》(出版社不详,1988)是详细研究《切韵》内外转问题的专著,在列有各家观点之后,提出自己的一些看法。

杜其容《释内外转名义》(1968)的研究更为具体:

其一,杜其容同意董同龢的一些看法,比如《四声等子》对内外转的解释,"摄"与"转"内涵不一致问题。杜其容说,《等子》作者是站在摄的立场释内外,"其所谓内转如何,外转如何? 自是《等子》内转八摄与外转八摄的界限,与早期韵图《韵镜》《七音略》无涉。然而《等子》既已并转为摄,不云辨内外

'摄'例,而云辨内外'转',不得与早期韵图全无关系";所以,董同龢才说
"《等子》的《辨内外转例》在说转,而本图已并转为摄"。由此,"可以看出《等
子》所载各例是沿袭而来,并非专为本图设置的"。此外,董同龢多次讲,《韵
镜》《七音略》所注的内外转恰好和《等子》相合,这等于说,《等子》的《辨内外
转例》,即是早期韵图,如《韵镜》《七音略》之自释其内外转例如此。

其二,杜其容提出研究内外转的着眼点,就是要深入了解早期韵图内外转
之义。以罗常培《释内外转》所列内外转的相异点特征为讨论的基础,突破表
象深入实质。认为可注意的是两点:一是创立内外转名称的作用如何? 二是
内外转名称的字面解释如何?

杜其容认为,很明显,韵图创立肯定在韵书之后,作者无非是要利用一个
简单明了的方式,以驾驭韵书中复杂难检的音切,于是分立四呼四十三图,经
声纬韵,以其纵横交错关系,拼合字音,使天下之音不出乎于是。这是韵图制
作的用意和其所发挥的作用。但为何四十三图不称为图而称为转? 想必是用
这个"转"字就能把作者的用意和韵图的作用一言以蔽之,即用一个字来概
括。要解开这个谜题,还是要认真探讨内外转字面内涵和意义,这是问题的关
键之所在。

其三,杜其容对内外转的"转"字面内涵的理解。罗常培说:"《七音略》及
《韵镜》之四十三转图,当即模仿悉昙型式而归纳《切韵》音类以演成者。"赵荫
棠《等韵源流》也说:"转是拿着十二元音与各个辅音相配合的意思。《韵镜》
与《七音略》之四十三转,实系由此神袭而成。"周祖谟《宋人等韵图中"转"字
来源》(《问学集》,1966)也说:"'转'者,即以一个字母与诸元音展转轮流相
拼的意思。现在看来,宋人等韵图所谓之转即由此而来。"杜其容同意"转"出
自于梵音悉昙之说。她举例说,日僧空海所撰《悉昙字母并释义》于列五十根
本字后,更举迦、迦、祈、句、句、计、盖、句、皓、欠、迦(入)等十二摩多,并谓:
"此十二字者,一个迦字之转也。从此一迦字母门,出生十二字,如是一一字母
各出生十二字,一转有四百八字。如是有二合、三合、四合之转,都有一万三千
八百七十二字。"她的理解是,"转"本来是动词,即递转、配合之意。在悉昙为
十二元音与各辅音相配合,在此则是声母与韵母的纵横交迸。每一转都可以
说是以韵母与诸声母相轮转;在同一声调包含二韵母以上的转中,也可以说是
以声母与不同韵母相轮转。作者不用"图"命名而用"转"命名的原因在于,称

为"图",就不能表示图的作用,一定要称为"转"而后"图"的作用才显示出来。

其四,杜其容对"转"分内外的理解。《门法玉钥匙》对《等子辨内外转例》涵义阐发是:"内外者,谓唇牙喉舌来日下为切,韵逢照一、内转切三、外转切二,故曰内外。"董同龢的解释是:"内转的庄系字独居三等应居之外,而所切之字又在三等之内,故名内,外转庄系字相反,故名外。"(《等韵门法通释》)。杜其容提出了不同意见,认为凡内转之名即系为三等字之通及他等而设立,便绝没有不包括精系字及唇牙喉字之理。即是说,凡韵图注明内转者,当谓所有在二等或四等之字悉内转读三等音。

其五,《四声等子》释例何以只就庄系字区分内外转,而不及其他? 杜其容的理由是,因为韵图注明外转的,有二等韵单独出现者,有二等韵与三等韵同时出现者。而韵图中绝对没有四等韵单独出现的转,也没有四等韵只和三等韵出现的转,凡有四等韵的,必同时有二等韵。内外转之异称即在于庄系字之归属不同,后者又容易令人忽略,内外转之异称原来包括了排列在四等地位之字的归属问题。而且又有注明为外转而其四等字属于三等者,这更使人不敢认定四等的归属问题初与内外转名义有关。其实,韵图作者分别创立内外转不同名称,正是要将所有三等韵字寄居三等之外者一一点明,不使淆乱。杜其容用《韵镜》来验证这个结论。

其六,结论。内外转之名,系特区分二四等字之属三等韵或属二四等韵而设立。三等居二四等之内,所以,二四等字之属三等韵者谓之内转,而属二四等韵者相对谓之外转。

杜其容认为,就全部韵图而言,理解内外转问题须要有几个补充条例支撑:一是合口转本身无所谓内外,从其开口转定名。二是内转之名本为区别二四等字何者为三等韵字而设,所以,凡开口韵图虽然三等韵并没有见到二四等字的,也称之为内转。三是独有一等韵的韵图,与内外转名义无关,但因为一等韵有和三等韵单独出现的,而无单独与二四等韵出现的,与二四等韵同见者,一定有三等韵。无形之中,一等韵与三等韵关系异常密切,所以,这类等韵图也称之为内转。四是三等韵字因为本转四等没有地方安置,如果别的转可以"旁寄",那么就"旁寄";不能"旁寄"的就独辟一转。

孔仲温《〈韵镜〉研究》(1987:60—63)对杜其容说法提出了异议,主要为:一是杜氏言"辨内外转例"所说在转,而《等子》已拼转为摄,可见此例非为《等子》而设,乃《等子》作者沿袭前人而来。若《韵镜》《七音略》等早期韵图亦不载此例,而"辨内外转例"之内容,只有于摄之前提下,方显出此疆彼界壁垒森严,若按之尚未拼转为摄之《韵镜》或《七音略》,四十三转,便难施绳墨。二是杜氏重点在立新说,其分内外转两系统,逐条取其理论按验,结果分析得内转四条,外转六条。但其矛盾之处甚多,支离破碎。三是杜氏为贯彻其说,论臻摄必为内转,以附己意。但摄为后起之概念。又将十九、二十两转与九、十两转认同为阴阳入关系依据为何?并不成立。四是杜氏将十七、十八两转改为属"内转"问题。董同龢《等韵门法通释》指出了"内转与外转的内容不能改换"的原则,陈新雄论"内外转"时亦有此说。而这里杜氏将之改换,就失去了论辩的基本原则,高明《〈四声等子〉之研究》就曾批评杜氏的做法,孔仲温与高明的看法是一致的。李存智也有《论内外转》(台湾《中国文学研究》7:129—144,1993)一文。

三、《韵镜》与《七音略》

(一)《韵镜》

1.《韵镜》研究

龙宇纯《韵镜校注》(1960)是台湾学者从文献考订角度整理《韵镜》最为重要的著作之一。据其《自序》,《韵镜校注》作于1952年前后,当时,龙宇纯是台湾大学中国文学系的学生。此书初稿曾由其师董同龢审阅而修订,还亲自作《序》,称赞此书"为己为人兼而有之……确已尽了一个年轻学人做学问可以尽的功夫"。1953年秋天,台湾大学中文系"以此稿油印,供系中同学参考之用"。不久,由著名教授台湾大学中文系主任台静农提议,交由艺文印书馆出版发行。

《韵镜校注》的成绩是同行学者有目共睹的:其一,所据版本比较可靠。《韵镜校注》"凡例"说,所据《韵镜》,有黎氏《古逸丛书》本、台湾大学所藏日本刊本一种、北京大学影印本;三种书都是出自享禄戊子覆宋本而互有异同,黎本较善,故以之为主,他二本辅之。《七音略》与《韵镜》体例内容大体相若,所据韵书皆源出陆氏《切韵》,故取以参考,所据为崇仁谢氏刻本及北京大学影印至元治本。其二,对《韵镜》辗转传抄之误及后人增改等问题进行了辨析。有据《集韵》增入者,《韵镜》第一转屋韵禅母"塾"字,应为"孰"字;有据

《广韵》增入者,不见于《广韵》以前韵书;有经后人改之者,比如二十五转篠韵、二十二转愿韵就有这种情况。如此,给使用者提供了较为完善的本子,比起李新魁《韵镜校证》(中华书局1982)要更为精审。但我们看到,龙宇纯之前的日本学者,特别是大岛正健《〈韵镜〉与〈唐韵〉〈广韵〉》(编著者自印,1930)、大矢透《〈韵镜〉考》(1924/1977)、马渊和夫《〈韵镜〉校本和〈广韵〉索引》(日本学振社1954)、三泽诤治郎《〈韵镜〉研究》(1960)等相关成果的吸取还是做得不够,版本的收集面还很狭窄,所以,很多问题的论述尚待深入进行。

高明《嘉吉元年本〈韵镜〉跋》《〈韵镜〉研究》《郑樵与〈通志·七音略〉》(并见《高明小学论丛》,1971),以及陈弘昌《藤堂明保之等韵说》(1973)、邱棨鐊《〈韵镜〉与〈广韵〉之比较研究》(1971)、周法高《读〈韵镜〉中韵图之构成原理》(1991)等也启其序端。

孔仲温的《〈韵镜〉研究》(1987)是台湾学者研究《韵镜》最为重要的著作之一。《〈韵镜〉研究》的体例为:陈新雄"序";自序;第一章,《韵镜》源流;第二章,《韵镜》内容;第三章,《韵镜》音系。

陈新雄"序"对《〈韵镜〉研究》的评价甚高,说它"条理秩如,先贤成说,既已网罗无缺,并世学人,亦能度长挈短。于《韵镜》之撰述流传内容音系,皆能探源得流,要言不繁;于名词之内外转摄开合等第,亦足阐述奥义,深入浅出……既足明等韵之精微,亦可释众人值所疑"(1页)。这里以陈新雄"序"为基础,我们对《〈韵镜〉研究》有所评议:

其一,《〈韵镜〉研究》比较充分地认识到了《韵镜》在汉语等韵图史上的价值。孔仲温"自序"认为:"等韵图中,《韵镜》堪称重镇。论其时代既早,考其体制亦备,后世韵图莫不以为先导,承传递嬗。寻源究委,振衣挈领,皆惟《韵镜》是尚矣。"因此,他把《韵镜》作为研究对象,是具有重要意义的。

其二,对前人《韵镜》研究的得失并不隐晦。孔仲温"自序"说:"纵观前人研究《韵镜》之专著,龙氏宇纯《韵镜校注》开其先河,考校之功,固称缜密,然仅校注一端,未能包罗诸体,犹有缺憾。高师仲华《韵镜》研究,论其体制名义,言多精辟,理亦详赡,然于音系,尚未构拟,故亦非完璧,不无遗憾焉。"这种《韵镜》学术史回顾是就台湾学术界而言的,大体符合实际。其实,不独中国台湾地区,就是在中国大陆,甚至于在日本,有关《韵镜》研究著作也很多,而所涉及的问题就不是如此之简单了。《〈韵镜〉研究》后面参考文献所附日本学者大岛正健《改订〈韵镜〉》、大矢透《〈韵镜〉考》、马渊和夫《〈韵镜〉校本与〈广韵〉索引》等著作的贡献就足以说明问题。

其三,对《韵镜》源流之探讨,本书基本围绕《韵镜》溯源、《韵镜》撰述、《韵镜》流传几个中心议题探讨。《韵镜》"溯源"比较关注的是《韵镜》是否为依据《切韵》系韵书问题? 如果是,所据者具体为何? 孔仲温认为,"今取黎刊永禄本《韵镜》,观其韵目,凡二百零六韵。其韵目、次序与李舟《切韵》、孙愐天宝本《唐韵》、陈彭年等《重修广韵》,皆甚接近。考韵图中所填之字,与诸韵书纽字,大同小异,故其乃据《切韵》系韵书反语为图,当不误也"(7 页)。故孔仲温对魏建功《唐宋两系韵书体制之演变》所说《韵镜》据敦煌石室存残五代刻本韵书,即今巴黎国家图书馆藏之 P2014、P2015 卷子的观点表示异议。还有《韵镜》体制来源,孔仲温认为,"悉昙字书因佛典翻译之亟需,而流行于本邦……通音亦为小悟,故无不潜心钻研,逐渐由分析梵音,进而审益中华之音,融合清浊五音之说,变化悉昙梵汉字表形式,分判取质于韵书之韵目、反切、四声,逐一蜕变,由是《韵镜》遂告形成,而本国分析音理之等韵学,亦于是成立"(24 页)。关于《韵镜》撰述,孔仲温举出诸家之说后,认定《韵镜》之成书至早不过晚唐。

关于《韵镜》流传,孔仲温重点谈及传入日本时间,以及流传于日本的情形。孔仲温将马渊和夫《韵镜》版本的考录系统分为写本系统与刊本系统,目的是以见日本刊本之盛,而提供一个可资参照的版本研究的系统:

甲、写本系统——有元德三年本、嘉吉本、延德识语本、文龟本、天文十年本、元龟本、元和本、佐藤本附信范本、上野图书馆本九种。马渊和夫后又于"前编新订版进录"附录有应永元年本、福德二年本、大永二年本、天文十九年本、文龟二年本,另天理大学附属图书馆藏别本六种古写本。即属写本系统者二十种之多。

乙、刊本系统——有享禄本及据享禄刊本抄写之天文八年抄本,永禄本,庆长十三年古活字本及据庆长十三年古活字本覆刻、整刊两种,宽永五年本及据宽永五年刊本之廿一年本、正保二年本、正保四年本、庆安元年仲秋本、庆安元年异版本、万治二年本、宽文四年本、宽文十年韵镜谚解本、延宝三年本、延宝七年本十种,宽永十八年刊记本及与宽永十八年本同系之宽永十八年刊记本、明历二年本、宽文二年本、改字韵镜、贞享二年正字韵镜、享保十一年韵鉴古义标注本、宽保三年改点韵鉴本七种,万治三年本及与万治三年本同系统之宽文三年本、贞享四年本、头书韵镜、订正韵镜、唐本韵镜五种,天和二年校正韵镜及与天和二年校正韵镜同系统之元禄九年新刊改字校正韵镜。其他尚有元禄六年订正韵镜、元禄六年校正韵镜、元禄六年改正韵镜、五百字增补韵镜、备考韵镜、卷怀韵镜、观象斋韵鉴。即属刊本系统者凡四十种之多(46—48页)。

其四,对《韵镜》内容的梳理,涵盖了《韵镜》名词诠释和《韵镜》编排两个方面,亦见其研究《韵镜》基本结构的着眼点。《韵镜》名词诠释,分为内外转、开合、四等、七音、清浊几方面进行。比如其内外转诠释,肯定了罗常培、董同龢的观点,又引许世瑛之说加以辨析,并对杜其容说提出异议,认为虽然新说迭出,但均不如“辨内外转例”来得明畅通晓。对《韵镜》的编排从声母、韵部、归字等方面进行梳理,其中韵部编排,涉及四声统摄韵部、韵部同析四等、聚开合成转图问题,而归字则有张麟之“归字例”、韵图归字方法、重纽问题试论问题的讨论。既有对前人的看法的质疑,也有自己的新说。

其五,对《韵镜》音系进行了系统归纳和构拟。孔仲温的拟测是分声值和韵值进行的。关于声值,他说,“今拟测《韵镜》之声值,唯蹈诸贤研究之迹,以高本汉拟测之方法,考查声母发音部位与发音方法”(142页)。计拟为41声母,其中包含有轻唇音和照二组声母的音值。关于韵值,他说,“今欲据韵图析音之原则,拟测其韵头、韵腹、韵尾之音值,故先行说明其原则,几拟音之际,可一例以推,以趋清简,以下依开合、四等、韵尾诸端,逐一分析”(165页)。将四十三图之音依等次进行了拟音,由此展示了自己理解的《韵镜》韵母音值全貌,编成了《韵镜》四十三图韵值表。但读孔仲温《〈韵镜〉研究》,感到其音值研究存在着一点明显不足,就是作者将声值和韵值分别研究之后,未作整合处理,这就有嫌零散。如果作者再行编制《韵镜》四十三图声韵值拼合表,就能让读者将其所拟音值音系配合结构看得更为清楚了。

李存智《〈韵镜〉集证及研究》(1990)说,自己论文的《集证篇》,选取历来研究《韵镜》的重要著作,辅以前贤未引用之新材料及相关音韵研究专书、单篇论文等,作分类阅读、分析资料、查其论点同异,最后归纳综合、加入案语成为一条条校语。有所增补、修正或解释前贤不及见到新材料所留下之疑问者,分别志以“＊”号;前贤之创发(以全面校勘过该书之《韵镜集注》与《韵镜校证》为例)以"○"号之。《集证》目的在于完成结账式整理。其主要心得是:《韵镜》列字与多数韵书俱兼有承袭前代及参酌时音的特色。因为《韵镜》有所承袭,故即使晚至宋代方刊刻流传,仍保有浓厚之前代韵书的特色;也因参酌时音,故列有不少宋人习用字。据此,《切韵》音系的综合性质也在书中呈现。

《研究篇》首及《韵镜》之一般性质与特点,以集证所得辅助。次及成书年代与所据韵书之推测,经由因李新魁之见而作,李新魁将两者归于宋代。从阅读分析文献所得,李存智认为至少是晚唐五代即已存在之音韵史事。再次,李存智论及内容,谈内外转由传统之等列说与从音韵系统全面观照之韵腹属性说加以分析探讨,归于二说乃观点不同,不应有所偏执。而由系统性及结合汉语方面研究而言,倾向韵腹属性说,主张内外转间有韵腹属性的一组对立特征。至于重纽的解释则主由声母区别 A、B 类,因反切上字的分类能有较全面的关照,为较强之辨音征性。

竺家宁《五十年来台湾的声韵学研究》(2006:64)对李存智《〈韵镜〉集证及研究》有介绍和评述。

其他,如许德平《〈韵镜〉与〈七音略〉》(《文海》3:11—12,1963),杨叔筹《〈韵镜〉与〈切韵指掌图〉》(台湾中国文化大学硕士论文,1964),周法高《〈韵镜〉中韵图之结构》(台湾《史语所集刊》64.1:169—186,1983)、《读〈韵镜〉中韵图之构成原理》(1991),李三荣《〈韵镜〉新编》(复文图书出版社 1988),李存智《论〈韵镜〉之撰作时代与所据韵书》(台湾《中国文学研究》6:75—98,1992),叶键得《〈七音略〉与〈韵镜〉之比较》(《复兴岗学报》43:345—358,1990),吴圣雄《张麟之〈韵镜〉所反映的宋代音韵现象》(1999),林庆勋《〈磨光韵镜〉在汉语语音学研究上的价值》(台湾《东吴文史学报》6:193—210,1988)、《论〈磨光韵镜〉的特殊归字》(1994),林炯阳《〈韵镜校正〉补校》(1997)也很重要。

2.《韵镜》张麟之《序例》"助纽字"

许多人对此问题做了探讨。吴圣雄《说助纽字》(2000)利用比较研究法,推测《韵镜》卷首张麟之《序例》中所注"助纽字"的原始面貌,认为是运用[-iən][-ian]两个平声的韵母分别与三十六字母拼合,做成三十六对联绵词。借着它连续转换韵母,帮助使用反切的人排除反切上字韵母的干扰,以把握声母,拼切读音。由于具有简单、实用的功能,这套办法广为流传,并被许多书籍引用,因而在传抄过程中经常被局部改订,这些改订的地方往往也就透露出音韵变迁的痕迹。

在解释"助纽字"制作的条件时,吴圣雄认为,由音韵的分布角度说,中古没有一个韵类可以具足三十六字母所代表的声母,因为有好几类声母是有互补关系的,比如帮非与端知。因此,要为三十六字母找齐完全叠韵的字,从理论上来说其实是不可能的。但由于语音的演变,中古有区别的韵到了后代逐渐合流,原来部分声母互补的三四等韵,因为韵母的合流而只剩下声母的对立,再加上"助纽字"舌根鼻音和舌尖鼻音在高元音之后混同,这就为"助纽字"的制作提供了契机。但由于语音变化是系统的,制作与传承"助纽字"的人要面临着知识上的系统和实际语音的出入,需要在书面和语言之间作许多妥协的工作。在具体的研究中,吴圣雄探讨了各本"助纽字"的来源、同源关系、所反映的音韵现象等。在吴圣雄之前,李新魁《〈韵镜〉校正》(中华书局1982)、《汉语等韵学》(中华书局1983),以及孔仲温《〈韵镜〉研究》(1981)、《论〈韵镜〉序例的"题下注""归纳助纽字"及其相关问题》(《声韵论丛》1:321—344,1994),李存智《〈韵镜〉集证及研究》(1990)等也有所论及。

何大安《"转音"小考》(《汉语方言与音韵论文集》373—405,2009)也和"助纽字"研究有关。他说,"转音"是宋元以后拼读三十六字母反切的一种方法。它由两个字组成,这两个字的声母与所切的字母相同,韵母则分属不同的鼻音韵。"转音"的鼻音韵母有一定的相配模式,以方便诵读。借着熟练的诵读,学者可以很容易地从反切上字过渡到被切的字母。《三十六字母切韵法》在流传过程中出现了一些不同的版本,然而"转音"的用字有许多确是相同的。根据这些用字可以推测,"转音"可能来自于早期的"助纽字",而类似的《归三十字例》"四字例"则是更原始的形式。

为了证明"转音"来自于"助纽字",何大安把《大广益会玉篇》《纂图增新群书类要事林广记》《新编群书类要事林广记》《居家必用事类全集》《问奇集》《续文献通考》《书法离钩》《度曲须知》《音学辨微》《韵镜》、三十六字母列表排比,发现《大广益会玉篇》之后的大部分资料在转音用字上都有很高的一致性;有些有出入的地方,也都可以在更早的《韵镜》中找到来源。这里有三个问题:第一,《韵镜》"助纽字"是配合三十六字母而作的,每母一组两字,共七十二字,内容完整。但《大广益会玉篇》之后文献有一些内容就不完整,很可能是受语音变化的影响而造成的。第二,《韵镜》"助纽字"两字一组,具有了"转音"的特点:两个转音字都带有鼻音尾;其中第二个字多半元音稍低,第一个字多半元音稍高。张麟之《韵镜序》说:"每翻一字,用切母及助纽归纳,凡三折总归一律。"二者作用又复相同,"助纽字"为转音之始,应该没有疑问。第三,今传最早韵图《韵镜》《七音略》的底本都出自于宋代之前(董同龢1954),但是《七音略》并没有类似"归纳助纽字"的记载,因此,"归纳助纽字"只能追溯到《韵镜》。不过,敦煌《归三十字母例》,在每一个字母之下并列四个同母字,值得注意。虽然这些同母字不能算是"转音"或《韵镜》式"助纽字",但例字带鼻音韵母的确居多。如果把四个例字拆成两两一组,低元音、高元音的对比就可以看出成形的端倪。从《归三十字母例》,进而《韵镜》,再而《大广益会玉篇》一路演变而下的过程,可谓洞若观火,不言而喻了。

中国大陆旅日学者丁锋《"助纽字"的形成和两个"助纽字"系统》(2012)则从敦煌文献"归三十字母例、字母例字"中寻求来源,以宋代文献《群书考索》"六十字组"为互证,讲其功用和衰变、分类,以及用字多元性。该文与吴圣雄的思路大相径庭,但却暗合何大安的考证,意趣盎然。

李无未《日本汉语音韵学史》(2011)专门谈了"日本学者《韵镜》研究"问题,提供了大量不见之于孔仲温《〈韵镜〉研究》的重要资料。中国大陆学者著作,比如杨军《韵镜校笺》(2007)等,用力甚勤,视野也很宽广,也可以参见。

(二)《七音略》

许德平《〈韵镜〉与〈七音略〉》(《文海》3:11—12,1963),谢云飞《〈七音略〉与〈四声等子〉之比较研究》(台湾"国科会"奖助论文,1965)、《〈七音略〉之作者及成书》(1966),高明《等韵研究之一——〈通志·七音略〉研究》(台湾"国科会"奖助论文,1970)、《〈通志·七音略〉校记》(上)(《华岗文科学报》15:105—176,1983),董忠司《〈七音略〉"重""轻"说及其相关问题》(台湾《中华学苑》19:101—147,1977),叶键得《〈通志·七音略〉研究》(1979)等比较突出。

其中,叶键得《〈通志·七音略〉研究》(1979)计分五大章:第一章为前言,概述作者生平、撰述动机,并采考《七音略》成书年代及其版本。第二章为《七音略》之编排,先叙《七音略》一书之内容,次讨论内外转、重轻、四等及七音诸名词之涵义,末则探讨《七音略》声母及韵母编排之情况,凡声母之来源、年代、次序、用字、等列、声类及韵母之等列、韵类等均曾论及。第三章为《七音略》之语音系统,乃全篇之主体,本章依据韵书切语、韵图、域外方音、现代方音,分别构拟《七音略》声母及韵母之音值。构拟之前,则先讨论阴阳入、介音及重纽字诸问题,裨易于进行拟测工作。第四章为《七音略》与《韵镜》之异同,就二书之来源、年代、转次、内外、等列、重轻开合、声类标目等,胪举二者同异之所在。第五章为结论,乃揭橥《七音略》一书之特色及其对后世韵书之影响。

翁慧芳《〈韵镜〉及〈七音略〉之比较研究》(2007)认为,现存最早之等韵图为《韵镜》及《七音略》,而今人每谓两者同出一源。王力更云:"除序文与韵图次序,以及个别字以外,《七音略》与《韵镜》并没有什么不同。"惟罗常培作《〈通志·七音略〉研究》一文,尝对校两书而揭其异点有七,惜仅举其要者,未能深入言之。今在罗氏之基础上,以两书对校而考其异。

翁慧芳论文计分六章:首章,缘起。叙孔仲温《〈韵镜〉研究》与叶键得《〈七音略〉研究》各有成书,今之此作,主要就此二书以观其异同。又论述本文所欲解决之问题有五:内、外转,开、合,等的意义,重纽,韵图产生的时代。第二章,叙论。包括著者之异同、名称之差异、渊源之差别、时代之异同与体制之差异五小节。第三章,声母。包括声类标目不同、清浊之定名、字母之先后与归纳助纽字之有无四小节。第四章,韵母。包括归摄之异同、摄次之先后、重轻与开合、内外转之差异、归字不同、等列不同、重纽之差异及废韵与药铎二韵所寄之转不同八小节。第五章,音系之比较。言声类音值之拟测、韵类音值之拟测。第六章,结论。

(三)其他

比如《声音唱和图》,有竺家宁《论〈皇极经世声音唱和图〉之韵母系统》(1983),陈郁夫《〈皇极经世〉声韵论述评》(《国文学报》7:278—309,1978)。再比如《皇极经世起数诀》,有陈梅香《〈皇极经世起数诀〉"清浊"现象》(1995)等论著。

四、等韵专论

陈光政《梁僧宝之等韵学》(1969)提及:

声韵之学,约言之,有古音、今音、等韵三者,尤以等韵焉最有条理且最为细密。等韵包括组成字音之各种要素,如韵之等第、开合、重轻、内外转,声之部位、清浊及调之平、上、去、入等。等韵不明,则古音今音亦不能明,余所以研之,此其一。近人赵荫棠《等韵源流》言等韵之分期及其变迁,曰:第一期:等韵之酝酿——六朝至唐宋;第二期:等韵之成二——两宋;第三期:等韵之改革——元、明、清;第四期:等韵之批评及研究——明清至现代。梁僧宝属清人,其书大异乎早期之等韵图,余所以研之,此其二。宋元乃等韵大盛时期,虽皆标明为今音而设,然门法林立,或异名同实、或同名异实,梁氏书则综合众说,解蔽障,阐宗旨,余所以研之,此其三。梁氏归字之多,搜罗之广,远胜一切等韵书,余所以研之,此其四。宋元等韵书甚多衍文、阙文、讹字、误等,梁氏书则考覈精确,准此可以广校前修之疏,余所以研之,此其五。梁氏之等韵著作有《切韵求蒙》与《四声韵谱》,《求蒙》旨同《韵镜》《七音略》《四声等子》《切韵指掌图》与《切韵指南》等书,体例亦出于宋元韵图,韵谱则为梁氏首创,《切韵》系之音几尽纳于韵之中,形同韵书又似韵图,实兼两者之长也。愚论之重点在于校注全书之单字音,旁参《韵镜》《七音略》《四声等子》《切韵指掌图》《玉篇》《广韵》《集韵》等书,逐字逐图均经对照比较,举凡阙列、讹误、互异者,皆按次标出与校订,可观者或在此也。

第五节　诗文用韵与汉语中古音

一、魏晋南北朝诗用韵

有一些论文值得注意,比如罗宗涛《我研究两晋南北朝歌谣用韵的方法》(《庆祝高邮高仲华先生六秩诞辰论文集》[上]475—494,台湾师范大学国文研究所1968),竺风来《陶谢诗韵与〈广韵〉之比较》(台湾政治大学硕士论文,1968),林炯阳《魏晋诗韵考》(1970)等。

林炯阳(1970)体例为:一,绪论。二,魏晋诗歌韵谱。凡例;阳声韵:冬部、东部、阳部、耕部、蒸部、登部、真部、魂部晋以后立、元部、寒部晋以后立;侵部、谈部、盐部;阴声韵:宵部、幽部、鱼部、歌部、之部、咍部、脂部、皆部晋以后立;

祭部、泰部晋以后立;入声韵:沃部、屋部、铎部、锡部、职部、德部、质部、没部晋以后立;月部、曷部晋以后立;缉部、叶部、狎部。三,魏晋诗歌韵部分论。四,魏晋诗歌合韵研究。五,魏晋韵部与声类反切韵集韵目之比较。六,两汉魏晋南北朝韵部之分合。附录:魏晋诗人里籍生卒年表。

丁邦新《魏晋诗韵研究》(1975)原为丁氏之博士学位论文。该论文影响至巨,为许多学者所引用。丁邦新在幼狮月刊社编《中国语言学论集》(1977)36—45页的文章中对自己作此论文的思路解释说:

> 　　根据魏晋两代的诗文韵字,归纳韵部,拟测韵母系统。同时,也利用罗周两氏的资料,拟测汉代韵母系统。希望对于从上古到中古的音韵演变能够看出清楚的规则。我们知道汉代的音韵系统和上古音接近,南北朝的系统和中古音接近,魏晋的音韵正是汉语语音演变史上的转变时代,这一个研究报告的目的就在于建起一道沟通上古到中古的桥梁。

既说明了论文内容,又阐明了作者研究的真实目的。

何大安《南北朝韵部演变研究》(1981)也很重要。姚荣松(2014:60)说,何大安在尝试探讨南北朝韵部的演变,把南北朝时期韵部的发展分为两个阶段:第一阶段,南北大致相同;第二阶段,南北之间有差异。立说的依据,主要是诗文的用韵。

何大安(1981)共分七章:第一章,绪论,介绍论文写作的动机和目的、相关著作述评、论文的基本原则方法与取材。第二章,魏晋韵部与南北朝韵部的分合,为关于魏晋分部的讨论。第三章,南北朝韵谱,分析韵部有关的问题并列韵谱。第四章,南北朝韵部的内容和拟音,分为一般说明;韵部分论:阳声韵、入声韵、阴声韵;声调的考察;南北朝的韵母系统。第五章,南北朝时期的音韵演变,包括演变规律、从魏晋到宋北魏前期、从宋北魏前期到北魏后期北齐、从宋北魏前期到齐梁陈北周隋。第六章,若干材料的分别考察,含民间歌谣、用韵严的作家、用韵宽的作家、南北方的代表作家、语言学家的押韵情形。第七章,结论——从韵部分合看南北朝音韵的分期和分区问题,包括近代学者的意见、宋北魏前期在音韵发展上的地位、宋北魏前期以后的南北分区问题、论王力的第三期、余论。附南北朝作家年里简表。

何大安《[-d]的下限》(《山高水长:丁邦新先生七秩寿庆论文集》477—489,台湾语言学所2006)探讨的是上古音[-d]尾完全消失的年代问题。李方桂上古三个韵部脂微祭拟音收[-d]尾。丁邦新《上古阴声字具辅音韵尾说补证》(1994)根据阴声字跟[-k]尾和[-t]尾的入辅音韵尾到了魏晋以后,只有阴声字押韵关系的变化,论证上古阴声字当有辅音韵尾,这些[-d]尾还有部分保留。脂微两部西汉时合并为[-əd],然后,在汉魏之间平上声字的[-d]尾弱化为[-i]尾。脂微两部去声和祭部的[-d]尾,则一直保留到南北朝。何大安则根据南北朝时期去入通押的具体情况,考察[-d]尾消失的年代,一方面,确认[-d]尾的真正下限为陈亡(589)之外,另一方面,从通押字的特点出发,申论前此[-d]尾的存在事实。所用材料,有许多是根据南北朝诗人用韵而归纳的韵部演变文献。显现了"[-d]尾的时空分布"等情形。

林炯阳、丁邦新、何大安的研究成为许多学者引用的典范论著,影响很大,可以与罗常培、周祖谟、于安澜、邵荣芬等大陆学者研究互为补充。

魏鸿钧《周秦至隋诗歌韵类研究》(2014)以周秦至隋的诗歌用韵材料为基础,研究不同时期的韵类变化及其背后所蕴含语音内涵。有鉴于过去研究常常是经验性、主观性的"印象判断法、举例判断法",故特以"数理统计"的方式,客观地串连起历时的语音变化。全文分成十部分:第一章,绪论,述明研究之动机、目的、范围、材料、方法及步骤,并简单说明全文的音标系统。第二章至第九章,依材料先后,分出《诗经》、《楚辞》屈宋、两汉、三国西晋、东晋南朝宋、齐梁陈、北朝、隋共八个时期,具体讨论各个时期内作家的共性与殊性、同一韵类的历时音变、特殊合韵的音韵史等等,为这些问题提出适当的语音解释。比如东晋南朝宋,包括东晋、南朝宋诗人用韵之"辙离合指数"分析,东晋、南朝宋诗人用韵之"韵离合指数"及"卡方检验法"分析;涉及之辙、幽宵侯鱼辙、支脂微歌辙、职觉药屋铎锡辙、质物月辙、叶辙、缉辙、蒸冬东辙、阳辙耕辙、真文元辙、谈侵辙。对前人研究的检讨,有之支脂微的合韵关系、咍皆的合韵关系、萧宵与肴豪二分、歌戈与麻二分、祭泰的语音内涵、蒸部耕的归属、蒸与登二分、东冬钟江的合韵及拟音、青韵与锡韵的独立、真文元的合韵关系、侵覃二分、屋沃的合并、药铎的演变、质没的拟音问题。第十章,结论,总结周秦至隋各韵部的语音变化,提出相关议题的研究局限以及未来展望。

周祖谟《魏晋音与齐梁音》《魏晋宋时期诗文韵部的演变》《齐梁陈隋时期

诗文韵部研究》(分见《周祖谟语言文史论集》87—120、121—163、165—197,学苑出版社 2004)、《魏晋南北朝韵部之演变》(东大图书 1996),李存智《合韵与音韵层次》(2004),周晏菱《北朝民歌用韵考》(《第二十八届台湾声韵学学术研讨会会议论文集》213—235,台中教育大学 2010),邵荣芬《古韵鱼侯两部在前汉时期的分合》《古韵鱼侯两部在后汉时期的演变》(分见《邵荣芬语言学论文集》51—69、70—84,商务印书馆 1982/2009)也涉及这方面内容。

二、唐代诗歌用韵

许世瑛《论〈长恨歌〉与〈琵琶行〉用韵》(1965)、《论元稹"有鸟"二十章用韵》(1968)和《论元稹乐府古诗十九首用韵》(1968)(并见《许世瑛先生论文集》1,1974),郑建华《元稹古诗及乐府之韵例及用韵考》(台湾大学硕士论文,1968),段醒民《韩愈诗用韵》(台湾辅仁大学硕士论文,1973),宋淑萍《白居易古体诗和乐府诗的用韵》(《汉学论文集》547—562,台湾惊声文物供应公司1970),许灯城《初唐诗人用韵考》(台湾中国文化大学硕士论文,1971),王三庆《杜甫诗韵考》(台湾师范大学硕士论文,1973),萧永雄《元白诗韵考》(台湾师范大学硕士论文,1973),龚文凯《杜牧诗之押韵、平仄、对仗及色彩字》(台湾《清华学报》[新]12.1、2:281—307,1979),朱乐本《王维诗中声系的元音简化》(台湾《清华学报》[新]12.1、2:135—178,1979),陈素真《初唐四杰用韵考》(台湾辅仁大学硕士论文,1971),李添富《晚唐律体诗用韵通转之研究》(1996)等均完成在耿志坚博士论文发表之前。

(一)李添富《晚唐律体诗用韵通转之研究》(1996)

李添富《晚唐律体诗用韵通转之研究》完成在 1980 年前后,为台湾全面而系统地研究律体诗用韵通转问题的最早成果之一。其体例为:第一章,绪论。第一节,律体诗合韵之缘起;第二节,唐诗界说;第三节,晚唐律体诗韵之研究价值。第二章,晚唐律体诗韵合韵谱。凡例;合韵谱。第三章,晚唐律体诗韵合韵论。第四章,结论。第一节,晚唐诗人用韵所显示之语音现象;第二节,晚唐律体诗通转用韵与韵书之比较研究。附录:晚唐诗人里籍表。所论述的内容是:

其一,确定晚唐律体诗韵研究的价值。李添富说,律诗格律至晚唐发展完备之余,诗人用韵往往逾越,且有各种逾越韵书格律之法,故晚唐律体诗韵有其研究价值；及唐末五代，天下大乱，胡华交流，南北沟通，语音又变；语音既变，诗人用韵自亦随之转变，于是唐末诗韵又有其研究价值。制成晚唐律体诗用韵通转合韵谱，欲就其通转、借韵之迹，探究晚唐五代语音系统以及律体用韵之真迹，并借以明了韵书所注通转之缘由。

其二，制作晚唐律体诗韵合韵谱。李添富"凡例"对制作晚唐律体诗韵合韵谱的文献依据、分期、诗家取舍、取材、韵目、韵字圈定、韵谱排列、韵论节次、每韵拟音、作者里籍等问题进行了详细的说明。"合韵谱"的体例，比如"一东"之下是"韵字表"，"韵字表"之后标明"东冬合韵谱"，之后又分"正韵谱、通韵谱"而列具体的篇目押韵字。

其三，讨论晚唐律体诗韵合韵基本问题。这是本书的重心，分"东韵与冬韵、江韵与阳韵、支韵微韵与齐韵、鱼韵与虞韵、佳韵灰韵麻韵与歌韵、真韵文韵与元韵、寒韵删韵与先韵、萧韵肴韵与豪韵、庚韵青韵蒸韵与侵韵、覃韵盐韵与咸韵"问题加以讨论。比如"真韵文韵与元韵"，李添富说，归纳晚唐律体诗，可以发现元韵与其他韵之间通叶现象特殊：凡元韵与真文韵叶者，全属《广韵》魂痕韵字；与寒删先韵叶者，全为《广韵》元韵字。不仅晚唐如此，宋代亦然。可知元韵虽包含《广韵》元魂痕三韵而同用，实则又可分为元与魂痕二部也。

其四，通过晚唐律体诗韵合韵远近关系，借以探寻晚唐语音系统大致面貌。比如双唇鼻音韵尾[m]消失；舌尖鼻音韵尾[n]与舌根鼻音韵尾[ŋ]相混。

此外，将晚唐律体诗通转用韵与韵书比较，李添富发现，《广韵》同用之注出自宋人，亦必有所承袭，其因袭者应为唐人韵谱（132页）。清代诗韵所注之通转条例，亦受吴棫《韵补》影响，若据之以考晚唐律体则往往不合，盖因诗韵就既有资料稍加发明，并未实际归纳晚唐律体，故不足以考查晚唐律体之通转用韵；而晚唐律体用韵，漫无检制，方音相通即可互叶通转，全然不为韵书、科考所限（139页）。这些发现对于研究《广韵》"同用"的由来，以及唐宋律诗与韵书的关系均具有重要价值。

（二）耿志坚《唐代近体诗用韵之研究》（1982）

耿志坚《唐代近体诗用韵之研究》（1982）体例为：第一章，绪论。第二章，唐代近体诗合韵谱。第一节，凡例；第二节，合韵谱。第三章，唐代近体诗韵部通转的内容及拟音。第一节,韵部拟音之说明;第二节,韵部拟音之内容。第四章,唐代近体诗韵部分合之讨论。第一节,舌根鼻音[ŋ]韵尾各韵部的通转;第二节,舌尖鼻音[n]韵尾各韵部的通转;第三节,双唇鼻音[m]韵尾各韵部的通转;第四节,开口无尾支及前高元音[i]韵尾各韵部的通转;第五节,开口无尾各韵部的通转;第六节,后高元音[u]韵尾各韵部的通转。第五章,结论。除了参考书目之外,"附录"是:唐代近体诗用韵独用统计表;唐代近体诗韵用韵合用统计表及诗人里籍表;唐代近体诗韵合用通转统计表。耿志坚的论述涉及:

其一,强调唐代近体诗用韵研究的价值。在"绪论"中,耿志坚就自己的研究目的和意义进行了说明:

> 为了研究唐代的语音,找出唐代语音每个时期的特征,以及演变的途径,当然最直接的办法就是把《全唐诗》中的近体诗韵脚归纳出来,作为研究的基本部分,再由这些材料找出结论,就不难看出韵部旁通的范围。由于韵文充分表现语音的真切,所以,用它做研究资料,有相当的可靠性。但是,同一个时代的作者,在用韵上有严有宽不很一致。其中不是方音上的不同,就是作者有意的拟古。但是,尽管作家用韵宽严不一,如果合用材料多的话,真正语音现象也就流露出来了。因此,在同一个时代里,多数诗家在旁通的范围里,应该有他的共同性,也就是代表了这个时代的读书音,自然唐代的近体诗在合韵的现象里,关系愈密切,也就代表了这个韵部的发音愈是接近。

其二,挖掘唐代近体诗用韵特点。耿志坚说,时代对用韵的影响很大,而地域对于用韵的影响小。他举例说,支脂之三韵的关系,初唐及盛唐时期,尤其是初唐,几乎都是支独用,而脂之合用;中唐以后,支脂之三韵超越地区限制,都是合用了。一般来说,唐代近体诗韵部的分合,在多数情况下,与《广韵》是相同的。偶有旁出,初唐及盛唐时期并不多见。至中晚唐时期,用韵通转的现象有所增加,但大多也在《广韵》所标示的"同用"范围之内。比如初唐可见的旁出例,有:东冬钟合用、冬钟江合用、微与支脂之合用、脂之合用、微与支之合用、真文合用、寒仙合用、寒桓删合用、庚清与真谆合用,有不少是拟古之作,带有南北朝诗人用韵特点。盛唐可见鱼虞合用、真欣合用、魂痕仙合用、寒删合用、山先仙合用。中唐以后,诗人首句用韵"旁通"更远的韵部,如东庚合用、齐与支微咍灰合用、真与庚清青蒸合用等。晚唐以后,更趋复杂,语音分合又有变化,江与阳唐合用、齐与脂之合用、萧宵肴豪互有通转,进而又影响到了五代和宋初的诗人用韵形式。

其三,为唐代近体诗韵部通转拟音。耿志坚以《切韵》兼顾古音之外而又兼顾各地方音的分韵策略,而对唐代近体诗韵部通转拟音也作如此考虑。所以,他说,考察唐代各个时期近体诗韵部分合关系,拟测他们之间音值的时候,只能是假定它们的远近之分,他们之间并没有"划然的界限",因此,从分而不从其合,与实际语音存在着脱节现象在所难免。同时,在拟测的时候,也要考虑到等呼及韵尾等问题。具体操作时,仅就平声韵以及无平上入相承的祭泰夬废四韵,依韵尾的特征,同时参考《切韵指南》韵摄,分为十三小节,分别作其拟音,而以探讨韵部的分合问题。比如东冬钟韵,就拟为[-oŋ][-joŋ][-uŋ][juŋ]。耿志坚解释说,如此构拟,是因为唐代近体诗东冬钟三韵合用很多,说明它们之间的读音是极为接近的,但并不表示说,它们已经完全合并为一个韵部了。主要元音有区别就是出于这种考虑的。

中国大陆学者唐代诗人用韵研究起步很早,比如张世禄《杜甫诗的韵系》(1944);鲍明炜《李白的诗韵系》(1957);张世禄《杜甫与诗韵》(1962);唐作藩《寒山子诗韵,附拾得诗韵》(1963);鲍明炜《白居易元稹诗的韵系》(1981)等,但在《唐代近体诗用韵之研究》所附参考文献中并没有得到体现,这应该是海峡两岸人为阻隔、互不通信息所致。

耿志坚《初唐诗人用韵考》(彰化教育学院《语文教育研究集刊》6:21—58,1987)、《由唐宗近体诗用韵看"止"摄字的通转问题》(《彰化师大学报》3:1—39,1992)、《元和前后诗人用韵考》(《彰化教育学院学报》15:89—158,1990)、《贞元前后诗人用韵考》(《复兴岗学报》42:293—339,1989)、《盛唐诗人用韵考》(台湾"国科会"奖助论文,1989)、《大历前后诗人用韵考》(《复兴岗学报》41:437—476,1989)、《中唐僧侣诗用韵考》(中国音韵学国际学术研讨会,湖北华中理工大学汉语所1991)、《中唐诗人用韵考》(1991)、《唐代近体诗用韵通转现象之探讨》(台湾《政大中华学苑》29:97—134,1984)、《由唐宗近体诗看阳声韵[n]、[ng]、[m]三系韵尾的混用通转情形》(《静宜人文学报》163—174,1991)、《晚唐及唐末五代近体诗用韵考》(1991)、《晚唐五代时期古体诗及乐府诗用韵考》(《第三届国际暨第十二届台湾声韵学学术研讨会论文集》95—124,台湾清华大学 1994)、《晚唐及唐末五代古体诗用韵考》(1992)、《晚唐及唐末五代僧侣诗用韵考》(《声韵论丛》4:193—226,1992),林庆盛《李白诗用韵研究》(台湾东吴大学硕士论文,1986),林炯阳《敦煌写本王梵志诗用韵研究》(台湾《东吴文史学报》9:37—50,1991)、《敦煌写本王梵志诗用韵研究——兼论伯三四一八号残卷的系统》《敦煌写本王梵志诗"卷中"本用韵考》(并见《林炯阳教授论学集》,2000),金周生《韩昌黎特殊文韵述记》(台湾《辅仁国文学报》4:151—178,1988)、《韩愈诗文"浊上读去"例再补正》(台湾《辅仁学志》[文学院之部]17:315—316,1988),王忠林《敦煌歌辞用入声韵探讨》(《高雄师范大学》2:31—48,1991),廖湘美《元稹诗文用韵考》(台湾东吴大学硕士论文,1993)等都属于这方面的研究成果。

耿志坚《中唐诗人用韵考》(1991)很有代表性,这里以之为例加以说明。耿志坚对唐诗用韵的考订十分细致入微,揭示了好多过去人们不曾知道的语音现象。为何他如此重视中唐诗人用韵?他说:

> 由于中唐诗人之作品甚多,且用韵通转之现象十分普遍,在短短将近六十年之间(德、宗大历至敬宗宝历),更有不同阶段性的特色,是以将中唐诗人分为三期,分别就其古体诗、乐府诗与近体诗作归纳与系联。借此,一方面了解近体诗用韵之规范,以及旁通之范围,另一方面,因为古体诗、乐府诗所受诗律的限制较宽,所以通转的现象,不仅有仿古之作,同时又多有以当时之语音以表现于其用韵者,是以自古体诗与乐府诗之合用通转,更可以发现许多有关中唐诗人用韵之问题。

其内容主要有:其一,江韵字之通转问题。在初唐时期仅出现二首与冬、钟合用之作;中唐以后,不仅押江韵字之作品增多,并且可以发现,江韵字的通转可分为东冬钟江合用与江阳唐合用二类。初、盛唐都是东冬钟江合用;中唐以后,大历诗人出现江阳唐(含觉药铎)合用有 4 次,未见及东冬录江合用之作,但是贞元诗人出现东冬钟江合用 4 次,江阳唐合用 9 次,元和诗人出现东冬钟合用 3 次,江阳唐合用 10 次。值得注意的是,贞元柳宗元、张籍,元和白居易、李贺，他们都是同时出现了这两种押韵的现象，其他诗人则只通阳唐，似乎显示了多数诗人对于江韵字的读音是与阳唐不分，而江与东冬钟不分的现象也有可能是有意的仿古。其二，鱼虞模三韵之通转问题。鱼虞模三韵，在初唐时期，无论在近体诗、古体诗或乐府诗里，几乎都是鱼独用，虞模同用，仅宋之问的《雨从箕山来》以"度树顾趣喻悟去"通押，为御遇暮的合用。盛唐时期由于诗人所遗留的作品比较多，因此发现鱼与虞模（含与其所相承之上去韵）于古体诗及乐府诗之中经常出现合用之作，次数高达 65 次之多，至于近体诗亦有 2 次之通转。中唐时期，鱼虞模于古体诗与乐府诗中已经几乎是不分的了；近体诗方面，大历诗人除去古律、古绝仅合用 3 次，贞元诗人有 4 次，元和诗人有 8 次。值得注意的是，元和前后之诗人，多有将鱼虞模之上、去声韵字，即语麌姥与有厚通押，御遇暮与宥候通押，就现代官话来看，它们的音义与语麌姥（含御遇暮）相同，似乎可以推测，在此时可能有部分有厚宥候韵字的读音已经开始发生变化了。其三，齐韵字的通转问题。齐韵字在盛唐时期几乎都是独用，例外之作仅有三次，在这三次之中，合上、去部分为止荠之合用、祭荠怪之合用，平声部分为支之微齐之合用。中唐时期，齐韵虽然仍多属独用，然则合用通转之次数增加，大多数之通转现象为支脂之微齐合用，显示了它们之间的读音逐渐相同，不过大历的顾况，元和的李贺、白居易却多为齐皆灰咍合用，这个情形，由王力的《南北朝诗人用韵考》、何大安的《南北朝韵部演变研究》二文可以发现，南北朝时期即是齐皆灰咍合用。这如果不是作者有意仿古，那么或许就是在他们的读音之中仍保存了古音的缘故。齐韵字原本是与皆灰相接近的，但是唐代诗人之用韵，多为支脂之微齐合用，这也显示了这个时代的特征，即齐韵字的读音逐渐地接近支脂之微。其四，欣韵字与文韵字的通转问题。中唐以后，真谆臻与文的合用逐渐成为常例，由于真谆臻与欣几乎是一体的，所以文欣二韵也就经常同时出现于真谆臻文欣的合用之中，因此，文欣合用虽然仍属罕见，但文欣同时出现已经不再是特例了。在近体诗方面与真谆臻欣之合用亦高达 18 次之多，由这些统计数字来看，真谆臻文欣这几个韵在真元以后，其读音应该是逐渐地相同了。其五，元魂痕三韵的通转问题。包括魂痕与真谆臻文欣的合用通转，以及元与寒桓删山先仙的合用通转。前者，古体诗与乐府诗之中正逐渐地产生变化，大历及贞元诗人常有元魂痕三韵的上去入部分旁通邻韵之作，不过亦偶有元魂痕同时与文或寒先合用的现象,说明了元魂痕的读音虽然产生了变化,但仍然是很接近的;后者,这种几个韵部于古体诗及乐府诗之中相互通押共有 73 次,其中包含有元韵字的为 43 次,由这项统计的结果可以大胆的推测,此时元韵字与寒桓删山先仙等七韵的读音已经是不分的了。其六,歌戈麻三韵的通转问题。自中唐大历诗人以降,不断出现歌与麻用现象,尤其元和时期之诗人,不但于歌戈麻之合用为常例,要出现与模韵字之通转。其七,蒸登二韵的通转问题。中唐以后,蒸登二韵所出现者几乎全部为合用,出蒸登之通转,一部分归东多钟,一部分归庚清青。前者似乎为拟古之作,或方音之中所保留的古音;后者若由与其所相承的入声韵职德的通转来看,它们全部归庚耕清青所相承的入声韵陌麦昔锡来了。其八,[-n][-ŋ][-m]三系韵尾间的通转问题。可以发现此时在某些地区的方音之中,或许有些是[-n][-ŋ]不分,有些是[-n][-m]不分,抑或有[-n][-ŋ][-m]完全不分的现象了。

耿志坚《晚唐及唐末五代僧侣诗用韵考》(1992)也是其中的佳作。其主要内容为:其一,研究缘起及操作程序。耿志坚说明,晚唐及唐宋、五代诗人,用韵通转现象最为突出,又由于篇幅不宜过长限制,是以本文仅就晚唐及唐宋、五代僧侣诗作一简单探讨。《韵谱》制作取材于文史哲出版社排印本《全唐诗》,将近体诗与古体诗、乐府诗分为三部分,分别撰写之。所归纳之结果(含四声相承之各韵),分东、冬(钟)、江、支(脂之)、微、鱼、虞(模)、齐、佳(皆)、灰(咍)、真(谆臻欣)、文、元、魂(痕)、寒(桓)、删(山)、先(仙)、萧(宵)、肴、豪、歌(戈)、麻、阳(唐)、庚(耕清)、青、蒸(登)、尤(侯幽)、侵、覃(谈)、盐(添、严)、衔(咸凡)等三十一部。

其二,晚唐及唐宋、五代僧侣诗用韵通转探讨。此时期僧侣诗人用韵之特点是:第一,韵部为:阳声韵(含与其相承之上、去、入声):东部,包含《广韵》东、多、钟三韵;阳部,包含《广韵》江、阳、唐三韵;庚部,包含《广韵》庚、耕、清、青四韵;蒸部,包含《广韵》蒸、登二韵;真部,包含《广韵》真、谆、臻、文、欣五韵;元部,包含《广韵》元、魂、痕三韵;寒部,包含《广韵》寒、桓、删、山、先、仙六韵;侵部,仅合《广韵》侵韵;覃部,包含《广韵》覃、谈、盐、添、衔、咸、严、凡八韵;阴声韵:支部,包含《广韵》支、脂、之、微、齐五韵;鱼部,包含《广韵》鱼、虞、模三韵及尤韵(声母为唇音部分);佳部,包含《广韵》佳、皆、灰、咍四韵;萧部,包含《广韵》萧、宵、肴、豪四韵;歌部,包含《广韵》歌、戈、麻三韵;尤部,包含

《广韵》尤、侯、幽三韵。第二,关于声调之同化问题,由本文合韵谱中可以发现,上、去声通押有 5 次,平、上声通押有 1 次。第三,未见任何一首[-n][-ŋ][-m]三系韵尾的相互通押之作,再由晚唐及唐末、五代诗人的用韵情形来看,[-n][-ŋ][-m]三韵尾间,混用通转并不普遍,可知[-n][-ŋ][-m]三系韵尾,此时在多数诗人的读音里还是可以清楚地分辨的。

杨文惠《五言律诗声律的形成》(2004)以五言律诗为切入点,谈其声律模式萌生的条件,以及学者们为声律模式构造的理论探索,以至于最后的形成过程。用韵只是杨文惠所研究的其中一项要素内容。

三、敦煌诗文用韵

洪艺芳《唐五代西北方音研究——以敦煌通俗韵文为主》(1994)说,敦煌文献出自我国西北边陲,与敦煌及西北地区的关系密切,加上敦煌在 8 世纪中至 10 世纪中先后为吐蕃和归义军所统治,成为一个独立地区,受外界语言影响较小,因此作品中尤能反映当地的语音。本论文所使用的通俗文学材料,以王重民之后学术界提出来新的研究成果,变文以潘重规的《敦煌变文集新书》为主;曲子词是以林玫仪的《敦煌曲子词校证初编》和任半塘所编的《敦煌歌辞总编》为主,这些材料比王重民的搜集更多而错误也更少。另外还采用了前人未使用过的俗赋和通俗诗:俗赋采用伏俊连的《敦煌赋校注》,唯不含文人赋;通俗诗采用潘重规的《敦煌唐人陷蕃诗集残卷研究》中比较能代表敦煌人作品的"陷蕃诗"以及《全唐诗补编》中的敦煌"廿咏"。利用这些韵文材料中韵脚的押韵及同音替代的别字异文为研究对象,加以分类、归纳、排比,借此以呈现唐五代的西北方音在声类、韵类和声调的特色,总结如下:一、在声类方面:1.轻唇音分化;2.全浊声母清化;3.鼻音疑母读同喉音;4.舌上音知系和正齿音庄系、照系相混,但三等韵知系和照系的关系比知系和二等韵庄系的关系更为密切;5.精系和庄系有混用情形;四等韵精系声母和三等韵的知、照两系声母合并不分。二、在韵类方面:1.唐五代西北方音的用韵系统不同《广韵》的特点,且在同摄内各韵大多可以通押;2.阳声韵的舌根、舌尖、双唇韵尾有相混的现象且渐趋消失;3.江摄和宕摄可以说完全合并;4.曾摄渐趋向于梗摄而离通摄较远;5.止摄各韵与遇摄各韵的通押中,遇摄大多集中在鱼韵上;6.止摄各韵与蟹摄齐韵、灰咍韵、祭韵、废韵通押;7.遇摄各韵与流摄唇音字通押;8.假摄各韵与蟹摄佳韵牙音字通押;9."脚、乐"字已由入声的药、铎韵变同效摄韵的上、去声;10."打"字在唐时可能已由梗韵入马韵。三、在声调方面:1.平、去、入可能各分阴阳,上声分阴阳的现象则是较为肯定的;2.入声应还能完整地保存其体系,入声的塞声韵尾可能变为喉塞声或已开始消失;3.浊上变去为当时一个还算普遍的语音现象。由本论文的研究可呈现出敦煌通俗韵文不受传统韵书的局限,而代表着唐五代西北方音的声类、韵类和声调的特性和脉络。

罗宗涛《敦煌变文用韵考》(1969)、《敦煌讲经变文研究》(1972)等比较重要。

罗宗涛(1974)体例为:绪论,说明撰写本论文之动机及研究之方法、步骤。第一章,题材考,采演述佛经故事之变文二十篇,并为十五节,一一说明其有关之题材;又考讲经文之引经,别为一节。第二章,用韵考,分平、上去、入三节,平声复分为:一、支脂之微齐、皆灰咍佳,二、歌戈麻、鱼虞模、尤侯幽、萧宵肴豪,三、东各钟、江阳唐、庚耕清青、蒸登,四、真谆臻文欣魂痕、元寒桓山删先仙,五、侵覃谈盐添咸衔严凡等部。第三章,语体考。第四章,仪式考。第五章,时代考。第六章,余论。罗宗涛总结十六条心得,有一些与语言有关,比如:讲经变文乃自佛经转变而来,而今既自佛经探其题材所自,则变文之如何"转变"可以不言而喻。此其一。变文率为当日通俗之言语,而写卷复甚潦草且多讹误残缺,读之不免窒碍难通,故先详考其题材而挈其纲领,俾其大意不至过差。此其二……兹篇考变文之用韵,则其时韵部之分合大略可见,韵部既明,乃可施于变文之校勘其为韵脚,固无待言;即一般别字,亦可据其韵部考得其本字。此其七。变文用韵之概况既明,若参证语音史上其他资料,则其流行之时代与地域概略可知。此其八……兹篇于讲经文、变文之文字详为校勘,于前人所校或句读之疏失多所订正,故引及之文字较诸当前校本略见精审。此其十六。

卢顺点《王梵志诗用韵考及其与敦煌变文用韵之比较》(1989)的主要内容为:第一,绪论篇。王梵志的生平事迹,历史上没有详细的记载,历来讨论的人很多,但是众说纷纭,莫衷一是,有以为隋朝初唐时人的,有以为初唐时人的,有以为8世纪人的,又有以"王梵志非真有其人。诗集各卷不一,有贞观八年到开元二十六年间的,有产生于宋代的"。本论文把"诸家对王梵志时代的看法"综合归纳,将错综纷歧的众说比较在一起而求出一个最通行的说法,即

"王梵志是生于隋末,而活动于初唐,他是卫州黎阳(今河南浚县)人",并以此说法作为本论文研究的起点。第二,研究篇。根据朱凤玉《王梵志诗研究》中校辑的诗文为基础,整理其韵脚字,建立其韵系。第三,比较篇。以作者所考出来的王梵志诗韵系与《隋韵谱》《初唐诗文的韵系》,盛唐寒山、杜甫,中唐元白诗以及《敦煌变文用韵考》作一比较,试图窥见王梵志诗押韵究竟与哪一时期的押韵条件符合。结果发现,在王梵志诗中,东冬钟江通押,蒸登东钟通押以及歌戈、麻严格分用问题,与隋代和初唐诗文的韵系符合(中晚唐之时,江和阳唐通押,蒸登也已倾向于庚耕清青,歌戈和麻也有相混的趋势);而元韵归入山摄,上去二声通押,蟹摄齐韵,遇摄鱼、虞韵和止摄字通押问题则跟敦煌变文用韵符合。第四,结论。作者认为王梵志诗的创作时间应是初唐,王梵志所用的方音应是西北方音,尤其是关中一带的方音更为明显。

谢佩慈《敦煌诗歌用韵研究》(1998)则解释道:"敦煌诗歌"指的是敦煌一带所保存的诗歌作品,其时代大抵以唐五代为断限,且以诗歌的创制时代为准。所谓"诗歌"系采广义之义涵,就体制而论包括狭义的"诗"——古体诗、乐府诗、近体诗;以及托于曲调、能发声歌唱的"歌辞"。"敦煌诗歌"主要出自莫高窟藏经洞,少数刻写于莫高窟碑石,并有吐鲁番、黑城等地出土文书。敦煌为交通要冲,文化交流频繁,敦煌文书所反映的语音现象并不仅止于敦煌一地;而在敦煌以外的西北地区,也有敦煌文书的出土。因此,论文的材料并不限于敦煌当地出土者,但为称述之便,统称为"敦煌诗歌"。全文凡分五章:第一章,绪论,叙述研究动机、相关研究史以及研究范围、方法与材料;第二章,敦煌诗用韵析论;第三章,敦煌歌辞用韵析论,分别论述敦煌诗及敦煌歌辞之韵部及调类;第四章,敦煌诗歌与其他文学作品用韵之比较,比较敦煌诗歌与变文、唐诗、宋词之用韵,并尝试构拟音值;第五章,结论。先叙敦煌诗歌用韵的特色,再论敦煌诗歌用韵研究的价值以及相关论题的未来展望。附录包括"敦煌诗韵字表、敦煌诗韵谱、敦煌歌辞韵字表、敦煌歌辞韵谱、敦煌诗合韵统计表、敦煌歌辞合韵统计表"。作者指出,敦煌诗歌用韵约有几项显著的特色:1.蟹摄三、四等字混入止摄;2.遇摄部分声母字混入止摄,尤、侯唇音字转入遇摄;3.蟹摄部分一、二等唇、牙、喉音字混入麻韵,偶也协果摄;4.江摄远通摄而近宕摄;5.梗摄与曾摄开口不分,蒸三与庚清青混;6.阳声及入声韵尾的消变;7."浊上变去"之兴起。这些特色并不全然属于唐五代西北方音,惟相对于中原文人之作,敦煌诗歌每每更早透露出语音演变之迹。

台湾学者敦煌语音成果还有:王忠林《敦煌歌辞用入声韵探讨》(《高雄师大学报》2:31—48,1991),林炯阳《敦煌韵书残卷在声韵学研究上的价值》(《汉学研究》4.2:409—420,1986)、《敦煌写本王梵志诗用韵研究——兼论伯三四一八号残卷的系统》(台湾《东吴文史学报》9:37—49,1991)、《斯四二七七号、列一四五六号法忍抄本残卷王梵志诗用韵考》(《陈伯元先生六秩寿庆论文集》489—509,文史哲出版社 1993),孔仲温《论〈龙龛手鉴〉香严音的音韵现象》(《汉语音韵学第五届国际学术研讨会论文集》(台湾地区部分)17—28,1998)等。

中国大陆学者敦煌语音成果主要有:周大璞《敦煌变文用韵考》(《武汉大学学报》[哲学社会科学版]3:55—58,1979)、《敦煌变文用韵考(续一)》(《武汉大学学报》[哲学社会科学版]4:27—35,1979)、《敦煌变文用韵考(续完)》(《武汉大学学报》[哲学社会科学版]5:36—41,1979),刘丽川《王梵志白话诗的用韵》(《语言论集》2:122—139,中国人民大学中文系 1984),都兴宙《敦煌变文韵部研究》(《敦煌学辑刊》1:44—60,1985)、《王梵志诗用韵考》(《兰州大学学报》[社会科学版]1:121—126,1986),张金泉《敦煌曲子词用韵考》(《杭州大学学报》3:102—117,1981)、《敦煌俗文学中所见的唐五代西北音韵类(导言)》(《敦煌学论集》268—279,甘肃人民出版社 1985),张鸿魁《王梵志诗用韵研究》(《隋唐五代汉语研究》510—553,山东教育出版社 1992),刘燕文《从敦煌写本〈字宝〉的注音看晚唐五代西北方音》(《出土文献研究续集》236—252,文物出版社 1989)等。可以与之参看。

第六节　重纽等问题论述

一、《切韵》《广韵》重纽谜题

董同龢《〈广韵〉重纽试释》《等韵门法通释》《全本〈王仁昫刊谬补缺切韵〉的反切上字》《全本〈王仁昫刊谬补缺切韵〉的反切下字》收在丁邦新编《董同龢先生语言学论文选集》(1974)1—12 页。丁邦新在《编后记》中将这几篇论文列在董同龢"汉语音韵的研究"贡献中,说道:"在汉语中古音方面,先生最重要的成就在于解释《广韵》三等韵的重纽问题；探讨等韵门法真相；分析全本王仁昫《刊谬补缺切韵》的反切上下字。"（433 页）

在《〈广韵〉重纽试释》（1948）中，董同龢称，重纽在《广韵》中是很值得注意的现象。它们绝大多数都是在几个三等韵里，除去几个特殊的例子，完全结集于唇牙喉音。对于它们，一向还没有人说出所以然来。董同龢的论证情况是这样的：

其一，董同龢对《广韵》重纽提出了自己的解释观点，认为支脂真（谆）仙祭宵诸韵都不是无意义的相重合，而是代表着两种不同的韵母对立；之韵床母的两个重纽实在并不是属于同一个声母的字；审母跟溪母的两个重纽是因为增加字而造成的音切相重；尤韵溪母也有一个重纽，其中一个音属于幽韵；盐韵中重纽有好几个，其中影母各字如支脂诸韵，明显代表音韵地位不同，须要进一步探明原因；对侵韵重纽还无法解释。

其二，董同龢探讨《广韵》重纽，以支脂真（谆）仙祭宵诸韵为研究重心，然后再及其余重纽问题。支脂真（谆）仙祭宵诸韵是研究《广韵》重纽的关键之所在，因为它们占全部数量的十之八九。

其三，董同龢探讨《广韵》支脂真（谆）仙祭宵诸韵重纽现象理据。董同龢对支脂真（谆）仙祭宵诸韵重纽从真、支、质所表现的"不是同一个音切重出"入手，依据事实推断，比如：其他韵里所见的重纽都不过是些零碎的，而这里更为系统；从《切韵》残卷和王仁昫《刊谬补缺切韵》到《集韵》大致保存着；以今日上古音系统可以推知其来源不同，比如真韵"彬"等字上古属于文部，"宾缤"上古属于真部，支韵的"妠亏"上古属于歌部等；从《切韵》系统往后推寻，在宋末元初的《古今韵会举要》中，有些重纽确实显现出不同的流变来。

其四，董同龢对陈澧《切韵考》论证方式的反思。陈澧虽然知道支脂诸韵在开合口关系之外剖分出两类来，但由于过分迷信反切系联法而忽略了其他材料的证明，所以重纽系统淆乱。参考《韵镜》《七音略》中古音等韵图，就会很清楚地看到分类情况，一类排在三等、一类排在四等。支脂真（谆）仙祭宵诸韵重纽分配是：一类包括所有的舌齿音与韵图置于四等的唇牙喉音；一类是韵图置于三等的唇牙喉音。之韵、尤韵、盐韵重纽都有相应的分类规律。

周法高《〈广韵〉重纽研究》（1948）另有见解，主要内容是：

其一，《广韵》重纽的来源和类别。周法高从玄应《一切经音义》中发现，其反切和《广韵》一样，重纽切语下字也有分作两类的。音义书不是韵书，却在重纽上得到了同样的结果，让他感到这不是个别偶然的，是语音事实的真切反映。

周法高认为，《广韵》重纽是从《切韵》沿袭下来的。从唐写本《切韵》残卷即敦煌本和故宫本王仁昫《刊谬补缺切韵》等韵书中可以看到同样的切语下字分类情形，只不过收字比《广韵》少一些罢了。《广韵》重纽类别为：一是分属于切语下字不相系联的两类，《切韵》时就有。二是《切韵》时也有，但切语下字可以系联成一类。不过从"四声相承"观察时，会发现重纽，有时分成两类比如脂韵合口群纽："葵，渠追切；逵，渠追切"，不分二类。脂韵上声旨韵，去声至韵，合口，分属两类（50—51 页）。三是重纽之一往往列于韵末，收字很少，不见于《切韵》，是后加的。如队韵匣纽："溃，胡对切，十一；蛴，胡辈切，一。""蛴"就是后加的。

其二，《广韵》重纽和韵类划分关系。周法高说，切语下字不能系联的，有两种情形：一是由于确实该分为两类而下字不能系联；一是偶然不能系联，作分类的标准不行。但有的切语下字，即使仅系联为一类，也有本来分为两类的可能；如开合口本来就应该分为两类，但是切语下字却系联为一类。《切韵考》用"四声相承"办法解决合韵类，是一个标准。但周法高认为，"四声相承"合韵，容易引人进入歧途，应该参照其他标准才行。比如利用韵图，像《韵镜》和《七音略》，就可以作一个标准。韵图作者把喉牙唇音分列三等、四等，和切语下字的分类一致，处理就很稳妥。

其三，把《广韵》（包括唐写本《切韵》残卷）开口或合口切语下字分成两类（或三类合并成两类）而有重纽的韵类和声纽配合的情形列成表，然后将有第一、二种重纽的几个韵切语下字加以系联（《广韵》，包括唐写本《切韵》残卷），从而找出其结构关系特征。

其四，《广韵》重纽特点。周法高归纳到，一是这些韵都属于高本汉所谓三四等韵中的 a 型；二是这些重纽多出现在喉、牙、唇音诸纽下。可以由此确定 A、B 两类的定义：当切语下字分做二类（或者或三类合并成两类）的时候，B 类多出现在喉（影、喻以、喻云、晓）、牙（见、溪、群、疑）、唇（帮、滂、并、明）母时，在韵图列在三等。A 类就没有这个限制，其喉牙唇音在韵图列在四等。其中，喻以纽在韵图总是列四等，喻云纽在韵图总是列三等，并且在同一行。A

类没有喻云纽，B类没有喻以纽。为了进一步证明，周法高又找来了一些材料，比如同时代的玄应《一切经音义》，也有《经典释文》例证。

其五，《广韵》重纽A、B两类拟音问题。周法高构拟的原则，一是A、B两类音值必定极相近，所以韵书作者把他们放在了一个韵中，并且切语下字常常混淆；二是有些方言当A、B两类的某些字有不同音读时，B类的字往往和同摄的B2形的韵类一样读法。综合分析之后，周法高构拟的结果为：支韵A、B两类音值主要元音分别是[iɵ][iɛ]，当然要考虑到开合口有无介音[w]；脂韵A、B两类音值主要元音分别是[i][ɪ]，当然要考虑到开合口有无介音[w]；真谆韵A、B两类音值主要元音分别是[e][ɛ]，当然要考虑到开合口有无介音[w]；仙宵盐韵A、B两类音值主要元音分别是[ɛ][æ]，当然要考虑到合口有无介音[w]；侵韵A、B两类音值主要元音分别是[iɵ]，当然要考虑到合口有无介音[w]。和高本汉的构拟区别很大，这和高本汉不区别重纽音值有直接关系。

在《古音中的三等韵兼论古音的写法》(1948)中，周法高谈到了董同龢《广韵重纽试释》和周法高本人《广韵重纽的研究》，以及国外Paul Nagel的《根据陈澧〈切韵考〉对于〈切韵〉拟音的贡献》等论文涉及的重纽有关的三等韵唇音演变的通则问题。周法高和Nagel的意见很接近，由此，生发出继续探讨的想法。本文讨论了以下问题：

其一，周法高对《切韵》韵母的写法，比高本汉《分析字典》256个、陈澧《切韵考》312韵母都多，是320个。其二，根据标准把三等韵分成8类，分别以甲乙丙丁戊己庚辛命名，并加以讨论。指出Nagel庚三的构拟有缺陷；幽韵在三个标准中，有两个标准属B类，作[iɛu]更好些；讨论Nagel的见解，比如假定"欠"字是合口的韵并不可靠，可能是一开一合；戈韵拟音按梵音为短[a]，原属侯韵而写者误入尤韵，侯韵没有明纽，这是例外。至于三等重纽构拟，周法高改变《广韵重纽的研究》的做法，三等四等合用一个元音。江韵主要元音拟作[o]，因为江韵没有开口韵。一二等重韵的写法，涉及佳韵，表示韵尾弱，写作[oj]或[aj]。其三，提出讨论三等韵三组唇音的三个标准：韵图喉牙唇三四等的排列、声母分配情形、唇音字在安南音中的现象。其四，对《切韵》声母的写法，喻云(三等)写作[j]，和匣组相配。喻以写作[j]就可以了。即可以解释喻云和喻以关系，又可以说明在韵图中喻组合并二者问题。用[t]

[t̂]分别表示端、知二系;用[ts][ts']表示庄系和章系。全浊声母高本汉拟为送气,陆志韦主张不送气。周法高解释说,梵文因为有两套浊塞音,送气不送气分得很清楚;汉语因为全浊音只有一套,所以,送气与否并不影响辨义。处理时,还是[b][d][g]简单一些。至于明、泥、疑诸纽,在唐初长安音中是[m][n][ŋ],到了8世纪下半叶,变为[mb][nd][ŋg]了。

在一些细节的处理上,因为有了梵汉对音以及玄应和慧琳《音义》文献作佐证,周法高论定得更为有底气一些。但对声母床纽和禅纽如何构拟却更为谨慎,没有轻易同意高本汉或者是陆志韦的看法,表示了疑问,仅以[dz][z]处理了事。

周法高《三等韵重唇音反切上字研究》(1952)是对自己《古音中的三等韵兼论古音的写法》(1948)一文所涉及三等韵重唇音反切上字问题的进一步探讨。主要内容是:

其一,周法高选取了典型的韵书和音义文献,比如故宫宋濂跋唐写本王仁昫《刊谬补缺切韵》及唐朝陆德明《经典释文》、玄应《一切经音义》、慧琳《一切经音义》,列出其A、B两类唇音的切语上字资料。将这些唐代最为重要的语音文献补充进来,可以弥补《古音中的三等韵兼论古音的写法》论述的文献支撑之不足。

其二,由王静如《论开合口》(《燕京学报》29,1941)、陈寅恪《从史实论〈切韵〉》(《岭南学报》9.2,1949)而引申,进一步阐发对三等韵重唇音反切上字的认识。王静如说:"三等韵中重出之唇音,其三等为撮唇而四等为平唇。二等韵为两者交错之处。一二三等韵中唇音反切之所以开合相混者,即以撮唇虽开似合之故。牙音亦有两种,一为唇化,一为普通牙音。三等韵中重出之牙音,其三等为唇化,而四等为普通音,纯四等合口为唇化。"周法高认为,三四等合韵喉牙音切语上字并无分别,所以,王氏假定喉牙音与唇音一样有分别是不必要的;一二四等韵撮唇和平唇区别也是不必要的。不妨用平唇[p]撮口势[pʷ]的区别来解释A、B两类唇音的切语上字不混淆问题。A类元音的唇音字只用A类元音唇音字作切语上字;相反,B类元音亦然,但是无以解释其他声纽的切语上字不分别A、B两类,以及B类唇音和合口字关系较密切的现象。所以,采用[pʷ]和[p]来区别,不过在写法上因为已经由元音表示出来了,把w省略也无关系。另外,王静如把幽韵归属B类,实际上分为A、B两类。陈寅恪认为，《切韵》所悬之标准音乃洛阳京畿旧音之系统，即承认《切韵》音是一种语言而不是"综集各地方音"。周法高同意"单一音系说"，但认为不是指洛阳音而是指长安音。这就使得三等韵 A、B 两类重唇音反切上字分别的讨论和唐代长安音的研讨联系在一起了，获得了《切韵》音系研究上的一致效果。

对周法高重纽的研究如何评价？何大安《周法高先生行谊、贡献》(《声韵论丛》6:1—3,1997)的说法是非常中肯的，足见周法高对重纽问题之重视程度如何。

何大安说，周先生在 1941 年取得当时在昆明的北京大学文科研究所的硕士学位之后，便进入中研院史语所，开始了他的学术研究工作。他把自己的硕士论文中的一部分，后来整理发表，就是传颂远近的《〈广韵〉重纽的研究》。自此之后，他的研究工作中，一直有一部分与重纽问题密不可分。例如 40 年代的《古音中的三等韵兼论古音的写法》(1948)，50 年代的《三等韵重唇音反切上字研究》(1952)，60 年代的《论〈切韵〉音》(1968)，70 年代的《论上古音和切韵音》(1970)，80 年代的《隋唐五代宋初重纽反切研究》(1986)，90 年代的《读晚唐汉藏对音资料中汉字腭化情形》(1990)等。直到去年(1994)六月去世前不久，在给重纽研讨会的回函上他还写道：届时将出席讨论，论文题目是《重纽研究六十年》。

何大安强调，周先生博雅渊深，研究领域至广。重纽的探讨自不足以代表周先生学术活动的全部，但是在周先生的五十多年的学术研究历程之中，重纽问题一直与他相终始。周先生一生治学中不同阶段各有不同的重要工作，例如古代语法、文史考辨、早日《金文诂林》的纂辑，这些工作，也都取得了那个阶段所预期的成就。但是唯有重纽问题，在周先生学术生命的每一个阶段都不断地出现。对如此高才多能的周先生而言，这似乎是令人难以充分理解的。那么，是什么原因使重纽问题成为周先生终身关切的所在呢？经过几十年的研究，我们现在对于重纽的来源和流变，大致已经有了清楚的理解。但是重纽问题的核心还是在于：它究竟反映的是(中古音当中)什么样的语音现象？一个同韵目的音节之内，如果再要有 A、B 两类的分别，这个分别不外乎是声母的、介音的、或是元音的。这是区分派别的基本做法。

何大安进一步思考道：

我们可以比照周先生曾经作过的分类法,把不同主张的学者归纳成这三派。然而,周先生又属于哪一派呢?在《广韵重纽的研究》,周先生主张重纽 A、B 两类的分别在元音:A 类元音较关,B 类元音较开。主要的依据是高丽汉字音和厦门汕头方言的反映。其后在《古音中的三等韵兼论古音的写法》和《三等韵重唇音反切上字研究》中,他接受了王静如先生的建议,认为 B 类唇音带合口成分,而 A 类则否。换句话说,重纽的分别在介音。周先生后来放弃了介音的说法,在《论切韵音》中又回到了早期的元音说。但是《三等韵重唇音反切上字研究》中所发现到的 A、B 两类不互作反切上字这一现象,却引导了周先生最终采取了 A 类腭化、B 类不腭化的声母说。这一段酝酿、探索的过程,将近有三十年。在这三十年中,虽然周先生从介音说暂时又回到了元音说,但是显然并不以元音说为满足。A、B 两类不互作反切上字该作何解,可以说是这一段时期最为困扰他的问题。当这个现象一再被确认,而且又注意到汉越语的反映和日本学者的相关讨论之后,他终于在 1986 年的英文著作 Papers in Chinese Linguistics and Epigraphy 与中文论文《隋唐五代宋初重纽反切》中,毅然放弃元音说,而公开采纳了三根谷彻先生的建议,主张重纽的区别在声母。从这样看来,在不同时期,周先生曾经是元音派、介音派,也曾经是声母派。不过我们不能敷浅的以为周先生没有定见。我们要知道周先生的最终采取了声母说,是有三十年的思考在其中的。三十年的思考,这是何等的慎重!不间派别的主张,原有各自的理据,也都难免会有或多或少的不足之处。本诸学术良知,择善而从,本来是研究工作的基本原则。但是不断检讨自己的不足,进而从善如流,虚己从人,扪心自问,我们并不能常常做得到。而其高才盛名的人能这样作,像周先生更是少见。在他一生之中,尤其到了晚年,是以怎样的心情来对待重纽问题的呢?他所怀抱的,是重纽研究先驱者的使命感,还是对客观知识探索的不懈的热忱,或是兼有二者,我并不能十分的确定。我所认识的,是一个庄重和谦卑的探索者的心灵。不以我为是,不以人为非。到真理之路决不是自大,真理也许是不容易发现,但是谦虚使我们更接近它。周先生一生的经历,已经有黄彰健先生为之行述。周先生的学术贡献,也有丁邦新先生为文评介。他的重纽研究,无异是一部重纽研究史的缩影,将来也自会有学术史家究其源始，详其本末。

　　龙宇纯《陈澧以来几家反切系联法商兑并论〈切韵〉系韵书反切系联法的
学术价值》(1982)、《从臻栉两韵性质的认定到韵图列二四等字的拟音》《〈切
韵〉系韵书两类反切上字之省察》及《从〈集韵〉反切看〈切韵〉系韵书反映的
中古音》(并见台湾《史语所集刊》57.1，1986)，以及《论重纽等韵及其相关问
题》(《第二届国际汉学会议论文集：语言与文字组》上册，台湾史语所1989)等
论文也涉及到了重纽问题。

　　龙宇纯《中古音的声类与韵类》(1997)对重纽研究亦有全面总结，我们这
里略加归纳而引用之，正可以由此表明龙宇纯有关重纽问题的基本观点：

　　其一，龙宇纯认为，学者用以指称支、脂、真、仙诸韵唇牙喉音同开合同一
字母对立反切的"重纽"一词，不应仅为此类反切的专称，凡同韵同字母下的
对立反切，包括等第及开合两者，都应谓之"重纽"；支、脂、真、仙诸韵上述反
切，初不过为"同一声纽重复出现"现象之一环。他曾发表《论照穿床审四母
两类上字读音》等论文讨论相关问题。龙宇纯还认为，等与等韵两者意义完全
重迭，无所谓真假二、四等韵之分，四个等韵形态，自一等至四等，便是介音
[ø][e][j][l]的不同。

　　其二，在《论重纽等韵及其相关问题》中，龙宇纯对《切韵》上字所以形成
分类现象提出总体说明，即凡字母出现重纽的，出现分类现象；不出现重纽的，
不出现分类现象。具体言之：东韵唇牙喉音(案喉音不含群、喻二母)有一、三
等重纽，庚韵唇牙喉音(案不含群、喻)有二、三等重纽，支、脂、祭、真、仙、宵诸
韵唇牙喉音有三、四等重纽，三者分别皆与三等对立，是故唇牙喉字母分类，而
以一、二、四等为一类，三等别为一类。东韵齿头音(案除邪母)有一、四等重
纽，是故齿头音上字有一、四等分类现象。东、支、脂、之、鱼、虞、祭、仙、麻、尤、
侵、蒸诸韵正齿音(案不含禅母)有二、三等重纽，是故正齿音上字二、三等分
类。东、支、脂、之、虞、祭、真、仙、宵、尤、盐诸韵喻母有三、四等重纽，而喻母以
三、四等分类。来母东韵有一、三等重纽，而来母一、三等两分；二、四等无须分
别，则比照唇牙喉音与一等合为一类。群母系联上字虽不见分类迹象，实际则
支、脂、员、仙诸韵之重纽字，三、四等不互为上字，区之极严。反观舌头音、舌
上音诸母，及齿音之邪、喉音之匣、舌齿音之日，俱不见重纽，而其上字一无分

类现象。可见上字的分类,与分别重纽确然有关。

其三,龙宇纯强调,反切上字分类的各字母其真正区分严格不稍假借者,仅照、穿、床、审、喻五者为然,其余则只是系联各上字的反切有此区隔,若将各上字出现的反切全部加以观察,其间的区隔即不复可见。原来所谓上字不相系联,只是表面现象,由此而论其音读不同,便为误解。以精系两类上字而言:清母仓类含仓、千、采、苍、粗、青、醋诸字,其中千、青二字属独立四等韵,余并属一等;七类含七、此、亲、迁、取、雌、且诸字,而并属学者所谓的"三等韵",韵图虽亦见于四等地位,是为"假四等"。从母的昨类及心母的苏类,亦杂一等字及四等字为类,属四等者,分别为前及先字,疾类与息类并属假四等。精母的作类虽不含四等韵字,其子类字不出假四等诸韵范畴,则亦无有不同。这现象似乎显示,假四等韵字与真四等韵字,韵母形态确有不同,即其介音必然相异,而"假四等说"无异可屹立不摇。但通观全部精系字反切,以《广韵》为例,一等用假四等如子红切葼者,为数三十五;假四等用一等如才六切敕,为数十六;真四等用假四等如七稽切妻,为数九;假四等用真四等如千仲切趑,为数三。不仅各种状况齐备,总计两类字通用高达六十三次。如此而谓实有真、假四等韵之分,其韵母类型不相同,必不能言之成理。

其四,龙宇纯看到,精系四母所以反切上字分类,也正因为起始于东韵即有一、四等重纽,而四等心母的嵩字同韵母者仅一喻四小韵的融字可为下字,为往后可能遭遇的无奈未雨绸缪,所以采取了同于正齿音字的反切措施。然而《切韵》反切结构如陈澧所言者,究竟亦为常态。精系字无适当下字可用者,仅一送韵的趑字,与嵩字相同,仅一小韵可用者,其余亦仅见于蒸韵的缯,此外同音小韵往往甚多,不待字字用上字定韵之法;而精系字出现重纽的,东韵以外不见于他韵,放两系上字之间交往者多达六十三次之数。然而趑字《王韵》各本音千仲反,《广韵》亦音千仲切,必是陆书之旧,正用四等先韵之千为上字,可见四等韵实无真假之分。以此视二等之正齿音字,亦必无所谓真假二等韵之别;推类而至于喻母字,自然亦无真假四等的差异。只因二等正齿音及四等喻母字可能有无下字可用的状况发生,在采取以上字定韵的措施上,不得不严格执行,以致与唇牙喉及齿头音之上字分类情况又有不同,但其声母彼此无别,是则并无异致。

其五,龙宇纯补充说明两种和重纽研究相关的文献值得注意。一为敦煌写本《归三十字母例》；二为《韵镜》所载《三十六字母·归纳助纽字》图，亦可助考《韵镜》，显然都是言正齿音及喻母两类上字无异音的绝佳信息。《切韵》舌上音反切上字表日母独杂一属二等韵的卓字现象也是往日未曾注意到的。

陈新雄《〈广韵〉研究》（2004）对各家重纽研究进行了非常全面的评述，比如，他指出董同龢、周法高、张琨、纳格尔等都以元音不同来解释重纽的区别，但自雅洪托夫、李方桂、王力以来，都认为同一韵部应该具有同样的元音。陈新雄亦认为，用同一韵部之中有两种不同的元音来解释这个问题，还不是一种足以令人信服的办法。对陆志韦、王静如、蒲立本、藤堂明保皆以三四等重纽之区别在于介音不同的观点，陈新雄说，他深感怀疑的一点就是，从何判断二者介音的差异？若非见韵图按置于三等或四等，则又何从确定？这是倒果为因的做法。至于章太炎、董同龢古韵来源不同之说，陈新雄认为，古音来源不同的重纽字，只要能够系联，那就不必认为他们有什么音理上的差异，把它看成同音就可以了。而对周法高、李新魁、林英津主张重纽是由声母的不同造成的说法，陈新雄则认为其中李新魁论述"最为巧妙"和"圆融"，并进一步加以论证，指出"置于三等的重纽字，只在唇牙喉下有字，而且自成一类，它不用唇牙喉音的字作它的反切下字，它用什么字作反切下字呢？何况还有例外呢。这个看法虽然有道理，但仍非十分完满"（338—339 页下注）。

丁邦新《重纽的介音差异》（1997）也可以说是对《广韵》重纽问题研究带有总结性质的重要文章。

丁邦新介绍，在董同龢、周法高两位先生之后，又有许多学者发表讨论重纽的文章，提出许多新见，如陆志韦（1947）、三根谷彻（1953）、辻本春彦（1954）、上田正（1957）、藤堂明保（1957）、平山久雄（1966、1972）、龙宇纯（1970）、Baxter（1977）、桥本万太郎（Hashimoto1978—1979）、邵荣芬（1982）、潘悟云、朱晓农（1982）、李新魁（1984）、余迺永（1985）、麦耘（1992）等等。丁邦新与其他学者观察的角度不同，把研究重纽的注意力放在了"介音"的差异上。主要表现在：

其一，重纽的性质与结构。丁邦新认为，重纽的性质，如果笼统地讲，代表两种音节的不同。至于音节的不同究竟在于韵母的元音、介音或声母，则各家看法不一。这个问题必须利用能够分辨重纽的语音材料来判断，以书面材料作为辅助。

　　丁邦新谈重纽结构,认为从反切系联来说,重纽两类在从 6 世纪末的《经典释文》到 11 世纪初的《集韵》之中都是有区别的。但结果在《故宫全本王仁昫刊谬补缺切韵》和《广韵》之间并不一致,其中该分的支开、支合、脂开、脂合等等还有相当多的韵类无法利用反切系联法来加以区分。反切下字只显示重纽的大体趋向,细细分析则问题重重。而早期韵图《韵镜》和《七音略》里,重纽的两类字分属三、四等,井然有序,一目了然。可以推想,反切所未能充分显示的重纽区别在韵图里竟然有条不紊,可见,经过隋唐到宋初几百年的演变之后,韵图的作者一定还能掌握当时可以分辨的实际语音,才能把重纽一一列出适当的等第。换句话说,《切韵》的重纽和韵图的重纽现象尽管相似,所代表的实际语音未必全同,重纽两类在不同的时代和地域大概具有语音上的差异。从这一层面认识出发,重纽唇牙喉音字和舌齿音字的关系就可以得到比较清楚的了解。也许在七八世纪《切韵》以至到了慧琳《一切经音义》的时代,舌齿音确有两种倾向,知系、来母、照二近重纽三等,精系照三近重纽四等,但到了早期韵图时代,由于语音产生了变化,舌齿音全部和重纽三等归为一类,重纽四等则是单独一类。

　　其二,重纽的介音区别及其拟测。丁邦新认为,重纽的区别不应该是元音和声母的不同,而可能就是介音的不同。理由是,在《切韵》里重纽三等的介音和知系、来母、照二系及喻三是一类,重纽四等的介音和精系、照三系及喻四是一类。到了韵图时代,因为音节结构内部产生变化,字类重新调整,重纽三等的介音变得和全部舌齿音同类,四等的重纽单成一类。丁邦新说,这样的解释似乎言之成理。那么究竟该如何拟测重纽三四等的介音呢? 他以梵汉对音、汉越语译音、高丽译音等文献为依据,把重纽三等的介音拟为[-rj-],一方面根据梵汉对音,另一方面维持三等韵的共同介音[-j-]。《切韵》时代的[-rj-]在牙喉收音和[-i]元音之间保存得比较久,在其他元音之前[-r-]的成分不久就消失了。重纽三等的介音[-rj-]在发音上因为[r]有圆唇的成分,容易使得后面的元音圆唇化,或者使整个的韵母在听觉上接近合口音。因此在高丽译音中重纽三等字就有[-w]或[-u]的介音或元音,同时在演变上使得这些字容易变为合口音而跟其他的合口音合流。重纽四等的唇音字在汉越语里变成了舌尖音,演变的原因也可能是受到介音[-j-]的影响。重纽四等与纯四等韵的元音不同,用同一个介音并无困难,问题在于上文证明汉越语中重纽四等唇音字变舌尖音的条件是半元音[-j-],现在自相矛盾,又说重纽四等是[-j-]。
同时如果纯四等韵也是[-j-]介音,在汉越语中读音有没有唇音字变舌尖音的
呢? 丁邦新判定,[-j-]可以使唇音舌齿化,[-i-]应该也可能,梵汉对音中梵文
有[-y-]的音节总是用三等字来对译,三等有[-j-]应该没有问题(见施向东
1983:34),那四等自然就是[-i-]了,反切上字一、二、四等一类,因为都是在元
音接在声母之后,三等一类是半元音的[-j-],这是老早就存在的理由。纯四
等韵唇音字在汉越语里也有这种读法的例证(王力 1958;高本汉 1915—
1926)。可见重纽四等和纯四等韵有一样的演变,两者的介音都是[-j-]。这
个[-j-]使得重纽四等及纯四等的一部分唇音字变为舌尖音,在鼻音部分从
[mi-]成为[n]或[ni]。之后,再变成[z-]则是比较自然的演变,就像中古音里
舌面鼻音的日母在现代方言里读[n-]和读[z-]的都有一样。

　　其三,重纽韵舌齿音问题。丁邦新说,卷舌音在韵图的时代一定已经成
立,在《切韵》的时代则不一定,暂时拟订为[trj-][-tsrj-]等。介音[-q-]或声母
的卷舌部分使得知和照二这两系声母的字跟重纽三等有密切的联系。来母大
概因为边音声母的关系使得[lj-]和[-rj]接近。喻三的问题比较复杂,既有演
变的先后,又可能有方言的不同。重纽四等的反切下字与精系、照三系及喻四
是一类,精系是一般的舌尖塞擦音及擦音,各家无异词。照三系是腭化音,大
家看法也都接近,这两系声母都接一般三等韵的[-j-],大概主要元音相同时,
前面的介音[j-]和[-i-]的区别不是非常明显,因此重纽四等字和这些字有时
可以系联,喻四在梵汉对音中始终对译梵文的半元音[y-],推测喻四是[r]应
无问题。

　　丁邦新最后总结道,在《切韵》时代,重纽三等及舌齿音的一部分共同的
特点是其有介音[-rj-];来母略有不同,由于发音难易的考虑,没有拟成[lrj-],
在玄奘的译著中来母对译梵文的[l-]及[r-],但译[r-]的时候,总在来母字上
加一个"口"旁以资区别(施向东 1983:30)。到了《韵镜》时代,则重纽三等的
共同特征是有介音,而重纽四等则有[-j-],因此韵图上可以看到前者跟普通
三等韵一样放在三等的位置,而后者则跟纯四等韵一样放在四等的位置。

　　看得出来,丁邦新对重纽的介音区别及其拟测既考虑到了时代变化,又力
图能够对各种学说加以缕析,然后选择最佳方案,加以科学诠释。丁邦新的思
考更加深入,后来者居上是十分明显的。

美籍华裔学者薛凤生《试论〈切韵〉音系的元音音位与"重纽、重韵"等现象》(1997)认为,学术界对《切韵》音系性质无法确定的原因可以归结为基本观念的问题。"构拟派"学者所要追求的是"音值(phonetic value)",每个构拟的人都使用了许多正反颠倒穿靴戴帽的音标符号,而各人使用这些符号时又不一定都赋予相同的音值;观念上自诩为审定"音值",但又常采用一些连自己都不知道如何发音的符号来区别《切韵》中的韵类,这不是自相矛盾吗?他们都把各自构拟的结果叫做"音系",但看到那些繁琐的符号及其散乱的分布,我们实难了解其"系"何在。薛凤生认为,要解决这个问题,必须有一个观念性的转变,即用音位学的观念来解释《切韵》所提供给我们的那些"音位对比"现象。马丁(Martin 1953)就曾把高本汉的十五个元音简化为六个,这是用音位学说为《切韵》音位化拟音的先例。

薛凤生从严格的音位学观点,推测《切韵》音系中的元音音位,并据以解说《切韵》分韵的道理,以及所谓"重纽、重韵"等现象。他以两条大前提作为分析的基础:一是《切韵》音系的音节分段模式与等韵音系相同,分为声母、韵头、韵腹、韵尾四段;二是互押之字必含有相同的韵基(韵腹与韵尾之合体),分韵亦以此为标准。由于"收噫([y]韵尾)"韵数目特多,分配特殊,也最能突出地显示了"重纽、重韵"等问题,薛凤生集中讨论这一韵类,据以推测《切韵》音系的元音数目及其分布。初步的结论是:《切韵》音系含有七个元音音位;"重纽"为《切韵》以前遗留下来的现象,合理的解释应是由元音的性质或韵尾的有无带来的,比如支、脂两类韵中的"重纽"可能是韵尾的问题,这是别的学者不曾提出的观点;"重韵"则为《切韵》与等韵之间的音变所造成的,即"收噫"音节的后低元音变为央低元音,所以祭、废变为"重韵"。这显然也是语音同化造成的,即韵母[y(w)]JY的元音因半元音[y]的同化而前移。这样,《切韵》音系中两种特殊现象都可以在元音音系的基础上得到合理的解释。

薛凤生《切韵》音位化研究为纷繁复杂的"重纽、重韵"问题研究注入了一股新鲜的活力,确实值得特别的注意。

竺家宁《试论重纽的语音》(1995)称,音韵史的研究证明,东汉有大量的[cl-]复声母,那么,它一定不会在六朝隋唐就消失得干干净净。反切的重纽现象正是企图反映这类语音结构较为特殊的字,使得反切上下字看起来都属于同类,实际上又不同音。因为这个[-l-]成分既不是起首辅音(用反切上字表示），又不是韵母辅音（用反切下字表示），"重纽反切"就这样形成了。唐代的韵图依据反切和当时还残留于方言中的［cl-］型复声母，把这些字在三等和四等位置上分开排列。如此，竺家宁提出了一系列问题，并试图寻求答案：为什么 B 类字总和 L、r 类接触？为什么重纽只出现在唇牙喉音中？为什么朝鲜语、闽南语、《中原音韵》《韵会》中的 A、B 类对立，总是 B 类在声母后多疑音素等等，都和 B 类字总和 L、r 类有关。

姚荣松《重纽研究与声韵方法论的开展》(《声韵论丛》6：303—322，1997)以"重纽类型期"和"重纽语音区别期"两个阶段作为分析的起点，认定各个学派彼此之间存在着方法论上的拉力推进关系，也很有特点。

林英津《〈广韵〉重纽问题之检讨》（1979/2014）是 20 世纪 80 年代之前国内外有关重纽问题研究的最为重要的总结性著作。正如作者在"提要"中所说的，该书尝试从不同的角度，观察每一个可能的诠释方式，申说一些重纽研究观念。全书的结构：第一章，释题。何谓"重纽"、"重纽"与三等韵、韵书如何表现"重纽"、"重纽"何以不能称作"重韵"；"重纽"发现经过、陈澧《切韵考》贡献、近代关于"重纽"的论述。第二章，综合检讨近代学者的"重纽"论述。关于"重纽"的音类分别，比如陈澧、章太炎、黄侃的《切韵》音类，周祖谟《陈澧〈切韵考〉辨误》和李荣的《〈切韵〉音系》；高本汉的《中国音韵学研究》，涉及高本汉视"重纽"为同音小韵，高本汉四等区划及三四等韵分类；陆志韦、王静如对三等韵腭介音的主张；董同龢、周法高的"重纽"研究；几位外籍学者对于"重纽"问题的贡献，比如日本学者有坂秀世、河野六郎、藤堂明保、桥本进吉，以及欧美学者蒲立本、那格尔（纳格尔）等；龙宇纯对"重纽"的阐释及拟音；张琨夫妇主张"重纽"所在的三等韵有 a：b：c 三分之架构；"重纽"与古汉语的综合讨论及其他。第三章，林英津对"重纽"现象所持的看法。支持"重纽"现象之佐证的再检讨；"重纽"与传统语音分析的观念；"重纽"与三等韵及纯四等韵；理想的"重纽"音值构拟，主要是：以主要元音区分"重纽"有实际困难；多用介音则得失互见；声母可能是最中庸的选择。第四章，结束与展望。本文的层次与方法；不能解决的问题；强调两个基本观念。附录：《"重纽"小韵及其同音字群》《其他音义之书的"重纽"》《"重纽"诸韵切下字表》《"重纽"诸韵安南汉字唇音表》《"重纽"各家拟音对照表》《上古牙喉音与舌齿音通谐表》。

三十多年过去,世界各国学者有关重纽问题研究进展迅速,各种学说也是层出不穷,汇集这些研究文献,确实可以弥补《〈广韵〉重纽问题之检讨》的思考之不足。

陈贵麟《〈切韵〉系韵书传本及其重纽之研究》(1997)是一本很重要的重纽时代性特点研究著作。与之相关,陈贵麟《〈广韵〉和〈七音略〉之重纽字研究》(2009)很有代表性。

重纽问题是历来音韵学家关注的重点课题之一。陈贵麟称"有关重纽的研究著作汗牛充栋",一点都不为过。他在自己的博士论文(1997)中已经详细地列举了相关参考文献。

陈贵麟的研究缘起于陈澧《切韵考》的反切系联。由韵书系联、韵图归字上观察,A、B 两类在音类上必有所区别。所以,陈贵麟按一般通行观点解释重纽概念,即指在韵书反切系统里面,同一韵目、同一开合之中有两套对立的唇牙喉音。音类确立之后,要求重纽音值的内涵却遇到了困难,所以,学术界争议不休。

陈贵麟探讨《广韵》和《七音略》重纽问题,自然遇到的困难不少,不过,他也走出了属于自己的路子来。

其一,以中古韵书《广韵》和中古韵图《通志·七音略》重纽为研究的基本材料。《广韵》除了《宋本广韵》之外,还吸收学术界相关成果,比如参考了刘复《十韵汇编》(1936)、上田正《〈切韵〉诸本反切总览》(1975)、周祖谟《唐五代韵书集存》(1994)、余迺永《新校互注宋本广韵》(增订本,2007)等,但没有见到潘重规《瀛涯敦煌韵辑新编》(1972)。《七音略》则有罗常培《〈通志·七音略〉研究》、高明《郑樵与〈通志·七音略〉》(1971)、叶键得《〈通志·七音略〉研究》(1979)、杨军《〈七音略〉校注》(2003)等。

其二,对《广韵》和《七音略》重纽小韵分布情形排列。陈贵麟说,判定重纽,除了以同一韵目、同一开合之中有两套对立的唇牙喉音为标准外,还要排除一种情况,即所谓"单类重纽"。它并不牵涉到重纽的最小对比(minimal pair)。《广韵》有 89 组重纽小韵,《七音略》有 96 组重纽小韵。参考学者校注的成果,统计《七音略》增减重纽小韵的数量,然后订出 17 个讨论编号。减少者包括:编号 1,4,7a,8,10,12b,15,17;增加者包括:2,3,5,6,7b,9,11,12a,13,14,16。

其三，把握《广韵》和《七音略》重纽小韵分布趋势。重纽的历史发展以"消失"为主要趋势，故"增加"为反常现象。

其四，以《广韵》和《七音略》重纽小韵分布特点为基础加以解释。

陈贵麟针对《七音略》反常部分再逐字深入探讨，发现其原因包括：抄错格子、取自前代或当代的韵书韵图、编图者个人方言、当时的基础方言等。除了抄写错误之外，其他几项又可归结于"杂合字音"。具体来讲，《七音略》编图者郑樵的莆田话属于闽方言，极可能是引发反常现象的主因之一。找出反常现象的重纽字之后，通过"区别性音素"和"中心音素"的概念，采用"中心音素覆盖说"，为《广韵》《七音略》的重纽韵拟音，并就其分布特点作出比较恰当的解释。

陈贵麟《论〈韵镜〉重纽的逻辑原型及原型重估后的音值》(《声韵论丛》6：415—436，1997)"回归《韵镜》基准"的角度也很新颖。

二、汉藏语比较与重纽检讨

吴钟林《从五种方言和译音论重纽的音值》(台湾《中国文学研究》4：25—67，1990)，龚煌城《从汉藏语的比较看重纽问题——兼论上古[*-rj-]介音对中古韵母演变的影响》(《声韵论丛》6：195—243，1997)等讨论重纽的视野更为广阔。

其中龚煌城(1997)从汉藏比较中去探讨重纽是如何产生的问题。关于重纽的来源最有力的说法是，重纽三等来自上古[-rj-]介音，而重纽四等则来自上古[-j-]介音。龚煌城认为，[-rj-]介音牵涉到上古汉语乃至原始汉藏语的音节结构问题，因为[-r-]音虽然一般常称为介音，它却能与其他声母构成如[pr-][phr-][br-][mr-][kr-][khr-][gr-][ngr-]等复声母；[-r-]音在消失以前，在有些语音环境下影响了介音，造成中古重纽三等与四等的差异，在另外一些环境下则影响了元音，演变成中古不同的韵，而在其余的环境下则未引起任何差异。龚煌城从汉藏语的比较，证明重纽三、四等分别起源于[-rj-]与[-j-]不同的音节结构，同时也要进一步探讨哪些韵产生重纽，哪些韵引起元音的差异，哪些韵[-q-]与[-j-]合并为一韵。另外，中古尤、幽两韵分别出现在韵图三、四等，一般认为两韵合成重纽。作者虽然赞同此说，但认为次序应该颠倒，幽韵属重纽三等，尤韵属重纽四等。龚煌城看重纽问题的角度与此前学者大不一样。

三、上古音与重纽

竺家宁《重纽为古音残留说》（1997）、孔仲温《论重纽字上古时期的音韵现象》（1997）等也提出了自己的看法。其中,竺家宁（1997）认为,重纽 A、B 类的区别代表了中古实际语音上的区别,而不仅是上古韵部来源的不同。中古的等韵图是为分析语音而设计的,在等韵图中,重纽三、四等清清楚楚地分开排列。我们不能说那是为了反映上古来源的不同,因为上古语音的界限不只存在于重纽三、四等之间,为什么设计韵图的人只分别重纽三、四等? 而且中古的学者并不具备上古韵部的知识,又如何去"反映"上古的区别? 此外,周法高《隋唐五代宋初重纽反切研究》（《第二届国际汉学会议论文集》107,1989）一文考察了陆德明《经典释文》（6 世纪末）、颜师古《汉书音义》（7 世纪中叶）、玄应《一切经音义》（7 世纪中叶）、慧琳《一切经音义》（8 世纪末叶）、朱翱《说文系传》反切（10 世纪末叶）、《集韵》（11 世纪初叶）等有关重纽的资料,A、B 类都是有分别的。所有的材料都反映了同样的现象,必定是有实际语音上的根据的。这种语音上的区别不但存在于中古,还部分残留在近代和现代的语料中。例如平山久雄《中古唇音重纽在〈中原音韵〉齐微韵里的反映》（《平山久雄语言学论文集》51—59,2005）曾考订唇音重纽仍反映在元代《中原音韵》齐微韵里;竺家宁《〈韵会〉重纽现象研究》（《汉学研究》5.2:311—327,1987）也发现元代熊忠的《古今韵会举要》还能区别部分重纽;现代韩国语、越南语汉字音也都能分别重纽语音。过去认为现代方言中已不能区别重纽两类念法,然而平山久雄指出现代北京话里也能看到止摄唇音重纽区别的迹象,麦耘《论重纽及〈切韵〉的介音系统》（《语言研究》2:131,1992）也提到在闽方言中还保留着一些重纽的对立。因此,中古重纽的区别也应不只是形式上的区别而已。

第七节　汉语中古音其他问题

一、汉魏六朝语音

何大安《六朝吴语的层次》（1993）是一篇具有理论与实际双重价值的论

文。其内容为:其一,写这篇论文的缘起。何大安写这篇论文是因为阅读了陈寅恪《东晋南朝之吴语》(《史语所集刊》7.1:1—4,1936)而受到了启发。陈寅恪说:

> 东晋南朝官吏接(交)士人则用北语,庶人则用吴语,是士人皆北语阶级,而庶人则吴语阶级……东晋南朝疆域之内士大夫无论属于北籍,抑属于吴籍,大抵操西晋末年洛阳近旁之方言……而吴之寒人既作典雅之韵语,亦必依仿胜流,同用北音,以冒充士族……今日东晋南朝士大夫以及寒人所遗传之诗文,虽篇什颇众,却不能据以研究东晋南朝吴音与北音异同及韵部分合诸问题也。

何大安就陈寅恪说法而认为,当时吴语区两种语体并存,即是"双读、双言"的社会。由此,可以探讨这两种语体本身具有语言学的特点,以及它们各自经历过哪些发展阶段等问题。

其二,根据文献材料推测六朝吴语,从来源上分为四种层次:一是非汉语层,早期越族使用的是南亚语抑或是壮侗语;二是江东庶民层,其语音特点如梗阳不分,齐仙不分,监元不分;三是江东文读层,根据丁邦新(1975)研究,吴地诗韵特点是:支脂两部相混,幽宵两部接近,鱼部中鱼虞两韵有别,去入分别甚严,东冬两部合流;四是北方士庶层,六朝后期南渡北语与西晋末不同,丁邦新(1975)、周祖谟(1988)、何大安(1981)研究可证明。

《六朝吴语的层次》由历史地理文献梳理到语音层次解释,在汉语语音史研究上,探寻出一个研究语音层次的途径,很具有代表性。与之相关的何大安《论郭璞江东语的名义》(《汉语方言与音韵论文集》185—192,2009)一文认为,扬雄《方言》郭璞注所说的"江东",指的是以苏州为首邑的地区,不是金陵;他所记录的语言,正确的说法,应该是"江东语",不是"江东方言"。这个"江东语",指的是东晋初相当于秦会稽郡一带的方言,它代表的城市是"吴",不是"建康"。这个名词所代表意义的确定,对研究魏晋六朝吴语具有重要意义。

何大安《从上古到中古音韵演变的大要》(2007)认为,汉语从上古到中古音韵演变的表现大要有三:声母简化、韵部重组、调别趋严。其一,声母简化。

上古声母结合形态丰富,除了一般常见的单声母之外,还有带[h]声母(或清响音声母)、带[l]声母、带[r(j)]声母、带[s]声母,以及带[w]声母(或圆唇声母)。中古则只有单声母一种。上古单声母到了中古,有的原封不动,有的发生了发音部位或发音方法上的变化,如卷舌化、腭化、展唇化,或甚至弱化而消失。除了消失的不计外,基本上变化的结果仍是单声母。上古带[h]声母、带[l]声母、带[r(j)]声母、带[s]声母,以及带[w]声母的演变,则倾向于将所带的成分丢失或转化,演变的结果为单声母。这种演变至迟秦汉之际就已经开始,一直进行到了东汉末,历时四百年。大体而言,上古带[h]声母、带[s]声母以及带[w]声母的前一个成分多半保留,而带[l]声母、带[r(j)]声母、带[w]声母的[l][r(j)][w],也就是第二个成分——或援用后来的观念称之为"介音"——则在将其特征修饰前后音之后转而消失。起修饰作用的介音成分,或修饰前面的声母使之卷舌化或腭化,或修饰后面的韵母使之合口化。其中,[r(j)]还有使元音央化,进而产生中古二等元音的作用。这样看来,[l][r(j)][w]这些介音在上古到中古的音韵演变之中,占有关键性的地位。由于它们在声韵结合角色上的变动,触发了声韵的变化,由上古的声繁韵简,一变而为中古的声简韵繁。

其二,韵部重组。上古、两汉、魏晋,分别有二十二、二十九、三十七个韵部。假如把上古的入声分列,就有三十一个韵部。两汉比上古少四部,原因是鱼侯、脂微、质物、真文的两两合并;这些都是单向的合并,而且后三者还是平行演变,它们对整个韵部结构当然有影响,但变化不大。魏晋就不同了,有些韵和两汉对应得很好,比如东、阳、屋、锡;也有的只是单向的合并,如药铎之为药,或单向的分化,如祭之为祭泰;但有些韵部就复杂得多,它们往往是在多重的分合之后所形成的,如之、侯分为三,幽、脂微分为四,然后再分别与宵、鱼、歌等的一部分重组为新的韵部。这些韵部就很难与前一个时期对应。这些韵部的分合,不是在前一个时期的基础上简单地增加,而是韵部"重组"。汉魏之际,是从上古到中古韵部重组最剧烈的时代,不是一个连续的关系,而是有一道音韵的断痕。魏晋以后,因韵等而分立的韵部逐渐增多,显示韵等的元音差异日形显著。是介音对元音的作用力与日俱增的结果。

其三,调别趋严。《诗经》和两汉、魏晋、南北朝诗文用韵相比,一个突出特点,就是异调通押的比例逐次递减,它反映的是声调分别的趋严,也就是声调的地位越来越重要、声调的界限越来越不可逾越。从上古到中古，音节结构逐步简化；随着音节结构的简化，声调作为主要成分的地位日益显著。

何大安提示，魏晋之际的断痕，对于音韵史的重建别有意义。断痕可能代表语言的典范——也就是通语的转移。由此，在解释时，一定要避免模糊了传承之际的曲折而跌入简单解释汉语史的陷阱。

二、通假文字与中古音

李鎏《〈昭明文选〉通假文字考》（1970）系作者在台湾师范大学国文研究所硕士论文，指导教授林尹。李鎏在"前言"说明，"李氏受业于曹宪，于六书假借，深得根柢"，因此，研究其所注"通假之例"，"掇成是篇"。在"凡例"中，李鎏称，该书所取，以李善注《昭明文选》为主，参以胡克家《文选考异》，共收1198条。考其本字与借字之古声古韵，就其异同，分为声韵俱同，声异韵同，声同韵异，声韵俱异四类。古声之归类，全以蕲春黄氏《古本声十九纽》为据；古韵之分部，则依段玉裁《古十七部谐声表》为准。韵异之考订，依章太炎《成均图》旁转对转之说、段玉裁"合韵说"及其《说文解字注》中"合音合韵"者为据，其有例外者皆别予考订。每条考证，先考其声韵之异同，取徐铉音切；考其切语上字于《广韵》四十一声类属当某类者，即称某母；其切语下字于《广韵》二百六韵类属某类者，即称某韵。

如果专以《昭明文选》所注通假文字研究来看，李鎏的研究可谓精细之极，所得出的结论大体可信，但从汉语语音史研究角度来看，则只是做了第一步工作。其实，还可以以此为基础，进一步研究李善注《昭明文选》的音系，以及为汉语中古音所提供的文献价值，如此，音韵学意义就凸显出来了。

三、中古方言音系

丁邦新《重建汉语中古音系的一些想法》（1995）指出《切韵》音系应分别构拟为北方邺下音系与南方金陵音系，其中金陵音系就是南方士大夫的雅言系统。梅祖麟《现代吴语和"支脂鱼虞，共为不韵"》（2001）则根据郭璞《尔雅注》称之为"江东方言"。吴瑞文《覃谈有别与现代方言》（2004）主要以咸摄一等重韵覃谈为参照点，观察现代汉语方言的音韵分合情况，并尝试利用覃谈分合的情况来给汉语方言分类。吴瑞文运用历史比较方法，列出现代吴、赣、湘、粤、客、官话诸方言的覃谈二韵比较字表,同时注意到覃谈二韵在结构类型上的差异,进而一一归纳各方言呈现出的覃谈分混类型,结论是:吴、赣、湘属于覃谈有别的方言,粤、客、官话属于覃谈不分的方言。吴瑞文还根据学者们研究的汉语文献材料指出,覃谈二韵在唐初是南人能分、北人已混音韵现象;也就是说,覃谈分混在唐初是一项可以区分南北方言的音韵条件。比如,周祖谟《问学集》(1966:473)研究《切韵》的音系不是单纯以某一地行用的方言为准,而是根据南方士大夫如颜、萧等人所承用的雅言、书音,折衷南北的同异而定的;换句话说,《切韵》中的重韵韵类是当时南方雅言系统的实录。可以看出,吴瑞文论文还是隐含着《切韵》时代汉语语音南北二分的事实,与周祖谟的研究有暗合的部分,但更是丁邦新《切韵》北南二音系的延展说明。

第八节　余论

汉语中古音研究历来是汉语音韵学研究的核心,即所谓的"重中之重"。台湾学者在汉语中古音领域所取得成绩是十分明显的:

其一,在汉语中古音文献发掘上,既注意覆盖面的宽度,又注意发掘的深度,因而,文献的利用率之高是惊人的。比如对《切韵》一系韵书、《经典释文》等音义书、《韵镜》等等韵图文献的整理与研究。

其二,对汉语中古音音系"时空间"特性的认识取得了重要突破,比如张琨(1972)认为《切韵》南北兼顾,可以投射一个原始系统的理论;丁邦新(1995)提出构拟《切韵》北方与南方两个音系的想法;张光宇(2004)认识高本汉通语史研究中"双线与单线";何大安对上古到中古音韵演变的表现大要"简化"趋势把握等问题研究很有代表性。

其三,对研究中古音一些具体问题的研究形成"热点",讨论得极其深入。比如重纽问题的研究,涉及的内容非常广泛,视野已经不局限于汉语文献,而是扩展到了汉藏语比较的角度。就近些年的研究实际来看,比起大陆的研究来,热度更为明显。

其四,文献研究与新理论的结合,尽力贴合得紧密,大有"无缝对接"之势。比如何大安《六朝吴语的层次》(1993)、李正芬对《经典释文》诸家唇音反切"词汇扩散"的解读等,都显现了新理论解释中古音问题的明显优势。

其五,从老课题开掘出新问题来。比如吴敬琳《〈玄应音义〉的音系及其方音现象》(2012)以求解造成方音歧异原因为第一追求,"不拘于通语长安音",从方音角度证明;玄应注音和玄应音系结合,划定南北地域,内部文献特征与外部文献特征为相互参照,"韵系为主,声系为辅",选择了一个有效的突破口。该研究因文献性质而制订研究策略,因而突破了前辈学者的思考方式。

台湾学者研究中古音,个别的也存在着一些值得思考的问题,比如对《切韵》《韵镜》《集韵》等文献的研究,是否可以扩大东亚视野范围问题? 比如与日本传统文献,包括各类版本文献结合,充分吸取日本学者研究的一些成果研究,是否可以解决一些深层次问题? 我们认为,在这方面可以开拓的领域很多,应该有学者进一步思考这些问题。

国家哲学社会科学成果文库

NATIONAL ACHIEVEMENTS LIBRARY
OF PHILOSOPHY AND SOCIAL SCIENCES

台湾汉语音韵学史
（下）

李无未　著

中华书局

第六章

台湾汉语音韵学史文献盘点五:近代音

第一节　字书与汉语近代音

台湾学者十分重视发掘传统字书中所蕴含的丰富的汉语近代语音史资料,取得了令世人瞩目的成绩。

一、《字汇》

林庆勋《论〈字汇〉的韵母特色》(2006)很有特点,代表了台湾《字汇》语音研究的应有学术水准。主要内容为:其一,《字汇》体例及研究其韵母的方式。林庆勋介绍说,《字汇》是一部字书,成书于明万历四十三年(1615),作者梅膺祚字诞生,明末安徽宣城人,后为国子监太学生,精治小学。《字汇》的价值体现在:将部首简化为214部,并首创按笔画多寡排列顺序,使字典在检索上具备了通俗实用的特点;收字原则改变过去“重正轻俗”的传统偏见,以“正俗兼收”保留了一批古今俗字。这种以“实用”为出发点的编书原则,与传统大部头字书大异其趣,正因如此,该书反映当时语言实况的可能性就相对增加。据书前梅膺祚序文所说,《字汇》全书“列二百一十有四部,统三万三千一百七十九字”,这里所称的33179个收字,究竟是如何做的统计,梅氏序文及《字汇凡例》都未说明,从体例观察应当包含“异体字”。林庆勋以自行开发的“字书音系数据库”逐一输入《字汇》全书有音切的各字,共得音注27219笔;若加上“一字多音”的音注,总数将达到33674个之多。对于《字汇》这样一部字书,要探讨它的音系现象,只有靠全书音切、直音与四声相承标音的整理归纳,才能得到它的实际音系状况。因为它不是韵书,自然不会有直接的音韵类别可遵循,因此在整理标音的过程中,必须花费较多时间在数据的汇整与分类上。由于论文着眼于《字汇》音系探讨,因此,林庆勋输入数据时只选录代表《字汇》音系的反切、直音及四声相承的标音,而《字汇》全书常常提到针对古籍读音方式的"叶音"一律从缺。

其二,《字汇》韵母系统。从《字汇》全书标音体例来观察,理论上"反切、直音、四声相承"的标音应当属于同音关系;林庆勋即以这层同音关系做依据,得到韵母相混的一些现象。一是舌、齿字开口与合口相混。林庆勋定开口与合口相混的标准是以《字汇》中有音切的被切字为对象,持以比较其反切下字、直音或四声相承用字,如果彼此有开口、合口相异的现象则认为其开合口相混。二是臻、深、梗三摄相混。在中古音的韵母结构中,臻摄、深摄、梗摄分别收[-n][-m][-ŋ]韵尾,界线极为分明,但是在《字汇》的读音中,似乎彼此之间已形成相混现象;这种韵尾相混究竟代表语音简化还是反映某一种语言现象,值得进一步深入探讨。比如臻摄与深摄相混:怎,子沈切,音津上声;又如深摄与梗摄相混:参,所今切,圣平声。三是山、咸两摄相混。山摄与咸摄,中古音分隶[-n][-m]两种不同的韵尾,可是在《字汇》中却是相混不分的读音,总数多达410例。比如例字属山摄,直音属咸摄:堪,苦寒切,坎平声;例字属咸摄,直音属山摄:嫌,胡兼切,音贤。四是其他韵母的合并。有288个音切属于梗、曾两摄相混例,其中平声有114个、入声有151个,已占了绝对多数;上声只有9个,去声也不过14个而已。这个相混的数字相当可观,证明中古音收[-ŋ]与收[-k]的字在《字汇》中已经如同《中原音韵》与《洪武正韵》合并为一了。《字汇》也出现了数量较少的[-m][-n][-ŋ]鼻音韵尾相混,以及[-p][-t][-k]塞音韵尾相混的现象。比如:纫,尼邻切,匿平声;逸,弋质切,音迭。五是相混各摄的韵尾问题。《字汇》所反映的韵尾相混特色,究竟如何解释比较恰当? 古屋昭弘《〈字汇〉和明代吴方音》(1998)认为,综合起来看,只有"吴语"才能统一解释这些语音现象;同时也举例说明梅膺祚所处明末的安徽宣城话,与今天安徽吴语的语音基本一致。古屋昭弘这一个论点基本上从全书音系特色来看待,因此比较有说服力,林庆勋也赞同将《字汇》的基础音系定位为安徽吴语。

林庆勋《论〈字汇〉的声母特色》(2006)对《字汇》语音研究虽然以古屋昭弘研究为基础,但在研究问题的深度上有所突破,留下了一些值得思考的问题,比如:字书《字汇》的编者为什么以自己的母语作基础音系去编书? 为何不用当时已经通用的北方官话作参考? 他们真正的用意何在? 这一连串的问题还需要后人予以全力解答。

陈雅萍《〈字汇〉反切音系研究》(2006)认为,《字汇》收录 33175 字,语音材料相当丰富,可惜历来对其全面性的研究并不多见。该文先就《字汇》一书作一介绍,包括作者生平、《字汇》版本、语音体例。次依反切系联法,将《字汇》反切之声类、韵类加以系联,得出 30 声类、115 韵类;并将之与《洪武正韵》加以对照比较,分就声、韵、调加以讨论,得出《字汇》反切对《洪武正韵》有承袭亦有改易之处。最后,就《字汇》反映的语音现象与现今吴方言作一对照,并提出讨论的问题,期待能透过对《字汇》反切音系的研究,对明代语音现象作进一步的认识。

二、《正字通》

林庆勋讨论《正字通》语音的文章有《论〈正字通〉的声母》(2001)、《论〈正字通〉的入声字》(2004)、《论〈正字通〉收[-ŋ]的韵母》(2005)等。

《论〈正字通〉的声母》主要内容是:其一,研究《正字通》语音的重要性。林庆勋说,《正字通》是明代张自烈编辑的一部字书,选择该书探讨其音韵系统,主要原因在于:第一,它是继承明代梅膺祚《字汇》而编撰的一部实用性字典,书中记载当时实际读音的可能性极强;第二,《正字通》所注读音的反切,除了修正《字汇》旁征博引的谐音之外,又制订代表《正字通》本身的反切与直音;第三,《正字通》成书于明末清初,属近代音中晚期的材料,反映的读音比较特殊,例如全浊声母消失,不论平仄一律读同次清;臻、梗、曾、深四摄合并;山、咸二摄合并等,都表现出特殊的音韵结构。

其二,具体研究方式。林庆勋从《正字通》全书三万多的音注入手,将全书反切一一抄录出来,依其韵类相同者(包括反切或直音相同)合聚于一组,某些反切下字相同亦可借用陈澧系联条例合为一类。最后依据归纳的韵类,制成 30 组音节表,这是《正字通》全书音系讨论的基础。《正字通》的声类已经有古屋昭弘《〈正字通〉版本及作者考》(1995)一文做分析讨论,他依据陈澧系联条例得到 24 类。至于调类，从各字反切与直音观察，入声字都用入声字充当反切下字，几乎无例外，大致上可以认定除平、上、去三个声调外，入声是存在的；而平声一调分别阴、阳，由平声反切下字清、浊即可区分。这个音韵系统与现代赣语宜春片（张自烈是江西宜春人）极为接近。林庆勋以古屋昭弘《〈字汇〉和明代吴方音》（1998）所述的内容为基础，除了对《正字通》声母的音韵现象做补充说明外，还对《正字通》的声母做拟音讨论。

其三，《正字通》声母最大的特色。林庆勋认为，《正字通》最大的特色是将中古全浊声母全部归入次清声母，这一点与《中原音韵》或《洪武正韵》的声母有相当大的不同，与现代赣语方言宜春话倒是极相似。主要表现在：古屋昭弘《〈正字通〉和十七世纪的赣方音》（1992）发现中古全浊声母在《正字通》中不论平仄都与次清合并，即：用次清反切上字来合并《字汇》的次清与全浊反切上字；用全浊反切上字来合并《字汇》的次清与全浊反切上字。林庆勋看到，中古非、敷、奉三母合并；中古泥、娘合并；中古一部分知、彻、澄与章、昌、船、禅合并；中古另一部分船、书、禅与崇、生合并。中古影、云、以及少数微、疑合并。这些现象有的与《中原音韵》《洪武正韵》相同，有的则差别很大。

其四，《正字通》声母拟音讨论。林庆勋结合古屋昭弘研究以及陈昌仪《赣方言概要》（1991：61），给 24 组声母拟音为：补[p]、蒲[p‘]、莫[m]；符[f]、无[v]；都[t]、他[t‘]、力[l]；古[k]、苦[k‘]、鱼[ŋ]；呼[h]、乌[ø]；子[ts]、七[ts‘]、苏[s]；之[tɕ]、昌[tɕ‘]、式[ɕ]、如[ʑ]、尼[ɲ]；侧[tʃ]、初[tʃ‘]、所[ʃ]。双唇音"补、蒲、莫"三类依据现代宜春话构拟。唇齿音"符、无"来自中古音非敷奉微；现代赣语宜春话中非敷奉三母合并，只剩下一个[f]；微母字像"无、侮、雾"都读零声母[ø]，稍有不同。舌尖中音"都、他、力"分别来自中古音端、透定、来，依据现代赣语宜春话构拟。舌根音"古、苦、鱼"三类分别来自中古音见、溪群、疑，根据现代宜春话构拟。喉音"呼"与零声母"乌"二类分别来自中古音晓匣、影云以，据现代宜春话构拟；"乌"母一类主要是中古音影、云、以三母互用，与中古音疑、微相切毕竟是少数例外。舌尖前音"子、七、苏"分别来自中古音精、清从、心邪，尚未变成舌面前音[tɕ、tɕ‘、ɕ]，这里根据现代宜春话拟定。舌面前音"之、昌、式、如、尼"分别来自中古音章知、昌彻澄、书禅船、日、泥娘，现代宜春话既然将如母与尼母合并读舌面前鼻音[ɲ]，我们可以假设《正字通》的如母读舌面前擦音[ʑ]，尼母读舌面前鼻音

[ȵ]；后来两组读音慢慢合流，到现代宜春话终于合并为一。舌叶音"侧、初、所"来自中古音庄知、初崇彻澄、生，根据现代宜春话拟定。

林庆勋在古屋昭弘的基础上将《正字通》资料数据化，再行证明24组声类的架构是可信的。其操作方式，除了古屋昭弘所使用的系联法之外，也适度地补上少数"直音"来证明，并就前项深入探讨的24组声类特点，逐类为这些声母拟音，其拟音依据以现代宜春话为最为重要的标准。由此，林庆勋认为，《正字通》声母与现代宜春话没有什么不同，可以用来说明三百多年来宜春话语音演进情况，而且变化不大。按，有一个问题确实须要深入讨论，就是古屋昭弘研究《正字通》反切以高本汉3000字为基准"选字定音"，并没有完全做到穷尽式系联反切。如果有学者抛开高本汉做法，而对《正字通》反切进行穷尽式系联并加以反切比较的话，一定会得出另外一个结果的。我们不禁要问：现代宜春话语音和《正字通》语音的关系真的是如此紧密吗？这是需要我们再行谨慎考虑的。

金周生《〈正字通〉"先"韵字音考》（2004）、《〈正字通〉整并〈广韵〉韵目考》（2004）、《〈正字通〉"真庚侵""质陌缉"分韵》（2006）系列研究也很引人注目。

杨义腾《〈正字通〉与历代重要字书之比较研究》（2013）以《正字通》为主轴，探讨有关《正字通》作者的问题以及成书经过。从字书的历时性与共时性的发展两方面，字书编辑、文献学、工具书、文字、音注等五个角度来讨论。从历时性的发展，观察自《说文解字》以来，《字林》《玉篇》《干禄字书》《佩觿》《类篇》《字通》《龙龛手鉴》《字鉴》《字汇》《正字通》与《字汇补》等字书的编辑演变与改革，分析编纂者与使用者之间对于字书的要求与期望，讨论字书之间的沿袭与传承，进而探讨《正字通》在编辑与使用上的优点与缺点。在共时性比较上则重点对比《正字通》与《字汇》《字汇补》这三部字书之间的差异。

杨义腾全文共分为七章：第一章，绪论。包含研究目的与方法，以及《正字通》相关的研究成果。第二章，张自烈生平、著作及交游。从《芑山文集》、明清相关史料以及张自烈友人的文集，依据年代逐步拼凑出张自烈的生平与著作。张自烈不仅交友广阔，且著作相当丰富，可以称得上是著作等身的学者，只可惜多数作品皆已亡佚，目前所见不多。第三章，《正字通》的成书介绍。《正字通》的前身为《字汇辩》，作者是张自烈，但刊印该书并署名者则是廖文英。张自烈不仅没有抗议,还赞扬廖文英编纂以及刊印《正字通》的功劳。张自烈将书移交给廖文英,并且让出著作权,这之间尚存在许多无法解开的谜题。在《正字通》的版本方面,张自烈曾经刊印过《字汇辩》,这之后经数次的修改才将书交给廖文英在白鹿洞书院刊印行世,这是《正字通》第一次的刊印,也是最早的祖本。但白鹿洞书院的刊本并没有传于后世,目前所见较早的刊本是刘炳修补重印本、三畏堂本和弘文书院本,其中刘炳重印本和弘文书院刊本都是白鹿洞书院刊本的修订本。第四章,《正字通》与历代字书的编辑理论比较。观察历代字书的编辑情况,从编辑者与使用者的角度分为字书成书原因、编辑体例、排检方式等三方面。字书成书原因除了因时代变迁所造成的文字变化,以及对前代字书的修订之外,更重要的是每一位字书的编纂者都希望透过这部字书来表达自己对于文字演变的想法。在编辑体例上,主要是以部首编排为主,后世字书编纂者根据自己在据形与据义上不同的看法修改部首;另一种则是参考韵书采用韵部或四声的方式编排。在排检方式上,起初是依据部首检索文字的方式,其后才有依据韵部或四声,以及依据笔画的检索方式。第五章,《正字通》与历代字书的异体字研究。讨论历代字书对于"正字"以及"异体字"的观点与界定,整理历代字书中的异体字例并讨论意涵。从历时性与共时性上核对历代字书对于异体字例的称谓使用以及异体字的观点,进一步纵向讨论《正字通》与历代字书的异体字称谓与意涵的差异,并横向观察其与《字汇》《字汇补》的不同。第六章,《正字通》与历代字书的音注研究。探讨历代字书对于音注方式的演变,以及各种音注方式的优缺得失;比较历代字书的音注现象及与字书同时代的韵书语音关系。从纵向观察前代字书与后世字书之间的音注影响,从横向观察同时代的韵书与语音对字书音注的影响。最后则是《字汇》等字书、明代的一些韵书对《正字通》语音影响。

　　杨义腾的研究不局限于字音,而是从更为广阔的文献背景去综合性研究《正字通》,反过来说,对理解《正字通》语音性质具有重要意义。

第二节　韵书与汉语近代音

一、诗韵书

　　应裕康诗韵书研究系列著作值得注意,比如《〈古今韵会举要〉反切之研

究》(台湾《政治大学学报》8：287—339,1963)、《〈礼部韵略〉反切之研究》
(1963)、《宋元明三代重要韵书之研究》(1965)、《论宋代韵书》(1968)、《论
〈音韵阐微〉》(1971)等。张宰源《〈古今韵会举要〉之入声字研究》(台湾辅仁
大学硕士论文,1995)也是一篇比较重要的论文。

竺家宁《古今韵会举要》研究成就最为突出。其主要论著是:《〈古今韵会
举要〉入声类字母韵研究》(台湾《中国学术年刊》8：91—123,1986)、《〈韵会〉
重纽现象研究》(《汉学研究》5.2：311—327,1987)、《〈韵会〉阳声类字母韵研
究》(《淡江学报》25：215—237,1987)、《〈古今韵会举要〉的语音系统》
(1986)等。

《〈古今韵会举要〉的语音系统》一书曾受到日本汉语音韵学界的重视,日
本驹泽大学发行日文本,列入其《外国语部研究纪要》第19号第2分册
(1990)中。译者木村晟、松本丁俊在"序文"中称,"竺氏著书,吾人惊叹",对
竺家宁在音韵学方面之贡献多所称道。

《〈古今韵会举要〉的语音系统》基本体例为:自序、书影;壹、绪论;贰、《举
要》的声母;叁、阳声类字母韵;肆、入声类字母韵;伍、阴声类字母韵;陆、结论;
参考书目;附录一、阳声字音韵表;附录二、入声字音韵表;附录三、阴声字音韵
表。竺家宁的主要成绩是:

其一,对《古今韵会举要》语音性质提出自己的看法,且与众学者相异。
《古今韵会举要》是元代熊忠依据元代黄公绍《古今韵会》改编的。黄氏原本
已佚,其书"编帙浩瀚,四方学士不能遍览",因此,熊忠"取《礼部韵略》,增以
毛、刘二韵及经传当收未载之字,别为《韵会举要》一编"。竺家宁认为,黄、熊
二人都是福建邵武人(闽北),很可能《韵会举要》的字母韵正是反映了当时的
闽北语音,这可以从几个迹象中推断出来:《韵会举要》外表虽然沿袭了《平水
韵》,而内里却完全设计了一套新的系统,无论是声母还是韵母,都描写了一个
和旧韵不同的语音系统,它和《中原音韵》是南北语音的不同,而不是传统和
当时实际的语音的不同;《韵会举要》的韵母和现代闽北音有许多类似的地
方,入声[-p][-t][-k]混而为一,和现代闽北音一致(1—2页)。

其二,求得《古今韵会举要》语音系统方法与此前学者研究《广韵》等韵书
反切系统方法有所不同。竺家宁说,自己对《韵会举要》反切作了一番观察和
分析之后,发现两两互用、不得系联的情况太多,根本无法归纳出声、韵母的类

别来;更为重要的是,《韵会》竟然沿袭《集韵》,使得这些反切资料不能代表《韵会》的时代。《韵会举要》各字之下往往注明"音与某同",其中大部分都是与《广韵》不同音的;竺家宁尝试以此线索逐一归纳、整理,所得结果和《韵会举要》字母韵体系竟然全部相合,于是又放弃了这个方法。最终,竺家宁改由归纳散注于各韵之内的字母韵着手,这样可以更为全面地把《韵会举要》的语音系统呈现出来。具体来看,就是把《韵会举要》新增的鱼、么、合三母的分配状况详细查考出来,列成表格,看这些声母字能够和什么样的字母韵结合,也看看这些陌生的声母和类似的其他声母之间到底有怎样的关联。将韵母分为阳声韵、入声韵、阴声韵三部分考察;在每一部分中又把同属于一个字母韵的字从《韵会举要》中检出,类聚在一起,把平上去声相承的字母韵合为一组。于是,供探索对象就有了类别组织,就可以一组一组地查出它们的中古音来源及音韵地位,再和现代方言结合起来,参酌条件构拟音值。

其三,竺家宁由新方法运用而得出了一些不同于其他学者研究《韵会举要》的结论。比如《韵会举要》声母系统,表现了汉语中古音转变到了近代音的迹象。它的新三十六字母充分反映了宋元时代实际语音的变化,像知照两系字的混合、零声母范围的逐渐扩大、匣合两母为细音和洪音的区别,都是很明显的现象。《韵会举要》韵母的变化也很突出,比如阳声韵,三等、四等字区别消失;有一部分字的主要元音失落了,因此有了[in][iən]、[yn][yən]、[iam][iem]韵母的对立。再如入声韵,[ʔ]韵母萌芽,标志着[-p][-t][-k]混而为一,也走入了喉塞尾阶段。还有阴声韵,包含了八种元音,已经有了舌尖元音[ɿ]了;中古二等牙喉音开始由洪音变细音;中古一等韵、二等韵的界限也逐渐地消失;某些重纽现象竟然在字母韵清楚地分化出来了。

很显然,竺家宁《〈古今韵会举要〉的语音系统》不仅在方法上标新立异,就是在提升《韵会举要》的汉语语音史价值上也是不遗余力的,使得人们对《韵会举要》的学术意义认识更为清楚了。

李添富《〈古今韵会举要〉研究》(1990)第六章"结语"概括了自己的新见:

其一,沿用《集韵》旧切而又多所更定。《韵会》平声一东"公"字下案语云:"孙愐《唐韵》《礼部韵略》与许慎《说文》、陆德明《释文》所注之字,反切互异,其音则同;惟司马文正公诸儒所作《集韵》,重定音切,最为简明。如本韵公字，《说文》君聪切，《唐韵》古红切、《集韵》沽红切；今依《集韵》，后皆仿此。"竺家宁先生《〈古今韵会举要〉的语音系统》谓除极少数因鱼、合等新声母的画分而改动之四十余例外，其余都能吻合，进而以为《韵会》切语既沿袭《集韵》旧切，故其切语不能代表当时之实际声韵系统。今详考《韵会》切语，其沿自《集韵》者固多，异于《集韵》者亦达四百二十八例，居其切语总数三千二百七十例中百分之十三，且卷内既言"司马文正公诸儒所作《集韵》，重定音切，最为简明"，因而仿之，然则《集韵》切语与《韵会》音系，应有相当之关连。且竺先生之所考定，实据《韵会》卷首所附《礼部韵略七音三十六母字母通考》，其与卷内所注，亦多有参差；故今以为《韵会》一书所以多沿用《集韵》旧切，盖以《集韵》旧切所示音系于当时仍有相当之地位也。如卷内所注云："若贡举文字，事干条制，须俟申明；至于泛作诗文，无妨通押，以取谐韵之便。"然则《韵会》当时实际语音虽已旧韵大异，贡举则仍《礼韵》之旧也；以是虽日常泛作诗文、言语之际已立新系，科举仍用旧韵，故而旧韵仍有其地位以及保存之必要，因之黄、熊二氏皆未敢遽去之也。旧韵既不可去，今韵又未可彰，于是乎取古、今韵而会之，实乃唯一可行之道也，由是亦可知于作者所以以反切存古音，复创字母韵而见今音之用心也。

其二，切语不仅存古，亦有见今之用。《韵会》切语虽则大抵沿用《集韵》旧切以存古，其实亦可见今。壹若仅为存古一事，三千二百七十纽皆沿用《集韵》旧切可也，何来四百更定旧切之例；或谓《集韵》更定旧切以合其开合、洪细以及声调而未尽，《韵会》踵继其事，故有易《集韵》"卢，龙都切"而为"笼都切"，改《集韵》"披江切"而为"滂江切"以合其洪细；改《集韵》"摧，昨回切"而为"徂回切"以配其开合；更《集韵》"筵，所佳切"而为"山皆切"切语上字声调始合；变《集韵》"猜，仓来切"以为"仓才切"切语下字部位相符；或为免其淆混而改易《集韵》多音字为单一音读者，如改"吹，姝为切"为"枢为切"、"隽，粗兖切"为"徂兖切"等。今详考《韵会》四百二十八改切之例，其为配合开合、洪细、声调以及发音部位之相符者，所居比率实微不足道；若再扣除讳、异体等，仍有为数甚之例未可解以旧韵，尤以易疑作鱼、变匣入合而又注云旧音者，皆保《韵会》以切语呈现今音之明证也；唯此类为合今音而所更定之音切，若依系联条例察考之，则仍与旧韵相合而未尝独立,此又作者深切用心者也。

其三,同音字兼古今而顾之。《韵会》之中注云"音与某同"或"音与某韵某同"者,凡九百六十六例,所居比率甚伙;其所以大量出现者,乃因若从切语考查,固可得其古音,但将废其今音;若转从字母韵系统以求,则又得今音而废古音也;于是作者乃据古韵分部以存古,复又加注同音以见今也。例如《韵会》一东韵"终,之戎切,音与中同",而"中,陟隆切";若以旧韵言,中字属知母,终字属照母,声母互异;以今音言,知照合流而无别也;又如《韵会》四支韵"脂,蒸夷切;之,真而切;知,珍离切;胝,张尼切",并音与"支"同,而"支,章移切";若依旧韵言,支字照母支韵,脂字照母脂韵,之字照母之韵,知字知母支韵,胝字知母脂韵,纽韵皆未全同;今音则知、照合流,五字并同羁字母韵也。又如《韵会》二冬"恭,居容切;音与东韵方同",而"弓,居雄切"。以旧韵言,两字分属冬、东二韵;以今音言,虽《韵会》亦分属冬、东二韵,唯其并皆见母弓字母韵,故为同音。又如《韵会》八齐"箆,边迷切。音与支韵同",而四支"宾弥切"。若依旧韵言,属帮母支韵,箆属帮母齐韵而有合;从今音说,则二者并属羁字母韵而无别也。凡此皆为兼顾古今而以同音贯联者也。

其四,竺先生所据卷首通考,故而多有参差。竺家宁先生《〈古今韵会举要〉的语音系统》有见于《韵会》切语并非当代实际语音系统,于是不依陈澧系联反切上、下字之法以求《韵会》之声韵系统,诚属卓见;唯竺先生又失于采信《韵会》卷首所附《礼部韵略七音三十六母字母通考》,更沿清季所刊淮南、四库二本之以为说,是以其所推论虽大致得之,而有部分未尽相符者也。譬如平声一东韵"雄,胡弓切",淮南、四库二本皆作"胡公切",竟与红字音异而切同,此条竺先生因红、雄同韵异音而同切,故引《集韵》正作"胡弓切",故而未生淆乱;若去声十八啸韵"要"一例,明是旧韵影母消失喉塞音变入喻母之例,竺先生则据清季刊本定,且为说解其特殊音变而援引南方方言有以喉音匣母变入零声母喻母之例以证,不仅徒费功夫,更以此而误为牵合也。另外又如旧韵疑母二等开口韵字,《韵会》悉入疑母,竺先生则以之入于喻母者,亦以通考凡疑母二等开口皆入喻母故也。若再考之以匣、合二纽,则其参差更巨矣。

其五,《韵会》所载《蒙古韵》音,卷内、《通考》不尽相同。前项所述疑母二等开口入疑与喻之所以参差者,正为音例所言"吴音角次浊音即雅音羽次浊音,故吴音疑母有《蒙古韵》入喻母者"。《韵会》卷内不时可见"《蒙古韵》音入某"之例,如平声九佳韵"宜佳切。角次浊音。《蒙古韵》音入喻母。"卷内以角次浊音属疑母而居疑母位置,《通考》则易其次第于喻母位置而入喻;又如平声十五山"颜,牛奸切。角次浊音。《蒙古韵》音入喻母。"下平三肴"声,牛交切。角以浊音。《蒙古韵》音入喻母。"下平六麻"牙,牛加切。角次浊音。《蒙古韵》音入喻母。"上声九蟹"騃,语骇切。角次浊音。《蒙古韵》音入喻母。"上声十八"巧,五巧切。角次浊音。《蒙古韵》音入喻母。"上声二十一马"雅,语下切。角次浊音。《蒙古韵》音入喻母。"去声二十二祃"讶,五驾切。角次浊音。《蒙古韵》音入喻母。"入声三觉"岳,逆角切。角次浊音。《蒙古韵》音入喻母。"入声十一陌"额,鄂格切。角次浊音。《蒙古韵》音入喻母。"等亦皆卷内角次浊音属疑母而注云《蒙古韵》音入喻母,《通考》则迳作喻母之类也。至于《韵会》书中所言《蒙古韵》者,究指何书而言;若依赵荫棠先生北京大学《等韵学讲义》而言,当系《蒙古字韵》也。赵氏云:"今宗文之书既亡,如欲窥其面目,须自《古今韵会举要》中钩稽得之。"宗文之书即为《蒙古字韵》也。郑再发先生《〈蒙古字韵〉跟八思巴字有关的韵书》则以成书年代以及卷内注语而谓《蒙古韵》者,当指《蒙古韵略》而言。今《蒙古韵》已佚,所见者唯韩国俞昌均氏据崔世珍所纂《四声通解》之引用表音而再构者也;其所定声母与《韵会》卷首所附《通考》则未尽相符,盖《通考》明言"《蒙古字韵》音同",而《蒙古字韵》与《蒙古韵略》之音系虽则大抵相同,其实有别也。可以推知《韵会》卷内所载《蒙古韵》音确系《蒙古韵略》无疑,故而郑再发先生推定:《韵会举要》-吴音=《蒙古韵略》,并改赵荫棠先生之言为:今《蒙古韵略》既亡,如欲窥其面目,须自《古今韵会举要》中钩得之。今以《蒙古字韵》《蒙古韵略》既极其相近,自元刊以下又皆附依《蒙古字韵》而定之字母通考于卷首,是以亦取之以为参校之佐证也。

李添富《〈古今韵会举要〉研究》(1990)部分内容已经公开发表,比如《〈古今韵会举要〉声类考》(1992)、《〈古今韵会举要〉反切韵类考》(1988)、《〈古今韵会举要〉同音字志疑》(1993)、《〈古今韵会举要〉与〈礼部韵略〉"七音三十六母通考"比较研究》(1994)、《〈古今韵会举要〉俗字研究》(1992)、《〈古今韵会举要〉匣合二纽之分立》(1991)、《〈古今韵会举要〉疑鱼喻三母分合研究》(1991)、《〈古今韵会举要〉之撰著与版本》(2009)等。

我们通过《〈古今韵会举要〉疑鱼喻三母分合研究》(1991),可以窥见李添富的一些看法:

其一,对《古今韵会举要》声母的来源进行了考订。李添富说,《韵会》三十六母实据自《切韵指掌图》,而其韵字之排列有序,则来自《七音韵》。作者考《韵会》三十六字母为:牙音角,见母角清音、溪母角次清音、群母角浊音、疑母角次浊音、鱼母角次浊次音;舌音征,端母征清音、透母征次清音、定母征浊音、泥母征次浊音;唇音宫,帮母宫清音、滂母宫次清音、並母宫浊音、明母宫次浊音、非母次宫清音、敷母次宫次清音、奉母次宫浊音、微母次宫次浊音;齿音高,精母商清音、清母商次清音、心母商次清音、从母商浊音、邪母商浊次音、知母次商清音、彻母次商次清音、审母次商次清次音、澄母次商浊音、娘母次商次浊音、禅母次商次浊次音;喉音羽,影母羽清音、晓母羽次清音、么母羽次清次音、匣母羽浊音、合母羽浊次音、喻母羽次独音;半舌音,来母半征商;半齿音,日母半商。

其二,《古今韵会举要》三十六声母与传统三十六字母比较。比较的结果是:与等韵三十六母不相吻合,知、照二系合流而新添鱼、么、合三母。大体而言,么母自影母来,合母由匣母分,其脉络较为明晰;至于鱼母则或属旧韵疑母,或为旧韵喻母,且旧韵疑、喻、疑三母亦多有相涉,故取疑、鱼、喻三母韵字析研之,期其能得《韵会》声母系统之一。

其三,疑、鱼、喻三母分合问题。李添富由注"《蒙古韵略》宜字属疑母当音属鱼母;今依《蒙古韵》更定"而知,《古今韵会举要》作者心中的疑,鱼二母是有区别的,所以,在卷内"多有更动音切以合声纽者,并附注'旧音'于其后者"。疑、鱼为何有别? 董同龢《汉语音韵学》、竺家宁《〈古今韵会举要〉的语音系统》并以为疑母包含中古疑母一等、三等开口以及喻三开口字;鱼母包含疑母二、三等合口字以及喻三合口字;喻母则为疑母二、四等开口字以及喻四全部。李添富经过考订,计得疑母角次浊音107例,其中疑母一等开口14例、合口11例,疑母二等开口14例、合口3例,疑母三等开口45例、合口5例,疑母四等闭口4例;喻三闭口6例、合口5例。其与董先生、竺先生之说除疑母二等开口几全入此而外(硬字入喻),大抵相符,其未相吻合者有 13 例。羽次浊音喻母则凡 81 例,其中疑母一等合口 1 例,疑母二等闭口 1 例,疑母四等开口 4 例;喻母三等开口 1 例、合口 4 例,喻四开口 49 例、合口 21 例。除疑母二等闭口仅硬字以改切入喻之外,余亦大抵与董先生、竺先生之所考订同,其未相符者有 6 例。

其四,对 27 字例外以"四声相承"方法进行了考订。李添富发现,疑、鱼、喻三母分合的基本情况是:"《韵会》以中古疑母一等开合、二等开口、三等开口以及喻三闭口属疑母;以中古疑母二、三等合口以及喻三合口属鱼母;以中古疑母四等以及喻母四等属喻母。唯亦有三十七字系属例外,而此三十七字中'岳、岩、傲、鱼、顽、语、御、外、气、硬'等乃属更改旧切之例,今若去此十字则仅二十七例外耳!"但这 27 字例外的声母到底是什么样的关系? 李添富通过"四声相承"方法考订得知,基本上"确以中古疑母一等开、合口,二、三等开口以及喻三开口属疑母;疑母二、三等合口,喻三合口则属鱼母;至于疑母四等开口以及喻四之全部则作喻母也"。

其五,对《古今韵会举要》"疑、鱼、喻"三母分合的基本结论。根据分析,李添富最后的结论是:

> 《韵会》切语亦承《切韵》一系韵书仍以疑、为、喻三母并列也;其有淆乱者乃当时语音重新整合分立为疑、鱼、喻故也。且就其新立三母言,疑母用鱼母字为切者,大抵皆属旧音疑母开口三等字。除此之外,如硬、鶪、捝、妍、焉等,则因《蒙古韵》音影响而致淆乱也,唯此数十淆混之例,作者均不惮其烦,逐一加注,益可见其切语之未尝汩乱也。

李添富论文对于《古今韵会举要》疑、鱼、喻三母分合问题研究,以及验证董同龢《汉语音韵学》、竺家宁《〈古今韵会举要〉的语音系统》等相关观点具有重要意义。

杨征祥《元代标准韵书音韵系统研究》(2005)以《蒙古字韵》《古今韵会举要》等韵书的综合性研究为主。杨征祥认为,学者们对于元代韵书的研究,大多集中于一部韵书,获得了相当高的成就,但是仍有一些歧见,无法获得突破,比如"韵书的基础音系",又如"《韵会》217 个字母韵分合问题"等。杨征祥以为,若同时将这些韵书综合研究,可以发现其所载记的音系相同,如此一来,可以明确得知这些韵书所载记的音系,同时也可以确定 217 个字母韵的分立有其实际语音的依据,不可任意合并。若是没有同时针对这些韵书综合研究,恐怕无法将这些问题厘清。杨征祥《〈蒙古字韵〉音系研究》(1995),在当时纯粹以八思巴字对音为依据,进而构拟出一套音韵系统,对于八思巴字未分的韵类并未再区分。然而在重新审视《蒙古字韵》与《古今韵会举要》之后,发现同样的韵类于《古今韵会举要》的字母韵亦有所别,可见在当时一定有其语音依据,如此一来,《蒙古字韵》八思巴字对音未分的韵类即可依《古今韵会举要》而区分;同样的道理,竺、李二位学者以为可以合并(互补)的字母韵,若同时参考《蒙古字韵》来看,恐怕拟音应有所不同而不可合并。该文即以此为出发点,重新厘清《蒙古字韵》《古今韵会举要》等韵书的相关问题,而在音韵系统方面,采"从其分而不从其合"的精神,只要是可以分的声、韵类,就不予以合并,复佐以《蒙古字韵》平上去入四声相承的音韵结构,重新构拟其音值。杨耐思称元代为近代汉语的"成熟期",因为这个时期的汉语正面临一个南北合流、逐渐走向统一的剧变时期,所以这个时期的语音面貌,在声母、韵母以及声调各方面都明显与《切韵》的音韵系统不同,呈现不一样的面貌。在元代诸韵书中,以《蒙古字韵》《古今韵会举要》《中原音韵》三部韵书最为人知且最能反映当时的实际语音面貌。

　　杨征祥着重于《古今韵会举要》《礼部韵略七音三十六母通考》与《蒙古字韵》等"元代标准韵书"的研究,共分五章论述:第一章,绪论。主要论述研究动机、研究范围与资料。第二章,元代标准韵书综述。即关于元代标准音三部韵书的相关资料研究。关于《蒙古字韵》,重点为其成书、价值,及其与当时蒙古语韵书的关系问题;随后讨论其所载记的音系问题。研究《古今韵会举要》之成书、价值的同时,讨论其所引《蒙古韵》,探讨其与当时的《蒙古韵》所反映的一些实际语音上的问题;最后则是论述其所载记的音系。与《礼部韵略七音三十六母通考》的相关问题,包括其与《七音韵》的关系,与《古今韵会举要》《蒙古字韵》的关系,及其所载记的内容与音系。第三章,元代标准韵书音韵系统。讨论元代标准韵书的音韵系统,以及韵书所反映的实际语音特色。第一节探讨《蒙古字韵》,认为其一共为 35 个声母,新立了么合鱼三母,知照二系合并、非敷二母合并。韵母部分,阳声韵部 39 类,阴声韵部 29 类,入声韵部 28

类。此外,中古重纽韵字在《蒙古字韵》中已无法明确看出其分别。最后,论述有关元代舌尖元音[-ɿ-]的问题。第二节探讨《古今韵会举要》,认为其有 36个声母,新立么合鱼三母,知照二系合并。韵部为 217 个字母韵。第三节是《礼部韵略七音三十六母通考》与《古今韵会举要》的音韵关系。第四章,综合比较研究。比较三部韵书的异同,并针对前辈学者的音值拟测,提出综合比较之后的看法。第五章,结论。"音韵系统"总结研究所得,用《声母表》与《韵母表》说明,其中《声母表》为 35 个声母,《韵母表》为 41 类阳声韵部、30 类阴声韵部与 30 类入声韵部。该文的价值在于:首先,元代正处于一个承先启后的地位,该文的研究结果可作为汉语语音史发展演变过程中的一个环节。其次,相关的研究心得,如"当时并行的两套音韵系统",又如《蒙古字韵》《古今韵会举要》《礼部韵略七音三十六母通考》等三部同为标准韵书,却呈现出大同小异的现象,作者也作了说明;最后,作者所分音韵系统极细,这纯就音韵系统而言可分,但是就实际音读而言则属相同。很明显,《元代标准韵书音韵系统研究》的着眼点不局限于《古今韵会举要》,而是与之相关的《蒙古字韵》等韵书语音,继而扩大范围,视野更为开阔。

日本学者花登正宏《〈古今韵会举要〉——中国近代音韵史的一个侧面》(1997),中国大陆学者宁继福《〈古今韵会举要〉及相关韵书》(1997)、《古今韵会举要(明刊本,附校记索引)》(2000),王硕荃《古今韵会举要辨证》(2002)等,对《古今韵会举要》的研究也十分精湛,所得出的结论并不相同,可以参见。

应裕康《〈洪武正韵〉反切之研究》(1962)、《〈洪武正韵〉声母音值之拟订》(台湾《中华学苑》6:1—35,1970)、《〈洪武正韵〉韵母音值之拟订》(《汉学论文集》275—322,台湾惊声文物供应公司 1970),沈葆《〈洪武正韵〉入声韵与〈广韵〉入声韵之比较研究》(《淡江学报》9:127—186,1970),崔玲爱《〈洪武正韵〉研究》(台湾大学博士论文,1975),吴淑美《〈洪武正韵〉的声类与韵类》(1976),黄学堂《〈洪武正韵〉二十声母说》(台湾《中国语文》378:35—37,1988),权容华《〈洪武正韵译训〉之正音与俗音研究》(1992),张志云《〈洪武正韵〉在明代的传播及其效用》(2007)等非常重要。

中国大陆学者张玉来等对近代韵书也进行了精细研究,出版过两本专著:《〈韵略汇通〉音系研究》(1995)、《〈韵略易通〉研究》(1999)。

林庆勋《〈音韵阐微〉研究》(1988)是一部重要的清代韵书研究著作。其书内容,林庆勋"自序"也有所概括:第一章,《音韵阐微》之成书。介绍编者对成书之影响、全书组织特点;分析李光地、王兰生、康熙三人影响此书编纂内容的情况,并介绍此书分韵书、韵谱两部分的特点。第二章,《音韵阐微》之反切。包括合声系反切、合声、今从旧切、今用、协用与借用、合声系反切上下字总表。详细介绍合声系反切各种功能及优缺点。第三章,《音韵阐微》单音字表。以其考订的《音韵阐微》声类韵类编制成表,将合声系反切依照系统归类,作为四、五章讨论的依据。第四章,《音韵阐微》单字表讨论。包括声纽说明、韵表讨论,讨论合声系反切上下字结构的问题。第五章,《音韵阐微》之音韵系统。分析声母、韵母、声调系统,得到 19 声母、61 韵母,以及阴平、阳平、上、去、入五调。第六章,结论。包括韵书表里之参差、音韵系统之简化,评述《音韵阐微》表里参差的现象,并比较此书声母韵母与有关韵书、韵图,如《广韵》《切韵指南》《谐声韵学》等的关系,最后列国语读音做分合的比较。

林庆勋称,《音韵阐微》是以 18 世纪初北方官话为基础编修的韵书,由全书合声系反切的安排即可证明。只是因为韵书格式过于保守,加上编者只想表现当时的读书音而非官话音,所以,形式上《唐韵》与《音韵阐微》的《韵谱》似乎无异,也因此而历来受到许多学者的误解。其实,合声系反切之一的"协用",在全书中扮演了极为重要的角色,它能证明"异韵同音",比如借"协用反切"注明东冬庚蒸四韵合口呼读音当时已经相同,符合当时的官话语音系统。《音韵阐微》的合声比例偏低,协用并非系统化,今从旧切、今用、借用等都有程度不同的内在问题。从此入手,为相关问题,比如产生背景、结构、所反映的音韵系统等问题的解决提供了直接或间接的参考,是其研究的基本目的。

石俊浩《〈五方元音〉研究》(1992)体例为:第一章,绪论。《五方元音》简介;体例。第二章,《五方元音》溯源。《五方元音》与《韵略易通》之关系;《五方元音》与《元韵谱》之关系。第三章,《五方元音》之声母系统。《五方元音》声母与中古的关系;《五方元音》声母不合语音演变规则之例外字;《五方元音》声母之特点,包括浊音清化、非敷奉合流、知庄照合流、零声母的扩大、见晓二系及精系腭化与否。第四章,《五方元音》之韵母系统。韵头系统;韵尾系统,包括双唇鼻音尾消失、入声韵尾消失;主要元音的发展,包括撮口呼形成、舌尖元音产生;韵值的假定。第五章,《五方元音》之声调系统。平分阴阳;浊上归去;入声消变。第六章,结论。

在这当中,石俊浩有关《五方元音》与《韵略易通》《元韵谱》关系研究成果是非常重要的收获。大陆学者龙庄伟、张玉来、汪银峰等学者的研究也可以参考,有些结论颇启发人深思,因此很受学术界重视。

二、词韵书

张世彬《略论唐宋词之韵法》(台湾《中国学人》6:163—170,1977)涉及了词用韵的方式和规律问题。谢云飞《词的用韵》(《文学与音律》85—102,1978)"韵书"一节谈了词韵书分部历史及吴梅的分部、通俗词韵等问题,是研究词韵书的重要文献。涉及词韵书分部历史,引用吴梅《词学通论》(1965:16—21)"论韵"一章说法,介绍到:在晚唐、北宋时期,还找不出一本人人共守的填词韵书。到了北宋末期,有朱敦儒《拟应制词韵》十六条,外加入声韵的韵部四部。其后,有张辑和冯取洽曾分别为这本小册子增字加注。到了元代时,陶宗仪嫌此书混杂而欠缺条理,有意把它重新改编订正,但结果如何,已无可考。后来,无名氏《词林韵释》有平声十九部,此列上去声,入声则分派到平上去三声中去,不另立韵部。实际上,此书是曲韵书。从明代以至于清代,编撰词韵的人很多,如沈谦《词韵略》、赵钥《词韵》、曹亮武《词韵》、李渔《词韵》、胡文焕《文会堂词韵》、吴琅与程名世合作《学宋斋词韵》、郑春波《绿漪亭词韵》、叶申芗《天赖轩词韵》等。这些词韵的分部,都各自依照自己的标准,内容几乎没有相同的。后来,戈载编了《词林正韵》,平上去各韵计分为十四部,入声分为五部,共十九部韵,后来学词的人以此为正宗。吴梅根据戈载的分部,参酌沈谦《词韵略》,以历来名家词之用韵,订出一个分部标准,分词韵为二十二部。许多人嫌吴梅分部麻烦,就都爱用清人舒梦兰《白香词谱》后所附《晚翠轩词韵》分部。这本词韵书平上去分列十四部,入声五部,共为十九个韵部,内容与《词林正韵》相像,是一本通俗合用的词韵书。

其他学者,比如张世彬《词韵研究撮要》(台湾《中华文化复兴月刊》10.3:28—36,1977),许金枝《〈词林正韵〉韵目分合之研究》(《中正岭学术研究集刊》5:1—18,1986),林裕盛《〈词林正韵〉第三部与第五部分合研究——以宋词用韵为例》(《中国语言学论文集》97—114,复文图书出版社1993)都与戈载《词林正韵》词韵书研究直接相关。

　　金周生《宋词音系入声韵部考》(1985/2008)第一章,绪论部分设"几种著名词韵韵书入声韵部述要"一节(2—5页),提到了宋人朱敦儒《应制词韵》十六条,以及明代胡文焕《文会堂词韵》、沈谦《词韵略》,清初李渔《笠翁词韵》、吴琅与程名世合作《学宋斋词韵》、仲恒《词韵》、许昂霄《词韵考略》、戈载《词林正韵》,以及吴梅《词学通论》词韵二十二部。其中,这些词韵书入声字分韵引人注目。

　　郭娟玉《沈谦词学与其〈沈氏词韵〉研究》(2008)是一部较为系统的研究词韵的专著。作为博士论文,由王伟勇、林炯阳、张以仁等指导。诚如作者所说,以往专门研究词韵的人很少,大多是在综合性词学研究中有所提及,比如吴梅、陈美、谢桃坊、严迪昌等,而此书则宗旨明确。这本书的优势在于:

　　其一,对词韵书史文献研究引人注目。研究汉语文学用韵韵书文献,以诗韵书和曲韵书文献为盛,而词韵书文献很少有人发掘。作者指出,有记载的词韵书从朱敦儒《初拟应制词韵》十六部开始,但因为文献湮没至久,很难知其概貌,郭娟玉只好与大多数学者,比如夏承焘一样,曲径通幽,以朱敦儒《樵歌》用韵为分析对象而加以定性。即便如此,朱氏撰有该书之说还是未获得学者们公认,鲁国尧《论宋词韵及其与金元词韵的比较》就怀疑陶宗仪的说法。至于陈铎《篆斐轩词林要韵》是否为现存最早词韵书的问题,作者也取一般说法予以辩驳,认为是曲韵书,而非词韵书。所以,作者认为,比较可信的观点还是沈谦是"始创词韵轮廓"的学者。

　　其二,专门研究《沈氏词韵》的韵部。郭娟玉研究《沈氏词韵》韵部,从韵目和韵部基本信息入手,对他的概念内涵界定清楚。为了进一步说明《沈氏词韵》韵部性质,又与沈谦词作《东江别集》词韵谱作比较,探讨其韵学理论与填词用韵的关系。研究结果发现,除了少数"例外"押韵之外,基本与其《沈氏词韵》韵部吻合。所以,郭娟玉说:"沈谦据宋词拟韵,创为词韵,而填词用韵亦求合于古调,其理论与创作一致,为廓清诗、词、曲韵之别,立下良好范式。"

　　其三,《沈氏词韵》与《词林正韵》比较。戈载《词林正韵》流行十分广泛,具有很大的影响力。郭娟玉比较了二者之后认为,沈谦《沈氏词韵》是词韵创始之作,而戈载《词林正韵》则是词韵总结之作,两者一脉相承,而互有优劣。从拟韵方法来看,都求和于古,以"名手雅篇,灼然无弊者为准",而对照韵书韵目删并,可谓如出一辙。为了更好地说明问题,郭娟玉设"韵书体式比较、韵部分合评议"两节说明。其中，在"韵书体式比较"里，作"韵目比较"后的观点是，《沈氏词韵》据诗韵删并，主要是《广韵》；而《词林正韵》则以《集韵》为分合离析对象。郭娟玉说："惟此法并不自戈载始，考《学宋斋词韵》已用《广韵》韵目，《榕园词韵》《碎金词韵》等亦遵用之，显见戈载之用《集韵》分合，盖前有所承，而后出转精也。""韵部分合评议"则以阴声韵、阳声韵、入声韵分别进行比较而看出各自特点。比如入声韵部，《沈氏词韵》入声独用，分为屋沃、觉药、质陌、物月、合洽五部。戈载《词林正韵》与《沈氏词韵》大抵相同；只有业韵，《沈氏词韵》入物月，《词林正韵》入合洽。

其四，对《沈氏词韵》价值与影响的评估合乎实际。比如在"推进清词之复兴"论述中涉及了"词韵律话之先导、填词用韵之指南"；在"开启韵学之门径"论述中涉及了"创立词韵体裁、拟定词韵韵部、启发韵学方法"；在"宋代音系之参考"论述中涉及了"研究宋代音之参考、研究宋词之参考"等问题，所提出的观点是公允的。但从汉语音韵学史的角度上看，其对研究《广韵》《集韵》《中原音韵》价值发掘上须要再行更为周到的考虑。

三、曲韵书

(一)《中原音韵》
1.《中原音韵》作者、成书及体例

董同龢《汉语音韵学》(1985，初名《中国语音史》[1954])第四章"早期官话"专门讲"北曲与《中原音韵》、《中原音韵》体制"等问题。董同龢认为：早期官话的语音系统，现在还可以就不太少的一些资料去考订。在这些资料中，时期最早、与煊赫一时的戏曲文学有密切关系而又能影响一时的，便是元代周德清的《中原音韵》。《中原音韵》不是字书，也与传统的韵书不同，是专为唱曲子或作曲子的人审音辨字而设的参考书。《中原音韵》的"韵"与传统韵书的"韵"并不相同。传统韵书是先分声调，后分韵类；《中原音韵》则先分韵类，而后分声调(57—58页)。高美华《〈中原音韵〉成书背景及其价值》(《嘉义师院学报》3：205—226，1989)也有类似看法。

也有学者，比如高美华《〈中原音韵〉成书背景及其价值》(1989)以编撰过程及所处时代作为认识《中原音韵》的前提。关于周德清的生平，古苓光《周德清及其曲学》(1992)提到，1978年，周德清于至元二年始修之《瑕堂周氏宗谱》被发现,生卒年(1277—1365)才获得详细的材料。而其写作《中原音韵》的缘起,与萧存存问作词之法关系极为密切,于1324年完成。对于本书的性质,古苓光认为,其主要性质是北曲韵脚字音谱,次要性质是中原口语正音字谱。研究的角度因人而异,古苓光与音韵学者不同,他认为,现代语言学者研究《中原音韵》,希望通过它来了解汉语音韵,而《中原音韵》制作的目的却是"正语作词",是为曲学服务的,应该从曲学角度探讨它的价值。

2.《中原音韵》音系性质

董同龢《汉语音韵学》(1985)说,《中原音韵》审音辨字的标准,据周氏自己说,乃是北曲前辈权威作家"关郑马白"的作品。北曲是根据活的语言写成的,"关郑马白"的作品又是"韵共守自然之音,字能通天下之语",所以,《中原音韵》就是早期官话的语音资料。董同龢对"早期官话"有一个解释:元朝时代中国的标准语,即当时所谓"中原雅音"或"中原雅声"者,已经和现代官话很相近了;为清楚起见,现在可以称为"早期官话"(57页)。司徒修《〈中原音韵〉的音系》(台湾《清华学报》[新]3.1:114—159,1962)也作同样考虑;赖桥本《〈中原音韵〉与北词用韵之关系》(《曲学集刊》1:1—21,1964)与胡嘉阳《〈中原音韵〉国语音系之音质之逐字比较研究》(台湾大学硕士论文,1966)则力图找出北京官话语音在《中原音韵》的"投影"关系。

潘重规、陈绍棠《中国声韵学》(1978)认为:"周氏于其书之《正语作词起例》谓以中原之音为正。《序》又谓欲正言语,必宗中原之音。此种正音观念,后来《洪武正韵》提出所谓中原雅音,实即周氏之所谓中原正音耳!"然中原正音所代表者,究为何地之音?潘重规、陈绍棠不同意李新魁"洛阳音"说,而认为"以当时北平之音为本"(283—284页)。

3.《中原音韵》音系声母

董同龢《汉语音韵学》(1985)说,依最合理的推断,《中原音韵》的声母如下:[p][p'][m][f][v][t][t'][n][l][ts][ts'][s][ʒ][tʃ][tʃ'][ʃ][k][k']([ŋ])[x][o]。

他解释说,《中原音韵》[tʃ][tʃ'][ʃ][ʒ]大致与国语的[tʂ][tʂ'][ʂ][ʐ]相当,但有两点要说明:现代虽然有些方言"梳抄"等读[ts][ts'][s],而"书超周"等读[tʂ][tʂ'][ʂ](或[tʃ][tʃ'][ʃ]),可是,《中原音韵》不能如此,因为上列各韵中仍有"苏操"等读[ts][ts'][s]的字与"梳抄"等分列。凡这些字的声母,不依多数官话订作[tʂ][tʂʻ][ʂ][ʐ],为的是它们要与介音或主要元音[i]相配,而卷舌音与[i]拼合是极不自然的。合理的推测是:在北曲语言里,[tʃ][tʃʻ][ʃ]不与[i]配时,可能舌尖成分较多,因而近于[tʂ][tʂʻ][ʂ];与[i]拼合时,则舌面成分较多,近于[tɕ][tɕʻ][ɕ]。《中原音韵》有少数现象可以解释为有[ŋ]母而与零声母的开口音以及零声母或[n]的齐齿音有分别的。《中原音韵》没有[ŋ]声母(61—62 页)。

潘重规、陈绍棠《中国声韵学》(1978)考订《中原音韵》的声母,将罗常培的研究与《早梅诗》20 母比较,可以看到与董同龢的拟定基本一致,只不过是无[ŋ]母而已。谢云飞《中国声韵学大纲》(1987)声母拟定则有[tʂ][tʂʻ][ʂ][ʐ]而无[tɕ][tɕʻ][ɕ]。至于[ŋ],他认为,不必斤斤于说[ŋ]母已完全消失抑或完全保存,须视各韵之实际分类而定。但他还是列了[ŋ]母(64—65 页)。竺家宁《声韵学》(1991/2005)《中原音韵》音系声母构拟与董同龢完全一样,可以说全部采纳了董同龢的观点。

4.《中原音韵》音系韵母

董同龢《汉语音韵学》(1985)说,北曲里的韵母,可以用《中原音韵》的十九韵类与现代方言比较而得。它们是:东钟[uŋ][iuñ]、江阳[aŋ][iaŋ][uaŋ]、支思[ɿ]、齐微[i][iei][uei]、鱼模[u][iu]、皆来[ai][iai][uai]、真文[ən][iən][uən][yən]、寒山[an][ian][uan]、桓欢[on]、先天[ien][yen]、萧豪[ɑu][au][iau][uau]、歌戈[o][io][uo]、麻[a][ia][ua]、车遮[ie][ye]、庚青[əŋ][iəŋ][uəŋ][yəŋ]、尤侯[ou][iou]、侵寻[əm][iəm]、监咸[am][iam]、廉纤[iem]。

潘重规、陈绍棠《中国声韵学》(1978)考订《中原音韵》的韵母,讲明其与《广韵》韵部的关系。比如称:《中原音韵》东钟韵[uŋ]主要部分由《广韵》东冬钟三韵归并而成,但所包含的韵母却是单一的,而不是多元的。构拟结果为:东钟[uŋ]、江阳[aŋ]、支思[ɿ]、齐微[i]、鱼模[u]、皆来[ai]、真文[ən]、寒山[an]、桓欢[on]、先天[iɛn]、萧豪[au]、歌戈[o]、麻[a]、车遮[iɛ]、庚青[əŋ]、尤侯[əu]、侵寻[im]、监咸[am]、廉纤[iɛm]。这在《中原音韵》韵母构拟上,是比较特别的。

谢云飞《中国声韵学大纲》(1987)构拟为:东钟[uŋ][yuŋ]、江阳[aŋ][iaŋ][uaŋ]、支思[ɿ]、齐微[i][ei][uei]、鱼模[y][u]、皆来[ai][uai]、真文

［ən］［in］［uən］［yn］、寒山［an］［ian］［uan］、桓欢［uoen］、先天［iɛn］［yɛn］、萧豪［au］［ɑu］［iau］、歌戈［o］［io］［uo］、麻［a］［ia］［ua］、车遮［e］［ie］［ye］、庚青［əŋ］［iŋ］［uəŋ］［yəŋ］、尤侯［ou］［iou］、侵寻［əm］［im］、监咸［am］、廉纤［iɛm］（67—68 页）。不一样的地方不少。

竺家宁《声韵学》（1991/2005）在先天［ien］［iuen］、萧豪［au］［iau］［ieu］、车遮［ie］［iue］、庚青［əŋ］［iəŋ］［uəŋ］［iuəŋ］的构拟上与董同龢有所不同（114 页）。

金周生《元曲暨〈中原音韵〉"东钟""庚青"二韵互见字研究》（1982）注意到，《中原音韵》东钟、庚青二韵有 28 例互见字，这种互见情形绝大多数不见于《广韵》。他因此检查了当时北曲作家的作品，并得到了印证，认为，互见字的产生乃是由方音异读和音近通押所造成的。

金周生《〈中原音韵〉［-m］［-n］字考实》（1990）认为，《中原音韵》少数收［-m］［-n］尾字通押，主要是由于唇音首尾异化而导致的。林香薇《试论〈中原音韵〉的［-m］尾》（《中国语言学论文集》43—56，复文图书出版社 1993）与金周生的结论可以互相印证。

5.《中原音韵》音系声调

董同龢《汉语音韵学》（1985）说，《中原音韵》的四个调类，系统颇与传统韵书的平上去入不同，而与现代北方官话比较起来则大致相合：阴平、阳平、上声、去声。须要特别说明的是，在支思等九个韵类之内，平声之后又有所谓"入声作平声"的字，并且在第一次出现时注明"阳，后同"。上声与去声之后也分别有所谓"入声作上声、入声作去声"的字。这里所谓"入声"，是在传统韵书以及当时别的方言里与平上去还有分别的一个声调，不过在北曲语言里已经分别变入阳平、上声、去声中去了。照理讲，周德清是应该把那些字直接并入上述三调而无须分列的。不过，他毕竟是南方（江西高安）人，总不免受自己方言的影响，又不能完全摆脱传统韵书的羁绊，所以虽并入而仍留痕迹。这也表明在他自己的语言里还是有所谓的入声。

潘重规、陈绍棠《中国声韵学》（1978）说，入声派入三声，此乃由于入声渐告消失所致。由于韵尾塞声的失去，入声本质不复存在，因而将入声各依其主要元音性质而归并于相近韵部中。入声消失始于何时？其派入三声，又于何时开始？引用魏建功（1936）的说法，即由《辽陵石刻哀册文》用韵而知，宋初乃入声变读开端。《中国声韵学》似乎赞同陆志韦和李新魁的看法,即认为当时北京音已无入声,但其他地方口语里还是有入声的。

谢云飞《中国声韵学大纲》(1987)认为,《中原音韵》与北京音一样,入声韵都已经消失,而变为不同的阴声韵,因此在声调方面来说,都已经分派到阴平、阳平、上声、去声四个声调中去了(68页)。

竺家宁《声韵学》(1991/2005)认为,《中原音韵》声调和国语一样,有阴平、阳平、上声、去声四类,入声已经消失,分别并入阴声各韵中,但是和原有的阴声字分开排列,以表明其来源(114页)。

金周生《〈中原音韵〉入声多音字音证》(1984)指出《中原音韵》常用字入派三声与元人曲韵实际用法相合;《〈中原音韵〉"鼻"字阳平音的来源与音读》(1999)则是"入派三声"的个案研究。

姚荣松《〈中原音韵〉入派三声新探》(1994)是"旧瓶装新酒",引人深刻思考。对《中原音韵》音系的研究,成果非常多,如何在前人已有成果基础上发现问题,并提出新的看法?姚荣松论文根据《中原音韵》入派三声与现代北京音的异同,看《中原音韵》四个声调的"本声"与"外来"(即入派三声)之间声调变化是否平衡发展,其发展结果是否有规律可循,来尝试解释这一复杂的现象。

白涤洲统计,《中原音韵》共收5870个字,其中入声变读三声的字共729字;但白涤洲只有分组统计,没有分韵的统计。姚荣松依据《〈中原音韵〉与国音声调比较表》,认为须要注意的是:支思只有三字(涩瑟塞),全派入上声;尤侯只有十字,除"肉"字外,其余九字全部与鱼模重出,因此陆志韦认为这两部实际并没有上声,是跟别韵通押(支思——齐微)(尤侯——鱼模)而借用的。入声作平声只有阳平而无阴平,阳平、上、去三声字数的比例是180:347:206,上声字最多,除歌戈韵25:20:32是因为去声字全部与萧豪重出(而上声除阁字外均未重出)外,其余各部均呈现上声偏多的现象,这是《中原音韵》入声变调的一个特色。《中原音韵》入声字到了国语的四个声调的演变,其比例变成93:253:43:344,去声最多,阳平声也有增加;上声锐减,只剩43字,其中有2字来自阳平,1字来自去声,实际原来的上声只有40字保留未变,变成其他三调的上声有307字,变成阴平、阳平、去声的比例为80:92:135,可知国音新变出的阴平字中有80字来自《中原》的上声,去声骤增的字也多数为原来的上声(135字)、少数由阳平(19字)变来。阳平的增加亦然。以《〈中原音韵〉入声变读三声分纽统计表》为依据,可见,由中古入声来的现代阴平字,多属《中原音韵》入作上声清声母字,比较特殊。

如何从《中原音韵》"同音字表"看"入作三声"调类分化的原因?姚荣松认为,《中原音韵》时代的"北曲语言"或"中原之音"入声这个调类并未完全消失,尚有一些极细微的区别,以保持与其他四个声调构成某一程度的对比,这就是周德清没有把入声直接并入三声的理由。这个细微的区别,可能是入声原保留某一程度的短调,也可能某些韵部在元音方面有些不同。国语音系里入声字的韵调演变,正是在各种对比音位互相调整下的一种结果。

杜其容《重探〈中原音韵〉》(《杜其容声韵论集》329—349,2008)认为,《中原音韵》的"派入",并非意味着当时作曲者实际语音中间已然没有入声这一调类存在。否则,韵书所呈现的当是入声字分别与平上去三声字大混同的势态,周氏又何必如此不厌其烦地分作"入声作平声、入声作上声、入声作去声",以与平上去三声取得明显的区别呢?在"后记"中,杜其容提到了大陆学者杨耐思和宁忌浮的观点,说杨耐思与她相同;但她对宁忌浮的观点持不同意见,认为其八项例证所据并不充分。对《中原音韵》音系是否为今国语之祖语的问题,认为实不可能;《中原音韵》所代表的方言音韵,以四个戏曲家的籍贯而言,三人是山西的,一人是大都的,因此,为山西、北京两处语音杂糅的可能性很大。

龚于芬《探赜〈中原音韵〉有无入声——附论此类主题在部分研究方法上的不足》(2014)谈到,周德清《中原音韵》是汉语近代音系韵书中一本重要的著作。周氏"屡尝揣其声病于桃花扇影而得之也",整理北曲作品韵脚,"遂分平声阴阳,及撮其三声同音,兼以入声派入三声"。从周氏自述其分韵方法来看,周氏只能根据入声已变成其他三声的音系将入声"派入"三声,否则实际操作周德清的分韵方法,无法得出《中原音韵》音系存在入声。再者,对于《中原音韵》"平分阴阳"以及与《广韵》平、上、去三声分韵、分调不同的韵字,多以符合当时语音视之,或以此证当时语音有如此现象,对占有该书一半以上分量的"入派三声"也应持平对待。给出《中原音韵》没有入声的结论后,以《中原音韵》有无入声相互反驳的论战现象为例指出,以韵书、韵图为材料的古汉语,在此命题部分的研究方法上有其不足,其因果在于不断地循环论证。

6.《中原音韵》语音综合性研究

（1）刘德智注音、许世瑛校订《音注〈中原音韵〉》（1962）

据许世瑛"跋"，该书是由当时的淡江文理学院中文系三年级学生刘德智在他的指导下，根据董同龢《中国语音史》所拟定的音系而加注的。许世瑛校订之后，对两种情况进行了说明：一是江阳韵中"庄壮窗床创双爽"等字，董同龢说："依国语可假定其韵母为[uaŋ]，然照若干其他方言，或为[aŋ]。"这里取[uaŋ]。二是今本《中原音韵》有因传抄错误，致使同音字而以圈隔开者，或因雕版损毁，致使文字脱误者，今遂一注出之。因为《音注〈中原音韵〉》径直在《中原音韵》每一个"空"前圆圈下加注音标读音，非常方便查检和学习之用，流行十分广泛。

（2）汪经昌《〈中原音韵〉讲疏》（1961）

该书体例分为五部分：郁元英"序"、汪经昌薇史"例言"、韵旨总讲、正文"疏"、周德清"原序"。

郁元英"序"称："薇史夫子，近就《中原音韵》详为义疏，源必探及本，流必穷其变，尽北韵之奥旨，为后学之津梁。"汪经昌薇史"例言"，说是"依目分注，借明体用……举隅类推，务求引俗就正，庶几遵轨权时，扬流归本……疏义所及，概以中州音为准……挺斋原书，辗转传刻，不免脱误，兹用至正、万历两本，相互校韵"。《韵旨总讲》称，"元曲本北地之今音，杂胡地之异韵"，《中原音韵》是"曲变、正韵"者也，"引北地方音，就四呼之准通转之变"。在正文"义疏"中，汪经昌用自己的术语系统讲解，比如东钟韵："本韵音半入鼻，纯次鼻音，五启齿张牙之字，出字舌居中，收音缓入鼻，绎其清浊，七音皆具。"有的概念内涵并不清楚，是典型的旧式解读韵书音理的方式。

（3）陈新雄《新编〈中原音韵〉概要》（2001）

《新编〈中原音韵〉概要》是《〈中原音韵〉概要》（1976）的修订本，代表着陈新雄研究《中原音韵》的最新的成果。其体例为：《新编〈中原音韵〉概要》序、自序、《中原音韵》产生的背景、《中原音韵》作者简介、《中原音韵》内容分析。附录：《中原音韵》，影印铁琴铜剑楼本、附索引。《新编〈中原音韵〉概要》的主要观点是：

其一，《中原音韵》语音性质是13、14世纪北方官话的语音系统。陈新雄同意这样的观点：《中原音韵》是为北曲押韵而作的韵书，所以它的语音基础也就是北曲的语音基础；这个实际语音系统是共宗的"中原之音"。董同龢《汉语音韵学》说，《中原音韵》是早期官话的实录；杨耐思《中原音韵音系》说，中原之音，顾名思义，是中原地域的语音，是"正音"。陈新雄基本同意这些观点，但还提到，元曲用韵不合中原音韵的地方不少，按薛凤生《中原音韵音位系统》的解释，不是不合，也不是周德清掺入了自己的方音，而是后代传抄者的失误。陈新雄最后的结论是，作者周德清只想把《中原音韵》定作当时戏曲用韵规范，实际上细微的出入，仍是免不了的，可是，基本上，它的语音系统仍是根据13、14世纪北方官话的语音系统。

其二，《中原音韵》语音系统与现代国语语音基本相当，但还存在着一些细微差别。比如声母，轻唇音非敷不分；舌上音知彻与正齿音照穿也混同了。正齿音二等庄初疏与三等的照穿审也已混用，或与知彻合并；间或有些跟齿头音精清心合并的，还有全浊声母清化等，这都与现代北音相合。与现代国语差别，主要是国语没有[v]，《中原音韵》中[tʃ][tʃʻ][ʃ]与现代也不同，还有没有卷舌声母，以及少数字读[ŋ]母等。韵母方面也有特色，比如支思韵，国语存在[ɚ]，《中原音韵》为[ʒ]；再如车遮韵，国语读[ɤ]，现代官话方言仍读[ie]，《中原音韵》与"别爹姐谢"同属一类，所以假定是[ie]。还有侵寻韵，本韵国语没有[m]尾，所以，多跟真文韵字没有分别了。《中原音韵》在支思、齐微等九个韵类中"入声作三声"，陈新雄说，当是传统韵书或其时别的方言里与平、上、去还有分别的一种声调，不过在北曲语言里已分别变入平声阳、上声、去声里了。照理说，周德清应该把这些字直接并入上述三声之中，而无须分别；但他到底是南方人，总不免受自己的方言的影响，又难免受传统韵书的羁绊，所以，虽并而留有痕迹。

金周生《陈伯元先生〈中原音韵〉研究之成就与贡献》(《南阳师范学院学报》1:68—72,2011)评述道：《新编〈中原音韵〉概要》是台湾全面研究《中原音韵》的第一部著作，特点突出，比如评骘成说，具有理据；参考文献丰富，其中有不少是大陆学者的研究成果，在当时实属不易；研究层面完整，即不但描写音系的类型，还精确地"甄别异说"，卓有创见地构拟了音值，对"入派三声"性质也进行了讨论。为《中原音韵》定位，既肯定了《中原音韵》编排与传统韵书的不同特点，又与现今北方语音进行了对比，还讲明了与《广韵》对比的音变规律；同时指出例外现象，具有明显的宏观气度，为汉语音韵学串联出完整的研究链。金周生对《新编〈中原音韵〉概要》的评价也是客观的。

按,因为是普及性的学术读物,作者不可能像纯学术著作那样做大量细致的考证,以及吸取大量的学术成果,比如就没有提到宁继福《〈中原音韵〉表稿》(1985)述及的《暇堂周氏族谱》,而只提到《高安县志》,如此,对挖掘周德清生平信息并不是有利的,这是须要补充的内容。概述也没有就一些关键性语音问题,比如"入派三声"实质而展开论述,只是进行一般的论述。受制于读者对象及编写目的,出现这些限制是完全可以理解的。

金周生《〈中原音韵〉"辨明古字略"再校》(2001)是从文献校勘的角度对《中原音韵》进行的研究,结论扎实可靠。

(4)丁邦新《与〈中原音韵〉相关的几种方言现象》(1981)

该文把《中原音韵》研究和方言结合起来,提出了值得思考的问题:

其一,《中原音韵》中的鼻音声母[ŋ]。丁邦新认为,《中原音韵》里绝大部分来自疑母的字已经失去原有的声母[ŋ],但有一小部分字可以认为保留了[ŋ],这些字分布在江阳韵上声、去声,萧豪韵去声、入声,歌戈韵上声、入声作去声,车遮韵入声作去声中;从来源上看有疑母一等、三等。董同龢《中国语音史》(1954)提出《中原音韵》存在方言现象。周德清在《中原音韵》"正语作词起例"中说自己编写《中原音韵》时尽管尽力避免方音干扰,但还是有所流露。在与周德清关系密切的南昌方言中,相关各字读[n][ŋ],是不是和这有关?用南昌方言来印证,理由是:杨时逢《江西方言声调的调类》中有44处资料,其中疑母读[ŋ]或[n]有35处,没有读无声母的。《中原音韵》承认[ŋ]母存在,从演变及周氏所举音来看,绝对是例外。所以,可以不给《中原音韵》拟[ŋ]母,但必须承认它的存在价值。

其二,乔吉方言中的江阳韵与萧豪韵。乔吉散曲用韵与周德清《中原音韵》分部基本一致,但不见寒山韵,将江阳韵与萧豪韵分立。丁邦新认为,乔吉《渔父词》用《广韵》江韵字单独押韵,并和《广韵》阳唐韵字分开,而不是像《中原音韵》合在一起,肯定是其方音在起作用,至少是主要元音不同,因此在构拟上须要区别对待。涉及萧豪韵的两首词也是如此:第10首除"棹"字是《广韵》肴韵外,其他都是《广韵》宵萧韵的字;第11首全是《广韵》豪韵字。萧豪韵在《中原音韵》很特别,有三重对比现象:一等豪、二等肴、三等宵。同一个萧豪韵,董同龢《中国语音史》(1954)拟测两种主要元音,而薛凤生则拟测三种主要元音,不合一般的押韵规则。丁邦新从介音角度提出新的拟音[au][iau],而把"棹"字看作两押的字,从而解决萧豪韵两种或三种主要元音构拟问题。

其三,汪元亨方言中的齐微韵。汪元亨小令用韵分十九韵部,其中齐微韵在四组中分用两次,非常特别。按董同龢《中国语音史》(1954)拟音来看,汪元亨分类确实有语音上的依据,前一类是[i],后一类是[uei];但前一类还有[ei]的字,后一类也还有[ei]的字。丁邦新认为,如果把[uei]看作[ui],而[i]和[ui]又可以通押,是不是就解决了汪元亨小令用韵齐微韵的三个不同主要元音构拟问题? 从汪元亨小令用韵齐微韵押韵实际,可以给《中原音韵》齐微韵拟音提供新的思路。

其四,《中原音韵》"正语作词起例"中的语音对比。周德清在《中原音韵》"正语作词起例"中列举了482个字,组成了241组语音上的最小对比。讨论这些对比很有意义。丁邦新认为,这个对比一是区别了两者之间的声母和介音种类,二是显示两者之间的主要元音相同。

乔吉方言中的江阳韵与萧豪韵、汪元亨方言中的齐微韵都给《中原音韵》构拟带来了新的思路,这是应该肯定的。《中原音韵》鼻音声母[ŋ]和《中原音韵》"正语作词起例"中的语音对比,后来宁继福有过研究(《〈中原音韵〉与高安方言》,《陕西师范大学学报》1:79—86,1990),他拿颜森《高安(老屋周家)方言的语音系统》(《方言》2:104—121,1981)调查的周德清老家高安语音进行对比,发现了很大的差异。李无未、李红《宋元吉安方音研究》(中华书局2008)则用《九经直音》语音、现代吉安方音与之对比,这是考虑到《中原音韵》写作在吉安,出版在吉安,而吉安当时从中原移民很多,通行中原时音,所以,《中原音韵》与宋元吉安方音关系密切。

颜秀青《〈中原音韵〉研究》(2012)是近年来台湾《中原音韵》研究的新收获。

颜秀青与以往学者研究有所不同,以周德清《中原音韵》作为立论的根基,分别探讨中原之音、现存版本体例、韵字与入派三声之源、南北曲之阴阳、正语以及分析"定格四十首"之声情,借以彰显丰厚的《中原音韵》内容。

颜秀青认为,周德清《中原音韵》之体例,可以概分为上下两卷。上卷《韵书》所录十九韵部可谓之经,是填制北曲者必定遵守的用韵准则;下卷《正语作词起例》定有二十七条释例，则可视之为纬。周德清借此经纬说明北曲声韵、文字与宫调音乐等三大内涵，诠释"正语"与"作词"的理念。

颜秀青认为，元人罗宗信在序文中指出："世之共称唐诗、宋词、大元乐府，诚哉！"隐然已将元曲乐府视为唐诗、宋词的继承者。又视其论述唐诗、宋词、元曲体制结构作法之异时，指出元曲尤难于宋词之处在于中原正音四声无入，平有阴阳，每调所押之平仄有三声、一声之别，而且还必须特别留意平声阴阳的分别；至于押韵之法，每句又分有四字二韵、六字三韵的规范，韵字的位置都有所限定，未可一如作诗之法，施以本句自救、隔句互救，借以弥补平仄之失；最后还要兼顾到造语的俊雅，必使耳中耸听，纸上可观为上。罗宗信认为这就是元曲比唐诗、宋词难以填制的原因。

事实上，唐诗、宋词的体制、格律、对偶、平仄之法，同样必须讲求布局的谨严、对偶的工整、格律的稳切等。取此核之于罗宗信之言，元曲之难者，实难在取韵独以中原之音为正，声调分别阴、阳、上、去。只是因为当时天下四方的曲家，并未能因时更替私塾、家塾、书院所授传统声韵之学，在创制北曲乐府曲辞时，犹然根据《广韵》《礼部韵略》所定的平上去入，所作乐府之韵，自然会产生平而仄、仄而平的情形，甚至会有句中误用入声字，造成歌者不能歌的现象。这是从更为广阔的小学学术背景观察《中原音韵》，而不是仅以语音或文体角度研究得出结论。

《中原音韵》音系的研究，许多学者已经做出很好的成绩，有关的专著与论文至少有上百篇部，这当中最具代表性而且成系统的论著是：金井保三《关于〈中原音韵〉》（1913），石山福治《考订〈中原音韵〉》（1925），罗常培《〈中原音韵〉声类考》（2004，1932 发表），赵荫棠《〈中原音韵〉研究》（1936），陆志韦《释〈中原音韵〉》（1946），服部四郎与藤堂明保《〈中原音韵〉研究"校本编"》（1958），陈新雄《新编〈中原音韵〉概要》（2001），杨耐思《〈中原音韵〉音系》（1981），薛凤生《〈中原音韵〉音位系统》（1990），李新魁《〈中原音韵〉音系研究》（1983），宁继福《〈中原音韵〉表稿》（1985），汪经昌《〈中原音韵〉讲疏》（1961），王洁心《〈中原音韵〉新考》（1988），张玉来与耿军《〈中原音韵〉校本》（2013），以及李惠绵系列论文（分别刊于台湾《清华中文学报》14：5—65，2015；《台大文史哲学报》80：43—80，2014；《台大中文学报》41：125—176，2013）等。其他，如辻本春彦、永岛荣一郎、庆谷寿信、平山久雄、佐佐木猛、远藤光晓等学者也很有建树。

其中,与台湾学术关系密切的学者薛凤生《〈中原音韵〉音位系统》(1990)极其重要。这是其博士论文修订本。按其"前言"所说,该书与一般学者研究《中原音韵》的不同特点是,采用严格的音位解释,从而推论出一套按特定顺序排列的历史规律,力图阐述一段长时期的汉语语音演变史。该书借助于现代音位学和生成音系学理论,理解和评述语音对立问题,是独树一帜的研究《中原音韵》的重要著作。

(二)《中原音韵》一系韵书

1.卓从之《中州乐府音韵类编》等韵书

董同龢《汉语音韵学》(1985,初名《中国语音史》[1954])说,《中州乐府音韵类编》体例内容大致与《中原音韵》同,唯一异点是平声之下"阴、阳"与"阴阳"三类。《中原音韵》平声原来也分"阴、阳"与"阴阳",周氏觉得不妥,正式刊行时才取消"阴阳",卓从之所据,竟是周氏的未定稿(70—71页)。

其他相关成果还有林恭祖《元卓从之〈中州乐府音韵类编〉校注》(上、下)(《东南学报》2:11—36,1976;3:99—127,1978),丁玠声《王文璧〈中州音韵〉研究》(1988),林庆勋《中州音韵辑要的声母》(2000)等。

任伟榕《北曲韵书研究——以元明二代为例》(2012)属于综合性研究。他认为,自来论及北曲韵书者莫不以元代周德清《中原音韵》为宗,不论是从曲学角度切入,抑或是以音韵学为着眼点,与此书相关的研究不胜枚举。然北曲韵书不惟《中原音韵》,纵观元、明二代,尚有元代卓从之《中州乐府音韵类编》以及明代朱权《琼林雅韵》、陈铎《词林韵释》、王文璧《中州音韵》、范善臻《中州全韵》诸书。此五书虽存,然研究者较《中原音韵》为少,且讨论《中州乐府音韵类编》者,多是以其编排体例与《中原音韵》相关,而将其附论于其书之后,又明代四部韵书虽有多篇期刊及硕、博士论文专门研究,然大多是从音韵学角度切入,研究其声调编排所反映的音系,未有从曲学角度切入而研究者。因此,任伟榕欲就元、明二代北曲韵书为研究范围,针对该五书的作者、创作动机、成书时间、编排体例、版本等方面作深入考察与研究;又因韵书发展受到当代影响且后代韵书编纂大多以前代韵书为基础,故作者欲透过元、明二代北曲韵书编排体例的比较,探寻成书时代相同的韵书,以及元、明二代北曲韵书的异同与承继关系。

陈翔羚《〈中原音韵〉版本研究》(台湾《辅大中研所学刊》13:79—90,2003),杨美美《〈韵略易通〉研究》(高雄师范大学硕士论文,1988),吴杰儒《〈韵略汇通〉之入声系统》(《陈伯元先生六秩寿庆论文集》615—634,文史哲出版社 1994)、《〈韵略汇通〉初探》(《大仁学报》11:63—81,1993),林庆勋《〈中州音韵〉入声字的音读》(台湾中山大学《人文学报》3:21—36,1995)、《〈中州音韵辑要〉居鱼韵的音节》(《纪念陈伯元教授荣誉退休学术研讨会论文集》141—150,洪叶文化事业有限公司 2000)等论著也很有特点。

蔡孟珍《诗词曲用韵初探》(《国文学报》25:279—299,1996)比较诗词曲用韵分合情形,从而提供一个用韵的发展脉络和途径。他认为,由诗而词而曲,四声通叶渐宽,就字格而言,则愈趋严密。

2.曲用韵

这方面成果有:闵守恒《国剧声类考原》(《师大学报》1:173—240,1956),丁惠英《〈琵琶记〉韵协之研究》(《曲学集刊》1:142—219,1964),丁邦新《元曲韵字示意说之探讨》(《台静农先生八十寿庆论文集》821—842,联经出版事业公司 1981),王忠林《明代散曲用韵探讨》(第一届国际华学会议,台湾阳明山 1968),申克常《京剧音韵问答》(黎明文化事业公司 1979),李炳华《国剧音韵刍议》(《东方杂志》22.11:30—34,1989),崔秀贞《明代〈六十种曲〉用韵之研究》(台湾辅仁大学硕士论文,1991),金周生《元代北戏入声字唱念法研究》(台湾《辅仁学志》[文学院之部]15:227—238,1986)、《从李渔"别解务头"试说曲律上的几个问题》(《陈伯元先生六秩寿庆论文集》599—614,文史出版社 1994)、《论曲词之阴阳》(台湾《辅仁国文学报》2:223—249,1986),谢云飞《皮黄科正音初探》(台湾《政治大学学报》64:1—32,1992)等。

3.相关韵书

翁敏修《〈永乐大典〉所引小学书钩沉》(2015)第三章"《永乐大典》所引韵书钩沉",发现了《精明韵》《五书韵总》《经史字源韵略》《正字韵纲》《韵会定正》《韵会定正字切》等韵书,此外还有一些字书,比如《二十体篆》《广干禄字书》《存古正字》《六书类释》《说文续释》《字瀁博义》等。这些都是《四库全书》正编及存目所未著录的,具有重要的汉语语言学术史价值。它和大陆学者丁治民《〈永乐大典〉小学书辑佚与研究》(2015)具有异曲同工之妙。相比较而言,丁治民的研究范围更为广泛,比如其上编"辑佚",就有顾野王《玉篇》

（上元体）、《陆法言广韵》、孙愐《唐韵》、《孙氏字说》、郑之秀《精明韵》、张子敬《经史字源韵略》、倪镗《六书类释》、李玺《存古正字》、魏柔克《正字韵纲》、五十先生《韵宝》、《广韵总》、王柏《正始音》、李肩吾《字通》、《字漤博义》、赵谦《声音文字通》、孙吾与《韵会定正》、杜从古《集篆古文韵海》、姚敦临《二十体篆》、高勉斋《学书韵总》、释道泰《韵选》、洪迈《汉隶分韵》、杨益《隶韵》、《草书集韵》、赵完璧《通鉴源委》、《洪武正韵》等。另外，其下编"问学"还有：顾野王《玉篇》孙强增字本考；新发现《切韵》系韵书（一）：《陆法言广韵》——兼论《大宋重修广韵》的底本；新发现《切韵》系韵书（二）：孙愐《唐韵》——兼论《大宋重修广韵》所据孙愐《唐韵》的写本；《字漤博义》及其失误记略；赵谦《声音文字通》卷数及性质考辩；从《韵会定正》论《洪武正韵》的得失——兼论明太祖"中原雅音"的性质；宛委别藏《集篆古文韵海》为删节本考；新发现集篆写本：姚敦临《二十体篆》（附：历代书体、艺术篆体资料汇编）；《学书韵总》作者及性质考辩；《汉隶分韵》成书时代及作者考；《草书集韵》为《草书韵会》的增补本及辑佚；《通鉴》音义新发现：完璧归赵《通鉴源委》；八十韵本《洪武正韵》校正本考等内容，十分可观。

其实，在翁敏修、丁治民之前，台湾学者已经对这个问题有所考虑，比如顾力仁《永乐大典及其辑佚书研究》（1985）第九章"永乐大典存本待辑书目"就有一些属于"小学类"的内容，如《古文韵会定正》（437页）、《正字韵纲》（438页）、《字漤博义》（441页）、《存古正字》（441页）、《东阳三韵》（451页）、《东韵韵会》（451页）、《孙氏字说》（459页）、《敦古集韵》（470页）、《阳韵》（473页）、《汉隶分韵》（480页）、《广韵古史》（484页）、《篆韵》（485页）等，只列书目，未进行具体考证。其中有一些不见于翁敏修、丁治民的考订之内。但无论如何，其中涉及了对中古、近代汉语语音研究极为重要的韵书字书文献，这确实是极为珍贵的。

（三）韵书总论

李千慧《试论明代韵书中"浊音清化"的演变类型》（2014）谈到，"浊音清化"是近代语音发展中十分重要的音变规律，牵动汉语声母的演变与声调的演化，甚至还影响到了整个音节结构的发展。作者着眼于中古全浊声母的演变过程及其在明代韵书韵图中的表现，对"浊音清化"现象作穷尽式的分析。研究材料包括《韵略易通》《青郊杂著》《重订司马温公等韵图经》《交泰韵》《西儒耳目资》《韵略汇通》等六部明代重要的韵书韵图。透过分析这些材料,推衍出全浊声母在明代的演变过程与进化类型、分布及其音值。同时,比较明代及现代汉语方言中全浊声母演化的轨迹,发现其"浊音清化"所具有的"特殊性"与"普遍性"。

陈语唐《明代语料中的腭化现象——从〈重订司马温公等韵图经〉、〈元韵谱〉谈起》(2014)说,明代北方官话与现代国语联系密切,腭化音是北方方言普遍的语音现象,演变速度最快,变化类型丰富。因此,作者以明代反映北方音系的韵书、韵图为取材范围,聚焦于《重订司马温公等韵图经》《元韵谱》两种反映北音的文献语料;运用"共时参证法",逐一比对语料中的见、精组细音字,就其在韵图中的归属地位分析语音现象,以见、精声母相混作为判别的指标。作者希望探得几点成果:窥见腭化演变之肇端;探求腭化产生的可能最早年限;厘清见、精组腭化音产生的先后次序。

四、方言韵书

(一)《建州八音》

张琨《读〈建州八音〉》(1988)很有代表性,主要内容是:其一,张琨认为,历史上由于人口不断迁徙,闽语方言受外界影响很深,各种方言在不同时期,从不同的地方,经过不同的路线输入福建,由此,音韵层次就变得十分复杂。闽语方言中一字有多种读法,但如何确定这些读音的性质? 张琨说,一定要有相当丰富的资料才能够把各种音韵层次看得清楚。建州地处闽北,交通发达,人员来往频繁,方音有些特别,福建福清人林端才《建州八音》(1795)收字很多,他希望通过研究《建州八音》,而指出这些字在声韵调三方面各种音韵层次的区别。

黄典诚《建瓯方言初探》(《厦门大学学报》1:255—259,1957)和潘茂鼎等《福建汉语方言分区略说》(《中国语文》126:475—495,1963)系统论述了建瓯方言音系;李如龙和陈章太《论闽方言的一致性》(《中国语言学报》1:25—81,1983)、《闽方言内部的主要差异》(《中国语言学报》2:93—173,1985)也使用了建瓯方言音系的材料。张琨认为,最理想的是用《建州八音》逐字向现代的建瓯方言发音人求证是否准确。

其二,《建州八音》在声母声调各种音韵层次的区别。《建州八音》把每组同音字分成八个小组;第六小组无字,所以只有七个小组。《切韵》平声清声母字列在第五组,建瓯方言读高降调。《切韵》平声浊声母字一部分列在第一小组,读高中平调;还有一部分列在第三小组,读低平或低降调,和《切韵》上声清声母字合流。大致说来,《切韵》平声全浊声母字在《建州八音》中读高中平调的字,《切韵》是浊塞音塞擦音声母读清吐气声母;在《建州八音》中读低平或低降调的字,《切韵》是浊塞音塞擦音声母读清不吐气声母;但《切韵》平声全浊声母字读高中平调的字在《建州八音》中也有读清不吐气声母的。《切韵》平声次浊声母字有读高中平调的,也有读低平或低降调的。有些特别现象值得注意,就是:五个《切韵》平声来母读[s]声母的字读高中平调。《切韵》上声清声母字都在第三小组,读低平或低降调;《切韵》上声次浊声母字在《建州八音》中多在第三小组,读低平或低降调,这表示这些次浊声母字读得和《切韵》上声清声母字相同,读阴上调,这是现在官话的读法。《建州八音》第七小组包括了很多《切韵》上声全浊声母字,是阳上调。现在南方方言《切韵》上声次浊声母字读得和全浊声母字相同。《切韵》上声全浊声母字在《建州八音》中分入了第七第八两个小组,第七小组的字表示阳上阳去分立,第八小组的字表示阳上阳去合流。《建州八音》还有两读的字,表示至少有两套不同的音韵系统并存着。《切韵》去声清声母字在《建州八音》中列入了第二小组,读低中平调。第二小组中有少数字属于《切韵》上声浊声母字。

《建州八音》对《切韵》入声字的处理,可以反映出当时建州方言存在三种入声系统:一是入声不分阴阳,在《建州八音》第四小组里,现在读升调,其中大多数属于《切韵》入声清声母字,个别有《切韵》入声次浊全浊声母字;二是入声分阴阳,阴入字在《建州八音》第四小组,读升调,阳入字在《建州八音》第七小组,读中降调;三是入声分阴阳,阴入字在《建州八音》第四小组,读升调,阳入字在《建州八音》第八小组,读高平调。张琨强调,这些分析虽然可以看出一些层次关系,但不能整个建立几个互相独立并存的音韵系统。

其三,《建州八音》在韵母各种音韵层次上的区别。《建州八音》韵母分为两类:第一类阳声韵,都有舌根韵尾。这些阳声韵可以按照它们的元音分成高元音和低元音两类,其中高元音三类,低元音两类。第二类阴声韵,都没有塞音韵尾。阴声韵按照它们的元音高低前后展唇圆唇分为三类。《建州八音》韵母各种音韵层次非常复杂,蕴含着多种来源和层次。比如田[aiŋ]韵的来源：一是侵韵庄系声母侵韵介音，由［em］［eŋ］读为［aiŋ］；二是痕韵舌根音字和魂韵唇音字经过［en］［eŋ］读成了［aiŋ］；三是耕庚二等韵字和登韵字合流，由［eŋ］读为［aiŋ］；四是山删韵开口唇音声母和舌根音喉音声母字经过了［an］，读成了［aiŋ］。

（二）《戚林八音》

王天昌《〈戚林八音〉简介》（《书和人》476：2，1983）已经对其闽方音史价值有所介绍。张琨《读〈戚林八音〉》（1989）更为详尽。主要内容是：其一，闽方言中的文白异读现象特别严重，文读和白读之中又可能有几种不同的小层次。其中白读是早期的遗留，种类很多，每一种读法的例字很少，很难组织成一个系统。但张琨认为，《戚林八音》却很特别，多种读法的例字很多，因此是适合于进行多层次语音分析的文献。

其二，《戚林八音》是一部反映福州方言的韵书，由两部同类韵书合订而成，一部是《八音字义便览》，题戚继光撰，戚继光 1562 年征倭寇到了连江。另一部是《珠玉同声》，是清康熙间侯官人林文英撰，林文英是康熙戊辰（1688）进士。这两部书体例大致相同，编排次序各有不同；《八音字义便览》收字比《珠玉同声》多。乾隆十四年（1949）福州人晋安汇集两书，合订为《戚林八音》。张琨认为，此书可能前有所承，至少在三四百年之前就流传很广，应该代表早期福州语音系统。因为错讹较多，希望根据现代福州话，参考各类字书而使之完善，提高其方音史价值。

其三，《戚林八音》和现代福州话音韵系统有些不同。一是在《戚林八音》中似乎有鼻化韵和收喉塞尾的韵母；二是秋周部、烧娇部合为一韵，辉归部和催部杯部合为一韵；三是在《戚林八音》中以声调为条件的变韵现象尚未产生。依据《戚林八音》，知道有 15 个不同的声母：［p］［pʻ］［m］［t］［tʻ］［n］［l］［ts］［tsʻ］［s］［k］［kʻ］［x］［ŋ］［ø］。韵母为 52 个：［i］［ui］［ik］［iŋ］［iu］［y］［yk］［yŋ］［u］［uʔ］［uk］［uŋ］［e］［eʔ］［eu］［ek］［eŋ］［ie］［ieu］［iek］［ieŋ］［ɔ］［ɔk］［ɔŋ］［o］［uo］［io］［oʔ］［uoʔ］［ioʔ］［ok］［oŋ］［uok］［uoŋ］［iok］［ioŋ］［io］［uoi］［a］［ua］［ia］［aʔ］［uaʔ］［ak］［aŋ］［uak］［uaŋ］［iak］［iaŋ］［au］［ai］［uai］。

其四，《戚林八音》文读系统中，有一等二等韵合流的现象，与很多官话方言相似。文读系统中，有三等四等韵合流的，是现代官话方言中普遍的现象。

白读系统中,有二等四等韵合流的,是闽方言的特色之一。张琨强调,由于文白异读的纠缠,闽方言的音韵演变历史很难看得清楚,比如《戚林八音》中有宾京部和灯庚部、银恭部和东江部、春公部和釭纲部三套韵母,一高一低,来源如何,很难判断。

在最后,张琨说,用《切韵》来讨论闽方言时,要建立《切韵》与闽方言对应关系虽然会面临很多困难,但闽方言确实保留了《切韵》许多特色。比如《切韵》真质殷迄分立和仙薛元月分立的原因都可以在闽方言中找到证据。《戚林八音》痕韵读[on],魂韵读[uon],元韵读[ion],正可以解释《切韵》元魂痕排列的次序。

(三)《汇音妙悟》

姚荣松系列论文引人注目:《〈汇音妙悟〉的音系及其相关问题》(第六届台湾声韵学讨论会,高雄师范学院1988)、《〈汇音妙悟〉的音系及其鼻化韵母》(《国文学报》17:251—281,1988)等。

洪惟仁《〈汇音妙悟〉与古代泉州音》(1996)一书后出但另辟蹊径。该书由何大安、张光宇审订。《汇音妙悟》是泉州籍人黄谦于1800年完成的地方韵书,完整地记录了当时泉州的音韵系统。《〈汇音妙悟〉与古代泉州音》共分六章:第一章,《汇音妙悟》其书及其研究,内容有:《汇音妙悟》的价值、汉语方言学的新方向、《汇音妙悟》的研究方法、《汇音妙悟》的性质与著作动机、《汇音妙悟》的编排方式、黄谦的"三推成字法"、学者对《汇音妙悟》的研究。第二章,《汇音妙悟》音系与音韵成分之厘清,内容有:"管""謬"问题、阴阳去混淆问题、阳平混入阴平问题、鼻化韵入声问题、奇韵奇字问题、"正韵"与"商韵"问题。第三章,《汇音妙悟》音读拟定,分声调、声母、韵母讨论。第四章,《汇音妙悟》的语言层次分析,内容有:闽南语的历史层次与语言层次、逐韵分析语言层。第五章,泉州音的文白音系,内容有:文白音系划分的标准、《汇音妙悟》的文读音系、《拍掌知音》这本书、《拍掌知音》的韵母系统、《拍掌知音》与《汇音妙悟》文读音系的比较、《汇音妙悟》文读音系的音韵学检讨、评杨秀芳的《泉州文读音系》、《汇音妙悟》的白话音系、《汇音妙悟》白话音系的音韵学检讨、评杨秀芳的《泉州白话音系》。第六章,古代泉州音,内容有:论现代泉州方言在《汇音妙悟》时代已完成分化、《汇音妙悟》再析韵、《汇音妙悟》的开合口配对、泉州音的韵母结构限制、合口韵头与央元音韵腹的互动、古代泉州音的韵母结构、古代泉州音的韵母系统、古代泉州音的文读音韵母系统、古代泉州音的白话音韵母系统。

作者称，本书的重点在于对《汇音妙悟》的拟音和古代泉州音的重建。现代泉州话音韵上的方音差异及其演变规律，由闽南祖语到古代泉州音的演变规律，虽然也作了分析，但还不是主要目的。作者参考了学者们对《汇音妙悟》的研究成果之后，依据文献及作者所作的泉州现代方言调查资料做比较研究，对《汇音妙悟》的音读进行了构拟。作者认为，《汇音妙悟》音系只是当时比较保守的一个泉州方言的音系而已。

龚秀容《〈汇音妙悟〉音系及其层次研究》(2010)说明自己研究《汇音妙悟》几个目的：一、从整体而言，研究《汇音妙悟》的语音现象篇章虽多，但针对音系内部的分析略嫌不足，可以略加研究，或可有"补缺"之功。二、闽南话的文白异读等相关语音研究，研究者虽不乏其人，但是：1.缺乏重视早期韵书中既有的语音层次并且从事研究者。2.文白层次的辨认上还有许多盲点（如将训读字、又读音误认为文白异读的关系等），该论文想借《汇音妙悟》所载进行文白层次的重新辨认。3.文白异读的全面性语言分层尚未能有相当程度的呈现，论文想借由《汇音妙悟》所载一万一千五百多个字进行比较全面的分析研究与陈述。三、关于闽南话和《汇音妙悟》的正音层研究，研究者可说是相当少，论文将进行比较深入的研究探讨。四、从事语言层次研究的人，比较偏重在语言层次的辨认，对语言层次间的互动很少人注意到，作者希望借《汇音妙悟》的多层次记录，进行其语言层次间声韵调之间互动的观察与分析，了解其音韵结构系统。五、辨认语言层是现代语言学家的崭新观点，而《汇音妙悟》为古代极难得的分清语言层次的资料，本论文将设法厘清其语音层次，尽可能地分别重新建立、陈列，提出各语音层次的整理结果和音系的重构，以表彰闽南话古代学者的成就，供现代语言学者采用。

龚秀容说，从汉语音韵学的传统来看，《汇音妙悟》虽然体例架构上仍是不甚完备的一部地方韵书，但是，语言或方言没有正次重轻之分，其韵书也没有重轻正次之分，而且或许还因为地方韵书不受"传统"包袱的局限，反而能更清楚地贴近语言的事实，保存更多有用的语言讯息。《汇音妙悟》这本韵书正是可以带给我们更多真实的语言材料、更多语言钥匙的重要韵书，希望能在多年钻研之下，把传统地方韵书里的重要语音记录与语音层次复杂而有序的内涵发掘出来,以彰显先民智慧,翼助现代语言学的发展。

(四)《八音定诀》

元钟敏《〈八音定诀〉研究》(2001)说,《八音定诀》是出版于清末的一本厦门方言韵书,反映了清末厦门及其周边地区的方言,包括漳州话、泉州话、同安话、长泰话。目前此书的四种版本各收藏于福建厦门大学、福建师大及厦门市图书馆,但台湾地区未闻有此书。作者相信,此书对于了解现代厦门方言形成阶段的情况必有所助益。共分为八章研究,内容如下:第一章,绪论,叙述研究动机与目的、研究范围与材料,检讨前人相关的研究。第二章,《八音定诀》的成书背景、体例及其用字上的特点。第三章,《八音定诀》的版本及其收藏地点,叙述各种版本的异同状况。第四章,比较《八音定诀》与传统闽南方言辞书的异同,以了解《八音定诀》在闽南方言韵书中的地位和价值。第五章,归纳《八音定诀》所反映的文白异读现象及与现代厦门方言的关系。第六章,厘清《八音》所反映的各种一字多音现象、土腔异读及与现代厦门方言的关系;其中土腔异读有泉州腔、漳州腔、长泰腔、同安腔。第七章,汇整《八音》的各种语料,以对《八音》进行共时的描写,从中了解与现代厦门方言的对应关系。第八章,结论。

元钟敏《〈八音定诀〉研究》参考文献涉及面很广,比如:丁邦新《闽语白话音分支时代考》(1983)、《闽语的时代层次及上古音的两个问题》(1984)、《从闽语白话音论上古四声别义的现象》(1984)、《台湾语言源流》(1991),小川尚义《台日大辞典》(1931)、《新订日台大辞典(上)》(1935),李如龙《〈八音定诀〉初步研究》(1981)、《闽方言的韵书》(1991)、《论闽方言的文白异读》(1993)、《方言与音韵论集》(1996)、《福建方言》(1997),李如龙与陈章太《论闽方言的一致性》(1981)、《论闽方言内部的主要差异》(1983)、《闽语研究》(1991),李如龙、张双庆《福建双方言研究》(1995),吴守礼《台湾通志稿》卷二"人民志语言篇"(1954)、《福客方言文献目录》(1955;收入《福客方言综志》[1997])、《〈八音定诀〉与〈手抄十五音〉》(1960;收入《福客方言综志》[1997])、《综合台湾闽南语基本字典初稿》(1987)、《闽南方言研究集 1》(1995)、《闽台方言研究集 2》(1998)、《国台对照活用辞典》(2000),吕嵩雁《闽西客语音韵研究》(1999),洪惟仁《台湾河佬语声调研究》(1985)、《漳州三种十五音之源流及其音系》(1990)、《台湾十五音字母》(1991)、《台湾语言之危机》(1992)、《台湾方言之旅》(1992)、《台湾音与厦门音异读与中古音的对应关系》(1992)、《〈汇音妙悟〉与古代泉州音》(1995)、《台湾话音韵入门》(1996),洪惟仁编《渡江书十五音》(1993),姚荣松《〈汇音妙悟〉的音系及其鼻化韵母》(1988)、《〈渡江书十五音〉初探》(1994),游子宜《台湾闽南话一字多音之研究》(1997),程俊源《台湾闽南语鼻音的共时性质与历史演变研究》(1999),卢淑美《台湾闽南语音韵研究》(1977),郑璧娇《〈八音定诀〉音系研究》(2000)等。

(五)《渡江书十五音》

姚荣松较早发表《〈渡江书十五音〉初探》(1994)而启其绪端,比较全面地挖掘《渡江书十五音》语音价值。黄小宜《闽南韵书〈渡江书十五音〉及其鼻化韵母探讨》(2012)则说,《渡江书十五音》是属清代中后期的闽南方言韵书,音系驳杂。历来研究对于其音系定位众说纷纭,主要为漳州、厦门、长泰三地为主。论文以"闽南韵书《渡江书十五音》及其鼻化韵母探讨"为题,除整理其声韵调三者与中古音的对应关系外,还参照《汇集雅俗通十五音》《增补汇音》《福建方言字典》《厦英大辞典》等材料,并关照其文白异读的对应,厘清此书音系、体例等相关问题;另以"字汇义项、方言特征词"两者比较,观察漳州、厦门、长泰三地与此书的相关性,借以探讨此书的音系定位;最后探讨其鼻化韵母语音现象与音变条件。期许本论文除对《渡江书十五音》有完整的音韵整理外,对于鼻化韵母也能融合声学、生理结构与西方语言学等作出解释。共七章,各章简述如下:第一章,绪论,介绍研究动机、目的,研究方法、文献回顾等。第二章,综述此书背景、体例、收字并与相关漳州地方韵书材料对照,进而讨论此书呈现的音韵观点。第三章,音韵系统讨论,就声、韵、调系统逐一论述,以观察其所反映的语音系统有何特点,并与现代闽南方言对照,进行拟音。第四章,分别讨论此书声母、韵母、声调与中古音的对应,探讨闽南方言由中古到近代以降的音韵历时特征。第五章,相关的音系问题,讨论文白异读的对应,观察此书所呈现的异读;另以此书字汇为线索,提出更具体的证据,以探讨其音系依据。第六章,讨论其书的鼻化韵母,进一步宏观探讨其鼻化韵母的演变过程、音变条件,借实验语音学的研究成果解释其鼻化的语音条件。第七章,结论。总括各章要点,总述与反思本论文研究成果。

(六)其他

与之相关文献,还有吴守礼《综合闽南台湾语基本字典》(文史哲出版社

1987)，洪惟仁《闽南语经典辞书汇编 1：泉州方言韵书三种》（武陵出版有限公司 1993）、《闽南语经典辞书汇编 2：漳州方言韵书三种》（武陵出版有限公司1993）、《闽南语经典辞书汇编 3：福建方言字典》（武陵出版有限公司 1993），马重奇《漳州方言研究》（纵横出版社 1994）、《清代三种漳州十五音韵书研究》（福建人民出版社 2004）、《闽台闽南方言韵书比较研究》（2008），无名氏《渡江书十五音》（日本东京外国语大学亚非言语文化研究所 1987），程俊源《台湾闽南语鼻音的共时性质与历史演变研究》（台湾师范大学硕士论文，1999），王顺隆《〈渡江书〉韵母的研究》（学生书局 1996）、《闽南韵书〈渡江书〉字音谱》（学生书局 1996），以及张耀文《〈汇集雅俗通十五音〉之研究》（台北市立教育大学硕士论文，2004）等著作。

与此相关的林庆勋《〈拍掌知音〉的声母》（《高雄师大学报》5：345—362，1994)，以及张屏生《打马字〈厦门音字典〉的音系及辞书定音的相关问题》（第二十二届台湾声韵学学术研讨会，台北市立师范学院 2004）、《打马字〈厦门音字典〉和甘为霖〈厦门音新字典〉的音系比较及其相关问题》（台湾罗马字国际研讨会，成功大学 2004）、《杜嘉德〈厦英字典〉的音系及其相关问题》（第三届国际暨第八届台湾清代学术研讨会，台湾中山大学 2004）、《马偕〈中西字典〉的音系及其相关问题》（《文与哲》5：481—512，2004）、《Dr. G. Schlege（施莱格）〈荷华文语类参〉的音系及其相关问题》（第二十六届台湾声韵学学术研讨会，彰化师范大学 2008）等论文，也十分引人注目。

第三节　等韵图与汉语近代音

一、宋元等韵图

（一）《切韵指掌图》

董同龢《〈切韵指掌图〉中几个问题》（1948）一文的主要内容为：

其一，《切韵指掌图》时代与作者。该文对赵荫棠《〈切韵指掌图〉撰述年代考》（《辅仁学志》4.2,1934）提到"非司马迁所作；淳熙三年以后，与嘉泰三年以前而作"等问题提出疑问：一是《指掌图》自序与孙觌的《切韵类例序》文字雷同，究竟谁抄谁？二是从司马光死到本书付刻，许多著录家都没有提到，是否足以证明司马光未作此书，或者此书当付刻之前不存在？三是本书为改并杨中修《切韵类例》而成的吗？四是本书确有《韵谱》的成分吗？五是孙奕已经引用到了《切韵指掌图》，其时已有《切韵指掌图》当无问题，但孙奕所见与今日人们所见是否为一本书？董同龢考订后认为，《切韵指掌图》时代必在孙觌的《切韵类例序》之后，孙奕写《示儿编》之前。其作者与南宋时江西和尚有关，因为与《四声等子》有关。其门法类似守温笔调。

其二，《切韵指掌图》所据韵书、摄数。《切韵指掌图》是不是依据《广韵》而作？高本汉同意邵光祖的看法，认为《切韵指掌图》依据《广韵》而作。董同龢否定这种观点的理由是：二十图中有 45 个字为《广韵》所无而用《集韵》的；有许多字在《广韵》或《集韵》中所属的韵部不同；有些字在《广韵》或《集韵》中反切上字不同，而图中的地位又恰与《集韵》相合。但如果因为和《集韵》关系密切就认为是依据《集韵》作的也不合适，因为《切韵指掌图》大胆合并《广韵》韵类并不符合《集韵》的保守精神。至于摄数，邵光祖以《切韵指掌图》"韵"合并而论开合，并有"十二数"的概念，也很容易让人误解为和《四声等子》"摄"相当。董同龢说，韵图在各个韵摄的剖分不外开合与洪细，开合不同则分图，洪细有别则列等，所以，一个韵摄最多只占两个图，而两个图的关系也只限于相为开合。但《切韵指掌图》的十七至二十图却有两个开口和两个合口，把它们合并起来，就无解于韵图的分呼列等。

其三，《切韵指掌图》的入声分配。董同龢看到，与十三摄相配的入声只有七类，有的只承一摄，有的分承三摄。问题是：觉韵既与铎药的开口一同配高摄，同时，又与铎药的合口一同配刚摄合口，如此判定它是开是合就成问题了。德韵加入没质等来配根基钩三摄，无论是按《广韵》或现代入声有［-p］［-t］［-k］分别的方音，德与没质都是属于两个不同的语音系统的，混在一处，很容易让人误解为是正常现象。《切韵指掌图》以德没质等配阴声钩摄，《四声等子》则以屋韵配流摄，其元音形式就令人怀疑了。此外，《切韵指掌图》冬与东合并，宋也就与送合并。但在图中冬与东并存，宋却被送合并了。《切韵指掌图》把祭韵开口跟夬韵与哈皆佳的去声合并，把泰合口跟祭废与之脂支微的去声合并了，也不合常理。

其四，中古韵母的简化与新韵母的产生。《切韵》韵母系统到了宋代已经简化，被奉为汉语语音史非常突出的现象。董同龢认为，最早显示这种变化的文献就是《四声等子》和《切韵指掌图》。就入声分配情形而见，比较起来，《四声等子》不如《切韵指掌图》系统一致。从分摄格局上看，《四声等子》"并图而存摄名"，又不如《切韵指掌图》"名实兼并彻底"。

董同龢为了说明这一点，抛开"韵目合并"情形，从《切韵指掌图》等与等的混乱局面判定简化实际：一是一二等韵混。在合口图中，庚耕列为一等，登为二等；而在开口图中庚耕是二等，登为一等，倒置。二是三四等韵混乱，比如宵韵"焦锹"入四等和萧韵的"萧"字配就是如此，精系三四等合而为一。三是二等韵和三等韵纠葛，如江韵列入合口二等，和三等阳韵混。《广韵》有290多个韵，而《切韵指掌图》四声一共153韵，减少了近一半。

其五，声母演变。知照两系三等、照系二三等、床禅混乱，都表明新的声母已经形成，这是须要注意的。

谢云飞《音学十论》（1971）有《〈切韵指掌图〉与〈四声等子〉之成书年代考》《〈七音略〉之作者及成书》两篇文章。庄嘉廷《〈切韵指掌图〉广篇》（《庆祝林景尹先生六秩寿庆论文集》851—1002，学生书局1969）、《〈切韵指掌图〉广篇总论》（编著者自印，不著年月）也涉及了相关问题。

姚荣松在董同龢等基础上，对《切韵指掌图》又进行了研究，写成硕士论文《〈切韵指掌图〉研究》（1974），对相关问题进行了深入的探讨。后来，大陆许绍早也对《切韵指掌图》进行了细致研究，新的发现不少。中国大陆学者李红博士论文《宋本〈切韵指掌图〉研究》（2006），更为深入而全面，获得了好评。

相关研究成果还有：于维杰《宋元等韵图源流考索》（1968），唐明雄《宋元等韵图研究》（1975），竺家宁《中国古代的字母和奇妙的等韵图》（《国文天地》10：71—75，1986）、《宋元韵图入声分配及其音系研究》（台湾《中正大学学报》4.1：1—36，1993）、《佛教传入与等韵图的兴起》（1995）等论著。

白右尹《宋元等韵门法研究》（2013）称，自己在考明等韵术语的涵义上下了功夫，较重要者如：所谓"重轻"，指的是反切中一、二、四等与三等对立的现象，重属一、二、四等，轻属三等；当反切上下字重轻不同时，该反切即为类隔切，必须要改读上字读音，才能切出正音。又如"归字"，意思是切字，《韵镜·归字例》即"切字例"之意，而文中所论也就是利用韵图切字的方法，是等韵门法的雏形。从《守温韵学残卷》开始，经过数百年的发展，最终形成了《四声等子》《门法玉钥匙》中的十三门法。这十三条门法处理了反切在韵图中的各种正则列字状况,而其制作原因不出"订正反切"与"处理借位"两种情况,也就是等韵门法的两大类型。在前人的研究中往往有废去某条门法的说法,但其实这十三条门法彼此互相照应,绝不可能缺少任何一条。明清以来,对等韵门法有许多负面的批评,而较少发掘其中的价值。白右尹以等韵门法的历时演变为线索,尝试解释各项门法材料的真正涵义,希望能够为等韵门法研究提供新的视角。

(二)《四声等子》

竺家宁《〈四声等子〉音系蠡测》(1973/2013)正文140页,是其攻读台湾师范大学国文研究所硕士学位论文,完成于1972年6月。

竺家宁介绍说,《四声等子》是北宋有名的音韵图表,其音韵系统既有异于《切韵》音,又与官话音不同,实为上承《切韵》音,下开官话音,承先启后之枢纽。由此材料可考见中古韵母如何发生省并、早期官话系统如何逐渐形成,故《四声等子》的研究自有其重要性。论文的内容分为下列几个部分:第一章,《四声等子》研究,论述《四声等子》时代与作者,《四声等子》编排与内容等。第二章,《四声等子》之语音系统,包括《四声等子》声母研究、韵元音值拟测、声调研究。第三章,历史之演变,论述从《切韵》至《四声等子》,《四声等子》与早期官话关系。

在竺家宁之前,有一些学者涉及了《四声等子》,比如顾实《重刻四声等子序》(1923)、罗常培《释重轻——等韵发疑二,释词之三》(《史语所集刊》2.4:441—449,1931)、赵荫棠《等韵源流》(商务印书馆1957)等。赵荫棠推测了《四声等子》写作时代,认为是辽耶律隆绪统和十五年或不迟于南宋的作品。但他们的根据大都是前人的论述包括绪言、提要和笔记材料,很少有深入而全面研究《四声等子》的。高明《〈四声等子〉之研究》(台湾《中华学苑》8;《高明小学论丛》360—399,1971)、谢云飞《〈切韵指掌图〉与〈四声等子〉之比较研究》(《学粹》9.1:12—16,1966)则很深入。在国外,比如日本,大矢透《〈韵镜〉考》(1924)第四章谈到了《四声等子》和《切韵指掌图》"二十图式"的关系,三泽谆治郎《〈韵镜〉研究》(1960)认为日本最古的写本《信范本韵镜》与《四声等子》相同。

竺家宁研究《四声等子》的基本线索是清楚的:其一,在前人研究的基础上,将《四声等子》的作者、时代、体例、门法等基本问题重新进行了梳理。比如《四声等子》时代,竺家宁以《四声等子》"序"所云"《切韵》之作,始乎陆氏。关键之设,肇自智公"之语,进一步认定:"而'智公'者,亦即为《龙龛》作序并撰《五音图式》智光也。"由此,他推断:"《四声等子》之著作时代必离《龙龛》初刊之时不远,亦即当北宋初年,其出世地点当为北方之辽境,其著作之动机在于将《龙龛手鉴》之字音归纳为图表,以便于阅读佛经时检览字音。"又对大矢透《四声等子》作于南宋的观点提出质疑(6—7页)。按,聂鸿音、孙伯君《黑水城出土音韵学文献研究》(文物出版社 2006)介绍了俄藏黑水城出土音韵学文献数种,其中包括《解释歌义》。《解释歌义》作于 12 世纪和 13 世纪之交,作者(某)可能是金代女真人。《解释歌义》提到智邦及其《指玄论》大概有十多处,这里的智邦就是智公。智公作《指玄论》与晁公武《郡斋读书志》著录的王宗彦《切韵指玄论》(三卷)、《四声等第图》(一卷)有何关系?聂鸿音、孙伯君推测,《解释歌义》出自《四声等第图》,王忍公就是王宗彦,不是他之后的100 多年的王宗道,王宗道不过是托名而已。如此,王宗彦解释智公《指玄论》而作《切韵指玄论》,《四声等第图》或《解释歌义》问题就迎刃而解了。这一推论不仅表明智公《指玄论》在 10 世纪已经出现,最为重要的是,打破了等韵门法肇自于宋人张麟之的传统说法,说明二十图式音图也是出现很早的,当在唐五代与宋初之间①。这从另一角度证明了竺家宁的判断具有引人注目的前瞻性。竺家宁由《五音图式》与《四声等子》具有相承关系进一步申论这个问题,认为"曾经宋人改订",有两个根据,即《四声等子》有"十六摄之名,如开合不计只有十三摄;《四声等子》之摄次与图次不相应,此亦显经后人改动之痕迹也"(8 页)。不由人不信。涉及等韵门法,与敦煌《守温韵学残卷》比较,认定《四声等子》门法并非首创,而是前有所承。门法渐次缜密,反映实际语音系统的剧变,这个解释也是令人信服的。

其二,作者对《四声等子》共时基本语音系统进行了有效的归纳和构拟,在一些关键性的问题上提出了独到的见解。比如声母,竺家宁认为,三十六字母于唐末之际成立,但却为宋代等韵学家所沿用,而未按宋代实际语音加以归并,这就解释清楚了《四声等子》用三十六字母标目的基本原因。

其三,具体研究时,以《四声等子》本身存在的实际语音现象为根基,审慎

---

① 参李无未《大矢透〈韵镜考〉"要说"寻绎》。

处理一些看起来不合规则的现象。比如《四声等子》归字与三十六字母不吻合问题。舌根音例就可以说明：侉，"遇摄过韵，安贺切，影母；《等子》列一等喻母"；业，"咸摄业韵，鱼怯切，疑母；《等子》列三等影母"，竺家宁说，"疑影喻三母之混淆，此三母字现代方言多读为零声母，岂《等子》已具此倾向耶？惜例证不足，难以断言也"（52—53 页）。《四声等子》唇音开合与《韵镜》《切韵指南》等韵图不合者如何解释？他以现代方言来证其真伪。比如江韵，现代方言均以失落介音[u]，似乎以开口定论，但在闽音中却可以找到合口的例证，说明《等子》是有实际语音依据的。

其四，作者把《四声等子》共时语音系统纳入到官话形成与发展的过程中考察，凸显出《四声等子》的官话语音史价值。《四声等子》居于汉语语音史何种位置？这是无可回避的问题。如何判定？竺家宁提出了一个认定思路，就是从具有代表性的《切韵》语音系统入手，纵向寻求由《切韵》语音系统向《四声等子》语音系统的递变线索，如此，音变趋势走向是否具有明确的对应关系，就成了动态变化的重要证据。看得出来，这是完全符合历史比较语言学理论"语音演化"规律探讨的基本原则的。比较的结果是，比如声母，"其不同在前者喻母可分为两类，正齿音照系字亦可分为二类；而《等子》之时代，此不同之二类早已拼合为三十六母系之系统矣"（123 页）。

竺家宁全面系统研究《四声等子》，所取得成绩是有目共睹的。但也有一些须要进一步解释的问题，比如声母，延用唐末宋初之际完成的三十六字母，只用《切韵》之四十一声类而不是三十五声母（依唐作藩《音韵学教程》，北京大学出版社 2013），是否有不相称之嫌？从《四声等子》之"归字"，已经看出了"其声纽之归类与三十六字母有参差不合者"（52 页），并且举出舌根音、舌面音与舌头音、唇音之例，为何不能够大胆归并或"剥离"而缕析出宋代实际语音的层次呢？《四声等子》声母多层次迭加明显，是须要再行费心分化出文白异读两个音系共置形式的。竺文没有做到，就留下了研究的疑问，当然，也就给后人留下了继续挖掘的空间，是值得进一步思考的。

竺家宁还发表有《〈四声等子〉之音位系统》（1994），与其《〈四声等子〉音系蠡测》关系紧密，基本上是后者的简写本，但个别地方有所修订，尤其是构拟的音值音位化思路更为清晰。

竺家宁论著发表前后，有许多学者探讨《四声等子》语音系统。李新魁

《汉语等韵学》(中华书局1983)第六章"《四声等子》一类韵图"一节认为,《四声等子》入声韵尾变为喉壁音。大岛正二《中国言语学史》(日本汲古书院1997)依据中国学者李新魁等的分析,认为《四声等子》撰述在北宋与南宋之间,它的二十图把《韵镜》《七音略》数个转图合为一个韵图,其韵类依据十六摄统括,一摄之内开合分图;声母与《七音略》一样,但排列次序有别,分四栏为四等,每等内再列平上去入。唐作藩《〈四声等子〉研究》(1989)发现该书的咫进斋本和丛书集成本在版本上有较大不同,从其语音系统等方面考察,认为它所反映出的时代特点很突出,"我们现在看到的《等子》则是根据元代的《指南》加以调整和归并的产物。所以我们认为今本《等子》的语音系统反映了宋元之间的某些语音特点。但它的成书也可能在元代"。日本学者小出敦《〈重编改正四声全形等子〉的音韵特征》(2003)也是一篇对《四声等子》修订和编撰、传承研究很有见地的论文。

其他学者的研究值得注意,比如谢云飞《〈四声等子〉与〈切韵指掌图〉之比较研究》(1964)、《〈切韵指掌图〉与〈四声等子〉之成书年代考》(1971),许世瑛《〈等韵一得〉研究》(《许世瑛先生论文集》1:161—184,1974),曾阳晴《〈四声全形等子〉研究》(台湾《中国文学研究》2:211—234,1988)等。

吴文慧《〈四声等子〉与〈经史正音切韵指南〉比较研究》(2005)从《四声等子》与《经史正音切韵指南》之体例、内容、用字、拟音等方面进行研究,以探讨二书关系和它们对中古及近代音承先启后的作用。论文共分六章:第一章,绪论,共分两节:第一节,前言,简述韵书与等韵图的关系、等韵学基本术语、等韵门法沿革等相关知识。第二节,研究方法,说明研究动机、主要参考书目及拟音所使用的系统与符号。第二章,《四声等子》之内容与《经史正音切韵指南》之体例与内容,共分两节:第一节,《四声等子》内容概述,考证韵图来源、版本、体例、韵次、门法等议题;研究发现《等子》与《广韵》在韵次的排列上有一致性,关系密切。第二节,《经史正音切韵指南》内容概述,亦分别说明作者生平、版本、体例、内容、门法等文本资料。研究结果发现《切韵指南》带有极为浓郁的中古音性质,其门法条例部分与《四声等子》如出一辙,且较《四声等子》更具系统性。第三章,《四声等子》与《经史正音切韵指南》之关系。讨论二书成书背景及其关系,透过二书与《五音集韵》的对照比较,推论《广韵》《四声等子》《五音集韵》及《切韵指南》有相承的关系,并为宋元时期北方官话的代表。讨论二书体例与内容的关系，就韵图体例、图次、韵摄所含之韵、用字等方面，深入探究二书异同；研究后发现二书图次与韵摄归并略有不同，《四声等子》与《广韵》较为接近，而《切韵指南》则与《五音集韵》相似。第四章，《四声等子》与《经史正音切韵指南》文本比较。总结前辈学者的研究成果，回顾之前学者所作的研究，并对直接相关的论文作一介绍。制作文本比较表，依据《五音集韵》反切，将二书韵图依序并排，制表对照比较，另外，也对二书图内例字略作校订的工作。总结《四声等子》与《经史正音切韵指南》例字数量，计算使用同字、同音的比例高达90%以上，确定二书在用字上有高度的一致性，强化二书的关系。此外，针对用字不同的情形，亦略作说明。第五章，《四声等子》与《经史正音切韵指南》音系比较。总结前辈学者的研究成果，对各家在音系方面的研究略作说明。进行《四声等子》音系蠡测，依据《汉语方音字汇》方言材料及竺家宁的拟音，参酌其他相关研究，构拟《四声等子》声韵元音值，并对部分语音现象加以说明。接着再进行《经史正音切韵指南》音系蠡测，参考陈新雄及林庆勋拟音及方言材料，构拟《切韵指南》音值。在声母方面，更进一步讨论"交互音"对元代语音的描述，及"并转为摄"后的语音现象，另外构拟较符合元代实际语音的音值。制作"音系比较表"，将《四声等子》与《切韵指南》音系归纳制表，并对照二书音系，探究从《四声等子》到《切韵指南》声韵调的演变。第六章，结论。总结以上各章讨论，并就《四声等子》与《切韵指南》对中古音的继承及对近代音的影响略作说明。吴文慧除确定《四声等子》与《切韵指南》的关系外，通过"并转为摄"的文本现象，对中古音及近代音的语音现象加以阐述，亦是讨论的重点之一。

　　何昆益《〈四声等子〉与〈切韵指掌图〉比较研究》（2008）自叙其体例为：第一章，绪论。第二章，旨在探讨《四声等子》及《切韵指掌图》的源流。因为这两部韵书有太多雷同之处，因此时代的考究尤其重要，作者认为《四声等子》的著成时代当在丁度、贾昌朝等奉诏编撰《集韵》成书的北宋仁宗宝元二年（1039）之后的北宋朝。至于《切韵指掌图》的著成年代，何昆益赞同姚荣松的看法，认为是书"时代晚于《等子》且当属于南渡以后之产物"。第三章，对《四声等子》及《切韵指掌图》的字母清浊提出讨论。第四章，旨在讨论两部韵图之归摄问题。考《四声等子》分为通、效、宕、遇、流、蟹、止、臻、山、果、曾、咸、深十三摄，其中宕、蟹、止、臻、山、果、曾七摄又分开合，因此全书总共为二十图。在上述十三摄之中,宕摄中包含有江摄、果摄中包含有假摄、曾摄中包含有梗摄,所以实际上共有十六摄。至于《指掌图》二十图总目看来,大致也是如此,它的前六图属独韵,不分开合,第七到二十图则别为开合,两两一组,且在并摄的情形亦同《等子》。实际上,它们内部皆是十六摄。第五章,主要讨论两部韵图的门法。《四声等子》提到了"音和、类隔、双声、叠韵、凭切、凭韵、寄声、寄韵"八法,是门法进一步的发展。再将其与《切韵指掌图》所附的"检例"相互参酌,则《切韵指掌图》不但是承袭《等子》,又有其创新增加者,其中,不但显示了韵图归字的法则,同时亦论及古今语音的差异,甚至更进一步开创了新的门法。总之,《指掌图》除了在韵图内部的安排上具有很创新的观念外,在等韵门法学史上也跟《等子》一样占有很重要的地位。第六章,关于归字比较之讨论,列举通、江、止、遇、蟹、效、果、假、宕、流诸摄,依序比较其归字,从中分析出它们的归字原则:大抵《等子》的归字较具有韵目四声相承上的考量,而《指掌图》却是呈现无相承或较不注重韵目四声相承上的考量。第七章,总结《四声等子》与《切韵指掌图》之间的关系。作者认为这两部等韵图,可以用"承袭"二字来概括说明,当然它本身也有相当程度的"衍生"。要之,《切韵指掌图》主要是承袭《四声等子》而来,再参酌相关韵书,按早期韵图的以四声统四等的方式排列;为求区别于《等子》,遂在入声的分配上以实际语音为基础进行再配置,其二十个图次的归摄、开合口列置等,也显示出《指掌图》编图者虽承袭《等子》,却有其衍生的开创特质。

(三)《经史正音切韵指南》与《皇极经世解起数诀》研究

相关成果主要有:谢云飞《韵图归字与等韵门法》(1968)、《〈明显四声等韵图〉之研究》(台湾师范大学国文研究所 1968),洪固《〈经史正音切韵指南〉之研究》(1970),于维杰《宋元等韵源流考索》(1968)、《宋元等韵图序例研究》(1972)、《宋元等韵图研究》(1973),林庆勋《〈经史正音切韵指南〉与〈等韵切音指南〉比较研究》(1971),高明《〈经史正音切韵指南〉之研究》(新加坡《南洋大学学报》6:1—18,1972),曾若涵《"通广局狭"在〈切韵指南〉格式中的意义》(2008),孔仲温《〈辨四声轻清重浊法〉的音韵现象》(1991),竺家宁《论〈皇极经世声音唱和图〉之韵母系统》(1983),陈弘昌《藤堂明保之等韵说》(1973)等。

陈梅香《〈皇极经世解起数诀〉"清浊"现象》(1995)与《〈皇极经世解起数

诀〉之音学研究》(1992)都是以《皇极经世解起数诀》为研究的对象。陈梅香称,《皇极经世解起数诀》是祝泌以"声音"等韵来卜卦的工具。祝泌将这些网罗在天地万物之间的声音,通过等韵学的专门系统,与一般人周遭所发生的事情、天地之间的变化作一紧密联系,这对于人所未知或不知其所以然的现象,的确提供了一种新的解答方式。祝泌所使用的等韵图原只是作为术数卜卦的工具,并不是纯然为分析字音而做,所以一般等韵学者对于这与术数结合的等韵图便有所忽略。近些年来,除陆志韦、罗常培、竺家宁、李新魁、马重奇等人针对其中特别的现象做过相关的研究之外,鲜有专家做全面的探究。在宋元等韵图所存不多的今日,《皇极经世解起数诀》实不应只认定为术数卜卦的工具,应与其他等韵图一视同仁,如此,通过该书的研究,或许能对于等韵学史上的一些重要现象与问题获得更全面的呈现与讨论。论文内容计分为六章:第一章,绪论,主要对于作者、书名、成书时间、书的版本等问题和书的形成背景,做一个概述和探索;第二章,对于声音为何可以作为卜卦工具的原因,尝试从符号学的立场加以诠释;并对于书内所呈现出来的若干音韵观念加以辨析,希望对于韵图的内容能有提纲挈领的效果;第三章,针对韵图的编排方式加以分析,以求对韵图的内容有所掌握;第四章,针对韵图编排所呈现特殊的现象进行较为深入的探讨,希望从中了解语音演变的轨迹;第五章,对韵图所表现出来的语音状况加以拟测,以明其梗概;第六章,结论,综述本书在等韵学上的价值。

二、明清等韵图

(一)明代等韵图

1.明代等韵图综合性研究

林平和《明代等韵学之研究》(1975)说(1—3页):

　　等韵之学,辨字母之清浊,别韵摄之开合,按等寻呼,据音定切,以考人声自然之音,亦以进一步说明反切之法。因其主要表现反切图,故称为等韵图;若未谱成图表者,则号曰等韵书。等韵本是审音之学,亦即字音分析之学,傥能晓畅等韵,则可以借考古音,并探研今音……明清之际,等韵鼎盛。此期等韵学家,容或不满宋元韵图门法之烦琐,以及反切之弊端，故提倡等韵之革命，废除门法，变等为呼，改良反切，并特重时音……
而研究明代等韵者，民国以降，虽有陆志韦之《记兰茂〈韵略易通〉》《记徐
孝〈重订司马温公等韵图经〉》《记毕拱辰〈韵略汇通〉》《金尼阁〈西儒耳
目资〉所记的音》，赵荫棠之《读叶秉敬〈韵表〉札记》《〈字学元元〉述评》
《明清等韵之北音系》《等韵源流》，刘德智之《〈韵略易通〉中入声字与
〈广韵〉入声字的比较研究》，庄惠芬之《〈韵略汇通〉与〈广韵〉入声字的
比较研究》，詹秀惠之《〈韵略易通〉研究》等。然或囿于入声字之探讨，或
单篇之论文，或与清代并论，杂糅寡要，又有疏漏，而独明代等韵学之综合
研究，则阙如也。又中国之语音，至有明丕变，官话通行，韵少声简，可谓
今日国音之远祖。今为阐述明代时音，探究中国语音之演变，追溯国音之
源，以补等韵学体系研究之阙，则明代等韵学之综合研究，实刻不容缓，故
有撰述本篇之志焉。

　　基本体例是：序；凡例；目录。第一章，绪论。第一节，明代等韵学综述；第
二节，明代等韵学之特质。第二章，等韵图之研究。第一节，声母存浊系统韵
图；第二节，声母化浊入清系统韵图；第三节，外籍人士拼音韵图——金尼阁
《西儒耳目资》。第三章，等韵书之研究。第一节，邵光祖《切韵指掌图检例》；
第二节，释真空《篇韵贯珠集》与《直指玉钥匙门法》；第三节，王应电《韵要粗
释》；第四节，吴元满《万籁中声》；第五节，吕坤《交泰韵》；第六节，潘之淙《切
韵》；第七节，吕维祺《音韵日月灯》。第四章，结论。明代等韵学之成就；明代
等韵学之得失；清代等韵学之先驱；民国时国音之祖源；存疑与未见之诸说。
附录：本篇主要参考书目。
　　林平和《明代等韵学之研究》是台湾学者所写第一部专门研究明代汉语
等韵图的综合性研究著作。它的特点是：分类意识明确，按照等韵著作的内
容、形式加以区分，有三个系统：体例、内容与宋元等韵图相似，而仍存在全浊
声母的，称为"声母存浊系统韵图"；如果依据当时的北方官话语音，并"分母
别韵，亦谱成图表，而全浊声母演变为清音者"，称为"声母化浊入清系统韵
图"；至于外籍传教士，采用罗马字母之拼音法，借以分析汉音，而又列图表说
明者，则谓之"外籍人士拼音韵图"。这种分类方式突出了语音标准，尤其是
强调了金尼阁《西儒耳目资》所具有的划时代意义。从明代等韵学对清代韵

图的影响入手,看清代等韵学家分韵立母、等韵理论、术语代称颇多本于明代等韵学的基本事实,线索十分清楚。对明代等韵学著作的弊端也看得很清楚,比如比附阴阳五行、五音、五脏、五常、干卦四德、四季,或音韵、治历、律吕的观念,偏离了基本的语音特性等。但该文和应裕康《清代韵图之研究》(1972)一样,也是没有充分吸取永岛荣一郎《近世支那语特别是北方语系统音韵史研究资料》(1941)长篇论文成果,因此有些等韵图的论述明显过于宏泛。

王松木《明代等韵之类型及其开展》(上、下)(2011)是其攻读台湾中正大学中文所博士学位论文。全书分为九章:绪论;等韵学史及其诠释模式;拼读反切、辨明音值的音表;杂糅象数、阐释音理的图式;假借音韵、证成玄理的论著;明代等韵学的开展;结论。

这部著作不同于以往学者研究明代等韵学仅仅以追求描写音系、究明“音变”方式为目的的模式,而是力图从全新的汉语音韵学史视野重新阐释明代等韵学历史,建立一种新的研究范式。在“绪论”中,作者已经说得再清楚不过了(9页):

> 本文写作目的有两点:一是探究明代等韵学家思考音韵问题、分析音韵现象的演进历程。本文从类型学与发生学的角度切入,分析个案之间共时的类型差异及其历时的谱系关系,进而厘清明代等韵学的发展脉络,为全面建构汉语等韵学史做准备;二是针砭现代汉语音韵研究科学主义取向所衍生的盲点与弊病,改换不同的观点,采用新的研究模式,企图重新联系汉语研究的人文传统,以彰显出汉民族音韵分析的特色。

为了达到这个目的,作者在研究的理论与方法上有意识地进行变革,用他自己的话说,全文主要涉及的理论与方法可以概括为三部分:其一是孔恩(Thomas Kuhn,中国大陆译为“库恩”)科学革命论;其二是文化语言学——对科学主义的反动;其三是认知语言学——隐喻(metaphor)理论。

取孔恩科学革命论为指导意识,目的是在“哲学方法论”上有所依托,从“典范”(中国大陆译为“范式”)理论入手,借以阐明科学发展的动态图式,进行思维模式和世界观的变革。而取文化语言学,以继承、发扬传统语文学的精华为目标,力求扭转现代语言学过分偏向科学主义的弊端,使汉语研究不再局限于狭隘的纯形式分析。而取认知语言学,则考虑参照主观的经验及个人的隐喻概念体系,将音韵术语隐含的等韵学家看待音韵系统的角色和方法确切意蕴挖掘出来,由此掌握音韵学观念递嬗演变的动态历程,勾勒出等韵学家开展学术活动的历史脉络。

在这样的研究观念支配下,《明代等韵之类型及其开展》(上、下)取得了明显的成绩:

其一,试图建立有关汉语等韵学史趋势的观察模式。其中比较典型的是搭建"从符号学观点诠解韵图架构":主要是关注韵图作者的主观意念、韵图的形式框架、音系的复合性质(42—62页)。韵图作者的主观意念包括社会背景——心学盛行与思想解放;哲学预设——"援易为说"与"援以入易";历史条件——西方音学观念的输入;心理因素——"声音本源"与"正音观"。而韵图的形式框架,则注意编排体例、等韵术语、反切条例三方面,其中编排体例研究最为突出。比如指出邵雍数学模式在明清时代的影响,认为其影响力在东亚十分广泛。邵雍以"天有定数,音有定位"的观念出发来研究等韵、创制韵图,这类韵图编撰目的并非专为客观记录某一特定的音韵系统,而是在象数之学的逻辑基础上,以建立普遍性的音韵体系为目的。认识到这一点很重要,王松木的结论是清楚的:"由于受制于既定的语音框架,明代部分韵图的编排方式背离了实际语音,与现今方言调查的客观记录大异其趣。今人若未能深入考察编排的理论基础,而仅凭作者的生平与籍贯,便遽然断定韵图反映某地方音,则推论的真确性如何?实在是令人质疑。"(51页)这与日本学者平田昌司《〈皇极经世唱和图〉与〈切韵指掌图〉——试论语言神秘思想对宋代等韵学的影响》(日本《东方学报》56:179—215,1984)对《皇极经世唱和图》与《切韵指掌图》语言神秘思想研究相接续,几句话便点中研究的要害之处。这是一项很重要的汉语等韵图研究思考问题方式的突破。

其二,王松木对等韵文献的分类超越纯"音图制作"语音描写模式,而是以观念、形式、音理多重视角审视。比如第三章,梳理韵图音理,突出音系符合特征,于是就有了反映读书音音系的韵图、口语标准音系韵图、北方音系韵图之别。尽管如此,南方官话音系韵图置于何地却并不清楚。研究杂糅象数,阐释音理图式,则以哲学思想介入为主,不局限于韵图,而是"形制"与相关韵书、构架理据等文献结合探讨,确实不同于以往的等韵文献研究。

其三，王松木由围绕韵图的"观念、形式、音理"起始，进一步将韵图研究延展到其所具有的社会功能上，在突出其文化映像作用等开放系统视野中加以论述。比如僧徒转唱佛经、士子科举赋诗、哲人证成玄理、域外学人学习汉语，都和韵图有关。这其实是拓展等韵学时空间范畴的做法，展现了未来研究等韵学的美好前景。

但作者并不因此而沾沾自喜，而是清醒地看到研究汉语等韵学所面临的隐忧，即"瓶颈"已经凸显。其实，不仅仅是汉语等韵学，就是整个传统汉语音韵学也面临着新学科、新技术、新思潮的挑战。王松木从两个方面印证"瓶颈"的事实存在，即汉语音韵学论文发表的篇数的增长率逐渐下降，以及汉语音韵学研究人员未能有效扩增（347—352页）。这直接影响到了汉语音韵学的发展进程，压缩了汉语音韵学的正常生长空间。造成这种状况的原因十分复杂，外部因素，比如汹涌如潮的新观念冲击，新的技术革命带来人们对汉语音韵学的曲解和偏见；内部因素，汉语音韵学学科内涵容量有限，观念陈旧，不适应新的时代要求等，也都是值得注意的。由此，逼使汉语音韵学学者寻求新的出路，也是势所必然。王松木在"寻求另一个新典范"方面进行了探索，其中，走向语言类型学"共性"认知，以及多学科的整合，蕴含了他的新思考意识，是值得汉语音韵学学者关注的。

王松木关注韵图作者的主观意念，包括社会背景，肯定是正确的选择，而且也已经在实际操作中积累了不少经验。但其中一点还让人疑惑，就是如果仅从心学盛行与思想解放角度去论述明代等韵学是不是过于宽泛，对其他制约因素的论述还有嫌不够突出。我们认为，中国历代政治等制度因素也不可忽视。日本学者平田昌司唐代科举制度与《切韵》一系韵书关系，以及清代鸿胪寺"正音"制度等研究颇为引人注目。韵图与韵书相辅相成，韵图编撰的教育制度因素作用很大，也应当是须要重点关注的内容。

2.明代等韵图个体性研究

王松木《〈西儒耳目资〉所反映的明末官话音系》（2011）是其硕士学位论文。诚如王松木自己表述的那样，研究金尼阁《西儒耳目资》的目的很明确，即以《西儒耳目资》为主要材料，构拟出明末的官话音系；兼谈西儒的音韵学原理对传统汉语音韵学的影响，并希望经过此次的研究，描述现代国语的源头，而能对共同语的语音发展史建构有所说明（1—4页）。

全书分为九章:绪论;《西儒耳目资》背景;《西儒耳目资》记音方式;《西儒耳目资》声母系统;《西儒耳目资》韵母系统;《西儒耳目资》声调系统;《西儒耳目资》基础音系;《西儒耳目资》在汉语语音发展史上的定位;结论。

研究《西儒耳目资》的学者不少,比如早期的罗常培有《耶稣会士在音韵学上的贡献》(1930),接着,陆志韦发表《金尼阁西儒耳目资所记的音》(1947)。藤堂明保《从官话形成过程看〈西儒耳目资〉》(1952)就其官话地位问题进行了详细探讨。后来,谢云飞、林平和、李新魁、曾晓渝、张卫东、太田斋、耿振生、张维佳、孙宜志等又相继探讨。王松木在各位学者的基础上对《西儒耳目资》进行研究,主要成绩是:

一是在研究《西儒耳目资》理论和方法上有所突破。除了利用求音类法、求音值法等学者们常用的一般方法之外,注意运用历史比较法,即探讨断代连续式音变。在前人拟测的基础上,依据历史比较法的原则,利用文献数据、方言调查数据,对《西儒耳目资》连续式音变形式进行探讨。还运用词汇扩散理论探求《西儒耳目资》离散式音变情况,吸取徐通锵(1991)研究成果,比如认为疑母若干字"一字兼含两读"("吾、伍")正是经由词汇载体渐次扩散的结果。徐通锵与王洪君还提出了"迭置式音变"理论,王松木以之为视角,探求《西儒耳目资》"文白异读"现象,认识到《西儒耳目资》"文白异读"共置,是一个共时音系中迭置两个音系的"整体",并和杨耐思"音系剥离法"对应,动态解释"文白异读"共置原因。对音系的描写还注意贯彻"区别特征理论"和"生成音系学理论",将繁琐的语音演变过程转换成简明的公式。

二是强调《西儒耳目资》标记理论和标记方法上的独特贡献。王松木设专章讲"《西儒耳目资》记音方式",表明了他对《西儒耳目资》标记理论和标记方法的独特性予以了强烈关注。有意思的是,他从《西儒耳目资》术语体系入手谈标记问题,比如"同鸣、自鸣、字父、字母、字子"等。这些术语是标记符号形式制作的概念前提。王松木之前学者一般仅就《西儒耳目资》标记符号内涵加以界定,并说明他是汉语等韵图中最早运用罗马字母标记的著作之一,而他则以这些标记符号的来源为"敲门砖","比较金尼阁所遣用的标音系统与早期标号系统间的异同,冀能经由标音符号的沿革,窥探出西儒对汉语音位辨析的进程"(42页)。作者借鉴罗常培、杨福绵成果,研究了利玛窦和罗明坚《葡汉辞典》、郭居静和利玛窦《西文拼音汉语字典》、利玛窦《西字奇迹》,认为与之相比,金尼阁标音符号的优势有两点是突出的:金尼阁标音符号对前人的修订更为精确和适切,这是一个不小的进步;已经具有了严格"音位标音法"准则,建立了一整套汉语音位标记系统,提升了这些标记符号对汉语音位的描写能力。此外,还有"四品切法",反映了"音素拼切"原理,遵循了"以反切为基点又不拘于反切而灵活变通"的框架模式,做到了"析音精细、切法明捷",改良反切"过渡期"的思维方式独特,在汉语语音标记史上写下了浓重的一笔,这就科学地认定了金尼阁在汉语音韵学史上的准确"辉煌"定位。

三是探求《西儒耳目资》语音系统,打破常规,描写与解释共举,内证与外据同现,视野非常开阔。王松木对《西儒耳目资》语音系统描写,以共时特征为本位。比如对声母的描写,认定金尼阁《等韵三十六字母兑考》仅能概略地体现近代官话声母的系统演化大势,却无法显现细部的音变规律,所以就要另辟蹊径,比如通过分析《列音谱》《音韵经纬全局》的记音来描写音变实际状态,并寻求造成音变的深层次语音条件,比如浊音清化、知庄章合流、非敷奉合流、零声母范围扩大等音变规律。但解释这类现象,辅之以外证是不可或缺的,比如零声母范围扩大,涉及"疑影并存"问题,除了分化条件,像疑母开口洪音读为[ŋ],开口细音、合口细音读为零声母,合口洪音则分别读为[ŋ]和零声母之外,朝鲜译音文献,比如《四声通解》《翻译老乞大/朴通事》等谚文证据也是必不可少的。把它们看成是词汇扩散的痕迹,在解释上,理论依据也十分充分。

再比如《西儒耳目资》声调,虽然也区分调类,有清平、浊平、上、去、入五种之别,但把它纳入到近代汉语声调发展的趋势中认识,同意日僧安然中古音声母清浊而造成"八个调形"调值的说法,认为"分化"与"合并"并不是截然对立的:在调位分化的表层下,蕴含着调位变体的合并,且随着方言音韵系统的差异而有不同的发展(123页)。对《西儒耳目资》"调位的共时描写",强调金尼阁的特殊贡献,就是调值的高低、声调的对比"见异"差别。王松木引用范方济(Francisco Varo,1627—1687,大陆译为瓦罗)《官话语法》(1703)对调形殊别的描写,以及在具体语境阐述调位间差异理论,确认金尼阁官话声调描写的客观性,再结合王士元声调理论,由此定位《西儒耳目资》声调特征树形图。至于对《西儒耳目资》调值的拟测,以江淮官话为参照,有:清平调44/33、浊平21、上声42/31或41、去声35、入声24。王松木还对鲁国尧(1985)将阳平、入声拟为曲折调的不合理性进行了说明,同意郑锦全的意见,强调语言类型学对检验声调结构类型的重要意义(133—139页)。

四是抓住"异读",揭示《西儒耳目资》呈现的语音层次与叠置形式特征。日本学者藤堂明保在《从官话形成过程看〈西儒耳目资〉》(1952)一文中称,《西儒耳目资》不是记载单一方言的语音著作,既有北京正统官话,又兼载晋陕官话。王松木以之为起点,又参考《洪武正韵》与《韵会小补》等文献发掘材料依据。而涉及具体的语音系统问题,比如声调,王松木对陆志韦"北京话""浊上归去"过程处于不稳定的两读阶段的观点表示不同意见,认定《西儒耳目资》属于晋陕官话调型。声母方面,舌齿音二、三等有合流倾向;禅与神、邪与从混同;存在疑母;微母[w]存在。韵母方面,[-m]韵尾消失;一二等唇音混同,例如[pao]与[mao]合流;止摄三四等唇音混同;效摄三四等隂[ieu]→[iau]转化,等等。王松木指出,《西儒耳目资》涉及的古官话与近代官话语音问题很多,语音层次尤其复杂。

太田斋《推测〈西儒耳目资〉编纂过程的线索》(1997)和《推测〈西儒耳目资〉编纂过程的线索(续)》(1997)对服部四郎(1946)关于《西儒耳目资》编纂受中国韵书《洪武正韵》等的影响问题作进一步考订,涉及《译音首谱》、《洪武正韵》、《列边正谱》、毛晃《增韵》等韵书和《西儒耳目资》编纂的关系,非常具体;同时,也就异读语音层次的多向性展开了谈论。北京语言大学张维佳、郭书林《〈西儒耳目资〉异读及其反映的文白异读》(2010),以及孙宜志《从知庄章的分合看〈西儒耳目资〉音系的性质》(2010)等也涉及了这个问题。

王松木与这些学者的研究既有相承的一面,又有不同的一面。一个重要的特点就是,利用徐通锵与王洪君"叠置式音变"理论,对《西儒耳目资》语音"叠置式"性质进行了确定,理论色彩更强。比如对异读声母厘定四种类型,其中知庄分化比较典型,读[ts],兼读[tʃ],可以解释为以南京型为主,同时杂糅了北部官话济南型的特征。异读韵母,也存在着四种类型,其中第三种类型[ho]和[huo]多为中古屋、沃、没韵的牙喉音字,很像是处于过渡音不稳定状态,但实际上也是杂糅了南北官话的语音特征。王松木认为,这些异读无法从语音纵向的历时演化来解释,应当是方言音系横向叠置的具体体现。这种分析,反映了王松木不同于前人而善于进行理论性思考的倾向。

王松木还有《从明末官话记音资料管窥〈西儒〉中介语音系》(2005)、《谈音说类——明末清初中西音韵学的相遇与对话》(2005)等论文与此相关。

简宏逸《场所、影像、词书编纂:金尼阁的教育背景如何影响〈西儒耳目资〉》(2010)与一般学者研究角度不同,根据《西儒耳目资》出版的历史文化背景,重新思考编者金尼阁(Nicolas Trigault,1577—1628)的教育背景如何影响这本字典的架构,并就传教士教育背景对语言分析的影响提出新的见解。其研究发现,金尼阁和其他耶稣会传教士在养成过程中所接触的记忆术和字典编纂有相同的功能,可以提供金尼阁编纂《西儒耳目资》的基本架构;文艺复兴时期所流行的结合术(the Combinatory Art)则提供金尼阁分析汉语音系的架构;接着金尼阁将欧洲既有的字母排列法(alphabetization)修改成独特的汉语拼音排列法。除此之外,金尼阁和他同时期的欧洲人一样,都把汉字视为表意图像,并且将汉字联想成东方的埃及象形文字。这样的想法让金尼阁把汉字放入由罗马字母组合、标记而成的空间中,成为《西儒耳目资》成型过程中的关键要素之一。

李春永《吕介孺及其音学研究》(2006)称:吕介孺(1587—1641),河南新安人,明万历四十一年(1613)进士,官至南京兵部尚书,学问渊博、著作等身,一生创立五书院,从游者多达数千人。现存著作有《音韵日月灯》《四礼约言》《孝经本义》《孝经大全》《存古约言》《明德先生文集》等,于经学、理学、文学均有造诣,其中尤以音学,堪称独步,于政坛与学界均具极大影响力。《音韵日月灯》系呈现吕介孺心目中正音的巨著,分卷首四卷、《韵母》五卷、《同文铎》三十卷、《韵钥》二十五卷,共六十四卷。该书声采三十六字母,韵分一百十八韵,以中古开合四等分析韵母,调主"平、上、去、入"四声。究其研究主旨,就是吕介孺之生平及其音学。

李春永全文十二章:第一章,绪论。叙述撰写本论文的动机、目的、材料及方法。第二章,吕介孺之家世及生平。第三章,吕介孺之师承、交游及门人。第四章,吕介孺之学术。第五章,《音韵日月灯》之内容、版本及前贤之评论。第六章,吕介孺之音学观念:分"声学"与"韵学"两部分阐释吕氏声韵主张。声学观念包括"七音说、清浊说"和"声主三十六字母";韵学观念包括"四等说"和"开合说"。第七章,《音韵日月灯》之声母系统。陈述吕氏三十六字母之内容,揭橥其声母所呈现的特殊现象,并分别为之拟音。《音韵日月灯》声母:牙音:见、溪、群、疑;舌音:端、透、定、泥、知、彻、澄、娘;唇音:帮、滂、並、明、

非、敷、奉、微;齿音:精、清、从、心、邪、照、穿、床、审、禅;喉音:晓、匣、影、喻;半
舌音:来;半齿音:日。《音韵日月灯》声母所呈现之特殊现象:泥、娘相混;知
系与照系相混;非、敷、奉相混;床、禅相混;精系与照二系相混;浊音清化;零声
母化。第八章,《音韵日月灯》之韵母系统及声调。陈述其所分一百一十八韵
的内容,并加以拟音;继而呈现其韵母的特殊现象:东、冬、庚、青、蒸相混;江、
阳相混;支、微、齐、灰、质、陌之昔、职相混;灰、泰、佳相混;鱼、虞、虞之模、尤相
混;萧、肴、豪相混;真、文、元之魂痕、侵相混;元、寒、删、先、覃、咸、盐相混;麻、
佳合口相混;入声韵相混。其声调分平、上、去、入四声;平声不分阴阳;浊上变
去。第九章,《音韵日月灯》与明代官话音系之比较。通过与明代官话音系的
比较,呈现《音韵日月灯》的语音特色。第十章,《音韵日月灯》与"存古音系韵
书"音系之比较。通过与《字学元元》《元音统韵》音系的比较,呈现《音韵日月
灯》于存古音系韵书中的地位。第十一章,《音韵日月灯》与"诗韵系统韵书"
音系之比较。通过与《古今韵会举要》《韵表》音系的比较,呈现《音韵日月灯》
于诗音系统韵书中的地位。第十二章,结论:分"吕介孺生平总论"与"吕介孺
音学总论"两部分概括。

相关成果还有:王松木《韵图的理解与诠释——吴烺〈五声反切正均〉新
诠》(2004),吴杰儒《有关兰茂〈韵略易通〉的几个问题》(《大仁学报》12:35—
42,1994)、《兰茂〈韵略易通〉之声母系统》(《屏东商专学报》3:147—181,
1995),刘德智《〈韵略易通〉与〈广韵〉入声字比较研究》(台湾大学硕士论文,
1968),庄惠芬《〈韵略汇通〉与〈广韵〉入声字比较研究》(《淡江学报》8:45—
81,1969),宋韵珊《〈韵法直图〉与〈韵法横图〉音系研究》(高雄师范大学硕士
论文,1994)、《论〈韵法直图〉的呼名指涉》(台湾《中正大学中文学术年刊》
10:191—210,2007)、《明代韵书韵图的编纂与出版传播》(《中国语言学集刊》
6.1:93—120,2012)。

赵恩梃《吕坤〈交泰韵〉研究》(1998)称,《交泰韵》为明代万历三十一年
(1603),吕坤(1536—1618)所撰的北方官话的韵图。此书最大的特色为废除
门法与改良反切法,而根据当时的河南宁陵方言来表现明代北方官话的语音
系统。全文共分为七章,其纲要如下:第一章,前言。略述研究《交泰韵》的动
机;列出诸家学者的研究成果,比如赵荫棠《等韵源流》、藤堂明保《17世纪开
封方言——吕坤〈交泰韵〉》等。第二章,吕坤的生平及著述。概述吕坤的家

世及生平;介绍吕坤的学术著作及台湾所藏的《吕新吾全书》四种。第三章,《交泰韵》体例。列出《交泰韵》的内容目录;介绍在《交泰韵》中所看到的反切法与排列原则。第四章,《交泰韵》与中古音类的比较。对中古声韵与《交泰韵》的关系,即从中古音到明代官话的音韵变化情形进行分析。《交泰韵》声类:全浊清化;中古的非、敷、奉母合流;中古的知、照、庄系合流;中古的影、疑、为、喻母合流;中古的泥、娘、日母部分合流;微母独立。《交泰韵》韵类:中古的[-n][-m]尾合为[-n]尾;中古的[-t][-p]尾合为[-t]尾,真侵韵合为真韵、先盐韵合为先韵;中古的[-t][-k]尾合流、勿与屋通、质与戚通、曷与药通、屑与格通。《交泰韵》声调现象:入声分阴阳(共有六个声调)、平与入相近、阴与阳同入、异平同入、外借内入。同时,利用吕坤的诗文用韵与《交泰韵》比较,作为拟测音系的依据。第六章,《交泰韵》音系。依《交泰韵》的声类与现代商丘方言的声母,拟测《交泰韵》的声母系统;按照吕坤诗文通押的次数统计、明代官话韵图以及商丘方言的韵母,拟测《交泰韵》的韵母系统;说明《交泰韵》的声调现象与入声的音值。第七章,结论。评论吕坤《交泰韵》的优缺点与其在音韵史上的价值。

吕昭明《关于〈重订司马温公等韵图经〉研究上的一个关键问题》(第二十六届台湾声韵学学术研讨会,彰化师范大学2008)也很重要。

关于《韵通》研究,有柯佩君《〈韵通〉声母研究》(2005)、庄雅智《〈韵通〉音系研究》(2008)等。

庄雅智(2008)介绍,《韵通》一书主要内容为44幅韵图,是一部等韵学著作,作者是明末安徽芜湖人萧云从。历来的研究大多仅为大范围的概略式观察描写,无深入作细部的音韵现象探讨描写。为了确切掌握全书所呈现的音韵特点,庄雅智首先将《韵通》与中古音相互对应比较,找出《韵通》音韵的中古来源,并选择相关的音韵材料与《韵通》作参照,以考察《韵通》的音韵特点。其次,《韵通》44部韵图的架构与《韵法直图》相同,且两者时代相近,可以作为研究的参考。最后以作者籍贯所在的江淮官话芜湖方言为基础,参酌同时代相关的音韵著作,为《韵通》构拟音值。

庄雅智观察到《韵通》的声母特点有:1.全浊声母的清化;2.中古影云以疑微合流;3.中古知章庄系合流;4.中古非敷奉合流;5.尚未腭化。韵母的特点则有:1.开齐合撮四呼的形成;2.舌尖元音的产生;3.三个鼻音韵尾开始合流,塞音韵尾对立消失,弱化为喉塞音韵尾;4.中古臻深梗曾摄合流、山咸摄合流、江宕摄合流等。声调方面有:平分阴阳、浊上归去、仍保留入声。《韵通》中的语音现象与现代芜湖方言的语音特征大多相符,反映了芜湖方言的历史面貌及其演变的历程。此外,此书包含了作者欲呈现的古音成分,其性质属于复合音系。

金周生《从〈韵通〉注音论其归字的谬误》(2013)介绍,《韵通》是明末清初安徽芜湖萧云从所写的韵图,列5声、20母、44韵。一些学者认为其表现江淮方音,或以为表现明清北方的口语系统。金周生通过《韵通》的注音与归字,找出书中大量错误归字与列图失当之处,并一一说明其理由,并且认为作者实在不具备完整而正确的音韵观念,因此,书中呈现的图表,应不足以证明其语音属于当时任何一种音系。该文观点十分鲜明、新颖,反映了作者研究《韵通》注音的审慎态度。

张诠杰《〈并音连声字学集要〉作者与前承关系考》(台北市立教育大学中国语文学研究所《研究生学刊》6:177—205,2006),许煜青《〈并音连声字学集要〉音系研究》(台湾中山大学硕士论文,2007),陈婉欣《〈青郊杂著〉之反切研究——以东韵为例》(第十五届所友暨第二届研究生学术讨论会,高雄师范大学2008),陈圣怡《〈切韵声原〉"十二统"音系研究》(台湾中山大学硕士论文,2004),从培凯《论陈宗彝〈音通〉的音韵观念及方言现象》(《语文教学暨第三十四届台湾声韵学研讨会论文集》445—461,台北教育大学2016),李柏翰《〈大乐元音〉的音韵特点及其对马自援〈等音〉的承袭》(《语文教学暨第三十四届台湾声韵学研讨会论文集》515—530,台北教育大学2016)等的研究也十分重要,都把挖掘韵书或韵图"时音"或"方音"以及文献之间关系作为重要目的。

李佳娟《〈元声韵学大成〉音韵问题研究》(2009)认为,研究明清等韵著作,必须解决的问题便是韵书的归类,归类的方法不外乎观察声韵调等语音现象在各韵书中的表现:趋近于任一方言,便视为该方言区的韵书;若表现存古语音现象,便视为与《洪武正韵》同类的书面音系;一旦韵书同时兼具两方特色,音系的归属便众说纷纭而莫衷一是,《元声韵学大成》即是一例。

《韵学大成》历来被视为书面音系或吴方言韵书,皆由于其书中声韵调特征着实显现出既带有读书音系,又带有方言色彩的归字特征,如声类可以观察出从邪相混、禅日相混、日娘相混等吴语声母特征,也同时具有浊音清化、疑母消失等官话特征,而最大的争论点在于全浊声母的保留。"有帮滂並、端透定、见溪群三级分法为吴语的特征"是赵元任(1928:1)为现代吴语所画下的一条语言线,作为区别吴语与其他方言的最大特征,只是明清书面音系的韵书中也同样有此项特色,要判别这类归字特征究竟表达哪一类音系,得通过其他声类的归字一同观察,才能有正确的认识。而且韵母的归字情形比声母复杂得多,仅从分韵现象或部分归字特征判定音系归属,往往过于武断,音类分合现象在各个方言中有其独特之处,可视为该方言音系主要特征。故李文以《韵学大成》归字特征作为考察主体,试图从其音类分合演变的角度,观察其音系归属,希望通过具体而深入的研究方法,将以往模棱两可的语言现象一一厘清,对复杂的音系面貌能重新认识与理解。

李佳娟指出,由《韵学大成》的声类归字特征与其他现象分析后可知,虽然该书有突出的吴语特征,但合并奉微、从邪、日禅、匣喻等声类的对立情形一同观察,《韵学大成》的声类归字特征表现出读书音音系的语音现象,这类读书音音系进入方言区后,染上方言色彩,使得声类带有显著的吴语特征。通过《切韵》前[a]后[ɑ]元音在书中的分合情形,可以得出山咸摄一二等与宕摄三等刻意独立的结果,表现出读书音与苏州话两类音系叠置的状态,也暗示了入声韵尾[-p][-t][-k]三分格局的崩溃。声调虽然出现次浊上归去的现象,但清浊有别,阴阳不分的声调特征表示《韵学大成》仍不脱平上去入四声分立的传统格局。

研究《元声韵学大成》的还有吴蕙君《〈元声韵学大成〉音系研究》(世新大学硕士论文,2009)、郑雅玲《〈元声韵学大成〉研究》(台北市立教育大学硕士论文,2009)等。大陆则有邹德文《〈元声韵学大成〉研究》(2004)等。

李昱颖《〈音声纪元〉音系研究》(2002)也是一篇重要的硕士论文。其体例为:第一章,绪论。第二章,《音声纪元》背景概述。作者版本成书相关问题论述、《音声纪元》成书背景、《音声纪元》重要术语解释。第三章,《音声纪元》的编排及及音论分析。图格分析及音韵结构、归字的排列及依据、《音声纪元》音论分析。第四章,《音声纪元》的声母系统。声母概说及系联、声母归属现象讨论、声母分论、声母音值拟测。第五章,《音声纪元》的韵母及声调系统。韵母概说、韵母之比较、《音声纪元》的韵母现象讨论、韵母音值拟测、声调之讨论。第六章,《音声纪元》音系问题探讨。共时音系之论述、《音声纪元》音系之推定。第七章,结论。本文研究综述、论题的问题与深入。

李昱颖的研究目的十分明确,即剖析各个断代的共时平面音系,进而推求语音历时演化规律。因此,他力图构架吴继仕的语音理论及创作动机,探求其书的音系特质,构拟音理系统,并以此为基点,上溯宋、元语音,下推现代音,以观其中音变大势。《〈音声纪元〉音系研究》与以往的研究还有不同点,即从例外现象来看当时方言及音变现象;从个别字音来看类化现象。比如"棍"字应属匣母,但却与属于见母的"昆"字同处于"光"声底下,这就是属于受制于"一种发音被另一种音吸引,而脱离了正轨,变得和那个音一样"的"类化作用"造成的结果。中国大陆学者娄育《〈音声纪元〉研究》(吉林大学硕士论文,2006)则从文献与语音两个角度考察,力图全面反映它的学术价值。

彭于纶《陈荩谟音学思想之研究——以〈皇极图韵〉和〈元音统韵〉为主》(2013)指出,陈荩谟为明末清初重要的易学思想家与音韵学家,而《皇极图韵》和《元音统韵》为其音韵学著作。二书与其他等韵著作最大的不同,在于加入作者主观的创作意念,掺杂浓厚的象数气味,如书中常常掺揉着阴阳、五行、象数等思想。二书所记载的语音材料主要收录于书中韵图《四声经纬图》与依据韵图加以扩大收字的《统韵》中,而特别的是书前有大篇幅阐述自己的韵学观点。历来对《皇极图韵》和《元音统韵》的研究多着重于二书的音韵特征探讨,对于其基础音系的了解仅止于混合型的音韵系统,却没有深入探究各个音韵特点;此外,二书中除了记载语音材料的韵图之外,更有不少援引象数易理的"易图"作为书中音韵系统的说明,而前贤大多舍弃不谈。因此,彭文旨在探讨陈荩谟如何透过图例的方式,展现其"象数"与"音韵"思想相表里的概念,借此勾勒出作者主观的音韵体系,进而对二书的音韵特征进行说明,并探究《皇极图韵》和《元音统韵》的音系性质究竟为何。全文共分为七章,先了解作者生平和此书的背景条件,并阐述其撰写的动机和目的;爬梳书中所援引的易学象数、乐律等概念,归纳出其音学思想和韵图体例;透过统计归纳,逐一探讨声母、韵母和声调的特点,进而构拟出读音;第四则将所得的音韵特点与中古音韵观念、明代官话系统的韵书或方言相互比对,详细分析其基础音系为何;最后,对陈荩谟《皇极图韵》和《元音统韵》二书反思检讨与阐述未来的展望。

其他文献研究有:丁邦新《〈问奇集〉所记之明代方音》(《中研院成立五十周年纪念论文集》577—592,1978),杨秀芳《论〈交泰韵〉所反映的一种明代方音》(《汉学研究》5.2:329—374,1987),刘英璡《〈重订司马温公等韵图经〉研究》(高雄师范大学硕士论文,1988),陈贵麟《〈杉亭集·五声反切正韵〉音系探赜》(《语言研究》增刊 174—182,1994),吴盈满《沈宠绥弦索辨讹之研究》(台湾大学硕士论文,2003),陈丹玲《〈皇极图韵〉之〈四声经纬图〉音韵现象研究》(《有凤初鸣年刊》4:143—160,2009),郑雅方《元音统韵音系研究》(台湾中国文化大学硕士论文,2005),郑锦全《明清韵书字母的介音与北音腭化源流的探讨》(台湾《书目季刊》14.2:77—87,1980),赖金旺《〈字学元元〉音系研究》(台湾中国文化大学所硕士论文,2001)等。

(二)清代等韵图

1.清代等韵图综合性研究

应裕康《清代韵图之研究》(1972)对其内容进行了如下概括:

第一章,绪论。本章计分三节,第一节概述清代之韵图。第二节论清代韵图之特质。第三节论本文写作之旨趣。第二章,袭古系统之韵图。本章凡有五节,分述《康熙字典》等韵图、《音韵阐微》、《四声切韵表》及《音学辨微》、《声韵考》及《声类表》、《切韵求蒙》及《四声韵谱》等五家著作。第三章,存浊系统之韵图。本章共分八节,第一节为《太古元音》。第二节为《切韵正音经纬图》,作者为释宗常,其生平不可考知。第三节为《等切元声》,作者熊士伯,江西南昌人,其生平尚可考之于志。第四节为《类音》,作者潘耒,大儒顾亭林之入室弟子,顾氏《音学五书》,以古音为主。潘氏此作,则明等韵,其重要之等韵理论,凡有"声音元本论、南北音论、古今音论、反切音论"等五论。第五节为《诗韵析》,作者汪烜,烜一名绂,亦一代之大儒,而著作等身。其书除分声母三十二,韵图五十七外,主要特色,乃在以符号代名称,并以图画表明发音之部位。第六节为《中华拼音等韵易简》,作者张恩成。张氏虽北人,然其图系并自《新安直图》,故仍为存浊之系统。第七节为《切音蒙引》,是书署光绪壬午(公元1882)冬补勤氏自序于蕺山讲舍。第八节为等韵一得,作者劳乃宣氏,清末民初人。其书凡有内、外、补篇。补篇之作,已在鼎革之后,故所作既晚,所论自有超迈前人之处。以上八节,除详述各书之体例、内容,及等韵思想外,其重心厥在声母、韵母之讨论,并拟订音值。各书之音值既明,语音分合递变之述,亦庶几可明焉。第四章,北音系统之韵图。本章分十六节,叙述清代北音系统之韵图,计《五方元音》《拙庵韵悟》《等音》《声位》《五音通韵》《本韵一得》《黄钟通韵》《杉亭集》《等韵精要》《音鉴》《音泭》《翻切简可篇》《音韵逢源》《山门新语》《正音通俗字表》《古今中外音韵通例》《韵籁》等,凡 17 种,分节叙述,每节一种。第五章,结论。叙述清代各种韵图既毕,乃综合所得,发为结论,凡 20 端,都百条。举各图之作者、成书年代、韵图形式、等韵思想、声母、韵母、声调等,莫不参伍比较或述其渊源攸自;言其影响所及,或评其优劣得失;论其是非曲直。至于音值之拟订,则已分见各章各节,本章乃并之以图表,借明分合;或统计于数字,以佐昭信。

应裕康《清代韵图之研究》是台湾学者所写第一部断代汉语等韵图综合性研究著作。它的特点是:按韵图的外在形式以及语音系统的本质内容来区别类型,因此有所谓的袭古、存浊、北音的说法。这就摆脱了赵氏《等韵源流》等韵发展、等韵流派、等韵理论关系的"提要式"研究模式,更加细致而深入。对清代等韵图的价值估计也是正确的,比如清代等韵图废除门法、注重时音、变等为呼、改良反切、韵书韵图,互为表里,都是明显的贡献。不过,美中不足的是,没有充分吸取永岛荣一郎《近世支那语特别是北方语系统音韵史研究资料》(1941)的长篇论文成果。

2.清代等韵图个体性研究

郑永玉《〈音韵逢源〉音系研究》(1960)称:《音韵逢源》是清代道光十九年(1839)满人裕恩所写的韵图,反映了当时实际的语音。本文旨在探索《音韵逢源》内部音系,尝试建构合适的音值,并解释其所表现之历史音变现象,借此更了解近代语音之实际面貌与发展。本文共分五章:第一章,绪论,介绍作者及成书背景,并简介本书音表的体例内容及性质等。第二章探讨满文对音,先分析清满文字母的结构,并探讨当时满汉文字对应关系及对译规则,据此为本书之满文对音标以音读。第三章为《逢源》之声母系统,先说明其研究布局,然后将二十一声母逐一研析,作一番构拟,得出二十二个实际声类,并矫正说明音韵现象。第四章为《逢源》的韵母及声调系统,逐一讨论十二韵摄,分析构拟出三十七个韵类,并详细讨论其所表现之音韵现象。且说明声调系统反映的声调现象。第五章为结论,综合检讨本书所表现的语音状况及特色,并推断其音系性质与价值。文后附《音韵逢源》之音韵表、满文十二字头音节表、满文字母表及书影,提供参考。

林庆勋《刻本〈圆音正考〉所反映的音韵现象》(1991)很有特点,对《圆音正考》文献与语音诸问题思考得非常深刻。

关于《圆音正考》,许多学者进行了探讨,比如赵荫棠、藤堂明保、郑锦全、李新魁、冯蒸、杨亦鸣、岩田宪幸、王为民等。林庆勋在学者们基础上,又有所突破。

其一,林庆勋所取版本文献比较可靠。林庆勋说,依据冯蒸《〈圆音正考〉及其相关诸问题》(1984)的研究,今见的《圆音正考》共有三种本子:道光元年(1821)抄本《清汉圆音正考》,收在抄本《同音合璧》卷一,今藏于北京图书馆善本部;道光十年(1830)三槐堂书坊龚宜古刻本;1929年据刻本印行的石印本,惟序文行款与刻本稍有不同。林庆勋文所据,是今藏于东京大学文学部汉籍室的刻本《圆音正考》。文通为刻书所撰序文透露出,三槐堂书坊的刻本可能是《圆音正考》的第一次刻本,1830年以前都是一些抄本;此书主要目的不是为劝学而作,是为翻译还音参考而编,虽然不知集自何人,但必定是深通劝学的人所作无疑;最重要一点则是此书经文通"按其字母,正其论谬",是一部经过校定的本子,必定比其他抄本完善。

根据相关资料,从刻本《圆音正考》的体例来看,林庆勋认为,本书的基本性质可以确定。他引用郑锦全《明清韵书字母的介音与北音腭化源流的探讨》(1980)的观点,指出《圆音正考》并不是为劝学而作,但极详细地把当时已经读音混同的尖、团音分列,正表示官话声母"腭化"已经完成,在近代音史上留下一份极珍贵的资料。

其二,林庆勋的语音考订方法有一定新意。林庆勋对语音的分析是从刻本《圆音正考》的四十八组音节开始的。《圆音正考》既然主要在分别尖、团,而且所列一千六百多字,几乎将《广韵》等韵书的尖、团字搜罗殆尽,因此,利用这份数据来了解尖、团音的分合,以及舌尖前音、舌根音的"腭化"现象,应该是很客观的。作者先列了四十八组的尖、团字,再做说明。

要研究这四十八组的尖、团字音值,理解满文注音很关键。林庆勋将满文学者穆晔骏氏《十二字头拉林口语读法解》"十二字头发音对照"拉林语及规范化的国际音标,以及乾隆时期编的《御制增订清文鉴》中十二字头标准作为判定的依据,发现,四十八组音节依序每三组合为一个单位,共得十六个单位,它们的满文读音极有规则,几乎毫无例外。这正是文通《序》所说满文有尖团二字,用汉文不能分;《圆音正考》所据的汉语北方官话把四十八组 A、B 的读音混同了,根本无所谓尖团之别,而满文能区别清楚,正好是相对的现象。

其三,抓住舌根音是否"腭化"焦点问题加以突破。《圆音正考》全书收1650 个"腭化"字,占见、晓系(疑母除外)及精系字的绝大多数,这个结果应该是极可信的。"腭化"的条件与以往不同,即除三、四等细音外,34 个二等的洪音字照样是"腭化"的现象。

其四,林庆勋确定,刻本《团音正考》有少数字没有按规律变化,反映的是当时的实际音读。从声母和韵母两方面分析来看,大多数都变读舌面音[tɕ][tɕ'][ɕ]是没有问题的。但也要注意《圆音正考》有许多读音不依照规则演化,可能是当时实际读音的反映。讫、鹅、芡等字,都是中古见母字,应该是不送气的,在这里送气,很可能是"类化"作用的结果。还有一些非舌根、舌尖音的字,《圆音正考》也照样编尖团音各组中,显然它们也是类化而来,比如郄、睄等就是如此。

其五,林庆勋另外探讨的与之相关的介音变化、韵尾变化、与现代北京音韵母不同者等问题也十分深刻。

郭忠贤《〈圆音正考〉研究》(2000)指出,透过对《圆音正考》的分析,可看到对于汉语舌面音声母的记录与分辨情况。《圆音正考》一书中记录近代汉语中"腭化作用"的语音演变结果,在近代音史上着实是留下一笔非常珍贵的资料。《圆音正考》一书,将当时读音已逐渐趋于混同的尖团音分列,这正表示腭化作用在当时受到时人的正视。因此站在汉语语音学史的角度来看,此书有其重要性,拿来分析研究,似乎有其需要。

论文共分六章:第一章,绪论。略述对于此书的研究动机、研究方法及前辈学者的研究成果。第二章,外围问题之考辨。包括对于本书历来稍有争议之作者、成书年代之考辨,以及版本问题的探讨。而后,再就《圆音正考》一书之体例与编排作一探讨。第三章,《圆音正考》一书性质之讨论。文中列举历来学者所论,综合探讨之后,再探究其书成书之目的。其次是有关尖团音的探讨,其命名之由,满文之功用,以及与戏曲念唱艺术中尖团音的比较。第四章,声、韵系统的探讨。《圆音正考》系专门讨论声母腭化问题,而其声母变化实是先受韵之影响,是以本章先论韵,再以韵来证明声母之变化,此为历时之发展。而参考同时期之韵书,观察声母腭化之痕迹,此为共时之现象。最后,详列书中声、韵之前后不同,以观其声、韵之变化。第五章,以《圆音正考》一书为基础,探讨二等韵字由洪转细的问题。探求二等韵字由洪转细之时间、原因,再参照方言记录,为二等韵字由洪转细问题寻找一个较为合理的演变模式。第六章,结论。综论本文之研究成果。将《圆音正考》所反映音读,配合作者所欲分辨之尖团音音读全部构拟,一方面反映时音,一方面保留作者之原意。其余部分则是对本书之考查与发现。

陈贵麟《〈古今中外音韵通例〉所反映的官话音系》(1988)从方言史的观点,利用历史语言学的研究方法,以文献本身为基础,将资料作有效的展开。首章,提出前人研究的成果,并从时空的定位申述研究《古今中外音韵通例》一书的价值,由此引论作者及全书的观念。次章,首先指明总谱十五图为全书的重心,因此解析总谱的体例有必要作详细的交待。自从《四声等子》并转为摄以后,韵图便有简化的趋势;明清时代,韵书、韵图往往合流,到《音韵阐微》更明确提出"合声切",配合一些变通的原则;在如此的背景下,胡垣作《古今中外音韵通例》一书时,除了韵图归字外,又给每个"字位"造了反切,在韵图的改良上,也扮演了承转的角色;而音呼声韵四图更是总谱十五图的管钥,因此先提出说明,再分析十五图的体例。第三章,为总谱十五图1614个"本字"追溯历史的来源,以《广韵》为源点,去除非《广韵》音切的字,然后观察声韵调的演变情形,用切面厘析跟统计表格的方式,把问题呈显出来,并作合理的解释。第四章,从《古今中外音韵通例》全书中,搜寻所有出现的方言点。《古今中外音韵通例》一书最大的价值在于提供难得的方言语料,反映出百年前江淮一带的官话方言;方言语料十分繁复,根据出现频率加以统计,金陵最多(155次)、扬州次之(70次),经过分析以后,果然看到金陵方言是《古今中外音韵通例》一书音系的主流,而扬州方言也有相当的分量;透过可用语料的选取,仔细核对,并参照现代方言调查的结果,为《古今中外音韵通例》构拟出实际的音系。第五章,从音韵结构的观点,给总谱"题下小注"的术语赋予一个合理的解释,从而对胡垣所主的方言点作相应的体会。胡垣征引25处的方音,分布的区域除去一些省名外,大部分都属皖、吴两地的方言点,充分反映出一淮一带的方音现象。不过单就总谱而言,胡垣在总谱题下加注,目的是要说明方言间转读的情形,因此,总谱的音韵结构并非杂凑各地方音而成,金陵方言的确是总谱音系的主流。第六章,总结前面研究的心得,通过此文献全面的整理和有效的开展,找出多元系统的函应关系,据以区分"存古"以及"映今"两大系统,从而确认南京官话是全书音系的主流,其次是扬州官话;由此针对总谱的"本字"作音韵系统的构拟及其评估,同时,指出《古今中外音韵通例》全书中方言语料的丰富及价值;胡垣虽以"古今中外"为名,实际上仍以"中"国的"今"音为主,而本文的焦点也凝聚于此;至于"古"音、"外"语,应该有研究的价值,然而本文侧重在当时的方音,不是古音,而非汉语的部分牵涉到语言背景的问题,再加上有些语文(如回文、满文)作者并不熟悉,不敢妄加评断,俟后日再做研究。第七章,列出参考文献及书目,附录一《总谱十五图非〈广韵〉音切字表》、附录二《总谱十五图〈广韵〉来源表》、附录三《总谱十五图与其本字索引》,希望能为读者方家提供在检阅上的便利。

吴圣雄《〈康熙字典字母切韵要法〉探索》(1984)说:

> 论文研究之目的,在就《康熙字典字母切韵要法》作为中国语法文学史之定点研究。所据资料,除《字典要法》外,赵荫棠韵略堂藏书之《大藏字母切韵要法》,及《大藏字母九音等韵总录》今藏师大,均为本文之主要根据。赵氏考得《字典要法》采自清出释门之《大藏字母切韵要法》,《要法》之《明显四声等韵图》据《大藏字母九音等韵总录》而成,本文借此基础,由各书之内容、体例着眼,发现《要法》歌诀多袭改自《经史正音切韵指南》,而《总录》乃就《五音集韵》拼韵成书,是《要法》一系实据《五音集韵》与《切韵指南》而改作也;复于《总录》中一一注出对应于《五音集韵》之韵纽,归纳其拼韵原则,发现《总录》于调类、声类大体与《五音集韵》一致,唯韵类有大幅之分合,以《指南》为纲领,可见二书于韵摄、等呼有极整齐之对应规律,就此对应规律与国音之演变比较,由语音史之角度加以甄别,得见清初之北方通语与今日之国音实以极为接近。研究期间,曾为《明显四声等韵图》编制检字索引,兹与此图一并附录于本文之末。

吴文慧《胡垣音学理论研究》(2013)介绍,胡垣《古今中外音韵通例》作于光绪十二年(1886),为其音学理论之总成。此书利用等韵学理对古音、方音和外语作了详细的分析,并记录了19世纪晚期江淮一带的方言讯息,是一部在等韵学理应用及方言记录上都相当出色的著作。之前学者的研究多着墨于此书十五韵图的音系分析,大抵可以确认是以江淮官话洪巢片为基础方音而编成的韵图,但对于胡氏古音学及今音学研究成果则鲜少论述。本论文奠基于此,进而从其等韵学理出发,探究古音学、方音学和翻译学如何由此延伸出来。

吴文慧论文共分七章,根据胡垣的音学理论架构,分为四大主题,深入探析:其一是音呼声韵论。胡垣对于声母、介音、韵母、声调均予以分析,并依审音结果绘制十五总图,作为其音学理论之基础。其二是古音学。胡氏为通转叶音说的修正者,甚而认为语音无古今之别,只有方音差异,并通过韵图和方言证据,解释古籍之押韵、谐声现象。其三是方音学。胡氏以方音为据,除记录语音、词汇外,更用以说明各种音韵现象,另涉及方音与文化的讨论,是其书极具价值之处。其四是翻译学。胡氏因应时代需求,介绍多国字母、词汇,尝试利用等韵图分析外语读音。

吴文慧认为,在开创性上,胡垣对语音之分析已臻细密,方音记录亦有一定能力;然受限记录工具不足,对历时音变与共时变异尚无概念,以及受传统理学、术数影响,致使他未能脱离清代等韵学家的研究模式,无法获得更显著的成果。整体而言,胡垣音学理论最大特色,在"以等韵图通古今中外之音韵",为传统等韵学理走向现代语音研究的过渡产物。

引人注意的是,吴文慧对胡垣之翻译学进行了研究,包括翻译字音之法、等韵学与翻译学的结合问题,比如翻译有同形异音者,有同音异形者;西洋有效中国音者,有暗合中国音者;声母不出五音范畴,韵母各有所偏等。还提出了延伸议题,比如方言调查、音韵学史研究、官话方言研究等。

相关韵书及韵图等文献研究成果还有:

《等韵一得》,朴允河《〈等韵一得〉所表现的尖团音探微》(《声韵论丛》6:637—662,1997);《等音》,刘一正《马自援〈等音〉音系研究》(高雄师范大学硕士论文,1990),曾若涵《韵图之诠释——以林本裕、梅建重编马自援〈等音〉为例》(高雄师范大学硕士论文,2006)、《马自援及其〈等音〉考》(《高雄师范大学国文学报》6：295—317，2007）；《声位》，应裕康《论马自援〈等音〉及林本裕〈声位〉》（台湾《人文学报》2：221—242，1972）；《切韵声原》，黄学堂《方以智〈切韵声原〉中韵图特色》（《孔孟月刊》27.4：25—28，1988）、《方以智〈切韵声原〉研究》（高雄师范大学硕士论文，1989）；《等韵精要》，宋珉映《〈等韵精要〉音系研究》（成功大学硕士论文，1993），竺家宁《〈等韵精要〉与晋方言》（第一届晋方言国际学术研讨会，山西太原 1995）；《等切元声》，林庆勋《论〈等切元声·韵谱〉的两对相重字母》（第四届国际暨第十三届台湾声韵学学术研讨会，台湾师范大学 1995）；《味根轩韵学总谱》，陈贵麟《〈味根轩韵学总谱〉"总谱"入声字重复》（台湾《中国文学研究》4：19—42，1990）；《古今中外音韵通例》，陈贵麟《〈古今中外音韵通例〉总谱十五图研究》（台湾《中国文学研究》7：33—71，1993）；《李氏音鉴》，陈盈如《〈李氏音鉴〉中"三十三问"研究》（台湾中正大学硕士论文，1991）；《正音咀华》，朴奇淑《〈正音咀华〉音系研究》（高雄师范大学硕士论文，1992）；《类音》，罗灿玉《〈类音〉研究》（台湾师范大学硕士论文，1997）；《等韵辑略》，宋建华《〈等韵辑略〉研究》（台湾中国文化大学硕士论文，1985），黄映卿《庞大堃〈等韵辑略〉研究》（台湾师范大学硕士论文，1997）；《大藏字母九音等韵》，李钟九《〈大藏字母九音等韵〉音系研究》（高雄师范大学硕士论文，1992），竺家宁《〈大藏字母九音等韵〉之特殊音读》（第三届国际暨第十二届台湾声韵学学术研讨会，台湾清华大学 1994）、《〈大藏字母九音等韵〉之韵目异读》（中国音韵学研究会第八次学术研讨会，南开大学 1994）；《奎章全韵》，金恩柱《〈奎章全韵〉"华音"研究》（高雄师范大学硕士论文，1992）；《重订司马温公等韵图经》；《华东正音通释韵考》，边滢雨《〈华东正音通释韵考〉研究》（台湾政治大学硕士论文，1988）、《〈华东正音通释韵考〉之华音声母与王力〈历代语音〉之比较》（《韩国学报》11：194—231，1992）；《本韵一得》，林金枝《〈本韵一得〉音系研究》（成功大学硕士论文，1994）；《切韵考》，陈仕恒《李业〈切韵考〉音系研究》（台湾中国文化大学硕士论文，2012）；《音泍》，曾若涵《对徐鉴〈音泍〉一书进行声母之重新检视》（第二十六届台湾声韵学学术研讨会，彰化师范大学 2008）；《万籁中声》，王世中《从〈万籁中声〉之编纂体例论吴元满之声韵观》（台湾《中国文化大学中文学报》9：197—217，2004）；《李氏音鉴》，王松木《歧舌国的不传之密——从〈李氏音鉴〉〈镜花缘〉反思当前汉语音韵学的传播》（《汉学研究》26.1：231—260，

2008）；《声韵会通》，石佩玉《〈声韵会通〉音系研究》（台湾中正大学硕士论文，2003）；《正音切韵指掌》，吴文慧、苏玉玲《〈正音切韵指掌〉研究》（第九届国际暨第二十三届台湾声韵学学术研讨会，静宜大学 2005）；《古今韵表新编》，刘梦薰《〈古今韵表新编〉音韵探讨》（台湾中山大学硕士论文，2007）；《元音统韵》，郑雅方《〈元音统韵〉音系研究》（台湾中国文化大学硕士论文，2004）；《音韵正讹》，萧幸茹《〈音韵正讹〉的音韵研究》（台湾中山大学硕士论文，2006）；《五方元音》，林庆勋《从编排特点论〈五方元音〉的音韵现象》（《高雄师大学报》1：23—241，1990）、《论〈五方元音〉年氏本与樊氏原本的差异》（《高雄师大学报》2：105—119，1991）；《等切元声》，林庆勋《〈等切元声·韵谱〉的两对相重字母》（第四届国际暨第十三届台湾声韵学学术研讨会，台湾师范大学 1995）、《论〈等切元声〉与诗词通押的合声切》（第四届清代学术研讨会，台湾中山大学 1995）；《等韵简明指掌图》；《山门新语》，竺家宁《〈山门新语〉姬玑韵中反映的方言成分与类化音变》（《李新魁教授纪念文集》190—195，中华书局 1998）；《五音通韵》，应裕康《抄本韵图〈五音通韵〉所反映的清初北方语音》（《台湾编译馆馆刊》22.2：129—150，1992）；《切韵正音经纬图》，龚秀容《〈切韵正音经纬图〉音系研究》（逢甲大学硕士论文，1997）；《黄钟通韵》，应裕康《清代一本满人的等韵图〈黄钟通韵〉》（第一届清代学术研讨会，高雄师范大学 1993）、《试论〈黄钟通韵〉声母韵母之音值》（《台湾图书馆建馆七十八年纪念论文集》33—34，台湾图书馆 1993）。

　　张屏生《论〈正音通俗表〉中的"正音"及其相关问题》（1999）是对福建闽侯人潘逢禧为了福建人学习"正音"所编韵表《正音通俗表》（1870）进行研究的论文。张屏生介绍，应裕康（1972）、侯精一（《中国语文》1，1980）、岩田宪幸（《龙谷纪要》1994）、王燕卿（台湾文化大学硕士论文，1998）等对《正音通俗表》进行了研究，其中王燕卿的分析比较全面，但这些学者对当时"正音"的性质和内容语焉不详。他在各位的基础上，通过相关材料比较互证，重新检讨《正音通俗表》的语音系统，并且补充说明《正音通俗表》中所谓"南北音"和"正音"问题。

　　其一，《正音通俗表》的语音系统。声母问题：中古疑母大部分变为零声母，并且在齐齿呼、撮口呼、开口呼、合口呼音节中存在着[ŋ][r][v]三个分化走向；"藕母"亦混于泥母者，[ŋ]母亦混于钞母者。韵母问题：中古阳声韵尾的分配,王燕卿取岩田宪幸的看法,张屏生则认为,根据潘逢禧的符号转写,可以看到福州话语音[ʔ]尾的影响;卷舌韵的存立,潘氏选择了接近"儿化韵"处理;波韵和双唇声母的搭配,与现行国语语音[po][pʻo][mo][fo]规则不同。声调问题:《正音通俗表》分成阴平、阳平、上声、去声、入声五个调类,其入声搭配入声,收[ʔ]的性质比较合理,而有入声的官话通常是被视为江淮官话的特征之一。

其二,《正音通俗表》"南北音"和"正音"问题。潘氏提到了"南音、北音"的概念,却并没有明确指出哪些音采录了南音或北音。把黄邵武《闽音正读表》(1915)和《正音通俗表》对照之后,找到了几点南北差异的内容,比如:声母,见组采录了北音卷舌音系统,而不是[k][kʻ][h]系;北音读零声母,南音读[ŋ]。韵母,采录了北音[iŋ]韵念法,而不是[yŋ]韵的念法;由入声变来的字,采录了南音[io]的念法,而不是北音[uo]韵的念法。声调方面,北音仍有入声,《正音通俗表》可能参考了南音。张屏生的结论是,所谓"故《通俗表》中,概从俗读,于北音取其七,南音取其三",就是《正音通俗表》采录的所谓"正音"应该是依据当时社会通行的情况筛选的一些比较普遍的音读。由此,《正音通俗表》标榜的"正音",其实就是一个凑合南北音,以及照顾古音来源,多少带有人为臆造的成分。而这当中,作者乡音语感的主观认知的影响还是不可低估的。

关于《山门新语》语音研究,有竺家宁《〈山门新语〉所反映的入声演化》(1999)、《〈山门新语〉庚经韵所反映的语音变化》(2004),李柏翰《〈山门新语〉音韵研究》(2012/2015)等。

李柏翰《〈山门新语〉音韵研究》介绍:《山门新语》成书于清同治年间,为清人周赟的等韵学著作,作者主张以"琴律"作为切音分韵之法,故其书又名《周氏琴律切音》。本书所记载的语音材料主要收于书后韵图《琴律三十韵母分经纬生声按序切音图说》与依据韵图收字加以扩大的同音字表《琴律四声分部合韵同声谱》中,书前更有大篇幅的《十二图说》《十音论》两个部分,阐述作者的韵学观点。历来关于《山门新语》的研究,多着重在本书音韵特征的探讨,然而,前贤对于本书基础音系并没有一个明确的结论,甚而和书中某些音韵特点是相互排斥的。另外,书中除了记载语音材料的韵图、同音字表以外,更是大篇幅地援引了易理象数与乐律概念作为全书音韵体系的说明,而前贤研究中也大多摒除不谈。因此,李柏翰尝试融合书中所言易理象数与乐律等概念,勾勒出作者主观的音韵体系,解析韵图形制的由来,并逐一整理韵图收字与配合同音字表之大量例字,对本书的音韵特征进行说明,最后将所得之音韵特征与皖南各方言相互比对,目的在于探讨《山门新语》一书的音系性质究竟为何。论文共分为八章,主要进行了如下几方面的工作:首先,简介作者生平与此书的背景条件,并阐述其撰写的动机与目的;其次,梳理书中所援引的易理象数与乐律等概念,归纳出音学理论和韵图体例,借此说明"琴律切音"的概念,并阐释此一现象对该书韵图形制的影响;再次,透过统计归纳,逐一论述书中声母、韵母、声调的音韵特点,进而构拟其读音;最后则将所得的音韵特点与皖南各方言相互比对,详细分析其基础音系。

关于《谐声韵学》的研究成果有詹满福《〈谐声韵学稿〉音系研究》(高雄师范学院硕士学位论文,1988),林庆勋《〈谐声韵学〉的几个问题》(《高雄师院学报》17:107—124,1989)。大陆学者周赛华《谐声韵学校订》(2014)"弁言"没有采纳詹满福所认为的《谐声韵学》作者是"南书房的某个大学士",以及林庆勋所认为的是"王兰生"的说法(3—4页),但有关《谐声韵学》反映清初康熙年间北方官话语音系统的观点基本上是一致的。

陈盈如《论嘉庆本〈李氏音鉴〉及相关之版本问题》(1993/1996)谈到,李汝珍《李氏音鉴》成书于嘉庆十年(1805),嘉庆十五年(1810)付刻,付刻之后有多种版本行于世。陈盈如利用所收集到的嘉庆十五年(1810)原刊本、两种同治戊辰年(1868)木樨山房本及光绪戊子年(1888)木樨山房本为主,加以比较、分析,再配合其他资料,对《李氏音鉴》的版本问题进行讨论。由比较可以看出,在这四个本子中,嘉庆十五年的原刊本和两个同治七年的木樨山房本差异不大,而光绪十四年的木樨山房本和其他三个本子不同的地方就很多了,而且大部分都是光绪本的失误,所以不管是由内容编排的改序上,或是由内文的失误率来说,光绪本都比其他三个本子差多了。罗润基在《〈李氏音鉴〉研究》(1990)归纳孙佳讯及陈晨的说法,提出五种版本,与陈文所举有的重合,有的不同。

还有一些学者的研究值得一提,比如朴允河《劳乃宣〈等韵一得〉研究》(台湾师范大学硕士论文,1992),姚荣松《〈汇音妙悟〉的音系及其鼻化韵母》(《国文学报》17:251—281,1988),林庆勋《〈拍掌知音〉的声母》(《高雄师大学报》5:345—362,1994),竺家宁《〈韵籁〉中的几个次浊声母》(第三届国际暨第八届台湾清代学术研讨会,台湾中山大学2004)、《〈韵籁〉声母演变的类化现象》(《音韵论丛》480—498,齐鲁书社2004),黄凯筠《〈韵籁〉的音韵探讨》(台湾中山大学硕士论文,2006),宋韵珊《〈剔弊广增分韵五方元音〉音系研究》(高雄师范大学博士论文,1999)、《清代一种山东方音——〈等韵简明指掌图〉》(《兴大中文学报》20:63—76,2006)、《〈新纂五方元音全书〉初探——以入声字为主要论述对象》(《兴大中文学报》13:93—104,2000)、《论清代的河南与山东方音——以〈剔弊广增分韵五方元音〉和〈等韵简明指掌图〉为对象》(台湾《政大中文学报》20:111—136,2013)等。

(三)明清韵书韵图综合研究

林庆勋《明清韵书韵图反映吴语音韵特点观察》(2006)内容是:其一,林庆勋选用明清韵书韵图23种,观察它们反映吴语音韵特点的成分。所选文献为:赵撝谦《皇极声音文字通》(明初),章黼《韵学集成》(1481),王应电《声韵会通》(1540),毛曾、陶承学《并音连声字学集要》(1561),濮阳涞《元声韵学大成》(1578),吴元满《切韵枢纽》(1582),李登《书文音义便考私编》(1587),叶秉敬《韵表》(1606),吴继仕《音声纪元》(1611),佚名《韵法直图》(1612),李世泽《韵法横图》,陈荩谟《皇极图韵》(1632),萧云从《韵通》(天启崇祯间),方以智《切韵声源》(1641),孙耀《音韵正讹》(1644),朴隐子《诗词通韵》(1685),潘耒《类音》(1706),是奎《太古元音》(1716前),仇廷模《古今韵表新编》(1725),周仁《荆音韵汇》(1790前),许桂林《说音》(1807),程定谟《射声小谱》(1839),许惠《等韵学》(1878)。

其二,林庆勋说明,这23种著作,因为作者出生于江、浙、皖三省,可能属于吴语区或江淮官话区,甚至属于徽州方言区,因此一律列为本文观察的对象。须要说明的问题是:作者虽然出生在上述方言区,但他的生长或工作环境未必在原籍,这种可能性相当高,不过并不妨碍本文的观察,因为一个人从小习得的母语,多多少少总会对他长大后使用的语言有一些影响。或许有人会怀疑,用现代汉语方言去解释距离今天三四百年前的过去,是否妥当?有关这个问题,徐通锵(1997)引述萨丕尔的论证,认为完全不成问题,他认为长时间不变的理论基础就是"结构格局的稳定性",这种情况其实是古今中外任何语言的普遍现象。文中所列方言区依据中国社会科学院、澳大利亚人文科学院合编《中国语言地图集》(1987) B9、B10 两图分类,有吴语、江淮官话、徽州方言三种,它们各自所属的次方言如下:吴语:太湖片临绍小片、太湖片苏沪嘉小片、太湖片毗陵小片、太湖片甬江小片、处衢片龙衢小片、宣州片铜泾小片等六种;江淮官话:洪巢片一种;徽州方言:积歙片一种。它们所属范围在长江以南,也就是江苏东部、安徽南部、浙江西北部等一大块地区,属于吴语、江淮官话、徽州方言汇聚之处,不过仍以吴语涵盖范围较广。

其三,明清韵书韵图吴语音韵特点。林庆勋介绍,吴语的声母特点,中国社会科学院等《中国语言地图集》(1987:9)中《吴语的共性》(由郑张尚芳撰稿)总结为下列 4 项:1.中古全浊声母多数点今仍读浊音,与中古清音仍读清音有别;中古"帮滂並、端透定、见溪群"三组声母,今音的发音方法仍然各自保持三分读法。2.中古疑母今读鼻音,洪音读舌根鼻音,细音读舌面前鼻音[s-],不与影母相混。3.中古日母和微母有文、白异读现象,文读读口音,白读读鼻音。4."鸟"字声母有[s-][t-]文白两读,白读与中古音端母符合。游汝杰(1997)则引述了赵元任、詹伯慧、张琨等,指出吴语声母尚有精系与知照系今音合流读舌尖前音,见系与晓系在三四等韵前腭化,泥、来两母今音有别 3 项特点。林庆勋研究发现,吴语区六个小片的语料,共同点是全浊音清化,这一项可以在现代吴语找到明确的证据;其余各项语料都有分量不等的吴语色彩,从所列吴语特色 7 项比较可以清楚对照出来。不过也有现代吴语没有的声母特色,也许编书者掺杂了其他方言的特色也未可知。但各书也反映徽州方言声母特色,共同声母特色是保存全浊声母、知彻澄娘并入照穿床泥、非敷合并 3 项;《音声纪元》另外还反映了影喻合并。但是平田昌司等(1998)调查的现代歙县方言,全浊声母清化不论平仄一律读送气清音;而后 3 项倒是相同。或许可以这么说,16 世纪末与 17 世纪初的这 23 本书,原来存在的全浊音声母,现在已经清化完成了。

吴语的韵母及声调特点,郑张尚芳总结为下列 8 项(按,现可见《温州方言志》,中华书局 2008):1.[-m][-n][-ŋ]能自成音节。2.咸、山两摄一般不带鼻音,读口音或半鼻音。3.蟹摄二等不带[-i]尾,是开尾韵。4.咸、山两摄见系一等与二等,白读洪音不同韵。5.梗摄二等白读与同摄三、四等及曾摄不同韵。6.打字读法合于梗韵"德冷切",不与麻韵相混。7.入声多数地点收喉塞尾,少数读开尾,但不与平上去混。8.平上去入今各分阴阳(一部分方言阳调没有阳上),阴调只拼清音声母及紧喉的鼻流音声母,阳调只拼浊音声母(包括带浊流的鼻流音声母)。游汝杰(1997)也引述了赵元任等归纳的吴语特点,指出还有单元音多、合口介音消失、韵母高化、鼻韵尾只有一个等几项。林庆勋发现,吴元满《切韵枢纽》反映的臻梗曾深摄合并、山咸摄合并两点,完全与平田昌司等(1998:53)调查的现代歙县话相同;吴继仕《音声纪元》反映有舌尖韵母出现、入声韵尾相混读成喉塞音[-ʔ]、双唇鼻音韵尾消失三点,与平田昌司等(1998)的调查一致;《韵法直图》也反映了歙县话的特色,即[-m]鼻音韵尾并入[-n]韵尾,[-p][-t][-k]三种塞音韵尾已相混读成喉塞音[-ʔ]。各书声调都是"平、上、去、入"四个调,未分阴、阳的现象,与现代吴语绝然不同。

对23种韵图进行探讨后,林庆勋也不得不无奈地感叹道,或许受到"雅高于俗"与"贵古贱今"观念局限的影响,明清人编辑的韵书或韵图,很少会原原本本地呈现一时一地方言的真实面貌,今天若想从明清的韵书或韵图来拼凑当时的方言面貌,大约很难见到完整的方言音系记载,更不可能从其中全面性去探讨音韵结构。因此这里的撰述,只从《洪武正韵》之外的明清韵书或韵图材料中,爬梳有关反映吴语的相关信息而已。

王松木《拟音之外——明清韵图之设计理念与音学思想》(2008)一改学者们研究明清韵图的音系"套数",而从"思想史"角度切入,非常独特。这本书的体例是:第一章,序论——明清等韵思想史刍议;第二章,明末河南方音"入分阴阳"?第三章,谈音说韵——明末中西音韵学的相遇与对话;第四章,清初士人对《西儒耳目资》的理解与反应;第五章,等韵研究的认知取向——以都四德《黄钟通韵》为例;第六章,韵图的理解与诠释;第七章,歧舌国的不传之密——从《李氏音鉴》《镜花缘》反思当前汉语音韵学的传播;第八章,最后的炼音术士——论周赟《琴律切音》音学思想与音韵系统;附录:台湾地区等韵学研究的回顾与前瞻。

本书为何研究的是"拟音之外",而不是"拟音之内"?王松木"序论——明清等韵思想史刍议"一章就这个问题而进行了详细的论述,同时也传递了一个基本思路,就是从"思想史"切入,摆脱纯主观的"语音拟测",突破重围,进入一个客观的"明清等韵图世界",从而使自己的研究更接近真实历史事实。王松木解释得很清楚:

本书以"拟音之外"为题，旨在质疑高本汉典范之客观主义观点、主张：韵图不只是记录语音的字表，同时也是等韵家展现音韵认知的主观图式。然则，当前等韵图研究者大多只将韵图视为拟音工具，无论在研究方法或研究内容上均显得极为单调，所探讨的问题不外是：韵图的声母、韵母、声调系统为何，韵图是否浊音清化、入声消失等音变；韵图以何地方音作为音系基础。仿佛唯有循此路径，方为正道，才是坦途。个人以为，"语音史"路径虽然有其研究值得之处，但研究者若千篇一律循此路径而行，不知应积极地从不同角度思考，勇敢地找寻不同的研究方向，大胆地开拓新的研究课题，对于学科未来的发展势必有所滞碍。有关韵图的音值拟构，前人早已着力甚多，硕果累累，本书各篇不再重复前人的研究，转而从认知的角度，试着揭露韵图所蕴含的设计理念与音学思想，冀望能为等韵学研究摸索出新的道路，拓展出新的课题。然则，人们对于新奇的想法难免心存警戒而有所抗拒。

宋韵珊《共性与特殊性：明清等韵的涵融与衍异》(2014)采取"主题式"论述方式，就明清等韵对宋元等韵继承的同质性与变革的异质性问题分别展开论述。这本书的体例是：第一章，绪论；第二章，等呼征性的扩大——以明代三部韵图为例；第三章，介音、等呼的性质与其对声母和韵母的影响；第四章，音韵理念与方音呈显——论清代的几种方音；第五章，清代韵书韵图编纂与出版的内因和外缘——以《五方元音》系列及满人著作为论述中心；第六章，结论。

宋韵珊的研究成果内容为：其一，指出明清等韵相较于宋元韵图的不同特点，比如变等为呼且呼名繁多，等第界限模糊与合并；改良反切与拼音方式，无论是吕坤还是李光地都是如此；注重反映方音口语，北方南方各地方音音系十分明显；韵书韵图互为体用，熔为一炉。其二，指出明清等韵内涵扩大，介音、声母、韵尾均在其中，变等为呼且呼名繁多，无所不包，《书文音义便考私编》《韵法横图》《韵法直图》就是明证。其三，从介音、等呼的性质看其对声母和韵母的影响，进而认识明清等韵分析理论的性质，比如音节内部结构互为依托、互为作用的对立与统一规律。其四，明清等韵方音理念十分突出，由此可以看出，明清等韵学者的实用性语音分析理论建树不同于宋元韵图理论，非常富于区域语音观念，形成了个性特征突出的语音分析机制。其五，走出明清等韵文献视野范围,从更为广阔的社会背景、文化氛围、政府心态、政策制度等方面寻求解答问题的方案,这就不同于此前学者的研究。其六,认识到当前等韵研究的局限,期待着研究的未来方向。比如"建立等韵学史",在注重等韵理论与规律、等韵思想、域外等韵研究等方面有所突破,以此来拓展等韵研究的道路和资源整合。

宋韵珊还有《韵图与方音——论清代的河南与山东方音》(《第四届国际暨第九届台湾清代学术研讨会论文集》257—276,台湾中山大学中文系 2008)等论文。

第四节　音义书与汉语近代音

一、朱熹音义书与吴棫《诗补音》

对朱熹音义书的语音研究,主要有:许世瑛《朱熹口中已有舌尖前高元音说》(《许世瑛先生论文集》1:287—312,1974)、《〈广韵〉全浊上声字朱熹口中所读声调考》(《幼狮学志》9.3:1—24,1970)、《从〈诗集传〉叶音中考〈广韵〉阳声及入声各韵之拼合情形》(《淡江学报》10:15—16,1971)、《从〈诗集传〉叶韵考〈广韵〉阴声各韵之拼合情形》(台湾《人文学报》2:379—408,1972)、《从〈诗集传〉音注及叶韵考中古声母拼合情形》(《淡江学报》11:1—32,1973)、《从〈诗集传〉叶韵考朱子口中鼻音韵尾以及塞音韵尾已各有相混情形》(《文史季刊》1.3:9—13,1971)、《〈诗集传〉叶韵之声母与〈广韵〉相异者考》(《许世瑛先生论文集》1:213—221,1974)、《重唇音与舌头音在朱子口中尚有未变读轻唇音与舌上音者考》(《许世瑛先生论文集》1:222—229,1974)、《〈广韵〉全浊上声字朱熹口中所读音值考》(《许世瑛先生论文集》1:451—472,1974)、《止摄各韵与蟹摄三四等韵朱熹所读音值考》(《许世瑛先生论文集》1:409—450,1974),谢信一《由〈诗集传〉叶韵说看朱子时代的语音现象》(台湾大学硕士论文,1966),吴淑惠《〈四书集注〉音注研究》(文津出版社1978),金周生《朱注叶韵音不一致现象初考》(台湾《辅仁国文学报》7:25—136,1991)、《朱熹反切音与叶韵音在研究语音史上的盲点——以〈诗集传〉为例》(纪念许世瑛先生九秩冥诞学术研讨会,1999)、《〈诗集传〉直音考》(台湾

《辅仁国文学报》15：75—116，1999）、《〈汉语语音史〉论宋代声母部分质疑》（《林炯阳教授六十寿庆纪念论文集》89—97，1999）、《〈韵补〉中的"古音""今音"与"俗读""今读"》（《声韵论丛》10：243—268，2001）、《〈诗集传〉非叶韵音切语与朱熹读〈诗〉方法试析》（2000）等。

其中金周生《〈诗集传〉非叶韵音切语与朱熹读〈诗〉方法试析》（2000）对利用朱熹《诗集传》研究宋代语音提出了新的看法。论文主要内容是：

其一，王力《汉语语音史》讲宋代音系，90％根据是朱熹改读"叶韵"音。金周生认为，朱熹如果用宋代音读《诗》，则一般的反切注音，也就是没有经过"改读"以求"叶韵"的"非叶韵音切语"应是更直接可用的资料。作者梳理朱熹《诗集传》所注出的 1775 个非改读叶韵音切语，试图找出切语来源，并与《广韵》《集韵》音作一比较，找不出切音来源的，则一一提出该音产生的可能原因，希望借此了解《诗集传》的反切究竟能提供多少对研究宋代音系有利的资料，并进而了解朱熹读《诗》的方法。

其二，《诗集传》非叶韵音切语探源。金周生说，朱熹《诗集传》非叶韵音切语多半抄自《经典释文》中的《毛诗音义》，少数与《广韵》《集韵》同音。金周生统计，在《诗集传》所注出的 1775 个非改读叶韵音切语中，有 1461 个抄自《经典释文》中的《毛诗音义》（反切用字完全相同），比例高达 82％。如果再与《广韵》《集韵》中的声韵类比对，则《诗集传》反切找不到该音来源的只有 52 个，比例不及 3％。这显示朱熹《诗集传》的反切，原则上多不是自己造的，其中沿用《经典释文》中《毛诗音义》切语及其字音读同《广韵》《集韵》的痕迹十分明显。

其三，特殊非叶韵音切语形成原因。朱熹《诗集传》中有 52 个非叶韵音切语，其所呈现的音类与前代文献并不相同，金周生就为其形成原因作一分类，并作简要说明。一是当为叶韵音而漏书"叶"字的，比如《桃夭》"华，芳无反"，漏书"叶"字。二是朱注用早期音注而不见于韵书之音，如《桃夭》"家，古胡反"。三是朱熹用本字音注通借字音，如《小宛》"填，都田反"。填、瘨，通借关系。四是朱熹明说其特殊读法，如《桑柔》朱注："鱼乞反。疑，读如《仪礼》'疑立'之疑，定也。"五是《经典释文》或《诗集传》字误，如《驺虞》"苗，则劣反"。则，恐怕是"侧"之误。六是朱注音不详其来源，如《四月》"绯，芳菲反"。

其四，非叶韵音切语与宋代音系的关系——以声母为例。王力从朱注的反切与直音中发现了一些宋代新产生的音变现象,但金周生认为,就《诗集传》非叶韵音切而言,由于标音多取自前代音切,所以往往能轻易地见到反证。比如:142个朱注古"见"母字,所有字在韵书或《毛诗音义》里都可以找到古"见"母的读法,无一例外;可知"溪、群"母并未与其混淆。18个朱注古"泥"母字、5个"娘"母字,都可以在韵书或《毛诗音义》找到古分别读"泥"母或"娘"母的资料;王力说"娘、泥"已无分别,在此也找不出实例。显而易见的是,朱熹非叶韵音切语音类多同于前代音,其中看不出什么宋代的音变现象,这无疑要使想借此读明宋代音变者大失所望,也同时对利用"叶韵音"看出韵母或声调"音变"者,在理论与现实上打下一个问号。

其五,朱熹读《诗》的语音与方法。金周生认为,朱熹不会用上古周秦音读《诗》,否则就不会有大量"叶音某、叶某某反"的注音存在。朱熹注《诗》取音受《经典释文》中《毛诗音义》的影响极大。《诗集传》约一千五百七十个的"叶音某、叶某某反",其"叶音"多数是自己造的,仅有极少数可溯源自《毛诗音义》。朱熹读"叶音某、叶某某反",只是一时为押韵的"改读"音,与当时一般状况下的单字音读法绝对不同。

其六,金周生对王力研究朱熹语音方法提出质疑。"押韵条件"问题,原则上押韵要求主要元音及其韵尾完全相同,但王先生自"支脂之微齐祭废"(平赅上去声)所形成的"支齐"部,如认为它们合于这种"押韵条件",所属字的主要元音都是[i],且没有任何韵尾,恐怕会简化了问题。王先生在归纳韵部时,资料的取用不够严谨。以"江并于阳"为例,在《汉语语音史》中并没有举《诗集传》的例证,只以词韵有同押现象作合并的依据。

其七,金周生的结论。朱熹《诗集传》非叶韵音切诸多抄自《毛诗音义》,从中无法考知宋代朱熹的口语谐音,更无法借此了解当时的语音系统。而朱注音切来源的确定,也使我们知道朱熹读《诗》力求"仿古",也就是用"读书音"而非"口语音"或某种当时的"方音";"仿古"不成,也就是依"读书音"念仍然不押韵时,则设法"求叶"。"求叶"的方法是"改读",改谐音与原音的声、韵或调会作适宜的调整变更,它不是一般"口语音",也不是什么"古音",甚至因随文改"叶",会让读者有字无定音的困惑。从《诗集传》叶韵音是否能看出朱熹的口语?除新生的"舌尖高元音"外,其他种种音韵的分合似乎都还值得再作商榷;至少经本文的分析后,可以确知《诗集传》"非叶韵音切语"是无法作为研究宋代音系关键性材料的。

金周生《吴棫与朱熹音韵新论》(2005)是一部具有重要学术价值的著作。其目录为：序。第一部分，朱熹反切音与叶韵音在研究语音史上的盲点——以《诗集传》为例：朱熹反切音与叶韵音的价值、用反切音与叶韵音推测音变的方法与矛盾、反切音在研究上的盲点、叶韵音在研究上的盲点、盲点的突破——进行较严密的分析、结论。第二部分，《诗集传》直音考：前言、《诗集传》"直音"与《广韵》《集韵》"反切音"的比较、《诗集传》"直音"与韵书"反切音"不同者探析、结论。第三部分，朱熹注音与宋代声母的关系——《汉语语音史》论宋代声母部分质疑：前言、朱熹注"非叶音字"的声母现象、朱熹"叶韵"音的声母现象、小结。第四部分，《诗集传》非叶韵音切语与朱熹读《诗》方法试析：前言、《诗集传》非叶韵音切语探源、特殊非叶韵音切语的形成原因、非叶韵音切语与宋代音系的关系——以声母为例、朱熹读《诗》语音与方法、结语。第五部分，《韵补》中的"古音""今音"与"俗读""今读"：前言、《韵补》中的"古音"系统、《韵补》中的"今音"系统、《韵补》中的"俗读""今读"音、结论。第六部分，朱熹传世音韵资料研究：前言。第一章，朱熹传世音韵资料及研究价值：第一节，朱熹及其传世音韵资料；第二节，朱熹传世音韵资料已有的研究成果；第三节，研究朱熹传世音韵资料的新方向。第二章，朱熹"非叶韵音"研究：第一节，"非叶韵音"来源考；第二节，特殊"非叶韵音"研究；第三节，"非叶韵音"所反映的音韵现象与音系。第三章，朱熹"叶韵音"研究：第一节，朱熹注"叶音"的类型及来源；第二节，吴棫的"叶韵音"音系；第三节，"叶韵音"的制作；第四节，朱熹特殊"叶韵音"的探讨；第五节，朱熹"叶韵音"的本质、价值与音系。第四章，朱熹的音韵理论：第一节，朱熹"叶韵说"的渊源与补述；第二节，朱熹的"叶音"押韵理论与方法；第三节，朱熹其他的音韵观念；第四节，朱熹音韵理论的探讨。第五章，朱熹作品音韵研究：第一节，朱熹诗文用韵现象；第二节，诗文"特殊用韵现象"研究；第三节，朱熹诗文"特殊韵例"与宋代音韵；第四节，朱熹词韵考。第六章，朱熹音韵资料对研究古汉语的价值：第一节，明示闽方音的存在与发音特征；第二节，了解南宋朱熹的读书音系统；第三节，推测南宋可能已发生的音韵变化；第四节，启发对非精密音韵资料的判读方法——以"全浊上变去"为例；结论。第七部分，"元阮愿月"四韵属字的分化可上推至《韵补》时代说：前言、《韵补》对"元阮愿月"四韵通转的分歧说明、从《韵补》反切及补音类型看"元阮愿月"四韵属字的分化、余论。第八部分,朱熹《周易本义》音韵资料研究:前言、朱熹《周易本义》的音韵来源、《周易本义》特殊单字注音研究、论朱熹"歌诀赞词用韵"、朱熹《周易本义》音韵资料的一些启示、结语。第九部分,论朱熹注"叶音"的两可现象:前言、朱熹注"叶音"一字两读例、"叶音"两可现象的内部影响、"叶音"说的外部影响、结论。第十部分,论《毛诗叶韵补音》的辑佚与价值:前言、《补音》辑佚的残存资料、《补音》辑佚原则举例、《补音》的价值、小结。第十一部分,论《毛诗叶韵补音》的编写体例。第十二部分,读《吴棫〈诗补音〉汇考校注》:前言、《韵补》内容置入《汇考校注》位置问题、《补音》是否常收单字字义问题、按语涉及学说正误问题、少数未校出的错误、一种更好的呈现方式、小结。第十三部分,朱熹传世音韵资料汇编。

金周生在《序》(1—3页)中说明,这是他研究吴棫与朱熹音韵的论文集,按发表时间先后重新校订编辑而成。其中第六部分《朱熹传世音韵资料研究》,是他的博士论文主要内容。其写作动机与认识王力、许世瑛研究朱熹语音的方法有关。他发现,朱熹注《楚辞》时,看不出王力、许世瑛所说的"舌尖元音"独立为一类的倾向,与朱熹注《诗经》不一样。由此,进一步研究可知,朱熹的"叶韵音"和吴棫《韵补》音存在着明确的相承关系,这间接地说明了朱熹口语中没有"舌尖元音"。他比对《经典释文》时发现,朱熹注音抄录《经典释文》音为多,因此,不能说朱熹注音代表了南宋音或当时朱熹口语音。朱熹不算是音韵学家,他所传下来的音韵资料不如吴棫有原创性,但由于"朱子学"的兴盛,朱熹叶韵音音读对后代韵书或字音的收音,以及明清两代古音学的发展,反倒都产生了极大的影响。

至于吴棫《毛诗叶韵补音》,金周生说,一般学者只从吴棫《韵补》中去了解。其实,《毛诗叶韵补音》在杨简《慈湖诗传》中保留了一部分,王质《诗总闻》及朱熹《诗集传》引用更多,可以据此加以辑佚与考订。金周生提到,中国大陆学者张民权《清代前期古音学研究》及《宋代古音学与吴棫〈诗补音〉研究》两部著作,与其研究有许多"重合",尤其是《吴棫〈诗补音〉汇考校注》部分,更是如此。金周生《读〈吴棫《诗补音》汇考校注〉》(547—557页),也提出了与张民权不同的意见,比如《韵补》内容置入《汇考校注》"不录"位置,容易造成误将《韵补》视为《补音》原文;轻易加入《韵补》解释字义,容易让人当作

《补音》原有内容;为古书辑佚,不宜涉及学说本身正误,否则,以今日学术成果批驳前人学说,将有本末淆混,驳不胜驳的情形出现。为此,金周生提出了一种更好的呈现方式:先将判读出的《毛诗叶韵补音》辑录出来,与辑佚相关资料作一绝对区别,凡辑佚相关资料被引入《毛诗叶韵补音》者,以黑体标明,如此则何者引用,何者未录用,以至于录用与否原因,都可以很快看出,这样才达到了辑佚的目标。

与之相关"叶音"研究,如刘人鹏《"叶音"说历史考》(台湾《中国文学研究》3:15—44,1989)等,角度有所不同,值得注意。中国大陆学者陈鸿儒《朱熹〈诗〉韵研究》(2012)和金周生看法有所不同,他认为《诗集传》叶音是朱熹心目中的古音。他用历史比较方法,将《诗集传》叶音与吴棫、陈第、顾炎武、江永《诗》音进行比较,重点论述朱熹在中国古韵学史上的崇高学术地位。李红《〈仪礼经传通释〉语音研究》(2010)利用《仪礼经传通释》注音研究朱熹口语语音也取得了不少的收获。此外,如果按杨耐思、宁继福等"剥离法"或"第二音系"、徐通锵"叠置"、丁邦新"语音层次",以及与同时期《九经直音》文献的"复合性"比较研究等理论观察朱熹"叶韵音",结论似乎又和王力的结论相吻合而一致,因此,金周生的研究是否就是特别稳妥的思路,以及观点的可靠性还需要更为有力的文献检验才可以判定,看来,有关朱熹语音研究的课题还有进一步拓展空间的必要。

二、《九经直音》

竺家宁《〈九经直音〉韵母研究》(1980)与《九经直音》音系声母声调研究(《近代音论集》47—78,1994)是竺家宁有关《九经直音》语音系统研究的重要成果。

《〈九经直音〉韵母研究》体例为:第一章,《九经直音》概况:引论、撰作时代、版本、体例、价值。第二章,韵母研究:第一节,东冬钟的合并,包括东韵三等与钟韵相混,东韵一等与冬韵相混;第二节,支脂之微祭废的合并,比如唇音、舌上音、正齿音、齿头音、来母与日母、舌根音声母的字;第三节,鱼虞合并;第四节,皆佳夬合并;第五节,咍灰泰合并;第六节,庚清蒸合并;第七节,覃谈合并;第八节,开合相混;第九节,一二等混用;第十节,二等阳声韵合并,比如删山、庚耕、咸衔合并,开合、一二等韵相混;第十一节,三等韵的合并,比如元仙、真谆欣文、盐严、尤幽合并;第十二节,三四等韵合并,包括齐先萧青添五韵与三等韵合并;第十三节,重纽相混;第十四节,阳声韵尾的变化;第十五节,音近韵母的同化。第三章,结论:第一节,《九经直音》的韵母系统;第二节,宋代其他资料的印证,包括宋代等韵图、韵书、朱熹《诗集传》、邵雍《声音唱和图》等文献。在《附录》中,还附有《〈九经直音〉的浊音清化》《〈四声等子〉之音位系统》两篇文章,寓有补充说明的意思。

《近代音论集》直接标有《九经直音》字样的有五篇:《〈九经直音〉的浊音清化》《〈九经直音〉声调研究》《〈九经直音〉的时代与价值》《〈九经直音〉的声母问题》《〈九经直音〉知照系声母的演变》。与之相关的,并且运用《九经直音》音注文献的,还有《近代汉语零声母的形成》《宋代语音的类化现象》《宋代入声的喉塞音韵尾》三篇,也充分表现了《九经直音》对宋代语音的研究价值。

王松木《为往圣继绝学——竺家宁先生在声韵学研究上的成就与贡献》(2006)把竺家宁对《九经直音》音注探讨放在了"中古后期"语音系统研究"规划"中来看待。在研究方式上,王松木认为,竺家宁主要运用了"音注类比法",就是将《九经直音》所注两万多个直音与《广韵》反切相互对比,剔除掉未曾产生音变及承袭古音的部分,过滤出不合于《广韵》音系者,从两者差异对比中归纳出历史音变规律。

大陆学者中李无未与李红对《九经直音》直音与反切进行了研究,出版有《宋元吉安方音研究》(2008)等论著。李无未与李红研究的特点是,把《九经直音》直音与反切作为当时吉安方音文献而与《中原音韵》音系进行对比,寻求当时的吉安方音特点。然后,从"史"的角度,再把它和今天的吉安方音演变历史紧密结合起来,突出它的语音史价值,有一些结论与竺家宁的研究明显有所不同。

第五节　诗词曲用韵与汉语近代音

一、宋词用韵

台湾唐五代词用韵研究,已经有李达贤《五代词韵考》(台湾政治大学硕士论文,1975)等。宋词用韵研究的学者不少,比如余光晖《梦窗词韵考》(台

湾辅仁大学硕士论文,1970),林冷《玉田词用韵考》(台湾辅仁大学硕士论文,
1971),吴淑美《姜白石词韵考》(台湾辅仁大学硕士论文,1970)、《张先词用韵
考》(《台中师专学报》2:173—258,1974),林振莹《周邦彦词韵考》(台湾辅仁
大学硕士论文,1970),叶慕兰《柳永词用韵考》(台湾辅仁大学硕士论文,
1973),叶咏琍《清真词韵考》(文史哲出版社1978),柯淑龄《梦窗词韵研究》
(1977),张世彬《略论唐宋词之韵法》(台湾《中国学人》6:163—170,1977),许
金枝《东坡词韵研究》(1979)、《稼轩词韵研究》(里仁书局1986),黄瑞枝《王
碧山词韵研究》(《屏东师院学报》3:44—83,1990),林裕盛《宋词阴声韵用韵
考》(台湾中山大学硕士论文,1995)等。金周生《宋词音系入声韵部考》
(1985:6)说,他们"各书做法,大致皆以戈载《词林正韵》所分十九部为依据,
将每阕词之韵脚字纳入其中,求得异同而详加研究说明"。但这些学者词韵考
具体分部时存在着两种不同的处理方式,其一乃迳以《词林正韵》之分部为
准,凡异部通押者,即视为例外押韵而给予适当之解释;其二乃以宋人实际用
韵为准,参诸音理,重新为词韵分部。二者虽同分入声韵为五部,内容却颇分
歧。这说明,处理方式的不同,对研究结果影响之大。

　　这当中柯淑龄《梦窗词韵研究》(1977)比较有代表性。柯淑龄说:"梦窗
处于词风鼎盛之南宋,与《广韵》成书期间亦不远,检视其用韵情形,足以了解
当时语音之梗概,有助于明了《广韵》之确切性质。"柯淑龄的做法是,首先编
订《梦窗词韵谱》,然后再用梦窗(吴文英)词韵和《广韵》、清真(周邦彦)词
韵、《词林正韵》相比较。结论是:"吴周二家用韵与戈氏分部相近与《广韵》则
甚远,故吾人以为,《广韵》非代表一时一地之韵书,庶几可断言矣。"李无未
按,梦窗词韵和《广韵》、清真词韵、《词林正韵》作比较是完全可以的,但如果
把探讨《广韵》之确切性质联系起来考虑则有失妥当,一个是属于中古音性质
研究,一个是属于近代音性质研究,没有可比性。用《广韵》比较,意在说明语
音发生了历时变化,而不是等同起来,将之作为共时语音材料一并进行研究。

　　许金枝《东坡词韵研究》(1979)也比较典型。该文分为东坡词韵谱、东坡
词韵与《广韵》之比较、东坡词韵与清真词韵之比较、东坡词韵与《词林正韵》
之比较几部分。一般学者研究词韵,以《御制词谱》和万树《词律》为标准而定
韵脚;但东坡词往往不拘旧谱,喜欢自创新体,许金枝只好按谱定韵。确定了
韵脚之后,摘录韵字,按实际叶韵情形系联而分部。最后得出结论:东坡词韵

舒声分为十四部,促声分为三部。许金枝还用东坡(苏轼)词韵与其师叶咏琍《清真词韵考》进行比较,作比较考虑的原因是,苏轼属于宋代四川人,保留的是北宋蜀地语音;而周邦彦虽然隶籍钱塘,但年少即游学京师,滞留汴京日久,其语音必与汴洛语音相谐,所以,用之以推求北宋实际通行之语肯定合适。比较的结果,可以看出一些差异,但有的却可以互补,比如:清真词韵未见冬韵,叶咏琍根据东钟相叶之理,推断冬字一定和东钟相叶,而在东坡词中却可以见到平声东冬钟相叶,证明三者合流了。可见,比较是有效果的。

金周生《宋词音系入声韵部考》(1985/2008)是一部重要的宋词用韵研究著作。其目录为:第一章,绪论:研究宋词入声用韵之目的、几种著名词韵韵书入声韵部述要、今人所作词韵考对入声字分部之探讨。第二章,宋词入声韵韵例汇录:韵例取材及汇录体例说明、韵例汇录。第三章,宋代词家入声韵字之系联分类:系联分类法简介、宋代词家入声韵类之分析、系联分类之检讨、韵类正变例与作者里籍之关系。第四章,宋词入声字之分部:宋词音系入声字具三种塞音韵尾说、词人用韵宽严与词韵分部、方音入韵之探讨、宋词入声字分九部说、宋词入声九部与《广韵》入声韵目之比较。第五章,结论:词韵入声九部韵值之拟测、同部与异部押韵韵例汇录、对宋词入声字异部通押现象之解释、宋词入声字音系之基础、宋词音系入声九部之考订于汉语音韵史中之价值。

金周生《宋词音系入声韵部考》所取得的成绩非常明显:其一,明确宋词用韵汉语语音史价值。金周生认为,曲词之押韵当时并无韵书限制,故学者咸信词韵合于自然之音。且南宋初年,朱敦儒尝拟制词韵,其入声仅止四部,与诗韵大异其趣,故今存宋人依乐谱填词之韵脚,当为研究两宋韵部与声调之最佳资料。其二,利用宋代词韵对两宋时代入声韵系变化提供真实的线索。《中原音韵》"入派三声"作何解释?是消失还是存在,迄今仍有争议。宋词音系入声韵部仍保存隋唐[-p][-t][-k]三种不同韵尾,说明,"入派三声"是有保留的。其三,比较各家研究,对宋词音系入声韵部进行分类与构拟。金周生将宋词音系入声韵部分为九类,同时,又参考董同龢、许世瑛、应裕康、周祖谟等学者的观点,对这九类韵部进行了构拟。其四,也注意到了方音入韵问题。比如对王安中《菩萨蛮》词"玉纤传酒浮香菊"一阕用韵、辛弃疾《满江红》词"老子平生"一阕用韵等现象,与《古今韵会举要》"屋沃烛"比较,确定是南宋之北方音入韵。其五,探讨出研究宋词入声用韵的"系联分类法"。具体来看,针对宋代每一个词家之入声韵字，做各别归纳，并予分类。由同一里籍作者用韵之特点，探讨押韵是否受方音影响，由各家用韵之共同处，以明了宋人押韵之习惯（235 页）。这就为研究宋词音系入声韵部奠定了方法理论基础。

郑宇珊《稼轩词韵考》（2004）说，韵文是研究汉语语音系统的重要资料，因此学者研究韵文之用韵情况，即可得知当代语音的流变。论文以稼轩（辛弃疾）词作为研究对象，考察其用韵情形，研究其韵部系统。作者整理稼轩词用韵，并将之归纳为十八部，希望能够反映出当时的实际语音与韵书之间的差距，更借以一窥南宋时代语音之使用梗概。

《稼轩词韵考》共分七部分：一曰绪论，说明研究动机、方法、范围、前人研究成果。二曰辛稼轩传略及其文学艺术风采，简述辛弃疾生平事迹及其词作的艺术形象。三曰稼轩词用韵分合图表，此为全篇基本部分，取材于邓广铭《稼轩词之编年笺注》，依序安排卷次、归纳韵字、分析其所隶属《广韵》韵部、《词林正韵》韵部及《中原音韵》韵部，分别部居。四曰合韵谱，以《词林正韵》第一部至十八部为主要安排顺序，考订其韵部分合之用。五曰用韵合韵论，辛弃疾取韵甚宽，或沿前代而为韵；或循方音而通押，因此异部韵之例极多；但异部通押，其音必近，由此可以推究各部声音远近，以及方音与用韵关系。六曰用韵拟音之探讨，以《汉字古今音表》中古音与《汉语方音字汇》现代音作比较研究，以拟定稼轩词韵承先启后的演变轨迹与发展方向。七曰结论，以韵部关联示意图表呈现稼轩词中各韵间通情形及各家分部比较表，以理解稼轩词韵部的特征。

其他，则有许金枝《〈词林正韵〉部目分合之研究》（《中正岭学术研究集刊》5：1—18，1986），蔡孟珍《诗词曲用韵初探》（《国文学报》25：279—299，1996）等。

金周生《谈[-m]尾韵母字于宋词中的押韵现象——以"咸"摄字为例》（1991），涉及[-m]变为[-n]的问题，具有代表性。王力《汉语史稿》（1958）提到，中古的山咸臻深四摄，在现代方言里有九种不同的类型：第一个类型是完整地保存中古的[-n]和[-m]，并且不与中古[-ŋ]尾相混，比如粤方言、闽南方言；第二个类型也是完整地保存中古的[-n][-m]尾，但是臻摄和梗曾两摄相混，如客家方言；第三个类型是[-m]变为[-n]，但是不和[-ŋ]尾相混，如北方话；第四个类型是除[-m]变[-n]之外，臻摄还和梗曾两摄相混，如西南官话；

第五个类型是［-m］［-n］［-ŋ］合流为［-ŋ］，如闽北方言；第六个类型是［-m］［-n］［-ŋ］合流为［-n］，如湖北、湖南某些方言；第七个类型是［-m］［-n］［-ŋ］尾失落而变为鼻化元音，如西北方言；第八个类型是韵尾失落而变为单纯的闭口音节，如西南某些方言；第九个类型是山咸两摄韵尾失落，和江宕两摄再不混，深咸两摄念［-n］和念［-ŋ］随意，和梗曾两摄相混，这是吴方言的一般情况。

这是就现代汉语共时的［-m］［-n］［-ŋ］类型面貌来看的，那么，历时发展情况如何？因为资料缺乏，一时还很难搞清楚。金周生这里选取了［-m］尾韵母字作为考察对象，看［-m］尾韵母字在历史上，尤其是在宋词押韵中存在的基本情况。

在谈宋词押韵之前，金周生例举了［-m］尾韵母演化为［-n］的现象，比如明末毕拱辰的《韵略汇通》（1642），［-m］尾的字已经呈现出多样性的变化。不过，这应该不是最早的［-m］尾韵母演化为［-n］的记录。比较早的如唐人胡曾《戏妻族语不正》诗"呼十却为石，唤针将作真，忽然云雨至，总道是天因"；宋人刘颁《贡父诗话》"荆、楚以南为难，……荆建士题雪用先字，后日十二室峦旋旋添，读添为天字也"；元人周德清《中原音韵》深摄"品"字收入真文韵，咸摄"帆、凡、范、泛、范、犯"六字收入寒山韵，以及明人沈璟《正吴编》、吕坤《交泰韵》、乔中和《元韵谱》等文献的记载，都可以证明。

宋词咸摄收［-m］尾字的押韵现象是金周生论述的重点。金周生的论述程序是：

其一，对宋词咸摄文献进行收集及鉴别操作。咸摄收［-m］尾的字，包括在《广韵》覃、谈、盐、添、咸、衔、严、凡及其相承上去声各韵中，现在以《全宋词》所收有名姓可考的各家作品为准，凡用到咸摄收［-m］尾的韵字，都一一录出，先注明韵例编号、《全宋词》页码，再录韵字、作者及该阙词的头二字，每个韵字右下注出所属《广韵》韵目的名称，作者初次出现并注明里籍。

其二，对宋词中［-m］韵尾与［-n］韵尾字通押或独用现象的成因进行分析。以谢云飞《语音学大纲》、何大安《声韵学的观念和方法》二书中观点，即"主要元音和韵尾相同是构成押韵的条件；那么宋人词韵收［-m］［-n］韵尾字通押的现象，就应该可以看作不同韵尾合而为一的音变证录了"为理论字据，对宋词用韵进行分析。金周生说道：从457个韵例看，咸摄独押107次，总数不及1/4，咸山摄合押341次，却占3/4，他种押韵则仅及2%；我们以押韵常态来分析,如果说山咸二摄[-n][-m]尾字音已经混同,那么正常韵例的比例即高达98%以上,反之,则非常态韵例超过75%。从比例上讲[-m][-n]尾合流的可能性应该是比较大的。但也须要对一些具体情况要作具体分析,比如咸摄独押问题:"咸摄独押的韵例比例不算少,但从作者和里籍观察,却找不出独押的特殊原因;首先就作者说,咸摄曾经独押过的计69人,其中即有35人的作品咸山摄或深臻二摄也曾合押,所以,我们不能将这种现象认为在音韵上具有特别的意义。"

其三,注意从音变的地域特征上加以解释。金周生的推断方式是由后向前推理。他认为:

> 根据宋、明人的说法,[-m]尾字产生音变是有地域性的。主要先出现于"荆楚""吴"一带,后来也延伸至"河南""河北""山东";而北宋都汴梁,南宋都杭州,位置都偏南方,宋词各作家的居所,也几乎都处黄河以南、长江流域附近,这和[-m]尾演化的地域关系十分密切。况且词本来是可以唱的,作者用字总不至于完全用不合口语的读法来填词押韵,所以,曲词出现大量[-m][-n]韵尾字合押叶韵的现象,我们认为正可以代表[-m]韵尾的字在当时某些地区已经读为[-n]尾了,而宋词用韵在这里也为汉语音变现象提供了一些重要的线索。

关于[-m]尾演化问题,杨耐思和曹正义曾专门撰文探讨,鲁国尧宋词用韵系列论文也有所涉猎,与之相比较,金周生的研究特点还是突出的,但应该对已有的成果加以评述才更为妥帖。

施惠婷《马钰词韵考》(彰化师范大学硕士论文,2004),吕如蕙《元好问词用韵考》(彰化师范大学硕士论文,2004),金周生《词韵与方言——以山东词人用韵与山东方言为例》(台湾《辅仁国文学报》增刊403—414,2006),耿志坚《金元入声诗词用韵考》(中国音韵学研讨会第十四届学术研讨会,南京大学2006)、《金元河北、山西词人入声词用韵之研究》(《彰化师大文学院学报》5:1—18,2012)、《金元入声诗词用韵初探》(《中国音韵学——中国音韵学研究会南京研讨会论文集》332—338,2006)、《金元全真教入声词用韵之研究》(第二十六届台湾声韵学学术研讨会,彰化师范大学2008)等也比较重要。

林秀菊《元代河北词人用韵之研究》(2009)依据《全金元词》所收录之词作,将元代河北地区词人作为分析对象。经过归纳、分析比对之后,发现入声韵之间混用通押的现象十分明显,此一现象表现最活络的尤属晋语区的词人。晋语方言区的入声系统自成一类,与河北官话区语音相较,显得比较特殊。

林秀菊说,竺家宁认为入声[-p][-t][-k]三类塞音韵尾,到了元代已弱化并全然消失,且派入平上去三声。但作者经由河北地区词作之归纳,和竺家宁的看法略有不同:细审元代河北词作的用韵现象,在538阕词作中,押入声韵者计有66阕,其中阴入通押仅有一阕,阳入通押仅有二阕,其余入声韵仍然和入声韵相押,显然入声的性质并未消失;三类塞音韵尾中,[-k]塞音尾的独立性最强,其独用占35.09%的比率,[-t]塞音尾的独用所占的百分比是24.56%,[-p]塞音尾的独用、混用情形皆不多见。[-k][-t]塞音尾的混用占21.05%,这种现象在北方官话区保唐片较少,石济片次之,而晋语区张呼片和邯新片则有大量混用的频率。因此可推论元代晋语区的入声韵字使用仍十分活络,虽然入声韵尾逐渐步入全面混用,按照入声消失的轨迹应当剩下[-ʔ]喉塞音作为辨别,但尚未消失,且仍具辨义功能。

中国大陆鲁国尧从20世纪60年代开始就进行宋词分域用韵研究,取得了很大的成绩,这是汉语音韵学界人所共知的,比如《宋代辛弃疾等山东词人用韵考》《宋代苏轼等四川词人用韵考》《宋代福建词人用韵考》《宋元江西词人用韵考》等。他的《论宋词及其与金元词韵的比较》(刘晓南等主编《宋辽金用韵研究》43—85,2002),对两万首宋词用韵作穷尽式研究,提出宋代通语十八韵部说。此外,他还研究宋金元诗韵和金元曲韵,揭明"前《中原音韵》时期"韵系。此后,大陆学者研究宋元明清诗词用韵的越来越多,至少有几百种之多。近些年来,大陆宋词用韵研究成果还有一些值得注意,比如魏慧斌《宋词用韵研究》(2009),在方法上有所改进。他认为,前辈学者对宋词用韵进行了研究,取得了重要成果。但是限于客观条件和研究手段,多以个别地区或词人群体为对象,未能充分占有材料进行穷尽式的考察,因而各家结论间存在一些分歧。因此,他从词例校勘入手,辅之以计算机技术,建立数据库,得出了一些有益的结论,比如涉及宋词用韵所反映的福建、湖南、江苏、浙江区域方音,以及入声韵尾、闭口韵尾、上去通押与浊上变去等语音变化,都比较有效。

二、宋金元诗文用韵

相关成果有：耿志坚《宋代近体诗用韵通转之研究》（台湾政治大学硕士论文，1978）、《全金诗（近体诗部分）用韵考》（《彰化师大学报》5，1994）、《全金诗（古体诗部分）用韵考》（第十六届台湾声韵学学术研讨会，彰化师范大学1998）、《唐、宋、金近体诗用韵通转之比较研究》（中国诗学研讨会，彰化师范大学1994）等，以及金周生《元好问近体诗律支脂之三韵已二分说》（台湾《辅仁学志》[文学院之部]20：187—194，1991），金彰柱《宋代散文赋用韵考》（台湾辅仁大学硕士论文，1998）、《宋代散文赋用韵阴声韵之分部》（《林炯阳先生六秩寿庆论文集》371—416，洪叶文化事业有限公司1999）等。

林佳桦《元代应试赋用韵研究》（2012）论述说，科举起于隋代，而赋作为科举考试的科目应起自唐玄宗开元、天宝年间。自此以后至金代，律赋一直是科举考试的常客。元代变律为古，以古赋作为科举考试的科目。元代科举所试之赋学界一般讨论不多，仅大陆学者李新宇在其专著《元代辞赋研究》中介绍元代考赋渊源及试赋制度。可惜的是在他的书中，并未针对元代科举试赋声韵现象提出相关论述。元代科举试赋之所以不被重视，最主要的原因是因为这些科考诗、赋多被官韵所限制，不能反映时音。

林佳桦以韵脚归纳法及统计法，对165首元代应试赋进行归纳，并辅之以《增修互注礼部韵略》作为韵书底本对照，发现其出韵现象非常频繁。作者试图针对这些出韵现象以及用韵的状况分作五章进行论述：第一章为绪论，主要论述本文的研究动机、研究范围与资料，介绍前辈学者的研究成果，以及之所以选定本文为题的理由。第二章则是应试赋体例析论，将唐代至元代的应试赋之体例作一比较与说明。第三章应试赋用韵归纳及韵部独用与合用现象说明，除了针对元代应试赋的韵例析论说明外，也将元代应试赋合于《增韵》的韵例统计归纳作说明。第四章，应试赋异部押韵分析，针对元代应试赋和《增韵》不同的地方，分作阴声韵、阳声韵、入声韵以作说明。第五章，结论，总结本文的研究所得，第一节将元代应试赋所呈现的韵部系统分作七类阴声韵部、七类阳声韵部及四类入声韵部；第二节对该论文的研究局限及未来展望作一说明，并且对于元代科举是否以《增韵》作为科举必备参考书目透过元代应试赋的归纳，提出个人的意见。

三、元曲用韵

吕秋莲《元代大都曲家散曲用韵之研究》(2009)分为六章:第一章,绪论,说明研究动机、范围、方法及前人研究成果。第二章,介绍元代大都曲家生平事迹及散曲用韵的研究价值。第三章,元代大都曲家散曲韵脚归纳图表,取材于隋树森《全元散曲》中所录之散曲作品,依吴梅《南北词简谱》、清周祥钰等编《九宫大成南北词宫谱》,逐首择取韵脚归纳而成,为本文基本语料。第四章,元代大都曲家用韵分合论。第五章,元代大都曲家用韵与韵书(《中原音韵》)、韵图(《切韵指南》)及现今学者(鲁国尧、丁治民)分部的比较。第六章,结论。经过归纳、分析后,得到如下结果:元代大都曲家散曲共分为17韵部,即阴声韵9部、阳声韵8部。其阴声韵之支微部已有部内分为支思、齐微之趋势,此正能与《中原音韵》之发展接轨;而"灰"韵已于皆来部分出,并于齐微部内;且歌戈部与家麻部合用通叶之现象颇明显。阳声韵的[-m]尾于当时已逐渐消失,且阳声韵多已相混。入声韵几乎都是与阴声韵相押,正如周德清所言"入派三声"之现象。

四、明清两代诗文用韵

相关成果有:许丽芳《〈西游记〉中韵文的运用》(2010),廖才仪《〈全台诗〉用韵研究——以清领时期台湾本土文人为对象(1683—1895)》(2013)等论著。

廖才仪(2013)利用11册《全台诗》用韵研究闽方言。全书分为五章:第一章是绪论,涉及研究材料和方法,以及与之相关成果的回顾。第二章是近体诗用韵归纳与说明——附论"试帖诗、六言诗",内容包括近体诗韵字系联原则,近体诗用韵归纳与分部,诗人用韵独用、混用之归纳与说明,附论"试帖诗、六言诗"用韵,近体诗(含"试帖诗、六言诗")韵调及独用、混用之统计与说明。第三章是古体诗用韵归纳及说明——附论九言诗用韵现象,内容包括古体诗韵字系联原则,古体诗用韵归纳与分部,诗人用韵之图表归纳,附论清台湾本土文人九言诗用韵,古体诗(九言诗)韵调及独用、混用之统计与说明。第四章是清领时期台湾本土文人诗歌用韵语音现象分析,内容包括清领时期台湾本土文人诗歌用韵阴声韵混用综论、清领时期台湾本土文人诗歌用韵阳声韵混用综论、清领时期台湾本土文人诗歌用韵入声韵混用综论、区域用韵特色。第四章是结论,内容包括清领时期台湾本土文人用韵特色、后续研究及展望。

廖才仪研究《全台诗》用韵,参考了刘晓南《汉语历史方言研究》(2008:43)"透过用韵研究实际语音应有三个层次"的观点,采用的具体方法是:整理诗歌韵脚用字,确定韵段位置及数目后,再运用韵脚系联、算术统计方法,建立清领时期台湾本土文人诗歌用韵系统,并参酌前人归纳的古典诗押韵理论,以《诗韵集成》为代表的平水诗韵系统,再与《汇音妙悟》《雅俗通十五音》等方音韵书所反映的语音现象进行比对,期能为清领时期台湾地区语音发展史提供部分材料(第6页)。

经过研究,廖才仪归纳出清代台湾地区文士诗歌用韵十九韵系。廖才仪说,由该韵系所呈现出的159种混韵的状况来看,该韵系除受文读系统影响外,也彰显了许多诗人里籍所属的闽粤一带方音的白读及口语特色,如止摄支韵字[i],也有低元音[a]的音读,即"支麻混用"现象,这个语音现象与区域性的移民的分布关系密切。上去声调混用有16种之多,无法说明其缘由。总的来看,仍然以闽语文读层的影响性更大一些。

作者也提到,仅用《全台诗》韵系考订清代台湾方音实际,还存在着局限性,应该扩大语音文献的视野范围,这个估计是正确的。

第六节　其他文献与汉语近代音

一、宋代语音

竺家宁《近代音论集》(1994)中收有《近代音史上的舌尖韵母》《宋代入声的喉塞音韵尾》等论文。此外,还有台湾中正大学《当前近代音研究之分析与比较》(台湾"国科会"专题研究计划成果报告,2000)等论著。其中,竺家宁《宋代入声的喉塞音韵尾》(1994)很有代表性。

《宋代入声的喉塞音韵尾》(1994)一文的主要内容是:其一,竺家宁认为,宋代是《中原音韵》"入派三声"格局形成的一个十分重要的过程,不可忽视。元代周德清《中原音韵》入声字全部消失,分别转入平、上、去中,和阴声韵的字没有区别了,即三种塞音韵尾都不存在了,这种转变不是突然发生的,而是有个中间的过渡阶段,而这恰恰是许多学者关注不够的地方。

其二,周祖谟《宋代汴洛语音考》以"入声韵尾之失落"观点来解释诗词用韵三种入声相混问题,很显然不够准确。竺家宁认为,宋代诗词的用词,入声字仍然和入声字相押,显然入声的性质并未消失,只是三类入声变成了一类,最合理的假定,就是这一类入声是带喉塞音韵尾的。喉塞音是个微弱的辅音,在[-p][-t][-k]消失前,应该有个弱化的阶段。此外,由汉语辅音词尾的演化趋向看,大都是向偏后的部位移动。

其三,竺家宁强调,宋代诗词、宋元韵图以及《诗集传》《九经直音》《韵会》《皇极经世书》等资料证明宋代的[-p][-t][-k]在相当广大的地区,的确已经念成了喉塞音韵尾。比如宋词用韵入声韵尾相混显著,由近年研究宋代词人用韵成果显示出来,像林振莹《周邦彦词韵考》、林冷《玉田词用韵考》、吴淑美《姜白石词韵考》、余光晖《梦窗词韵考》、叶咏琍《清真词韵考》、许金枝《东坡词韵研究》、任静海《朱希真词韵研究》、金周生《宋词音系入声韵部考》等。朱希真(朱敦儒)词《鹊桥仙》就以"日[-t]、湿[-p]、客[-k]、得[-k]"相押。

其四,对宋代入声已经变成喉塞音韵尾的解释。竺家宁认为,宋代的入声应该和宋以前不同,但是入声的特性仍然存在,宋代的入声是否正如今天的吴语一样代表方言现象? 金周生曾对此问题详为分析,列出浙江省作家 93 人、江西省 84 人、福建省 46 人、江苏省 37 人、河南省 32 人、四川省 22 人、安徽省 19 人、山东省 18 人、河北省 13 人、广东省 7 人、湖南省 7 人、山西省 5 人、甘肃省 1 人、吉林省 1 人,发现入声的混用并无方音的因素,与作者的里籍并无关系,显然是当时普遍的现象。

其五,《九经直音》《诗集传》等文献所见的入声状况。在《九经直音》中,诸如此类反映入声变化的证据多达 137 条。词韵上[-p][-t][-k]相混,也许还可以用"押韵甚宽"来解释,但直音的本质在注明音读,绝不会有"注音甚宽"的道理。许世瑛列举了 8 条《诗集传》"舌尖塞音与舌根塞音相混者"。其他,如《韵会》《皇极经世书》《四声等子》等文献也是如此。

《宋代入声的喉塞音韵尾》分析八种语料,得出结论,认定入声[-p][-t][-k]三类韵尾已经混而无别,相当一致,但问题是,这八种语料的语音性质还很难说是"同质"的,非常复杂,是不是要一概而论而"整齐划一"? 看来,这个问题还须要继续讨论下去,通过发现新材料,运用新方法,直至找出一个相对合理而又为更多人认同的答案。

其他文献,还有叶农《明清时期来华欧洲传教士中国语言学学习活动钩沉》(《文化杂志》53:93—104,2004),康欣瑜《论仇兆鳌〈杜诗详注〉中的二重音释现象》(《辅大中研所集刊》15:175—192,2005),辜赠燕《李渔韵学研究》(成功大学硕士论文,2006)等论文,角度与前面论文有所不同。

二、明清汉语综合性文献语音研究

(一)明清汉语综合性文献个案语音研究

1.张位《问奇集》语音

丁邦新《〈问奇集〉所记之明代语音》(1978)认为,张位在《问奇集》中记录了许多明代各地的方音资料,一方面从正面看各地方言,另一方面反证自己的方言。比较重要的是,张位自己的豫章方言跟今天的南昌音系大致相合,仅个别地方不同,比如张位语音中微母、泥母仍一分为二;精、知、章仍然分立为三,这是南昌音没有的。丁邦新认为,这些区别很可能是张位受到了北方话的影响造成的。16世纪明代各地方音的情形《问奇集》都有所反映,比如燕赵、秦晋、梁宋、西蜀、吴越、二楚、闽粤等。引人注目的是,张位描写入声演变为舒声的区域如此之大,也是超出一般学者想象的。其声调与《中原音韵》声调相合,却与《韵略易通》《西儒耳目资》声调出入比较大。

2.沈宠绥语音

董忠司《沈宠绥的语音分析说》(1994)谈到:刘复曾经称道沈宠绥"语音学"为戏曲派语音学"空前绝后的一个大功臣"(《明沈宠绥在语音学上的贡献》),董忠司以《度曲须知》与《弦索辨讹》为文献依据,从音节、出字、收音、鼻音韵尾诸端探求沈宠绥语音学内涵。主要观点有:其一,沈宠绥论北曲以《中原音韵》为主。沈氏在《入声收诀》中说"北叶中原,南遵洪武",因此,他在《度曲须知》与《弦索辨讹》二书中所用韵部名称与音读大多数都是《中原音韵》十九部的韵目和与《中原音韵》有关的音切。沈氏所见《中原音韵》与《中州音韵》必具有某种关系,但是又非同一种书。

其二,关于音节之分析。沈氏论及音律,常用之术语中有"字面、字端、出字、收音、字头、字腹、字尾"诸词。其中"字面"大抵是今日所谓一字之"音节",如"出字总诀"下注明"管上半字面",而主要是讨论介音和主要元音;"收音总诀"下注明"管下半字面",而主要是讨论韵尾。"出字"指唱念时一音节的前一部分,"收音"指唱念时一音节的后一部分,"字端"殆即"字头"。沈氏于音节之分析,最值得重视的,就是"字头、字腹、字尾"三分之说。沈氏的"字头"在"声母"之外还包括介音或[i](或主要元音),"字腹"包括主要元音和韵尾,只有"字尾"才指单音的音素而言。因此我们可以说沈氏能把一个字的音节分析成三部分,这是更进一步的语音分析法;也许还能大胆地说,沈氏能分析出声母、介音、元音和韵尾,却不能说沈氏此处所说的"字头"是"声母"、"字腹"是主要元音,但可以说沈氏的"字尾"就是"韵尾"。

其三,关于"出字"。沈氏"出字总诀"下小注说"管上半字面",实指一韵母之主要元音而言,或兼及韵尾。在"音同收异考"中,尚有分辨"出字"口法的文字。沈氏在描写"口法"时,大量使用与"口、唇、舌"相关的字眼,但也使用"牙、喉、齿、鼻"来辅佐。他描述同一种元音所用字眼或有不同,所述全部口形、舌位的系统很难像现代语音学那么准确与精密。

其四,关于"收音",也就是所谓"字尾"。此可与沈氏所说的"故东钟、江阳、庚青三韵,音收于鼻"与"而不知东钟、江阳之字尾,固自有天然鼻音在也"记述对照而得知。归纳起来,有六种:收鼻音、收抵腭音、收闭口音、收"噫"音、收"呜"音、收"于"音。此外,沈氏于"鼻音"三韵腹尾之间转入时间之"缓、急",模与歌戈二韵元音收势之用力"轻、重",厘析更细。

其五,关于鼻音韵尾。董忠司分析说,沈氏用吴语"吴、无、你"土音描述三种鼻音韵尾读音,非常典型。他还能使用文字说明其发音方法与发音部位。沈氏描述鼻音之语,能指出其气流受阻部位,气流回转的过程,如"唱者无心收鼻,而声情原向口达,无奈唇闭舌抵,气难直走,于是回转其声,徐从鼻孔而出";又能描写唇舌口形之外观,如"至舌抵上腭,口固开也,而声出唇开,夫复何疑?然其舌腭紧紧牢贴,外虽启,内实闭,舍是鼻孔,他无出路";复能注意到舌根鼻音之发音法,声流并不回转于口腔。如"至庚青三韵,则是开口收鼻,用意为之,声响直透脑斗而出"。所谓"收鼻"而"用意为之",殆指舌根鼻音在发音时,舌根要上抵软腭,需稍用力用意,这是有别于其他二种鼻音之处。由此可见,沈氏描写语音之细密不亚于今人。

董忠司最后强调,沈氏除"出字、收音、鼻音"与音节之分析数端外,尚有声调、字头(声母)、阴阳、韵图等音韵之论,其语音分析论在汉语音韵学史上之地位等,皆未及考察。这实际上提出了研究沈宠绥语音的新课题,由此,留下了学者们就这些问题继续探讨的学术空间领域。

何大安《部首的迷思:〈度曲须知〉中的"属阴"与"属阳"》(2007)、《"阴出阳收"新考——附论:〈度曲须知〉中所见的吴语声调》(2008)、《〈方音洗冤考〉的是非》(2008)、《〈辨声捷诀〉的一种读法——附论:〈度曲须知〉中的"萨""杀"的读音》(2010)属于研究沈宠绥语音的系列论文。由此可见,他对沈宠绥文献语音问题的兴趣之高。何大安《部首的迷思:〈度曲新知〉中的"属阴"与"属阳"》(2007)说,沈宠绥《度曲须知·字厘南北》举例说明了有些字唱北曲时要"属阴"、有些字要"属阳",但是"属阴"与"属阳"判别的标准是什么,沈宠绥却语焉不详。何大安注意到,这些例子全部都是去声字,而去声字在吴语与《中原音韵》的音类对应是不一致的。进一步比较发现,关键问题在于沈宠绥并不能真正掌握这些对应不一致的字,因此只能以韵首小字的吴语读法来定同音字组的清浊,这就造成了来自清声母的去声字"属阳"的错误判断。归根结底,他的评判标准是无效的。

何大安《"阴出阳收"新考——附论:〈度曲新知〉中所见的吴语声调》(2008)说,"阴出阳收"是沈宠绥在《度曲须知》中所提出的概念,向来学者们的解释纷纭相异。何大安认为,沈宠绥对32组"阴出阳收"的描述,与现代吴语"清音浊流"的发音特点完全契合。吴语将中古浊声母字的成阻部分念成清音,就是"阴出";除阻后带浊流的部分,就是"阳收"。因此,"阴出阳收"实际上是"清出浊收",也就是"清音浊流"。此外,也可以从沈宠绥的描述复原当时的声调。根据《四声宜忌总诀》"阴去忌冒,阳平忌拿,上宜顿腔,入宜顿字"的说明,何大安得出的结论很明确:既有"阴去、阳平",表明当有"阳去、阴平";加上"上、入",至少有六个声调。但是,入声其实也有阴阳之别,因此,应该有七个声调。

《〈方音洗冤考〉的是非》一文,也是何大安对沈宠绥《度曲须知》中《方音洗冤考》部分内容的考订。《方音洗冤考》是替北音的洗冤录。沈氏从各种文献中找出证据,证明下列字的读音是正确的:一是"宁年娘女"声母读[n],不读吴语的[ñ];二是"昂讹遨傲"声母读零声母,或是吴音的[ɦ],不读吴语的[ŋ];三是"忘无文万"声母读零声母,不读吴语[v];四是"微未"韵母读[ui],不读吴语的[i]。何大安指出,沈氏的方法有一定的合理性,他以反切系联法来追索读音本源的做法值得表扬,比以同样的方法开创《广韵》研究新局面的陈澧早了两百多年;但是,他的基本观念和论证过程仍有许多值得商榷的地方。其局限在于:第一,沈氏与当时人一样,不能摆脱观念的束缚,一定要在不同的方音中区别正俗;他的努力表面上是为方音洗冤,字里行间却是要倾力证明北音之正。第二,沈宠绥的系联方法是合理的,但是,一旦有时而穷,就只能乞灵于合理的方法之外,这个时候就难免不够客观合理了。以"地分隔正、统计幅员"来决定音韵是非,是其中的一例;非、微二母不取《洪武正韵》,是另一例。这也正是因为明白了沈宠绥有此局限,在读他的《度曲须知》时,我们就不可不明辨其中的是非。

刘复《明沈宠绥在语音学上的贡献》(《国学季刊》2.3:411—435,1930)称赞沈宠绥在审音上的造诣,并且特别针对沈宠绥所著《度曲须知》中的《辨声捷诀》一篇,从语音学的观点作了逐句分析和评论。何大安《〈辨声捷诀〉的一种读法——附论:〈度曲须知〉中的"萨""杀"的读音》(2010)从等韵学史角度重新审视这篇文献,发现《辨声捷诀》并非沈氏的作品,而是自《广韵》以来即辗转流传的一份启蒙之作。在流传过程之中,有增删,有改易,有分合。那些为刘先生所褒、所贬、所质疑的各方面,大体都可以从这个角度得到合理的解释。

何大安认为,元代徐元瑞《居家必用事类》中的《切韵捷法》,比起见之于《广韵》之后所附《辩十四声例法》和日用百科全书《事林广记》翻刻本两种《辩十四声》,在形式和内容上更为接近《辨声捷诀》。此外,《切韵指掌图》中《切韵捷法诗》、张位《问奇集》中的《辨声音要诀》、潘之淙《书法离钩》中《辨声音要诀》,以及沈宠绥《度曲须知》中《辨声捷诀》之后的清人徐大椿《乐府传声》中《辨声音要诀》、王德晖和徐沅澂《顾误录》中《辨声捷诀》,经过比较,也与《度曲须知》中《辨声捷诀》关系密切。沈宠绥转录的可能性很大。这使得沈宠绥《度曲须知》文献来源的研究更为深入了,对解释沈宠绥语音思想的来源具有十分重要的意义。

蔡孟珍《沈宠绥曲学探微》(五南图书出版有限公司1999)也曾涉及相关的一些问题,但因为不是专门研究语音著作,所以论述有嫌简略。

3.《镜花缘》语音

关于李汝珍《镜花缘》语音研究,主要有许金枝《李汝珍音韵学述评》

(1988)和陈光政《述评〈镜花缘〉中的声韵学》(1991)。其中,陈光政(1991)很有代表性。陈光政说,表现语音现象,对《镜花缘》具体材料要有所区别,比如"从八十二回至九十三回之间,尽属双声迭韵的酒令游戏,因乏深意,所以全部不予述评。最富趣味性与启示性的在十七回、二十八回、二十九回与三十一回,其中又以三十一回最令识者回味无穷"。

其一,辨音之难。在十六回中有这样的论述,主要原因大约是各处方音不同的缘故,并以"敦"一字有十来个音为证。但陈光政认为,李汝珍所举的例证,"全出于先秦两汉的古籍,这时的音韵属于上古期的范围,不得以中古音韵的韵目作为规范。由此可知,李氏的辨音已注意到空间的南北通读,如忽视了时间上的古今是非"。

其二,知音稀。十七回原文:"要知音,必先明反切;要明反切,必先辨字母。若不辨字母,无以知切;不知切,无以知音;不知音,无以识字。以此而论:切音一道,又是读书人不可少的。但昔人有言:每每学士大夫论及反切,便瞪目无语,莫不视为绝学。若据此说,大约其义失传已久。所以自古以来,音书虽多,并无初学善本。"陈光政认为,李汝珍"所言不虚。截至现今,坊间虽多标榜入门、大纲、概论、初步等属于声韵学的参考书,均无一适合与迎合初习者。二百年前的李汝珍,亦借趣味十足的小说,大谈适于初学的理念,良可敬也"。

其三,叶古韵。在十六回中,利用多九公与紫衣女子的问答,李汝珍已约略将中国声韵分作三个时期:先秦两汉、晋与近时。陈光政认为,从其执着"古人口音,原是如此"与"其音本出天然,可想而知"看来,李氏是应用宋人的叶音理论以解决上古诗韵的难题。

其四,扬隐朱子在义理与小学上的功过。在十八回中,李氏借唐敖之口,"言朱注群经容有音韵上的小差错,但绝不可因噎废食",可见其对朱注是采取隐恶(指小学)而扬善(指义理)的态度。

其五,古声重,今声轻。在十九回中,李氏提到古上声后读作去声的现象(所谓"古声重,今声轻"),与今"浊上归去"规律总结相同。

其六,问道而论反切。在十九回中,描述了中国三位士大夫对于黑齿国女子以反切语骂人的相应窘态,李氏以绝妙的小说家笔法,将极其乏味的反切道理活灵活现地显示出来。虽属文字游戏,但有助于一般人对反切的认识。

其七,声韵学之乡——歧舌国。在十九回中,由多九公与唐敖对话可知,不知音韵,难免会闹笑话,而学习音韵之学是有诀窍的,若乏人指点,或悟性不高,必将终身不得其真传。而著于此道者,必也嘴巧舌能,雅好音律之类,于是乎,李氏创造出他的海外音韵学的乌托邦——歧舌国。

其八,李汝珍认为,学习语音自难而易有其优点。见于二十八回,原文:

> 不多几日,到了歧舌国,只见那些人满嘴唧唧呱呱,不知说些甚么?唐敖道:"此处讲话,口中无数声音,九公可懂得么?"多九公道:"海外各国语音惟歧舌难懂,所以古人说:'歧舌一名反舌,语不可知,惟其自晓。'当日老夫意欲习学,竟无指点之人,后来,偶因贩货路过此处,住了半月,每日上来听他说话,就便求他指点,学来学去,竟被我学会。谁知学会歧舌之话,再学别处口音,一学就会,毫不费力。可见凡事最忌畏难,若把难的先去做了,其余自然容易。"

其九,声韵学是歧舌国的不传之秘。见于二十八回,陈光政解释道,此乃歧舌人天生异禀——舌尖分作两个,音韵学为其传国绝学,绝不轻易示人。

其十,千金难买的声韵学。见于二十九回。多九公医治歧舌国世子与王妃们的重病,分文不取,但求音韵学而已,国王为此而召开三天的国是会议,终于打破禁忌,万般无奈下,密抄"几个字母"外传给中土人士。歧舌人视音韵学犹如绝学重器,不肯轻易示外。

其十一,空谷传声图。见于三十一回。李汝珍托言歧舌国的祖传秘方,实际上是介绍兴于乾嘉时代《空谷传声》之说。陈光政认为,乍看起来,《空谷传声》固不如一般等韵图之精细明确,但是,两者的旨趣是绝对不相同的。等韵图意在详审《切韵》系统的声韵,特别着重在愈细愈好(如等第与清浊),而李氏所表彰的《空谷传声》图却侧重于韵文之上,认知迭韵、双声与熟练反切就够了,无须标示等第与清浊问题。以韵文的实用性为目的,将传统的等韵图稍作改良,变成极为简单且趣味化的实用练音图,可见李氏是一位述中有作的人物。

陈光政最后的申论也发人深省,比如他说(147页):

从其(李汝珍《镜花缘》)叙述中得知:我国在未引入音标与制作国语注音符号之前,虽然已有很多今韵书与韵图,但是,一般读书人的音学辨微能力仍然相当肤浅,少数知音律的聪颖人士,简直被奉为天人看待,于是乎大胆假设而不能小心求证的叶韵说,居然也得到不少信徒。当然啦!李氏心目中的义理之学似乎远重于小学,文人在小学上的缺失,仅被比拟为不拘小节而已,所以李氏特别推崇朱子,而不计较其在小学上的错误,这是李氏与一般考据学者最大的不同点。也就是说,李氏绝不因"小学"而废"大学",历来但知挑剔朱子小学之失,而忘了推崇其功者,能不愧哉!两者的胸襟气度是何等的悬殊啊!又从李氏体验出来的"音随世传,轻重不同",知其已辨出古今音调的演变。至其以谜语"吴郡大老倚闾满盈"为提及反切,进而托歧舌国大谈其反切的领悟经过与方法,此皆在于证明李氏对于审音是有其独到工夫的。截至目前,其所谓《空谷传声》依然不失为今日学子练习中古声、韵、调的简要图表。《镜花缘》一书之中,有关声韵学的表达"趣"巧是最令后人赞佩与深省的,因为它兼具故事情节的趣味化与等韵图表的实用化。试看今日域中,有谁家声韵学是如此写的?今后吾人在传授声韵学的方式上,可否从李文的启示中稍作调整呢?

(二)明清汉语综合性文献"总合"语音研究

丁邦新《17世纪以来北方官话之演变》(1986)是方言区域史研究的一个重要文章。在研究方法上,作者注意区别北方官话内部各地方音的不同现象,寻求六个方言区区别性特征。关于是否按一般的历史语言学方法进行"拟测"问题,他认为,如果利用历史语言学的方法,可以根据这六个方言区的语言资料加以比较,拟定早期北方官话的语音系统,用倒溯的办法推测语音演变的方向。但是,这样推测出来的结果无法肯定确切的时代,只能大致说明。

至于所运用的资料,他分为中国资料和韩国资料两类。中国资料除了吕坤《交泰韵》、徐孝《重订司马温公等韵图经》、金尼阁《西儒耳目资》、毕拱辰《韵略汇通》、樊腾凤《五方元音》等书外,还有《同文韵统》等汉藏对音资料。韩国资料,主要是《老乞大》《朴通事》《译语类解》《华音启蒙谚解》等注音资料。

北方官话声母,根据资料显示,各部位都已经没有浊塞音和浊塞擦音的字,可见,到了 17 世纪时,北方官话的小方言中已看不出隋唐中古音原有的这些浊音痕迹。浊擦音只有从鼻音变来的。就是音韵学名词中的日母,也有变为零声母的。此外,从系统中多出了一套舌面音来,也就是腭化音。郑锦全《明清韵书字母的介音与北音腭化源流的探讨》(1980)对北音腭化的源流做过很深入的研究,他认为,舌面音全面形成于 16、17 世纪,到了 18 世纪中叶腭化全面完成。韩文的资料,比如《朴通事新释谚解》就记载了腭化音。17 世纪有的北方方言还有[v]或[w]的存在,有的已经消失,这就是微母字的读音问题。北方官话韵母,鼻音韵尾在兰茂《韵略易通》里还保留[m][n][ŋ]三种,到了李登《书文音义便考私编》,[m][n]开始合并。在《等韵图经》中,[m]已经完全变为[n]了。再如声调的演变,17 至 19 世纪仍然有许多资料保存入声,只有《等韵图经》用"如声"代替入声。"如声"相当于今天的阳平。《三教经书文字根本》也把入声派入其他三声了。

丁邦新强调,方言区域史的研究应该和人口迁移的历史配合起来观察,语言现象和历史参照,有时可以解决彼此单独研究无法了解的问题。

张屏生《清末民初南、北官话的语音比较》(2002)以宏观性视角探讨清末两类官话的区别及性质等问题。

张屏生认为,近代官话所反映的语音现象是现代汉语研究的重要课题,而研究近代官话的材料多半还是集中在反映近代语音现象的韵书、韵图和其他一些不成系统的语言记录上,通过这些材料的归纳整理和内部音韵格局的规律运作来拟音,才能具体地解释相关问题。但是拟音的不同却会直接影响到对某些问题的看法,所以有了实际的语音材料,可以更确切地掌握音系的内容,而不至于因为有预先的判断而影响问题的导向。他拟通过几本与官话相关文献的语音比较,梳理清末民初南北官话语音的共时差异。

其一,张屏生所采用的与汉语官话相关文献。1.《官话萃珍》,美国人 Chauncey Goodrich(富善)在 1889 年所编。耿振生(1992:178)说,这本书中的音系已经和今天的北京话没什么区别,仅个别字音有出入。2.《支那官话字典》,日本人宫岛大八在 1917 年所编。3.《京音字汇》,王璞在 1913 年所编,称"京音指的是北京发音"。4. The Naking Kuan Hua(《南京官话》),德国人 Hemeling, K 在 1907 年所编。这本书的音系比较接近黄典诚(1993:220)所提到的《官话新约全书》。5.《韵典》，李炳卫在 1934 年所编，《韵典》注录的是老国音。张屏生将《萃珍》当作北音的材料样本，认为《萃珍》《支那》和《京音》音系是相同的，而《南京》是南音的材料样本，《韵典》是老国音的材料样本。

其二，汉语官话相关文献语音声母系统的比较。张屏生认为，关于[v][ȵ][ŋ]三个声母的有无，除了《韵典》代表的老国音系统有这三个声母之外，其他材料并没有这三个声母。关于精系字和见系字的腭化情形，《萃珍》《支那》《京音》都已腭化，《南京》《韵典》见系已经腭化，但是精系还没腭化。[ch][ch‘]这两个声母在和齐齿呼、撮口呼韵母相拼时，音值是[tɕ][tɕ‘]，在和开口呼、合口呼韵母相拼时，音值是[tʂ][tʂ‘]。从声韵搭配来看，这两套声母在音位上是呈互补的状态，所以理论上设计一套就可以了（国语分为两套那是有另外的考虑），将另外一套视为有条件制约下的音位变体，如果是这样，我们就以[tʂ][tʂ‘]并作为音位化的符号。这样处理有两个原因：第一，卷舌韵已经存在，有卷舌元音，在系统上就应该要有卷舌的声母；第二，[tʂ][tʂ‘]这两个声母，后面不管接什么韵母，在实际拼合的过程当中，都很不容易拼出[tɕ][tɕ‘]。

其三，汉语官话相关文献语音韵母声调系统的比较。1.如果声母是零声母的话，在[i]起首的音节，会把起首[i]改成[y]，如"央"就记成[yang]；如果是[y]起首的音节就直接加上[y]，如"云"就记成[yün]；在[u]起首的音节，会把起首的[u]改成w(ung 例外)。2.《南京》中有部分韵母[-n][-ŋ]不分，如[an]/[aŋ]、[yn]/[yŋ]、[in]/[iŋ]、[uan]/[uaŋ]。3.[uŋ]在零声母的情况下念[uəŋ]，例如记成[ung]；如果音节前面有声母的话就念[oŋ]，例如"松"记成[suoŋ]。在《萃珍》《支那》《京音》的韵母格局当中[o]和[uo]是互补的，《南京》《韵典》这两个韵和声母的搭配很混乱，在现行国语的韵母格局当中[o]和[uo]是互补的；张屏生认为，这两个韵母依照互补的关系可以合并为一类。还有卷舌音的存立问题：张屏生将上述材料做成《同音字表》或《音节检索表》的时候发现，卷舌元音已经单独成为一个韵母，不再像有些韵书把它摆到[y]韵中。这里必须加以说明的是，那些被摆到其他韵母的相关例字可能是念卷舌元音的，但是编著者有不同考虑，才将那些例字寄人篱下，比如《正音通俗表》可能是清潘逢禧受了自己乡音的影响，只好选择一个比较接近[ʔ]音的位置来摆放这些相关例字。而黄典诚(1993:236)却认为《官话新约全书》

中[ʔ]之所以未独立,是反映了保守的读书音系统。声调方面,除了《南京》和《韵典》有入声之外,其余都没有入声了。因为在书中都只有标明调类,所以实际的调型无从了解;唯一可以看到的记录是《南京》前面有关声调的描述。入声应该是一个[ʔ]或者只是调型独立而不带[ʔ]的短调,参考赵元任(1929)的所记的南京话声调,为44调。比对了上述材料之后,可以发现老国音除了入声韵多出了[aiʔ][auʔ][eʔ][eiʔ]之外,其他方面和《官话新约全书》《南京》这两份材料有高度的一致性。

其四,清末民初南、北官话的语音性质。张屏生认为,正音或官话的基础都不局限于南系或北系,而是统括了南、北音系中获得当时社会普遍认同而流通的语音形式。其实南北官话的语音仍然具有相当程度的同构型成分,至于当时其他不同韵书或韵图所表现出来的官话或正音的语音差异,可能是受了作者自己乡音语感的主观认知所影响,所以不同的正音书编纂者所归纳出来的语音系统就会呈现出大同小异的情况。因此张屏生认为官话应该是有标准音的,这是和前人看法不同的地方;提出这个看法有几个原因:一是外国人在编官话辞书的时候,他们应该有共同的参照标准,不然的话,为什么不同国家的人(如美国人富善、日本人宫岛大八)所编写的《官话》辞书音系会那么一致? 二是旧时有所谓"蓝青官话",指夹杂方言口音的不纯粹的官话,而其不纯粹是通过不同官话的语音比较得出的,比较就得要有一个参照的官话标准音内容。三是如果说有"共同标准音",那么为何会有不同的差异? 这是因为当时并没有精密的记音符号,教育也不普及,官话的传习只能透过口耳相传的方式来进行,所以必然会有差异现象的产生。

中国大陆学者叶宝奎、耿振生以及日本学者岩田宪幸就这个问题发表多篇论文,可以与之相参照。

竺家宁领衔,颜静馨、吕昭明、胡桂瑞、张中典、谢湘筠参加的台湾"国科会"补助专题研究计划成果报告《12世纪至19世纪汉语声母的演化规律与方向》(2005),是一篇带有对近代语音现象研究进行全面总结性质的力作。竺家宁等撰写的《摘要》介绍:

> 12世纪至19世纪相当于北宋末年至清代末年,前后有800年的时光。这个阶段正好上接中古音,下开现代音,是汉语音演化的重要关键。

声母问题又是汉语演变最为复杂的部分。近代音研究是近年来声韵学研究的主流，海峡两岸、日本、韩国的学者在这方面已经奠定了良好的基础。大部分的研究成果着重在个别材料的音系研究，以现象为主轴的研究比较少见，纵贯 800 年，探索历时的演化规律，更为稀少。因此，我们希望在前人的基础上，能更进一步，厘清这 800 年声母变迁的趋势。本计划用一年的时间，把这个问题作一全面而深入的剖析。希望对建构完整的汉语音韵史有帮助，对现今方言的研究也能提供参考。

该项研究具体的操作方式为：作者把海峡两岸、日本、韩国等现当代学者在汉语近代音方面有关声母研究的具有代表性的成果作一总的梳理，并在调查清楚这些研究成果的基础上，缕出最基本的汉语近代音声母发展和变化的线索，同时对这些汉语近代音研究成果加以评判，也提出自己的看法，尝试找出当前汉语近代音方面有关声母研究成果中值得借镜之处以及存在的问题；最终的目的还是要提出自己今后的研究的努力方向，使之更加尽善尽美。

研究者按照设计好的选项，比如精见系是否腭化、精系是否腭化、见系是否腭化等，将研究对象文献、作者成果进行比对。所选择的研究对象文献都是学者们经常关注的，比如宋代韵书，选了《皇极经世解起数诀》（1241）、《新刊韵略》（1229）两部；元代韵书，选了《蒙古字韵》（1269—1308）、《古今韵会举要》（1297）；明代韵书，选了《洪武正韵》（1375）、《韵略易通》（1442）、《韵略汇通》（1642）、《洪武正韵译训》（1455）、《中州音韵》（1503—1508）、《四声通解》（1517）、《切韵枢纽》（1582）、《书文音义便考私编》（1587）、《青郊杂著》（1593—1599）、《太律》（1600）、《四声领率谱》（1602）、《合并字学集篇》（1602）、《重订司马温公等韵图经》（1602）、《交泰韵》（1603）、《韵表》（1605）、《音声纪元》（1611）、《元韵谱》（1611）、《韵法直图》（1612）、《韵法横图》（1614）、《西儒耳目资》（1626）、《同文铎》（1633）、《切韵声原》（1644—1650）；清代韵书，选了《四声均和表》（不详）、《拙庵韵悟》（1674）、《等音》（1674—1695）、《诗词通韵》（1685）、《译语类解》（1690）、《切韵正音经纬图》（1700）、《明显四声等韵图》（1701）、《大藏字母九音等韵》（1702）、《等切元声》（1703）、《类音》（1706—1712）、《五方元音》（1710—1727）、《音韵阐微》（1728）、《圆音正考》（1743）、《华东正音通释韵考》（1747）、《本韵一得》

（1751）、《奎章全韵》（1792）、《李氏音鉴》（1805）、《剔弊广增分韵五方元音》（1810）、《音泲》（1816/1817）、《增补汇音》（1820）、《正音咀华》（1826）、《等韵辑略》（1837—1840）《音韵逢源》（1839）、《五均论》（1863）、《正音通俗表》（1870）、《等韵一得》（1883）、《古今中外音韵通例》（1888）、《八音定诀》（1894）。每一本文献，有的可能选择一个人的研究成果，有的可能选择两个或三个，不一而足。

与此相关的竺家宁《12世纪至19世纪汉语声母的演化规律与方向——论零声母的扩大与演化》（2005）一文也是利用这些资料进行探讨。他认为声母的演化类型有五类：轻唇化的发展；知照系字与卷舌音的问题；零声母字的扩大；浊音清化；见系和精系的腭化。其中，重点论述了零声母字的扩大与演化问题。涉及了宋元时代的零声母演化、明代的零声母字演化、清代零声母字演化问题。这当中，疑母字是作者讨论的一个焦点问题。他认为，《中原音韵》绝大部分字已经失去了原有的舌根鼻音声母，有少一部分仍然保留。这证明了语音变化往往采取逐渐扩散的方式进行。《韵略易通》《青郊杂著》都没有疑母，可知在明代，多数地区疑母字已经全部消失。作者的宏观观察十分有效，原因在于作者的结论是建立在广泛调查文献的基础之上的。

王松木《为往圣继绝学——竺家宁先生在声韵学研究上的成就与贡献》（2006）总结竺家宁近代汉语语音研究贡献时说，他的方法与步骤，大抵是从文献资料的整理入手，先归纳出书面语料能反映方言特色的音韵特征，以此作为推断韵书、韵图音系基础的依据；其次，再结合当代汉语方言调查的成果，选择适宜的方言点作为参照，为韵书、韵图构拟上实际的音值。他能灵活地将"书面文献"与"方言语料"相互结合，彼此参照，因而能够精准地看到许多细微的音变现象。此外，他还常以特定的音类作为观察的焦点，纵向贯穿各种文献语料，从而勾勒出近代汉语语音的历史演变的轨迹。

与此相关的竺家宁《十四至十七世纪汉语声母的发展》（2006）、《明代声母演化的类型及发展》（2005）等论文也很值得关注。

孔品淑《宋代语音及其与现代汉语方言的对应》（2015）讨论宋代语音现象与汉语方言的对应关系，以结构主义语言学、历史比较法、词汇扩散理论为基础，在古今方音具有可比性的前提之下展开讨论。论文着眼于宋代音在汉语语音史上具有过渡性，并且汉语发展的历时过程会表现在现代方言的共时状态上,因此,尝试讨论宋代语音与现代汉语方言的对应关系。第一章,绪论,包括成果回顾、材料与范围、研究方法与理论基础。第二章,先从宏观的角度讨论宋代音在汉语音韵史的地位,确定宋代音研究的意义与价值。第三章,针对几部表现宋代音的文献进行探讨,包括《四声等子》《切韵指掌图》《切韵指南》《集韵》《九经直音》《五音集韵》《古今韵会举要》《皇极经世书声音唱和图》。第四章和第五章,讨论宋代音文献中反映出的语音现象,并在现代汉语方言中观察其分布情况。第四章,针对宋代音文献中所反映的声母演变展开讨论,包括匣母字念成舌根浊擦音、唇音字的开合口、知照系字的分合;第五章,讨论宋代音文献所反映的韵母演变,包括三四等界限模糊的现象、蟹摄与止摄的分合情况、精系三等字在等韵图中移位至一等、内外混等,另外也讨论了宋代文人对于音节分析的态度。本论文宏观讨论宋代语音现象,采证客观文献,析出宋代共同语语音特点,作为与现代方言讨论和比较的基础;打破过去汉语方言研究以《广韵》等《切韵》系中古前期韵书系统为依据的传统,改以宋代音为依据来掌握方言演变。论文有三点创见,分别是:其一,从文献及语音现象的比较中,确定宋代音在汉语语音史上的地位。其二,由宋代语音现象与现代汉语方言的对应,得知宋代语音现象与现代汉语方言的相对距离,作为往后进一步深究汉语方言特定语音现象在语音史坐标上的绝对位置的基础。其三,从宋代音韵学文献对于介音在音节中位置的安排,推论当时文人创作音韵学著作时的态度已经转趋独立,渐渐由《广韵》中跳脱出来,这样的态度也影响了明、清时代音韵学著作的创作。与此认识相关,她的《宋代音韵学著作的编辑角度——新旧音系、时代思潮与当代音韵学著作的对话》(《语文教学暨第三十四届台湾声韵学研讨会论文集》149—170,台北教育大学 2016)认为,宋代音韵学者在其著作中往往表现的是"理想中的音系";也有为读经注音而作反映当时语音音系的,比如《九经直音》。这些著作的成因十分复杂,这与中国思想中偏重于实用的传统关系密切。

洪梅馨《〈元曲选·音释〉音韵问题研究》(2013)以臧懋循《元曲选·音释》中与音读相关者为研究范围,少数与音读无关之音释条目不在其研究范围之内。作者介绍:

臧懋循,明万历八年进士。其以为元曲之妙,在不工而工,有"情词稳称、关目紧凑"与"音律谐叶"之难。故选杂剧百种,欲尽元曲之妙,又于杂剧每折之末,附音释若干。其所附音释,便是本文的研究对象。前人研究以分析《音释》中之入声字为多。或有欲建构《音释》之语音系统者,而以系联为法,制同音字表;复以音程为理,论其例外。亦有析其音注根据,以为皆抄自《中州音韵》者。然《音释》释字除入声外,尚有平、上、去三声;而论其系统,则当回归作品本身;究其根据,亦不全与《中州音韵》相合。是故,本文站在现有研究成果之基础上,针对前人在研究中所遭遇的问题,从元曲作品为主要角度出发,进一步将音释内容与作品的押韵、格律结合,期望借此为《音释》之个别例外现象与入声字等相关问题找到答案。

《〈元曲选·音释〉音韵问题研究》分五章:首章,绪论,详述研究动机与目的、前人研究成果、研究范围及步骤。次章,论述《元曲选·音释》外围问题,诸如标音方式、音注根据与被释字在剧文中相应位置的确立。第三章,针对平、上、去声被释字的特性与个别问题进行讨论。第四章,以入声被释字为范围,依其在剧文中位置分节,复以入派三声、入读原调为别,进行统计分析与个别问题探讨。第五章,以《音释》价值与缺失作结。文末附《音释内容与剧文对照表》。

丁玟声《王文璧〈中州音韵〉研究》(1989),金周生《〈中原音韵〉"鼻"字阳平音的来源与音读》(1999)、《〈元曲选·音释〉平声字切语不定被切字之阴阳调说》(台湾《辅仁学志》[文学院之部]14:371—382,1985)、《〈元曲选·音释〉处理宾白韵语入声押韵字方法之探讨》(台湾《辅仁国文学报》1:365—375,1985)、《元代北剧入声字唱念法研究》(台湾《辅仁学志》[文学院之部]15:227—322,1986)、《元代散曲[m][n]韵尾字通押现象之探讨——以山咸摄字为例》(台湾《辅仁学志》[文学院之部]19:217—223,1990)、《元曲暨〈中原音韵〉"东钟""庚青"二韵互见字研究》(1982)、《从臧晋叔〈元曲选·音释〉标注某一古入声字的两种方法看其对元杂剧入声字唱念法的处理方式》(台湾《辅仁学志》[文学院之部]22:165—206,1993)等也与此相关。

第七节　近代音研究理论与方法

竺家宁《论近代音研究的方法、现况与展望》(2000)从宏观上把握汉语近代音研究的理论问题。其中对汉语近代音研究方法的探讨，见解独特，又很有代表性。竺家宁认为，汉语近代音的研究可以从下面三个角度着手：

其一，某一部语料的研究。竺家宁说，此类研究多选择大体上能反映出当时实际语音的著作，包含宋、元、明、清的韵书和韵图；通常可分两方面着手：其音韵理论、音韵符号的描述，以及其语音系统的分析。特别是明清韵图，往往在卷首会详细论述作者的音韵观点，包括对字母、清浊、方言、声调、韵类等问题的具体意见，这些文字为其书中的韵图提供了审音、分类的理论基础。此外，为了表现某一种特别的音类或清浊、等呼的概念，作者往往会设计出一些非文字性的专有符号来标示，因此，我们要了解韵图的符号系统，必得先解开这些符号的所指内涵。至于音系的分析，必须有严格的语音学训练为其根基，了解音位的原理、音位的对立、最小对比、互补分配等语音现象，才有可能有效而确切地拟订音值，否则易成为音标的游戏，徒具形式而已。因此，音系的拟定必须论及其音节结构规律，什么音素和什么音素相搭配，一个音节最大容纳量能有几个音位，音节中的元音可以有几个（例如国语只有三个，形成三合元音的音节）。这种音系分配、组合的规律是音系研究不可或缺的部分。近代音的音系构拟还须要与现代方言学的知识结合起来，特别是北方方言；同时也要放在历时的演变中交代其间的前因后果，因为任何时代的音系都不是突然冒出来的，都是历史发展出来的，我们必得说清楚它的演变符合怎样的规律，那样的音系拟订才有意义。在研究过程中须要注意的是：1.上述非文字符号的诠释。2.语料编排的整齐化观念。这是因为传统上受术数的影响，对"数字"极为讲究，因而反映在音类分类的数目上。如语料为纵横交错的图表时，此类讲究数目的观念常形成并不表示语音实际区别的"虚位"空格，也就是说实际的音类数要比呈现的少。3.南北音的混杂。近代音语料很少有现代方言田野调查，以单一方言点为对象、着重单一系统描写的观念，而是存着求完备的意识，往往把当时存在的南北方言音读同时纳入；有时会标明南音、北音、俗音，有时则直接混入整个音韵架构中。耿振生《明清等韵学通论》即指出：马自援

《等音》"真庚分韵"是采纳北方读音,闭口韵是采纳江西音,正属这种混杂的例子。4.古今音的混杂。这种情况更为普遍。由于韵书、韵图的体例与设计有很大的沿袭性,语音的分类(如四声、三十六母)有很大的守古性,读书人脑中平常又有根深蒂固的传统音韵观念(如切韵系统),使得所编制的材料有意无意地带有浓厚的"古音"色彩,这些情况,我们在做研究时都应小心剥离,仔细鉴别,弄清楚哪些是受旧日语音的影响,哪些是反映当时实际的语音。耿振生《明清等韵学通论》提到,"考古"式的韵图不必说,就是审时派的韵图,也有很多借鉴古音的地方。像《字母切字要法》采传统的三十六字母,只是全浊平声有所变通,归入相应的次清声母中;其声调全用中古音平上去入四声,正属这类例子。竺家宁还指出,音值的拟订除了要符合音理之外,可以运用"已知"求"未知"的方法。各种现代方音的音读 C 是已知,学者们对中古音的拟订 A 也是已知,处于两者中间的近代音 B 是未知。我们看看,由 A 到 C 的演化过程中,音理上会产生怎样的 B? 这个 B 音不但要说得通演变,还要说得通它在韵图中所处的位置。所拟的这个音何以会放在这个位置? 和其他的音发生怎样的关系? 怎样形成"系统"?

其二,某一种语音现象的研究,例如探索在近代音史上舌尖元音是如何产生、如何逐步发展成今天这样的面貌的,腭化声母是何时出现的,入声的发展过程,"浊上归去"现象的发展等等。竺家宁认为,这类研究目前比较缺乏。它是一种历时音变的研究,必须综合各韵图、韵书的研究为前提,才有可能从不同时代的几部语料中寻求出语音发展的轨迹。在当前,近代音语料尚未全部经过深入的分析,因此,这项工作也就比较费事。然而,这却是建立汉语语音史一项关键性的工作。近代音的语料远远多于中古音、上古音,却开发得最晚,假以时日,如果能把近代音的各种语音演变现象弄清楚,那么,不但可以使我们明白现代音形成的脉络、找出每一项语音的来源,更可以由研究所得的各项音变规律建立起汉语语音学的理论,这在语言学上是件重要的工作。这种研究成果也和方言学息息相关,能带动方言学的研究,了解方言分合变化的系谱。

其三,针对某一位音韵学家的研究,例如"江永的研究、段玉裁的研究、陈第的研究、杨慎的研究"等等,属于音韵学史研究的一环。竺家宁说,透过这样个别的研究,能够提供给我们整个音韵学发展的概况知识,从而了解在汉语音韵学史上近代阶段所居的地位,使我们知道有哪些音韵观念在近代发展起来,对某些古音问题近代学者们各有一些什么不同的看法,哪些方面的认识具有突破性、开创性等。

在介绍完近代音研究的三个角度后,竺家宁又提出近代音的研究还有三个重要的基本条件:第一是语音学,任何近代音韵书或韵图,其归字与分韵的架构与体系都须要透过音位的概念,掌握音理,进行共时的描写。第二是方言学,方言和近代音语料的关系尤其密切,许多归字与分韵的现象都可以在现代方言中找到相呼应的例证;如果我们对于方言区数百年来人口流动迁徙有充分的了解,那么对近代音语料的诠释就更易于精确掌握。第三是熟悉中古音,任何近代音的归字与分韵都必须以《广韵》音系作为比较的基准,才能阐明其中的演变。唯有兼备这三方面的能力,研究工作才有可能事半功倍,达到理想的效果。此外,竺家宁还指出了近年来台湾近代音的研究三个方面的不足:第一是某一语音现象为核心的研究太少。这项工作往往须要在既有的语料分析基础上作更深一层的归纳,例如鼻化现象的研究、腭化演变的研究、浊上归去的研究、二等字由洪转细的问题等等,诸如此类的综合工作尚有待进行。第二是有相当比率的近代音研究是出自硕士论文,资深学者在这方面的投入显然不够。硕士论文是年轻学者踏入学术研究的第一部习作,因此很难期望其成果能达到较高的水平。目前以单一材料作为研究主体的作品较多也正是这样的原因。单一材料的研究,理论上要简单得多,不像某一语音现象为主的研究要牵涉的范围比较广,处理上要复杂得多。第三是方言学知识的广度不够。近代音和方言学是一体两面,相辅相成的。近年来虽然闽南话的研究蔚为风潮,成为显学,但整体宏观的方言认识仍然欠缺。只有重视汉语方言学的整体认识,才能有效地提升近代音研究的成果。

第八节　明清以来语音个案历史变化

这方面的成果有:竺家宁《近代汉语零声母的形成》(1982),张淑萍《章系字在方言中的舌根读音——演变途径的探究》(第二十四届台湾声韵学教学学术研讨会暨工作坊,台湾中山大学 2006),陈慧剑《入声字笺论》(东大图书公司 1995),陈秀琪《知庄章的卷舌音——舌位的前化运动》(第九届国际暨第二十三届声韵学学术研讨会,静宜大学 2005)等。

　　刘晓葶《论近代零声母的形成与演化——以官话区的明清语料及现代方言为主》(2013)研究近代至现代零声母的语音演变现象,综观各韵书、韵图,在不同的时间点将同质性的语音现象比较观察,并且分别从共时的、历时的角度切入,比较现代官话方言的音韵表现,进而追寻语音发展的轨迹。本文共分七章:第一章,序论,介绍研究动机、材料、目的与方法。针对本文所采用的 15 本明清语料,分别辨明其年代、反映音系与方音背景。第二章至第五章,针对零声母的中古来源逐章做探讨。讨论对象分别是影、云、以三母,疑母,微母和日母,每个章节先讨论零声母在明清语料中的拟音及演变的现象,之后再分析现代官话各方言中零声母的今读类型,最后在各章小结试图呈现出零声母历时音变和共时地理分布的现象。比如第二章,明清影、云、以母的演变及现代方言分布。首先讨论明代影、云、以母(零声母)的扩展,包括明代语料中的影、云、以母(零声母)的现象;零声母来源为影、喻二母的明代语料;零声母来源为影、喻、疑三母的明代语料;零声母来源为影、喻、疑、微、日五母的明代语料。其次讨论清代影、云、以母(零声母)的扩展,包括清代语料中的影、云、以母(零声母)的现象;零声母来源为影、喻二母的清代语料;零声母来源为影、喻、疑三母的清代语料;零声母来源为影、喻、疑、微、日五母的清代语料。随之讨论现代官话方言中影、云、以母的发展,包括影、云、以母演变类型在现代官话中的分布;影、云、以母演变类型在现代官话各区的情形。最后是影云以母的共时分布。第六章,讨论现代官话中非系统性的零声母,并且与“现代国语”非系统性的零声母例字稍作比对,探讨这类零声母字异常演变的原因。第七章,结论,说明零声母从明清至现代官话语流音变的特点,唇齿浊擦音在零声母合口字的影响、明清至现代方言间连结的必要性等问题,还提出后续研究之展望。

第九节　余论

　　台湾学者对汉语近代音的研究与其中古音研究一样,有许多方面是值得我们特别关注的:

　　其一,研究汉语近代音,其文献的利用,由单点、多面而向整体性推进,全面开花,五彩缤纷,令人目不暇接。以朝代为段限而进行研究,比如林平和《明代等韵学之研究》、应裕康《清代韵图之研究》等,重点专题考察,效果十分明显,就打破了赵荫棠、李新魁等笼统研究模式,开拓了等韵学研究的新局面,对后来学者们的研究影响至深。而竺家宁领衔《12 世纪至 19 世纪汉语声母的演化规律与方向》报告,则以等韵文献为主要依据而构成了带有对近代语音现象研究进行全面总结性质的研究形式,标志着汉语近代音研究进入到了一个新的历史阶段。

其二,对前辈学者研究的"质疑"和"验证",促进人们进行反思,而对一些问题作深入思考。比如金周生就对王力研究朱熹语音的一些方法提出质疑。王力从朱注的反切与直音中发现一些宋代新产生的音变现象,例如"溪、群"母混用,但金周生认为,就《诗集传》而言,其非叶韵音切语言由于标音多取自前代音切,所以往往能轻易地见到一些与之不同的反证材料。比如:在 142 个朱注古"见"母字中,所有字在韵书或《毛诗音义》里,都可以找到古"见"母的读法,无一例外;可知"溪、群"母并未与其混淆。

其三,对汉语近代音研究理论与方法的总结。竺家宁从宏观上把握汉语近代音研究的理论问题,其中对汉语近代音研究方法的探讨,见解独特,又很有代表性。如此,启发我们深入思考与之相关的各类疑难问题。

其四,对汉语近代音文献的审视更为深刻。宋韵珊《共性与特殊性:明清等韵的涵融与衍异》(2014)采取"主题式"论述方式,就明清等韵对宋元等韵在继承的同质性与变革的异质性问题分别展开论述。这和我们思考的汉语近代音研究的"异质化"理论具有"同一性",这说明,汉语近代音文献是个"开放性"的系统。

其五,寻求研究汉语近代音的新模式。王松木《明代等韵之类型及其开展》(上、下)(2011)研究明代等韵学,从类型学与发生学的角度切入,针砭现代汉语音韵研究科学主义取向所衍生的盲点与弊病,改换不同的观点,采用新的研究模式,试图重新联系汉语研究的人文传统,以彰显出汉民族音韵分析的基本特色。

台湾学者对汉语近代音的探讨也存在着一些可以进一步拓展的空间领域,比如在东亚视野内的"比较"研究,就是应该注意的。日本学者较早进行汉语、日语,以及与朝鲜语、满语等语言的"比较"研究,积累了大量的理论与实践性成果,比如"日本化"的"悉昙"文献,像明觉的《悉昙大底》《反音做法》《悉昙要诀》等;还有新井白石《东音谱》中的汉语方音对照表;以及太田全斋《汉吴音征》、黑川春树《音韵考证》等与《韵镜》相关文献所记录的"唐音"标记等,都和汉语近代音研究直接相关。

近些年来,东亚之外的欧美传教士语音文献日益受到重视。高本汉引用自不必说,罗常培就曾发表《耶稣会士在音韵学上的贡献》一文启其头绪。台湾学者也有一些研究成果,比如张屏生对马偕《中西字典》的研究等。《宾主问答私拟》《官话语法》《华语拼字妙法》《西蜀方言》等文献资源也陆续得到开发,汉语近代音的"海外之眼",以其标记先进、比较有效,存在着优越性而备受青睐。以之为借鉴,必然会成为汉语近代音研究的新契机,直接或间接地推动汉语近代音研究的历史进程。

第七章

台湾汉语音韵学史文献盘点六：
现代汉语与方言语音

第一节　汉语国语语音学

一、国语语音著作

王天昌《汉语语音学》（2005：345—360）"附录三"《国语书目提要》记载了不少的台湾汉语国语语音著作，主要有：齐铁恨《国语变音举例》（台湾书店1948）、朱兆祥《国语方音符号》（经纬书局1952）、张博宇《国语注音符号讲义》（宇宙图书公司1945）、那宗训《国语发音》（开明书店1945）、何容与齐铁恨等合编《国语注音符号概论》（台湾"国防部"1956）、朱兆祥《国音基本教材》（台湾"国语推行委员会"1957）、王天昌《国音》（台湾世界书局1957）、张希曾《北平音系描写的研究》（油印本，1968）、何容与齐铁恨等《台湾之国语运动》（台湾省教育厅1948）、张博宇《台湾国语运动史》（油印本，1966）等。实际上，还有许多著作也值得说明，比如方师铎《五十年来中国国语运动史》（1965），钟露升《国语语音学》（1966），王天昌《汉语语音学研究》（1973），谢云飞《汉字拼音简史》（1973）、《国语调值变迁初探》（1985），魏建功《魏建功语言学论文集》（2012）等。其中，钟露升《国语语音学》（1966）分十四章：绪论、发音原理、声母、韵母、声调、变调、轻重音、儿化韵、同字异音、各式国音符号等，都和国语语音研究有关。耿志坚《汉语音韵》（2009）名义上是汉语音韵学课本,实际上是把汉语语音知识及技能把握和汉语音韵学体系学习结合起来,并以汉语语音为主的教科书。其体例为:自序。第一章,汉语的定义;第二章,声母发音的原理;第三章,声母发音及练习;第四章,韵母发音的原理;第五章,韵母发音及练习;第六章,汉语拼音;第七章,四声调值与变调;第八章,连音之音读。附录:国语注音与汉语拼音对照表。

李添富《国语的轻声》(台湾《辅仁国文学报》3:297—314,1987),陈梅香《国语口声母例外来源考》(《第二十届台湾声韵学学术研讨会论文集》77—112,成功大学 2002),宋丽娟《现代国语零声母字研究》(台湾中山大学硕士论文,2006),李正芬《语言接触下的国语语音层次与变体》(《花大中文学报》1:107—138,2006),李峰铭《国语中〈广韵〉齿牙喉音腭化现象》(《声韵学会通讯》17:49—63,2008),连淑贞《〈国语一字多音审订表〉并为单音字之探析举要》(台湾师范大学硕士论文,2008),范文芳《台湾华语之央元音ㄜ的讨论》(《新竹教育大学语文学报》11:81—88,2004),张淑萍《不分尖团之后——汉语腭化音的发展》(第二十六届台湾声韵学学术研讨会,彰化师范大学 2008),张觉《"轻声"只是一种变调吗?》(《国文天地》20.2:74—75,2004),张慧美《现代汉语不规则字音举隅》(台湾《中国语文》95.4:36—38,2004)、《现代汉语不规则字音——类化作用举隅》(台湾《中国语文》95:5:36—39,2004),许长谟《对外华语教学中舌齿音之音韵、拼音与词汇问题》(文藻应华系第二届古典与现代学术研讨会,文藻外语学院 2007),许慧娟《再论汉语的声调与重音》(《语言与语言学》7.1:109—137,2006),骆嘉鹏《闽客方言影响下的台湾国语音韵特点》(第一届马来西亚汉语语言学国际研讨会,马来西亚大学 2006)等也涉及了国语语音研究的许多方面。

二、国语语音研究举隅

国语音系综合性研究最为知名的当属薛凤生《国语音系解析》(1986)。全书体例为:序。第一章,绪论:分析的理论基础与方法;第二章,北平话的韵母结构;第三章,北平话声母的性质;第四章,北平话的声韵调拼合问题;第五章,北平音系的音值律;第六章,关于"儿化韵";第七章,北平音的历史背景;第八章,"官话"的特性;第九章,注音符号的本质。

《国语音系解析》的价值,正如薛凤生所说:"有关现代标准汉语音韵的著作,数量已经相当不少,但是有些基本理论方面的问题,似乎犹待探讨。"他对语音的分析,偏重于阐述音位结构与音韵系统;标准语的形成历史进程,即以《中原音韵》为代表的早期官话到以今天的北京话为代表的现代标准汉语的音变特点;注音符号设计的理论依据,以及优势及局限。非常具有针对性。

台湾其他学者的国语语音研究也很有特色,这里试举几例:

（一）声母研究

张淑萍《国语中零声母的演变与例外》(2012)基本内容是:在国语中,零声母字的主要来源是中古的影、喻三(为)、喻四、微、疑等五个声母,少部分的零声母来自日母和匣母。这些声母在中古时期只有喻四、影母是零声母,其他的声母都是在逐步走向声母失落的阶段。这篇论文试图探索这七个零声母中古来源及在现代国语语音演变的一些规律。

按照《中原音韵》及这之后汉语的一般演变规律,影、喻三、喻四、微、疑这五个声母应该演变为零声母,但有部分字没有演变成零声母而成为例外音变,许多理应变作零声母的字反而混入了日母。这本来是个许多学者都研究过的老话题,如何才能发现一些新问题呢? 张淑萍的思路是:

其一,将国语零声母的七个来源讲清楚。比如张淑萍说,《切韵》系统的中古音,只有喻四(喻/以)是零声母;在唐代音系中,喻三(为/云)仍和匣母同流,到了晚唐五代,喻三并入喻四,也成为零声母。又如从中古的语音数据可知,疑母字在中古时期的声母读为[*ŋ];从元代周德清《中原音韵》以及卓从之《中州音韵》两部韵书的语音系统表现观察来看,疑母的声母在当时已经消失而并入了喻母。

其二,在讲零声母的来源时捋清线索,发现例外音变。张淑萍发现,现代国语中喻三多数读零声母,仅"汇、雄、熊、鸮、荣"例外。现代国语中的喻四多数读零声母,仅"捐、铅、容、溶、融、蓉、锐、睿、叡"例外,这些例外的喻四字除了"捐、铅"之外都是零声母。现代国语中的疑母字大部分都读作零声母,如"鹅、偶、外、元、月、银、仰、迎"等,但仍有少部分的疑母字脱离了演变规律而不读零声母,如"拟、倪、牛、虐、逆、孽"等。

其三,以充足的证据解释造成例外演变的原因何在。比如作者发现,例外的疑母语音演变有一个共同条件——必须是开口细音字,这些读[n-]的疑母字出现在齐韵开口,止摄、陌韵开口三等,屑韵开口,薛韵开口,尤韵、蒸韵开口以及药韵开口。从这些字在中古韵摄中的分布来看,似乎没有规则可寻,国语读[n-]的疑母字仅占开口细音字的一小部分。这就为进一步解释造成例外演变的原因提供了认识的基础。

造成零声母字例外演变的原因究竟是什么? 应该多方寻求。张淑萍发现,这些例外演变的零声母字,也有其自己的变化规律,其规律可由汉语方言提供的线索加以探求。而日母和匣母不应变入零声母,但仍有少数成为例外音变而加入零声母的行列。日母字的零声母一律出现在止摄开口三等,而匣母也有部分字读作零声母,其演变原因应和其上古来源有关。若善用历史文献、汉语方言数据与历史语言学的知识,则可推论这些国语中零声母字的正规演变与例外演变的演变原因,而这些音变的例外,仍然有其演变的道理与规则可寻。

张淑萍把看似已经解决了的零声母字,从"例外演变"的角度提出了值得进一步思考的新问题,具有重要的启发意义。

(二)韵母研究

方师铎《方师铎文史丛稿》(专论上篇)(1984:241—313)有《〈中华新韵〉"庚""东"两韵中"ㄨㄥ""-ㄨㄥ"两韵母的纠葛》一文,是为解答一些学者所持有的疑问,即《国语罗马字拼音法式》的《韵母基本形式表》开口呼之"ㄨㄥ"作[-ong]、合口呼之"-ㄨㄥ"作[-ueng],不但开合对立,而且拼法不同;但《注音符号发音表》"结合韵母栏"、《中华新韵略表》中则将"ㄨㄥ"与"-ㄨㄥ"视同一律,并列在合口呼下,这两说显有抵触,不知以何为准。方师铎从何为"庚、东"二韵;韵书如何处理"韵";"韵"和"韵母"的区别;"-"号表示什么;"东"韵有开齐而无合撮;注音符号非为北平音系而制;"音类"与"音值"有别;反切是超音值的;"韵母"和"元音"的区别;"半元音"和"高元音"的区别;"ㄨㄥ"与"-ㄨㄥ"二韵母的音值;《中原音》"庚青、东钟"两收之字;"庚青、东钟"何以互补;《中华新韵》"庚"韵字分析;《中华新韵》"庚、东"二韵互补;《中华新韵》"庚申字"全出"曾"摄;《中华新韵》"庚乙字"全出"通"摄;《中华新韵》"东"韵字来源;合并"庚、东"二韵的《康熙字典》等韵图;"开、合口"有歧义等方面进行了解释。如此,非常明确地把《中华新韵》"庚、东"两韵中"ㄨㄥ、-ㄨㄥ"两韵母纠葛成因、文献来源、认识变化一一揭示了出来。该文思路清晰,考据细密充分,代表了那个时代最高的认识水平。

（三）声调研究

丁邦新《国语中双音节并列语两成分间的声调关系》（1969）选取了一个不大引人注意的"双音节并列语与声调关系"的角度进行研究。论文主要内容是：

其一，并列语、语组、复合词。丁邦新说，并列语是指一般研究中国语法的学者们所说的并列语组（或称词组）和并列复合词，但学者们对语组和复合词这两个名词的名称及其意义所指略有不同。综合赵元任、董同龢、陆志韦等意见，丁邦新认为，并列语组两个成分的次序在文法上可以互换，但在习惯上是固定的；并列复合词的成分次序是不可互换的。就丁邦新研究需要来看，语组和复合词几乎站在同等的地位上，不必截然地分清语组和复合词之间的界限。其研究两者兼收，只在选取时注意这两者和其他语言结构之间的差别，因此，用并列语一词兼指并列语组及并列复合词。

其二，姓氏并列词语内部排列的声调关联。丁邦新的做法是，统计所有并列语两成分的调类，观察他们出现的地位，以及彼此相配合的情形。他将统计到的3056条并列语从两方面进行了分析：一是从描述方面来看。阴平调的字共出现1368次，其中用作第一成分的约占81%，用作第二成分的约占19%；去声字共出现2110次，其中用作第一成分的约占29%，用作第二成分的约占71%，两者正好有相反的趋势：阴平调的字大部分用作第一成分；去声字大部分用作第二成分。阳平和上声的字用作第一或第二成分的比例约略相当。丁邦新发现，原来用作第二成分的阳平字里有很多是从中古入声字变来的。二是从历史方面来看。"李杜、元白、刘白、羊陆"等，在中古音中，"杜"是上声，"白、陆"二字是入声。"浊上归去、入声消失、平分阴阳"使各声调所包含的字数发生了很大的变动；将它们回归中古四声观察，就会发现：平声字用作第一成分，去、入声字多用作第二成分，上声字两用，而"平上去入"四声调名的排列正好是各声调字用为并列语成分时大致的先后次序。这些现象表明：并列语两成分前后的排列次序并不完全是偶然的，是相当规则化的。这一规则化或者就是说话人在自由配合各种声调的字成为并列语时所显露出来的自然节律。

其三，在"余论"中，丁邦新提到多音节并列语问题。比如四字语"风花雪夜、之乎者也"等，四个成分在语法上的地位是完全相等的，也给人们带来疑问,它们的排列次序是否也有声调上的关系? 如果有的话,是什么样的关系呢? 丁邦新提出一个思路,就是依声调关系切成两半,前两个成分和后两个成分各成为一个单位,每一个单位的两个成分是按着双音节并列语的声调关系排列的。

对丁邦新的研究,一些学者也不是没有疑议。在这篇文章的"后记"中,他就很直率地说明了张以仁、金发根两位学者对自己研究的看法,其中,对是否用历史的观察作为研究的重点问题提出了不同意见。丁邦新予以了回应,但依我们的观点,孤立的历史的观察还是很难说服读者的。主要是历史的观察也不能不考虑时空间关系,以中古音到普通话语音变化规则来说明,当然是最省事的,而以官话或其他方言语音来对比研究,就不容易得出结论来。这会不会是陷入一种简单推断的泥淖中呢?

第二节　汉语方言研究理论与方法

一、汉语方言分区与分类

日本侵占时期,小川尚义、后藤朝太郎等在台湾的日本学者对汉语方言进行了分区。小川尚义的论述局限在台湾的语言的分类,其《日台大辞典》(1907)"序言"第一章"关于台湾的语言",认为在台湾的人使用语言有三种:日语、中国语、蕃语;在"中国语"之下列有南部福建语、客人语(又广东语)、其他中国语三大类,在"南部福建语"之下列有漳州语、泉州语。许多学者认定,小川尚义主持的《日台大辞典》还有一项重要的贡献,就是所附《台湾言语分布图》是台湾的第一张语言地图,而且是彩色的,由小川尚义绘制。洪惟仁对此有过介绍。项梦冰、曹晖《汉语方言地理学——入门与实践》(2005:114)有比较详细的说明。

后藤朝太郎(1881—1945)担任过台湾总督府嘱托(特别雇员)等职务,其《现代支那语学》(1908)是日本乃至于世界范围内最早系统建构汉语现代语言学理论的著作之一。在"中国帝国的领域和它的语言"一节谈到了中国境内语言的地理分布。比如中国语方言的地理分布,除了官话之外,其东南部方言,分为浙江方言、福建方言、广东方言三大方言。这三大方言进一步细分:浙江方言,有上海方言、宁波方言、温州方言;福建方言,有福州方言、厦门方言、汕头方言;广东方言,有广州方言、客家方言。分类的科学意识初露端倪,但在中国及世界汉语学界影响力有限。

中国学者,尤其是与台湾关系密切的学者汉语方言分区理论是我们研究的关键,须要进行梳理。

(一)李方桂汉语方言分区理论

李方桂 1937 年曾在英文《中国年报》发表了《中国境内的语言和方言》一文①,被认为是最早研究中国境内语言和汉语方言分类的重要论文之一,后来的学者经常引用它。可以看出,李方桂把研究汉语方言分类与研究中国境内语言的语系分类紧密地结合在一起,是具有超越一般学者研究汉语方言分类的"阔大"眼光的。

其一,中国境内语言与汉语方言分类。李方桂说,把中国的语言分成语族和语系,而在每群下面列出该群与其他语群相区别的特征,其目的是为了引起读者的注意。各种语言是假设它们之间在历史上有关系而被称为语系的。在一群语言里,其词或句法的形式具有某些相似或对应,有时可以用语音规律的形式精确地列成公式。不同的语言之间存在着这种能列成公式的关系,很明显这些相似不可能是由于偶然或仅仅是由于借贷,而是由于这些语言都是一个共同母语的后代这个事实。经过一段时期,这个母语分裂成不同的几个方言,再经过不断的演变之后,就会发展成为相应的语言。有时,这些语言发生的变化会达到很大的程度,它们彼此之间的差别越大,要追溯它们的关系就越困难,除非我们找到描述早期情况的古代文献。对于那些没有记录而只知道它们现代形式的语言,我们要确定它们之间关系就会遇到很大的困难。中国的许多语言不仅缺乏本身文献的记载,而且我们所知道的也很零碎不全,因此,对它们的分类只能是试探性的。由此,李方桂将中国境内语言分为印—支语系、南—亚语系、阿尔泰语系,以及几种有文献遗留的,但已经不存在的语言,比如吐火罗语、西夏语、契丹语等。语系之下区分语族。比如印—支语系,分为汉语族、侗—台语族、苗—瑶语族、藏—缅语族四类。

其二,对汉语变化的基本认识。李方桂说,汉语是印—支语系中最重要的

---

① 参见《民族译丛》1980 年第 1 期,1—7 页。

语言。对甲骨文的解读已有进展,但仍然很困难;我们对古代语音系统的知识大部分来自古书,主要是对《诗经》韵脚的研究和对谐声字的研究。到了《切韵》所代表的中古音系,复辅音声母已经简化。《切韵》之后,汉语又经历了一系列的演变,语言进一步发生了简化,可见简化已经成为了一种趋势。但是,李方桂所说的仅仅是汉语通语变化的情况,并没有涉及汉语各区域方言的历史变化情况,这是值得注意的。这说明,当时汉语方言史学术领域还不具备把握这个变化的基本文献和调查研究条件。

其三,李方桂将汉语方言划分为九个群:北方官话群、下江官话群、西南官话群、吴语群、赣—客家话群、闽语群、广州话或称粤语群、湘语群、某些孤立的群。李方桂对每一个群的地理分布和语音特征进行了说明。比如北方官话群,分布在中国北部的广大区域内,包括河北、山西、陕西、甘肃、河南、山东,并向北延伸至新疆、内蒙古、东三省;向南延伸至湖北、安徽、江苏等省。它的特征是古浊塞音、浊塞擦音、浊擦音声母的清化和入声调的消失,一般只有阴平、阳平、上、去四个声调。这个语群还可以进一步分为几个次群。李方桂的这个分类,成为许多学者研究的标准之一,在汉语方言学史研究上具有重要标志性意义。

(二)张琨汉语方言分区理论

张琨《论汉语方言的分类》(1992)说,李方桂1937年发表了一篇讲中国境内的语言和方言的文章(按,指前文述及之《中国境内的语言和方言》),奠定了汉语方言分类的基础。李先生把汉语方言分为北方官话、江淮官话、西南官话、吴语、赣客方言、闽语、粤语七类。另外,安徽、湖南、广西西北部有特殊方言。

张琨强调,方言分区不可能做到尽善尽美的地步,方言的区划不是绝对的,方言区与方言区之间的界限不是不能超越的,各个方言区之间的交往从来没有间断过。人口经常往来运动,方言区的边缘上总有模棱两可的方言,所以,常常有方言归属的争辩。其实,同属一个方言区的方言,彼此也常常有不同的地方,方言分类只是为了方便起见的措施。某些地域相连的方言在音韵上有许多共同的特征,这就是方言分类的基础。同时,有些相同的音韵特征并不限于某些特别地区,这种现象可能是偶合,也可能不是偶合,而代表了过去人口移动的痕迹。

涉及方言分类，张琨认为，音韵特征是一个很重要的依据。一个特征是，按《切韵》全浊声母(並、定、澄、从[邪]、崇、船[禅]、群)的演变模式看其方言不同。《切韵》全浊声母不论平仄都读吐气清音的分布现象可能和五胡乱华、汉人南迁有密切关系；湖南境内有三种方言保存《切韵》全浊声母。汉语方言的分区是以地域为基础的，如吴语区在江苏南部和浙江省、闽语区在福建、粤语区在两广、赣方言在江西、湘语区在湖南。用音韵特征来划分方言区不能只靠一个音韵特征，即单独用《切韵》全浊声母处理的方法来划分汉语方言也面临着许多困难。

(三)丁邦新论汉语方言分区的条件

丁邦新《汉语方言区分的条件》(1982)称，李方桂在1937年发表的《语言和方言》(按，指前文述及之《中国境内的语言和方言》)一文，把汉语方言分为八大支，与赵元任对汉语方言分区的看法大体接近，只有细微的不同。李先生用若干语音演变的现象说明各方言的特征。后来学者，比如 R.A.D.Forrest(1948)、董同龢(1953)、袁家骅(1960)、詹伯慧(1981)相继提到了一些用以区分方言的语音特征，比如声母：古全浊塞音声母的演变、古双唇塞音在三等合口前的读法、[f]和[xu]的分混、古知彻澄的读法、[n]和[l]的分混、古照穿床审禅各母的读法、古舌根音声母是否腭化、鼻音声母是否失去鼻音成分、浊塞擦音及浊擦音的有无；韵母：介音的分合、复元音与单元音的转化现象、元音长短、古塞音韵尾的演变、古鼻音韵尾的演变；声调：调类的分合与多少、古入声的演变。

各家所用的条件不相同，性质也不一致，由此带来一些问题，比如哪一类的条件最重要？在两个条件发生抵触的时候，应该以哪一条作为分合的根据？各家没有用到的条件，有没有更适合于划分方言的？大方言、次方言以及小方言是用同类的条件来区分，还是用不同类的条件？如果要用不同类的条件，应该按照什么原则把条件加以合理的分类？这些问题各人考虑不同，但没有把分类的概念交代清楚。

丁邦新的看法是：以汉语语音史为依据，用早期历史性的条件区别大方言；用晚期历史性的条件区别次方言；用现在平面性的条件区别小方言。早期、晚期是相对的名词，不一定能确指其时间。条件之轻重以相对之先后为序，最早期的条件最重要，最晚期的条件也就是平面性的语音差异了。丁邦新首先讨论了条件的性质、先后与多少。条件的性质，一个是历史性和平面性，比如全浊声母的演变是历史性的条件，而[f]和[xu]的分混就是平面性的条件；一个是普遍性和独特性：有的条件涵盖面广，比如入声演变，有的则是某一个方言的特点，比如古知彻澄的读法就只在闽语中保存。不同性质的条件对方言分区各具有意义。条件的早晚虽然有时明确，有时笼统，但是相对的先后在决定分区的时候还是很重要的线索。比如闽南话有三种鼻音尾和四种塞音尾，而闽北福州话只有两种，似乎可以分成两个大方言；但二者都保存着古知彻澄的读法。另有其他的条件，也可以具有同等的分合力量。接下来丁邦新以湖南省方言分区分例，介绍了用早期历史性的条件分大方言的实践。早期历史性的条件，具有普遍性和独特性，能把七大方言分得清楚。但对闽语和湘语设立补充的条件，加强分辨的效果，还可以解决边际问题。对湖南省方言分区，杨时逢用了12个条件观察，分为五区；但丁邦新认为，条件太多、太细，不容易求得明细的区别。于是，就用分大方言的历史性条件，比如全浊塞音声母的演变来分析，得到三个方言区。其后，丁邦新又以官话为例，介绍了如何用晚期历史性的条件分次方言，即古入声的演变是承接塞音韵尾和调类演变的晚期历史性条件，可以据此把五种次方言分开。此外，在"结语"中，丁邦新又提出讨论与方言分区有密切关系的用文法和词汇作为分区的可能性，以及方言之间的边际如何解决的问题；实际上是提出一个用语音之外的其他条件增加方言分区可信性的思路，从而进一步拓展研究的空间。

与此问题类似的是，一些学者指出，对界线模糊、特征不典型的方言归属，比如江淮官话与吴语分区做法，也是须要审慎研究的。美国学者史皓元《汉语方言分区的理论与实践——以江淮官话与吴语的分区为例》（顾黔译，中华书局2011）就提到，杭州方言长期以来被误认为是吴语，而其本质却是官话。问题出在哪里？就在于判定吴语属性的传统标准"共性特征"不明显，导致了一再误判。由此，设计出一套严谨细致的分类体系就显得十分关键。

丁邦新《论官话方言研究中的几个问题》（1987），是从另外一个角度论述官话方言研究问题的论文，也涉及了官话方言研究历史背景、分区、历史演变等议题。论文主要内容是：

其一，官话方言研究的历史背景。丁邦新认为，从研究的历史背景看，有关北方官话的方言材料最为丰富，相关研究有罗常培研究汉藏对音中唐五代西北方音(1933),周祖谟、李荣研究 11 世纪洛阳语音,龚煌城利用汉语和西夏语对音拟测 12 世纪西北方音,郑再发讨论 14 世纪早期官话系统;有关《中原音韵》专家更多,赵荫棠、陆志韦、董同龢、薛凤生、杨耐思等都有系统拟测;从 15 世纪以后,与北方官话有关的韵书,如《韵略易通》《西儒耳目资》等的分析性研究也很多。须要特别注意的是 15 世纪以后《老乞大》《朴通事》《东国正韵》等一系列韩国资料记录的中国北方音,用中文撰写著作对它们进行研究的主要是姜信沆、崔玲爱、康寔镇等人。从平面的调查来说,有关于西南官话的资料最多,史语所印行的《湖北方言调查报告》(赵元任等 1948)、《云南方言调查报告》(杨时逢 1969)、《四川方言调查报告》(杨时逢 1984)等提供了相当详细的描写资料,可以作为进一步研究语音演变的根据。书目方面,杨福绵(1981)详目、近五年《方言》杂志以及一些大学学报刊载的和官话有关的论文值得参考。

其二,讨论官话的分区问题,利用声韵条件将官话先分为北方官话、晋语、下江官话、西南官话及楚语,再将北方官话分为六区,下江官话分为四区,西南官话也分为四区。

一是官话分区条件。丁邦新的原则是:以汉语语音史为根据,用早期历史性的条件区别大方言,用晚期历史性的条件区别次方言,用现在的平面性的条件区别小方言。早期、晚期是相对的名词,不一定能确指其时间。条件之轻重以相对之先后为序,最早期的条件最重要,最晚期的条件也就是平面性的语音差异了(丁邦新 1982)。他又补充说:如果不计保存古音特例的方言岛,按照这个原则来区分汉语方言可能具有坚强的理论依据。

二是官话次方言的分区条件。在把汉语分为官话、吴语、湘语、赣语、客家话、闽语、粤语七大方言之后,丁邦新认为,官话次方言的分区条件,普遍的有两条:古入声的演变和古泥来母的分混;独特条件也有两条:鼻音韵尾有弱化消失的现象和古鱼虞韵知章见系的字韵母读[?]。按照这个条件,他把晋语和楚语独立作为官话次方言的一支,和下江官话、西南官话平行。李荣(1985)提议把晋语独立出来,只提"入声"条件,显然不充分。此外,北方官话分为国语、东北、关中、西北、普通北方官话、鲁东 6 区;下江分为京话、苏中、滨海、皖南 4 区;西南官话分为普通西南官话、两湖、上江、滇话 4 区。

其三,讨论声母演变现象。丁邦新说,官话声母的演变有许多值得研究的课题,比如中古全浊塞音和塞擦音声母在官话中演变的方向一致吗? 如果不一致,何时合流? 在其他方言中有无特殊现象? 这一类问题有许多学者研究,例如王力(1958)、张琨(1971)、Hashi-moto(1978)对语音的发展或各方言中的情况都有一般性的探讨。郑再发(1966)考察过 17 项"锥顶";郑锦全(1980)深入探索过北音腭化的源流,并指出语音变迁的相互关系;王士元(1969、1971)对音变提出解释性理论。

根据罗常培(1933)、龚煌城(1981)、郑再发(1985)等学者研究,汉藏对音、汉夏对音、八思巴蒙古语和汉语对音资料中官话全浊塞音除一般平声变送气、仄声变不送气以外,还有全部变送气清塞音及全部变不送气清塞音的两种类型;前者是为客家话的来源在北方官话中找到早期的证据,后者可以了解汉语的早期官话和八思巴字对音的难题。

探讨官话腭化音产生的时代,郑锦全(1980)结论是:"北方音系见晓精系字腭化全面形成大约于十六、十七世纪前半叶,《圆音正考》(1743)对尖团音的分析,正表示腭化已经完成。"姜信沆(1980)研究《朴通事新释谚解》(1765),发现腭化音已经完成。张卫东(1984)反对腭化说,但问题还是没有得到解决。何大安(1985)研究的 100 个县方言中,有关声母演变与腭化关系十分密切,其中也有腭化后再尖音化的例子。丁邦新认为,部分卷舌音腭化是后起的。丁邦新还讨论了其他声母演变的概况,比如唇音分化为重唇和清唇音,罗常培(1933)汉藏对音已有痕迹,宋代汴洛音(周祖谟 1943)、汉夏对音(龚煌城 1981)已经完成;再如对知系、照二系、照三系合流,鼻音、日母、喻母和影母合流零声母的演变也有所论及。

其四,讨论韵尾合并、消失和产生的问题。丁邦新指出,四川方言鼻音韵尾合并的方向,跟中古比较起来,最大的趋势还是[-m]变[-n],以及部分[-ŋ]变[-n]。与张琨(1983)不同的是,他认为鼻化作用很大的是[aŋ]韵母而不是[ən]韵母,演变的先后受元音的影响很大。他还指出,云南和四川两地演变的步调不相同,要作大方言区的普遍观察,不能只举少数方言点为例;鼻音韵尾消失,经过鼻化音阶段,有时以偏前的元音为演变条件,由此推知给梗摄字拟测舌面鼻音的办法未必可取;受双唇鼻音声母影响而产生新鼻音[ŋ]尾的现象值得注意。

其五,官话方言声调的分合及古调值拟测的理论。丁邦新说,有关声调有两个重要问题：一是声调的演变。从古至今，究竟是由分到合呢？还是由合到分？换句话说，中古平上去入四声究竟包含几个声调？如果四声只是四调，那么演变的轨迹就是由少变多；如果是四声有八个调，那么后来的声调就是由分到合了。杜其容（1976）、王士元（1983）分别从历史文献和声调演变的角度提出四声八调之说，潘悟云（1982）赞同。丁邦新则持相反的意见，认为中古只有四个声调。以晋语为例，如果把这四个调看成是从七调八调两两合并而来，在解释上有困难。晋语可能保存中古之后不久的调类，是行得通的。调值拟测方面，平山久雄（1972、1974、1975）、梅祖麟（1977）都曾拟测调值；丁邦新《吴语声调之研究》（1984）以吴语为例，提出"变调即原调"说，对平山久雄观点有疑义。"变调即原调"在北方官话中也能找到依据，如张盛裕《银川方言的声调》（1984）调查的银川方言有三个声调：平上去；从历史音韵来看，上声包含北京阳平和上声，这个区别只在"连读变调"时才保存。

其六，官话方言研究中须要解决的几个问题。除了前面提到的问题之外，还有卷舌音演变、零声母来源、官话方言文白层次、历史文献和方言的结合、各次方言母语之拟测、官话词汇之比较、官话特殊语法的描述等。

其他学者，比如王育德《中国五大方言、分列年代、言语年代学的试探》（日本《言语研究》38，日本言语学会1960）、杨时逢《中国语言的分布及方言调查》（台湾《中国语文》24.3：4—10，1969）、郑锦全《汉语方言亲疏关系的计量研究》（1988）、张光宇《中国的语言：汉语方言》（《国文天地》4.10：80—84，1988）等，也提出了令人深思的问题。

30年过去，丁邦新等所提到的须要解决的问题，有许多方面的进展十分迅速，比如历史文献和方言的结合、官话特殊语法的描述等，这是显而易见的，但也应该看到，诸如卷舌音演变、零声母来源、官话方言文白层次、各次方言母语之拟测等问题还是没有很大的进步，这是须要急起直追的。

1949年以后，中国大陆有关汉语方言分区研究成果很多，比如潘茂鼎与李如龙《福建汉语方言分区略说》（1963），李荣《汉语方言分区的几个问题》（1985）、《汉语方言的分区》（1989），王福堂《关于客家话和赣方言的分合问题》（1998），李如龙《论汉语方音的区域特征》（1999）、《罗杰瑞先生对汉语方言分区的贡献》（2010），詹伯慧《方言分区问题再认识》（2002），熊正辉、张振兴《汉语方言的分区》（2008），李小凡《汉语方言分区方法再认识》（2005），以及李如龙《关于汉语方言的分区》(《山高水长:丁邦新先生七秩寿庆论文集》57—74,台湾语言学所2006)等,所考虑的问题角度与台湾学者有所不同。比如熊正辉、张振兴《汉语方言的分区》(2008)是《中国语言地图集》(第2版)A2"汉语方言的分区"图的文字说明。由此可以看到,《中国语言地图集》(第2版)把汉语方言分为十区:官话、晋语、吴语、闽语、客家话、粤语、湘语、赣语、徽语、平话和土话,与此之前相比,这是一个明显的变化;此外,把官话看成方言大区,下面再分东北官话、北京官话、冀鲁官话、胶辽官话、中原官话、兰银官话、江淮官话、西南官话八区;从官话区里分出"晋语区",增加了"平话区";对汉语采用了最多五个层次的分类,"大区—区—片—小片—点",并且比较详细地画出了各个层次的地理分布范围。李如龙《关于汉语方言的分区》(2006)认为,为汉语方言分区是汉语方言研究的基本任务,对汉语史及汉语语言学研究也有重要意义。分区原则应注重考察方言与通语的不同关系,对方言差异作整体、系统的分析。可作多层级、非穷尽的划分,适当运用历史文化作考证。分区标准宜采取综合性标准,反映历史与现状的统一,并合理处理普遍性与局部性的差异,正确理解分区标准的特征性。刘镇发《百年来汉语方言分区评议》(2004)提到,实际上,1915年和1934年,章太炎和黎锦熙已经将中国方言做了分类。19世纪,列强强迫中国"五口通商",传教士调查方言,也有一定的分类意识。汉语方言分类存在着两种思想:一种是地理类型分类法;一种是历史语音分类法。大部分学者赞同后者,但也存在着一些问题,比如许多方言学者至今还未掌握历史语音分类法的原则;受到"七大方言区"的观念影响过深;不太了解甚至误解方言和移民的关系,因此须要有意识加以克服。这就引发了人们对方言分区的理论与方法的深刻反思,是值得引申思考的。收于《著名中年语言学家自选集:王洪君卷》(上海教育出版社2015)的一些王洪君论文,比如《文白异读与叠置式音变——从山西闻喜方言的文白异读谈起》《整阶与层次——兼论层次的配整》《兼顾演变、推平和层次的汉语方言历史关系》等也涉及许多方言研究理论与方法问题。项梦冰、曹晖《汉语方言地理学——入门与实践》(2005:116—174)有所谓的"汉语方言的宏观分区"和"汉语方言的微观分区"的说法,推崇林语堂、刘复、岑麒祥、贺登崧的汉语方言地理学思想。

二、汉语方言语音音节各要素之间关系及现象

张琨《汉语方言中声母韵母之间的关系》(1982)从系统性看待语音结构关系问题,认为汉语声母的变化、介音的有无和韵母的类别有非常复杂的关系。张琨依据200个汉语方言点的资料,从这样几个方面加以讨论:其一,重唇音[p][p'][b][m]声母在《切韵》合口三等前边都变成了清唇音[f][v][w],可是自从变了清唇音后,介音[iu]就丢掉了。比如"风、冯"有两种读法:元音不圆唇[eŋ]/[ŋ]和元音圆唇[oŋ],有些方言[oŋ][eŋ]合流。其二,有些方言在合口元音[u]或者是介音[u]前有[hu](喉擦音)[f](双唇或唇齿擦音)互换的现象:或者是该读[hu]的字读成[f],或者是该读[f]的字读成[hu]。声母[hu]的字读成[f],韵母由合口变开口;声母[f]的字读成[hu],韵母开口变合口。这里涉及前[a]后[ɑ]问题。其三,《切韵》知系照三系声母到了后来合流读成舌面音声母,在大多数方言中丢掉了原来的[i]介音,可是在江苏靖江和浙江金华及一些湖南方言中原来的[i]介音还保留着。其四,《切韵》介音[u]在唇音声母后边有无是无关紧要的,没有[p][pu]的对立,不过在舌根音喉音声母后边则有[k]和[ku]的分别:有[kan]和[kuan]的对立以及[kɑn]和[kuɑn]的对立。据此可以认定有两套舌根音喉音声母,一套有合口作用,一套没有合口作用。其五,影母在温州《字汇》与平阳方言中与[ien]/[ŋ]对应的韵母有两种:[eŋ]和[iaŋ]。[eŋ]出现在《切韵》唇音舌头塞音边音声母的后边,比如"品"[p'eŋ];[iaŋ]出现在《切韵》舌根音喉音声母后边,比如"今"[tsiaŋ]。张琨说,这些现象究竟在语音上如何解释,一时还很难讲,但不可忽略过去。

张琨《汉语方言中的鼻音韵尾的消失》(1983)涉及的范围十分广泛。

1975年,陈渊泉发表了有关汉语方言鼻音韵尾消失的论文。陈文观点为:一方面汉语方言中鼻化作用发生在低元音后边比较普遍,另一方面鼻化作用多半先发生在带舌头鼻音韵尾的韵母上。张琨认为,这两点是可以证实的,但例证太少。

张琨用200个方言点来说明汉语方言中鼻音韵尾消失现象。所讨论的这些方言都是与鼻化作用有关的,除了赣方言、闽方言、客方言、粤方言不谈之外,讨论的方言有两派:一派是吴语方言,包括37个方言点,另附杭州、吴兴、

绩溪 3 处;另外一派是官话方言,包括 119 个方言点。还有 32 个方言点,介乎吴语和官话之间。论文具体讨论了下面几点:

其一,在鼻音韵尾消失的过程中,元音会发生种种变化,鼻化作用是第一步,失去鼻化作用是第二步。鼻化作用发生在不同的时间,不同的地方;根据汉语发展的历史,最早的鼻化作用发生在吴语区,最晚在西南官话区。鼻音韵尾消失原因有二:汉语传播到新地方,当地土著学习汉语,受自己语言的影响,造成鼻音韵尾消失;异族入主中原,也会发生这样的结果。西南、西北甚至山西、河北都应该受到了非汉语影响,吴语也是如此。

其二,汉语方言鼻音韵尾的消失类型。一是低元音后附舌头鼻音韵尾。三组现代方言一共 32 个方言点,其中保存鼻音韵尾的方言的有 5 个,部分读纯粹元音有 3 个,其余方言都读鼻化元音,比如长沙"关鳏"读[uã]。二是低元音后附舌根鼻音韵尾。张琨进行了低元音后附[n][ŋ]韵尾持久性的比较,发现[n]尾消失的机会比[ŋ]尾多,[ŋ]尾保存的机会比[n]尾多。要是[ŋ]尾已经受了鼻化作用影响,则[n]尾至少也已经受了鼻化作用的影响,甚至完全失掉了而读纯粹的元音;要是[ŋ]尾消失了,则[n]尾一定完全消失掉了。三是前高(不圆唇)元音后附舌头或舌根鼻音韵尾。在北方官话里,有些方言分辨舌根和舌头鼻音韵尾,前高元音[e]后附舌头鼻音韵尾的韵母大多数都受鼻化作用影响,甚至鼻化作用消失,读纯粹的元音;而前高元音后附舌根鼻音韵尾的韵母仍然保存着鼻音韵尾。大多数吴方言,鼻化作用最应先提及的是低元音后附舌头鼻音韵尾的韵母;其次是低元音后附舌根鼻音韵尾的韵母;再次才是前高(不圆唇)元音后附舌头或舌根鼻音韵尾的韵母;四是后高(圆唇)元音后附舌根鼻音韵尾。在汉语方言中,只有少数方言中这组韵母受鼻化作用影响,或者是读成鼻化元音,或者读成纯粹元音。

每一种类型都不是绝对的,肯定存在着一些例外。这一点,张琨解释得很清楚,但不谈赣方言、闽方言、客方言、粤方言鼻音韵尾的存在现状,对于解释其他区域方言鼻音韵尾消失现象是不是也不利呢? 这种有选择性的研究方式,有利也有弊。

张琨《汉语方言中的[tʻ]>[h]/[x]和[tsʻ]>[tʻ]》(1994)具有较强的针对性。张琨说:自从李方桂 1937 年在英文《中国年鉴》上发表了一篇讲中国境内的语言和方言的文章(按,指《中国境内的语言和方言》),把汉语方言分为北方官话、江淮官话、西南官话、吴语、赣客方言、闽语、粤语几类,到中国社会科学院语言研究所完成的《中国语言地图集》以来,在这个阶段中方音研究的主要目的在分类和分区。分类分区不会做到尽善尽美的境界,因为每类每区方言中有内在的差异;《语言地图集》中每个方言区都分成许多小片,就是因为每区之中有内在差异。例如,粤语方言在处理《切韵》全浊声母字方面就有种种不同的办法:有些方言像广西藤县方言中《切韵》全浊声母字不论平仄今音声母都读不吐气清音(从母读[lʻ]);广东南海沙头方言中部分《切韵》全浊声母平声字今音声母读不吐气清音;有些方言像广西博白方言中《切韵》全浊声母字不论平仄今音声母都读吐气清音;很多其他粤语方言像广州方言和陡门镇方言中《切韵》全浊声母平声字和少数上声字今音声母都读吐气清音,仄声字读不吐气清音。在这种情况下,处理《切韵》全浊声母的办法在区分方言上似乎失去了重要性。陡门镇方言有许多音韵特征与广州方言不同:在声调上陡门镇方言中《切韵》清声母平声字和去声字同调;在声母上陡门镇方言中《切韵》透母字(汤腿套)今音声母读[h],清母字(醋菜仓)、初母字(炒窗插)、彻母字(撑)、昌母字(车尺唱倡)今音声母读[tʻ],在这方面和江西南城、闽北建宁两个方言相似;在韵母方面陡门镇方言中没有撮口韵韵母,"雨"读[ji]、"泉"读[tʻin]、"雪"读[sit]。汉语方言中没有撮口韵的很多,像江西奉新方言中"雨"文读[i]、白读[ui],"泉"读[tsʻiɛn],"雪"读[siɛt];江西安义方言中"雨"读[ui]、"泉"读[tsʻiɛn]、"雪"读[siɛt];江西余干方言中"雨"读[vi]、"泉"读[tsʻiɛn]、"雪"读[siɛt];广东梅县客家方言中"雨"读[ji]、"泉"读[tsʻjɛn][tsʻan]、"雪"读[siɛt];闽北建宁方言中"雨"读[i]、"泉"读[tsʻien]、"雪"读[siet]。上面讨论的就是一些不同类不同区的方言之间的相似音韵现象。参考《切韵》,观察早期的汉语音韵系统在现代全国各地方言中的演变情形不失为一种有效的方法。

　　杨秀芳《论汉语方言中的全浊声母的清化》(曹逢甫、西慎光正编《台湾学者汉语研究文集:音韵篇》288—334,1997)分析了汉语各个方言的"浊母清化"表现,可以见到,"浊母清化"的条件有声调和声母两种,而"浊母清化"的类型则有"全部清化"和"部分清化"等七种。这个研究成果,不仅仅对汉语方言语音"浊母清化"研究很有价值,就是对汉语语音史"浊母清化"历史层次分析也具有重要的启发意义。其他,比如连金发《汉语方言中共存声调系统》

（台湾"国科会"奖助论文，1988）、郑良伟与曾金金《声调语言中的重音的类型》（第四届中国境内语言暨语言学国际讨论会，台湾史语所1994）等也很有特色。

三、汉语方言研究方法论

张琨《〈切韵〉与现代汉语方言》（1991）等论文指出，《切韵》与现代汉语方言语音对应关系并不是如高本汉所拟定的那样一一对应的，由此引出了人们对《切韵》语音性质的种种思考。可以看到，这里所贯彻的是他对《切韵》"南北音"性质的理解原则。

丁邦新《从汉语方言现象检讨几个辨音征性问题》（1980）对汉语方言研究的几个理论问题进行了深入探讨。

丁邦新说，语言研究和语言学理论总是相辅相成的，从语言研究中寻绎理论，再从理论出发研究语言。讨论语音学理论和方言调查亦复如此，要分析某一种方言的语音结构总是要从一种理论入手。在分析的过程中，有时会发现理论上的缺点，从而对理论加以某种程度的修正。本着这个原则，作者对几个重要方言理论问题进行了辨析。

其一，音节性和元音性。Chomsky 和 Halle（1968）提出"元音性"（vocalic）的征性，后来认为"音节性"（syllabic）这一提法可能更好；Schane（1973）也主张以"音节性"代替"元音性"。丁邦新列举了苏州话（[l]儿、[m̩]呒、[n̩]你、[ŋ]鱼）、厦门话（[m̩]不、[ŋ]黄、[mi]面、[ŋi]硬）、桃园客家方言（[m̩]不、[ŋ]鱼、[ma]马、[ŋa]牙）的例证，它们都有成音节的鼻音、边音和不成音节的鼻音、边音对比的情形。在分析这两种音类时，所有其他的辨音征性都相同，只有"音节性"，比如：[l][m̩][m][n̩][ŋ]等成为区别的唯一依据。以汉语来说，成音节的辅音用作韵母，不成音节的用作声母，两者之间有明显而必要的区别。用"音节性"代替"元音性"，可以使征性涵盖的范围更广，更能合于自然的音类。

其二，鼻音和流音。Chomsky 和 Halle（1968）原来认为鼻音和流音的区别只在元音性的不同，鼻音是[-元音性]，而流音是[+元音性]。丁邦新认为，这个区别与汉语的现象不合，因为在汉语中鼻音和流音属于自然的一类。下江官话常常把[n][l]混而为一；从隋唐中古音到国语的声调演变中，鼻音和流音的行为总是一致的；"次浊"就是鼻音和流音，等韵学家已经把他们归为自然的一类，在声调的演变上有一致的方向，和清音或全浊音的演变并不相同；鼻音和流音基本上都是响亮音（sonorant），用"音节性"代替"元音性"，鼻音和流音该是完全相同的一类。

其三，喉塞音[ʔ]和喉擦音[h]。Chomsky和Halle（1968）把[ʔ]和[h]归为滑音（glide）一类，认为它们的征性是[−元音性、−辅音性]；Schane（1973）也认为[ʔ]和[h]的征性是[−元音性、−辅音性]。这自然是从语音类型、发音原理跟英语中[ʔ]和[h]情形来立说的。丁邦新认为，如果以语音功能的观点，从汉语方言的实例来看，[ʔ]和[h]实是[−元音性、+辅音性]，和普通的塞音擦音并无二致。福州话中，[ʔ]和[k]是同一音位的不同变体，二者是同一类音；在汉语方言中，差不多各方言都有[k][k'][x]一组声母，其中[x]在别的方言中有时读成[h]，成为[k][k'][h]一组，但并不能因为[h]是喉擦音就肯定它与舌根擦音的[x]有基本的不同。

丁邦新解释说，这里所讨论的音节性、鼻音和流音、喉塞音和喉擦音问题，从汉语方言的语音功能、音系对当、历史演变的趋向来立说，可以得出一些基本结论。这和Chomsky和Halle的理论有角度的不同，他们是从英语和法语的立场出发，推及到理论上，而我们则从汉语方言的立场，强化理论内涵。角度不同，结论就不一样。

何大安《"浊上归去"与现代方言》（1988）是历史文献与现代方言结合研究的典型性论文之一。主要内容是：

其一，"浊上归去"是汉语音韵史上一项重要的演变，文献上最早见于中唐孟浩然、王维、李白、白居易等用韵，即《切韵》成书后一个世纪以后演变就开始了。文献材料给人的印象是：资料涉及的人活动范围在北方；盛唐后北方"浊上归去"，但南方比如李涪"吴音"没有变化；变化的都是"全浊上声字"，"次浊上声"不在内。

其二，现代汉语官话方言分布最广，在上去声分合，比如"浊上归去"上大体一致。湘语三种形态中，长沙和沅陵"浊上归去"，但差别在是否"分阴阳去"；辰溪型是"浊去归上"。赣语两种类型，一是"浊上归去"，属于官话型的；一种是次浊上仍归上，与官话型同；全浊上的一部分归阴平，与"送气分调"有关。吴语三个类型：有阳上、阳去分立，次浊上归阳上；有全浊上归去，次浊上归阴上;还有"吴语型"的"浊上归去",与官话不同的是次浊上不归阴上,与浊上并入阳去。徽州方言大部分都不分别阴、阳上。粤语情况复杂,平上去入各有清浊。广州有浊上读阳去的,有浊上读阳上的,有次浊上仍读阳上。客家方言比较复杂,但在次浊上仍读阴上是一致的。闽语有七个次方言,共同性是次浊上与全浊上同类。

其三,现代汉语方言"浊上归去"演变趋势。一是"浊上归去"为8世纪以后北方开始有的新变化。特点:全浊上归去,次浊上归阴上。二是唐宋以后北方方言影响南方,官话型"浊上归去"在南方方言中造成了不同程度的同化影响。三是次浊上与全浊上同类方言,广泛流行江南,形成结构性差异。四是赣、客全浊上归阴平,和客家话的次浊上归阴平干扰了官话的"浊上归去",牵引出新的演变方向。五是许多方言都有次浊上二分的现象。可知,次浊上视同全浊上的南方型方言和次浊上视同清上的北方型方言,是两种不同结构互相激荡影响的结果。

历史文献与现代方言调查结合,既是对历史文献所呈现的"浊上归去"演变趋势的解释,也是对现代方言"浊上归去"格局形成原因的说明,何大安的研究,突出了他一贯重视传统文献对汉语现代方言的解释力度研究的风格。

丁邦新《汉语方言接触的几个类型——并论国语声调及闽语全浊塞音声母演变的两个问题》(1998)以方言接触的类型来解释方言异常现象。一是举出汉语方言岛语言演变的基本情形。比如闽北的官话方言岛南平方言,是几种不同的官话方言加在一起的结果,可以称之为"交融积累型";四川的客家话方言岛华阳凉水井方言,是客家话受西南官话影响的结果,声韵母都有合并的现象,而增加的撮口韵则又零散不齐,可以称之为"犬牙交错型";四川的湘语方言岛永兴方言,是湘语受西南官话影响的结果,增加了一套送气的浊塞音,何大安称之为"无中生有型";闽东的闽南方言岛碗窑方言,是闽南的泉州话受闽东方言影响的结果,以韵母的演变来说,可说是"急速改变型"。二是谈了国语中古入声字读法分歧原因和闽语全浊塞音声母分读清不送气及送气音的原因。

丁邦新《汉语方言层次的特点》(2005)认为,汉语方言层次的特点体现在保守性、多样性上,但同时要注意从点与面上研究汉语方言层次问题。同时,要理清一些基本认识,比如汉语文读层的演变研究以字音为单位,白话层以词汇为单位;弄明白同源层次与异源层次的意涵。汉语方言层次的分析对古音研究的影响在于:方言的历史层次分析直接影响古语的构拟。比如罗杰瑞、郑张尚芳、梅祖麟、吴瑞文、陈忠敏分别以层次分析法构拟某一韵的古音,这在古音研究上是不同于以往的进步。方言层次的分析对汉语中古音都会有影响。比如《切韵》包含了南北两个音系的观点,其中,层次分析对江东方言"金陵音系"的分析就存在着直接的影响。

丁邦新《从特字看吴闽关系》(2002)、《从历史层次论吴闽关系》(2006)、《北京话文白异读和方言移借》(2006)都涉及了汉语方言之间的接触关系的一些理论问题。

赖文英《语言变体与区域方言——以台湾新屋客语为例》(2012)与一般的区域方言描写性研究不同,赖文英探讨的是语言变体在区域方言中所扮演的共时性角色,及其反映出的历时性语言演变思维,具有重要的理论性价值。本书的构架是:第一章,绪论,讲语言接触与方言变体、语言变体与层、区域方言、语言区域与区域特征。第二章,语言调查与音位标音的问题,讨论音位选取原则、音位音值记音与标音、语言调查的基本原则与步骤、音位与非音位间的格局。第三章,从新屋的开发与多方言来源看语言文化的变迁。第四章,台湾的四海话,讨论台湾客家话的四海话音韵系统、横向渗透与纵向演变、四海话的特色与类型上的划分、四海话与优选制约。第五章,台湾海陆客语高调与小称的关系,讨论新屋海陆客家话小称的语音形式、小称表现的不对称与高调关系。第六章,客语人称与人称领格来源的小称思维,讨论客家话人称与人称领格的共时表现、客家话人称代词系统的内外来源解释、客家话人称属有构式与小称音变的关联。第七章,结语,谈了语言变体与"层",以及区域方言的研究意义。

洪惟仁《方言学的体系:共时与历时的联系》(2004)多角度思考方言问题,时空间交叉,关系非常复杂。

张淑萍《汉语方言腭化现象研究》(2008)提到:"腭化"出现在许多语言学的讨论中,但是各家对这种语音现象的界定不尽相同,例如立陶宛语中的腭化现象就和拉丁语的腭化所指涉的内容不同,汉语方言中的腭化现象亦然。俯瞰汉语方言的腭化形态,就会发现各种方言精彩多姿的腭化表现。

张淑萍认为,若纯粹以中古音中的见系字、精系字在现代汉语方言中的表现来区分汉语方言腭化的类型,可将汉语的腭化分为四大类型。若依据语音学中腭化发生所需的语音成分以及腭化后发生的语音变异,则这四大类型又可区分成若干种次类型。从这些汉语方言中的腭化形态,可以推求并解释汉语发生腭化的历史过程。

张淑萍同时指出,汉语方言的腭化现象还有一些有趣的语音演变,腭化主要发生于滋丝音,在腭化发生之后主要有两个发展途径,一个是腭化后发生舌尖化,一个是腭化后发生卷舌化,许多方言事实都能证明汉语腭化后有以上两种发展,而腭化音也有可能向前或向后演变成塞音。腭化现象对传统音韵学的研究而言是一个浅显易懂的语音现象,当大量的汉语方言地理事实呈现在眼前时,许多的语音演变规律也得以彰显,本论文中虽搜集并整理了大量的汉语方言调查资料,也尝试从中厘析一些语音规律,但相信仍有许多语音现象值得探究,留待日后作更深入的探索。

张淑萍论文体例:第一章,绪论。研究动机;腭化作用的定义;腭化音的语音成分,包括舌面音的定义与种类、能形成腭化音的元音种类、西方学者对“腭化”的诠释。第二章,前人研究成果。腭化与尖团的关系;上古汉语的腭化现象,包括上古端系字的腭化、上古见系字的腭化、上古复声母的腭化;腭化声母的中古来源,包括见精知章庄系字与腭化音的关系、腭化声母在汉语方言中的分布;见端知章精庄系的演变。第三章,现代国语中的腭化现象。见精系字在国语中的腭化现象、二等字在国语中的腭化现象、三等字在国语中的腭化现象、四等字在国语中的腭化现象、国语中的特殊腭化字、国语腭化现象中的不规则音变。其中三等字在国语中的腭化现象,包括止摄开口三等字、蟹摄合口三等与止摄合口三等、宕合三及通合三的不腭化字、臻摄合口三等的腭化与不腭化字、三等韵中的特殊腭化现象、合口三等字腭化与不腭化的韵母比较等内容。第四章,汉语方言腭化的类型。汉语腭化现象的四大类型、见精皆腭化型的次类型。见系腭化精系不腭化的次类型、见系不腭化精系腭化的次类型、见精皆不腭化型的次类型。第五章,汉语方言腭化后的发展。腭化后的舌尖化现象、腭化后的卷舌化现象、腭化音与卷舌音搭配的两音字分析。其中腭化后的舌尖化现象,谈了腭化后发生舌尖化的方言、腭化音舌尖化的动因。第六章,汉语方言腭化的特殊面(趋)向。端系字的腭化现象、抗拒腭化现象的汉语方言、腭化现象与文白异读。其中腭化现象与文白异读,包括文读为腭化音、白读为洪音,文读为腭化音、白读为卷舌音,文读为腭化音、白读为舌尖音,文读为洪音、白读为腭化音。第七章,结论。从上古到现代的腭化格局、腭化作用的语音启示、汉语腭化音的发展方向。其中从上古到现代的腭化格局,谈了汉语的腭化现象反映汉语语音史的阶段性、汉语方言的腭化没有绝对性与必然性、汉语方言的腭化作用具有可逆性、汉语方言的四等都可以腭化;而腭化作用的语音启示是:见精腭化之后不一定都是"尖团不分"、发生腭化的方言不一定都读舌面前音、汉语方言有多样的"分尖团"腭化类型、不腭化的方言音系内部有各自的语音发展等;汉语腭化音的发展方向,则涉及腭化音的舌尖化与卷舌化、文白异读与腭化音的关系问题。

张光宇《汉语方言音系的地理考察:韵母篇》(2004)、《汉语方言合口介音消失的阶段性》(2006)、《汉语方言的滋丝音》(2006),宋韵珊《曾梗通三摄在汉语方言的音变与分合》(第二十六届台湾声韵学学术研讨会,彰化师范大学2008)蕴含着丰富的汉语方音理论与方法意识问题。

四、汉语方言层次分析

杨秀芳《汉语方言比较层次学研究 3》(台湾"国科会"专题研究,2004),张光宇《论汉语方言的层次分析》(2006)等,论述了汉语方言层次问题。

丁邦新《汉语方言中的历史层次》(2012)认为,汉语方言中的历史层次可能是语言中特有的现象,近年来引起一些学者的浓烈兴趣。历史层次的主要表现基本上是文白异读形式。白读一般指的是白话音,文读一般指的是读书音。除了闽语等极少数方言具有全面的、系统的文白异读之外,其他方言的文白异读都是局部的、片面的。官话、吴语、晋语、客家话、湘语、粤语、赣语大体跟北京音一样,文读未必是读书音,而是一种白读音,时间或早或晚;当两种白话音融合的时候,用其中一种强势的白话音来读书,用时间长了这种白话音就慢慢变成了文读音。这是两种白话音混合引起的现象,其中也许还有更早期的底层。另一种情形较为全面,就像闽语跟儋州话,白读是本有的,文读真的是读书音,由于科举盛行,文读音是为了读书而从更为强势的方言中借用来的语音,以及离标准音远的地方引进的形形色色的外来方言。

权荣俊《北京方言的中古入声音韵层次研究——以官话方言比较为主》(2012),以探讨北京方言的中古入声音韵层次为目标,经由个别官话方言的比较对应,建立次方言各自的韵调系统,并统整各区的韵调特征,作为北京方言若干韵母来源的方言地理影响趋向走势,再缩结文献语料以确认发展的时代上限。比较中古入声在北京官话、中原官话、江淮官话(安徽)的韵调表现,重建各官话方言的中古入声演变模式。比较的范围为北京方言里文白异读大量存在的中古宕江摄开口入声字、中古曾梗摄开口一二等字、通摄合口三等字的读音。通过各方言区内部方言语料的比较,找出各个方言之间的语音对应规律,建立共同形式,再进行官话方言里几种共同形式之间的比较,推定各个共同形式发展的方言区。判断一个方言区固有形式的根据有两个:一是语音演变的通则,即一旦确定演变方向,不再回到古音来源再以不同方式演变;另一是中古入声韵的两条不同演变方向,即复元音化和喉塞音化。由此得知,中古入声在各官话方言区发展的方式各自不同。观察与北京方言有关文献语料,推论北京方言的中古入声字读音的历史音韵层次形成的途径。考察的文献材料为《韵镜》《七音略》《皇极经世书·声音唱和图》《蒙古字韵》《四声等子》《中原音韵》《合并字学篇韵便览》等中古以后纪录汉语语音的韵书及韵图。研究结论为:从方言比较的结果和文献语料所反映的中古入声字读音的变迁看,北京方言的中古入声音韵层次形成过程大体上可以分为以下三个阶段:独立发展期、中原官话接触期、江淮官话接触期。由此得知,北京方言的中古入声字读音并不是单纯从中古音到北京方言演化而来,而是一面从中古音演变下来,一面透过与其他方言交融,吸收经过不同演化模式的语音。汉语方言比较研究使得我们能够看出生动的语言变化动态面貌,提供重新看待文献材料的慧眼。

按,权荣俊这个研究自有其局限性,比如中国传统文献之外,许多传教士、外国使节的记录,以及相关译音对音资料等,则可以为具体的入声音值演化线索研究提供更为直接的帮助,其结果恐怕不是如此之简单的。

五、人口移动历史与方言分布关系

张琨《汉语方言中的几种音韵现象》(1993)目的是把并不集中在一个地区的一些音韵现象放在各个方言历史背景演变过程中去考察。同时,利用文献材料,比如族谱方志等,看看这些分布很广的音韵现象是否反映过去人口迁徙的痕迹。涉及的语音现象是:其一,知彻澄母。知组声母和章组声母的另立是早期汉语音韵史上的一个事实，因为后来音韵的演变在现代大多数方言中的分别都消失了，只有闽方言中还有很多的例字清清楚楚地表现分别状况。其二，舌尖元音。止摄三等韵（支脂之微）开口字和蟹摄三四等韵（祭齐）开口字合流，韵母都读成[*i]。这个[*i]，在舌尖塞擦音擦音精组声母、卷舌塞擦音擦音庄组声母、舌面塞擦音擦音章组声母、舌面塞音知组声母、舌根塞音喉音见组及晓匣声母后面，都读成舌尖元音。其分布很广，如山西祁县、寿阳、文水，安徽合肥等。其三，龟鬼贵跪柜。止摄三等韵合口见组声母字像龟鬼贵[*kwi]和跪柜[*gwi]等在现代方言中有两种读法：合口韵和[*kju][*gju]（[ky][gy]）。吴语声母腭化，安徽休宁和闽北浦城顺昌建阳等也是如此。遇摄三等韵见组声母字在粤语方言也有两种读法[*kju][ky]的。湖南新化城关镇方言古浊塞音塞擦音读成吐气音是赣语方言特色，这可以说是宋以来大规模江西移民留下的痕迹。作者力图讲明人口移动历史与方言分布关系，但通篇人口移动以及族谱方志资料的挖掘十分有限，如此，许多语音现象存在其背后的移民因素并不清楚，因而语音成因解释力还不强，这是十分明显的。

大陆学者，比如周振鹤、游汝杰等学者研究成果不少，由《方言与中国文化》（1986）可以参见。李无未与李红《宋元吉安方音研究》（2008）也有所探讨。移民的资料不少，可以证明宋元吉安方音系统形成背后的移民因素是客观存在的。

六、汉语方言学学术史认知

何大安《从中国学术传统论汉语方言研究的过去、现在与未来》（1993）写作的基本宗旨，是对汉语方言研究作一些与学术史有关的考察，力图对汉语方言研究这样一个学术活动及其发展，取得若干基础性的认识。其主要议题是：

其一，方言研究在传统中国学术史中居于什么地位？受什么观念支配？在中国古代人的观念里，"雅言"是标准语；"方言"指的是"非标准语"，既包括了汉语方言，也包含了非汉语的语言。这种"雅言"和"方言"的对立意识支配了近两千年来的中国语言研究，包括传统小学文献以及唐宋以后的韵图韵书等，即便是《方言》也还是如此；另一方面，记载、描写一个特定的地区、历史概况的"方志"，对方言的描述也是以雅言为中心。这种方言观和语言观，自然阻碍了人们对不同方言和语言差异的认识。明清两代,客观比较方言异同的张位、胡垣等人,虽然也能抛开"雅言"和"方言"的对立意识,但为数太少。也是方言研究不发达的原因之一。

其二,民国以来这方面研究的主要课题是什么? 何以会选择这样的课题以及相应的方式? 民国以来,高本汉和赵元任启其头绪,他们的主要兴趣是"构拟古音"和"写方言志",由此,支配了中国半个世纪以上的绝大多数方言研究。被学者们采用最多的《湖北方言调查报告》(赵元任等 1948)的描写模式特点为:一是以音韵为主,词汇、语法分量极小;二是所记录的是"单字音",而不是活用中的语式;三是音韵的描写和分析以《广韵》为参考构架,超出《广韵》以外的音韵现象,如轻声、词组间的连调变化,以及韵律上的特点,如音长、句调、轻重音等极少注意到。表面上看来,高本汉方言研究的意趣是历史的,即方言在古音演化上的系谱性;赵元任是描述的,得到了系谱学的认识后,强化各方言的详细记录,但其实质在相当大的程度上正好呼应了传统的"雅言中心观"的语言研究。已经转化为一种对"语言系谱学"或"语言发生学"的纯知识的兴趣。

其三,最近二三十年来,有哪些迹象透露出新的研究方向? 汉语方言学成为一门专业知识,正在加深拓广,其努力为方言研究注入了新的精神。在传统课题上,以王士元、丁邦新、郑锦全、张琨、罗杰瑞、徐通锵为代表的几组研究最引人注目。王士元(1969)从汉语方音的历时变化中提出了"词汇扩散"理论。丁邦新(1982)、郑锦全(1988)为方言分区提出了音变性质和量化方法的客观依据。丁邦新(1984)利用变调推求原调的努力,为语言的内部构拟拓开了新路。罗杰瑞(1973、1974、1979)从方言比较、方言与古音比较、方言与非汉语比较构拟古闽语,扩大了方言史领域。张琨(1984)及一些年轻朋友对语言层的讨论,突破了从前文白二分的单纯观念,认识到汉语方言"层积性"的特点及其意义。徐通锵(1991)则将文白异读的替代过程概念化为"叠置式音变",为传统音变理论注入新说。日本桥本万太郎(1979、1985)对东亚语言"畜牧型、农耕型"的总体性观察,在方言研究上极具启发性。这实际上也对未来的汉语方言研究寄予了新的期待。

江俊龙《两岸汉语方言研究概况》(2005)提供了台湾汉语方言研究历史的一些基本信息,比较引人注目。

第三节 汉语官话方言语音

一、北方官话

日本侵占时代,日本人伊泽修二(1851—1917)的《日清字音鉴》《视话应用音韵新论》《支那语正音发微》等著作,以及后藤朝太郎(1881—1945)《汉字音系统》(日本六合馆1902)等音韵学著作;来原庆助(1870—1930)《对译清语活法》、西岛良尔(1870—1923)《清语读本》《支那官话字音鉴》等汉语教科书涉及了这方面研究。

1949年以后,董同龢《国语与北平话》(1950)启其绪端。后来有郑锦全与钟荣富《国语的共时音韵》(1973),吴方芝《汾西音系研究》(台湾清华大学硕士论文,1993),萧宇超《中国平遥方言的连续变调》(第二届国际暨第十届台湾声韵学学术研讨会,台湾中山大学1992),何大安《官话、晋语与平话性质的检讨》(《龙宇纯先生七秩晋五寿庆论文集》383—390,学生书局2002),丁邦新《北京话文白异读和方言移借》(2006),宋韵珊《古日母字在冀鲁豫的类型初探》(《兴大中文学报》17:231—240,2005)、《汉语方言中的[uei]韵母研究——以官话区为研究对象》(《兴大中文学报》22:47—58,2007)、《国语/北方官话咸山二摄在华北方言的演变与分布》(台湾"国科会"专题研究,2006)、《国语/北方官话曾梗通三摄在汉语方言的音变与分合》(台湾"国科会"专题研究,2007),黄金文《创新之间:从博山方言论"入声演变"、"方言分群"以及"声调及原调"》(《声韵论丛》7:257—277,1998),萧宇超 * "Universal Marking in Accent Formation:Evidence from Taiwanese-Mandarin and Mandarin-Taiwanese" (Lingua 121. 9:1485—1517,2011[* 为通讯作者]);萧宇超《音节连并中的轻声行为》(台湾语文学会,静宜大学2004)、《现代汉语音韵的国际观》(2006)、《台湾发展中的语言形式理论》(竺家宁主编《五十年来的中国语言学研究》327—359,2006)、《轻声与音节连并》(《台湾语言及其教学》1.5,2004)、"Semantics and Cognitive:An Introduction"(Language and Linguistics 4.2:197—206,2003)、"Conceptualizations of GUO in Mandarin"(Language and Linguistics 4.2:279—300,2003)、"Glide,Syllable and Tone:An Introduction"(Chinese Phonology

11:1—6,2002)、"Tone Contraction"(Proceedings of the 8th International Symposium on Chinese Languages and Linguistics 8,2002)、《优选理论对现代汉语音韵研究的影响》(2001),萧宇超、郑智仁《从传统与现代音韵学的角度看日语中的英语外来语》(《跨世纪、跨文化、跨语言——现代与传统》43—56,台湾东吴大学2000),萧宇超、林蕙珊《国台语夹杂时的连读变调》(《声韵论丛》9:769—780,2000),萧宇超"Trisyllabic and Quadrasyllabic Hakka Tone Sandhi:An Optimality Theory Perspective"(Proceedings of the NCCU Teachers' Conference on Linguistics Research,2000)、《儿化(尾)音变(一):缩短现代音韵与传统声韵的距离》(《声韵论丛》8:345—354,1999),魏岫明《国语演变之研究》(《台湾大学文史丛刊》[67],1984),洪惟仁《中古入声在北京话的衍化》(第二十四届台湾声韵学学术研讨会暨工作坊,台湾中山大学2006),金周生《〈国剧韵典〉声调考论》(姚荣松等编《陈新雄教授八秩诞辰纪念论文集》415—436,2015)等。

秦慧芳《老国音研究:以王璞〈国音京音对照表〉为中心》(2011)说,教育部于民国二年(1913)成立"读音统一会",目的是要订定国音当作全国标准语,当时制定的国音后来被称为老国音;民国二十一年(1932)教育部公布《国音常用字汇》,以北京语音的声、韵、调系统,而且是受过中学教育以上的北京本地人所说的语音当标准音,此国音后来被称为新国音。时至今日,台湾的语音标准仍是以北京音系为标准。本研究以王璞《国音京音对照表》为中心,主要探讨老国音与京音、新国音的语音系统差异。秦慧芳认为,其一,老国音与京音之语音系统差异:1.老国音与京音最大的不同,在于老国音分尖团,京音不分。2.老国音比京音多了兀和万2个浊声母。3.京音没有ㄧㄛ韵母,老国音ㄧㄛ韵母,京音大部分为ㄩㄝ韵母。4.京音没有ㄝ韵母,老国音ㄝ韵母,京音大部分为ㄛ韵母。其二,老国音与新国音之语音系统差异:1.老国音与新国音最大的不同,在于老国音分尖团,新国音不分。2.老国音有万、兀、广3个浊声母,新国音完全没有浊声母。3.新国音没有ㄧㄛ韵母,老国音ㄧㄛ韵母,新国音大部分为ㄩㄝ韵母。4.新国音没有ㄩㄛ韵母,老国音ㄩㄛ韵母,新国音大部分为ㄩㄝ韵母。5.老国音ㄜ韵母,若声母为唇音,新国音为ㄛ韵母。6.老国音的ㄝ韵母可以独用,新国音的ㄝ只能算韵符,不能算是韵母。7.老国音ㄨㄥ韵母,声母若为唇音,新国音为ㄥ韵母。8.老国音与京音有入声,新国音没有。

9.以《国音常用字汇》与《国音京音对照表》相较,新国音根据老国音的占5%,只根据京音的占80%,不根据老国音、京音的占15%。老国音是由44个人民主投票表决制定的,新国音的制定,审音委员只有5人,民主投票产生的老国音推行时窒碍难行,由少数人开会决定的新国音却能成功,可知老国音制定的方式不一定完全是老国音失败的原因。全国共同语的制定标准不能只依靠学术理念,还需要政府、媒体、教育的推广,才能成功。

秦慧芳论文体例为:第一章,绪论。研究动机、目的、材料、方法。第二章,文献探讨。国音资料之探讨,包括《校改国音字典》之国音探讨、《国音常用字汇》之国音探讨;老国音相关研究之探讨,包括《国语运动史纲》之国音探讨、《民国注音字母政策史论》之国音探讨、《老国音与切韵音》之国音探讨、《民初国音的回顾与反思》之国音探讨、《论民国时期国音音系的建立》之国音探讨。第三章,《国音京音对照表》述要。《国音京音对照表》作者、体例、勘误。第四章,《国音京音对照表》中老国音与京音的比较。老国音的语音系统,包括声韵调系统、声韵调配合关系;京音的语音系统,包括声韵调系统、声韵调配合关系、京音读书音与俗音声韵配合关系;老国音与京音声韵的对应关系,包括老国音与京音之声韵音节差异、老国音与京音之声母对应、老国音与京音之韵母对应;老国音与京音声韵的对应规律,包括老国音与京音的读书音及俗音之对应规律、老国音与京音的声母对应规律、老国音与京音的韵母对应规律。第五章,《国音京音对照表》中老国音与《国音常用字汇》中新国音的比较。老国音与新国音的声母对应关系;老国音与新国音的韵母对应关系;新国音与老国音和京音的对应关系,包括老国音与新国音之声韵配合关系、新国音的读音来源根据内容。第六章,结论。从语言规划看《国音京音对照表》;论题的开展与深入,包括《国音常用字汇》中的新国音读音根据、《国音京音对照表》中的入声、王璞著作的深入探讨问题。

此外,方师铎《增补国音字汇》(1968),旅日华人学者市川勘、小松岚《百年华语》(上海教育出版社2008),朱麟公编《国语问题讨论集》(中国书局1921;上海书店影印,1992),邵鸣九编著《国音沿革六讲》(台湾商务印书馆1973),英国人威妥玛《语言自迩集》(张卫东译,北京大学出版社1867/2002),陈新雄、竺家宁、姚荣松、罗肇锦、孔仲温、吴圣雄《语言学辞典》(三民书局2005),台湾"国语推行委员会"编《国音常用字汇》(台湾开明书局1995),罗家伦、黄季陆主编《吴稚晖先生全集》卷五(台湾中国国民党中央委员会党史史料编辑委员会 1969)等文献有关"老国音"研究成果也应该注意吸取。

　　廖湘美近年来有两篇研究山西运城方言的论文比较引人注目:《链动与前化:山西运城方言的知庄章声母》(《东华中文学报》6:187—208,2013)和《音变与速率:山西运城方言的阳声韵》(《东华汉学》20:245—288,2014)。前者指出,古知庄章三组声母,北京话大体读为卷舌音(庄组或读为平舌),山西运城方言相对复杂,依其在十六摄的分布,运城这三组古音声母有六种情况;这些现象大体可以从《中原音韵》的类型获得理解,其中唇齿音的读法是合口呼前的卷舌音变来的,平舌的读法是开口呼前的卷舌音变化而来,这两种变化都代表前化运动。后者指出,中古阳声韵在现今官话方言中虽保存着鼻音韵尾,但面貌不尽相同。位于中原官话区较外缘的山西运城方言更是呈现了多样性:鼻音韵尾、鼻化韵、纯元音韵。多样形式的表现,其实是由内部不同的语音发展阶段及文白层次叠置所交织出的复杂结果。来自中古阳声韵的咸、山、深、臻等四摄兼有鼻化韵及纯元音韵的表现,而曾、梗、通、宕、江等五摄在保有鼻音韵尾外,白读同时拥有纯元音韵。廖湘美用音变和速率的理论对其加以解释:研究中古阳声韵在运城方言里的动态演变过程、发展的速率以及文白异读的语音层次,可以帮助我们了解汉语方言鼻音韵尾消变的模式、因素及演变机制。在共时的角度之外,也探究了音变历时的发展脉络,在比附同区域的古代西北方音译音文献时发现,古今鼻韵尾的消变、速率与各摄合流的细节情况不尽相同,未必具有直接继承的关系。除了用音变和速率的理论加以解释之外,这篇论文在引证材料上也很有特点,比如说明中古阳声韵在运城方言里的动态演变过程、发展的速率以及文白异读的语音层次的同时,还引用梵汉译音、汉夏对音的系统材料加以对比(277—279 页),发现这些表现是由上至下时代前后顺序构成的,但三者未必具有继承关系。这是比较实际的看法,很有说服力。

二、西南官话

(一)四川官话

杨时逢《四川方言调查报告》(1984),二册,1761 页。在《序》中,杨时逢称,这是进入四川后第二次作的全省方言调查,花费了大约七、八年时间。四川方言是一种西南官话,比云南、湖北两处方言都简单些。据其所记录的音韵系统,全省各乡县的方言差异都很小,并且有些地方的方言很接近。调查所收集的 134 县方言,其中有 37 县方言音韵系统都可以合并在别的县份里,又可以节省篇幅,所以,分地报告只有 97 县。参加工作的除了杨时逢之外,还有丁声树、董同龢、周法高、刘念和 4 个人。

《四川方言调查报告》框架是:序、四川方言调查点图、总说明、分地报告、综合报告。其"总说明"包括:字体及标点符号条例、语音符号及名辞、调查程序、调查点及地名表。其"分地报告",有九十七县的说明。其"综合报告",包括综合材料,即"狐假虎威故事"和"极常用词表";四川特点及概说,即"分析特点表"和"分区概说";四川方言地图,即参考地图、声母特点图、韵母元音图、声调调值图、特字地图、词类地图。

其"分地报告",是整个《四川方言调查报告》的主体部分。以"成都(城内)"为例,有发音人履历、声韵调表、声韵调描写、与古音比较、音韵特点等项目。比如对声母音韵特点的说明:不分[ts]与[tɕ],精组洪音与知系字全读[ts]等;不分尖团,精组细音与见系细音混;见系二等开口在梗摄入声中不腭化;泥来两母洪音混;疑影两母开口一等字全读[ŋ];疑母开口二等读[ɻ][ɻ][i]不定;端系合口一等在果摄臻通舒及山入读开;来母三四等合口在山臻通舒读开;见系合口三四等字在梗舒及山臻通入声读开合不定;宕入见系合口一等读开合不定等。

崔荣昌《四川方言研究史上的丰碑——读〈四川方言调查报告〉》(1993)提到,这个报告与 50 年代完成的《四川方言音系》有所不同,有同有异。前者优于后者,科学而细致,形成了非常成熟的研究框架,为后来研究四川方言音系奠定了坚实的基础。

杨时逢《成都音系略记》(1951)说,他所用的文献是 1942 年秋季去四川峨嵋等地调查的材料。但因为仅仅有 1000 多个字的单字音记录,所以,很难做详细的研究。成都音系声母 20 个:[p][p'][m][f][t][t'][n][ts][ts'][s][z][tʂ][tʂ'][ɳ][ʂ][k][k'][ŋ][x][ø]。韵母 36 个,其中开口:[ɿ][a][o][e][ai][ei][au][əu][an][ən][aŋ][uŋ][ər];齐齿:[i][ia][io][ie][iai][iau][iəu][ien][in][iaŋ][iuŋ];合口:[u][ua][ue][uai][uei][uan][uən][uaŋ];撮口:[y][ye][yen][yin]。声调:阴平(55)、阳平(31)、上声

（42）、去声（24）。也涉及了简单的连读变调情况,比如阴平接阴平,第一个字高升调,第二个字读半高平调;阳平接阳平,第一个字读原调,第二个字读变阴平高升调。

杨时逢《四川李庄方言略记》(1956)记述道,1940年冬季,史语所迁到四川李庄,住了五年多。感到李庄方言与其他的四川方言,尤其是成都话不同,有入声韵。李庄方言声母有19个:[p][p'][m][f][t][t'][n][ts][ts'][s][z][tɕ][tɕ'][ɕ][k][k'][ŋ][x][ø]。韵母34个,其中开口:[ï][a][o][e][ə][ai][ei][au][əu][an][ən][aŋ][əl];齐齿:[i][ia][ie][iau][iəu][ien][in][iaŋ][iuŋ];合口:[u][ua][uai][uei][uan][uən][uaŋ][uŋ];撮口:[y][yo][yen][yin]。声调:阴平(55)、阳平(11)、上声(42)、去声(13)、入声(24)。杨时逢《四川方言音韵特点及分区概说》(台湾《民族所集刊》29:107—130,1970)是总结性归纳研究,论述更为细致。

(二)云南官话

杨时逢《云南方言调查报告》(1969)主要情况是:

其一,杨时逢《自序》说,1940年春季,因为史语所迁移昆明,举行了第七次方言调查,目的是弄清楚云南全境方言情况。此次调查涉及101个点。整个体例安排是完全照着《湖北方言调查报告》方式来写的,其中有些方法或分区上的问题,一直还没有好的解决办法。赵元任《序》说:

云南方言是西南官话的一部分。因为跟北方官话都可以说得通,结果一般人认为没有学云南话的必要,而语言学者又多注意了非汉语的调查,而云南的汉语反而被忽视了。其实,云南的汉语很有许多值得研究的地方。惟其成为官话的一部分,所以,更占了交通重要工具之一。可是它同时又有它的各种特点……离昆明不远西南一点玉溪一带,就有腭塞音读喉塞音的现象……大理所属一带有入声,声调的系统跟调值很像南京派的江南官话而不像西南官话。云南方言的复杂甚至分区时候常常看不清同语线最密的线组在哪一带。有好些地方比从前我们画湖北方言分区的时候难画。

其二,《云南方言调查报告》正文基本体例。云南方言调查点地图之后分为三部分:第一部分,总说明。包括五个方面:一是字体及标点符号条例;二是字音符号及名词,包括辅音表、复合辅音、元音图、增加符号、调号、高元音或半元音问题、洪细尖团的观念、音位跟变值音位、国音;三是音韵概念,有音韵系统、声母、韵母、声调内容;四是调查程序,有调查点、发音人、笔记、音档;五是调查点及地名表。第二部分,分地报告,卷一。一是分地报告说明;二是具体调查点的材料,有 101 个,分别罗列发音人履历、声韵调表、声韵调描写、与古音比较表、音韵特点、会语记音等内容。第三部分,综合报告,卷二。甲、综合材料:狐假虎威故事、极常用词表;乙、云南(方言)特点及概说:分析特点表、分区概说;丙、云南方言地图:参考地图、特点地图、特字地图、词类地图。

其三,《云南方言调查报告》特点。一是整个调查是在充分准备的基础上进行的,比如确定调查地点,寻找合适的发音人,以及调查方案设计的科学性等,都是很明显的。二是对 101 个方言点语音的描写是非常细致而精益求精的,这从声韵调表、声韵调描写、与古音比较表等看得非常清楚。三是注意总结 101 个方言点的音韵特点,给后人研究云南方言提供了一个基本线索。四是有分有合,既重视描写 101 个方言点的"个性语音特征",又强化总结云南方言作为西南官话重要组成部分的总体性语音特征,并以图表的形式表现出来,这是十分突出的。

其四,《云南方言调查报告》对云南汉语方言分区及区别性特征描写。在《综合报告,卷二》"分区概说"中,杨时逢谈了云南方言分区及区别性特征问题。这要和杨时逢《云南方言特点及分区概说》(1964)相参照。杨时逢在 1964 年论文中把云南汉语方言分为 6 区,而在《云南方言调查报告》分四区,还是不一样的。《云南方言调查报告》云南汉语方言四区是:第一区,昆明等58 个方言点,是最大的。其语音特点是:咸山两摄舒声字多半读鼻化音,"节结"尖团不分;分[ts][tɕ];"书虚"大致不混;泥来两母洪细不混;通摄收[ŋ]尾,宕摄大半也收[ŋ]尾;入声尾全失落;"杜助"等读[u]韵;细音开合不分,皆读开口;调类分阴平、阳平、上声、去声(无阳去),而入声大都归阳平等。和杨时逢在 1964 年论文中归纳的基本一样。第二区,大理、凤仪等 22 个方言点,鼻音尾大都失落。特点有:"节结"尖团不分;分[ts][tɕ],但鹤庆等 7 处不分,读[ts];细音开合不分;调类分阴平、阳平、上声、去声,但寻甸等 8 处有入声。第三区,保山等 15 处。特点有:"节"不等于"结",分尖团;[ts][tɕ]全分;泥来两母不混;大部分不分齐撮;入声尾全失落;调类分阴平、阳平、上声、去声(无阳去),入声大半归阳平,只有镇康、景谷、丽江有入声。第四区,昭通等6个方言点。特点有:"节结"尖团不分;[ts][tɕ]分混不定;泥来两母皆混;分齐撮;咸山两摄字大都收半鼻音尾或收[ŋ]尾,宕通两摄收[ŋ]尾,与咸山两摄不混;调类分阴平、阳平、上声、去声(无阳去),入声大半归阳平,但绥江有入声。《云南方言调查报告》对"连读变调"语音现象说得很少。

杨时逢《云南方言特点及分区概说》(1964)谈云南汉语方言特点,选择了昆明、开远、永平、保山、永善、巧家6处作为代表,列出了《声母发音部位》《声母发音方法》《次浊声母及影母》《韵母开合》《韵尾:A 阳韵舒声,B 入声》《韵母元音:阴韵》《韵母元音:阳韵外转舒声》《韵母元音:外转入声》《韵母元音:阳韵内转舒声》《韵母元音:内转入声》《声调》11 个特点表来显示,没有具体的附带说明。

关于分区,杨时逢说,方言跟方言之间的分界比较复杂,把一个省的方言大致分成几区还比较容易,而在地区间交界的地方指出某处是属哪一区而不属隔壁的一区,有时就做不到,所以,好些界限都是很参差的。他把云南汉语方言分为六区,并说明每一个区的语音特点。比如第一区,有昆明等38个点,是典型的云南话,特点有:咸山两摄舒声字多半读鼻化音,"节结"尖团不分;分[ts][tɕ];"书虚"大致不混;泥来两母洪细不混;通摄收[ŋ]尾,宕摄大半也收[ŋ]尾;入声尾全失落;"杜助"等读[u]韵;细音开合不分,皆读开口;调类分阴平、阳平、上声、去声(无阳去),而入声大都归阳平等。杨时逢分区,也参照词汇、语法特点进行,所以,分区不是孤立的语音标准,而带有明显的综合性。

杨时逢《云南方言声调分布》(1959)介绍,1940 年春季,史语所迁到昆明,丁声树、董同龢花了3 个多月时间调查云南130 处汉语方言点,形成了初步的材料。杨时逢利用这批材料,进行了云南方言声调分布和调值的研究。

云南方言声调主要有两类:一是四声调类。即阴平、阳平、上声、去声,分布区域广泛,占75%以上。入声归入去声的,仅有盐津1处。也有部分地区入声独立,上声归并阳平,成为阴平、阳平、去声、入声四声调类;或入声独立,上声归并阴平,成为阴平、阳平、去声、入声四声调类。二是五声调类。阴平、阳平、上声、去声、入声,分布情况很乱,有剑川、云龙、洱源、邓川等地。杨时逢分析说,入声虽然独立,但不像江南官话地区或吴、赣、闽、粤等方言中的入声读音短促那样鲜明。阴声、阳平、上声调值有平、降两种,但上声调调值降调多而平调少。去声调值可分为平、升、降升三种。入声调值可分为平、升、降、降升四种。

何大安《云南汉语方言中腭化音有关诸声母的演变》(1985)依据杨时逢《云南方言调查报告》(1969)101个方言点材料分析,其研究很特别,与一般的音韵学角度不同:

其一,探讨云南汉语方言腭化音与诸声母演变关系的目的。何大安说,自己的这篇论文是从方言史的角度来观察与腭化音有关诸声母在云南汉语中发展的情形,其目的在对汉语方言的音韵演变提供一种类型上的参照。腭化音的出现是官话方言史上很重要的一项发展,但是,我们对腭化音发展及演变过程的了解并不透彻。从古语线索来说,它是精系和见系声母受细音韵母的影响才发生的,没有学者讨论这两组声母变化过程是否相似、同时,以及与音韵系统其他部分互相影响是否完全一样。云南汉语方言中腭化音不仅来自精系和见系,还包括了知、庄、章系的字。所处理的100多个方言点都有来自见系的腭化音,却不一定有精系的腭化音,显示了这两组声母的腭化并不是同时完成。至于与腭化音有关音韵变化,在大的方向上虽然有相同的趋势,但所涉及的音韵条件,各方言之间却又互有差异。

其二,与腭化音有关诸声母在云南方言的今读主要类型。何大安以[ts]系、[tɕ]系、[t]系、[tʂ]系、[k]系来作为分类的标准,归纳了18种类型:昆明、牟定、镇南、晋宁、江川、玉溪、元江、墨江、建水、蒙自、邱北、文山、凤仪、宾川、盐丰、石屏、兰坪、丽江。在这些方言中,与腭化音有关诸声母的演变,主要有舌尖音的腭化、卷舌音的舌尖化、腭化音的舌尖化三种方式。

其三,与腭化音有关诸声母演变之舌尖音的腭化。何大安称,[ts]系在云南大部分方言中都腭化了,腭化的条件是今细音;但牟定与丽江等15个方言并不腭化,仍读[ts]。这些方言都有[i]或[y]起头的韵母,也就是细音韵母,但不发生腭化,而舌根音却已经腭化。在官话方言的发展过程中,是不是[k]系腭化一定先于[ts]系腭化?从云南方言语音实际来看,确实如此。

其四,与腭化音有关诸声母演变之卷舌音的舌尖化。何大安说,云南大部分方言[tɕ]系字都因内外转的影响而有[ts][tɕ]两类的分读,分读的条件既可以依中古音线索来界定,自可视为早期的共同现象。这一类方言,[t]系字也因古音的条件分读[ts][tɕ]两类,[tɕ]系字则一律读为[tɕ],比如昆明等。但是有些方言把外转各摄的[tɕ]等及[t][tɕ]系读[tɕ]等字也读为[ts],如镇南;甚而至于进一步腭化,如蒙自。"昆明→镇南→蒙自"代表舌尖化三个阶段。此外,还有一个过渡阶段,就是石屏。石屏[tʂ]系来的[tʂ]音都已舌尖化,[t][tʂ]两系字在[i]韵外的韵中已舌尖化,但在[i]韵前,便有了卷舌音与舌尖音的对比。

其五,与腭化音有关诸声母演变之腭化音的舌尖化。腭化音舌尖化,是指来自[ts][k]两系的腭化音在某些韵母前,特别是带[i]韵母前,读成舌尖音,是一种变化情形,如晋宁方言。和晋宁方言完全相同的还有建水,另外有一些方言则在程度上略有不同。

其六,对与腭化音有关诸声母演变的认识。何大安认为,现代云南汉语方言中腭化声母的生成,是舌根音腭化在前,舌尖音在后,从卷舌音来的更后。舌尖音的腭化,在有些方言中似乎以[y]之前为易,如兰坪。有一部分[t][tɕ]系字在[tɕ]化后复舌尖化,而在另一些方言,如蒙自,舌尖化后复腭化,这种腭化也出现在[y]之前。舌尖音的腭化是一种同化,发生在带[i]或[y]韵母之前。但有些方言存在腭化音舌尖化的异化演变,这种演变大多发生在带[i]主要元音之前,如墨江、晋宁、邱北。同化是一种趋简的表现,异化则旨在增强原有的区别。而在发音的生理上,非音节性的[i]或[y]介音要较音节性的[i]为宽松,不费力,因此,音韵演变的方向是与演变环境的发音难易相关的。卷舌音较不易腭化。官话方言的腭化程序,是舌根音先于舌尖音,舌尖音先于卷舌音。

(三)湖北官话

赵元任、丁声树、杨时逢、吴宗济、董同龢《湖北方言调查报告》(1948)前有赵元任等《序》,称1936年春季,史语所举行第六次方言调查,目的地是湖北。正文基本体例是:第一部分,总说明;第二部分,分地报告,卷一;第三部分,综合报告,卷二。

第一部分,总说明。包括六个方面:一是字体及标点符号条例;二是字音符号及名辞,包括辅音表、综合辅音、元音图、增加符号、调号、高元音或半元音问题、洪细尖团的观念、音位跟变值音位、国音;三是音韵概念,有音韵系统、声母、韵母、声调内容;四是调查用字表;五是调查程序,有调查点、发音人、笔记、笔记人、音档、灌音设备、记录及音档内容、笔记样张及灌音布置图内容;六是调查点及地名简称表。

第二部分,分地报告,卷一。一是分地报告说明。二是具体调查点的材料,有 64 个,分别罗列发音人履历、声韵调表、声韵调描写、与古音比较表、音韵特点、会话记音、故事记音内容。

第三部分,综合报告,卷二。甲、综合材料:总理遗嘱、狐假虎威故事、特字表、极常用词表。乙、湖北(方言)特点及概说:分析特点表、综合特点表、分区概说。丙、湖北方言地图:参考地图、特点地图、特字地图、词类地图。附:湖北方言综合地图。

应该说,《湖北方言调查报告》照顾到了方方面面,非常详尽。为何如此?赵元任等在《序》中写到:"把材料较完整音档较清晰的湖北方言调查先整理出来,成为方言调查报告的一个模型。"《湖北方言调查报告》将湖北全省方言分为四个区:第一区西南官话区,第二区楚语区,第三区赣语区,第四区介于楚语和湖南方言之间。《湖北方言调查报告》是汉语方言调查研究中篇幅最大的一部著作,内容十分丰富,编排具有很强的科学性,对后人进行方言调查工作和编写方言调查报告都具有很科学的指导意义。本书以语音为主,将湖北方言语音和古音进行详尽的历史比较,这些比较给后来者进一步的研究奠定了文献基础。

(四)西南官话总说

杨时逢《西南官话入声的演变》(1988)基本研究思路是:

其一,杨时逢根据调查结果,制定了西南官话古入声字今读调类表格,涉及湖北省境内 64 处方言点、四川省境内 134 处方言点、云南省境内 101 处方言点。

其二,西南官话古入声字今读调类情况。湖北省境内 64 处方言点,其中入声为入声,7 处;入声独立,全浊一部分读阳平,11 处;清母及次浊为入,全浊全读阳去,5 处;入声独立,全浊一部分读阳去,9 处;入声独立,全浊一部分读阴平,1 处;入声全读阳平(个别读阴平),31 处;入声全读去声,入声读阴平没有。四川省境内 134 处方言点,其中入声为入声,51 处;入声全读阳平(个别读阴平),72 处;入声全读去声,10 处;入声读阴平,1 处。云南省境内 101 处方言点,其中入声为入声,15 处;入声全读阳平(个别读阴平),85 处;入声全读去声,1 处。

　　杨时逢在这里谈的是中古《切韵》入声字在现代的演变类型,以及在湖北省、四川省、云南省境内的分布。不过,他对造成这种演变类型和分布的原因很少涉及,至于入声演变和声韵的关系、连读变调中入声变化情况则没有讨论。

　　对其他地区的西南官话研究,吴圣雄的几篇论文值得注意。比如《广西省三江县西南官话的语音现象》(《汉学研究之回顾与前瞻国际学术研讨会论文集》1—19,台湾师范大学 2006)、《广西省三江县西南官话的声调——单字调的计量观察》(《山高水长——丁邦新先生七秩寿庆论文集》(上)541—552,台湾语言学所 2006)、《广西省三江县西南官话的连调变化》(《声韵论丛》15:201—218,2007),形成了特有的广西三江县西南官话语音系列。

三、江淮官话

　　陈信璋《南通方言音韵研究》(2008)探讨南通方言的音韵发展与音韵行为,透过通泰方言的共时比较进行讨论。陈信璋称,方言间共时音韵表现的蕴含关系,透露文献所未记载的历时发展过程。关于音韵行为发展,作者主要的发现有:1.南通的疑、泥、来母相混发生在细音之前;2.鼻音声母最易使后高元音[u]低化,其中[m-]又比[n-]容易;3.通泰方言[u]擦化为[v]首先发生在前中元音之前,其次是[u]韵本身,最后[u]在闭音节的后低元音前擦化;4.细音[i]比[y]更易保持尖团之别;5.细音[i]比[y]容易造成[t/tʻ]的腭化;6.[ly-]的组合在开音节比在闭音节当中容易获得保存,而在闭音节中,南通的例子是[ly-]在鼻音尾前比在喉塞尾前更易获得保留。此外,文中亦尝试对南通日母的发展、滋咝音与撮口介音的组合及元音链动提出说法。

　　大陆学者鲍明炜、王均《南通地区方言研究》(江苏教育出版社 2002),顾黔《通泰方言韵母研究——共时分布及历时溯源》(1997)、《通泰方言音韵研究》(2001),以及鲁国尧与通泰方言史相关研究文献等,也很值得参考。

第四节　汉语闽方言语音

一、闽方言理论

　　张琨《论比较闽方言》(1984)从闽方言的复杂性出发,突出运用比较的方法而进行研究的特点。张琨在这里强调，闽方言不等于福建方言，闽方言是语言学上的名词，而福建方言是个政治名词。闽方言的分布不限于福建省内，江西、浙江、广东、海南以及东南亚等地均有分布。就是福建省所辖区域，还有客赣方言，以及介乎闽方言和客赣方言之间的方言。

闽方言最大的特色是文白异读的纷歧现象，尤其是闽南方言最为显著，这是比较闽方言时最大的困难。张琨说，在发表的闽方言研究论文中，多半对文白异读注意不够，专讲的只有4篇：仙游话，是戴庆厦及吴启禄（1962）；澄迈方言，是何大安（1981）；潮阳，是张盛裕（1981）；厦门，是周长楫（1983）。罗杰瑞（1973、1974、1982）构拟原始闽语，就根据现代闽方言对比，讲原始闽语的来源。张琨在这里只讨论厦门、潮阳、福州三个方言。厦门根据罗常培《厦门音系》（1930），间或参考周长楫（1983）；其次，参考张盛裕（1981），以及兰亚秀（1953）和王天昌（1969）。张琨主要探讨了以下问题：

其一，关于闽方言文白异读。由于历史上的原因，由秦汉经过隋唐到现在，各种方言从不同的地域经过不同的途径不断输入闽方言而形成文白异读现象。高本汉给《切韵》语音构拟时就感到闽方言材料难以应用。文读勉强理出一个系统，白读支离破碎，系统性很差。

其二，闽方言文白异读声韵调。一是声调。闽方言声调有三套：一套代表北方方言，平声分阴阳，上声分阴阳，阳上变去，去声不分阴阳；鼻音边音及《切韵》喻母上声字仍读上声，不跟随浊塞音浊擦音读如去声，所以厦门、潮阳、福州中都有鼻音边音喻母上声字两读现象：文读阴上，白读阳上或读阳去。另两套声调代表南方方言，平上去入都分阴阳，有两种变体：一种是有阴平阳平阴上阳上阴去阳去阴入阳入，另外一种就是阳上阳去合流。潮阳方言有很多《切韵》浊声母的去声字文读阳上、白读阳去，文读阳上是一种方言，这种方言七个声调，大多数闽方言都属于这种声调系统；白读阳去属于另一种方言，其中阳上阳去有别，广东东北角的闽方言属于这种声调系统，有八个声调。二是声母。闽方言有文白异读的差别。《切韵》轻唇音声母字在闽方言中文读读[h(u)]，白读读[p(u)]。《切韵》知彻澄声母字许多在闽方言中仍然读舌头塞音，与端透定相似；厦门、潮阳方言许多字读塞擦音，福州方言却很少；潮阳方言白读读舌头塞音，文读读塞擦音。《切韵》擦音声母心、邪、书、生在闽方言中文读读擦音，白读读塞擦音。《切韵》匣母字在闽方言中读舌根塞音声母；

匣母字还有两种读法：一种是读清喉擦音阳调，另一种是读零声母阳调。《切韵》云（喻三）在闽方言中文读读零声母阳调，白读读清喉擦音阳调。《切韵》以（喻四）在闽方言中文读读零声母阳调，白读读舌头塞擦音或擦音。三是韵母。所拟文读韵母系统有很多地方和《切韵》相似，比如欣文与真谆、元韵与魂痕相近，东三钟韵在舌根音喉音声母后边保存着三等介音，以及厦门等方言中的鱼虞有别等。止摄唇音声母字三地文读读开口，白读读合口。蟹摄三四等字，厦门、福州都有文白两读，其中《切韵》二等四等字合流是闽方言白读中的特色。《切韵》喉韵字白读三个方言都读[au]，而文读，厦门[ɔ]、潮阳[ou]，福州[eu]/[ɛʊ]。假摄二等和三等，文读主要元音[a]，而白读主要元音[e]。三地白读一等韵咍灰韵和泰韵有分别。果摄字有两种白读，一种是厦门[ua]，潮阳[ua]，福州[uai]；另一种是厦门[e]，潮阳[ue]，福州[ui]。其他，如遇摄一等、三等；虞韵；曾摄三等和梗摄三四等；臻摄、深摄、江摄、山摄、咸摄、宕摄、通摄文白异读也很复杂，差别不小。但张琨罗列差别现象比较多，最后却没有进行总体性的归纳，更很少对其来源做解释。

张琨《再论比较闽方言》（1989）主要从声母、韵母、声调三个方面比较《戚林八音》（闽东）、《建州八音》（闽北）、厦门（闽南）、潮阳（闽南）等四种闽方言的异同，力图建立闽方言不同的音韵层次，来作为进一步开展闽方言比较研究的基础。张琨说明，闽方言保存着一些《切韵》的音韵特征，比如二四等合流，证明韵图四等分立是有道理的，也很有必要。真质殷迄有别，仙薛元月不同，也可以证明《切韵》的分韵依据。他认为，利用《切韵》音韵类别作为研究的"间架"来掌握闽方言的音韵历史，尽管免不了有些例外现象难以解释，但大体还是有规律可循的。完全放弃《切韵》这个语音理论体系，则根本无法驾驭这些方言材料了。与《论比较闽方言》相比，张琨更为重视闽方言文献的历史比较作用，同时，通过比较闽方言内部"文白异读"的差别，就更加突出了《切韵》音系在研究闽方言复杂语音系统上所具有的无可替代的理论"框架"价值。

张琨《闽方言中蟹摄韵的读音》（1993）对闽方言中《切韵》蟹摄韵的文白读音层次研究感兴趣，拿这些文白读音和汉语其他方言中相对应的韵类进行比较，希望找到闽方言和汉语其他方言关系"类似"的内容，表明，闽方言有许多汉语其他方言的成分在里面。

丁邦新、张双庆编《闽语研究及其与周边方言的关系》(2002),吴瑞文《论闽方言四等韵的三个层次》(《语言暨语言学》3.1:133—162,2002)、《共同闽语[iai]韵母的拟测与检证》(《台大中文学报》27.2:63—292,2007),吴瑞文、林英津《闽语方言辅音韵尾今读的历史分析》(香港《中国语文研究》23:1—20,2007),杜佳伦《闽语韵读历史层次的微观分析——以效摄为例》(第十届国际闽方言研讨会,2008)等也涉及闽方言研究的许多问题。

杜佳伦《闽语历史层次分析与相关音变探讨》(2011)称自己运用内部分析、方言比较与音韵系统检视等方法,详细辨析闽语的历史层次分布,同时探究各次方言的层次叠置与音变现象的交互影响,以建立闽语各次方言的历史层次对应关系,在明辨各历史层次的系统特色后,进而推论各层次的历史时间或地域来源。

杜佳伦论文体例为:第一章,绪论。第二章,闽语的地理分布,以及主要次方言闽南、闽东、闽北等区的音韵特点,并且强调闽语多重来源的实际形成历史。第三章,进行闽语韵读的历史层次分析,依据音读特点与音韵关系截然有别的分层表现,认为闽语的韵读系统在历史分层上至少须要分为四项层次:唐宋文读层、南朝江东层、晋代北方层以及上古层,其中南朝江东层与晋代北方层的地域差异性多过于时代变异性。第四章,进行闽语声母与声调的历史层次分析,依据古全浊声类的音读表现,闽语的声母系统在历史分层上至少也须要分为四项层次:唐宋文读层、江东层、北方层以及非汉语干扰层,其中北方层有部分古声类带有明显的上古特色,其历史时间可以上推至西晋以前,不完全等同于韵读系统的晋代北方层;此外,古闽越语的母语使用者在学习古汉语时,依其音韵习性进行一系列的音韵调整改读,遂形成具有系统特色的非汉语干扰层;由于闽北的古浊声类保有复杂的多重层次异读,与声母音读密切相关的声调层次也就非常丰富,大致也能分为四项相应的声调层次,然而相对于此,闽南、闽东由于古浊声类没有复杂的音读差异,也就没有丰富的层次差异,唯在浊母上声与去声部分有重要的层次表现;第五章,着重讨论语言接触、层次叠置、语音变化与变异的交互作用,除了各类音变导致层次音读的变动,更从不一样的角度切入探究层次竞争所引发的音读变化与结构重整;第六章,总结本论文的重要研究成果,并且延伸思考在此研究基础之上可以深入拓展的研究方向。

吕昭明《澎湖群岛闽方言音韵的类型与分布》(2007)以澎湖群岛闽方言音韵的类型与分布为论题,方法层面则是采取方言地理学的基本思路。以内容言之,这是一部以澎湖群岛闽方言与区域文化史为主轴的论文,所关怀的课题即是顺着这个问题意识思路而开展。

关于澎湖群岛闽方言音韵类型与地理分布的课题,吕昭明认为主要有三:第一,声母结构的类型与地理分布。初步分析闽方言声母内陆—邻海—岛屿区域推移过程,以发声类型而言,呈显出喉音成分转趋为重的语音现象。整体而言,喉擦音带动唇音、舌音和牙音的"后位移动"(backward movement),以区域征性言之,可谓为"后位优势"。一方面可证之于闽语内陆、邻海区域的文献语料与方言材料,另一方面可以解释闽方言声母白读类型,不同音类来源而共同趋向于喉擦音的因素。澎湖群岛岛民所体认的母语音腔为重的听觉感知,其关键很可能即在于音节结构的向后延展所致。第二,韵母结构[viŋ][vŋ][v]的类型与地理分布。初步观察闽方言内部区域[v(i)]韵母结构类型,闽方言内陆与邻海北部区域,因采取舌位"高化"策略,从而削减[-ŋ]尾向后的动力,使得两个区域没有鼻化的音节单位产生。至于闽方言岛屿区域唯一不进行鼻化规则的海南岛,其主要因素是受到[vʔ]音节结构双重塞化的类推影响,转而采取折衷的"低化"策略,阻碍了共振的张力,因而成为 v 的韵母结构。闽方言邻海南部以及岛屿区域,在舌根音和喉部擦音双重"后化"的条件下,带动整个共鸣腔浊化,鼻化韵、鼻音音节和声化韵的起因很可能导源于此。以[v(v)]的韵母结构类型而言,澎湖群岛受到闽方言邻海南部区域的影响相较其他区域为深,此与明清时期漳泉二府海贼、移民来往返复,削弱其他影响源的作用力有着直接的关系。第三,韵母结构[-io]的类型与地理分布。澎湖群岛[-io]韵母结构类型,其来源有别于闽方言邻海北部、南部区域的文献与方言调查结果,呈显出与闽方言内陆区域(石陂)相同的中古条件,间接证实闽方言内陆—邻海—岛屿区域的"链移动线",非声母层面的单纯发展。整体而言,"移民与方言形成"的课题,似乎应该以"语言现象与文献语料相互接轨"(correlation between language phenomenon and documentary materials)作为论述前提。

二、闽南话

(一)吴守礼等研究闽南话历史文献

吴守礼写有《明嘉靖刊荔镜记戏文校理》《明万历刊荔枝记戏文校理》《清顺治刊荔枝记戏文校理》《清光绪刊荔枝记戏文校理》《明万历刊金花女戏文校理》《明万历刊苏六娘戏文校理》《清乾隆刊同窗琴书记戏文校理》《什音全书中的闽南语资料研究》《宣讲戏文校理》《闽南歌仔戏册选注》《福客方言综志》《闽南方言研究集(1)》《闽南方言研究集(2)》《明嘉靖刊荔镜记戏文分类词汇》等著作,有关闽南话的普及性著作有《台语正字》等,工具书则编有《综合闽南台湾语基本字典》《国台对照活用辞典》等。2000年开始,吴守礼工作室将手写《综合闽南台湾语基本字典》重新使用计算机排版,并加上吴守礼未公开的手写资料,终于在2014年夏季完成并出版《综合台湾闽南语基本字典》国语闽南话对照本。

李方桂认为,吴守礼对可能系15世纪珍贵闽南方言文献的研究意趣,也与方言研究有关。他研究南方戏曲《荔镜记》戏文,具体包括对数个现存版本的校勘及其用韵。吴守礼希望能确认写作《荔镜记》的方言,但他并没有尝试从现代闽南方言以及戏文韵脚构拟早期的方言。他还发表了几篇论文,探讨这部戏文中的方言词,并与现代的读法比较[①]。

洪惟仁在《吴守礼教授在闽南语文献学上的贡献》(《台湾文学评论》6.2:22—26,2006)一文中高度评价了吴守礼的工作。

洪惟仁《台湾文献书目解题:语言类》(1997)涉及闽南话辞书,主要分为传统辞书类、罗马字拼音类、假名拼音类、注音符号类、语典类五种。其中,传统辞书类有黄谦《汇音妙悟》(1800),廖纶玑《拍掌知音》(年代不详),谢秀岚《汇集雅俗通十五音》(1818),《增补汇音》(作者、年代不详),《渡江十五音》(作者、年代不详),叶开温《八音定诀》(1894),《手抄十五音》(作者、年代不详),台湾总督府《台湾十五音及字母详解》(1896)、《订正台湾十五音及字母详解》(1901)等;罗马字拼音类有麦都思《福建方言字典》(1837)、莱撒母耳《漳州语汇》(1838)、罗帝《翻译英华厦腔语汇》(1953)、杜嘉德《厦英大辞典》

---

① 参李方桂《语言学在台湾》,见丁邦新、梅祖麟编《李方桂全集1:汉藏语论文集》577页。

（1873）、卫三畏《汉英韵府》（1874）、佛兰根《厦荷大辞典》（1882）、施来赫《荷华文语类参》（1882—1890）、麦加湖或马约翰《英厦辞典》（1883）、马偕《中西字典》（1891）、打马字《厦门音个字典》（1894），以及西班牙人编写的《闽南西班牙辞典》（1900）、甘为霖《厦门音新字典》（1913）等；假名拼音类有田部七郎《台湾土语全书》（1895），上田万年、小川尚义主编《日台小辞典》（1898），杉房之助《日台新辞典》（1904），小川尚义《日台大辞典》（1907）和《台日大辞典》（1937）等。林初梅在《小川尚义论文集》（2012）收录了不少小川尚义有关闽南话的论文，比如《小川学士的台湾土语发音法》《关于厦门语族》《字音和土语之音》《台湾的语言》《关于台湾语》等。

（二）董同龢、李壬癸、何大安等研究闽南话分区及语音特点

董同龢《厦门方言的音韵》（1957/1974）重在理论探讨，突出方法论的特点。董同龢在"引说"中说：

> 这次记录和前此本所的方言调查，在方法上并不相同。主要的是，这次不用事先编订的单字表和词汇表，而是比较活动的记若干日常用语和一些长度较大的语料，如故事、俗语、歌谣等。这样做，一方面是觉得闽语和汉字脱节远甚于我们以往研究过的方言，如果袭用从前的方法，所得将去事实太远；另一方面，则是这一回我们有充分的时间慢慢做，不必像从前似的……厦门话，以厦门方言为主，以前已经有许多人研究过了。不过，从作者起始亲身观察，便发现前人所说犹有未尽。又从一个研究语言的人的立场来说，我们研究一种语言，求得他的音韵系统，给他订出一套合宜的音标，往往不是一件十分简单的事。如果研究的人目的有异，处理材料的态度也有所不同，结果是各人不会完全一致的。

很明显，此次的记录，跟罗常培《厦门音系》（科学出版社1956）的处理方法有些不同。比如，罗常培说自己当时的调查，设定表格，但"偏重细微音值描写……而没有充分按照原则归纳音位"（《厦门音系》"再版序言"，1956）。《厦门方言的音韵》与《华阳凉水井客家话记音》（1948）在方言调查理论上是具有明显的相承关系的，可以作为研究董同龢方言学术理论的重要依据之一。还有，董同龢也解释了他此次记录和归纳的"音类"比前人要少的原因，"主要

是我们应用了新近发展的音位观念，又没有大采用譬况词和感叹词"（288页）。由此，还进行了"声母差别的讨论、韵母差别的讨论、声调差别的讨论"的说明。比如声调，他说"在'本调'方面和前人的系统是一样的，只是在'变调'方面有两种"（297页）。

董同龢《四个闽南方言》（1959）选择厦门（闽南方言中"普通话"）、晋江（泉州方言一种）、龙溪（漳州方言一种）、揭阳（潮汕方言一种）四个方言点进行描述，包括音韵、成篇语料、简单词汇内容。最重要的是，作者进行了上述四个方言点，还有国语、中古音，等于是 6 种音系和字音的比较。他在比较的基础上，提炼出"闽南方言"音系，又和中古音系进行了比较。其中，声母系统几乎一致，"就选用音类多的一个代表全体就可以了。至于某一两个方言的一两点的简单差别，不难在适当的地方提出来"。而各个方言点的韵母系统比较复杂，如何和中古音对比？董同龢认为，唯一的办法，就是求出来对当的关系作单位，看每一个单位相当于中古的什么韵母。有些单独的例子，可以表示疑问，如果不能在别材料中找到证据，就略去不说了。

董同龢说，声母比较结果，古浊塞音声母有一大半在闽南话变为不送气清塞音，平声仄声都一样；有一小部分变送气清塞音。中古"齿音"范围的清擦音，在这里有一些都是塞擦音，不送气的和送气的都有。中古"齿音"范围的浊塞擦音和浊擦音并在一起。中古舌根浊擦音[ɣ]闽南话中分作[k][kʻ][h][ø]四个声母。疑母字在闽南除去[g][ŋ]之外还有[h]。清唇音和重唇音有分有合；舌头舌上不分。由中古音系来看闽南音，最引人注意的是中古的韵母许多都和闽南的两个韵母相当，这也是通常所说的"一字两音"问题。只好假定闽南话的字在历史上至少有两个不同的来源：一个比较接近中古音，比如先[sien]、生[siŋ]等；另一个比较不像中古音，如先[sĩ]、生[sĩ]、学[oʔ]。至于这两个系统在时代上孰先孰后，或者此外有没有第三个比较显明的系统，都要等到把闽南话的历史和闽南区域的文化背景弄清楚才能有一个眉目。

该文用洋洋几十万字篇幅来研究闽南方言四个点音系特征的同异，并与中古音进行全面的比较，筚路蓝缕，又提出许多令人深思的问题，给后来学者深入研究闽南方言奠定了基础。

李方桂认为，董同龢的这个研究是可谓新的方法，他将四个方言的音位系统、词汇表及长篇语料放在一起作系统性的比较。此一研究具有相当的启发性,可能导向重建上述四个方言的早期形式,可望进一步了解汉语的历史①。

何大安《变读现象的两种贯时意义——兼论晋江方言的古调值》(1984)在构建一种新的古调值构拟模式。

其一,变读、连读、个读等术语解说。何大安说,许多语言都有因连读或构词而发生的音位性变读(phonemic variants)现象,可以把因此产生的一读称为"连读"(connected form);把构词行为发生前或单独称述时的一读称为"个读"(isolated form)。就共时(synchronic)的观点来讲,连读和个读之间,只具有一种词音位转换(morphophonemic alternation)的关系。可以设定其中一读为"基式"(underlying form);另一读为"导式"(derived form)。由此,可以进一步说明:在什么样的语法程序之下,基式会变成导式。基式的设定,也许会选择"个读",也许会选择"连读",往往要看这个语言音韵结构上的特点来决定,例如成词限定、音位分布等。现代的衍生音韵学家曾主张,基式的选择,在原则上可以不必考虑到贯时的(diachronic)因素,但这种共时、平面的分析,却具有贯时的意义。何大安认为,就音位性变读而言,这种贯时的意义可以大别为两种:一是存古(retention);一是创新(innovation)。何大安发现,凡是带有存古意义上的变读,其基式往往是连读本身;凡是带有创新意义上的变读,其基式多属于个读。因此,如果对一个语言音韵系统的共时分析能够做到精确适当,便可以从基式设定的过程当中看出贯时演变的先后来,并可进而对古语的内部构拟提供一些线索。

其二,清水闽南话入声变读"存古"。一是台湾台中清水闽南话的入声变读。清水语音在个读时有 6 种声调(董同龢称为本调),连读时也有 6 种声调(董同龢称变调)②,但是内容略有出入。清水的入声调有 22、55、11 三个变读现象,其中 22 是个读,55、11 是连读。从平面分析,有两种可能:(1)22→55/11;(2)55→22;11→22。必须认定清水连读形式为基式:55 和 11。不接其他语位,调值就中化(neutralized)了。大多数闽南话都分阴阳入,从比较和贯时的观点看,清水前身应该分阴阳入,保留在变调中,由此,其变调就具有了存古的意义。二是台湾宜兰泰雅语四季方言的唇音与舌根音的变读。李壬癸 The phonological rules of Atayal dialects(BIHP51.2:349—405,1980)注意到泰雅语

---

①　参李方桂《语言学在台湾》,见丁邦新、梅祖麟编《李方桂全集 1:汉藏语论文集》576 页。

②　参董同龢《厦门方言的音韵》(1957)、《四个闽南方言》(1959)。

四季方言动词字尾[p]→[k]、[b]→[k]、[m]→[ŋ]唇音与舌根音的变读"基式"。从比较和贯时的观点看，正是存古的表现。

其三，乐会、排湾等变读的"创新"。乐会方言是一种海南岛闽南方言(何大安 1976)，其四种辅音韵尾[p][t][k][ʔ]，在变读的环境下，[ʔ]会消失，形成了[ʔ]→[ø]变读形式。乐会方言个读(基式/本调)时 7 个调：阴平、阳平、上声、阴去、阳去、阴入、阳入，其中阴去是变调。从连读的环境来看，失去[ʔ]的阳入，调值便和阳平一样。从比较和贯时的观点看，[ʔ]→[ø]变读具有了"创新"意义。排湾方言有个读为[w]而连读为[v]的转换现象，发生在以元音起头的后加成分附着在词干后头的时候；与三地门相邻的筏湾却没有个读[w]而连读为[v]的转换现象，因为筏湾方言没有字尾[w]。现代方言的[w]，来自古排湾的[w]，并可以上溯至古南岛语的[b]。筏湾直接来自于古排湾语，而三地门处于最终阶段。三地门[w][v]合流，变读具有了"创新"意义。

其四，对存古和创新意义的解释。何大安认为，如果平面的音韵分析是以个读为基式，其变读就是创新，表现出来的是语言的未来走向。如果平面的音韵分析必须以连读为基式，这种变读就是存古，代表的是古语在现阶段的延续。而整个变读，则代表了语音演变中间过程。从衍生音韵学的立场来说，基式代表言语者通过经验材料所习得的语言形式，是言语者内化语法的一部分，也就代表了言语者对当时所操语言的认识。在另一方面，个读形式出现在构词程序发生之前，或单独称述的环境，也就是一个中性或常态的环境；连读形式则颇受环境的限制。因此，也可以说，个读代表了现阶段一个较为稳定的形式，连读则是一种非常态的形式。

其五，晋江方言古调值的构拟。何大安进一步考虑到，如果对变读平面(共时)分析有了正确认识的话，通过基式的认定，可以把这种语言放回到历史的流程中去。以晋江方言古调值的构拟为例。晋江方言变读形式(董同龢 1959)为：阴平、阳平、阴上、阳上、去声、阴入、阳入。分析结果，个读 7 个调，连读 6 个调。经过调整，可以确认的是，个读 8 个，连读 10 个，变读意义中存古 3 个，创新 6 个。所构拟的古调值为：阴平 44、阳平 24、阴上 35、阳上 33、阴去 55、阳去 11、阴入 53、阳入 35。晋江方言变读形式特点是新旧演变并存。

按照现代衍生音韵学的理论模式，何大安探讨了汉语方言古调值构拟的新思路，对汉语音韵学新的理论模式建立具有非常重要的启发意义。

李壬癸《闽南语喉塞音尾性质的检讨》(1989)论述的问题是：其一，对出现在音节尾的喉塞音的不同理解。李壬癸指出，过去研究闽南话的学者，如罗常培(1930)、董同龢(1957、1960)、袁家骅等(1960:267)、丁邦新(1980:610)、蓝清汉(1980:39)等，大都把出现在音节尾的喉塞音(或紧喉作用)当作一种辅音来处理。因此，大部分闽南方言，除去鼻化元音以外，都只有三种鼻音尾：[-m][-n][-ŋ]，却有四种塞音尾：[-p][-t][-k][-ʔ]。然而，出现在音节首的喉塞音却因为可有可无，过去学者也都认为非音位性，而把它当作零声母来处理。如此一来，在音节首不出现的辅音却在音节尾出现。这是各种汉语方言中相当反常的辅音，也是违反语言普通性(Language universals)在语音分布上的一种奇怪现象，值得重新探讨。

其二，闽南话喉塞音尾的性质。李壬癸认为，从语音分布上看，若喉塞音只在音节尾出现，这不仅违反汉语方言的常态，而且也违反世界语言音节结构的通则；连读时[-ʔ]并不出现，只有在个读时才出现，因此，它既不一定是基底形式，也不一定是存古的形式；歌唱时，[-ʔ]都消失，押韵时，它与开韵尾互押，因此，它的行为跟真正的辅音尾并不同；从音节结构上看，它是唯一可能在音节尾滑音[i]或[u]之后出现的[-ʔ]，若以辅音来处理，会破坏相当简单的(C)(M)V(E)音节结构形式，而使规律变得相当复杂。闽南话音节尾[-ʔ]应只是一种声调短促的记号或冗赘征性(redundant feature)，而不是一种真正的辅音。

其三，[-ʔ]只不过是一种声调短促的征性，而不是一种辅音。李壬癸说，若进一步观察，其他汉语方言，如吴语、福州、南昌等各方言，似乎也可以作类似的处理和解释。至于所有的汉语方言，甚至整个汉藏语系的语言，是否都可以作相同的处理和解释，就有待于进一步的研究了。

李壬癸《闽南语的鼻音问题》(1992)探讨的是闽南话鼻音、鼻化元音、鼻声母去鼻化的现象问题。李壬癸追踪当时国际上音韵学理论的发展趋势，指出，以杭士基和哈理(Chomsky and Halle，大陆一般译为乔姆斯基和哈里)合著的《英语的语音形式》(1968)为主导的主要观点已经发生了重大变化：承认音节的重要性。有学者指出，非用音节这一观念不足以解释许多语言的现象。正如句法结构是多层次的一样，音韵的结构也是多层次的，用单纯的单层直线排列很难解释得通许多音韵现象。

李壬癸从元音的鼻化论述说起。闽南话元音，有的受前头鼻声母的影响而鼻化，也有的受后鼻音尾的影响而鼻化；有的保留鼻音尾，元音却没有鼻化。大致说来，保留有鼻音尾的元音而没有鼻化的大都是读书音，而元音鼻化的都是白话音。可是，仍然有部分阳声韵字白话音并没有鼻化，主要是收[ʔ]尾的字，少数是收[n]尾的字，也有收[m]尾的韵字。白话音保留收[ŋ]尾的包括东、唐、阳、江、钟等各韵的字，以及少数的来自山、先、仙、桓等韵的字；保留收[n]尾的只有少数先、仙、登、清、青等韵的字，而保留收[m]尾的只有覃、侵、咸等韵的字。

关于鼻声母的去鼻化，李壬癸指出，闽南话并没有以鼻辅音起首和结尾的音节；原来鼻声母阳声韵字在今日闽南话中，其声母都已经异化为浊塞音，鼻音尾则保持不变，比如明[biŋ]、慢[ban]等。这是所谓的鼻声母的去鼻化。其实，不止有鼻音尾的鼻声母异化，连有其他辅音尾（包括清、浊塞音尾，即入声字与阴声字）的鼻声母也一样变为非鼻化，比如马字。去鼻化的例字包括文读音和白话音。鼻声母没有去鼻化的例字也有，有文读，也有白读，包括了各部位的发音，韵尾也包括了阳声韵、阴声韵、入声韵三种：毛[magw]—[mʔ]、泥[nid]—[ni]。为何去鼻化，韵尾很像是影响去鼻化的条件（王旭认为与快读或语音缩减有关），但也不尽然，须要进一步研究。由此，作者提出了一个值得深思的问题，须要加以解决。

陈彦君《闽南语鼻尾韵与鼻化韵并存格局的时空脉络》（2016）则在解释方式上与张琨、李壬癸、张光宇等学者不同，她认为闽南话鼻音韵尾[-m][-n][-ŋ][-v]等六种并存架构，兼容三分及弱化模式，是历史叠置下的产物，而透过吴、闽方言地理类型比较，也可以凸显闽南话以兼容为手段，吸纳新音，保存旧音，不以区域的鼻尾弱化特色对鼻尾三分模式进行调整，也就发展成为鼻尾格局叠置的特殊样貌，在汉语方言中可以说是独一无二的。值得注意的是，陈彦君对闽南话鼻尾韵与鼻化韵的认识，以历史层次叠置理论为分析模式，所考虑到的是闽南话的多源层次、文读层接受的差异性，这就把闽南话鼻尾韵与鼻化韵的不同时空条件下接触后的交互关系揭示出来，这给闽南话鼻尾韵与鼻化韵历史音变研究提供了很好的依据。

连金发《论闽方言的开合口》（1992）主要通过谐声字和现代音的系联，并参照韵书的声类求出闽方言开合口的类型和发展脉络，也论及闽方言与其他方言的历史发展关系。作者在"开合口的演变和方音的分歧"一章中提出八项开合口演变的类型,着重讨论了闽方言合口的存古特性;在"谐声和开合口的演变"一章中结合谐声、古书的音注、现代方音讨论上古韵母特征及其流变的轨迹;"《切韵》和《广韵》韵目的排列"从中古韵书韵次的检讨中为韵类的音值提供佐证。"词汇扩散和开合口的演变"指出,从谐声系列的现代音反映可以看出开合口的转变不是一蹴而就的,音类的转换是透过音类里的词汇逐渐过渡而成的。连金发强调,以上古韵部作间架探讨闽方言开合口的演变,主要着眼于音韵系统中声类的对立性和平行性;向来上古韵母系统的构拟甚少注意开合口的区分。闽方言是汉语的一支,它在开合口发展的特异性应该得到合理的解释。这项研究,对汉语上古音构拟及闽方言开合口类型及特性研究提供了一个值得注意的思路。

丁邦新、张双庆合编《闽语研究及其与周边方言的关系》(2002),张光宇《闽方言音韵层次的时代与地域》(台湾《清华学报》[新]19.1:51—94,1989)、《闽方言关系试论》(《中国语文》3:161—170,1993)、《论闽方言的形成》(《中国语文》1:12—26,1996)与《闽客方言史稿》(1996)等论著十分引人注目。其中《闽客方言史稿》所论闽方言问题很有代表性。

徐芳敏《闽南厦漳泉次方言白话层韵母系统与上古音韵部关系之研究》(1991)基本情况:其一,研究目的。汉语七大方言中,闽方言白话层音韵上一些特别的现象是中古音系不能解释的;汉语学界通常认为这些现象中古以前已经发生,不过以往多半只注意声母的情形,又稍嫌零碎。本文从系统结构上着眼,通过白话层韵母系统与上古音韵部的比较,证实白话层韵母是上古以下、中古以前由汉语分支出来的。其二,文献。利用 Carstairs Doulgas《厦英大辞典》(1873)及 Thomas Barclay《补编》(1923)所记录的闽南厦漳泉次方言的语料。其三,研究方法。从理论上说,闽方言(包括闽南方言)的白话层是上古以后从汉语分支出来的,它的来源以及追溯到最终的架构均应是上古音,因此白话层的韵母系统与上古音韵部之间一定有承继分合的关系。现在以上古音韵部作起点,尽可能全面地整理白话层的语料,就能在相当大的程度上掌握韵母系统中各韵母的来源。其四,研究内容。分成两个部分:第一个部分是从上古阴阳入声韵部来看闽南厦漳泉次方言白话层韵母系统及结构;第二个部分是追溯三个次方言阴阳入声韵母的上古音来源。亦即前者以上古音为中心来考察闽南话;后者从两方面的投射,可以比较详尽确实地掌握彼此间的关系。其五,研究结果。1.闽南话某些韵母继承了汉语上古音某些韵部的规模,例如鱼阳、歌祭元部在闽南话仍然维持独立。不过也有许多韵部已经合流,例如脂微真文部字闽南话是共享几个韵母的。2.徐芳敏提出一个普遍性的假设:继承上古韵部规模的韵母保存了较古的格局,合流以后的韵母则代表较晚的演变。3.闽南话合流的韵母,其主要元音常见为[a],其次有[i][u]。这个现象对拟测古闽南话是很大的启示。4.作者试图尽可能将闽南白话层韵母系统完整呈现出来,但发现韵母的情形极为复杂,有些现象现在还不能解释。例如切韵"二四等合流"的问题,闽南话的情形显示要从更广的角度去考虑。5.以诗文押韵的韵部(两汉——南北朝)与闽南话白话层韵母系统作比较,可以看到有些是汉语与闽南话共有的演变,有些是闽南话本身的发展。

徐芳敏《闽南方言本字与相关问题探索》(2003)序言称,本书的内容大部分已经发表在《台大文史哲学报》上,此次重新整理修订,增加了不少的新内容。本书分两部分:第一部分,方言本字考证,涉及闽南方言"于、重、株、短、湛、转、丹"等40个方言词的本字考证问题。第二部分,闽南方言本字考证与觅字、寻音、探义。作者把"本字"考证限定在觅字、寻音、探义三方面,深入探讨其方法、理论内涵,目的是为汉语方言本字考证奠定更为坚实的理论基础。这当中,有关闽南方言本字考证与寻音,讨论了诸如闽南方言声母性质、韵母性质、韵母分布,闽南方言韵母层次,判断[e][ə]等韵母层次的步骤等问题,因为牵涉到汉语音韵史、汉语方言史、方言区域史,再加上运用语音层次分析方法,十分引人注目。

相关研究成果还有:徐芳敏《闽南方言本字考证3》(《台大文史学报》64:103—129,2006)、《闽南方言本字考证4》(《台大文史学报》67:203—228,2007),杨秀芳《闽南语本字研究》(汉语方言学术研讨会,台湾辅仁大学2007),谢云飞《丽水方言与闽南方言的声韵比较研究》(《声韵论丛》3:333—380,1991),金彰柱《建瓯方言语音的历史层次》(2006),洪惟仁、潘科元《闽南语漳泉音系鼻化音韵比较研究》(第二十六届台湾声韵学学术研讨会,彰化师范大学2008)等。

陈筱琪《闽南西片方言音韵研究》(2012)介绍说,"闽南西片"是漳平及龙岩的闽南话,紧邻闽西客语区。闽南西片内部可分为八个区块,论文针对闽南西片方言做详细的共时音系描述以及历时的音韵比较,并以闽南西片的形成为借镜,思考汉语方言的发展模式。闽南西片是以客畲语言为底层,上覆漳州方言而形成的闽南话。来自漳州的闽南移民在漳平及龙岩一带长久地与客畲语言接触,本地的原居民经历漫长的双语时期后,最终放弃了母语,成为闽南单语者,这个过程称为"语言转用"(language shift)。"语言转用"伴随着"底层干扰"(shift-induced interference),闽南西片的音系、词汇系统中都可看到客畲语言的特点;在闽南西片的历史音韵探讨中,也可发现底层音系与上层音系的互动与竞争。闽南西片的形成过程有力地冲击了谱系树理论的语言发展观。谱系树理论所阐述的语言演变图式对汉语方言研究有重大影响,但谱系树排除了"语言接触"状况,而同源语言与不同源语言之间的接触却是汉语十分常见的现象。透过闽南西片这个带着接触性质的方言区,可以重新检视汉语方言的形成与发展。过去罗杰瑞原始闽语的构拟可以说是历史比较法在汉语方言历史研究中有效性的一个测试,但由于其完全遵循传统历史语言学的思路,构拟的结果忽视了语言的外来影响。汉语方言的研究必须尝试新的途径,从"语言转用"来了解汉语的变化和方言的形成,就是一个有发展性的途径。

《闽南西片方言音韵研究》体例:第一章,叙论。说明基本理念与研究方法。第二章,描写闽南西片与周边的万安方言的平面语音系统。第三章,讨论闽南西片的历史音变,本章的焦点是闽南西片后起的创新变化。比如声母,龙岩适中话明母字的演变、零声母字"增生"[g-]声母、全浊声母读送气清音;韵母,辅音韵尾大量弱化、曾梗摄韵母[ing/ik]>[in/it]、鼻化韵辅音化、复元音单化、前显裂化、元音低化等;声调,连读变调系统的改变、古浊去字读平声、龙岩城关话的调类链动等。由于闽南西片是漳州移民与本地民族语言接触后形成的闽南话区域,因此,陈筱琪的作法是以漳州音系作为参照点,观察闽南西片与本土漳州的异同,推测闽南西片的历史演变过程。第四章,说明了闽南西片保留的古闽语讯息,分析闽西汉语方言共同形成的区域音韵特性。第五章,总结本论文的研究成果。

与此相关的学术研究和资料发掘,比如:甘为霖(Campbell, William)《厦门音新字典》(台南新楼书房 1931),石晓娉《从自主音段音韵学观点看金城方言声调学》(1997),何大安《澄迈方言调查报告同音字表》(未刊稿,1981),李壬癸《语音变化的各种学说述评》(《幼狮月刊》44:23—29,1975)(1989),李仲民《台北县双溪闽南语初步研究——调查、比较与方言界线之探讨》(台湾中

国文化大学硕士论文,1998),村上嘉英《日本人の台湾における闽南语研究》
(《日本文化》45:62—108,1966)、《日本人在十九世纪末期对台湾闽南方言音
韵的研究工作》(《天理大学学报》160:27—40,1989),张屏生《潮阳话和其他
闽南语的比较》(台湾中国文化大学硕士论文,1992)、《金门方言的语音系
统——以金城镇方言为例》(第三届国际暨第十二届台湾声韵学学术研讨会,
台湾清华大学1994)、《同安方言及其部分相关方言的语音调查和比较》(台湾
师范大学博士论文,1996),陈雅玫、萧宇超《闽南语重叠副词的变调分析:从
"俭俭 a"谈起》(第四届国际暨第十三届台湾声韵学学术研讨会,台湾师范大
学1995),欧淑珍、萧宇超《从"韵律音韵学"看台湾闽南语的轻声现象》(第四
届国际暨第十三届台湾声韵学学术研讨会,台湾师范大学1995),郑良伟、郑
谢淑娟《台湾福建话的语音结构及标音法》(学生书局1977),卢淑美《台湾闽
南语音韵研究》(文史哲出版社1977),萧宇超《从台语音节连并到音韵、构词
与句法的互动:老问题、新角度》(《第五届中国境内语言暨语言学国际研讨会
论文集》356—374,台湾中正大学1996),董忠司《台北市、台南市、鹿港、宜兰
方言音系的整理和比较》(新竹师范学院1991)、《台湾闽南语辞典》(五南图
书出版公司2001),董昭辉《从闽南语人称代词之调型谈起》(曹逢甫、蔡美慧
编《台湾闽南语论文集》451—459,1995),钟露升《福建惠安方言》(手稿,
1965)、《闽南语在台湾的分布》(油印本,台湾"国科会"报告,1967),樋口靖
《台湾境内闽南语方言的语音特点》(《言语文化论集》10:95—102,日本筑波
大学1981)、《台湾闽南语鹿港方言的语音特色》(日本《中国语学》230:8—
18,1983)、《海南岛崖县方言的音韵体系》(《外国语教育论集》7:309—325,日
本筑波大学1990),张贤豹《海口方言》(台湾大学硕士论文,1976),张贤豹、连
金发《新竹地区语言分布和语言互动的调查》(新竹市立文化中心委托研究计
划,1996),张贤豹、蔡美慧编《第一届台湾语言国际研讨会论文集》(文鹤出版
有限公司1995),曹逢甫、蔡美慧编《台湾闽南语论文集》(1995),张雁雯《台
湾四县客家话构词研究》(台湾大学硕士论文,1998),潘科元《大台北地区闽
南语方言音韵的类型与分布》(台湾清华大学硕士论文,1996),蔡俊明《潮语
词典》(三民书局1976)、《潮语词典补编、国潮语汇》(学生书局1979)、《潮州
方言词汇》(香港中文大学中国文化研究所吴多泰中国语文中心1991),郑晓
峰《福建光泽方言》(2001),郑萦《金门官澳方言初探》(《金门暑期人类学田野

工作教室论文集》,台湾民族研究所 1994),顾百里(Cornelius Kubler)《澎湖群岛方言调查》(台湾大学硕士论文,1978),钟荣富《优选论与汉语的音系》(《国外语言学》1995.3:1—14,1995)等文献也十分重要,或多或少和闽南话语音研究相关。

(三)王育德闽南话语音研究

王育德是著名的闽语研究学者,他的《闽音系研究》(2002)是其东京大学博士学位论文。他说,《闽音系研究》是对闽音系进行共时论与通时论的研究,使用了台南、厦门、"十五音"(漳州)、泉州、潮州、福州六种方言资料,其中台南是王育德自己的母语,因此称之为基础资料。次要资料则采用了海口、莆田、仙游、平阳四种方言,这些资料有缺欠,故仅限于参考用。《闽音系研究》由三篇十章构成:序论篇,分布概况章,区域与人口、闽南与闽北、潮州方言圈、海南岛、浙南闽语、"台湾语"、华侨是方言集团、作为研究对象的方言;亲疏关系章,调查表、关于争论的注记、语言年代学的考察。本论篇,音韵体系章,台南与厦门方言、泉州方言、潮州方言、福州方言;十五音章,源流、版本、过去研究、声母、韵母及声调、利用法、读书人的类型、"台湾十五音"、"乌字十五音";文言音与白话音章,两种层、定义、书房的任务、"假借字"与"训读"、语源探究、特殊的对应关系、文言音的种类;声母章,全清音与次清音、全浊音、轻唇音、次浊音、日母、舌上音、齿上音与正齿音、崇母船母禅母、生母书母、心母邪母、晓母匣母、影母云母以母、例外;韵母章,分十六摄论述;声调章,8 声调到 7 声调、特殊形式、例外。结论篇,层次章,基本层次与次要层次、声母、韵母;闽音系的成立章,"闽祖语"的再建构、福建开拓沿革、年代的推定。资料:《方言字汇》《中古音与台南方言声母对照表》《中古音与台南方言声调对照表》《台南方言同音字表》。

《闽音系研究》服部四郎"序文"(9—11 页)引述东京大学博士审查结论,其中有这样的评语:

> 著者尽可能驱使入手的闽音系各方言的资料,跟以《切韵》为中心的中国语音音韵史料进行比较研究。并且,一方面参照语言年代学的研究成果和移民开拓史,努力要解明它的发达变迁的历史。审查委员会认定本论文的记述研究极为正确,比较研究非常精密,所做的宏观的判断也大

致切中要点。特别是文言音的历史和现状，由于著者的努力，可以说，好像看到了它的整个容貌。不过，白话音，因为这个方言从别的语言分歧出来是在很久远以前，还有它发达的历史恐怕并不单纯，上面所说的比较研究非常困难，因而不便说著者亦在这方面已经算是充分成功了。

但还是肯定了整个论文对"闽音"学术研究的重大贡献。

《闽音系研究》后附平山久雄《王育德博士的学问》（作于1987）以及《王育德年谱》《王育德著作目录》等内容。平山久雄说道：

> 当初考虑要做共时论的研究，描写现在的"台语"的语音，亦即"台语"音系。但是，后来他把视野扩大到对岸福建省和广东省的闽方言，而加上了透过对这些的比较，究明"台语"音系的渊源、由来……王博士对这些错综复杂的纠葛从正面去挑战，虽然已经取得了如同服部老师在序文里所说的成果，同时，也留下了大大小小各种问题，还有重新考虑的余地……关于大陆的闽方言，闽江上游的建阳、建瓯等所谓闽北语的出现是大事件。这些已知是非常有特色的与众不同的方言，福建省内的方言由闽北、闽南两大方言区别向闽东、莆仙、闽南、闽中、闽北五个区域区别方向发展（李如龙、陈章太，1985）。Norman（罗杰瑞）博士闽祖语之重建，也把建阳等新发现的材料穿插进去，这一点很有魅力。

但《闽音系研究》则认为，闽东、莆仙、闽南三区，以及闽北、闽中两区形成各自亲近型的"集团"，与平山久雄的看法有所不同，可以作为一家之言，仍有很重要的价值。

洪惟仁《台湾文献书目解题：语言类》（1997）全面介绍了王育德《闽音系研究》，其中有一段话可以看作是一种比较客观的评价（437页）：

> 1970年以后，闽语方言资料陆续出土，原来所谓闽南、闽北二分法已经过时。现在，一般分成闽南、莆仙、闽东（福州）、闽北（建州）、闽中（永安）等五区，并且，罗杰瑞（Jerry Normam）也就闽语的语言层分析和闽祖语的重建提出了一系列论文。其后，张光宇又提出更细密的研究，因王育

德于闽北、闽中的资料完全阙如,他的研究遂成了以闽南为主参考福州方言的一种闽南语史的研究。从这一点上,他的研究也不能因有后来居上的研究,变得过时,而减低其价值。

王育德其他闽语研究论文也很有影响:《台湾语的研究》(日本《台湾民声》2,1954)、《台湾语的声调》(日本《中国语学》8:3—11,1955)、《福建语的教会罗马字》(日本《中国语学》60:301—309,1957)、"An investigation about literary reading and colloquial reading in the Amoy dialect, Transactions of the International Conference of Orientalists in Japan"(日本《国际东方学者会议纪要》3:67—70,1958)、《台湾语的音韵体系》(日本《台湾青年》2:34—38、3:37—42、4:35—39,1960;台湾《台湾指南》1,1960)、《中国五大方言分裂年代的言语年代学的试探》(日本《言语研究》38:33—105,1960)、《中国方言1:总论》(《言语》407—447,日本大修馆书店1967)、《关于十五音》(日本《国际东方学者会议纪要》13:57—69,1968)、《福建开发和福建语成立》(日本《日本中国学会报》21:123—142,1969)、《泉州方言音韵体系》(日本《明治大学人文科学研究所纪要》8、9:1—31,1970)等。

曾进民《王育德台湾语研究之成就》(2001)谈到自己的研究动机:

"台湾语"(即台湾闽南语)概念的形成距今已有一百多年。一百多年来,许多学者投入心血研究,而当中有一位名扬日本,在台湾却不被重视的学者——他就是王育德。王育德,台南市人,世界第一位闽语学博士,他的博士论文《闽音系研究》更是开创闽语历史语言学的研究。王育德一生热爱台湾,因为政治因素而流亡日本,他曾以科学化的角度研究"台湾语"各个层面,使得闽南语研究呈现出新气象。"解严"前,由于投入政治运动的关系,他的著作在台湾无法公开阅读;"解严"后,他的著作逐渐受人重视。今年(2002)更有十五卷的《王育德全集》出版,借此得以认识王育德的研究成就,相信王育德的影响力在台湾会逐渐扩散开来。因此本论文在此机缘下撰写,也替闽南语研究史留下记录。

其一,研究范围与方法。论文主要描述王育德的闽南话研究成就,因此研究范围以王育德著作中与台湾闽南话相关部分进行分析及探讨。学术研究必须重视共时与历时的探讨，所以论文除了描述王育德的研究之外，还与前人相比，从中呈现出王育德的成就。

其二，研究内容。论文主要描述王育德的闽南话研究成就，全文共分六章：第一章，绪论。本章主要描述笔者的研究动机及介绍目前与王育德的相关著作。第二章，王育德生平及其台湾闽南话著作之介绍。本章主要描述王育德生平、著作及其研究台湾闽南话的动机。第三章，王育德闽南话语音研究之成就。本章主要描述王育德对台湾闽南话的声母、韵母、声调、文白异读等之研究成就。第四章，王育德台湾闽南话文法研究之成就。本章主要描述王育德对台湾闽南话的构词分析、词类划分、语句分析等之研究成就。第五章，王育德台湾闽南话语言应用研究之成就。本章主要描述王育德在台湾闽南话的语言政策、书写问题、歌仔册研究、推行台湾闽南话教育等之研究成就。第六章，结论。本章主要总述王育德的研究成就，并说明对后人影响。希望透过本论文的描述，能使读者对王育德的台湾闽南话研究成就有所了解，进而认识一位热爱台湾的学者。

曾进民认为，王育德的台湾闽南话研究成就主要还是确立台湾闽南话的地位，比如运用语言年代学分析和运用语言资料分析；呈现闽南话的语音结构；对应台湾闽南话与北京语的语音系统；研究文白异读；探讨闽南话韵书的语音系统，比如对《台湾十五音及字母详解》《乌字十五音》研究。其他还有闽南话文法研究之成就，台湾闽南话语言应用研究之成就，以及推行日本的台湾闽南话教育等，由此，奠定了王育德在台湾闽南话研究史重要的学术地位。这些评价基本上符合历史事实。

（四）杨秀芳等闽南话语音文白系统研究

杨秀芳《闽南语文白系统的研究》（1982）抓住闽南话文白系统的特征，并阐明影响其存在的各种音韵条件，对文白混杂所产生的种种问题进行合理的解释。其体例为：第一章，绪论。研究闽南话文白系统的意义、本文的基本观点和研究方法、前人相关工作的检讨。第二章，厦门方言文读层与白读层的音韵系统。厦门方言音韵简介、文白系统的分析与讨论、厦门方言的文读系统与白话系统。第三章，泉州方言文读层与白读层的音韵系统。泉州方言音韵简介、文白系统的分析与讨论、泉州方言的文读系统与白话系统。第四章，漳州方言文读层与白读层的音韵系统。漳州方言音韵简介、文白系统的分析与讨论、漳州方言的文读系统与白话系统。第五章,潮州方言文读层与白读层的音韵系统。潮州方言音韵简介、文白系统的分析与讨论、潮州方言的文读系统与白话系统。第六章,结论。闽南话文白系统的综合观察、若干问题的省察。

《闽南语文白系统的研究》所表述的基本观点是:其一,文读系统是一个移借的系统,与之相对的白话系统则为原来的本地系统。二者虽有亲属关系,却不具亲子相承的直接关联。其二,文读系统的造成,是由于文化上优势语言向外传播的结果。不同的时代,不同的地域,有不同的文化上的优势语言。同一优势语言,因本身的演变也有早晚之不同,因此,不能假定所有闽南各方言的文读音只有一个来源,只借入一种文读音。其三,文白的辨认虽由白话用的场合开始,但语言应用上的"文读音、白话音"不就等于"文读层、白读层"。文白的系统研究,必须着眼于相当完整的层次。其四,由文白异读的词汇固然可以看出两种不同的形式,但对许多一读字的观察亦颇重要,因为一读字可能代表文白形式相同,但也可能暗示不同的异读因失落其中一种读法而成为一读字。

杨秀芳的研究步骤是:先观察异读字,归纳文读音和白话音中个别主体语言层的特点。根据文白主体语言层的特点,再扩大观察一读字,探究其为一读的原因,并将之纳入适当的语言层中。对非主体语言层的读音,尝试寻找合理的解释。事实上,杨秀芳的研究实践证明了这个方式的有效性。《闽南语文白系统的研究》在廓清闽南话文白系统事实,为汉语音韵史研究、方言学理论的构建上做出了突出的成绩,比如厘清闽南话文白系统,如董同龢(1960:1060)所说的超越《切韵》系统的地方很多,并佐证了汉语音韵史演变的许多问题。闽南各方言的文读音移借多层次,说明文读音来源的多向性,和汉语音韵史的时间层次相关,恰好中古音演变的次序相叠加。

其他还有一些论著很重要,与杨秀芳的研究互补,比如钟露升《福建惠安方言》(1963),杜佳伦《闽语历史层次分析与相关音变探讨》(2011/2014)、《闽语古全浊声类的层次分析》(《语言暨语言学》特刊《闽语研究》14.2:409—456,2013)、《闽南方言效摄韵读的层次分析与音变》(台湾《中国文学研究》28,2009),元钟敏《〈八音定诀〉研究》(2001),孔品淑《闽南语的入声系统及其历时演变》(高雄师范大学硕士论文,2007),萧宇超、陈元翔《闽南语[-a]前变调重新分析》(《第二十六届台湾声韵学学术研讨会论文集》203—209,彰化师范大学 2008),吴翠萍《从语意角度看闽南语文白异读的竞争现象》(《南亚学报》26:147—158,2006),韦烟灶《闽南语之文白异读、腔调、声调差异与台湾闽南语地名的关系》(《环境与世界》9:55—81,2004),连金发《闽南语白读层次邪禅心书声母的上古音来源试探》(林英津等编《汉藏语研究:龚煌城先生七秩寿庆论文集》807—820,2004),吴瑞文《共同闽语＊y韵母的构拟及相关问题》(《语言暨语言学》10.2:205—237,2009),李如龙、姚荣松《闽南方言》(福建人民出版社 2008),洪惟仁《台湾的语种分布与分区》(《语言暨语言学》14.2:315—369,2013),张光宇《闽方言:音韵篇》(《语言研究》31.1:96—105,2011),张屏生《同安方言及其部分相关方言的语音调查和比较》(台湾师范大学博士论文,1996)、《台湾地区汉语方言的语音和词汇》(开朗杂志事业有限公司 2007),陈淑娟《台湾闽南语新兴的语音变异——台北市、彰化市及台南市元音系统与阳入原调的调查分析》(《语言暨语言学》11.2:425—468,2010),陈筱琪《广东陆丰闽南方言音韵研究》(台湾大学硕士论文,2008)、《漳平永福闽南话的音系演变》(台湾《清华中文学报》4:73—120,2010)、《聚变与裂变——龙岩城关闽南话的韵母演变》(《台湾语文研究》6.1:37—67,2011)、《龙岩新罗区适中镇闽南方言的音系演变》(《文与哲》18:719—766,2011)、《客语高元音的擦化音变与闽客接触时的规律转变》(台湾《清华学报》[新]42.4:735—777,2012),杨秀芳《论文白异读》(丁邦新编《历史层次与方言研究》81—105,2007),董忠司《试论闽南语文读层的鼻音声母——文读层十八声位说及韵母系统》(第九届国际闽方言研讨会,福建师范大学 2005)等。

也有学者提出研究闽南话和客家话要采取"兼通"的观点,比如陈永宝《闽南话和客家话之会通研究》(2004)就是如此。他在《自序》中明确说明自己的动机和目的:"殊不知同为中原南迁的汉民族,尤其是闽南话和客家话,同是古代中原语言的遗韵,在古语古音上都有它的共同性。因此,若能兼通闽南话和客家话,作会通之研究,不仅能促进民族之融合,且对中国古籍之研究有莫大之助益"(3 页)。其内容主要为:闽南与客家汉人皆为中原南迁者、闽语韵书——十五音、闽南与客家的种类、闽南与客家多保存古语古音。

（五）洪惟仁闽语及闽南话研究

洪惟仁对闽语研究成果突出,其中闽南话研究成果更多。由《洪惟仁语言

学著作目录》(编著者自印,2005)所见如下:

其一,著书:《台湾河佬话声调研究》,自立晚报,1985;《台湾礼俗语典》,台北自立晚报,1986;《台湾方言之旅》,前卫出版社,1992;《台湾语言危机》,前卫出版社,1992;《〈汇音妙悟〉与古代泉州音》,台湾图书馆,1996;《台湾话音韵入门——附台湾十五音字母》,复兴剧艺实验学校,1996;《台湾文献书目解题:语言类》,台湾图书馆,1996;《高雄县闽南语方言》,高雄县政府,1997;《新竹市志·住民志·语言篇》,新竹市政府,1997;多媒体影音光盘《台北褒歌之美》,台湾"文建会"传统艺术中心 2002;《台湾北部闽南语方言调查研究报告》,台湾"国科会"报告,1989;《台湾中北部闽南语方言调查研究报告》,台湾"国科会"报告,1993;《台湾中部闽南语方言调查研究报告》,台湾"国科会"报告,1994;《台湾南部闽南语方言调查研究报告:高雄县部分》,台湾"国科会"报告,1995;《台湾南部闽南语方言调查研究报告》,台湾"国科会"报告,1996;《台湾东部闽南语方言调查研究报告:东部及屏东、澎湖部分》,台湾"国科会"报告,1997;《台北县民间文学调查报告》,台湾"文化处"资助,2000;《台北县方言调查报告》,台北县政府资助,2000;与王旭、曹逢甫、何大安等合著《台湾闽南语音韵演变趋向:基隆及汐止、桃园部分(1/3)调查报告》,台湾"国科会"报告,2000;与王旭、曹逢甫、何大安等合著《台湾闽南语音韵演变趋向:新竹、清水、麦寮、鹿港部分(2/3)调查报告》,台湾"国科会"报告,2001;《桃园县方言调查报告》,台湾"行政院文化建设基金管理委员会"资助,2001;《桃园县民间文学调查报告》,台湾"行政院文化建设基金管理委员会"资助,2001;与王旭、曹逢甫、何大安等合著《台湾闽南语音韵演变趋向:宜兰、澎湖部分及方言地图(3/3)调查报告》,台湾"国科会"报告,2002;与梁朝云、张文山合著《台北地区相褒歌保存计划结案报告》,传统艺术中心委托项目,2002;《台湾汉语方言文献分类书目》,台湾史田野研究室资料丛刊之二(手稿),1988;《闽南语经典辞书汇编》,武陵出版社,1993;《泉州方言韵书三种》(收 1800 年黄谦《汇音妙悟》道光版,又集新堂版,廖纶玑《拍掌知音》),《闽南语经典辞书汇编》第一册,武陵出版社,1993;《漳州方言韵书三种》(收 1818 年谢秀岚《汇集雅俗通十五音》;壶麓主人《增补汇音》;佚名《渡江书十五音》),《闽南语经典辞书汇编》第二册,武陵出版社,1993;《福建方言字典》(1837 年英国麦都思[H.W.Medhurst]编),《闽南语经典辞书汇编》第三册,武陵出版社,1993;《厦英大辞典》(1873年英杜嘉德［C. Douglas］编，1923年英国巴克礼［T. Barklay］补编)，《闽南语经典辞书汇编》第四册，武陵出版社，1993；《日台大辞典》(1907年日本学者小川尚义主编)，《闽南语经典辞书汇编》第五、六册，武陵出版社，1993；《台日大辞典》(1931—1932年日本小川尚义主编)，《闽南语经典辞书汇编》第七、八册，武陵出版社，1993；《台湾语常用语汇》(1957年王育德编)，《闽南语经典辞书汇编》第九册，武陵出版社，1993；《台湾十五音辞典》(1972年黄有实编)，《闽南语经典辞书汇编》第十册，武陵出版社，1993；(总编辑)《国民小学台湾闽南语教材》(第一至四册，含教师手册、发音CD)，开拓出版社，1998；(总编辑)《台湾语文研究第1卷第1期——庆祝曹逢甫教授六十华诞专号》，文鹤出版有限公司2002。

其二，论文：《〈汇音妙悟〉的音读——二百年前的泉州音系》，汕头第二届闽方言研讨会论文，1990；《漳州三种十五音之源流及其音系》，《台湾风物》第40卷第3期：55—79页，1990；《台语辞典知多少？——历来闽南语辞书简介》，《国文天地》(上)第7卷第7号37—43页，(中)第7卷第8号66—68页，(下)第7卷第9号64—67页，修订版收入《闽南语经典辞书汇编》第一册，改题《闽南语辞书简介》，1991；《杜嘉德〈厦英大辞典〉及麦都思以来基督新教的闽南语研究(1831—1873)》，《台湾风物》第41卷第2期190—206页，收入《闽南语经典辞书汇编》第四册1—9页，1991；《麦都思"福建方言字典"的价值》，《台湾文献》第42卷第2期96—116页，收入《闽南语经典辞书汇编》第三册43—75页，1991；《台湾音与厦门音异读与中古音的对应关系》，《台湾文摘》新4号40—44页，1992；《〈汇音妙悟〉的音读——二百年前的泉州音系》(节本)，《第二届闽方言研讨会论文集》113—121页，暨南大学出版社，1992；《闽南语罗马字字典的鼻祖麦都思传》，《台湾文献》第43卷第1期1—29页，收入《闽南语经典辞书汇编》第三册75—148页，1992；《第一位闽语学博士——王育德小传》，《台语文摘》新2号26—30页，收入《闽南语经典辞书汇编》第九册1—5页，1992。等等。

《台湾方言之旅》(1992/2006)是洪惟仁有关台湾方言研究方面具有重要影响力的学术著作。其《自序》称，收录文章分为三类：一是有关"台语"文献、"台语"学发展、"台语"运动的概况的探索；二是有关作者自1985年起在全台各地进行方言调查的纪行；三是作者旅行日本、美国访问各地同乡，及访问香港、潮州、闽南回来之后所写的有关闽南话或其他相关语言问题的文章。这当中,对研究闽语语音学者来说,《闽南语辞书简介》一文尤其重要,比如他依标音方式所分四类辞书的解说,给研究者提供了重要线索。《台湾汉语方言之分布及诸语言之竞争力分析》则俨然一部重要的台湾汉语方言分布的科学报告,涉及语音问题很多,十分可观。

《高雄县闽南语方言》(1997)涉及台湾闽南话史及闽南话分布概况;高雄县闽南话语音的声母、韵母、声调;高雄县闽南话词汇及语法等许多问题。其中高雄县闽南话语音声调又分为主声调、变化调两部分进行研究,而主声调还有非主声调问题,非常细致,成为研究相关问题的典范之作,亦可见洪惟仁的洞察力与科学分析能力。

(六)台湾闽南话语音概论

董忠司《日本领台之初的台湾闽南语记音符号与日台语音比较——以语言接触下的〈台湾土语全书〉所用音标为例》(2009)对《台湾土语全书》语音进行了探讨,论及了台湾闽南话音系,并涉及一些值得注意的连读音变问题。

钟露升《标准台语方音符号(课本)》(台湾"国语会"1955)是比较早涉足台湾闽南话语音著作。王育德还有《台湾语常用语汇》(1957)、《台湾语音历史研究》(1987)、《台湾语入门》(1982)等著作十分引人注目。王育德《台湾语入门》内容包括:"台湾语"的发音、20课文、"台湾语"常用语汇集,以及"随笔"部分。"随笔"部分有"'台湾语'的系统、'台湾语'的学习书、文言音和白话音"等。

董同龢与赵荣琅、蓝亚秀合作《记台湾的一种闽南话》(1967)在"前言"中说明,其对象是当时在台湾北部流行的一种闽南话,不是广义的遍布闽粤台琼以及海外的闽南话——"福佬话",也不是所谓闽南的标准语——厦门话。因此,记述的材料都是能"自起自迄"的自然的话,发表出来的材料都是采用音位标音法。作者把所记述的闽南话分为18个声母、62个韵母、7个本调,8个变调,还与厦门话音模拟比较。作者还有一个目的,就是强调台湾的闽南话并不一致,所谓有漳州音、泉州音,甚至于厦门音之分,并不奇怪。

谈及台湾境内语言历史及形成,必须首先提及丁邦新《台湾语言源流》(1979)一书。据其《再版自序》称,该书是"十年前应台湾省政府新闻处之约而写的。目的是纂述近人研究的成果,尤其是先师董同龢先生的'四个闽南方言',更是引录多处。其余例,如杨时逢先生研究客家话的文章也时常引用"。他谦虚地说:"作者个人实在没有多少新的发现。"但因为他后来在台湾大学中文系开设"汉语方言学"课的关系,对相关问题的思考就有所不同,例如认为闽南话有文言、白话(或读音、语音)两种的不同,文言音的来源晚,大约是唐代以后因为科举制度的盛行,从北方借来的系统;白话音却早得多,许多现象都不是中古音系统所能解释的(1 页)。由此,他就这些问题略加补充和修订。

《台湾语言源流》主要内容:一是概述,说明汉语和台湾语言、台湾语言的地理分布。二是闽南话的音韵结构,包括声母、韵母、声调。三是闽南话与古汉语的关系,进行声母、韵母、声调的比较。四是客家语的音韵结构,包括声母、韵母、声调。五是客家语与古汉语的关系,进行声母、韵母、声调的比较。六是高山族语言之特性及来源,涉及高山族语言分类、音韵特点。七是结语,讲汉语语法的一体性、台湾语言与其他语言的接触、台湾语言的源流。丁邦新说:"从语言的立场来说,闽南话、客家话在汉语方言中都是最富有古代色彩的,它们所保存的古字和古音的若干痕迹彰明较著,语言亲族的血统可以清晰地推溯出来。这两者,加上粤语,可以构成汉语中南部的一个大方言区,很有区域特色。"

至于闽南话、客家话跟古汉语音韵的关系,丁邦新提出了一些重要的观点:一是古浊声母字在闽南大部分变不送气,小部分变送气,条例不清,这表示至少在唐代中古音以前闽南话已经分支出来了;这类字在客家话很规则地都变送气,表示客家话的分支当在中古音以后。二是中古音端、知两系字在闽南话合而为一,都读舌尖塞音,正好和周代汉语上古音的情形一样;这两系字在客家话仍然分开,与闽南不同,是中古以后的现象。三是闽南话有四个塞音韵尾[-p][-t][-k][-ʔ],三个鼻音韵尾[-m][-n][-ŋ],各地并不一致,以厦门话最全,和中古的情形大致相合,只有属[-ʔ]的字是从别的韵尾变过来的;客家话韵尾也有[-p][-t][-k]和[-m][-n][-ŋ],虽然分配情形不同,但都和中古音的情形接近。上古韵尾的拟测差不多和中古音是一样的。四是闽南话大体有七个调,客家话有六个调,其演变都和古汉语声母的清浊有密切关连。

从《台湾语言源流》对各种南方方言和相关高山族语言比较的结果可以看出,汉语南方区域语音虽然有差异,但也有一致性特征,血脉相连,如出一辙。丁邦新的研究根据充分,说服力很强。丁邦新还有《台湾的语言文字:中国的台湾》(1980),可以与此相参照阅读。

其他,则有许极炖《台湾语概论》(台湾语文研究发展基金会 1990),杨秀芳《台湾闽南语音韵研究》(台湾"国科会"计划,1995),董忠司《台湾闽南语语音教材初稿》(台湾"文建会"1996)、《福尔摩沙的烙印:台湾闽南语概要》(2001),萧宇超《从台语音节连并到音韵、构词与句法之关系:老问题,新方向》(《中国境内语言暨语言学 5:语言中的互动》,台湾史语所 1999)、《台湾闽南语之优选变调》(2000),钟荣富《台语的语音基础》(文鹤出版有限公司,2002)等。

董忠司《福尔摩沙的烙印:台湾闽南语概要》(2001)"编者的话"称,本书希望把经过修正、比较正确的台湾闽南话概念传达给重视"台湾语"前途的人。本书分为七章:第一章,找回生命的钥匙——导论;第二章,第几代的亲戚——台湾闽南语与汉语方言;第三章,纯种还是改良种——台湾闽南语与非汉语;第四章,剪断了脐带——台湾闽南语的发展与早期闽南语;第五章,简约与繁衍——台湾闽南语的音韵系统;第六章,由听觉到视觉——台湾闽南语的音标系统;第七章,认同的制约性与需求的实际性——台湾闽南语的汉字与方俗字;第八章,同谱不同调——台湾闽南语的次方言。

林庆勋《台湾闽南语概论》(2001)全面构建台湾闽南话研究的学术框架。主要内容是:第一章,几项基本概念。包括台湾闽南语的性质、台湾语言人口分布、台湾闽南语研究方法。第二章,台湾闽南语的历史发展。包括台湾闽南语历史发展分期的意义、分期说明、台湾闽南语发展大事记。第三章,台湾闽南语的语言特点。包括语音特点、词汇特点、语法特点。第四章,台湾闽南语的语音系统。包括声母、韵母、声调、声韵调的配合、音变、腔调、文读和白读。第五章,台湾闽南语的文字与标音。包括汉字系统、教会罗马字、台湾闽南语方音符号、台湾闽南语假名。最后是"结语"。附录有《台湾闽南语研究参考书目》《台湾闽南语俗谚选》《台湾闽南语音节结构表》等。其中,《台湾闽南语研究参考书目》列有论述和编著,是台湾闽南话研究文献的一个总汇,对台湾闽南话研究感兴趣的学者可以以此为线索,进一步深入进行。

该书对台湾闽南话历史分期的研究值得注意。在第二章的"分期说明"中,把台湾闽南话历史分为四个时期,即移植时期(1624—1683)、开展时期

（1684—1895）、沉潜时期（1896—1986）、重现时期（1987—）。林庆勋认为，日据台湾，是第一次"台湾闽南语危机"；台湾"光复"以后，推行国语运动，矫枉过正，是第二次"台湾闽南语危机"；而重现时期的台湾闽南话，虽然被重视，但仍然是一种"萎缩型方言"（64—89 页）。

　　林正三《闽南语声韵学》（2002/2009）与《〈音韵阐微〉之校证与闽南语之音读》（朝日文化社 2011）也值得关注。其中，《闽南语声韵学》较有代表性。作者在"前言"中说得很清楚："本书名之曰《闽南语声韵学》，然与诸汉语之声韵学，实大同而小异。由于闽南话在整个汉藏语系中，相对属于较为古老之一支，其读音大都保存中古音之原貌，而部分语音甚至可追溯到三代时期之上古音。"实际上，闽南话是汉语方言之一种。本书内容共分十章。第一章，绪论。揭示出音韵学的作用及研究音韵学的方法。第二章，反切。阐明反切之法及反切之声母与韵母，并将《广韵》四十一声类及二百六韵之反切上下字分别列表，又将切语上下字音切逐字列出，以供查考。将汉语音韵学与闽南方言音韵学融而为一。第三章，阴阳清浊与发送收。将音韵学上"阴阳"与"清浊"的术语作一厘清。第四章，等韵。介绍等韵图作用及种类，详细解说开合与洪细。采纳李荣"唇音字无所谓开合，同时又可合一"的观点。第五章，《韵镜》。解释《韵镜》及等韵书功用。第六章，《平水韵》平声三十韵之解析。解析通用韵书平声（以平赅上去入）韵目及开合、洪细、文白读音对应关系。第七章，工具书之使用。不但举《音韵阐微》《切韵考》《康熙字典》《辞源》《辞海》用法，还就闽南韵书《汇音宝鉴》加以说明。第八章，历代以来造成之音变与讹读暨文白异读现象。举例说明。第九章，类隔反切订正。闽南话中"唇音类隔"比较突出，这里举例说明，改读"音和"。第十章，闽南语之源流与书写文字。目的是使读者明了闽南话与汉藏语系的相互关系。实际上，闽南话是汉语方言之一支，应该作为方言与汉藏语系语言的比较而得出的结论。本书明显将闽南话作为独立的语言而研究，许多结论矛盾重重，而论证过程又有些明显牵强附会之处。

　　许长谟《台湾闽南语漳泉腔"鱼虞"组音征之文献调查》（第九届国际暨第二十三届台湾声韵学学术研讨会，静宜大学 2005），陈淑娟、杜佳伦《台北市泉腔闽南语央元音的变异与变化》（《台大中文学报》35：329—370，2011），刘慧娟《台湾闽南语语误的音韵学研究》（2009），张屏生《台湾闽南语文白系统的比较及其相关问题》(第二十二届台湾声韵学学术研讨会,台北市立师范学院 2004)等也涉及许多闽南话语音相关问题。

石晓娉《从自主音段音韵学观点看金城方言声调学》(1997)采用自主音段音韵学理论探讨金门金城方言的四种变调现象:(1)连并音节变调;(2)形容词三叠变调;(3)[-a]后缀变调;(4)[-e]后缀变调连并音节变调。连并音节变调以 Yip(1988)的 EI 连结理论为前提,作者认为,连并之后的声调可能经历一般变调,而连并音节能否经历一般变调可作为判断该音节连并程度的参考。形容词三叠变调是在 McCarthy & Prince(1986、1990)的韵律构词学框架下重新分析,作者认为三叠形容词可经由一不分支的韵步前缀派生,而不同长度的三叠变体则是默音板的连接造成的。[-a]后缀变调分成[-a]后不加字和[-a]后加字两种结构讨论:前者的变调调型可由[-a]前字右向传调产生,后者则是[-a]左向传调或[-a]前字与[-a]同时发生声调简化的结果;本章还提出分离式调阶的声调几何学,这样的声调几何学比 Yip(1980、1989)的单一调阶标示更能明确表示传调过程。[-e]后缀变调因所运作的韵步结构不同可区分三种变调调型:一般变调、低调传调和连调传调;此外,作者认为轻声有三个规则:低调传调、单字调传调和连调传调。

(七)海南岛闽南话语音

日本人村上胜太《海南岛语初步》(台湾总督府官房调查课 1922)、胜间田义久《日海语集成》(台湾竹腰商店 1939)、台湾南方协会《海南岛语会话》(日本三省堂 1941)、王锦绣与陈绍宗《使用速成海南语读本》(台湾日光堂商会 1941)等较早涉及了海南闽语语音问题。

张琨《海南闽南语的声调》(1993)是一篇非常重要的论文,主要内容是:

其一,梁猷刚在《广东省海南岛汉语方言的分类》(1984)和《海南岛琼文话与闽语关系》(1984)中把海南岛的闽南话(琼文话)分成五片:府城、文昌、万宁、崖县、昌感。现在讲琼文话的人大都是从福建和潮州移居到海南岛移民的后代,经过数百年的演变而成(梁猷刚《海南岛文昌方言音系》,1986),使用人口也在一百万人以上(丁邦新《儋州村话》,1986)。张琨根据丁邦新指导张光宇《海口方言》(1975)、何大安《澄迈方言的文白异读》(1986)、杨秀芳《试论万宁方言的形成》(1987)等,加上大陆学者詹伯慧《万宁方言概述》(1958)的调查材料而进行研究。

　　其二,张琨说,闽南方言有复杂的文白层次,而海南岛的闽南话有更为复杂的文白层次,还有非汉语的影响。但因为非常详尽的海南岛闽南话整体性调查成果还没有出现,所以,有代表性的海南岛闽南话文白层次的详尽记录也就没有。同时,即便是现存的海南岛闽南话文白层次记录,因为采取单独记字音方式,声韵调相互影响的现象也不容易找到。这也是研究上所面临的一个很大的困难。

　　其三,张琨认为,海南岛的闽南话包含着三套声调系统:第一套声调系统和官话方言相似,《切韵》次浊上声字读阴调,阴上调读音短促,似乎有紧喉作用。第二套去声分阴阳,兼有来自《切韵》去声字和全浊上的高去调。第三套为大陆闽南话中的潮汕方言,白读分阴阳去,文读浊上归去,共7个声调。海南闽南方言的声调系统类似潮汕方言,古浊去今读阳去,相当于潮阳的文读;古浊去今读阴平,相当于潮阳的白话。

　　张光宇硕士论文就是研究海口方言语音的,即《海口方言》(1975),此外还有《海口方言的声母》(《方言》1,1989)、《海口方言的声母的由来》(《切韵与方言》32—49,台湾商务印书馆1990)等文章。其他学者,比如何大安《澄迈方言的文白异读》(1981),郭必之《从海南岛三种闽方言的澄母字论语言层次的移植和调整》(《汉学研究》22.1:419—449,2004),邓培君《海南海口方言音韵研究》(暨南国际大学硕士论文,2007)等颇有建树。丁邦新《儋州村话》(1986)认定,儋州语为介于客家话与赣语之间的方言,但许多学者也认定,儋州语与闽语的语言接触关系也不可忽视。

　　(八)海外闽南话

　　对中国大陆及港澳台之外闽南话的关注,是近年来台湾语言学界的一个重要研究倾向。林素卉《飞地的语言接触与语言融合——马来西亚柔佛新山地区的混合型闽南方言研究》(2014)谈到,中国大陆闽南话中同属漳泉片的厦门、漳州和泉州方言在词汇使用上没有太大差异,音系上也只是略有不同,俗称的"福建话"就是在这样的基础上产生的。马来西亚柔佛新山地区主要通行的方言有"福建话、潮州话"和客家话。闽南话次方言的相互融合直接表现在音系的架构上,打破了原来声母[-b][-l][-g]和[-m][-n][-ŋ]互补的"十五音"框架,与清末张世珍《潮声十五音》至现代谢益显《增三潮十五音》的变化一致,声母[-b][-l][-g]和[-m][-n][-ŋ]逐渐形成对立。除了声母的差异,韵母与声调的差异在次方言之间更为明显,韵部与声调的繁化亦是当地特有的语言现象。该文利用学者们对大陆祖地发掘的语料成果,厘清漳、泉片间的音系异同,并与新山地发音人的语料进行对比,寻求新山地区次方言的语言融合度。

(九)利用实验语音学手段研究台湾闽南话语音

郑秋豫《汉语失语症病变语音中嗓音起始时间与字调的问题》(1994)很特别。郑秋豫说,自声学语音的角度上看,一个声母的带音与送气与否,是构成这个声母内在音高的原因之一。这种内在的音高在声母与元音结合后是否仍存在? 与字调间是否产生互动? 如果产生互动,其结果是否可预期? 这些结果在正常语音与失语症病变语音中是否一致? 可能有何意义? 上述问题都是探讨的目标。郑秋豫从嗓音起始时间来检视上述问题;所检视的方言是闽南话,取其声韵系统中包含了送气清塞音、不送气清塞音和浊塞音三种塞音的对立。受试病患者则为病变发生3个月后流利型和非流利型失语症的。试验后发现,病患者所产生的语音不同于正常语音。郑秋豫认为,以字调和音段间的关系,佐以正常语音和病变语音的实例,或可以提供了解汉语声韵系统的新途径。

(十)台湾学者引用的方言研究重要论著要目

许多学者把以下论著列为研究闽南话等汉语方言的重要文献:丁邦新《台湾语言源流》(学生书局 1985)、《吴语中闽语的成分》(台湾《史语所集刊》59.1:13—22,1988),丁邦新编《董同龢先生语言学论文选集》(1974),丁邦新、杨秀芳《台北市志·社会志·语言篇》(台北市政府 1991),大原诚《王育德先生在台湾语学上的成就》(《台湾文艺》97:211—213,1985),王育德《台湾话讲座》(黄国彦译,前卫出版社 2000)、《台语入门》(黄国彦译,前卫出版社 2000)、《台语初级》(黄国彦译,前卫出版社 2000),王顺隆《谈台闽“歌仔册”的出版概况》(《台湾风物》43.3:108—131,1993)、《闽台“歌仔册”书目、曲目》(《台湾文艺》45.3:171—271,1994)、《从近百年的台湾闽南语教育探讨台湾的语言社会》(《台湾文献》46.3:109—172,1995)、《“歌仔册”书目补遗》(《台湾文艺》47.1:73—99,1996)、《论台湾“歌仔戏”的语源与台湾俗曲“歌仔”的关系》(《文教大学文学部纪要》11.2:94—101,1997)、《日治时期台湾人“汉文教育”的时代意义》(《台湾风物》49.4:107—128,1999),江宝钗等《闽南语文学

教材》(丽文文化事业股份有限公司2001),朱锋《台湾方言之语法与语源》
(《台北文物》7.3:1—24,1954),吴守礼《福建语研究导论》(《人文科学论丛》
1:125—194,1948)、《台湾省通志稿·人民志·语言篇》(台湾文献委员会
1954)、《闽台方言研究集(1)》(南天书局1995)、《福客方言综志》(南天书局
1997)、《闽台方言研究集(2)》(南天书局1998),吴锦发《教日本人研究台
语——访筑波大学副教授樋口靖》(《民众日报》1989.8.10),何大安《声韵学中
的观念和方法》(大安出版社1991),李如龙《方言与音韵论集》(1996)、《福建
方言》(福建人民出版社1997)、《汉语方言的比较研究》(2001),周长楫《闽南
话的形成发展及在台湾的传播》(台笠出版社1996),周振鹤、游汝杰《方言与
中国文化》(1986),周辨明《厦门音韵声调之结构与性质及其于中国音韵学上
某项问题之关系》(《厦门学报》2.2:1—82,1934),竺家宁《台北话音档》(上海
教育出版社1999),林金钞《闽南语研究》(竹一出版社1975)、《闽南语探源》
(竹一出版社1980),林香薇《闽南语自成音节鼻音研究》(高雄师范大学硕士
论文,1995)、《台湾闽南语复合词研究》(台湾师范大学博士论文,2001),林庆
勋《台湾闽南语概论》(心理出版社2001),林宝卿《闽南方言声母白读音的历
史语音层次初探》(《古汉语研究》1:60—63,1998),倪海曙《基督教会罗马字
运动》(《闽南白话字》1—11,1992),洪固《台湾地区的方言与语言政策》(《东
师语文学刊》9:51—96,1996),洪惟仁《台湾方言之旅》(前卫出版社1994)、
《台湾语言危机》(前卫出版社1995)、《漳泉方言在台湾的融合》(《国语文教
育通讯》11:84—98,1995)、《台湾文献书目解题·语言类》(台湾图书馆
1996)、《台湾话音韵入门》(复兴剧艺实验学校1996),姚荣松《闽南语入声韵
的演化》(《庆祝莆田黄天成先生七秩诞辰论文集》430—448,文史哲出版社
1991),庄柏林《庄柏林台语诗选》(南县文化1995)、《王育德无倒转来》(《自
由时报》2002.3.7),连横《台湾语典》台湾编译馆1986),张光宇《闽客方言史
稿》(南天书局1996),张屏生《台湾闽南语部分次方言的语音和词汇差异》
(编著者自印,2000),张振兴《台湾闽南方言记略》(福建人民出版社1981),
张惠英《汉语方言代词研究》(语文出版社2001),张琨《汉语方音》(学生书局
1993)、《论比较闽方言》(台湾《史语所集刊》55.3:415—458,1984)、《再论比
较闽方言》(台湾《史语所集刊》60.4,1989),张博宇主编《庆祝台湾"光复"四
十周年台湾地区国语推行资料汇编(上)》(新竹社会教育馆1987),陈衍《福

建方言志》(1922;收录于波多野太郎《中国方志所录方言汇编·第九篇》,日本横滨市立大学纪要人文科学第三号,1972),陈美如《台湾语言教育政策之回顾与展望》(复文图书出版社 1998),陈荣岚《厦门方言》(鹭江出版社 1999),曹素香《从语言和历史文化的关系浅论遗留在台语中的日语》(《北师语文教育通讯》3:83—96,1995),曹逢甫《维护本土语言文化刍议》(《第一届台湾本土文化学术研讨会论文集》159—175,1994)、《台湾闽南语母语教学评述》(《台湾研究通讯》5、6:2—18,1995)、《族群语言政策——海峡两岸的比较》(文鹤出版有限公司 1997)、《台湾语言的历史及其目前的状态与地位》(《汉学研究》17.2:313—343,1999),梅祖麟《纪念台湾话研究的先驱者王育德先生》(《台湾风物》40.1:139—145,1990)、《闽南语复数人称代词形成合音的年代》(丁邦新等编《语言变化与汉语方言》261—269,2000),温知新《使用仪器研究台语的声调系统》(台湾大学文学院 1970),黄典诚《闽语人字的本字》(《方言》4:312—313,1980),黄典诚、李乐毅《教会罗马字》(《中国大百科全书·语言》226—227,中国大百科全书出版社 1994),汤廷池《闽南语语法研究试论》(学生书局 1999),游汝杰《汉语方言学导论》(2000),杨秀芳《闽南语文白系统的研究》(台湾大学博士论文,1982)、《台南市志·人民志·语言篇》(台南市政府 1988)、《台湾闽南语法稿》(大安出版社 1991)、《论文白异读》(《王叔岷先生八十寿庆论文集》823—849,大安出版社 1993)、《闽南语书写问题平议》(《大陆杂志》90.1:15—24,1995)、《论闽南语的文白异读》(《台湾闽南语概论讲授资料汇编》154—224,台湾语文出版社 1996)、《闽南语字汇(一)》(台湾"教育部"1998)、《闽南语字汇(二)》(台湾"教育部"1999),杨丽祝《歌谣与生活:日治时期台湾的歌谣的采集及其时代意义》(稻香出版社 2000),詹伯慧《现代汉语方言》(新学识文教出版中心 1991),董同龢《四个闽南方言》(台湾《史语所集刊》30 下:729—1042,1959)、《记台湾的一种闽南话》(台湾史语所 1992),董忠司《台南市方音中的元音与元音系统的重组》(台湾《中华学苑》43:23—46,1993),赵加《试探闽方言的壮侗语底层》(《语言文字学》141—152,中国人民大学复印资料中心 1991),臧汀生《台语书面化研究》(前卫出版社 1996),郑良伟《台语与国语字音对应规律的研究》(学生书局 1987)、《走向标准化的台湾话文》(前卫出版社 1989)、《演变的台湾社会语文》(前卫出版社 1990)、《移民与方言之演变》(《台湾与福建社会文化研究论文集（二）》155—168，台湾民族学研究所 1995），郑穗影《台湾语言的思想基础》（台原出版社 1991），刘建仁《"光复"后的台语韵书》（《台湾风物》17.6：73—89，1967），邓晓华《人类文化语言学》（厦门大学出版社 1993）、《南方汉语中的古南岛语成分》（《民族语文》3：36—40，1994）、《古南方汉语的特征》（《古汉语研究》3：2—7，2000），卢淑美《台湾闽南语音韵研究》（文史哲出版社 1977），卢广诚《台湾闽南语词汇研究》（南天书局 1999），赖永祥《台湾教会史话（一）》（人光出版社 2000），简上仁《台湾民谣》（众文图书股份有限公司 1992），魏岫明《国语演变之研究》（台湾大学 1984），罗常培《厦门音系》（台湾史语所 1993），小川尚义《日台大辞典》（1907），王育德《关于十五音》（《国际东方学者会议纪要》13：57—69，1968），村上嘉英《日本人对台湾闽南语研究》（日本《日本文化》45：62—108，1966）、《现代闽南语辞典》（日本天理大学おやさと研究所 1981）、《台湾闽南方言中来自日本的外来词》（《天理大学学报》148：1—6，1986），秋山启之《实用日台新语集》（编著者自印，1898），陈辉龙《台湾语法》（编著者自印，1934），篠原正巳《台湾语杂考》（编著者自印，1993）、《续台湾语杂考——日本人和台湾语》（编著者自印，1999），Norman Jerry（罗杰瑞）"Some ancient dialect words in the Min dialect"（《方言》3：202—210，1983），Yu-te Wang（王育德）"Present Stage of Amoy Dialect Studies"（The Transactions of the International Conferencs of Orientalist in Japan 1：101—103，1956）、"An investigation about literary reading and colloquial reading in the Amoy dialect"（The Transactions of the International Conferencs of Orientalist in Japan 3：67—70，1958），等等。

三、福州话等闽北、闽中方言

吴守礼《福建语研究导论》（1948）、兰亚秀《福州音系》（1953）、王天昌《福州语音研究》（1969）、张光宇《闽客方言史稿》（1996）、元钟敏《〈八音定诀〉研究》（2001）等论著涉及闽北、闽中方言的一些研究内容。其中，王天昌《福州语音研究》由赵元任作序，有五篇文章：福州音系声韵调检讨、字音话音分析、连音变化、介音混淆现象、常用字汇音韵表。

张光宇《闽客方言史稿》第八章"闽方言分区概况（下）：闽北、闽中"把福州方言列在了闽北方言中。按照张振兴《闽语的分区》（1985），闽北方言主要分布在闽江以北的福建省境内,包括《中国语言地图集》所指称的闽东区、闽北区、邵将区。但这种区划是大致的情况,有些县市境内方言复杂,难以一概而论。例如陈章太、李如龙《尤溪县内方言》(1991)指出,尤溪县东部与北部近似闽东方言,西部、南部近闽南方言;南平城内通行"土官话",樟湖坂以东通闽东方言,其他地区通行闽北建瓯方言。而闽中方言,则包括莆仙区、大田(前路话)和永安方言。这一带方言夹在闽北和闽南之间,不只在地理分布上居于闽中地位,在方言性质上也显示出过度性质。比如莆仙方言就兼备闽南和闽东方言的性质,闽南方言古次浊(明、微、泥、疑)声母分化为鼻音、口音的现象也见于莆仙方言,而莆仙方言连读中的声母浊化与鼻化现象则是闽东式的(153页)。

杜佳伦《闽东方言韵变现象的共时与历时考察》(《第二十六届台湾声韵学学术研讨会会议论文集》223—242,彰化师范大学 2008)、《闽东方言-u-、-y-混同音变的比较分析》(《台湾语文研究》7.1:51—85,2012)、《闽东方言韵变现象的历时分析与比较研究》(《汉学研究》28.3:197—229,2010)、《闽东方言侯官片的变韵现象及声母类化》(台湾《中国文学研究》19:231—267,2004),张屏生《论〈福州话拼音字典〉中的福州话音系》(2001),刘秀雪《语言演变与历史地理因素——莆仙方言:闽东与闽南的汇集》(台湾清华大学博士论文,2003)等论文,值得注意。

金彰柱《建瓯方言语音的历史层次》(2006)说,历史比较法一个重要的目标就是构拟原始母语。但是传统的历史比较法并不注意汉语语音的层次,对同一音系的音类内部的层次不加分别。汉语方言的历史层次极其复杂,有的音可能是上古音,有的可能是中古音,也有的可能是很晚近才产生的。如果我们不把时代不同的音类分清楚,全部当作是构拟中古音的语料,那就是大错特错的。

如何构拟出语音的历史层次?其分析法类似内部构拟法:纯粹观察单一语言,而从这个语言共时系统所呈现的语音的参差情况,进一步建立这个语言早期的阶段。所谓"参差情况"就是这个语言早期阶段所留下的一些痕迹。在"语音演变有规律"的前提下,这些痕迹应该呈现出有系统的交替。可以透过比较单一语言的共时系统及交替现象来推究这些痕迹早期的状况。

"层次(stratum)"这个用语源于考古学,考古学的层次是一个层次压着一个层次，多重层次处于不同的时间平面上。而语言的历史层次指叠置在同一个共时的平面上不同来源的语言成分。金彰柱称，文中所说的层次大致而言包含两方面，即历史上外来影响所产生的历史层次与语音的内部音变所产生的历史层次。所谓"外来影响所产生的层次"当然是方言层次，而"内部音变所产生的层次"就指示时间上的语音层次，就是说语音形成时间上的断层，这些断层就说明何音的形成在先，何音的产生在后。据建瓯方言而言，语音上出现三种层次，一是上古音层次，二是方言层次，三是脱离主流的层次。从历史音变的角度考虑共时平面上所出现的语音，就不难发现音变的大流，这就是主流。还有一些字音不跟从音变的大流，趋向另外音变之路，以形成看似异常的语音，这就音变的支流，第三种层次就是语音的支流。在建瓯方言中，看似异常的语音不止此三类，还有训读、字形类化等，但是我们不能说这些也是语音层次，因为我们不能以音变的规律来说明这些语音。这个研究成果与连金发《建瓯方言中的互竞韵母系统》（曹逢甫、西慎光正编《台湾学者汉语研究文集：音韵篇》176—231，1997）可以"互文"阅读。连金发的研究在理论上也很有意义，比如他说，这是通过谐声呈现的元音转变为词汇扩散理论增加一个新的"透视"。

石佩玉《福建沙溪流域闽中方言音韵研究》（2013）说，闽语为汉语主要方言之一，内部有较大的歧异性。张振兴（2000）、李如龙（2002）依据闽语的内部特点，以南北走向的戴云山脉为界，将闽语划为"沿海闽语（东部闽语）"与"沿山闽语（西部闽语）"。自然地理与语言地理隐然相关。Jerry Norman（罗杰瑞）（1984：185—187）很早就指出了在音韵方面也存在相似的情况。如果从地理角度观察闽语次方言的分布，闽语分布的地域最大的流域是闽江流域，闽江上游有三支：北源建溪（闽北方言）、中源富屯溪（闽客赣过渡方言）、正源沙溪（闽中方言）。各区之间的通话有很大的困难，可用"五里不同俗，十里不同音"来形容，是一个相当有趣的现象。

四、闽语其他问题

丁邦新《吴语中的闽语成分》（1988）论吴语与闽语关系。一般学者都接受赵元任《现代吴语的研究》（1928）的说法，认为吴语是"江苏浙江当中并定群等母带音，或不带音而有带音气流的语言"。对于闽语，丁邦新大体上同意具有古音"端、知不分"的特征（李方桂"Tonal splits in Min"，journal of Chines Linguistics 4.1：108—111，1937；董同龢《中国的语言》，《中国文化论集》1，1953）。近些年来学者们发现，有些吴语也有"端、知不分"的现象，但比较零碎，看不出显著的系统来。谢云飞《丽水西乡方言的音位》（第六届台湾声韵学讨论会，高雄师范大学1988）列出文白两层的读法，其中文言层是典型的吴语，而白话层则有"端、知不分"现象。何以在吴语中会有"端、知不分"的读法，出现在白话层所代表的意义是什么？

谢云飞所列出的丽水西乡方言白话音古知系读舌尖音，比如"猪、蛛、张、转、啄"等，和郑张尚芳《平阳"蛮话"的性质》（1984）、《蒲城方言的南北区分》（1985）所说平阳"蛮话（瓯语）"具有的闽语"端、知不分"特征是一样的。这种吴语中的闽语白话音的时代应该在东晋南北朝时代产生。丁邦新曾推测，东晋南北朝时代吴语未必就是今天的吴语，而是现在的闽语前身。这和陈寅恪《东晋南朝之吴语》（1936）所说的当时老百姓所用的"吴语"是一脉相承的。

黄金文博士学位论文《方言接触与闽北方言演变》（2000）称：论文试图以统一的观点处理方言的同源关系与方言的接触关系；同时，也在处理语言现象的过程里进一步开发历史音韵学的新方法或论题。这篇论文论证了"浊音清化速率与送气类型不同的方言相互接触"是闽北方言中古全浊声母今读分歧的原因。闽北方言属于清化不送气类型，客赣方言属于清化送气类型，而闽南方言又较闽北早一步发生清化，这是方言彼此接触的结果。这就造成闽北方言里存在四个不同的层次，它们分别是"闽北原有反映、客赣方言层、闽南方言层、官话方言层"。在研究方法上，黄金文提出了以"共同创新"作为分群标准，并论及两类表面性例外起因问题。为了便于处理方言的同源关系与方言的接触关系，在这个架构里方言"层次"研究与历史音变、汉语方言关系等讨论可以成为一个系统研究。具体研究来看，作者发现历时音变的完成与音变的传播过程有许多相似之处，因此，作者认为，"音变沿时间轴线逐步完成"与"音变沿空间轴线渐次扩散"的比较研究是可开发的一个新课题。方言接触中的"音变传递与语言世代互动关系"；方言接触中的"词汇置换与异读"；方言接触中的"词汇移借与文化输入"则成为三个重点研究的内容。

杜佳伦《闽方言二、四等同读的历史层次》（2011），曾进民《〈台日大辞典〉的官话层研究》（2007），徐贵荣《由闽客方言及畲语论证古汉语四等为洪音

［a］的拟测》（第二十六届台湾声韵学学术研讨会，彰化师范大学2008）与此相关，值得注意。

　　郑晓峰《福建光泽方言》（2001）介绍，光泽县地理上座落在福建西部武夷山麓，位于邵武之西北，与江西省为邻。闽西北地区是闽、赣、客三大方言的交界地带，方言性质亦带浓厚的混合、过渡成分，值得详加探讨。全文共分五章，分述如下：第一章，介绍共时音系，以光泽城关话为主，止马镇岛石话为辅。第二、第三两章，是历史音韵部分。自从罗杰瑞的原始闽语学说问世，闽西北邵武方言的性质一直是学界探讨的热点。透过光泽方言的一手资料以及方言比较，可以认定，闽北的第三套阻塞音是闽语进入当地以后语言接触的结果，来源可能是缩气音。第三章，将光泽方言的音系特点分别和闽语、赣语、客家话做比较。第四章，是方言地理学的一个尝试。把光泽方言和周边各大方言的关系透过福建方言地图表示出来，有助于厘清对闽方言特征的认识。第五章，小结。附录有"邵武、光泽比较音韵"以及"光泽方言同音字表"。

　　郑锦全《台湾客家与闽南族群杂居环境的语言互动空间》（何大安等编《山高水长：丁邦新先生七秩寿庆论文集》251—259，台湾语言学所2006）在新竹县新丰乡以家庭为单位调查了一万多户的语言区别，以地理资讯系统画出详细的语言分布地图，从而厘清客家聚落以闽南词语"厝"为地名的问题，为闽、客词语移借及语言互动提供空间理据。这是一篇典型的研究闽、客语言接触的论文，目的是说明语言社会文化的多样性特征。

　　当代大陆学者研究闽语者数量很多，其中黄典诚、梁玉璋、潘渭水、陈章太、潘茂鼎、张盛裕、游文良、李如龙、周长楫、林宝卿、马重奇、陈泽平等研究闽语历史与台湾语音关系的成果值得重视，比如马重奇《漳州方言研究》（纵横出版社1994）、《闽台方言的源流与嬗变》（福建人民出版社2002）、《清代漳州三种十五音韵书研究》（福建人民出版社2004）、《闽台闽南方言韵书比较研究》（2008），陈泽平《福州方言研究》（1998）、《19世纪以来的福州方言——传教士福州土白文献之语言学研究》（2010）、《福州方言的结构与演变》（2015），王建设《明弦之音：明刊闽南方言戏文中的语言研究》（中国社会科学出版社2012）等。国外学者，比如秋谷裕幸《浙南的闽东区方言》（台湾语言学所2005）对浙江泰顺、苍南"蛮话"也有详尽的描述，同意"蛮话"为"闽语"说。

第五节　汉语客方言语音

罗香林《客家研究导论》(1933/1992)第四章"客家的语言"为中国客家话方言理论研究启其序端。罗香林将自己的设想称为"预计着的工作",他说(1992:135):

> 我很想将客语给它做一番实地检验,将其词汇、音读,以及语句构造,用语言学方法记录出来,再用中国音韵学固有法例,分析它声纽、韵部、呼等,以及四声等,以与中土各期各地诸音韵,参合比较,推求其间递演嬗变的痕迹所在,一以表白客语实际与本体,一以推证客家与其他族系的交互关系。可惜这种工作繁重至极,非有学术机关相当赞助,及个人长期不断的努力,无论如何,不敢希望能有成功的一天。

可见,他对客家话方言研究的期待是十分大的。后来学者,的确是在践行着他的理论的。1945年以后,身在台湾的学者有关客家话语音研究成果十分突出,既有深度而又有广度。

董同龢《华阳凉水井客家话记音》(1948)"前言"中说,文章记录的是成都临近的,有异于四川话的客家方言——华阳凉水井客家话语音。客家人入川,较早在康熙年间,迟至同治时期。其来源,多数人认为是"长乐",即广东五华县。论文主旨是供给材料,所以分为"标音说明、记音正文、语汇"三个部分。本次记音排除以预先选定字字音为主的方式,因为选字是以现代各方言所自出的"中古音系"为据求得的音韵系统,难免是演绎式的而非归纳式的,极少自成片段的真的语言记录,词汇与语法的观察无法下手。于是,以记录"成句成段,以至于成篇的语言记录为主……在整理的时候,第一步是综合所记的材料,给这个语言订出一套最经济而足以代表他的语音系统的音标来"。"标音说明"则更为细致地介绍了具体的音值描写方法,尤其是"字音的连读变化"一节,注意前后字声韵调之间影响关系的描写。

杨时逢《台湾桃园客家方言》(1957)记载:1953年秋天,杨时逢在台湾桃园杨梅镇调查海陆话(广东海风陆丰)和四县(广东嘉应所属五华、蕉岭、平

远、兴宁)客家方言,写下了这个调查报告。报告分四个部分:第一部分,语音
分析。有音类总表,包括声母表、韵母表、声调表;还有各音值的说明,也是分
声母、韵母、声调来写的。第二部分,本地音韵。有单字音音类,包括声母与韵
母的关系、介音与韵母关系、声母韵母声调间关系、单音字全表。还有同音字
汇,包括海陆话同音字表、四县话同音字表。第三部分,比较音韵。与古音比
较,包括声母比较表、声母比较说明、韵母比较表、韵母比较说明、声调比较表、
声调比较说明。第四部分,台湾客家话。有故事,包括台湾海陆话故事记音、
台湾四县话故事记音;还有就是语汇,包括语汇、语汇检字、语汇排列索引。这
就为研究台湾客家方言提供了第一手资料。杨时逢还有《台湾美浓客家方
言》(1970)等。

　　林英津《台湾地区客语著述提要》(《台湾风物》38.2:160—186,1987)、
《论〈客法大辞典〉之客语音系》(第七届台湾声韵学研讨会,静宜文理学院
1987)等也很重要。

　　林英津《客语上声"到"语法功能探索》(1993)探讨客家话上声"到"的语
法功能。就平面语法而言,当代客家话上声"到"可以出现在三种不同的语法
范畴:方位介词、结果/状态补语、表示体貌。通过地域空间的观察,西南地区
的汉语方言往往也有一个功用相近,而不尽相同的上声"到"。"到"有上声一
读,应为区域特征。

　　台湾的学者们对客家话语音兴趣盎然,相关的研究有:罗肇锦《台湾客语
次方言的语音现象》(《国文学报》16:289—326,1987)、《瑞金方言》(学生书局
1989)、《台湾客家语》(台原出版社1990)、《客语异读音的来源》(《台北师院
学报》7:305—325,1994)、《客语语法》(学生书局1985),董忠司《东势客家语
音系及其音标方案》(曹逢甫等编《台湾客家论文集》113—126,文鹤出版有限
公司1994),张光宇《闽客方言史稿》(1996),钟荣富《客家话韵母的结构》(曹
逢甫等《台湾学者汉语研究论文集》345—369,天津人民出版社1997)、《客家
话的构词和音韵的关系》(曹逢甫、蔡美慧编《台湾闽南语论文集》155—176,
1995)、《六堆客家乡土志·语言篇》(待刊)、《美浓客家语言》(《高雄县客家
社会与文化》293—444,高雄县文献丛刊9,高雄县政府1997)、《美浓镇志·语
言篇》(美浓镇公所1997),张屏生《客家话读音同音字汇音系——并论客家话
记音的若干问题》(台湾语言发展学术研讨会,新竹师院1997)、《东势客家话

的超阴平声调变化》(第十六届台湾声韵学学术研讨会,彰化师范大学 1998),江敏华《闽西客语音韵的保守与创新》(《声韵论丛》13:251—270,2004),江敏华、何纯慧《连城县赖源乡下村话语音特点说略》(汉语方言学新思维工作坊,台湾清华大学语言所,2012)。董忠司主编《台湾语言及其教学国际研讨会论文集》(1)(1998)有几篇论文的研究涉及到了台湾客家话语音内容,比如:谢丰帆与洪惟仁《古次浊上声在现代客语的演变》、吕嵩雁《台湾客家次方言语音特点提要》、叶瑞娟《新竹四县客家话"儿"的研究》等。

赖淑芬《台湾南部客语的接触演变》(2011)研究焦点为南部客家话的接触变化,以屏东三个区域的海陆客家话及麟洛乡的四县客家话为研究范围,通过实地田野调查,探究南部四县和海陆客家话音韵上的接触特征与变化现象,为语言接触所引发的变化类型提供了具体的例证。从竹柑区、田寮与火车路之海陆客家话声、韵、调及小称词的比较中发现,三区在音韵上有一致的演变趋向。声母部分,细音前的舌尖声母腭化普遍大于舌面声母的变化;在韵母上,变化最快与最慢的分别是[iu]韵和[ui]韵;此外,声韵之间有互相牵动的变化,例如:舌面声母因为韵母 i/im/in/it/ip 的变化而变为舌尖声母;细音前的舌尖声母腭化后,后接韵母也会跟着改变。三区的小称词在句中使用词根同化的比例高于单念时,其中以高元音[i][u]结尾的小称词使用词根同化比例较高,如:杯子[pui][i]、布仔[pu][u]。受到语言接触影响,麟洛四县客家话的[f/v]声母,因为各年龄层的语言主体与优势语的不同而有不同的演变,在少年层与高龄层的保留偏高,中老年层的保留比例偏低。除了语言接触的外部因素,四县客家话本身也有内部变化产生,在阴平调的表现上,只有在后接阳平调时,阴平调会保留本调 13,在其他声调之前,前字阴平调也有 11 的变调产生;当阴平为后字时,各年龄层皆有变调出现,且阴平当后字的变调速度大于阴平当前字时。无论阴平前字或后字,青、少年层的阴平调皆大幅趋向低平调发展。

在理论分析上,该文以南部客家话接触变化的实际语言现象为基础,运用语音演变因素、语言接触理论及语言变化的机制,解释南部客家话接触变化产生的可能因素。论证主张:个人优势语是接触变化的重要关键,南部客家话音韵上诸多变化的产生,一方面是因为不同世代语言主体的不同,造成各年龄层有不同的演变;另一方面是客家话使用者在语码转换或语码交替频繁的过程中，将个人优势语的使用习惯或发音方式，引入客家话而造成音韵上的调整与变化。

吕嵩雁《闽西客语音韵研究》(1999)称，闽西客家话是指福建西部清流、宁化、长汀、连城、永定、上杭、武平七县对内使用的汉语方言。当地对外使用官话沟通，是闽西土话与官话并用的双方言区。今天有关闽西客家话已发表的著述论文不多，即使七个县志也是 1992 年至 1994 年间陆续出版，可见是一块有待开发的天地。作者于 1997 年暑假及 1998 年寒假前往七个县的城关地区做田野调查、收集资料。经过对比分析，发现闽西客家话是以司豫移民的语言为基础所发展出来的方言。由于地理位置关系，这个方言恰好位于闽粤赣交界地带，所呈现的意义有二：首先，位于武夷山北侧的赣语跟北方官话对闽西土话产生了相当程度的影响力，例如：来母读做舌尖塞音、知组二等字和章昌母字读舌尖塞音、清声母的塞擦音与擦音混读、全浊声母从邪的混读。其次，由语音现象与司豫移民史可以说明：闽西地区恰好是由江西赣语到达广东梅县客家话的过渡区，因此闽西语音与梅县客家话同样有保守成分，例如：轻唇读成重唇、舌上读舌头、浊上声的归属、晓匣合口读做唇齿擦音、三合元音、一二等[ɑ]：[a]元音的对比等等。至于元音高化和后化，鼻音韵尾一致性地演变为舌根鼻音甚至消失，入声读做喉塞音甚至读做口音都是创新现象。总之，闽西客家话既有梅县方言的保守，也有赣语、官话的特点。而这种变化来自于内外两方面：内在因素指本身语音的变化，外在因素主要指赣语及官话的渗透。"北有大槐树，南有石壁村"，今日闽西客家话跟河南、山西一带的"中原西"语音、广东梅县客家话、台湾四县客家话是"同中有异、异中有同"，证明客家人以"石壁"作为祖籍地，实在是其来有自。闽西客家话面貌是多样化的，其中一些不合语音演变规律的部分，与少数族群有关的特殊音读，闽西各分片的语音分析、比较，语法及词汇的综合归纳整理，仍待继续研究分析。

江敏华《客赣方言关系研究》(2003)共七章。第一章，绪论。详述本文的研究目的，前人的研究成果以及研究方法。第二章，客赣方言的分布。以目前方言分区中划归客家话和赣语的方言为研究对象，对其分布作一总览，并略述各个客赣分布地的方言概况、居民来源以及本文在各个方言点的语料来源。第三、四两章，以客赣方言的音韵特点为主轴，讨论客赣方言各个特点在历史上所经历的音韵变化。第五章，讨论词汇异同和语法类型，比较客赣方言在词汇和语法(主要是人称代词和小称)类型上的异同。江敏华认为,不论何种方言关系的理论,语言的变化都是分类或讨论方言关系的基础。第六章为客赣方言关系,在前面几章讨论客赣方言音韵变化和语法特点的基础上提出对于客赣方言分区、方言分群与方言形成上的整体观点。第七章为结论。

论文研究范围十分广泛,涵盖目前所有的客赣方言,达到将近二百个方言点。所据语料为近年来学者所出版的方言调查报告,其中李如龙、张双庆的《客赣方言调查报告》(1992),陈昌仪的《赣方言概要》(1993)以及刘纶鑫的《客赣方言比较研究》(1999)等三部著作资料丰富、字音与词汇并重,为重要参考资料;已出版成专书的其他方言词典或单点方言研究报告以及《方言》《中国语文》或《语文杂志》等汉语方言期刊中所发表的单篇调查语料亦为重要参考。此外还有各县志、地方志中的《方言》卷,此类语料虽良莠不齐、详略不一,然往往提供当地语言、人文环境的重要信息,对于县境内口音差异、口语词汇或语言使用情况时或有相当细致的观察,因此亦为本文所参考。总之,由于本文在相当程度上借重于方言地理学的方法,因此对于各地方言语料皆尽可能搜集、参考,以求能在地理上作最大密度的展现。此外,本文涉及客赣方言以外的其他汉语方言,也以资料详实丰富的方言调查报告为语料来源。

主要结论如下:在客赣方言关系上,江敏华主要关切三个角度:1.方言分区——客赣是否具有区别性特征? 作者认为第一人称单数代词"我"字客家话读为上古歌部字遗迹可以称得上是兼顾音韵、词汇与族群认同的标准。在音韵上,它不但区别于赣语,也区别于邻近客家话的粤语;闽语虽然也具有歌泰同源的现象,然而闽语是整个音类皆如此,与客家话之限于少数词汇者不同。在族群认同上,客家话在许多地方被称为"涯话",是其族群的鲜明标帜,然而若仅以族群认同而非语言上的特点来区别客家与非客家,在闽西客家话和赣南本地话的区分上仍是一大难题——闽西客家话和赣南本地话显然并没有强烈的客家族群意识。而"我"字读同泰韵这个特点却可以有效区别闽西客家话与赣语;也可以区别赣南本地话和赣语。因此,在客赣毗邻的地区,可以"我"字的读音作为分区标准。2.方言分群——客赣是否具有有效的共同创新? 该文同意客赣方言具有十分密切的关系。然而客赣两方言区毗邻而居,相同的特点很难肯定究竟是一种"共同创新",或是由于地理上相邻、互相接触而形成的。由山西方言中具有与客赣方言相同的全浊清化平仄皆送气的类型出发,在大致相同的地理范围内另外发现与客赣方言相同的语音与语法特点,由此确定客赣方言的"全浊清化平仄送气、人称代词复数词尾"都是其共同创新,并由此肯定客赣方言与山西方言具有一定程度的渊源关系。如此推论的理由是,地理上不相邻,可以排除接触的因素;而同时具有二项客赣方言的共同特点,其偶然发生的可能性也大大降低。此外,客赣方言较为晚期的共同创新还有"全浊上、次浊上归阴平"一项。江敏华除了"共同创新"之外,还利用客赣方言一致的例外——"共同脱轨"(shared aberrancy),进一步确定客赣方言具有特别亲密的关系。3.方言的形成——客赣方言如何形成? 可以认为客赣方言在来源上具有相当密切的关系,尤其是赣江以东的赣方言与客家话的关系更为密切。然而,具有相同渊源的方言可能在其后由于不同的历史或地理经验而分属不同的大方言。今天山西地区的官话或晋语,尽管具有很深的历史渊源,但是大概不会有人将之归为客家话;同样的,客家话和赣语也具有很深的历史渊源,但是,客、赣方言已在许多地方经历了不同的历史经验,而可能像山西方言一样逐渐演变为不同的大方言。赣方言在历史经验上,受到比客家话更多的吴语、湘语或官话方言的影响,而逐渐形成了与客家话不同的面貌。

卢彦杰《台湾客家话音韵研究》(2014)说:客家话的研究在台湾已经蔚然成为一股风潮,各地方言的研究纷纷出炉,为这个领域一步步扎下稳固的基础。本论文以台湾五大客家话的音韵为主轴,以方言比较的音韵呈现为经,历史音韵的演变为纬,试着为台湾客家音韵研究找出一个新的研究路线。论文有几个重点:其一,客家音系的介绍:概括性介绍中国各地的客家方言以及台湾本地的客家方言音系,比较了各地客家方言的异同。其二,客家方言与中古音韵的系联:五大客家方言并列,与中古音进行系联,具体呈现客家方言在中古音韵上的地位。其三,客家方言声韵调的历史演变:捃取数个重要客家音韵上的议题,结合西方音变理论与各地汉语方言例证。其四,语言接触讨论:以台湾各地客家话与周遭方言的相互影响为例,探讨语言间彼此的渗透、竞争过程以及结果呈现。并以南北四海客家话为对象,互相比较其内容与特色。其五,编制中古音与现代客家话单字音对照表,以及现代台湾五大客家方言词汇对照表,作为研究者分析比较的依据。其六,结论,将本论文所呈现的内容以及主要的重点议题做了精简的说明。

　　作者指出,遍布各地的客家话不论在声、韵、调上都可找到内部共通性,这是客家话音韵的一大特色。在语音的个别特性上来说,大埔、饶平、诏安在声母、韵母上,都具有漳潮方言地理特色,和四县海陆有明显不同。语言变化最为剧烈的非推诏安莫属:大量客家词汇的流失与借用闽南话词汇,并且开始有部分声母韵母产生系统性变化,这些是当地语言特色之一。而诏安客家话[-k]尾的消失,更是与一般汉语方言语言的演变方向反其道而行。台湾各地饶平客家话都带着一些当地优势客家话特色,但因为客家话内部的同质性强,饶平客家话的客家样貌反而比诏安客家话保留较为完整。

　　台湾客家方言间的语言接触,最典型的例子就是四海话的形成,这是台湾最大的两个客家族群:四县、海陆客家话相互习染的结果。各个地方声、韵、调、词汇相混的程度不同,总的来说,语言接触的结果:词汇变化最快,声母、韵母互相交融,声调则是最后的一道防线,用来标示自己的底层语言是四县还是海陆客家话。

　　台湾五大客家方言从中国各地共同迁移到台湾落脚,由于不同的历史与地理背景,形成了各个腔调的特色。研究这个课题,如同参加了方言历时演变与共时呈现交错发展的过程。

　　钟荣富关于该论题的成果有《客家话的构词和音韵的关系》(《第一届台湾语言国际研讨会论文集》155—176,文鹤出版有限公司 1995)、《六堆客家各次方言的音韵现象》(《第四届国际客家学术研讨会论文集》203—234,1998)等论文。

　　钟荣富《福尔摩沙的烙印:台湾客家语导论》(2001)是古国顺主编"客语教学丛书"之一种。钟荣富在《编者的话》中称,罗肇锦已经有《台湾的客家话》(1997),但本书为全面性探讨台湾客家话各次方言语音异同的第一本著作,希望能引发日后更多的田野调查,来印证或补充本书之发现,故名为导论。本书各章节与语音有关的内容为:第一章,绪论。引言、本书之组织、采用之音标。第二章,台湾地区客家话的分布。台湾地区客家方言的分类、分布;客家人与客家话。第三章,文献回顾。1957 年之前的客家话研究、描述语言学与客家话、现代音韵学理论与客家话研究、未来展望。第四章,客家话的语音。客家话的音节结构、发音器官、辅音、韵母、声调。第五章,各次方言的语音差异。基础背景、台湾各客家次方言间的音韵现象、共通的音韵现象、唇音异化、音节的合并。其他各章,分别为构词、疑问句、否定句、客家谚语的语言。本书的特点很突出:客家话语音研究系统完整;对客家话各次方言的语音差异进行了描述,指出其异同;对国内外学术界客家话研究成果吸取十分充分。

古国顺、罗肇锦、钟荣富、吕嵩雁等《台湾客语概论》(2005)第四章,台湾客语的音韵系统,谈了台湾客家话声母、韵母、声调、声韵配合、语音变化问题。第五章,台湾客语与国语的音系对应,谈了国语音系、声母对应、韵目对应、声调对应问题。第六章,台湾客语的次方言,介绍了四县、海陆、饶平、诏安、永定、美浓、大浦的语音情况。第七章,台湾客语音系与中古音系的对应,讲了《广韵》音系,以及台湾客家话音系与中古音系的声母韵母声调对应问题。第十一章,台湾客语同音字表,只列了四县、海陆两地的同音字表。作者称,本书在内容上力求结构完整;客家源流和分布,很自然涉及语音的源流和分布;注重历时和共时的比较。该书成为近些年来在台湾地区颇具影响力的客家话教学用书。

萧宇超、邱昀仪《东势客语变调:三至四字组分析》(《语言暨语言学》7.2:455—482,2006),萧宇超"The Metrical Structure of Changhua Folk Verse"(Concentric:Studies in Linguistics 32:11—29,2006)等也值得注意。

徐桂平《从句法与音韵的界面关系看客语的连读变调》(1995)主要探讨苗栗四县客家话的阴平变调现象。关于连读变调,学者多采用"直接指涉假设"(direct reference hypothesis)或"间接指涉假设"(indirect reference hypothesis)的观点来分析,本文即是从句法与音韵的界面理论来探讨阴平变调的运作范畴。在句法方面,主要就凯斯(Kaisse,1985)的"范畴成分统制"来检测句法成分间的关系对阴平变调运作的影响,发现仅以句法关系仍不足以定义阴平变调的运作范畴。关于韵律(prosodic)体系理论,采用席尔格(Selkirk,1986)的"端界基准参数"(end based parameters)来观察阴平变调,提议苗栗客家话中音韵词组是标记于非附加语最大投射的右侧,也发现阴平变调的运作范畴为语调词组,提出语调词组的形成原则与相关的制约。也从萧宇超(Hsiao,1991、1994)的"音板计数理论"(beat counting theory)来诠释具有吟唱节奏的三字组与四字组阴平变调,并修订音板扫描(beat scanning)的原则来说明不同的变调读法。

何纯惠《闽西中片客家话与混合方言音韵研究》(2013)介绍说,福建西部在汉语方言的分片上属于客家话汀州片,由北而南可以分为北片的宁化、清流,中片的长汀、连城,南边的武平、上杭、永定。汀州片内除了客家话之外,还有一些混合方言集中分布在连城县境内以及连城县的周边地区。闽西中片的混合方言具有客、闽语的音韵特点,但使用这些方言的人与闽、客族群都不能够顺利沟通。

作者以闽西中片的客家话与混合方言为研究对象,讨论闽西中片方言的音韵演变。文中用以比较研究的材料,除了前人的调查成果外,还包含了调查的五个方言点:长汀县的涂坊镇红坊村、羊牯乡官坑村以及连城县的莲峰镇、宣和乡培田村、赖源乡下村村。其中下村话为混合方言,其余四者为客家话。这五个方言点,有些是前人没有调查过的或是语料提供较不充足的,有些是与前人的调查成果有所出入的。何纯惠从历史音韵的分合关系切入,检视方言之间语音对应的系统性表现,建立闽西中片方言历史音韵的对应关系,归纳历史音韵现象的系统特色。

何纯惠论文分为六章。第一章,绪论,说明研究动机与目的、研究背景、研究方法,并回顾相关文献。第二章,说明闽西客家话与混合方言的地理分布与音韵特点。第三章,介绍主要研究材料的音系与音韵特点。第四章,讨论声母问题。第五章,讨论韵母的演变与牵动的链动变化,第六章,讨论声调归派以及相关问题。第七章,交待本文研究成果以及未来研究的开展方向。

邓盛有《客家话的古汉语和非汉语成分分析研究》(台湾中正大学博士论文,2006)研究的角度与其他学者有所不同,其古汉语分析可以"控制",但其非汉语成分分析是否得到人们的广泛认可就不好说了。

徐贤德《高树客家话语言接触研究》(2013)说:高树地区位于台湾屏东县的最北端,也是六堆地区最晚开发的右堆乡镇之一。高树和美浓隔着浓溪而邻,在乾隆初年,移民自武洛跨越着浓溪、隘寮溪至美浓与高树开垦。高树境内的语言由于族群的不同而有明显的差异,本文就现有的研究文献资料来梳理,从语言与族群迁徙两大角度来叙述本区的语言分布状况并探讨语言现象背后的成因,做出大胆的假设,希望能呈现出较为全面性的一种推论。

徐贤德论文分为几个部分:其一,高树客家话方言点简介。其二,高树地区客家话的比较。其三,高树地区的语言分布。其四,以开发史印证语言与族群分布。其五,高树地区的语言接触现象。其六,语言接触现象的分析。其七,结论。论文讨论了当前语言使用状况与实际上的复杂程度及其背后所代表的意涵和居民迁移至此的历史,并以语言接触的角度讨论闽客语接触的现象,最后以族群历史和语言现象的对照做出两者之间互相影响的结论。希望能够将复杂的表面想象,一层一层地解析成更接近原来的现实状况。

汉人(闽、客)开发此区域后经过了两三百年的族群融合,此地的语言现象和族群分布所呈现的是错综复杂的现象,作者试图以语言学上的证据,例如语言的分布现况、语言间的差异及语言接触现象,来对照历史上客家族群迁徙至此地的开发过程。以高树境内所具备复杂的语言现象来印证客家族群移民的历程,以客家开发六堆的历程来诠释复杂的语言现象,乃至于客家族群在六堆开发过程中与其他族群如福佬、平埔、高山族之间的相互关系。因此本文虽以客家语言和族群迁徙为主体,但是论述时也兼顾其他族群的观点。

杨名龙《台湾客家次方言关系研究》(2014)称,本论文将主线放在台湾客家次方言间的音韵层面的探讨上,辅线尝试论及台湾客家次方言词汇差异及文化意涵的解释,以及客家话动词重叠的表现形式。最后,说明台湾客家话其实是一个不断变动的语言,因移民、杂居的外部接触因素,内部语言结构也不断融合、渐变,而形成了现在的丰富多元面貌的"台湾客家话"。

台湾有学者列出比较重要的客家话语音研究文献,比如:罗肇锦主编《台湾客家语文研究辑刊》(台湾客家语文学会2010)涉及到语音的有四篇论文:徐建芳《新屋海陆客话的连音变调考察》、赖淑芬《屏东县四海话音韵研究》、彭盛星《台湾海陆客话和广东陆河客话的语音比较》、钟丽美等《学童的客语语音偏误现象及教学策略之探讨:以[eu][oi]两韵为例》。另有邱仲森《闽客方言中匣母字语音演变规律初探》(第二十二届台湾声韵学学术研讨会,台北市立师范学院2004)、《广东兴宁客家话深摄的发展》(第九届国际暨第二十三届台湾声韵学学术研讨会,静宜大学2005),房子钦《客家话一种语音异化现象和其修补策略》(第十届国际暨第二十五届台湾声韵学学术研讨会,台湾师范大学2007),徐贵荣《桃园观音仑坪客家话的语言归属》(《声韵论丛》15:219—246,2007)、《台湾饶平客话音韵的源与变》(新竹教育大学博士论文,2007),曹逢甫、叶瑞娟《诏安客家话[-k]尾的消失及其所引起的音韵变化》(《语言暨语言学》7.2:435—454,2006),黄雯君《古蟹止两摄在客家话的读法》(第九届国际暨第二十三届台湾声韵学学术研讨会,静宜大学2005),赖文英《客家声调演变的层次问题初探——古次浊声母与全浊上声母》(第二十四届台湾声韵学学术研讨会暨工作坊,台湾中山大学 2006)、《论语言接触与语音演变的层次问题——以台湾客语四海话的形成为例》(第十届国际暨第二十五届台湾声韵学学术研讨会,台湾师范大学 2007),彭心怡《玉林平话替换容县客语精清心声母背后所反映的链式音变》(第六届客家方言国际学术研讨会,厦门大学 2004)、《由偏前部位韵尾所增生的[i]元音及其相关的韵母变化——以江西客赣方言为例》(第十届国际暨第二十五届台湾声韵学学术研讨会,台湾师范大学 2007),黄雯君《古蟹止两摄在客家语的读法》(第九届国际暨第二十三届台湾声韵学学术研讨会,静宜大学 2005),刘胜权《客赣方言来母异读现象》(第八届国际客方言研讨会,台湾"中央大学"2008),何石松《客语歌麻同韵考——以猪哥猪猌吾我等字为例》(第二十二届台湾声韵学学术研讨会,台北市立师范学院 2004),邱湘云《浊音清化"例外"说再议——以闽南语和客家语为例》(第二十六届台湾声韵学学术研讨会,彰化师范大学 2008),陈秀琪《从客家话看古汉语的元音系统》(第二十四届台湾声韵学学术研讨会暨工作坊,台湾中山大学 2006),罗仕宏《东势客家话名词单音词与古汉语联系举隅》(台湾《中正大学中国文学系研究生论文集刊》9:99—115,2007),江敏华《客赣方言的鱼虞有别》(《赣方言研究》2:190—201,2012),何纯惠《连城县莲峰镇客家话的新生与音韵演变》(《台湾客家语文研究辑刊》2:1—35,2013),吕嵩雁《台湾客家话的语言接触研究》(五南图书出版股份有限公司 2008),陈秀琪《闽南客家话音韵研究》(彰化师范大学博士论文,2006),彭心怡《江西客赣语的特殊音韵现象与结构变迁》(中兴大学博士论文,2010),吕嵩雁《台湾饶平方言》(台湾东吴大学硕士论文,1993)、《台湾诏安客家方言稿》(未刊稿)、《桃园永定客家话的语音特点》(《台湾客家语论文集》55—78,文鹤出版有限公司 1998)、《台湾客家次方言语音探究》(《客家文化研讨会论文集》40—57,客家杂志社 1994),杨时逢《台湾桃园客家方言》(《史语所单刊》甲种之 22,台湾史语所 1957)、《云南方言调查报告》(史语所专刊之56,台湾史语所 1969)、《湖南方言调查报告》(史语所专刊之 66,台湾史语所1974)、《江西方言的内部分歧现象》(台湾《清华学报》[新]14:307—326,1982)、《四川方言调查报告》(史语所专刊之 82,台湾史语所 1984),钟荣富《论客家话的[V]声母》(《声韵论丛》3:435—455,1991),叶祥苓《赣东北方言特点》(《方言》2:107—111,1986),罗杰瑞著、张惠英译《汉语概说》(语文出版社 1995),罗肇锦《瑞金方言》(学生书局 1989)、《台湾的客家话》(台原出版社 1990)、《客语异读音的来源》(《台北师院学报》7:305—326,1993),罗香林《客家研究导论》(南天书局 1992),MacIver,D.1905 and M. C. Mackenzie 1926 A Chinese-English Dictionary,Hakka Dialect (《客英大辞典》,南天书局 1992),Rey,Charles 1901(1926)dictionnaire chinois-francais dialecte hac-ka(《客法大辞典》,南天书局 1998),江俊龙《台中东势客家方言词汇研究》(台湾中正大学硕士论文,1996)、《两岸大埔客家话研究》(台湾中正大学博士论文,2003),江敏华《台中县东势客家语音韵研究》(台湾大学硕士论文,1998),等等。

这当中包含了几项中国大陆研究客家话的成果。实际上,中国大陆研究客家话的成果还有不少,比如袁家骅《汉语方言概要》(1983)、黄雪贞《客家话的分布与内部异同》(《方言》2:81—96,1987)系列;罗美珍与邓晓华《客家方言》(福建教育出版社 1995)等等。涉及到各省客家话就更多,比如李如龙、张双庆《客赣方言调查报告》(1992),李如龙《闽西七县客家方言语音的异同》(《客家方言研究》99—117,暨南大学出版社 1997)、《粤西客家方言调查报告》(暨南大学出版社 1999),谢留文《客家方言语音研究》(中国社会科学出版社 2003),崔荣昌《四川境内的客方言》(上、下)(2011),以及利用传教士文献研究近代客家方言的著作,比如田志军《近代晚期粤东客音研究》(2015)等等,内容非常丰富。

日本学者桥本万太郎专著《客家方言》(1973)研究梅县及台湾四县、海陆客家话,涉及客家话语音的内容很多。

第六节　汉语赣方言语音

杨时逢《江西方言声调的调类》(1971)所用材料是作者于 1935 年春和赵元任、李方桂到江西南昌等地调查方言所收集的,当时调查有 52 处,但因为有一些不完整,不能使用,所以这里只用 45 处材料。江西方言称为赣语,有的学者称之为客赣语,分布在江西赣江流域、湖南东南及福建西北边界一带。因为来源不同,相当复杂。

作者认为,江西方言声调的调类可以分为四种类型:一是 7 声调类:阴平、阳平、上声、阴去、阳去、阴入、阳入,如新喻、奉新、玉山、弋阳、临川、贵溪、南康、虔南 8 处。二是 6 声调类,有 5 种:阴平、阳平、上声、阴去、阳去、入声,如南昌、新建、修水、靖安、都昌等 12 处;阴平、阳平、上声、去声、阴入、阳入,如会昌、龙南、定南等 4 处;阴平、阳平、上声、阴去、阳去、阴入,如安远、鄱阳、高安等 4 处;阴平、阳平、上声、阴去、阳去、阳入,只有上犹 1 处;阴平、阳平、上声、阳去、阴入、阳入,只有广丰 1 处。三是 5 声调类,分为 3 种:阴平、阳平、上声、去声、入声,如宜春、宜丰、万载、瑞金、万安、赣县等 8 处;阴平、阳平、上声、阴去、入声,只有上饶 1 处;阴平、阳平、上声、阴去、阳去,峡江、永新 2 处。四是 4 声调类,分为 2 种:阴平、阳平、上声、去声,只有萍乡 1 处;阴平、阳平、上声、阳去,只有乐平 1 处。

杨时逢对江西方言声调四种类型每一小种类的调值也进行了详尽的描写。但该文没有探讨声母韵母与各个区域声调之间的关系,以及还有许多人关注的连读变调问题。此外,杨时逢《江西方言的内部分歧现象》(台湾《清华学报》[新]14.1、2,1982)也与此研究相关。

杨时逢《南昌音系》(1969)称,1935 年春季,史语所语言组赵元任、李方桂和杨时逢赴江西各县进行方言调查,记录有 52 个点的方言材料,但大多材料并不丰富。不过,南昌方言材料还是比较完备的,所以,杨时逢把它整理出来。

其一,杨时逢介绍南昌方言概况。南昌方言是湘语的一种,也是典型的江西话,因为是省城,所以,成为标准的江西官话。南昌城内方言分为两派,有些读音不一致。

其二,杨时逢发掘的南昌音系。南昌音系声母 19 个,即[p][pʻ][m][f][t][tʻ][l][ts][tsʻ][s][ʐ][tɕ][tɕʻ][ȵ][ç][k][kʻ][ŋ][h],介音有[i][u][y]三种。韵母 55 个。元音有[ï][a][o][ɛ][e][ə][œ][u]8 种,韵尾除开尾韵母外,有半元音[i][u],鼻音[n],半鼻音跟舌根[ŋ]音,三个入声韵尾,一个是辅音[t],一个是边音[l],还有一个是喉塞[ʔ]。声调有阴平(31 调)、阳平(24 调)、上声(313 调)、阴去(35 调)、阳去(11 调)、入声(55 调)6 种。

该文除了设专节谈本地音韵,主要讲声母和韵母的配合情形外,还谈了和中古音对比的基本情况。

余直夫《奉新音系》(1975)、何大安《论赣方言》(1986)也是赣语研究的重要收获。

彭心怡《江西客赣语的特殊音韵现象与结构变迁》（2009）的研究主要锁定赣语的中心区域——江西省。作者指出，湖南、福建、安徽等地的赣语都是由江西赣语迁徙过去的，因此，要了解赣语，江西的赣语成了核心的关键。该文以江西省为研究范围，讨论江西省内的赣语与客家话的相关语音音变类型与特殊音韵现象。

彭心怡认为，自己的研究成果是：其一，声母。1.江西赣语南昌片今读的全浊声母为后起浊化的结果。江西赣语南昌片古全浊声母类的字今读为浊音的，因为声调表现为阳调，一时难以证明为后起变化，即经历过中古全浊声母清化后，又随着赣语"次清化浊"的规律一起再变浊音；抑或是一直保留全浊声母的格局。文中引用的何大安（1994）的说法，因为赣语大部分的次浊上声字归入阴上，所以赣语的声母是官话型的演变，而不是吴语型的演变规则。也就是说，江西赣语与官话型一样，都是先经历"全浊声母清化"，然后再发生"全浊上声归去声"。所以今日在江西湖口、星子等地的赣语所见的古全浊声母与古次清声母读为浊音的读法，前者为阳调类，后者为阴调类，都是先经历过中古"全浊声母清化"为送气清塞音、塞擦音后，再发生"次清化浊"的"规律逆转"（何大安：1988）后的读音。2.声母的拉链式音变。文章综合了南方汉语方言（粤、闽、平话、客、赣语），为南方汉语常见的声母的拉链式音变分出三种形态。形态一：帮、端浊化，形态二：两套平行演变的拉链音变，形态三：只有送气音音类进行拉链式音变。江西客赣语声母的拉链式音变属于形态三。3.影、疑、云以母。4.日母字的音读。

其二，韵母。从前文对江西客赣语韵母的描述里，作者发现江西客赣语的元音结构有一个前化、高化的推链（push chain）规律，而这项元音前化、高化的推链规律也常见于其他的汉语方言。推测为推链的理由在于，支思韵是至晚到《中原音韵》时才独立出来的，往前高化、前化的动力来自系统内部的压力，为一推链式的力量。

其三，韵尾与声调。1.江西客赣语里的三个特殊现象：（1）不连续调型；（2）韵尾前新生一个[i]元音；（3）边音[-l]韵尾，都是重音在江西客赣语里的不同表现。不连续调型吴语的鼻尾小称与赣语的不连续调型，有着相似却又逆反的音变过程。吴语因语法上的需求加上鼻音的词尾（鼻音是响音[sonorant]

的一种,响音因为具有响度,所以具备重音),分为鼻尾(响度大)+小称调(吴语小称调以高调为主,具清晰响亮的听觉感,鼻尾前的元音产生变长或变高的元音调整)、鼻化+小称调(以高平调 55 为主)。赣语重音表现在不连续调型上。赣语在句末或词末喜欢"拖音"(拉长音长,使其具有重音),声调变为低升或拉长的声调(声调拉长是重音的一种表现),余干入声尾变成相应的阳声韵尾;吉安县文陂去声调的元音拉长(鼻辅音响度大,相较于塞辅音韵尾可拉长)(元音变长是重音的表现)。2.韵尾前新生的[i]元音。韵尾前新生的[i]元音出现的语音环境有二:边音[-l]韵尾、韵摄分调。韵摄分调的背后语音道理是韵尾部位的高低。3."送气分调"先于"次清化浊"。江西南昌片赣语是兼有"送气分调"与"次清化浊"的方言点,在文中利用送气分调的声学特点来证明南昌片的赣语是先发生"送气分调",再发生"次清化浊"的。4."浊上声归阴平"的重点在"全浊字"而非次浊字。江西客家话与赣语都有"全浊上声归阴平"与"次浊上声归阴平"的声调变化,但江西客家话两项音变都充分地具备;而江西赣语则是前项音变普遍可见,而后项音变却偏少。作者采用王福堂(1999:61)的说法,以为"各地方言的全浊上字都参与了归入阴平的音变,而次浊上字是否参与音变则取决于有没有其他声调演变规律的影响。因此,浊上归阴平这一音变的核心成分应该是全浊上字,而不是次浊上字"。彭心怡并不把江西赣语"次浊上声归阴平"字例偏少的现象,认为是区分江西客家话与赣语的截然分界标准。

江敏华《客赣方言滋丝音的演变》(2014)认为,客赣方言精庄知章声母除全部合流外,最大特色便在于"精庄知二"与"知三章"的对立泾渭分明。客赣方言属于"精庄同源"方言,"精庄同源"是客赣方言中最典型的共同存古。知三、章系字由塞擦音变为舌尖塞音或舌根塞音现象,以及与送气滋丝音相关的变化,是观察语音演变的窗口。将几个音类接近且互有影响的音变规律放在一起观察,分析其地理分布,则可以对音变的相对年代及动态过程有进一步的探讨。

中国大陆学者有关赣方言研究的成果很多,比较早的是罗常培《临川音系》(科学出版社 1940/1958),后来有陈昌仪《赣方言研究》(江西教育出版社1991)、刘纶鑫《客赣方言比较研究》(中国社会科学出版社 1999)、袁家骅等《汉语方言概要》(语文出版社 2000)、侯精一《现代汉语方言概论》(上海教育出版社 2002)、万波《赣语声母的历史层次研究》(商务印书馆 2002)、刘泽民《客赣方言历史层次研究》(甘肃民族出版社 2005)、孙宜志《江西赣方言语音研究》(语文出版社 2007)、曹志耘《汉语方言地图集》(商务印书馆 2008)、胡松柏《赣东北方言调查研究》(2009)等,发展也很迅速。

第七节　汉语吴方言语音

赵元任《绩溪岭北音系》(1962)称,1934 年,赵元任、罗常培、杨时逢三人到安徽调查徽州方言,记录了绩溪城内音系。1946 年,以胡适为发音人,记录了绩溪县岭北方言音系。赵元任说,徽州方言在全国方言区里很难归类,因为所有的徽州话都分阴阳去,近似吴语;而声母没有浊塞音,又近似官话。但可以认定其是吴语的一种。

赵元任记录的绩溪岭北音系,声母有 21 个(零声母算在内):[p][pʻ][m][f][v][t][tʻ][n][ts][tsʻ][s][z][tɕ][tɕʻ][ɕ][i][k][kʻ][ŋ][h][ø]。声母当中[n][l]不分,可以算是自由替换音。浊音[v]跟[z]摩擦极轻,[v]近乎天津的[v],[z]近乎重庆的[z]。舌面声母[tɕ][tɕʻ][ɕ]和[ts]系、[k]系列成对补分配,所以在音位系统上有两属的可能,很像北京音情形;但是[ts]系和[tɕ]系缺鼻音而[k]系有鼻音,所以,[ts]系和[tɕ]系较近一点儿。声母[h]大半是深喉音,但在后元音前。韵母有 29 个:[z]([ɿ])[e][æ][a][o][ə][i][iæ][ia][iə][u][ue][ua][y][yæ][ya][ẽ][æ̃][ã][õ][ər][n̩][iã][iõ][uẽ][uæ][uã][yẽ][yæ]。韵母[z]([ɿ])是舌尖前的韵母,限于与[ts][tsʻ][s][z]相配。在绩溪城内,舌尖韵母可以和[n]相拼;在南乡,又可以和[t][tʻ]相拼,而不变成[ts][tsʻ]。元音[e]略有复化为[ei]的倾向。半鼻音先少后多。声调有 6 个:阴平(调值 21)、阳平(调值 32)、上声(调值 55)、阴去(调值 324)、阳去(调值 223)、入声(调值 32)。入声有[ʔ]尾,连下字时不失落。

赵元任、杨时逢《绩溪岭北方言》(1965),等于是在《绩溪岭北音系》基础上,与杨时逢合作而重新进行的描写和归纳。作者强调,绩溪岭北音声母 19 个,发音方法上,塞音有送气和不送气两套,都是清的。摩擦音除[v][z]母是浊音外,其余都是清的。除介音外,只有鼻音是浊的。绩溪岭北音韵母 30 个,有卷舌韵尾[ʔ],但没有北京那样厉害。声调还是 6 个。在本篇中,作者更加强调了声韵调三者之间的配合关系问题。

丁邦新《如皋方言的音韵》(1966)指出,如皋是江苏省境内长江以北较为靠海的一个县。如皋话音韵特点有某些像下江官话,又有某些音韵特点像吴语。论文分两个大部分,即"本地音韵"和"比较音韵"。前者是纯描述性的基本工作,同时是后者的依据。"比较音韵"又包含跟《广韵》所代表的中古音比较,跟吴语及下江官话比较等两部分。发音人是丁邦新自己,因为他的祖籍是如皋县雪岸镇,从小在家里一直用如皋话交谈,所以很有语感。

其一,如皋"本地音韵"。声母 17 个:[p][p'][m][f][t][t'][n][l][ts][ts'][s][r(ʐ)][k][k'][n][h][ø]。韵母 33 个,其中开口:[ï][ər][a][o][ei][ae][ou][eN][aN][əN][oN];齐齿:[i][ia][io][iae][iou][iN][ieN][iaN][inə][ioN];合口:[u][ua][uei][uae][uN][ueN][uaN][uəN];撮口:[y][ya][yuN][yəN]。作者说明,以[N]为韵尾的韵母统称为阳(入)声韵母,因为这些韵母除了配舒声调以外,还配有两个入声调。其他没有[N]尾的韵母称之为阴声韵母。声调 6 个:阴平(调值 11)、阳平(调值 35)、上声(调值 424)、去声(调值 44)、阴入(调值 44)、阳入(调值 35)。作者还列有《初步整理后本地声母韵母配合情形表》《音位化后本地声母韵母声调配合情形表》,说明声韵调配合关系。难能可贵的是,作者专门谈了"词尾'儿'对词根韵母的影响",还有"读音与语音、连音变化"等问题。

其二,如皋"比较音韵"。一是如皋语音与《切韵》为代表的中古音对比,二是如皋语音与吴语及下江官话语音比较。如皋语音与《切韵》为代表的中古音对比,列有 11 条,比如有鼻音韵尾只有一个[ŋ],在音值上有[n][ŋ],以及鼻化不同,他们出现正好形成互补状态;入声韵都有一个韵尾[N],在音值上是[ʔ];白话中,词尾"儿"对阳声韵和入声韵有很大的影响;中古全浊音声母在本地音中除去读纯擦音外,无论平仄,声母一律送气。如皋语音与吴语及下江官话语音比较的文献依据主要是赵元任《现代吴语的研究》和《南京音系》,有 33 个点方言记录。作者例举了 12 个音韵特点作为异同条件进行比较,发现如皋本地音和吴语相同的有 7 个,和南京话相同的有 5 个。丁邦新认为,如果这些条件的重要性完全相等,要说如皋本地音和吴语比较近就显得有点勉强。但事实上,在划分方言区域的时候,这些条件不可能完全有相等的重要性。而根据特别重要的条件来观察，对于[n][l]，如皋本地和吴语是分的，南京不分；如皋本地和吴语都有两个入声，南京只有 1 个；苏州话有 7 个调，其中阳上归入阳去，和如皋本地很相像；复元音单音化也是本地和吴语的特有趋势。针对有学者提出的浊塞音能和浊塞擦音相混是一个很重要条件的说法，丁邦新认为，如皋本地和南京都没有这一项，但由中古到现在演变却情形不同。比如"並定从群"4 个声母，南京平声送气、仄声不送气，而如皋本地无论平仄都送气。这也是吴语的特征。所以，根据这些特点，如皋方言以吴语为基本性质，吴语色彩较浓，而下江官话色彩较淡，成为两个方言区域之间的中间方言。

丁邦新《吴语声调之研究》(1984)是一篇十分重要的吴语声调研究论文，其意义在于，从理论上重新界定本调、变调、基调与原调等术语内涵，使之应用于研究时更为精密化，由此，带来了汉语声调研究新的思考方式，对旧的声调研究模式有所突破。

其一，丁邦新说明，赵元任《现代吴语的研究》(1928)是近人以科学方法调查吴语规模最大的一次，而工作者只有他跟杨时逢两个人。他们一共用了 1 个半月时间调查了 33 处方言，其中江苏省 19 处，浙江省 14 处。其记录声调的方法为：凭音管所定的绝对音高，用有长短的音乐符号记在五线谱上，发表时用简谱表示声调线的高扬起降，以平均音高作为中点线。这个方法跟他后来(1930)发明的五点制并不完全相同，应用起来有一些困难。同时，所用字表偏重单字，对于连调变化未见记载。这对吴语古调值拟测肯定有影响。因此，丁邦新不用《现代吴语的研究》作为主要依据，而只是参考。

《现代吴语的研究》之后，许多单篇论文记录或讨论吴语各地方音声调，这里加以引用。赵元任之外，丁邦新在后面所附参考文献中，涉及到 Ballard、王福堂、平山久雄、汪平、李荣、李方桂、吕叔湘、胡明扬、袁家骅、张琨、张家茂、张惠英、陈承融、叶祥苓、郑张尚芳、钱乃荣和石汝杰、谢自立等人论著。为着使用研究理论与方法的需要，丁邦新重点讨论了 Ballard(巴拉德，1969、1980)的论文。

其二，丁邦新解释说，Ballard(巴拉德)分别讨论了上海、苏州、海盐、绍兴、义乌、永康、温州、温岭 8 处方音的声调系统及其变调现象，一一检讨并以规则写出变调的规律，然后综合方音的情形分别按调类拟测各类的调值，观察同异以定取舍。从理论上说明以哪一家学说来解释吴语现象最为适当,并进一步评断这些学说的是非。这是一篇力作,但丁邦新对前半部的研究有不同的构想,跟 Ballard 的着眼点有区别,导致其拟测古吴语声调的过程和结论都产生了若干差异。

其三,丁邦新研究吴语声调使用的相关术语:本调、变调、基调与原调。他认为,声调术语存在内涵模糊及不周严问题。比如,研究中国方言的学者一向将一个字单念时的声调作为"本调",而将连读时发生变化的声调称为"变调",但这两个术语容易被误解为"本来的调"和"不是本来的调"或"后起的调"。平山久雄《厦门古调值的内部构拟》(1975)用"基本调值"及"替换调值"指称"末位音节"及"非末位音节",比较清楚,因为这些名称都只是用来说明平面的现象,并不包含时间前后的因素在内。丁邦新除继续沿用"本调"和"变调"名称外,还提出"基调"和"原调"两个名词来,前者是平面性的,后者则是历史性的。设立"基调"理由:以闽南话晋江音来说(董同龢 1960:796),一共有阴平、阳平、阴上、阳上、去声、阴入、阳入 7 个声调,但变调却有 8 个,其中去声有两个变调。只要从历史音韵学的角度观察,就会发现前者原来是阴去字,后者是阳去字。由此,要进行比较的话,势必要承认晋江音实际有 8 个"基调"。有了"基调"后,当比较不同方音而拟测古调值时,就要考虑声调经过了不同的历史层次。其中小方言是"基调",次方言的古调是"原调",然后才是大方言的古调系统。丁邦新在 Some Aspects of Tonal Development in Chinese Dialects(1982)中提出"变调是基调,同时也可能是原调"的看法。理解上要注意,一个方言中,某一个本调可能出现几个不同的变调,应该找出不同变调的原因,并分辨出主要的变调来。

其四,吴语小方言的基调系统。丁邦新指出,吴语包括 11 个小方言:苏州方言、吴江方言、常州方言、丹阳方言、崇明方言、海盐通圆方言、绍兴方言、永康方言、平阳方言、温州方言、温岭方言,各个小方言基调情况并不一样。比如苏州方言共有 8 个基调:阴平(55)、阳平(22)、阴上(52)、阳上(24)、阴去(41)、阳去(31)、阴入(55)、阳入(23)。其中,阴上、阳去、阴入、阳入的基调调值都跟本调一样;阳上是从变调产生出来的;其余三种基调单念时有一点变化:阴平略低,55→44;阳平、阴去调尾略升,分别为 22→223、41→412。当然,从基调变本调未必都有规则可循,其间变化有时很激烈,但苏州方言的情形在确定基调后却相当整齐。而绍兴方言，根据王福堂《绍兴话记音》（1959）的研究，绍兴话里双音节的连读变调分为两种，一种成词，一种不成词。短语按不成词的规律变调，由短语转化而成的词则按成词规律变调。绍兴双音节成词连读变调8个：阴平、阳平、阴上、阳上、阴去、阳去、阴入、阳入。其中阴平、阴去变调都是33，阳平和阳去都是11，但后字读法不同，可见本来基调的调型就不一样。平入两声是四调，其基调调值是两两相同的，可以作为基调。阴上、阳上接受它们的变调为基调。比较麻烦的是阴去、阳去，基调并不太好把握，因为它们的变调和基调完全一样，可以理解为，两个去声都是降调，或者是曲折的降调。绍兴双音节不成词连读8个变调更为复杂，其中后字除阴去以外都不变调；前字的变调完全受声母的清浊的制约而成为两类；例外现象出现在后字是阳上、阳去时，前字不再分两类。不成词的基调要从本调来解释，其规则也是晚起的。

其五，吴语的古声调系统。以吴语11个小方言的基调为依据，丁邦新进行吴语古声调系统的构拟：阴平几乎一致是偏高的平调，可以拟为55；阳平在5个地方都是偏低的平调，在3个地方是升调，可以设想是由于浊声母的关系使调首降低之后产生的变化，两个31降调则是个别的差异，故拟其调值为22；阴入也是一致偏高的短平调，拟为55；阳入有6处是偏低短平调，3处是低升调，拟其调值为22；阴去有6处是偏高的降调，阳去也有6处，但比较低，可以拟为一高一低，阴去42，阳去21；阳上只有9个小方言资料，其中5处是偏低的声调，另有两处是升降调，拟为13；阴上调麻烦，但还是拟为35。

这篇论文，是作者以变调为基调的构想实验，注重的是调类的相对关系以及调形和调值大趋势，就是古声调系统的构拟也是如此。

张琨《温州方言的音韵历史》（台湾《民族所集刊》32：13—73，1971）开启了温州方言历史研究的绪端。他的《论吴语方言》（1985）主要内容是：吴语分布在江苏省的南部和浙江省的大部分，江苏省的吴语与官话区接壤，浙江省的吴语与闽赣方言接壤。浙江省的杭州曾经是南宋的首都，杭州方言受官话的影响过重。上海、宁波与外界交往甚密，一定会受到外方言的影响。

张琨介绍，赵元任《现代吴语研究》（1928）用严式音标记录了33种吴语方言声韵调，具有代表性，也清清楚楚表明了内部的纷歧现象。1960年出版的《江苏省和上海市方言概况》有8个吴语方言。此外崇明方言（张惠英

1979、1980)、宁波方言(徐通锵未发表稿)、温岭方言(杭州大学 1959；李荣 1966、1978、1979)、温州方言(《汉语方言字汇》,1962)、平阳方言(陈承融 1979)、金华方言(约斋 1958)、武义方言(傅国通 1984)也有学者调查成稿。

张琨在分析的基础上,归纳了吴语方言内部差异及吴语语音基本特征问题。吴语方言分布广泛,当然会有内部差异。例如在 15 个吴语方言中,浙江的吴语方言还多半保存着《切韵》的舌面音声母,属于在《切韵》三等韵前边的知章系,江苏的吴语方言都把这些声母读成卷舌音或舌尖音声母,丢掉了《切韵》的三等介音。吴语语音基本特征,也是张琨认为判定吴语的基本条件,主要有:吴语保存着《切韵》的浊塞音塞擦音和擦音声母;吴语中,《切韵》的舌根音喉音声母在三四等韵前边差不多都读成舌面音;吴语中,《切韵》合口韵的合口介音多半消失掉了,只有在舌根音喉音声母后边开口的对立大致存在;吴语中,《切韵》的复合元音多半读成单元音,《切韵》的低元音[a]和[ɑ]收鼻音韵尾[m]和[n]的韵母也都读成单元音;吴语中,《切韵》的平上去入四个声调都分阴阳,由于声调的归并,所以,声调不一定都有 8 个。

张琨《论徽州方言的语音现象》(1986)称,徽州方言包括安徽南部黄山山脉以南以东几县,比如绩溪、屯溪、休宁、祁门、黟县、旌德等方言,其内部语音不一致。魏建功《黟县方言调查录》(1935)是最早涉足徽州方言论文。赵元任和杨时逢《绩溪岭北方言》(1965)说徽州方言“有点儿介乎吴楚之间的意味”。平田昌司《休宁音系简介》(1982)、伍巍《徽州方言音系特点》(1985)等也有所描写。

张琨主要讨论徽州方言的韵母和声调,附带论及了声母。一是韵母。按果摄和假摄、蟹摄、效摄、咸摄和山摄、梗摄、宕摄、流摄、遇摄、通摄、深摄臻摄曾摄、止摄附蟹摄三四等次序详细探讨。比如徽城、深度、黟县、休宁四个方言点果摄和假摄读音有前[a]和后[ɑ]的不同;《切韵》效摄一等豪韵、二等肴韵、三等宵和四等萧在徽州方言中大多读单元音[o]或[ɤ]等。二是声调。徽州方言大多数都不分阴上阳上,只有岭北、绩溪、屯溪方言分阴上阳上。《切韵》阳上字有的读得与阳去相同。徽城方言等《切韵》上声字读升调,祁门等读降调,岭北等读高平调,绩溪等读降升调。罗常培 1934 年在《国语周刊》152 期上发表文章讨论过徽州方言音韵要点,其中说,徽州方言大多数都不分阴上阳上,只有休城分阴上阳上。三是声母,讨论并不详细,以黟县两读字为主。黟县有些《切韵》唇音字有重唇轻唇两读；《切韵》舌面音声母字有的存在洪细两读；"蕉"字两读，其中精母腭化；《切韵》舌根音声母受腭化影响读成舌面音。休宁也有舌根舌面两读的。黟县有许多字送气不送气两读的，不但有《切韵》浊塞音声母字，还有清塞音声母字。黟县有几个《切韵》匣母合口字丢掉声母读为[vu][va][vam]或[ɔŋ]。

林婉如《〈吴下方言考〉音系研究》(2014)说，《吴下方言考》为清代胡文英著作，共十二卷，考据"吴下"一带俗语用词的本字来源，所收词目为993条，注音有795例，并依平水韵编排成书。因该书有以韵编排及注吴音的特性，故本文以"《吴下方言考》音系研究"为题，拟将《吴下方言考》中注音与中古反切及现代吴方言语音的对比，以构拟出《吴下方言考》当时的语音面貌。

《吴下方言考》声母部分，林婉如将四十一声母依发音部位分"唇音声母、舌音声母、齿音声母、牙音声母、喉音声母"等五节讨论，得出《吴下方言考》声母有"清浊混注、知照与部分庄系字混用、精庄合并、牙喉音相混、匣喻为母合并、影系浊音部分清化"等特点。

《吴下方言考》韵母部分，林婉如则依《吴下方言考》目录编排韵类探讨其中的分合情形，发现其韵类编排根据实际语音，而不一定与《平水韵》韵目相合。此外，从《吴下方言考》韵目的系联中还可看出当时已有鼻音韵尾合并成一类，[i]韵尾及入声韵尾弱化的情形。声调部分，林婉如统计《吴下方言考》音注声母与四声的关系，得出以下现象：1.舒声韵的相混；2.全浊上与平、去声的相混；3.去声与平声的混淆。

虽然《吴下方言考》所呈现的语音现象与现代吴方言相比较为混乱，但若把语音流变的背景因素考虑进去，则可发现《吴下方言考》的语音大致上仍符合吴方言的特征，其注音的不精确，反而反映出当时的实际语音。

林庆勋《明清韵书韵图反映吴语音韵特点观察》(2006)从汉语方言语音史角度论述吴语语音发展脉络，我们在"近代音"部分已经有所说明。

马希宁《徽州方言语音初探》(1992)以徽州方言的语音为讨论对象。作者介绍，徽州今指安徽省南部的山区，也是浙、皖、赣三省的交界地带，方言现象复杂不易归类，多年来为方言学者所关注，但鉴于方言语料尚未完整地被挖掘出来，因此只能以徽州方言暂称。马希宁将自1935年以来发表的徽州方言的文章加以整理，再加上作者在徽州当地所记录的语料，以传统音韵学的理论为基础逐一讨论徽州方言的声母(第二章)、韵母(第三章)、声调(第四章)。马希宁认为,徽州方言其实是邻近不同方言在此交会,使原方言发生种种不同变化所产生的一支新方言,这也是许多方言学者大致同意的看法;不过真正让人感兴趣的是徽州方言的原形究竟为何。无论是从声母、韵母或声调的对比看来,马希宁以为徽州方言原来可能和吴语的关系密切,也或者可以说徽州方言在接受其他方言的影响之前应该是一支吴语。马希宁不仅从历史、地理的渊源上探讨,也在语音上找到支持的证据;如韵母的单元音化,支微入鱼现象及声调的小称音变类型等都足以证明徽州方言与吴语的渊源是相当久远的。和韵母、声调比起来,声母所受其他方言的影响似乎较明显,这里所说的其他方言主要是指客赣方言。今天在徽州方言中所呈现的客赣方言特色应该和4世纪以来北方人因躲避战乱陆续南迁的历史有关;而官话的影响则更晚。因此,马希宁以为徽州方言若改以吴语徽州片称之亦无不妥,不过这还须要得出词汇、语法等方面的语料分析结果才能进一步确定。

丁邦新《〈苏州同音常用字汇〉之文白异读》(2002)提到,1935年3月陆基所编《注音符号苏州同音常用字汇》问世。它著录苏州方言成系统的文白异读。丁邦新就这些资料加以分析,解释苏州文白关系,认为总共有10条文白异读的现象,白话音有7条保留早期的读音,只有3条是后来变化或移借。丁邦新称,这是其《一百年前的苏州话》(2003)专著的一部分,提前发表。

丁邦新《一百年前的苏州话》(2003)是一部重要的方音史研究成果。在这部书的"自序"中,丁邦新说:

> 大概在一九六二到一九六三之间,先师董同龢先生交给我一份陆基编著的《注音符号·苏州同音常用字汇》的抄本,是赵元任先生和他的二小姐赵新那手抄的。那时我正在写如皋方言音韵的硕士论文,因为其中讨论如皋方言是否归属吴语的问题,可能因此董先生把这个抄本给我参考。论文写完初稿,董先生在病床上浏览一遍,还没有举行口试,先生就逝世了。这份抄本在我的行箧之中从南港带到柏克莱,再带到清水湾,在我手上已经辗转四十年了。在柏克莱加大的时候,曾经预备整理此书,请内子陈琪女士及助理徐雯小姐重新抄录一过,但是总觉得其它的研究工作更有趣,做整理资料的工作不那么积极,也就拖延下来了。到1998年

看到叶祥苓出版《苏州方言志》,在李荣先生的序里和叶氏的书中都提到陆基的《一百年前的苏州话》,只是语焉不详。我想为一百年前的苏州话留下一点相当完整的记录,也是有意义的事,把材料提供给同行,一定可以发挥更大的用途。同时可以观察这一百年来苏州方言的演变,语言如何演变一直是我关注的一个题目。

实际上,作者是在实现恩师遗愿而进行的研究,不同寻常。

《一百年前的苏州话》体例:自序。第一章,绪论:《苏州同音常用字汇》之作者及体例、"国语统一筹备委员会"所订苏州方音注音符号表之内容。第二章:一百年前苏州方言的音韵:《苏州同音常用字汇》所显示之声母、《苏州同音常用字汇》所显示之韵母、《苏州同音常用字汇》所显示之声调、《苏州同音常用字汇》声韵配合之情形、《苏州同音常用字汇》之文白异读、重排《苏州同音常用字汇》。

看得出来,丁邦新是严格按照方言历史文献研究的基本方法来处理语言资料的。其考订之细密,分析之深入,堪称典范。这是一部十分重要的苏州区域方言史著作。其中,苏州方音资料的研究占据了大部分,为研究百年苏州语音史提供了可靠的依据。

林英津《论吴方言的连读变调》(《国文学报》16:223—254,1987),张光宇《吴语在历史上的扩散运动》(1994)、《吴闽方言关系试论》(《中国语文》6:161—170,1993)等,为吴语历史研究之必读文献。

吴瑞文《吴闽方言音韵比较研究》(2005)利用西方历史语言学的比较方法(comparative method)来从事现代吴语、现代闽语的比较研究。所讨论的议题都集中在音韵(phonology)方面。吴瑞文从事吴闽方言的比较研究,主要从同源词的探讨入手,先个别分析吴闽方言内部的音韵层次,然后进一步建立不同方言层次间的对应关系。

《吴闽方言音韵比较研究》基本体例:第一章,绪论。说明研究目的,并介绍西方历史语言学及汉语方言学两方面的研究方法。第二章,研究对象——吴闽方言的地理分布与语音特点。介绍吴语、闽语在地理上的分布,并简单罗列两大方言及所属各片的语音特点。第三章,文献回顾——吴闽方言关系论述。罗列目前学界对吴闽方言关系的看法,并加若干述评。比如方言叠置说、时间层次说、吴语扩散说、古百越语底层说、古南方汉语说。第四章,吴闽方言历史音韵比较——声母。包括吴闽方言全浊声母的差异与清化走向、吴语方言全浊声母的今读分析、闽语方言全浊声母的今读分析、吴闽方言两项存古特征的比较——轻重唇分化与端知分化、吴闽方言匣母今读的分析与层次对应、吴闽方言从邪声母今读的分析与层次对应等。第五章,吴闽方言历史音韵比较——韵母。包括吴闽方言辅音韵尾的演变,蟹、效、咸、山一二等的区别,吴闽方言咸、山两摄三四等韵的分别,吴闽方言几个重韵的区别,吴闽方言宕摄开口三等字的层次分析。第六章,吴闽方言历史音韵比较——声调。包括吴语方言声调的今读表现、闽语方言声调的今读表现、闽语次浊上声字的层次分析。以上三章分别从声母、韵母及声调三个方面,对吴闽方言的历史音韵加以分析、探讨。第七章,结论与展望。说明本文对吴闽方言的关系及两大方言形成的看法,同时提出在本文的基础上可以展开的相关后续研究。

相关文章还有吴瑞文《吴闽方言哈泰二韵层次分析》(第九届国际闽方言学术研讨会,福建师范大学 2005),江敏华《由鼻音型和鼻音尾小称看吴语金华方言韵韵层次的历时演变》(台湾《清华学报》[新]36.2:523—541,2006),陈贵麟《中古"流通"两摄在吴语缙云西乡方言[-m]尾的特殊表现之研究》(林英津等编《汉藏语研究:龚煌城先生七秩寿庆论文集》787—806,2004)、《中古入声字在南部吴语缙云西乡方言的演变规律》(第九届国际暨第二十三届台湾声韵学学术研讨会,静宜大学 2005;《声韵论丛》14:113—138,2006),杨秀芳《从方言比较论吴闽同源词"摅"》(《语言暨语言学》4.1:167—196,2003)等。

林贝珊《吴语处衢方言韵母的历史层次》(2012)说,位于今日浙江省西南部、江西省东北部以及福建省北部的吴语处衢方言,是吴语当中语音状况相对较为保守的次方言区,历史音韵层次的叠积相当丰富。已出版的《吴语处衢方言研究》及《吴语江山广丰方言研究》两书中,共有开化、常山、江山、广丰、玉山、龙游、遂昌、云和、庆元九个方言点的语料。这批语料显示出今日的处衢方言拥有相当复杂的韵母系统。本文锁定观察处衢方言这批语料的韵母,试图厘清这些复杂的韵母现象,其背后可能的历史层次。本文主要运用三大方法分析音韵层次:(1)方言内部文白异读的辨析;(2)方言间同源词的对应比较;(3)音韵系统性的检视。然后,观察层次韵读具备何种音韵格局,参考汉语音韵史的发展历程,将音韵层次的年代加以分段定位。

林贝珊论文体例:第一章,绪论,说明吴语处衢地区的地理人文、研究对象、研究方法等等。第二章,介绍处衢九方言点,比如开化、常山、江山、广丰、玉山、龙游、遂昌、云和、庆元的语音系统,包括声母、韵母及声调。特别关注这些语音现象在历史上的对应关系及意义。第三章及第四章,进行处衢方言韵母的层次分析。第三章,分析《切韵》中古音时代及其以后的层次。第四章,分析南北朝时期及以前的层次,比如耕阳无别、侯幽同读、冬钟江宕同读、歌戈麻不分、末鎋韵与薛韵有别等。各章节皆尽量按照层次的年代由晚到早顺序排列。层次分析的结果,阴声韵的层次数量最多,阳声韵次之,入声韵最少;年代上则是愈晚的层次数量愈多,愈早年代留存的层次数量愈少;阴声韵及阳声韵的层次年代最早皆可上溯至先秦两汉时期,入声韵则最早仅能上溯至魏晋时期。总而言之,由历史层次的角度观之,处衢方言复杂的韵母现象多数能够获得解答,可以证明处衢地区今日复杂的共时韵母系统,重要的原因之一是由于历史上的音韵叠积以及本区较强的语言保守性所致。第五章为结论,说明主要的研究成果,对研究方法的局限进行反省,并且进一步思考未来相关的研究方向及展望。

在具体研究中,林贝珊也吸取了许多学者的成果,比如丁邦新《从历史层次论吴闽关系》(《方言》1:1—5,2006),中泽实子《从"蜈蚣"看吴语处衢方言的音韵层次》(台湾大学硕士论文,2003),秋谷裕幸《也谈吴语处衢方言中的闽语成分》(《语言研究》1:114—120,1999)、《吴语处衢方言中的闽语词——兼论处衢方言在闽语词汇史研究中的作用》(《语言研究》3:99—106,2000)、《吴语处衢方言里的东冬二韵——兼论处衢方言固有音韵层次的年代》(《中国语文》5:415—417,2000)、《早期吴语支脂之韵和鱼韵的历史层次》(《中国语文》5:447—480,2002)、《吴语处衢方言(西北片)古音构拟》(日本好文出版2003)等。其中,日本学者秋谷裕幸的研究十分引人注目。

郑慧雯《杭州方言音韵研究》(2007)说:杭州方言属于吴语太湖片底下的杭州小片,在音韵、词汇、句法方面,与其他太湖片吴语次方言具有许多共同特征。然而,由于公元12世纪初期北方战乱,宋室南迁,大量北方移民南下,使得杭州方言逐渐受到官话影响,造成它与周边地区的吴语有一些明显的差异。本文旨在探讨杭州方言的音韵现象,期能通过本论文的研究,归纳出杭州方言的音韵特色,并指出其与北部吴语在音韵现象上的同异及其缘由所在。

郑慧雯探讨杭州方言的音韵现象,分别从平面音韵系统、历史音韵比较两个方向入手,归纳杭州方言重要的音韵特点。在平面音韵系统方面,描述现今杭州方言的声母系统、韵母系统、声调系统、音节结构规则与限制,以及语流音变的现象。在历史音韵的比较上,分别以中古三十六字母与十六韵摄为参考架构进行历史音韵比较,分析杭州方言的历史音韵层次以及从中古以来的内部变化,再针对杭州方言与其他北部吴语次方言进行比较研究。在平面音韵系统中,除了对于特殊的音韵现象的分析之外,也对各家语料在音位规划上的同异有所探讨,加上全面性的历史音韵比较,此即本文主要之研究成果。

谢苗琳《苍南蛮话的音韵研究》(2007)体例:第一章,绪论。研究目的与方法;苍南蛮话的研究史;方言点简介;取材。其中,涉及苍南蛮话吴语说,提到学者颜逸明、傅佐之、丁邦新的论点;也提到苍南蛮话闽语说,比如学者郑张尚芳、秋谷裕幸的论点。第二章,介绍苍南蛮话的声母系统、韵母系统、声调及连读变调特点。第三章,苍南蛮话的历史音韵——声母部分。苍南蛮话声母通论:帮系与非系声母、端系声母与来母、见系声母、影系声母、知系声母、精系声母、章系声母与日母、庄系声母;苍南蛮话全浊声母清化的趋势;苍南蛮话的全浊声母字;苍南蛮话的全浊声母清化字。第四章,苍南蛮话的历史音韵——韵母与声调。蟹、山、效、咸摄的历史音韵;宕、江摄合流;曾、梗、臻摄部分合流;果、假、流、遇、止、通、深摄;舒声韵:果、假、流、遇、止摄;阳声韵与入声韵:通、深摄;苍南蛮话的韵母特色;鼻化韵母;带有介音 u 的韵母;蟹、效、咸、山摄四等的区别;声调。第五章,苍南蛮话的方言分群。从“方言分区”到“分言分群”、从苍南蛮话与泰顺蛮讲的“共同创新”特征论其“方言分群”、苍南蛮话的“存古特征”及边界语言的特色。第六章,结论。

丁邦新、张双庆编《闽语研究及其与周边方言的关系》(2002)是一次闽语与其他方言关系研究的总汇聚,与吴语研究关系十分密切,比如丁邦新《从特字看吴闽关系》就收录于此。

其他,还有丁邦新《吴语中的闽语成分》(1988),秋谷裕幸《浙南的闽东区方言》(台湾语言学所 2005),黄金文《方言接触与闽北方言演变》(2000),杨秀芳《论汉语方言中古全浊声母的清化》(1989),潘悟云《苍南蛮话》(1992),

杨勇《蛮话方言史》(上海社会科学院出版社 2014)等论著也和吴语语音研究相关。

第八节　汉语粤方言语音

台湾学者研究粤方言著作,比较早的是刘克明《广东语集成》(新高堂书店 1919)。后来,日本人河野登喜寿《广东语之研究》(新竹州警察文库 1933),文教局《日粤会话》(台湾总督府文教局 1938),山下升《广东语讲座》(台湾放送协会 1940),香坂顺一《北京语对照广东语研究》(东都书籍株式会社 1943),香坂顺一、林耀波《广东话会话典》(东部书籍株式会社 1943),香坂顺一《北京语广东语对照华语读本》(竹井书房 1944)等,也盛行一时。但这里的"广东话",还含有客家话成分,并不单纯。

赵元任《中山方言》(1948)是现代学者比较早研究粤方言的著作。他说明道,中山县的方言相当复杂,除了广州系统的方言之外,在县城以西,如龙头村的语言,完全属潮汕系的所谓"福姥话"。这种话连其本县人都听不懂。这里所记的是狭义的中山语,乃是县东石岐地方的方言,就是所谓中山话。它分布的地方,除了中山区外,在夏威夷群岛特别通行。文章涉及到的内容是:

其一,石岐中山话语音系统。赵元任介绍,石岐中山话除以元音和半元音起音字外,共有 15 个声母。发音部位只有唇、舌齿、牙喉三系,而没有官话那种卷舌跟腭音的声母。发音方法在塞音有送气不送气两套,都是清的;摩擦音也都是清的;除介音外只有鼻音跟边音是浊的。介音有[i][u]两种。元音有[a][o][œ][u][y][i]6 种。元音[a][o]有长短之别,例如三[sa:m]、心[sam],莫[mo:k]、目[mok]。其他元音是长的,只有[iŋ]的[i]读短音是个例外。韵尾除开音节韵母外,有 8 种:两个半元音[i][u];3 个鼻音[m][n][ŋ];3 个不爆发的塞音[p][t][k]。声调有六个调类,即阴平、阳平、上声、去声、阴入、阳入。多出来的两声就是跟平去同调而分出来的阴阳入两声。

其二,与广州音比较。石岐中山话与广州音大部分一样,须要注意的是不同的地方。在声母方面,广州[f]加主要元音[u]时,中山变[h]。广州不论古疑、影母字,凡今高元音韵母字都没有声母,例如拟[i]、愚[y];凡今以中或低元音起音的韵母都有[ŋ]声母。中山比较保守:凡今中或低元音前,疑母字有

[ŋ];在今高元音前,保存一部分疑母的[ŋ];影母字绝对不加[ŋ]。中山的这种情况与吴语近而与官话远。日母字在广州没有声母(介音不论),在中山一部分字用[ŋ]。齿音[ts][tsʻ][s]的部位很前,但没有广州舌面化倾向。鼻音声母[m][n][ʔ],在元音前带一点塞性的过渡音,成为[mᵇ][nᵈ][ŋᵍ]。声母[h]是个深喉摩擦音,但在后元音[u][o]之前略带小舌或舌根摩擦,近乎[x]。中或低元音起音的字,通常有声门爆发音[ʔ]。中山话有15个声母。在韵母方面,有41个韵母。中山没有类似[e]的中元音,而其他粤语有这样的音。中山有[am][om]与[ap][op]之别,与广州不同。广州分[o][uo];分[oːŋ][uoːŋ],又分[oːk][uoːk],中山就不分。等等。在声调方面,广州阴阳上,中山并为上声。广州阴阳去,中山并为去声。广州入声的阴入有上中两种,大致跟着元音长短走,短音上入,长音中入。中山只有阴阳两种入声,把广州的中入字归入它的阳入。

赵元任《台山语料》(1951)介绍说,在《台山语料》之前,他曾发表过《粤语入门》(英文版,1947)、《中山方言》(1948)等广东粤语研究著作,而此次研究的是珠江三角洲西南部的台山方言。他曾在《台山语料序论》(1951:61—66)中说,广东是"一个方言最丰富的区域,所以第一部调查就是两广方言,一方面想法子多得点语言的材料,一方面想法子利用向来没有很用过的语言记录跟语言分析的新工具。无论在标音方法上啊,或是音位论的分析上啊,哪怕是录音的新机器啊什么的,我们都想好好地试他一试"。

《台山语料》涉及的台山音系。声母20个:[p][pʻ][m][f][t][tʻ][n][lʻ][l][c][cʻ][s][y][k][kʻ][ŋ][h][kw][kɑw][w]。韵母有6个元音音位[i][e][a][o][u][ə],有[ø][i][u][m][n][ŋ][p][t][k]9个韵尾。声调7个,有阴平、阳平、上声、去声、上阴入、中阴入、阳入。台山没有多少连调变化。

王力、钱淞生在赵元任《台山语料》问世之前发表了《台山方音》(1950)一文。可与之参看。

张琨《〈切韵〉止摄遇摄字在现代粤语方言中的演变》(1989)根据詹伯慧、张日升《珠江三角洲方言调查报告》(1987)25个方言点材料,研讨《切韵》止摄遇摄字,即早期高元音[i][wi][u][ju]在现代粤语方言中不同声母后面的各种变化。

《切韵》止摄包括支脂之微四韵，这四个三等韵代表不同的上古来源，有《诗经》歌部、支部、脂部、微部、之部等。《切韵》遇摄包括一等模韵和鱼韵、虞韵两个三等韵，分别来自《诗经》鱼部、侯部。张琨分止摄开口[i]（支脂之微）、合口[wi]（支脂微）、遇摄一等[u]（模）、遇摄三等[ju]（鱼虞）进行比较说明。作者的结论是，现代粤语方言没有充分利用高元音[i][u][y]来反映早期的高元音韵母。《切韵》止摄遇摄的高元音韵母，受到一些声母的影响，分裂、降低，变成复元音和非高元音。比如[u]韵，在唇音声母和舌尖音声母后面降低分裂，读成复合元音。在广州等地读[ou]；在东莞等地读[ɔu]，与豪韵[ɑu]同韵；在江门方言中读[ou]，在新会读[æ]，与侯韵[əu]字同韵。花县方言[u]降低读[ou]，侯韵唇音声母字读[mou]，豪韵少数字读[ou]，大多数读[au]，与肴韵[au]合流。

黄光连《粤语源流概况》（《文史学报》11：45—53，1975），张孝裕《轻声辨义举例》（学海出版社 1977），余霭芹《遂溪方言里的文白异读》（台湾《史语所集刊》53.2：353—366，1982），何文华《广州话之声调》（《声韵论丛》2：423—442，1994），杨秀芳《论汉语方言中的全浊声母的清化》（《汉学研究》7.2，1989），何大安《海南岛乐会方言的口语音系》（《金祥恒教授逝世周年纪念论文集》33—42，1990），何大安主编《台湾语言学的创造力》（《汉学研究》第 18 期特刊，2000），吴瑾玮《香港粤语借词声调规律之研究：优选理论分析》（台湾《中国学术年刊》29：145—182，2007），郭必之《从虞之两韵"特字"看粤方言跟古江东方言的联系》（《语言暨语言学》5.3：583—614，2004）、《语言接触与规律改变——论中古全浊声母在粤北土话中的表现》（《语言暨语言学》6.1：43—73，2005），彭心怡《广东袁屋围粤语的短元音[ɒ]与圆唇元音》（第九届国际暨第二十三届台湾声韵学学术研讨会，静宜大学 2005）、《广东袁屋围粤语调查研究》（中兴大学硕士论文，2004）等涉及了粤语语音研究的许多问题。

江佳璐《19 世纪末中越边境粤语的语音变异现象》（2009）取材于 1900 年出版的法文版粤语教科书《粤语基础教程》。原作者 Lagar rue（库克）是一位法国海军军官，所记为中越边境的粤语方言。全书无汉字，而以越南罗马字标记广东话。将书中词语转写成汉字后，发现同一汉字经常对应若干略为不同的拼音，并有规则的对应关系。江佳璐检视了这些不一致的标记，发现它们反映

出元音的自由变异,越南语和广东、广西粤语的接触,依字义分读声调等现象,
是一段19世纪末中越边境粤语的珍贵记录。

第九节　汉语湘方言语音

一、湖南方言总述

1935年秋季,在赵元任的带领下,史语所语言组赴湖南各县进行方言调
查,记录有75个县的方言材料,并灌制语音音档铅片,供研究之用。杨时逢发
表的《湖南方言调查报告》(1974)就和那一次调查有关。杨时逢在《自序》中
说:"这《湖南方言调查报告》完全照着《湖北方言调查报告》方式来写,其中有
些方法或分区上的问题,一直还没有好的办法。"

《湖南方言调查报告》正文基本体例是:第一部分,总说明;第二部分,分
地报告;第三部分,综合报告。第一部分"总说明"包括四个方面:一是语音符
号及名词,包括辅音表、综合辅音、元音图、调号、高元音或半元音问题、洪细尖
团的观念、音位跟变值音位、国音;二是音韵概念,有音韵系统、声母、韵母、声
调内容;三是调查程序,有调查点、发音人、笔记、音档内容;四是调查点及地名
简称表。第二部分"分地报告"有两项内容:一是分地报告说明;二是具体调
查点的材料,分别罗列75个调查点的发音人履历、声韵调表、声韵调描写、与
古音比较表、同音字表、音韵特点、会话记音、故事记音内容。第三部分"综合
报告"内容为:甲、综合材料:总理遗嘱、狐假虎威故事、特字表、极常用词表;
乙、湖南(方言)特点及概说:分析特点表、分区概说;丙、湖北方言地图:参考
地图、特字地图、词类地图。这就为研究湖南方言提供了第一手资料。

杨时逢《湖南方言声调分布》(1957)内容:其一,杨时逢把湖南方言分成
四个区:沅江澧水一带属于湖南的西北地区,很像西南官话,尖团不分,"书
虚"不混,"南蓝年连"洪细混,宕摄通摄收[ŋ]尾。西部方言,如古丈、永绥、凤
凰等,有显著的浊塞跟浊塞擦音的[b][d][dz]等一套全浊声母。中部沿湘江
资水一带,如长沙、湘潭、安化等,分尖团"结"≠"节"、"书虚"混、"南"=
"蓝"、"年"≠"连"。南部土话最为复杂,如新田、蓝山、嘉禾、道县等,其文言
音很像西南官话,声调简单,杨时逢的研究取文言音材料。其二,湖南方言声

调调类及调值分布。杨时逢将湖南方言声调调类分为四类:一是四声调类,阴平、阳平、上声、去声,入声大部分归阳平。这是西南官话最为重要的特点。尚有少数方言入声归去声或分归阴阳平的,这近似于北方官话色彩,与一般西南官话不同。二是五声调类,阴平、阳平、上声、去声,入声。入声调值并不比一般舒声调值短促。三是五声调类,阴平、阳平、上声、阴去、阳去。分阴阳去而不分入声。四是六声调类,阴平、阳平、上声、阴去、阳去、入声。少数文言音阳去读阴去。调值分布:阴平调值大都是平调,次为升调,音高读成中高音节,低调很少。阳平调值大都是升调,次为平调及降调次之,降升调较少。上声调值降调最多,平调次之,升调很少。阴去调值升调最多,平调次之。阳去调值平调最多,升调降调次之。降升调只有"茶陵"1处。入声调值升调最多,平调次之,降调很少。

二、湖南各地方言分述

杨时逢《长沙音系》主要内容是:

其一,介绍了长沙方言的基本情况。长沙方言是湘语的一种,在市区的长沙话大致分为新旧两派,但这新旧两派方言除了一部分字音有些差异外基本一致。旧派长沙话分尖团音,而新派则合并不分。旧派长沙话通摄舒声字不跟深臻曾梗四摄的开齐韵混合,新派大都混合。《长沙音系》记述的长沙音系声母总共有 18 个,即[p][pʻ][m][f][t][tʻ][n][ts][tsʻ][s][ʐ][tɕ][tɕʻ][ɕ][k][kʻ][ŋ][h],介音有[i][u][y]三种。韵母 39 个。元音有[ï][a][o][ɤ][e][ə][i][u][y]9 种,韵尾除开尾韵母外,有元音[ɤ]及半元音[i][u],半鼻音跟舌根[ŋ]音 5 种。声调有阴平(33 调)、阳平(13 调)、上声(53 调)、阴去(35 调)、阳去(11 调)、入声(24 调)6 种。

其二,杨时逢设专节谈本地音韵,主要讲声母和韵母的配合情形。比如唇音声母[p][pʻ][f]合口只限于[u]韵,[m]不跟合口配;[f]母没有齐齿韵字;舌尖音声母[t][tʻ][n]不跟[u]韵或其他合口韵配合;[t][tʻ]没有撮口韵字;[ts][tsʻ][s][ʐ]跟[k][kʻ][ŋ][h]两组声母只有开合而没有齐撮,[tɕ][tɕʻ][ɕ]只有齐撮而没有开合;舌尖[ï]仅限于跟[ts]组及[ʐ]母字配合;除一个"噎"字读[e],及一个[ke]音外,[e]韵没有别的字;[io][ya][uɤ][ye]等韵只有入声字;[o]不跟[f]拼;[e]不跟[k]组配,等等。值得关注的是:阳平、阳去调只有不送气[p][t][ts][tɕ][k]声母字。

何大安《论永兴方言的送气浊声母》(1986)讨论的是四川一种湘方言,即永兴方言中送气浊声母问题。崔荣昌和李锡梅《四川境内的"老湖广话"》(《方言》3:188—197,1986)调查永兴方言,其声韵调为:声母 37 个:[p][p'][b][b'][m][f][t][t'][d][d'][n][ts][ts'][dz][dz'][z][s][tʂ][tʂ'][dʐ][dʐ'][ʐ][ʂ][tɕ][tɕ'][dʑ][dʑ'][ȵ][ɕ][k][k'][g][g'][ŋ][x][ɤ][ø];韵母 38 个:[ɿ][ʅ][ɚ][i][u][y][yu][a][ia][ua][o][yo][e][ie][ue][ye][ai][iai][uai][ei][uei][au][iau][əu][iəu][an][ian][uan][yan][ən][in][uən][yn][aŋ][iaŋ][uaŋ][oŋ][yoŋ];声调 4 个:阴平、阳平、上声、去声。

何大安说,永兴方言最引人注意的是拥有两套浊声母:一套送气,一套不送气。送气浊声母在音韵上结合的特点为大部分只配其中的平声,即阳平,不配其他的上去入声字;而不送气浊声母可以配相当于中古音的平上去入各种调类的字。对送气浊声母阳平的产生,何大安认为,当永兴方言从湘语区移入四川后,西南官话影响与日俱增,西南官话所具有的"浊音清化"(平声送气)、"入归阳平"特点开始发挥作用。"才"这类古平声字和永兴的阳平浊声母字对应,受西南官话的送气声母的影响,而成了送气浊母。另一个证据是与永兴相邻方言,即"老湖广话"竹嵩方言,具有四川官话的一些特点,比如声调分阴平阳平(入归阳平)等,也存在这种"影响规律"。竹嵩方言浊声母正在消失过程中,其有[b][d][dz]等不送气浊声母,也有[b'][dz']送气浊声母,除了"疋、屁"之外,来源也是古平声字。其中"皮、脾、牌"送气浊声母阳平字,也是西南官话影响的结果。

至于给学者们的启示,何大安说,这让人们看到了方言接触和结构变迁的许多重要现象。此外,语言层的相互关系与更迭过程也是极可注意的。永兴许多字都有两读或三读,就可以表明不同语音层的演变正在进行中。

何大安《方言接触与语言层次——以达县长沙话去声为例》(1990)介绍,达县长沙话是四川境内的一种湘方言。操这种方言的人,其祖先自明末清初迁入达县安仁乡。包括达县及周边地区流行的是西南官话。崔荣昌《四川达县长沙话记略》(《方言》1:20—29,1989)对其有详细描述,何大安关注的是达县长沙话声调系统中相当于中古去声的那些字,在这个方言中分读三个不同的声调,就是崔荣昌所说的"去声甲、去声乙、去声丙"。去声调三分,在汉语方言中并不多见,造成这种情况的原因是何大安所关心的。

何大安看到,去声调三分的音韵条件并不明显。他根据去声异读现象进行分析,发现,长沙的阴去、阳去(杨时逢《湖南方言调查报告》1974)和达县的去声,在调值和分布特点上,与达县长沙话"去声甲、去声乙、去声丙"非常相似。可以假设,达县长沙话"去声甲、去声乙、去声丙"分别相当于长沙的阴去、阳去和达县的去声,"去声甲、去声乙"是入川之前的就已经有的文白之分,"去声丙"则是入川之后受达县西南官话影响新形成的声调。从历时的观点看,"去声甲、去声乙、去声丙"代表三个语言层;从共时的观点看,甲、乙、丙的共存便造成了去声调三分。

论文还讨论了与去声调三分相关的上声和入声字演变,以及方言接触所引起的音韵变化等问题。比如达县长沙话去声里,除了有中古的去声字之外,还有 60 个中古上声字,其中 58 个是中古全浊和次浊的上声字,这是一种"浊上归去",它们"去声甲、去声乙、去声丙"的分化,也可以通过文白异读得到解释,即表现一种层次关系。"去声丙",文读;"去声甲、去声乙",白读。如果"去声甲、去声乙"是入川之前形成的,表示 400 多年前长沙话已完成了"浊上归去"。达县长沙话入声今读阳平、"去声甲、去声乙、去声丙"。其中,"入声归去"在入川之前也完成了。还有,根据文献,达县长沙话经历了入湘前(赣语层,元末)、在湘(元末到明末)、入川后(清末民初到现在)三个历史阶段。与之相关的何大安《论达县长沙话三类去声的语言层次》(《声韵论丛》3：307—332,1991),也探讨了去声的历史变化问题。

王本瑛《娄底方言音韵系统研究》(台湾清华大学硕士论文,1991)以调查为主,兼而描写娄底方言音系特征。

萧佳雯《张家界方言音韵系统研究》(2004)介绍：湘西地处西南官话区、瓦乡话区及湘语区的交接地带,其北面和西面都直接与西南官话相交。其西以云贵高原缘连贵州,西北以武陵山脉毗四川,南枕南岭山地与广东、广西相接,北拥滨湖山地与湖北相邻,在长期的方言形成发展过程中,湘西方言与西南官话的相互影响和渗透从未间断过。加上长期与该地区聚居的少数民族接触,使得湘西方言带有不同方言的过渡色彩。湖南境内方言研究近年蓬勃发展,不论是东部的客赣语、湘语、中南部的土话及西部土家语等研究均极为兴盛,这对我们研究湘西方言是有极大的帮助。

萧佳雯针对湖南省张家界市的方言现况作一初步的描写及分析。张家界市原名大庸市,1994 年 4 月正式更名为张家界市。由于市内聚居大量的少数民族,故张家界市内通行的方言主要是以汉语及土家语为主,当地人通话以土家语,对外则以汉语为主。论文分成五章节。第一章,前言,除初步了解湖南省境内方言及土家语外,还针对张家界市的地理、人口概况及历史沿革做重点式的介绍。第二章,关于张家界方言的声母系统,分析全浊声母在汉语方言中的演变情形,并以不同方言接触的角度讨论张家界方言中全浊声母的例外;此外,讨论精知庄章四组声母的读音情形及与介音间的互动情形;疑母字的演变及消失。第三章,着重在张家界方言的韵母系统,针对韵尾问题及元音破裂进行分析及讨论。第四章,张家界方言的声调系统,张家界方言有 4 个声调,与一般官话方言的声调数目相同。讨论平声调的归并、入声调的归并问题。第五章,总结。

廖湘美还有《祁阳方言梗摄文白异读初探》(《华梵人文学报》2:127—152,2004)等。

大陆学者研究湖南方言,主要有鲍厚星《湖南省汉语方言地图三幅》(《方言》4:273—276,1985),鲍厚星、颜森《湖南方言的分区》(《方言》4:273—276,1986),鲍厚星等《长沙方言研究》(1999),陈立中《湘语与吴语音韵比较研究》(中国社会科学出版社 2004),陈晖《湘方言语音研究》(湖南师范大学出版社 2006),彭建国《湘语音韵方言历史层次研究》(2010)等。

第十节　余论

台湾学者汉语方言语音研究方兴未艾,兴盛之况,难以言表,大有取代汉语音韵学研究之势。造成这种局面的原因是多方面的,但前中研院史语所的学术积淀,所做出的历史性贡献,所带来的巨大学术影响,所发挥的先导作用,是很重要的直接因素之一,这是必须承认的。

其一,以赵元任为首的汉语方言调查实践,树立了汉语方言调查与研究的典范。到了 1949 年以后,杨时逢承其后续,发扬光大;受赵元任汉语方言学学术"福运"之荫庇,台湾汉语方言语音研究后继有人,构成了非常可观的"学术共同体"优势,取得了如此骄人的一系列重要成果并不让人感到意外。

其二,以李方桂《中国境内的语言和方言》为基本理论框架,构成了汉语方言研究的理论内核。张琨、丁邦新、何大安等学者进一步完善,汉语方言理论体系已经基本成熟,其解释能力大大增强。各个流派异彩纷呈,各种学术思潮不断涌现,必然促进方言研究"新见迭出",繁荣昌盛。

其三,历史文献发掘与现代方言实地调查相结合,汉语方言与非汉语语言比较,"个性"特征与"共性类型"研究交替呈现,汉语方言基本规律正在不断地被揭示,"内在张力"释放后所显现的巨大能量优势,咄咄逼人。台湾学者汉语方言的研究所取得的巨大成绩与汉语音韵学所获得的"新生"活力相互作用,相互促进,进步之神速,则有目共睹。

其四,在汉语方言研究中,闽南话语音研究独特性地位空前地受到推崇。这和一些学者所具有的强烈"台湾语"政治意识直接相关,偏颇十分明显。闽南话语音研究"多元性",意味着研究的复杂性特征极其突出,需要研究者冷静地观察和审视。

其五,闽南话之外的其他方言区方言资源也得到了相应的重视和开发。比如客家话语音,方言接触、族群语言互动,主体学术研究需要的自我意识,在认知过程中不断地得到强化。

但在台湾学者中,也有一些值得注意的倾向,比如台湾学者汉语方言研究过程中的价值判断"失衡",导致了一些学者对汉语方言之间关系研究的"错位",比如将闽南话称之为"台语",将所谓"台语"与"国语"对立,汉语方言研究"价值评价"逻辑思维模式呈现了"残损"状态,所以,非正常的"话语霸权、话语殖民"问题愈显突出。毫无疑问,它直接阻碍了正常的汉语方言研究历史发展的进程,这是需要我们认真对待的一种学术倾向。

台湾学者汉语方言语音研究的学术领域,有一些项目还须要"填充",比如满语和北京官话语音关系以及北京官话语音的调查研究等。大陆学者张世方《北京官话语音研究》(北京语言大学出版社 2010)、王远新等《北京官话方言岛研究:清东陵和清西陵的满语研究》(2012)已经有所作为,这是应该看到的。

大陆学者研究汉语方言,以国家社科基金重大课题或教育部哲学社会科学研究重大课题攻关项目形式展开研究,正在形成集团"攻关"优势,比如曹志耘《中国方言文化典藏》以及《汉语方言地图集》，乔全生《近代汉语方言文献集成》，潘悟云《汉语方言计算机处理系统》以及《基于严格语音对应的汉语与民族语关系字研究》的方言数据库建设，李蓝《方志中方言资料的整理、辑录及数字化工程》，陈晓锦《海外华人社区汉语方言与文化研究》等等，显现了另一种研究的模式，也是值得注意的倾向。比如陈晓锦重大项目成果之一，肖自辉《泰国的西南官话》（广东人民出版社 2016）就很好地实践着这个目标。泰国讲西南官话的华人绝大多数是云南籍的，但也分为四种，比如麻栗坝、澜沧、龙陵、腾冲，都有自己的语音特点。这种成果的问世，为汉语方言语音研究开拓了新路。

第八章

台湾汉语音韵学史文献盘点七：语音比较

这里所说的语音比较，指的是汉语各方言之间，汉语与中国少数民族语言之间，以及汉语与国外语言之间的语音比较研究，它已经成为台湾汉语音韵学史一个十分突出的亮点，为世人所瞩目。

第一节　汉藏语系语音比较

一、李方桂藏语及汉藏语音对比研究

丁邦新《"非汉语"语言学之父——李方桂先生》（2000）提到，李方桂早在1933 年就发表了《藏文前缀对词根声母的一些语音影响》一文，讨论了古藏语词头对字根声母影响，即以特定的方式改变字根声母的发音方法，比如辅音交替，是浊音对清送气音，不牵涉清不送气音。1955 年，他又发表了《唐蕃会盟碑的研究》一文，一方面详辨碑文拓本上看得见的文字，一方面根据藏文文义设法复原古藏文，全部用罗马字拼写出来，并加以翻译及注释。碑文的对音部分对于研究公元 9 世纪的藏语及汉语音韵都有相当的价值。

丁邦新编《中国语言学论文集》（2008）还刊有李方桂《藏语复辅音的汉语转写》《敦煌的汉藏词汇表》《藏文［sog］考》等论著。其中，《敦煌的汉藏词汇表》是对拉露（Lalou）编辑《敦煌藏文写卷清单》"词汇表"的进一步补充与修订。文献既取自于《大正藏》，也取自于《藏文大藏经》写卷。

李方桂《藏汉系语言研究法》（1951）的总结，奠定了汉藏系语言研究理论

与方法基础。李方桂强调:第一,汉藏系是研究一种语言的方法,在原则上与研究另一种语言没有多大的区别。只要我们对于普通语言原理有深刻的认识,对于语言材料的摆布有经验,研究起来就不会陷入一般人的错误。第二,各种语言的构造很不一致,研究的原则上固然没有什么大的不同,但是,在研究的手续及技术上确有其不同的地方。李方桂批评西门华德(Walter Simon)《藏汉语词的比较》的可靠性太小,并分析了汉藏语系研究"迟缓"的原因,讨论了汉藏语系基本研究方法。他认为,比较的研究就是历史的研究的变相,主要的目的是想把两个或两个以上的语言找出若干套相合点,从这些相合点,我们可以假设它们有同一的来源,所以,每一个相合点可以拟定一个原始型,并且可以从这个原始型依一定的规律变成现在的形式及状态。至于对具体比较工作的认识,他说,因为比较研究是求历史上的联系,所以,全系的比较不如一支系的比较容易。因为相近的小支语言,它们历史上的时间变迁都较少,比较起来简单;并且同较大的支系去比较也得拿它作基础。所以,把西藏语同汉语比,就不如把西藏语同它相近的缅甸语比;把暹罗语同汉语比,就不如把暹罗语同它的同系别语言对比。我们把台语系的系统弄清楚之后,再与汉语比,那么,我们的研究就立在较稳固的基础上了。

二、张琨藏语、汉藏语音对比及其他研究

张琨有《瑶语入声字》(《民族语文》3:11—18,1992)、《西藏口语语料》(1—4册,1981年出齐)、《苗瑶语声调问题》(1948)、《彝族苗族方言的音位系统》(台湾《史语所集刊》29[上]:11—19,1957)、《汉藏语系的"针"字》(《民族译丛》1:41—50,1981)、《苗瑶语中的早期汉语借字》(台湾《史语所集刊》70.1:283—288,1999)等论文。张琨《苗瑶语声调问题》(1948)调查贵州及广东、越南的苗瑶语10个点,结论为,古苗瑶语有八个调类,其中有两个入声。八个调类四个是阴调,四个是阳调。阴阳调的分立是依照声母清浊来分的。

张琨也曾发表《中国境内非汉语研究的方向》(张贤豹记录,幼狮月刊社编《中国语言学论集》246—265,1977),认为应该用语言学的方法来建立语言的分类,而不是靠民族的称呼和地理分布分类;藏文保存下来的文字记载形式是藏缅语最早的形式;进行比较研究的时候,一定要知道各种语言的历史,而比较研究最基本的工作就是找出同源字;研究藏缅语有两个特别的问题:一个

是声调发生的问题,一个是构拟苗瑶语韵母,大致得依靠瑶语的材料。这实际上提出了中国境内非汉语研究的一个基本的思路问题,是值得特别注意的。

在幼狮月刊社编《中国语言学论集》(1977)中还刊载了陈毓华访谈张琨的记录《汉藏语系的世界》(426—434 页)。这当中,张琨谈到了有关汉藏语系研究的一些意见:

> 大体说来,汉藏语系有四大类:1.汉语;2.藏缅语;3.侗泰语;4.苗瑶语。汉语除外,其他分别有文字记载的时代各不相同。藏语约在七八世纪,缅语在十五世纪先后,侗泰语则在十三世纪时,而苗瑶语则仅是近一二百年来的事而已。所以,文字记载的年代越晚,越不容易研究出整套的音韵史来,而且,这项工作由于,第一、缺乏材料记录;第二、要深入一层研究语音演变历史,内部的变化是怎么个情形,更是不容易。所以,在应用汉藏语系作为比较研究的工具之先,必须要先对每一种语言作深入的历史性探讨,得出那个语言的结构情形才可。如李方桂先生做的泰语研究,我太太专注藏语,而我则注意苗瑶语的研究等,就是本着这种想法进行各种语系的研究的。大致说来,汉藏语系研究的目的有三个:一是做比较研究;二是由研究中是否可以看出一点点语言变化的世界性出来;三是也可找出这些语言是否具备地区性。例如:苗瑶语中,苗语的韵尾辅音早就失去,有点儿像吴语,而瑶语则和粤语闽语一样,有很清楚的韵尾辅音保全至今。

有比较研究,有类型学研究,还有个性特征研究,真正符合语言研究的一般性规律,在今天也是具有现实意义的。

三、周法高上古汉语和汉藏语关系研究

周法高曾发表《中国境内的语言》一文(1973),在李方桂《中国境内语言和方言》(1937)研究基础上,对中国境内的语言进行了进一步分类,分为五个"语族":汉藏语族、南亚语族、阿尔泰语族、印欧语族、南岛语族。作者强调,藏缅语系是汉藏语族的重要支系之一。《中国音韵学论文集》(1984)收有周法高 1968 年到 1972 年期间在香港中文大学任教时所发表的 4 篇论文。其中

《上古汉语和汉藏语》(原载《香港中文大学中国文化研究所学报》5:159—244,1972)是周法高上古汉语和汉藏语关系研究的力作:

其一,《上古汉语和汉藏语》写作动机和缘起。周法高说,他写这篇论文的契机,是应《香港中文大学中国文化研究所报》主编全汉升的请求,为班尼迪(Paul K.Benedict,大陆译为白保罗)所著 Sino-Tibetan,A Conspectus(剑桥大学 1972;《汉藏语概要》,罗美珍、乐赛月译,中国社会科学院民族研究所 1984)撰写书评而引发的。由此,他开始研究上古汉语和汉藏语关系问题。他意识到,现代研究语言学的人对于汉语也相当重视,可是就汉语而研究汉语,总不容易跳出前人的圈子来;如果除了治国学的方法和治现代语言学的方法而外,还能对于汉藏语族的全貌有所认识,对和汉语有关的藏缅语、泰语有所了解,那么,便可以扩大研究领域,改进看法,使方法更加细密,甚而可以进一步上溯到原始汉语(Proto-Chinese)的阶段,而对汉藏语有所构拟;那么,这一学问便有很大的发展了(《中国音韵学论文集》232 页)。

周法高介绍说,班(白保罗)书讨论汉藏语族中藏缅语支、卡伦语支和汉语支三者的声韵、形态、造句诸方面,是一本划时代的著作。篇幅虽然不大,却是从著者在三十年前所收集的十二册资料中提要钩玄出来的。除了作者在某些方面加以修改之外,马第琐夫(James A.Matisoff,又译为"马提索夫")加了好几百个注,使此书的内容能赶得上时代(全书马第琐夫和班尼迪脚注494 个)。《汉藏语概要》书后的"附录一"是藏缅语词根;"附录二"是按英语顺序排列的英语—藏缅语索引;"附录三"是主要藏缅语资料目录;"附录四"是作者和编者著作目录。这是《汉藏语概要》的基本体例情况。

其二,《上古汉语和汉藏语》体例。一是前言;二是汉藏语族的分支和特质;三是藏缅语的辅音、元音和声调;四是上古汉语的声母,附列《上古汉语和藏缅语声母对应关系表》;五是上古汉语的韵母,附列《上古汉语和藏缅语韵母对照表》;六是上古汉语的声调;七是比较语义的研究。周法高全文附录列了班尼迪附录内容,比如"附录一",汉语与其他语言索引;"附录二",英语—藏缅语(或其他语言)—汉语索引;"附录三",班书引用著作表。但略去了附录三和附录四。关于这一点周法高有说明。

其三,《上古汉语和汉藏语》所强调的班尼迪(白保罗)观点。关于"汉藏语族的分支和特质"问题,周法高介绍的班尼迪看法与李方桂《中国境内的语言和方言》(1937)以及罗常培和傅懋勣《国内少数民族语言文字的概况》(1954)不大相同,他认为把泰语和苗瑶语归入汉藏语系是不正确的,应该归入南岛泰语族。此外,他还认为,汉藏语的成分只构成汉语的表层,而底层另有不同的来源;要证明两种语言有关,必须建立在较完整的对应关系上,汉语和藏缅语的关系还没有能达到这个地步。关于藏缅语的辅音、元音和声调,他构拟出藏缅语 16 个韵尾辅音,还有两种类型的复辅音,比如塞音或鼻音加流音、辅音加半元音。藏缅语元音有 5 个,即[ɑ][o][u][i][e]。声调上,西部藏语缺乏声调,中部藏语有两个声调。关于上古汉语的声母,周法高说班书的资料大部分是根据高本汉的说法,对于批判和修正高本汉学说的中文论文却参考得很少,可能是由于语文隔阂的原因,在书中只提到了马伯乐、西门华德、李方桂。周法高屡次提及班尼迪 1948 年论文,并且比较高本汉和班尼迪 1948 年论文提到的一些观点。比如:高本汉构拟的韵尾[*-g]和[*-d],班氏主张是从藏缅语的韵尾[*-w]和[*-y]变来的;王力则主张把高本汉[*-g]和[*-d]改拟成[-u][-i]。班氏认为高本汉构拟的上古音声母和元音系统太复杂,其中,不送气塞音和齿上音是多余的。周法高在《上古汉语和藏缅语声母对应关系表》之后,就其喉牙音、舌音、正齿三等、齿头音和正齿二等、唇音等问题进行了讨论,并提出了自己的一些看法。关于上古汉语的韵母,班尼迪认为高本汉构拟的 10 个元音音位会引起比较分析的困难,周法高同意这个看法,并且举出李方桂 4 个元音说,以及自己的[i][u]合并为[e]的说法。对于高本汉构拟的上古音韵尾,班尼迪认为会被许多人怀疑,周法高提出了自己的看法。关于上古汉语的声调,班尼迪认为,汉语的声调系统可以解释为三个调位:平声、上声、去声;而周法高则补充说,去声不构成一种独立的声调。

周法高介绍《汉藏语概要》的目的主要是强调班尼迪(白保罗)的贡献,以及提出由此引发的一些启人深思的问题,尽管他并不一定同意班尼迪的许多观点,这一点非常明显。

四、辛勉汉藏语音比较研究

辛勉《古代藏语和中古汉语语音系统的比较研究》(1972)是一部非常重要的有关汉藏语音比较研究的学术力作。其体例为:序。第一编,古代藏语的语音系统。第一章,古代藏语的辅音系统;第二章,古代藏语的元音系统和韵类;第三章,古代藏语的声调系统。第二编,中古汉语的语音系统。第一章,中古汉语的辅音;第二章,中古汉语的韵类和韵母;第三章,中古汉语的声调。第三编,古代藏语和中古汉语语音系统的比较。结论。基本内容为:

其一,梳理了古代藏语的语音系统。作者在"序"中已经说明,古代藏语指的是公元 7 世纪前半期的藏语。作者分析古代藏语的辅音系统,主要讨论了藏文字母的创制与古代藏语语音的保存;藏语 30 个辅音字母跟梵文 33 个辅音字母之间的关系;土米创制汉藏语系特有的 6 个音值字母及其经过;藏语关键字母——喉塞音;30 字母在藏地的发音部位和发音方法;三基本音贯穿30 字母的理论依据;藏语 30 字母在汉藏语族语音学研究上的意义;古代藏语不可任意拼缀的 20 个字母;音译梵语文经咒特设的 10 个字母;古代藏语有无浊气送音问题;古代藏语有无卷舌音问题;古代藏语首发辅音群的类别;发辅音群与名根声母结合的规律及其发音情形。关于古代藏语的元音系统和韵类,主要讨论了藏语的元音;藏语[a]元音的特性;藏语四韵符跟梵语中介韵符的关系;四韵符在藏地传统发音部位和发音方法;四韵符取代[a]元音的而拼缀成音节的原理;古代藏语的音节类型;古代藏语的韵类;古韵尾的消失对于韵母的影响。关于古代藏语的声调系统,主要讨论了《土米文典》"阳、中、阴"三个名词在古代藏语声调的含义;30 字母在声调上的传统分类;30 字母在声调上的新分类;前加辅音群在声调上的传统分类;首发辅音群在声调上的作用;后加辅音群在声调上的传统分类;后加辅音群在声调上的新分类;原始共同藏语无声调说。

其二,对以《切韵》系韵书为代表的中古汉语语音系统研究提出自己的想法。关于中古汉语的辅音,主要讨论了华梵字母的关系;汉藏字母的关系;守温三十字母;《切韵》系韵书中的声母系统;《切韵》系声母音值和音位标音法。关于中古汉语的韵类和韵母,主要讨论了《切韵》系韵书中的韵类;《切韵》系韵书中的韵母;略说等韵图格局并解释韵图上的几个名词。关于中古汉语的声调,主要讨论了中古汉语的四声与围驼三声的关系;中古汉语的四声与上古汉语阴阳入的关系;四声的发现及其意义。

其三,对古代藏语和中古汉语语音系统进行了比较。主要内容是:检讨前人所作汉藏两种语言比较研究的成绩;对于印欧语系语言比较研究的认识;研究汉藏语系语言最大困难以及对是项研究所抱有的基本态度;古藏语与中古汉语语音系统的比较。作者在"序"中已经谈到,藏语语系非常庞大而复杂,里面有四百多种大小方言。这些方言十之八九是没有经过调查的,其中有许多至今尚无文字。各个方言中大致的语音情形如何,谁都不大了解,也没有足够的材料可以参考。因此,汉藏语系中的任何两种语言到目前为止,都没有达到可以做语音比较的阶段,这可以从本文批评的西门华德所作《汉藏语词的比较》,以及介绍印欧语系语言比较各家成绩里得到充分的证明。辛勉认为,两种语言中,单词与单词的比较,不会得到任何有助于研究两种语音的具体结果产生。因此,他主张,不作像西门华德般的比较,免得徒劳而无益。但是从汉藏两种语言的声母、韵母、声调三者系统的比较上,可证明汉藏两种语言同属于一个语系。除此之外,不作任何具体的比较(1—3页)。

其四,辛勉进行古代藏语和中古汉语语音系统比较的价值和意义。辛勉本人是藏族,生于安多藏区,师从欧阳无畏学习藏文,又精熟梵文等文字,研究古代藏语和中古汉语语音系统比较具有得天独厚的优势。辛勉不同于西门华德等学者,在研究方法运用上和许多学者的作法存在着很大的差异。他重视《土米文典》等第一手拉萨方言文献的语音史作用,强调汉藏两种语言的声母、韵母、声调三者系统的比较,而不是采用西门华德《汉藏语词的比较》中的单词与单词比较方法。辛勉肯定格里木等学者对印欧原始共同语言研究的贡献,尤其是"格里木定律"的发现(489页);后来学者对此不断加以修订,日趋完善。而汉藏语系语言比较就相对落后了很多,400多种藏语资料还没有详尽调查,进行比较研究困难重重。此外,藏文资料过晚,与汉语上古音比较研究时间不对称,也是值得注意的问题。辛勉比较看重谢福尔《汉藏语系的介绍》的调查方式,尤其是资料的丰富性,但对他的比较结果也持有怀疑的态度(503页)。辛勉所进行的古代藏语和中古汉语语音系统比较研究就是在今天也是很有意义的,一方面为今天的学者提供了一种不同于一般学者思考汉藏语音系统比较问题的模式,另一方面也对我们今天的汉藏语音比较研究有很大启发,至少提醒我们正确对待汉藏语音比较中的文献时空特性以及具体运用时应该认真考虑的一系列问题。

此外,辛勉还有《评西门华德的汉藏语词的比较》(1978)一文。论文主要是对西门华德《汉藏语词的比较》(1930)中所列举的338对同源词的可靠性提出质疑,并根据《土米文典》等第一手文献说明西门华德同源词的讹误。这篇文章实际上是《古代藏语和中古汉语语音系统的比较研究》研究的继续,具有重要的汉藏语系比较研究的方法论意义。

辛勉《藏文三十字母与守温三十字母的关系》(《庆祝瑞安林景伊六秩诞辰论文集》[上]1003—1028,台湾政治大学中文研究所1969)也很重要,是研究汉语中古音声母学术历史的重要文献,迄今仍然具有重要学术史意义。

五、龚煌城汉藏语音比较研究

龚煌城《汉藏语研究论文集》(2002),收录了龚先生二十多年来所发表的有关汉藏语比较、古汉语研究的15篇中、英文论文。此外,龚煌城有关藏语的论著还有《古藏语[y]及其相关问题》(1977)、《从汉藏语的比较看重纽问题(兼论上古[∗-rj-]介音对中古韵母演变的影响)》(《声韵论丛》6:195—243,1997)、《汉藏缅语言元音的比较研究》(台湾《史语所集刊》51.3:455—490,1980)、《从汉藏语的比较看上古汉语的词头问题》(《声韵论丛》9:323—351,2000)、《从原始汉藏语到上古汉语以及原始藏缅语的韵母演变》(《汉藏语研究论文集》213—241,2002)、《上古汉语与原始汉藏语的声母与韵母系统》(2002)、《汉藏语声母的对应关系》(藏缅语[含汉藏比较]工作营,台湾语言学所筹备处2002)等,还有《西夏语文研究论文集》(2002)一书。

龚煌城《从汉藏语的比较看上古汉语若干声母的拟测》(1994)追述汉藏语比较研究的历史,有意突出这个领域研究对汉语音韵学的意义。他用了很大的篇幅说明这个问题。

龚煌城介绍,汉藏语的同源关系早在公元1808年首经英人John Leyden(赖登)指出,其后虽经法人Abel Rémusat(1820)及德人Anton Schiefner(1851)等人的相继探索,然仍无重大进展,至1874年法人Léon de Rosny始指出拟测汉语古音的重要性,认为汉藏语科学的比较研究须从汉语古音的拟测着手,而英人Edkins(1974)也于此同时发表了他对汉语古音的研究成果。1881年德国汉学家甲柏连孜(Gabelentz 1881:103f)在其所著《汉文经纬》(Chinesische Grammatik)一书中指出,印支(即汉藏)语言科学的比较研究尚未踏出第一步,认为拟测原始汉藏语固然是其终极目标,但以目前而论,只要能确认在汉藏诸姊妹语中何者最近似祖语,而可以扮演如同梵文在印欧语比较研究中的角色便已足够,他还以藏文为最有资格的候选。1896年德国语言学家康拉第(Conrady 1896)出版著名的《汉藏语系中使动名词式之构词法及其与四声别义之关系》一书,在其序言中他提到 Léon de Rosny 及 Edkins 两人之研究,并重新强调拟测汉语最古的语形之重要性,认为,惟有各语言可以探索而得的最早的阶段能作比较研究的基础。他称赞甲柏连孜、古鲁柏(Grube)及库恩(E.Kuhn)等学者在作汉藏语比较研究时断然以藏语为基础是方法上的一大进步。认为,藏文之于印支语言犹如梵文与希腊文之于印欧语。他还说:"事实上必须以仍然保有词头的语言为比较研究的基础,因为上面所得的结论(指从汉语谐声字中来母字与舌根音声母的互谐,经与藏文的比较而知是来自复声母[gr-]之结论),要求须从词头的研究出发,而此保有词头的语言即为藏语。"由此,引出了汉藏语比较与上古汉语研究的相关课题。龚煌城的论文涉及如下内容:

其一,汉藏语的比较对上古汉语声母拟测的作用。龚煌城说,瑞典高本汉(Bernhard Karlgren)、董同龢都进行了相关尝试,但其共同的缺点是只依靠他们自己的假设。汉语上古音浊塞音声母如同梵文一样具有送气与不送气之别。例如,喻母为不送气的[d-]与[g-];定母为送气的[d'-];群母为送气的[g'-],只出现在介音[-i-]前面,在分布上受到极大的限制。李方桂(1971)根据古代借字及译音上的证据,并着眼于喻母与邪母密切的关系提出两条演变律,但还需要更广泛的比较语音文献上的支持。

其二,从汉藏语的比较看汉语的来、喻二母。龚煌城认识到,与汉语同源的藏缅语族语言大多有[r-][l-]二种流音,而汉语不管是现代方言或是中古音都只有一种,即[l-]音。李方桂为喻母拟测了[r-]音,对汉藏比较语言学则提供了重要的线索。然而,随着汉藏语言比较的进展,慢慢地显现汉语来母字(l-)对应的是藏语的[r-],而汉语的喻母(r-)所对应的却是藏语的[l-]。如果要根据其对应关系来拟测原始汉藏语,则只能依藏语来拟测更古的阶段。因为藏语至今仍然保存两种流音,无法想象在过去某一时代会发生[l-]与[r-]的互换,而汉语则因为两种流音(即来母与喻母)之中有一种(即喻母)在中古以前即已经消失,所以,如果来母原来是[r-],只要假设在喻母[l-]音消失以后,发生了[r-]→[l-]的语音变化,来母字由原来的[r-]音变成现代的[l-]音,汉藏语的对应关系便可以得到合理的解释。除了理论上解释之外,还有来自借字与译音,台语中的古代汉语借词仍然保留汉语来母字的[r-]及喻母字的

[l-]音,以及形声字的证据。雅洪托夫(Jachontov, S.E.) "Sočetanija soglasnyx wdrevnekitajskom jazyke"(trudy dvadcat'pjatogo mezdunarodnogo kongressa vostoko-vedov Moskva 89—95,1963)曾指出来母字与其他声母二等字之间具有密切的谐声关系,因而有系统地拟测带[-l-]的复声母。

其三,从汉藏语的比较看汉语的匣、于二母。龚煌城指出,关于匣母[r-]的上古音,高本汉(Karlgren1923:21—22)根据匣[r-]、群[g-]二母的互补,推断二者有共同的来源,认为都来自于上古的[g-]。后来曾运乾、罗常培和葛毅卿分头研究,一致指出,匣母在6世纪初跟于母一体,因为于母与群母同属三等韵,如果把匣母与于母等同,便不能再与群母等同。在此之后,董同龢(1944)及王力(1958:70)都把匣母的上古音拟作[r-]而与群母[g-]加以区别。李方桂(1971:130)独排众议,坚持原先群母与匣母同源的认定,认为喻母多数为合口,来源于圆唇舌根浊音[*gw]+[j],而群母则来自[*g]+[j]。汉藏语的比较研究结果,可以支持匣、群、于三母同出一源的假设。有三点特别值得注意:一是汉语于母字所对应的藏语都是[g-],证明李方桂坚持将群母与于母相配是正确的;二是汉语于母字所对应的藏语元音都作[-o-],无一例外,证明李方桂主张于母来自圆唇舌根音是正确的;三是于母字属三等韵,有介音[-j-],即[*gwrj],藏语失去了介音,变成[gr],其情形正如汉语有[-j-]介音,而藏语则无介音是一样的。

其四,相关问题的讨论。龚煌城认为,汉语来母与藏语[r-][gr-][dr-][br-]等音对应,而汉语二等字也含有[-r]音(例如匣母二等作[gr-]),由于与藏语[gr-][dr-][br]等对应的汉语来母字大多属于三等韵。汉语的"凉、量、联、类"应来自[*grj-],匣母二等的"话、桦、洽"则来自没有介音的[*gr]。"蓝"字可能有[*ram]与[*gram]二读,前者有藏语的承袭及后来的汉语语音演变加以证实,后者则因曾借进原始台语,故也可以证实其存在。喻母与舌根音的谐声关系,既已认定[l-]→[j-]的变化,其必然的推论是带[-l-]的复声母演变成中古的三等韵。喻母与定母谐声关系是[-l-]与[-d-]的关系,两者都是舌尖浊音,喻母与透母是一浊一清,差别较大。喻母与审母三等、与邪母关系密切。

其五,结语。龚煌城认为,上古汉语在韵母方面的拟测由于有诗韵与谐声双重数据,已建立相当可靠的基础;声母方面的拟测则由于只有谐声字能作主要依据，故进展十分缓慢，往往有多种可能的解释，难以作取舍。上古汉语既然是从原始汉语演变下来，在有多种可能的解释，参照同源的其他语言，可以帮助作正确的选择。这样做，不但有助于汉藏语的比较研究，且有助于汉语上古音的拟测。

梅祖麟、龚煌城《上古音对谈录》(1992)记录了梅祖麟与龚煌城、何大安、林英津的三次有关于上古音研究对谈内容。其中，龚煌城谈到自己的这篇文章，说："在本质上，可以说，是一种内部的拟测。因为发现语言里面有对应关系，认为它不是巧合，一定是从前有规则的语音的转换。把它们的不同，解释成是语音变化的结果，这是一个最基本的假设。"(10 页)

姚荣松《六十年来（1950—2010）台湾声韵学研究成果之评述与展望》(2014)认为，龚煌城《从汉藏语的比较看上古汉语若干声母的拟测》是台湾学者较全面地从汉藏语的比较去研究上古汉语复声母的开山之作，对古音研究的影响非常大。

如何全面评价龚煌城上古音系研究的贡献？林英津撰文《从汉藏语的比较，龚煌城先生在李方桂先生的汉语上古音系上搭楼台》(2003)进行了评述，平实而客观。该文是林英津在日本京都大学文学研究科任访问学者时，应京都大学文学科中文研究室教授平田昌司的提议而做的学术报告。

林英津以"李先生的基础，龚先生的楼台"为导引，认为，李方桂之"上古音系"构拟，是历史语言学的兴趣，焦点落在将清儒以来方块汉字表述的汉语上古音声类韵部转换成合理的、内部一致的符号系统。这个符号系统要能充分解释从上古到中古汉语的音韵演变。而龚煌城自始至终关心的则是汉藏语言的比较研究，他要解释的是从原始汉藏语到古汉语、古藏缅语的分化演变。同源语言的比较研究，能够透露个别语言演变的历史，这是历史比较语言学的精华，并由印欧语言学树立的典范。欲确立汉藏语的亲属关系，唯一的途径是经由可靠的同源词建构正确的音韵对应规则，而且对应的关系必须能合理地解释汉藏语言演变的过程；例外现象的解释，必须能融入更大的架构内，与其他的现象贯穿起来。一个完善的重构汉语上古音系是绝对必要的基础。检测上古汉语各家拟音，传统的《诗经》押韵、谐声字群的利用已经趋近于极限。龚先生需要新的证据。他找到的是同源词——汉语内部的同源词，汉语与藏缅西夏的同源词。

　　林英津指出了龚煌城"补强"和"证明"李方桂上古音体系,并"再上一层楼"的研究线路:即龚煌城经由汉语内部同源词的研究,先确定李方桂的拟音最可靠(1976),再根据李方桂的拟音,进一步作汉藏语的比较。一方面确立可靠的同源词,建构正确的音韵对应规则(1980),另一方面,时时回头审视李先生的拟音,根据同源词的证据作必要的修正与充实(1990)。

　　林英津说,原始汉语、原始藏缅语、上古汉语既然都是四个元音系统,汉藏语元音的演变已不难再描绘清楚,剩下只有一个介音问题。李方桂系统里有[＊-r-](二等)、[＊-j-](三等)两个介音。对[＊-r-]介音学者们似乎默默接受,而[＊-j-](三等)介音则众生喧哗。根据同源词的证据,龚煌城对李方桂上古音系的修正与充实,举其大者,至少有如下三项:其一,李先生根据二等韵的照二及知系声母有卷舌成分,推测声母与元音之间应该有[＊-r-]介音。龚先生则根据二等字经常与来母字谐声的情况,认为如果二等韵是带[＊-r-]的复声母,则与二等韵谐声的来母字就应该是[＊r-]声母。加上经由汉藏语的比较,汉语来母字对应藏语的[＊r-],汉语喻四对应藏语的[l-]。龚先生将来母字改为[＊l-],使喻四作[＊r-]声母,解决了喻四[＊l-]与舌根音谐声的问题。其二,由汉藏语的比较显示,汉语有三等介音[＊-j-]的字,同源的藏缅语往往没有介音[-j-],这是因为介音失落的缘故,但是,原始汉藏语的[＊-j-]还保留在西夏语中,可以间接反证汉语中古音的[-j-]介音是后起的说法。其三,由三等[＊-j-]介音的确立,龚先生全面检讨三等韵,厘清《广韵》重纽三、四等与纯三等韵之间错综复杂的关系。施用范围已经由原来的支、脂等八韵,扩大到了尤、幽、庚、清、阳、侵、缉等韵,不仅诠释了汉语三等韵母从上古到中古音的音韵演变,同时也是董同龢以后对中古音系统崭新的解析与重构。

　　尽管龚煌城比李方桂取得了更为突出的进步,也解释了李方桂系统中的大部分问题,但林英津仍然认为,他所开出的汉藏语比较研究还存在不少高难度的问题,需要后人再行努力解决。

　　龚煌城《西方的历史比较语言学与汉藏语的比较研究》(2007)、《汉语与苗瑶语同源关系的检讨》(2007)等论文展现了他对汉藏语语音研究的新思路。

六、丁邦新汉藏系语言研究方法检讨

　　丁邦新《汉藏系语言研究方法的检讨》(2000)就一些学者争议的基本理

论问题谈了自己的看法:其一,关于语言联盟和语言接触无界有阶说。丁邦新针对陈保亚《语言接触与语言联盟》(1996)引用 M.Swadesh(斯瓦迪士 1955)核心词"基本词汇"作为衡量有无亲属关系尺度的研究,提出自己的看法:一是 Swadesh 的基本词汇是为语言年代学(Lexico-statistics 或 glottochro-nology)设计的,想从两个语言词汇的接近程度推算两者从母语分开的时间。无论从二百词或其后的一百词立论,在西方学者的验证下都不能成立(Bynon1977:266—272)。但陈氏没有提语言年代学的问题,只是用 Swadesh 的基本词汇,可说用旧瓶装了新酒。不能因语言年代学不能成立,就说基本词汇也不能利用。因此,在立足点上,陈氏的做法并无可议。二是陈氏已经指出 Swadesh 的设计主要根据印欧语言,我们难以认同一百词或二百词的内容具有适用于任何语言的普遍性。三是陈氏把他的想法在许多语言中作了验证,结果都证明前一百词更为稳定,所选择的语言或方言的语源是清楚的,比如汉语各方言关系,但推广到汉语和侗台语的关系就产生了困难,因为关系词还没有认清楚,如何能够谈比例。四是即使陈氏的方法都没有问题,词汇也只能显示一部分的关系。因为词汇是语言系统中最容易产生变化的,语音对当和构词的比较可能改变现有的结论。

其二,关于深层对应说。这是邢公畹《汉台语比较研究中心的深层对应》(1993)提出的一个学说。根据他最新的说法,深层对应说是一个"语义学比较法",泰语不可能同时从汉语借两个字。但陈保亚《核心关系词的分布与语源关系的判定——从汉台(侗台)语源关系说起》(1997)指出,西南官话中同音的"墨、脉、麦[$mə^{31}$]"三个字彼此毫无关系,但借入德宏傣语却是同音的,都读[my^{31}]。这是有力的反证,可见,同音异义的字也可能一起借入另一个语言。邢氏说,对应的字有时在语音形式上并不相近,因为语言改变,"动用频繁而磨损",只求能对应,"不一定能相同或相近"(1999)。这样的方法可能有时碰对了,但离系统的推论太远。例如汉语的[-aŋ],如何变成泰语的[-ai]?是不是[-ŋ]变成[-n],[-n]再变成[-i],至少应有语音演变的规律来解释。有了规律之后,还要问[-ŋ]在什么情形下变成[-n],全变了呢,或者只是部分变化?[-n]又在什么语音条件下变[-i]?这当然都是虚拟的规律与问题,如果这样的说法不对,那么,正确的演变规律又该如何设想呢?讨论同源的语言关系对于这些问题应该有一个解答。

其三,语言影响说。这个理论是罗美珍《试论台语的系属问题》(1983)和戴庆厦《从藏缅语看壮侗语与汉语的关系》(1990)提出来的。基本意思是,由于甲语言长期受到乙语言的影响,慢慢地甲语言就只保留了某些特点,大部分已被乙语言同化。"语言影响已导致语言的质变",如果语言质变了,那么,就不再是原来的语言,而是乙语言的一支了,原来的甲语言只剩下一些可以找到的语言底层遗迹。丁邦新认为,从语言论语言,亲属关系和语言影响后的联盟关系的不同点在质变之后几乎无法辨认;只有在质变以前的语言中才能说明何者是本来语言的成分,何者是受影响而来的。在承认语言横向影响的同时,人们不禁要问,侗台语果真是南岛语质变后的汉藏语吗? 还是仍有亲属关系的可能?

其四,语音对当等问题。丁邦新申论道,语音对当的数量至关重要,这是一个程度问题,不能说有多少套的对当就能确定亲属关系,但当然越完整越好。比如汉藏语韵母系统,龚煌城就找到了元音系统的全面对当,也解释了藏语[e][o]的来源。语音对当要和基本词汇结合,语音对当关系越全面越好,而语音的对当和基本词汇结合后可信度就会大为增加。丁邦新还指出,语法的研究不见得能解决同源与否的问题,但构词法应该比语音、语法、词汇更为保守,构词的功能最不容易移借。同源词的比较方面,汉语和侗台语的关系现在还没有到下定论的时候,发掘更多语音对当的词汇是当务之急。

丁邦新、孙宏开合编《汉藏语同源词研究》(一、二、三)(2000—2004)集合了国外及海峡两岸一批著名学者就汉藏语同源关系诸多问题进行的系统研究,产生了十分积极的学术影响。

七、其他学者汉藏比较和汉语音韵史研究

邓临尔《汉语和藏语之关系》(《东海学报》2.1:97—110,1960)是台湾较早论述汉藏比较的论文,涉及一些理论与方法问题。这里介绍一些与之相关的重要著作:

(一)全广镇《汉藏语同源词综探》(1996)

全广镇是韩国金泉人,《汉藏语同源词综探》是作者台湾大学博士学位论文,导师为龚煌城。本书选择654对汉藏语同源词进行论述,亦可见作者对汉藏语同源词之间语音及词义等各种关系的认识。本书体例为:序文;第一章,

绪论;第二章,汉藏语同源词研究史略;第三章,汉藏语同源词谱;第四章,汉藏语同源词的音韵对应:声母;第五章,汉藏语同源词的音韵对应:介音;第六章,汉藏语同源词的音韵对应:元音;第七章,汉藏语同源词的音韵对应:韵尾;第八章,汉藏语同源词的词义分类;第九章,结论。

全广镇在“序文”中说,汉藏语比较研究的关键就在于找出大量的同源词,进而掌握其音韵对应规律。此问题早就引人注目,而具有一定规模和系统的同源词研究,则是由德国汉学家劳佛(La-ufer 1916)开始的。此后,西门华德(Simon 1929)等中外学者亦从事这方面的研究,成绩斐然。但是,因诸家所持的研究方法及音韵原则各不相同,因而所得的结果亦大相径庭,还须要重新加以探讨。

该书所收的汉藏语同源词大致上是对劳佛(La-ufer 1916)等前人著作上所见的汉藏语同源词加以检验而选择的。该书的比较研究原则上以汉、藏二语之间的同源词为限,但尽可能引用与此有同源关系的缅甸语语词来作证,另外还引用了一些其他亲属语言作参考。作者根据李方桂的汉语上古音系统及古藏文的对音来标注其音,且对其音韵对应情形加以比较,最终找到了654对汉藏语同源词,借以得到有关原始汉藏语以及汉语上古音的一些新的认识。

全广镇《原始汉藏语的类型特征》(林英津等编《汉藏语研究:龚煌城先生七秩寿庆论文集》75—94,2004)是自己原有研究思路与方法的继续,理论意识更强。

(二)黄金文《从汉藏比较论上古汉语内部构拟》(2012)

该书从汉藏比较语言学角度研究上古汉语。正如她在《自序》中所说的:以汉、藏比较为出发点,除了要顾及音韵系统及其语音变化外,还得处理句法与构词。理由是书面藏语有着格位虚词等标记,与大量的动词形态如三时一式或使动、名谓等的变化,而且没有我们熟悉的声调。换句话说,有着与句法或构词密切相关的形态音韵。也许这些正是上古汉语的真实样貌,而这些也非得经由藏文,再于古汉语里利用特殊的办法才看得着的真相(1—2页)。本书由八章构成:从方法论看原始汉藏语的构拟;以中古章系来源为例谈“谐声关系”“建构”;以原始汉藏语[*h-][*s-]前缀为例谈“谐声关系”与“构词”;从上古汉语“句法分布”论汉藏语的“别”同源词;从“汉藏语音对应”与“副词的共存限制”论汉藏语的“别”同源词;上古汉语否定副词“弗”“勿”形态音韵;上古汉语否定副词"不""弗"形态音韵;结论。

该书最大的特点,用她自己的话说,是尝试在"方法论"上有所贡献:"谐声字、同源词"与"同族对应字",揭示着上古汉语"音韵系统及其变化",同时,这些关系也显示着"汉藏语族间的关联";研究者该如何破解汉语"字形"的局限,而得知"形态变化"?操作历史语言学"内部构拟"是一个有效办法。其切入点就是在于动词"形态"与句法"分布"间的搭配限制,并配合"汉藏音韵规律对应"的证据,来论述上古汉语与书面藏语相同的构词规则。"三时一式"是存古的,即它是"原始汉藏语"的"三时一式"(1—11页)。

2015年10月,在台湾东吴大学举办的第十四届国际暨第三十三届台湾声韵学学术研讨会上,黄金文发表了《从李方桂先生的研究,论汉藏比较的几种可能——藏语中若干古代汉语的借词》,尝试用一种"文化推论"研究汉藏语词汇,比如"地支"与"十二禽",乃至于相关的"阴阳、五行"等对应情况。该文也涉及了语音对应的问题。

(三)梅祖麟《四声别义中的时间层次》(1980)

该文从汉藏比较和汉语音韵史这两种不同的角度看出,去声别义中的"动变名型"是上古汉语原有的,"名变动型"是后起的。在汉藏比较方面,作者认为汉语的去声跟藏文的[-s]同源,因为藏文的[-s]词尾只能把动词变为名词,不能把名词变成动词,所以,汉语中的"动变名型"是继承共同汉藏语的一种构词法。在汉语音韵史方面,作者看到"动变名型"有二十来个去入通转的例证,[-p][-t][-k]三种韵尾俱全;相反的,"名变动型"只有四个[-k][-g]通转的例证。因为去入关系密切是上古汉语的音韵特征,所以,可以从这方面把"动变名型"和"名变动型"划分为两个时代。

梅祖麟、龚煌城《汉藏语比较语言学的回顾与前瞻》(2006)记录了梅祖麟与龚煌城2004年6月30日的对谈,吴瑞文记录,林英津修订。

(四)其他学者研究

董忠司《畲语和闽南语的关系》(第二十七届国际汉藏语言和语言学会议,法国Centre International d'Etudes Pedagogiques de Sevres1994),卢顺点、周法高《论晚唐汉藏对音资料中汉字腭化情形》(《大陆杂志》81.5:23—29,1990),苏秀娟《〈诗经〉时代声母现象与上古汉藏语关系》(2003),徐芳敏《试论汉藏语比较对汉语方言研究的启示》(林英津等编《汉藏语比较:龚煌城先生七秩寿庆论文集》711—734,2004),李长兴《〈方言〉时代汉苗同源词研究》(彰化师范大学硕士论文,2005)也从不同角度思考汉藏语语音问题。

大陆学者这几十年来汉藏语研究,主要是在藏缅语族框架内进行的研究,十分活跃,带动了汉藏语系语言研究迅速崛起,其中马学良、胡坦、邢公畹、孙宏开、戴庆厦、李永燧、瞿霭堂等学者的研究极为突出。中年一代学者,比如吴安其、施向东、曾晓渝、格桑居冕、江荻、陈保亚、杨光荣、平措次仁、阿旺措成等学者成就显著,值得特别注意。

第二节　汉语与泰语等语音比较

一、汉语与泰语语音比较

李方桂《台语系声母及声调关系》(1962)研究了汉语和台语(暹罗话)声母和声调关系问题。主要是:

其一,马伯乐很早就认为古代汉语跟台语在音韵系统上有区别,汉语声母分为两类,一清一浊,而台语系统(以暹罗语为例)声母分为三类,一高一中一低。汉语以声母清浊确定四声的高低,而台语的高中低三类声母也定声调的高中低。暹罗话声母分为三类是暹罗本地的文法家所定,其时代则不得而知,马伯乐认为这是一个很古的分法,因为越南话也可以分为三类。马伯乐还指出,以声母定声调高低并不限于汉语和台语,其他远东语言也有类似的现象。李方桂认为,对台语三分法可以讨论的问题是:各种台语方言是否一致? 是否是一个古系统? 是否可以确定古台语声调有三个不同的高低?

其二,李方桂认为,假如把台语声调分作 ABCD 四个类,略与汉语的平上去入相当,受声母影响而变化的情况可以从两分法、三分法、四分法做起。结果为:几个台语方言中,暹罗、那坤、景迈属于西南台语系;龙州、天保属于中部台语系;剥隘属于北部台语系。各方言浊声母为一类,清声母分类不一致,就是同属于一支系方言也不一致,所以,三分法不是台语的特点。顾及台语声母对声调影响,把古台语声母分为清浊两类,而清声母又分为四组:古不吐气清塞音、古清擦音和清鼻音、古带喉塞音、古吐气塞音。这对声调演变研究有用,但不能推定这四类对古声调高低的影响,因为清声母分组是后期的现象。

丁邦新《论汉语与台语的关系——李方桂汉台语同源论的检讨》(2005)认为,李方桂对汉台语之间关系的认定,认为它们并不只是在类型学上相同,应该还存在着亲属关系。同时,李方桂指出,汉语、台语共有类似的构词法,一般来说,借字都是个别的,很难说台语借用了汉语的构词法,由此看来,李方桂到了晚年也没有放弃他早先的看法。为了更为有效地说明这个问题,丁邦新从汉语、台语数目字,以及构词法相同、语音系统性对应三个方面去进一步加以证明。比如汉语、台语数目字,一般认为台语中的数目字是汉语借词,但台语数目字的系统是有层次的,有许多无法用借词来解释,最大的可能是数目字是汉语和台语共有的具有亲属关系的词汇,只是因为演变不同使得我们难以辨认。就构词法来看,汉台语里都有"四声别义"或"清浊声母别义"的现象,显示两种语言都有类似的构词法,而构词法是难以移借的。至于系统性对应,汉语上古鱼部字,对应古台语元音都是[-ɔɔ]的词。声调产生的时候,台语和汉语就分了家,台语清声母变阴调,汉语浊声母变阳调。鱼部整齐的语音对应,让我们相信台语和汉语之间不是借贷关系。如果不是借贷关系,就可能有共同的来源,不得不让我们相信台语和汉语是有亲属关系的。

与侗台语族相关的语言调查,李方桂曾发表过《武鸣土话音系》(《史语所集刊》12:293—303,1947)和《莫话记略》(《史语所集刊》19:1—80,1948)、《比较台语手册》(《李方桂全集8:比较台语手册》,2011)等论作。丁邦新等编《李方桂全集1:汉藏语论文集》(2012)收录李方桂汉语和台语关系考订论文有《台语中的若干古代汉语借词》等。《李方桂全集2:侗台语论文集》(2011)分古台语及台语分支、现代台语、现代水语三部分收录了李方桂侗台语研究的系列论著,非常完备。

李方桂《语言学在台湾》(姚荣松译,丁邦新等编《李方桂全集1:汉藏语论文集》575—583,2012)对自己的工作有总结:

> 关于台语及其方言的比较研究和重建古台语,李方桂发表了几篇论文,认为古台语应该有一组带前喉塞音的辅音,及大量的复辅音声母。他还特别观察不同类的声母对声调演变的影响……李方桂建议暂时将台语方言分成北、中、西南三支。但是,泰国境内的方言也以类似的术语命名,可能会造成混淆。本文建议,假使只讨论泰国境内方言,为了避免混淆,

可以使用北部泰语方言、中部泰语方言等术语……台语中的汉语借词问题,李方桂在龙州及武鸣方言两本专书的音韵部分作了探讨。留心探索某些早期的汉语借词,不仅有助于阐明台语,也能指引上古汉语音韵的研究。

二、汉语与柬埔寨语语音比较

吴叠彬《〈真腊风土记〉里的元代语音》(1996)很有见地。《真腊风土记》(1295)是中国元代永嘉人周达观到真腊国(今柬埔寨)的游记。在《真腊风土记》中,周达观用汉字音记下当地事物的名称。这些名称将近六十条,散见于"总叙、服饰、官属、三教、人物、室女、奴婢、语言、文字、正朔时序、山川、盐醋酱面、器用、舟楫、属郡、村落、国主出入"等节中。吴叠彬对《真腊风土记》汉语语音研究作了这样一些工作:

其一,对现有十余种《真腊风土记》版本进行了比勘校正。吴叠彬称,《真腊风土记》现存的印本和抄本种类不少,文字也各有出入、脱落和错讹的情形。经过实际比对十余种版本,再参考前辈学者的研究,尽可能找出材料的原貌,以将译语的讹误减至最低。在注释中,吴叠彬列有一些重要版本,比如,张宗祥重辑百卷本《说郛》第三十九卷、文渊阁《四库全书》本《说郛》、明刊本《古今说海》本、明万历刊本《古今逸史》"逸志篇"、明万历刊本《历代小史》、明末刊本《百川学海》"癸集"、《古今图书集成》"成舆汇编·边裔典·真腊部汇考二"等版本。

其二,寻检《真腊风土记》汉字记音资料,并与柬埔寨语音对照。比如鼻音韵尾的对音,吴叠彬说,在柬埔寨语里,鼻辅音[-m][-n][-ŋ]和汉语一样,也能出现在词尾和音节末尾,《真腊风土记》里的对音正好反映了这类韵尾。又如塞音韵尾的对音,在柬埔寨语里,塞辅音[-p][-t][-k]和汉语一样,也能出现在词尾和音节末尾,《真腊风土记》里正反映了这类韵尾;比如[-k]尾,中古时期以舌根塞音收尾而出现在客家话中者,计有"得、木、直、的"等字,就和柬埔寨语对应。还有,中古汉语的舌根音声母在现今的标准语和多数的方言里已分化出舌面前的读法[tɕ][tɕ'][ɕ],这是所谓的腭化现象,因此如今的"佳、家、恰、咸"在标准语里都设为舌面前的[tɕ][tɕ'][ɕ];然而,在《真腊风土记》书里这四个字分别对译[ka][ki:ə][k'ap]和[ʔmɔm],很显然,这反映出它们当时仍为舌根音(或喉音)声母。在译语里,中古时期属于开尾韵母的字为数不少,比如现今柬埔寨语称马为[seʻ],显然是"卜赛"的"赛"所对之音。中古韵母为合口的字,在对译里仍能反映出来,比如"每、枚",莫杯切,明灰蟹合一平,柬埔寨语对译[muəi]。塞擦音、送气塞音声母柬埔寨语对译很有规律。

其三,周达观语言背景与《真腊风土记》汉字记音。吴叠彬强调,依据常理推断,书中译语的音韵应当是以周氏的家乡话——永嘉(温州)话为基础。书中《异事》一节里,周氏曾提及他一位薛姓同乡居住在真腊已35年,并向他介绍当地的奇异事迹。因此,他和同乡交谈必定是以家乡话进行的。《真腊风土记》汉字记音是否和这有关系呢?如果拿现今的温州音和书中译语的对音两相比较,二者间颇有相当的距离。可以设想,周氏的语音即使是永嘉话,它也未必和现今的温州音是直线传承的关系,至于他的语汇,可能有些家乡话以外的成分。

其四,确定《真腊风土记》汉字记音资料的语音史价值。从译语和今之真腊语(柬埔寨语)的比较中能够很清楚地知道,元代的浙江方音依然保持入声韵尾[-p][-t][-k]和双唇鼻音韵尾[-m],而且舌根音声母也未腭化(如"佳、家、恰、咸")。此外,知、澄二母已变为塞擦音(如"智、直、撞、陈"),平声的並、定二母并不送气(如"平、驼"),蟹摄闭口韵母不带一[-i]尾(如"米、买、赛、赖、罢、佳"),蟹摄合口的"梅"则保有合口和[-i]尾,喻三的"惟"的声母是[w],而果摄开口的"个"为圆唇音韵母。这些都是研究元代浙江方音史的重要资料。

第三节　汉语与西夏语语音比较

龚煌城《西夏语文研究论文集》(2002,后改名为《龚煌城西夏语文研究论文集》[2011])收录了许多汉语与西夏语语音比较的论文。与之相关的,比如龚煌城《十二世纪末汉语的西北方音(声母部分)》(台湾《史语所集刊》52.1:37—78,1981)就很具有代表性。

其一,龚煌城研究汉语与西夏语语音比较缘起。《番汉合时掌中珠》是12世纪末汉语西北方音最为重要的资料。桥本万太郎在《〈掌中珠〉番汉对音研究方法论》(1961)指出:在研究宋代汉语西北方音上此书之所以受到重视,乃是由于西夏语音韵尚未有系统的研究使然。他认为,随着西夏语研究的进展,汉语音韵学上一系列的重要问题,诸如全浊音的送气与清音化、韵尾的消失等,将可以获得解决。那之后,西田龙雄(1964、1966)、Kycanov(克恰诺夫1963)、Sofronov(索孚洛诺夫1963、1968)等研究获得了很大的进展,但在汉语音韵史领域仍然没有利用《番汉合时掌中珠》系统研究的。

其二,研究《番汉合时掌中珠》资料和方法。《番汉合时掌中珠》是西夏人骨乐茂才于1190年完成的,内容是汉语和西夏语词语句对译及对音,在西夏字旁以汉字注西夏字音。此书是在1908年,俄国人科智洛夫(P.K.Kozlov)在黑水城探险时发现,现收藏在列宁格勒东方学研究所;该书有7种不同残本出现,完整的资料尚未见出版。一般使用的是罗福成抄写本(1924),有多处缺页。这里使用的是傅斯年图书馆藏“苏联涅斯克写赠本”,但也存在着讹误现象。

为避免循环式论证,龚煌城在程序上先推测汉字读音,然后再据以推定西夏读音。作者利用西夏声类与汉语声类间成系统的对应关系作为理论的依据。在具体讨论时,西夏字不必是同一个字,同音而不同字,或声同韵异、韵同声异的字均可以利用而作为推论的依据。有关西夏语音的资料都可以从西夏韵书《文海》《文海宝韵》《文海杂类》及同音字获得,这是西夏语音系统内部资料,并非由拟音而来。

其三,《掌中珠》声母分合情况及拟测。从对音资料观察,在12世纪末的西北方音里,中古汉语不送气的清音自成一类,与浊音或送气清音从不相混;但就发音部位而言,舌上音与正齿音已合为一类,而与西夏正齿音类对应。再如次浊鼻音。在《掌中珠》中以汉字注西夏字音部分,为了区别西夏[m][mb]这两组不同的声母,就在汉字旁边加了[口]形符号,或在汉字右下方加注“轻、重”字样。问题在于:在《掌中珠》记录的汉语方言里,明、泥、疑三母究竟是读为[m][n][ŋ],还是读为[mb][nd][ŋg],或者是一部分读为[m][n][ŋ],另一部分读为[mb][nd][ŋg]?如果是最后一部分,分化的条件是什么?经过观察,作者发现,少数的字重见于[m][b]两类,但大致说来,阳声韵声母保持[m],入声韵声母变为[mb];至于阴声韵则两者兼有。单高元音多作[mb],复元音则多作[m]。罗常培《唐五代西北方音》结论和龚煌城拟测差不多,他认为明泥两母各有两个分音[b][m]及[d][n],疑母也是[g]音,而娘母与[dz]关系密切。

其四,《掌中珠》声母特点。龚煌城归纳的结果:一是全浊音的送气与清音化。中古的浊塞音与浊塞擦音不分声调,都变成送气清塞音与清塞擦音;浊擦音声母变为清擦音声母,但是其中有浊塞音变为送气清塞擦音或清擦音的,也有浊塞擦音变为清塞擦音的。二是次浊音的分化。中古鼻音声母分化为鼻音及鼻化浊塞音,有如现代闽南方音的特点。三是舌上音与正齿音的合并。中古知系字与照三两系字在《掌中珠》的汉夏对音中已经合二为一,无法分开,合并情形与现代国语颇多类似之处。但在国语中这三系字合并为卷舌音,而在《掌中珠》中合并为舌面前塞擦音。四是清唇音的产生。在中古音里唇音尚未分化,但在这里,唇音受三等介音的影响已经发生分化,加以浊音清化,非敷奉已经合成了[f]。

中国学者中较早研究西夏语与汉语对音的是王静如,发表过《西夏文汉藏译音释略》(1930)。王静如说:“西夏国区域占有今日陕西的北部,甘肃的西、北两部,那么,他那汉译音当然也出不了那几处方音。”对韵母,王静如说:“宋西北方音已经把所谓闭口韵的[-m]尾完全失掉……西北方音在其他方音里比较不同的地方就是除了[-m][-n][-ŋ]之外,还有[-mb][-nd][-ŋg]三种。”在比较了汉语译音、藏译音、西夏文音之后,下结论道:“从这个比较来看,宋代的西北方音的确有一种鼻音破裂音藏在里面。”这些结论都很有意义,但龚煌城在这里没有提及。后来,大陆学者李范文、聂鸿音等有所突破,龚煌城的研究也成为两岸西夏与汉语对音研究的重要开启者之一。

龚煌城《西夏语的浊塞音与浊塞擦音》(1981)对日本学者西田龙雄和俄国学者Sofronov(索孚洛诺夫1968)所拟测的西夏语音韵系统里有鼻化浊塞音与鼻化浊塞擦音,而无普通浊塞音与浊塞擦音的观点提出异议。龚煌城认为他们的论据并不充分,难以证明西夏语浊塞音与浊塞擦音是鼻化的。相反,藏夏对音及梵夏对音却可以找到西夏语浊塞音与浊塞擦音不是鼻化的证明。龚煌城根据西夏语里的汉语借词及《番汉合时掌中珠》里的汉夏对音,认定西夏语存在[-ŋ]音,使得这项研究取得了新突破。

龚煌城《西夏韵书〈同音〉第九类声母的拟测》(1981)也具有重要方法论意义,主要内容是:

其一,龚煌城介绍说,西夏韵书《同音》是研究西夏语声韵系统的重要资料。全书按声母类别分成九章,依次为重唇音、清唇音、舌头音、舌上音、牙音、齿头音、正齿音、喉音、舌齿音等,其次序与《韵镜》上三十六字母的排列次序相同。这本书在各章开头把同音的字放在一起,分成一组一组的小类,各组之间用小圆圈分开;自成一类而不与其他同音的字则放在各章之末,字与字之间不用小圆圈隔开,而只在前头标示"独字"。现存《同音》有两种不同的版本,两者之间最大的分别是初版大体上不分声调,平声上声放在一起,视为同音;再版则平上声分开,各成一类。从初版可以看出平上两声相配的关系,而且因为现存西夏文资料只有平声部分保有完整的反切,而上声字只有零星的资料保存在不知名的手抄本西夏字书残卷里面,所以,许多上声字的声类韵类只有通过其与平声字的关系才能决定。从这个观点来看,《同音》初版远比再版重要。

从《同音》这部韵书可以窥知西夏文各字声母的类别。西夏还有另外一部韵书《文海》,是像《广韵》一样按韵母编排的,现存只有平声部分。把《同音》与《文海》互相对照,可以确定西夏文字各字声韵母的归类。西田龙雄《西夏语研究》(1964、1966)以此为基础,参核西夏文与汉藏梵文的对音资料,作了首次有系统的构拟。后来,Sofronov(索孚洛诺夫)Moskva:Izdatel'stvo Nauka(1968)更是辅以反切资料,改进了西田龙雄的拟音。龚煌城就他们对西夏韵书《同音》第九类舌齿音声母的拟测提出了修订意见。

其二,《同音》九章中,前八章都以直译方法翻译汉语声母类别的名称,只有第九章舌齿音原书用西夏文对译。西田龙雄(1964)根据对音资料,包括藏文梵文对应关系,为这类字分别拟出[l][ɬ][lʻ][r][b́z][b́][ńz]等七种声母,但有些字没有对音资料,只好暂付阙如;而Sofronov(1968)把舌齿音反切整理出来,计得20个反切连锁,但还是有少数字没有反切和对音资料,也是无法解决。龚煌城根据西夏语里的汉语借词及《番汉合时掌中珠》里的汉夏对音,补充了西田龙雄和Sofronov材料使用上的不足,认为,西夏语里应该有[l][lʻ][r]3个流音;除了3个流音之外,还有[z][ź]音,所以,就构拟为[l][lʻ][r][z][ź]。他认为,这是比较合理的。

龚煌城《西夏语中的汉语借词》(1981)利用《文海》《同音》《番汉合时掌中珠》《涅氏字典》等文献,研究西夏语中的180多个汉语借词。龚煌城说,西夏语与汉语同属于汉藏语系,两个语言之间保存了一些共同的词汇。他研究西夏语中的汉语借词,主要是探讨汉语和西夏语之间的音韵关系及其演变规律问题,所以对宋代西北方音研究也很有价值。

龚煌城的结论是:西夏语中的汉语借词大致分为两个层次:保存中古浊声母及鼻音声母的中古音层及浊音已经变为清音、鼻音已经变为鼻化浊塞音的近古音层。凡是与《番汉合时掌中珠》或其他夏汉典籍对音系统一致的便是近古音,与此不合的便是中古音。但这只是大致的分法。西夏语语音系统是开音节的结构,没有辅音韵尾,而12世纪末的汉语已经没有了入声韵尾,但有[-n][-ŋ]等鼻音韵尾,西夏文韵书《文海》特设了几个[-n][-ŋ]等收尾的韵,以容纳汉语借词,但部分西夏人仍然把这些韵书读为开音节,借词系统与对音系统发生了不一致的"矛盾",就是这个原因。西夏语中的梵文借词实际上都是从汉语转借,其声韵与梵文并不合,而与汉语语音符合。西夏语声调与汉语声调之间无任何对应关系,所以,从汉语借词无法推测西夏声调的性质。

龚煌城《西夏语的音韵转换与构词法》(1993)主要研究西夏语中的语音转换现象。龚煌城谈到,西夏语有平上两个声调,平声97个韵,上声86个韵。平上相配对整齐后,有105个韵目,韵目繁多,如此,许多韵之间就产生了韵母转换现象。西夏语韵母转换和其构词,比如动词使动式和复合名词有直接关系。其中也涉及了汉语借词语音问题。龚煌城使用《番汉合时掌中珠》和《文海》资料进行对照,发现其语音转换过程中,也有"误置"的情况。但我们认为,有必要深入研究西夏语韵母转换过程中汉语语音系统的"介入"程度问题,这最起码对宋代汉语西北方音的"语音接触"研究具有重要意义。此外,龚煌城《〈类林〉西夏文译本汉夏对音研究》(《西夏语文研究论文集》29—62,2002)一文也值得注意。

在孙天心经过采访后整理的《龚煌城"院士"谈西夏语研究》(《声韵论丛》13:1—12,2004)中,可以见到龚煌城的一些研究方式。谈到自己的工作程序时,龚煌城说,他在研究当中偶然间发现,一个语词竟然在西夏语中有两个甚至两个以上的同源词;进一步深入研究后,更发现这些同源词之间有成系统的对应关系,由此,他展开了长达二十年的西夏语音韵的研究。语音的构拟如果不正确,将妨碍汉藏语的比较研究;西夏语音有多家不同的构拟,原先并没有什么好方法来检验其优劣,现在却因发现了西夏语内部音韵转换的现象而获得了可靠的验证的方法。龚煌城根据研究西夏语词之间的转换现象所获得的证据,检验了各家不同的构拟,并评估其优劣,最后提出了个人的构拟。

此外,龚煌城还认为,历史语音演变是有规律的,同源的语言之间可以发现严整的语音对应关系。对应的话音可以差别很大,而且都是由原来相同的古音通过一定规则演变而来的。对应关系确定之后可以推测发生过的变化,追溯古音。汉语与西夏语共同的来源是原始汉藏语,汉、夏语音对应可以拿来检验汉藏语的拟音方案,看看哪一套方案最能合理地解释背后发生的语音演变。这时,西夏语对汉藏语比较就起了重要作用。

林英津在西夏语研究上用力甚勤,主要论著有:《后出转精的西夏语音韵系统构拟》(2004)、《西夏语文献导读:(Ⅰ)绪言》(《辽夏金元史教研通讯》2:147—175,2004)、《西夏语声韵母系统重构述评》(中国语言学会第十二届学术年会,宁夏大学2004)、《简论西夏语译〈胜相顶尊惣持功能依经录〉》(《西夏学》1:61—68,2006)、《论西夏语文献对汉语经典的诠释:以西夏语译〈六韬〉为例》(《国际中国学研究》9:133—160,2006)、《西夏语文献解读与西夏语的研究》(台湾《学术咨询总会通讯》14.2:103—110,2006)等,提出了一些不同于龚煌城的见解,对龚煌城的研究也有所补充,很值得注意。

大陆学者研究西夏语成果卓著,自不必言,比如李范文等。国外学者研究情况,可以参看孙伯君《国外早期西夏学论集》(一、二)(2005),其中收录了毛利瑟《西夏语言文字初探》、劳费尔《西夏语言:印度支那语文学研究》、伯希和《评〈西夏文汉藏译音释略〉》、巴鲁奇《西夏的文字和语言》等著作。

第四节　汉语与越南语语音比较

李方桂《语言学在台湾》(2012)说,越南语的研究工作,一向是陈荆和个人的独力贡献。陈荆和研究越南语中作为许多地名第一个成分的语位,虽然少了一点对语言的直观,却是一篇绝佳的文献学论文。以类似的方法,他试图解释"交趾"的词源,这是过去中国对越南的旧称。更为重要的是他对16世纪(或更早)汉越译音的考释(陈荆和《〈安南译语〉考释》,1953/1954)。现存的《安南译语》词汇汇编有六个版本(或复本),其中五种已经收在他编译的专著里。他先对文本加以注释,再根据汉语语音讨论16世纪的越南语音。尽管仍然需要更深入的历史音韵学探讨,这个工作对早期越南语的研究提供了重要的语料(581页)。

近年来,台湾学者有关越南语和汉语关系的研究,主要是江佳璐等所取得的学术成果:

一、当代汉语和越南语的语言接触

江佳璐《越南人说国语所表现的音韵系统》(2009)以现代越南人汉语语音学习为研究对象,涉及了"二语习得"的基本理论问题。江佳璐介绍,根据台湾"内政部"统计,到2006年底为止,在台湾的外籍人士约有55.2万人,其中以越南籍人最多,占23.39%;外籍配偶(包含已取得中国台湾籍者)约为13.4万人,也以越南最多,约占60.97%。从2001年起,台湾来自世界其他国家和地区的新生婴儿生母开始超过10%,并逐年攀升,至2003、2004年达到13%以上的高峰,平均来说,2001年后出生的小孩,每8人中就有一个"新台湾之子"。新移民的加入,使台湾的人口及社会结构起了重大的转变,而多元语言频繁接触下形成的各种语言变体,也丰富了台湾的语言样貌,参与了台湾的语言变化。越南语和汉语接触后产生的语音现象,曾引起一些学者们的注意,但发表文章探讨的主要集中在大陆地区,台湾学者相对要少一些。

江佳璐观察到的是一个正在进行中的汉语和越南语的语言接触现象,其中涉及汉语语音与越南语语音比较的问题,和现代汉语语音的比较研究相关。

其一,调查越南移民所说的国语,收集阅读(字表、文章)、对话、听辨等语料,其中字表有朱川《汉语语音测试字表》(1995)、台湾语言学所《现代汉语语料库词频统计表》。

其二,分别描写发音人在不同情境下的语言表现,并整理音韵系统,归纳音位变体,说明语音特色。由于整个调查的过程皆录音、录像,除了听辨实验之外,收集到的语料都是数字化的,作者将这些录音内容输入计算机之后,对语料进行断词及标记,建立数据库,依据语音条件提取字词加以比对,归纳音位。字表语料中出现了许多语音变异:声母的变异集中在塞擦音及同部位的擦音上,比如[l]与[i]搭配后容易念成[ɗ][t];[n][ʐ]偶尔念成[l]等,其他声母的变异情况并不算多。韵母方面,发音人的元音位置有偏后、偏低的趋势,介音也有舌位较低的趋势;发音人有时会将[a]发成[ɐ],这种变异主要出现在和[u]介音搭配的时候。声调方面,阴平调调值较低,大部分的时候接近44,但也有念得更低的;阳平、上声调普遍没什么问题;去声的起点常不够高,且降幅较小。自然对话语料的音韵变体非常多,不容易像字表一样,整理出一个比较简洁的系统。但这些大量的语音变异,却透露出许多有趣的讯息,比如塞擦音的变体更多;[p][t][m]带吸入音色彩的情形更多;元音位置偏后、偏低的趋势更明显;鼻音韵尾相混的现象增加等。听辨语料中,塞擦音及同部位擦音是他们最难把握的声母;韵母是发音人在听辨实验里表现最好的部分,他们完全不会混淆;但在声调上却混淆了阴平和去声。

其三,从多元的角度观察发音人所表现的音韵系统,说明它在不同情境下产生的变化,对越南人所说的汉语作一个比较全面的描述。江佳璐的结论是,语言能力不等于语言表现,但要了解发音人的语言能力,却只能透过语言表现来观察。作者收集阅读、对话、听辨三种类型的语料,观察发音人的语言表现,了解他的语言能力。不同类型的语料,反映出发音人国语音系的不同面象:字表语料是发音人诵读个别字词的语音表现,这是大多数的调查者描述发音人语音表现的根据;自然对话语料是发音人实际生活中的语音表现,其语音变异的现象远较字表来得繁杂;听辨语料是发音人辨认国语音位的表现,实验显示发音人说话时会混淆的音位,听话时未必分不出来,他区别国语音位的能力并不差。情境会影响语言表现,而对发音人来说,注意力是更重要的因素。发音人产生的一些语音变异,似乎不只和现代越南语的音韵系统有关,可能也牵涉到越南汉字音的音韵分布,除了不送气舌尖声母念[ɗ]不念[t],越南汉字音中塞擦音及同部位擦音分布的纷乱情形,也与现代越南人学习汉语声母时的混淆状况类似。

二、越南汉字音的历史层次

江佳璐《越南汉字音的历史层次研究》(2011),系台湾师范大学国文学系博士论文,由孙天心指导。此外,她还发表了《〈安南译语〉所反映的近代汉语》(2014)一文。

江佳璐(2011)主要框架是:第一章,前言。涉及研究动机、背景、目的。第二章,文献探讨。一是越南语音韵史的研究成果;二是越南汉字音的研究成果。其音系部分,提到了马伯乐、王力、三根谷彻、阮才瑾、清水政明;比较研究,涉及了中古音、上古音、近代音、汉语方音。第三章,研究材料与研究方法。其研究材料,有同源词(如《孟高棉语同源词典》及资料库、《南亚语同源词典》及资料库)、字和词词典(《汉越字典》《越汉字典》《越葡拉字典》);研究方法,重点说明了层次分析方法,包括非语言要素的考量。第四章,越南语的音韵演变历程。分析各个时期的越南语(包括原始越语、《越葡拉字典》音系、现代越南语)、越南语音韵演变综述(包括声母、元音、韵尾、辅音演变与声调发展)。第五章,声母层次分析。分喉牙舌齿唇音论述。第六章,韵母层次分析。分十六摄进行分析。第七章,结论。对越南汉字音的分层,分为上古、中古早期、中古晚期、近代来论述;还探讨了越南汉字音的性质、未来发展方向等问题。附录:《〈汉越字典〉越南汉字音总表》《越南汉字音异读字增补表》。

《越南汉字音的历史层次研究》主要特点是:利用越南语和汉语两方面的资料线索,为越南汉字音分层;结合汉语和越南语音韵史的研究成果,提出越南汉字音分层的条件,修订了学者们越南汉字音研究的一些做法。分析出上古、中古早期、中古晚期、近代四个越南汉字音层次,提出区别性的特征,并确定,反映南方汉语语音特征为越南汉字音性质。不把目前认定的越南汉字音当作一时一地语言现象的反映。第一次把孟高棉语同源词及南亚语同源词纳入比较视野,这就给越南汉字音历史的研究带来了新的生机。

江佳璐(2014)谈到,《安南译语》是一部越南语词汇集,于16世纪由明朝会同馆编。它按照语义,分成天文、地理、时令等十七门,共收716个越南语词汇。一般人认为该书是用明朝的官话来记录越南语,由于相对年代清楚,从马伯乐开始,该书就被视为构拟越南语音韵史的重要证据,具有极高价值,因此引起国际许多学者重视。然而,历来的研究焦点多在其反映的越南语信息上了,鲜少讨论汉语的音韵现象。实际上,《安南译语》是汉语和越南语接触之下的产物,它不只是越南语历史的记录,同时也保留了对译汉语的重要信息。作者将《安南译语》与越南语首部罗马字典《越葡拉字典》(1651)进行比较,利用罗马字表音的特性推测对译汉语的特征,并加入越南语音韵史的研究成果,观察该文献所反映的汉语音韵现象。

与此相关的是越南留学生黎光莲《中越字音比较研究》(台湾师范大学硕士论文,1972)与阮青松《汉越语和汉语的层次对应关系研究》(2014)两篇论文。阮青松(2014)说,他透过统计法,选择了8091个汉字作为研究对象,分别进行了汉越语和现代汉语对应关系、汉越语和中古汉语对应关系以及古汉越语和中古汉语对应关系等三大方面的研究,发现了其间在声韵调上的一些对应规律。作者指出,掌握汉越语和现代汉语之间对应关系有助于汉语教学和汉字字音的记忆;通过汉越语和中古汉语的对应关系,可以进一步了解汉语在晚唐时期的原貌,为中古汉语的研究工作提供重要而可靠的证据;至于古汉越语和中古汉语的对应关系,阮青松继承王力、阮才谨、王禄等学者的研究成果,继续钻研,发现了更多的语料,并指出古汉越语不但与上古汉语有关,而且还有一部分留痕于汉越语之中。从古汉越语的一些层面,也让大家窥见了上古汉语语音特点,为语言学界提供了宝贵的语音资料。但是由于古汉越语语料的限制,在声调对应关系的部分,阮青松没有得到可观的进步,只能有待于未来的研究补足。

《汉越语和汉语的层次对应关系研究》体例:第一章,绪论。第二章,越南语音系。越南语的所属语族;越南语的来源;越南语的分期,包括孟—高棉语阶段、前越—芒语阶段、古越—芒语、共同越—芒语、上古越南语、中古越南语、现代越南语;汉语借词层次,包括古汉越语、汉越语、汉语越化、喃字;现代越南语的音系。第三章,汉越语和汉语声母之层次对应关系。分双唇音、唇齿音、舌尖前音、舌尖中音、舌尖后音、舌面音、舌根音、喉音,讨论汉越语和中古汉语声母的对应关系;古汉越语和上中古汉语声母的对应关系,比如古汉越语声母来自中古汉语重唇音、古汉越语声母来自中古汉语舌头音、古汉越语声母来自中古汉语牙音、古汉越语声母来自上古汉语舌音、古汉越语声母来自上中古汉语喉音、古汉越语声母来自中古汉语舌齿音等。第四章,汉越语和汉语韵母之层次对应关系。汉越语和现代汉语韵母的对应关系,包括汉越语零韵尾和现代汉语韵母的对应关系,汉越语[-ư][-ơ]韵和现代汉语韵母的对应关系,汉越语[-au][-ưu]韵和现代汉语韵母的对应关系,汉越语舌尖韵母和现代汉语韵母的对应关系,汉越语舌根韵母和现代汉语韵母的对应关系;汉越语和中古汉语韵母的对应关系,包括汉越语零韵尾和中古汉语韵母的对应关系、汉越语半元音收尾韵母和中古汉语韵母的对应关系、汉越语双唇韵母和中古汉语韵母的对应关系、汉越语舌尖韵母和中古汉语韵母的对应关系、汉越语舌根韵母和中古汉语韵母的对应关系、汉越语舌面韵母和中古汉语韵母的对应关系、常见例外的一些表现及其原因;古汉越语和上中古汉语韵母的对应关系,比如古

汉越语韵母［-e］来自古汉语外转二等韵的主要元音,古汉越语韵母［-u'a］
［-ua］［-o］来自古汉语鱼虞模三韵,古汉越语韵母来自古汉语侵真两韵,古汉
越语韵母来自古汉语覃谈两韵及其入声韵,古汉越语韵母［-uông］［-uôc］
［-uôn］［-uôm］来自古汉语钟、烛、阳等韵,古汉越语韵母［-ong］来自古汉语东、
钟韵,古汉越语韵母［-ia］［-ay］来自古汉语支韵。第五章,汉越语和汉语声调
之层次对应关系。汉越语和现代汉语声调的对应关系、汉越语和中古汉语声
调的对应关系、古汉越语和上中古汉语声调的对应关系。第六章,结论。汉越
语和现代汉语声韵调之间的层次对应关系、汉越语和中古汉语声韵调之间的
层次对应关系、古汉越语和中古汉语声韵调之间的层次对应关系。

　　国内外汉语与越南语关系研究文献也值得注意:王力《汉越语研究》(《岭
南学报》9.1,1948),三根谷彻《〈韵镜〉与越南汉字音》(日本《言语研究》2,
1966)、《越南汉字音研究》(日本《东洋文库》53,1972),和田正彦《〈安南国漂
流物语〉语音》(1981),以及清水政明《〈佛说大报父母恩重经〉语音》等是许
多学者熟知的[①],但对越南学者阮才谨、王禄等的研究还很陌生,在这里,我们
列举如下:阮才谨《越南语语音历史教程(初稿)》(越南教育出版社 1995)、
《汉越读音的起源与形成过程》(《汉喃工程选集》259—562,越南教育出版社
2011)、《历史语音资料以及喃字出现时期问题》(《语言杂志》1,1971)、《就有
关喃字出现时期问题补充一些历史语音资料》(《综合大学科学通报》5,
1972)、《"双曰"两个喃字的试读》(《文学杂志》2,1974)、《以喃字语音模型考
察喃字演变过程》(《汉喃研究杂志》1,1984)、《读喃字、拼音喃字等问题的一
些想法》(《汉喃研究杂志》2,1985)、《〈国音诗集〉时期的喃字》(Cahiers
d'etudes Vietnamiennes10,1990)、《越南语 12 世纪历史的试分期》(《语言杂
志》10,1998);阮文康《越南语里的外来词》(越南教育出版社 2007)、《汉越语
和初中校里的汉越语教学之问题》(《语言杂志》1:24—41,1994);王禄《古汉
越词考察的一些初步结果》(《语言杂志》1:27—31,1985)、《〈安南译语〉中的
第 15—16 世纪越南语声母系统》(《语言杂志》1:1—12,1989);阮文才《越南
语声调形成的再探》(《语言杂志》4:34—42,1980);阮庭和《越南语法学》(美
国加州《越南文化杂志》16:71—77,1996)、《越南语音系》(美国加州《越南文

---

①　参见李无未《日本学者越南汉字音研究》,《延边大学学报》2006 年第 1 期,64—70 页。

化杂志》8:16—28,2000);阮庭贤《从汉越语研究质疑汉语中古音有舌面音韵尾》(《中国语文》6:554—557,2007)、《中古汉越音的韵尾》(《河内国家大学科学杂志》25,2009);冯玉映《从〈切韵〉入手寻找汉越语声调与中古汉语声调的对应关系》(《东南亚纵横》28—31,2003);奥德里古尔《越南语声调的起源》(原题 De l'origine des Tons en Viêtnamien,《亚洲杂志》[Journal Asiatique]242:68—82,1954);武伯雄《喉塞现象和越南语声调》(《语言杂志》2:40—48,1988)、《越南语声调来源以及实验考察的同时代之看法》(《语言杂志》1:60—66,1991);武春豪《越南语声调的区别功能之探讨》(《语言杂志》1:49—57,1994)等。中国大陆博士学位论文,比如花玉山《汉越音与字喃研究》(南京师范大学 2005)、严翠恒《汉越语音系及其与汉语的对应关系》(北京语言大学 2006)、阮大瞿越《十七世纪越南汉字音(A 类)研究》(北京大学 2011)、阮廷贤《汉越语音系与喃字研究》(复旦大学 2012)等,也涉及了越南汉字音与汉语语音史关系问题。

第五节　汉语与蒙古语、满语语音比较

一、汉语与蒙古语语音比较

郑再发硕士论文是《〈蒙古字韵〉研究》(台湾大学 1962),另有专著《〈蒙古字韵〉跟八思巴字有关的韵书》(1965)。

《〈蒙古字韵〉跟八思巴字有关的韵书》的体例是:引言。壹,《蒙古字韵》:《蒙古字韵》的重现;今本《蒙古字韵》的作者;朱氏《蒙古字韵》的前身;明清人手中的朱氏《蒙古字韵》。贰,跟八思巴字有关的韵书:《蒙古韵略》:《蒙古韵略》一名始见于《古今韵会举要》;《蒙古韵略》在朝鲜;《蒙古字韵》与《蒙古韵略》各自流行的区域;《蒙古韵编》与华夏同音;《韵会举要》:《举要》不是《韵会》,但可以叫《韵会》;《举要》与《蒙古韵略》;《举要》的体例;《举要》的音注校例;《举要》音注正误表;《字母通考》:《字母通考》简介;《通考》的体例;《通考》的反切校正。叁,《韵会举要》《字母通考》及《蒙古字韵》三书的异同与《蒙古字韵》的音韵间架:服部所得的结果;三书异同对照表;三书异同总说;《蒙古字韵》补缺;《举要》与《字韵》的韵系对照表;《蒙古字韵》的音韵配合

表。后记。

在"引言"（2—4 页）中，作者说，构拟《蒙古字韵》的音系有三个途径：一是把《蒙古字韵》里的八思巴字对音当《中原音韵》里的圆圈看待，拿现代方言去对照同韵类同声调而不同字音间的异同，以推测汉字在元初的音读。由此途径既不借助于汉语八思巴字，则《蒙古字韵》的考订工作便是多余的了。可是，如此既暴殄了汉语八思巴字的语料价值，所得的结果也难免于疑是之间。二是由现代蒙古方言推测元初八思巴字的读音，然后利用它来标写《蒙古字韵》的汉字音韵。由此途径虽也要研究《蒙古字韵》，但最重要的还是先求精通蒙古语音史，与元初蒙汉语音间的对音关系。这是最迂回的办法。三是以现代方言的知识，对照《蒙古字韵》中不同音的汉字间八思巴字译写法的异同，来构拟《蒙古字韵》的音系。由此途径既可不必事先精通蒙古语音史等，又不暴殄了蒙古译音的价值。唯一麻烦的是：要将《四库提要》所谓"传讹之本"的《蒙古字韵》整理出一个可资凭借的体系。郑再发认为，第三条途径最可行，所以，他就按照这个途径去研究，本文就是这个研究的基本结果。

郑再发还有《八思巴字字标注汉语材料校勘记》（《庆祝李济先生七十岁论文集》下：933—1004，台湾清华学报社 1967），为研究者提供了一份可靠的文献材料。

在郑再发之前，日本学者服部四郎、尾崎雄二郎、中野美代子、庆谷寿信，中国学者罗常培等人的研究均已经涉及《蒙古字韵》，但对《蒙古字韵》的来源，以及与八思巴字有关的韵书关系、韵书音系研究还不够充分，郑再发研究恰恰是弥补了前人的研究缺憾。大陆学者照那斯图与杨耐思（《蒙古字韵校本》，1987）、宁继福（《宁忌浮文集》123—164，2010）等有深入研究。日本桥本万太郎、中村雅之、吉池孝一等在郑再发之后又发表了大量论文进行研究。近年来，宋洪民、张民权等开始系统研究《蒙古字韵》。韩国学者郑光有《〈蒙古字韵〉研究——〈训民正音〉与八思巴字关系解析》（民族出版社 2013）；美国华裔学者沈钟伟出版《蒙古字韵集校》（商务印书馆 2015），提出许多新见解。

台湾学者吕昭明有《明代北方汉语方言音韵问题的初步考察——汉语与八思巴文、蒙古文整合研究的思考策略》（2007）。萧素英《扎鲁特旗蒙古话音韵》(台湾《史语所集刊》66.1:107—244,1995)以衍生音韵学的观点分析扎鲁特旗蒙古话音韵系统,涉及音位、音节结构与音位分布限制、语位结构、音韵规律等内容。此外,杨征祥《〈蒙古字韵〉音系研究》(1995)也有系统的研究。杨征祥《论元代唇音声母》(《语言研究》增刊,1998)也与此相关。丁邦新、梅祖麟编《李方桂全集1:汉藏语论文集》(2012),丁邦新、余蔼芹编《汉语史研究——纪念李方桂先生百年冥诞论文集》(台湾语言学所2005)也涉及了这方面的不少内容。台湾《史语所专刊》之10重新刊印了陈垣1934年发表的《〈元秘史〉译音用字考》(1992),可以为这种研究提供一定的线索。

二、汉语与满语语音比较

庄吉发满语译注系列涉及了不少的满语和汉语语音比较的内容,比如《清语老乞大》(1976)、《谢遂〈职贡图〉满文图说校注》(台湾故宫博物院1989)、《从朝鲜史籍的记载探讨清初满文文书的翻译》(《清史论集》[3],文史哲出版社1998)、《故宫满文档案的史料价值》(《清史论集》[7],文史哲出版社2000)、《图理琛〈异域录〉满文本与汉文本的比较》(《清史论集》[10],文史哲出版社2002)、《文献足征——〈满文原档〉的由来及其史料价值》(《清史论集》[16],文史哲出版社2006)、《台湾的满学研究》(《清史论集》[17],文史哲出版社2006)、《满洲语文在清朝历史舞台上所扮演的角色》(《清史论集》[23],文史哲出版社2013)、《满语常用会话》(文史哲出版社2006)、《康熙盛世——满洲语文与中西文化交流》(《清史论集》[22],文史哲出版社2012)等论著。张克华《清文指要解读》(文史哲出版社2005)、《续编兼汉清文指要解读》(文史哲出版社2005)也提供了汉满语音研究的比较材料。

林庆勋《刻本〈圆音正考〉连锁反应的音韵现象》(1990)是一篇比较重要的研究汉语尖音舌面化问题的论文,可以与日本岩田宪幸、中国大陆冯蒸等学者的研究相互参看,从而加深对汉语舌面音形成历史的认识。黄俊泰《满文对音规则及其所反映的清初北音音系》(《国文学报》16:83—118,1987)也很有学术分量。大陆学者阎崇年等编有《世界满学著作提要》(民族出版社2003),其语言文字部分涉及了很多的满语和汉语语音比较的著作,可以与之比较参看。

第六节　汉语与日语、朝鲜语语音比较

一、汉语与日语语音比较

台湾学者进行汉语与日语语音比较研究的论著,主要有吴圣雄《日本吴音研究》(1990)、《日本汉字音能为重纽的解释提供什么线索》(《第四届国际暨第十三届台湾声韵学学术研讨会会前论文集》1—28,台湾师范大学 1995;《声韵论丛》6:371—414,1997)、《由长承本〈蒙求〉看日本汉字音的传承》(《第十五届台湾声韵学学术研讨会会前论文集》1—16,逢甲大学 1997;《声韵论丛》7:155—189,1998)、《平安时代假名文学所反映的日本汉字音》(《第六届国际暨第十七届台湾声韵学学术研讨会会前论文》1—23,台湾大学 1999;《声韵论丛》9:423—456,2000)、《〈新撰字镜〉所载日本汉字音之研究——直音部分》(2000/2001)、《〈倭名类聚抄〉所载日本汉字音之研究——直音部分》(第二十二届台湾声韵学学术研讨会,台北市立师范学院 2004)、《由〈奉同源澄才子河原院赋〉的格律论源顺对汉语声调的掌握》(台湾《中国学术年刊》29:167—190,台湾师范大学国文系 2007)等。林庆勋也有《〈日本馆译语〉的柳崖音注》(1996)、《〈东语入门〉的假名对当特色》(《林尹教授逝世十周年学术论文集》313—324,文史出版社 1993)、《试论〈日本馆译语〉的韵母对音》(1992)、《长崎唐通事唐话学习试论》(《李爽秋教授八十寿庆祝寿论文集》273—292,台湾师范大学国文系 2006)、《试论〈琉球译·译音〉的性质》(第十届国际暨第二十五届台湾声韵学研讨会会前论文,台湾师范大学 2007)等论著,体现了他对日语语音和汉语语音关系的深刻认识。李存智也有《从日本吴音的形成及其现象看闽语与吴语的关系》(1999)等论文,重在探讨日本吴音与闽语区内各方言的对应形式。其他,还有陈子博《日本汉字音与国音的比较研究》(编著者自印,1974;《华学月刊》38:39—41,1975),陈瑶玑《汉学对日本训读之贡献》(《国文学报》16:19—58,1987)、《台日语"声调"之比较研究》(《国文学报》27:331—359,1998)、《古汉语入声韵与日本汉音特性之关系》(《教学与研究》8:153—186,1986)、《台湾闽南语与日本音读》(第一届台湾本土化学术研讨会,新竹师范学院 1994)等。

（一）吴圣雄的研究

吴圣雄《日本吴音研究》（1990）由语言接触的观点出发，对日本汉字音中的"吴音"作研究，讨论其发展的源流、与日语音韵系统相互的影响，以及对中国音韵学研究的价值。该文有几项认识：其一，"吴音"一词只是一种称呼，指的是一种日本汉字音，这种日本汉字音的性质和"吴音"并不一定有必然的关系，它可能是五六世纪借入日本的一种汉语读书音。其二，各种"吴音"的文献材料所呈现的是不同程度日本化的结果。其三，现代日语的音韵系统并不是完全由上代日语音韵系统演变来的，现代日语中许多音韵的对立是受移借影响产生的，因此不能把后代有的区别全部投射到上代。在这个认识之下，其论文得到的上代日语音韵系统比较简单，大致如下：1.语位容许 cvc 的结构，但是受优势音节结构的制约而有添音、减音的条件。2.只有四个主要元音。3.没有清浊的对比，浊音是清音和鼻音的同位音或音位变体。4.日语借入了汉字的读音，不仅是用它自己的系统把汉字音加以调整，也接受了许多汉字音的区别，造成了日语系统的改变。

《日本吴音研究》体例：绪论。第一章，吴音的名义。两种汉字音的对抗；"吴音"一词的来源、性质。第二章，历史假名遣所表记的吴音。何谓历史假名遣；本文研究取材、平面观察、音位共存限制；吴音与汉语中古音比较，包括吴音字谱、对应关系。第三章，心空《法华经音义》所表记的吴音。《法华经音义》成书、时代与作者、体例；《法华经音义》的表记、与汉语中古音的对应关系。第四章，《大般若经字抄》直音注。《大般若经字抄》成书、时代与作者、体例；《大般若经字抄》表记的吴音。第五章，《新译华严经音义私记》直音注。《新译华严经音义私记》成书、板本与时代、体例；《新译华严经音义私记》表记的吴音。第六章，上古日语的音韵系统。桥本进吉的研究，包括万叶假名的系联、后代日语所没有的区别、奈良时代的音节结构、音位共存限制；有坂秀世的研究，包括古代日语的音节结合法则、古代日语的元音交替、上代日语音系的拟测、音节构造；大野晋的研究，包括音节、音节的结合、元音和谐（元音调和）、新元音的产生；本文的研究，包括上代日语的语位结构、上代日语音韵分布统计、上古日语的音位。第七章，结论。万叶假名反映的吴音、两种力量的消长、不同程度的日本化。

日本学者小仓肇《日本吴音研究》（1995）对《法华经音义》假名注音进行

全面研究,兼及《大般若经音义》《新译华严经音义》假名注音等材料,并与汉语中古音对比,考定日本吴音的音系基础。2003 年 10 月 25 日在早稻田大学举办的日本中国语学会第五十三届全国大会上,他又作了大会发言,题目是《日本吴音:吴音系字音声母——围绕清音和浊音而论》,发言中以《法华经音义》读诵音为根据,进一步强调日本吴音忠实于南方原音"清音、浊音"的典型特征。小仓肇是注意区别吴音的"多重性"与"复杂性"的。小仓肇与吴圣雄《日本吴音研究》思路差别很大。小仓肇《续日本吴音研究:研究篇·资料篇·索引篇·外编》(日本新典社 2013)、《日本语音韵史论考》(2011),以及沼本克明《日本汉字音历史的研究》(1997)等对日本吴音研究也值得借鉴。

(二)林庆勋的研究

林庆勋《〈游历日本图经〉的声母对音》(1991)对清末傅云龙(字懋元,浙江德清人)撰《游历日本图经》(1889)所记日本词汇四百多条音注汉字(比如:胃,若倚)分零声母、唇音、舌尖音、舌根音、舌尖擦音、日语拨音进行语音分析。方法是将这些音注汉字对比日本假名,然后观察它们之间的声母对音关系。发现傅云龙主要依据的是北京方言,偶尔也用自己的母语,比如吴语语音来作对音证据。

林庆勋《试论〈日本馆译语〉的韵母对音》(1992)是其《试论〈日本馆译语〉的声母对音》(高雄师大国文所系教师学术研讨会,1990)的姊妹篇。

林庆勋依据大友信一《室町时代国语音声研究》(1963)及其与木村晟合编《日本馆译语本文和索引》(1986),对《日本馆译语》进行了介绍:《日本馆译语》是丙种本《华夷译语》之一,是现代会通馆(即会同馆)编辑的学习外国语教科书,主要目的是让馆内通事学习日语会话,以便四夷朝贡时作通译之用。

林庆勋说明道,静嘉堂文库本《日本馆译语》可能完成于弘治五年至嘉靖二十八年(1492—1549)间。书内只有"杂字"的词条,其下各列注音的汉字,因为没有日语假名标示对照,因此研究上稍感不便。

静嘉堂文库本《日本馆释语》收有 565 条词语,较伦敦大学本、稻叶本、阿波国文库本少了"米,各セ"一条。大友信一有关《日本馆译语》的音读考证最可信,也最通行,因此,把大友信一音读考证作为主要依据。明代徐孝编辑反映当时北方官话的《重订司马温公等韵图经》(1606),作为讨论汉语语音时的主要参考文献。用中古韵摄做分类标准,主要是要观察其韵尾变化,同时在两种语文对应下,可以看出它们之间的关系。

林庆勋对照排列结果,可以清晰看到明代会同馆编者取用汉字去对应日语的音节基本情况。中古阴阳入三种有别的读音,在明代北方官话虽然入声已变成阴声字,但是在对应日话时阴、阳声也可能合并在一起,这是日语音节简单而汉语复杂的必然结果。从音注汉字的角度看,出现数也算全面,除江、深摄及江摄入声外,这155个汉字在其他各摄都能见到,虽然曾摄阳、入声各仅有一字,代表性也稍嫌不足,可是以155个汉字代表那个时代的全部现象,至少它提供了一些具体的事实。

林庆勋提出一些须要进行讨论的特别现象。比如日语的只[su],音注汉字选"5司、6寺"来对应,而不用"苏、素"等字。日语[su]元音的真正音值应该是舌面后高展的[ɯ],而"5司、6寺"在16世纪时已读舌尖元音[ɿ],与现代国语无别。对音是取其近似,用[sw]对[sɿ]感觉上很适当。阳声的音注汉字,中古的[-m]读作[-n]极为明显,对应日语时也多数是拨音[-n]尾。[-ŋ]尾的通、宕、梗、曾摄字,对应日语时也遵从历史上汉音、吴音的习惯对无拨音尾字。至于[-n]尾的臻、山摄,理论上应该对应拨音[-n]尾,可是事实上臻摄只有少数对拨音,其余多数对无鼻音尾的音节;山摄则相反,对应拨音尾的却是多数。臻、山摄对应非拨音尾音节者,的确很奇怪,这里试从它们可能所依据的方言是[-ŋ]尾来解释,因为汉、日语的对应关系是[-ŋ]向[-ʔ],因此那些臻、山摄的字对日语的非拨音。当然如此解释有些勉强,证据也不是很充足。

林庆勋论述的重点表面上是在于寻求《日本馆译语》音注汉字假名音和汉语语音的对应关系上,实际上,也在为下一步利用《日本馆译语》音注汉字资料为研究明清汉语语音史服务,用意是清楚的。

林庆勋《〈日本馆译语〉的柳崖音注》(1996)称,丙种本《华夷译语》收有《日本馆译语》一种,是供明代会通馆通事学习日本话,以便在四夷朝贡时作通译工作之用的课本。《日本馆译语》的作者不详,其撰述的年代,根据大友信一、木村晟《日本馆译话本文和索引》(1986:48—50)推定,约产生在弘治五年至嘉靖二十八年(1492—1549)之间。以静嘉堂文库本为例,全书共收对译词条565条。其体例如下:

大风　　倭亦刊节(天文门)

石桥　　　亦世法世（地理门）
　A　　　　B　　　C

　　A 是汉语词条；B 是用汉字注音（日本国语学者称为"音注汉字"）的日本语读法，如"倭亦刊节"，日语假名就是"オオイカゼ"；C 是全书的词语分类，共十八门。静嘉堂文库本与其他版本最大的不同，就是在 B 段汉字右侧，绝大多数写有朱笔片假名注音。大友信一、木村晟说，静嘉堂文库本上的朱笔片假名注音，是一个署名叫"柳崖"的人写的，时间在 1891 年。林庆勋从全书片假名音注观察到，注音音系基本上属于汉语北方官话，柳崖注音可能是为了给学习汉语人提供方便之用。这些朱笔片假名注音恰好为我们提供了 19 世纪末汉语与日本语对音研究的材料。林庆勋的工作主要是：

　　其一，整理和考订柳崖音注片假名标音。林庆勋统计 565 条音注汉字，其删除重复共得到 156 个汉字，但片假名注音则每字不一，有时达到三四个。经汇集整理后依阴声、入声、阳声韵尾排列，作为各节讨论依据。

　　其二，讨论柳崖音注片假名标音音系性质。林庆勋说，日本语音节结构与汉语颇类似，以汉语声母、韵母分别做比较讨论。比如声母，分清浊与送气与不送气。现代国语已无全浊声母，由中古全浊声母变来的字都与同部位的清声声母读音相同；柳崖的片假名记音则有清音也有浊音，其中浊音 3 例，但可视作承袭传统。柳崖记音反映的汉语是正常送气与不送气的对立状态。零声母方面，与柳崖音注对应的中古疑、以、影、微四母，在现代国语中绝大多读零声母。舌尖后音、见晓系与精系也对应。韵母方面，柳崖音注对韵尾的处理仍然极端保守，承袭旧制的痕迹处处可见。对中古的阴声字对应长音，入声字对应短音，使两者有所区别。阳声字一律以拨音标注，表示汉语的鼻音尾。现代日本语只有中古的双唇、舌尖鼻音尾才有拨音尾，舌根鼻音尾一律读元音尾，处理则不同。相当于汉语介音的日本语只有［j］与［w］，它们分属于（ja）、（wa）行，取其音类相近而对应。

　　林庆勋推测，柳崖可能是众多编辑汉语教科书者之一，对日本语与汉语的对应尚能掌握得不错。他可能是日本人，因为在对应中有许多前音倾向于日本语的习惯，如果换成中国人用自己习惯的汉语来注片假名，也可能偏向于汉语的传统教法，这一点在语音对应中处处可见。柳崖标注片假名的音韵系统，从前面各节讨论至少可以看到"保守"的一面,最主要的是,面对着已经清化的汉语全浊声母,却因为受到传统吴音的影响,将部分字对应为浊音的片假名;汉语已经腭化的见、精系细音,片假名对应仍然用未腭化的音读,即见系腭化与未腭化者对应[k]行,精系腭化与未腭化都对应[sa]行。虽然如此,全书汉语语音体系应尚称平实,基本可靠。

林庆勋研究琉汉对音系列论文:《〈琉球译语译音〉的性质》(第十届国际暨第二十五届台湾声韵学学术研讨会,台湾师范大学2005)、《16—19世纪环东海语言接触交流史——以使琉球录夷语、琉球官话课本的音韵为探讨》(台湾"国科会"专题研究,2007)、《〈琉球土语〉的对音探讨》(第十一届琉中历史关系国际学术会议,日本那霸琉球大学2007)等很有特色。

(三)其他学者的研究

黄本元《入声韵尾之研究——新汉音与闽南方言之关系》(1982)描述了新汉音之历史背景及语音特色,进而讨论闽南方言之移入历史背景,再用历史语言学方法,由入声韵尾的演化来看两者之间的关系。其中也经由闽南方言来推测解释新汉音之入声韵尾现象,亦即何以它与稍早的吴音、汉音不同,并非很完整地反映出入声韵尾,而是呈现出混乱的现象。论文研究发现,两者不仅时代背景相当,而且有许多音韵现象相同,如声母中的明母、微母均为浊音,另浊声倾向于清化,尤其本论文的中心论点——入声韵尾,更有相通的音韵现象。声调虽不完全一致,却也可看出两者间之关系密切,或可断定说它们是在同一时期由同一系统分化出来的。罗济立《客家语与镰仓宋音止摄字考察》(台湾《东吴外语学报》20:167—193,2005)研究思路也与此相类似。

王荣正《版刻本〈文镜秘府论〉汉字音研究》(2003)以版刻本《文镜秘府论》中所表记的汉字音与声点为研究材料,进行一系列中日音韵学上的探讨。第一章,绪论。介绍日本汉字音的价值与本论文的取材;探讨了中日学者对《文镜秘府论》的相关研究并及于本文的研究目的与研究方法。第二章,研究材料。介绍《文镜秘府论》的成书与重要版本;观察版刻本《文镜秘府论》中所表记的汉字音,由表记形态上的体例不一及字音内涵的差异发现,这些汉字音材料包含了一种以上的语音层次,应该有不同的来源。探讨版刻本《文镜秘府论》一字二音的汉字音表记,发现其中大致包括了吴音与汉音的不同、介音和韵尾的差异等。第三章,平面观察,包括汉字音与声点两方面。平面观察一,针对汉字音,先将版刻本《文镜秘府论》汉字音转写成音标,做成对照表;接着,从字音结构、声母、韵母三方面进行探讨;最后,将版刻本与图书寮本《文镜秘府论》所表记的汉字音进行比较,发现版刻本《文镜秘府论》所表记的汉字音与图书寮本的汉音体系字音大部分相同,两本同属汉音系。在这一节中,两本汉字音的差异也是讨论的重点。平面观察二,针对版刻本《文镜秘府论》的声点,主要由声母表记的位置和形式二方面进行探讨。最后还探讨了其例外声点所反映的种种语音现象。第四章,比较研究。主要工作在将版刻本《文镜秘府论》汉字音与中古汉语音系进行比对。先将所摘录的汉字音依中古音系整理,做成汉字音谱。其次从声母、韵母各方面观察版刻本《文镜秘府论》汉字音与中古汉语音系的对应关系。最后,探讨在对应关系之外某些材料可能呈现的语音现象。第五章,结论。从汉字音的"来源"与"变化"两方面看版刻本《文镜秘府论》汉字音的语音性格。

本文也充分借鉴了中日学者研究成果,比如吴圣雄《日本汉字音材料对中国声韵学研究的价值》(《第二届国际暨第十届台湾声韵学学术研讨会论文集》669—681,台湾中山大学 1992)、《由长承本〈蒙求〉看日本汉字音的传承》(《声韵韵丛》7:155—190,1998),星加宗一《由国语学上所见东方文化丛书本〈文镜秘府论〉》(上)(下)(日本《国语和国文学》10.7:934—956,10.8:1044—1066,1933),柏古嘉宏《图书寮本文镜秘府论字音点》(日本《训点语和训点资料》30:21—46,1965)、《图书寮本文镜秘府论字音声点》(日本《国语学》61:1—10,1965),渡边实《日本语史要说》(日本岩波书店 1997),铃木虎雄《〈文镜秘府论〉校勘》(日本《支那学》3.4,1913),筑岛裕《平安时代训点本论考》(日本汲古书院 1986)、《平安时代国语》(日本东京堂 1987),潘重规《〈文镜秘府论〉研究发凡》(《中日文化论集(一)》1—24,台湾中华文化出版事业委员会 1955),樱井茂治《保延四年〈文镜秘府论〉声点表记》(日本《国学院杂志》73.3:19—29,1972)。

李彦震《安然〈悉昙藏〉翻音研究》(2003)以《悉昙藏》中所记录的各家悉昙翻音为研究的材料,进行悉昙翻音与汉语在音韵学上的研讨。论文体例为:第一章,绪论。简述梵汉对译的价值及本文的取材,探讨学者对《悉昙藏》的相关学术研究,并述及本文的研究目的及方法。第二章,文本研究。介绍《悉昙藏》的成书、体例及版本;《悉昙藏》中所载文献的成书时间;悉昙、摩多等词语解释。第三章,平面观察。将《悉昙藏》中所记录的各家翻音材料摘录出来,并将之转写成音标,分别从每个悉昙字母的对译汉字进行讨论;对《悉昙藏》第八卷中所录的《悉昙十八章》进行分析,总结《悉昙十八章》中标音的几点现象。第四章,比较研究。将《悉昙藏》中各文献的翻音汉字与中古音系进行比较研究。查检各翻音的汉字在《广韵》中的切语,从中探讨各翻音汉字与中古音系的对应关系。第五章,结论。从研究的过程中谈版本与声调的问题,及梵字悉昙丰富的音韵现象。

吴晓琪《〈唐音便览〉所反映的十八世纪汉语音韵现象》(2009)认为,政经文化的重镇往往也是共同语的主导先锋,如历史上相互辉映的南北两大古都——北京、南京——亦是官话中两大主流,而明清之际的共同语在此二地也具有不同的特征。自16世纪始,官话为汉语共同语,而其下的北方方言、江淮方言的两大区域变体在北京、南京两都各成体系,并于明清时各自主导北京、南京的共同语。

吴晓琪锁定日本江户时期唐通事(日华翻译者)冈岛冠山所编著的华语音韵资料《唐译便览》与近代华语现象进行比较。《唐译便览》中所采用语句可能摘录自明清小说与唐通事的生活琐事,作者冈岛冠山在卷首点明书中所记为当时的官音,并且附有声调的圈发。吴晓琪以此为要,透过统计、文献探讨来比较18世纪间日语与华语的相互对应现象。

吴晓琪研究发现,《唐译便览》的声母呈现无送气与否之差别、全浊声母清化、轻重唇音分明、知照系合流、部分疑母字保留[ŋ]声母、二等牙喉音由洪转细等现象;韵母方面有不论属于中古的阳声韵或入声韵都有只分洪细不分等第、曾梗臻深摄合流、咸山摄不分、宕江摄混淆、入声韵尾皆为喉塞音、阳声韵尾皆为[-N]等现象;在声调方面则有平、上、去、入四调,其中的平声不分阴阳、全浊上声尚未归去。

刘虹汝《〈日清字音鉴〉研究》(2008)称,日本人伊泽修二以统治台湾为前提编写而成的《日清字音鉴》,以实用目的而言,并没有全面施用于台湾岛上,却阴错阳差成为检视汉语演变的材料。从高本汉用西方标音法研究汉语后,中国音韵学有了新的研究方向,同时各种标音方法也如雨后春笋般产生;1895年日人伊泽修二为了政治目的编写的中文字书《日清字音鉴》,以日文五十音顺序标音,并辅以威妥玛式以资参照,成为我们检视北方官话系统的材料。

《日清字音鉴》为境外研究汉语的语音材料之一,至今仍有一部分学者在做中日对音研究。也有学者认为,日本、朝鲜、越南等邻近国家移借汉语词汇,并保留了汉语的古读;日文汉字音不管汉音、吴音、唐宋音甚至新唐音,其源头皆可追溯至中国境内官方推行的标准语。传入日本的不仅是汉语字音,还有记录字音的工具书,包括韵书及韵图,《日清字音鉴》两套假名记音模式,上溯至汉音、吴音并与中古音接轨,其以韵图形式排列,更可以一窥日本汉语韵图研究与运用情况,伊泽修二改良假名符号,记录的是19世纪末期的北京音,其显现的官话系统正可列入现在蓬勃发展的方言分区议题中去讨论。

彭馨平《日治时期台湾的客语教材研究——以〈广东语集成〉为例》(2010)称:《广东语集成》(以下简称《集成》)是日据时期第一本由台湾人所编写的客家话教材,有其重要的时代意义。本论文摘录汇整其词汇,借以分析其语音及词汇特点,并将所整理出来的语料与台湾客家话做历时性与共时性的对照比较。透过语料的分析,可以了解日本人如何利用日语假名符号拼写客家话;透过书中内容,也可以看到许多日据时期台湾社会制度发展的趋向,以及台湾客家话借用日语词汇的情形;与现代台湾客家话做对照比较,则可以探究客家话因为时空环境不同所造成的变迁与异同,其研究成果可以作为现代客家话教材编撰的参考。

彭馨平研究的体例:第一章,绪论。说明研究动机与研究目的;述及近现代日据时期客家话教材研究成果,比如吴守礼《福客方言综志》(1997)、洪惟仁等《台湾文献书目解题·第五种语言类》(1996)、罗济立专书、张屏生单篇论文论述;介绍本论文以"文献调查法"为主要的研究方法。第二章,《集成》成书的原因及其内容。介绍《集成》的作者生平及其成书背景。第三章,日据时期"台湾语"的假名标音符号。说明台湾客家话假名标音符号的制定与变迁过程,介绍《集成》所使用的假名符号,并以列表方式说明国际音标和《集成》符号的对照关系。第四章,《集成》的语音系统。介绍《集成》所呈现的客家话声母、韵母、声调以及变调情形,并与客家话各辞书做音系上的比较。第五章,《集成》的词汇现象。介绍日据时期台湾客家话对于日语词汇的借用情形;说明《广东语集成》中词汇受到闽南话影响的现象,并分析《广东语集成》中成为废语或成为死语之词汇所代表的意义,最后将其分类,逐项说明这些词汇与现代客家话的差异。第六章,结论。说明研究成果,以及未来研究的方向。

梁炯辉《台(闽南)日两语文读之对音类型研究》(2011)写作目的是为了找出台湾闽南音中所含中古汉音的对音类型,比较台湾闽南中古音与日本中古汉音对音类型,拟订对音模式,探讨二音系对音类型之关系及其意义。作者依据《广韵》反切与《韵镜》韵图的音节结构,以玄奘译著中的梵汉中原方音对音类型为对比基础,比较日本中古吴音、汉音,据以呈现中古三地方音声母、韵母对音类型系统。在声母方面,呈现玄奘中原方音梵音化的声母系统,与日本中古汉字音日语化的声母系统。在韵母方面,呈现梵音化增生三等介音[j],日语化增生合口介音[w]与复介音[wj]的现象。而韵部中,同开合等呼之音类,主要元音不同的韵母对音类型并存,在三地方音是共同的现象,可以"单音节结构效应"原理诠释之。

梁炯辉称,阐明上述对音现象,即可比对出台湾闽南音中所含中古汉音的对音类型,并呈现其特性。即台湾闽南中古音之舌音、齿音无梵音化,无日语化;唇音呈现且保存重唇音,舌音呈现多舌头音的特性;浊音清化、复辅音单辅音化则呈现中国北方音系音变之特性。进而依据闽南日本两语之中古汉音对音类型相似度,拟订日本中古汉音对音策略,并以函数形式建构两语对音模式公式,订定两语对音模式表,以观察闽南中古音在域外汉音的对音模式。由于闽南日本两语中古汉音对音类型同质性极高,因此对音极其顺畅。而闽南日本两语中古汉音对音类型的对比,则首揭闽南日本两语中古汉音对音类型间的关系,即台湾闽南中古音俨然为日本中古汉音之母胎音。声母对音类型皆源自古音十九纽而无梵音化,韵母对音类型保存了后汉三国时代至隋代的中古长安汉音对音类型。此外,对应中古三地方音的对音类型,从台湾闽南音的白话音中析离中古汉音主要元音[a]之对音类型,而归纳为《诗经》专用的文读音,据此观察《诗经》异摄通押之用韵现象。

林智凯《东亚汉字音之入声韵变化:以优选理论探讨》(2007)主旨在于以优选理论探讨东亚汉字音的入声韵变化。研究重点有三:其一,东亚汉字音历史音韵变化与现代音韵理论的兼容性;其二,东亚汉字音历史音韵变化与音韵晦涩性(opacity);其三,音节结构差异对东亚汉字音音韵变化的影响。研究以《方言调查字表》中所列的入声韵为依据,讨论三个层次相近的东亚汉字音(台湾闽南语之文读音、日本汉字音之汉音与韩国汉字音);以元音种类而非以传统的摄为主,并分成[a]元音、非[a]元音与合口。

在历史音韵与现代音韵理论的兼容性方面,过去汉字音历史音韵研究较少与现代音韵理论结合,而本文以优选理论,特别以 Sanders(2003)的扩散优选理论(Faithfulness,Markedness,Dispersion-Optimality Theory)为主,来探讨东亚汉字音入声韵之历史音韵变化。结果显示在入声韵中,[a]元音、非[a]元音与合口皆能与优选理论兼容。而 Sanders(2003)的扩散优选理论更能清楚地将元音变化以扩散限制(dispersion constraints)表现,不同的限制代表了不同的元音变化。同时本研究亦提出央元音限制以补足先前研究的不足。

林智凯更进一步探讨历史音韵变化与音韵晦涩性。认为历史音韵变化有一特色,即是连续性(continuity),但优选理论强调输入项与输出项的直接对应,使得优选理论无法解释晦涩性。因此本文延伸 McCarthy(2007)的连续候选项(candidate chains)并纳入连续性(continuity)概念,以解释历史音韵变化中出现的晦涩性。

林智凯探讨音节结构差异对东亚汉字音音韵变化的影响,认为可从两方面来理解:莫拉(mora)于音节内的位置(phonotactic constraints)与音段交流限制(licensing constraints)。当音节内的莫拉位于同一音节分支时,位于下位的音段则不会有交流现象(台湾闽南话),但当莫拉分属于不同分支时,则会产生交流现象。其中依据音节中的莫拉是否显著,再加以分类:若是莫拉显著者,则音段交流时,莫拉倾向被保留(如日本汉字音);若是莫拉不显著者,则音段交流时,莫拉倾向不被保留(如韩国汉字音)。

严棉《从闽南话到日本汉字音》(《中国语文》2:92—101,1994)证明闽南话和日语汉字音生成的关系,其看法很有代表性。曾若涵赴日本三重大学任教,发表了《字书化的佛经音义书——珠光〈净土三部经音义〉对〈玉篇〉的接受》(《人文论丛:三重大学人文学部文化学科研究纪要》32:43—57,2015)、《江户时代的〈玉篇〉接受——以〈增续大广益会玉篇大全〉为例》(第十四届国际暨第三十三届台湾声韵学学术研讨会,台湾东吴大学 2015)等论文,引起了台湾音韵学者的高度重视。

中国大陆发表日汉语音比较研究成果比较多的有史存直、杨春霖、王吉尧、丁锋、成春有、石定果、刘援朝、李月松、应骥、朱川、孟宪仁、严棉、林忠鹏、刘淑学、张升余、张磊、李香等人。近些年来,一些学者,比如覃勤、范淑玲、赵世海等的博士论文与此相关。李无未《日本汉语音韵学史》(2011)也涉及到了相关研究的许多内容。

二、汉语与朝鲜语语音比较

台湾各个大学所培养的韩国留学生,往往以汉语语音和朝鲜语语音比较为选题而完成其学位论文,其成果主要有:成元庆《十五世纪韩国字音与中国声韵之关系》(1969/1994),金相根《韩人运用汉字与韩国汉字入声韵之研究》(1982),郑镇栏《〈明显四声等韵图〉与汉字的现代韩音之比较研究》(台湾政治大学硕士论文,1990),朴秋铉《韩国韵书与中国音韵书之关系》(1986),蔡瑛纯《从朝鲜对译资料考近代汉语音韵之变迁》(1986;后改为《李朝朝汉对音研究》,北京大学出版社2002),边滢雨《〈华东正音通释韵考〉研究》(1988),金政六《〈训蒙字会〉汉字音研究》(台湾政治大学硕士论文,1973),陈泰夏《〈鸡林类事〉研究》(1974),姜松子《十八世纪朝鲜汉语教科书的"正音"性质》(2007)等等。其他相关成果有:蔡瑛纯《〈译语类解〉所见中国音系之研究》(台湾中国文化大学硕士论文,1978),李光涛《记朝鲜实录中的〈训民正音〉》(《语法音韵文字研究论集》313—315,大陆杂志社,不著出版年月),权宅龙《申景睿〈韵解〉考》(台湾师范大学硕士论文,1984),刘教兰《〈四声通解〉之研究》(台湾政治大学硕士论文,1990),权容华《〈洪武正韵译训〉之正音与俗音研究》(1992),金恩柱《〈奎章全韵〉"华音"研究》(高雄师范大学硕士论文,1992),金庆淑《试论上古汉语和古代韩语》(2000),金泰成《乐善斋本〈红楼梦〉中韩译音所见的若干音韵现象》(第十届国际暨第二十五届台湾声韵学研讨会,台湾师范大学2007),高婉瑜《从〈老乞大谚解〉看明初北方官话的小称词》(汉语方言小称词研讨会,台湾清华大学2006)等。

成元庆《十五世纪韩国字音与中国声韵之关系》(1969)的构架是:高明、林尹、李家源序言,还有成元庆自序。第一篇,《训民正音》之创制与中国声韵学之关系。第一章,《训民正音》创制之理论背景,包括《训民正音》与《性理大全》、《切韵指掌图》与《训民正音》的关系。第二章,《训民正音》本文内容考,有名称、参与人物、世宗王序文、例义内容、制字解、初声解、中声解、合字解、用字解。第三章,《训民正音》二十三声母之来源考究,包括中国字母创制之来源、《训民正音》二十三字母与中国韵书之关系、《训民正音》二十三字母与中国古声纽之关系。第二篇,《东国正韵》内容考。第一章,《东国正韵》之内容,包括刊行及编制、特色、编纂之目的、在声韵上之价值。第二章,《东国正韵》之字母。与《广韵》声纽之比较。第三章,《东国正韵》之韵母,包括与《广韵》韵目之比较;与《古今韵会举要》韵目之比较;《东国正韵》韵目之母音配列与十九韵图;《东国正韵》韵目字选定之来源,与《切韵指掌图》《韵镜》《古今韵会举要》的关系。第三篇,《洪武正韵译训》之内容考。第一章,原本《洪武正韵译训》考。其制作,有动机、编者与参考韵书、评价;其声母,与三十六字母之比较、与《训民正音》字母之比较;《洪武正韵》的韵母。第二章,《洪武正韵译训》之内容,包括研究 15 世纪中国音重要资料之《洪武正韵译训》,由反切缺点所产生注音之革新与最初之汉音表音;《训民正音》创制后之第一部韵书——《洪武正韵译训》;《洪武正韵译训》之动机;《洪武正韵译训》注音力求准确;译训本之体裁及版本。第三章,译训佚文考,包括初声母、中声、终声、《洪武正韵译训》之《训民正音》注以万国音标。第四编,《洪武正韵》译训本与《东国正韵》之比较,包括名称、序文、字母、韵母之比较。

高明《序言》称,成元庆是韩国学者在台湾获得博士学位者之第一人。而其博士论文,取《训民正音》《东国正韵》《洪武正韵译训》三书,"考中、韩声韵之异同。以其入于中国声韵之学也甚深"而"成就之卓卓"。但也希望他将来对 15 世纪以后中、韩两国声韵之变迁及其同异进行彻底阐明。成元庆在该书"凡例"申明自己所探究的问题,其中也包括了纠正高本汉《中国声韵学研究》引用高丽音的谬误情况。

我们今天看成元庆的研究,他讲的主要是朝鲜朝汉语音韵理论体系与中国汉语音韵学的渊源关系问题。从朝鲜朝汉语音韵学理论形成的历史角度上看这样做是无可非议的,但从研究的思路上去观察,还有嫌含混模糊,比如所叙述的汉语音韵学理论体系性质究竟如何还不明了。作者应该十分清楚地表明中国汉语中古音理论体系在这个研究过程中所发挥的突出作用,否则会引起不必要的误解。

金相根《韩人运用汉字与韩国汉字入声韵之研究》(1982)体例:第一章,绪论。第二章,韩人借用汉字的历史与方法。汉字流传韩国与其借用之历史、韩人运用汉字的方法、韩国的汉文文献之简介;李朝时代汉文文献之概略。第三章,韩文之创制与韵书之编译。韩文之创制、韵书的编译。第四章,韩国汉字入声韵之研究(上)。现代韩国汉字入声韵之概况;有关[-l]收韵尾辅音入

声韵的诸家成就及其评述(韩国学者部分),包括李基文、朴炳采观点;有关
[-l]收韵尾辅音入声韵的诸家成就及其评述(其他国学者部分),包括高本汉、
王力、有坂秀世、河野六郎学说。第五章,韩国汉字入声韵之研究(下)。对收
[l]韵尾辅音入声韵的假设;韩语祖语本有[-lt]复辅音收韵尾辅音之证据以及
其渐变为[l]收韵尾辅音之过程;韩语中[-t]与[-*lt]入声韵尾之残存现象;
《东国正韵》"以影补来"的意义;[t]收入声韵尾之残留与[*lt]终声的可能
性;阿尔祖语有[*lt]复辅音韵尾辅音的可能性。第六章,结论。

蔡瑛纯《李朝朝汉对音研究》(1986/2002)的构架是:李鋈、唐作藩序和自
序。第一章,李朝的汉学政策与对译汉音之性质。朝廷所实施之汉学教育政
策与研究成果、代表性对译资料之探讨。第二章,李朝对译汉音之声母变迁。
声母体系、声母变迁。第三章,李朝对译汉音之韵母变迁。韵母体系、韵母变
迁。第四章,李朝对译汉音之声调变迁。声调标记、声调变迁。第五章,李朝
对译汉音与中国官话方言之关系。对译汉音与中国明清官话方言之关系、对
译汉音与中国现代官话方言之关系。

唐作藩认为,此书第五章颇为重要:作者通过对 20 世纪初以前四百年中
朝鲜的使节、翻译官与商人来中国交通路线的考察,以及对这些使节商人到中
国后停留在北京、徐州、洛阳和南京等地方音的分析、比较,推断朝鲜朝的各种
对译汉音资料所反映的语音演变特征,和中国明清音韵史料所记录的近代北
方官话音系中的北京音与洛阳音最为密切,特别是与北京音更为接近或相似,
这一结论是可贵的。也是可信的。

此外,还有一些韩国学者将自己的成果发表在台湾的学术刊物上,如赵健
相《论韩国字母初声与中国韵书字母之关系》(《中韩文化论集》50—57,台北
中华学术院韩国研究所 1978)等。吴世畯《从朝鲜汉字音看一二等重韵问题》
(1992)就是其中之一。

吴世畯称,一二等重韵指的是在摄、等、开合都相同的情形下,存在的两个
或三个韵类。一等重韵有咍与泰,覃与谈,合与盍;而二等重韵有皆与佳、夬,
咸与衔,洽与狎,山与删,辖与黠,耕与庚,麦与陌二。吴世畯研究朝鲜汉字音
一二等重韵问题的思路是:

其一,研究朝鲜汉字音一二等重韵的缘起。朝鲜译音对一二等重韵的区
别较任何汉语方言都明显,可惜高本汉误解了其中所表现的重韵对立现象。

比如误认为[ǫ]为[a]的短音。董同龢、陆志韦、邵荣芬以另外角度来批评高本汉的长短说,认为一二等重韵的区别应在于音色的不同,而非音量的长短,但却忽略了高本汉利用朝鲜译音所谈一二等重韵的区别问题。

其二,朝鲜韵书所表现的一二等重韵现象。河野六郎曾经认为朝鲜汉字音是唐慧琳音之反映,因此否认有重韵对立现象的存在(《朝鲜汉字音研究》),但《东国正韵》及《奎章全韵》蟹摄却存在着一二等重韵证据。此外,咸摄里的一等重韵覃、谈也有若干的重韵区别。在朝鲜汉字音里,一二等重韵主要元音大概是[ǫ]与[a]的对立,但其内部表现了音变情形。

其三,朝鲜蟹摄一二等重韵之区别非元音长短的证明。邵荣芬《〈切韵〉研究》(1982:128)利用《训民正音·解例》记载批评高本汉高丽音一二等重韵元音长短说的论点非常中肯。朝鲜汉字音蟹摄重韵之区别的确不在于元音长短而在于音色不同。以朝鲜汉字音考证二等重韵音值较困难,但仍可由其中所表现之语言现象拟测出下列音值:皆韵为[əi]、佳韵为[ai]、夬韵为[ai]。这就可以基本解释清楚了。

吴世畯的论述也有让人不可理解的地方,即以《东国正韵》及《奎章全韵》为依据论述是不是有"循环论证"的嫌疑?因为《东国正韵》及《奎章全韵》是参照中国中古音系韵书编定的,它们所反映的是"虚构"的朝鲜汉字音体系,"译音成分"很大,不是真实存在的朝鲜语口语中的汉字音中古音体系,所以,很多学者不轻易使用这两种资料,这已经为许多学者所认同。河野六郎否认朝鲜汉字音有重韵对立现象的存在不是一点儿道理没有,吴世畯有关从朝鲜汉字音看一二等重韵问题研究还须要进一步思考。

朴万圭《海东交宗崔致远诗用韵考》(1992)涉及崔致远作品语音性质问题。崔致远生于公元857年,公元868年由朝鲜半岛负笈留学唐朝,当时正值晚唐时代。他的诗文可以说是新罗统一全朝鲜半岛三百年(668—936年)中之冠。但其诗现今所存者只有《桂苑笔耕》63首、《东文选》中所仅存的30篇诗和《三国史记》中的《乡乐杂咏》诗5首,合计仅有108首(古体诗9首,近世诗99首)。朴万圭对这108首诗用韵进行了归纳。韵谱制作,按照《广韵》顺序排列,以上平声"一东"为首,依次条列韵目,终于下平声"二十九凡"。韵谱诗体排列依次为:先排古体诗,后列近体诗。作者发现,崔致远近体诗用韵特点为:东冬同用;东钟分用;支脂之三韵共八见,存在着与实际上语音之差;微独用;鱼虞模同用,齐独用;灰咍同用;真谆同用,丈独用;痕元同用、元魂同用,魂痕有距离;寒桓删山同用;先仙同用;萧宵同用,豪独用;佳麻同用;麻戈同用;歌戈同用;阳唐同用;庚清同用;庚青分用;尤侯同用;侵独用。古体诗方面,因诗篇太少,而很难看出其用韵通转之范围来。月薛屑通押一次,使得在近体诗里绝不往来的元先仙三韵合在一起。作者还以耿志坚研究为依据,进行崔致远诗用韵与晚唐诗人之用韵通转之比较。比如,中土晚唐东冬钟同为一韵;晚唐诗"支脂之同用,通微";"转声通齐";转声通佳皆。司空图称,再转声通支,具为臻欣同用;文、魂、痕,元魂痕同用;寒、桓、删、山、先、仙通用。这些都是不同的特点。该文研究古代朝鲜半岛诗人崔致远用韵,角度很新,但如朴万圭所说,"由于诗篇不够而招致拟构不出韵系来,自是在所难免"。这是很显然的。

　　朴万圭《试析〈帝王韵记〉用韵——并探高丽中、末汉诗文押韵特征》(1991)是韩国学者利用自己的文献研究古代汉字音的重要论文。《帝主韵记》初刊于高丽朝忠烈王十三年(1287),作者李承休(1224—1300),用七言韵文叙述中国(上卷,盘古至南宋、金,凡二千三百七十言)和韩国(下卷,古朝鲜、高句丽、百济、新寝,凡一千四百六十言,加上高丽本朝五言凡七百言)历代世朝及帝王事迹,是一本仅存至今的最古书之一,无疑是一部研究当代韩国先人运用借来的汉字表现实际生活情形非常宝贵的材料。

　　其一,研究《帝王韵记》用韵目的和构想。朴万圭说,研究本文的目的,不外乎是观察 13 世纪高丽人创作诗文时用韵宽严之尺度如何,他们对汉诗文所持之态度和认知程度怎么样。顺便谈谈其同时的宋(唐)诗家用韵情形与之有何异同。研究构想是:剖析《帝王韵记》韵式之后,把整个韵脚字摘出,系联起来,而后依照十六摄统领其所属《广韵》的韵目,探索《帝王韵记》用韵与唐功令独用、同用的关系情况。朴万圭认定,李承休《帝王韵记》的韵式非常不寻常。有句句押韵者、隔句押韵者(平上去混押即在这里出现),在同样的韵式里又有首句入韵或不入韵者,样样都有,非常不整齐。总的说来,他对韵文的了解和认识远远不及于汉人对自己诗文运笔之自由和水平。

　　其二,《帝王韵记》用韵特点。朴万圭归纳出的《帝王韵记》用韵情况是:止摄:支脂之微(蟹摄齐祭)同用;遇摄:虞模(效摄豪)(流摄尤侯)同用;蟹摄:齐(通摄鱼)(皆)祭(废)同用;臻摄:真诗文魂同用;山摄:寒山先仙同用;假摄:麻独用;宕摄:阳唐同用;梗摄:庚耕清青(曾摄蒸)同用;曾摄:蒸登(梗摄青)同用。与中国唐宋诗人用韵比较,基本反映了那个时代的韵部变化情况,关系是比较密切的。

台湾学者成果主要是:谢云飞《汉字在近代汉语与现代韩语中之音读比较研究》(《高仲华先生八秩荣庆论文集》77—104,高雄师范学院国文研究所1988)、《华语与韩语的音位比较研究》(《第三届世界华语文教学研讨会论文集·理论与分析篇》13—20,台湾世界华文出版社1994);吴圣雄《〈朝鲜馆译语〉反映的汉语音韵特征》(第三十二届台湾声韵学研讨会,成功大学2014);申祐先《论韩国汉字音的近代音层次》(第三十二届台湾声韵学研讨会,成功大学2014);林英津《从高丽译音看汉语语音史上的送气清声母》(第十四届国际暨第三十三届台湾声韵学研讨会,台湾东吴大学2015)等。

吴圣雄(2014)谈到,《朝鲜馆译语》是明代编纂的朝鲜语词汇集。每一组词语用汉字记载词义、音读与训读。由于该书编纂时代与谚文创制时期大致相当,书中记载的朝鲜词语可以利用同时代的谚文文献加以复原。根据复原后的谚文与汉字记音比较,可以推测这些汉字记音的具体读音,进一步分析它们的音韵特征。吴圣雄参考早期谚文资料,重新检验日本、韩国学者们所做的复原工作,再根据复原的谚文与汉字音比较,整理音韵对应关系,观察音韵分合格局。由音韵发展史的角度,分析这批汉字记音所反映的音韵特征。在整理出明代译音的音韵特征之后,判断它所属的方言背景,归纳出作者对译韩语语音时能够注意到的区别,具体反映明代汉语与朝鲜语音韵系统的差别。

申祐先(2014)说到,许多学者认为,韩汉音继承了汉语中古音,但实际上,里头也包含有不少的宋代以来的近代音成分。比如止摄开口齿头字的元音发生变化,部分入声韵尾丢失或弱化为-h等。作者以内部分析法及方音比较法为基本研究方法,还以文献记录来观察其系统性对应,确实掌握了韩汉音近代音成分;同时利用了日本学者伊藤智ゆき在《朝鲜汉字音研究》(2007)中收录的15至16世纪早期汉字音资料,并补充朝鲜汉字音资料加以说明。

林英津(2015)以高丽译音为核心,聚焦于辅音声母,采用学术发展史的观察,循序检讨下列议题:一是高本汉《中国音韵学研究》中"高丽译音"的性质;二是继后学人利用"高丽译音"重构古语音韵的局限;三是以《训民正音》"韩文拼音字母"为汉字注音及以汉字转写古韩语,虽然都有检验汉语古音的功效,却是两种性质不同的资料,适用不同的处理程序,建构不同的古语;四是再论古汉语声母送气与不送气对立于"高丽译音"的对应表象,以及所可能反映的逻辑性的语言现实。高丽译音之于古汉语声母送气与不送气对立的对应表象,不能单方面归因于古代韩语缺乏送气音,这只是资料记录的缺乏,未必是事实。实际上是由于书面文献规范的传统而造成的结果。

申祐先《韩国汉字音历史层次研究》(2014)以历史语言学的方法为基础,全面分析韩汉音的音韵表现,以厘清韩汉音内部叠积而成的历史层次。以往的研究一般将之视为纯粹的系统,认为汉字音一旦进入韩语系统之后就固定下来,很少再受外部的影响,仅在韩语里独自发展。然而透过本文的分析,可以了解到韩汉音内部具有来自不同时间与地点的音韵层次,它不仅反映汉语中古音的音韵特征,也反映上古及近代时期的特征,这意味着长期的语言接触中,汉语各时期的音韵系统不断地影响韩汉音系统。

《韩国汉字音历史层次研究》体例:第一章,绪论,说明研究的动机,介绍前人相关论著,并交代研究材料及方法。第二章,探讨韩语的音韵特征及其历史发展,比如《训民正音》的字母系统、15世纪韩语的音韵系统、现代韩语的音韵系统。第三、第四章为本文最主要的部分,根据韩汉音的具体表现分析韩汉音韵母及声母的历史层次。韵母方面分析了果、假摄字群,遇摄字群,蟹摄字群,止摄字群,效摄字群,流摄字群,咸摄字群等的历史层次;声母方面分析了唇音、舌音、齿音、牙音、喉音的历史层次。第五章,结论。提出类推、反切、过度矫正等因素所造成的异读问题;总结本文主要的研究成果,并提出在此研究的基础之上未来可以继续深入探讨的课题,比如文献材料的复检与扩充、《训民正音》创制以前时期的韩汉音研究等。

姜松子《十八世纪朝鲜汉语教科书的"正音"性质》(2008)讨论《老乞大》《朴通事》系列的"正音"性质。《老乞大》《朴通事》是朝鲜汉语教科书,收录近代汉语的韩文注音;在原来的汉字本《老乞大》《朴通事》上加注标汉语语音,即所谓"谚解本"。"谚解"是以韩文对汉语标音及释义的方式,在每个方块汉字下,左右两边各用朝鲜拼音文字来为当时的汉语(北方话)注音。本文研究《老乞大》《朴通事》"左音"及其"正音"的性质。

体例及内容:第一章,绪论,简要叙述研究动机、研究对象、研究方法。第二章,文献回顾,综述朝鲜汉语教科书中"正音"与"左音"的研究成果。第三章,重新检讨文献材料的版本问题,确定文献的成书年代、刊行年代、谚解者等版本相关知识。接着探讨正俗音的概念,指出"正音"可以说是规范音,不是一个固定的音系,所以每本朝鲜对音文献的实际"正音"音系会不同。《老乞大》《朴通事》系列朝鲜汉语教科书的"左音"来自于《四声通考》,但这并不代表朝鲜汉语教科书的"左音"与《四声通考》(《洪武正韵译训》)的"正音"是相同的。第四章,讨论朝鲜汉语教科书左音的声母,《老乞大》《朴通事》声母方面的变化比较少,在前期《老乞大》《朴通事》的谚音标记上还保留正齿音与齿头音的区别,到了《重刊老乞大谚解》《朴通事新释谚解》时,已经完全不分齿头音与正齿音。第五章,讨论朝鲜汉语教科书左音的韵母,尤其是 18 世纪"左音"与 16、17 世纪的版本之间韵母的些许差异,发现舌尖元音 [-ɿ] [-i] 收尾的元音,"萧"韵,双唇鼻音韵尾与舌尖鼻音韵尾等方面都存在不同。第四章与第五章的最后一节,分别讨论《(平安监营重刊)老乞大谚解》的声母与韵母修订字,与《老乞大谚解》的比较之下,找出两本之间"左音"的变化。这可以说是第四、五章的关键部分。第六章,结论。谈《重刊老乞大谚解》《朴通事新释谚解》的"正音"性质,认为《翻译老乞大》《翻译朴通事》《老乞大谚解》《朴通事谚解》等 17 世纪以前朝鲜汉语教科书的"左音"与《洪武正韵译训》的"俗音"相符合;但是到朝鲜后期重新修订谚解本的结果,使书中"左音"与《洪武正韵译训》的"正音"更相近。《重刊老乞大谚解》《朴通事新释谚解》等的"左音"在字形上更符合《洪武正韵译训》的"正音"或"正音"的变体,它所反映的字体显然不是《洪武正韵译训》。

中国大陆研究朝鲜汉字音的学者比较多,其中李德春《韩文与中国音韵》(1998)、《中韩语言文字关系史研究》(2006),金基石《朝鲜韵书与明清音系》(2003),崔羲秀《朝鲜汉字音研究》(1986)、《朝汉语音对比》(2007)等研究成果十分引人注目。还有一批博士学位论文值得提及,比如:任少英《韩汉声韵比较》(华东师范大学 2003)、朱炜《谚译〈老朴〉与近代汉语语音系统研究——〈翻译老朴〉声母系统》(华中科技大学 2012)、姚骏《〈老乞大谚解〉朝鲜语语音研究》(北京大学 2008)等,反映了近年来博士学位论文以朝鲜汉字音研究为课题的学术新进展程度。日本学者对朝鲜汉字音研究名家辈出,小仓进平、河野六郎、伊藤智ゆき、福井玲等成就卓著,李无未《日本汉语音韵学史》(2011)"下篇"第二章"日本学者对朝鲜汉字音的研究"涵盖了日本朝鲜汉字音学史的基本内容。日本学者栗田英二还翻译了韩国学者金东昭《韩国语变迁史》(日本明石书店 2003)，让日本读者了解韩国学者研究朝鲜汉字音许多成果。

韩国学者研究朝鲜汉字音的论著就更多了，比如许熊、金完真、文璇奎、李基文、南广祐、姜信沆、俞昌均、李崇宁、成元庆、郑光、康寔镇、蔡瑛纯、严翼相等。俞昌均《三国时代的汉字音》(1991)分为四章：第一章，序论。谈汉字音的起源、构成、性格；汉字音的层次，上古音系和中古音系；韩国汉字音"本土化"的性格，三国汉字音的区别。第二章，高句丽汉字音。包括字类和再构拟音问题，以及字音体系，元音和辅音系统。第三章，百济汉字音。包括字类和再构拟音问题，以及字音体系，声母和韵部元音、韵尾辅音系统。第四章，新罗汉字音。也有再构拟音问题，以及字音体系，声母和韵部元音、韵尾辅音系统，新罗汉字音的影响等。探讨韩国三国时代的汉字音问题，与高丽时代、朝鲜时代不一样，借助汉字以及汉语语音史成果研究的必要性显得十分突出，所以与汉语语音史发展研究的关系更为紧密。

第七节　汉语与南岛语系语音比较

李壬癸《台湾南岛语言的调查研究》(1974)是有关台湾南岛语研究的十分重要的一篇论文。其内容主要有三：一是前人对台湾南岛语研究历史的回顾；二是对南岛语的基本认识，包括研究南岛语的目的，以及须要解决的南岛语言学方面的疑难问题；三是调查研究的计划。

一、日据时期日本学者调查台湾的南岛语系成果

李壬癸《日本学者对于台湾南岛语言研究的贡献》(2007)对此问题有所介绍。我们综合他所发表的论文及其他文献进行说明。

日本学者台湾南岛语言研究主要成果是：伊能嘉矩《〈語彙集〉：ペイポ族ノ部》(稿本，台湾大学图书馆 1896)、《台湾番政志》(1904)、《台湾文化志》(中译本，台湾文献委员会 1991)，台湾总督府《黥蕃语集》(1906)，樋口陆郎《パイワン藩语集》(1923)，小川尚义《台湾的人种及语言》(与移川子之藏合著，发表时间不详)、《台湾的番语》(《台湾时报》49:6—23，1923)、《フアボン

グ語について》(《言语和文学》4:33—40,1930)、《インドネシアン語に於け
ゐ臺灣蕃語の位置》(《日本学术协会报告》10.2:521—526,1935),小川尚义、
浅井惠伦《原语台湾高砂族传说集》(1935),马场藤兵卫《タイヤル語典》
(1931),金须文弥《峦藩ブヌン語集》(1932),赤间富三郎《セタッカ藩語集》
(1932),江口贞吉《花莲港藩语集》(1932),安倍明义《蕃语研究》(蕃语研究
会1930),平山勋《フアボラン語汇》(1936),浅井惠伦《赛德语的研究》
(1934)、《兰屿的雅美语研究》(1936)等。这当中涉及语音的内容不少。

此外,李壬癸还提到,土田滋、森口恒一、月田尚美、野岛本太等当代日本
学者在台湾南岛语言研究上也取得了很大的成绩。

二、日本之外欧美学者南岛语研究

李壬癸《台湾南岛语言的调查研究》(1974)评述到,真正以严密的现代语
言学知识来研究台湾高山族语言的首推董同龢的《邹语研究》(1964);其次,
就是丹麦语言学家艾葛乐(Søren Egerod1965a,b;1966a,b;1969),他曾先后发
表了五篇关于泰雅语的论文。华盛顿大学的费罗礼(Ferrell)写有研究台湾土
著文化语言分类及排湾语系列著作,其中《台湾土著族的文化·语言分类探
究》(台湾民族学研究所专刊之17,1969)非常著名。费罗礼著作分三部分:第
一部分,背景与历史之探讨;第二部分,台湾土著族的文化,其中有语言与文化
分类的内容。第三部分,台湾土著族的语言。费罗礼认为,在台湾三大语群之
中,泰雅群与邹群间之差异最大,而这两大语群又和所有其他南岛语族差异很
大。台湾土著的语言,代表四种史前迁移的可能性,但语言学的证据并不支持
以往认为台湾土著是分批迁移来台的学说。与丁邦新合作的台湾辅仁大学孙
志文神父(Sprenger)重点研究卑南语论文。此外,还有夏威夷大学语言学教
授帅德乐(Starosta)调查的六种语言资料,也引人注目。

三、1949年以后,台湾学者及海外华人的南岛语系语音研究成果

主要有:董同龢《邹语研究》(1964),严棉《卡语和沙语的初步比较》(台湾
《史语所集刊》35:135—168,1964),李壬癸《台湾南岛语言的调查研究》
(1974)、《台湾土著语言研究的资料与问题》(1975)、《鲁凯语结构》(1973)、
《邵语音韵》(1976)、《台湾土著语言的词音位转换》(1977)、《从语言的证据

推论台湾土著民族的来源》(《大陆杂志》59.1:1—14,1979)、《台湾土著语言》(《思与言》17·4:293—306,1979)、《台湾南岛语言的语音符号系统》(台湾"教育部"教育研究委员会1991)、《从历史语言学家构拟的同源词看南岛民族的史前文化》(《大陆杂志》82.6:12—22,1991)、《台湾南岛语言研究的现状与展望》(《第一届台湾本土文化学术研讨会论文集》229—246,台湾师范大学1995)、《宜兰县南岛民族与语言》(1996)、Formosan language materials by Ogawa at Nanzan University(《台湾史研究》[Taiwan Historical Research],Also appeared as《南山大学所藏小川尚义による台湾原住民诸语数据》,《南山大学人类学研究所通信》[Nanzan Anthropological Institute Newsletter]8:2—7;5.2:147—158,2000)、《汉语和南岛语有发生学联系吗?》(2005),杨秀芳《赛德语雾社方言的音韵结构》(1976),何大安《邹语音韵》(1976)、《排湾语丹路方言的音韵系统》(1977)、《五种排湾方言的初步比较》(1978)、《论鲁凯语的亲属关系》(1983),丁邦新《古卑南语的拟测》(1978),何大安、杨秀芳《南岛语与台湾南岛语》(2000)等。李壬癸(1977)说,郑再发也做过赛德语的调查,但还没有文章发表。丁邦新(1967)跟严棉(1964、1969)有三篇短文写高雄县境的南邹语言。虽然台湾东部的排湾语群最大、语言种类最多,但关于这方面的调查报告并不多,只有李方桂(1956)等人的《邵语记略》,美国加州大学伯克利分校陈蓉的阿美语,最近赴香港新亚书院的梅广调查的下三社的鲁凯语。以上这些论著中,专门谈到汉语和南岛语系语音关系的不多见。但这些文章所流露出来的比较意识,对研究汉语语音史是极有帮助的,尤其是语言类型学的研究,具有重要的启发意义。

李壬癸《台湾原住民史:语言篇》(1999/2003)《自序》说:从语言学的观点并使用语言的材料来探讨台湾南岛民族的历史,是这本书的主要内容。他介绍道:其书分为两大部分。第一部分除第一章绪论之外,另有五章,各章分别说明南岛民族的概况、来源、迁移历史、族群分类、地理分布及民族迁移和史前文化。第二部分是几个与族群有关的起源和迁移神话或传说,都以母语的形式呈现出来,并有汉译。书后附参考书目,可以说是研究台湾南岛民族历史和现状的进一步入门文献。《台湾原住民史:语言篇》是以专门研究台湾南岛民族语言的专门书,也可以领略到台湾南岛民族语言语音系统的许多内容。李壬癸《台湾南岛民族的族群与迁移》(1997)也与此问题研究相关。台湾语言学研究所《语言暨语言学》专刊外编之五《百川汇海：李壬癸先生七秩寿庆论文集》(2006)，由张永利、黄美金、何大安编辑，集中体现了李壬癸研究南岛语的学术成就，还汇集了其他领域学者的学术成果。

四、汉语与南岛语关系

1990 年 10 月，法国汉语音韵学家沙加尔在美国德克萨斯州亚特兰大大学举行的第二十三届国际汉藏语和语言学会议上发表《汉语—南岛语同源论》。此后，又发表《汉语和南岛语：发生学关系证据》(1993)、《上古汉语和原始南岛语》(1993/1994)等论文，证明汉语和南岛语存在着发生学的关系。在中国大陆，邢公畹(《关于汉语南岛语的发生学关系问题——L. 沙加尔〈汉语—南岛语同源论〉述评补正》，《民族语文》3：1—14，1991)和郑张尚芳(《汉藏语是澳泰语的根源》，亚洲大陆和南岛语关系研讨会，夏威夷大学 1993)、潘悟云《对华澳语系假说的若干支持材料》(王士元主编，李葆嘉主译《汉语的祖先》242—287，2005)等学者表示赞同。郑张尚芳还把汉语、藏缅语、侗台语、苗瑶语、南亚语和南岛语组成一个大语系，称之为华澳语系。李壬癸《汉语和南岛语有发生学联系吗？》(2005)认为，沙加尔等所举种种论据存在着方法论上的一系列问题，主要是：其一，他们所辨认的同源词的语义对应很松散。其二，他们所辨认的同源词属于基本词汇范畴的很少。其三，南岛语词根大多是双音节的，有时是三音节的，而沙加尔始终用汉语的一个音节来比较南岛语的第二个音节。其四，被引用的许多南岛语同源词属于低层次的构词形式。其五，沙加尔列举的联系汉藏语和南岛语的形态学证据——词缀，似乎更是信手拈来。其六，语言的语音形式通常能保持几千年不变，比如汉语的历史演变过程中，塞音和塞擦音具有送气和不送气的对立等，这在古代汉语和所有现代汉语方言中都是重要的语音现象，但这些特征却与南岛语不一致。所以，就目前来说，还不能证明汉语和南岛语同源。这在台湾是很有代表性的观点。

黄美金《台湾南岛语言学研究的回顾与展望》(2000)搜集文献非常丰富，可以参看。中国大陆学者吴安其《南岛语分类研究》(商务印书馆 2009)则从更为广泛的南岛语分布与分类范畴考虑台湾南岛语语音问题，也不承认汉语和南岛语存在着发生学联系。

第八节　汉语与梵语对音译音

中国大陆学者研究梵汉对音历史久长，比如罗常培在 20 世纪 30 年代就有成果问世。后来，俞敏学术研究更为突出，还培养了一批知名学者，诸如刘广和、施向东、聂鸿音、储泰松等。此外，还有尉迟治平等学者，也都成绩斐然。台湾学者对梵汉对音研究也十分重视，成果很多，主要有：

一、梵汉对音理论

周法高《梵文［ţḍ］的对音》（1948）介绍说，梵文舌音（Linguals）［ţ］［ţ'］［ḍ'］，和国际音标舌尖后音的塞声［t］［t'］［ḍ］［ḍ'］大体差不多。在中国人的译音里大致用舌上音知、彻、澄母的字来翻译它们，但是在唐代以前，有时候用来母字翻译。从表面上看，用来母字翻译不规则，但收集更多的例证后，就知道这不算是例外了。来母字对译［ţ］和［ḍ］的例证，从玄应《一切经音义》中可以找到，比如《妙法莲华经》卷六"波罗罗华香"对译［pāţala］；《妙法莲华经》"罗什、阿隶"对译［aḍe］。为何出现这种情况？周法高解释说，原来梵文的［ḍ］等，相当于国际音标的［ḍ］等，在汉语里没有这一类的音，于是，除了借用知系外，有时还借用来母字。周法高《佛教东传对中国音韵学之影响》（《中国佛教史论集》778—808，台湾中华文化出版事业委员会 1956）也涉及了梵语语音对汉语语音分析理论的影响问题。

丁嫔娜《梵文转读对中国声韵学之影响》（《慧炬》81、82，1970），谢云飞《十二转声释义》（1971）、《汉语音韵字母源流》（1972），高琇华《中国音韵与梵音》（《海潮音》57.11：27，1976），东初《佛教对中国音韵学的影响》（《海潮音》58.11：4—8，1977），竺家宁《佛教传入与等韵图的兴起》（1995）等，涉及梵汉对音研究的许多理论问题。

陈淑芬《汉语中梵文外来语之研究》（2001）内容是：我国古代因翻译佛经而产生许多梵文的译音词，譬如"佛陀、瑜珈、比丘、菩萨、禅"等，都已经根深蒂固地留在我们的语言中，难以分辨其为外来语。本研究从《国语日报外来语词典》中收集了 112 个梵文外来语，但因有些梵文佛经术语在不同的时代由不同的翻译者所翻译，故事实上在此词典中共列有 293 条汉语词项。在这 293

条汉语词项中,仅有 20 个词不是译音词;也就是说有 273 个词(约占 93.2%)是译音词。在本文的第二节中介绍了许多学者对外来语的分类,并依据 Haugen(1950),Wu(1994),以及 Chen(2000)的研究,将这 293 个梵文外来语分成三类:(1)译音词(phonetic loans),如"阿罗汉";(2)混合词(hybrids):包括半音译半意译式,如"菩提树",意译加上语意标志(semantic marker),如"须弥山",及双重翻译式(double rendition),如"和合僧";(3)附加式的翻译(renditions plus added information),如"阿弥陀佛、弥勒佛"。在第三节中将这 293 个汉语外来词和其梵文做一对音比较,并讨论这些外来音韵的本土化(phonological nativization)的种种相关问题,其中包括梵文长元音的翻译,送气之有无的争议,梵文腭音、卷舌音、鼻音、半元音、擦音等的翻译。第四节中则讨论音节结构的汉化及音节长度的汉化等问题。第五节是简要的结论。

陈淑芬《依据梵文佛教术语的音译论中古汉语元音的长短问题》(2003)的主要目的在于推翻 Pulleyblank(1984),Karlgren(1922)及 Chao(1940)认为中古汉语有长元音的论点。主要的反证有下列三点:首先,在 Chen(2000)对汉语中梵文外来语的研究,以及罗常培(1963)所列出四十九根本字诸经译文异同表中,译经者在音译梵文字母及外来语时,并没有使用不同之元音来对译梵文长元音和短元音。其二,作者从 Soothill 和 Hodou's(1968)所写的《汉英佛学大辞典》(A Dictionary of Chinese Buddhist Terms)收集了约三千个梵文佛教术语,来研究其对译的汉语语料。因每一个梵文术语都曾被多次翻译,故共有七八千笔汉语对音资料,其中共有 1426 个汉字用来对译梵文长元音音节。研究结果显示,所有常用来对译梵文长元音的汉字也都用来对译梵文短元音。其三,从资料中也发现即使在同一梵文术语中,有相同性质的长元音和短元音,翻译者也使用相同的汉字来对译。基于以上三点,陈淑芬认为,中古汉语应该没有长短元音之对立,不然佛经的翻译者在对音时,应会使用长元音来对译梵语长元音,短元音来对译梵文短元音,不致于毫无分别地使用相同的汉字。

陈淑芬《论玄奘〈般若波罗蜜多心经〉之音译本》(2003):玄奘之《般若波罗蜜多心经》译本早已是众所皆知,流传广远的一部大乘佛典,短短 260 个字包括了大乘佛典之精神所在,其文虽约,其义甚丰。但玄奘尚有《唐梵翻对字音般若波罗蜜多心经》之音译本,却鲜为人知,学者也未为之作深入的研究。本文即是以此音译本和梵文本对照,探讨玄奘译音之准确性。

　　论文有三大主轴:第一主轴是对玄奘音译本之准确性及忠于原文加以肯定。其一,玄奘全文中用了74个二合音来对译梵文复辅音,并用"二合"两字于括号中加以注明。其二,玄奘对于众多经过音变规则的梵文词语都细心地加以译出,而不是以原本未经音变的词根来做对译,包括子音加元音,元音加元音及子音加子音等数种不同的音变规律。其三,梵文词尾变化极为复杂,玄奘皆难能可贵地将之译出。例如,梵文的名词字尾会随着三个数(单数、双数及复数),三个性别(阳性、中性及阴性),及八个格位(主格、呼格、对格、具格、与格、从格、属格及位格)之不同而有所变化。

　　第二主轴则是探讨玄奘音译本中一些不一致的地方。首先,音译本中也有35个音节用二合音译出,却未加注"二合"两字。其二,在一些例子中,玄奘似乎未注意到梵文词语之格位不同,或已历经音变的过程,而以相同的音来对译不同的词尾变化或音变形体。例如,用相同的音来对译同一词语之主格与位格。其三,陈淑芬也发现到玄奘自己也用不同的音来对译同一个字。如将sarva译为萨啰/sa la bjak/、萨/sa bjak/或娑/sa bjak/。

　　第三主轴在于指正玄奘音译本中一些不准确的音译,包括玄奘在一些词语中少译或多译一个音,使得梵汉之音节数目有所不同;又在音译本中有一些字列为注解于括号中,实际上为译音字,因此须将括号删除。最后,陈淑芬也再度指正一些明显的译音错误。

　　论文尝试以玄奘的《般若心经》音译本与梵文本一字一音地对照比较。肯定玄奘被学者冠有中国佛教四大译经家之一的雅号,他不仅对佛经翻译忠于原文又精准,他对于音译方面也相当用心。但他的音译本中也显现出一些上下文译音方法不一致,或甚至有音译错误之处。有些也许是抄经者之笔误,但有一些肯定是玄奘自己的疏忽,虽然音译本中有一些小瑕疵,但也不会抹煞玄奘这一代宗师的美名。陈淑芬希望对将来修正大藏经的一些学者提供实质上的建言与改正。

　　李来香《〈悉昙字记〉基本字音之梵汉对应》(2006)称,今人对"悉昙字"的认识、得以看到"悉昙字"的原貌,多局限在记录密教的真言与咒语里。大半咒语为了让信众们易学,多为汉字音译,所以"悉昙字体"见亦少见,更遑论是读其音。由唐朝僧人释智广所撰述的《悉昙字记》(于今收录于《大正藏》第五十四册),以汉字反切方式,注记四十七个悉昙基本字体的字音,该文试以音韵学反切之理,拟其音值,借以探讨当时的悉昙读音。

李来香论文共分五章:第一章,绪论,就研究动机、材料、方法、期望、资源分享等做简略的陈述。第二章,以释智广学悉昙的动机、年代与师承,撰写《字记》的动机与编排方式等为探讨主题。第三章,以"悉昙二字所代表的意义"为主题,分天竺文字、声明教育启蒙、悉昙之音译与义译等题探讨。第四章,以汉字反切之理,拟其汉译音音值,试以审音法,探讨《字记》所记载的悉昙基本字音在当时的读音。第五章,总结。

对《悉昙字记》基本字音所表现出来的梵汉对应关系进行研究是十分必要的,但梵汉语音对应关系方言背景十分复杂,期望得出让人信服的结论还是不容易的。关于这一点,或许可以从日本学者马渊和夫《日本音韵史研究》(日本学术振兴会 1962—1965)、水谷真诚《中国语史研究》(日本三省堂 1994),以及平田昌司、辛岛静志等学者的研究成果中找到一些基本答案(参李无未《日本汉语音韵学史》,2011)。

二、悉昙与汉语等韵学关系

李柏翰博士论文《明清悉昙文献及其对等韵学的影响》(2015)提到:若要追溯印度梵语对于汉语音韵学的影响,应从"悉昙(siddhām)"知识概念着手,而目前学界多认为悉昙知识已随着宋代佛教的衰微消失在中国境内,仅在日本地区继续流传。然而,从明代至清代,中国仍然留下零星的悉昙文献,包含赵宦光《悉昙经传》、刘献廷《新韵谱》、章嘉胡土克图《同文韵统》、周春《悉昙奥论》等,且其相关知识也经常见于同时代的等韵学文献当中。换言之,悉昙知识除了引发等韵学的萌芽,仍持续对明清等韵学造成影响。因此,本文将焦点转至悉昙学入华后在明清时期的影响面貌,例如:从东汉佛教传入后,明清时期如何理解梵学知识? 如何逐渐转化为汉语音韵学的概念? 又以何种方式与汉语音韵学联系? 影响的文献又有多少? 为了解决这些问题,论文以明清悉昙文献为范围,分别从历时串联与共时互动进行考察。历时性串联方面,梳理悉昙文献在中国地区的传承脉络,并阐述此脉络下的知识理论为何,进而以此探索一系列相关问题;共时性互动方面,追溯明清等韵文献的悉昙概念源流,并梳理这些理论在当时的影响及传播,进而与明清悉昙知识相互对照。论文梳理现存明清悉昙文献,试图考察明清悉昙知识与等韵学的实际互动,并从传播角度观察此现象造成的"知识扩散",建构出中国悉昙学的传承及开展。其内容共分四部分:第一,回顾悉昙学的历史源流,阐述唐宋悉昙学的基本内涵及其传承情况。第二,以《悉昙经传》《新韵谱》《同文韵统》及《悉昙奥论》作为研究材料,分别从成书理念与学术渊源等方面进行考察,解读文献中的梵学理论及音韵特点,借以展现明清两代的悉昙学概念。第三,透过明清悉昙概念的特点,梳理明清等韵中的悉昙概念传播,并以《华严字母图》作为观察焦点,追溯悉昙与等韵的互动联系。第四,描绘明清悉昙学与等韵学的实际联系关系,厘清明清悉昙概念的传播与转化。

按,悉昙知识在宋代佛教的衰微以后趋于消失,但为何在明代赵宦光手里得以发扬能够广大,并运用在等韵图的构造中,还须要进一步挖掘资料加以回答。不论如何,论文在一个等韵学者不大注意的悉昙与等韵互动联系问题上取得新认识,确实是梵语和汉语两个语音系统交接研究的一个新突破。

此外,还有祁汉森《汉语声韵学与佛教之关系》(新文丰出版公司1982),李彦震《安然〈悉昙藏〉翻音研究》(2004),陈梅香《郑樵声韵学研究》(复文图书出版社2005),李来香《〈悉昙字记〉基本字音之梵汉对应》(2006),周美慧《悉昙中梵汉对音构拟与汉语音韵对应之关系》(台北教育大学校内研究计划成果报告,2011)等。

林光明《梵汉对音初探》(2011)也是一本值得关注的入门书。它讲解汉语音韵学知识,介绍梵语和汉语两个语音系统异同点,探讨声母、韵母系统对音规律。大陆学者刘广和、朱庆之为之作序。林光明还有《梵字悉昙入门》(嘉丰出版社1999)、《梵汉大辞典》(与林怡馨合编,嘉丰出版社2005)、《汉文佛典之梵字音义研究》(《佛经音义研究——首届佛经音义研究国际学术研讨会论文集》30—37,上海古籍出版社2006)、《以梵汉对照的佛教音译词,作为声韵学研究的新材料新方法——以〈梵汉大辞典〉〈房山明咒集〉为例》(第十届国际暨第二十五届台湾声韵学学术研讨会,台湾师范大学2007)、《梵文 ta字读音之探讨——以汉字佛典中的译音为主》(第二十六届台湾声韵学学术研讨会,彰化师范大学2008)等论著。

吴圣雄《〈康熙字典字母切韵要法〉探索》(1984)的目的主要在于对《康熙字典字母切韵要法》作中国语法文字史之定点研究。参本书第六章第三节第二部分"明清等韵图"。

三、佛经音义语音考订

庄淑慧《〈玄应音义〉所录〈大般涅盘经〉梵文字母译音之探讨》(1996)谈到,她以唐代贞观时期玄应《一切经音义》一书中所录的《大般涅盘经·文字品》作为探讨的对象。论文分五小节,各节内容如下:第一节,前言。第二节,《大般涅盘经》的翻译与版本问题。在此节中,本文依据相关的资料,提出法显为最早的翻译者。第三节,四种玄应《涅盘经音义》的比较。本文就四种《涅盘经》音义作比较对照以后,基本上赞成周法高(1975)以今本为原本的说法,但是他的论证只就相合处而言,于互有抵触处则未加讨论,因此本文着重于探讨相抵触之处。第四节,玄应梵文字母译音的探讨。庄淑慧就玄应对于梵文字母的译音情形,分别由摩多(元音)与体文(辅音)两方面来讨论,举凡译音的字数、译音的观念、长短元音的对译情形、超声的定义等问题,都是本文探讨的重点。第五节,结语。这里就庄淑慧的研究概况加以说明。

其一,对《大般涅盘经》翻译与版本问题的认识。庄淑慧说,《涅盘经》的译本有南本与北本的不同。在说明《涅盘经》的翻译与重治情形上,《大唐内典录》的说法显然较师正来的可信。但是由于人们并不将《法显译本》与《昙无谶译本》并称,而习于"北本、南本"的对举,一般会受"北本早于南本"这个观念的影响,而类推到译本的先后上,以为昙无谶译本也一样早于法显译本。事实上,就南、北两本来比较,北本的确是早于南本的;但是就译本的先后来说,法显还是比昙无谶要早。若依时间的先后来排列,这三者的次序应该是:法显译本,昙无谶译本(北本),慧严重治本(南本)。

其二,玄应《涅般经音义》四种资料的比较。庄淑慧谈了自己研究的资料依据及操作方法。玄应对于《涅般经·文字品》梵文字母的译音,主要可见于以下四种材料:1.玄应《一切经音义》(约649),流传至今,以下称今本。2.飞鸟寺《言行涅般经音义》(见安然《悉昙藏》,《大藏》84:411)。3.《玄应涅般音义》(见安然《悉昙藏》,《大藏》84:411)。4.净般《悉昙三密钞》(《大藏》84:731、732)。这四种材料并不完全一致,歧异性或大或小,有的甚至完全相反,因此在探讨玄应译音之前,必须要作一番比较取舍。其中,飞鸟寺《言行涅般经音义》在"字音"(梵文摩多)部分,对于玄应译音与南经(南本《涅般经》)译音有极为详细的描述与说明。由于信行是玄应的弟子,因此他的解说就格外地可贵,本文便主要以《信行涅般经音义》作为校对其他三份资料的标准。列出前三种音义在"字音"方面的"对照表",第四种译音资料,则置于"表二"。

其三,玄应梵文字母译音问题。《大般涅盘经·文字品》收录于《一切经音义》卷三中,玄应将梵文字母分为"字音、比声、超声"三部分。"字音"是梵文的"摩多","比声"及"超声"是梵文的"体文"。从语音结合的性质来说,玄应也是将梵文字母分作两大类,这两大类就觉文来说为:"摩多"(mātā),即玄应的"字音",前十二音为元音,后二音为[a]与[h]两个辅音尾的"余音";"体文"(vya njana),即玄应的"比声"与"超声",等于今天的辅音。将玄应的四十七个对译字和法显、昙无谶与慧严三家经文作初步比较,可以发现:在字母的数目方面,三家经文都是五十字母,而玄应为《涅盘经》作音义,却只收录了四十七个字母,漏列了其他三个字母;在对译字的选用方面,玄应与三家的用字都互有别异,而差异则主要见于中国所无而梵文本有的字音上。可以发现:1.玄应的字音数目与三家不同。玄应只有十四字音,而三家都是十六字音。2.比较四者,可以看出慧严的译音方式近于法显,而玄应则近于昙无谶。这种相近,正显示出一种译音观念与方式的传承关系。另外,隋唐四声是否可分辨出长、短? 如果当时的四声有长、短的差别,那么差别情况又如何? 从玄应对于译音字不加注"短、长"的方式来看,玄应应该已经意识到了当时的四声有长、短的差别了。至于"比声"与"超声",玄应的观念与法宝是完全一样的。用玄应对于比声的分类去解释,就是在二十五个"比声"中,将类别(发音部位)相同的声音归在一起成为五类:舌根声、舌齿声、上腭声、舌头声、唇吻声,每一小类里面又按照"清音不送气、清音送气、浊音不送气、浊音送气、鼻音"的次序排列,因此在发音时便非常有规律性,这也就是二十五个具有音韵次序的音被称为"比声"的道理。"超声"中各字母的排列却缺少"比声"的规则性,也就是前面所说的"五音伦次",它"非伦次"的特性对声纽的配列则似乎有负面的影响。在认识上或排列上有问题的声纽,如喻、来、审、心、晓等等声纽,都是属于"超声"的字。由此可见"超声"的"非伦次"对于汉语声纽在配列上的影响和"比声"相反,不是助力而竟是阻力。由此,可以看出,《大般涅般经·文字品》梵文字母译音汉语语音价值是非同小可的。

相关成果还有:金钟赞《大般涅般经文字品字音理、厘二字对音研究》(《声韵论丛》3:273—306,1991),万金川《从"佛教汉语"的名目谈汉译佛典的语言研究》(2002)、《石室〈心经〉音写抄本校释初稿之一》(2004)、《石室〈心经〉音写抄本校释初稿之二》(2005)、《石室〈心经〉音写抄本校释序说》(《中华佛学学报》17:95—121,2004)、《佛经译词的文化二重奏》(《普门学报》18:47—78,2003)、《佛经语言学论集:佛典研究的语言学转向》(正观出版社2005),周美慧《慧琳〈一切经音义〉汉梵对译的音译词分析》(第九届国际暨第二十三届台湾声韵学学术研讨会,静宜大学2005)、《西晋竺法护译经音译词研究》(王松木、江俊龙编《语言学探索——竺家宁先生六秩寿庆论文集》61—78,编著者自印2006)、《梵汉对译"二合""三合"之构词方式与音韵对应研究》(台北教育大学校内研究计划成果报告,2011),廖湘美《敦煌石室〈心经〉音写抄本所反映之声母现象——兼论译者归属问题》(2008)、《敦煌石室〈心经〉音写抄本所反映之声母现象》(第十届国际暨第二十五届台湾声韵学学术研讨会,台湾师范大学2007),许端容《可洪〈新集藏经音义随函录〉音系研究》(台湾文化大学博士论文,1991),竺家宁《佛经语言初探》(橡树林文化出版社公司2005)、《〈大唐西域记〉玄奘新译的音韵特色——一千年前音译观念的两条路线》(《普门学报》57:33—43,2010)、《佛经语言研究综述——音韵文字的研究》(2009)、《〈大唐西域记〉"讹也"所反映的声韵演化——鱼虞模与尤侯幽的音变关系》(《国科会中文学门小学类研究成果发表会论文集》92—97,2011)、《中古佛经音译词的来源与演化》(第九届通俗文学与雅正文学——"话语的流动"国际学术研讨会,中兴大学中国文学系2012)等。

第九节　汉语与其他语言语音比较

汉语和俄语语音比较有赵育伸《巴拉第〈汉俄合璧韵编〉音韵问题初探》(2014),研究对象为19世纪末叶俄罗斯传教士巴拉第的代表作《汉俄合璧韵编》所记录的北京话语音。赵育伸的研究方法为:将该书中所有的汉语音节与所收汉字整理出来,并对照当代北京方言与北方官话语料,对比语音差异。作者期待在《汉俄合璧韵编》收录的各种读音、异读当中,整理出19世纪末期北京话的语音样貌,并从中归纳出清末至当代的语音演变现象。这份俄汉对音材料不仅侧写了当代北京话的前身,对北京话历史、对外汉语发展史也有一定的启发。

庄子仪《回鹘文〈金光明经〉所反映的音韵现象》(2011)称,回鹘文《金光明经》是回鹘文文献中相当重要的一部巨作,译者为胜光法师。本文从回鹘文《金光明经》中的汉语借词及经咒文,探讨胜光法师在翻译《金光明经》时的依据、翻译的原则,以及当时河西地区的方言音韵现象。内容及体例为:第一章,绪论:指出本文研究动机,探讨前人研究成果、研究方法、研究中所遭遇到的困难,以及文中所使用的回鹘文转写体例。第二章,回鹘文《金光明经》及其汉语借词反映的音韵现象:从回鹘文《金光明经》的翻译背景、版本、译者和内容切入,整理《金光明经》在翻译过程中被忽略的一些重点,以还原翻译时的实际情况。第二节整理其中的汉语借词,归纳音韵地位。第三章,回鹘文《金光明经》经咒文反映的音韵现象:本章针对《金光明经》经咒文的部分进行音韵地位整理,并与汉语借词的部分相较,统整出两者间的相异点,进一步分析其语言层次。第四章,回鹘文《金光明经》与现代河西方言:本章援引河西地区兰州、张掖的方言调查报告,与前章所整理的音韵系统作系联,以检视中古晚期的河西方言在现今河西地区残留的痕迹。第五章,结论。

作者认为,可以确定的是:回鹘文《金光明经》纯为译自于义净本《金光明经》,翻译中并无参照其他的梵文本;经文中部分专有名词,包括经咒文,译者试图还原成梵读的形式,但实际上亦非译自于梵语。除此以外,汉语借词及经咒文呈显两套不同音韵系统的情况,说明回鹘文《金光明经》的翻译者不止一人,除了胜光法师外极可能尚有其他翻译者。文中还指出甘肃地区的兰州、张掖、酒泉等几个方言点之间的语音歧异处是值得注意与再研究的现象。

顾宝鹄《明季西洋教士对我国语言学的贡献》(《语文教育研究集刊》6:95—109,1987),戚印平《日本耶稣会士对于中国语言文字的若干认识与研究》(台湾《清华学报》[新]34.1:31—65,2004)认识问题角度新颖,文献选取方向与众不同,也值得特别注意。

第十节 余论

李方桂主导的"中国境内的语言和方言"研究范式,不但深刻地影响了台湾学者汉语方言研究的意识,而且还为台湾学者进行汉语与其他语言的比较研究奠定了十分深厚的理论基础。须要说明的是:

其一,李方桂被称为"非汉语语言学之父",实际上是说,他在汉藏语语言研究领域取得了非凡的成就,在汉藏系语言"视阈"下研究汉语音韵学,已经卓然成为台湾汉语音韵学研究的一种常规学术倾向。台湾汉藏语音学比较研究成果十分繁盛,"显学"地位十分突出,与李方桂的大力倡导以及龚煌城的有效"接续"而发扬光大是密不可分的。

其二,李方桂《藏汉系语言研究法》(1951),奠定了汉藏系语言研究理论与方法基础,其中以寻求"同源"为基本出发点,而汉藏系语言具有这种"溯源"的可信实性,成为许多学者乐此不疲而孜孜以求的重要原因。

李方桂为何重视藏语之外的台语系语言和汉语之间的关系?这是与他认定的研究汉藏语系语言的程序有关。他认为,比较研究是寻求历史上的联系。全系的比较不如一支系的比较容易。因为相近的小支语言,它们的历史上的时间变迁都较少,比较起来简单;并且同较大的支系去比较也得拿它作基础。把西藏语同汉语比,就不如把西藏语同它相近的缅甸语比;把暹罗语同汉语比,就不如把暹罗语同它的同系别的台语比等。我们把台语系的系统弄清楚之后,再与汉语比,那么,我们的研究就立在较稳固的基础上了。很显然,李方桂汉藏系语言研究的操作程序,"非对称性"研究模式,成为一种常规研究范式,并不是偶然的,是有着深刻历史根源的。

其三,台湾学者研究台湾南岛语语言十分出色,是与台湾历史上学者关注台湾岛内"族群"语言关系的传统分不开的。小川尚义启其头绪,李壬癸等学者"继踵其后",成就卓著。在国际上,又有沙加尔等学者以"汉语—南岛语同源论"证明汉语和南岛语"亲缘"关系,更具有鼓动性的"张力"效应,汉语音韵学和南岛语语音关系研究变得炙手可热,这是台湾汉语音韵学史研究上最可圈可点的。

其四,台湾学者重视研究日语、朝鲜语、越南语与汉语语音之间的关系,是与台湾历史上的东亚语言研究传统分不开的。日语、朝鲜语、越南语语音与汉语语音之间的"互动",以及语言学研究传统,政治上"殖民"及"被殖民"的"纠葛"联系,难以人为地截然分开,这就造成了一种必须进行东亚范围内"整体性"观察的态势。

其五,台湾学者对"梵汉对音"的系统关注,和佛教在台湾的兴盛有关。对佛教典籍的解读,需要"梵汉对音"系统的帮助,万金川、陈淑芬等学者"梵汉对音"研究成绩斐然,构成了台湾汉语音韵学"比较"研究的一个亮点,则不是偶然的。

但我们也看到,一些台湾学者从个人政治意识出发,误读台湾日据时代汉语音韵学问题还很严重,以"台湾语言学独立体系"视之,这实际上是和他们割断台湾与日本当时学术"血缘"纽带联系的片面性做法直接相关。这种孤立性研究已经失去了实际的汉语音韵学学术研究意义。所以,加强日据时代台湾汉语音韵学与日本明治末期,大正、昭和前期汉语音韵学"源流"关系的比较研究,从纠正这种错误认识角度出发,势所必行。

此外,发掘新材料进行汉外译音对音研究,扩大视野很有必要,这是台湾学者要做的更为艰巨的工作。中国大陆学者蒋冀骋《阿汉对音与元代汉语语音》(中华书局 2013)利用 14 世纪下半叶用汉文写成的伊斯兰教医药典籍《回回药方》,取其阿汉对音译音,研究元代北方话语音系统,取得了很好的成效,就是明证。

第九章

台湾汉语音韵学史谱系

　　中国台湾地区语言学界有没有自己的汉语音韵学流派？一般人的认识是,肯定有。如果是这样的话,那么,它的学术谱系如何？这是我们最为关心的内容之一。

　　中国有研究宗族世系的传统,比如十分重视家谱的编撰,以及家族世系的名家血统沿袭关系。明归有光《朱夫人郑氏六十寿序》:"至于今四百余年,谱系不绝。"清顾炎武《同族兄存愉拜黄门公墓》诗:"才名留史传,谱系出先公。"章太炎《驳康有为论革命书》:"而文化语言,无大殊绝,《世本》谱系,犹在史官,一旦自通于上国,则自复其故名,岂满洲之可与共论者乎?"说到底,家谱是宗族制度下的以血缘为纽带的宗族关系图谱。有血缘承袭关系,很显然,也带来了生物学上的遗传谱系,即人类物种变化的系统。人类因子,有显性和隐性两种遗传。借用遗传学理论术语,语言学的学术因子传承,也应该有所谓显性和隐性两种遗传。语言学上的"谱系树"画定,带来了人们对语言"遗传关系"研究的新突破。就我们的研究对象来说,这是判定学术流派的一个基础,也是我们研究台湾汉语音韵学史的一种手段和思考方式。厘清台湾汉语音韵学形成或进化的历史,并构筑一种台湾汉语音韵学系统"发生树"(phylogenetic tree,又称为"演化树"[evolutionary tree]),描写出解释具有共同汉语音韵学"祖先"的各流派(物种)间演化关系的"树",利用的是一种汉语音韵学发展过程中学术亲缘关系分支分类方法(cladogram)的理论。

　　学者们有关台湾汉语音韵学史的一些论述,以及他们所积累的十分丰富的文献数据,给我们所关心的"谱系重建"课题价值的认识带来了一个难得的契机,这是我们探讨台湾相关汉语音韵学"系统发生树"问题的文献基础。

我们认为,要缕析台湾汉语音韵学流派谱系,可以按一般学者研究学术谱系的做法,从学术师承"血缘"关系入手去观察,就能够找到一些较为明晰的显性和隐性学术"遗传"走向图形符号线索。此外,以学术成果内容为进一步探讨依据,还会缕出师承"进化"的谱系和错综复杂脉络的真相图谱。

第一节 "明郑"前和"明郑"时及清代汉语音韵学谱系

一、"明郑"前陈第随军来台湾

"明郑"前,《毛诗古音考》(1604 成书)、《屈宋古音考》(1613 或 1614 成书)的作者陈第,曾是平倭名将戚继光的参谋。1602 年他跟随明朝将领沈有容奉命到东番(台湾)征讨倭寇,1603 年写成《东蕃记》,记录台湾人狩猎、社会、礼俗等生活[①]。

陈第,中国明代音韵学家、著名藏书家。字季立,号一斋,晚号温麻山农,别署五岳游人。福建连江人。明朝万历时秀才,曾任蓟镇游击将军,万历初诸生。曾上书给戚继光,献平定倭寇之策,万历三年(1575)于福州任教官,善谈论兵家军事,结识都督俞大猷,俞大猷又将陈第举荐于戚继光,教之以兵法。陈第出守古北口,后任游击将军,坐镇蓟门 10 年。万历十一年(1583)辞官归乡,建"偬游庐"为住所,另有藏书楼曰"世善堂"。后致仕归里,专心研究上古音。明确提出"时有古今,地有南北,字有更革,音有转移"的观点。

二、荷兰、西班牙人占据台湾学习闽南话

张博宇《台湾地区国语运动史料》(1974)提到,荷兰人占据台湾时期,所称"台语",一般是指当时土著人语言,不过有时也指闽南话。以"兵勇"计算,有台湾本地人 10 万,而大陆来的有 25000 人。

张博宇称,明天启七年(1627),荷属巴达维亚总督派干治士牧师(Rev. Georgeius Candiaius,1597—1647)到新港传教,学习"台语",第二年,编成《新

---

① 参台湾文献馆编《台湾大事年表》6 页。

港语字汇》,诞生了"台语"罗马字。郑成功收复台湾之后,大陆与台湾交通频繁,在闽广一带传教的教会人士纷纷到台湾来传教,闽南话大为流行,称为"台语"。传教士还进行了改良罗马字、增加符号等工作(1—5页)。

三、"明郑"传习国语

张博宇说,郑成功收复台湾后不久,郑经嗣位,根据陈永华的建议,于清康熙五年(1666)建圣庙,设明伦堂,并通令各里社广设学校,延聘大陆通儒,以教子弟,凡人民子弟年届八岁者,都要入小学,课以经史文章。又创立学院,由陈永华主持,而以礼官叶亨为国子助教。张博宇称,此时教育规范树立起来,才正式在台湾传习国语。

这个时期,在台湾有许多明朝遗老,比如太仆寺卿沈光文,太常寺卿辜朝荐,光禄寺卿诸葛倬,督察院右都御史徐孚远、郭贞一,兵部侍郎王忠孝,浙江巡抚卢若腾,龙溪举人李茂春等,都是博学鸿儒,来台后极力推行国语文(3—8页)。

四、清代推行国语

张博宇认为,清朝在1684年正式将台湾纳入版图,教育设施虽然多袭用"明郑",但也有所改变。府县设儒学;私立的学校称之为书院,是参加科举考试的预备学校,类似于大陆的私塾;另有义学,俗称义塾,教学对象为贫寒子弟,实施启蒙教育,读书、写字、备考府县学。康熙二十二年(1683),台湾知府蒋毓英创设台湾社学两所,是为官办义学之始。道光年间,潘定民和林维让、林维源设立的文昌义学、大观义学最为有名。此外,还有社学、民学等。

张博宇说,雍正七年(1729),台湾府在台湾县署(台南)设立正音书院推广官话正音,此后凤山、彰化、诸罗(嘉义)也先后步其后尘(刘良璧《重修福建台湾府志》卷十一),虽然在乾隆十五年(1750)前有一些取消了,但推广官话正音并未停止。《台湾教育碑记》(台湾银行经济研究室1959:66)称:乾隆二十八年(1763)设立明志书院,"于台郡廪增生员中,延请官音一人为塾师"。连横《台湾通史》说,光绪十五年(1889),刘铭传执掌台湾时,特别重视社学的官话正音,"番社虽立社学,又拨其秀者为修生,以宠锡之,顾此为羁縻之策,而非长治之计,是年春三月,并设番学堂,先选大嵙崁、屈尺、马武督之番童二十名而教之。聘罗步韩、吴化龙、简受禧为教师,课以课文,旁及官话台语"(11卷217页)。番社招收的是少数民族土著,官话和闽南话并重。可想而知,学官话和闽南话要有教科书,更要对汉语音韵学知识有一个基本的了解。所以,无论是官话塾师还是闽南话塾师,至少是音韵学研究内行才可以。

国内外学者对台湾的印象与理解明清台湾语言面貌直接相关,我们可以从一些学者的研究中得到相关信息。李宜静《明清文献中的台湾印象》(2012)指出:在明代,台湾主要是作为中国与琉球的航行指标,以小琉球、鸡笼屿的名字出现在文献中;1603年,陈第将"亲睹其人与事"撰成《东番记》,记录他对台湾西南部"先住民"的印象;1618年,张燮《鸡笼、淡水》文中的"东番",指的是台湾北部的"先住民"。这是明代士人印象中的台湾。1624至1662年,荷兰东印度公司占领台湾;1626至1642年,西班牙人占领淡水、基隆一带,二国皆是漂洋过海到台湾的欧洲人。1662年,郑成功驱逐荷兰人,以台湾为反清基地;1683年,郑克塽降清,二者陆续带来以闽粤为主的移民。从民间传说中,既看到这些族群的兴亡,也反映出台湾社会某些现象与心理。因此,李宜静依"唐山过台湾"的旅程与思路,就文献先后,以五大主题探讨民间传说中的流变与意义,重塑明清人士笔下的台湾印象。

李宜静论文各章如下:第一章,绪论。说明研究动机与目的、探讨历来文献、研究方法与章节概述。第二章,越洋来台传说中的族群印象。论述荷兰人、乌鬼与黑水沟传说,透过亡存对比,呈现出先民是个适者生存的民族。第三章,仙乡传说中的仙境印象。从打鼓山、大冈山、恒春、绣孤鸾仙乡传说中,反映出清代人士印象中的台湾,是一个景观多元、丰饶康寿的仙乡。第四章,金山传说中的矿区印象。传说中的金山有鸡笼山、蛤仔难、哆啰满、红头屿、琅峤后,当代文献印证前三者与琅峤附近产金传说美梦成真,而清代传说之红头屿、琅峤后,仅止于口传笔录。第五章,文献传说中的郑成功形象。分别从鲸鱼、采玉、剑潭与龟山岛传说,论述郑成功形象的变化与传说圈的扩大。第六章,文献传说中的"先住民"形象。分论17世纪前期的"先住民"、乌鬼洞传说中的小琉球、农耕与蛇妖传说及其习俗,并从浴河习俗论"汉先"差异,从鹿场转变、茄苳树精传说说明"先住民"和汉族族群消长。第七章,结论。综观明清文献中的台湾印象,族群多元与消长的印象展现出开发台湾的历程,黑水沟传说反映的是航海历险的印象,访仙与采金传说呈现出丰饶康寿的期望与冒险求利的精神。

李宜静的研究对于我们理解当时台湾各类语言存在情形也是有帮助的。我们思考的问题是:汉语,包括方言,在这些文献中所隐含的地位如何,在族群多元与消长中,汉语语音,包括方言语音动态运行形势如何。

江秀铃《清领时期旅人的台湾印象——以〈裨海纪游〉与〈李氏台湾纪行〉为例(1697—1874)》(2012)利用《裨海纪游》与《李氏台湾纪行》这两本游记,去认识有别于正史所记载的"台湾"。从这两位旅行者的角度,以比较解析的方式探讨清领时期台湾自然环境及人文景观上的变化。这当中,旅人通常会对于旅游地的族群文化习俗着迷,而此部分虽常带有仰慕或歧视等不客观的陈述,但也是游记中最精彩的部分,亦是正史所无法兼顾或忽视之处。江秀铃认识到,在清领时期,整个台湾西部的社会可以说是由"番人"、闽粤移民、官方三部分所组成,透过两个不同时代、不同国籍旅人的角度分析比较清代社会结构的演变,呈现新的台湾印象。这为我们理解台湾语言的复杂历史构成提供了第一手资料。

(一)从福建等地延请去的代表人物

从福建等地延请过去的教师或者是主管教育的官员,福建省的居多是可以肯定的。这些人既懂得官话,又懂得闽方言,这是必备的条件之一。以下两位是具有代表性的人物。

1.刘家谋

刘家谋(1814—1853),中国清朝官员,于1849年上任作台湾府学训导。这个府学训导隶属于台湾道台湾府,序于台湾清治时期的地方官员系列。该官职主要负责台湾府境内教育行政部分管理,但接受台湾府儒学教授制约。按照当时的规定,该官职选任亦通常考虑是否为闽籍人,因为闽籍人在语言使用上可以和台湾人很好地沟通。事实上,台湾官学私学的教学语言往往以闽语为主,官话为辅。涉及汉字的具体读音,还是以韵书字音为根据。刘家谋著作有:《鹤场漫录》2卷、《海音诗》2卷(对台湾的风土人情及官吏施政利弊皆有论述)、《东海纪程》1卷、《东海小草》4卷、《观海集》4卷、《开天宫词》2卷、《操风琐录》4卷、《怀藤吟馆随笔》1卷、《揽环集》10卷、《外丁卯桥居士初集》

8 卷等①。谢章铤《稗贩杂录》卷四还收录了刘家谋《操风琐录》所论闽语保存古音的一些资料。

2.黄宗彝

黄宗彝(1812—1861),一名煊,字圣谟,又字肖岩,福建侯官(今福州)人。曾在台湾依刘家谋为官两年。《词话续编》卷五谓其以太学生终。著有《婆梭词》2 卷、《方言古音考》8 卷。生平事迹详谢章铤《赌棋山庄文集》卷二《黄君宗彝别传》。谢章铤《词话续编》卷五:"余弱冠,即与侯官黄肖岩煊、刘芑川家谋定交。"《黄君宗彝别传》:"余与君相知二十载,不在文字也。敬君爱君,卒无以慰君。悲夫! 君曾填词致余,书其后曰:'余与枚如相见辄相感,相感则相怜,复不敢相慰。言时少,嘿时多;欢笑时少,太息时多。'呜乎! 其言盖至沉痛也。"②黄宗彝《榕城方言古音考》(一说《闽方言古音考》)八卷(一说四卷),今不存,少数条文见谢章铤《稗贩杂录》卷四,清光绪二十七年(1901)《赌棋山庄笔记合刻》本。《陇东学院学报》2012 年第 4 期刊有论文《谢章铤〈说文闽音通〉反切溯源》,可参。

(二)欧美传教士代表人物

欧美传教士对台湾汉语,包括方言的调查和研究,展示了台湾语言构成的另一面。1848 年,打马字牧师(J. V. Talmage,1819—1892)到了厦门,编译《厦门音字典》,成为厦、台基督教长老会厦、台传教译经的工具。这之后,马偕和巴克礼的贡献是必须提及的。

1.马偕

加拿大人乔治·莱斯里·马偕(George Leslie Mackay,1844—1901),汉名叫偕睿理,但台湾人一般称"马偕博士"。父亲是苏格兰佃农,逃到加拿大后于安大略省生下马偕。马偕 1870 年毕业于美国普林斯顿大学神学部,后返回加拿大,同年底又前往英国爱丁堡大学研究科深造,加拿大长老教会即于1871 年派遣马偕至东方传教。马偕先到香港,之后辗转经过中国广州、汕头等地,1871 年到达台湾,在沪尾(今台北县淡水镇)开始传教,学习闽南话,并

____

① 参刘宁颜编《重修台湾省通志·人物志》,台湾文献委员会 1994 年,183 页;翁圣峰《刘家谋的〈观海集〉》,《台湾文献》1996 年第 45 卷第 4 期。又见谢章铤《赌棋山庄文集》卷二,民国《闽侯县志》卷七十二;刘荣平《赌棋山庄词话校注》,厦门大学出版社 2013 年,31 页注释。

② 刘荣平《赌棋山庄词话校注》75 页。

且四处旅行传播福音。除了在淡水、艋舺（今万华）、锡口（今松山）、大稻埕、五股、苗栗、台北、基隆、新竹拥有二十个以上教会之外，马偕还于 1883 年前往宜兰、花莲等"先住民"的居住地传教。1887 年苏澳教会成立，之后为了使妇女也能受到照顾，马偕决定娶一台湾女子为妻，后来马偕在五股庄（今台北县五股乡）发现了他的另一半——张聪明女士，并于 1878 年结婚。1882 年创建牛津学堂。张屏生、萧藤村、吕茗芬等《马偕〈中西字典〉新编与论述》（2015）说，马偕《中西字典》是第一部用闽南话罗马字注释的闽南话辞书。全书 226 页，收录了 9451 个汉字，按部首编排。1876 年完成，1893 年由上海美华书馆出版。

2.巴克礼

英国著名的传教士巴克礼很值得一提。托马斯·巴克礼（Thomas Barclay，1849—1935），生于英国苏格兰格拉斯哥，长老教会的传教士、语言专家。他 26 岁即抵达台湾，亦于当时决定将一生奉献给台湾，他相信这是上帝给他的使命。定居台湾后于 1935 年 10 月病逝。

巴克礼创立了台南聚珍堂（台湾第一家新式印刷机构，俗称新楼书坊，同时也是教会公报社），并从英国募得台湾第一台新式活版印刷机，由他本人回国学习操作和组装印刷机，约 1881 年前后运抵台湾。巴克礼策划的台湾基督长老教会机关刊物《台湾府城教会报》，于 1885 年 7 月 12 日创刊，印出远东地区第一份教会报纸《台湾府城教会报》，也就是今日《台湾教会公报》的前身，这是台湾民间最早的报纸（另一份杂志是官府办的官方公报，类似邸报）。由于信徒们喜欢传阅，发行量直线增加至两千份，长老教会透过印刷教会刊物，保存了许多珍贵的史料，对历史的传承深具意义。1919 年 6 月，巴克礼因翻译白话字新约圣经而荣获母校格拉斯哥大学颁发荣誉神学博士学位。1918 年被英国圣经公会任命为荣誉终身总裁，1921 年膺选就任英国长老会首届总会议长职位。1923 年，巴克礼完成杜嘉德所著《厦门音英汉大辞典》的增补工作，由上海商务印书馆出版①。其他一些和巴克礼研究相关的文献，比如《巴克礼牧师阻止日军血洗台南》（《福尔摩沙事件簿》，三立出版社 2009），井川直卫、武田公平《バアクレイ博士の面影》（1936），辛广伟《台湾出版史》（河北

---

① 参刘宁颜编《重修台湾省通志·人物志》，台湾文献委员会 1994 年，620 页；黄招荣《巴克礼在台湾的传教研究》，台南师范学院乡土文化研究所 2003 年。

教育出版社 2000)等也有记载。

第二节　日本侵占台湾时期汉语音韵学谱系

一、日本侵占时期汉语音韵学

1895 年,日本占领台湾,不久成立学务部,第一任学务部长就是伊泽修二。上任伊始,伊泽修二就提出自己的教育主张,即"台湾的教育,第一,使新领土的人民,从速学习日本语"[1]。将台湾"国语"由官话变为日语。日语成为台湾的"国语"之后,限制官话和闽南话通行,但还学习汉文;到了 1922 年,改公立学校的汉文科为随意科;1937 年 1 月,公立学校取消汉文,并禁止学生说闽南话。

尽管如此,台湾学者保卫国语的意识仍十分强烈,采取各种方式接续汉语音韵学的种子,比如在"书房"教授汉文,成立诗社、文社吟诵汉诗,熟悉诗韵。1911 年,对汉语音韵学具有一定研究成果的学者梁启超曾到台湾,就是著名诗社栎社接待的。

日本侵占台湾时期,大陆学者旅台者不少,其中多有音韵学家,比如古音学大家章太炎。尽管如此,当时台湾的汉语音韵学仍明显是以日本学者为主流的,殖民地音韵学色彩十分突出。

二、日本侵占时期和汉语音韵学相关日本学者

这个时期日本学者研究汉语音韵学,也形成了自己的特点,学脉比较清楚。比较重要的几个人物是:

1.伊泽修二

伊泽修二(1851—1917),日本长野县人,教育家,同时是第十任台湾总督伊泽多喜男之兄,1895 至 1897 年担任台湾总督府学务长。

1874 年伊泽修二担任长野师范校长,随即赴美留学,为日本第一届公费留学生,师从电话发明人贝尔,学习聋儿语言康复学理论。1890 年他创立"国

---

[1]　参张博宇《台湾地区运动史料》13 页。

家教育社",主张义务教育对日本的重要性。1895 年,日本侵占台湾,伊泽修二以"国家教育社"为名,发表《台湾教育意见书》,该意见书表示日本统治台湾之后,最重要工作正是以免费的义务教育方式来普及日语。同年,伊泽修二向首任台湾总督桦山资纪建议,应该以台湾为"国家教育"的试验场所,推动日语教育,让台湾人能够被同化为日本人。日本台湾总督府接纳其意见,不但将其发表的意见书当成台湾教育制度的草图,还邀其担任总督府学务长。伊泽修二在大稻埕开设学务部(后迁至士林芝山岩,并附设芝山岩学堂,为全台第一所现代小学),推行日语教育,设立"国语传习所",同时也主张来台日人应该也要学习闽南话。另外,他提倡"音乐教育",借由歌唱学习日文;后来发展出"学艺会",举凡文化、音乐、艺术皆与此相关,实行于小学,并在校庆等重大节日中,邀请长官与家长一同观赏成果发表。1897 年,他因教育经费原因离职,回日本续任教育行政工作。发表过著名的《日清字音鉴》《视话应用音韵新论》《支那语正音发微》等著作①。

张良泽《日治时代台语正规教育始末》(1998)涉及了伊泽修二推行闽南话的过程。伊泽修二曾就这个问题请教过英国传教士巴克礼,接受了建立教授日本人闽南话制度建议,进而研究闽南话,发明记录闽南话语音的"八声符号",写成《订正台湾十五音及字母表》(1896 年 11 月发行),又出版《台湾通用会话入门》(1896 年 11 月发行),借此推动台湾闽南话调查与研究工作的进行。

2.大矢透

大矢透(1851—1928),日语与汉语学者,以研究日本上代语历史变迁和汉语音韵学而知名。1896 到 1901 年之间任台湾总督府民政部职员,与伊泽修二共事②。1909 年任日本文部省"国语调查委员会"委员。1916 年获得日本帝国学士院奖励。1925 年以《假名研究》为学位论文,获得日本京都帝国大学文学博士学位。大矢透主要著作:《日清字音鉴》(与伊泽修二合著,1895)、《假名源流考》(日本国定教科书共同贩卖所 1911)、《周代古音考》(日本国定教科书共同贩卖所 1914)、《音图及手习词歌考》(上田万年监修,大日本图书、勉诚社 1918)、《韵镜考》(1924)、《隋唐音图》(日本大村书店 1932)等。

① 参远流台湾馆编著《台湾史小事典》,远流出版社 2000 年,98 页。
② 参吉野秀公《台湾教育史》242 页。

3.小川尚义

小川尚义(1869—1947),日本明治至昭和前期的语言学者、台湾闽南话和台湾南岛语言研究者、辞书编纂者,台北帝国大学名誉教授。有人称之为"台湾语言学先驱、台湾语言学之父"。生于伊予国温泉郡(现爱媛县松山市胜山町)。1893年进入东京帝国大学文科大学博言学科(现东京大学文学部言语学科)学习,师从上田万年。上田万年是日本引进现代欧美语言学,并在东京大学设立讲座的第一人,被称为日本"现代语言学之父"。1896年从帝国大学毕业,同年10月任台湾总督府学务部勤务。研究台湾闽南话、台湾南岛语诸语言。后任台湾总督府"国语学校"(今台北教育大学、台北市立教育大学等)教授,兼任台北高等商业学校校长。1930年任台北帝国大学文政学部教授,1936年退休。获日本学士院恩赐奖。1947年在故乡松山去世。

著作有:《日台小辞典》(与上田万年合著,台湾总督府1897)、《日台大辞典》(1907)、《パイワン語集》(台湾总督府1930)、《アタヤル語集》(台湾总督府1931)、《台日大辞典》(台湾总督府1931—1932)、《アミ語集》(台湾总督府1933)、《原语台湾高砂族传说集》(和浅井惠伦共同调查,1935)、《新订日台大辞典》(台湾总督府1938)①。

林初梅编《小川尚义论文集》(2012)收集了64篇散见于各类报刊的小川尚义短篇论文,是研究小川尚义汉语语言及其他语言学术的重要文献。

4.杉房之助

吉野秀公《台湾教育史》(1927/1997:243)介绍:杉房之助来到台湾后,担任第二届"国语学校"讲习员,后代任台湾总督府编修书记,从事《日台辞典》编纂工作。1903年离职。1908年在东京逝世。著述:《日台会话大全》(新高堂书店1899)、《日台新辞典》(新高堂书店1904)等。

5.岩崎敬太郎

岩崎敬太郎,日本东京筑地人。曾任台湾总督府嘱托(特别雇员)、司令部嘱托、专卖局书记,兼任警察官练习所台湾闽南话教习。1934年逝世。著述:《日台言语集》(1916)、《罗马字发音式台湾语典》(1922)等。

---

①　参东京外国语大学亚非言语文化研究所编《小川尚义、浅井惠伦台湾资料研究》,日本东京外国语大学2005年;李壬癸《台湾语言学先驱——小川尚义教授》。

6.浅井惠伦

浅井惠伦(1894—1969),出生于日本石川县,日本著名语言学者,曾在台湾从事南岛语族诸语言的研究。1918年毕业于东京帝国大学文科大学语言学科专业,用世界语写作毕业论文《波利尼西亚诸民族和诸言语》。历任日本言语学会评议员、日本民族学会评议员、东京外国语大学亚非言语文化研究所运营委员、教授。1936年以论文《兰屿的雅美语研究》获得荷兰莱顿大学文学哲学博士学位,后任台北帝国大学助教授、教授。1947年任联合国军总司令部民间情报教育局顾问,东京大学文学部讲师。1950年以后历任金泽大学讲师、教授。1957年任南山大学教授。与小川尚义合著《原语台湾高砂族传说集》(1935)。研究浅井惠伦的文献,可见东京外国语大学亚非言语文化研究所编《小川尚义·浅井惠伦台湾资料研究》(2005)、土田滋《人和学问:浅井惠伦》(日本《社会人类学年会类学报》10:1—28,弘文堂1984),以及李壬癸研究浅井惠伦学术思想的相关论文。

7.谷信近

谷信近(1860—1933),在台湾当过通译官,参与过1898年劝降台湾抗日武装简大狮、林清秀、刘简全等等活动。出版过《警察用语集:日支对译·附揭示文例类集》(日本言成社1913)、《军事用语集:日支对译》(日本言成社1915)等书,校阅过《四民实用清语集》(中西次郎著)和《对译清语活法》(来原庆助著)①。

8.后藤朝太郎

后藤朝太郎(1881—1945),研究中国历史与语言学的著名学者,也是中国人黄现璠留学日本东京帝国大学研究院时的学友,师从上田万年。他生前与中国著名学者叶德辉多有交往。后藤朝太郎在日本学术界被称为"中国通"第一人,担任过台湾总督府嘱托等职务。出版《汉字音系统》(日本六合馆1902)等音韵学著作。其《现代支那语学》(日本博文馆1908),是日本乃至于世界范围内最早系统建构汉语现代语言学理论的著作之一②。

9.来原庆助

来原庆助(1870—1930),曾任台湾锡口公学校(今台北松山小学)第一任

---

① 参李无未等《日本汉语教科书汇刊(江户明治编)总目提要》。

② 参李无未《汉语现代语言学理论体系的最初构建——日本〈现代中国语学〉(1908)的意义》。

校长、"国语学校"教师。发表过《对译清语活法》,翻译过黄宗羲《明夷待访录》。据陈鉴、卢骅《日本在乡军人会与"九一八"事变》(《兰台世界》11:34—35,2011),来原庆助是"九一八"事变前日本军部在中国东北重要情报人员之一。早在日俄战争前夕,来原庆助即受日本满洲军总参谋长儿玉源太郎密令,在中国大陆进行军事谍报活动。1904年日俄开战后任陆军翻译。战后退役,任《满洲日报》社长兼主笔,直到1930年死去。在此期间,借助办报纸搜集了大量情报,为日本发动侵华战争服务①。

10.西岛良尔

西岛良尔(1870—1923),日清贸易研究所毕业生,在中日甲午战争中从军做翻译,战争结束后又去台湾总督府等处做翻译,日俄战争中再次从军做翻译。写过《清语读本》《支那官话字音鉴》等书。

此外,上田万年主编,小川尚义主持的《日台小辞典》(台湾总督府1898)是一部重要的闽南话与日语对比的工具书,由此可见,日本现代语言学开拓者上田万年对台湾闽南方言研究十分重视,曾作出了突出贡献。还有兼松礒熊《台湾语发音学》(稻江义塾1899),依据《台湾十五音及字母表》讲述闽南方言发音原理和方法,用罗马字标记语音,非常重要。

以上学者,对台湾的汉语方言研究产生了非常重要的影响力。

第三节　回归中国,两岸分离时期汉语音韵学谱系——第一代学人

一、台湾回归中国,"脱日本化"而"中国化"

1945年,台湾回归中国后,首先面临的一个十分重要的问题就是,台湾社会如何"脱日本化"而"中国化",很自然,"国语"由日语转换为汉语就是最为迫切的议题②。

国语运动带来了人们对汉语官话地位的新认识。比如对汉字读音,强调

---

① 参《近代来华外国人辞典》,中国社会科学出版社1981年,268页。
② 参菅野敦志《台湾の言語と文字》17页。

从"孔子白"(台湾闽南腔读音)过渡到"国音"①。伴随着国语运用的开展,在台湾省内,汉语音韵学教学和研究也就逐步得到重视。

我们根据台湾网上和纸质资料调查所得,整理出 1945 年以后在台湾各个大学执教,并且培养台湾本土汉语音韵学学人的第一代学者情况。

须要说明的是,有一些学者,名义上在台湾各大学任教,虽然没有实质性的教学任务,即不涉及所谓具体指导学生的问题,但对台湾汉语音韵学的发展贡献十分显著,不可忽视。比如魏建功(1901—1980),字益三,号天行,江苏南通海安(原如皋)人,中国语言文字学家,中国科学院哲学社会科学学部学部委员(院士)。1925 年毕业于北京大学中文系,在校师承钱玄同、鲁迅、周作人、许寿裳等先生;1945 年末应台湾省行政长官陈仪邀请到台湾,任台湾省行政长官公署参议兼台湾省国语推行委员会主任委员。时任台湾大学代理校长的罗宗洛聘他为中国文学教授兼文学系主任,他没有就任。1947 年 4 月,魏建功应陆校长聘,兼任文学系中国文学特约教授,也只有两个月。所以,他在台湾大学等于没有完整地进行过汉语音韵学教学。尽管如此,他不遗余力地推行的国语运动,以及在实践中确立的有关汉语与闽南方言关系研究原则和方法,却对后来的汉语音韵学研究产生了十分重要的影响,确是应该正确估价的。

台湾省国语推行委员会委员名单中,有不少知名音韵学家,比如方师铎、马学良、周辨明、严学宭、吴守礼,以及担任方言调查组组长的俞敏②。

俞敏(1916—1995),中国当代著名的语言学家、教育家,北京师范大学中文系教授、博士生导师,长期从事古汉语研究,探索汉藏语比较、梵汉对音问题。著有《中国语文论文选》《经传释词杞记》等。音韵方面的论文有《古汉语里面的连音变读现象》(1948)、《论古韵合屑没曷五部之通转》(1948)和《后汉三国梵汉对音谱》(1979)等。主要论文编入《俞敏语言学论文集》(1999)。1946 年暑期到 1947 年冬天赴台北任台湾国语推行委员会委员期间,经常到桃园、新竹一带调查客家方言,制作了不少台湾方言地图,编写过客家话、闽南话教科书。

———————————

① 参张博宇《台湾地区国语运动史料》。
② 参世界华语文教育会《国语运动百年史略》165、239 页。

二、回归中国,两岸分离时期第一代汉语音韵学教授名录

这些都是台湾汉语音韵学学术传承的重要学者,需要我们说明。

1.吴守礼

吴守礼(1909—2005),字从宜。出生在台南市,在彰化和台中长大。台中州立第一中学校(二次大战后的台中一中)、台北高等学校(战后改台湾师范大学)、台北帝国大学(战后改台湾大学)毕业。吴守礼与田大熊和黄得时是台北帝国大学文政学部文学科东洋文学专攻(日本的东洋学主要指汉学)仅有的3位台湾人毕业生,只有吴守礼留母校任助手。1945年,吴守礼与黄得时被台湾大学代理校长罗宗洛聘为文学系中国文学副教授,成为台湾大学文学系最早的本土师资。1963年吴守礼升任正教授,1973年退休。

吴守礼整理了许多闽南音系的古典文献及研究资料,如《明嘉靖刊荔镜记戏文校理》《明万历刊荔枝记戏文校理》《明万历刊金花女戏文校理》《什音全书中的闽南语资料研究》《宣讲戏文校理》《闽南歌仔戏册选注》《福客方言综志》《闽南方言研究集(1)》《闽南方言研究集(2)》《明嘉靖刊荔镜记戏文分类词汇》等①。

2.许世瑛

许世瑛(1910—1972),字诗英,浙江绍兴人。1930年秋考入清华大学中文系。毕业后考入国学研究院,继续从名师赵元任、陈寅恪研究语法学、音韵学。后在镇江中学、燕京大学和辅仁大学等校执教,曾协助王力工作。抗战胜利后,随父许寿裳赴台任职,1946年开始任台湾大学、台湾师范大学、淡江大学、台湾辅仁大学等校教授。1962年,被台湾"教育部"聘为指导博士生的教授。著有《许世瑛先生论文集》三集(1974),其中第一集31篇基本上都是汉语音韵学论文,涉及了上古音、中古音、近代音等各个方面。

3.林尹

林尹(1910—1983),字景伊,浙江瑞安城关人。父辛、叔父损,均为民国初年北京大学知名教授。林尹幼承家学,1925年16岁时即入北京大学国学系,从蕲春黄侃受业。1930年,入北大研究所国学门,为研究生。毕业后先任河

---

① 收入吴守礼《闽台方言史资料研究丛刊》。

北大学教授,讲授音韵学;后任金陵女子大学教授;1935年,任北平师范大学教授。1941年,任四川大学教授。入台后,撰述《中国声韵学通论》(1956)一书。1955年后,先后执教台湾师范大学、台湾政治大学、台湾东吴大学、台湾中国文化学院、淡江大学、台湾辅仁大学。

4.董同龢

董同龢(1911—1963),生于云南昆明,祖籍江苏如皋。1932年考入清华大学国文系,跟从王力学习汉语音韵学,听课笔记被整理成王力《汉语音韵学》。毕业论文《〈切韵指掌图〉的几个问题》。1937年考入中研院史语所语言组,和周祖谟同寝室。1939年李方桂回国,从李方桂学音韵学。1940年史语所迁四川李庄。1942年尝试做上古音韵表,1944年冬《上古音韵表稿》由四川李庄石印出版。1949年随史语所迁往台湾,兼任台湾大学中文系教授。1954年应哈佛燕京学社之邀赴美担任两年访问学人,1956年赴日京都大学短期访问,1959年赴美任华盛顿大学客座教授一年。1963年逝世。丁邦新编《董同龢先生语言学论文选集》(1974)收录了20多篇散见于各处的董同龢先生论文。

5.高明

高明(1909—1992),江苏高邮人。1926年考入东南大学,1930年毕业于改名之后的中央大学中国文学系。青年时期,以热血之姿,矢志报国,从事地下革命工作;后毅然投笔从戎,任江苏省保安干部训练所及江苏中心民校校长训练班教官,以抵抗来侵日军。抗战期间,先后在中央政治学校、西北大学、政治大学任教。去台后,创办台湾师范大学国文研究所,招收台湾首批文学博士研究生;主持台湾政治大学、台湾中国文化大学中文系及中文研究所。

著作:《高明小学论丛》(1971),收录和汉语音韵学相关著作14篇,其中《反切起源论》《嘉吉元年本〈韵镜〉跋》《〈韵镜〉研究》《〈四声等子〉研究》《〈经史正音切韵指南〉之研究》最为著名。

6.周法高

周法高(1915—1994),字子范,江苏东台人。中央大学文学系毕业。学士论文为《〈经典释文〉反切考》。师从罗常培、丁声树,1941年获北京大学中国语言学硕士学位,硕士论文为《玄应音研究》。不久任职于中研院史语所,后升至副研究员,并兼任中央大学副教授。进入史语所后陆续写了几篇音韵学方面的论文。1947年获中研院杨铨奖金。去台湾后在台湾史语所任职,并升任台湾史语所研究员、台湾大学教授。1985年,周法高自香港中文大学退休,同年应聘为台湾东海大学讲座教授。重要音韵学著作:《周法高上古音韵表》(1973)、《上古汉语和汉藏语》(《中国音韵学论文集》231—274,1984)等。

7.方师铎

方师铎(1912—1994),笔名大方,原籍安徽徽州府,某世先祖落籍江苏扬州,始为扬州人。北京大学文科研究所毕业。1946年秋渡海到台湾,任职国语推行委员会,推广国语教育。1960年9月应东海大学中文系之聘,继董同龢先生之后讲授音韵学。1961年转聘为客座教授,讲授音韵学、训诂学及国文。1962年改聘为专任教授。1983年退休,仍膺兼任教授,至1993始以年力浸衰坚辞授课一事。1994年逝世,享年83岁。

方师铎任教期间,经他指导撰写各级论文者颇众,撰写学士论文者有21位,撰写硕士论文者有16位,吕珍玉之博士论文,后由龙宇纯教授指导完成。

方师铎著述宏富。1939年从昆明随马帮深入滇缅边区的摆夷,作摆夷语言实地调查,编成《摆夷语汇典》。自1947年1月14日于《台湾新生报》发表《国语中特有的量词》,迄1993年10月12日于《东海大学校刊》发表《扬州盐商》,曾先后将其著作汇编成书,计有:《国语标准字汇》(东海大学1971;天津古籍出版社1986)、《五十年来中国国语运动史》(1965)、《刨根儿集》(文星书店1965)、《增补国音字汇》(1968)、《国语词汇学(构词篇)》(益智书局1971)、《传统文学与类书关系》(东海大学1971;天津古籍出版社1986)、《国语日报史地周刊四百期合订本》(天一出版社1974)、《中华新韵庚东二韵中"ㄨㄥ""丨ㄨㄥ"两韵母的纠葛》(1975)、《常用字免错手册》(天一出版社1976)、《北平丛话》(天一出版社1976)、《国语结构语法初稿》(东海大学出版社1979)、《详析"匆匆"的语法与修辞》(学生书局1983)、《方师铎文史丛稿》(专论上下篇)(1984)、《今语释词例》(文史哲出版社1987)等。

8.潘重规

潘重规(1907—2003),江西婺源人。中央大学中文系毕业,师从黄侃。曾任东北大学、暨南大学中文系教授,四川大学、安徽大学中文系教授兼主任,台湾师范大学国文系教授、主任兼国文研究所所长,新加坡南洋大学中文系教授,香港中文大学新亚书院中文系主任、文学院院长,台湾文化大学中文系教授兼研究所所长、文学院院长,台湾东吴大学中文研究所研究员等职。韩国岭南大学颁赠潘重规荣誉文学博士。1974 年荣获法国法兰西学术院颁发的代表世界汉学最高成就的儒莲奖(Julian Price),并被法国科学院敦煌学研究会聘为名誉会员。1995 年获台湾"行政院"特颁的"中华文化奖"。2000 年荣获台湾"文物局"特颁的"敦煌文物保护研究贡献奖"。

著作有:《瀛涯敦煌韵辑新编》(1972)、《瀛涯敦煌韵辑别录》(1973)、《敦煌俗字谱》(主编,石门图书公司 1978)、《〈龙龛手鉴〉新编》(1980/1988)、《韵学碎金》(《幼狮学志》14.2:38—41,1977)。

9.杨时逢

杨时逢(1903—1989),1926 年于南京金陵大学毕业。曾先后历任史语所助理员(1929.4—1941.12)、助理研究员(1942.1—1944.12)、副研究员(1945.1—1955.7)、编纂(1955.8—1966.7)、研究员(1966.8—1975.7)。著作有《湖北方言调查报告》(与赵元任、丁声树、吴宗济、董同龢合著,1948)、《台湾桃园客家方言》(1957)、《云南方言调查报告》(1969)、《湖南方言调查报告》(1974)、《四川方言调查报告》(1984)、《李庄方言记》(台湾史语所 1987)。论文有《成都音系略记》(1951)、《语言调查与语言实验》(1951)、《昆明音系》(台湾《"中研院"院刊》1:337—372,1954)、《长沙音系》(1956)、《四川李庄方言略记》(1956)、《湖南方言声调分布》(1957)、《云南方言声调分布》(1959)、《四川方言声调分布》(《庆祝董作宾先生六十五岁论文集》上:359—388,台湾史语所 1960)、《云南方言中几个极常用的词汇》(台湾《史语所集刊》34 下:589—616,1963)、《云南方言特点及分区概说》(1964)、《绩溪岭北方言》(与赵元任合著,1965)、《湖南方言极常用的语汇》(《庆祝李济先生七十岁论文集》831—888,台湾清华学报社 1967)、《南昌音系》(1969)、《台湾美浓客家方言》(1970)、《江西方言声调的调类》(1971)。

10.江举谦

江举谦(1919—),号梧轩,福建连城人。1945 年入厦门大学中文系学习,师从黄典诚等。先后任连城师范学校教员、实习部主任,连城工业学校教务主任,连南中学校长。1947 年去台湾,历任台中女中、高雄女中、新竹中学教员。1955 年入东海大学中文系执教,后升教授兼系主任、人文科学研究中心主任。1975 年起任东海大学中国文学研究所教授兼所长。

致力于中国古代语言文字与文化研究,颇具造诣,撰有《诗经韵谱》(东海大学出版社 1964)、《说文解字综合研究》(东海大学出版社 1970)、《六书原理》(东海大学出版社 1974)、《诗国风籀略》(东海大学出版社 1978)、《文章探源》(明道文艺 1995)、《广韵中古音读标订》(《东海学报》3.1:139—156,1961)等,曾获台湾中正文化优等著作奖。

11.姚鹤年

姚鹤年(1923—),字宗唐。南京中央大学 47 级学生,曾任台湾农林厅主任,秘书等职。台湾"中央大学"森林系教授。著作:《台湾的林业》(远足文化 2006)、《台湾林业史料图文汇编》(中华林学丛书,中华林学会 2001)。发表过《守温三十六字母新证》(《大陆杂志》6.12:1—4,1953)。

12.鲁实先

鲁实先(1913—1977),谱名佑昌,字实先,晚号静农,以字行。湖南省宁乡县人。精通文字学、上古历法、《史记》等学术。年少时曾先后入湖南明德、大麓中学就读,遭学校勒令退学,返乡后家中延聘教师教导,购"四史"自修,数年间读毕二十四史。后随父亲宦游杭州,趁此览读文澜阁《四库全书》。1940年,著《史记会注考证驳议》,批驳日本学者泷川龟太郎《史记会注考证》中疑义、不当之处,出版时由郭沫若序言。深受杨树达赏识,杨树达认为鲁氏"超越前儒,古今独步",推荐给复旦大学中文系主任陈子展,遂入复旦大学担任教授,当时师生皆以"娃娃教授"称之。

1949 年,鲁实先辗转至香港、台湾,先后曾于台湾农学院、东海大学、台湾师范大学任教。培养了学生许锬辉、蔡信发、陈廖安等人。著作:《假借溯源》(文史哲出版社 1973)。

13.钟露升

钟露升,本科毕业于台湾师范大学,在美国乔治敦大学研究语言学,获美国西雅图大学教育硕士、华盛顿大学教育学博士学位。他从事中文教学半个世纪,先后在《国语日报》编《古今文选》,批注、翻译古文;在台湾师范大学国语教学中心教外国学生中文;任台湾师范大学国文系教授;任美国西雅图市中华文化中心负责人,西雅图学院中文系教授。著作:《标准台语方音符号(课本)》(台湾"国语会"1955)、《台语国语音韵比较研究》(油印本,1960)、《国语语音学》(1966)、《闽南语在台湾的分布》(台湾"国科会"计划报告,1967)等。

14.利瓦伊棻

利瓦伊棻,台湾辅仁大学、淡江大学教授。北京大学中文系毕业,师从沈兼士教授。著作有:《中国文法概论》(台湾商务印书馆 1988)、《〈释名〉研究》(大化书局 1979)、《反切起源新证》(《淡江学报》5,1966)等。

三、欧美各国华裔学者

赵元任、李方桂、张琨等欧美各国华裔学者曾到台湾进行研究,也应该是和台湾汉语音韵学关系密切的重要语言学人物。

1.赵元任

赵元任(1892—1982),生于天津,1900 年回到故乡常州青果巷。1907 年入南京江南高等学堂预科,并学习英语、德语、音乐,学会多种汉语方言。1910 年 7 月考取清政府游美学务处招考的庚款游美官费生。1910 年 8 月入美国康奈尔大学,主修数学,选修物理、音乐,1914 年毕业。1915 年参与发起中国科学社,同年考入美国哈佛大学读研究生,修读哲学,并继续选修音乐。1918 年获哲学博士学位,并获谢尔顿博士后研究奖学金(Postdoctorate Sheldon Fellowship),到美国芝加哥大学、加州大学伯克利分校游学,以《科学的哲学》为题进行博士后研究。1919 年回到康奈尔大学担任物理系讲师。1920 年 8 月从美国返回中国,在清华大学任教。

1920 年哲学家罗素来清华大学参观讲学,赵元任任翻译,陪同罗素周游全国各地,每到一个地方,他就用当地方言翻译。1921 至 1923 年应美国哈佛大学哲学系伍兹教授(James Haughton Woods,1864—1935,美国希腊哲学、印度哲学学者)之邀回到美国,担任哈佛大学哲学系讲师、中文系讲师,期间开设中国哲学、中国语言课。1924 年升任哈佛大学中文系教授,同年推荐梅光迪到哈佛任教。其后,赵元任赴欧洲研究语言学,结识英国语言学家丹尼尔·琼斯、法国语言学家安东尼·梅耶(Antoine Meillet)及欧洲汉学家高本汉、伯希和、昂利·马伯乐(Henri Maspero)。1925 年至 1929 年应聘为清华大学清华国学研究院导师,为时称四大导师(王国维、梁启超、陈寅恪、赵元任)中最年轻的一位。1932 年 2 月至 1933 年 10 月,任清华留美学生监督处主任。从 1939 年起,历任美国耶鲁大学访问教授(1939—1941)、美国哈佛燕京学社《汉英大辞典》编辑(1941—1946)、美国哈佛大学东亚语言及文化学系中国语言讲师

(1942—1946)、美国海外语言特训班中文主任(1943—1944)、美国语言学会会长(1945)、美国密歇根大学语言研究所教授(1946—1947)。从 1947 年起，专任美国加州大学伯克利分校教授，1965 年退休，任该校离职教授，至 1982 年 2 月 25 日病逝。

1948 年以后在美国任教期间，他的英文著作有《中国语字典》《粤语入门》《中国语语法之研究》《湖北方言调查报告》等。20 世纪 50 年代后期，他曾在台北作"语言问题"的系统讲演，并结集成书，由商务印书馆出版。此外他也录制有关语言的唱片，单是中国华中、华南各省方言的录音唱片，就有 2000 多张。1965 年退休后，他出版有《现代吴语的研究》(1928/2011)、《中国话的文法》(丁邦新译，香港中文大学出版社 1980)、《汉语口语语法》(吕叔湘译，商务印书馆 1979)等。此外尚有《绿信》(green letter)五册，记述自己的思想、感情和生活。他还把《康熙字典》里两万多字浓缩为 2000 个常用字，取名为《通字方案》。他还是五度标音法发明者。

2.李方桂

李方桂(1902—1987)，山西昔阳县人，生于广州。李方桂是中国在国外专门修读语言学并且获得博士学位的最早学者之一。他 1924 年毕业于清华学校(清华大学)高等科，同年赴美国留学，在萨丕尔的指导之下研究印第安语，进行实地调查。1928 年获芝加哥大学博士学位，其论文题目为《马朵尔——一种阿塔巴斯堪语》，1930 年出版。1929 年回国后任中研院史语所研究员。从此以后，他从事田野调查，描写侗台语系的许多语言(壮族的龙州话和武鸣话)，同时也对上古汉语和古藏文进行了深入的研究。李方桂 1948 年当选中研院第一届院士，1949 年以后先后任美国夏威夷大学和西雅图华盛顿大学语言学教授，20 世纪 50 年代初曾当选美国语言学会副主席。1977 年发表的《台语比较手册》，是他 40 多年的研究成果的结晶。曾于 1973 年在台湾史语所工作。为国际语言学界公认的美洲印第安语、汉语、藏语、侗台语权威学者，精通古代德语、法语、古拉丁语、希腊文、梵文、哥特文、古波斯文、古英文、古保加利亚文等，发表有《龙州土语》《武鸣土语》《水话研究》《比较台语手册》《古代西藏碑文研究》等著作及论文近百篇[1]，有"非汉语语言学之父"之誉。

---

① 收入《李方桂全集》，清华大学出版社 2005—2012 年。

3. 张琨

张琨（1917—），生于河南省开封市。1934 至 1938 年就读于清华大学中文系，获文学学士学位。曾在中研院史语所担任过助理研究员。1947 年留学美国。1949 年获耶鲁大学硕士学位。1955 年获耶鲁大学语言学博士学位。1951 年起在美国西雅图华盛顿大学执教，历任讲师、副教授、教授。1963 年转至加州大学伯克利分校任中国语言学、汉藏语教授迄今。1972 年起任台湾"院士"。20 世纪 40 年代，张琨对中国的苗、瑶、藏、纳西等少数民族语言进行过调查和研究。1948 年发表论文《苗瑶语声调问题》，奠定了苗瑶语声调比较研究的基础。赴美国后，除继续研究苗瑶语外，侧重研究藏语和汉语音韵，他的《中古汉语音韵与〈切韵〉》（1974）、《古汉语韵母系统与〈切韵〉》（与张谢蓓蒂合著，1972）和《西藏口语语料》（1—4 册，1981 年出齐）受到语言学界的普遍重视。

四、第一代学人指导学生论文

第一代学人指导学生，有的是本科生，还有的是研究生。

1. 董同龢指导论文

董同龢培养的大多数是本科生。据台湾大学中文系网站《董同龢先生传》（杨秀芳撰述）：

> 1952 年春，利用带领学生记音实习之机会，开始记录闽南语，次年春与学生赵荣琅、蓝亚秀合撰成《记台湾的一种闽南话》，亦采调查华阳凉水井客家话记录口语之方法。该书当时并未刊行，而于先生逝世四年后始出版……1957 年夏，先生参与台湾大学山地人类学研究队，指导学生记音实习，始接触台湾南岛语言中之邹语。次年夏，带领王崧兴、管东贵、郑再发等再度赴阿里山区调查邹语八十余日……撰成"A Descriptive Study of the Tsou Language, Formosa"（《邹语研究》）六百余页并付印……1963 年春，先生带领学生郑再发、丁邦新、郑锦全、严棉等，调查高雄县之南邹语……先生任教台大中文系前后十五年，学生龙宇纯、杜其容、郑再发、丁邦新、梅广、郑锦全等均能发扬先生之学，为语言学界当代重要学者。先生访问哈佛大学二年期间，梅祖麟先生适就读该校，得有机会向先

生请教受教,执弟子之礼。

2.林尹、高明、许世瑛指导论文

林尹、高明、许世瑛三先生培养的研究生,比如陈新雄。程发轫《国学概论》(1968—1972)第十三章"民国思想家"提到陈新雄与林尹、高明、许世瑛的师承关系(531页):

> 王力受业于王国维、赵元任,著古韵系统之研究,分古韵为廿四部,析微部于脂部,亦一创建也。其弟子董同龢、许世瑛,乃近二十年来台湾大学声韵学主讲。陈新雄受业于林尹、高明、许世瑛三君者,历有年载,其博士论文《古音学发微》,在林、高、许指导下完成,分古韵为三十二,古声为二十二,实集前此古音学之大成。旧说新知,融于一篇,成一家之言,洵属空前之著。言古音者,得此一篇,则可无他求矣。

据台湾图书馆博硕士论文网收录(数据不准确),林尹与其他教授名下指导的博硕士论文74篇,涉及的学科范围非常广泛,有许多是和高明、许世瑛、潘重规、黄永武、陈新雄等合作指导的。比如张高评《〈左传〉学之新评价》(博士,与黄永武合作)、郑阿财《敦煌孝道文学研究》(博士,与潘重规合作)、林东锡《朝鲜译学考》(博士,与黄锡鋐合作)、王三庆《〈红楼梦〉版本研究》(博士,与潘重规合作)、洪瑀钦《苏东坡文学之研究》(博士,与潘重规、李殿魁合作)、许璧《〈史记〉称代词与虚词研究》(博士,与陈新雄合作)、左松超《〈说苑〉集证》(博士,与高明合作)、张文彬《高邮王氏父子学记》(博士,与高明合作)、曾荣汾《〈干禄字书〉研究》(博士,与潘重规、陈新雄合作)、邱衍文《唐开元礼中丧礼之研究》(博士,与高明合作)、蔡信发《〈新序〉疏证》(博士,与高明合作)、陈飞龙《〈龙龛手鉴〉研究》(博士,与高明合作)等。

涉及汉语音韵学领域的,有:姚荣松《上古汉语同源词研究》(博士,与陈新雄合作)、柯淑龄《黄季刚先生之生平及其学术》(博士,与潘重规、陈新雄合作)、林庆勋《段玉裁之生平及其学术成就》(博士,与潘重规、陈新雄合作)、林炯阳《〈广韵〉音切探源》(博士,与陈新雄合作)、邱棨鐍《〈集韵〉研究》(博士,与高明合作)、冯荣辉《来纽谐声考》(硕士)、张尚伦《〈广韵〉〈集韵〉切语下字异同考》(硕士)、张文彬《〈说文〉无声字衍声考》(硕士)、成元庆《十五世纪韩国字音与中国声韵之关系》(博士,与高明、许世瑛合作)、董忠司《颜师古所作音切之研究》(博士,与高明合作)、林平和《明代等韵学之研究》(博士,与高明合作)、翁文宏《梁顾野王玉篇声类考》(硕士,与黄仲、陈新雄合作)。

高明除了和林尹等教授合作指导的汉语音韵学领域博硕士论文之外,独自指导的汉语音韵学博硕士论文主要有:黄桂兰《〈集韵〉引〈说文〉考》(硕士)、陈光政《梁僧宝之等韵学》(硕士)、陈焕芝《玄应〈一切经音义〉引〈说文〉考》(硕士)等。

周法高属于第一代学人,但因为来台指导学生时间不长,学生数量不多。汉语音韵学与语法学等领域的有:余迺永《两周金文音系考》(博士,1980,后改名为《上古音系研究》[1985])、赵芳艺《寒山子诗语法研究》(硕士,1988)、段莉芬《秦简释词》(硕士,1988)、崔南圭《〈睡虎地秦简〉语法研究》(博士,1993)等。而汉语音韵学领域的是:谢美龄《慧琳〈一切经音义〉声类新考》(硕士,1988)、卢顺点《王梵志诗用韵考及其与敦煌变文用韵之比较》(硕士,1989)、李存智《〈韵镜〉集证及研究》(硕士,1990)。

第四节　回归中国,两岸分离时期汉语音韵学谱系——第二代学人

一、1945 年以后第二代学人

在这里,我们只是对其中有代表性的学者进行介绍,难免挂一漏万。

1.陈新雄

陈新雄(1935—2012),江西赣县人。1959 年台湾师范大学学士。在大学期间,受系主任潘重规着意栽培。后来,在台湾东吴大学兼任讲师,主讲音韵学。获台湾师范大学硕士学位,导师程发轫,论文《〈春秋〉异文考》。1969 年6 月获台湾师范大学文学博士,导师高明、林尹、许世瑛。台湾师范大学国文系教授、台湾中国文化大学中文系主任、美国乔治城大学中日文系客座教授、香港浸会大学中文系首席讲师、香港中文大学访问学人,台湾声韵学会、训诂学会、文字学会、经学会理事长。精通音韵学、文字学、训诂学、东坡诗、东坡

词、诗经等。

2.龙宇纯

龙宇纯（1928—），安徽望江人。1953年入台湾大学中文系学习，由董同龢指导，1954年完成《韵镜校注》一书。1957年6月获台湾大学文科研究所硕士。1972年任台湾大学中文系教授，曾兼台湾大学中文系系所主任，台湾史语所研究员，又尝借聘台湾中山大学，创办中文系。1990年任东海大学中研所讲座教授，1999年期满，应北京大学邀，讲授古音学一学期。有《韵镜校注》（1960）、《唐写全本王仁昫刊谬补缺切韵校笺》（1968）、《广韵校记》（未刊）、《中国文字学》（五四书店2001）、《荀子论集》（学生书局1984）、《中上古汉语音韵论文集》（2002）、《丝竹轩诗说》（五四书店2002）等书。

3.丁邦新

丁邦新（1936—），江苏省如皋县人。考入台湾大学中国文学系学习（1955—1959）。期间修许世瑛音韵学课，受其影响而对汉语音韵学感兴趣。获学士学位后，师从董同龢，1963年获得台湾大学中国文学研究所硕士学位；1969年获得美国西雅图华盛顿大学亚洲语文系博士学位，师从李方桂。这之后经历台湾史语所助理员、助理研究员、副研究员、语言组主任、副所长以及所长等多个职务。台湾大学中国文学系合聘副教授（1972—1975）、教授（1975—1989），美国加州大学伯克利分校中国语言学教授（1989—1994），国际中国语言学学会副会长（1981—1985）、会长（1993—1994），美国加州大学伯克利分校Agassiz讲座教授（1994—1998），香港科技大学人文社会科学学院创院院长（1996—2004）。获得台湾中山学术奖（1977），台湾"国科会"第一届、第二届杰出研究奖（1985—1989）。

4.梅广

梅广（1938—），1963年获台湾大学中文所硕士学位，论文《从朱翱反切看中古晚期几点音韵学的演变》。美国哈佛大学语言学博士。专长：语法理论、历史语法、藏缅语、古汉语、汉语语言学、中国思想史。台湾大学中国文学系教授。

5.谢云飞

谢云飞（1933—），字筠扉，浙江松阳人。1959年获台湾师范大学国文研究所硕士学位，论文为《〈经典释文〉异音声类考》。曾任新加坡南洋大学、台湾政治大学教授。有专书《中国声韵学大纲》(1987/1995)等。

6.李鍌

李鍌(1927—),字爽秋,号乐叔,福建林森人,毕业于台湾师范大学国文研究所。任讲师、副教授、教授,前后二十余年,曾任台湾师范大学国文系主任兼国文研究所所长、训导长。学术专长:中国文学史、韩非子、音韵学与文选学。著有《〈昭明文选〉通假文字考》(1970)、《〈孝经〉疏证》(《师大学报》12,1967)、《中华大辞林》(五南图书出版有限公司 2013)、《中国文学概论》(空中大学 1987)等十余种。

7.张以仁

张以仁(1930—2009),湖南醴陵人,台湾大学中文系教授。据台湾大学中文系网站《张故教授以仁先生事略》:

> 　　后肄业台湾大学中国文学系暨研究所,时坐连皋比者,有毛子水、戴君仁、台静农、郑骞、屈万里、王叔岷、董同龢等先生,皆宿儒负时望。先生追陪杖履,亲承指授,乃肆志学术,殚力经史小学。研究所卒业,任职"中研院"史语所,旋合聘母校任教,达三十余年。先生于史语所期间,日与良师益友,研经籀史,从容论道,俯读仰思,学遂日进。凡所撰文,率能从大处着眼,小处入手,重理据,精辨析,或释群疑,或立新说,无不惬心当理,众口腾誉之。著有专书六种,论文百数十篇,曾获菲华中正文化优等著作奖、中华教育文化基金会讲座、"国科会"杰出研究贡献奖等荣誉。晚年专研《花间词》,著有《花间词论集》及《花间词论续集》二书。2007 年,荣获"教育部"学术奖。

论著:《由〈广韵〉变到国语的若干声调与声母上的例外》(《大陆杂志》37.5:19—28,1968)、《〈国语〉旧音考校序言》(1971)、《〈国语〉旧音考校》(1971)、《国语虚词集释》(台湾史语所 1968)、《〈国语〉〈左传〉论集》(东升出版事业公司 1980)、《中国语文学论集》(东升出版事业公司 1981)。

8.张正体

张正体(1922—),字公操,别号半票居士,福建南安人。福建师专毕业。曾任小学校长、主任,公务机关人事主任、主任秘书等。终生致力于古典文学研究,研究《楚辞》的论文有《〈九章·惜诵·涉江〉疑句之辨识》《〈九章·哀郢·抽思〉疑句之辨识》等。专著《赋学》(与张婷婷合著,学生书局 1982)、《中华韵学》(台湾商务印书馆 1978)、《〈楚辞〉新论》(台湾商务印书馆 1991)。

9.辛勉

辛勉,藏族,1961 年考入台湾中国文化大学文学门研究生。台湾师范大学国文系副教授。曾师从于欧阳无畏(1914—1991),1972 年获台湾师范大学博士学位,论文《古代藏语和中古汉语语音系统的比较研究》。专业为音韵学、藏文。著有《〈广韵〉反切又音声母变化之研究》(台湾中国文化大学硕士论文,1964)等书,论文有《评西门华德的藏汉语词比较》(1978)等。

10.郑锦全

郑锦全(1936—),台湾新竹人。1959 年及 1962 年先后获得台湾大学中文系学士学位与硕士学位,并于 1968 年获得美国伊利诺伊大学语言学博士学位。任台湾美国语言研究所特聘研究员兼所长。曾在美国哈佛大学、香港城市大学、美国伊利诺伊大学、美国夏威夷大学等世界知名学府任教。台湾师范大学华语文教学研究所讲座教授。主要研究领域为历史音韵学、词汇语义学、国语音韵学、语言认知、计算机辅助语言学习等。

著作:《语言学》(学生书局 1973)、《官话共时音系》(美国伊利诺伊大学 1973)、《汉语方言亲疏关系的计量研究》(1988)、《国语的共时音韵》(1973)、《台湾语言地理分布微观》(《"中研院"94 年重要研究成果》90—93,2005),另有《汉语方言介音的认知》(2001)。

11.李壬癸

李壬癸(1936—),台湾宜兰人。1952 台湾师范大学英语学系毕业,1963 至 1967 年任台湾师范大学英语系讲师。美国密歇根大学英国语言学文学硕士,美国夏威夷大学的语言学博士。1976 至 1984 年任台湾大学考古人类学系教授,1984 年 8 至 12 月任美国夏威夷大学东亚语系客座教授,1986 至 1995 年任台湾清华大学语言学教授,1997 年 6 至 7 月任康奈尔大学及美国语言学会暑期研习会客座教授。1970 年迄今任台湾史语所研究员。

李壬癸以台湾南岛语言的研究为主。三十多年来的研究主要分为两方面:一为台湾南岛语言的调查研究,一为台湾闽南方言的研究。关于前者已经

发表专书 14 种:《鲁凯语结构》《鲁凯语料》《台湾南岛语言的语音符号系统》
《宜兰县南岛民族与语言》《高雄县南岛语言》《台湾南岛民族的族群与迁徙》
《台湾平埔族的历史与互动》《台湾原住民史:语言篇》《巴宰语词典》《巴宰族
传说歌谣集》《台湾南岛语言论文选集》《噶玛兰语词典》《新港文书研究》《珍
惜台湾南岛语言》,论文数十篇;关于后者也已发表论文 5 篇。这些论文大都
在国内外学术期刊上发表,根据实际观察所得的语言现象来验证现有的一些
语言理论,或提出个人的新看法。对于历史语言学而言,这些语言的现象提供
了两种新的看法:不同的年龄和性别差异都可能造成语言的演变;此外,秘密
语言也可能促使语言的变迁。

有关闽南话的研究,主要是尝试开辟新的研究方向,如"闽南语的两个否
定词"和"台湾秘密语",所观察到一些新的语言现象对于音韵理论提供了一
些决定性的证据。相关成果有:《台湾南岛语言的舟船同源词》(《民族语文》
2:14—17,1992)、《从历史语言学家构拟的同源词看南岛民族的史前文化》
(《大陆杂志》83.6:12—22,1991)、《闽南语喉塞音尾性质的检讨》(1989)、《关
于[-b]尾的构拟及其演变》(1984)、《马加音韵初步报告》(《考古人类学刊》
37、38:16—24,1975)、《闽南语口语传统》(《大陆杂志》71.2:16—23,1985)、
《七十年来中国语言学研究的回顾》(《学术史与方法学的省思》519—539,台
湾史语所 2000)、《当前国语、方言政策的检讨》(《当前语文问题论集》147—
164,台湾大学中文系 1995)、《台湾言语学先驱者小川尚义教授》(《小川尚义、
浅井惠伦台湾资料研究》282—287,日本东京外国语大学 2005)、《语言的区域
特征》(《屈万里先生七秩荣庆论文集》475—489,联经出版事业公司 1978)等。

12.郑再发

郑再发(1935—),1958 年获台湾大学中文系学士学位,1962 年获台湾大
学中文研究所硕士学位,1976 年获美国威斯康星大学语言学系博士学位;
1986 年兼任台湾史语所研究员;2006 年任美国威斯康星大学名誉教授;1977
至 1979 年任台湾清华大学中国文学系副教授、筹备主任。

专书:《〈蒙古字韵〉跟八思巴字有关的韵书》(1965)、《中古汉语及早期官
话的音韵》(美国《中国语言学报》专著系列之二,1985)。论文:《汉语音韵史
的分期问题》(1966)、《八思巴字标注汉语材料校勘记》(《庆祝李济先生七十
岁论文集》933—1003,台湾清华学报社 1967)、"The Distribtion of [-r-] and

[-j-] in Archaic Chinese"(台湾《史语所集刊》54.3：63—75，1983)、《古闽南语的声调征性》(《语言研究》2：94—107，1983)、"Tonal features of Proto-South-Min"(Papers in East Asian Languages 1：56—81，Hawaii 1983)、《格致说的认识论与治平之道》(台湾《史语所集刊》73.4：751—771，2000)、《汉语的句调与文学的节奏》(2000)、《就韵母结构的变化论南北方言的分歧：官话方言元音谐和小史》(2002)、《汉语声母的腭化与浊声母的衍生》(2001)。

13.杜其容

杜其容(1929—)，江苏江都人，台湾大学中文系教授。1952 年毕业于台湾大学文科研究所；1956 年获台湾大学中国文学研究所硕士学位，论文为《毛诗连绵词谱》。以研究汉语音韵学为方向。1954 年，其《〈诗〉毛氏传引书考》获台湾史语所傅斯年人文科学奖。

专书：《杜其容声韵论集》(2008)。论文：《毛诗连绵词谱》(《台大文史哲学报》9：129—150，1960)、《〈毛诗释文〉异乎常读之音切研究》(《联合书院学报》4：1—56，1965)、《部分迭韵连绵词的形成与带[l-]复声母之关系》(《联合书院学报》7：103—112，1968)、《释内外转名义》(台湾《史语所集刊》40：281—294，1968)、《读董同龢〈中国语音史〉》(《三民主义》半月刊 24：75—76，1956)、《由韵书中罕见上字推论反切结构》(《台大文史哲学报》21：1—49，1972)、《陈澧反切说申论》(台湾《书目季刊》8.4：17—22，1974)、《三等韵牙喉音反切上字分析》(《台大文史哲学报》24：245—279，1975)、《论中古声调》(台湾《中华文化复兴月刊》9.3：22—30，1976)。编译：高本汉著、杜其容译注《中国语文性质及其历史》(台湾编译馆中华丛书，1963)。

14.于维杰

于维杰(1933—)，成功大学中文系教授。论文：《〈广韵〉讹夺辨正》(《成功大学学报》4：95—154，1969)、《宋元等韵图序例研究》(1972)。

15.应裕康

应裕康(1932—)，台湾政治大学中文系教授，文学博士。曾任高雄师范大学文学院首任院长。著作：《清代韵图之研究》(1972)、《清初抄本韵图〈五音通韵〉所反映的清初北方语音》(《编译馆馆刊》2.2：129—150，1993)等。

16.左松超

左松超(1935—)，台湾中正大学中文系教授。1959 年获台湾师范大学国文所硕士学位,论文《古声纽演变考》;1973 年获台湾师范大学历史研究所博士学位,论文《〈说苑〉集证》,导师林尹、高明。著作有《〈左传〉虚字集释》(台湾商务印书馆 1969)、《简体字混乱古音声母系统说》(《声韵论丛》1:111—118,1994)。

17.许锬辉

许锬辉(1934—),梅州梅县人。1960 毕业于台湾师范大学国文学系,考取台湾师范大学国文研究所,先后在硕士班、博士班进修。1964 年取得台湾师范大学硕士学位,论文《说文解字重文谐声考》。1969 年,以学术论文《先秦典籍引〈尚书〉考》取得文学博士学位,指导教授高明、林尹。台湾师范大学国文研究所教授、台湾东吴大学中国文学系客座教授、台湾文字学会理事长、台湾训诂学会理事长、台湾经学会常务理事、《国文天地》杂志社社长及总编辑、万卷楼图书股份有限公司发行人。台湾"教育部"国语推行委员会标准国字、异体字典及成语典编纂员。

许锬辉师承鲁实先,学习甲骨文、金文、《说文解字》,对于形义考释、训诂条例、六书体例、补述等等,均有所长,相关论著超过百篇,对于台湾文字学界影响甚巨。著作有《先秦典籍引尚书考》(嘉新水泥公司文化基金会 1970)、《文字学简编——基础篇》(万卷楼图书股份有限公司 1999)、《〈尚书〉著述考》(台湾编译馆 2003)等。

18.许德平

许德平(1940—),著作:《〈韵镜〉与〈七音略〉》(《文海》3:11—12,1963)。

19.蔡信发

蔡信发(1939—),浙江省鄞县人。1975 年台湾师范大学国文研究所博士班毕业,师从鲁实先,论文《新序疏证》。任台湾"中央大学"中国文学系、所主任,文学院院长,训导长,教授,后为铭传大学应用中文系教授。台湾文字学会、古典文学会常务理事,主持孔孟学会暑期青年自强活动国学研究会讲座。主要从事文字学与文史方面的研究。主要论著有:《〈广韵〉反切一览表》(《文风》4:28—44,1964)、《说文答问》(学生书局 2004)、《说文部首类释》(学生书局 2002)、《说文商兑》(学生书局 1999)等。

20.陈瑶玑

陈瑶玑(1932—),台湾师范大学国文系毕业后,于 1967 年公费留日,获东京教育大学文学硕士。是台湾师范大学国文系教授。发表《台日语"声调"之比较》(《国文学报》27：331—359，1988)、《古汉语声韵对日本音读之影响》(《国文学报》26：271—315，1997)、《古汉语入声韵与日本汉音特性之关系》(《教学与研究》8：153—186，1986)、《台湾闽南语之特质》(《国文学报》23：273—312，1994)、《汉学对日本训读之贡献》(《国文学报》16：19—58，1987)等论著。

21.简宗梧

简宗梧(1940—)，南投县人，台湾师范大学国文系教授。主要论著:《司马相如赋篇用韵考》(台湾《中华学苑》10：1—40，1972)、《〈经典释文〉引徐邈音之辨证》(1971)、《运用音韵辨辞赋真伪之商榷》(《大陆杂志》80：1—5，1990)。

22.邱棨鐍

邱棨鐍(1936—)，曾任铭传大学教授。1974年获台湾中国文化学院中国文学研究所博士学位，论文《〈集韵〉研究》，指导教授林尹、高明。主要著作:《庄子哲学体系论》(文津出版社1999)、《〈文选集注〉研究》(台湾文选学研究会1978)。

23.龚煌城

龚煌城(1934—2010)，云林北港人。主要从事汉藏语系的比较研究、上古汉语的构拟及对西夏语的研究。

1957年从台湾师范大学英语系毕业，后在台北市立大同中学任九年的英语教师。1966年赴德国慕尼黑大学留学，攻读历史语言学，1974年获哲学博士学位。1976年回台从事语言学研究，先后在台湾史语所、语言学所任职。2004年退休。曾经五次获得台湾"国科会"杰出奖。

龚煌城综合利用汉语、古藏文、缅文及西夏语这四个汉藏语系中文献历史最为悠久的语言的数据，进行汉藏语的研究。著作:《汉藏语研究论文集》(2002/2004，收录了龚先生二十多年来所发表的有关汉藏语比较、古汉语研究的15篇中、英文论文)、《西夏语文研究论文集》(2002)、《汉藏语比较研究论文集》(台湾语言学所2011)。

24.罗宗涛

罗宗涛(1938—)，广东潮安人。台湾政治大学中文系、台湾师范大学国研所硕士班、台湾政治大学中文所博士班毕业。曾任台湾政治大学教授兼中国文学系所主任、文学院院长、教务长,玄奘大学教授兼宗教系所主任,逢甲大学首任系主任及香港浸会大学客座教授。现为玄奘大学讲座教授。

研究专长有敦煌变文、诗与画研讨、音韵学、小说研究、中国文学史等领域;在佛学领域中更享有"敦煌学专家"的美称。有著作:《敦煌变文用韵考》(1969)、《敦煌讲经变文研究》(1972)、《敦煌变文社会风俗事物考》(文史哲出版社 1974)、《我研究两晋南北朝歌谣用韵的方法》(《庆祝高仲华六秩诞辰论文集》475—494,台湾政治大学中文系 1968)、"Au Sujet Terme Bian Les Procedes Dadaption des Texes Boddhiqaes aux Bianwen"(台湾科学院第一届东方学国际会议,1981)。

25.梅祖麟

梅祖麟(1933—),生于北京,后来随家人到了台湾。清华大学已故著名校长梅贻琦之侄、燕京大学校长梅贻宝之子。

1952 至 1954 年在美国俄亥俄州欧柏林学院就读,获得数学学士学位;1954 至 1956 年在美国哈佛大学就读,获得数学硕士学位;1956 至 1962 年在美国耶鲁大学就读,获得哲学博士学位。1962 至 1964 年在美国耶鲁大学任哲学讲师;1964 至 1969 年在美国哈佛大学任助理教授;1969 至 1971 年在美国哈佛大学任副教授;1971 年后在美国康奈尔大学任教(1972 年任副教授,1979 年任教授)。1994 年任台湾"院士"。1989 年曾到台湾清华大学任一学期客座教授。

论著:《上古汉语动词浊清别义的来源——再论原始汉藏语 *s-前缀的使动化构词功用》(《民族语文》3:3—20,2008)、《甲骨文里的几个复辅音声母》(《中国语文》3: 195—207, 2008)、《现代吴语和"支脂鱼虞,共为不韵"》(2001)、《梅祖麟语言学论文集》(2000)、《中国语言学的传统和创新》(《学术史与方法学的省思》470—500,台湾史语所 2000)、《上古音对谈录》(1992,与龚煌城合作)、《跟见系谐声的照三系字》(《中国语言学报》1: 114—126,1983)、《四声别义中的时间层次》(1980)、《试论几个闽北方言中的来母[s-]声字》(台湾《清华学报》[新]9:96—105,1971)、《比较法在中国,1926—1998》(《语言研究》23.1:16—26,2003)。

26.张文彬

张文彬(1937—),台湾师范大学国文系教授。1978 年获台湾师范大学国文系博士学位,论文《高邮王氏父子学记》,导师高明、林尹。研究专长:文法、高邮王氏学、音韵学。著作:《〈说文〉无声字衍声考》(台湾师范大学国文研究所1969)、《异体字字典》(学术网络11版,台湾"教育部"2004)。

27.林平和

林平和(1935—),铭传大学中国文学系教授。1975年获台湾政治大学中国文学研究所博士学位,论文《明代等韵学之研究》,导师高明、林尹。学术领域:汉语音韵学、敦煌学、经学、义理等。出版《李元〈音切谱〉之古音学》(1980)、《〈礼记〉郑注音读与释义之商榷》(文史哲出版社1981)、《吕静〈韵集〉研究》(1976)等著作。

28.张孝裕

张孝裕(1927—),台湾师范学院国语科、淡江文理学院中文系毕业。台湾师范大学国文系教授。省立台北师范专科学校、台北市立师范专科学校、淡江文理学院、实践专科学校兼任教授。美国旧金山州立大学、新加坡国立大学客座教授,韩国中央大学交换教授。主要著作:《轻声辨义举例》(学海出版社1977)、《华语歧音异义前缀字考释》(《华文世界》43:50—53;44:35—38;45:41—45,1987)、《国语"语音"与"读音"的整理》(《师大学报》35:137—158,1990)、《中国语发音课本》(合编,台湾编译馆1995)、《中国语发音续篇》(合编,复文兴业公司2000)等。审订(查):《国语一字多音审订表》《常用国字标准字体笔顺手册》《部首手册》《国语注音符号手册》《重订标点符号手册》《小学生国语辞典(注音)》。

29.王育德

王育德(1924—1985),日本明治大学教授。1952年从日本东京大学毕业,学士论文是《台湾语表现形态试论》。1954年完成硕士论文《拉丁化新文字的台湾语初级教本草案》。1969年以《闽音系研究》论文获得东京大学文学部中国语学科文学博士学位。论著:《台湾语音历史研究》(1987)、《台湾语入门》(1982)、《台湾语初级》(日本日中出版1993)、《台湾语常用语汇》(1957;陈恒嘉译,2002)、《闽音系研究》(2002)、《台湾话研究卷》(李淑凤、黄舜宜译,黄国彦监译,前卫出版社2002)、《福建语研究卷》(林彦伶等译,前卫出版社2002)。

30.严棉

严棉(1938—),美国印第安纳大学东亚语言文化系教授,曾任全美中文教师协会主席。1962年台湾大学学士,师从董同龢;1969年美国康奈尔大学硕士;1974年美国斯坦福大学博士。著作有:《闽南方言口语与书面语研究》(美国《中国语言学报》1.3,1973)、《从闽南话到日本汉字音》(《中国语文》2:92—101,1994)、《作为闽南方言分类标准的历史入声的变化》(《台湾与福建社会文化研究论文集》,中国科学院人类所1995)。

31.古国顺

古国顺(1939—),桃园县杨梅镇人,台湾"中央大学"客家语文研究所兼任教授,曾任台北市立师范学院应用语言文学研究所教授、所长。台湾政治大学中国文学研究所硕士,论文《清代〈尚书〉著述考》。台湾中国文化大学中国文学研究所博士,由胡自逢(1912—2004)指导。在台北市立师范学院开设客家话相关课程,并到各地客家话师资研习班授课;指导研究生做客家研究,参加有关客家研究学术研讨会。学术专长:文字学、尚书学、目录学、汉语语言学。编著《台湾客家话记音训练教材》(台湾"文建会"1997)、《客家话记音训练教材》、《客语发音及拼音》、《客语发音学》(五南图书出版有限公司2002)、《台湾客语概论》(合著,2005)等。

32.王士元

王士元(1933—),安徽怀远人,生于上海,15岁赴美,1955年毕业于纽约哥伦比亚大学,随后到密歇根大学专攻语言学,并于1959年完成博士论文,其中结合语言学和声学知识去解释机器的语言认知问题,是这方面最早的研究之一。毕业后在IBM研究中心作有关俄译英的机器翻译研究,后在麻省理工学院作语言分析研究。之后回到母校密歇根大学任教,后转到俄亥俄州立大学,在那里成立语言学系和东亚语言学系并任两系系主任。获得台湾大学中文系和人类学系所颁发的荣誉教授头衔。于1966年到加州柏克莱大学担任教授,1994年退休。从1995年到2005年在香港城市大学电子工程学系工作,而后转到香港中文大学电子工程学系,在这两所大学里主要研究语言起源和演化、神经语言学等。1969年,他创立著名的"词汇扩散理论",这是世界上第一个由华裔科学家提出的完整的语言演变理论。其语音学研究涉及语音感知、语音学理论,还有语音信息量、音系学、语音演变数学模型、语音识别等领域的研究。1973年,他创办了语言学领域很重要的一个国际性出版物Journal of Chinese Linguistics(《中国语言学报》)并任主编。曾被选为国际中国语言学学会首届会长(1992—1993)。

现任赵元任中国语言学中心主任,美国《中国语言学报》主编,美国加州柏克莱大学研究部语言学荣休教授,香港中文大学电子工程学系语言实验室研究教授,香港城市大学中文、翻译及语言学系语言工程讲座教授,香港城市大学语言信息科学研究中心研究员,香港科技大学、兰州大学、南开大学、云南大学兼任教授。在大陆出版的论著有《语言的探索》(北京语言大学出版社2000)、《语言学论文集》(商务印书馆2002)、《语言、语音与技术》(与彭刚合著,上海教育出版社2006)、《王士元语音学论文集》(2010)、《语言、演化与大脑》(商务印书馆2011)、《汉语的祖先》(2005)。

33.郑良伟

郑良伟,美国夏威夷大学东亚语言文学系教授。1960年台湾师范大学学士、1963年台湾师范大学硕士、1966年印第安纳大学博士。主要著作:《台湾福建话的语音结构及标音法》(学生书局2001)、《台湾文字罗马化——练习与规则》(网文出版社1993)、《台语的语音与词法》(远流出版社1997)、《台语与国语字音对音规律研究》(学生书局1979)、《演变中的台湾社会语文——多语社会及双语教育》(1990)。

34.薛凤生

薛凤生(1931—2015),台湾大学外文系毕业,后又入同校中文研究所攻读古典文学,获硕士学位。不久即赴美留学,入印地安纳大学,专攻理论语言学,获博士学位。曾任美国俄亥俄州立大学东亚语文系教授,《中国语文教师学会学报》主编,台湾大学中文系客座教授,华中工学院语言研究所客座教授,主要从事汉语史,尤其是汉语语音史研究。主要著作为:《北京音系解析》(北京语言学院出版社1986)、《汉语音韵史十讲》(华语教学出版社1999)、《〈中原音韵〉音位系统》(1990)等。

二、第二代学人指导学生论文

1.陈新雄等指导论文

陈新雄除了与林尹、潘重规等第一代学者合作之外,或者独立,或者与第二代、第三代学者合作指导的汉语音韵学博硕士论文主要有:钱拓《魏建功音学述评》(博士,2012,与李添富合作)、叶博荣《刘师培之声韵学观念述评》(硕士,2010,与廖湘美合作)、邓名敦《夏炘〈诗〉古音二十二部集说研究》(硕士,2010)、潘柏年《陈澧〈切韵考〉研究》(博士,2010)、郭乃祯《李方桂上古音的研究述评》(博士,2010)、江美仪《孔广森之生平及其古音学研究》(硕士,2009)、黄珊珊《吴元满字书的谐声系统考察与音系研究》(硕士,2008)、何昆益《〈四声等子〉与〈切韵指掌图〉比较研究》(博士,2008,与蔡崇名合作)、翁慧芳《〈韵镜〉及〈七音略〉之比较研究》(硕士,2007)、戴俊芬《洪亮吉〈汉魏音〉研究》(博士,2005)、吴文慧《〈四声等子〉与〈经史正音切韵指南〉比较研究》(硕士,2005)、柯响峰《〈白虎通义〉音训研究》(硕士,2004)、吴家宜《古音对转说研究》(硕士,2001)、潘柏年《〈切韵〉性质研究》(硕士,2001)、廖湘美《牟应震古韵学之研究》(博士,2000)、崔秀贞《庞大堃古音学之研究》(博士,2000)、金周生《朱熹传世音韵资料研究》(博士,2000)、李昱颖《〈音声纪元〉音系研究》(硕士,2000)、成玲《姚文田之生平及其古音学研究》(博士,1999)、陈瑶玲《江有诰音学研究》(博士,1999)、都惠淑《刘逢禄古音学研究》(博士,1998)、翁琼雅《孙愐〈唐韵〉韵部研究》(硕士,1998)、黄智明《夏燮〈述均〉研究》(硕士,1997)、朴允河《论艾约瑟(J. Edkins)的上海方音研究》(博士,1997)、黄映卿《庞大堃〈等韵辑略〉研究》(硕士,1997)、蔡幸悯《〈四声均和表〉研究》(硕士,1997)、罗灿裕《〈类音〉研究》(硕士,1997)、郭乃祯《戴震〈声类表〉研究》(硕士,1996)、金泰成《黄侃古音学之研究》(博士,1996,与谢云飞等合作)、吴世畯《〈说文〉声训所见的复声母》(博士,1994,与林炯阳合作)、陈文吉《〈楚辞〉古韵研究》(硕士,1994)、王立霞《李因笃之生平及其音韵学》(硕士,1994)、都惠淑《王念孙之生平及其古音学》(硕士,1992)、朴万圭《韩国三国时代韵文研究》(博士,1991)、金钟赞《许慎说文会意字与形声字归类之原则研究》(博士,1991)、李添富《〈古今韵会举要〉研究》(博士,1990)、吴圣雄《日本吴音研究》(博士,1990)、李义活《〈续一切经音义〉反切研究》(博士,1990)、许端容《可洪〈新集藏经音义随函录〉音系研究》(博士,1988)、叶键得《〈十韵汇编〉研究》(博士,1987)、姜忠姬《〈五音集韵〉研究》(博士,1987)、潘天久《〈广韵〉重纽索源》(硕士,1987)、姜忠姬《〈五音集韵〉与〈广韵〉之比较研究》(硕士,1986)、吴钟林《〈广韵〉去声索源》(硕士,1986)、金泰成《中国国语与韩国汉字音语系统对应关系的研究》(硕士,1986)、林庆盛《李白诗用韵之研究》(硕士,1985)、朴万圭《〈三国志·东夷传〉韩国译名之研究》(硕士,

1985)、吴圣雄《〈康熙字典字母切韵要法〉探索》(硕士,1984)、孔仲温《〈类篇〉研究》(博士,1984)、骆嘉鹏《广韵音类辨识法》(硕士,1984)、王婉芳《〈韩非子〉通假文字音义商榷》(硕士,1984)、辛基莘《〈广韵〉入声字韩汉音演变考》(硕士,1984)、金相根《韩人运用汉字与韩国汉字入声韵之研究》(博士,1982,与周何合作)、耿志坚《唐代近体诗用韵之研究》(博士,1982,与黄永武合作)、陈丽珊《〈说文〉段注音义关系研究》(硕士,1980)、吴杰儒《异音别义之源起及其流变》(硕士,1980)、李添富《晚唐律体诗用韵通转之研究》(硕士,1980)、姚荣松《上古汉语同源词研究》(博士,1981,与林尹合作)、叶键得《〈通志·七音略〉研究》(硕士,1979)、金周生《〈广韵〉一字多音现象初探》(硕士,1978)、许金枝《东坡词韵研究》(硕士,1977)、郑宝美《孔氏〈诗声分例〉正补》(硕士,1975)、李达贤《五代词韵考》(硕士,1974)、符济梅《段玉裁〈诗经均分十七部表〉正误》(硕士,1974)、吴静之《上古声调之蠡测》(硕士,1973)、郑邦镇《说文省声探迹》(硕士,1973)、王三庆《杜甫诗韵考》(硕士,1972)、黎光莲《中越字音比较研究》(硕士,1971)、竺家宁《〈四声等子〉音系蠡测》(硕士,1971)、钟克昌《戴氏转语索隐》(硕士,1970)、王芳彦《五均论研究》(硕士,1970)、林炯阳《魏晋诗韵考》(硕士,1970)、贾礼《〈诗经〉韵考》(硕士,1969)等。

2.龙宇纯指导论文

龙宇纯指导古文字和出土文献博硕士论文不少,比如:林素清《战国文字研究》(博士,1984)、沈宝春《王筠之金文学研究》(博士,1990)、江淑惠《郭沫若之金石文字学研究》(博士,1990,与齐益寿合作)、方怡哲《六书与相关问题研究》(博士,2002)、陈绍慈《徐灏〈说文解字注笺〉研究》(博士,2002)等。

汉语音韵学领域的则有:曾美纯《从朱翱反切结构看〈切韵〉系韵书重纽韵类的认定》(硕士,1998)、谢美龄《〈诗经〉韵部〈说文〉字表》(博士,1997)、陈孟君《等韵门法再论》(硕士,1997)、钟明彦《声训及〈说文〉声训分析》(硕士,1995)、张慧美《王力之上古音》(博士,1993)、徐士贤《〈说文〉亦声字二徐异辞考》(硕士,1989)、曹永花《集韵古文考》(硕士,1989)、卢贞玲《系统字义研究——古韵之部帮见二系字组》(硕士,1987)、刘文清《系统字义研究——古韵之部端章二系字组》(硕士,1987)、崔玲爱《〈洪武正韵〉研究》(博士,

1975）。

3.丁邦新指导论文

丁邦新以指导方言博硕士为主,兼而指导汉语音韵学研究生。方言的有:杨秀芳《赛德语雾社方言的音韵结构》(硕士,1974,与李壬癸合作)、罗肇锦《瑞金方言》(硕士,1975)、顾百里《澎湖群岛方言调查》(硕士,1975)、魏岫明《国语演变之研究》(硕士,1980)、陈熏《合肥方言》(硕士,1980)、洪庆赞《贡山藏语方言的音韵系统》(硕士,1981)、千岛英一《广州方言形成的研究》(硕士,1982)、陆嘉美《温州平阳闽南语之研究》(硕士,1982)、杨秀芳《闽南语文白系统的研究》(博士,1982)、罗肇锦《四县客语语法研究》(博士,1983,与戴琏璋合作)。

汉语音韵学领域的只有 3 篇:何大安《南北朝韵部演变研究》(博士,1981)、林英津《〈集韵〉之体例及音系统中的几个问题》(博士,1984;硕士导师方师铎,论文《〈广韵〉重纽问题之检讨》,东海大学 1979)、陈贵麟《〈古今中外音韵通例〉所反映的官话音系》(硕士,1988)。

4.梅广指导论文

梅广以指导汉语语法及语法比较领域博硕士为主,兼而指导汉语音韵学研究生。比如汉语语法及语法比较的,有金兰娜《现代汉语词类问题探讨》(硕士,1979)、崔圭钵《朱子语类所表现的几个白话语法现象》(硕士,1984)、丁瑞宾《普遍语法与汉语照应关系》(硕士,1985)、张仲良《赛德克语疑问词的研究》(硕士,1985,与李壬癸合作)、蔡维天《汉语疑问副词的移位现象》(硕士,1988,与汤廷池合作)、魏培泉《汉魏六朝称代词研究》(博士,1990)、张泰源《汉语动貌体系研究》(博士,1993)、林幼菁《嘉戎语卓克基话动词的时体与模态之屈折形态》(硕士,1999,与孙天心合作)、陈佩珊《词序理论与汉语词序研究》(硕士,1999)、吴晓虹《汉语的谓语删略与空缺》(硕士,2001,与蔡维天合作)、郭维茹《指示趋向词"来"、"去"之句法功能及历时演变》(博士,2004)、张雅音《邹语语法结构与主语问题探究》(博士,2003)、菊岛和纪《日语模态词与蒙受结构之句法研究:以制图理论分析》(博士,2012,与蔡维天合作)等。

汉语音韵学领域的只有 4 篇:刘人鹏《陈第之学术》(硕士,1988)、伍明清《宋代之古音学》(硕士,1989)、许惠贞《江永及其古音学》(硕士,1990)、周玟慧《从中古音方言层重探〈切韵〉性质——〈切韵〉、〈玄应音义〉、〈慧琳音义〉的比较研究》(博士,2003)。

5.谢云飞指导论文

谢云飞以指导汉语音韵学领域为主,也涉及汉语方言学领域。主要有:边滢雨《〈华东正音通释韵考〉研究》(硕士,1988)、郑镇椌《〈明显四声等韵图〉与汉字的现代韩音之比较研究》(硕士,1990)、游子宜《〈群经音辨〉研究》(硕士,1992)、郑镇椌《上古汉语声调之研究》(博士,1994)、庞书樵《支遁其人及其支遁集研究》(硕士,1995)、金泰成《黄侃古音学之研究》(博士,1996,与陈新雄等合作)、裴银汉《江有诰古音学探微》(硕士,1997)、游子宜《台湾闽南语一字多音之研究》(博士,1997)、杨斐君《汉语罗马拼音史实沿革之研究》(硕士,2006)。

6.李鍌指导论文

李鍌指导其他的学术领域博士较多,比如:王永诚《先秦彝铭著录考辨》(博士,1978,与高去寻合作)、朱荣智《元代文学批评之研究》(博士,1981,与高明合作)、全兰英《韩国诗话中有关杜甫及其作品之研究》(博士,1989)、解梦《〈昭明文选〉奎章阁本研究——〈昭明文选〉版本斠读与流源》(博士,2001)等。

汉语音韵学领域只有蔡瑛纯《从朝鲜对译资料考近代汉语音韵之变迁》(博士,1986)。

7.简宗梧指导论文

简宗梧指导学生:廖国栋《张衡生平及其赋之研究》(硕士,1980)、段铮《江淹生平及其赋之研究》(硕士,1982)、王书辉《西周金文韵读》(硕士,1995)。

8.罗宗涛指导论文

罗宗涛培养学生:金政六《〈训蒙字会〉汉字音研究》(硕士,1975)、朴淑庆《〈老乞大〉、〈朴通事〉词汇演变研究》(硕士,1988,与高大鹏联合指导)、洪董植《中、韩谚语初探》(硕士,1993,与朱介凡联合指导)、蔡松阿《中韩汉语双音节词比较研究:以其使用频率比较为主》(硕士,2004,与黄丽仪联合指导)。

第五节　回归中国, 两岸分离时期汉语音韵学 谱系——第三代学人

这里, 我们只是对其中有代表性的第三代学人进行介绍, 难免挂一漏万。

1.竺家宁

竺家宁(1946—), 浙江省奉化人。1971 年于台湾师范大学国文研究所获得硕士学位, 之后在台湾中国文化大学中文研究所获文学博士学位。曾任台湾中正大学中文系教授、中文系系主任和中文所所长。现任台湾政治大学中国文学系专任教授, 台湾声韵学学会理事长。主讲音韵学、训诂学、语音学、汉语语言学、词汇学、汉语语法、佛经语言、语言风格学等课程。著有《〈四声等子〉音系蠡测》(1973)、《〈九经直音〉韵母研究》(1980)、《古汉语复声母研究》(1981)、《〈古今韵会举要〉的语音系统》(1986)、《古音之旅》(2002)、《古音学入门》(合著, 1989)、《语言学辞典》(合著, 三民书局 2005)、《声韵学》(1991/2005)、《近代音论集》(1994)、《音韵探索》(1995)、《文字学》(合著, 空中大学 1995)、《大陆用语检索手册》(合编, 台湾"陆委会" 1997)、《中国的语言和文字》(台湾书店 1998)、《古汉语复声母论文集》(合编, 1998)、《汉语词汇学》(五南图书出版公司 1999)、《台北闽南话音文档》(上海教育出版社 1999)、《语言风格与文学韵律》(五南图书出版公司 2001) 等专书, 发表论文二百多篇。

在台湾图书馆博硕士论文系统中按导师查询, 计收有竺家宁指导的博士硕士论文 94 篇。汉语音韵学领域之外的不少, 主要是语言风格、语法、词汇等领域论文, 有六十多篇, 比如陈秀贞《余光中诗的语言风格研究》(硕士, 1992)、张嘉骅《现代汉语后缀及其构词问题之研究》(硕士, 1994)、江俊龙《台中东势客家方言词汇研究》(硕士, 1995)、朴真哲《敦煌变文词汇之同义反义关系研究》(硕士, 1995)、吴宏仁《〈庄子〉语法新探》(硕士, 1995) 等。

汉语音韵学领域论文 34 篇:宋珉映《〈等韵精要〉音系研究》(硕士, 1993, 与谢一民合作)、郭继文《〈黄钟通韵〉音系研究》(硕士, 2009, 与林叶连合作)、陈佑祯《〈音韵清浊鉴〉音韵研究》(硕士, 2009)、朴秋铉《韩国韵书与中国音韵书之关系》(博士, 1986)、欧秀慧《诗经拟声词研究》(硕士, 1991)、陈盈如

《〈李氏音鉴〉中"三十三问"研究》(硕士,1991)、卢淑美《杨升庵古音学研究》(硕士,1992)、李静惠《〈拙庵韵悟〉之音系研究》(硕士,1993)、黄金文《现代汉语所谓舌尖元音的语音、结构及来源》(硕士,1994)、王松木《〈西儒耳目资〉所反映的明末官话音系》(硕士,1994)、林金枝《〈本韵一得〉音系的研究》(硕士,1994)、周美慧《〈韵略易通〉与〈韵略汇通〉音系比较——兼论明代官话的演变与传承》(硕士,1998)、王松木《明代等韵之类型及其开展》(博士,2000)、彭志宏《徐鉴〈音泭〉研究》(硕士,2000)、邱彦遂《喻四的上古来源、声值及其演变》(硕士,2001)、颜静馨《〈太律〉之音学研究》(硕士,2001)、吕昭明《〈合并字学集篇〉一字多音现象研究》(硕士,2002)、陈稳如《韩愈古体诗之音韵风格》(硕士,2003)、周美慧《汉语入声之性质及其演化》(博士,2003)、石佩玉《〈声韵会通〉音系研究》(硕士,2003)、张淑萍《〈五声反切正韵〉研究》(硕士,2003)、黎采綝《黄庭坚七言律诗音韵风格研究》(硕士,2005)、张庭颖《〈广韵〉及〈经典释文〉又音所反映的复声母痕迹》(硕士,2007)、吕昭明《澎湖群岛闽方言音韵的类型与分布》(博士,2007)、孔品淑《闽南语的入声系统及其历时演变》(硕士,2007)、林美岑《汉代复声母的发展与演化》(硕士,2007)、吴晓琪《〈唐译便览〉所反映的十八世纪汉语音韵现象》(硕士,2009)、吴敬琳《〈玄应音义〉的音系及其方音现象》(硕士,2009)、李千慧《从语言共性看上古音复声母之系统性及结构问题》(硕士,2010)、蔡颖慧《论古汉语韵母在闽南语白读中的表现》(硕士,2010)、陈语唐《明代介音的演变与发展》(硕士,2010)、张雅媜《〈全元散曲〉拟声词探究》(硕士,2011)、权荣俊《北京方言的中古入声音韵层次研究——以官话方言比较为主》(硕士,2012)。

2.姚荣松

姚荣松(1946—),1974年台湾师范大学硕士,论文为《〈切韵指掌图〉研究》。1981年获得台湾师范大学博士学位,论文为《上古汉语同源词研究》,指导教师林尹、陈新雄。1977年至1978年曾注册为美国康奈尔大学语言学系研究生,接受包拟古指导。1984年至1985年为美国哈佛大学燕京学社访问学者。1993至1994年赴法国高等社会科学研究院与沙加尔合作研究。1991年始任台湾师范大学国文系教授,后任台湾师范大学台湾文化及语言文学研究所教授(2012)。曾任台湾声韵学学会理事长、秘书长,以及台湾语文学会会长等。

在台湾图书馆博硕士论文系统中按导师查询,计收有姚荣松指导的博士硕士论文50篇。主要是方言、语法、词汇等领域论文,比如:程俊源《台、华语"称代系统"与闽、客语"亲属称谓"研究》(博士,2010,与郑良伟合作)、章正忠《〈祖堂集〉词汇研究》(硕士,2005)、钟文凤《台湾闽南语囡仔诗研究——以〈海翁台语文学杂志〉前百期为范围》(硕士,2010)等。

其中属于汉语音韵学领域论文二十多篇:张屏生《同安方言及其部分相关方言的语音调查和比较》(博士,1995,与董忠司合作)、朴允河《论艾约瑟(J. Edkins)的上海方音研究》(博士,1997,与陈新雄合作)、程俊源《台湾闽南语鼻音之共时性质与历史演变研究》(硕士,1998)、吴世畯《王力上古音学说述评》(硕士,1988)、罗润基《〈李氏音鉴〉研究》(硕士,1990)、朴允河《劳乃宣〈等韵一得〉研究》(硕士,1991)、袁筱青《现代汉语谐音研究——以华文广告文案为例》(硕士,1997)、赵恩梃《吕坤〈交泰韵〉研究》(硕士,1998)、元钟敏《〈八音定诀〉研究》(博士,2000)、陈雍穆《〈孟姜女歌仔册〉之语言研究——以押韵与用字为例》(硕士,2001)、林淑仪《闽南语辅音韵尾的比较研究》(硕士,2004)、洪慧钰《台湾闽南语拟声词研究》(硕士,2006)、金彰柱《建瓯方言语音的历史层次》(博士,2006)、廖逸婷《方以智〈通雅〉同族词研究》(硕士,2007)、杜向荣《〈厦门音新字典〉研究》(硕士,2008)、蔡宏杰《杨梅客家话语音变化和语言转移研究》(硕士,2008)、郑文海《阳上第六声字调在台语演变的探究》(硕士,2008)、张淑萍《汉语方言腭化现象研究》(博士,2008)、徐志成《台语歌仔册〈台南运河奇案歌〉、〈乞食开艺旦歌〉之语言研究——以押韵与用字为例》(硕士,2009)、赖欣宜《日治时期台湾语教科书之研究——以〈台湾语教科书〉为例》(硕士,2010)、林振福《台湾三处道场以台语唱诵普门品经咒之语音研究》(硕士,2010)、曾伟婷《朱骏声〈说文通训定声〉之同族词研究》(硕士,2010)、黄小宜《闽南韵书〈渡江书十五音〉及其鼻化韵母探讨》(硕士,2012)。

3.何大安

何大安(1948—),出生于福建厦门,1岁后就跟着在警界服务的父亲到台湾。台湾大学中国文学系学士(1970),台湾大学中国文学研究所硕士(1973)、博士(学位论文《南北朝韵部演变研究》,1981)。1970年后,先后担任台湾大学中文系助理教授,台湾史语所助理研究员、副研究员、研究员、第二组（语言组）组主任，语言学所筹备处处主任乃至所长等职。兼任台湾大学、台湾清华大学、成功大学等校教授。主要研究领域为汉语音韵史、汉语方言学、南岛语言学。曾获台湾"国科会"杰出特约研究奖等。出版《声韵学的观念和方法》（1987）、《规律与方向：变迁中的音韵结构》（1987）、《汉语方言与音韵论文集》（2009）等著作。

指导学生：徐富美《藏缅语音节结构的研究》（硕士，1986）、李妍周《顾炎武的古音学》（硕士，1989）和《汉语同源词音韵研究》（博士，1994）、高玲芳《吴徽语小称研究——以庆元方言为例》（硕士，2003）等。

4.张光宇

张光宇（1947—），台湾花莲人。曾先后获台湾政治大学中国文学系学士学位、台湾大学中文研究所硕士学位。1970年代赴美留学，获美国加州大学伯克利分校东方语言系博士学位，导师张琨。曾任加州大学伯克利分校助教，后任台湾清华大学语言学研究所及中国文学系教授。长于汉语音韵学与闽方言历史音韵的研究。著有《〈切韵〉与方言》（1990）、《闽客方言史稿》（1996）等，译作有《汉语音韵史论文集》（张琨著，1987）等。

5.林炯阳

林炯阳（1939—1999），1978年获台湾师范大学博士学位，学位论文《〈广韵〉音切探源》。任台湾东吴大学中文系教授。有《林炯阳教授论学集》（2002）。注释《中国声韵学通论》（林尹撰，2006）等。

6.董忠司

董忠司（1949—），博士论文《颜师古所作音切之研究》，林尹与高明合作指导。新竹教育大学语言与语文教育研究所资深教授。出版《台湾闽南语概论》（台湾语文学会1996）、《〈广韵〉声类手册》（主编，1992）、《台湾闽南语辞典》（台湾编译馆2001）、《台湾五十年来声韵学与汉语方言学术论著目录初稿（1945—1995）》（合编，1996）、《台湾闽南语语音教材初稿》（台湾"文建会"1996）等。

7.孔仲温

孔仲温（1956—2000），字即之，江西鄱阳人，1985年毕业于台湾政治大学中国文学研究所，获博士学位，师从陈新雄。任台湾中山大学中文系主任、教授。著有《〈韵镜〉研究》（1987）、《〈类篇〉研究》（学生书局2000）、《〈玉篇〉俗字研究》(学生书局 1987)等。

8.吴圣雄

吴圣雄(1959—),1990 年获台湾师范大学博士学位,论文《日本吴音研究》,导师陈新雄。台湾师范大学国文学系教授。发表《〈康熙字典字母切韵要法〉探索》(1984)、《〈同文韵统〉所反映的近代北方官话音》(《国文学报》15:299—326,1986)、《由长承本〈蒙求〉看日本汉字音的传承》(《声韵论丛》7:155—189,1998)等论文。

9.林庆勋

林庆勋(1945—),1978 年获台湾中国文化大学中国文学研究所博士学位,导师林尹、潘重规、陈新雄,论文《段玉裁之生平及其学术成就》。曾任教于台湾中国文化大学中文系(1976—1983)、高雄师范大学国文系(1983—1994)。1997 年创办台湾中山大学华语教学中心,兼首任主任(1997—2000),并兼中文系主任(2000—2003)、文学院院长(2006—2009)。先后在日本东京大学文学部(1982.7—8、1989—1990)、大东文化大学外国语学部(2003.9—2004.5)、东北大学文学部(2004.5—6)等校访问研究。学术研究领域有:音韵学、闽南话、琉球册封使寄语、琉球官话、日本寄语、长崎唐话等。著有《古音学入门》(合著,1989)、《〈音韵阐微〉研究》(1988)、《台湾近五十年(1949—1998)的语汇学》(竺家宁主编《五十年来的中国语言学研究》209—236,2006)、《学韵楼稿》(台湾中山大学 2004)、《台湾闽南语概论》(2001)等。

10.李添富

李添富(1952—),台湾台北县人。现为台湾辅仁大学中国文学系副教授。台湾辅仁大学中国文学研究所硕士,论文《晚唐律体诗用韵通转之研究》(1980)。台湾师范大学国文研究所博士,师从陈新雄。曾任教于成功大学、台南师范学院、台湾东吴大学、淡江大学等校,讲授语言文字学科课程。兼任台湾训诂学会秘书长、声韵学会理事。发表《〈古今韵会举要〉同音字志疑》(1993),主编《新校宋本广韵》(2001)等著作。

11.罗肇锦

罗肇锦(1949—),台湾苗栗县铜锣乡客家人。曾任彰化师范大学、新竹教育大学教授,目前担任台湾"中央大学"教授兼客家语文研究所所长、客家学院院长,专长为台湾客家话研究。1985 在台湾师范大学获博士学位,博士论文《四县客语语法》(学生书局 1985),导师丁邦新、戴连璋。有《瑞金方言》(学生书局 1989)等论著。

12.杨秀芳

杨秀芳(1951—),现任台湾大学中文系教授。1973 年获台湾大学学士学位。1974 年获台湾大学中文所硕士学位,论文《塞德语雾社方言的音韵结构》,导师丁邦新、李壬癸。1982 年获台湾大学中文研究所博士学位,论文《闽南语文白系统的研究》,导师丁邦新。曾开设历史语言学、语文学与经典诠释、国文领域、音韵学、汉语方言学、闽南语概论、华语教学法、台湾语言概论、闽南文献选读、语言调查与分析、闽南语音字关系研究、本字研究等课程。出版《台湾闽南语语法稿》(大安出版社 1991)、《闽南语字汇》(一)(《国语文教育丛书》23,台湾"教育部"1998)、《闽南语字汇》(二)(《国语文教育丛书》35,台湾"教育部"1999)、《汉藏语研究:龚煌城先生七秩寿庆论文集》(与林英津等合编,2004)等著作。曾获台湾"国科会"优等研究奖励。

13.魏岫明

魏岫明,1981 年获台湾大学中文所硕士学位,论文《国语演变之研究》。后获美国密歇根大学语言学博士学位。台湾大学中文系副教授。研究的学术领域:语言学概论、华语教学法、华语教学法进阶。著作:《国语演变之研究》(《台湾大学文史丛刊》[67],1984)。

14.金周生

金周生(1954—),台湾辅仁大学中国文学系教授。台湾辅仁大学中国文学系博士。发表论文《〈广韵〉一字多音现象初探》(1978)、《汉语唇塞音声母之分化可溯源于陆德明〈经典释文〉时代说》(1994)、《〈诗集传〉直音考》(台湾《辅仁国文学报》15:75—116,1999)等。出版《吴棫与朱熹音韵新论》(2005)、《宋词音系入声韵部考》(1985/2008)等著作。

15.叶键得

叶键得(1954—),台湾嘉义县人。1987 年获台湾中国文化大学中国文学研究所文学博士学位,论文《〈十韵汇编〉研究》。曾任铭传商专专任讲师;政战学校中文系专任讲师、副教授;台北市立师范学院国语文教学及研究中心组长、主任;台北市立教育大学中国语文学系副教授、教授兼系所主任;台北市立教育大学华语文教学硕士学位学程主任;台北市教育局乡土语言辅导团指导教授;台湾"教育部"国语文辅导咨询团队北区委员、副召集人;台湾声韵学学会理事兼秘书长。

现任台北市立大学中国语文学系教授兼人文艺术学院院长。讲授语言学概论、音韵学、文字学、训诂学、汉语研究、国音及说话、中国文字综合研究、汉语语言学研究、华语文教学、音韵学专题研究等课程。

有著作《〈通志·七音略〉研究》(1979)、《〈十韵汇编〉研究》(1987)、《古汉语字义反训探微》(学生书局 2005)、《华语文标音符号与发音教学》(合著)等书,及《声韵学在语文教学上的运用》(语言文字应用国际研讨会,台北市立师范学院 2001)、《关于〈切韵序〉的几个问题》(《应用语文学报》创刊号,1999)、《上古"韵部"析论》(《应用语文学报》5,2003)、《论"反训"之名与界说》(《纪念陈伯元教授荣誉退休学术研讨会论文集》277—302,洪叶文化事业出版公司 2000)等论文四十余篇。

16.耿志坚

耿志坚(1952—),彰化师范大学国文学系教授。兼任台中教育大学语文教育系教授。1978 年获台湾政治大学中国文学所硕士学位,论文《宋代近体诗用韵通转之研究》。1983 年获台湾政治大学中国文学所博士学位,论文《唐代近体诗用韵通转之研究》。1986 年起任教于彰化师范大学中文系。著有《汉语音韵》(2009)等书。

17.柯淑龄

柯淑龄(1948—),台湾嘉义人。台湾中国文化大学中国文学研究所博士班毕业,获文学博士学位,论文《黄季刚先生之生平及其学术》,师从潘重规、林尹、高明、陈新雄。曾任台湾中国文化大学图书馆馆长、中国文学系文艺创作组主任、中国文学研究所代所长及中国文学系主任,台湾中国文化大学中国文学系教授。研究领域为汉语音韵学、中国文字学、汉语语意学。著有《说文上声字根研究》(台湾中国文化大学出版社 2004)等书。

18.林英津

林英津(1955—),台湾语言学所研究员。东海大学中文研究所硕士(1979),论文《〈广韵〉重纽问题之检讨》。台湾大学中国文学研究所博士(1985),论文《〈集韵〉之体例及音韵系统中的几个问题》。曾在俄罗斯圣彼得堡大学、日本东京大学、京都大学研究或讲学。兼任台湾政治大学中国文学研究所、台湾中山大学中文研究所、台湾清华大学人类学研究所教授。研究领域为藏缅语、汉藏语比较。发表《夏译孙子兵法研究》(《史语所单刊》28,1994)、《巴则海语》(远流出版社2000)、《试论上古汉语方言异读的音韵对应》(本社编《张以仁先生七秩寿庆论文集》325—349,1999)、《后出转精的西夏语音韵系统构拟》(2004)、《论吴方言的连读变调》(《国文学报》16:223—254,1987)、《〈集韵〉与当代汉语方言》(2001)等论著。

19.萧宇超

萧宇超(1960—),字净超,台湾台中市人。美国加州大学语言学博士,现任台湾政治大学语言学研究所教授、台湾清华大学语言学研究所教授、台湾"国科会"专题计划研究员。主要研究专长为音韵与句法的接口理论。发表论文:《从现代音韵学角度看注音符号的缺失》(《第五届华语文教学研讨会论文集》325—333,1997)、《优选理论对现代汉语音韵研究的影响》(2001)、《国台语夹杂时的连读变调》(《声韵论丛》9:769—779,2000)、《儿化(尾)音变:缩短现代音韵与传统声韵的距离》(《声韵论丛》8:345—354,1999)、《从台语音节连并到音韵、构词与句法之关系:老问题,新方向》(《中国境内语言暨语言学5:语言中的互动》251—288,台湾史语所1999)等。

20.钟荣富

钟荣富(1955—),美国伊利诺伊大学语言学博士,曾任台湾高雄师范大学英语系主任、台湾语言及教学研究所所长、台湾客家文化研究所所长、新加坡国立大学高级访问教授。多次荣获台湾"国科会"甲等研究奖、台湾旅美教授学会杰出研究奖等奖项。中国大陆国家英语提升中心特聘教授、台湾高等教育评监委员、台湾国语推行委员会客家语言组主任。获评2010年台湾最佳博士论文指导教授。学术专长:音韵理论、英语发音教学及台湾闽南话、客家话研究。主要学术专著有:《四海客家话形成的方向》(《语言暨语言学研究》,台湾语言学所2012)、《当代语言学概论》(五南图书出版有限公司2007)、《对比分析与华语教学》(正中书局2011)、《台语的语音基础》(文鹤出版有限公司2002)、《台湾客家语音导论》(五南图书出版有限公司2003)、《台湾客语概论》等。发表六十多篇学术论文,比如《威妥玛式的检讨》(《华文世界》12:27—33,2000)、《从发音与声学的对比分析探讨美国学生的华语擦音》(与司秋雪合作,《华语文教学研究》6.2:129—162,2009)、《音高与声调的相互关系及其在华语文教学上的启示》(与陈彩娥、李思恩合作,《华语文教学研究》1.1:109—135,2004)、《台湾各客家方言的语音差异》(《客家文化学术研讨会论文集》,2000)、《莫拉理论与台湾闽南语的音节结构》(台湾《清华学报》[新]29.4:533—549,1999)、《变调、标音与构词之间的三角关系:华语文教学上的观点》(《世界华语文教学研讨会论文集》,1997)、《客家话研究的过去与未来发展》(《汉学研究通讯》17.3:289—301,1998)、《优选论与汉语的音系》(1995)、《当代音韵理论与汉语音韵学》(台湾"国科会"计划报告,1991)。

21.陈光政

陈光政(1943—),1969年获台湾政治大学中国文学系研究所硕士学位,论文《梁僧宝之等韵学》,高明指导。高雄师范大学国文学系教授。著作:《〈广韵〉四声相承韵类系联之探讨》(1983)、《会意研究》(文史哲出版社1984)等。

22.徐芳敏

徐芳敏(1958—),台湾大学中文系教授,1985年获台湾大学中文所硕士学位,论文《〈释名〉研究》(《台湾大学文史丛刊》[83],1989);1991年获台湾大学中文所博士学位,论文《闽南厦漳泉次方言白话层韵母系统与上古音韵部关系之研究》,师从丁邦新、何大安、李壬癸、龚煌城等。研究专长:音韵学、方言学。论著:《闽南方言本字与相关问题探索》(2003)、《古韵分部中若干声符的归属问题》(台湾《中国文学研究》2:191—210,1988)、《古闽南语几个白话韵母的初步拟测——兼论拟测的条件》(《台大中文学报》7:217—251,1995)、《老国音与〈切韵〉音》(《声韵论丛》6:785—825,1997)、《闽南方言几则本字考证及相关白话音韵母层次讨论》(《台大中文学报》13:27—78,2000)、《汉语方言本字考证与古汉语联绵词》(《台大文史哲学报》67:83—106,2007)。

23.吴叠彬

吴叠彬(1953—),广东南海人。曾任职于台湾辅仁大学语言研究所。论著有《古代汉语的一种特殊音变——合口舌根音又唇音化》(《语言研究》增刊541—550,1994)、《〈真腊风土记〉里的元代语音》(1996)等。硕士导师为谢国平。

24.康世统

康世统(1947—),台湾师范大学文学博士,台湾师范大学国文系副教授,学术领域:音韵学。论著有《声韵学:教学手册》(《中国文学》,1976)、《〈广韵〉韵类考正》(1975)、《从声韵的演变谈中学国文教材中几个字音的问题》(《声韵论丛》7:479—522,1998)。

25.林正三

林正三(1943—),台北县人,字立夫,号惜余斋主人。幼承庭训,于古文稍曾涉猎,中岁始折节向学。先后随黄笃生、廖祯祥学书法;周植夫、许君武学诗联;蔡雄祥习篆刻,陈新雄习音韵。近年专攻诗文及闽南话音韵。曾任台北市图书馆读书会诗学班指导老师,瀛社总干事,松山慈惠堂诗学班、基隆中原正音班、台湾歌仔戏学会音韵及诗学班等指导老师。现任台湾中华传统诗学会理事暨传统诗学会理事、"乾坤诗刊"古典诗主编、惜余斋艺文工作室主持人,并担任各民间社团诗文音韵讲席。著作:《诗学概要》(广文书局 1998)、《闽南语声韵学》(2002/2009)。

26.余迺永

余迺永(1947—),香港中文大学教育学院中文系课程主任、教授。香港中文大学哲学硕士,台湾师范大学 1981 年文学博士,导师周法高。香港中文教育学会会长、加拿大中文学院校董会主席。论著:《新校互注宋本广韵(定稿本)》(2008)、《上古音系研究》(1985,原名《两周金文音系考》)。

27.王三庆

王三庆(1949—),台湾高雄人。成功大学中文系特聘教授、日本天理大学交换教授。台湾中国文化大学中国文学系学士、台湾师范大学国文研究所硕士、台湾中国文化大学中国文学研究所博士。论著:《敦煌俗字谱》(潘重规主编,王三庆、曾荣汾、郑阿财编,石门图书公司 1978)、《敦煌本古类书语对研究》(文史哲出版社 1985)、《敦煌佛教斋愿文本研究》(新文丰出版公司 2009)、《〈红楼梦〉版本研究》(全三册,花木兰文化出版社 2009)等。与音韵学相关的有:《第一部中国西译书〈明心宝鉴〉中载存的闽南语译音研究》(《华冈文科学报》11:193—228,1991)、《敦煌文献中的音韵材料》(第十三届国际暨第三十届台湾声韵学学术讨论会,东华大学、慈济大学 2012)。

28.曾荣汾

曾荣汾(1951—),台湾中国文化大学文学博士。台湾文字学家、辞典编纂者,字样学专家,台湾警察大学通识教育中心教授。兼任台北市立教育大学中国语文学系教授。曾参与《大学字典》《国民字典》《中文大辞典》《重编国语辞典修订本》《国语辞典简编本》《国语小字典》《异体字字典》《成语词典》《歇后语小辞典》等工具书编纂工作、国字标准字体研订工作、《国语一字多音审订表》制定工作（负责调查台湾国语中一字多音情形、整理历次审音会议记录、开发国音正读管理系统及设计相关调查问卷），并多次参与台湾"教育部"常用语词调查工作。著作：《〈干禄字书〉研究》（台湾中国文化大学博士论文，1982）、《文字学》（与陈新雄合著，五南图书出版有限公司 2010）、《字样学研究》（学生书局 1988）、《敦煌俗字谱》（潘重规主编，王三庆、曾荣汾、郑阿财编，石门图书公司 1978）、《〈诗经〉古韵数据库的运用》（2001）、《异体字借音释形研究报告》（台湾"国科会"专题，2004）。

29.洪惟仁

洪惟仁（1946—），生于嘉义县新港乡。曾师从钟露升，由此对闽南话研究产生兴趣。台湾中国文化学院中文系学士、台湾师范大学中国文学硕士、台湾清华大学语言学博士。曾任东南工专讲师，台湾史语所专任助理、约聘助理研究员，静宜大学兼任副教授，元智大学中国语文学系专任副教授、教授，台中教育大学台湾语文学系教授，2011 年退休。曾任台湾语言学会创会秘书长，第六、七届会长；2004 年台中教育大学"台语系"创系主任；《台语文摘》《掖种》《台湾语文研究》等杂志创刊总编辑。现任台湾"教育部"国语推行委员会委员。研究领域：语言学、民间文学。专长：汉语、闽南话，社会语言学、地理语言学、音韵学、历史语言学、闽南话文献学、民间歌谣。

著书及多媒体著作 20 种；译作 20 种；主编辞书、教材及学刊 17 种；主持制作的数字典藏及教学网站 12 个；期刊及专书论文 112 篇；研讨会论文 82 篇；评论及随笔 126 篇；"台语"文学创作 10 种。平均每年发表期刊或专书论文约 5 篇、研讨会论文约 3.5 篇、著书及主编约 1.5 种。1993 年至退休，获学术奖 17 种，平均每年获奖约 1 种。参与及主持台湾"国科会"计划 23 个年期、"政府"委托或补助计划 10 种、元智大学补助计划 2 种。现主持台湾"国科会"《台湾语言地图集》专书写作计划。

30.曹逢甫

曹逢甫（1941—），台湾彰化县二水乡人。1970 年获台湾师范大学英语系学士学位。1972 年获美国夏威夷大学英语教学硕士学位。回台湾后于台湾师范大学英语系任讲师。1974 年获台湾"国科会"补助,留职停薪,前往美国南加州大学攻读博士学位。1977 年获得语言学博士学位,论文"A Functional Study of Topic in Chinese:The First Step Towards Discourse Analysis"。不久升任台湾师范大学英语系副教授,兼任台湾辅仁大学语言所副教授,开设语意学、社会语言学等课程。1982 年留职停薪,赴香港大学语言中心,担任中国语言学教师,1983 年在美国达特茅斯学院亚洲课程担任客座副教授,1984 年在美国匹兹堡大学东亚语文学系任教。1988 年回到台湾,任教于台湾清华大学,为语言所与外语系合聘副教授。1990 年升为教授。曾任台湾《清华学报》主编,台湾清华大学外语系系主任、人文社会学院院长。2006 年升为特聘教授,2012 年退休。发表《语法化轮回的研究:以汉语鼻音尾、鼻化小称词为例》(《汉语学报》2:2—15,2006)、《台湾闽南语"仔"前变调的趋同变化:社会语言学及音韵学的调查》(《汉学研究》27.1:299—329,2009)、《诏安客家话[-k]尾的消失及其所引起的音韵变化》(《语言暨语言学》7.2:435—454,2006)等论著。

31.徐泉声

徐泉声,1970 年获台湾师范大学国文所硕士学位。任职于花莲师范学院人文教育研究中心,曾为花莲教育大学通识教育中心主任、教授。论著:《〈楚辞〉韵谱》(弘道文化事业有限公司 1974)、《〈楚辞・九章〉研究》(弘道文化事业有限公司 1975)、《〈天问〉试探》(宏翰文化事业公司 1992)、《〈楚辞・招魂〉与〈大招〉研究》(真义出版社 1993)、《〈楚辞・天问〉韵谱》(《花莲师专学报》5:273—288,1973)。

32.张月琴

张月琴(1954—),法国巴黎第三大学语言学博士,台湾清华大学语言学研究所及外国语文系教授。研究专长:语音学、实验语音学、汉语声调、语调研究、生理语音学、法语教学。论著:《从声学角度来看切韵前期汉语去声的来源——以嘉戎语为例》(台湾《清华学报》[新]32.2:297—325,2002)、"Gestrual intrusions in Taiwanese and English"(与 Gao Man,Feng-fan Hsieh,Hosung Nam,Tiede Mark,Louis Goldstein 合撰,Journal of Acoustical Society of America 125.4:24—99,2009)、"Identification and discrimination of Mandarin Chinese tones by Chinese versus French listeners"(与 P. Hallé,C. Best 合撰,Journal of Phonetics 32:395—421,2004）、《台湾华语歧义句的语音体现》（《汉语口语的声调、重音及韵律》168—192,美国《中国语言学报》专著系列之十七,2001）。

33.李三荣

李三荣（1942—）,高雄师范大学国文系教授。1992 年获台湾政治大学中国文学研究所文学博士学位,论文为《从切语使用趋势看〈广韵〉的声韵类别》。著作有《闽南语十五音之研究》（台湾政治大学硕士论文,1969）、《由中古到现代声母发展的特殊现象》（文史哲出版社 1974）、《陈澧声类考考》（《高雄师大学报》3:31—55,1992）、《庾信〈小园赋〉第一段用韵技巧》（《声韵论丛》3:367—391,1991）、《〈秋声赋〉的音韵成就》（《声韵论丛》1:367—391,1994）、《〈韵镜〉新编》（复文出版社 1988）等。

34.李存智

李存智（1965—）,现任台湾大学中文系教授。台湾清华大学学士。1990年获东海大学中国文学研究所硕士学位,论文《〈韵镜〉集证及研究》,导师周法高。1995 年获台湾大学中国文学研究所博士学位,论文《秦汉简牍帛书之音韵学研究》,导师龚煌城。开设课程:语言学概论、音韵学、国文、国文科教材教法、国文科教学实习、国文科教育实习、华语教学法、现代汉语研究、历代文选、语言与文化、客家话概论。发表《〈方言〉叙录》（《周氏奖学金第二十届纪念论文集》91—107,1994）、《上博楚简通假字音韵研究》（2010）等著作。

第六节　回归中国,两岸分离时期汉语音韵学谱系——第四代学人

这里提到的学者是属于第四代,一般都是 1962 年以后出生的。这里只是对其中有代表性的进行介绍。

1.陈贵麟

陈贵麟（1963—）,现任台湾中国科技大学通识教育中心专任教授。1985年获台湾大学文学士学位。1988 年获台湾师范大学文学硕士学位,论文《〈古今中外音韵通例〉所反映的官话音系》,丁邦新指导。1997 年获台湾大学文学博士学位,论文《〈切韵〉系韵书传本及其重组之研究》,龚煌城指导。曾任台湾大学、世新大学、台北师范学院、台湾中国技术学院、台湾中国科技大学等学

校兼任讲师、兼任助理教授、专任副教授、专任教授。

2.卢国屏

卢国屏(1962—),淡江大学中国文学学系教授。台湾政治大学中国文学研究所博士。授课领域:文字学、音韵学、训诂学、汉语文化学理论与应用、文字理论与文化、汉字文化。研究专长:中国文学、语言学、文字学、音韵学、训诂学、汉语文化学。著作:《声韵学16堂课》(2010)、《汉语语言学》(新学林出版公司2009)、《〈尔雅〉语言文化学》(学生书局1999)。

3.陈淑芬

陈淑芬(1968—),台湾清华大学中文系副教授。研究方向为汉语语言学、佛经语言学、梵汉对译研究。美国伊利诺伊大学香槟校区语言学系博士。发表期刊论文:《〈慧琳音义〉引玄奘〈药师经〉梵汉词汇对比》(台湾《中正汉学研究》21:55—89,2013)、《〈金刚经〉标点研究:以〈大正藏〉与CBETA鸠摩罗什译本为例》(《圆光佛学学报》22:33—88,2013)、"What Animals Reveal about Grammar and Culture:A Study of Animal Metaphors in Mandarin Chinese and English"(与Li-Chi Lee Chen合撰,《师大学报》56.2:121—152,2011)等。

4.许慧娟

许慧娟(1963—),台湾清华大学语言学研究所教授。台湾大学英语学士、台湾清华大学语言学硕士(1989,导师李壬癸)、美国加州圣地亚哥大学语言学博士。学术领域为汉语音韵学及汉语方言学。

5.朱凤玉

朱凤玉(1968—),嘉义大学中国文学系教授,台湾中国文化大学博士。论著有:《敦煌研究论著目录》(与郑阿财合著,台湾汉学研究中心1987)、《敦煌写本〈碎金〉研究》(1997)、《1908—1997敦煌学研究论著目录》(与郑阿财合著,台湾汉学研究中心2002)、《1998—2005敦煌学研究论著目录》(乐学书局2006)、《转型期的敦煌语言文学》(甘肃人民出版社2009)、《敦煌蒙书研究》(与郑阿财合著,甘肃教育出版社2002)。

6.成玲

成玲(1965—),景文技术学院助理教授、台北大学中国文学系助理教授。台湾师范大学文学博士。研究专长:训诂学、音韵学、语言学、经学。论著:《姚文田生平及其古音学研究》(2000)、《孔广森〈诗声例〉〈诗经韵例〉补证》(台北大学中国文学系 97 学年度第 1 次学术研讨会,2009)。

7.廖湘美

廖湘美(1967—),台湾"中央大学"中国文学系副教授。台湾辅仁大学中国文学系学士(1989)、台湾东吴大学中国文学研究所硕士(1993)、台湾师范大学国文研究所博士(2001),导师陈新雄。研究专长:音韵学、汉语方言学、社会语言学。论著:《敦煌石室〈心经〉音写抄本所反映之声母现象——兼论译者归属问题》(2008)、《祁阳方言梗摄文白异读初探》(《华梵人文学报》2:127—152,2004)、《论清代古韵学家对入声之研究》(《庆祝陈伯元教授七十华诞纪念论文集》143—164,2004)、《山西运城方言阳声韵的演变》(第十二届国际暨第二十九届台湾声韵学学术研讨会,台湾"中央大学"2011)、《山西运城方言知庄章系声母类型之研究》(第二十八届台湾声韵学学术讨论会,台中教育大学 2010)。

8.江敏华

江敏华,台湾语言学所副研究员。台湾大学中国文学系学士(1995)、硕士(1998)、博士(2003)。专长:客家话音韵及语法研究、汉语音韵学及汉语方言学。论文:《客赣方言的"支与脂之"之别及相关韵摄的层次分析》(《中国语言学集刊》6.1:157—176,2012)、《客家话腭化现象探讨》(台北教育大学《语文集刊》22:49—90,2012)、《后龙海陆客家话的语音变异》(《台湾语文研究》7.1:129—150,2012)、《由鼻化型和鼻尾型小称看吴语金华方言韵母层次的历时演变》(台湾《清华学报》[新]36.2:523—541,2006)、《闽西客语音韵的保守与创新》(《声韵论丛》13:251—270,2004)、《〈说文〉〈释名〉中所反映的汉代方言现象》(《台大中文学报》16:105—107,2002)、《东势客家话的重迭结构与变调》(《语言暨语言学》3.3:543—567,2002)。专书:《客赣方言关系研究》(2003)、《台中县东势客语音韵研究》(台湾大学硕士论文,1998)。

9.陈淑娟

陈淑娟,新竹教育大学中文系教授。台湾大学中国文学研究所博士。研究方向:语言接触与语言演变、语言田野调查、台湾语言音韵研究、社会语言学。发表在期刊上的论文主要有:《社子方言的语音变异与变化》(《语言暨语言学》11.2:425—468,2013)、《台北市泉腔闽南语央元音的变异与变化》(与杜佳伦合作,《台大中文学报》35:329—370,2011)、《台湾闽南语新兴的语音变异——台北市、彰化市及台南市元音系统与阳入原调的调查分析》(《语言暨语言学》11.2：425—468，2010)《语言因素与社会因素对音变的影响——以鹿谷及安平方言为例》(台湾《清华学报》[新]40：159—191，2010)《泰雅语的语言活力与语言复振——以司马库斯及竹东为例》(《台湾语文研究》5.1：15—36，2010)、《台南市方言的语音变异与变化》(《声韵论丛》16：137—176，2009)《台湾闽南语元音系统及阴、阳入声调的变异与变化——台湾闽南语的字表调查分析》(《台湾语文研究》3：151—172，2009)、《台湾大牛栏及关庙方言特殊方音的语体转移与口音流动》(与江文瑜合作，《汉学研究》25.1：437—466，2007)、《语言能力转移与语言迁就的性别差异——以台湾南投学生的调查为例》(与郑宜仲合作，《中国社会言学》7：16—29，2006)、《濒危语言及其语音变化——以台湾的赛夏语为例》(《新竹教育大学语文学报》13：53—69，2006)等。

10.卢顺点

卢顺点(1962—)，1989年获东海大学中国文学研究所硕士，论文《王梵志诗用韵考及其与敦煌变文用韵之比较》，指导教授周法高。论著：《论晚唐汉藏对音资料中汉字腭化情形》(《大陆杂志》81.5：23—29，1990)。

11.向惠芳

向惠芳(1969—)，1998年获台湾东吴大学中国文学系研究所硕士学位，论文《潘耒〈类音〉研究》，指导教授林炯阳。后获得台湾政治大学中国文学系博士学位。

12.许文献

许文献，台中教育大学语文教育学系助理教授。彰化师范大学国文研究所硕士；台湾师范大学国文研究所博士。论著：《从形态相关说再谈上古音声母[s-]与[t-]之谐声原则》(第十三届国际暨第三十届台湾声韵学学术研讨会，东华大学、慈济大学2012)、《从"凤"字部分语料再谈其韵尾[*-m]>[-ŋ]之音变时代》(第十二届国际暨第二十九届台湾声韵学学术研讨会，台中教育大学2011)、《从古文字呈声系之谐声现象试论战国郢字之释读》(第二十届台湾文字学国际学术研讨会，台湾中山大学2009)。

13.李正芬

李正芬(1967—)，东华大学中国语文学系教授。曾任花莲教育大学中文系副教授。研究专长：音韵学、语音学、语言学。论著：《两晋南北朝方言现象与韵部变迁探析——〈经典释文〉及两晋南北朝文献的比较考察》(2012)、《〈庄子音义〉研究》(香港中文大学博士论文,2001)、《〈经典释文〉〈庄子音义〉异音异义考》(台湾东吴大学硕士论文,1992)、《通江两摄的方言接触与元音重配——以〈经典释文〉反切注音为主》(《汉学研究》29.3:29—54,2011)、《试论〈经典释文〉止摄韵字的类型变化》(《文与哲》18:173—200,2011)、《试论〈经典释文〉诸家反切轻重唇音分化的时空差异》(2007)、《试论〈经典释文〉诸家反切中梗摄的分化与合流》(2007)、《试论联绵词组构要素的历史变化与发展——以〈经典释文〉音义注释为主》(《汉学研究》24.2:105—133,2006)、《语言接触下的国语语音层次与变体》(《花大中文学报》1:107—138,2006)、《陆德明〈庄子音义〉中的天道观》(《花莲师院学报》19:25—39,2004)、《〈庄子音义〉摹状词及其与语言风格之关系》(《国际人文年刊》6:349—376,1997)。

14.周美慧

周美慧(1972—),台北教育大学语文与创作学系副教授兼华语文中心主任。1998年台湾中正大学硕士论文《〈韵略易通〉与〈韵略汇通〉音系比较——兼论明代官话的演变与传承》;2003年台湾中正大学博士论文《汉语入声之性质及其演化》。专长:语言学、音韵学、训诂学、梵文、方言与文化。论著:《从佛教音义书的流传与个别作者对于音义的解读看希麟〈续一切经音义〉的价值》(《第一届宋代学术国际研讨会论文集》287—313,上海古籍出版社2007)、《西晋竺法护译经音译词研究》(王松木、江俊龙编《语言学探索——竺家宁先生六秩寿庆论文集》61—78,编著者自印2006)、《竺家宁先生的佛经语言学》(王松木、江俊龙编《语言学探索——竺家宁先生六秩寿庆论文集》79—86,编著者自印2006)、《现代方言入声韵尾及声调的历时变化与扩散过程》(章太炎黄侃纪念会暨国际学术研讨会,海宁2003)、《慧琳〈一切经音义〉汉梵对译的音译词分析》(第九届国际暨第二十三届台湾声韵学学术研讨会,静宜大学2005)、《早期佛经汉梵对译的异名研究——以西晋竺法护译品为主》(2005)、《从梵汉对译的音译词看汉语音系构拟的相关论题》(法国巴黎社会科学院宣读,2007)。

15.陈瑶玲

陈瑶玲(1962—),静宜大学中国文学系副教授。1991年台湾中国文化大学中文研究所硕士,论文《新刊韵略研究》;1999 年台湾中国文化大学中文研究所博士,论文《江有诰音学研究》。论著:《谈古音研究中谐声材料运用的一些问题——读〈汉语音韵研究概述〉"上古音"札记》(《永不枯竭的井泉——庆祝董忠司教授六十华诞论文集》237—254,屏东 2007)、《江有诰的古声调说》(《孔仲温教授逝世五周年纪念文集》275—307,学生书局 2006)、《台中县沙鹿闽南方言的语音系统——兼论沙鹿阴上变调的演变》(《静宜人文学报》16.1:183—206,2004)、《江有诰等韵学说述评》(《声韵论丛》10:287—324,2001)、《论江有诰〈诗经〉韵脚的研究》(《静宜人文学报》13:35—63,2000)。

16.吴瑞文

吴瑞文(1975—),台湾语言学所副研究员(2013),副所长(2014)。2005年获台湾政治大学中国文学系博士学位,论文《吴闽方言音韵比较研究》。研究方向:闽语音韵史与闽语构拟、闽东方言语法的共时与历时分析、闽中方言的音韵与语法。

论著:《从比较闽语的观点论南朝江东方言齐韵的拟测》(《东方语言学》14:68—80,商务印书馆 2014)、《论三明方言 the5 的语法功能及其语法化》(《语言暨语言学》14.1:241—275,2013)、《论山摄开口字在共同闽语中的演变与层次》(《中国语言学集刊》6.1,2012)、《论金门闽南语亲属称谓词前缀 an35 的来源及相关问题》(与谭家麒合作,《台湾文学研究集刊》10:161—186,2011)、《闽东方言"进行/持续"体标记的来源与发展》(《语言暨语言学》12.3:595—626,2011)、《论闽东霞浦方言 mang2 nau5"饭"的来历及相关问题》(《中国语言学集刊》4.2,2011)、《论梗摄开口字在共同闽语中的演变与层次》(《语言暨语言学》11.2:297—334,2010)、《论闽南语的[X khuann5 bainn6 le0]》(与林英津合作,《台湾文学研究集刊》6:145—170,2009)、《共同闽语[﹡y]韵母的构拟及相关问题》(《语言暨语言学》10.2:205—237,2009)、《台湾闽南语本字考证三则》(《台湾文学研究集刊》5:163—189,2009)、《论海康方言[b-]、[z-]声母的一个历史来源》(香港《中国语文研究》25:39—51,2008)、《共同闽语[﹡iɑi]韵母的拟测与检证》(《台大中文学报》27:263—292,2007)、《闽语方言辅音韵尾今读的历史分析》(与林英津合作,香港《中国语文研究》23:1—20,2007)、《覃谈有别与现代方言》(2004)、《论闽方言四等韵的三个层次》(《语言暨语言学》3.1:133—162,2002)、《福建宁德方言变韵现象的共时表现与历时意义》(与陈丽冰合作,第二届音韵与方言青年学者论坛,山西大学2014)。

17.郭娟玉

郭娟玉,嘉义大学中国文学系暨研究所副教授。学士、硕士阶段师从王伟勇、林炯阳。在台湾大学获中国文学博士学位,论文《温庭筠辨疑》(2007),张以仁指导。论文:《李贺诗韵与词韵》《大陆杂志》95.1:13—40,1997)、《〈沈氏词韵〉考述》(《林炯阳先生六秩寿庆论文集》311—370,洪叶文化事业有限公司1999)、《毛先舒〈南曲正韵〉考析》(《文学遗产》3:101—107,2010)。专著:《沈谦词学与其〈沈氏词韵〉研究》(2008)。

18.张慧美

张慧美(1960—),1989年获东海大学中国文学研究所硕士学位,论文《朱翱反切新考》(后收入许锬辉主编《中国语言文字研究辑刊》第二编,花木兰文化出版社2012)。1993年获东海大学中国文学研究所博士学位,论文《王力之上古音》(后收入许锬辉主编《中国语言文字研究辑刊》初编,花木兰文化出版社2011)。彰化师范大学台湾文学研究所教授。研究专长:语言学、汉语语音史、音韵学、训诂学、词汇学、语言风格学。

论著:《朱翱反切所透露的语音消息》(《中兴大学人文学报》44:139—156,2010)、《上声姓氏名字的声调搭配——以彰化师范大学教师之姓名为例》(台湾《中国语文》638:50—52,2010)、《论京剧中之尖团音——以锁麟囊春秋亭唱词为例》(台湾《中国语文》640:67—71,2010)、《汉语中唇音和[u]的关系》(台湾《中国语文》628:40—42,2009)、《上古"阳"部字的音变历史》(台湾《中国语文》629:54—56,2009)、《上古"鱼"部字不同流合"ㄨ"》(台湾《中国语文》613:30—33,2008)、《上古"歌"部字的音变历史》(台湾《中国语文》616:23—26,2008)、《论王力上古音韵尾的问题》(《岭东学报》12:79—93,2001)、《借资料分析探讨王力古韵冬侵合部与脂微分部之矛盾现象》(《岭东学报》11:21—36,2000)、《论上古声母中的三个问题》(《兴大中文学报》13:125—138,2000)、《王力之上古声调》(《建国学报》15:29—44,1996)、《朱翱反切新考之导论与结语》(《建国学报》9:142—152,1990)、《评张世禄、王力两家对朱翱反切声类划分之得失》(《建国学报》8:105—116,1989)、《朱翱反切中的重纽问题》(《大陆杂志》76.4:8—25,1988)、《周法高先生音韵学研究之成就》(2014)、《论王力先生在上古音的两点贡献》(《庆祝陈伯元教授七秩华诞论文集》,洪叶文化事业公司 2004)、《朱翱反切新考》(2012)、《王力之上古音》(2011)等。

19.伍明清

伍明清,1984 年入台湾大学学习。1989 年获台湾大学硕士学位,论文《宋代之古音学》,导师梅广。发表论文《项安世之古音观念》(台湾《中国文学研究》2:235—261,1988)。

20.宋韵珊

宋韵珊(1965—),台湾政治大学中国文学系副教授。静宜大学中国文学系学士,高雄师范大学中国文学系硕士,高雄师范大学中国文学系博士。研究专长:音韵学、语言学。论著:《论清代的河南与山东方音——以〈剔弊广增分韵五方元音〉和〈等韵简明指掌图〉为对象》(台湾《政大中文学报》20:111—136,2013)、《明代韵书韵图的编纂与出版传播》(《中国语言学集刊》6.1,2012)、《汉语方言中的[uei]韵母研究——以官话区为研究对象》(《兴大中文学报》22:47—57,2007)、《论〈韵法直图〉的呼名指涉》(台湾《中文学术年刊》10:191—209,2007)、《清代一种山东方音——〈等韵简明指掌图〉》(《兴大中文学报》20:63—76,2006)、《古日母字在冀、鲁、豫的类型初探》(《兴大中文学报》17:63—76,2005)、《〈新纂五方元音全书〉初探——以入声字为主要论述对象》(《兴大中文学报》13:93—104,2000)、《〈剔弊广增分韵五方元音〉音系研究》(高雄师范大学博士论文,自行出版,1999)、《〈韵法直图〉与〈韵法横图〉音系研究》(高雄师范大学硕士论文,自行出版,1994)、《〈增补剔弊五方元音〉的声母系统》(《声韵论丛》8:331—343,1999)、《试论〈五方元音〉与〈剔弊广增分韵五方元音〉的编排体例》(《声韵论丛》7:137—154,1998)。

21.谢美龄

谢美龄,台中教育大学副教授。东海大学中国文学系硕士。东海大学中国文学系博士(1997),论文《〈诗经〉韵部〈说文〉字表》,指导教授龙宇纯。论著:《上古汉语之真、耕合韵再探讨》(《台中师院学报》17.2:225—243,2003)、《慧琳〈一切经音义〉声类反切中的精系字》(《台中师院学报》17.1:141—162,2003)、《慧琳反切中的重纽问题》(《大陆杂志》81.1:37—48,1992)、《台湾闽南方言字略例——兼论母语教学汉字书写问题》(《台中师院学报》16:677—

690,2002）、《从古文字学观点论证〈说文〉上古音研究略例》（《台中师院学报》15:255—275,2001）、《〈诗经韵部说文字表〉——之部例》（《龙宇纯先生七秩晋五寿庆集》,五四出版社2002）。

22.陈梅香

陈梅香（1968—）,成功大学中文系副教授。台湾中山大学中文系学士、硕士、博士。论著:《国语ㄖ声母来源考》（《成大中文学报》,2011）、《郑樵小学观探析》（《成大中文学报》21:41—70,2008）、《〈说文〉既言"某声"又注"读若"之音韵现象初探——声母部分》（《声韵论丛》10:175—208,2001）、《〈说文〉联绵词之音韵现象探析》（《声韵论丛》8:187—226,1999）、《〈新方言〉语音现象探析——以江苏、浙江两地为主》（《声韵论丛》7:213—256,1998）、《〈皇极经世解起数诀〉"清浊"现象探析》（《声韵论丛》6:573—612,1997）、《章炳麟〈成均图〉古韵理论层次探析》（台湾《中山中文学刊》1:79—100,1995）、《郑樵声韵学研究》（复文图书出版社2005）、《庆祝陈伯元教授七秩华诞论文集》（2004）、《孔仲温教授逝世五周年纪念文集》（2006）。指导博士生郭懿仪;硕士生辜赠燕、陈雅萍、蔡明芬、林佳桦、何珍仪。

23.杨征祥

杨征祥（1967—）,嘉义大学中国文学系暨研究所副教授。1995年获成功大学硕士学位,论文《〈蒙古字韵〉音系研究》。2006年获成功大学中国文学博士学位,论文《元代标准韵书音韵系统研究》。

论著:《新添古音说文解字注》（与李添富合著,洪叶文化事业有限公司1998）、《新校宋本广韵》（与李添富合著,洪叶文化事业有限公司2000）、《江有诰借韵谱研究》（《云汉学刊》2:13—42,1995）、《〈蒙古字韵〉轻唇音声母非敷奉之分合》（《云汉学刊》3:55—56,1995）、《现代国语异常演变的零声母之研究》（《云汉学刊》5:1—14,1998）、《〈蒙古字韵〉支二类"蕾"韵母的音读——与郑张尚芳先生商榷元代舌尖元音问题》（《云汉学刊》6:323—334,1999）、《〈书学正韵〉的语音系统》（《树人学报》1:285—295,2003）、《元代书面语标准音[n]尾韵》（《华医社会人文学报》13:63—72,2006）、《洪兴祖〈楚辞补注〉音注研究》（《嘉大中文学报》9:183—205,2013）。

24.李鹃娟

李鹃娟（1974—）,台湾辅仁大学中国文学系助理教授。研究专长:训诂学、文字学、音韵学。著作:《顾炎武阴入相配说再商榷》(中国音韵学研究会第十届学术讨论会暨汉语音韵学第五届国际学术研讨会,吉林省社会科学院1998)、《"合韵"现象源流考》(中国音韵学研究会第十一届学术讨论会暨汉语音韵学第六届国际学术研讨会,徐州师范大学 2000)、《王船山"叶音十蔽"述评》(台湾《辅仁国文学报》40:17—36,2015)、《顾炎武阴入相配说今证》(台湾《辅仁国文学报》5:167—178,2007)。

25.郭乃祯

郭乃祯(1962—),台湾师范大学国文系副教授。2010 年台湾师范大学博士,论文《李方桂上古音的研究述评》。专业:音韵学、国语语音学、古典散文、楚辞、国文教材教法、国文教材教法研究。著作:《汉藏语同源词研究的方法与观察——龚煌城先生的上古韵母研究》(《李鍌教授八十寿辰纪念论文集》32—40,2006)、《国语音节结构对儿化韵的影响》(台湾《中国语文》634,2010)、《戴震〈声类表〉研究》(西北出版社 1998)、《有声世界——声韵学授课讲义》(西北出版社 2004)、《华语声韵拼合规律》(《华语语音学》第五章,正中出版社 2009)。2006 学年度赴美威斯康星大学研究课题,主题:《汉藏语比较在汉语上古音构拟的教学研究》。

26.江俊龙

江俊龙(1968—),2003 年台湾中正大学中文所博士,论文《两岸大埔客家话研究》。台湾中正大学中国文学系副教授。研究专长:客家话研究、音韵学、词汇学、语法学、汉语方言学。著述:《台湾地区客家方言研究论著选介1989—1994》(《汉学研究通讯》14.2:145—148,1995)、《桃园话音档》(现代汉语方言音库,上海教育出版社 1999)、《台湾地区汉语音韵研究论著选介(1994—1998)》(2000)、《语言接触下的屏东县潮州镇客语》(《语言暨语言学》专刊 49,2012)。

27.颜静馨

颜静馨(1972—),2006 年获台湾中正大学中国文学系博士,论文《历史语言学与西汉语音韵研究》,导师:竺家宁、庄雅州。台湾中正大学中文系讲师。著作:《〈太律〉之音学研究》、《台湾地区汉语音韵研究论著选介(1999—2003)》(2005)。

28.王松木

王松木(1969—),2000 年台湾中正大学中文所博士,论文《明代等韵之类型及其开展》(后收入许锬辉主编《中国语言文字研究辑刊》初编,花木兰文化出版社 2011)。高雄师范大学国文系教授。专长:汉语语言学、音韵学、训诂学。

主要著作:《明代等韵之类型及其开展》(2011)、《〈西儒耳目资〉所反映的明末官话音系》(2011)、《从祛魅到返魅——论杂糅型韵图的研究价值》(《国科会中文学门——小学类 92—97 研究成果发表会论文集》1—15,台湾师范大学 2011)、《调适与转化——论明末入华耶稣会士对汉语的学习、研究与指导》(《辅仁大学第六届汉学国际研讨会——"西方早期(1552—1814 年间)汉语学习和研究"论文集》47—150,台湾辅仁大学 2011)、《网络空间的书写模式——论网络语言的象似性与创造性》(《文化与语言论丛》205—239,台湾中山大学人文社会科学研究中心 2010)、《明清韵图研究之思想史转向》(《中国音韵学:中国音韵学研究会南昌国际研讨会论文集》163—171,江西人民出版社 2010)、《拟音之外——明清韵图之设计理念与音学思想》(2008)、《传统训诂学的现代转化——从认知的观点论汉语词义演化的机制》(复文图书出版社 2008)、《中国语学的现况与展望——以台湾地区为例》(2014 年中国语文学青年学者国际学术研讨会,台湾中山大学 2014)、《务穷后世之变——论潘耒〈类音〉的音学思想与设计理念》(《汉学研究》31.4:209—246,2013)、《因数明理——论陈荩谟〈皇极图韵〉的韵图设计与音学思想》(《文与哲》23:241—292,2013)、《韵图的修辞——从命名隐喻看韵图的设计理念及其历时变异》(《台湾师范大学学报》58.2:135—170,2013)、《知源尽变——论方以智〈切韵声原〉及其音学思想》(《文与哲》21:285—350,2012)、《坠入魔道的古音学家——论龙为霖〈本韵一得〉及其音学思想》(台湾《清华中文学报》8:63—133,2012)、《论汉语音韵学的"接受"转向——以龙为霖〈本韵一得〉接受史为例》(承继与拓新——汉语言文字研究会,香港中文大学 2012)、《遵义莫友芝〈韵学源流〉及其音韵学史观》(纪念莫友芝诞辰 200 周年暨遵义"沙滩文化"学术研讨会,黔南民族师范学院 2011)、《〈皇极经世·声音唱合图〉的设计理念与音韵系统——兼论象数易学对韩国谚文创制的影响》(《中国语言学集刊》6.1:47—92,2012)、《会通与超胜——从演化模型看高本汉典范的发展与挑战》(《国文学报》13:61—90,2011)、《谈音说韵——明末中西音韵学的相遇对话》(《国际汉学》1:250—271,2010)、《论音韵思想及其必要性——从"鲁国尧问题"谈起》(第二十八届台湾声韵学研讨会,台中教育大学 2010;《声韵论丛》17:77—132,2012)、《明代等韵家之反切改良方案及其设计理念》(《文与哲》15:195—251,2009)、《最后的炼音术士——论周赟〈琴律切音〉的音学思想与音韵系统》(《国文学报》8:139—186,2008)、《歧舌国的不传之密——从〈李氏音鉴〉、〈镜花缘〉反思当前汉语音韵学的传播》(《汉学研究》26.1:231—260,2008)、《金针如何度与人?——论声韵学之课程设计与教材教法》(《声韵论丛》15:71—108,2007)、《为往圣继绝学——竺家宁先生在声韵学研究上的成就与贡献》(2006)、《从明末官话记音数据管窥西儒中介语音系》(《高雄师大学报》19:35—50,2006)。

29.林蕙珊

林蕙珊(1973—),台湾师范大学英语系教授。台湾政治大学语言学研究所硕士(2000)、台湾清华大学语言学研究所博士(2004)。教学领域:音韵学、英语语音学、写作指导、中国音韵学、优选理论特论。研究领域:音韵学、优选理论。发表论文《从"优选理论"来谈国语的三声变调》(《声韵论丛》10:497—524,2001)、《国台语夹杂时的三声变调》(《声韵论丛》9:769—780,2000)、《长汀客家话的连读变调现象》(台湾《清华学报》[新]37.1:175—226,2007)等。

30.曾淑娟

曾淑娟,台湾语言学所副研究员。台湾清华大学数学系学士(1991)、德国毕勒佛大学德语教学硕士(1995)、德国毕勒佛大学语言学博士(1999)。研究领域:历史语言学、语言类型学、方言学、描写语言学。研究成果:现代汉语对话语音语料库(Sinica MCDC)等。

31.何昆益

何昆益(1974—),慈济大学东方语文学系助理教授。2002 年 7 月获台湾中山大学硕士学位,论文《五代诗用韵研究》,导师林庆勋。2008 年获高雄师范大学国文研究所博士学位,论文《〈四声等子〉与〈切韵指掌图〉比较研究》,导师蔡崇名、陈新雄。

32.林清源

林清源(1960—),中兴大学中国文学系教授。东海大学学士、硕士、博士

(导师李孝定,1997)。著作:《王力上古汉语声调说述评》(《东海中文学报》7:117—143,1987)。

33.杨素姿

杨素姿(1969—),台南大学国语文学系助理教授。1996年获台湾中山大学硕士学位,论文《先秦楚方言韵系研究》。2002年获台湾中山大学博士学位,论文《〈大广益会玉篇〉音系研究》(后收入许锬辉主编《中国语言文字研究辑刊》第四编,花木兰文化出版社2013),导师林庆勋。论文:《沈约"声病说"之音韵现象探析》(中国音韵学研究会第十届学术讨论会暨汉语音韵学第五届国际学术研讨会,吉林省社会科学院1998)、《泽存堂本〈大广益会玉篇〉与孙强本〈玉篇〉之关系考辨》(2002)、《论〈改并五音集韵〉与等韵门法》(2004)、《〈大广益会玉篇〉联绵词及其韵系之考察》(台湾《人文研究学报》41.2:1—11,2007)。

34.周碧香

周碧香(1969—),台湾澎湖县人。2002年任台中教育大学语教系专任副教授。1989就读台湾东吴大学中文系,师从孔仲温学习文字学、林炯阳学习音韵学。1993年进入台湾中正大学中文所,师从竺家宁学习现代语言学,1995年获得硕士学位。1996年攻读台湾中正大学中文所博士班,2000年取得博士学位。论著:《〈海浮山堂词稿〉用韵风格探究——以北曲小令为例》(第二十八届台湾声韵学学术研讨会,台中教育大学2010)、《实用训诂学》(洪叶文化事业有限公司2006)。

35.程俊源

程俊源(1972—),台中教育大学"台语系"兼任助理教授。台湾辅仁大学中文系学士、台湾师范大学国文研究所硕士。硕士论文《台湾闽南语鼻音之共时性质与历时演变研究》(1999)。台湾师范大学国文研究所博士,博士论文《台、华语"称代系统"与闽、客语"亲属称谓"研究》(2010)。学术领域:现代音韵学、历史语言学、汉语方言学。论著:《台语、华语的"使动""让动""自动"句型》(与郑良伟合作,《台语研究》1.1:80—107,2009)、《论客家的"新妇"——"规律"的"例外"、"例外"的"规律"》(《汉学研究》26.4:281—310,2008)、《音韵变迁的条件与速率——台湾闽南语阳声韵的历史变化及其与现代汉语方言的历史联系》(《台湾语文研究》2:221—263,2004)、《徽州绩溪方言的音韵历史链移》(《声韵论丛》10：445—476，2001)、《异文化的时空接触——论闽南语中的底层词汇残迹》(《台湾人文》6：287—313，2001)、《保守与创新——台湾闽南语阳声韵"熊"的音韵历史变化》(《声韵论丛》9：719—767，2000)、《由"打"字谈起——谈北京音系梗摄二等文白异读的音韵层次与地域来源》(《声韵论丛》8：355—380，1999)、《台湾闽南语声母去鼻化之词汇扩散现象》(《声韵论丛》7：277—316，1998)、《台语 kap 华语重轻音型的句型比较》(与郑良伟、梁淑慧合作，2011 年第五届台湾罗马字国际研讨会，成功大学 2011)、《"顺流"与"逆流"之间——通泰方言齿音声母之历史演变规律》(第二十二届台湾声韵学学术研讨会，台北市立师范学院 2004)、《"相同"与"相反"、"条件"与"力量"——台湾闽南语中［g］声母的新生》(第五届台湾语言及其教学国际研讨会，静宜大学 2004)、《文化行为的语言阐述——台湾闽南语亲属称谓之"对称"与"不对称"》(第八届国际暨第二十一届台湾声韵学学术研讨会，高雄师范大学 2003)、《"分区"与"分群"之间——汉语方言中湘南土话与粤北土话的历史联系》(第二十届台湾声韵学学术研讨会，成功大学 2002)、《"传统"与"现代"之间——论传统文献与现代方言的联系》(第一届淡江大学汉语文化学学术研讨会，2001)、《音韵的深层对应》(第七届闽方言国际研讨会，厦门大学 2001)、《异文化的时空接触——论闽南语中的底层词汇残迹》(第九届中国社会与文化学术研讨会，淡江大学 2000)、《台湾闽南语音韵实验研究——以反切语游戏为例》(青年台湾史研讨会，台湾图书馆 1999)。

36.周玟慧

周玟慧(1970—)，东海大学中国文学系副教授。台湾大学中文系兼任讲师、台湾清华大学兼任助理教授、台湾大学文学博士。专长：语言学、修辞学、音韵学、古代汉语、汉语语法学。论著：《从中古音方言层重探〈切韵〉性质——〈切韵〉、〈慧琳音义〉、〈玄应音义〉的比较研究》(2005)、《并列式双音异序结构管窥》(《东海中文学报》19：321—344，2007)、《谶纬韵谱》(台湾《中国文学研究》9：41—62，1995)。

37.邱彦遂

邱彦遂(1971—)，中兴大学中文系助理教授，2007 年获台湾师范大学博士学位，论文《论上古汉语的词缀形态及其语法功能》。论著：《汉藏语和其他语言中边音的塞音化》(马提索夫著,与苏玉玲、李岳儒合译,2006)、《从汉语词族看上古声母的拟音问题》(《国文学报》48:219—254,2010)、《郭店楚简中喻四及其上古的通转》(《孔仲温教授逝世五周年纪念文集》,学生书局2006)。

38.吴瑾玮

吴瑾玮(1962—),台湾师范大学国文系副教授。台湾清华大学语言学研究所硕士(1993),论文《中文失语症病患量词研究》,指导教授曾志朗、连金发。台湾清华大学语言研究所博士(2002),论文《论汉语中的介音、擦音、变调:从优选理论分析》,指导教授萧宇超、曹逢甫。研究领域:语言学、音韵学、语言习得。论文:《香港粤语借词声调规律之研究:优选理论分析》(台湾《中国学术年刊》29:145—182,2007)、《现代汉语外来语声调意义之研究》(《国文学报》40:197—219,2006)、《从优选理论分析华语迭词的声调变化》(台湾《中国学术年刊》27:249—281,2005)、《从韵律音韵学制约谈近体诗之格律问题》(《国文学报》36:103—139,2004)。专著:《从优选理论分析杜甫近体诗律》(文鹤出版有限公司2007)。

39.周晏菱

周晏菱,台北人。台湾师范大学国文所硕士。硕士论文为《龙宇纯之上古音研究》(后收入许锬辉主编《中国语言文字研究辑刊》第三编,花木兰文化出版社2012)。还发表了《北朝民歌用韵考》等论文。

40.马嘉贤

马嘉贤,台中市人。暨南国际大学中国语文学系学士、中兴大学中国文学系硕士、彰化师范大学国文学系博士。修平科技大学兼任讲师。著有《古文字中的注音形声字研究》(2012)等论著。

41.吴敬琳

吴敬琳(1979—),台中市人。高雄师范大学国文系学士、彰化师范大学国文系硕士。发表过《晋语嵌[1]词与带[1]复声母关系之研究》(《第二十六届台湾声韵学学术研讨会论文集》341—378,彰化师范大学2008)、《玄应音系为关东音考——从韵母系统考察》(第二十八届台湾声韵学学术研讨会,台中教育大学2010),以及《〈玄应音义〉的音系及其方音现象》(2012)等。

42.黄金文

黄金文(1969—),暨南国际大学中国语文学系与华语文教学研究所合聘副教授。台湾中山大学文学士、台湾中正大学文学硕士、台湾大学文学博士。论著:《方言变体间的竞争:论闽北方言阳平乙调清化不送气音》(《汉学研究》19.1:355—374,2001)、《论三亚与港门山摄[ng]韵尾的形成》(《新竹教育大学语文学报》14:203—210,2007)、《"谐声关系"的"建构"——以中古章系来源及其他问题为例》(台湾《清华学报》[新]37.2:535—559,2007)、《方言接触与闽北方言演变》(2000/2001)、《方言接触中的规律面向——从音变规律的"条件项"论闽北方言阳平乙调清化送气音》(《声韵论丛》10:405—444,2001)、《从汉藏比较论上古汉语内部构拟》(2012)。

43.赖文英

赖文英(1969—),静宜大学"台文系"兼任助理教授。为台湾辅仁大学图书馆学系学士、高雄师范大学台湾语言教学研究所硕士、新竹教育大学台湾语言与语文教育研究所博士。写有《〈客英大辞典〉的客话音系探析》(《暨大学报》7.2:33—50,2003)、《共时方言的叠置式音变与词变研究》(台湾语言学所"汉语方言"研讨会,2004)、《区域方言的语言变体研究:以桃园新屋客语小称词为例》(新竹教育大学博士论文,2008)、《论语言接触与语音演变的层次问题》(《声韵论丛》17:153—182,2012)、《语言变体与区域方言——以台湾新屋客语为例》(2012)等论著。

44.张屏生

张屏生(1960—),台湾中山大学中文系教授。1996年获台湾师范大学国文研究所博士学位。研究专长:中国音韵学、汉语方言学、田野调查、闽南话研究、客家话研究、闽东话研究、老子。论著:《〈广韵〉声类手册》(协编,1992)、《台湾闽南话部分次方言的语音和词汇差异》(屏东师院2000)、《台湾客家之区域语言调查:高屏地区客家话的多样化现象研究》(与吕茗芬合著,台北市客家委员会、台湾文献馆2012)、《高屏地区客家话语汇集》(与吕茗芬合著,台北市客家委员会、台湾文献馆2012)、《台湾闽南语常用词辞典(网络辞典)》(副主编,台湾"国语会"2011)、《姚弗如〈潮声十七音新字汇合璧大全〉的音系及其相关问题》(《南方语言学》4,2012)、《赫莱斯·佛兰根〈厦荷大辞典〉的音系及其相关问题》(《文与哲》14:343—378,2009)、《马偕〈中西字典〉的音系及其相关问题》(《文与哲》5:481—512,2005)、《潮州话相关辞书的音系比较》(《文与哲》3:445—505,2003)、《云林县仑背乡诏安腔客家话的语音和词汇变化》(《庆祝曹逢甫教授六十华诞论文集》,台湾语文学会 2003)、《清末民初南、北官话的语音比较》(2002)、《从闽客方言的接触谈语音的变化——以台北县石门乡的武平客家话为例》(第七届国际暨第十九届台湾声韵学学术研讨会,台湾政治大学 2001;《声韵论丛》11:217—242,2001)、《论〈福州话拼音字典〉中的福州话音系及其相关问题》(2001)、《台湾闽南话部分次方言的语音和词汇差异》(新加坡《南大语言文化学报》3.2:1—101,1998)、《东势客家话的超阴平声调变化》(《声韵论丛》8:461—478,1999;第十六届台湾声韵学学术研讨会,彰化师范大学 1998)、《国语"儿化韵"音值的检讨及其相关问题》(第十五届台湾声韵学学术研讨会,逢甲大学 1997;《声韵论丛》7:399—414,1998)、《台北县芦洲方言记略》(《台北县立文化中心季刊》,1996)、《潮阳话和闽南地区部分次方言的语音比较》(台湾《中国学术年刊》15:311—374,1994)。

45.江佳璐

江佳璐,2011 年获台湾师范大学国文学系博士学位,论文《越南汉字音的历史层次研究》,孙天心指导。

46.孔品淑

孔品淑,台湾东吴大学中文系兼任助理教授。2007 年获高雄师范大学硕士学位,论文《闽南语的入声系统及其历时演变》,导师竺家宁、王松木。2015年获台湾东吴大学博士学位,论文《宋代语音及其与现代汉语方言的对应》,导师竺家宁。

47.许煜青

许煜青(1981—),台湾清华大学中文系兼任助理教授。2006 年获台湾中山大学硕士学位,论文《〈并声连音字学集要〉音系研究》,导师林庆勋;2015 年获台湾清华大学博士学位,论文《汉语方言鼻音韵母的发展》,导师林庆勋、刘承慧。

48.李柏翰

李柏翰(1981—),厦门大学中文系助理教授。2012 年获高雄师范大学硕士学位,论文《〈山门新语〉音韵研究》,导师王松木。列入许锬辉主编《中国语言文字研究辑刊》第八编(花木兰文化出版社 2015)。2015 年获台湾清华大学中文系博士学位,论文《明清悉昙文献及其对等韵学的影响》,导师陈淑芬;

将于 2017 年由厦门大学出版社出版。

这一代学人，虽然有个别的也是欧美名校毕业的博士，比如张月琴、许慧娟等，但在国内外汉语音韵学界的影响力还有限。就目前来说，第四代学人正逐渐成为汉语音韵学领域第五代博硕士生培养的主力军，但"人才断层"十分明显，盛况似乎不再。

2016 年 4 月，台湾大学文学院中文系教授李存智在厦门大学中文系作《台湾音韵学研究概况》讲座，她在"台湾音韵研究的世代发展"一节中列了一个自己认定的 1949 年以后汉语音韵学学人谱系，主要是从出生时代来划分的，当然也结合了师承先后顺序情况：

1901 至 1950 年，中国学术大家众多，王国维、章太炎、曾运乾、汪荣宝、刘师培、钱玄同、黄侃、白涤洲、魏建功、林语堂、赵元任、李方桂、罗常培、王力、王静如、陆志韦、姜亮夫、赵荫棠、周祖谟、周法高、董同龢，不但人才多，而且领域广。其中，后来和台湾关系密切的主要是魏建功、林语堂、赵元任、李方桂、周法高、董同龢几位。

20 世纪 50 年代后期开始，后辈学者逐渐崭露头角。学术血脉不绝如缕而生机勃勃，不因董同龢、许世瑛两位先生过世而断绝。进入 20 世纪 60 年代，这些后辈学者都已担负起薪火相传的工作。

出生于 20 世纪初至 20 世纪 40 年代：

林 尹　高 明

陈新雄　应裕康　谢云飞

董同龢　许世瑛　周法高　方师铎

张 琨　龚煌城　丁邦新

郑锦全　李壬癸

郑再发　龙宇纯　杜其容　梅广

出生于 20 世纪 40 至 50 年代，1980 年前后取得博士学位：

林庆勋　姚荣松　林炯阳　竺家宁　耿志坚　曾荣汾（陈新雄）

柯淑龄（林尹、潘重规、陈新雄）

林平和　董忠司（高明、林尹）

庄雅州（高明、周何）

罗肇锦　何大安　杨秀芳(丁邦新)

洪惟仁(曹逢甫、王旭)

张光宇(丁邦新、张琨)

出生于 20 世纪 50 至 60 年代：

孔仲温　李添富　金周生

叶键得　吴圣雄　江惜美　许端容(陈新雄)

张屏生(董忠司、姚荣松)

蔡宗忻(方师铎)

林英津(方师铎、丁邦新)

徐芳敏(杜其容、龚煌城)

张慧美　谢美龄(周法高、龙宇纯)

出生于 20 世纪 60 至 70 年代：

郭乃祯(陈新雄)

成玲　廖湘美　陈瑶玲(陈新雄)

宋韵珊(林庆勋)

陈梅香(孔仲温)

李正芬(林炯阳)

林香薇(林庆勋、姚荣松)

王松木　江俊龙(竺家宁)

陈秀琪(罗肇锦)

陈贵麟(丁邦新、龚煌城)

李存智(周法高、龚煌城)

黄金文(竺家宁、龚煌城)

陈淑娟(杨秀芳)

周玟慧(梅广)

王本瑛　郑晓峰(张光宇)

许慧娟(李壬癸、陈渊泉)

吴瑾玮(曾志朗、连金发、萧宇超、曹逢甫)

陈淑芬(郑锦全)

出生于 1971 年以后：

何昆益(林庆勋、陈新雄)

潘柏年(陈新雄)

张淑萍　程俊源　何纯惠(姚荣松)

邱彦遂(竺家宁、姚荣松)

周美慧　吕昭明　高婉瑜(竺家宁)

李鹃娟(李添富)

吴中杰(罗肇锦、张光宇)

严立模　江敏华　吴瑞文　杜佳伦　陈筱琪　林贝珊(杨秀芳)

曾昱夫(杨秀芳、竺家宁、庄雅州)

魏鸿钧(李存智)

曾若涵(王松木)

李柏翰(王松木、陈淑芬)

江佳璐(吴圣雄、孙天心)

李存智的梳理,从年代来看更为清楚,但从师承谱系角度上看,还须要仔细辨别。这也是具有代表性的一种观点。

第七节　回归中国,两岸分离时期汉语音韵学谱系——所培养韩国等国家学人

一、韩国汉语音韵学学者

韩国学者在台湾各个大学获得博士硕士学位,后来在韩国汉语音韵学研究上取得成绩的也有 20 多位。这里只是对部分学者加以介绍。

1.成元庆

成元庆(1933—),韩国京畿道人。1969 年台湾师范大学国文研究所毕业,获文学博士学位,博士论文是《十五世纪韩国字音与中国声韵之关系》,林尹、高明、许世瑛合作指导。现任韩国首尔市建国大学中文系教授兼系主任。曾任台湾中兴大学中文系客座教授。主要从事音韵学和中韩文学比较研究。主要论著:《十五世纪韩国字音与中国声韵之关系》(1994)、《大学中国语》(韩

国建国大学出版部 1992)、《中韩日三国汉俗字考》(台湾《中华反攻》320,1967)、《〈洪武正韵译训〉音研究》(《兴大中文学报》3:69—108,1990;4:47—100,1991)。

2.崔玲爱

崔玲爱(1946—),韩国延世大学中文系教授。博士论文《〈洪武正韵〉研究》(1975),导师龙宇纯。著作:《〈诗经·国风〉联绵词研究》(韩国《中语中文学》41,2007)、《韩国汉字音与重纽》(韩国《中国言语研究》8:1—44,1999)、《中国语音韵学》(톱나무 2000)。

须要提及的是,许璧、崔玲爱的学生严翼相也是非常优秀的汉语音韵学学者。严翼相(1958—),韩国金海人。1985 年毕业于韩国延世大学中文研究所,师从许璧、崔玲爱。1991 年,严翼相在美国印地安纳大学东亚语文研究所毕业,师从严棉,获得中国语言学博士学位。他曾任美国俄亥俄州立大学东亚语言文学系助理教授、韩国江原大学中文系副教授,现任韩国汉阳大学中文系教授。

3.金相根

金相根(1934—),韩国全南新安人。现任韩国首尔市韩国外国语大学中国语系教授。1959 年韩国外国语大学中国语系毕业,获文学士学位。1965 年台湾政治大学教育研究所毕业,获教育硕士学位。1970 年台湾大学中文研究所毕业,获文学硕士学位。1982 年台湾师范大学国文研究所毕业,获文学博士学位,论文《韩人运用汉字与韩国汉字入声韵之研究》,导师陈新雄、周何。著作:《古代韩语[-it]终声之探测与阿尔泰语关系》。

4.崔秀贞

崔秀贞(1965—),获台湾辅仁大学硕士学位,论文《明代十种曲用韵之研究》。2000 年获台湾辅仁大学博士学位,论文《庞大堃古音学之研究》,导师陈新雄。

5.朴万圭

朴万圭(1955—),韩国庆尚道人。1985 年获台湾中国文化大学中文研究所硕士学位,论文《〈三国志·东夷传〉韩国译名之研究》,导师陈新雄。1991 年台湾中国文化大学中文研究所毕业,获中国文学博士学位,论文《韩国三国时代韵文研究》,导师陈新雄。曾任韩国蔚山大学教授。现任韩国同德女子大学中国语学系主任。主要从事汉语音韵学的研究。主要论著有:《中国声韵学概论》(韩国大光出版社 1990)、《现代中国语会话》(韩国蔚山大学出版部 1994)。

6.金钟赞

金钟赞(1957—),韩国安东大学中文系教授。1991 年获台湾师范大学博士学位,论文《许慎〈说文〉会意字与形声字归类之原则研究》,导师陈新雄。论著:《〈大般涅盘经〉文字品字音十四字理、厘二字对音研究》(《声韵论丛》3:273—306,1991)、《论〈说文〉一些迭韵形声字及其归类问题》、《论喻母字"聿"的上古声母》(《声韵论丛》6:559—572,1997)、《段玉裁的归部与其〈古十七部谐声表〉》(《声韵论丛》7:35—58,1998)、《从音义关系看"酉"字的上古音》、《厦门话成音节辅音[n]与其过渡音》等。

7.李义活

李义活(1951—),1990 年获台湾中国文化大学中文研究所博士学位,论文《〈续一切经音义〉反切研究》,导师陈新雄。曾任韩国大邱天主教大学中文系主任、韩国大邱加图立大学教授。著作:《字鉴引〈说文〉考》(1983)、《汉语音韵学通论》(与中国延边大学教授崔羲秀合著,中文出版社 1990)、《庾信诗之用韵研究》(《古籍整理研究学刊》3:49—55,2000)。

8.金泰成

金泰成(1960—),韩国外国语大学中国语大学教授。硕士论文《中国国语与韩国汉字音语系统对应关系的研究》(1986),导师陈新雄。博士论文《黄侃古音学之研究》(1996),导师谢云飞等。

9.姜忠姬

姜忠姬(1953—),高丽大学教授。1986 年获台湾师范大学国文研究所硕士学位,论文《〈五音集韵〉与〈广韵〉之比较研究》,导师陈新雄。1987 年获台湾师范大学国文研究所博士学位,论文《〈五音集韵〉研究》,导师陈新雄。

10.郑镇椌

郑镇椌,韩国崇实大学国际教育院教授、院长。1991 年获台湾政治大学中国文学研究所硕士学位,论文《〈明显四声等韵图〉与汉字的现代韩音之比较研究》,导师谢云飞。1995 年获台湾政治大学中国文学研究所博士学位,论文《上古汉语声调之研究》,导师谢云飞。论著:《王力著〈中国语言学史〉评议》(台湾《中华学苑》41,1991)、《上古汉语"声调不辨说"之检讨:以陈第、顾炎武、江永为主》(韩国《中国语文论译丛刊》21,2007)。

11.裴银汉

裴银汉(1967—),韩国檀国大学中文系教授。1997 年获台湾政治大学中国文学研究所硕士学位,论文《江有诰古音学探微》,导师谢云飞。2002 年获北京大学博士学位,论文《明代韵书异读字研究》,导师何九盈。论著:《也谈明代的上声连读变调现象》(《中国语文》2:167,2000)、《〈洪武正韵〉校勘记》(《语言学论丛》27,2003)等。

12.蔡瑛纯

蔡瑛纯(1951—),韩国忠南牙山人。1986 年获台湾师范大学国文研究所博士学位,论文《从朝鲜对译资料考近代汉语音韵之变迁》,导师李鍌。

现任韩国仁荷大学中文系教授。主要从事中国近代语音史和现代汉语语音的研究。主要论著有《〈译语类解〉所见中国音系之研究》(台湾中国文化大学硕士论文,1978)、《〈朴通事新释谚解〉的汉语声调研究》(1985)。

13.许璧

许璧(1935—),韩国汉城人。1962 年韩国汉城大学中文系毕业,1966 年台湾大学中文研究所毕业,1974 年获台湾师范大学国文研究所文学博士学位,师从许世瑛。曾任台湾中国文化大学、台湾大学、台湾政治作战学校、美国普林斯顿大学等校教授。

14.林东锡

林东锡(1949—),韩国荣州丹阳人。1983 年台湾师范大学国文研究所毕业,获文学博士学位,论文《朝鲜译学考》,指导教授林尹、黄锦镕。现任韩国建国大学中文系教授。主要从事文字学,朝鲜时代汉语教学及现代中国文字和音韵论研究。今后将研究汉语音韵学及汉语古籍译注。

15.康寔镇

康寔镇(1949—),韩国庆北人。1985 年于台湾师范大学中文研究所毕业,获文学博士学位。现任韩国釜山大学中文系教授。主要从事开发汉字信息计算机处理程序及计算机翻译程序。主要论著有:《〈华东正音通释韵考〉整理与研究》(上海人民出版社 2012)、《朝鲜的韵书研究》(韩国《中国语文论集》78,1993)、《〈老乞大〉〈朴通事〉研究》(学生书局 1985)。开发了多种计算机程序和汉字软件。

16.陈泰夏

陈泰夏(1939—),韩国忠清北道人。现任韩国首尔市明知大学教授,韩国国语教育学会会长,教育部国语教科书编纂审议委员。1964年韩国成均馆大学国文研究所毕业,获文学硕士学位。1974年台湾师范大学中文研究所毕业,获文学博士学位,论文《〈鸡林类事〉研究》,导师高明、林尹。1972年在日本京都大学文学部语言学系任研究员。

17.边滢雨

边滢雨,任教于韩国成均馆大学中文系,曾担任过系主任。台湾政治大学谢云飞曾在1988年指导边滢雨完成硕士学位论文《〈华东正音通释韵考〉研究》。1997年在北京大学完成博士学位,由郭锡良指导完成博士学位论文《〈论语〉的动词、名词研究》。

18.李妍周

李妍周(1963—),1989年获台湾大学硕士学位,论文《顾炎武的古音学》。1994年获台湾大学中文系博士学位,论文《汉语同源词音韵研究》。韩国江原大学教授。论著:《清代同源词研究》(韩国《中国语文学》26,1995)、《高本汉汉语同源词论研究》(韩国《中国语文学》28,1996)。

19.吴钟林

吴钟林,韩国首尔大学教授。1986年获台湾师范大学国文学系硕士学位,论文《〈广韵〉去声索源》,导师陈新雄。著作有:《韩国文选学》(1993)、《上古中国语声调体系研究》(韩国首尔大学1995)、《从五种方言和译音论重纽的音值》(台湾《中国文学研究》4:25—67,1990)。

20.吴世畯

吴世畯(1962—),韩国京畿道骊州人。1988年获台湾东吴大学硕士学位,论文《王力上古音学说述评》。1994年获台湾东吴大学国文研究所文学博士学位,论文《〈说文〉声训所见的复声母》,指导教授陈新雄、林炯阳。历任韩国韩瑞大学中语系教授、韩南大学中文系主任。主要从事上古汉语的研究。主要著作有:《汉语音韵》(中文出版社1993)、《李方桂谐声说商榷》(1997)、《从朝鲜汉字音看一二等重韵问题》(1992)、《再论上古汉语[＊KR-]>[l-]与相关问题》(台湾《中国文学研究》26,2003)、《从古代韩国汉字音看上古汉语阴声字具辅音韵尾说》(第二十二届台湾声韵学学术研讨会,台北市立师范学院2004)、《高本汉谐声说商榷》(《声韵论丛》9:487—504,2000)。

21.朴秋铉

朴秋铉(1953—),韩国庆尚大学中文系教授。1984年获台湾中国文化大学中国文学研究所硕士学位,论文《〈声类考〉研究》。1986年获台湾中国文化大学博士学位,论文为《韩国韵书与中国音韵书之关系》。

22.全广镇

全广镇(1955—),韩国庆北金泉人。韩国成均馆大学中文系毕业。1988年获台湾师范大学国文研究所文学硕士学位。1991年获台湾大学中文研究所文学博士学位。曾任韩国庆熙大学中文系教授兼系主任。现任成均馆大学文科大学长,教授中国语中文学。主要从事汉藏语历史比较语言学和中国言语文字学的研究。著作:《中国言语学总论》(1996)、《汉藏语同源词综探》(1996)、《两周金文通假字研究》(1989)、《从〈诗经〉韵脚探索上古之声调》(台湾《中国学术年刊》9:21—50,1987)。

23.丁玟声

丁玟声,高丽大学中语中文学科教授。1989年获台湾高雄师范大学硕士学位,论文《王文璧〈中州音韵〉研究》,指导教授林庆勋。出版:《〈中原音韵〉与〈中州音韵〉声母系统比较》(韩国中国语文研究会1991)。

24.曹永花

曹永花,1989年获台湾大学文学硕士学位,论文《〈集韵〉古文考》。曾在广东外语外贸大学东语学院韩语系外教,现任吉林大学珠海学院外语系副教授。本科毕业于韩国建国大学中文系,后赴台湾大学深造攻读中文系研究生,1993年考取北京师范大学的博士研究生,1998年获博士学位,论文《西周金文构形系统研究》。

25.金政六

金政六,1975年获台湾政治大学中国文学研究所硕士学位,论文《〈训蒙字会〉汉字音研究》。1982年获台湾政治大学中国文学研究所博士学位,论文《敦煌讲经变文研究》。发表过《袁枚之性灵说与其先声》(台湾《中国语文》3,1981)。

二、日本学者

日本留学生师从台湾学者的有西铭律子、千岛英一和阿部享士。

西铭律子,1972 年台湾师范大学国文研究所硕士,学位论文是《中国现代语音之探讨》。

千岛英一(1947—),现为丽泽大学外语系教授,主要从事汉语方言的研究。1982 年在台湾师范大学国文研究所硕士班毕业,师从丁邦新,论文《广州方言形成的研究》。

在汉语方言研究方面的主要论著有:《广州方言形成的研究》(日本丽泽大学出版社 1983)、《香港广东语会话》(日本东方书店 1989)、《标准广东语同音字表》(日本东方书店 1991)、《广东语圈谚语和文化》(日本东方书店 2008)、《探讨广州话指示代词"呢"[ni55]的来源》(日本《丽泽大学纪要》41:39—58,1986)、《广州话的"变音"试论》(日本《丽泽大学纪要》44:71—91,1987)、《广东语:言语接触和借用》(日本好文出版 2001)、《回归之前目前香港的语言状况》(日本《言语》23.5,1994)、《广州话的"哋"与普通话的"们"之对比研究》(日本《中国研究》9:53—62,2001)等等。

阿部享士,台湾东吴大学中文所硕士。其论文题目是《唐代西北方音与日本汉字音比较研究》(1992),指导教授林炯阳。后来从事经济学研究。

三、美国学者

顾百里(Cornelius Kubler),1951 年出生,美国佛罗里达州人,美国康奈尔大学语言学学士、硕士,台湾大学中国文学硕士,康奈尔大学语言学博士。历任台湾大学附设语言训练测验中心语文教学联络人、美国爱森豪大学中文讲师、美国国务院外交学院亚非语文系中文和日文组主任、美国在台协会华语学校校长、美国国务院外交学院亚非语文系主任、台湾师范大学华语文教学研究所客座教授,现任美国维廉姆斯学院亚洲研究系史丹费尔德讲座教授暨主任。著有语言学和语言教学方面之书籍七本及论文五十余篇。

第八节　台湾汉语音韵学学术师承关系

由上面所列,我们对台湾汉语音韵学史上的学术人物谱系概况有一个初步的了解。具体来看,许多学者的学术师承关系各有所不同,很难整齐划一。这里我们简要地说明几个重要学者的师承关系,以便于理解他们取得成功的部分学术背景因素。

一、小川尚义

日本学者小川尚义在台湾闽南方言以及台湾南岛语研究方面之所以能取得突出的成绩,是与其所接受的科学语言学教育分不开的。从 1893 年 9 月进入到东京帝国大学文科大学博言学科(现东京大学文学部言语学科)学习开始,一直到 1896 年毕业,他都是在日本现代语言学之父上田万年指导下学习,所以,他是学有所承的。上田万年(1867—1937),出生于江户。1888 年毕业于东京帝国大学文科大学。读书期间师从 Basil Hall Chamberlain 学习博言学(Philology)。毕业后,又进入大学院(研究生)继续深造。1890 年获得公费资助,赴德国留学,在莱比锡和柏林等大学学习,后来又到巴黎求学,接受西方语言学理论熏陶。在留学期间,深受东洋语学者甲柏连孜的影响,还听过青年语法学派核心人物布鲁格曼等授课,并且选修梵语语言课。1894 年归国后,任东京帝国大学文科大学博语学讲座教授,讲授比较语言学、音声学等新领域课程,给当时古文献学、日本国语学、近代语学等研究注入了科学的方法,并树立了新风,由此而创立新的国语学理论。1899 年获得文学博士学位,历任东京帝国大学文学部长、神宫皇学馆(即后来今皇学馆大学)馆长、贵族院帝国学士院议员、国学院大学校长等职务。其中重要著作有:《国语论》(日本金港堂1895)、《新国字论》(1895)、《日本语学本源》(编著者自印 1895)、《为了国语》(日本富山房 1897—1903)、《西洋名数》(日本富山房 1904)、《国语学丛话》(木村定次郎编,日本博文馆 1908)、《国语读本别记》(订正版,大日本图书1909)、《罗马字索引国语辞典》(日本富山房 1915)、《国语学十讲》(日本通俗大学会 1916)、《新井白石是兴国之伟人》(日本弘文堂 1917)、《言语学》(新村出笔录,柴田武校订,日本教育出版 1975)、《国语学史》(新村出笔录,古田东朔校订,日本教育出版 1984)、《新日本文典续》(与福井久藏合著,大日本图书1906)、《大日本国语辞典》(与松井简治合著,日本金港堂、富山房 1915—1928)等。还有翻译著作:《言语学》(与金泽庄三郎合译,日本金港堂1898)等。

上田万年除了小川尚义之外,还培养了一些堪称一流的著名语言学家,比如藤冈胜二、保科孝一、新村出、金泽庄三郎、金田一京助、桥本进吉、龟田次郎、后藤朝太郎、胡以鲁、小仓进平、满田新造等,都受到过他的教诲,深受其语言学思想影响。因此,在东京大学形成了以上田万年为核心的日本现代国语学的学术"共同体",奠定了日本现代国语学的基础。小川尚义学术师承背景是"东西兼顾",尤其是掌握了当时先进的西方语言言学理论与方法,为后来进行闽南方言,以及台湾南岛语研究打下了厚实的根底。所以,小川尚义的学术源流在日本,其师承就是上田万年。

二、陈新雄

高明《古音学发微序》(《高明小学论丛》245—247,1971)对陈新雄《古音学发微》有所评议。其结尾处,述及《古音学发微》成书过程,亦可见陈新雄学术师承交叉关系的基本情形:"陈生能为此书,许君诗瑛实发其蒙,导夫先路;林君景伊更奠其基,引升堂室;二君之功至多,此不可不特笔书之者。余惟于撰写此书时,提示方针,商榷体例,审阅文稿,略尽绵薄而已。"而此文开头,却道出许世瑛、林尹的学术渊源:

> 陈生新雄初从许教授诗瑛习声韵,所诵者董同龢氏之书,即所谓《中国语音史》者也。许、董皆王君了一之弟子,于高本汉、赵元任、李方桂、罗莘田诸君素所服膺,是能用西方语音学之知识以治中国声韵者也。嗣从林教授景伊习《广韵》,习古音,始知自吴棫、陈第、郑庠以来,历顾亭林……以至章太炎、黄侃、钱玄同诸先生治声韵者,且进而厚培其根柢,深窥其闳奥。迨余归自香江,复从余游,余又出所藏声韵书及高本汉、罗莘田、王了一、周祖谟诸君晚近之述作,恣其阅览,而其学乃益进。

高明自己则是1930年毕业于中央大学,受学于黄侃等传统小学大家,所以,陈新雄的学术师承背景不是单一的,而是多源的,由此造成了他的知识结构的中西融通性。如果仅从传统师承谱系去求解陈新雄学术谱系,就很难得出十分符合实际的结论。

三、丁邦新

丁邦新,1936 年出生。江苏省如皋县人。1955 年考入台湾大学中国文学系学习。期间修许世瑛音韵学课,受其影响而对汉语音韵学感兴趣。1959 年获学士学位后,师从董同龢,1963 年获得台湾大学中国文学研究所硕士学位。这可以说奠定了丁邦新传统"国学"根基。后来,丁邦新进入台湾史语所当实习研究员,深受赵元任等开创的汉语方言调查之风的影响。1966 年,师从李方桂,赴美国华盛顿大学亚洲语文系攻读博士学位。1969 年,获得博士学位。丁邦新曾在《我的学思历程》(台湾大学演讲辞,2000)中说:

> 在史研所三年以后,有一次李方桂先生问我有没有兴趣出国念书,他说我可以有两个选择,一个是到柏克莱大学跟赵元任先生做学问;一个是到华盛顿大学跟李方桂先生做学问,后来因为华盛顿大学有提供奖学金,最后我就选择到华盛顿大学跟李先生做学问。李先生是董先生的老师,所以我等于是跟我的师祖念书。在我一生当中,对我影响最大的人就是李方桂先生,我觉得他做学问的格局相当的不一样。李先生研究红语,就是美国印第安人的语言。回国后,又研究秦文、古藏文,他自己懂德文、法文、哥特文、古英文等等。我跟他念了藏文、泰文、蒙古文、满州文等等。换句话说,在他的训练之下,我把眼界稍微打开一点,我觉得这样的训练,让我走上不同的境界,对我后来念书的态度也影响很大。

由此可知,丁邦新一直是"台大派",乃至于"欧美派"汉语音韵学师承背景,与章黄派有交接,但不多。他掌握的语言很多,各方面的信息贮存量十分庞大,现代语言学理论与方法对他的影响更大。从研究台湾汉语音韵学史谱系来说,丁邦新很有代表性,透露出许多谱系研究的信息。他的学术师承关系是很清楚的,值得特别关注。

第九节　余论

以学术谱系视角观察台湾汉语音韵学史,可以得到许多意想不到的收益,

其中所涉及的内容十分丰富,为本课题进一步研究提供了难得的第一手资料:

其一,台湾汉语音韵学史学术谱系形成脉络十分清楚,无论是从"明郑"前后时期看,还是从日本占领台湾时期来看,抑或是两岸分离以后的情况来看,学术"血缘"的主干运行曲曲折折,幽暗与明亮交替呈现。

其二,纯粹的始终单一学统"独步台湾"的情况是不存在的。即便是日本军国主义严酷统治时期,传统小学式的汉语音韵学研究仍然在民间活跃着,一些学者努力延续汉语音韵学"血脉",令其始终不曾被截断过,这说明,中华传统汉语音韵学的学术生命力是十分顽强的。

其三,很明显,两岸分离以后的 70 年来,赵元任、罗常培、王力、李方桂等现代汉语音韵学和章太炎、黄侃等传统汉语音韵学或交叉或独立传承,占据学术"血脉"主导地位,构成了十分严谨而有序的学术谱系延续规律。

其四,也有一些学者试图扭曲台湾汉语音韵学史学术谱系延续方向,比如改变李方桂等《中国境内语言和方言》"规则",将汉语与闽南方言作为两种语言并立,但因为在学理上行不通,故而,难以形成自己的学术"血脉"。科学就是科学,来不得虚假,所以,不被正统学术所容纳,连"异统"都算不上,其企望自立门户谈何容易?但暗流涌动,使得汉语音韵学研究某些方面走向歧路边缘,所造成的严重后果却是不可忽视的。

其五,台湾汉语音韵学史学术谱系研究,尽量以"究其渊源、分其支派、审是非之介、别同异之端,位置论列"为己任[1],构建汉语音韵学"道统"为目标,应该是许多学者的共识。清人熊赐履《学统》是一部理学学术史,区分正统、翼统、附统、杂统、异统。他以孔子、颜子、曾子、子思、孟子、周子、二程子、朱子为正统;以闵子以下至明代罗钦顺为翼统;以冉伯牛以下至高攀龙等 178 人为附统;以荀卿以下至王守仁等 7 人为杂统;以老庄杨墨告子及佛道二氏之流为异统。按理学标准衡量,存在着明显的学术偏见。我们不会去做这样的简单归类和范畴划分,而是实事求是地梳理学术谱系的主干与支脉,以及学术交叉等"树形"特征,还是很有意义的。

其六,台湾汉语音韵学史学术谱系,师承、"基因"固然发挥了一定的作用,但学者们后天知识体系的养成、个人的意志力、学术环境与机遇则更为重

---

[1]　借用清人熊赐履《学统》17 页"自序"之言。

要。所以,今后研究台湾汉语音韵学史学术谱系,一定要以个体学者为主要剖析对象,而后逐渐扩大观察范围,形成研究系统,如此,研究的结果才是可以信据的。从这个意义上讲,台湾汉语音韵学史学术谱系研究才刚刚开始。本书以"抛砖引玉"为基本职责,相信会发挥更为显著的启发效应。

由于资料收集困难,所呈现的"图谱"有一些内容并不很清晰。虽然如此,我们可以由此而了解个大概,从而理解了台湾汉语音韵学史学术发展过程中的学术承传所发挥的基本作用是什么,这也就达到了本书作者所要追求的基本目标。

第十章

台湾汉语音韵学史"母体"意识、定位及未来

第一节　台湾汉语音韵学史"母体"意识

竺家宁《台湾的语言与方言及其形成之历史——北京师范大学"励耘学术论坛"2013年3月11日讲演稿》(2013)认为,台湾并没有本土语言,所有台湾现存的语言都是外来移民汇聚而成。即使目前台湾一般称为"原住民"的南岛语系,也是较早的时候,从中国大陆南方和南洋群岛迁移过来的。在台湾的历史上,先后有四次大移民,带来了各式各样的口音,使台湾形成了一个"移民形态的多语社会"。其第一批移民带来了南岛语,第二批移民带来了闽南话,第三批移民带来了客家话,第四批移民带来了吴方言、粤方言、北方话。由此,台湾汉语音韵学史的研究也和移民语言的传入息息相关,其"母体意识",深深根植其中。

一、元代台湾与大陆汉语音韵学"母体"关系

竺家宁(2013)提到,元顺帝至正二十年(1360),设澎湖巡检司,这时一些移民台湾的人们使用的是"官话"。这种说法是可信的。如果是如此,那么,当时人们就对汉语语音问题有所关注了,这就开了研究汉语音韵学的先河。这和大陆汉语官话奉以《中原音韵》一系韵书"南系官话"为正宗,不无关系。

二、荷兰占领时期台湾与大陆汉语音韵学"母体"关系

一部台湾汉语音韵学史,尽管在荷兰占领时期(1624—1662)有着传教士

语言教育 39 年的影响,但汉语音韵学研究仍然以汉语为主流,中国文化"母体"意识始终没有间断过。荷兰人占据台湾后,为了开垦土地而急需劳动力,招引大量汉族移民台湾。1659 年以后,汉族人口至 25000 到 30000 人之众。尽管荷兰人对他们也进行荷兰殖民化教育,但这些汉族仍然以保留中国传统语言文化为荣。这是中国文化"母体"意识的真切反映。明天启八年(1628),荷属巴达维亚总督派干治士牧师(Rev. Georgeius Candiaius)编成《新港语字汇》,用的就是闽南话罗马字。很显然,这和中国大陆所传入的闽南话应用有关。

三、"明郑"时期台湾与大陆汉语音韵学"母体"关系

张博宇《台湾地区国语运动史料》(1974:1—10)提到,陈永华在清康熙五年(1666)建圣庙,设置明伦堂,并通令各里社,广设学校,延聘中土通儒,以教子弟。这等于说,闽南话虽然通行于台湾汉族中间,但官话也在台湾开始传播。这和大陆通行的官话不会有很大的区别,只不过是使用了"南方官话"而已。无论是闽南话也好,还是"南方官话"也好,都伴随着汉语音韵学文献的进入,直接促成了大陆汉语音韵学文献在台湾的传播和使用。竺家宁(2013)也说,郑成功、刘铭传处理公务用的是"官话",台湾各地的书院培育的人才用官话切磋学术,郑芝龙庞大的商船队来往于五湖四海,与东南亚、日本各地的华人贸易通商,用的也是官话。当然,这应当是汉语音韵学得以存在的语言基础。

四、清代台湾与大陆汉语音韵学"母体"关系

竺家宁(2013)说,雍正七年(1729),台湾先后设立三所"正音书院"于台北、凤山、诸罗三县。在清廷治台两百多年间,全台设立书院达六十多所,几乎遍及于台湾南北各地。台湾书院的分布与发展,标志着官话共同语在台湾通行的范围十分广阔。

五、日本侵占期间台湾与大陆汉语音韵学"母体"关系

日本侵占台湾后,也曾极力将日语变成台湾"国语",并限制官话和闽南话通行,但仍然不得不设置汉文科。到了 1922 年,公立学校汉文科改为随意

科。直到1937年1月,公立学校才取消汉文,并禁止学生说闽南话。尽管如此,台湾学者保卫国语的意识仍十分强烈。比如在"书房"教授汉文;成立诗社、文社吟诵汉诗,熟悉诗韵。1899年,章太炎为躲避清政府通缉来到了台湾,主编《台湾日日新报》并任汉文栏主笔,传播中国文化。1911年,对汉语音韵学具有一定研究成果的学者梁启超曾来台湾,就是著名诗社栎社接待的。他们接续的是汉语音韵学的种子。在台湾的日本学者中,也有个别人秉承着中日两国汉语音韵学传统研究汉语音韵学文献,比如大矢透、后藤朝太郎等。

六、台湾回归中国期间与大陆汉语音韵学"母体"关系

1945年,台湾回归中国,台湾社会要解决如何"脱日本化"而"中国化"的问题,很自然,"国语"由日语转换为汉语就是最为迫切的议题。汉语音韵学家魏建功不遗余力地推行的国语运动,以及在实践中确立的有关汉语中国语与闽南方言关系研究原则和方法,对后来的汉语音韵学研究产生了十分重要的影响,国语运动带来了人们对汉语官话地位的新认识。比如对汉字读音,强调从"孔子白"(台湾闽南腔读音)过渡到"国音"。伴随着国语运动的开展,在台湾省内,汉语音韵学教学和研究也逐步得到重视。

七、两岸分离,台湾与大陆汉语音韵学"母体"关系

从大陆来的汉语音韵学者,以光复中国传统文化为己任,培养了一批又一批的汉语音韵学人才,为汉语音韵学的发展和繁荣做出了突出的贡献。林尹、陈新雄,乃至于竺家宁把台湾汉语音韵学史与"大中国汉语音韵学史"结合考察的观念,就是中国汉语音韵学"母体"意识的直接体现,反映了当前台湾主流汉语音韵学史研究者的心声,是非常客观的。

丁邦新在《〈李方桂全集〉总序》(2006)"现代语言学领航者"一节持有一个观点,就是中国大陆和台湾汉语音韵学"继续的是史语所的传统,并发扬光大"。他的理由是:史语所三位研究员赵元任、罗常培、李方桂是领航者,史语所是一个卓越的平台,有一个研究语言学的团队。他们在语言学界发挥了巨大的影响力。当然开拓一门学问的新路,引领一种研究的风气,必须要有一批志同道合的朋友。当时从事语言学研究的学者还有黎锦熙、刘复、陆志韦、林语堂、王力、魏建功、袁家骅、岑麒祥、吕叔湘等。这些先生们当然也发挥了各

自的影响力,都有重要的研究著作,培养了许多后进。但综合起来说,就没有史语所的三位先生影响之既深且广。

具体来说,他们三位合作翻译了高本汉《中国音韵学研究》,并展开了讨论,开启了中国学者研究古音的大门,对后来的研究产生了深远的影响。他们在史语所工作期间,训练的研究人员有杨时逢、黄淬伯、于道泉、刘学睿、王静如、丁声树、白涤洲、吴宗济、葛毅卿、周一良、周祖谟、董同龢、张世禄、张琨、马学良、刘念和、周法高等。1949 年之后,赵、李两位先生在美国及中国台湾;罗先生在大陆,1951 年任中国科学院语言研究所所长。除去早逝的白涤洲、赴美的张琨外,上面这个名单中的学者分处在大陆及台湾两地,继续史语所的学术传统,并发扬光大,分别调教出许多语言学界的后起之秀。李方桂身在美国,但对搬迁至台湾的史语所继续扶持,奠定了今天语言学所的基础。

丁邦新强调,没有赵元任、罗常培、李方桂的领导,中国现代语言学的进展一定不是今天这种面貌。现在重温这一段近代史,领航的这三位大师实在功不可没。在语言学方面,他们真正做到了傅斯年先生在《旨趣》文末的期待:"我们要科学的东方学之正统在中国!"

丁邦新在这里主要是就史语所的三位先生对中国现代语言学所做的巨大贡献而言的,有些观点不一定为一些学者们所赞同,比如史语所之外的林语堂、王力、魏建功等对中国汉语音韵学的建树所发挥的作用也是极为突出的,是不是可以忽略不计? 其实不是这样的,丁邦新的基本意思是清楚的,即中国大陆和台湾汉语音韵学源出一辙。在传统语言学领域,结合现代语言学理论实际进行研究的几位大师级的学者,比如章太炎、黄侃等,1949 年以后,对中国大陆和台湾汉语音韵学发展也具有不可估量的影响,从这个角度上说,两岸分离,台湾与大陆汉语音韵学"母体"关系基本上仍然没有多少改变。

梅祖麟《中国语言学的传统和创新》(《汉藏比较暨历史方言论集》52—76,2014),以"新语言学简志"为题目对七十年史语所成绩加以概括,主要谈了描写语言学、结构主义、比较研究几方面。涉及"传统和创新",从继承清代朴学传统入手,围绕"同声必同部"与谐声字研究、《切韵》的性质两个具体问题展开讨论。关于"同声必同部"与谐声字研究,段玉裁首先提出了"同声必同部"观念;高本汉《分析字典》(1923)专门谈"谐声字原则",但也承认有例外;李方桂研究上古音,就是利用了"同声必同部"理论;王力《上古韵母系统研究》(1937)倡导"脂微分部",而董同龢《上古音表稿》(1948)则大量参考谐声字,加以证明;龚煌城利用汉藏比较手段,获得了来母字二等字谐声的直接证据。关于《切韵》的性质,根据丁邦新的研究,《切韵》中有金陵、邺下两个音系。现代诸大方言的来源也要重新考虑。由此,可以肯定的是,史语所带头的新语言学,里面有传统朴学的成分;历史和语言这两门学科是相辅相成的;有了方法和理论,才能把原料变成研究资料。他们确实做到了让"科学的东方学之正统在中国",并且为世界范围内汉语音韵学发展奠定了坚实的基础,取得了举世公认的巨大成就。

第二节　东亚视阈与台湾汉语音韵学史定位

　　站在东亚语言学历史和现实所形成的基本学术格局范畴角度看待台湾汉语音韵学史,就可以意识到东亚整体内部之间汉语音韵学的各种复杂关系,有时候超出人们的想象,很难简单地用一两句话去加以定位。

一、汉语音韵学史中台湾地区的"主体意识"

　　"汉字古今音数据库"(Chinese Character Readings,简称 CCR)是一个为方便检索汉字古今音而设计的在线汉语音韵学数据库,它的功能在于,使数据库用户可以根据字头查询古今字音,或依需要设计各种检索条件做数据的阅读和分析。这个数据库是台湾"国科会"支持下的"汉学研究数据库"研发计划的成果之一,由台湾大学中文系黄沛荣担任总计划主持人,杨秀芳担任子计划主持人,台湾语言学所何大安为共同主持人。

　　"汉字古今音数据库"研究者声称,这个数据库从1997年开始进行基本架构的设计以及语料的审读,并开发出一个雏形系统。随着汉语音韵学数据的日益完备,以及信息技术的日新月异,这个数据库历经多次扩充及改版,以便增强使用功能,方便用户在网上检索。2009年,台湾信息科学研究所文献处理实验室获邀加入研发团队,协助修改系统,重新调整数据库架构,并参与数据维护等相关工作,使数据库最终能够完善功能,并在2011年9月开始开放,供各界人士使用。

　　如果我们仔细考察,就会发现,"汉字古今音数据库"收录的语音系统仍然以台湾汉语音韵学研究成果为主,实际上,等于承认了台湾汉语音韵学研究成果在整个世界范围内汉语音韵学研究体系中的主体地位,这是汉语音韵学研究中,台湾学者所具有的台湾"主体意识"的集中反映。除了收录声韵系统(含方言点)417 个,数据 1156736 笔之外,该数据库选择的王力、董同龢、周法高、李方桂、陈新雄五家上古先秦语音系统,也是有倾向性的:除了王力一家是大陆的之外,其余四家都和台湾汉语音韵学关系密切。

二、台湾地区与其他国家以及中国大陆学者研究"互动"效应

（一）与韩国汉语音韵学研究"互动"效应

1949 年以后,台湾地区培养的汉语音韵学博硕士研究生,一段时间以来,成为韩国汉语音韵学研究的主力之一,其中有一些卓然成家,比如成元庆、崔玲爱、全广镇、陈泰夏、朴万圭、蔡瑛纯、姜忠姬、金钟赞等。这可以从任少英《现代韩国汉语音韵学研究概况》(2004)中看到。这些学者不但自己研究汉语音韵学,还将中国大陆和台湾地区汉语音韵学著作译成韩文,有的译作成为韩国学者学习汉语音韵学的教科书,比如李新魁撰,朴万圭译《中国声韵学概论》(韩国大光文化社 1990);李方桂撰,全广镇译《中国语上古音》(韩国《中国语文论译丛刊》1,1997)等。所以,我们研究韩国六十多年来的汉语音韵学史,就不能不注意到台湾汉语音韵学对韩国汉语音韵学产生的重要影响这个议题。韩国学者与台湾学者的学术交流也十分频繁,比如韩国著名学者姜信沆论文《朝鲜初期韩国汉字音(高丽译音)资料》就发表在台湾《史语所集刊》(59.1:249—324,1988)上;1989 年 6 月,台湾第二届国际汉学会议在台北举办,姜信沆提交了《韩国汉字音内的舌音系字音变化》的论文;1991 年 8 月,第二届中国境内语言暨语言学国际研讨会在台北举办,严翼相做了有关百济音与古闽语关系的学术演讲,与传统的百济音源于吴语的说法有所不同。

（二）与日本汉语音韵学研究的"互动"效应

虽然也有一些日本学者在台湾地区接受汉语音韵学教育,并获得了学位,但我们认为,这对日本汉语音韵学研究人才培养的影响有限。台湾学者与日本学者的互动表现在,有一些学者是在日本留学的。比如王育德,以闽南话语音为研究对象,获得了东京大学博士学位,对台湾闽南话研究的影响是显而易见的。还有一些学者在日本参与学术活动和教学工作,获得了日本学者的承认,

比如林庆勋。日本学者参与台湾的学术活动不少。比如小川环树发表《读尾崎雄二郎〈汉语语音史研究〉》(《世界华学季刊》2.3:1—6,1981)一文,介绍尾崎雄二郎的汉语音韵学研究成就。平山久雄在台湾发表了《重纽问题在日本》(1997),向台湾学者介绍了日本学者研究重纽的历史。平山久雄介绍说,《韵镜》《七音略》韵图上唇牙喉音三四等重纽的问题,在日本较早受到学者的注意,因为古代日本的"万叶假名"里面有元音甲类和乙类的区别,日语甲类[i]的音节多用重纽四等的汉字来表示,乙类[i]的音节多用三等的汉字来表示。桥本进吉《日语语音史研究》(1927)就指出了这一对应关系,并说,就汉语本身无法明白原来三四等是怎样区别的,但就朝鲜汉字音仿佛可知一些实况。他是日本最早意识到这种情况的学者。真正有意识地提出重纽音值的是有坂秀世。有坂秀世在《万叶假名杂考》(1935)、《关于汉字朝鲜音》(1936)中已经指出该问题,但叙述都是简短摘要性的,到了写作《评高本汉拗音说》(1937—1939)时才进行了详细而系统的说明。河野六郎《朝鲜汉字音的一个特点》(1939)也提出了与有坂几乎一致的拟音。他把《切韵》及《玉篇》(据《玉篇残卷》与《篆隶万象名义》)里止摄支、脂两韵的反切系联起来,参考朝鲜音加以调整,证明两韵的牙喉音反切都基本可以分成四类,即开、合口三、四等。这在日本几乎被视为定论。战后三根谷彻《关于〈韵镜〉的三四等》(1953)提出了新的音位解释,认为在音位的层次上重纽是声母包含腭化成分(四等)与不包含腭化成分(三等)的对立,指出这样就可消除舌上音与来母字的介音是[i]还是[ï]的疑难问题。平山久雄赞同三根谷彻的解释,但认为在语音的层次上重纽是相当复杂的现象,其语音表现视声母、声调及方言等条件而有所不同,如此假定,才能理解重纽在《切韵》反切上与外国借音上反映的具体状况。

平山久雄在台湾还发表了《"轻读音变"中介音的脱落现象》(2001)。平山久雄看到,在汉语口语中,有些常用词往往被说得程度极弱或者由于态度粗率而轻易出口,这就使得这些词语的语音形式发生了音变规律之外的特殊变化。平山久雄把这种现象称为"轻读音变"。"轻读音变"中一个重要类型是介音的脱落,它又可分为介音[i]的脱落和介音[u]脱落。介音的脱落,特别是介音[i]的脱落,也会引起声母、韵母的例外演变。比如"什么、干么"的"么"是由"何物"的"物"而来,它至今演变的过程当是:"物"[miuət]→

［muət］→［muə］→［mə］。再如"去"字在很多方言等中除了正规音变的［tɕ‘y］等形式以外,还有［k‘ə］［k‘i］等白话音,其中［k‘ə］可能是它的中古音脱掉了介音而产生的。平山久雄对这些"轻读"使介音脱落的例子加以具体的分析,附带也讨论"轻读音变"的一些一般性问题。

平山久雄《汉语中产生语音演变规律例外的原因》(《声韵论丛》14:1—12,2006),是在第九届国际暨第二十三届台湾声韵学学术研讨会(静宜大学2005)上的专题演讲稿。

平山久雄之外,其他学者与台湾地区汉语音韵学同行也有交流,比如《现代台湾话研究论文集》(文鹤出版有限公司1988)收有樋口靖《台湾鹿港方言的一些语言特点》,台湾史语所编《中国境内语言暨语言学1:汉语方言》(1992)上发表岩田礼《汉语方言入声音节生理特征——兼论入声韵尾的历史变化》一文,《第二届中国域外汉籍国际学术会议集》(联经出版事业公司1989)505—516页刊载福井文雅《新出辽慈贤译汉梵翻对字音〈般若波罗蜜多心经〉试译》一文,《第三届国际暨第十二届台湾声韵学学术研讨会论文集》(台湾清华大学1994)18—24、371—375页刊载臼田真佐子《论李焘〈说文解字五音韵谱〉标目的读若与〈集韵〉》和村上之伸《咸摄一等在吴语里的演变》两文,《声韵论丛》1997年第6辑683—698页刊载岩田宪幸《〈同声千字文〉所传〈中原雅音〉记略》,2001年第11辑45—68、185—202页收有远藤光晓《介音与其他语音成分之间的配合关系》和平田昌司《平仄或说》两文,《第二届国际暨第十届台湾声韵学学术研讨会论文集》(台湾中山大学1992)收有平田昌司《梵赞与四声论(上)》,台湾史语所编《中国境内语言暨语言学2:历史语言学》(1994)487—516页发表远藤光晓《元音和声调》一文。

向台湾学者介绍日本学者研究成果的也有,比如渡边雪羽翻译的藤堂明保《中国语音韵论》部分内容,以《日本汉字音——藤堂明保著〈中国语音韵论〉第四章第二节第六小节》为题,发表在台湾《书目季刊》1992年第25卷第4期上。

台湾早就有学者关注日本学者的汉语音韵学研究成果,并把它作为一个研究课题来做,这是比较突出的"互动"行为,比如陈弘昌《藤堂明保之等韵说》(1973),以及吴圣雄《日本吴音研究》(1990)。吴圣雄所发表的其他论文吸取了日本学者的许多研究成果,比如《日本汉字音能为重纽的解释提供什么线索》(《第四届国际暨第十三届台湾声韵学研讨会会前论文集》1—28,台湾师范大学1995;《声韵论丛》6:371—414,1995)、《由长承本〈蒙求〉看日本汉字音的传承》(《第十五届台湾声韵学学术研讨会会前论文集》1—16,逢甲大学1997;《声韵论丛》7:155—189,1997)、《平安时代假名文学所反映的日本汉字音》(《第六届国际暨第十七届台湾声韵学研讨会会前论文》1—23,台湾大学1999;《声韵论丛》9:423—456,1999)、《〈新撰字镜〉所载日本汉字音之研究——直音部分》(2000/2001)、《由〈奉同源澄才子河原院赋〉的格律论源顺对汉语声调的掌握》(台湾《中国学术年刊》29:167—190,2007)等。台湾第四代学者曾若涵赴日本三重大学任教,对日本汉语音韵学成果很感兴趣。她的《字书化的佛经音义书——珠光〈净土三部经音义〉对〈玉篇〉的接受》(日本《人文论丛:三重大学人文学部文化学科研究纪要》32:43—57,2015)、《江户时代的〈玉篇〉接受——以〈增续大广益会玉篇大全〉为例》(第十四届国际暨第三十三届台湾声韵学学术研讨会,台湾东吴大学2015)、《〈韵学阶梯〉管窥——论文雄学派的韵学研究与韵学教育》(语文教学暨第三十四届台湾声韵学研讨会,台北教育大学2016)等论文的发表,也是值得我们注意的学术新动向。

(三)与越南汉语音韵学研究的"互动"效应

李方桂在《语言学在台湾》(2012,作于1967)中称赞道:

> 越南语的研究工作,一向是陈荆和个人的独立贡献……陈荆和对16世纪(或更早)汉越译音的考释(《〈安南译语〉考释》,《文史哲学报》5:149—240[1953]、6:161—227[1954])。现存的词汇汇编有六个版本(或复本),其中五个已经收在他编译的专著里;他先对文本加以注释,再根据汉语对音,讨论16世纪的越南语音。尽管仍然需要更为深入的历史音韵学探讨,这个工作对早期越南语的研究提供了重要的语料。

其实,在陈荆和之前,中国王力已经发表了《汉越语研究》(1948)一文;日本三根谷彻也已经作了不少的工作,比如《〈安南译语〉研究》(1943)、《汉字的安南音》(1948)、《有关汉字安南音的研究》(1951)、《安南语声调体系》(1953)等。台湾越南汉字音研究,受王力、三根谷彻、陈荆和等人的影响,近些年来,出现了一批值得关注的成果,比如江佳璐《越南汉字音的历史层次研究》(2011),无论是研究的深度还是文献收集视野的广度都非常出色,也引起了海内外同行,包括越南学者的注意。这种"互动"效应是十分明显的。

(四)与欧美,主要是美国汉语音韵学的"互动"效应

一个须要注意的事实是,台湾地区汉语音韵学与欧美,主要是美国汉语音韵学的"互动"关系之密切程度,是超出我们的想象的。一批台湾学者在台湾接受了正统的包括汉语音韵学在内的传统小学和方言学训练之后,又在美国接受历史比较语言学的多方位训练,回到台湾后,带动了台湾汉语音韵学研究的迅捷当代化,研究的理论意识明显不同于没有走出中国之门的学者。由此,导致台湾汉语音韵学研究走向多元化,从学术流派上讲,已经明显分为两大阵营:章黄王力传统学派和李方桂等现代学派。两种路数,两种研究范式,确实很难搭界和调和。不过,最近十几年来,台湾汉语音韵学研究的多元化,使得学派之间互相包容、互相融合的倾向越来越明显。我们从陈新雄晚年的上古音构拟,以及丁邦新的部分论文的表述上就可以看出这个端倪。汉语音韵学成果评价体系与标准不再单一化,而是各自独立操作,这是明显带有时代特点的研究情况。

除了赵元任、李方桂、张琨等老一辈华裔学者曾任职于台湾史语所之外,现代学者中,也不乏欧美国家华裔学者在台湾发表论文或倾力研究中国大陆及台湾语言及其相关课题,比如薛凤生《论入声字之演化规律》,发表在《屈万里先生七秩荣庆论文集》(联经出版事业公司 1978:407—434)上。欧美国家华裔学者之外,其他学者也有论文在台湾发表,比如罗杰瑞《汉语和阿尔泰语相互影响的四项例证》(台湾《清华学报》[新]14.1、2:243—247,1982),柯蔚南《西汉声母探讨》(台湾《清华学报》[新]14.1、2:111—133,1982),沙加尔《赣方言与客方言的关系》(台湾《清华学报》[新]18.1:43—69,1988),白一平《关于上古音的四个假设》(《中国境内语言暨语言学 2:历史语言学》41—60,1994)。齐莉莎,台湾语言学所研究员,法国巴黎第七大学博士,研究领域主要为台湾南岛语言暨语言学,近年来的研究工作主要为台湾南岛语言之研究(包括邹语、鲁凯语、赛夏语、布农语、泰雅语、巴宰语、卑南语、雅美语),历史语言学(鲁凯语方言比较、古南岛语的构拟),数字典藏的建立,人才培育(包括鲁凯族、邹族、赛夏族、泰雅族、布农族、排湾族、赛德克族)。所培养的

学生中,有的学生的学位论文内容就和汉语音韵学相关。她还主办过"二十一世纪汉藏语比较语言学研讨会"(2010 年 6 月)。此外,还有余文生,台湾语言学所副研究员,美国加州大学伯克利分校语言学博士,一直以四川羌族(藏缅语)语音和历史形态为研究方向。他最为感兴趣的是语言内部和外部因素是如何影响藏缅语语音历史发展问题的。

美国学者白一平(William H. Baxter)《古代中国语音韵学指南》([日]田中孝显译,きこ书房 2014)是一部在汉语音韵学界非常有影响的著作。其内容有十章:第一章,绪论;第二章,中古中国语音韵体系;第三章,作为历史音韵学证据的押韵诗;第四章,传统的古代中国语押韵研究;第五章,古代中国语音节:表现;第六章,古代中国语音节:音节辅音;第七章,古代中国语音节:介音及其主要元音;第八章,古代中国语音节:韵尾及后韵尾;第九章,《诗经》字体及其版本;第十章,古代中国语新的韵范畴。在本书中,白一平对台湾学者的研究信息十分注意重视,所列参考文献就有很多是董同龢、周法高、龚煌城、丁邦新、洪固等台湾学者所作。可见,他与来自台湾学者的学术联系还是比较密切的。何大安对白一平上古音构拟方案也曾提出严肃的批评。

如何看待国外学者,尤其是华人之外的学者的汉语音韵学研究成果?陈毓华《有几分证据说几分话——访丁邦新先生一席谈》(幼狮月刊社编《中国语言学论集》444—452,1977)记录了丁邦新所阐述的一些观点,代表了 40 年前部分学者的看法。丁邦新说:

　　(外国学者研究汉语音韵学)虽然不是很多,但也不算少了。而且,都还有相当的成就。主要的可以分从三个国家来说:第一,美国自然是目前研究汉语声韵学最主要的地方,学者也最多。研究的范围涉及上古音、中古音、现代方言及汉藏语比较等。比较有名的有:P. K. Benedict, N. C. Bodman, E. G. Pulleyblank, H. M. Stimson, J. Norman 等人。其次,日本以前一直是研究汉学的大本营,现在从事汉语声韵学研究的人也还不少,例如赖惟勤先生研究上古音,三根谷彻先生及水谷真成先生研究中古音,藤堂明保先生研究汉语史,以及最近桥本万太郎先生研究汉语方言及中古音等,都是很有价值的研究。第三就是英国,主要是伦敦大学远东及非洲研究所有好几位学者从事汉语研究。著名的有:W. Simon, G. B. Downer,

和 R. A. D. Forrest,大致都注重古音及汉藏语比较研究两方面。此外,欧洲其他地方还有高本汉,S. Egerod, N. G. D. Malmqvist 等都是著名的学者。

陈毓华也就"一般人总以为外国人研究中国的学术,常会由于文化背景的不同,容易产生一些误解。会不会外国学者研究中国音韵学时,也会发生这些现象"问题请教丁邦新,丁邦新认为,是不会出现这种情况的。他解释说:"因为这方面的研究,本身就是很科学化的,你运用多少材料,找到多少证据,就能有多少结论,牵涉文化背景的因素恐怕很少。"丁邦新这个看法,搁在今天会有许多人不完全赞同的,但引申丁先生的说法,比如外国学者学术视野广阔,理论与方法推陈出新,再加上对中国文化内涵深刻理解,在汉语音韵学领域做出第一流成绩,并超越许多中国学者,也不是不可能,高本汉不就是一个典型的例证吗?"海外中国学"的价值越来越为人们所认知,走出狭隘的思考空间,国外汉语音韵学研究的意义肯定是不可估量的。

(五)与大陆汉语音韵学研究的"互动"

1990年,在香港浸会大学,两岸学者首次携手共同研讨汉语音韵学问题。26年来,随着两岸关系的日益密切,汉语音韵学的学术交流日益频繁,台湾学者的研究成果对大陆的汉语音韵学研究意识潜在的影响也是不可低估的。"语音层次分析、词汇扩散、生成音系学、语音优选论"等理论和方法的运用,使得大陆的汉语音韵学研究不再以文史考据和高本汉汉语历史语音"构拟"为"一统天下"的理论与方法,而是走向了多元化。比较一下潘悟云等学者和丁邦新等学者的汉语音韵学研究(丁邦新主编《历史层次与方言研究》,2007),这一点就会看得很清楚。大陆汉语音韵学研究理论意识走向"分歧"不可避免,研究的路数、旨趣、材料大不相同。这种能动性的学术意识的浸染是潜在的、无形的,但学术驱动力巨大,造成的客观效果是非常明显的,需要我们以事实为依据进行有效梳理,如此,才能解释大陆汉语音韵学理论意识发生关键性"异动"的前因和后果。

从1993年开始,几乎每年都有大陆汉语音韵学学者应邀赴台,在台湾声韵学会会议上发表论文的中国大陆汉语音韵学学者越来越多。这其中丁邦新、陈新雄、何大安、竺家宁、姚荣松、李添富、孔仲温、林庆勋、叶键得等人,作为音韵学会的主持人,付出了巨大的努力。为了做好这方面的工作,每一届声韵学会会议的主持人都想方设法筹集资金,免费提供住宿甚至往来交通费用,创造一切可能的机会进行多方面的深层次交流,由此,双方在学术上获得了最大程度的沟通和理解。无形之中,两岸之间的汉语音韵学学术"共同体"逐渐形成,这对汉语音韵学研究向着更高层次迈进起到了巨大的推动作用。

台湾声韵学会主办的《声韵论丛》,刊载了大量大陆汉语音韵学学者的论文,比如:宁继福《〈礼部韵略〉的增补与〈古今韵会举要〉的失误》(《声韵论丛》5:71—112,1996),李如龙《声母对韵母和声调的影响》(《声韵论丛》5:59—70,1996),郑张尚芳《重纽的来源及其反映》(《声韵论丛》6:175—194,1998),许宝华《中古阳声韵类在现代吴语中的演变》(《声韵论丛》6:699—718,1998),向光忠《古声韵与古文字之参究刍说》(《声韵论丛》9:33—58,2000),耿振生《明代学术思想变迁与明代音韵学的发展》(《声韵论丛》9:85—98,2000),王硕荃《韵式"成格"浅析——词的音律探讨之一》(《声韵论丛》9:179—208,2000),冯蒸《论中国戏曲音韵学的学科体系——音韵学与中国戏曲学的整合研究》(《声韵论丛》9:229—254,2000),唐作藩《江永的音韵学与历史语言学》(《声韵论丛》9:311—322,2000),麦耘《汉语语音史上词汇扩散现象一例——卷舌咝音使 i/j 消变的过程》(《声韵论丛》9:377—394,2000),李思敬《现代北京话的轻音和儿化溯源——传统音韵学和现代汉语语音研究的结合举隅》(《声韵论丛》9:591—614,2000),虞万里《〈黄庭经〉用韵时代新考》(《声韵论丛》10:209—242,2001),施向东《古籍研读札记——汉藏比较与古音研究的若干用例》(《声韵论丛》10:21—36,2001),李无未《南宋孙奕俗读"平分阴阳"存在的基础》(《声韵论丛》10:269—286,2001),叶宝奎《关于汉语近代音的几个问题》(《声韵论丛》10:373—386,2001),杨剑桥《再论近代汉语唇音字的 u 介音》(《声韵论丛》11:109—122,2001),王洪君《关于汉语介音在音节中的地位问题》(《声韵论丛》11:37—44,2001),刘镇发《庄组跟介音[i]的语音配列与内外转》(《声韵论丛》11:123—136,2001),鲁国尧《"谈覃"与"寒桓"》(《声韵论丛》11:203—216,2001),潘悟云《吴闽语中的音韵特征词——三等读入二等的音韵特征词》(《声韵论丛》12:175—188,2002),游汝杰《吴语内部各片的音韵对应》(《声韵论丛》12:189—216,2002),徐时仪《〈切韵逸文考〉补正》(《声韵论丛》13:91—120,2004),高永安《〈音韵正讹〉的韵母系统》(《声韵论丛》15:183—200,2007),王宁《谈传统上古音研究的观念和方法》(《声韵论丛》16:1—24,2009),曹强《江有诰〈诗经〉韵例研究》(《声韵论丛》17:55—76,2012),刘一梦《官话区全浊上声演变速率研究》(《声韵论丛》18:197—208,2014)等。朱晓农《双音节降调右蔓延的种类》、赵振铎《先秦两汉人名异文的音韵分析》收于《第二届国际暨第十届台湾声韵学学术研讨会论文集》(台湾中山大学 1992)中,向光忠《复辅音声母与同源转注字之参证》收于《第十一届台湾声韵学学术研讨会论文集》(台湾中正大学 1993)中,冯蒸《〈尔雅音图〉音注所反映的宋初浊上归去》发表在《大陆杂志》(87.2:21—25,1993)上,徐通锵《音系的结构格局和内部拟测法》收于《第三届国际暨第十二届台湾声韵学学术研讨会论文集》(台湾清华大学 1994)中,孙玉文《中古尤韵舌根音有重纽试证》发表在台湾《清华学报》([新]24.1:155—161,1994)上。就汉语方言学研究来看,也有不少学者在台湾发表论著,比如游汝杰《汉语方言岛及其文化背景》(台湾《中国文化》2:161—167,1990)、詹伯慧《四十年来汉语方言研究的回顾》(《大陆杂志》85.3:7—13,1992)、陈忠敏《论吴语闽语两种表小称的语音形式及来源》(《大陆杂志》85.5:35—39,1992)、王洪君《从开口一等重韵在现代方言中的不同表现看方言的层次》(第三届国际暨第十二届台湾声韵学学术研讨会,台湾清华大学 1994)、温端政《浙南闽语的音韵特征》(第十二届台湾声韵学学术研讨会,台湾清华大学 1994)等。

大陆学者汉语音韵学与方言学著作在台湾出版已成为常态。比如王立达编《汉语研究小史》(1959)、罗常培与周辨明《厦门音系及其音韵声调之构造与性质》(古亭书屋 1975)、朱星《中国语言学史》(台湾中华发展基金管理会、洪叶文化事业有限公司 1996)、周祖谟《魏晋南北朝韵部之演变》(东大图书公司 1996)、周振鹤与游汝杰《方言与中国文化》(南天书局 1988)、詹伯慧《现代汉语方言》(董忠司校订,新学识文教出版中心 1991)、黄笑山《〈切韵〉和中唐五代音位系统》(文津出版社 1995)等。

对保存在台湾的汉语音韵学文献进行整理与研究,冯蒸做了不少的努力,比如对赵荫棠在台湾师范大学等韵文献目录的编制与调查,唤起了不少大陆学者的学术兴趣。其论文《赵荫棠音韵学藏书台北目睹记——兼论现存的等韵古籍》(《汉字文化》4:405—436,1996)、《论赵荫棠音韵学藏书的文献学价值和音韵学价值——尤其是在北京话语音史研究中的价值》(《汉字文化》

6：22—32，2013）两篇文章，带来了许多大陆学者难以知晓的音韵文献信息。在李无未的指导下，博士生刘一梦以台湾师范大学所藏赵荫棠等韵文献为研究目标，发表了《〈万籁中声〉及〈切韵枢纽〉述论》（与李无未合作，《中国典籍与文化》3：89—95，2014）、《日本及我国台湾藏清抄本〈五音通韵〉的版本与校勘研究》（《古籍整理研究学刊》5：37—39，2015）、《清末抄本杨志体〈音韵画一〉及射洪地区百年语音演变的研究》（与李无未合作，美国《中国语言学报》2：326—356，2016）、《清代韵书〈谐音摘要字母〉声母系统——兼论近两百年孝感声母系统演变》（《古汉语研究》3：27—37，2016）等论文。其专著《赵荫棠珍藏明清官话等韵文献十种》获评 2015 年福建省优秀博士学位论文。这在汉语音韵学界产生了积极的学术效应。

台湾汉语音韵学界与中国香港学者的呼应，除了周法高等学者之外，还有黄坤尧《〈史记〉三家注异常声纽之考察》（《声韵论丛》1：175—220，1994）、余迺永《中古重纽之上古来源及其语素性质》（《声韵论丛》6：107—174，1997）等。

《史语所集刊》从 1928 年创刊，至 1949 年转移到台湾，始终延续着汉语音韵学传统，发表了大量的汉语音韵学论文，被称为台湾汉语音韵学研究的理论创新及学术发散源地之一。2009 年 4 月，中华书局出版了全 6 册《史语所集刊论文类编·语言文字编·音韵卷》，汇集了史语所 1928 至 2000 年发表的汉语音韵学论文，就是集中体现。1949 年之前，卓越的学者刘复，以及一批后来留在大陆的学者，诸如罗常培、王静如、赵荫棠、丁声树、黄淬伯、刘文锦、闻宥等，是《史语所集刊》刊发汉语音韵学研究论文的主要人物，星光灿烂，引领着汉语音韵学发展的方向。1949 年以后，赵元任、李方桂、董同龢、周法高、张琨、龚煌城、龙宇纯、丁邦新、陈新雄、郑再发、何大安等成为发表汉语音韵学研究论文的主要人物。欧美语言学理论与汉语语言学实际的结合，孕育了汉语音韵学研究新的生机。这些论著也给大陆汉语音韵学学者以莫大的启发。

《史语所集刊论文类编·语言文字编·方言卷》（中华书局 2009），汇集了史语所 1928 至 2000 年发表的汉语方言学论文。1949 年之前，刊发论文的有赵元任、罗常培、刘文锦、白涤洲、杨时逢、贺登崧、董同龢等学者。1949 年之后，大陆学者陈忠敏也发表了《邵武方言入声化字的实质》（63.4：815—830，1993）一文。王静如《跋高本汉的〈上古音当中的几个问题〉并论冬蒸两部》，收入《上古音讨论集》(学艺出版社 1977)中。

　　台湾学者与大陆学者研究遥相呼应,也是一道亮丽的风景。张贤豹《邵著〈切韵研究〉书后》(台湾《书目季刊》18.1:3—16,1984)对邵荣芬《〈切韵〉研究》中古音研究方式给予适时的评价,隐含着作者对大陆汉语音韵学研究的热切期待。李壬癸《李方桂及其比较台语研究》(《音韵学研究通讯》5,1984)较早向大陆学者全面介绍李方桂学术成果,其中重点介绍了《比较台语手册》及其相关著作。竺家宁《大陆地区复声母研究评述》(《音韵探索》173—189,1995)完成于 20 世纪 90 年代初,也是台湾地区最早介绍大陆汉语音韵学复声母研究学术信息的成果之一。竺家宁评述大陆地区复声母研究,分为"大陆地区早期的研究情形、大陆地区近年的研究情形"两部分来谈。在结尾处,竺家宁说:"由大陆地区这个学术领域十年来的发展情形看,远远超过了台湾地区的发展,无论是在论文的篇数上看,或从事研究的学者人数来看,两岸完全不成比例,这是值得我们检讨的。"从两岸学术交流的大局出发,必须进行学术合作。他和赵秉璇合作编成了《古汉语复声母论文集》(1998),就是实践这一理念的产物。许多大陆难得一见的学者论文收入论文集中,比如周法高、丁邦新、包拟古、李方桂、柯蔚南、张琨、罗杰瑞等的著作,这是一个很大的贡献。著名音韵学家严学宭还为《古汉语复声母论文集》撰写了序言。严学宭还高度评价了竺家宁博士学位论文《古汉语复声母研究》,说它"为上古汉语构拟了五类十七组 60 个复声母,并讨论了它们的结构规律和演化条件",与其他成果一起,标志着"八十年代复声母的研究显然已经发展到了一个新的阶段"。

　　王松木《论"音韵思想史"及其必要性——从"鲁国尧问题"谈起》(2012)也是典型的呼应大陆学者研究的论文。鲁国尧是享誉海内外的大陆汉语音韵学学者。近十多年来,一直重视汉语音韵学的跨学科研究,发表了大量视野极其开阔,并具有启发性意义的论著。比如:《论"历史文献考证法"与"历史比较法"的结合——兼议汉语研究中的"犬马鬼魅法则"》(2003)、《就独独缺〈中国语言学思想史〉!?》(2008)、《语言学和接受学》(2011)、《语言学与美学的会通:读木华〈海赋〉》(2012)等。在这当中,"中国语言学思想史"研究的意识尤其强烈而突出,成为海内外汉语音韵学学术界关注的焦点之一。他发现当代学科大多有"思想史"的专著,但却不解为何独独中国语言学领域至今仍然欠缺"思想史"的研究?

　　王松木将鲁国尧"语言学该不该有《语言学思想史》"的疑惑称之为"鲁国尧问题"。王松木沿着"鲁国尧问题"的思路走下去,将观察的焦点集中在汉语音韵学领域上思考,即:"为何汉语音韵学至今仍然欠缺思想史的研究?"原来,人们受到了思维惯性的蒙蔽。如何消解"音韵思想史"之蔽?王松木认为,要消解"音韵思想史"之蔽,观看者必须勇敢地走出自己的专业领域之外,以全新的视角对该领域长期接受的观点提出挑战,唯有先卸下固执的信念,做到"不以己藏害所将受",方能破除思维的盲点、看见新的可能。同样道理,想要发现"音韵思想史"的空缺,研究者也必须走出音韵学的专业领域,以更宏观的视角鸟瞰全局,透过与其他学科之间的相互对比,才能让那些实际存在的意识显露出来。可以看到,音韵学、语法学只有"形而下"的"语音史、语法史",欠缺"形而上"的"音韵思想史"与"语(文)法思想史"。王松木对何为"音韵思想史"内涵也进行了界定:"音韵思想史"就是通过思想史的研究方法探究古人的音韵思想及其发展脉络。

　　在这个根本的问题上,王松木又延伸出对几个旁枝问题的思考,比如,从"思想史"路径研究汉语音韵学是否可行?倘若可行,为何迟至今日仍未受到学者的关注?阻碍"音韵思想史"研究的因素为何?前人对于"音韵思想史"是否已经有所触及?有哪些典型的研究范例?"音韵思想史"的建构对于未来音韵学的发展有何必要性?

　　经过论证,王松木得到这样的一些基本结论:20世纪初期以来,因受制于科学主义所形成的思维盲点,音韵研究者未能意识到"音韵思想史"的可能存在及其必要性。然而,随着后现代思潮的渗入,音韵研究者终将摆脱以自然科学方法为唯一路径的迷思,从"祛魅"转向"返魅",音韵学的人文特质必将再度受到重视;再者,因中国的崛起、民族自信心恢复,如何建立"具中国人文特色的汉语音韵学"已是必须正面看待的问题。在这些内因、外缘的聚合下,可以乐观预期:"音韵思想史"的种子已落在适合生长的土壤中,不久即将生根发芽、破土而出。王松木由中国汉语音韵学思想史,进而拓展到了韩国汉语音韵学思想史的研究,"东亚汉语音韵学思想史"体系初露端倪。

　　王松木呼应大陆学者鲁国尧"汉语语言学思想史"的呼吁,从而引发了对其内涵中具体的"音韵思想史"问题的探讨,进一步深化了对相关问题的探讨力度;相对而言,王松木"音韵思想史"问题的思考,又直接触动了包括大陆在内的所有关心汉语音韵学未来命运学者的神经,进而更加细化对相关问题的研究,迸发出更为激烈的思想火花。这可以看作中国大陆与台湾汉语音韵学研究"互动"的一个典范,所生发出的积极学术效应是无可估量的。

1928年,《史语所集刊》第1本第1分册出版,傅斯年所长发表了《史语所工作之旨趣》,其中说道(3页):

> 最近一世语言学所达到的地步,已经是生物发生学、环境学、生理学了。无论综比的系族语学,如印度日耳曼族语学,等等。或各种的专语学,如日耳曼语学、芬兰语学、伊斯兰语学,等等,在现在都成大国。本来语言即是思想,一个民族的语言即是这一个民族精神上的富有,所以,语言学总是一个大题目,而直到现在的语言学的成就也很能副这一个大题目。

"语言即是思想",从汉语来说,"汉语言即是思想"。照这个理论,研究汉语思想史,就是研究"汉语语言学思想史"。而研究汉语音韵学史的,就是研究"汉语音韵学思想史"。傅斯年近九十年前所提出的语言观念,正可以为这种两岸"互动"加上一个绝好的注解。

台湾学生以当代大陆汉语音韵学者为研究对象而作学位论文者有之,比如杨濬豪《郑张尚芳上古音系统研究》(2013)。

杨濬豪认为,郑张系统是近年来大规模运用同族语研究成果来构拟上古音的一套新兴系统。在上古音韵系统的构拟上,主要于声母系统承继李方桂,韵母系统承继王力皆有所创新。除了使用汉语本身的文献材料外,还大量加入丰富的语言材料,参酌类型学、历史比较、内部构拟、汉语关系词等材料方法,将上古汉语的音位体系与音变规则作出完整的诠释。因此,郑张先生的上古音系统是目前古音学界解释性最强的系统之一。

杨濬豪论文内容分作五章:第一章,绪论。介绍本论文撰写动机与目的,以及研究范围与研究方法,并回顾前人对郑张系统的研究。第二章,郑张尚芳之生平及其论著述要。简介郑张尚芳生平,并概述其有关上古音的重要论著,最后叙述郑张系统对上古音研究的基本观点及其系统的继承与开拓。第三章,郑张尚芳之上古声母系统。分为两个主要内容:上古单声母与上古复声母。上古单声母部分,分为25类基本声母。其中影、晓、云上古主要来源为小舌音,将匣母二分解释其与塞音接触又与擦音接触的现象。而少数以母字谐声与云母相关者,早期应归于云母。郑张系统也赞成上古来母与以母元音值互换说,即上古来母为[r-]、以母为[l-]。单声母系统较有特色的是将"抚、滩、哭、胎、宠"五类后来变作送气塞音的清鼻流音声母独立,与后世变作擦音的[h-]冠鼻流音声母区别,并独创古无塞擦音声母说,认为齿音精组、庄组、章组的塞擦音皆为后起。复声母方面分为带[-j-][-w-][-r-][-l-]四种垫音的后垫式复声母,以及带[ʔ]([s-])、喉([h-][ʔ-])、鼻([m-][N-])、流([r-])、塞([p-][t-][k-])五类冠音的前冠式复声母,也有既带前冠音又带后垫音的前冠后垫式复声母。后垫式复声母具谐声功能,前冠式则无。第四章,郑张尚芳之上古韵母系统。分为三节,首先介绍郑张系统古无介音的说法,叙述四类垫音的演变及重纽三四等的区别在于带[-r-]与否的论点。其后点出郑张系统中来母与二等拼合的困难,进而提出古无来母二等字之说。郑张元音系统上,论文提出六元音系统[a][i][u][e][o][ə]的建立与异部通变关系,以及收唇、收舌之韵部三分的理据,并从语言事实上证明三等短元音与非三等长元音的对立。韵尾部分,由于宵、药与部分幽、觉韵部早期带有唇化成分韵尾,故归入收唇韵部中,并认为上古入声收浊塞尾。声调方面,郑张系统赞成声调起源于辅音韵尾说,即认为上古时期并未产生以音高作区别的声调。上古平声为响音尾,仄声为非响音尾,带[-ʔ]者为上古上声,带[-s]尾者为上古去声,带[-b][-d][-g]尾为上古入声。第五章,结论。针对前四章所进行的研究成果作总结。

　　研究郑张尚芳上古音系统,肯定与研究王力、魏建功等中国大陆早期汉语音韵学学者不同,因为郑张尚芳毕竟是1949年以后在中国大陆成长起来的汉语音韵学学者,从旧有的一般观念意识上说,中国台湾地区学者一般是不会将他作为音韵学史研究对象的。但现在则不同,台湾地区学者汉语音韵学观念意识已经呈现新的态势,开放、大气,是明显的特征。可见,台湾地区学者对大陆学者汉语音韵学成果的关注角度有所转变,突破了意识形态的束缚。这是两岸汉语音韵学学者1990年以来"互动而生长"的产物。

三、东亚各国汉语音韵学学术差异及价值

(一)东亚汉语音韵学学术差异形成

东亚各国同属于汉字文化圈,并且形成了比较稳定的汉语音韵学研究传统,其基本研究理论与方法大体一致,这是毋庸讳言的。但因为各自国家制度、语言、文化的差异,决定了其学术发展道路肯定不会雷同,甚至差别很大,汉语音韵学也是一样。日本学者菅原是善在公元 8 至 9 世纪之间(有学者认为是 860 至 880 年),借鉴和改造《切韵》韵书而编出《东宫切韵》,这之后,日本又出现了《季纲切韵》《小切韵》《倭注切韵》《聚分韵略》《伊吕波韵》等韵书,逐渐形成了自己的韵书谱系(大友信一《韵书的谱系》,日本《冈山大学法文学部纪要》39:142—152,1978)。《东宫切韵》源出于《切韵》,但不同于《切韵》,后来的《东宫切韵》系韵书逐渐与陆法言《切韵》走向分野,由此形成了自己的韵书系统。朝鲜时代《训民正音》问世,带来了朝鲜朝汉语韵书的发展和变化,比如《〈洪武正韵〉译训》与《东国正韵》虽然"原型"源出于中国,但也是经过朝鲜学者的改造,逐渐地形成了自己的特色。

研究东亚汉语音韵学学术差异,一方面可以理清各自学术延续的关系和学术"血脉"脉络,另一方面,也给我们研究东亚各国汉语音韵学学术价值提供了全新的观察与比较的视野,在比较中,寻求汉语音韵学的最佳学术途径,"优选"不仅意味着"优胜劣汰",还意味着一个学术生命的"新生"。研究东亚汉语音韵学学术差异的意义也由此凸显出来。

(二)东亚汉语音韵学学术差异特点

中国汉语音韵学传统与日本及朝鲜半岛汉语音韵学研究的传统最大的不同点,就是一直没有将进行不同语言语音的比较意识作为自己的学术立脚点,由此,视野局限性十分明显。其次,汉字作为语音研究主要标记长期存在,"固守田园",制约了汉语音韵学学术发展的历史进程,由此,以模仿和创新为主要汉语音韵学研究意识的日本和韩国,思维方式发生了重大变化,后来居上,并不奇怪。进入 20 世纪后,高本汉汉语音韵学范式成为东亚各国汉语音韵学研究的主流,尽管东亚各国汉语音韵学研究趋同趋势明显,但还是保持了各自的优势,比如日本,在高本汉汉语音韵学范式旗帜下,日本"国语语音"和汉语音韵学齐头并进,相互融合,相互促进,赢得了更为广阔的发展空间。而中国则

以方言语音研究和民族语言语音研究为两翼,发掘汉语语音的特点,更具勃勃生机;其中,台湾汉语音韵学在汉藏语、闽南话、客家话语音研究上异军突起,激活了汉语音韵学的创新欲望,带动了整个中国汉语音韵学研究的质量大提升,发挥了独特的历史性作用。东亚各国汉语音韵学研究的特点不同,有互补,有依存,有独立,各自汉语音韵学存在的价值和意义是明显的,谁也替代不了谁,这是必须认识到的一个关键性问题。

(三)东亚语言学视阈下的汉语音韵学学术差异的价值

"东亚语言学视阈",指的是中国、朝鲜、韩国、日本、越南语言学研究最优"整体性"视野,这超越了"国别"范畴和"语系"范畴,着眼于历史上"汉字文化圈"内跨文化互动而形成的东亚文明语言学学术观照理念。借用布罗代尔语,东亚汉语音韵学"创造产生于相互运动,相互浸透,相互作用的生成系统之中"。透过中国、日本、朝鲜、韩国汉语音韵学史,我们还看到了什么?我们看到了"汉字文化圈"内的跨文化互动蕴含着十分丰富的知识背景,政治的、经济的、教育的、文化的交流,各种因素综合在一起,促成了"汉语语音"在东亚各国的"环流",在"环流"过程中形成了各自的语言学传统,这当然包含了各自丰富的语言学理论内涵。台湾汉语音韵学与大陆汉语音韵学"母体"之间,既"吮吸"而成长,又"反哺"母体。1992年以后,大陆与台湾汉语音韵学,在陈新雄与唐作藩等先生的超常规促动下,开启了"破冰之旅"。此后,"学术对接"日益频繁。台湾汉语音韵学研究质量之高,涉足领域之多,学术视野之宽阔,学术批评之科学,都令大陆学者为之震撼。使大陆学者感到,台湾汉语音韵学研究在很多方面已经走在了大陆的前列,大陆学者要想迎头赶上,必须奋起直追。由此,台湾学者的许多先进的研究理念输入到了大陆,丰富了大陆的汉语音韵学研究内涵。

在1992年之前,韩国汉语音韵学博硕士生培养主要由台湾学者承担,而这些韩国学者回国后,又成为韩国汉语音韵学研究领军人物,成元庆、崔玲爱、金相根、朴万圭、金钟赞、金泰成、姜忠姬、郑镇栉、蔡瑛纯、许璧、林东锡、康寔镇、陈泰夏、吴钟林、吴世畯、全广镇、丁玟声等教授,代表了现代韩国汉语音韵学研究的基本学术水平。

从日本汉语音韵学史可知,日本学者对台湾汉语音韵学的关注是不遗余力的。比如藤堂明保《中国语音韵论》(1957)、小仓肇《上古汉语的音韵体系》

（1978、1979）对董同龢上古音研究的重视；上田正《〈切韵〉残卷诸本补正》（1973）对潘重规《瀛涯敦煌韵辑新编》（1972）的补充与订正；花登正宏《古今韵会举要研究》（1997）对竺家宁《〈古今韵会举要〉的语音系统》（1986）的赞许，等等，都可以说是日本学者对当代台湾汉语音韵学研究的充分肯定。

台湾地区汉语音韵学在东亚，乃至于在世界汉语音韵学的崇高地位是完全可以肯定的，它代表了中国汉语音韵学所取得多方面成就无可置疑。

第三节　台湾汉语音韵学隐忧

一、传统汉语音韵学文献资源短缺局面开始显现

与台湾学者接触，最直接的感受是，许多学者感叹传统音韵学文献发掘犹如一个千年老矿床，经过无数次的开掘，资源已经枯竭，难以为继。传统字书、韵书、韵图、音义著作、用韵文献、译音对音资料，大多数都有人研究过了，新的文献发掘变得越来越不容易。于是，同一种文献有许多人重复性选题的状况越来越明显。比如明代人濮阳涞《元声韵学大成》，台湾硕士论文选题，至少有三篇与此相关：郑雅玲《〈元声韵学大成〉研究》（台北市立大学硕士论文，叶键得指导，2008）、吴蕙君《〈元声韵学大成〉音系研究》（世新大学硕士论文，杨秀芳指导，2008）、李佳娟《〈元声韵学大成〉音韵问题研究》（嘉义大学硕士论文，林庆勋指导，2009）。大陆也有两篇，即路建彩《〈元声韵学大成〉与明代吴语》（山东师范大学硕士论文，张玉来指导，2000）、邹德文《〈元声韵学大成〉研究》（吉林大学硕士论文，李无未指导，2004）。这些研究有所不同，新意迭现也是可能的；但是，选题集中到一本文献，势必对其他文献研究有所忽略，也势必影响到了对其他文献的新开掘进程。当然，"重复性选题"不是就一定不好，因为看问题的角度不同，使用的方法不同，观点也当然不同，但还是应该尽力避免才合适。与此同时，几个选题集中到一本文献，是不是也意味着文献的开掘明显感到困难？

这种情形其实和大陆学者所面临的问题是一样的，都有一个传统音韵学文献资源不足的问题，这当然也就成了制约汉语音韵学可持续发展的"瓶颈"。"老树新芽"固然是汉语音韵学重新焕发青春的契机，但"新树新芽"，则

是未来勃勃生机的象征,如此,就逼迫我们不得不在挖掘新的文献资料上花费力气,这也是改变传统汉语音韵学文献资源短缺局面的重要途径之一。

二、传统汉语音韵学文献研究范式求变

许多学者认为,要想使汉语音韵学可持续发展,就必须另寻出路,去发现新的"矿床"文献。而要发现新的"矿床"文献,就必须努力促进"勘探"技术创新,走向高科技化、精细化、集成化。同时,还要突破旧的"矿床勘探"理论思维模式,走向新的"矿床勘探"理论变革之路。事实上,许多学者在这方面有所思考。"文史音韵学"正在崛起。从文献材料上看,"海外汉语文献"的发掘正成为一股新的潮流,它带来的不仅仅是文献资源视野的突破,更为重要的是,使得人们对汉语音韵学研究历史的认识与过去有了很大的不同,"异域"之眼,转换了人们思考汉语语音史的观念方式,这是前所未有的。比如威妥玛《语言自迩集》(1867)对北京官话语音研究,以及日本北京官话课本语音分析模式,其语音学理念的成熟度,超出人们的想象。一些学者利用汉语音韵学的功底优势,快速"转向"汉语方言学,对汉语方言学研究领域是个不小的冲击,同时,又强化了汉语音韵学与汉语方言学的深度融合,嫁接出新的学术成果。以历史语言学和语言类型学、形式语言学眼光研究汉语音韵学,正在衍生出新的学术领域。这些都是范式求变的结果。但在求变的过程中,出现了一些"功利化"与"泡沫化"倾向,也给汉语音韵学研究声誉带来了深重的打击。

三、汉语音韵学学术研究"功利化"与"泡沫化"

王松木在《明代等韵之类型及其开展(上、下)》(2011)第七章第二节"传统音韵学所面临的瓶颈"中,从论文篇数的增长率、研究者是否有效扩增两个角度探讨了汉语音韵学危机(347—352 页)。

其一,论文篇数的增长率。据王松木观察,大陆地区音韵学论文情况,1930 年、1940 年是常规增长阶段,增长速度惊人,由 1902 至 1922 年时的 25 篇暴增至 397 篇;1949 年以后,乃至于"文革"时期,因为政治的原因而处于低谷,甚至于中辍;20 世纪 80 年代又形成一个高峰,20 世纪 90 年代以后论文篇数虽然在攀升,但增长率却呈下降趋势(350 页)。至于 2000 年以后的情况,因为没有数据,王松木无从表述。不过,我们看到的另一种情况是,大陆学科

建设,即博硕士点在近10年间呈"井喷"状态,各学校极力扩大招生规模,相应培养的博硕士数量猛增,加上对博硕士发表论文数量均有硬性规定,论文篇数的增长率大幅上升是肯定的。至于论文质量,按一般的情形判断,大幅下降是肯定的。这一点,王松木并没有考虑到。

王松木依据何大安、姚荣松、江俊龙以及他自己的统计,总结近二十年来台湾地区汉语音韵学的研究情况,结果表明,虽然论文总篇数逐年增长(由88篇到352篇),但以书面文献为研究对象的传统音韵学——上古音、中古音、近代音,在其中所占的比例却呈现出逐渐退缩的趋势(约由63.6%下降至36.6%);相较之下,以实际口语为对象的方言音韵研究正日渐扩充版图,俨然已成为当代汉语音韵研究的主流。当然,王松木没有提到,造成台湾汉语音韵研究的颓势局面,一些人政治意识在发挥主导作用,也是一个很重要的原因。

王松木的结论是:传统音韵学与方言音韵研究之间呈现此消彼长的态势,无论是大陆或是台湾地区,传统音韵学表面看来或处于巅峰状态,但实际上已经日渐显露疲态。

其二,研究者是否有效扩增。如王松木所述,一门学科是否能持续有效地吸引新血液加入十分重要。台湾情况如何?王松木引用了竺家宁1993年统计,1949至1990年之间台湾培育出25位以传统音韵学为研究主题的博士生,若除去8位外籍生,只剩下17位,非但数量不多,且不能持续稳定增长(351页)。实际上,台湾那一段时间培养的博士生,如今大多已经60岁左右,有许多已经退休或不再从事汉语音韵学研究,从资料上看,还不能说明现在的问题。如果就这两年看来,有学者认为,台湾汉语音韵学更是衰落得惊人。前年笔者到台湾,一位关注台湾汉语音韵学研究现状的学者不无感叹地说,台湾50岁以下的学者,已经很少有人坚持研究汉语音韵学了,即便是这个专业毕业的博硕士,也大都改行去做热门的汉语方言学或者是汉语社会语言学等领域的研究了。他戏谑地说,用不了十年,台湾学生学汉语音韵学都要到大陆去了,因为很多大学已经找不到老师开这门课了。这话似乎是危言耸听,但和相关学者求证,形势确实如此严峻,已经到了比较危机的程度。

大陆的情况又如何呢?据我们所知,大陆的情况似乎也好不到哪里去。50岁以下的学者已经成长起来,开始成为学术与教学的主力军。但是,巨大的隐忧也不时凸显,比如"文革"十年人才断层;学术评价体系过分看重刊物的级别和数量,但许多权威刊物拒绝刊发汉语音韵学论文;过分强调与国际语言学学术接轨,而忽视了传统音韵学文献的发掘,学术眼光局限性很大,难以做到"中西贯通";学术"山头"纷争等因素,汉语音韵学被边缘化的风险也十分明显。

中国台湾与大陆汉语音韵学被边缘化,引起了许多人的担忧,今后的路该如何走?都需要有识之士真诚面对。但"危机就是转机",王松木也引用孔恩(大陆译作库恩)的话说,"危机浮现乃是新典范即将诞生的先兆",所以,孕育着新的研究范式的出现。跨学科研究,即不同学科之间的学术碰撞,必定撞击出新的思想的火花。

我们已经进入到了一个互联网称雄的时代。有人说,比互联网更为先进的是物联网,下一个时代就是物联网时代。无论是互联网,还是物联网都要以"大数据"为标志,利用"大数据"研究学术,肯定会导致人们思维方式的全面更新,颠覆了以往的被认知为"真理"的"铁律"。汉语音韵学如何在"大数据"面前赢得生机?这是我们不得不面临的问题。"汉语音韵学大数据"理论的提出,一定会寻求到新的出路,这一天早晚会到来。

第四节 中国大陆及台湾地区汉语音韵学的未来

一、中国汉语音韵学的出路

中国汉语音韵学的出路在哪里?1928 年,《史语所集刊》第 1 本第 1 分册出版,傅斯年所长发表了《史语所工作之旨趣》,其中提出的学术研究进步的衡量标准,仍然可以作为我们思考汉语音韵学未来出路问题的一种参考观点。

傅斯年衡量学术进步的标准有 3 条:其一,"凡能直接研究材料,便进步;凡间接的研究前人所研究,或前人所创造之系统,而不繁丰细密的参照所包含的事实,便退步";其二,"凡一种学问能扩张他所研究的材料便进步,不能的便退步";其三,"凡一种学问能扩充他作研究时应用工具的,则进步;不能的,退步"(4—6 页)。

实际上,傅斯年标准的第一条是强调亲自调查,取得第一手新资料;第二条是对所获得的材料有新的发现,包括多角度,跨学科的新问题意识;第三条是掌握新的研究工具,即新的理论和方式方法。

在我们看来,"万变不离其宗",中国汉语音韵学的未来出路还是没有跳出傅斯年所说的"新资料、新发现、新理论方法"思考范围之外。许多学者试图在这方面有所作为。比如何大安《声韵学中的传统、当代与现代》(2001)是在理论上架构汉语音韵学的现代机制。曾荣汾以开发《广韵切语数据库》《〈诗经〉古韵数据库》为契机,将"跨界"作为思考前提,突出计算机技术延伸到汉语音韵学许多领域的实际应用价值。

丁邦新《论有关声韵学的几项研究》(2000)从整合的角度证明汉语音韵学研究的成果对其他学科的贡献,去拓宽汉语音韵学研究的途径。比如《柏梁台》诗的著作年代问题,其中两句诗的韵字"尤、罘"是《广韵》的尤韵字,在东汉以前和之部字押韵,而这首诗中的"来、才、哉、时、治、之"等都是之部字;但到魏晋之后,"尤、罘"就跟幽部字合流,根本不会与之部字押韵了。可见《柏梁台》诗完成时代不会晚到魏晋,至少也要推到东汉。从别的文献资料证明,《柏梁台》诗极可能写成于西汉末年。其他还有国语中中古入声字读法分歧的原因、甲骨刻辞中的方言问题等也是如此,实际上,等同于思考着汉语音韵学"走出学科困境"的问题。

当然,也有另一种声音,比如有学者倡导台湾汉语音韵学研究要顺应所谓的"台湾语言的自然演变趋势"。"台湾语言的自然演变趋势"是什么?郑良伟《演变中的台湾社会语文——多语社会及双语教育》(1990)说:"台湾各种主要语言的继续性、本土化、双语共通化、海洋化是过去四百年来的自然演变趋势,适合台湾多民族,多语言的移民岛屿社会、地理环境。但是过去的满清、日本、国府拢(总)极力阻止违背遮的(这些)自然演变趋势。"(4—6页)我们认为,这种看法对台湾语言历史发展的估计并不切合实际。台湾语言的自然演变趋势是多元聚合而有序的统一。由于与中国大陆文化上的血脉相连,有维系着共同语意识的国语,还有丰富多彩的闽客等方言,以及少数民族语言,以国语为官方交流主流语言是肯定的,多语是次要的。以多语涵盖国语,有将闽客等方言与国语对立之嫌疑。闽客等方言只是中国汉语的一个支脉,不能称之为一个有别于汉语的语言。面对着这样一个新的趋势,汉语音韵学学者当然要非常关注,并且予以科学解释,这也是汉语音韵学面向实际活的语言现象而进行的语言行动之一,更是激活汉语音韵学生命力,而使汉语音韵学阔步走向未来的出路之一。

二、中国大陆及台湾地区汉语音韵学的未来

(一)李方桂谈汉语音韵研究的方向

李方桂《汉语研究的方向——音韵学的发展》(发表于 1974;丁邦新等编《李方桂全集 1:汉藏语论文集》181—193,2012)就曾说过:"对于一个研究的方向,是很难可以预料的,顶多只能预料很近或很短的时期,因为在学术上,一天有一天新的理论、新的办法,所以,要我们很准确地指出今后应该向哪个方向走去,的确是一件不容易的事情。"所以,李方桂认为,只能就宏观的方面谈谈有关音韵学研究未来的想法。

李方桂认为,谈到音韵学本身的研究,可以从几方面来看。第一方面,音韵学的发展,要靠语言学的发展。因为所谓的音韵学,无非是研究一个语言的语音,所以,如果语音学的根底好,那么,音韵学这方面的发展也可以进步。汉语音韵学也是如此。研究近代的方言,或是别的语言,往往有出乎我们意料之外的语音,而不是我们历来等韵、《韵镜》这类书中的名词所能代表的,所以,也必须要另起一个新名词来解释这类的语音。第二方面,从研究音韵学历史来说,如果方言的材料多了,我们就可以从方言分类上头做起。每一类方言可以想法子用比较语言学的方法来求取演变的痕迹,至少可以找出这一种语言、这一类方言在古代应该是个什么样子。研究汉语音韵学,不仅是研究它的语音情形,与语法也有相当的关系。从研究中国音韵学史来看,虽然有很好很多的材料,例如《切韵》《中原音韵》,但这些材料是有限制的,是一个字一个字的读法,即重读,非轻声。但学者们忽略了轻声的研究。由此,轻重音是一个相当重要的问题,也许影响到了方言音韵的演变规律。第三方面,汉语音韵学和非汉语音韵学存在着一定的关系,比如汉语和藏语比较结果如何,就会影响到古汉语拟测的质量。他指出:

> 将来的成绩,恐怕还是要归于研究非汉语的人,但同时,也是研究汉语的人……汉语和非汉语的界限不要划得太清楚,因为汉语是语言,非汉语也是语言。汉语不过是中国境内的语言之一,非汉语也是中国境内的语言,所以,如果能混合在一起的话,这对汉语音韵学将来的发展也是有

很大的帮助的。

(二)周法高《论中国语言学的过去、现在和未来》(1966/1980)

该文虽然谈的是中国语言学学科,但也包含了汉语音韵学内容。他在叙述中国语言学特点、分期之后,谈了自己对中国语言学未来的看法:第一,中国语言学具有其普遍性和特殊性;要合乎普通语言学发展的潮流,比如解决中国传统语言学与现代语言学格格不入,没有创造出独有理论的问题。因此,有自己的一套理论,构成"中国学派"是当务之急。第二,传统中国语言学,可能给我们许多启示。董同龢《中国音韵学中的音节二分法》(1964)从理论上解释了反切法的合理性。周法高强调,在继承遗产的同时,必须要以具有现代的眼光加以批判,这是中国语言学家的责任。第三,在现代期,我们研究中国语言学还有许多缺点。比如调查方言时喜欢拿《广韵》进行比较,这看重的是单个的字音,而忽略了整段整句的话;比利时神父贺登崧(W. A. Grootaers)和罗常培就曾对此加以批评。研究方言,语音、词汇之外,还要注意语法的研究。拟测古音,没有充分运用比较法。第四,过去在对日抗战时,语言学家在中国西南做了很多的语言调查,特别是少数民族语言。可见语言学研究要能就地取材才好。他还认为应该加强方言调查,以及推行国语、方言和音韵学的结合等。

(三)竺家宁畅谈汉语音韵学未来

竺家宁《台湾近年来声韵学发展的特色》(2010)专门谈到了"声韵学未来的发展"问题。其实,竺家宁在其《五十年来台湾的声韵学研究》(2006)一文中已经对于音韵学未来有待努力的地方提出了几个看法。笔者认为这是非常重要的意见,应该在这里重点引述。竺家宁说:

1.方言学和汉藏语。声韵学未来的发展必然还会从两个方面取得预期的成绩:一是方言学的研究,一是同族语言的研究。传统声韵的研究资料往往是得自典籍、文字之中。将来,除了纸上的材料,活语言的材料也必然逐渐受到重视……外国学者和大陆学者在这方面的研究也很多。古音的痕迹或多或少会反映在现代方言里,因此,方言学的知识对古音研究的发展必然会有很大的贡献。在同族语言方面,研究的成绩比方言学差很多,从事的学者较少,起步也较迟。在藏语方面,有张琨、辛勉等学者的研究,在台(泰)语(中国西南地区的语言)方面有李方桂的研究。同族语言的研究对上古音韵的探索,能够提供很大的帮助,过去的学者研究上古音往往只能从形声字、古韵语、假借、异文着手,一旦掌握了丰富的活语言数据,上古音研究的新局面是可以预期的。2.教科书的编纂。编纂一部成功的声韵学教材,应当注意到两方面:第一,必须跟得上这门学科的发展。最理想的情况是每五年作一次修订,每十年重新编写。事实上,目前所见到的声韵学专书,多半是几十年前的旧作,或者是以数十年前的架构编写的,因而许多新的发展没能收入或介绍,使一般入门者不能借以获得最新的信息,这是很可惜的。第二,必须作全盘性的介绍,而不应专主一家之学。初学的人通常想要知道的,是整个的状况,然后才能由博返约;初学者一开始就受到了限制,以后就很难再去接受不同的观点。3.声韵知识的普及和推广。传统上,声韵学往往被误认为是一门冷僻艰深的学科。在过去,语言学的方法和语音学的知识还没有被充分运用之前,这是难免的。可是,今天声韵学这门科目的发展已经不是过去的局面,它已经是门有系统的社会科学,它的应用范围不仅在通读古书上,更是在语文教学上的基础知识……要把这些问题的所以然找出来,都得要有声韵学的知识……今天,我们要打破"声韵学只是少数专家的事"的观念,就必需多作一点介绍的工作。不但一般民众可以从中获得基本的语文常识,从事其他方面研究的学者,也可以借它而使本身的研究得到助益。例如研究史地的人,可以借古音的知识了解某些古代的地名和人名,其来源如何;研究文学的人可以透过古音去了解古典文学的韵律之美在哪里。我们可以说,声韵知识的普及和推广,是每位声韵研究者责无旁贷之工作。声韵学研究的任何新领域、新成果,都应该立即开放给社会大众共同分享。4.向近代音等领域研究拓展。

竺家宁曾在《汉学研究》第十八卷特刊《台湾语言学的创造力》专号(总号第三十六号)发表《论近代音研究的方法、现况与展望》一文(2000:175—198),认为传统音韵学多把研究的焦点放在《广韵》和先秦古音上,近年来则逐渐摆脱尊古薄今的观念,注意到近代音研究的重要性。近代音有十分丰富的材料,提供了中古音到现代音演化的讯息;透过这些语料的分析,我们可以知道现代汉语音韵各成分的来源和形成的脉络。因此,它和我们切身所处的"现代"的密切性更超过《切韵》音系和先秦古音。现代方言的研究,特别是北方方言或官话方言,更不能没有近代音的知识为基础。近代音在音韵学者的努力下,获得了很好的成绩,成为近年来音韵学研究的热门领域。其研究可以从下面三个角度着手:第一,某一部语料的研究。此类研究多选择大体上能反映出当时实际语音的著作,包含宋、元、明、清的韵书和韵图。通常可分两方面着手:其音韵理论、音韵符号的描述,以及其语音系统的分析。第二,某一种语音现象的研究,是一种历时音变的研究。例如,探索在近代音史上舌尖元音如何产生,如何逐步发展成今天这样的面貌,以及腭化声母何时出现、入声的发展过程如何、"浊上归去"现象的发展等等。这类研究目前比较缺乏。第三,针对某一位音韵学家的研究。例如,江永的研究、段玉裁的研究、陈第的研究、杨慎的研究等等,属于音韵学史研究的一环。近代音的研究还有三个重要的基本条件:第一是语音学,任何近代音韵书或韵图,其归字与分韵的架构与体系,须要透过音位的概念掌握音理,进行共时的描写。第二是方言学,方言和近代音语料的关系尤其密切。许多归字与分韵的现象都可以在现代方言中找到相呼应的例证。如果我们对于方言区数百年来人口流动迁徙有充分的了解,那么,对近代音语料的诠释就更易于精确掌握。第三是熟悉中古音,任何近代音的归字与分韵都必须以《广韵》音系作为比较的基准,才能阐明其中的演变。唯有兼备这三方面的能力,研究工作才有可能事半功倍,达到理想的效果。

（四）萧宇超的现代汉语音韵国际观

萧宇超曾经发表过《现代音韵学知识在语言教学上所扮演的角色》(1998)和《从台湾的语言看现代音韵学理论》(2007)等论文。这里我们重点介绍萧宇超的《现代汉语音韵的国际观》(2006)。

萧宇超说,对于现代汉语音韵学,学者最关心的莫过于两个问题。第一个问题是一个基本问题,也就是关于"现代音韵学的工作"。换句话说,音韵学者到底在做些什么事? 第二个问题是一个比较宏观的问题,也就是关于"现代汉语音韵学与国际的接轨"。回答这个问题,我们须要把视野放大,了解国际上音韵研究的趋势,再回头看一看国内音韵研究的走向。

其一，现代音韵学的工作。萧宇超说有三项基本工作。第一项工作是研究"语言的音韵系统"，也就是一个语言中有哪些辅音、元音、声调或重音等等。第二项工作是研究"音韵成分在词汇中的位置及分布"，哪些音可以出现在前缀、哪些音可以出现在字尾、音跟音之间排列组合有何限制等等。譬如，闽南话的入声字音节以[-p][-t][-k][-ʔ]等塞音为韵尾，现代北京话则没有入声字音节等。第三项工作是研究"音韵成分跨越字词边界，在句中的变化"，这是从事音韵描述与理论分析所关心的焦点。譬如，小至短语性音节连并，即哪些词与词相邻的时候容易合并成一个音节；大至声调与语调的互动，即声调在什么位置上容易发生变调，在什么情况下会丢失而被语调取代。

萧宇超解释道，这三项工作主要是在探究语言在音韵层次的语法，具体来说，包含抽象的符号以及符号的运算。所谓抽象符号包括音段、超音段、音征、韵律成分等等。音段方面如辅音、元音、介音；超音段方面如声调、重音；音征方面如"唇音、鼻音"等等；韵律成分方面如音拍、音节、音步等等。而符号运算即是音韵规则或制约的运作。音韵规则属派生机制，譬如辅音唇化、元音鼻化、介音删除，声调扩展等等；音韵制约为非派生机制，譬如信实制约、标显制约等等。抽象符号与符号运算的关系即构成了所谓的"形式理论"。另一方面，除了语法的形式之外，音韵学者也注意到了语法的本质，也就是抽象符号与符号运算代表所的意义，强调的是超语言（或语法外）的因素。许多学者认为音韵的形式理论不应该无视于语音的超语言特质，诸如语言感知、可学性等等，相关的音韵实验及声学测量也应运而生。

其二，国际音韵人力分布研究。萧宇超的做法是，通过因特网，就人力方面完成了五个国家和地区的调查，除台湾外，还包括美国、加拿大、英国以及香港，这些地区的音韵学研究对台湾有较明显的影响及互动。美中不足的是中国大陆的语言学信息在网络上十分缺乏，现阶段无法做完整搜集或分析，留待将来研究。萧宇超将音韵研究初步区分为三个大类，即理论、实验和其他。理论泛指形式理论（Formal Theories），实验音韵包括声学测量、心理实验等等，这两类之外则归为其他，如计算器音韵、历史音韵等等。

其三，各国国际音韵人力分布情况。萧宇超调查结果是：在美国部分，调查了102所学校，共计有265人。其中理论音韵学者有169人，实验音韵学者有80人，其他有16人。美国研究形式音韵理论的人力居多。在加拿大部分，调查了 20 所大学及研究机构,共计有 30 人。其中理论音韵学者有 11 人,实验音韵学者有 17 人,其他有 2 人。在加拿大,研究实验音韵的人力比较多。在英国部分,调查了 40 所大学及研究机构,共计有 49 人。其中理论音韵学者有 17 人,实验音韵学者有 29 人,其他有 3 人。英国也是研究实验音韵的人力居多。在台湾部分,调查了 15 所大学及研究机构,共计有 23 人。其中理论音韵学者有 7 人,实验音韵学者有 13 人,其他有 3 人。在台湾,研究实验音韵的人力,几乎是研究形式音韵理论的人力的两倍。在香港部分,调查了 6 所大学及研究机构,共计有 10 人。其中理论音韵学者有 3 人,实验音韵学者有 5 人,其他有 2 人。在香港也是研究实验音韵的人力居多。五个地区做对照,整体人力的分布只有在美国一个地区是研究形式音韵理论的人力居多,其他四个地区则都是研究实验音韵的人力居多。不过从表格可以看出,音韵人力几乎都集中在美国,这也是为什么当前的音韵研究,美国扮演领导的角色。

其四,形式音韵理论在整个音韵研究的领域中占有很重要的地位。一方面,近五十年来各种形式理论不断发展,成为带动音韵研究的主流,另一方面,也刺激各类音韵实验之研究。所以,萧宇超认为,有必要介绍形式音韵理论:"衍生音韵学"(Generative Phonology),涉及词汇音韵学、韵律结构、派生音韵规则等内容。

其五,音韵学与其他学科整合。在国际上,现代音韵学研究已逐步走向学科整合的趋势,萧宇超就音韵与构词、句法、语音、心理语言、语言习得、方言变异、计算器语言等跨学科研究人力做了分类调查。涉及音韵与构词研究、跨音韵与句法、跨音韵与语音、跨音韵与心理语言、跨音韵与语言习得、跨音韵与方言变异、跨音韵与计算器语言。

其六,萧宇超根据国际上音韵学研究趋势,对中国汉语音韵学提出设想。整体而言,现代音韵人力集中在美国,尤以形式音韵理论人力最多,因此可以理解其在音韵研究发展上的领导地位。反观台湾,汉语音韵研究人力具有优势,可是并没有学术领先性。其中一个很重要的原因是形式音韵理论不强,缺少了一个主要的刺激物。换言之,理论创意有待加强,最根本的做法就是从学生培育扎根。萧宇超希望通过较客观与较宏观的调查数据,为台湾中文系所的教师与同学提供一个清楚的分析,也期待将来台湾能发展出足以主导国际的汉语音韵理论潮流。此外,现代音韵与传统音韵的互动交流亦上有一段路要走,中文系所的人力对于现代音韵的贡献亦是须要进一步调查的要务。

其他学者,比如钟荣富《谈现代汉语音韵学应走的方向》(台湾《书目季刊》24.1:90—94,1990)也有与萧宇超类似的判断,同样认为未来汉语音韵学形式音韵理论研究取向要占主导地位。

(五)李存智谈汉语音韵学的未来

2016 年 4 月,台湾大学文学院中文系教授李存智在厦门大学中文系作《台湾音韵学研究概况》讲座,她在"音韵学未来的发展"一节中认为,未来汉语音韵学研究,一是重视汉语音韵学材料,包括传世文献、出土文献、汉语方言与同族系语言的解读与研究。要精确解读文献(传世;出土),就要注意形声字、古韵语、假借、异文、又音、反切、域外材料等问题;而重视方言和同族系语言研究,就要注意汉语方言参差不等的音读形式反映音韵发展的轨迹、方言学研究成果与古音研究相互参证、同族系语言研究有助于上古音韵构拟等问题。二是采用汉语音韵学的研究方法,主要是整合音系学理论与方法。通过语音学、音韵学、方言学等学科的"整合",希望达到常量的、永恒的,不受时间影响的研究效果。三是进行汉语音韵学重建与演变的研究,即重建语言演变的连续性、提出语言演变通则、解释文献记录的语言现象;建立假说,加以论证。而真正的汉语音韵学理论特色就在于它的能产性。

(六)几位学者观点对比

李方桂、周法高、竺家宁、萧宇超、李存智的学术取向不同,因而对中国汉语音韵学的思考方式形成比较大的反差。李方桂所谈,寄希望于语言学理论的发展带动汉语音韵学的进步,是就汉语音韵学思想创新而言的。至于以活的方言和非汉语语言学为研究出路,是突破传统汉语文献的束缚,开掘新资源的需要。周法高所期待的创造自己的语言学理论,构成"中国学派"的愿望,就是在今天也还没有实现。竺家宁所谈的汉语音韵学未来,是在中国汉语音韵学已经形成的研究范式基础上论未来的实际的操作,与萧宇超所理解的国际上的当代音韵学内涵因为术语系统理论不在一个对话的范畴中,几乎无法获得理解和对应。竺家宁没有萧宇超所具有的当代音韵学国际观是十分自然的;而萧宇超虽然追踪国际当代音韵学研究的潮流,并且在进行了十分缜密的调查数据基础上而有所推论,但与中国业已形成的汉语音韵学研究强大的惯势无法搭界,故而进行实际操作也有困难。李存智的研究立足于现实,希望未来研究所形成的理论模型体现"能产性",很显然,"理论之树常青","理论内在所蕴含的青春活力四射"。

中国大陆及台湾汉语音韵学的未来如何设计? 由李方桂、周法高、竺家宁、萧宇超、李存智等对汉语音韵学未来的学术取向来看,这不是一件很容易的事。但我们认为,驰骋想象,空间自由,多种设计并存,多种模式竞争,自然而然就会形成一定意义的未来图景,不强求一律,顺势自由发展,中国大陆及台湾汉语音韵学的未来一定是美好的。

第五节 余论

研究台湾汉语音韵学史,台湾学者早就开始进行了,比如李方桂、周法高、陈新雄、李壬癸、丁邦新、竺家宁、何大安、姚荣松、洪惟仁、王松木等学者发表了不少可贵的见解。毫无疑问,这是我们进一步探讨的基础,我们对这些学者的创新性思考表示十分的敬重。中国大陆学者研究中国台湾汉语音韵学史的成果不多见,冯蒸导夫先路,从研究赵荫棠藏书开始,收集文献范围十分广泛。还有一些学者在学术综述中对台湾汉语音韵学史有所提及。由于笔者孤陋寡闻,没有见到其他学者有更多专题性成果问世,更勿论说系统关注了,这不能不说是一件令人遗憾的事。

我们研究台湾汉语音韵学史出于这样的一些目的:一是可以给关心台湾汉语音韵学史的学者提供线索,以便对台湾汉语音韵学史文献有一个概括的理解。虽然许多学者可以通过网络或纸质数据了解一些台湾汉语音韵学史文献情况,但很难做到系统化,并且也都是残缺不全的。因此,迫切需要有人为此付出心血提供"清单"。二是研究东亚或世界汉语音韵学史的需要。台湾汉语音韵学史在中国汉语音韵学史中所占的分量很重,这是大多数汉语音韵学学者都知道的常识,但求其在东亚乃至于世界范围内的汉语音韵学史地位就语焉不详了。只有通过研究台湾汉语音韵学史,并和大陆以及相关国家和地区汉语音韵学史相比较,才可以得出一个科学的结论,以达到真正确立台湾汉语音韵学史价值的标准和要求。三是由此而进一步思考相关学术问题。过去笔者研究汉语音韵学史,由于目光所限,只是就自己所知道的中国大陆,以及日本相关汉语音韵学研究而论述问题。阅读了台湾相关汉语音韵学史文献后,思路更加开阔,台湾学者自有自己的研究路数,给我们输送的学术营养是其他国家和地区所不能替代的。这就是接触第一手数据的得天独厚优势。四是教学之用,适合于中国大陆汉语言文字学专业博硕士生,可供关心和研究台湾汉语音韵学史的同学使用。做到一册书在手,即可发挥纵览台湾汉语音韵学史全局的作用。

我们研究台湾汉语音韵学史有自己的思考方式:台湾汉语音韵学史与大陆其他地区不同,两岸分离带来了汉语音韵学研究思考方式方法的隔阂与歧异,所以,台湾汉语音韵学史存在着明显的自我运行轨迹。认识这个运行轨迹,就要选择一个适合观察台湾汉语音韵学史的方式和手段:静态和动态结合、横向和纵向结合、学术师承和作者论著结合、整体和个体结合等。

我们是把台湾汉语音韵学史作为中国汉语音韵学的一部分来认识的,这是因为,台湾汉语音韵学史,无论从哪个方面来说,都难以与大陆的汉语音韵学截然分开,它所走过的路,就是与大陆血肉相连的,相互融合、相互促进而发展的历史。

我们认为,仅仅从中国或者台湾自身去理解台湾汉语音韵学史是不够全面的,我们要想全面理解台湾汉语音韵学的科学内涵,还要从东亚汉语音韵学各自传统形成历史的视野去解读,这样才能够更为客观地认识台湾汉语音韵学史在东亚汉语语言学范畴的意义。比如理解日据时期台湾汉语音韵学,如果不与日本汉语音韵学研究传统相结合,而孤立地研究小川尚义等学者成绩,就很容易陷入一种片面的解读境地,以为是他们的独创。因为历史的原因,许多韩国汉语音韵学者在台湾接受教育,回到韩国后,结合韩国汉语音韵学历史文献研究,取得了很大的成就,但仍然不可避免地带有台湾学者研究思路与方法的痕迹,由此,研究韩国当代汉语音韵学历史,也必须结合台湾汉语音韵学去进行。好在笔者先期写过日本汉语音韵学史,更因为与韩国学者的学术交往关系,对韩国汉语音韵学历史文献进行过调查,所以,对日韩两国汉语音韵学研究情况并不陌生,为写作台湾汉语音韵学史提供了先决条件。

台湾汉语音韵学不能游离于世界汉语音韵学研究的大势之外,就在大陆因为"文革"而与世隔绝之时,台湾汉语音韵学界与世界各国汉语音韵学界的沟通与往来十分密切,紧紧地追随着世界汉语音韵学研究的潮流,吸取世界汉语音韵学研究优秀的理论与方法成果,丰富了自己的汉语音韵学研究内涵。

如何评估台湾汉语音韵学在世界汉语音韵学史的地位和价值,也是我们必须要考虑的问题。

在构建本书的框架时,我们是颇费了一番心思的。探讨台湾汉语音韵学的发端和形成问题,难度很大,但必须有所作为。台湾汉语音韵学史分期和特点,过去学者挖掘不够,我们通过科学的缕析和研究,得出了符合实际的基本结论。台湾汉语音韵学史文献盘点,分七个方面论述,以问题和时间顺序为中心,总结和评述台湾汉语音韵学史的成就,是本书的写作重点之一,也是学者们最为关心的内容。我们在台湾汉语音韵学史谱系研究上下了一番功夫,主要是想捋清有关台湾汉语音韵学史流派承传存在的基本事实。台湾汉语音韵学史流派形成与中国大陆,与日本、韩国以及欧美等国汉语音韵学理论与方法具有千丝万缕的关系,不梳理,就很难找出其学术发展的趋向来。笔者尝试着作这项工作,力图找回中国研究"学案"的传统,不知道是否可行?不过,有一个让笔者难以理解的现象,或许也和"流派承传"有关,就是从台湾音韵学者自述的履历上看,如果毕业于"国立"大学,大都喜欢在大学名字之前加一个"国立"二字,以示与"私立"之区别。大陆没有"国立、私立"之说,只有公办民办之别。但因为"民办"还不成气候,所以,不会有人强调"公办",因为大家都是"公办"的。不过,大陆却对"985、211"很敏感。看出身,看是否师承名师,两岸都一样。最后,我们还要回答一个久久淤积在胸中的话题,就是台湾汉语音韵学史在东亚乃至于世界汉语音韵学史中的价值和意义。台湾汉语音韵学者很少顾及这样的宏观性问题,而我们大陆学者却喜欢讨论这样的问题,角度不同,殊途同归。我们尽量以事实为准绳,横向对比和纵向动态考察结合,扩大视野范围,还是可以提出一些见解来的,不管是否合理,肯定是我们动脑筋思考的结晶。

一般人都知道写史难,而一般学者公认,写汉语语言学史则更难,岂不知写汉语音韵学史最难?而写台湾汉语音韵学史则是难上加难。难在哪里?

一是难在"发前人所未发"。台湾汉语音韵学史研究成果不少,如何在他们的基础上提炼出其学术精髓,并具有自己的看法,是摆在我们面前的难题。如果不是这样,只能是做到了汇集台湾汉语音韵学史文献却"述而不作"。但真正做到"述而不作"也很难,最有可能往往是"述而不实、述而成虚",言之而无物,对不起学者们的孤诣苦心,其结果就是,轻则会被人指责,重则会被人痛骂或唾弃,结果当然会十分惨痛的。对此我在心理上是不是有所准备,并随时应运而遭责难?

二是难在于对台湾"古今学术渊源,辄能条例而得其宗旨"(《文史通义序》)。台湾学术源远流长,与大陆血缘同脉,但也具有其"混杂性",比如日本殖民语言学、欧美语言学、中国传统语言学等交织在一起,外源理论浸入后的错杂"生成"因素十分明显,要想讲清楚它的规律何其难也!比如周法高有些论作是在大陆写的,并发表在《史语所集刊》上,后来,《史语所集刊》在台湾出版,他又在上面发表了不少的著作,已经构成了完整的系列,如果将前期论著硬性"舍弃",就会割裂台湾与大陆的学术渊源性。周法高又从台湾赴香港,长期在香港执教,晚年才回到台湾任教,但我们不能因此而忽略了他在台湾汉语音韵学史的地位和影响。

三是难明"桑蚕食叶而不能抽丝"之偏。章学诚《与陈汪龙庄书》说,"今日学者风气,征实太多,发挥太少,有如桑蚕食叶而不能抽丝"(刘氏嘉业堂刻《章氏遗书》卷九)。清代学者考据、训诂太多,是汉学之弊,也应有宋学的"义理"之长的补苴。《文史通义·原学上》说得更为具体:

> 夫子曰:"下学而上达",盖言学于形而下之器,而自达于形而上之道也……专于诵读而言学,世儒之陋也……世儒之患,其于学而不思……学博者长于考索,岂非道中之实积?而骛于博者,终身敝精劳神以徇之,不思博者何所取也;才健者于属文,岂非道体之发挥?而擅于文者,终身苦心焦思以构之,不思文之何所用也;言义理者似能思矣,而不知义理虚悬而无薄,则义理义无当于道矣。此皆知其然而不知其所以然也……天下不能无风气,风气不能无循环,一阴一阳之道,见于气数者然也。所贵君子之学术,为能持世救偏,一阴一阳之道,宜于调剂者然也。风气之开也,必有所以取,学问、文辞与义理,所以不无偏重畸轻之故也。风气之成也,必有所以敝,人情趋时而好名,徇末而不知本也。是故开者,虽不免于偏,必取其精者,为新气之迎,敝者纵名为正,必袭其伪者,为末流之托,此亦自然之势也。而世之言学者,不知持风气,而惟知徇风气,且谓非是不足邀誉焉,则亦弗思而已矣。

借章学诚这段话而引申之，对台湾汉语音韵学史各类"开风气之先"的学术思潮是不是也应该尽力做到如此"持世知偏"？但说起来容易，付诸行动就不那么简单了。明"桑蚕食叶而不能抽丝"之偏的目的是开出解读的"药方"，写台湾汉语音韵学史有没有必要开出这种解读的"药方"呢？况且，就是有必要，以笔者之鄙见和末流之学问，能够做得到吗？笔者很怀疑自己的能力。

四是遍读台湾汉语音韵学论作之难。《颜氏家训·勉学》曾云："观天下书未遍，不得妄下雌黄。或彼以为非，此以为是；或本同末异；或两文皆欠，不可偏信一隅也。"同样道理，"观天下台湾汉语音韵学论著未遍，不得妄下雌黄"，肯定也是如此。站在大陆看台湾，遍读台湾汉语音韵学论著很难，因为好多第一手文献看不到，所以，只好跑去台湾，希冀遍读。可是，到了台湾以后才知道，遍读台湾汉语音韵学论著也很不容易，文献太分散，这就须要下大功夫，出笨力气收集，包括大量的网上资料。但是不是遍读中国台湾汉语音韵学论著就可以写台湾汉语音韵学史了？还不行，因为台湾汉语音韵学史研究牵涉到中国大陆，牵涉到日本、韩国、越南，乃至于欧美，由此，联系性阅读就显得十分必要。如果仅仅阅读全部台湾汉语音韵学文献，就会流于"世儒之陋"，结论肯定存在"持偏"之弊，有"井底之蛙"之虞。但阅读遍及台湾汉语音韵学论作已经很难，更何遑遑于东亚乃至于欧美之汉语音韵学论作乎？更是不容易，何惶惶乎！好在作者先期写了一本《日本汉语音韵学史》，也注意关注其他相关国家和地区，比如韩国、美国、法国学者的著作，所以，才敢贸然下笔。但也不敢妄提"遍读"一词，因为，在台湾，除了在书刊上公开发表的论作之外，还有许多藏之于各大学图书馆的博硕士学位论文，有的因为不公开，所以，也很难看到。做到"遍读"几乎是不可能的，也根本做不到。笔者在写作时，只能挑重点的论述，遗漏很多论作自是难免，就只好请相关课题研究的学者见谅了，这也确实是笔者最没有底气，最不愿提及的"软肋"。还有就是，笔者尽量把所参考的文献一一标示出来，但限于体例，也很难做到全部载录，这也是我感到十分为难的地方。

五是虽然以专论面目出现，但却要适合大陆博硕士生教学使用，还要顾及方方面面的苛刻要求之难。既要把台湾汉语音韵学史当作专著来写，又要考虑到汉语言文字学博硕士生学习与参考之用，实际上是一种费力不讨好的十分艰难的选择。如果写成专著，只要提出自己的看法，并翔实论述，呈学问之渊博、见解之独到即可以达到目的,框框不多;但要当作教科书来写,就要做到学术性与普及性内容的结合,要尽量取大家公认的观点介绍,还不能包办代替思考,这才做到了适应学生的需要,又凸显出专门著述的功夫。不然,过于深专,如何给学生提供台湾汉语音韵学史整体和系统之面貌? 所以,"剪裁得当、线索清晰、层次分明、文献工具"就是要必须注意的原则,这也真的是强我所难。

面对着一部部、一篇篇汉语音韵学专论,我们就是在与作者们诚恳地跨时空对话。对他们辛勤的劳作,所付出的超乎常人理解的寂寞代价,所经历的艰难困苦,以及所获得的学术成功,我们不由得肃然起敬。继而,我们也进入到了战战兢兢,如履薄冰的状态,犹如"头顶三尺有神明,不畏人知畏己知"。柳宗元《诫惧箴》言"君子之惧,惧乎未始";朱子《中庸注》也有"君子之心,常存敬畏"之晓谕。我们希望自己符合汉语音韵学研究的"君子之道",对各位学者之力作永远存有敬畏之心。

胡适说:"历史不是一件人人能做的事,历史学家须要有两种不能少的能力,一是精密的功力,一是高远的想象。没有精密的功力不能做搜求和评判史料的工夫,没有高远的想象不能构造历史的系统。"(转引自罗常培《怎样整理声韵学史》,中山大学《语言历史学研究所周刊》1.6,1927)我们两者皆不具备,却一心想要架构"台湾汉语音韵学史",是不是不知道"天高地厚"?

斗胆"无虑",迎难而上,此可谓之无畏。但《法苑珠林》(卷八一)又说:"我能飞行游虚空,已过汝界,心无畏。""心无畏",不是对学术的"不敬畏",而是在研究了学术之后,"大胆假设,小心求证"之后的敬畏,是一种求得学术进步的"心无畏"。希望读者理解我们这一番"无畏之胆"之后所隐藏的苦心。

主要参考文献

［美］爱德华·奥斯本·威尔逊:《新的综合》,李昆峰编译,四川人民出版社 1985 年

［美］白保罗:《汉藏语概要》,罗美珍、乐赛月译,中国社会科学院民族研究所 1984 年

白右尹:《宋元等韵门法研究》,台湾大学硕士论文,2013 年

［日］坂井健一《魏晋南北朝字音研究》,日本汲古书院 1975 年

鲍厚星等:《长沙方言研究》,湖南教育出版社 1999 年

本馆编:《台湾大事年表》,台湾文献馆 2015 年

本社编:《张以仁先生七秩寿庆论文集》(上下册),学生书局 1999 年

本社编:《史语所集刊论文类编·语言文字编·方言卷》(全 3 册),中华书局 2009 年

本社编:《史语所集刊论文类编·语言文字编·音韵卷》(全 6 册),中华书局 2009 年

本所编:《中国境内语言暨语言学 1:汉语方言》,台湾史语所 1992 年

本所编:《中国境内语言暨语言学 2:历史语言学》,台湾史语所 1994 年

［韩］边滢雨:《〈华东正音通释韵考〉研究》,台湾政治大学硕士论文,1988 年

编辑组编:《音韵学方法论讨论集》,商务印书馆 2009 年

蔡梦麒:《广韵校释》(上、下),岳麓书社 2007 年

［韩］蔡瑛纯:《从朝鲜对译资料考近代汉语音韵之变迁》,台湾师范大学博士论文,1986 年;后改名为《李朝朝汉对音研究》,北京大学出版社 2002 年

蔡郁焄:《朱骏声〈说文通训定声〉之古音研究》,中兴大学硕士论文,2006 年

蔡宗忻:《声韵学名词汇释》,东海大学硕士论文,1979 年

蔡宗卫:《殷墟甲骨文字音系研究》,台湾中国文化大学硕士论文,2003 年

曹逢甫、蔡美慧编:《台湾闽南语论文集》,文鹤出版有限公司 1995 年

曹逢甫、西慎光正编:《台湾学者汉语研究文集:音韵篇》,天津人民出版社 1997 年

陈柏琳:《中文语音信息检索——以音节为基础之索引特征、统计式检索模型及进一步技术》,台湾大学博士论文,2000 年

陈保亚:《语言接触与语言联盟》,语文出版社 1996 年

陈保亚:《核心关系词的分布与语源关系的判定——从汉台(侗台)语源关系说起》,《中国语言学论丛》1997 年第 1 辑,119—153 页

陈昌仪:《赣方言概要》,江西教育出版社 1991 年

陈光政:《梁僧宝之等韵学》,台湾政治大学硕士论文,1969 年

陈光政:《〈广韵〉四声相承韵类系联之探讨》,学海出版社 1983 年

陈光政:《述评〈镜花缘〉中的声韵学》,《声韵论丛》1991 年第 3 辑,125—148 页

陈贵麟:《〈古今中外音韵通例〉所反映的官话音系》,台湾师范大学硕士论文,1988 年

陈贵麟:《〈切韵〉系韵书传本及其重纽之研究》,台湾大学博士论文,1997 年

陈贵麟:《中古韵书研究的两个方向:版本系统和音韵系统》,《汉语音韵学第六届国际学术研讨会论文集》,香港文化教育出版社 2000 年,147—150 页

陈贵麟:《〈广韵〉和〈七音略〉之重纽字研究》,《声韵论丛》2009 年第 16 辑,47—72 页

陈弘昌:《藤堂明保之等韵说》,台湾中国文化大学硕士论文,1973 年;文津出版社 1973 年

陈鸿儒:《朱熹〈诗〉韵研究》,社会科学文献出版社 2012 年

陈嘉成:《清代汉蕃互动之研究:以巴布萨族(Babuza)为例》,东海大学硕士论文,2014 年

陈杰蓉:《龙宇纯之中古音研究》,彰化师范大学硕士论文,2013 年

[越]陈荆和:《〈安南译语〉考释》,《文史哲学报》1953 年第 5 期,149—240 页;1954 年第 6 期,161—227 页

陈君慧:《〈订正台湾十五音字母详解〉音系研究》,台湾中山大学硕士论文,2001 年

陈梅香:《〈皇极经世解起数诀〉之音学研究》,台湾中山大学硕士论文,1992 年

陈梅香:《〈皇极经世解起数诀〉"清浊"现象》,第四届国际暨第十三届台湾声韵学学术研讨会,台湾师范大学 1995 年

陈梅香:《章太炎语言文字学研究》,台湾中山大学博士论文,1997 年

陈梅香:《〈新增直音说文韵府群玉〉直音互注的语音现象》,《语文教学暨第三十四届台湾声韵学学术研讨会论文集》,台北教育大学 2016 年,331—364 页

陈淑芬:《汉语中梵文外来语之研究》,台湾《清华学报》(新)2000 年第 30 卷第 3 期,83—106 页

陈淑芬:《依据梵文佛教术语的音译论中古汉语元音的长短问题》,《语言暨语言学》2003 年第 4 卷第 1 期,29—45 页

陈淑芬:《论玄奘〈般若波罗蜜多心经〉之音译本》,德国《华裔学志》2004 年第 52 卷,113—159 页

[韩]陈泰夏:《〈鸡林类事〉研究》,台湾师范大学博士论文,1974 年

陈文玫:《吴棫〈韵补〉研究》,台湾中国文化大学硕士论文,2002 年

陈筱琪:《闽南西片方言音韵研究》,台湾大学博士论文,2012 年

陈新雄:《古音学发微》,文史哲出版社 1972 年

陈新雄:《六十年来之声韵学》,文史哲出版社 1973 年

陈新雄:《等韵述要》,艺文印书馆 1975/1995 年

陈新雄:《简介佛瑞斯特中国古代语言之研究方法》,《潘重规教授七秩诞辰论文集》,台湾中国文化大学 1977 年,79—86 页;《锲不舍斋论学集》,学生书局 1984 年,449—456 页

陈新雄:《声类新编》,学生书局 1982 年

陈新雄:《蕲春黄先生古音驳难解》,《锲不舍斋论学集》,学生书局 1984 年,699—720 页

陈新雄:《锲不舍斋论学集》,学生书局 1984 年

陈新雄:《蕲春黄季刚先生古音学说是否循环论证证辨》,《孔孟学报》1989 年第 58 期,319—364 页

陈新雄:《曾运乾之古音学》,《第二届清代学术研讨会论文集》,台湾中山大学中文系 1991 年,895—914 页;《中国语文》2000 年第 5 期,399—406 页

陈新雄:《李方桂上古音研究的几点质疑》,《中国语文》1992 年第 6 期,410—417 页

陈新雄:《黄季刚先生及其古音学》,台湾《学术季刊》1993 年第 14 期,399—433 页

陈新雄:《〈广韵〉二百零六韵拟音之我见》,《语言研究》1994 年第 2 期,94—111 页

陈新雄:《文字声韵论丛》,东大图书公司 1994 年

陈新雄:《怎样才算是古音学上的审音派》,《中国语文》1995 年第 5 期,345—352 页

陈新雄:《古音研究》,五南图书出版有限公司 1999 年

陈新雄:《新编〈中原音韵〉概要》,学海出版社 2001 年

陈新雄:《〈广韵〉研究》,学生书局 2004 年

陈新雄:《上古声调析论》,《声韵论丛》2004 年第 13 辑,79—90 页

陈新雄:《声韵学》(上、下),文史哲出版社 2005/2007 年

陈新雄:《声韵学的功效》,《声韵论丛》2007 年第 15 辑,1—32 页

陈新雄、林炯阳:《评介〈瀛涯敦煌韵辑新编〉》,《锲不舍斋论学集》,学生书局 1984 年,721—735 页;《林炯阳教授论学集》,文史哲出版社 2000 年,197—210 页

陈信璋:《南通方言音韵研究》,台湾清华大学硕士论文,2008 年

陈雅萍:《〈字汇〉反切音系研究》,成功大学硕士论文,2006 年

陈雅婷:《周法高之上古音研究》,彰化师范大学硕士论文,2008 年

陈瑶玲:《江有诰音学研究》,台湾中国文化大学博士论文,1999 年

陈耀中:《清代文献反映平埔族群语言研究》,高雄师范大学硕士论文,2007 年

陈彦君:《闽南语鼻尾韵与鼻化韵并存格局的时空脉络》,《语文教学暨第三十四届台湾声韵学学术研讨会论文集》,台北教育大学 2016 年,312—329 页

陈寅恪:《东晋南朝之吴语》,《史语所集刊》1936 年第 7 本第 1 分,1—4 页

陈盈如:《论嘉庆本〈李氏音鉴〉及相关之版本问题》,第十一届台湾声韵学学术研讨会,台湾中正大学 1993 年;《声韵论丛》1996 年第 5 辑,215—245 页

陈永宝:《闽南话和客家话之会通研究》,瑞成书房 2004/2009 年

陈语唐:《明代语料中的腭化现象——从〈重订司马温公等韵图经〉、〈元韵谱〉谈起》,第三十二届台湾声韵学学术研讨会,成功大学 2014 年

陈泽平:《福州方言研究》,福建人民出版社 1998 年

陈泽平:《19 世纪以来的福州方言——传教士福州土白文献之语言学研究》,福建人民出版社 2010 年

陈泽平:《福州方言的结构与演变》,人民出版社 2015 年

陈章太、李如龙:《闽语研究》,语文出版社 1991 年

成　玲:《姚文田之生平及其古音学研究》,台湾师范大学博士论文,1999 年;乐学书局 2000 年

[韩]成元庆:《十五世纪韩国字音与中国声韵之关系》,台湾师范大学博士论文,1969 年;中国文学出版社 1994 年

程发轫:《国学概论》,台湾编译馆 1968—1972 年

丛培凯:《杨慎古音学文献探赜》,台湾师范大学博士论文,2013 年

崔荣昌:《四川方言研究史上的丰碑——读〈四川方言调查报告〉》,《四川大学学报》1993 年第 1 期,71—79 页

崔荣昌:《四川境内的客方言》(上、下),巴蜀书社 2011 年

崔羲秀:《朝鲜汉字音研究》,黑龙江朝鲜民族出版社 1986 年

崔羲秀:《朝汉语音对比》,黑龙江朝鲜民族出版社 2007 年

[韩]崔秀贞:《庞大堃古音学之研究》,台湾辅仁大学博士论文,2000 年

[日]大浜郁子:《统治台湾初期植民地教育政策的形成——以伊泽修二“公学”构想为中心》,日本《日本植民地研究》2003 年第 15 期,31—32 页

[日]大岛正健:《汉音吴音和支那音的比较》系列论文,日本《国学院杂志》1898 年第 5 卷第 2 号—1899 年第 6 卷第 2 号

[日]大岛正健:《韵镜音韵考》,日本启成社 1912 年

[日]大岛正健:《支那古韵史》,日本富山房 1929 年

[日]大岛正二:《唐代字音研究》,日本汲古书院 1980 年

[日]大矢透:《〈韵镜〉考》,日本勉诚社 1924/1977 年

[日]大岩本幸次:《金代字书研究》,东北大学出版会 2007 年

[日]大友信一、木村晟:《日本馆译话本文和索引》,日本各文社 1986 年

戴俊芬:《洪亮吉〈汉魏音〉研究》,台湾中山大学博士论文,2005 年

戴庆厦:《从藏缅语看壮侗语与汉语的关系》,《汉语与少数民族语关系研究》,《中央民族学院学报》1990 年增刊,45—57 页

[美]邓临尔:《中国语音史之展望》,《东海学报》1961 年第 3 卷第 1 期,129—138 页

邓名敦:《夏炘〈诗古音二十二部集说〉研究》,台湾东吴大学硕士论文,2010 年

丁邦新:《如皋方言的音韵》,台湾《史语所集刊》1966 年第 36 本下,573—633 页

丁邦新:《国语中双音节并列语两成分间的声调关系》,台湾《史语所集刊》1969 年第 39 本下,155—173 页

丁邦新:《魏晋诗韵研究》,《史语所专刊》第 65 本,台湾史语所 1975 年

丁邦新:《〈论语〉、〈孟子〉及〈诗经〉中并列语成分之间的声调关系》,台湾《史语所集刊》1976 年第 47 本第 1 分,17—52 页

丁邦新:《平仄新考》,台湾《史语所集刊》1976 年第 47 本第 1 分,1—15 页

丁邦新:《古卑南语的拟测》,台湾《史语所集刊》1978 年第 49 本第 3 分,321—392 页

丁邦新:《论上古音中带[l-]的复声母》,《屈万里先生七秩荣庆论文集》,联经出

版事业公司 1978 年,601—617 页

丁邦新:《〈问奇集〉所记之明代语音》,《中研院成立五十周年纪念论文集》(第二册),台湾史语所 1978 年,577—592 页

丁邦新:《上古汉语的音节结构》,台湾《史语所集刊》1979 年第 50 本第 4 分,717—739 页

丁邦新:《台湾语言源流》,学生书局 1979 年

丁邦新:《从汉语方言现象检讨几个辨音征性问题》,台湾《史语所集刊》1980 年第 51 本第 4 分,607—614 页

丁邦新:《台湾的语言文字:中国的台湾》,台湾文物供应社 1980 年

丁邦新:《与〈中原音韵〉相关的几种方言现象》,台湾《史语所集刊》1981 年第 52 本第 4 分,619—650 页

丁邦新:"Some Aspects of Tonal Development in Chinese Dialects",台湾《史语所集刊》1982 年第 53 本第 4 分,629—644 页

丁邦新:《汉语方言区分的条件》,台湾《清华学报》(新)1982 年第 14 卷第 1、2 期合刊,257—273 页

丁邦新:"Derivation Time of Colloquial Min from Archaic Chinese",台湾《史语所集刊》1983 年第 54 本第 4 分,268—274 页

丁邦新:《从闽语论上古音中的［＊g］》,《汉学研究》1983 年第 1 卷第 1 期,1—8 页

丁邦新:《吴语声调之研究》,台湾《史语所集刊》1984 年第 55 本第 4 分,619—650 页

丁邦新:《17 世纪以来北方官话之演变》,《近代中国区域史研讨会论文集》,台湾近代史所 1986 年,5—14 页

丁邦新:《儋州村话》,《史语所专刊》第 84 本,台湾史语所 1986 年

丁邦新:《论官话方言研究中的几个问题》,台湾《史语所集刊》1987 年第 58 本第 4 分,809—841 页

丁邦新:《丁邦新语言学论文集》,商务印书馆 1988 年

丁邦新:《吴语中的闽语成分》,台湾《史语所集刊》1988 年第 59 本第 1 分,13—22 页

丁邦新:《声韵学知识用于推断文学作品时代及真伪之限度》,台湾《中国文哲研究所集刊》1991 年第 1 卷,241—253 页

丁邦新:《汉语方言史和方言区域史的研究》,《中国境内语言暨语言学 1:汉语方

言》,台湾史语所 1992 年,23—40 页

丁邦新:《汉语上古音的元音问题》,《中国境内语言暨语言学 2:历史语言学》,台湾史语所 1994 年,21—39 页

丁邦新:《上古阴声字具辅音韵尾说补证》,《声韵论丛》1994 年第 1 辑,61—72 页

丁邦新:《重建汉语中古音系的一些想法》,《中国语文》1995 年第 6 期,414—419 页

丁邦新:《重纽的介音差异》,《声韵论丛》1997 年第 6 辑,37—62 页

丁邦新:《汉语方言接触的几个类型——并论国语声调及闽语全浊塞音声母演变的两个问题》,《语言学论丛》1998 年第 20 辑,149—165 页

丁邦新:《"非汉语"语言学之父——李方桂先生》,《语言变化与汉语方言——李方桂先生纪念论文集》,台湾语言学所筹备处 2000 年,403—417 页;《中国语言学论文集》,中华书局 2008 年,608—622 页

丁邦新:《汉藏系语言研究方法的检讨》,《中国语文》2000 年第 6 期,483—489 页

丁邦新:《论有关声韵学的几项研究》,《声韵论丛》2000 年第 9 辑,1—16 页

丁邦新:《从特字看吴闽关系》,《闽语研究及其与周边方言的关系》,香港中文大学出版社 2002 年,85—92 页

丁邦新:《〈苏州同音常用字汇〉之文白异读》,《中国语文》2002 年第 5 期,423—430 页

丁邦新:《汉语音韵史有待解决的问题》,《古今通塞:汉语的历史与发展》,台湾语言学所筹备处 2003 年,1—21 页

丁邦新:《评"梅祖麟事件:证据和反思"》,《南开语言学刊》2003 年第 1 期,131—134 页

丁邦新:《一百年前的苏州话》,上海教育出版社 2003 年

丁邦新:《汉语方言层次的特点》,《永远的 POLA:王士元先生七秩寿庆论文集》,台湾语言学所 2005 年,141—148 页

丁邦新:《论汉语与台语的关系——李方桂汉台语同源论的检讨》,《汉语史研究——纪念李方桂先生百年冥诞论文集》,台湾语言学所 2005 年,9—25 页

丁邦新:《北京话文白异读和方言移借》,《门内日与月:郑锦全先生七秩论文集》,台湾语言学所 2006 年,1—8 页

丁邦新:《从历史层次论吴闽关系》,《方言》2006 年第 1 期,1—5 页

丁邦新:《〈李方桂全集〉总序》,《语言学论丛》2006 年第 32 辑,356—371 页;《中国语言学论文集》,中华书局 2008 年,623—635 页

丁邦新:《论〈切韵〉四等韵介音有无的问题》,《中国语言学集刊》2007年第1卷第1期,1—12页

丁邦新:《从闽语白话音论上古"四声别义"的现象》,《中国语言学论文集》,中华书局2008年,60—65页

丁邦新:《从音韵论〈柏梁台〉诗的著作年代》,《中国语言学论文集》,中华书局2008年,557—563页

丁邦新:《上古音声母[＊g]和[＊ɤ]在闽语中的演变》,《中国语言学论文集》,中华书局2008年,31—42页

丁邦新:《中国语言学论文集》,中华书局2008年

丁邦新:《汉语方言中的历史层次》,《中国语文》2012年第5期,387—402页

丁邦新:《音韵学讲义》,张渭毅、刘景耀、刘芳整理,北京大学出版社2015年

丁邦新:《音韵学答问》,北京大学出版社2016年

丁邦新编:《董同龢先生语言学论文选集》,食货出版社1974年

丁邦新编:《历史层次与方言研究》,上海教育出版社2007年

丁邦新、梅祖麟编:《李方桂全集1:汉藏语论文集》,清华大学出版社2012年

丁邦新、孙宏开编:《汉藏语同源词研究》(一、二、三),广西民族出版社2000—2004年

丁邦新、余霭芹编:《语言变化与汉语方言——李方桂先生纪念论文集》,台湾语言学所筹备处2000年

丁邦新、张双庆编:《闽语研究及其与周边方言的关系》,香港中文大学出版社2002年

丁　锋:《如斯斋汉语史丛稿》,贵州大学出版社2010年

丁　锋:《"助纽字"的形成和两个"助纽字"系统》,《如斯斋汉语史续稿》,贵州大学出版社2012年,343—361页

[韩]丁玟声:《王文璧〈中州音韵〉研究》,高雄师范大学硕士论文,1988年

丁治民:《〈永乐大典〉小学书辑佚与研究》,商务印书馆2015年

董同龢:《〈广韵〉重纽试释》,《史语所集刊》1948年第13本,1—20页

董同龢:《等韵门法通释》,《史语所集刊》1948年第14本,257—306页

董同龢:《〈切韵指掌图〉中几个问题》,《史语所集刊》1948年第17本,195—212页

董同龢:《华阳凉水井客家话记音》,《史语所集刊》1948年第19本,81—201页;《董同龢先生语言学论文选集》,食货出版社1974年,275—298页

董同龢:《国语与北平话》,《大陆杂志》1950 年第 1 卷第 10 期,12—13 页

董同龢:《中国语音史》,台湾中华文化出版事业委员会 1954 年;后改名为《汉语音韵学》,广文书局、学生书局 1968 年;文史哲出版社 1985 年

董同龢:《厦门方言的音韵》,台湾《史语所集刊》1957 年第 29 本上,231—253 页

董同龢:《四个闽南方言》,台湾《史语所集刊》1959 年第 30 本下,729—1042 页

董同龢:"Recent studies on phonetics and phonology in China(1950—1960)",Phonetics,1961,6:216—228

董同龢:《邹语研究》,《史语所专刊》第 48 本,台湾史语所 1964 年

董同龢:《上古音韵表稿》,《史语所单刊》甲种之二十一,中研院史语所 1944 年;第 2 版,台湾史语所 1967 年;第 3 版,国风出版社 1975 年;《董同龢先生语言学论文选集》,食货出版社 1974 年,1—12 页

董同龢:《近三十年的中国语言学》,台湾《学术季刊》1953 年第 1 卷第 4 号,17—26 页;《董同龢先生语言学论文选集》,食货出版社 1974 年,371—382 页

董同龢、赵荣琅、蓝亚秀:《记台湾的一种闽南话》,《史语所单刊》甲种之二十四,台湾史语所 1967 年

董忠司:《曹宪〈博雅音〉之研究》,台湾政治大学硕士论文,1973 年

董忠司:《颜师古所作音切之研究》,台湾政治大学博士论文,1978 年

董忠司:《沈宠绥的语音分析说》,《声韵论丛》1994 年第 2 辑,73—110 页

董忠司:《江永声韵学评述》,文史哲出版社 1999 年

董忠司:《日本领台之初的台湾闽南语记音符号与日台语音比较——以语言接触下的〈台湾土语全书〉所用音标为例》,《首届海外汉语方言国际研讨会论文集》,暨南大学出版社 2009 年,225—250 页

董忠司:《从若干悉昙资料再论唐代前期中古汉语三等韵"介音"的性质》,第十四届国际暨第三十三届台湾声韵学学术研讨会,台湾东吴大学 2015 年

董忠司主编:《台湾语言及其教学国际研讨会论文集》(1),全民书局 1998 年

董忠司主编,张屏生、李丽修、庄淑慧协编:《〈广韵〉声类手册》,文史哲出版社 1992 年

都惠淑:《王念孙之生平及其古音学》,台湾师范大学硕士论文,1992 年

都惠淑:《刘逢禄古音学研究》,台湾政治大学博士论文,1998 年

杜季芳:《〈群经音辨〉研究》,人民出版社 2014 年

杜佳伦:《闽语历史层次分析与相关音变探讨》,台湾大学博士论文,2011 年;中西书局 2014 年

杜佳伦:《闽方言二、四等同读的历史层次》,台湾《清华学报》(新)2011年第41卷第4期,759—793页

杜其容:《释内外转名义》,台湾《史语所集刊》1969年第40本上,281—294页

杜其容:《杜其容声韵论集》,中华书局2008年

杜知学:《谈反切》,《大陆杂志》1955年第10卷第9期,10—12页

方师铎:《中国上古音里的复声母问题》,《东海学报》1962年第4卷第1期,35—46页

方师铎:《五十年来中国国语运动史》,国语日报社1965年

方师铎:《增补国音字汇》,台湾开明书店1968年

方师铎:《方师铎文史丛稿》(专论上下篇),大立出版社1984年

冯　蒸:《〈圆音正考〉及其相关诸问题》,《古汉语研究论文集》(二),北京出版社1984年,83—102页

冯　蒸:《龙宇纯教授〈中上古汉语音韵论文集〉评介》,《古籍整理研究学刊》2004年第3期,94—97页

冯　蒸:《构拟上古复声母的原则与方法》,《纪念瑞安林尹教授百岁诞辰学术研讨会论文集》(上),文史哲出版社2009年,349—372页

[日]服部四郎、藤堂明保:《〈中原音韵〉研究"校本编"》,日本江南书院1958年

傅斯年:《史语所工作之旨趣》,《史语所集刊》1928年第1本第1分,3页

傅斯年:《傅斯年全集》第6卷,湖南教育出版社2004年

傅增湘:《藏园群书经眼录》,中华书局1983年

[日]冈井慎吾:《〈玉篇〉研究》,日本《东洋文库论丛》第19,单行本,1933年

[瑞典]高本汉:《诗经注释》,董同龢译,台湾中华丛书编审委员会1960年;中西书局2012年

[瑞典]高本汉:《中国语之性质及其历史》,杜其容译,台湾中华丛书编审委员会、台湾编译馆1964年

[瑞典]高本汉:《中国声韵学大纲》,张洪年译,台湾中华丛书编审委员会、台湾书局1972年

高　明:《反切起源论》,《文教论丛》,正中书局1971年,153—169页;《高明小学论丛》,黎明文化事业公司1971年,214—229页

高　明:《高明小学论丛》,黎明文化事业公司1971/1980年

高　明:《中国历代韵书的韵部分合》,《华冈文科学报》1980年第12期,95—157页

[日]高畑彦次郎:《支那语言语学研究——音声史的研究》,日本《艺文》1928 年第 19 卷第 8 期—1930 年第 21 卷第 12 期

葛信益:《〈广韵〉丛考》,北京师范大学出版社 1993 年

耿振生:《明清等韵学通论》,语文出版社 1992 年

耿振生:《20 世纪汉语音韵学方法论》,北京大学出版社 2004 年

耿志坚:《唐代近体诗用韵之研究》,台湾政治大学博士论文,1982 年

耿志坚:《中唐诗人用韵考》,《声韵论丛》1991 年第 3 辑,65—83 页

耿志坚:《晚唐及唐末五代近体诗用韵考》,《彰化师范大学学报》1991 年第 2 期,82—124 页

耿志坚:《晚唐及唐末五代古体诗用韵考》,中国音韵学第七届学术研讨会,山东大学威海分校 1992 年

耿志坚:《声韵学教学活动设计》,《声韵论丛》2007 年第 15 辑,47—54 页

耿志坚:《汉语音韵》,新学林 2009 年

龚煌城:《古藏语[y]及其相关问题》,台湾《史语所集刊》1977 年第 48 本第 2 分,205—228 页

龚煌城:《西夏语的浊塞音与浊塞擦音》,台湾《史语所集刊》1981 年第 52 本第 1 分,17—36 页

龚煌城:《西夏语中的汉语借词》,台湾《史语所集刊》1981 年第 52 本第 4 分,681—780 页

龚煌城:《西夏语的音韵转换与构词法》,台湾《史语所集刊》1993 年第 64 本第 4 分,935—968 页

龚煌城:《从汉藏语的比较看上古汉语若干声母的拟测》,《声韵论丛》1994 年第 1 辑,73—96 页

龚煌城:《汉藏语研究论文集》,台湾语言学所筹备处 2002 年;北京大学出版社 2004 年

龚煌城:《上古汉语与原始汉藏语的声母与韵母系统》,上古汉语讲习会,台湾语言学所筹备处 2002 年

龚煌城:《西夏语文研究论文集》,台湾语言学所筹备处 2002 年;后改名为《龚煌城西夏语文研究论文集》,台湾语言学所 2011 年

龚煌城:《李方桂先生的上古音研究》,《汉语史研究——纪念李方桂先生百年冥诞论文集》,台湾语言学所 2005 年,57—93 页

龚煌城:《汉语与苗瑶语同源关系的检讨》,《中国语言学集刊》2007 年第 1 卷第 1

期,245—260 页

龚煌城:《西方的历史比较语言学与汉藏语的比较研究》,《语言学论丛》2007 年第 35 辑,280—295 页

龚煌城:《汉藏缅三种语言元音的对比》,《汉藏比较暨历史方言论集》,中西书局 2014 年,4 页

龚秀容:《汇音妙悟》音系及其层次研究,台湾中国文化大学博士论文,2010 年

龚于芬:《陈澧〈切韵考〉及其音学思想研究》,高雄师范大学硕士论文,2005 年

龚于芬:《探赜〈中原音韵〉有无入声——附论此类主题在部分研究方法上的不足》,第三十二届台湾声韵学学术研讨会,成功大学 2014 年

古国顺、罗肇锦、钟荣富、吕嵩雁等:《台湾客语概论》,五南图书出版有限公司 2005 年

古苓光:《周德清及其曲学》,文史哲出版社 1992 年

古琴芳:《以〈广韵〉谐声证江氏元部独立说》,学海出版社 2011 年

[日]古屋昭弘:《〈正字通〉和十七世纪的赣方音》,《中国语文》1992 年第 5 期,339—351 页

[日]古屋昭弘:《〈正字通〉版本及作者考》,《中国语文》1995 年第 4 期,306—311 页

[日]古屋昭弘:《〈字汇〉和明代吴方言》,《语言学论丛》1998 年第 20 辑,139—148 页

[日]古屋昭弘:《张自烈〈正字通〉字音研究》,日本好文出版 2009 年

顾力仁:《永乐大典及其辑佚书研究》,文史哲出版社 1985 年

顾　黔:《通泰方言韵母研究——共时分布及历时溯源》,《中国语文》1997 年第 3 期,192—201 页

顾　黔:《通泰方言音韵研究》,南京大学出版社 2001 年

顾　实:《重刻四声等子序》,《国学》1923 年第 1 卷第 1 期,113—114 页

郭娟玉:《沈谦词学与其〈沈氏词韵〉研究》,秀威资讯科技股份有限公司 2008 年

郭乃祯:《戴震〈声类表〉研究》,台湾师范大学硕士论文,1996 年;西北出版社 1998 年

郭乃祯:《有声世界——声韵学授课讲义》,西北出版社 2004 年

郭乃祯:《李方桂上古音的研究述评》,台湾师范大学博士论文,2010 年

郭忠贤:《〈圆音正考〉研究》,成功大学硕士论文,2000 年

何纯惠:《闽西中片客家话与混合方言音韵研究》,台湾师范大学博士论文,

2013 年

何大安:《邹语音韵》,台湾《史语所集刊》1976 年第 47 本第 2 分,245—274 页

何大安:《排湾语丹路方言的音韵系统》,台湾《史语所集刊》1977 年第 48 本第 4 分,595—618 页

何大安:《五种排湾方言的初步比较》,台湾《史语所集刊》1978 年第 49 本第 4 分,565—681 页

何大安:《澄迈方言的文白异读》,台湾《史语所集刊》1981 年第 52 本第 1 分,101—152 页

何大安:《南北朝韵部演变研究》,台湾大学博士论文,1981 年

何大安:《近五年来台湾地区汉语音韵研究论著选介(1977—1982)》,《汉学研究通讯》1983 年第 2 卷第 1 期,5—13 页

何大安:《论鲁凯语的亲属关系》,台湾《史语所集刊》1983 年第 54 本第 1 分,121—168 页

何大安:《变读现象的两种贯时意义——兼论晋江方言的古调值》,台湾《史语所集刊》1984 年第 55 本第 1 分,115—132 页;《汉语方言与音韵论文集》,编著者自印 2009 年,1—18 页

何大安:《云南汉语方言中腭化音有关诸声母的演变》,台湾《史语所集刊》1985 年第 56 本第 2 分,261—283 页

何大安:《论永兴方言的送气浊声母》,台湾《史语所集刊》1986 年第 57 本第 4 分,585—600 页

何大安:《论赣方言》,《汉学研究》1987 年第 5 卷第 1 期,1—28 页

何大安:《声韵学的观念和方法》,大安出版社 1987 年

何大安:《规律与方向:变迁中的音韵结构》,《史语所专刊》第 90 本,台湾史语所 1988 年;北京大学出版社 2004 年

何大安:《"浊上归去"与现代方言》,台湾《史语所集刊》1988 年第 59 本第 1 分,115—140 页

何大安:《送气分调与相关问题》,台湾《史语所集刊》1989 年第 60 本第 4 分,765—778 页

何大安:《方言接触与语言层次——以达县长沙话去声为例》,台湾《史语所集刊》1990 年第 61 本第 4 分,845—867 页

何大安:《从中国学术传统论汉语方言研究的过去、现在与未来》,台湾《史语所集刊》1992 年第 63 本第 4 分,713—731 页

何大安:《六朝吴语的层次》,台湾《史语所集刊》1993 年第 64 本第 4 分,867—875 页

何大安:《刘宋时期在汉语音韵史上的地位——兼论音韵史的分期问题》,《中国境内语言暨语言学 2:历史语言学》,台湾史语所 1994 年,125—137 页

何大安:《声调的完全回头演变是否可能?》,台湾《史语所集刊》1994 年第 65 本第 1 分,1—18 页

何大安:《古汉语声母演变的年代学》,《林炯阳先生六秩寿庆论文集》,洪叶文化出版公司 1999 年,87—112 页

何大安:《语言史研究中的层次问题》,《汉学研究》2000 年第 18 卷特刊,261—271 页;《历史层次与方言研究》,上海教育出版社 2007 年,11—21 页

何大安:《声韵学中的传统、当代与现代》,《声韵论丛》2001 年第 11 辑,1—16 页

何大安:《部首的迷思:〈度曲须知〉中的"属阴"与"属阳"》,《文与哲》2007 年第 10 期,第 361—375 页

何大安:《从上古到中古音韵演变的大要》,《中国语言学集刊》2007 年第 1 卷第 1 期,35—44 页

何大安:《〈方音洗冤考〉的是非》,《长庚人文社会学报》2008 年第 1 卷第 1 期,第 1—18 页;《汉语方言与音韵论文集》,编著者自印 2009 年,314—328 页

何大安:《速率与续断——音韵史研究的新视角》,《语言学论丛》2008 年第 37 辑,1—17 页

何大安:《"阴出阳收"新考——附论:〈度曲须知〉中所见的吴语声调》,台湾《史语所集刊》2008 年第 79 本第 3 分,第 497—516 页

何大安:《〈辨声捷诀〉的一种读法——附论:〈度曲须知〉中的"萨""杀"的读音》,《汉语方言与音韵论文集》,编著者自印 2009 年,339—392 页;《研究之乐:王士元先生七十五寿辰学术论文集》,上海教育出版社 2010 年,67—87 页

何大安:《汉语方言与音韵论文集》,编著者自印 2009 年

何大安、杨秀芳:《南岛语与台湾南岛语》,远流出版有限公司 2000 年

何昆益:《〈四声等子〉与〈切韵指掌图〉比较研究》,高雄师范大学博士论文,2008 年

何珍仪:《〈荀子补注〉之古音体系研究——兼论与杨倞〈荀子注〉古音注解之异同性》,成功大学硕士论文,2012 年

[日]河野六郎:《河野六郎著作集》(4 册),日本平凡社 1979—1980 年

洪　固:《经史正音切韵指南〉之研究》,台湾辅仁大学硕士论文,1970 年

洪梅馨:《〈元曲选·音释〉音韵问题研究》,台湾辅仁大学硕士论文,2013 年

洪惟仁:《日据时代的台语教育》,《台湾风物》1992 年第 42 卷第 3 期,第 52 页

洪惟仁:《台湾语言危机》,前卫出版社 1992 年

洪惟仁:《台湾方言之旅》,前卫出版社 1992 年

洪惟仁:《闽南语经典辞书汇编》,武陵出版社 1992—1993 年

洪惟仁:《战后所编台湾十五音四种》,《台湾图书馆建馆七十八年纪念论文集》,台湾图书馆 1993 年,117—126 页

洪惟仁:《小川尚义与高本汉汉语语音研究的比较——兼论小川尚义在汉语研究史上应有的地位》,《台湾史研究》1994 年第 1 卷第 2 期,26—84 页

洪惟仁:《〈汇音妙悟〉与古代泉州音》,台湾图书馆 1996 年

洪惟仁:《台湾话音韵入门——附台湾十五音字母》,复兴剧艺实验学校 1996 年

洪惟仁:《台湾文献书目解题:语言类》,台湾图书馆 1996 年;《福客方言综志》,南天书局 1997 年,335—440 页

洪惟仁:《高雄县闽南语方言》,高雄县政府 1997 年

洪惟仁:《新竹市志·住民志·语言篇》,新竹市政府 1997 年

洪惟仁:《音变的动机与方向:漳泉竞争与台湾普通腔的形成》,台湾清华大学博士论文,2003 年

洪惟仁:《方言学的体系:共时与历时的联系》,第二届语言、文献与调查学术研讨会,新竹师范学院 2004 年

洪惟仁:《小川尚义对汉语研究的贡献》,台湾语言学一百周年国际学术研讨会,台中教育大学 2007 年

洪艺芳:《唐五代西北方音研究——以敦煌通俗韵文为主》,台湾文化大学硕士论文,1994 年

侯传勋:《中国语文津梁》,台湾维新书局 1978 年

[日]后藤朝太郎:《现代支那语学》,日本博文馆 1908 年

胡松柏:《赣东北方言调查研究》,江西人民出版社 2009 年

[日]花登正宏:《〈古今韵会举要〉——中国近代音韵史的一个侧面》,日本汲古书院 1997 年

黄本元:《入声韵尾之研究——新汉音与闽南方言之关系》,台湾东吴大学硕士论文,1982 年

黄典诚:《建瓯方言初探》,《厦门大学学报》(社会科学版)1957 年第 1 期,255—259 页

黄典诚:《黄典诚语言学论文集》,厦门大学出版社 2003 年

黄惠铃:《玄应〈一切经音义〉声母层次异读分析》,台湾《中国文学研究》2015 年第 39 期,83—128 页

黄金文:《方言接触与闽北方言演变》,台湾大学博士论文,2000 年;《台湾大学文史丛刊》(116),台湾大学出版委员会 2001 年

黄金文:《从汉藏比较论上古汉语内部构拟》,万卷楼图书股份有限公司 2012 年

黄静吟:《论项安世在古音学上的地位》,台湾《中山中文学刊》1995 年第 1 期,65—78 页

黄俊杰、孙震:《傅斯年与台湾大学的教育理念》,《北京大学教育评论》2005 年第 3 卷第 1 期,94—98 页

黄 侃:《文字声韵训诂笔记》,上海古籍出版社 1983 年

黄美金:《台湾南岛语言学研究的回顾与展望》,《汉学研究》2000 年第 18 卷特刊,79—110 页

黄柔钧:《全本王仁昫〈刊谬补缺切韵〉系联方法析论》,玄奘大学硕士论文,2007 年

黄婉宁:《〈说文〉音训研究》,高雄师范大学博士论文,2013 年

黄文芳:《汉语音韵学相关重要词汇同实异名比较研究》,成功大学博士论文,2011 年

黄文慧:《试论〈群经音辨〉对〈经典释文〉的承继与变革——以唇音字为例》,第三十二届台湾声韵学学术研讨会,成功大学 2014 年;《声韵学通讯》2014 年第 24 期,9 页

黄小宜:《闽南韵书〈渡江书十五音〉及其鼻化韵母探讨》,台湾师范大学硕士论文,2012 年

[日]吉野秀公:《台湾教育史》,南天书局 1927/1997 年

[日]兼松礒熊:《台湾语发音学》,稻江义塾 1899 年

[日]菅野敦志:《台湾の言語と文字》,日本劲草书房 2012 年

简宏逸:《场所、影像、词书编纂:金尼阁的教育背景如何影响〈西儒耳目资〉》,台湾师范大学硕士论文,2010 年

简宗梧:《〈经典释文〉徐邈音研究》,台湾政治大学硕士论文,1970 年

简宗梧:《〈经典释文〉引徐邈音辨证》,台湾《中华学苑》1971 年第 7 期,55—72 页

简宗梧:《徐邈能辨别轻重唇音之再商榷——兼论〈经典释文〉引又音的体例》,

《声韵论丛》1994 年第 1 辑,119—133 页

江佳璐:《19 世纪末中越边境粤语的语音变异现象》,《中国语言学集刊》2009 年第 3 卷第 2 期,185—212 页

江佳璐:《越南人说国语所表现的音韵系统》,《声韵论丛》2009 年第 16 辑,255—278 页

江佳璐:《越南汉字音的历史层次研究》,台湾师范大学博士论文,2011 年

江佳璐:《〈安南译语〉所反映的近代汉语》,第三十二届台湾声韵学学术研讨会,成功大学 2014 年

江举谦:《诗经韵谱》,东海大学出版社 1964 年;幼狮文化事业公司 1970 年

江俊龙:《台湾地区汉语音韵研究论著选介(1994—1998)》,《汉学研究通讯》2000 年第 19 卷第 1 期,149—168 页

江俊龙:《两岸汉语方言研究概况》,2005 海峡两岸师范、教育大学校长会议暨大学语文教育政策学术研讨会,屏东教育大学 2005 年

江美仪:《孔广森之生平及古音学研究》,台湾师范大学硕士论文,2009 年

江敏华:《客赣方言关系研究》,台湾大学博士论文,2003 年

江敏华:《客赣方言滋丝音的演变》,《承泽堂方言论丛——王福堂教授八秩寿庆论文集》,语文出版社 2014 年,157—183 页

江秀铃:《清领时期旅人的台湾印象——以〈裨海纪游〉与〈李氏台湾纪行〉为例(1697~1874)》,台中教育大学硕士论文,2012 年

姜亮夫:《瀛涯敦煌韵辑》,鼎文书局 1972 年;《姜亮夫全集》第 9 册,云南人民出版社 2002 年

[韩]姜松子:《十八世纪朝鲜汉语教科书的"正音"性质》,台湾政治大学硕士论文,2007 年

[韩]姜忠姬:《〈五音集韵〉研究》,台湾师范大学博士论文,1987 年

[韩]金东昭:《韩国语变迁史》,栗田英二译,日本明石书店 2003 年

金基石:《朝鲜韵书与明清音系》,黑龙江朝鲜民族出版社 2003 年

[日]金井保三:《关于〈中原音韵〉》,日本《东洋学报》1913 年第 3 卷,405—428 页

[韩]金俊秀:《古文字特殊谐声研究》,台湾师范大学博士论文,2011 年

[韩]金庆淑:《〈广韵〉又音字与上古方音之研究》,台湾大学博士论文,1992 年

[韩]金庆淑:《试论上古汉语和古代韩语》,《声韵论丛》2000 年第 9 辑,457—475 页

［韩］金泰成:《黄侃古音学之研究》,台湾东吴大学博士论文,1996 年

［日］金田一春彦:《有坂秀世〈音韵论〉私观》,《国语研究论集》,日本东京大学国语研究室 1998 年,1327—1340 页

［韩］金相根:《韩人运用汉字与韩国汉字入声韵之研究》,台湾师范大学博士论文,1982 年

金彰柱:《建瓯方言语音的历史层次》,台湾东吴大学博士论文,2006 年

金周生:《〈广韵〉一字多音现象初探》,台湾辅仁大学硕士论文,1978 年

金周生:《元曲暨〈中原音韵〉"东钟""庚青"二韵互见字研究》,台湾《辅仁学志》(文学院之部)1982 年第 11 期,539—524 页

金周生:《〈中原音韵〉入声多音字音证》,台湾《辅仁学志》(文学院之部)1984 年第 13 期,639—726 页

金周生:《宋词音系入声韵部考》,文史哲出版社 1985/2008 年

金周生:《〈中原音韵〉[m][n]字考实》,台湾《辅仁国文学报》1990 年第 6 期,249—265 页

金周生:《谈[-m]尾韵母字于宋词中的押韵现象——以"咸"摄字为例》,《声韵论丛》1991 年第 3 辑,149—203 页

金周生:《读曾运乾"喻母古读考"札记二则》,《声韵论丛》1994 年第 1 辑,25—36 页

金周生:《汉语唇塞音声母之分化可溯源于陆德明〈经典释文〉时代说》,《声韵论丛》1994 年第 1 辑,135—174 页

金周生:《〈中原音韵〉"鼻"字阳平音的来源与音读》,《声韵论丛》1999 年第 8 辑,321—330 页

金周生:《〈诗集传〉非叶韵音切语与朱熹读〈诗〉方法试析》,《声韵论丛》2000 年第 9 辑,59—84 页

金周生:《〈中原音韵〉"辨明古字略"再校》,台湾《辅仁国文学报》2001 年第 17 期,165—189 页

金周生:《〈正字通〉"先"韵字音考》,台湾《辅仁国文学报》2004 年第 20 期,91—109 页

金周生:《〈正字通〉整并〈广韵〉韵目考》,第二十二届台湾声韵学学术研讨会,台北市立师范学院 2004 年

金周生:《吴棫与朱熹音韵新论》,洪叶文化事业有限公司 2005 年

金周生:《〈正字通〉"真庚侵""质陌缉"分韵》,台湾《辅仁国文学报》2006 年第 22

期,73—103 页

金周生:《〈切韵〉以前反切上字用字之探讨——以〈经典释文〉为研究范围》,洪叶文化事业有限公司 2010/2012 年

金周生:《从〈韵通〉注音论其归字的谬误》,台湾《辅仁国文学报》2013 年第 36 期,35—56 页

金周生:《〈类篇〉切语来源考论》,第三十二届台湾声韵学学术研讨会,成功大学 2014 年;《声韵学会通讯》2014 年第 24 期,7 页。

康世统:《〈广韵〉韵类考正》,天一出版社 1975 年

康欣瑜:《〈集韵〉增收叶韵字字音研究》,台湾辅仁大学硕士论文,2006 年

柯佩君:《〈韵通〉声母研究》,《南师语教学报》2005 年第 3 期,91—122 页

柯淑龄:《梦窗词韵研究》,《庆祝婺源潘石禅先生七秩华诞特刊》,台湾中国文化学院中文研究所中国文学系 1977 年,227—325 页

柯淑龄:《黄季刚先生之生平及其学术》,台湾中国文化大学博士论文,1982 年

柯淑龄:《从黄季刚先生"古无上声说"论古声调》,《陈伯元先生六秩寿庆论文集》,文史哲出版社 1994 年,457—478 页

柯蔚南:《西汉声母探讨》,台湾《清华学报》(新)1982 年第 14 卷第 1、2 期合刊,111—133 页

柯蔚南:《东汉音注的声母系统》,《古汉语复声母论文集》,北京语言文化大学出版社 1998 年,167—192 页

柯响峰:《曾运乾韵学研究》,玄奘大学博士论文,2014 年

柯懿芝:《蒋骥〈楚辞说韵〉研究》,台湾中山大学硕士论文,2009 年

孔品淑:《宋代语音及其与现代汉语方言的对应》,台湾东吴大学博士论文,2015 年

孔仲温:《〈韵镜〉研究》,学生书局 1987 年

孔仲温:《殷商甲骨谐声字之音韵现象初探——声母部分》,《声韵论丛》1992 年第 4 辑,15—42 页

孔仲温:《论重纽字上古时期的音韵现象》,《声韵论丛》1997 年第 6 辑,245—284 页

孔仲温:《孔仲温教授论学集》,学生书局 2002 年

赖淑芬:《台湾南部客语的接触演变》,新竹教育大学博士论文,2011 年

[日]赖惟勤:《中国音韵论集》,日本汲古书院 1989 年

赖文英:《语言变体与区域方言——以台湾新屋客语为例》,台湾师范大学出版中

心 2012 年

兰亚秀:《福州音系》,《文史哲学报》1953 年第 6 期,241—331 页

李柏翰:《〈山门新语〉音韵研究》,高雄师范大学硕士论文,2012 年;《中国语言文字研究辑刊》第 8 编第 17 册,花木兰文化出版社 2015 年

李柏翰:《明清悉昙文献及其对等韵学的影响》,台湾清华大学博士论文,2015 年

李春永:《吕介孺及其音学研究》,台湾中国文化大学博士论文,2006 年

李存智:《〈韵镜〉集证及研究》,东海大学硕士论文,1990 年

李存智:《秦汉简牍帛书之音韵学研究》,台湾大学博士论文,1995 年

李存智:《从日本吴音的形成及其现象看闽语与吴语的关系》,《文史哲学报》1999 年第 51 期,197—199、201—221 页

李存智:《介音对汉语声母系统的影响》,《声韵论丛》2001 年第 11 辑,69—109 页

李存智:《合韵与音韵层次》,《汉藏语研究:龚煌城先生七秩寿庆论文集》,台湾语言学所 2004 年,663—694 页

李存智:《上博楚简通假字音韵研究》,万卷楼图书股份有限公司 2010 年

李存智:《汉语语音史中的塞音声母》,台湾《政大中文学报》2014 年第 21 期,163—212 页

李德春:《韩文与中国音韵》,黑龙江朝鲜民族出版社 1998 年

李德春:《中韩语言文字关系史研究》,延边教育出版社 2006 年

李方桂:《藏汉系语言研究法》,《国学季刊》1951 年第 7 卷第 2 期,165—175 页;《李方桂全集 1:汉藏语论文集》,清华大学出版社 2012 年,535—544 页

李方桂:《台语系声母及声调关系》,台湾《史语所集刊》1962 年第 34 本上,31—36 页

李方桂:《上古音研究》,台湾《清华学报》(新)1971 年第 9 卷第 1、2 期合刊,1—61 页;商务印书馆 1980 年

李方桂:《中国境内的语言和方言》,梁敏译,《民族译丛》1980 年第 1 期,1—7 页

李方桂:《论开合口——古音研究之一》,台湾《史语所集刊》1984 年第 55 本第 1 分,1—7 页

李方桂:《论声韵结合——古音研究之二》,台湾《史语所集刊》1985 年第 56 本第 1 分,1—7 页

李方桂:《李方桂全集 2:侗台语论文集》,清华大学出版社 2011 年

李方桂:《李方桂全集 8:比较台语手册》,清华大学出版社 2011 年

李方桂:《语言学在台湾》,《李方桂全集 1:汉藏语论文集》,清华大学出版社 2012

年,575—583 页

  李峰铭:《〈广韵〉与〈玉篇〉声母系统比较研究》,台湾辅仁大学硕士论文,2007 年

  李 红:《〈仪礼经传通释〉语音研究》,厦门大学出版社 2010 年

  李 红:《宋本〈切韵指掌图〉研究》,吉林大学博士论文,2006 年;吉林人民出版社 2011 年

  李佳娟:《〈元声韵学大成〉音韵问题研究》,嘉义大学硕士论文,2009 年

  李鹃娟:《丁履恒〈形声类篇〉"通合"理论研究》,台湾辅仁大学硕士论文,2000 年

  李鹃娟:《孔广森及其古音学》,台湾辅仁大学博士论文,2008 年

  李开等:《汉语古音学史》,上海古籍出版社 2015 年

  李来香:《〈悉昙字记〉基本字音之梵汉对应》,华梵大学硕士论文,2006 年

  李千慧:《试论明代韵书中"浊音清化"的演变类型》,第三十二届台湾声韵学学术研讨会,成功大学 2014 年

  李千慧:《试论汉语近代音中"浊音清化"的演变类型及其相关问题》,《语文教学暨第三十四届台湾声韵学学术研讨会论文集》,台北教育大学 2016 年,239—269 页

  李壬癸:《鲁凯语结构》,《史语所专刊》第 64 本,台湾史语所 1973 年

  李壬癸:《台湾南岛语言的调查研究》,《幼狮月刊》1974 年第 40 卷第 6 期,63—68 页

  李壬癸:《台湾土著语言研究的资料与问题》,台湾《民族所集刊》1975 年第 40 本,51—83 页

  李壬癸:《邵语音韵》,台湾《史语所集刊》1976 年第 47 本第 2 分,219—244 页

  李壬癸:《台湾土著语言的词音位转换》,台湾《史语所集刊》1977 年第 48 本第 3 分,375—413 页

  李壬癸:《关于[-b]尾的构拟及其演变》,台湾《史语所集刊》1984 年第 55 本第 4 分,789—795 页

  李壬癸:《闽南语喉塞音尾性质的检讨》,台湾《史语所集刊》1989 年第 60 本第 3 分,197—202 页

  李壬癸:《汉语的连环变化》,《声韵论丛》1991 年第 3 辑,457—471 页

  李壬癸:《闽南语的鼻音问题》,《中国境内语言暨语言学 1:汉语方言》,台湾史语所 1992 年,423—435 页

  李壬癸:《宜兰县南岛民族与语言》,宜兰县政府 1996 年

  李壬癸:《台湾南岛民族的族群与迁移》,常民文化事业有限公司 1997 年

  李壬癸:《台湾原住民史:语言篇》,台湾文献馆 1999/2003 年

李壬癸:《汉语和南岛语有发生学联系吗?》,李锦芳译,《汉语的祖先》,中华书局 2005 年,221—241 页

李壬癸:《台湾语言学先驱——小川尚义教授》,台湾语言学一百周年国际学术研讨会,台中教育大学 2007 年

李壬癸:《日本学者对台湾南岛语言研究的贡献》,台湾语言学一百周年国际学术研讨会,台中教育大学 2007 年

李壬癸:《段玉裁〈六书音均表〉的启示》,第十四届国际暨第三十三届台湾声韵学学术研讨,台湾东吴大学 2015 年

李　荣:《〈切韵〉音系》,科学出版社 1956 年

李　荣:《音韵存稿》,商务印书馆 1982 年

李　荣:《汉语方言分区的几个问题》,《方言》1985 年第 2 期,81—88 页

李　荣:《汉语方言的分区》,《方言》1989 年第 4 期,241—259 页

李如龙:《方言与音韵论集》,香港中文大学出版社 1996 年

李如龙:《论汉语方音的区域特征》,《中国语言学报》1999 年第 9 期,239—248 页

李如龙:《汉语方言的比较研究》,商务印书馆 2001 年

李如龙:《汉语方言学》,高等教育出版社 2007 年

李如龙:《罗杰瑞先生对汉语方言分区的贡献》,《罗杰瑞先生七秩晋三寿庆论文集》,香港中文大学中国文化研究所吴多泰中国语文研究中心 2010 年,261—278 页

李如龙、陈章太:《论闽方言的一致性》,《中国语言学报》1983 年第 1 期,25—81 页

李如龙、陈章太:《论闽方言内部的主要差异》,《中国语言学报》1985 年第 2 期,93—173 页

李如龙、陈章太:《闽语研究》,语文出版社 1991 年

李如龙、张双庆:《客赣方言调查报告》,厦门大学出版社 1992 年

李三荣:《从切语使用趋势看〈广韵〉的声韵类别》,台湾政治大学博士论文,1992 年

李天赐:《〈四库全书总目〉音韵史观研究》,台北大学硕士论文,2010 年

李添富:《〈古今韵会举要〉反切韵类考》,台湾《辅仁国文学报》1988 年第 4 期,195—256 页

李添富:《〈古今韵会举要〉研究》,台湾师范大学博士论文,1990 年

李添富:《〈古今韵会举要〉疑鱼喻三母分合研究》,《声韵论丛》1991 年第 3 辑,149—203 页

李添富:《从"答李子德书"论顾炎武之古音成就》,《第二届清代学术研讨会论文集》,台湾中山大学中文系 1991 年,495—522 页

李添富:《〈古今韵会举要〉匣合二纽之分立》,汉语言学国际学术研讨会,华中工学院 1991 年

李添富:《〈古今韵会举要〉声类考》,台湾《辅仁国文学报》1992 年第 8 期,149—170 页

李添富:《〈古今韵会举要〉俗字研究》,《第三届台湾文字学国际学术研讨会论文集》,台湾辅仁大学 1992 年,481—509 页

李添富:《〈古今韵会举要〉同音字志疑》,台湾《辅仁学志》(文学院之部)1993 年第 22 期,207—221 页

李添富:《〈古今韵会举要〉与〈礼部韵略〉"七音三十六母通考"比较研究》,台湾《辅仁学志》(文学院之部)1994 年第 23 期,53—100 页

李添富:《晚唐律体诗用韵通转之研究》,文史哲出版社 1996 年

李添富:《〈古今韵会举要〉之撰著与版本》,《元代文化研究》,北京师范大学出版社 2009 年,68—87 页

李添富主编,张玲霞、李娟鹃等编辑:《新校宋本广韵》,洪叶文化事业有限公司 2001 年;修订版,2005 年

李维棻:《反切起源新证》,《淡江学报》1966 年第 5 期,85—92 页

李无未:《音韵文献与音韵学史》,吉林文史出版社 2005 年

李无未:《音韵学论著提要与总目》(上下册),作家出版社 2007 年

李无未:《大矢透〈韵镜考〉"要说"寻绎》,《古汉语研究》2008 年第 3 期,21—28 页

李无未:《日本汉语音韵学史》,商务印书馆 2011 年

李无未:《汉语史研究理论范畴纲要》,吉林人民出版社 2012 年

李无未:《东亚视阈汉语史论》,厦门大学出版社 2014 年

李无未:《汉语现代语言学理论体系的最初构建——日本〈现代中国语学〉(1908)的意义》,《厦门大学学报》(哲学社会科学版)2014 年第 1 期,60—70 页

李无未:《〈广韵〉"新添类隔今更音和切"与等韵门法"正则"》,2015 年未刊稿

李无未:《清代旅居台湾两"闽儒"上古音研究逸文》,第十四届国际暨第三十三届台湾声韵学学术研讨会,台湾东吴大学 2015 年

李无未等:《日本汉语教科书汇刊(江户明治编)总目提要》,中华书局 2015 年

李无未等:《日本明治时期北京官话课本语音研究》,商务印书馆 2017 年

李无未、李红:《宋元吉安方音研究》,中华书局 2008 年

李　鑒:《〈昭明文选〉通假文字考》,嘉新水泥公司文化基金会 1970 年

李小凡:《汉语方言分区方法再认识》,《方言》2005 年第 4 期,356—363 页

李小凡、项梦冰主编:《承泽堂方言论丛——王福堂教授八秩寿庆论文集》,语文出版社 2014 年

李新魁:《〈中原音韵〉音系研究》,中州书画社 1983 年

[韩]李妍周:《顾炎武的古音学》,台湾大学硕士论文,1989 年

李彦震:《安然〈悉昙藏〉翻音研究》,台湾师范大学硕士论文,2003 年

李宜静:《明清文献中的台湾印象》,台湾东吴大学博士论文,2012 年

李昱颖:《〈音声纪元〉音系研究》,《台湾师范大学国文研究所集刊》2002 年第 46 号,1—144 页

李长兴:《台湾地区汉语音韵研究论著选介(2004—2008)》(上),《声韵学会通讯》2009 年第 18 期,76—88 页

李正芬:《试论〈经典释文〉诸家反切轻重唇音分化的时空差异》,《声韵论丛》2007 年第 15 辑,129—152 页

李正芬:《试论〈经典释文〉诸家反切中梗摄的分化与合流》,《声韵论丛》2007 年第 15 辑,153—182 页

李正芬:《两晋南北朝方言现象与韵部变迁探析——〈经典释文〉及两晋南北朝文献的比较考察》,五南图书出版有限公司 2012 年

李致忠:《珍贵典籍的重大发现——北宋刊本〈礼部韵略〉》,《文献》2013 年第 2 期,3—10 页

李子君:《〈增修互注礼部韵略〉研究》,社会科学文献出版社 2012 年

李子君:《新发现北宋本〈礼部韵略〉初刻、修版时间蠡测——略论新发现北宋本〈礼部韵略〉的文献价值》,《经学文献研究集刊》2014 年第 12 辑,126—133 页

李子君:《宋代韵书史研究——〈礼部韵略〉系韵书源流考》,社会科学文献出版社 2016 年

连金发:《论闽方言的开合口》,《中国境内语言暨语言学 1:汉语方言》,台湾史语所 1992 年,449—483 页

梁炯辉:《台(闽南)日两语文读之对音类型研究》,新竹教育大学博士论文,2011 年

梁猷刚:《广东省海南岛汉语方言的分类》,《方言》1984 年第 4 期,264—267 页

梁猷刚:《海南岛琼文话与闽语的关系》,《方言》1984 年第 4 期,268—271 页

梁猷刚:《海南岛文昌方言音系》,《方言》1986 年第 2 期,123—132 页

[日]了尊:《悉昙轮略图抄》,《大正新修大藏经》"悉昙部"84 册,日本大正一切经刊行会 1934 年,653—714 页

廖才仪:《〈全台诗〉用韵研究——以清领时期台湾本土文人为对象(1683—1895)》,《中国语言文字研究辑刊》第 2 编第 6 册,花木兰文化出版社 2013 年

廖湘美:《牟应震古韵学之研究》,台湾师范大学博士论文,2000 年

廖湘美:《敦煌石室〈心经〉音写抄本所反映之声母现象——兼论译者归属问题》,《中国学术年刊》2008 年第 30 期秋季号,185—214 页

林贝珊:《吴语处衢方言韵母的历史层次》,台湾大学博士论文,2012 年

林初梅编:《小川尚义论文集》,日本三元社 2012 年

林光明:《梵汉对音初探》,嘉丰出版社 2011 年

林虹瑛:《日治时代日语混编歌仔册对台湾话所带来的影响》,台湾语言学一百周年国际学术研讨会,台中教育大学 2007 年

林佳桦:《元代应试赋用韵研究》,成功大学硕士论文,2012 年

林炯阳:《魏晋诗韵考》,台湾师范大学硕士论文,1970 年

林炯阳:《〈广韵〉音切探源》,台湾师范大学博士论文,1978 年

林炯阳:《〈韵镜校正〉补校》,台湾《东吴中文学报》1997 年第 3 期,23—24 页

林炯阳:《林炯阳教授论学集》,文史哲出版社 2000 年

林炯阳、董忠司主编,黄智明等编辑,向惠芳等助编:《台湾五十年来声韵学暨汉语方言学术论著目录初稿(1945—1995)》,文史哲出版社 1996 年

林美岑:《汉代复声母的发展与演化》,台湾中正大学硕士论文,2007 年

林平和:《吕静〈韵集〉研究》,嘉新水泥公司文化基金会 1976 年

林平和:《明代等韵学之研究》,台湾政治大学博士论文,1975 年

林平和:《李元〈音切谱〉之古音学》,文史哲出版社 1980 年

林庆勋:《〈经史正音切韵指南〉与〈等韵切音指南〉比较研究》,台湾中国文化大学硕士论文,1971 年

林庆勋:《段玉裁之生平及其学术成就》,台湾中国文化大学博士论文,1978 年

林庆勋:《〈音韵阐微〉研究》,学生书局 1988 年

林庆勋:《刻本〈圆音正考〉所反映的音韵现象》,《声韵论丛》1991 年第 3 辑,149—203 页

林庆勋:《〈游历日本图经〉的声母对音》,《第二届清代学术研讨会论文集》,台湾中山大学中文系 1991 年,561—576 页

林庆勋:《试论〈日本馆译语〉的韵母对音》,《声韵论丛》1992年第4辑,253—298页

林庆勋:《论〈磨光韵镜〉的特殊归字》,《声韵论丛》1994年第1辑,297—320页

林庆勋:《〈日本馆译语〉的柳崖音注》,《声韵论丛》1996年第5辑,1—35页

林庆勋:《中州音韵辑要的声母》,《声韵论丛》2000年第9辑,527—566页

林庆勋:《论〈正字通〉的声母》,《声韵论丛》2001年第11辑,169—184页

林庆勋:《台湾闽南语概论》,心理出版社2001年

林庆勋:《论〈正字通〉的入声字》,《庆祝陈伯元教授七秩华诞论文集》,洪叶文化事业有限公司2004年,59—83页

林庆勋:《论〈正字通〉收[-ŋ]的韵母》,台湾《中山人文学报论丛》2005年第5期,193—208页

林庆勋:《论〈字汇〉的声母特色》,潘重规教授百年诞辰纪念学术研讨会,台湾师范大学2006年

林庆勋:《论〈字汇〉的韵母特色》,《声韵论丛》2006年第14辑,67—90页

林庆勋:《明清韵书韵图反映吴语音韵特点观察》,《声韵论丛》2006年第14辑,91—112页

林庆勋:《等韵图教学经验谈》,《声韵论丛》2007年第15辑,33—46页

林素卉:《飞地的语言接触与语言融合——马来西亚柔佛新山地区的混合型闽南方言研究》,第三十二届台湾声韵学学术研讨会,成功大学2014年

林婉如:《〈吴下方言考〉音系研究》,嘉义大学硕士论文,2014年

林文政:《〈文选〉六臣注音系研究》,台湾中国文化大学硕士论文,2000年

林秀菊:《元代河北词人用韵之研究》,彰化师范大学硕士论文,2009年

林　尹:《中国声韵学概说》,《教育与文化》1955年第9卷第5期,10—14页

林　尹:《中国声韵学通论》,新兴书局1956年;林炯阳注释,黎明文化出版社2006年

林　尹:《〈切韵〉韵类考正》,《师大学报》1957年第2期,137—186页

林　尹:《新校正切宋本广韵》,黎明文化事业公司1976年

林　尹:《中国声韵学研究方法与效用》,《国学研究论集》,黎明文化事业公司1983年,405—416页

林英津:《〈广韵〉重组问题之检讨》,东海大学硕士论文,1979年;《中国语言文字研究辑刊》第6编第16册,花木兰文化出版社2014年

林英津:《〈集韵〉之体例及音韵系统中的几个问题》,台湾大学博士论文,1985年

林英津:《论〈集韵〉在汉语音韵学史的定位》,《汉学研究》1988 年第 6 卷第 2 期, 85—103 页

林英津:《客语上声"到"语法功能探索》,台湾《史语所集刊》1992 年第 63 本第 4 分,831—866 页

林英津:《〈集韵〉与当代汉语方言》,中国语言学的新潮流和人文科学会,日本京都大学人文科学研究所 2001 年

林英津:《从汉藏语的比较,龚煌城先生在李方桂先生的汉语上古音系上搭楼台》,日本《中国语学研究:开篇》2003 年第 22 期,30—40 页

林英津:《后出转精的西夏语音韵系统构拟》,《汉藏语研究:龚煌城先生七秩寿庆论文集》,台湾语言学所 2004 年,457—482 页

林英津等编:《汉藏语研究:龚煌城先生七秩寿庆论文集》,台湾语言学所 2004 年

林语堂:《语言学论丛》,开明书店 1933 年

林正三:《闽南语声韵学》,文史哲出版社 2002/2009 年

林智凯:《东亚汉字音之入声韵变化:以优选理论探讨》,台湾大学硕士论文, 2007 年

刘德智注音、许世瑛校订:《音注中原音韵》,广文书局 1962/1968 年

刘虹汝:《〈日清字音鉴〉研究》,台湾中山大学硕士论文,2008 年

刘慧娟:《台湾闽南语语误的音韵学研究》,台湾清华大学博士论文,2009 年

刘人鹏:《陈第之学术》,台湾大学硕士论文,1988 年

刘荣平:《赌棋山庄词话校注》,厦门大学出版社 2013 年

刘一梦:《赵荫棠珍藏明清官话等韵文献十种》,厦门大学博士论文,2015 年

刘晓南等主编:《宋辽金用韵研究》,香港文化教育出版社 2002 年

刘晓莩:《论近代零声母的形成与演化——以官话区的明清语料及现代方言为主》,台湾政治大学硕士论文,2013 年

刘心怡:《周法高之中古音研究》,台湾中正大学硕士论文,2006 年

刘雅芬:《慧琳〈一切经音义〉异体字研究》,成功大学硕士论文,2006 年

刘燕文:《从敦煌本〈字宝〉的注音看晚唐五代西北方音》,文物出版社 1989 年

刘镇发:《百年来汉语方言分区评议》,《学术研究》2004 年第 4 期,125—130 页

龙宇纯:《韵镜校注》,艺文印书馆 1960 年

龙宇纯:《例外反切的研究》,台湾《史语所集刊》1965 年第 36 本上,331—373 页

龙宇纯:《唐写全本王仁昫刊谬补缺切韵校笺》,香港中文大学出版社 1968 年

龙宇纯:《陈澧以来几家反切系联法商兑——并论〈切韵〉系书反切系联法的学术

价值》,台湾《清华学报》(新)1982年第14卷第1、2期合刊,193—205页;《中上古汉语音韵论文集》,台湾五四书店2002年,103—115页

龙宇纯:《从〈集韵〉反切看〈切韵〉系韵书反映的中古音》,台湾《史语所集刊》1986年第57本第1分,37—90页

龙宇纯:《中古音的声类与韵类》,《声韵论丛》1997年第6辑,63—81页

龙宇纯:《中上古汉语音韵论文集》,台湾五四书店2002年

龙宇纯:《丝竹轩小学论集》,中华书局2009年

卢国屏:《声韵学16堂课》,五南图书出版有限公司2010年

卢淑美:《杨升庵古音学研究》,台湾中正大学硕士论文,1992年

卢顺点:《王梵志诗用韵考及其与敦煌变文用韵之比较》,东海大学硕士论文,1989年

卢彦杰:《台湾客家话音韵研究》,新竹教育大学博士论文,2014年

鲁国尧:《鲁国尧语言学论文集》,江苏教育出版社2003年

鲁国尧:《论"历史文献考证法"与"历史比较法"的结合——兼议汉语研究中的"犬马鬼魅法则"》,《古汉语研究》2003年第1期,4—7页

鲁国尧:《就独独缺〈中国语言学思想史〉!?》,《语言学文集:考证、义理、辞章》,上海人民出版社2008年,80—93页

鲁国尧:《语言学文集:考证、义理、辞章》,上海人民出版社2008年

鲁国尧:《语言学和接受学》,《汉语学报》2011年第4期,2—10页

鲁国尧:《语言学与美学的会通:读木华〈海赋〉》,《古汉语研究》2012年第3期,2—14页

陆志韦:《释〈中原音韵〉》,《燕京学报》1946年第31期,43—46页

罗常培:《中国音韵学的外来影响》,《东方杂志》1935年第32卷第14期,35—45页

罗常培:《〈中原音韵〉声类考》,《罗常培语言学论文集》,商务印书馆2004年,85—104页

罗常培、傅懋勣:《国内少数民族语言文字的概况》,中华书局1954年

罗美珍:《试论台语的系属问题》,《民族语文》1983年第2期,30—40页

罗济立:《日治后期之殖民地警察与台湾客语、民俗文化的学习——以〈警友〉杂志为资料》,五南图书出版有限公司2011年

罗勤正:《优选论与汉语音节:声母、次音节变化与音节结构》,高雄师范大学博士论文,2008年

罗润基:《〈李氏音鉴〉研究》,台湾师范大学硕士论文,1990 年

罗香林:《客家研究导论》,南天书局影印,1933/1992 年

罗肇锦:《试解董同龢先生上古声母的例外谐声》,第九届国际暨第二十三届台湾声韵学学术研讨会,静宜大学 2005 年

罗宗涛:《敦煌变文用韵考》,众人出版社 1969 年

罗宗涛:《敦煌讲经变文研究》,台湾政治大学博士论文,1972 年

骆嘉鹏:《台湾闽客华语字音对应及其教学——对应规律研究与应用》,新竹教育大学博士论文,2013 年

吕秋莲:《元代大都曲家散曲用韵之研究》,彰化师范大学硕士论文,2009 年

吕嵩雁:《闽西客语音韵研究》,台湾师范大学博士论文,1999 年

吕昭明:《澎湖群岛闽方言音韵的类型与分布》,台湾政治大学博士论文,2007 年

吕昭明:《明代北方汉语方言音韵问题的初步考察——汉语与八思巴文、蒙古文整合研究的思考策略》,第十届国际暨第二十五届台湾声韵学学术研讨会,台湾师范大学 2007 年

吕珍玉:《高本汉〈诗经注释〉研究》,东海大学博士论文,1996 年

马重奇:《闽台闽南方言韵书比较研究》,中国社会科学出版社 2008 年

马重奇:《汉语音韵与方言史论稿》,人民出版社 2015 年

马重奇:《海峡两岸闽南方言与文化研究》(上、下册),中国社会科学出版社 2016 年

马嘉贤:《古文字中的注音形声字研究》,《中国语言文字研究辑刊》第 3 编第 10 册,花木兰文化出版社 2012 年

马 军:《中国学术界译介瑞典汉学家高本汉(Bernhard Karlgren)篇目汇编》,《传统中国研究集刊》2009 年第 6 辑,1—11 页

[美]马提索夫:《汉藏语和其他语言中边音的塞音化》,苏玉玲、邱彦遂、李岳儒译,《声韵论丛》2006 年第 14 辑,45—66 页

[日]马渊和夫:《日本音韵史研究》,日本学术振兴会 1962—1965 年

马希宁:《徽州方言语音初探》,台湾清华大学硕士论文,1992 年

[日]满田新造:《评高本汉氏古韵研究根本思想》,《中国音韵史论考》,日本武藏野书院 1964 年,498—578 页

梅 广:《从朱翱反切看中古晚期几点音韵学的演变》,台湾大学硕士论文,1963 年

梅祖麟:《四声别义中的时间层次》,《中国语文》1980 年第 6 期,429—433 页;《梅

祖麟语言学论文集》,商务印书馆 2000 年,306—339 页

梅祖麟:《梅祖麟语言学论文集》,商务印书馆 2000 年

梅祖麟:《现代吴语和"支脂鱼虞,共为不韵"》,《中国语文》2001 年第 1 期,3—15 页

梅祖麟:《康拉迪(1864—1925)与汉藏语系的建立》,《汉藏语学报》2010 年第 4 期,1—19 页;《汉藏比较暨历史方言论集》,中西书局 2014 年,202—224 页

梅祖麟:《汉藏比较暨历史方言论集》,中西书局 2014 年

梅祖麟、龚煌城:《上古音对谈录》,《中国境内语言暨语言学 1:汉语方言》,台湾史语所 1992 年,655—719 页;《汉藏比较暨历史方言论集》,中西书局 2014 年,1—52 页

梅祖麟、龚煌城:《汉藏语比较语言学的回顾与前瞻》,《语言暨语言学》2006 年第 7 卷第 1 期,225—258 页;《汉藏比较暨历史方言论集》,中西书局 2014 年,93—128 页

[日]明觉:《悉昙要诀》,《大正新修大藏经》"悉昙部"84 册,日本大正一切经刊行会 1934 年,501—567 页

聂鸿音、孙伯君:《黑水城出土音韵学文献研究》,文物出版社 2006 年

宁忌浮(宁继福):《汉语韵书史》(明代卷),上海人民出版社 2009 年

宁忌浮(宁继福):《宁忌浮文集》,吉林人民出版社 2010 年

宁忌浮(宁继福):《汉语韵书史》(金元卷),上海人民出版社 2016 年

宁继福:《〈中原音韵〉表稿》,吉林文史出版社 1985 年

宁继福:《校订五音集韵》,中华书局 1992 年

宁继福:《〈古今韵会举要〉及相关韵书》,中华书局 1997 年

宁继福:《古今韵会举要(明刊本,附校记索引)》,中华书局 2000 年

欧淑珍:《从韵律音韵学理论之观点研究闽南语特殊变调》,台湾政治大学硕士论文,1995 年

潘柏年:《〈切韵〉性质研究》,台湾师范大学硕士论文,2001 年

潘柏年:《陈澧〈切韵考〉研究》,台湾师范大学博士论文,2010 年

潘重规:《瀛涯敦煌韵辑新编》,香港新亚研究所 1972 年

潘重规:《瀛涯敦煌韵辑别录》,香港新亚研究所 1973 年

潘重规:《〈龙龛手鉴〉新编》,石门图书公司 1980 年;中华书局 1988 年

潘重规、陈绍棠:《中国声韵学》,东大图书公司 1978 年

潘茂鼎等:《福建汉语方言分区略说》,《中国语文》1963 年第 6 期,475—495 页

潘悟云:《苍南蛮话》,《温州师范学院学报》(哲学社会科学版)1992 年第 4 期,

85—96 页

潘悟云:《汉语历史音韵学》,上海教育出版社 2000 年

潘悟云:《对华澳语系假说的若干支持材料》,《汉语的祖先》,中华书局 2005 年,242—287 页

潘悟云:《竞争性音变与历史层次》,《东方语言学》(创刊号),上海教育出版社 2006 年,152—165 页

潘悟云、沈钟伟编:《研究之乐:王士元先生七十五寿辰学术论文集》,上海教育出版社 2010 年

彭建国:《湘语音韵方言历史层次研究》,湖南大学出版社 2010 年

彭心怡:《江西客赣语的特殊音韵现象与结构变迁》,中兴大学博士论文,2009 年

彭馨平:《日治时期台湾的客语教材研究——以〈广东语集成〉为例》,台湾师范大学硕士论文,2010 年

彭于纶:《陈荩谟音学思想之研究——以〈皇极图韵〉和〈元音统韵〉为主》,高雄师范大学硕士论文,2013 年

[日]平山久雄:《重纽问题在日本》,《声韵论丛》1997 年第 6 辑,5—36 页

[日]平山久雄:《"轻读音变"中介音的脱落现象》,《声韵论丛》2001 年第 11 辑,17—24 页

[日]平山久雄:《王育德博士的学问》,《闽音系研究》,前卫出版社 2002 年,1097—1106 页

[日]平山久雄:《平山久雄语言学论文集》,商务印书馆 2005 年

[日]平田昌司:《休宁音系简介》,《方言》1982 年第 4 期,276—284 页

[日]平田昌司:《文化制度和汉语史》,北京大学出版社 2016 年

[韩]朴秋铉:《韩国韵书与中国音韵书之关系》,台湾中国文化大学博士论文,1986 年

[韩]朴万圭:《试析〈帝王韵记〉用韵——并探高丽中、末汉诗文押韵特征》,《声韵论丛》1991 年第 3 辑,257—272 页

[韩]朴万圭:《海东交宗崔致远诗用韵考》,《声韵论丛》1992 年第 4 辑,227—251 页

[韩]朴贞玉、朴现圭:《广韵版本考》,学海出版社 1986 年

钱 拓:《魏建功音学述评》,台湾辅仁大学博士论文,2012 年

[日]浅井惠伦:《兰屿的雅美语研究》,荷兰莱顿大学博士论文,1936 年

[日]桥本万太郎:《〈掌中珠〉番汉对音研究方法论》,日本《中国语学》1961 年第

109 期,34—67 页

[日]桥本万太郎:《客家方言》,英国剑桥大学出版社 1973 年

秦慧芳:《老国音研究:以王璞〈国音京音对照表〉为中心》,屏东教育大学硕士论文,2011 年

[日]庆谷寿信:《有坂秀世〈音韵论〉》《有坂理论展开》,日本《人文学报》1992 年第 253 期,1—43 页

邱棨鐍:《〈韵镜〉与〈广韵〉之比较研究》,油印本,1971 年

邱棨鐍:《〈集韵〉研究》,台湾中国文化学院博士论文,1974 年

邱馨慧:《从近代初期季风亚洲的荷兰语学习看台湾荷兰时代的殖民地语言现象与遗绪》,《台湾史研究》2013 年第 20 卷第 1 期,1—46 页

权荣俊:《北京方言的中古入声音韵层次研究——以官话方言比较为主》,台湾政治大学硕士论文,2012 年

权容华:《〈洪武正韵译训〉之正音与俗音研究》,台湾东吴大学硕士论文,1992 年

[韩]全广镇:《两周金文通假字研究》,学生书局 1989 年

[韩]全广镇:《汉藏语同源词综探》,学生书局 1996 年

任少英:《现代韩国汉语音韵学研究概况》,《音韵论丛》,齐鲁书社 2004 年,662—701 页

任伟榕:《北曲韵书研究——以元明二代为例》,台湾东吴大学硕士论文,2012 年

阮青松:《汉越语和汉语的层次对应关系研究》,中兴大学硕士论文,2014 年

[日]三泽谆治郎:《〈韵镜〉研究》,日本三宅誊写堂 1960 年

[法]沙加尔:《汉语和南岛语:发生学关系证据》,美国《中国语言学报》1993 年第 21 卷第 1 期,1—62 页

[法]沙加尔:《上古汉语和原始南岛语》,亚洲大陆和南岛语关系研讨会,美国夏威夷大学 1993 年;美国《大洋语言学》1994 年第 33 卷第 2 期,271—308 页

[日]砂冈和子:《敦煌出土〈字宝碎金〉语汇和字体》,日本《中国语学》1985 年第 233 期,130—137 页

[日]上田崇仁:《植民地朝鲜言语政策和"国语"普及研究》,日本关西学院大学出版会 2001 年

[日]上田正:《〈切韵〉残卷诸本补正》,日本《东洋学文献丛刊》第 19,单刊本,1973 年

[日]上田正:《〈切韵〉诸本反切总览》,日本均社 1975 年

[日]上田正:《〈切韵〉佚文研究》,日本汲古书院 1984 年

邵荣芬:《〈切韵〉研究》,中国社会科学出版社 1982 年

[韩]申祐先:《韩国汉字音历史层次研究》,台湾大学博士论文,2014 年

沈启元:《台湾第一所为外国人所设立的华语学校》,《辅仁大学第六届汉学国际研讨会——"西方早期(1552—1814 年间)汉语学习和研究"论文集》,台湾辅仁大学 2011 年,647—664 页

沈心慧:《胡朴安生平及易学、小学研究》,新文丰出版公司 2009 年

施宇阳:《〈佩文韵府〉研究》,台湾中国文化大学硕士论文,2009 年

石俊浩:《〈五方元音〉研究》,台湾中国文化大学硕士论文,1992 年

石佩玉:《福建沙溪流域闽中方言音韵研究》,台湾师范大学博士论文,2013 年

[日]石山福治:《考订〈中原音韵〉》,日本东洋文库 1925 年

石晓娉:《从自主音段音韵学观点看金城方言声调学》,台湾清华大学硕士论文,1997 年

世界华语文教育会:《国语运动百年史略》,国语日报社 2012 年

方师铎:《五十年来中国国语运动史》,国语日报社 1965 年

[日]水谷诚:《〈集韵〉系韵书研究》,日本白帝社 2004 年

[日]水谷真成:《中国语史研究》,日本三省堂 1994 年

宋鹏飞:《殷周金文形声字研究》,成功大学硕士论文,2001 年

宋韵珊:《共性与特殊性:明清等韵的涵融与衍异》,学生书局 2014 年

苏秀娟:《〈诗经〉时代声母现象与上古汉藏语关系》,台湾师范大学硕士论文,2003 年

苏宜青、张月琴:《从声学角度看国语三声连调变化现象》,《声韵论丛》1991 年第 3 辑,473—502 页

孙伯君:《国外早期西夏学论集》(一、二),民族出版社 2005 年

孙诒让:《集韵考正跋》,万有文库本,商务印书馆影印,1937 年

孙宜志:《从知庄章的分合看〈西儒耳目资〉音系的性质》,《中国语文》2010 年第 5 期,438—450 页

台湾师范大学国音教材编辑委员会编:《国音学》(第 8 版),何容修订,正中书局 1992 年

台湾图书馆编:《台湾历史人物小传——明清暨日据时期》,修订版,承印实业公司 2006 年

[日]太田斋:《〈西儒耳目资〉编纂过程的线索》,日本《神户外大论丛》1997 年第 48 卷第 2 号,41—51 页

［日］太田斋:《〈西儒耳目资〉编纂过程的线索(续)》,《神户外大论丛》1997 年第 48 卷第 5 号,61—72 页

谭生力:《说"尿"》,《中国文字研究》2014 年第 2 期,35—41 页

汤廷池:《评介两本在日治时期以日文撰写的台湾语法书》,《台湾语文研究》2010 年第 5 卷第 2 期,1—17 页

唐　兰:《论古无复辅音,凡来母字古读如泥母》,《清华学报》1937 年第 12 卷第 2 期,297—307 页

唐明雄:《宋元等韵图研究》,东海大学硕士论文,1975 年

唐作藩:《〈四声等子〉研究》,《语言文字学术研究论文集——庆祝王力先生学术活动五十周年》,上海知识出版社 1989 年,291—312 页;《汉语史学习与研究》,商务印书馆 2001 年,190—216 页

唐作藩:《汉语史学习与研究》,商务印书馆 2001 年

唐作藩:《音韵学教程》,北京大学出版社 2013 年

［日］藤井彰三:《伊泽修二的台湾话研究》,《元智人文社会学报》2000 年第 3 期,92—106 页

［日］藤堂明保:《从官话形成过程看〈西儒耳目资〉》,日本《东方学》1952 年第 5 辑,99—122 页

［日］藤堂明保:《中国语音韵论》,日本江南书院 1957 年

［日］藤堂明保:《汉语语源辞典》,日本学灯社 1965 年

［日］藤堂明保:《日本汉字音——藤堂明保著〈中国语音韵论〉第四章第二节第六小节》,渡边雪羽译,台湾《书目季刊》1992 年第 25 卷第 4 期上,101—116 页

田志军:《近代晚期粤东客音研究》,中国社会科学出版社 2015 年

万金川:《从"佛教汉语"的名目谈汉译佛典的语言研究》,《圆光佛学学报》2002 年第 7 期,153—170 页

万金川:《石室〈心经〉音写抄本校释之一》,《圆光佛学学报》2004 年第 9 期,73—118 页

万金川:《石室〈心经〉音写抄本校释之二》,《圆光佛学学报》2005 年第 9 期,25—83 页

汪经昌:《〈中原音韵〉讲疏》,广文书局 1961 年

王福堂:《绍兴话记音》,《语言学论丛》1959 年第 3 辑,73—126 页

王福堂:《关于客家话和赣方言的分合问题》,《方言》1998 年第 1 期,31—44 页

王洪君:《历史语言学方法论与汉语方言音韵史个案研究》,商务印书馆 2014 年

王洁心:《〈中原音韵〉新考》,台湾商务印书馆 1988 年

王静如:《西夏文汉藏译音释略》,《史语所集刊》1930 年第 2 本第 2 分,171—184 页

王　力:《汉语诗律学》,上海教育出版社 1958 年

王　力:《汉语史稿》(三册),中华书局 1980 年

王　力:《汉语语音史》,中国社会科学出版社 1985 年

王　力:《朱翱反切考》,《王力文集》第 18 卷,山东教育出版社 1991 年,199—245 页

王　力:《清代古音学》,中华书局 2013 年

王立达:《汉语研究小史》,台湾商务印书馆 1959 年

王逎贵:《上古入声韵——以〈诗经〉押韵现象为例》,台湾辅仁大学博士论文,1995 年

王荣正:《版刻本〈文镜秘府论〉汉字音研究》,台湾师范大学硕士论文,2003 年

王三庆:《敦煌、吐鲁番文献中的音韵材料》,《声韵论丛》2004 年第 13 辑,121—146 页

王胜昌:《〈说文篆韵谱〉之源流及其音系之研究》,台湾师范大学硕士论文,1974 年

王士元:《王士元语音学论文集》,世界图书出版公司 2010 年

王士元主编:《汉语的祖先》,李葆嘉主译,中华书局 2005 年

王硕荃:《古今韵会举要辨证》,河北教育出版社 2002 年

王松木:《台湾地区汉语音韵研究论著选介(1989—1993)》(上、中、下),《汉学研究通讯》1995 年第 14 卷第 3 期,239—242 页;1995 年第 14 卷第 4 期,336—339 页;1996 年第 15 卷第 1 期,87—93 页

王松木:《〈敦煌俗务要名林〉残卷及反切研究》,第五届国际暨第十四届台湾声韵学学术研讨会,新竹师范学院 1996 年

王松木:《李方桂上古声母系统述评》,《声韵论丛》2002 年第 12 辑,41—68 页

王松木:《韵图的理解与诠释——吴烺〈五声反切正均〉新诠》,第二十二届台湾声韵学学术研讨会,台北市立师范学院 2004 年

王松木:《从明末官话记音资料管窥〈西儒〉中介语音系》,《高雄师大学报》(人文与艺术类)2005 年第 19 期,35—50 页

王松木:《谈音说类——明末清初中西音韵学的相遇与对话》,第九届国际暨第二十三届台湾声韵学学术研讨会,静宜大学 2005 年

王松木:《为往圣继绝学——竺家宁先生在音韵学研究上的成就与贡献》,《语言学探索——竺家宁先生六秩寿庆论文集》,编著者自印 2006 年,27—38 页

王松木:《最后的练音术士——论周赟〈琴律切音〉的音学思想与音韵系统》,第十届国际暨第二十五届台湾声韵学学术研讨会,台湾师范大学 2007 年

王松木:《拟音之外——明清韵图之设计理念与音学思想》,复文图书出版社 2008 年

王松木:《明代等韵之类型及其开展》(上、下),《中国语言文字研究辑刊》初编第 18、19 册,花木兰文化出版社 2011 年

王松木:《〈西儒耳目资〉所反映的明末官话音系》,《中国语言文字研究辑刊》初编第 20 册,花木兰文化出版社 2011 年

王松木:《论"音韵思想史"及其必要性——从"鲁国尧问题"谈起》,《声韵论丛》2012 年第 17 辑,77—132 页

王天昌:《反切与注音法的进步》,《书和人》1968 年第 87 期,1—8 页

王天昌:《福州语音研究》,台湾世界书局 1969 年

王天昌:《汉语语音学研究》,国语日报社 1973 年

王天昌:《汉语语音学》,国语日报社 2005 年

王幼华:《清代台湾文献原住民记述研究》,中兴大学博士论文,2004 年

王育德:《台湾语常用语汇》,日本永和语学社 1957 年;陈恒嘉译,前卫出版社 2002 年

王育德:《台湾语入门》,日本日中出版 1982 年

王育德:《台湾语音历史研究》,日本第一书房 1987 年

王育德:《闽音系研究》,何欣泰译,前卫出版社 2002 年

王远新等:《北京官话方言岛研究:清东陵和清西陵的满语研究》,中央民族大学出版社 2012 年

王志成:《〈广韵〉作业》,文史哲出版社 2000 年

王志平、孟蓬生、张洁:《出土文献与先秦两汉方言地理》,中国社会科学出版社 2014 年

王忠林:《中国文学之声律研究》,台湾师范大学 1963 年

[日]尾崎雄二郎:《与汉语史相关联的梵语学》,《中国语音韵史研究》,日本创文社 1970 年,77—99 页

魏鸿钧:《周秦两汉诗歌用韵研究》,台北市立教育大学硕士论文,2008 年

魏鸿钧:《周秦至隋诗歌韵类研究》,台北市立大学博士论文,2014 年

魏慧斌:《宋词用韵研究》,陕西人民教育出版社 2009 年

魏建功:《陆法言〈切韵〉以前的几种韵书》,《国学季刊》1932 年第 2 期;《魏建功语言学论文集》,商务印书馆 2012 年,179—201 页

魏建功:《黟县方言调查录》,《国学季刊》1935 年第 4 卷第 4 期,35—58 页

魏建功:《魏建功语言学论文集》,商务印书馆 2012 年

魏章柱:《清代学校教育及其影响》,《教育史研究》创刊二十周年暨中国教育史研究六十周年学术研讨会,北京 2009 年

翁慧芳:《〈韵镜〉及〈七音略〉之比较研究》,台湾师范大学硕士论文,2007 年

翁敏修:《〈永乐大典〉所引小学书钩沉》,万卷楼图书股份有限公司 2015 年

翁琼雅:《孙愐〈唐韵〉韵部研究》,台湾师范大学硕士论文,1998 年

吴叠彬:《〈真腊风土记〉里的元代语音》,《声韵论丛》1996 年第 5 辑,135—172 页

吴家宜:《古音对转说研究》,台湾师范大学硕士论文,2001 年

吴瑾玮:《论汉语中的介音、擦音、变调:从优选理论分析》,台湾清华大学博士论文,2002 年

吴敬琳:《〈玄应音义〉的音系及其方音现象》,《中国语言文字研究辑刊》第 2 编第 17 册,花木兰文化出版社 2012 年

吴静之:《上古声调之蠡测》,台湾师范大学硕士论文,1973 年;台湾师范大学1976 年

吴　梅:《词学通论》,台湾商务印书馆 1965 年

吴瑞文:《覃谈有别与现代方言》,《声韵论丛》2004 年第 13 辑,147—186 页

吴瑞文:《吴闽方言音韵比较研究》,台湾政治大学博士论文,2005 年

吴圣雄:《〈康熙字典字母切韵要法〉探索》,台湾师范大学硕士论文,1984 年

吴圣雄:《日本吴音研究》,台湾师范大学博士论文,1990 年

吴圣雄:《张麟之〈韵镜〉所反映的宋代音韵现象》,《声韵论丛》1999 年第 8 辑,245—274 页

吴圣雄:《说助纽字》,《纪念陈伯元教授荣誉退休学术研讨会论文集》,洪叶文化事业有限公司 2000 年,117—13 页

吴圣雄:《〈新撰字镜〉所载日本汉字音之研究——直音部分》,《第十八届台湾声韵学学术研讨会论文集》,香港文化教育出版社 2000 年,379—400 页;《声韵论丛》2001 年第 10 辑,525—560 页

[韩]吴世畯:《王力上古音学说述评》,台湾东吴大学硕士论文,1988 年

[韩]吴世畯:《从朝鲜汉字音看一二等重韵问题》,《声韵论丛》1992 年第 4 辑,

159—192 页

[韩]吴世畯:《李方桂谐声说商榷》,《声韵论丛》1997 年第 6 辑,531—558 页

吴守礼:《福建语研究导论》,《人文科学论丛》1948 年第 1 期,125—194 页

吴守礼:《闽台方言史资料研究丛刊》(1—15 辑),台湾文化艺术基金会 2006 年

吴淑美:《〈洪武正韵〉的声类与韵类》,文津出版社 1976 年

吴文慧:《〈四声等子〉与〈经史正音切韵指南〉比较研究》,台湾师范大学硕士论文,2005 年

吴文慧:《胡垣音学理论研究》,台湾辅仁大学博士论文,2013 年

吴晓琪:《〈唐音便览〉所反映的十八世纪汉语音韵现象》,台北市立教育大学硕士论文,2009 年

吴晓琪:《台湾地区汉语音韵研究论著选介(2004—2008)》(下),《声韵学会通讯》2010 年第 19 期,106—120 页

吴笑生:《论去声》,《华国》1958 年第 2 期,54—65 页

伍崇厚:《我国文字语音韵的研究》,《教育与文化》1959 年第 201 期,6—11 页

伍明清:《宋代之古音学》,台湾大学硕士论文,1989 年

伍　巍:《徽州方言音系特点》,汉语方言学会第三届会议,山西省忻州市 1985 年

项梦冰、曹晖:《汉语方言地理学——入门与实践》,中国文史出版社 2005 年

萧佳雯:《张家界方言音韵系统研究》,台湾清华大学硕士论文,2004 年

萧宇超:《现代音韵学知识在语言教学上所扮演的角色》,《声韵论丛》1998 年第 7 辑,355—370 页

萧宇超:《台湾闽南语之优选变调》,《汉学研究》2000 年第 18 卷特刊,25—40 页

萧宇超:《现代汉语音韵的国际观》,《声韵论丛》2006 年第 14 辑,21—44 页

萧宇超:《从台湾的语言看现代音韵学理论》,台湾语言学一百周年国际学术研讨会,台中教育大学 2007 年

萧宇超:《优选理论对现代汉语音韵研究的影响》,《声韵论丛》2001 年第 10 辑,477—496 页

[日]小仓进平:《朝鲜语学史》,日本大阪屋号 1920 年

[日]小仓肇:《日本吴音研究》,日本新典社 1995 年

[日]小仓肇:《日本语音韵史论考》,日本和泉书院 2011 年

[日]小出敦:《〈重编改正四声全角等子〉的音韵特征》,日本《京都产业大学论集人文科学系列》2003 年第 30 辑,65—84 页

[日]小川环树:《中国语学研究》(东洋学丛书),日本创文社 1985 年

[日]小川尚义:《日台大辞典》,台湾总督府 1907 年

[日]小川尚义、浅井惠伦:《原语台湾高砂族传说集》,台湾帝国大学言语学研究室专刊,日本刀江书院 1935 年

谢美龄:《"合韵"、"旁转"说及例外谐声检讨》,《声韵论丛》1999 年第 8 辑,123—162 页

谢美龄:《上古汉语之真、耕合韵再检讨》,《台中师院学报》2003 年第 17 卷第 2 期,225—243 页

谢苗琳:《苍南蛮话的音韵研究》,暨南国际大学硕士论文,2007 年

谢佩慈:《敦煌诗歌用韵研究》,台湾中山大学硕士论文,1998 年

谢云飞:《〈经典释文〉异音声类考》,《台湾师范大学国文研究所集刊》1960 年第 4 号,215—337 页

谢云飞:《〈四声等子〉与〈切韵指掌图〉之比较研究》,台湾"国科会"奖励论文,1964 年

谢云飞:《〈七音略〉之作者及成书》,《文海》1966 年第 1 卷第 9 期,4—5 页;《音学十论》,102—106 页,雾峰出版社 1971 年

谢云飞:《〈明显四声等韵图〉之研究》,台湾师范大学国文研究所 1968 年

谢云飞:《韵图归字与等韵门法》,新加坡《南洋大学学报》1968 年第 2 期,119—136 页

谢云飞:《黄季刚先生上古音学说之论定》,新加坡《南洋大学学报》1971 年第 5 期,38—48 页

谢云飞:《〈切韵指掌图〉与〈四声等子〉之成书年代考》,《音学十论》,雾峰出版社 1971 年,85—101 页

谢云飞:《十二转声释义》,《音学十论》,雾峰出版社 1971 年,69—84 页

谢云飞:《音学十论》,雾峰出版社 1971 年

谢云飞:《汉语音韵字母源流》,新加坡《南洋大学学报》1972 年第 6 期,94—107 页

谢云飞:《汉字拼音简史》,新加坡《南洋商报·新年特刊》,1973 年

谢云飞:《语音学大纲》,学生书局 1974/1987 年

谢云飞:《文学与音律》,东大图书公司 1978 年

谢云飞:《国语调值变迁初探》,《第一届世界华文教学研讨会论文集》,世界华文出版社 1985 年,305—314 页

谢云飞:《中国声韵学大纲》,学生书局 1987/1995 年

辛　勉:《古代藏语和中古汉语语音系统的比较研究》,台湾师范大学博士论文,1972 年

辛　勉:《评西门华德的汉藏语词比较》,《国文学报》1978 年第 7 期,311—330 页

邢公畹:《汉台语比较研究中心的深层对应》,《民族语文》1993 年第 5 期,4—9 页

邢公畹:《汉台语比较手册》,商务印书馆 1999 年

熊赐履:《学统》,凤凰出版传媒集团、凤凰出版社 2011 年

熊正辉、张振兴:《汉语方言的分区》,《方言》2008 年第 2 期,97—108 页

徐芳敏:《闽南厦漳泉次方言白话层韵母系统与上古音韵部关系之研究》,台湾大学博士论文,1991 年

徐芳敏:《闽南方言本字与相关问题探索》,大安出版社 2003 年

徐桂平:《从句法与音韵的界面关系看客语的连读变调》,台湾清华大学硕士论文,1995 年

徐旻馨:《毛晃毛居正〈增修互注礼部韵略〉音系研究》,台湾中正大学硕士论文,2009 年

徐明彪:《李因笃音韵研究的得与失》,《渭南师范学院学报》2012 年第 3 期,89—92 页

徐时仪:《玄应〈众经音义〉研究》,中华书局 2005 年

徐通锵:《历史语言学》,商务印书馆 1991 年

徐通锵:《音系的非线性结构原理和语音史研究》,《汉语研究方法论初探》,商务印书馆 2004 年,164—184 页

徐贤德:《高树客家话语言接触研究》,台北市立大学博士论文,2013 年

许金枝:《东坡词韵研究》,《台湾师范大学国文研究所集刊》1979 年第 23 号,775—854 页

许金枝:《李汝珍音韵学述评》,宏泰出版 1988 年

许丽芳:《〈西游记〉中韵文的运用》,花木兰文化出版社 2010 年

许世瑛:《许世瑛先生论文集》(三集),弘道文化事业有限公司 1974 年

许煜青:《汉语方言鼻音韵母的发展》,台湾清华大学博士论文,2015 年

许长谟:《汉语语言结构义证——理论与教学应用》,里仁书局 2010 年

薛凤生:《国语音系解析》,学生书局 1986 年

薛凤生:《〈中原音韵〉音位系统》,北京语言学院出版社 1990 年

薛凤生:《试论〈切韵〉音系的元音音位与“重纽、重韵”等现象》,《声韵论丛》1997 年第 6 辑,84—105 页

严学宭:《大徐本〈说文〉反切的音系》,《国学季刊》1936 年第 6 卷第 1 期,45—94 页

严学宭:《小徐本〈说文〉反切之音系》,台湾《中山大学师范学院季刊》1943 年第 1 卷第 2 期,1—80 页

严学宭:《上古汉语声母结构体系初探》,《江汉学报》1962 年第 6 期,30—37 页

[日]岩村忍、鱼返善雄:《支那学者高本汉的业绩》,日本《日华学报》1936 年第 56 号,10—12 页;1936 年第 57 号,10—39 页

颜静馨:《台湾地区汉语音韵研究论著选介(1999—2003)》,《汉学研究通讯》2005 年第 24 卷第 3 期,24—37 页

颜静馨:《台湾地区汉语音韵研究论著选介(2000—2008)》,《声韵学会通讯》2010 年第 19 期,89—105 页

颜　森:《高安(老屋周家)方言的语音系统》,《方言》1981 年第 2 期,104—121 页

颜秀青:《〈中原音韵〉研究》,世新大学博士论文,2012 年

杨　军:《韵镜校笺》,浙江大学出版社 2007 年

杨名龙:《台湾客家次方言关系研究》,台北市立大学博士论文,2014 年

杨耐思:《〈中原音韵〉音系》,中国社会科学出版社 1981 年

杨时逢:《成都音系略记》,台湾《史语所集刊》1951 年第 23 本上,289—302 页

杨时逢:《语言调查与语音实验》,《傅所长纪念特刊》,台湾史语所 1951 年,第 27 页

杨时逢:《长沙音系》,台湾《史语所集刊》1956 年第 27 本下,135—173 页

杨时逢:《四川李庄方言略记》,台湾《史语所集刊》1956 年第 28 本上,283—317 页

杨时逢:《湖南方言声调分布》,台湾《史语所集刊》1957 年第 29 本上,31—57 页

杨时逢:《台湾桃园客家方言》,台湾《史语所单刊》甲种之二十三,台湾史语所 1957 年

杨时逢:《云南方言声调分布》,台湾《史语所集刊》1959 年第 30 本上,119—142 页

杨时逢:《云南方言特点及分区概说》,台湾《史语所集刊》1964 年第 35 本,87—112 页

杨时逢:《南昌音系》,台湾《史语所集刊》1969 年第 39 本上,125—204 页

杨时逢:《云南方言调查报告》(上下册),《史语所专刊》第 56 本,台湾史语所 1969 年

杨时逢:《台湾美浓客家方言》,台湾《史语所集刊》1970 年第 42 本第 3 分,405—456 页

杨时逢:《江西方言声调的调类》,台湾《史语所集刊》1971 年第 43 本第 3 分,403—432 页

杨时逢:《湖南方言调查报告》(上下册),《史语所专刊》第 66 本,台湾史语所 1974 年

杨时逢:《四川方言调查报告》(上下册),《史语所专刊》第 82 本,台湾史语所 1984 年

杨时逢:《西南官话入声的演变》,台湾《史语所集刊》1988 年第 59 本第 1 分,7—11 页

杨树达:《积微居小学述林》,中华书局 1983 年

杨素姿:《先秦楚方言韵系研究》,台湾中山大学硕士论文,1996 年;《中国语言文字研究辑刊》第 3 编第 12 册,花木兰文化出版社 2012 年

杨素姿:《〈大广益会玉篇〉音系研究》,台湾中山大学博士论文,2001 年;《中国语言文字研究辑刊》第 4 编第 12 册,花木兰文化出版社 2013 年

杨素姿:《泽存堂本〈大广益会玉篇〉与孙强本〈玉篇〉之关系考辨》,《声韵论丛》2002 年第 12 辑,147—173 页

杨素姿:《论改并〈五音集韵〉与等韵门法》,新加坡《南大人文研究学报》2004 年第 38 卷第 2 期,81—90 页

杨文惠:《五言律诗声律的形成》,台湾清华大学博士论文,2004 年

杨秀芳:《赛德语雾社方言的音韵结构》,台湾《史语所集刊》1976 年第 47 本第 4 分,611—706 页

杨秀芳:《闽南语文白系统的研究》,台湾大学博士论文,1982 年

杨秀芳:《试论万宁方言的形成》,《毛子水先生九五寿辰论文集》,台湾大学文学院 1987 年,1—35 页

杨秀芳:《论汉语方言中古全浊声母的清化》,《汉学研究》1989 年第 7 卷第 24 号,41—74 页

杨秀芳:《声韵学与经典诠释》,《文献及语言知识与经典诠释的关系》,台湾大学出版中心 2008 年,119—134 页

杨濬豪:《郑张尚芳上古音系统研究》,中兴大学硕士论文,2013 年

杨义腾:《〈正字通〉与历代重要字书之比较研究》,台湾中国文化大学博士论文,2013 年

杨征祥:《〈蒙古字韵〉音系研究》,成功大学硕士论文,1995 年

杨征祥:《元代标准韵书音韵系统研究》,成功大学博士论文,2005 年

姚荣松:《〈切韵指掌图〉研究》,台湾师范大学硕士论文,1974 年;《台湾师范大学国文研究所集刊》1974 年第 18 号,321—511 页

姚荣松:《上古汉语同源词研究》,台湾师范大学博士论文,1981 年;修订版改名为《古代汉语词源研究论衡》,学生书局 1991 年;增订版,2015 年

姚荣松:《近五年来台湾地区汉语音韵研究论著选介(1983—1988)》(上、下),《汉学研究通讯》1989 年第 8 卷第 1 期,1—5 页;第 8 卷第 2 期,90—97 页

姚荣松:《〈文始・成均图〉音转理论评述》,《国文学报》1991 年第 20 期,227—262 页

姚荣松:《〈渡江书十五音〉初探》,《声韵论丛》1994 年第 2 辑,337—354 页

姚荣松:《〈中原音韵〉入派三声新探》,《声韵论丛》1994 年第 2 辑,25—51 页

姚荣松:《巴黎所藏 P2011 王韵的新校记(二)》,《庆祝潘石禅先生九秩华诞敦煌学特刊》,文津出版社 1996 年,427—442 页

姚荣松:《声韵学教学的基础建设》,《声韵论丛》1999 年第 8 辑,14—34 页

姚荣松:《陈伯元教授提倡声韵学及推动两岸语言文字学术交流的贡献》,《陈新雄教授哀思录》,文史哲出版社 2013 年,255—266 页

姚荣松:《六十年来(1950—2010)台湾声韵学研究成果之评述与展望》,《第三十一届台湾声韵学学术研讨会手册》,台北市立教育大学 2014 年;《声韵论丛》2014 年第 18 辑,1—96 页

姚荣松等编:《陈新雄教授八秩诞辰纪念论文集》,万卷楼图书股份有限公司 2015 年

姚志红:《〈说文解字〉大徐反切音系考》,首都师范大学硕士论文,2004 年

叶博荣:《刘师培之声韵学观念述评》,台湾"中央大学"硕士论文,2010 年

叶键得:《〈通志・七音略〉研究》,台湾中国文化大学硕士论文,1979 年

叶键得:《〈十韵汇编〉研究》,台湾中国文化大学博士论文,1987 年;学生书局 1988 年;万卷楼图书股份有限公司 2015 年

叶键得:《〈内府藏唐写本刊谬补缺切韵〉一书的特色及其在音韵学上的价值》,《声韵论丛》1993 年第 5 辑,173—194 页

叶梦麟:《古音蠡测》,编著者自印,1961 年

[日]伊能嘉矩:《〈番语汇集〉:ペイポ族ノ部》,台湾大学图书馆藏稿本,1896 年

[日]伊藤智ゆき:《朝鲜汉字音研究》,日本汲古书院 2007 年

［日］伊泽修二、大矢透：《日清字音鉴》，并木善道 1895 年

应裕康：《〈广韵〉〈集韵〉切语上字异同考》，《台湾师范大学国文研究所集刊》1960 年第 4 号，339—506 页

应裕康：《〈洪武正韵〉反切之研究》，台湾《政治大学学报》1962 年第 5 期，99—150 页

应裕康：《〈礼部韵略〉反切之研究》，台湾"国科会"奖励论文，1963 年

应裕康：《论〈五音集韵〉与宋元韵图韵书之关系》，台湾《政治大学学报》1965 年第 11 期，165—200 页

应裕康：《宋元明三代重要韵书之研究》，编著者自印，1965 年

应裕康：《论宋代韵书》，《庆祝高邮高仲华先生六秩诞辰论文集》（上），台湾师范大学国文研究所 1968 年，495—544 页

应裕康：《论〈音韵阐微〉》，《淡江学报》1971 年第 10 期，139—154 页

应裕康：《清代韵图之研究》，台湾师范大学博士论文，1972 年；弘道文化事业有限公司 1972 年

［日］永岛荣一郎：《近世支那语特别是北方语系统音韵史研究资料》，日本《言语研究》1941 年第 7、8 号合刊，147—161 页；1941 年第 9 号，17—79 页

游馥玮：《从国语传习所看日治初期台湾的教育政策（1896 年 7 月—1898 年 10 月）》，东海大学硕士论文，2010 年

游汝杰：《汉语方言学导论》，上海教育出版社 2000 年

幼狮月刊社编：《中国语言学论集》，幼狮文化事业公司 1977 年

于维杰：《宋元等韵图源流考索》，《成功大学学报》1968 年第 3 卷，137—159 页

于维杰：《宋元等韵图序例研究》，《成功大学学报》1972 年第 7 卷，91—134 页

于维杰：《宋元等韵图研究》，《成功大学学报》1973 年第 8 卷，137—214 页

余迺永：《两周金文音系考》，台湾师范大学博士论文，1980 年；后改名为《上古音系研究》，香港中文大学出版社 1985 年

余迺永：《新校互注宋本广韵（定稿本）》，上海人民出版社 2008 年

余直夫：《奉新音系》，艺文印书馆 1975 年

［韩］俞昌均：《三国时代的汉字音》，韩国民音社 1991 年

俞　敏：《中国语文论论选》，日本光生馆 1984 年

俞　敏：《俞敏语言学论文集》，商务印书馆 1999 年

元钟敏：《〈八音定诀〉研究》，台湾师范大学博士论文，2001 年

曾进民：《王育德台湾语研究之成就》，台湾中山大学硕士论文，2001 年

曾进民:《台湾地区汉语音韵研究论著选介(1999—2003)》,《汉学研究通讯》2005 年第 24 卷第 2 期,30—42 页

曾进民:《〈台日大辞典〉的官话层研究》,第十届国际暨第二十五届台湾声韵学学术研讨会,台湾师范大学 2007 年

曾荣汾:《〈广韵〉切语数据库之建构与运用》,《声韵论丛》2000 年第 9 辑,99—116 页

曾荣汾:《〈诗经〉古韵数据库的运用》,《声韵论丛》2001 年第 10 辑,55—68 页

曾若涵:《"通广局狭"在〈切韵指南〉格式中的意义》,第一届中山大学博硕士论坛学术研讨会,台湾中山大学 2008 年

曾若涵:《〈集韵〉与宋代字韵书关系研究》,台湾中山大学博士论文,2013 年

曾文忻:《汉语音韵部门中的移位》,台湾清华大学硕士论文,2009 年

曾昱夫:《战国楚地简帛音韵研究》,台湾大学硕士论文,2000 年

詹伯慧:《万宁方言概述》,《武汉大学人文科学学报》1958 年第 1 期,4—18 页

詹伯慧:《方言分区问题再认识》,《方言》2002 年第 4 期,344—352 页

詹伯慧、张日升:《珠江三角洲方言调查报告》,广东人民出版社 1987 年

詹 玮:《吴稚晖与国语运动》,文史哲出版社 1992 年

张博宇:《台湾地区国语运动史料》,台湾商务印书馆 1974 年

张光宇:《送气与调类分化》,台湾《书目季刊》1989 年第 23 卷第 1 期,33—36 页

张光宇:《〈切韵〉与方言》,台湾商务印书馆 1990 年

张光宇:《吴语在历史上的扩散运动》,《中国语文》1994 年第 6 期,409—418 页

张光宇:《闽客方言史稿》,南天书局 1996 年

张光宇:《汉语方言音系的地理考察:韵母篇》,台湾《清华学报》(新)2004 年第 34 卷第 2 期,513—550 页

张光宇:《汉语语音史中的双线发展》,《中国语文》2004 年第 6 期,545—557 页

张光宇:《汉语方言的滋丝音》,香港《中国语文研究》2006 年第 21 期,87—102 页

张光宇:《汉语方言合口介音消失的阶段性》,《中国语文》2006 年第 4 期,346—358 页

张光宇:《论汉语方言的层次分析》,《语言学论丛》2006 年第 33 辑,124—164 页

张光宇:《罗杰瑞教授与汉语史研究》,《语言研究》2014 年第 2 期,115—127 页

张光宇:《重建与演变——比较法在中国一百周年纪念》,《语言学论丛》2015 年第 50 辑,138—166 页

张 亨:《荀子假借字谱》,《台湾大学文史丛刊》(4),台湾大学出版委员会

1963 年

　　张慧美:《朱翱反切新考》,东海大学硕士论文,1988 年;《中国语言文字研究辑刊》第 2 编第 18 册,花木兰文化出版社 2012 年

　　张慧美:《周法高先生音韵学研究之成就》,《东海中文学报》2014 年第 28 期,55—104 页

　　张慧美:《王力之上古音》,《中国语言文字研究辑刊》初编第 17 册,花木兰文化出版社 2011 年

　　张　洁:《论〈切韵〉时代轻、重唇音的分化》,《汉语史学报》2002 年第 2 期,43—48 页

　　张金泉:《论敦煌本〈字宝〉》,《敦煌研究》1993 年第 2 期,92—98 页

　　张　琨:《苗瑶语声调问题》,《史语所集刊》1948 年第 16 本,93—110 页

　　张　琨:《论中古音与〈切韵〉的关系》,张贤豹(张光宇)译,台湾《清华学报》(新)1974 年第 10 卷第 2 期,61—82 页

　　张　琨:《汉语方言中声母韵母之间的关系》,台湾《史语所集刊》1982 年第 53 本第 1 分,57—77 页

　　张　琨:《汉语方言中的鼻音韵尾的消失》,台湾《史语所集刊》1983 年第 54 本第 1 分,3—74 页

　　张　琨:《论比较闽方言》,台湾《史语所集刊》1984 第 55 本第 3 分,415—458 页

　　张　琨:《论吴语方言》,台湾《史语所集刊》1985 年第 56 本第 2 分,215—260 页

　　张　琨:《论徽州方言的语音现象》,台湾《史语所集刊》1986 年第 57 本第 1 分,1—36 页

　　张　琨:《汉语音韵史论文集》,张贤豹(张光宇)译,联经出版事业公司 1987 年

　　张　琨:《汉语音韵史中的方言差异》,张贤豹(张光宇)译,《汉语音韵史论文集》,联经出版事业公司 1987 年,35—58 页

　　张　琨:《〈切韵〉的综合性质》,《汉语音韵史论文集》,联经出版事业公司 1987 年,25—34 页

　　张　琨:《读〈建州八音〉》,台湾《史语所集刊》1988 年第 59 本第 1 分,65—87 页

　　张　琨:《再论比较闽方言》,台湾《史语所集刊》1989 年第 60 本第 4 分,829—875 页

　　张　琨:《读〈戚林八音〉》,台湾《史语所集刊》1989 年第 60 本第 4 分,877—887 页

　　张　琨:《〈切韵〉止摄遇摄字在现代粤语方言中的演变》,台湾《史语所集刊》

1989 年第 61 本第 4 分,943—966 页

张　琨:《海南闽南语的声调》,台湾《史语所集刊》1991 年第 62 本第 1 分,65—82 页

张　琨:《〈切韵〉与现代汉语方言》,《大陆杂志》1991 年第 82 卷第 5 期,1—7 页

张　琨:《论汉语方言的分类》,《中国境内语言暨语言学 1:汉语方言》,台湾史语所 1992 年,1—22 页

张　琨:《闽方言中蟹摄韵的读音》,台湾《史语所集刊》1992 年第 63 本第 4 分,877—889 页

张　琨:《汉语方言中的几种音韵现象》,《汉语方音》,学生书局 1993 年,205—214 页

张　琨:《〈切韵〉的前[a]和后[ɑ]在现代方言中的演变》,《汉语方音》,学生书局 1993 年,65—126 页

张　琨:《汉语方言中的[tʻ]>[h]/[x]和[tsʻ]>[tʻ]》,台湾《史语所集刊》1994 年第 65 本第 1 分,19—36 页

张琨、张谢蓓蒂:《古汉语韵母系统与〈切韵〉》,《史语所单刊》甲种之二十六,台湾史语所 1972 年;《汉语音韵史论文集》,联经出版事业公司 1987 年,59—228 页

张良泽:《日治时代台语正规教育始末》,《台湾语言及其教学国际研讨会论文集》(1),全民书局 1998 年,517—532 页

张民权:《宋代古音学与吴棫〈诗补音〉》,商务印书馆 2005 年

张屏生:《论〈正音通俗表〉中的"正音"及其相关问题》,《第二届国际暨第六届台湾清代学术研讨会论文集》,台湾中山大学中文系 1999 年,895—914 页

张屏生:《论〈福州话拼音字典〉中的福州话音系》,《声韵论丛》2001 年第 10 辑,387—403 页

张屏生:《清末民初南、北官话的语音比较》,《声韵论丛》2002 年第 12 辑,129—146 页

张屏生:《打马字〈厦门音字典〉的音系及辞书定音的相关问题》,第二十二届台湾声韵学学术研讨会,台北市立师范学院 2004 年

张屏生、萧藤村、吕茗芬等:《马偕〈中西字典〉新编与论述》,台湾中山大学出版社 2015 年

张尚伦:《〈广韵〉〈集韵〉切语下字异同考》,台湾中国文化大学硕士论文,1968 年

张盛裕:《银川方言的声调》,《方言》1984 年第 1 期,19—26 页

张世禄:《〈广韵〉研究》,商务印书馆 1931/1935 年

张世禄:《朱翱反切考》,《说文月刊》1944 年第 4 卷,117—171 页

张淑萍:《汉语方言腭化现象研究》,台湾师范大学博士论文,2008 年

张淑萍:《国语中零声母的演变与例外》,《声韵论丛》2012 年第 17 辑,133—152 页

张庭颖:《〈广韵〉及〈经典释文〉又音所反映的复声母痕迹》,台湾中正大学硕士论文,2007 年

张维佳、郭书林:《〈西儒耳目资〉异读及其反映的文白异读》,第六届中国地域文化与语言国际研讨会,韩国汉阳大学 2010 年

张渭毅:《再论〈集韵〉与〈礼部韵略〉之关系》,《南阳师范学院学报》2010 年第 9 卷第 11 期,26—37 页

张贤豹(张光宇):《海口音系研究》,台湾大学硕士论文,1986 年

张贤豹(张光宇):《张琨教授古音学说简介》,《汉语音韵史论文集》,联经出版事业公司 1987 年,i—vi 页

张学谦,吕美亲:《台语文运动访谈暨史料汇编》,台湾"国史馆"2008 年

张以仁:《〈国语〉旧音考校序言》,台湾《史语所集刊》1970 年第 42 本第 4 分,563—569 页

张以仁:《〈国语〉旧音考校》,台湾《史语所集刊》1971 年第 43 本第 4 分,673—726 页

张咏梅:《祁刻本〈说文系传〉反切校勘记》,《湖北大学学报》(哲学社会科学版)2004 年第 3 期,243—246 页

张玉来:《〈韵略汇通〉音系研究》,山东教育出版社 1995 年

张玉来:《〈韵略易通〉研究》,天津古籍出版社 1999 年

张玉来:《点检廿世纪汉语音韵学通论性著作》,中国音韵学研究会第十二届学术讨论会暨汉语音韵学第七届国际学术讨论会,石家庄师范专科学校 2002 年

张玉来、耿军:《中原音韵校本》,中华书局 2013 年

张振鹍:《漫议台湾历史分期》,《台湾历史研究》2013 年第 1 辑,14—16 页

张振兴:《闽语的分区(稿)》,《方言》1985 年第 3 期,171—180 页

张振兴、李琦、聂建民:《中国分省区汉语方言目录(稿)》,中古社会科学出版社 2014 年

张正男:《〈群经音辨·辨字音清浊门〉疏证》,乐天出版社 1973 年

张志云:《〈洪武正韵〉在明代的传播及其效用》,台湾《中国文化月刊》2007 年第 314 期,101—127 页

章学诚:《文史通义校注》,莱瑛校注,中华书局 1985 年

[日]沼本克明:《日本汉字音历史的研究》,日本汲古书院 1997 年

赵　诚:《商代音系探索》,《音韵学研究》1980 年第 1 辑,259—265 页

赵恩梃:《吕坤〈交泰韵〉研究》,台湾师范大学硕士论文,1998 年

赵荫棠:《〈中原音韵〉研究》,商务印书馆 1936 年

赵育伸:《巴拉第〈汉俄合璧韵编〉音韵问题初探》,第三十二届台湾声韵学学术研讨会,成功大学 2014 年;《声韵学会通讯》2014 年第 24 期,2015 年,8—9 页

赵元任:《高本汉的谐声说》,《国学论丛》1927 年第 1 卷第 2 期,25—68 页

赵元任:《现代吴语的研究》,清华学校研究院 1928 年;商务印书馆 2011 年

赵元任:《中山方言》,《史语所集刊》1948 年第 20 本上,49—73 页

赵元任:《台山语料》,台湾《史语所集刊》1951 年第 23 本上,25—76 页

赵元任:《说清浊》,台湾《史语所集刊》1959 年第 30 本下,493—497 页

赵元任:《绩溪岭北音系》,台湾《史语所集刊》1962 年第 34 本上,27—30 页

赵元任:《语言问题》,商务印书馆 1980/2014 年

赵元任:《中国音韵里的规范问题》,《中国音乐》1985 年第 4 期,4—9 页

赵元任:《赵元任音乐论文集》,中国文联出版公司 1994 年

赵元任:《赵元任全集》,商务印书馆 2012 年

赵元任、杨时逢:《绩溪岭北方言》,台湾《史语所集刊》1965 年第 36 本上,11—113 页

赵元任、丁声树、杨时逢、吴宗济、董同龢:《湖北方言调查报告》,《史语所专刊》第 56 本,商务书馆 1948 年;国风出版社 1972 年

照那斯图、杨耐思:《蒙古字韵校本》,民族出版社 1987 年

郑慧雯:《杭州方言音韵研究》,台湾大学硕士论文,2007 年

郑锦全:《计算机在汉语音韵上研究的应用》,《思与言》1972 年第 9 卷第 6 期,26—30 页

郑锦全:《国语的共时音韵》,文鹤出版有限公司 1973 年

郑锦全:《明清韵书字母的介音与北音腭化源流的探讨》,台湾《书目季刊》1980 年第 14 卷第 2 期,77—87 页

郑锦全:《汉语方言亲疏关系的计量研究》,《中国语文》1988 年第 2 期,87—102 页

郑锦全:《从传统声韵学开拓汉语方言计量研究》,《声韵论丛》2000 年第 9 辑,615—636 页

郑锦全:《汉语方言介音的认知》,《声韵论丛》2001 年第 11 辑,25—37 页

郑静宜:《语音声学——说话声音的科学》,心理出版社 2011 年

郑良伟:《演变中的台湾社会语文——多语社会及双语教育》,自立晚报社文化出版部 1990 年

郑齐儿:《从声学语音学角度分析在台湾的国语中声调之连并》,台湾政治大学硕士论文,2003 年

郑秋豫:《国语字调的声学语音研究》,《史语所专刊》第 94 本,台湾史语所 1990 年

郑秋豫:《汉语失语症病变语音中嗓音起始时间与字调的问题》,台湾《史语所集刊》1994 年第 65 本第 1 分,37—79 页

郑晓峰:《福建光泽方言》,台湾清华大学硕士论文,2001 年

郑晓峰:《评林初梅编〈小川尚义论文集(复刻版)日本统治时期台湾诸言语研究〉》,《台湾语文研究》2012 年第 7 卷第 2 期,131—135 页

郑永玉:《〈音韵逢源〉音系研究》,东吴大学硕士论文,1960 年

郑宇珊:《稼轩词韵考》,彰化师范大学硕士论文,2004 年

郑再发:《〈蒙古字韵〉跟八思巴字有关的韵书》,《台湾大学文史丛刊》(15),台湾大学出版委员会 1965 年

郑再发:《汉语音韵史的分期问题》,台湾《史语所集刊》1966 年第 36 本下,635—648 页

郑再发:《汉语的句调与文学的节奏》,《声韵论丛》2000 年第 9 辑,147—158 页

郑再发:《汉语声母的腭化与浊声母的衍生》,《台大文史哲学报》2001 年第 54 期,135—164 页

郑再发:《就韵母结构的变化论南北方言的分歧:官话方言元音谐和小史》,《南北是非:汉语方言的差异与变化》,台湾语言学所筹备处 2002 年,51—79 页

郑再发:《近体诗律新说》,《声韵论丛》2004 年第 13 辑,57—78 页

郑张尚芳:《平阳"蛮话"的性质》,《方言》1984 第 2 期,100—101 页

郑张尚芳:《浦城方言的南北区分》,《方言》1985 年第 1 期,39—45 页

郑张尚芳:《汉藏语是澳泰语的根源》,亚洲大陆和南岛语关系研讨会,美国夏威夷大学 1993 年

郑镇控:《上古汉语声调之研究》,台湾政治大学博士论文,1994 年

[日]中田敏夫:《由台湾总督府编纂公学校用国语教科书而见国民意识的形成》,《台湾近代和日本》,日本中京大学社会科学研究所 2004 年,209—233 页

［日］中田敏夫:《植民地"国语"（日本语）教科书讲了什么——由台湾总督府编纂"国语"教科书而见"内地化"限界》,日本《植民地教育史研究年报》2007 年第 9 期,6—22 页

钟露升:《福建惠安方言》,油印本,1963 年

钟露升:《国语语音学》,台湾语文出版社 1966 年

钟荣富:《空区别性特征理论与汉语音韵》,《声韵论丛》1992 年第 4 辑,299—334 页

钟荣富:《优选论与汉语的音系》,《国外语言学》1995 年第 3 期,1—14 页

钟荣富:《福尔摩沙的烙印:台湾客家语导论》,台湾"文建会"2001 年;后改名为《台湾客家语音导论》,五南图书出版有限公司 2004 年

钟荣富:《音韵学理论的内涵及其在汉语音韵分析上的应用》,《音韵论集》,中华书局 2006 年,238—263 页

钟荣富:《华语语音及教学》,正中书局 2011 年

周长楫:《闽南方言大辞典》,福建人民出版社 2007 年

周长楫、李华珍:《汉字古今音表》,中华书局 1999 年

周法高:《从玄应〈音义〉考察唐初的语音》,《学原》1948 年第 3 期,39—45 页

周法高:《〈广韵〉重纽研究》,《史语所集刊》1948 年第 13 本,49—117 页

周法高:《〈切韵〉鱼虞之音读及其流变》,《史语所集刊》1948 年第 13 本,119—152 页

周法高:《说平仄》,《史语所集刊》1948 年第 13 本第 1 分,153—162 页

周法高:《梵文［ṭ ḍ］的对音》,《史语所集刊》1948 年第 14 本,249—255 页

周法高:《古音中的三等韵兼论古音的写法》,《史语所集刊》1948 年第 19 本,203—233 页

周法高:《玄应反切考》,《史语所集刊》1948 年第 20 本上,361—403 页

周法高:《三等韵重唇音反切上字研究》,台湾《史语所集刊》1952 年第 23 本下,358—407 页

周法高:《中国语法札记》,台湾《史语所集刊》1953 年第 24 本下,197—281 页

周法高:《论中国语言学的过去、现在和未来》,香港中文大学就职演讲,1966 年;《论中国语言学》,香港中文大学出版社 1980 年,1—20 页

周法高:《论〈切韵〉音》,《香港中文大学中国文化研究所报》1968 年第 1 卷,89—112 页

周法高:《论上古音》,《香港中文大学中国文化研究所报》1969 年第 2 卷,109—

178 页

周法高:《论上古音和〈切韵〉音》,《香港中文大学中国文化研究所学报》1970 年第 3 卷第 2 期,321—457 页;《中国音韵学论文集》,香港中文大学出版社 1984 年,95—231 页

周法高:《怎样研究中国语音史》,《中国语文研究》,华冈出版部 1973 年,29—38 页

周法高:《中国境内的语言》,《中国语文研究》,华冈出版部 1973 年,12—28 页

周法高:《周法高上古音韵表》,张日升、林洁明合编,三民书局 1973 年

周法高:《论古代汉语的音位》,《中国语言学论文集》,联经出版事业公司 1975 年,263—281 页

周法高:《中国语言学论文集》,联经出版事业公司 1975 年

周法高:《二十世纪的中国语言学》,《香港中文大学学报》1973 年第 1 卷,297—323 页;《论中国语言学》,香港中文大学出版社 1980 年,21—44 页

周法高:《中国音韵学论文集》,香港中文大学出版社 1984 年

周法高:《读〈韵镜〉中韵图之构成原理》,《东海学报》1991 年第 32 卷,19—35 页

周法高编:《玄应一切经音义附索引》,《史语所专刊》第 47 本,台湾史语所 1962 年

周法高主编,张日升、徐芷仪、林洁明编:《汉字古今音汇》,香港中文大学出版社 1974 年

周美慧:《〈韵略易通〉与〈韵略汇通〉音系比较——兼论明代官话的演变与传承》,台湾中正大学硕士论文,1998 年

周美慧:《汉语入声之性质及其演化》,台湾中正大学博士论文,2003 年

周赛华:《谐声韵学校订》,中华书局 2014 年

周玟慧:《从中古音方言层重探〈切韵〉性质——〈切韵〉、〈慧琳音义〉、〈玄应音义〉的比较研究》,《台湾大学文史丛刊》(127),台湾大学出版委员会 2005 年

周婉窈:《台湾人第一次的"国语"体验——析论日治末期的日语运动及其问题》,《海行兮的年代——日本殖民统治末期台湾史论集》,允晨文化实业股份有限公司 2003 年,127—184 页

周晏菱:《龙宇纯之上古音研究》,《中国语言文字研究辑刊》第 3 编第 11 册,花木兰文化出版社 2012 年

周振鹤、游汝杰:《方言与中国文化》,上海人民出版社 1986 年;南天书局 1988 年

周祖谟:《〈万象名义〉中之〈原本玉篇〉音系》,《问学集》,中华书局 1966 年,

270—404 页

周祖谟:《问学集》,中华书局 1966 年

周祖谟:《敦煌唐本字书叙录》,《周祖谟语言学论文集》,商务印书馆 2001 年,470—483 页

朱凤玉:《敦煌写本〈碎金〉研究》,文津出版社 1997 年

朱晓农:《元音大转移与元音高化链接》,《民族语文》2005 年第 1 期,1—6 页

[日]猪狩幸之助:《汉文典》,日本金港堂 1898 年

竺家宁:《〈四声等子〉音系蠡测》,《台湾师范大学国文研究所集刊》1973 年第 17 号,53—178 页;《中国语言文字研究辑刊》第 4 编第 14 册,花木兰文化出版社 2013 年

竺家宁:《汉语音变的特殊类型》,《学粹》1974 年第 16 卷第 1 期,21—24 页;《音韵探索》,学生书局 1995 年,265—274 页

竺家宁:《〈九经直音〉韵母研究》,文史哲出版社 1980 年

竺家宁:《古汉语复声母研究》,台湾中国文化大学博士论文,1981 年

竺家宁:《近代汉语零声母的形成》,韩国《中语中文学》1982 年第 4 辑,194—209 页

竺家宁:《论〈皇极经世声音唱和图〉之韵母系统》,《淡江学报》1983 年第 20 期,297—307 页

竺家宁:《〈古今韵会举要〉的语音系统》,学生书局 1986 年

竺家宁:《白保罗复声母学说评述》,台湾《中国学术年刊》1990 年第 11 期,243—258 页

竺家宁:《声韵学》,五南图书出版有限公司 1991/2005 年

竺家宁:《〈说文〉音训所反映的带[l]复声母》,《声韵论丛》1992 年第 4 辑,43—70 页;《音韵探索》,学生书局 1995 年,87—113 页

竺家宁:《台湾四十年来的音韵学研究》,《中国语文》1993 年第 1 期,23—32 页

竺家宁:《近代音论集》,学生书局 1994 年

竺家宁:《上古汉语带舌头音的复声母》,《声韵论丛》1994 年第 1 辑,1—24 页

竺家宁:《宋代入声的喉塞音韵尾》,《声韵论丛》1994 年第 2 辑,1—24 页

竺家宁:《〈四声等子〉之音位系统》,《近代音论集》,学生书局 1994 年,1—26 页

竺家宁:《佛教传入与等韵图的兴起》,《音韵探索》,学生书局 1995 年,275—290 页

竺家宁:《〈广韵〉类隔研究》,《音韵探索》,学生书局 1995 年,207—225 页

竺家宁:《试论重纽的语音》,《中国语文》1995 年第 4 期,298—305 页

竺家宁:《音韵探索》,学生书局 1995 年

竺家宁:《台湾声韵学当前的研究状况》,《音韵学研究通讯》1996 年第 17、18 期合刊,36—47 页

竺家宁:《重纽为古音残留说》,《声韵论丛》1997 年第 6 辑,285—302 页

竺家宁:《〈山门新语〉所反映的入声演化》,《第二届国际暨第六届台湾清代学术研讨会论文集》,台湾中山大学中文系 1999 年,895—914 页

竺家宁:《论近代音研究的方法、现况与展望》,《汉学研究》2000 年第 18 卷特刊,175—198 页

竺家宁:《古音之旅》,万卷楼图书股份有限公司 2002 年

竺家宁:《〈山门新语〉庚经韵所反映的语音变化》,《庆祝陈伯元教授七秩华诞论文集》,洪叶文化事业有限公司 2004 年,85—105 页

竺家宁:《12 世纪至 19 世纪汉语声母的演化规律与方向——论零声母的扩大与演化》,《励耘学刊》(语言卷) 2005 年第 2 期,1—23 页

竺家宁:《明代声母演化的类型及发展》,新世纪汉语研究暨浙江语言学研究回顾与前瞻国际高级论坛,浙江大学汉语史中心 2005 年

竺家宁:《十四至十七世纪汉语声母的发展》,The 18th North American Conference on Chinese Linguistics,美国华盛顿 2006 年

竺家宁:《五十年来台湾的声韵学研究》,《五十年来的中国语言学研究》,学生书局 2006 年,1—116 页

竺家宁:《佛经语言研究综述——音韵文字的研究》,《佛教图书馆馆刊》2009 年第 49 期,109—117 页

竺家宁:《台湾近年来声韵学发展的特色》,《人文与社会科学简讯》2010 年第 11 卷第 3 号,92—98 页

竺家宁:《台湾的语言与方言及其形成之历史——北京师范大学"励耘学术论坛" 2013 年 3 月 11 日讲演稿》,《励耘学刊》(语言卷) 2013 年第 2 期,9—28 页

竺家宁:《声韵学——声韵之旅》,五南图书出版有限公司 2015 年

竺家宁主编:《五十年来的中国语言学研究》,学生书局 2006 年

竺家宁、林庆勋:《古音学入门》,学生书局 1989 年

竺家宁、赵秉璇编:《古汉语复声母论文集》,北京语言文化大学出版社 1998 年

竺家宁领衔,颜静馨、吕昭明、胡桂瑞、张中典、谢湘筠参加:《12 世纪至 19 世纪汉语声母的演化规律与方向》,台湾"国科会"补助专题研究计划成果报告,2005 年

庄惠芬:《〈广韵〉切语今读表》,广文书局 1964 年

庄吉发:《清语老乞大》,文史哲出版社 1976 年

庄吉发:《从朝鲜史籍的记载探讨清初满文文书的翻译》,文史哲出版社 2000 年

庄淑慧:《〈玄应音义〉所录〈大般涅盘经〉梵文字母译音之探讨》,《声韵论丛》1996 年第 5 辑,247—288 页

庄雅智:《〈韵通〉音系研究》,台湾中山大学硕士论文,2008 年

庄子仪:《回鹘文:〈金光明经〉所反映的音韵现象》,台湾师范大学硕士论文,2011 年

邹德文:《〈元声韵学大成〉研究》,吉林大学硕士论文,2004 年

[日]佐藤仁之助:《速成应用汉学捷径》,日本东亚堂 1910 年

主要人名索引

后　记

　　1990 年 6 月，中国大陆，包括恩师唐作藩教授在内的许多汉语音韵学学者和中国台湾汉语音韵学学者在香港浸会学院召开的"中国声韵学国际学术研讨会"上实现了 40 多年以后的第一次握手，开启了两岸汉语音韵学同行进行学术交流的"破冰之旅"。这主要得归功于台湾师范大学教授陈新雄先生，这是他与香港浸会学院中文系主任邝健行教授共同倡导的结果。1991 年 11月，在湖北武汉华中理工大学举办"汉语言学国际学术研讨会"，用李添富教授的话说是"延续香港浸会学院精神"的会议，"再次地结合两岸声韵学者以及海外研治中国声韵学专家，共同为研究中国声韵学投注心力的具体表现"（《声韵学会通讯》1：10，1992）。1992 年在威海召开的中国音韵学研究会会议上，两岸汉语音韵学人进行了更为密切而实质性的"学术对接"。那次会议的盛况，给我留下了极其深刻的印象。从此之后，两岸汉语音韵学学者来往进入到了一个新的历史时期。也就是从那个时候起，我对台湾汉语音韵学发展的历史就开始感兴趣了，并有意识地收集资料加以关注。1994 年，当时在台湾中正大学任系主任的竺家宁教授向我和几位大陆学者发出诚挚的邀请，希望我们能去中正大学参加台湾声韵学会会议，并借此机会了解一下台湾社会。今天来看，此事似乎很平常，但放到当时两岸尚未"解冻"的关系视域来看，确是十分难得，很显然是一个意识超前的大胆举措，也令我这个初出茅庐的后生小子十分激动。那一阵子，我曾不间断地幻想着，如何才可以借这个机会去探索神秘的台湾汉语音韵学知识领域。可是，当我去办理手续时，吉林大学外事处一位工作人员几句冷冰冰的回答就让我这个梦想破灭了，他的回答很让人泄气：吉林大学没有这个先例。他的观念意识落后，目光十分短浅不说，态度也十分地僵硬。其实，在中国大陆音韵学界，学者们并不是第一次接到这种访台邀请;1992年以后,就有大陆汉语音韵学人访台,并没有遇到任何政治等方面的阻力,比如宁继福教授的访台手续就办得很顺利。尽管如此,我还是有意识地利用各种机会,如1996年、1998年在大陆召开的汉语音韵学学术会议,和台湾汉语音韵学学者接触,并试图了解他们的汉语音韵学研究基本状况。1999年,台湾声韵学会会长陈新雄教授、台湾史语所何大安教授、台湾辅仁大学李添富教授等向大陆6位学者,即施向东、叶宝奎、虞万里、杨亦鸣、孙雍长和我发出了邀请。几经周折,我们一行6人转道香港,终于在2000年5月踏上了宝岛台湾的土地。在李添富教授的精心安排下,我们在台北走访了许多大学,比如台湾大学、台湾师范大学、台湾辅仁大学,同时还南下到了高雄的台湾中山大学、成功大学、台南师范学院,与陈新雄、何大安、林庆勋、廖美玉等许多台湾学者进行面对面的接触,真正做到了相互沟通和深入了解。可以说,在我们的面前,台湾汉语音韵学神秘的面纱开始渐渐地被揭开了。台湾学者所发表的论文质量之高,涉足领域之多,学术视野之宽阔,学术批评之严厉,都令我们大陆学者为之震撼。我们深深感到,我国台湾同行的汉语音韵学研究取得了很大的成就,在很多方面已经走在了大陆的前列,我们要想迎头赶上,必须奋起直追。此后16年,我们与台湾同行的接触更为频繁,"兄弟如手足",学术血脉十分通畅,两家已经融为一体,汉语音韵学之根越扎越深。当然,有关台湾汉语音韵学研究的信息传达就更为便捷了。

我于2005年由吉林大学调入到了厦门大学任教。厦门与台湾各地有着天然的"五缘"亲和关系,两岸图书交流会举办多次,厦门外文图书城还辟有"台湾书店"专室;我又多次应邀赴台参加学术会议,所以购买台湾汉语音韵学书籍的机会很多,所得到的书籍种类不断增加。此外,我一直承担着汉语语言学史博士课程,其中,汉语音韵学史是中心议题。在汉语音韵学史中,我国台湾学者的研究必不可少,但在国内外还根本找不到供大陆博硕士生阅读的系统、专门的"台湾汉语音韵学史"著作文献。要讲授这方面课程,虽然可以列出一系列台湾学者编写的参考书目和期刊,但却无系统的可以集中参照阅读的教科书可用,学生们面对着台湾汉语音韵学研究文献的茫茫海洋毫无头绪可掬,我亦显得无所适从。由此,触发了我写一本台湾汉语音韵学史课本的冲动:既敷博硕士生汉语音韵学史教学之用,又可以凭借论著与台湾学者娓娓而聊,并梳理台湾学者研究汉语音韵学的学术脉络,学习许多未曾领略的知识领域,岂不快哉!

2013 年 8 月,我参加了在台湾举办的"古籍保护与整理学术研讨会"。这期间,我应邀赴台湾师范大学、台湾大学、台湾文哲所、傅斯年图书馆进行学术访问;在旧书店"淘"到了不少心仪的台湾汉语音韵学研究的文献。2014 年 8 月,我与台湾清华大学中文系陈淑芬教授、刘承慧教授取得了联系。虽然我与二位教授素未有交往,但她们的热情和诚挚深深地感动了我。刚好,我所承担的国家社科基金重大课题《东亚珍藏明清汉语文献发掘与研究》(编号:12&ZD178)与台湾汉语音韵学史研究相关(这也是厦门大学 2014 年人文社科繁荣计划项目之一)。于是,我向两位教授表达了希望前往台湾清华大学交流访问的愿望,希望借此机会可以到台湾查阅第一手资料,同时更深入地了解台湾汉语音韵学发展的历史,为修订已经写就的台湾汉语音韵学史初稿打下基础。陈淑芬教授、刘承慧教授为我的住宿安排十分周到。当时是陈淑芬教授的博士生李柏翰同学接待我,他细致而热情,谨慎而有条不紊,我得到了他的太多帮助,并由此懂得了台湾汉语音韵学博士生的综合素质之高。张惟捷博士后到松山机场接我,还领我到台湾史语所访问。蔡哲茂先生与我倾心叙聊商周出土文献问题,这些真的让我感动不已。张光宇教授和我只在 10 多年前一个大陆学术会议上匆匆见过一次面,并且有幸在一个饭桌上聊了不多的汉语音韵学研究方面的话题,此次有了多次直接接触的机会。他有意促动我多接触台湾汉语音韵学学者,并向李存智教授举荐我,所以,我才有机会去台湾大学中文系做讲座,并讨论日本汉语音韵学史研究的诸多问题。在与台湾大学汉语音韵学同行的互动中,我了解到了台湾学者那种严谨、执着、质朴的性格特征。在台湾清华大学访学的一个月里,我充分利用了人文社会科学图书馆的馆藏条件,取得了超乎我想象的收获。以台湾清华人文社会科学图书馆为收集资料的基础,以台湾图书馆和台湾大学图书馆等为补充,加之去旧书店收购、网上查询、朋友帮忙搜罗材料等各种途径,资料储备相对充足,条件已经基本具备,我觉得可以进入到下一个程序——补充和完善台湾汉语音韵学史初稿的工作中来了。

2015 年 1 月至 3 月,我应日本内田庆市教授之邀,访问关西大学东西学术研究所,并作为"委嘱研究员"进行两个月的学术研究工作。这次访问使我有机会感受东西学术研究所的研究风气之盛和资料之丰富,不愧为世界范围内

"东西交涉学"之学术中心。我与内田庆市、沈国威、奥村佳代子教授的交往，则令我感受到了他们的学术视野之宽阔、学术气魄之宏大、学术态度之严谨。他们毫无保留地向我介绍他们的课题研究进展情况，并就相关问题与我以及相关的学者进行了探讨。在他们举办的两次"东西学术研究所例会"上，我也结识了不少中外有名的专家学者，并分享他们的研究成果。在那些日子，我天天泡在关西大学图书馆，这里最吸引我的是知名的鲁迅研究专家增田涉文库、文献学家长泽规矩也文库、历史学家内藤湖南文库。这些文库果然藏书非常丰富，我看到了不少稀罕资料，这让我兴奋不已。关西大学图书馆购买了不少的台湾出版的汉语音韵学图书和期刊资料，如价格昂贵的许锬辉主编《中国语言文字研究辑刊》四编（花木兰文化出版社）就名列其中，其音韵部分值得参考的不少。另外还有一些在中国大陆比较难找到的日据时代的资料，比如寺野喜四郎《大东亚诸语言和日本——以发音为中心》（大雅堂1945）等。东西学术研究所冰野善宽博士十分热心，为我介绍了新近编辑的《关西大学东西学术研究所所藏中国语教材目录（1868—1950）》，这个目录很有特点，也收集了不少的台湾日据时代的语音教科书，与六角恒广教授的《中国语书志目录》有许多的不同，可以互补，使用非常方便。这为我研究台湾汉语音韵学史提供了先决条件。利用两个月时间，集中精力阅读台湾和日本的汉语音韵学著作，思考相关问题，真的很难得，一想起这些来，我觉得自己非常幸运，从内心里要表达一个强烈的愿望，就是真心感谢所有给予我无私帮助和给予我大爱的人！

2015年6月至8月，我应法国国立东方语言文化学院中文系与巴黎第七大学中文系之邀到了巴黎，参加了与汉语语言教学相关的国际学术研讨会之后，就开始了收集台湾汉语音韵学及越南汉语教科书文献之旅。在黎塞留国家图书馆、远东学院图书馆、亚洲中心图书馆、法兰西学院汉学研究所图书馆、法国国家科学院东方语言研究所图书馆等地，得到了王论跃、杨志棠、沙加尔、曹茜蕾、罗端、贝罗贝、汲哲、刘达威、龚勋、岑咏芳、阿米娜等诸多学人的热情帮助，收集到了不少与研究台湾汉语音韵学史相关的宝贵资料。2015年10月，在台湾东吴大学，我应邀参加第十四届国际暨第三十三届台湾声韵学国际学术讨论会，会议的议题是"百年来的汉语音韵学"。我又有机会与许多汉语音韵学新朋友见面，并再一次去台北旧书店收集资料，得到了乐学书局黄新新女士的帮助，再一次满载而归。2016年5月，我参加了在台北教育大学举办的语文教学暨第三十四届台湾声韵学研讨会,就日本学者在"台湾近现代汉语音韵学形成"中的作用展开了讨论。

回想这20多年,研究台湾汉语音韵学史,得到了许多学者的大力支持,赠送资料的学者真的很多,比如陈新雄、竺家宁、姚荣松、林庆彰、叶国良、孔仲温、杨秀芳、余迺永、张光宇、何大安、林英津、陈淑芬、李添富、张屏生、洪惟仁、李存智、李正芬、王松木、张淑萍、廖湘美、丛培凯、杨家真,以及韩国成元庆、蔡瑛纯、严翼相等教授,都是让我终生难忘的。《吉林大学社会科学学报》副编审秦曰龙博士提供发表园地,进行修订,发表了本书内容(人民大学复印资料《语言文字学》、《高校文科学报文摘》等予以转载);许彬彬博士在我查阅资料过程中也提供了许多帮助。我与李柏翰博士多次讨论,并经他修订而匡正不少谬误,获益不浅。我的学生罗巍、钟雪珂翻译英文目录。中华书局张可女士为此书的出版殚精竭虑,对本书的结构安排及文字细节问题的处理,纠正了我的书稿中的许多谬误,她为本书所付出的心血是超出一般人想象的。我对各位的深厚情谊将永远铭记在心!

2016年9月,2016年《国家哲学社会科学成果文库》入选名单公布,本书赫然列入其中。这使本人感到莫大的荣幸。厦门大学网站也全面报道了本人专著入选的消息,因为它标志着厦门大学人文学术著作首次迈进《国家哲学社会科学成果文库》行列,它也是本年度福建省唯一入选的学术著作。我把这一消息第一时间报告给了恩师唐作藩教授,唐先生马上回信,喜悦之情溢于言表。唐先生培养我三十年,就是希望我能够在汉语音韵学研究上有所贡献。我希望这本书不会辜负他老人家的期望。我由衷地感谢评审专家的厚爱,积极推荐本书。我也希望本书能够得到国内外汉语音韵学同行的积极关注,并就本书的材料收集、体例形式,以及学术观点提出宝贵的批评意见,从而达到进一步完善本书的目的。

在我24岁之前,父亲李守田教授给我起的名字叫"无畏",我那时心里常常自得其趣,行事有时鲁莽,原以为这就是"命名和命运的契合",真正做到"无畏"了。父亲在我10多岁时却启发我改名,没有别的意思,就是怕我将来长大成人之后用"无畏"这个名字时必和别人重名。我在24岁那年,忽然想起父亲劝说改名的话,就立刻赶到了吉林省延吉市的派出所,要求在户口簿上改名为"无未"。当时改名非常容易,手续简单,派出所办事人员没有任何异议,非常热情,很容易就改了名字。30 年后,互联网搜索手段极其发达,我多次在百度和谷歌、雅虎上搜索,果然现名没有了重名之虞。每一次我都不由得暗暗敬佩父亲的预测和前瞻能力,为何如此之精准? 但也隐隐约约感到,我名字不叫"无畏"以后,自己做事谨慎有余,却常常勇气不足,是不是因为事事"心有畏"了,顾虑太多? 也可能如此吧! 我有一种感觉,觉得自己随着年龄的不断增长,锐气渐减,"冒失"越来越少,所写文章跳不出"三界"之外。有人曾以"望气之术"观察我,说我"气正"而"红赤",说明我"多文而吉"。"多文"意味着勇气不足,"心有所畏",但以我自己的体味,"心与形无畏"的活动仍不鲜见。难道这也和写台湾汉语音韵学史有什么关系吗? 我想起了孔子"知之为知之,不知为不知,是知也"的话来,我对这个问题"不知为不知",但希冀本书写作时达到"望气"之中的"气高、气正"的境地,并"多文而吉",总还是可以的吧!

2016 年 10 月 8 日于厦门五缘湾知微居

出版后记

本书是国内外第一部系统研究台湾汉语音韵学史的著作,全书涉及数千种文献,其中大部分为台湾地区出版的文献。出于客观展现台湾地区音韵学史面貌、便利读者按图索骥查找文献的考虑,本书在著录相关文献时,尽量保留原始文献名称。部分音韵学术语,两岸称呼有所不同,如"国语、华语",在台湾地区及海外华人地区作为"现代标准汉语"的指称延续至今,书中相关文献名称著录及内容引述一律保持原貌;又如台湾地区部分学者以所谓"台湾话、台语"指称台湾闽南话,其中确有部分人是出于分裂祖国的目的,本书在介绍文献内容时注意对其加以批评,但在文献名称著录时仍保持原貌。

为尽可能展现台湾汉语音韵学史全貌,本书作者在调查、盘点的过程中,除了大量搜集文献外,还广泛征引、参考了各种台湾地区音韵学论著选目、阶段性台湾地区音韵学史评述论文以及重要专著的参考书目等资料。其中,绝大部分文献进行了核实并补充了页码;个别文献由于出版时间较早或发行数量较少,虽经多方考求仍未得见,为保持资料的完整性,书中予以存目,供读者参考。

受限于资料、时间和责编能力,本书在编辑过程中仍有许多失误之处,恳请读者批评指正。

中华书局编辑部
2017 年 1 月

图书在版编目(CIP)数据

台湾汉语音韵学史/李无未著. —北京:中华书局,2017.3
(国家哲学社会科学成果文库)
ISBN 978-7-101-12448-4

Ⅰ.台…　Ⅱ.李…　Ⅲ.汉语-音韵学-研究　Ⅳ.H11

中国版本图书馆 CIP 数据核字(2017)第 023497 号

书　　名	台湾汉语音韵学史(上、下)
著　　者	李无未
丛 书 名	国家哲学社会科学成果文库
责任编辑	秦淑华　张　可
出版发行	中华书局
	(北京市丰台区太平桥西里38号　100073)
	http://www.zhbc.com.cn
	E-mail:zhbc@zhbc.com.cn
印　　刷	北京瑞古冠中印刷厂
版　　次	2017 年 3 月北京第 1 版
	2017 年 3 月北京第 1 次印刷
规　　格	开本/710×1000 毫米　1/16
	印张 60½　插页 5　字数 1100 千字
国际书号	ISBN 978-7-101-12448-4
定　　价	238.00 元